Sven Bienert (Hrsg.)

Bewertung von Spezialimmobilien

Sven Bienert (Hrsg.)

Bewertung von Spezialimmobilien

Risiken, Benchmarks und Methoden

Bibliografische Information Der Deutschen Bibliothek
Die Deutsche Bibliothek verzeichnet diese Publikation in der Deutschen Nationalbibliografie;
detaillierte bibliografische Daten sind im Internet über <http://dnb.ddb.de> abrufbar.

1. Auflage April 2005

Alle Rechte vorbehalten

© Betriebswirtschaftlicher Verlag Dr. Th. Gabler/GWV Fachverlage GmbH, Wiesbaden 2005

Lektorat: Karin Janssen

Der Gabler Verlag ist ein Unternehmen von Springer Science+Business Media.
www.gabler.de

Das Werk einschließlich aller seiner Teile ist urheberrechtlich geschützt. Jede Verwertung außerhalb der engen Grenzen des Urheberrechtsgesetzes ist ohne Zustimmung des Verlags unzulässig und strafbar. Das gilt insbesondere für Vervielfältigungen, Übersetzungen, Mikroverfilmungen und die Einspeicherung und Verarbeitung in elektronischen Systemen.

Die Wiedergabe von Gebrauchsnamen, Handelsnamen, Warenbezeichnungen usw. in diesem Werk berechtigt auch ohne besondere Kennzeichnung nicht zu der Annahme, dass solche Namen im Sinne der Warenzeichen- und Markenschutz-Gesetzgebung als frei zu betrachten wären und daher von jedermann benutzt werden dürften.

Umschlaggestaltung: Nina Faber de.sign, Wiesbaden
Druck und buchbinderische Verarbeitung: Wilhelm & Adam, Heusenstamm
Gedruckt auf säurefreiem und chlorfrei gebleichtem Papier
Printed in Germany

ISBN 3-409-12522-1

Geleitwort

Die Immobilie als eigene Anlageklasse und vor allem das gestiegene Interesse der Investoren an einem bestimmten Risiko-Rendite-Profil haben insbesondere im vergangenen Jahrzehnt Spezialimmobilien jedweder Form als Anlageobjekt regen Zulauf beschert. Dennoch ist bisher in der wissenschaftlichen Diskussion eine differenzierte Analyse der finanziellen Dimension von derartigen Liegenschaften nur partiell vorgenommen worden.

Parallel zur vorgenannten Entwicklung ist die allgemeine Bedeutung der Immobilienbewertung – und damit auch die stärkere Professionalisierung dieses Funktionsbereiches der Immobilienökonomie – kontinuierlich angestiegen. Triebfeder dieses Prozesses sind vor allem die internationale Rechnungslegung und Basel II. Ein Buch zur Immobilienbewertung und deren Verfahren – sei es in Bezug auf die nationalen oder internationalen Regelungen – zu verfassen, erscheint auf den ersten Blick dennoch redundant. Unzählige Publikationen existieren hierzu bereits, jedoch ist fast allen Veröffentlichungen eines gemeinsam: Ansatzpunkt sind in der Regel die verschiedenen Verfahren und weniger die jeweilige Nutzungsart. Immobilien sind bekanntermaßen heterogene Güter. Deshalb sollte gerade bei Spezialimmobilien der Untersuchungsgegenstand den Ausgangspunkt für den weiteren Bewertungsprozess, die Verfahrenswahl und vor allem die notwendigen Adaptionen der bekannten Methodik bei der Bewertung bilden.

Motivation und Ausgangspunkt für die vorliegende Publikation sind somit zum einen das gestiegene Interesse an der Subklasse per se und zum anderen die Notwendigkeit, derartige Objekte einer differenzierten Wertermittlung unterziehen zu müssen. Der Herausgeber Sven Bienert hat sich dieser Forschungslücken innerhalb der deutschsprachigen Immobilienbewertungsliteratur angenommen und die jeweilige Nutzungsart der besonderen Liegenschaften zum zentralen Betrachtungsgegenstand erhoben. Die verschiedenen Nutzungsarten werden strukturiert bearbeitet, indem verschiedene immobilienwirtschaftliche Segmente gruppiert dargestellt werden. Auch wenn der Fokus primär auf der deutschen Bewertungsperspektive nach Wertermittlungsverordnung liegt, versäumen es der Herausgeber und die Autoren nicht, auch die vor dem Hintergrund der Globalisierung und Harmonisierung an Bedeutung gewinnenden internationalen Verfahren in ihre Betrachtungen zu integrieren.

Neben der im Mittelpunkt stehenden Wertermittlung werden in einzelnen Beiträgen auch angrenzende Bereiche der Immobilienökonomie wie die Projektentwicklung, die Finanzierung und das Portfoliomanagement in Bezug auf die finanzielle Dimension einer Spezialimmobilie behandelt. Damit werden auch Schnittstellen zu anderen Funktionsbereichen außerhalb der Bewertung thematisiert und der gesamte Lebenszyklus der Immobilie mit in die Untersuchung einbezogen.

Die in diesem Buch vorgenommene differenzierte Betrachtung einzelner Spezialimmobilientypen aus einer Bewertungsperspektive stellt einen innovativen und zielführenden Ansatz dar. Ich wünsche dem vorliegenden Herausgeberband eine positive Aufnahme in Wissenschaft, Praxis und Beratung. Ich bin überzeugt, dass hieraus wichtige Impulse für die weitere Forschung in den einzelnen Teilbereichen erwachsen werden.

Prof. Dr. Karl-Werner Schulte HonRICS

Lehrstuhl für Allgemeine Betriebswirtschaftslehre,
insbesondere Immobilienökonomie (Stiftungslehrstuhl),
an der EUROPEAN BUSINESS SCHOOL International University
Schloss Reichartshausen, Oestrich-Winkel/Rheingau

Vorwort

Investoren, kapitalgebende Banken, Nutzer, Jahresabschlussprüfer, Versicherungen, Makler und Sachverständige der Immobilienbewertung – sie alle sehen sich in ihrer täglichen Bewertungspraxis regelmäßig mit der gleichen Herausforderung konfrontiert: Was ist die Immobilie wert? Diese Frage ist bei den gängigen Immobiliengattungen wie Einfamilienhäusern oder klassischen Büroimmobilien noch relativ einfach zu beantworten. Die Bewertungsliteratur hierzu ist umfangreich, über die Verfahren und Methodik herrscht breiter Konsens, und die Schaffung von Markttransparenz zur Bestimmung der teilmarktbezogenen Inputvariablen einzelner Berechnungen ist professionellen Marktteilnehmern heutzutage ohne größere Anstrengungen möglich.

Problematisch wird erst die Beantwortung der Frage: Was ist die Spezialimmobilie wert? Geht es um die Verkehrswertermittlung von beispielsweise Freizeitbädern fehlt es regelmäßig an gesichertem Wissen. Wie hoch sind die gewöhnlichen Bewirtschaftungskosten? Welche Rolle spielt die Revitalisierung? Wie lassen sich die höheren Risiken identifizieren und quantifizieren? Wo sind Vergleichsdaten erhältlich? Ist die Objekt- oder Betreiberperspektive ausschlaggebend? Welche Anpassungen sind bei den bekannten Bewertungsverfahren notwendig? usw. Nur wenige spezialisierte Experten kommen in dieser Königsdisziplin der Bewertung von so genannten „Sonder- oder Spezialimmobilien" zu gesicherten Ergebnissen. Die unreflektierte Anwendung der „normalen" Ertragswert- oder Sachwertberechung führt zwangsläufig zu falschen Bewertungsresultaten. Fehlerhafte Wertansätze haben exemplarisch bei Hotelimmobilien, Einkaufszentren oder Multiplex-Kinos in der Vergangenheit oftmals zur Fehlallokation von privatem Kapital und hohen Ausfällen bei den kreditgebenden Banken geführt.

Betrachtet man die hohe Relevanz von verlässlichen, marktgerechten Bewertungen dieser Immobiliengattungen zur Entscheidungsfundierung aller oben genannten Marktteilnehmer, ist es verwunderlich, dass sich die Literatur im In- und Ausland dieser Problematik bisher nur rudimentär bzw. vereinzelt in Fachjournalen gewidmet hat. Das vorliegende Buch soll diese Lücke schließen und Investoren, Banken, Versicherungen, der öffentlichen Hand, Prüfern, Maklern und insbesondere den Sachverständigen verlässliche Ansatzpunkte in Bezug auf Methodik, Marktdaten und Aufbereitung von professionellen sowie revisionssicheren Gutachten für Spezialimmobilien liefern. Jeder Beitrag kann als Ausgangspunkt für die weitere Vertiefung in den jeweiligen Spezialgebieten dienen und sollte selbstverständlich nicht als abschließende Darstellung der Thematik aufgefasst werden. Mein besonderer Dank geht an alle Autoren. Ohne ihr Fachwissen auf dem jeweiligen Spezialgebiet und ihre Beiträge wäre dieses Buch ein frommer Wunsch geblieben!

Dr. Sven Bienert

Fachbereich Immobilienökonomie
an der University of Applied Sciences,
FHS KufsteinTirol

Inhaltsverzeichnis

Geleitwort IX

Vorwort XI

**Teil I: Finanzwirtschaftliche Perspektiven in Bezug
auf Spezialimmobilien** 1

Grundlagen der Bewertung von Spezial- bzw. Sonderimmobilien 3
Sven Bienert

Blickwinkel der Kreditinstitute in Bezug auf Spezialimmobilien 27
Volker Hardegen

Wirtschaftlichkeitsbetrachtung im Rahmen von Due-Diligence-Prozessen
bei Spezialimmobilien aus Sicht eines Projektentwicklers 59
Ingo H. Holz/Jens J. Jacobi

Portfoliobewertung und Spezialimmobilien im Portfoliokontext 85
Herwig Teufelsdorfer

Internationale Methoden zur Bewertung von Spezialimmobilien –
ein Überblick 109
Nick French/Sven Bienert

Teil II: Handelsimmobilien 133

Bewertung von innerstädtischen Einzelhandelslagen 135
Gerhard K. Kemper/Werner Altenschmidt

Bewertung von Shopping-Centern 153
Raimund Ellrott/Olaf Petersen

Bewertung von Fachmärkten und Analyse der notwendigen Faktoren 181
Hermann Altmeppen/Holger Rathjen

Bewertung von Urban Entertainment Centern 249
Doerthe Gosewehr/Florian van Riesenbeck

Teil III: Freizeitimmobilien 283

Bewertung von Multiplex-Kinos 285
Silke Geßner/Ellen Leupold

Bewertung von Freizeit- und Hallenbädern 325
Silke Trost

Bewertung von Golfanlagen 357
Georg Böhm

Bewertung von Messen und Veranstaltungszentren 381
Louise Bielzer/Thomas May

Teil IV: Gastgewerbliche Immobilien 405

Bewertung von Hotelgrundstücken unter besonderer Berücksichtigung
der wirtschaftlichen Rahmenbedingungen 407
Sven Bienert

Bewertung von (Themen-)Gastronomie 559
Heimo Kranewitter

Teil V: Infrastrukturbezogene Immobilien 581

Bewertung von Grundstücken mit Windenergieanlagen 583
Herbert Troff

Bewertung von Flughäfen 617
Evangelos Peter Poungias/Christian Sternberg

Bewertung von Bahnhöfen 649
Andreas Freese

Bewertung von Parkierungsanlagen, insbesondere von Parkhäusern ... 671
Hans-Jürgen Lorenz

Bewertung von Tankstellen 697
Sandra Kirchner/Klaus Wagner

Teil VI: Industrie- und Distributionsimmobilien ... 729

Bewertung von Lager- und Logistikimmobilien ... 731
Anke Niklas

Bewertung von Fabrikationsgrundstücken ... 753
Astrid Hummel

Teil VII: Sozialimmobilien und öffentliche Bauten ... 773

Bewertung von Seniorenwohn- und Pflegeimmobilien ... 775
Carsten Brinkmann/Markus Bienentreu

Bewertung von Kliniken ... 795
Carsten Brinkmann/Stefan Begemann

Bewertung von öffentlichen Bauten – am Beispiel von Schulen, Hochschulen und Kindergärten ... 813
Martin Kohlhase/Christian Marettek

Bewertung von Kirchen und kirchlichen Zwecken dienenden Flächen ... 837
Klaus Bernhard Gablenz

Teil VIII: Sonstige spezielle Nutzungsarten ... 857

Bewertung von landwirtschaftlichen Liegenschaften und Betrieben ... 859
Roland Fischer

Bewertung von Luxusvillen ... 909
Jörg Buchen

Bewertung von Schlössern und Burgen ... 927
Louise Bielzer/Karl Weber

Der Herausgeber ... 951

Die Autoren ... 952

Stichwortverzeichnis ... 969

Teil I

Finanzwirtschaftliche Perspektiven in Bezug auf Spezialimmobilien

Grundlagen der Bewertung von Spezial- bzw. Sonderimmobilien

Sven Bienert

1 Überblick Spezialimmobilien – Eingrenzung des Begriffs und Definition

2 Besondere Herausforderungen bei der Bewertung von Spezialimmobilien

3 Wahl des Bewertungsverfahrens und Wertbegriffe

1 Überblick Spezialimmobilien – Eingrenzung des Begriffs und Definition

Spezialimmobilien sind Objekte, die für eine besondere Art der *Nutzung* konzipiert wurden und während ihres gesamten Lebenszyklus nur für diese eine Aktivität, die mit Hilfe der Immobilie ausgeführt wird, zur Verfügung stehen.[1] Die Immobilien sind in Bezug auf Architektur, Lage, Raumaufteilung, verwendete Materialien, Oberflächengestaltung des Grund und Bodens oder beispielsweise die fest verbundenen Betriebseinrichtungen auf ihre bereits in der Planungsphase festgelegte Verwendung zugeschnitten. Diese kann sich auf die Einlagerung bestimmter Gegenstände, die Fertigung ganz spezieller Güter, die Freizeitgestaltung bestimmter Personen oder infrastrukturelle sowie soziale oder karitative Zwecke beziehen.[2]

Drittverwendungsfähigkeit

Die *Credit Suisse* versteht unter Spezialimmobilien alle Objekte, die nicht eine Hauptnutzung der Kategorien Wohnen, Büro oder Gewerbe aufweisen[3] – letztlich ist diese Eingrenzung auf Basis der gegenwärtigen Nutzung jedoch nicht immer trennscharf. Zentral ist weniger die gegenwärtige Nutzungsart per se, sondern die Tatsache, dass aufgrund einer starken (Zielgruppen-)Fokussierung eine andere Nutzung aus wirtschaftlichen, baulichen, rechtlichen oder sonstigen Gründen bis zum voraussichtlichen Ende der Nutzungsdauer der Immobilie nicht in Betracht gezogen werden kann. Damit ist zunächst eine intensive Ansprache einer bestimmten Zielgruppe gesichert, fällt deren Interesse jedoch aus, sind die weiteren Verwendungsmöglichkeiten stark begrenzt. Bereits an dieser Stelle wird die zentrale Herausforderung einer Kategorisierung von Liegenschaften als „Spezialimmobilie" deutlich. Letztlich hat eine mögliche Alternativnutzung auch immer etwas mit Phantasie und den im Einzelfall zu Tage tretenden Rahmenbedingungen zu tun. Die Revitalisierung und Drittverwendung einer Industriebrache – gemeinhin eindeutig eine Spezialimmobilie – in zentraler Lage einer Großstadt gestaltet sich oft einfacher, als die weitere Verwendung eines großen, in die Jahre gekommenen Büroobjektes – gemeinhin eindeutig *keine* Spezialimmobilie – in dezentraler Lage einer Kleinstadt. Somit ist die Klassifizierung nicht ausschließlich an der Nutzung, son-

---

1 Vgl. Finch/Casavant (1996).
2 Vgl. Scholz/Steffan (1993), S. 126.
3 Vgl. o. V., Credit Suisse (2002).

dern an der *Drittverwendungsfähigkeit* der Immobilie auszurichten – wohlweislich, dass bestimmte Nutzungsarten quasi naturgegeben eine geringere Flexibilität aufweisen als andere.

Sonderimmobilie

Der Begriff „*Sonderimmobilie*" wird allgemein mit dem Begriff „Spezialimmobilie" gleichgesetzt.[4] Gelegentlich wird eine Einschränkung des Begriffs der Sonderimmobilie auf öffentliche Gebäude vorgenommen, wobei dann weiter zwischen Objekten mit und ohne Drittverwendungsfähigkeit unterschieden wird.[5] *Kleiber* führt zusammenfassend treffend aus, dass Sonder- (bzw. Spezial-) Immobilien Objekte sind, die auf eine „spezielle Nutzung mit geringer Drittverwendungsfähigkeit" ausgerichtet sind.[6]

Höhere Risiken

Neben den genannten Kriterien können jedoch noch weitere Aspekte identifiziert werden, die eine Spezialimmobilie charakterisieren. *Monofunktionale Objekte,* zu denen Spezialimmobilien zu zählen sind, haben in der Regel höhere Risiken als multifunktionale Liegenschaften, was insbesondere mit der (höheren) erwarteten Ertragsvolatilität von Immobilien zu erklären ist, die nicht umgenutzt werden können. Den höheren Risiken steht im Sinne der Modernen Portfoliotheorie ein entsprechendes Renditepotenzial dieser Immobilien gegenüber.[7] Marktteilnehmer, die in diesen Segmenten aktiv sind und ein erhöhtes Risiko-Rendite-Profil akzeptieren, werden vor diesem Hintergrund als relativ risikofreudig bezeichnet. Dass Spezialimmobilien höhere Risiken aufweisen, als andere Nutzungsarten, bringt auch der *Baseler Ausschuss für Bankenaufsicht* zum Ausdruck, da er Kredite zur Finanzierung von Spezialimmobilien im Rahmen der *Specialised Lendings* (kurz: SL) mit höheren Eigenkapitalunterlegungspflichten belegt als für andere Liegenschaften.

---

4   Vgl. Schulte (2000), S. 26: Zum Begriff der Sonderimmobilie.
5   Vgl. o. V., GuG 02/2004, S. 10.
6   Vgl. Kleiber/Simon/Weyers (2002), S. 1274, S. 1251; Anmerkung des Autors: Weniger zielführend ist jedoch Kleibers Kategorisierung, bei der er z. B. ein Labor und ein Kühlhaus nicht unter die Sonderimmobilien subsumiert, hingegen eine Ferienwohnung für ihn klar eine Sonderimmobilie ist.
7   Vgl. Schulte (2000), S. 26.

Zu diesen Spezialimmobilien zählt der Ausschuss:[8]

- „single purpose real estate (e. g. industrial premises, religious centers, hotels, stand-alone restaurants),
- recreational properties (e. g. amusement parks, golf courses),
- properties that include any licensed operating facilities such as private hospitals/clinics, senior homes and nursing homes, private or special purpose education facilities,
- seasonal properties (i. e. properties which can be used only during certain periods of the year),
- properties having environmentally sensitive uses or locations (chemical or petroleum processors, waste transfer stations, auto service malls etc.)."

Handelbarkeit

Auch an der obigen Aufzählung wird deutlich, dass der Begriff „Spezialimmobilie" insgesamt weiter zu fassen ist, als nur die Begrenzung auf eine spezielle Nutzungsart, also *Single-Purpose Real Estate* bzw. den in der angloamerikanischen Immobilienwirtschaft gebräuchlicheren Begriff der *Special-Purpose Properties*. In der internationalen Bewertungspraxis ist der letztere Begriff eng mit der *Handelbarkeit* der Immobilien im gewöhnlichen Geschäftsverkehr verbunden. Die Untersuchung dieser Fragestellung ist in der Tat von entscheidender Bedeutung für die Bewertungspraxis, gibt sie doch Auskunft darüber, ob überhaupt ein Markt- bzw. Verkehrswert hergeleitet werden kann. Die deutschsprachige Bewertungsliteratur befasste sich bisher mit einer Diskussion dieser Grenzbereiche nicht, weshalb in der Folge eine Betrachtung der internationalen Bewertungspraxis erfolgt. Das *International Valuation Standards Committee* (kurz: IVSC) führt hierzu im IVS 2: „Bewertungen, die nicht den Marktwert herbeiführen" (so genannter Non-Market Value) aus, dass dieser „Nicht-Verkehrswert" bei *Specialised-, Special-Purpose-* oder *Specially-Designed Properties* hergeleitet werden muss, da diese Objekte nicht im gewöhnlichen Geschäftsverkehr gehandelt werden. Der Artikel IV Guidance Note No. 8, 3.2. definiert den Begriff der *Specialised Properties* in der Folge als: „Immobilien die selten, oder gar nicht im offenen Markt verkauft werden, außer im Rahmen des Unternehmens von dem sie ein Teil sind. Dies liegt an ihrer Einzigartigkeit, die aufgrund der speziellen Art und des Designs des Gebäudes, der Konfigura-

---

8   Vgl. Baseler Ausschuss, Criteria in defining exceptional treatment of commercial real estate lending, Januar 2001.

tion, Größe, Lage oder anderen Umständen entsteht. Konsequenterweise können keine verlässlichen Vergleichstransaktionen für „Specialised properties" gefunden werden." Dabei wird vom IVSC nicht weiter zwischen den drei Begriffen *Special-Purpose*, *Specially-Designed* und *Specialised* unterschieden und die Begriffe teilweise synonym verwendet. Ist das „Besondere" eines Objektes jedoch primär die Bestimmung innerhalb eines Unternehmens für die Erfüllung einer besonderen Aufgabe, sollte von *Special-Purpose Properties* gesprochen werden.[9] Die *Royal Institution of Chartered Surveyors* (kurz: RICS) definieren den Begriff der *Specialised-properties* deckungsgleich zum IVSC und verweisen auf die IVS.[10] Allgemein anerkannt ist, dass es sich bei diesen „spezialisierten" Immobilien um beispielsweise Hafenanlagen, Raffinerien, Kraftwerke, teilweise auch Fabriken oder Kirchen handelt, die *gar keine* Drittverwendung haben.[11] *The Group of Valuers' Associations* (kurz: TEGoVA) spricht von *Special-properties* und übersetzt diesen Term in ihrer deutschen Ausgabe der *European Valuation Standards* (kurz: EVS) mit Spezialimmobilien. In Standard 5.08 wird zur Bewertung zu Bilanzierungszwecken ausgeführt: „Spezialimmobilien sind Immobilien, die einen speziellen Zweck erfüllen und wenn überhaupt nur selten verkauft werden, es sei denn als Teile der Geschäftstätigkeit." Damit ist diese Definition – trotz der leicht unterschiedlichen Begrifflichkeiten – weitestgehend mit den Ausführungen der RICS und des IVSC identisch. Als Beispiele werden hier wieder Stahlwerke, Ölraffinerien und Chemiewerke angeführt. Nicht-Spezialimmobilien sind hingegen gemäß EVS „gängigere Gebäudetypen". In der Leitlinie 2 der EVS zur Bewertung von Spezialimmobilien stellt die TEGoVA jedoch klar, dass sie unter Spezialimmobilien darüber hinaus auch jede Form der Betreiberimmobilien (vgl. RL 2.02, S. 137) – also Hotels, Bars, Restaurants, Sozialimmobilien oder Freizeitimmobilien –, Grundstücke mit Mineralvorkommen (vgl. RL 2.13 ff., S. 141 ff.) und bestimmte Liegenschaften der öffentlichen Hand sowie Infrastrukturobjekte (vgl. RL 2.27 ff., S. 145 ff.) unter diese Kategorie subsumiert.

Betreiberimmobilien

Bei genauer Betrachtung sind also auch alle Formen der *Betreiberimmobilien* zu den Spezialimmobilien zu zählen. Bei Betreiberimmobilien ist eine *unternehmerische Tätigkeit* innerhalb der Immobilie beispielsweise eines Krankenhaus- oder eines Hotelbetriebes die Voraussetzung für die Erwirtschaftung von Überschüssen,

---

9   Vgl. Williamson/Chappell (1997).
10 Vgl. RICS Property Valuation Forum, 1. Mai 2003, S. 1, Parag. 1.1.; S. 6, Parag. 2.3.; vgl. RICS, Red Book, Part II, S. 1; Part III, Chapter PS 3.3; Appendix 3.1.
11 Vgl. Jenyon u. a. (1999), S. 20, S. 156 ff.; vgl. RICS, Red Book, Part II, S. 4.

die für eine Verzinsung des in der Immobilie gebundenen Kapitals zur Verfügung stehen. Der Erfolg der Immobilieninvestition ist somit von der wirtschaftlichen Leistungsfähigkeit und den betriebswirtschaftlichen Kenntnissen des Nutzers abhängig. Auch aus diesem Grund sind Betreiberimmobilien mit höheren Risiken behaftet als die Bestandhaltung von „normalen" Immobilien. Häufig werden die Begriffe „Betreiber- und Managementimmobilie" synonym verwendet. Will man eine Unterscheidung treffen, ist die *Managementimmobilie* eine Betreiberimmobilie, bei der die Führung des Betriebes an mehrere Betreiber gleichzeitig delegiert wird, weshalb das Risiko einer Managementimmobilie höher ist als das anderer Betreiberimmobilien, da die Betreiber wiederum von beispielsweise einem Center-Management im Fall von Einkaufszentren koordiniert und gesteuert werden müssen. Dieser Umstand bedeutet für den jeweiligen Eigentümer weitere Risikokomponenten, die aus dem Verhalten des Managements erwachsen können.[12]

Offensichtlich ist es nicht unkompliziert, eine zweifelsfreie Zuordnung von Immobilien zu bestimmten Segmenten innerhalb der Klasse „Spezialimmobilie" zu bewirken. Allgemein sind diese Liegenschaften durch eine oder mehrere der folgenden Merkmale zu identifizieren (siehe Tabelle 1).

	Identifikationsmerkmale einer Spezialimmobilie
Nutzungs-orientierung	Die Immobilien sind in besonderer Weise auf die gegenwärtige Nutzung ausgerichtet. Dies kann sich in Architektur, Bauweise etc. manifestieren.
Drittverwendungs-fähigkeit	Die Immobilie ist aufgrund der klaren Ausrichtung auf eine bestimmte Nutzung für eine Alternativnutzung schwer oder gar nicht zugänglich. Eine Umnutzung ist in jedem Fall mit hohen Kosten verbunden, die sich im Regelfall nicht rentieren werden (so genannte Sunk Costs).
Risiko-Rendite-Profil	Spezialimmobilien haben insgesamt durch die o. g. Aspekte höhere Renditeperspektiven bei simultan höheren Risiken. Bestimmte Spezialimmobilien erwirtschaften jedoch aufgrund ihrer Nutzung (bspw. eine Kirchen, Schulen, Museen) im Regelfall keine ausreichende Rendite, um die Investitionskosten zu rechtfertigen.
Handelbarkeit	Das Objekt hat einen stark eingeschränkten, teilweise nur überregional zu definierenden Teilmarkt mit eigenen Regeln und im Regelfall einer überschaubaren Zahl an Marktteilnehmern. Im Extremfall ist kein Marktwert feststellbar, wobei dann gar keine Drittverwendungsfähigkeit gegeben ist.

---

12 Vgl. Schulte (2000), S. 27.

Unternehmensbezug	Häufig handelt es sich um Immobilien, die im Bereich der Management- und Betreiberimmobilien angesiedelt sind, weshalb oft Unklarheit über die Trennung von immobilienbezogenen Verkehrswerten und einem Unternehmenswert besteht. Die Immobilie wird dann im Regelfall nicht isoliert, sondern als Teil des Unternehmens veräußert. Hieraus erwachsen auch oftmals hohe spezifische know-how Anforderungen bei der Entwicklung und anschließend der Nutzung der Immobilie, die im Regelfall von „normalen" Projektentwicklern und Bestandhaltern nicht vorgehalten werden und betriebswirtschaftliche Kenntnisse der jeweiligen Branche (z. B. Hotellerie etc.) erfordern.
Aus- und Einbauten	Häufig sind diese Objekte mit umfangreichen Einbauten i. S. von Zubehör und wesentlichen Bestandteilen verbunden, die einen erheblichen Teil des Wertes umfassen, jedoch nur aus Sicht der gegenwärtigen Nutzungsform und deren Zielgruppe als werthaltig zu bezeichnen sind.
Unterhaltungskosten und Revitalisierungsanfälligkeit[13]	Diese Immobilien erfordern aufgrund des teilweise sehr hohen technischen Aufwands wesentlich höhere Instandhaltungs- und sonstige Bewirtschaftungskosten, um die Nutzbarkeit dauerhaft zu gewährleisten.
Rechte und Lasten	Häufig treten zusätzliche Erschwernisse wie z. B. Altlasten[14] oder Denkmalschutz[15] bei der Analyse der Liegenschaften auf.

Tabelle 1: Merkmale und Charakteristika einer Spezialimmobilie

Vor dem Hintergrund der obigen Ausführungen ist eine Einschränkung auf traditionell „riskantere" Gewerbeimmobilien, die also hauptsächlich der Ausübung gewerblicher Aktivitäten dienen, nahe liegend. Bei genauerer Betrachtung ist aber auch diese Einengung nicht sinnvoll. Letztlich müssen auch bestimmte Wohnimmobilien als Spezialimmobilie akzeptiert werden. Betrachtet man beispielsweise die Demonstrativbauten der 70er Jahre, so wird schnell deutlich, dass auch diese Plattenbauten mit teilweise über 15 Stockwerken heute fast alle der oben dargelegten Kriterien einer Spezialimmobilie erfüllen. Ebenso erfüllen Luxusvillen oder Schlösser weitgehend die oben genannten Anforderungen.

---

13 Vgl. Große-Winkelsett (1997).
14 Vgl. Grunewald (1997).
15 Vgl. o. V., IZ, 21. August 1997: Denkmalschutz als Herausforderung beim *Refurbishment* von Kaufhäusern.

Oft wird auch die Klassifizierung zur Spezialimmobilie an den jeweiligen Bestandhalter gekoppelt. Die Frage nach dem Bestandhalter bzw. Eigentümer ist jedoch nicht entscheidend für eine Zuordnung. Wichtig ist bei der Bewertung weniger die Frage, ob beispielsweise eine Schule der öffentlichen Hand gehört, sondern inwieweit die aktuelle Nutzung auch in Zukunft unterstellt werden muss. Ebenso sind kirchliche Liegenschaften nicht zwangsläufig vom gewöhnlichen Geschäftsverkehr ausgeschlossen, nur weil sie zu einem bestimmten Zeitpunkt karitativen Zwecken dienen.

Spezialimmobilien im weiteren und engeren Sinne

Die folgende Systematisierung von Spezialimmobilien nimmt eine Differenzierung und Abstufung vor, die die vorgenannten Kriterien aufgreift. Dennoch wird zur leichteren Nachvollziehbarkeit nur eine Orientierung anhand von verschiedenen Nutzungskategorien vorgenommen. *Spezialimmobilien im weiteren Sinne* sind besondere gewerbliche oder wohnwirtschaftlich genutzte Immobilien, für die im gewöhnlichen Geschäftsverkehr im Regelfall ein Verkehrswert hergeleitet werden kann, sowie land- und forstwirtschaftliche Liegenschaften. Die oben dargelegten Charakteristika einer Spezialimmobilie treffen teilweise zu. *Spezialimmobilien im engeren Sinne* umfassen die in der Literatur und praktischen Arbeit am häufigsten als „Spezial- oder Sonderimmobilien" bezeichneten Nutzungsformen. Die dargelegten Charakteristika treffen teilweise in starkem Maße zu, wodurch die Bewertung mit den klassischen nationalen Bewertungsverfahren erschwert wird. Marktdaten sind häufig nur mit hohem Aufwand zu generieren und eine Drittverwendung ist oft nur sehr begrenzt möglich. Dennoch ist im Regelfall ein Markt vorhanden, der sich aber überregional definiert. Transaktionen finden gegebenenfalls nur in Kombination mit dem gesamten Unternehmen statt, weshalb die Isolierung des Verkehrswertes der Immobilien nicht unproblematisch ist. Die Definition der *Spezialimmobilien im engsten Sinn* lehnt sich stark an die angloamerikanische Sichtweise in Bezug auf die *Specialised-* bzw. *Special-Purpose Properties* an. Hierbei handelt es sich um Liegenschaften, für die es aufgrund der nicht vorhandenen Drittverwendungsfähigkeit und anderer Kriterien gar keinen Markt gibt. Im Regelfall sind dies Kraftwerke, Verkehrswege, Hafenanlagen und andere, einer Wertfindung kaum zugängliche, Liegenschaften. Theoretisch können jedoch auch Objekte aus Nutzungskategorien die gewöhnlich eine ausreichende Drittverwendung aufweisen im Einzelfall zur Spezialimmobilie im engsten Sinne gezählt werden, wenn die vorgenannten Identifikationsmerkmale zutreffen (siehe Abbildung 1).

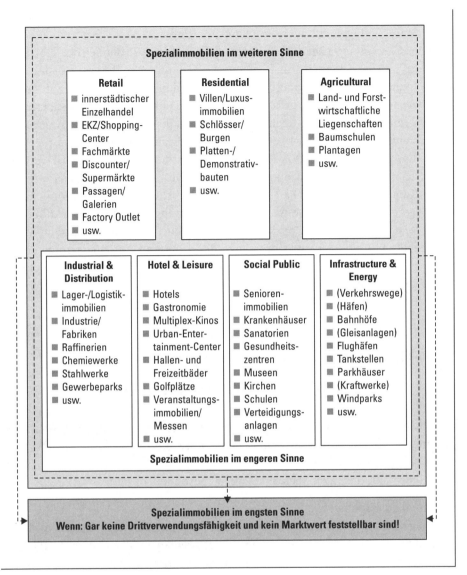

Abbildung 1: Systematisierung von Spezialimmobilien

Der Anteil an Spezialimmobilien im engeren Sinne notiert im Regelfall unter 20 Prozent des gesamten Immobilienmarktes, wobei sich unter Einschluss aller Immobilien der öffentlichen Hand höhere prozentuale Anteile ergeben. *Gondring* weist vor diesem Hintergrund zu Recht darauf hin, dass Spezialimmobilien innerhalb der sich stark verändernden Immobilienwirtschaft ein interessantes Betätigungsfeld für Makler, die sich auf eine bestimmte Nische konzentrieren wollen, darstellen.[16] Selbiges gilt auch für Gutachter, Entwickler und Bestandhalter, die nicht den Gesamtmarkt bearbeiten können bzw. wollen. Der Bereich der Spezialimmobilien wurde allgemein als „eigenes" Betätigungsfeld der Investoren in Deutschland Mitte der 90er Jahre entdeckt, was damals wie heute mit Sättigungstendenzen im unteren Risiko-Rendite-Spektrum und Diversifikationsüberlegungen zusammenhängt.[17] Dass auch für Fonds und andere institutionelle Anleger der Bereich der Spezialimmobilien zunehmend interessanter wird, zeigt beispielsweise das Engagement der DEKA-Immobilien-Investment GmbH, DEGI-Deutsche-Gesellschaft-für-Immobilienfonds GmbH, IVG-Holding AG, Oppenheim-Immobilien-Kapitalanlagegesellschaft mbH, oder der Berliner-KapHag-Holding in diesem Segment. Abgesehen vom laufenden Bewertungsbedarf der institutionellen Anleger ist diese Form der Spezialisierung auch für Gutachter interessant, die im Massengeschäft eine zunehmende Standardisierung und Automatisierung erwarten und sich von dieser, mit sinkenden Erlöspotenzialen verbundenen, Entwicklung abkoppeln wollen.

2 Besondere Herausforderungen bei der Bewertung von Spezialimmobilien

Bereits die einleitenden Ausführungen lassen erkennen, dass die Sachverständigentätigkeit im Fall von Spezialimmobilien mehr eine Kunst denn eine Wissenschaft ist. So treten im Rahmen der Bewertung von Spezialimmobilien häufig Konstellationen auf, die einen Sachverständigen besonders fordern:

- *Umnutzungspotenziale*
  Der Gutachter wird regelmäßig mit der Frage konfrontiert, ob die gegenwärtige Nutzung noch die Beste ist und wenn dies gegebenenfalls nicht der Fall ist, ob sie dennoch weiterhin unterstellt werden muss *(Existing use value/value in use* versus *Alternative use value*, Highest and best use).[18]

---

16 Vgl. o. V., AIZ, 12/2002.
17 Vgl. o. V., IZ, 5. Oktober 1995.
18 Vgl. Jenyon u. a. (1996).

- *Wirtschaftliche Einheiten*
  Der Gutachter muss oft genau untersuchen, welche Bestandteile bei der Bewertung der Immobilien berücksichtigt werden dürfen bzw. müssen. Diese Fragestellung kann
  - in Bezug auf den Grund und Boden (z. B. Hofanlagen, die nicht arrondiert sind) oder
  - die Gebäude und das Zubehör (z. B. bei Hotels im Grenzbereich der Bedeutung des Inventars) oder
  - im Rahmen der Bewertung eines gesamten Unternehmens bei unterstellter Fortführung auftreten.

- *Heterogene Nutzungen*
  Es werden auf einem Grundstück mehrere Nutzungen betrieben, beispielsweise ein Hotel mit Läden und in den oberen Etagen Büros und Wohnungen. Der Gutachter muss dann die Frage nach den vorherrschenden Bewertungsverfahren bzw. deren optimaler Kombination (so genannte Mosaikmethode) eingehend prüfen.

- *Spezielle Methodik*
  Der Gutachter muss oftmals eine Anpassung der gängigen Verfahren vornehmen, um die für den Bewertungsfall adäquate Methodik zu erhalten (z. B. Pachtwertverfahren, Risikoanalysen etc.).

- *Datenproblematik und Branchenerfahrung*
  Der Gutachter sieht sich bei den meisten Nutzungsarten innerhalb der Klasse „Spezialimmobilien" mit dem Problem konfrontiert, dass keine Markttransparenz herrscht und die Eingangsdaten der Bewertung teilweise branchenbezogenen sind und entsprechende Kenntnisse zur Erhebung und Analyse erfordern.[19]

In der Folge sollen einige der vorgenannten Aspekte intensiver diskutiert werden.

Wirtschaftliche Gesamtnutzungsdauer und Überalterung

Spezialimmobilien weisen regelmäßig Besonderheiten in Bezug auf ihre *wirtschaftliche Gesamtnutzungsdauer* (GND) auf. Diese ist oftmals auf unter 50 Jahre begrenzt (Anlage 4 WertR 2002, beispielsweise bei Tankstellen, Logistikimmobilien, landwirtschaftlichen Wirtschaftsgebäuden, Freizeitimmobilien etc.), weshalb dem Bodenwert dieser Grundstücke im Rahmen der Bewertung eine besonders hohe Bedeutung zukommt. In Bezug auf die *Restnutzungsdauer* (RND) muss ins-

---

[19] Vgl. TEGoVA, 2003, RL 2.07 ff., S. 139 ff.

besondere die wirtschaftliche Nutzbarkeit der Immobilien betrachtet werden. Wird diese als begrenzt angesehen, kann alternativ zu einem Abzug aufgrund *wirtschaftlicher Überalterung* (economic obsolescence) bei den „sonstigen wertbeeinflussenden Umständen" (§ 19 bzw. 25 WertV) auch eine verkürzte RND in Ansatz gebracht werden. Diese Form der schnellen wirtschaftlichen Alterung ist insbesondere durch die sich stetig wandelnden Marktanforderungen im Bereich der Spezialimmobilien häufig anzutreffen – beispielsweise bei veralteten Lagerhallen, die moderne logistische Lösungen nicht ermöglichen, oder bei Fabrikationsflächen, die nicht mehr die Anforderungen an Räumlichkeiten für moderne Produktionsstraßen erfüllen.

Im Rahmen überalteter Objekte kann es auch zu Negativwerten kommen. In diesem Fall wird vom so genannten *Unwert* (Nil value) gesprochen, bei dem die anfallenden Freilegungskosten für die abrissreifen baulichen Anlagen den Bodenwert bei unterstellter freier Dispositionsfähigkeit übersteigen.[20] Oft sind Spezialimmobilien, die keinen wirtschaftlichen Nutzen mehr generieren, noch nicht am Ende ihrer technischen Lebensdauer angelangt. Somit wird wirtschaftliche Überalterung unterstellt und bei freier Disponierbarkeit der Flächen die Umnutzung in Betracht gezogen. Bei der *Umnutzung* muss diese im gewöhnlichen Geschäftsverkehr die bestmögliche und nahe liegende Alternative darstellen – darf also nicht rein spekulativer Natur sein. Bei Umnutzungsüberlegungen gilt es, vier Aspekte kumulativ zu beachten:

- aufgrund des Baurechtes und anderer Normen legal möglich,
- aufgrund der Gebäudestruktur technisch umsetzbar,
- finanziell machbar,
- im Ergebnis die Lösung mit den maximalen Renditeaussichten.

Quantifizierung von Umnutzungskosten

Die *Quantifizierung von Umnutzungskosten* ist eine weitere Herausforderung. Der in der Praxis übliche Rückgriff auf den Baukostenindex (BKI) zur Quantifizierung von beispielsweise Reparaturstau wird in diesem Fall nicht mehr zielführend sein, da im Regelfall erhebliche Kosten anfallen, die auf diesem Wege nicht ausreichend quantifiziert werden könnten.

---

20 Vgl. Kleiber/Simon/Weyers (2002), S. 1087, S. 1671; vgl. Jenyon u. a., IZ (11/1997).

Datenproblematik und Prognoseunsicherheit

Häufig stellt sich bei Spezialimmobilien auch eine *Datenproblematik* ein, da die Märkte dieser Immobiliengattungen im Regelfall weniger transparent sind als beispielsweise Märkte für Büroimmobilien.[21] Die mangelnden Daten können im Extremfall dazu führen, dass ein grundsätzlich als nützlich angesehenes Bewertungsverfahren nicht mehr zum Einsatz kommen kann. Exemplarisch scheidet das Vergleichswertverfahren oftmals aus. Auch eine ertragswertorientierte Bewertung ist dann jedoch mit einem hohen Maß an *Prognoseunsicherheit* in Bezug auf die zukünftigen Erlöse verbunden.

Die an den Gutachter gestellten Anforderungen wachsen insbesondere in Bezug auf Spezialimmobilien ständig, wobei heutzutage auch Kenntnisse aus ehemals von der nationalen Immobilienbewertung weitgehend getrennten Bereichen stärker in den Vordergrund rücken:

- höhere Bedeutung internationaler Bewertungsverfahren (Stichwort: Globalisierung),

- stärkere Einbeziehung von Kenntnissen eines Kreditanalysten (Stichwort: Basel II),

- direktere Anbindung an den Bereich der Wirtschaftsprüfung (Stichwort: IFRS).[22]

3 Wahl des Bewertungsverfahrens und Wertbegriffe

Dieses Buch gibt bei den verschiedensten Spezialimmobilien eine Hilfestellung im Rahmen einer allfälligen praktischen Wertermittlung. Im angloamerikanischen Raum hat man sich diesem Problembereich bereits intensiver gewidmet und gibt beispielsweise die „Valuation Information Paper" und „Guidance Notes" in Ergänzung zum *Red Book* heraus, um für „certain categories of properties" zu sinnvollen Wertansätzen zu gelangen.[23] Auch in den IVS und den EVS wird an diversen Stellen auf die Methodik und Begriffsdefinitionen im Zusammenhang mit Spezialim-

---

21 Vgl. Berndt/Haase, WestLB, DCF Juli 2002, S. 15.
22 International Financial Reporting Standards.
23 Vgl. RICS Valuation Group, 1. März 2004, S. 1, Parag. 1.1.

mobilien eingegangen, weshalb in der Folge insbesondere auch auf die internationalen Erfahrungen eingegangen wird.

Nach § 7 WertV ist eines der drei klassischen Verfahren zur Herleitung des Verkehrswertes (gemäß § 194 BauGB bzw. dem *Market Value* als „internationales Pendant" gemäß IVS No. 1.) einer Liegenschaft oder gegebenenfalls die Kombination aus mehreren dieser Methoden anzuwenden. Diese Anforderung ist jedoch nicht bindend. Der Sachverständige kann auch auf andere, sachgerechte Verfahren zurückgreifen, wenn er die Notwendigkeit der Anwendung im Bewertungsfall schlüssig darlegen kann.[24] Auf den ersten Blick erscheint dies insbesondere bei Spezialimmobilien notwendig. In der Tat werden teilweise andere als diese drei Verfahren zur Anwendung kommen, allerdings ist die dann verwendete Methodik im Regelfall wieder nur eine Variante von Kosten-, Rendite- oder Vergleichsüberlegungen, weshalb der Begriff „andere Verfahren" oft überstrapaziert wird. Man könnte auch überspitzt sagen: Es kommt nichts Neues hinzu, oder wie *Kleiber* es ausdrückt: Alle in der Praxis weltweit angewendeten Verfahren zur Herleitung von Verkehrswerten sind „Derivate" der drei bekannten Verfahren.[25]

Market versus Non-Market Value

Wie bereits weiter oben kurz skizziert, kann es bei Spezialimmobilien dazu kommen, dass gar kein Verkehrswert (dann: *Non-Market Value*) ermittelt werden kann, da es keinen gewöhnlichen Geschäftsverkehr für die in Frage stehende Immobilie gibt. Das IVSC führt hierzu aus, dass diese *Specialised Properties* und Objekte, für die es nur einen sehr kleinen Markt gibt, so genannte *Limited Market Properties* (IVS No. 2; Guidance Note No. 8, 3.3), häufig im Rahmen der *Depreciated replacement cost* (IVS No. 2; Guidance Note No. 8, 3.1.), also mit dem Sachwertverfahren, bewertet werden. Allerdings wird eingeschränkt, dass diese Immobilien selbstverständlich gegebenenfalls auch mit dem Vergleichs- oder Ertragswert belegt werden können (IVS, Guidance Note No. 8, 5.1.1.), wenn im Einzelfall Erträge oder Vergleichswerte vorliegen.[26] Selbiges wird auch für Jahresabschlüsse bei selbstgenutzten Objekten empfohlen. Die RICS verweist bei ihren Ausführungen auf die

---

24 Vgl. Kleiber/Simon/Weyers (2002), S. 906.
25 Vgl. Kleiber/Simon/Weyers (2002), S. 905.
26 Vgl. RICS Property Valuation Forum, 1. Mai 2003, S. 6, Parag. 2.4.; vgl. RICS, Red Book, Part III, Chapter PS 3.3.

IVS und hat somit identische Regelungen.[27] Problematisch ist die häufig vorgeschlagene Subsumierung von Immobilien, die (gegenwärtig) keinen Erwerbscharakter haben, wie beispielsweise Krankenhäuser oder Museen. Insbesondere im Bereich der öffentlichen Einrichtungen ist eine ausschließlich sachwertorientierte Bewertung nicht mehr unumstritten. In Bezug auf die Wahl zwischen sach- oder ertragsorientierten Methoden könnten die Erkenntnisse der Mikroökonomie einen Anhaltspunkt geben – eine Betrachtung, die bisher nicht beachtet wurde. Für *reine öffentliche Güter,* für die keine Rivalität im Konsum besteht und die Ausschließlichkeit der Nutzung nicht möglich ist, wird sich somit die Problematik einstellen, dass die Bevölkerung ihre wahre (marginale) Zahlungsbereitschaft nicht offen legt. Das Ertragswertverfahren ist dann – und nur dann – nicht anzuwenden.

Leitgedanken des „highest and best use"

Bei der Herleitung von Wertansätzen muss der Gutachter immer darauf achten, dass er dem Leitgedanken des „highest and best use" gerecht wird. Diese Prämisse gilt auch für Spezialimmobilien,[28] es sei denn, die gegenwärtige Nutzung wird als Bewertungsprämisse zwingend vorgegeben. Oft ist bei Grundstücken, für die es rein theoretisch einen Markt geben würde, die freie Verfügbarkeit (Disponierbarkeit) des Grund und Bodens am Grundstücksmarkt ausgeschlossen bzw. eingeschränkt, da die gegenwärtige Nutzung fortgeführt werden soll. Insbesondere bei Fabrikationsflächen oder Liegenschaften der öffentlichen Hand ist diese Prämisse eher die Regel als die Ausnahme. In diesen Fällen muss die Bewertung den *Wert bei Aufrechterhaltung der gegenwärtigen Nutzung (Market value for existing use, Existing Use Value,* bzw. *Value in use* gem. IVS 2 No. 3.1) bzw. im Rahmen der Bewertung von Management- und Betreiberimmobilien den *Wert bei Fortführung des Betriebes (Going Concern Value,* IVS 2 No. 3.5) ermitteln.[29] Auch hierbei kann es sich um Objekte handeln, die nach Ertrags-, Vergleichs- oder auch Sachwertgesichtspunkten bewertet werden.[30]

---

27 Vgl. RICS Property Valuation Forum, 1. Mai 2003, S. 1, Parag. 1.1.; S. 6, Parag. 2.3.; vgl. RICS, Red Book, Part II, S.1; Part III, Chapter PS 3.3; Appendix 3.1.
28 Vgl. Finch/Casavant (1996).
29 Vgl. Friedman u. a. (2000), S. 177.
30 Vgl. Friedman u. a. (2000), S. 381.

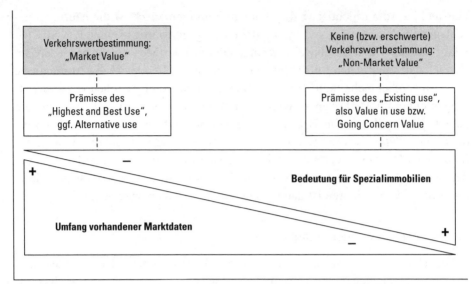

Abbildung 2: Bestimmbarkeit des Verkehrswertes bei Spezialimmobilien[31]

Ertragswertverfahren

Das *Ertragswertverfahren* (§§ 15 bis 20 WertV) ist relevant, wenn sich ein Investor, der ein derartiges Objekt im gewöhnlichen Geschäftsverkehr des Teilmarktes nachfragt, sich für die Rentabilität des investierten Kapitals interessiert. Die Ertragserzielung aus dem Grundstück steht für seine Entscheidung im Vordergrund, wobei das Risiko-Rendite-Profil der Investitionsmöglichkeit aus seiner Sicht andere Alternativen dominieren muss (siehe Tabelle 2).

---

31 Vgl. auch IVS (2003), S. 20, S. 112.

| Anwendung von ertragsorientierten Bewertungsverfahren |||
| – income approach und profits method – |||
Uneingeschränkt	Eingeschränkt
■ Miethäuser	■ Schulen, Kindergärten
■ Hotels, Gastronomie	■ Gewerbe- und Industrieobjekte/ Fabriken
■ gemischt genutzte Objekte	
■ Parkhäuser/Garagen	■ Objekte der Kirche und andere karitative Liegenschaften
■ Krankenhäuser	
■ Seniorenheime	■ Schwimmbäder
■ Logistikimmobilien	■ Schlösser und Burgen
■ Büro- und Verwaltungsobjekte	■ landwirtschaftliche Liegenschaften
■ Urban Entertainment Center	■ weitere infrastrukturbezogene Immobilien
■ Multiplex-Kinos	
■ Handelsimmobilien	
■ Windparks	

Tabelle 2: Anwendung ertragsorientierter Bewertungsverfahren[32]

Die Ertragserzielung kann dabei auch indirekter Natur sein, d. h. das Objekt – beispielsweise eine Fabrikationsfläche – wird selbst genutzt (Eigennutzung), aber es besteht am Markt die theoretische Möglichkeit, die Flächen an Dritte zu vermieten oder zu verpachten. Hierbei wird deutlich, dass die Eigennutzung nichts mit der Wahl des Bewertungsverfahrens gemein hat und insbesondere nicht zwangsläufig zum Sachwertverfahren führen muss.[33]

Im Rahmen von Ertragswertermittlungen stellt sich oft das Problem, dass bei einer Fortführung des Unternehmens, beispielsweise eines Fitness-Studios oder Altenheims, im Regelfall eine Aufteilung von Erlösströmen vorgenommen werden muss, da der gesamte Unternehmenswert mehrere Bestandteile umfasst. Diese entfallen auf die Immobilie, den laufenden Geschäftsbetrieb und das Inventar.[34] Die RICS stellt in diesem Zusammenhang die so genannte „Trade-related valuation and good-

---

32 Vgl. Kleiber/Simon/Weyers (2002), S. 914, S. 922.
33 Vgl. Kleiber/Simon/Weyers (2002), S. 926.
34 Vgl. Clark/Knight (2002).

will" einer „operational entity" heraus. Hier wird der Marktwert der wirtschaftlichen Einheit „Unternehmen" und daraus abgeleitet der Wert der Liegenschaft ermittelt. Die Immobilie wird dann also mit dem Gesamtunternehmen, dem sie dient, verkauft und nur in seltenen Fällen isoliert gehandelt. Die Bewertung der Grundstücke inklusive Gebäude wird deshalb aus dem Handelspotenzial des Unternehmens abgeleitet, wobei die Immobilie immer für den „specific use" konstruiert wurde. Als Beispiele werden weiters Hotels, Bars, Restaurants, Tankstellen und Kinos genannt.[35] Die Ableitung des Rohertrages erfolgt dann aus dem Umsatz oder dem Gewinn und nicht auf Basis von Vergleichsmieten auf Quadratmeter-Basis. Bei der Verwendung des Gewinns spricht man von der so genannten Gewinnmethode (Profits Method), die insbesondere bei jeder Art von Betreiberimmobilien zum Einsatz kommen kann.[36]

Die Qualität des Managements einer Betreiberimmobilie rückt damit in den Fokus, da dieser durchschnittlich begabte Betreiber im Regelfall die vereinbarte Miete bzw. Pacht erwirtschaften muss. Somit muss auch eine betriebswirtschaftliche Beurteilung des Betreiberkonzeptes durch den Sachverständigen erfolgen. Bei Miet- oder Pachtansätzen ist darauf zu achten, dass in den unterschiedlichen Branchen teilweise völlig voneinander abweichende tragbare Mieten zu beobachten sind. Am einfachsten kann das anhand des Einzelhandels verdeutlicht werden. Beispielsweise können Parfümerien einen wesentlich größeren Anteil ihrer Umsatzerlöse auf Miete oder Pacht verwenden, als ein Lebensmittelgeschäft. Die Frage, wie hoch die Anteile der gesamten Erlöse sind, die auf die Immobiliennutzung entfallen dürfen, muss allerdings nicht nur bei Handelsimmobilien differenziert betrachtet werden.

An dieser Stelle soll nicht weiter auf die Problematik der *Liegenschaftszinssatzherleitung* bei der ertragsorientierten Bewertung von Spezialimmobilien eingegangen werden. Dieser liegt jedoch aufgrund der größeren Ertragsvolatilität und den allgemein größeren Risiken dieser Immobiliengattungen zwischen 6,0 und 8,5 Prozent. Problematisch ist, dass in der Regel auf Liegenschaftszinssätze (kurz: LSZ) aus der Literatur zurückgegriffen werden muss, da die örtlichen Gutachterausschüsse keine eigenen LSZ für die einzelnen Nutzungskategorien in Bezug auf Spezialimmobilien gem. § 8 i. V. m. § 11 WertV herleiten.[37]

---

35 Vgl. RICS, Red Book, Part IV, GN, 1.1 ff.
36 Vgl. Jenyon u. a. (1999), S. 138.
37 Vgl. Walter, IZ, 13. Januar 2000.

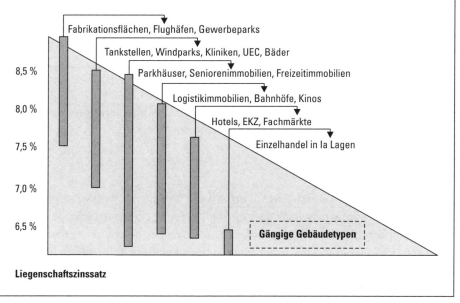

Abbildung 3: Liegenschaftszinssätze für Spezialimmobilien[38]

Insgesamt ist ein Wandel zugunsten des Ertragswertverfahrens feststellbar. Heutzutage wird bei einer Vielzahl von Nutzungskategorien, bei denen in der Vergangenheit der Verkehrswert oft aus dem Sachwert abgeleitet wurde, nunmehr auch mittels Ertragswertverfahren ermittelt. Konkrete Beispiele sind Fabrikationsflächen, teilweise Schulen oder Krankenhäuser. Diese Entwicklung hängt auch mit grundlegenden Veränderungen innerhalb der Immobilienwirtschaft sowie der (zunehmenden) Bedeutung der Immobilienwirtschaft innerhalb des Wirtschaftskreislaufes zusammen. Einige der Stichworte in diesem Kontext sind:

- die Evolution der Immobilie zur eigenen „Assetklasse",
- der Wandel zur „Buy-and-Sell"-Orientierung bei den institutionellen Investoren,
- die Ausgliederung und gegebenenfalls Rückanmietung von Immobilien,
- der Abverkauf nicht-betriebsnotwendiger Objekte,

---

38 Vgl. Kleiber/Simon/Weyers (2002), S. 977 ff.

- die Notwendigkeit, im dicht besetzten Wettbewerbsumfeld auch die Sekundärprozesses (inklusive immobilienbezogener Leistungen) einer Wirtschaftlichkeitsbetrachtung zu unterwerfen,

- die allgemeine Finanznot der öffentlichen Hand und anderer, beispielsweise karitativer Institutionen,

- die verstärkte Einbeziehung auch längerfristiger Wertänderungsrenditen in die Wirtschaftlichkeitsbetrachtungen der Anleger.

Vergleichswertverfahren

Der Anwendung des *Vergleichswertverfahrens* (§ 13 bis 14 WertV) steht bei Spezialimmobilien häufig entgegen, dass die Anforderung einer ausreichenden Anzahl an vergleichbaren Transaktionen, die gegenwartsnah erfolgten, nicht bewirkt werden kann. Dies hängt mit der Heterogenität der Liegenschaften, häufig überregional zu definierenden Märkten und einer insgesamt oft zu geringen Anzahl an Transaktionen zusammen.

Der bereits erwähnte Mangel an Marktdaten setzt sich bei Spezialimmobilien häufig bei der Bodenwertermittlung fort. Diese kann oftmals nicht im Rahmen des Vergleichswertverfahrens erfolgen, weil sich die Grundstücke teilweise in einem Übergangsstadium (Property in transition) – ähnlich der Entwicklung von Bauerwartungsland zu baureifen Flächen – zu einer anderen Nutzung befinden. In diesen Fällen gewinnen deduktive Verfahren zur Herleitung von Bodenwerten – z. B. die Residualwertmethode zur Ableitung eines tragfähigen Grundstückswertes – an Bedeutung. Auch scheidet oft eine Vergleichbarkeit aus, wenn die Flächen eine besondere Widmung aufweisen – beispielsweise kann ein Klinikgelände in der Innenstadt nicht mit den Bodenrichtwerten der umliegenden Einzelhandelsnutzung verglichen werden. Ein Vergleich wird auch erschwert, wenn die bestehende Nutzung des Grund und Bodens auch in der Zukunft dauerhaft angenommen werden soll (existing use value). Die ansonsten abzulehnende „Theorie der gedämpften Bodenwerte bebauter Grundstücke"[39] würde bei dieser Konstellation aufgrund der eingeschränkten Dispositionsfähigkeit der Flächen somit an Relevanz gewinnen. Oft scheidet ein örtlicher Vergleich auch aus, da die in Frage stehende Nutzungsform, beispielsweise ein Freizeitbad, nur einmal in der Gemeinde vertreten ist und somit Vergleiche nicht möglich sind oder ein überregionaler Ansatz erfolgen muss.

---

39 Vgl. Kleiber/Simon/Weyers (2002), S. 1090 ff.

Anwendung von vergleichsorientierten Bewertungsverfahren – comparison approach –	
Uneingeschränkt	**Eingeschränkt**
■ unbebaute Grundstücke ■ Eigentumswohnungen ■ Reihenhäuser	■ Luxusimmobilien ■ Industriebrachen

Tabelle 3: Anwendung vergleichswertorientierter Bewertungsverfahren

Sachwertverfahren

Das *Sachwertverfahren* (§§ 21 bis 25 WertV) kommt zur Anwendung, wenn die Generierung einer angemessenen Rendite auf das eingesetzte Kapital – sei es durch laufende Erlöse oder eine positive Wertänderung – nicht die Entscheidung für den Erwerb im gewöhnlichen Geschäftsverkehr bestimmt. Die Wertschätzung, die ein Erwerber im gewöhnlichen Geschäftsverkehr diesen Objekten entgegenbringt, ist damit immateriell zu bewerten und drückt sich bei diesen Liegenschaften für den Erwerber in subjektiven Annehmlichkeiten und beispielsweise dem Image aus.

Anwendung von sachwertorientierten Bewertungsverfahren – cost approach –	
Uneingeschränkt	**Eingeschränkt**
■ Ein- und Zweifamilienhäuser	■ Luxusimmobilien ■ Schlösser und Burgen ■ Schulen, Kindergärten ■ Gewerbe- und Industrieobjekte ■ kirchliche und andere karitative Liegenschaften ■ landwirtschaftliche Liegenschaften ■ Krankenhäuser ■ weitere infrastrukturbezogene Immobilien

Tabelle 4: Anwendung sachwertorientierter Bewertungsverfahren

Insgesamt ist die Immobilienbewertung einer Spezialimmobilie mit einer kompletten *Due Diligence* vergleichbar. Es wäre müßig, den Versuch unternehmen zu wollen, alle wertrelevanten objekt- und lagebezogenen Kriterien in Abhängigkeit der Nutzungsform für alle Spezialimmobilien zusammenzutragen. Welchen Aufwand diese einzelobjektbezogenen Erhebungen und Prüfungen verursachen, lässt die in den Niederlanden entwickelte *Real Estate Norm* erahnen. Hier sind exemplarisch für eine konventionelle Nutzungsform über hundert wertbestimmende Aspekte strukturiert zusammengetragen worden, die es im Detail zu analysieren gilt, wenn eine fundierte Analyse des Objektes erfolgen soll.[40]

Literaturhinweise

Askham, P. (Hrsg.) (2003): „Valuation: Special Properties and Purposes", Estates Gazette, 1. Aufl., London 2003.
Basel Committee on Banking Supervision (2001): „Criteria in defining exceptional treatment of commercial real estate lending", Basel, 1. Januar 2001.
Berndt, R./Haase, W.-D. (2002): „Immobilienbewertung durch Discounted-Cashflow-Verfahren", Westdeutsche ImmobilienBank (Hrsg.), „Chancen und Risikoaspekte des Immobilien-InvestmentBanking, Marktbericht XII", Eigenverlag, Mainz Juli 2002, S. 7–16.
Clark, S. R./Knight, J. R. (2002): „Business Enterprise Value in Special-Purpose Properties", The Appraisal Journal, Januar 2002, S. 53–58.
Friedman, J. P./Harris, J. C./Lindeman, J. B. (2000): „Dictionary of Real Estate Terms", Barron's Educational Series, 5. Aufl., New York 2000.
Finch, J. H./Casavant, R. (1996): „Highest and Best Use and the Special Purpose Property", The Appraisal Journal, April 1996, S. 195–198.
Schulte, K.-W. (Hrsg.) (2000): „Immobilienökonomie – Band I Betriebswirtschaftliche Grundlagen", R. Oldenburg Verlag, 2. Aufl., München 2000, S. 23–26.
Steffan, F./Scholz, H. (1993): „Finanzierungsanfragen, Objekte und Partner des Hypothekarkredits", Konrad/Rüchardt (Hrsg.), „Handbuch des Hypothekarkredits – Immobilienfinanzierung in Deutschland und Europa", Fritz Knapp Verlag GmbH, 3. Aufl., Frankfurt am Main 1993, S. 101–143.
Große-Winkelsett, J. (1997): „Abriss oder Sanierung: Kriterien für eine sinnvolle Revitalisierung von Spezialimmobilien", Immobilien-Zeitung, 16/1997, 24. Juli 1997.

---

40 Vgl. o. V., Real Estate Norm (1992), S. 2 ff.

Grunewald, J. (1997): „Altlasten: Doch kein unberechenbares Risiko?", Immobilien-Zeitung, 18/1997, 21. August 1997.

Jenyon, B. A./Turner, J. D./White, D. P./Lincoln, N. (1996): „Zum höchsten Wert durch alternative Nutzung einer Immobilie", Immobilien-Zeitung, 24/1996.

Jenyon, B. A./Turner, J. D./White, D. P./Lincoln, Ni. (1997): „Der negative Wert – Wie kann der Wert eines bebauten Grundstücks geringer als null sein?", Immobilien-Zeitung, 11/1997.

Kleiber, W./Simon, J./Weyers, G. (2002): „ Verkehrswertermittlung von Grundstücken", Bundesanzeiger Verlagsgesellschaft mbH, 4. Aufl., Köln 2002.

o. V.: „Veränderte wirtschaftliche Einflussfaktoren: Auswirkungen auf das Immobiliengeschäft", Abschrift der Inhalte einer Rede von Prof. Gondring, Allgemeine Immobilien-Zeitung, 12/2002.

o. V.: „Neues vom großen Bellheim – Kaufhäuser Weka und Kortu erhalten Refurbishment", Immobilien-Zeitung, 18/1997, 21. August 1997.

o. V.: „Flucht in die Spezialitäten", Immobilien-Zeitung, 22/1995, 5. Oktober 1995.

o. V.: „Der Schweizer Immobilienmarkt 2002", Credit Suisse Economic Research & Consulting (Hrsg.), Eigenverlag, 2002, S. 49 ff.

o. V.: „Real Estate Norm", Real Estate Norm Netherlands Foundation (Hrsg.), 2. Aufl., Amsterdam, 1992.

o. V.: „Umfrage zu Liegenschaftszinssätzen des RDM", Grundstücksmarkt und Grundstückswert, 02/2004, S. 10.

RICS Property Valuation Forum: „Valuation of Owner-occupied Property for Financial Statements – Valuation Information Paper No. 1", RICS Business Information Services Limited, Coventry, 1. Mai 2003.

Walter, M. (2000): „Der Liegenschaftszins: Wird er überhaupt ermittelt?", Immobilien-Zeitung, 02/2002, 13. Januar 2000.

White, D./Turner, J./Jenyon, B./Lincoln, N. (1999): „Internationale Bewertungsverfahren für das Investment in Immobilien", IZ Immobilien Zeitung Verlagsgesellschaft, 1. Aufl., Wiesbaden März 1999.

Williamson, R. F./Chappell, S. M. (1997): „Tax Assessment of Special-Purpose Properties: Use Value versus Market Value", The Appraisal Journal, Oktober 1997, S. 413–418.

(Ausgewählte) Gesetze/Normen/Empfehlungen:

ASB: „Uniform Standards of Professional Appraisal Practise, USPAP", 2003.
Bundesministerium für Verkehr, Bau- und Wohnungswesen: „Normalherstellungskosten – NHK 2000", 01. Dezember 2001, S. 42 f.
IVSC: „International Valuation Standards, IVS", 6. Aufl., 2003.
Liegenschaftsbewertungsgesetz 1992 (LBG): „Bundesgesetz über die gerichtliche Bewertung von Liegenschaften".
ÖNORM B1800: „Ermittlung von Flächen und Rauminhalten von Bauwerken", Österreichisches Normungsinstitut, Wien 2002.
ÖNORM B1802: „Liegenschaftsbewertung", Österreichisches Normungsinstitut, Wien 2002.
RICS: „Appraisal and Valuation Standards – Red Book", 5. Aufl., 2003.
TEGoVA: „European Valuation Standards 2000, EVS", 5. Aufl., 2. deutsche Auflage, 2003.
Wertermittlungsverordung-WertV: in der Fassung der Bekanntmachung vom 6. Dezember 1988, (BGBl. I 1988 S. 2209, zuletzt geändert am 18. August 1997 BGBl. I 1997 S. 2081).

Blickwinkel der Kreditinstitute in Bezug auf Spezialimmobilien

Volker Hardegen

1 Immobilienfinanzierung im Wandel
1.1 Die geänderten Rahmenbedingungen für die Immobilienwirtschaft
1.1.1 Trends der Immobilieninvestments
1.1.2 Immobilieninvestments in gesättigten Märkten
1.1.3 Marktdynamik
1.2 Die Bankenwelt im Umbruch
1.2.1 Deutschland – vielleicht der schwierigste Bankenmarkt Europas
1.2.2 Zunehmende Fusionen und Konzentrationen
1.3 „Quo vadis" Immobilienfinanzierung

2 Von der Kreditfinanzierung zum Real Estate Investment Banking
2.1 Die Auswirkungen von Basel II
2.2 Der Einfluss der internationalen Rechnungslegungsvorschriften (IAS/IFRS)
2.3 Der Trend zum Real Estate Investment Banking

3 Strukturierte Finanzierungen für Spezialimmobilien
3.1 Besonderheiten von Spezialimmobilien
3.2 Integriertes Investitions- und Betreiberkonzept
3.3 Kompetenz des Betreibers
3.4 Umrüstungs- und Drittverwendungsfähigkeit von Spezialimmobilien
3.5 Risiko
3.6 Prognose

4 Grundvoraussetzungen für positive Kreditentscheidungen bei Spezialimmobilien

5 Zusammenfassung und Ausblick

1 Immobilienfinanzierung im Wandel

1.1 Die geänderten Rahmenbedingungen für die Immobilienwirtschaft

1.1.1 Trends der Immobilieninvestments

Immobilieninvestments im Bereich Neubau, Modernisierung, Sanierung, Revitalisierung oder Redevelopment unterliegen in Deutschland in den letzten Jahren einer dramatischen Veränderung, die durch die nachfolgend dargestellten Entwicklungen besonders gekennzeichnet sind.

- Die steuerliche Förderung des Immobiliensektors und die damit oft fiskalische Unterstützung von Unrentierlichkeiten geht rapide zurück.

- Die Rendite und die Qualität als Entscheidungskriterium für Immobilieninvestments rücken auch im internationalen Maßstab in den Vordergrund (Investment Quality).

- Durch die Ausrichtung auf die Rendite wird die Immobilie zunehmend zur Handelsware („buy and sell" statt „buy and hold").

- Die Schaffung eines vereinten Europas der 25 mit einer zum Teil einheitlichen Währung hat die Marktregionen für Immobilieninvestoren stark verbreitert (Cross-Border Investments – Internationalisierung).

- Die Globalisierung und/oder die Europäisierung der Immobilienmärkte verschärft den Wettbewerbsdruck und verlangt zunehmende Professionalität (Management Quality).

- Die Immobilienwirtschaft wird zunehmend auch bei den so genannten Non-Property-Companies zu einem Geschäftsfeld mit strategischer Bedeutung (Corporate Real Estate und Shareholder Value).

- Die Finanzierung von Immobilien wandelt sich von der traditionellen Finanzierung zum Real Estate Investment Banking.

- Das Eigenkapital wird zum Engpass für Immobilieninvestments (Securitization und Equity Financing).

- Die Aus- und Weiterbildung in der Immobilienwirtschaft wird zunehmend fachspezifischer und internationaler ausgerichtet (Bachelor und Master), was sich auch auf positiv auf die Professionalisierung der Branche insgesamt auswirkt.
- Das E-Business ist auch in der Immobilienwirtschaft auf dem Vormarsch.

Diese gezeigten Änderungen der Parameter für Immobilieninvestments treffen in den entwickelten Volkswirtschaften, wie beispielsweise Deutschland, auf die besondere Situation, dass viele Segmente der sehr heterogenen Immobilienmärkte (Wohnen und Gewerbe) Sättigungstendenzen zeigen.

1.1.2 Immobilieninvestments in gesättigten Märkten

Um es vorweg zu nehmen: Auch in gesättigten Märkten finden Neu- und Ersatzinvestitionen statt. Das bedeutet aber für Investoren und andere Finanzierer die Mängel und die Herausforderungen im Zusammenhang mit den bestehenden Investments erkennen zu müssen, um aufgrund der erkannten Notwendigkeiten die Alternativen sowie die Nischen aufzuspüren bzw. zu entwickeln. Niemand in einer gesättigten Volkswirtschaft muss, entsprechende Kaufkraft vorausgesetzt, auf die Erfüllung seiner speziellen Wünsche, Nachfragen und Bedürfnisse verzichten. Er kann, wohin immer er reist, Hotels zum Übernachten finden. Wenn er Lust hat auszugehen, findet er eine Fülle von Möglichkeiten, sich zu unterhalten, zu amüsieren oder zu dinieren. Beim täglichen Einkauf steht ihm ein breites Angebot an Shopping-Einrichtungen zur Verfügung. Ist er krank, kann er wählen zwischen privaten und öffentlichen Krankenhäusern. Reha-Einrichtungen kämpfen um ihn als Kunden. Als Pflegefall wird er nicht mehr eingewiesen, sondern die Angehörigen können unter verschiedenen Einrichtungen wählen (mit Einschränkungen in den neuen Bundesländern). Geht er zur Arbeit, findet er genügend Raum, seinem Beruf nachzugehen. Diese Aufzählung könnte beliebig fortgesetzt werden.

Ungeachtet des breiten und tiefen Angebotes finden jedoch an jedem Tag und an vielen Orten bauliche Aktivitäten statt, die entsprechende Finanzmittel erfordern, sei es durch Mobilisierung von anlagebereitem Eigenkapital der institutionellen Anleger, der offenen Immobilienfonds, der Zeichner von geschlossenen Fonds, von Eigenkapital der Immobilien AGs, durch Privatinvestments und/oder durch bereitzustellendes Kapital der Kreditwirtschaft. Investiert wird vornehmlich in die Ergänzung, den Wandel und den Ersatz des vorliegenden Angebots. Hiervon ist jeder Teilmarkt betroffen,

- vom altehrwürdigen Kontor zum „Office 2000",
- vom „Schachtelkino" zum Multiplex,
- von der Abflughalle zum Entertainment- und Shopping-Center,
- vom Tante-Emma-Laden zum Einkaufsparadies,
- von der Kneipe zum Eatertainment,
- vom Versorgungs- zum Erlebnishandel,
- von der düsteren „Malochestätte" zur gläsernen Fabrik,
- vom Altenheim zur Seniorenresidenz,
- von der Lagerhalle zum Logistikzentrum,
- von der „Mucki-Bude" zum Life-Style-Palast,
- von der Reinigungsanstalt zum Spaßbad,
- von der Wohnung zu „my home is my castle".

Das Neue verdrängt also das Alte und das Bessere ist der Feind des Guten. Diese gezeigten Entwicklungen sind nicht an einem Endpunkt angelangt, sondern entwickeln sich kontinuierlich weiter. Die Kunst des erfolgreichen Immobilieninvestments wird darin bestehen, die zukünftigen sich verändernden Ansprüche zu antizipieren und wirtschaftlich bereits heute bei Beachtung höchstmöglicher Flexibilität umzusetzen. Dies ist eine schwierige Ausgangssituation für die Finanzierung und Bewertung.

1.1.3 Marktdynamik

Immobilieninvestoren stehen einem Phänomen gegenüber, das man als „Volatilität der Märkte" bezeichnet und das sich beispielsweise in den zyklischen Marktbewegungen der einzelnen Segmente manifestiert. Etwas anders formuliert heißt das: Der Sinn jeder Planung ist die Erfassung der Abweichung. Die Veränderungsgeschwindigkeit nimmt ständig zu. Die Trends der Entwicklungen müssen erfasst und für das eigene zu betreibende Investment umgesetzt werden. Wer zu spät kommt, den bestraft der Markt. So lange die Märkte sich evolutionär verändern, ist Anpassungszeit und -möglichkeit gegeben. Revolutionäre Änderungen ersetzen die vorhandenen Marktstrukturen.

Um das Gesagte plastischer darzustellen, sei ein Vergleich herangezogen. Konnte man früher bei Beginn einer längeren Autofahrt auf bundesdeutschen Autobahnen Sitz und Spiegel einrichten, den Tempomat einstellen, der Radiomusik lauschen und zum vereinbarten Zeitpunkt ohne größere Störungen sein Ziel erreichen, kündigt der Verkehrsfunk heute gleich nach dem Start eine Baustelle an. Kurze Zeit später ist wegen eines Unfalls „Stop and Go" angesagt. Danach auf freie Fahrt eingerichtet, wird man von einer Umleitung erwischt. Per Handy wird die Verspätung avisiert und an die ICE-Verbindung gedacht. Aber da ist ja auch nicht immer Pünktlichkeit angesagt.

Im übertragenen Sinne heißt das, dass die notwendige Flexibilität gegeben sein muss, um frühzeitig Änderungen der Märkte zu erfassen und zu agieren. Bloßes Reagieren wird die Wirtschaftssubjekte nicht in die Lage versetzen, auf die Anforderungen des Marktes rechtzeitig eingehen zu können. In Zeiten der Globalisierung, des Verdrängungswettbewerbs, des schnellen Trendwechsels, der konjunkturellen Schwankungen und der rasanten IT-Entwicklungen sind besondere „Antennen" und Fähigkeiten gefragt. Solches muss in die Bewertung des Immobilieninvestments aus Bankensicht eingehen, um zu strukturierten Finanzierungen zu kommen.

1.2 Die Bankenwelt im Umbruch

1.2.1 Deutschland – vielleicht der schwierigste Bankenmarkt Europas

Die Abbildungen 1 und 2 verdeutlichen die vergangene und gegenwärtige Situation in der Immobilienfinanzierung.

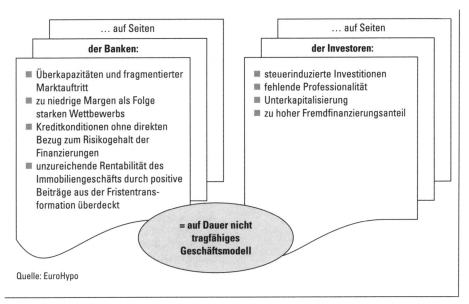

Abbildung 1: Wo wir herkommen – Immobilienfinanzierung in der Vergangenheit

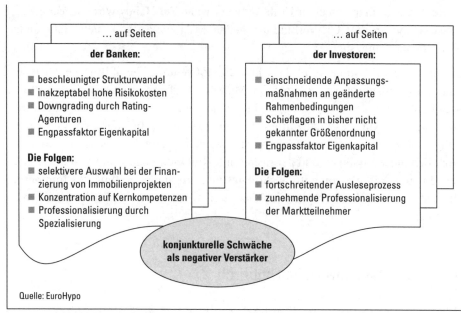

Abbildung 2: Wo wir heute stehen – Immobilienfinanzierung in der Gegenwart

Die Banken standen und stehen unter gewaltigem Anpassungsdruck (siehe Abbildung 3).

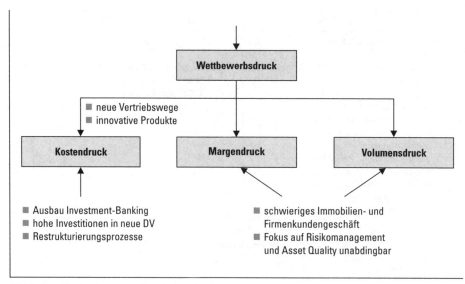

Abbildung 3: Anpassungsdruck der Banken

Nach *Pallasky* kann keine Entwarnung gegeben werden: „Insolvenz- und Zwangsversteigerungsrekorde werden die tiefe Schneise, die die Wertberichtigungen schon in den vorangegangenen Jahren in das Kapital der Banken geschlagen haben, weiter verlängern." Viele der früheren Immobilienwertermittlungen (im Sinne des Beleihungswertes) sind heute durch die geänderten Marktverhältnisse zur Makulatur geworden. Siehe jüngste Entwicklungen bei einigen offenen Immobilienfonds.

1.2.2 Zunehmende Fusionen und Konzentrationen

Die nachfolgende, nicht abschließende Darstellung, von Fusionen, Übernahmen, Konzentrationsprozessen, Strategieausrichtungen usw. zeigt die Breite und Tiefe der Veränderungen, die täglich neue Nahrung erhalten durch weitere Fusions- und Veränderungsspekulationen.

Fusionen:	Bayr. Hypothekenbank – Bayr. Vereinsbank	⇨	Hypo Vereinsbank
	L-Bank – Landesgirokasse – Südwest LB	⇨	LB Baden-Württemberg (LBBW)
	Central Boden, Lübecker Hypothekenbank, Frankfurter Hypothekenbank	⇨	Eurohypo
	Eurohypo, Deutsche Hyp., Rheinhyp	⇨	Eurohypo
	AHB – Rheinboden	⇨	AHBR
	Hamburger LB – LB Schleswig-Holstein	⇨	HSH Nordbank
Übernahmen:	BFG – SEB	⇨	SEB
	BHF – ING	⇨	BHF
Allfinanzen:	Allianz – Dresdner Bank	⇨	Allianz-Dresdner-Gruppe
Konzentrationen:	Schließung von Niederlassungen und Zweigstellen; Schaffung von Kompetenzzentren		
Aufspaltungen/ Ausgliederungen:	Aareal Bank AG, DB Real Estate GmbH, Hypo Real Estate Holding AG, VR-Holding		
Erweiterung der Wertschöpfungskette:	Tendenz „Alles rund um die Immobilie"		
Strategien:	Allfinanz, Bank der Regionen, Nische, Kernkompetenz Immobilien		

Tabelle 1: Fusionen, Übernahmen und Konzentrationen im deutschen Finanzsektor

Das verunsichert weiterhin auch die Immobilienmärkte. Seit Anfang vergangenen Jahres (2003) gab es nach einem Bericht der Süddeutschen Zeitung (16. Januar 2004, S. 17) in den Vereinigten Staaten mehr als 200 Zusammenschlüsse von Kreditinstituten im Wert von 124 Milliarden Dollar. Deutsche Kreditinstitute unterziehen sich zurzeit einer Art „Fitnesskur", um einen aktiven Part bei den weiter voranschreitenden Konsolidierungsprozessen übernehmen zu können bzw. besser darauf vorbereitet zu sein.

1.3 „Quo vadis" Immobilienfinanzierung

Die geänderten Rahmenbedingungen für die Immobilienwirtschaft, der Umbruch in der Bankenwelt und der Zustand der Immobilienmärkte führen zu folgenden generellen Trends in der Immobilienfinanzierung:

- von der Immobilienobjekt- zur Unternehmensbetrachtung,
- von der Vollfinanzierung zum Verlangen nach Eigenkapitaleinsatz,
- von der Breitenfinanzierung zur Spezialisierung,
- von dem Gros der Immobilienwirtschaft zu den Immobilienprofis,
- von der Neubau- zur Bestandsorientierung,
- von der Deutschlandfixierung zur Internationalisierung,
- von der Standort- zur Nutzer-/Servicebetrachtung,
- von der „Buy and hold"- zur „Buy and sell"-Strategie,
- von Basel I zu Basel II.

2 Von der Kreditfinanzierung zum Real Estate Investment Banking

2.1 Die Auswirkungen von Basel II

Infolge der internationalen Bankenkrise haben die Zentralbankpräsidenten der wichtigsten Industriestaaten (G10-Staaten) im Jahre 1974 den Ausschuss für Bankenaufsicht und -überwachung eingesetzt. Dieser wurde 1989 umbenannt in „Basler Ausschuss für Bankenaufsicht" bei der Bank für internationalen Zahlungsverkehr BIZ, Basel. Die zurzeit noch gültige Eigenkapitalvereinbarung von 1988 verlangt von den international tätigen Banken in den G10-Ländern, ihre Aktiva – im wesentlichen Kredite – mit einer pauschalen Eigenkapitalquote von 8 Prozent zu hinterlegen (Basler Akkord, kurz: Basel I). Diese Vereinbarung wurde im Laufe der Jahre zum international akzeptierten Standard in über 100 Ländern. In Deutschland hat sie Eingang in das Kreditwesengesetz (KWG) gefunden und ist daher für alle Banken verpflichtend.

Die gültige *Eigenkapitalhinterlegungspflicht* ist sehr undifferenziert. Kredite an bonitätsmäßig erste Adressen werden genau so behandelt, wie Kredite an Unternehmen geringerer Qualität. Es gab und gibt lediglich vier Bonitätsgewichtklassen (0 Prozent = Staaten, 20 Prozent = Banken, 50 Prozent = Realkredite, 100 Prozent = Übrige), um die Eigenkapitalunterlegung gemäß folgender Formel zu berechnen:

Eigenkapital = Bemessungsgrundlage • Bonitätsgewicht • Solvenzquotient
(8 Prozent)

Im Mittelpunkt von Basel I steht das Kreditrisiko mit standardisierten Risikodifferenzierungen. Sonstige Betriebs-, Liquiditäts-, Rechts- und Reputationsrisiken usw. werden nicht erfasst. Hier setzt Basel II, dessen ursprüngliches erstes Konsultationspapier vom 3. Juni 1999 im Jahre 2004 in der letzten Fassung – 3. Konsultationspapier – umgesetzt wird, an. Das umfangreiche neue Regelwerk für die neuen Mindestkapitalanforderungen ist am 25. Juni 2004 verabschiedet worden und soll 2007 in Kraft treten. (Ein Jahr früher für international tätige Großbanken.) Im Rahmen eines modifizierten Standardansatzes werden die Bonitätsgewichte um eine weitere Klasse (150 Prozent) bei gleichem Solvenzquotient von 8 Prozent erweitert. Grundpfandrechtlich gesicherte Hypothekenkredite zur Finanzierung von selbst genutzten oder vermieteten Wohnimmobilien werden mit 35 Prozent gewichtet. Das Basler Komitee hat (beim internen Ansatz) Sonderregelungen für so genannte Projektfinanzierungen (Specialised Lendings – SL) definiert, wobei unter diese Bestimmungen bestimmte Immobilienfinanzierungen (Income Producing Real Estate – IPRE) sowie in einer weiteren Subklasse hochvolatile gewerbliche Immobilienfinanzierungen (High Volatile Commercial Real Estate – HVCRE) subsumiert werden. Beide Klassen sind mit relativ hohen Eigenkapitalhinterlegungsvorschriften verbunden.

Die Bonitätsgewichte sollen künftig durch Ratings ermittelt werden, um die Verlustrisiken individueller zu erfassen. „Ein Rating ist die durch spezifische Symbole einer ordinären Skala ausgedrückte Meinung einer auf Bonitätsunterlagen spezialisierten Agentur oder eines Kreditinstitutes über die wirtschaftliche Fähigkeit, die rechtliche Bindung und die Willigkeit eines Schuldners (Unternehmens), seinen fälligen Zahlungsverpflichtungen stets vollständig und rechtzeitig nachzukommen." – so die Definition von Hermes Rating GmbH/TÜV Rheinland Group. Durch

Rating sollen die Risiken umfassend beurteilt werden – entweder durch Ratingagenturen wie Moody's Investor Service, Standard & Poors und Fitch (Standardmethode) oder durch die Kreditinstitute selbst (Internal Rating Based Approached – IRB-Ansatz). Rating gehört bereits heute bei den Banken zum Standard der Kreditwürdigkeitsprüfung. Insofern ist Basel II in seiner Grundthematik bereits Wirklichkeit. Für das Rating von Immobilienunternehmen hat beispielsweise die Wirtschaftsprüfungsgesellschaft Deloitte & Touche drei Säulen entwickelt (siehe Abbildung 4).

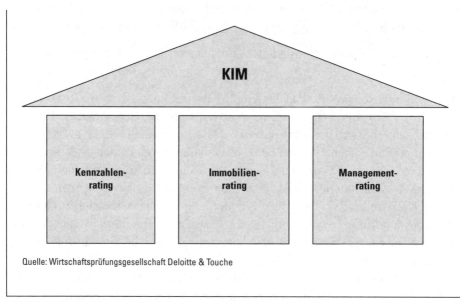

Abbildung 4: Rating von Immobilienunternehmen

„KIM" bedeutet in diesem Kontext: Kennzahlen, Immobilien und Management. Bewertungsfaktoren sind z. B. beim:

- *Kennzahlenrating:* Gesamtkapitalrentabilität, Cashflow, Verschuldungsgrad, Eigenkapitalquote, Zinsdeckungsgrad, Umsatzrentabilität etc.

- *Immobilienrating:* Lage, Teilmarkt, Käufer- bzw. Mieterbonität, Herstellungskostenrisiken, Betriebskostenrisiken, Objekt-Cashflow etc.

- *Managementrating:* Strategie, Organisation, Corporate Governance Systeme, Management, Mitarbeiterrisiken etc.

Moody's Investors Service untersucht ähnliche Aspekte, die sich im Detail auf Investment Quality, Management Quality und Performance Quality beziehen.

Im Rahmen der gewerblichen Immobilienfinanzierung sind die entscheidenden Parameter für den *IRB-Ansatz* der Banken:

- Die *Bonität des Kunden* – diese bestimmt die Ausfallwahrscheinlichkeit *(PD = Probability of Default)*.

- Die *Verlustquote* – sie gibt den möglichen Verlust für die Bank bei einem eventuellen Ausfall des Kunden an *(LGD = Loss Given Default)*.

- Die *Restlaufzeit* des Kredites *(M = Maturity)*.

- Die *Höhe des Krediites* zum Zeitpunkt des möglichen Ausfalls *(EAD = Exposure at Default)*.

- Die *Größe des Unternehmens (S = Size)*.

Der IRB-Ansatz wird hauptsächlich zur Anwendung kommen. Für den modifizierten Standardansatz durch unabhängige Ratingagenturen ist die Zahl der in Deutschland gerateten Unternehmen mit zurzeit ca. 180 zu klein (USA = 12.000). Für den Bereich der Spezialimmobilien bedeutet das, dass die Immobilie in der Betrachtung in den Hintergrund tritt. Im Vordergrund wird die Bonität des Investors und/oder des Betreibers – durch Rating ausgeleuchtet – stehen. Umfangreiche Rechnungen werden die Verlustquote definieren und damit den Finanzierungsansatz im Rahmen strukturierter Finanzierungen bestimmen. Welch eine Herausforderung für die Immobilienbewertung! Über allem steht der Paradigmenwechsel in der Finanzierung von Immobilien überhaupt: das Verlangen der Fremdfinanzierer nach einem höchstmöglichen Eigenkapitaleinsatz des Investors oder anderer Eigenkapitalgeber (beispielsweise durch eine Mezzanine-Finanzierung).

Beschränkte sich in der Vergangenheit die Objektanalyse darauf, einen Sicherheitenwert durch eines der gängigen Verfahren der WertV zur Immobilienwertermittlung zu bestimmen und darauf aufbauend einen Beleihungswert abzuleiten, wird bei einem Ratingverfahren – wie gezeigt – ein breiter Fächer von Informationen und Analysen bezüglich des zu ratenden Beurteilungsgegenstandes zu einem Gesamturteil verdichtet.

2.2 Der Einfluss der internationalen Rechnungslegungsvorschriften (IAS/IFRS)

Neben Basel II und dem hier nicht behandelten 4. Finanzmarktförderungsgesetz werden die neuen regulatorischen Vorgaben der International Accounting Standards (IAS) (in Zukunft: International Financial Reporting Standards (IFRS)) Einfluss auf die Bewertung und Finanzierung auch von Immobilien haben. Nach den Beschlüssen der EU sind ab 2005 alle börsenorientierten Unternehmen und solche die an geregelten Märkten Fremdkapital aufnehmen (ca. 7.000) dazu verpflichtet, einen Konzernabschluss auf Basis der IFRS zu erstellen. Viele bilanzieren bereits heute nach den IFRS-Regeln. Da IFRS die Abgabe von Vorjahreswerten zum Vergleich verlangt, müssen die Vergleichswerte für die Eröffnungsbilanz 2004 bereits vorliegen. Es würde den Rahmen dieses Beitrages sprengen, die Grundlagen und den aktuellen Stand der „internationalen Rechnungslegung" ausführlich darzustellen.

Fakt ist, dass internationale Investoren und die Versicherungs- und Kreditwirtschaft allgemein gültige und anerkannte Bewertungsmethoden fordern. Der Marktwert/Fair Value wird in der Immobilienbewertung zunehmend an Bedeutung gewinnen und zwar insbesondere für so genannte als „Investment Property" geltende Renditeimmobilien. Dieser Fair-Value-Ansatz, also die Herleitung eines zeitnahen Verkehrswertes, wird in Zukunft von der EU-Kommission forciert. Die gegenwärtige Praxis, fortgeführte Anschaffungs- oder Herstellungskosten (nach HGB) in der Bilanz aufzuführen, wird vor diesem Hintergrund an Bedeutung verlieren. Zitat der Kommission: „Das Gestatten einer Bewertung zum beizulegenden Zeitwert ist unerlässlich, wenn die Änderung künftigen Entwicklungen standhalten soll."

Bei IFRS geht es im Kern um die Transparenz, die auch unter dem Gesichtspunkt Basel II zunehmend wichtig wird. Insofern ist aus Sicht der Kreditinstitute zu fordern, dass nicht nur die börsenorientierten Unternehmen sondern auch alle Immobilienunternehmen mit größerem Portfolio nach IFRS bilanzieren. Die Anwendung der IFRS erfordert eine Klassifizierung der Immobilien in drei Kategorien:

- Vorratsimmobilien (IAS 2),
- Sachanlageimmobilien (IAS 16),
- Renditeimmobilien (IAS 40).

Abbildung 5 zeigt den Prüfungsweg, wann der Fair Value anzusetzen ist (IAS 40) oder Angaben über ihn im Anhang der Rechnungslegung zu veröffentlichen sind (IAS 16).

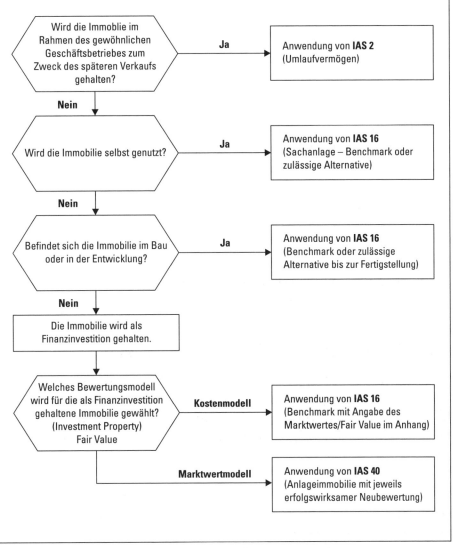

Abbildung 5: Behandlung von Immobilienvermögen gemäß IFRS

Für die „Investment Properties" hat der Bilanzierende wie im Prüfungsweg beschrieben ein Wahlrecht für die Bewertung zwischen den folgenden zwei Vorgehensweisen:

- der Anschaffungskostenmethode oder
- der Marktwertmethode (Fair Value).

Nach der *Anschaffungskostenmethode* (auch Benchmark- oder Kostenmodell genannt) wird die Immobilie zu fortgeführten Anschaffungs-/Herstellungskosten abzüglich planmäßiger Abschreibung und außerplanmäßigen Wertberichtigungen bewertet. Der Marktwert (Fair Value) ist gemäß IFRS im Anhang offen zu legen. Bei der *Marktwertmethode* (auch als Marktwertmodell oder zulässige Alternative bezeichnet) erfolgt eine periodische Neubewertung der Immobilie zum beizulegenden Zeitwert. Alle Wertänderungen werden erfolgswirksam in der Gewinn- und Verlustrechnung erfasst. Der IFRS-Zeitwert entspricht inhaltlich dem Verkehrswert nach § 194 BauGB bzw. dem Market Value des International Valuation Standards Board (IVSB). Das *International Accounting Standards Board* (IASB) favorisiert die folgenden Bewertungsverfahren zur Herleitung von Zeitwerten:

- Vergleichswertverfahren,
- Ertragswertverfahren,
- DCF-Verfahren (Discounted Cashflow).

Vor diesem Hintergrund werden auch die Bewertungen von Spezialimmobilien, beispielsweise besonderen gewerblichen Liegenschaften oder Industrieimmobilien, stark an Bedeutung und Häufigkeit zunehmen.

2.3 Der Trend zum Real Estate Investment Banking

In Abkehr von der bisherigen Politik der Banken (Finanzierer), auf Bilanzwachstum zu setzen und damit Risiken in die eigenen Bücher zu nehmen („buy and hold"), ist ein Paradigmenwechsel zum Risikotransfer des Kreditportfolios auf Dritte („buy and sell") erfolgt. Instrumente hierfür sind *Syndication* (Konsortialfinanzierungen und Verkauf von Krediten an andere Kreditgeber) und *Securitization* (Verbriefung).

Die Ziele dieses Risikotransfers sind vielfältig und umfassen beispielsweise:

- Freisetzung von regulatorischem Eigenkapital,
- gegebenenfalls Entlastung der Großkreditlimite,
- Entlastung der Bilanz von Risikoaktiva,
- Schaffung von Spielräumen im Kreditportfolio,
- Steigerung des Akquisitionspotenzials,
- Steigerung des RoE (Return on Equity) durch günstigere Eigenkapitalallokation,
- aktive Kreditportfoliosteuerung (z. B. nach Branchen, geografischen Aspekten oder Objektarten etc.),
- Beitrag zum Standing am Kapitalmarkt,
- Schutz des eigenen Ratings.

13 in Deutschland ansässige Kreditinstitute (DB, Commerzbank, Dresdner, HVB, DZ-Bank, KfW, Bayr. LB, Helaba, HSH NordBank, WestLB, DEKA, Eurohypo und Citibank) haben nach über einjähriger Vorbereitung am 30. April 2004 unter der Federführung der KfW eine „*True Sale International GmbH*" gegründet. Die klassische *True-Sale-Verbriefung* basiert auf dem tatsächlichen (true) Verkauf (sale) von Kreditforderungen (mortgage assets) an eine Zweckgesellschaft *(special purpose vehicle)*, die sich über die Emissionen (Verbriefung) von Wertpapieren refinanziert, den Asset bzw. Mortgage Backed Securities.

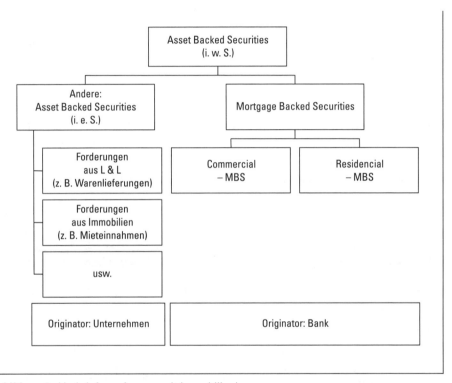

Abbildung 6: Verbriefungsformen mit Immobilienbezug

Ziel ist es, die Bilanzen der 13 Banken in den nächsten Jahren um 50 Milliarden Euro zu entlasten, um die oben genannten Ziele dieses Risikotransfers zu erreichen. Bei den zum Verkauf gestellten Krediten soll es sich nur um Forderungen handeln, die von internationalen Ratingagenturen mindestens mit der Note Triple B bewertet werden (good bank).

Schon länger werden so genannte „synthetische Verbriefungen" erfolgreich am Markt platziert. Hier bleiben die Kredite in der Bilanz der Kreditinstitute. Verbrieft werden nur Kreditrisiken mittels Kreditderivaten wie Credit Linked Notes und Credit Default Swaps.

Ende 2003 wurden erstmals in Deutschland auch schlechter zu bewertende Kreditforderungen, so genannte Risikokredite – *Non Performing Loans,* veräußert. Lone Star und J. P. Morgan haben für einen Nominalwert von 490 Millionen Euro derartige Kredite zu einem Bruchteil der Nominalwerte übernommen. Der Handel von Not leidenden Krediten hat insbesondere im Jahr 2004 stark zugenommen. Das Marktpotenzial wird als sehr hoch eingeschätzt, wie die Großtransaktionen von Dresdner (1,9 Milliarden Euro), Hypo Real Estate (3,6 Milliarden Euro) und EuroHypo (2,4 Milliarden Euro) zeigen.

Die Syndizierungen – d. h. Konsortialfinanzierungen – haben mit der zunehmenden Größe und Komplexität der zu finanzierenden Immobilienprojekte sehr an Bedeutung gewonnen, um die Risiken und die Kreditvolumina zu verteilen. Syndizierungen, Verbriefungen und Verkäufe von Non Performing Loans sind Instrumente des *Real Estate Investment Banking,* ein angloamerikanisches Spezialinstrument, das die klassische Immobilienfinanzierung und Elemente des Investment Banking verbindet.

Traditionelle Realkredite der Kreditinstitute		Real Estate Investment Banking/ Corporate Banking	
Darlehens- und Hypothekenfinanzierungen von Versicherungen, Banken und Bausparkassen (verschiedene Beleihungsränge und Tilgungsmodalitäten)	Wandel	Tätigkeitsfelder	Instrumente
		Emission	Verbriefung, Syndizierung
		M & A	Derivate
		Financial Engineering	Venture Capital
		Handel, ...	Fonds, Leasing, ...

Abbildung 7: Trend zum Real Estate Investment Banking

Beim Investment Banking steht die Erbringung von Dienstleistungen im Vordergrund – nicht die eigene Bereitstellung von Finanzierungsmitteln bzw. die eigene Risikoübernahme. *Bernd Knobloch,* Vorstand der EuroHypo, beschreibt das Real Estate Investment Banking als die gesamte Wertschöpfungskette komplexer Immobilientransaktionen, von der Beratung über Strukturierung, Arrangierung bis zum Underwriting von Finanzierungen im Senior- und Mezzanine-Bereich sowie die anschließende Syndizierung (syndication) und/oder Verbriefung (securitization).

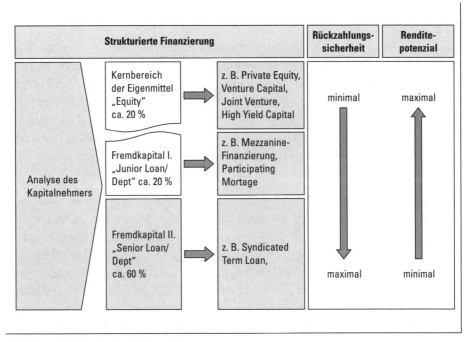

Abbildung 8: Strukturierte Finanzierung

Finanzierungen von Spezialimmobilien müssen diesem Trend zum Real Estate Investment Banking gerecht werden. Was nicht syndizierungs- oder verbriefungsfähig ist, scheitert beim Werben um (Fremd-)Kapital – von reinen Unternehmensfinanzierungen einmal abgesehen. Um beim Rating für Verbriefungen zu bestehen oder konsortial auf mehrere „Schultern verteilt" zu werden, wird die umfassende, zeitnahe und richtige Bewertung der zu finanzierenden Immobilie von steigender Bedeutung sein.

3 Strukturierte Finanzierungen für Spezialimmobilien

3.1 Besonderheiten von Spezialimmobilien

Die aufgezeigten Veränderungen der Rahmenbedingungen für die Immobilienwirtschaft, der dargestellte Umbruch in der Bankenwelt, neue anspruchsvolle Regularien wie Basel II und IAS/IFRS, wachsende Leerstände, Konkurse und vorhandene Wertberichtigungsrisiken bei knappem Eigenkapital haben zu einer Umkehr des Wettbewerbs für Finanzierungen geführt. *Thomas Pallansky* meint, dass nicht der Kunde sich eine Bank aussucht, sondern der Kunde einen „Schönheitswettbewerb" zu bestehen hat, in dem seine Finanzierung mit anderen Nachfragern aus dem In- und Ausland den Wettbewerb um die knappe Ressource Kapital antritt.

Hier haben es Spezialimmobilien von vornherein schwer, wie alte Bankenzitate zeigen: „Eine Hotelfinanzierung lohnt sich erst beim dritten Eigentümer." „Für Freizeitinvestitionen empfehlen wir eine OPM-Finanzierung (Other People's Money)." „Wir möchten unser Geld nicht in Pflege geben (Sozialinvestitionen), sondern es mehren." Diese und andere Aussagen zeigen deutlich die Skepsis gegenüber Finanzierungen von Immobilien, die ihre nachhaltige Rentabilität insbesondere aus einer sachgerechten, erfahrenen, gekonnten, dauerhaften sowie bonitäts- und leistungsstarken Führung des Betriebes, für den die Immobilie lediglich die „Hülle" bildet, generieren. Gut geführte oder schlecht gemanagte Hotels; engagiert oder lieblos geleitete Pflegeheime; professionell aufgezogene oder vernachlässigte Einkaufszentren; Spaß versprechende, anziehende oder eher langweilige, funktionale, abweisende Freizeiteinrichtungen sind beispielhafte Pole, die letztlich über den Erfolg von Spezialimmobilien entscheiden. Damit kommt für die finanzierenden Kreditinstitute eine weitere Beurteilungsdimension bei der Immobilienfinanzierung hinzu, nämlich alle Facetten rund um den langfristig ertragreichen „Betrieb der Immobilien". Dies gilt es, als wesentliche Grundlage bei der Finanzierungsentscheidung und Bewertung im ohnehin schon schwierigen Segment der Immobilienfinanzierung, mit einzubeziehen.

3.2 Integriertes Investitions- und Betreiberkonzept

Wenn der Neubau, die Revitalisierung, die Sanierung, die Erweiterung, die Nutzungsänderung usw. von Spezialimmobilien anstehen, ist die erste Forderung, dass ein schlüssiges, nachhaltiges Betreiberkonzept von vornherein vorhanden und realisierbar ist, das derzeitigen und künftigen Nutzeransprüchen genügt. Kern dieser Forderung ist es, dass konzeptionelle Fehler von Anfang an vermieden werden. Es ist absolut nicht zielführend, wenn Developer, Planer, Architekten, Investoren, Bauunternehmer, Facility Manager und Kreditinstitute bauliche Investments planen und umsetzten, ohne in allen Phasen den potenziellen Betreiber in die Arbeitsprozesse mit einzubeziehen. Konzeptionelle Fehler lassen sich hinterher nur schwer korrigieren. In Abwandlung der immer wieder zitierten drei wichtigsten Voraussetzungen für jede Immobilieninvestition *Lage, Lage, Lage* erscheint es bei Spezialimmobilien notwendig zu sein, andere Akzente zu setzen, und zwar *Lage, Nutzer, Betreiber*. Die Nichtbeachtung eines integrierten Investitions- und Betreiberkonzeptes führt zu Fehlallokationen und damit zu Kapitalvernichtungen. Dies gilt für alle Arten von Spezialimmobilien.

Der beste Standort nützt nichts, wenn – wie in Köln geschehen – das Musical „Gaudi" ohne Livemusik aufgeführt wurde und wohl das Marketing des Betreibers versagt hat. In Offenbach (Musical „Tommy") und Niedernhausen (Musical „Sunset Boulevard") haben die Initiatoren sicherlich den Faktor Standort nicht genügend beachtet. Nach dem Musicalbesuch waren dort nicht weitere Entertainmentmöglichkeiten vorgesehen, sondern schlicht die Heimkehr der Zuschauer. Das lockte die Besucher nicht in Heerscharen, obwohl exzellente Stücke zur Aufführung kamen.

Einmal gebaute Hotels können nicht quasi per Ausschreibung von einer Hotelkette auf eine andere übertragen werden. Jede professionell geführte Hotelgruppe oder jeder engagierte Privathotelier hat seine eigene Handschrift, seine deutliche Markenbildung, seine unverwechselbare Außenwirkung und seine eingespielten Betriebsabläufe.

Der Bürokomplex „Partner-Port" in Walldorf/Baden konnte nur gelingen, weil die Betreiberfirma FOM (Future Office Management), Heidelberg, von vornherein das gesamte Konzept entwickelt, begleitet und durchgesetzt sowie das Management übernommen hat. Über 90 SAP-Partner-Firmen aus den Bereichen Hardware, Software und Beratung haben auf rund 30.000 m² mit eigenem Intranet bei jeweils gleichen Mietverträgen angemietet. Ihnen wird eine ganze Palette von Serviceleistungen angeboten – Empfangscounter, Part-Time-Office-Möglichkeiten, Catering Service (order by mouseclick, bring to desk), Konferenzraummanagement, Friseur,

Rechtsberatung, Marketing Consultants, Reisebüro, Autovermietung, Poststelle, Wohn- und Bauberatung, Sicherheitsdienst, Reparaturservice, Reinigungsdienst, Parkservice, etc. Die Nutzer können sich auf ihre Kernkompetenz konzentrieren (plug and work). Aus der Büroimmobilie ist eine unverwechselbare Betreiberimmobilie geworden.

Ähnliches gelingt beispielsweise auch den Firmen ECE, Hamburg, oder mfi, Essen im Bereich der Einkaufszentren. Sie können in Zeiten der sinkenden bis stagnierenden Einzelhandelsumsätze Zuwächse verzeichnen. Jedes zu übernehmende oder neu zu planende Einkaufszentrum wird selbstverständlich von vornherein von den Handelsfachleuten mit begleitet.

Planer, Architekten, Ingenieure, Wirtschaftler, Bauleute bilden mit den Betreiberexperten ein Team. Nur so kann man erfolgreich sein. Dies gilt ausnahmslos für alle in diesem Buch behandelten Spezialimmobilien, die im Bereich der Betreiber- oder Managementimmobilien angesiedelt sind.

3.3 Kompetenz des Betreibers

An die Fachkompetenz des Betreibers müssen besondere Anforderungen gestellt werden. Die sorgfältige Auswahl des Betreibers ist eine Kernbedingung für den Erfolg von Spezialimmobilien. Hauptkriterien dabei sind:

- Seriosität und Bonität,
- Finanzstärke,
- Branchenerfahrung,
- Management-Know-how.

Sämtliche der hier genannten Kriterien müssen erfüllt sein. Es genügt nicht als Betreiber bonitätsmäßig stark zu sein, aber über keine ausreichende Branchenerfahrung zu verfügen. Es reicht auch nicht aus der Branche zu stammen, ohne nachweislich über Managementerfahrungen zu verfügen. Aus einem guten Heimleiter wird nicht automatisch ein erfolgreicher Manager einer auf Seniorendienstleistungen spezialisierten Firma. Auf Seriosität, Bonität und Finanzstärke ist besonderer Wert zu legen. Bei Spezialimmobilien fallen neben der üblichen Finanzierung der Herstellungs- und/oder Erwerbskosten immer wieder weitere Aufwendungen an. Hierzu gehören die Pre-Opening-Kosten, die Betreiberinvestitionen, die Kosten für den Attraktivitätserhalt der Immobilie, die fehlenden Einnahmen bei Durststrecken u. a. m. Last but not least müssen auch die finanziellen Verpflichtungen aus den langjährigen Mietverträgen erfüllt werden. Allein auf die positive Wirtschaftlichkeitsrechnung und Bewertung zu setzen, ist nicht vertretbar. Branchenerfahrung sollte eigentlich selbstverständlich sein. Und doch zeigt die Praxis immer wieder, dass Wagemut Insiderwarnungen verdrängt. Wie viele Gastronomiebetriebe werden auf- und wieder zugemacht. Die Insolvenzzahlen im Einzelhandel steigen kontinuierlich. Fast trotzig wird so manches Hotel hochgezogen und endet schnell im Desaster.

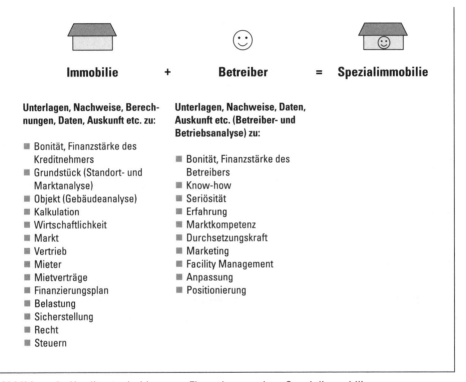

Abbildung 9: Kreditentscheidung zur Finanzierung einer Spezialimmobilie

Aber auch bei gegebener Finanzstärke und Branchenerfahrung ist die wichtige Komponente Managementerfahrung und -Know-how unverzichtbar für ein erfolgreiches Wirken als Betreiber. Hier geht es nicht allein um Facility Management, d. h. die ganzheitliche und umfassende Bewirtschaftung von Gewerbeimmobilien, deren Zielsetzung die langfristige Ertragssteigerung und Werterhaltung, sowohl für den Investor als auch für den Nutzer, beinhaltet und auch alles „in der Immobilie und rundherum" reibungslos klappt. Vielmehr geht es in diesem Kontext insbesondere darum, dem Investment mit engagiertem, fleißigem, täglichem und gekonntem „Tun" ein unverwechselbares Gesicht zu geben, um die Nutzer zufrieden zu stellen und/ oder die Kundenströme nicht versiegen zu lassen. Visionen und Ideen allein genügen nicht. Dies unterscheidet einen guten von einem schlechten Center-Manager. Deshalb zieht mancher Gast ein Hotel dem anderen vor. Deshalb ist bei benachbarten Gaststätten das eine Lokal voll und das andere leer. „Kann er's oder kann er's nicht?", das ist hier die Betreiberfrage. Auch wenn dies manchmal schwer herauszufinden ist – man kann die zu fordernde Managementfähigkeit nicht vernachlässigen. Abbildung 9 zeigt die erweiterte Betrachtung in Bezug auf die „Immobilie" und den Betreiber im Zusammenhang mit der Kreditentscheidung zur Finanzierung einer Spezialimmobilie.

3.4 Umrüstungs- und Drittverwendungsfähigkeit von Spezialimmobilien

Je höher die Betreiberintensität bei Immobilieninvestments, umso höher ist oft die Spezialisierung der Baulichkeiten. Wenn aber der Betrieb nicht mehr rentabel ist und Verluste dazu zwingen, die bisherige Nutzung aufzugeben und sich Ersatznutzungen des gleichen Genres verbieten, muss zum Zweck des Investitions- und Kapitalerhalts nach Alternativen gesucht werden. Dies ist regelmäßig mit Umbauten und Umrüstungen verbunden.

Was macht man mit einem Multiplex-Kino, das wegen Unwirtschaftlichkeit geschlossen werden muss? Man kann den Wandel von einem Multiplex-Kino in ein Planetarium – wie in Freiburg geschehen – nicht beliebig oft kopieren. Welcher anderen Nutzung kann eine Seniorenresidenz, die am Markt vorbei gebaut wurde, zugeführt werden? Wie begegne ich dem Leerstand einer in die Jahre gekommenen Büroimmobilie? Welche neuen Nutzungen sind für eine Reha-Klinik denkbar, die in Zeiten starker Förderung durch Versicherungsträger fernab gebaut wurde und verwaist ist? Über neue Nutzungen grübeln hier schon viele Betroffene, ohne bis jetzt eine Antwort gefunden zu haben. Aber auch wenn man eine Antwort hat, bleibt die Frage zu klären, ob es technisch und wirtschaftlich möglich ist, eine neue Nutzung zu installieren.

Praxisbeispiel

Anhand eines konkreten, in der Praxis realisierten Beispiels sollen die Schwierigkeiten, aber auch Lösungen für die Umrüstung auf eine neue Drittverwendung gezeigt werden.

Es handelt sich hierbei um ein ehemals im Rohbau stecken gebliebenes, als Bürogebäude geplantes Objekt mit rund 11.000 m² Nutzfläche in Leonberg. Dieses aus sechs achteckigen Baukörpern zusammengesetzte und daher „Octogon" genannte Bauvorhaben wurde zu $2/3$ in ein separat zugängliches Pflegeheim umgewandelt. Nach der grundsätzlichen, auf der Basis einer positiven Bedarfserhebung gegebenen langfristigen mietvertraglichen, finanzierungsfähigen Zusage eines bonitätsmäßig starken und fachlich kompetenten Betreibers, war zunächst die Frage der Baugenehmigungsfähigkeit eines Pflegeheimes anstelle eines genehmigten Bürogebäudeteiles zu prüfen. Hier waren äußerst schwierige rechtliche Fragen zu klären und zwar, ob in einem Gewerbegebiet, das durch eine Straße getrennt, einem Wohngebiet gegenüber liegt, überhaupt ein Pflegeheim betrieben werden darf (ausschließlich Pflegestufe 3) und wenn ja, ob der vorliegende ältere B-Plan und nachbarrechtliche Belange diesem nicht entgegenstanden. Alle drei Fragen konnten in Abstimmung mit den zuständigen Stellen mit „Ja" beantwortet werden. Anschließend wurde die Umplanung in Auftrag gegeben. Da von vornherein das Gebäude in verschiedenen Grundeinheiten (Cluster) mit dezentralen Erschließungselementen (Treppe, Aufzüge etc.) und zentralen Ver- und Entsorgungsschächten konzipiert war und außerdem ausreichende Geschosshöhen für die neue vorgesehene Nutzung als Pflegeheim vorhanden waren, war die Umnutzung auch planerisch gegeben. Von entscheidender Bedeutung war, dass für die ursprüngliche Ausführung als Bürogebäude keine störenden Tragelemente (Unterzüge) vorgesehen waren. Jedoch waren weit reichende Veränderungen der Planung im Ausführungsbereich notwendig, von denen die wichtigsten hier wiedergegeben werden sollen:

- *Es war gegenüber dem geplanten Bürogebäude eine völlig neue Grundrissorganisation für Pflegeheime, Bäder, Nebenräume, Schwesternräume, Verwaltung, Aufenthaltsräume, Küchen, Kühlräume etc. notwendig.*

- *Es mussten zusätzliche Anlieferungsbereiche sowohl für Waren als auch Personen (Liegendtransporte/Aufbahrungsräume etc.) geschaffen werden.*

- *Zwei zusätzliche Bettenaufzüge für Liegendkranke waren erforderlich.*

- *Die komplett anderen Feuerschutzvorschriften bei Pflegeheimen waren zu erfüllen wie z. B. die Forderung nach kürzeren Evakuierungswegen.*

- *Die Anpassung der Haustechnik im Bereich Lüftung, Elektro, Sanitär an die andere Nutzung musste beachtet werden.*

- *Zum Schutz vor Immissionsbelästigungen der Heimbewohner von angrenzenden Gewerbeeinrichtungen waren besondere Maßnahmen durchzuführen (Schallschutzmaßnahmen, Zwangslüftung).*

- *Zur Vermeidung der Einsehbarkeit der Pflege- und Sanitärbereiche musste eine Verspiegelung der Glas- und Leichtmetallfassade zusammen mit bei Beleuchtung zwangsgeführten innenliegenden Lamellenstores erfolgen.*

Diese und viele andere Aspekte wurden in ständiger Abstimmung mit dem Betreiber erarbeitet. Es war technisch und wirtschaftlich nur möglich, da das ursprüngliche statische Konzept eine möglichst große Flexibilität in Bezug auf Gestaltung der zur Verfügung stehenden Büroräumlichkeiten erreichen sollte. Das bedeutete z. B. für die Tragwerksplanung mit möglichst wenigen vertikalen Abstützungen auszukommen. Erreicht wurde das durch eine Konstruktion, die auf einem großzügigen Stützenraster und ebener Deckenuntersicht eine Flachdeckenausführung vorsah, die nahezu jede Raumaufteilung möglich machte. Das kombinierte Pflegeheim und Bürogebäude Octogon ist inzwischen fertig gestellt und gut vermietet. Dabei ist das Pflegeheim voll belegt.

Die Marktdynamik verlangt Flexibilität im Betrieb der Immobilie, um den sich bei Spezialimmobilien immer schneller wechselnden Nutzungsänderungen zu begegnen. Alle am Planungs- und Bauprozess Beteiligten sind aufgefordert, Bau und Ausrüstung der Immobilieninvestments von vornherein so zu gestalten, dass ein Maximum an Änderungen im Betrieb bzw. der anderen Nutzung technisch und wirtschaftlich möglich ist. Darauf werden Banken vermehrt achten.

3.5 Risiko

Für jedes Immobilieninvestment werden für Entscheidungs- und Finanzierungszwecke erfahrungsgemäß und üblicherweise Unterlagen, Nachweise, Berechnungen, Daten, Auskünfte etc. zu folgenden Sachverhalten erbeten: Bonität des Investors – Grundstück – Objekt – Kalkulation – Wirtschaftlichkeit – Markt – Vertrieb – Mieter – Mietverträge – Investitionsplan – Belastung – Sicherstellung – Recht – Steuern.

Bei typischen Spezialimmobilien – an dieser Stelle seien exemplarisch Freizeitimmobilien, Hotels und Sozialgebäude genannt – reicht dies aber nicht aus. Je mehr eine Immobilieninvestition bei der Standortsuche, der Entwicklung, der Errichtung und der anschließenden Nutzung die Handschrift, das Know-how, die Erfahrung, die Durchsetzungskraft, das Marketing, die Pflege und die Anpassung des Betreibers benötigt, um so mehr verschiebt sich die Grenze von der reinen Immobiliensicht zu einer Unternehmensbetrachtung. Das macht die Bewertungen besonders schwer, wie Abbildung 10 verdeutlicht.

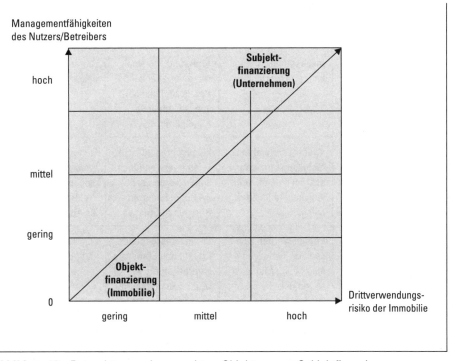

Abbildung 10: Betrachtungsschwerpunkte – Objekt- versus Subjektfinanzierungen

Diese Risiken finden sich im Kern bei allen Arten von Spezialimmobilien, wie eine Auswahl von Hauptrisiken in der folgenden Synopse (siehe Tabelle 2) exemplarisch zeigt.

Risikoart	Freizeitimmobilien	Hotels	Seniorenimmobilien
Verdrängung kleiner und mittelständischer Marktteilnehmer	Ja. Die Publikumsnachfrage erzwingt größer werdende Einheiten.	Ja. Hotelketten und Kooperationen erhöhen ihren Marktanteil beständig.	Ja. Trend zu betriebswirtschaftlich größeren Einheiten.
Fehlende Fachkompetenz	Viele heterogene Märkte, die untereinander nicht vergleichbar sind.	Unterschiedliche Trends: Luxushotellerie, Low-Budget-Hotels, Nischenprodukte.	Differenzierte Angebote: Seniorenresidenzen, Betreutes Wohnen, Pflegeheime, Hotel + Senioren.
Prognoseunsicherheit	Insbesondere Trends im Freizeitverhalten.	Änderung des Nachfrageverhaltens – Hotels sind Immobilien mit „täglicher Kündigung".	Änderung der Pflegegesetze.
Schwierige Wiederverwendungsfähigkeit	Wiederverwendungsfähigkeit stark eingeschränkt, da oft sehr individuelle Immobilien.	Eingeschränkte Wiederverwendungsmöglichkeiten z. B. Wohnen, Senioren, Büro als Alternative.	Eingeschränkte Wiederverwendungsmöglichkeiten z. B. Wohnen, Hotel, Klinik als Alternative.
Konkurrenzdruck	Erfolge werden zu oft kopiert, Overscreening (siehe Multiplex, Musicals).	Erfolgversprechende Märkte und Standorte werden „überbaut" (z. B. Luxushotellerie).	Zum Teil Marktsättigung.
Vermarktungshindernisse	„Leisure-Companies" mit Eigenkapital, kaum noch geschlossene Fonds (Multiplex), früher offene Fonds (Space Park, Bremen) bei bekannten Betreibern, Opportunity Funds.	Geschlossene Fonds, offene Fonds, institutionelle Anleger nur bei herausragenden Betreibern.	Geschlossene Fonds, eingeschränkt institutionelle Anleger (Seniorenresidenzen) nur bei markteingeführten Betreibern, Konkurse von Betreibern.

Tabelle 2: Auswahl der Hauptrisiken

3.6 Prognose

Jeder Investition sollten vor einer Entscheidung gründliche Prognosen in Bezug auf die voraussichtliche Entwicklung der Erträge und Aufwendungen vorausgehen. Dies gilt in besonderem Maße für Spezialimmobilien. Wenn man sich die Leerstände bei Büros, das Overscreening bei Multiplex-Kinos, das Theater-Sterben usw. ansieht, fällt einem unwillkürlich die alte Erkenntnis ein, dass das schwierige an einer Prognose ist, dass ihr Bezugsobjekt per definitionem in der Zukunft liegt. Oder waren da etwa doch keine Prognosen gemacht worden? Hatte man vielleicht auf Marktmacht, Verdrängungswettbewerb oder einfach auf „Es wird schon klappen – mein Investment wird sich durchsetzen" vertraut? Vielleicht wurde aber auch einfach die Konkurrenz unterschätzt.

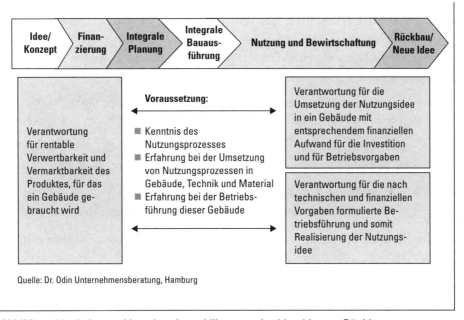

Abbildung 11: Lebenszyklus einer Immobilie – von der Idee bis zum Rückbau

Zahlen, Fakten, Daten, Entwicklungen, Verläufe und vieles andere mehr gilt es durch sorgfältige Aufbereitung und richtige Wertung zu einer entscheidungsfähigen Prognose aufzubereiten, die sich bei Immobilien über viele Jahre erstrecken muss, da die Kapitalrückführung über einen längeren Zeitraum erfolgt. Aber auch noch so detaillierte und fundierte Prognosen schützen nicht davor, dass Ereignisse eintreten, die die Grundlagen der Vorhersagen ändern. Diese Erkenntnis ist eine weitere Hürde bei der Finanzierung von Spezialimmobilien, besonders, wenn es um neue Marktideen geht oder alte, eingefahrene Gleise einfach weiter befahren werden. Denn nichts ist stetiger als der Wandel, den es prognostisch zu antizipieren gilt. Zu dieser Prognose gehört auch, den Lebenszyklus der Immobilie zu berücksichtigen. In Abbildung 11 wird der Lebenszyklus der Immobilie gezeigt. Alle Baulichkeiten im Wohnungs- und Gewerbeimmobilienmarkt unterliegen laufenden Veränderungen, die zum größten Teil auf geänderten Nutzungsvorstellungen beruhen. *Bernd Heuer* spricht von „einem Übergang vom Planen, Bauen und Finanzieren in eine Dienstleistung des besten Nutzens".

4 Grundvoraussetzungen für positive Kreditentscheidungen bei Spezialimmobilien

Anträge auf Finanzierungen im Sektor Spezialimmobilien haben dann Aussicht auf Erfolg, wenn:

- Die Seriosität und Erfahrung des Investors gegeben ist (Auskünfte, Nachweise, Referenzen, vergleichbare realisierte Objekte, Ratings müssen positiv sein).

- Ein schlüssiges, nachhaltiges Betreiberkonzept vorhanden ist und dieses realisierbar ist und umgesetzt werden kann (Management).

- Die Situation und Erwartungen der Teilmärkte auf der Grundlage realistischer und fundiert unterlegter Prognosen Investitionen erlauben (Marktforschung).

- Die Makro- und Mikrolage des Objektes stimmt, und die notwendige Infrastruktur vorhanden ist (Standortgutachten).

- Das Ergebnis einer sich über einen langen Prognosezeitraum erstreckenden Wirtschaftlichkeitsberechnung auch beim Worst-case-Szenario positiv bleibt (Wirtschaftlichkeit).

- Ein je nach Objekt kurz- bis mittelfristiger Return on Investment (RoI) erzielt wird (Rentabilität).

- Eine befriedigende Antwort auf die Frage der Wiederverwendungsfähigkeit oder Umrüstung gegeben werden kann (Drittverwendungsfähigkeit).

- Ein professionelles Marketingkonzept zur Nachfrageerhaltung und -steigerung der Spezialimmobilie umgesetzt werden kann (hard-selling).

- Ein objektadäquater Eigenkapitaleinsatz erfolgt (angemessener Eigen-/Fremdkapital-Mix).
- Die rechtlichen und steuerlichen Anforderungen fachmännisch begutachtet sind.
- Der Erhalt der Attraktivität durch finanzielle Vorsorgemaßnahmen gesichert ist.
- Das Pay back kurzfristiger ist (Tilgungshöhe und Risiko korrelieren hier positiv).
- Erfolgreiche Vertriebswege bei zum Verkauf bestimmten Spezialimmobilien aufgezeigt werden können.
- Die offerierte Finanzierungsmarge risikoadäquat ist.
- Die sonstigen, allgemeinen Voraussetzungen bei Beleihungen für Gewerbeimmobilien erfüllt sind, insbesondere die Schwerpunkte Bonität und Management-Know-how.

Diese und andere Themen bedingen gemeinsame Lösungen bei der Finanzierung von Spezialimmobilien. Hier ist es erforderlich, dass

- Erfahrung, Begeisterung und Vision des Investors auf den „Banker" überspringen und Nüchternheit, Skepsis und Zurückhaltung des Mitarbeiters des Kreditinstitutes dem Investor zu Eigen werden (Synthese).
- Das Fach-Know-how des Investors zum Kreditinstitut transferiert wird.
- Der Bankmitarbeiter von Anfang an dabei ist, damit seine bei der Finanzierung zu beachtenden Anforderungen Berücksichtigung finden können.
- Machbarkeitsstudien, Besichtigungen, Gutachten, Wirtschaftlichkeitsberechnungen, Worst-case-Betrachtungen als vertrauensbildende Maßnahmen vom Projektentwickler mit dem Firmenkundenberater der Bank durchgearbeitet werden.
- Die Einschaltung eines qualifizierten, erfahrenen Managements von Beginn an gewährleistet ist (Planung und Bewirtschaftung sind zu vernetzen).
- Die Schlüssigkeit und Finanzierung der Pre-Opening-Phase sowie der Attraktivitäts-/Nutzungserhalt gesichert sind.

5 Zusammenfassung und Ausblick

Der Blickwinkel der Kreditinstitute in Bezug auf die Bewertung von Immobilien wird bestimmt durch einen Paradigmenwechsel in der Finanzierung. Die geänderten Rahmenbedingungen für die Immobilienwirtschaft (Deutschland ist „fertig gebaut") und die Bankenwelt im Umbruch (Verknappung des Eigenkapitals) haben zu einer Neuorientierung geführt, die verstärkt wird durch die Neuordnung der Eigenkapitalanforderungen (Basel II) und die erweiterten Vorschriften zur Rechnungslegung (IFRS).

Das knappe Eigenkapital – so *Thomas Pallasky* – steht für neue Immobilieninvestments nur noch dann offen, wenn einfach alles stimmt: Das Risiko, die Margen und außerdem noch ein kapitalmarktfähiger Exit, mit dem das ausgeliehene Geld über ABS- und MBS-Maßnahmen zurückgeschleust wird und so von der Bank wieder für neue Finanzierungen eingesetzt werden kann. Hierbei kommen Spezialimmobilien auf einen besonderen Prüfstand, um deren dargestellten Besonderheiten Rechnung zu tragen. Im ohnehin schon schwierigen Segment der Immobilienfinanzierung müssen zusätzlich alle Facetten rund um den langfristigen „Betrieb" von Immobilien berücksichtigt werden. Das bedeutet eine Erweiterung der Immobilienfinanzierung um wesentliche Elemente der Unternehmensfinanzierung.

Damit kommt es zu einem Rating des Managements (Management-Quality) und der Immobilien (Investment-Quality), um zu einer Entscheidung zu kommen. Dies geht über die Bewertungsansätze der WertV hinaus. Hier wird zurzeit heftig diskutiert, ob das Ertragswert- oder Discounted-Cashflow-Verfahren die richtige Antwort auf die komplexer gewordenen Finanzierungsfragen ist. Dieser Streit ist aus Sicht der Kreditinstitute müßig. Gleichgültig, welche Methode zur Anwendung kommt, die Kreditinstitute wollen Antwort auf die Frage, wie hoch das Risiko ist, dass ein Schuldner seinen Zahlungsverpflichtungen in der Zukunft jederzeit pünktlich nachkommen wird. Nach Aussage von *Wolfgang Kleiber* können beide Verfahren die richtigen Antworten geben. Die dargestellten Grundvoraussetzungen für positive Kreditentscheidungen bei Spezialimmobilien müssen dabei besonders beachtet werden.

Literaturhinweise

Bobka, G.(2003): Stichwort Seniorenimmobilien – Neue Gesetze fordern neue Bewertungsschwerpunkte, in: GuG Grundstücksmarkt und Grundstückswert Nr. 1, 2003, S. 7–12.

Brühl, Martin J. (2003): Aktuelle Anforderungen des Kapitalanlagemarktes an die Immobilienbewertung, Vortrag in Tagungsband Immobilienkongress Wertermittlung & Werterhaltung, 4. November 2003, Hochschule Nürtingen.

Bulwien, H. (2000): Betreiberimmobilien – Ein neues Marktsegment für die Zukunft, in: Unveröffentlichtes Manuskript, München 2000.

Ehrlich, J. (2003): Innerstädtische Quartiere – „die" Lösung für attraktivitätssuchende Städte, Vortrags-CDRom Bernd Heuer Dialog Quo Vadis Berlin, 6. Februar 2003.

Fidlschuster, M. (2003): Hotels: Eine Anlage mit Tücken, in: FAZ vom 7. November 2003, S. 43.

Fidlschuster, M. (2004): Hotels – erst nach der dritten Pleite rentabel? Die zehn schwersten Fehler in der Hotelprojektentwicklung, in: Der Immobilienbrief Nr. 56 vom 12. Februar 2004, Seiten 21–22 und Nr. 57 vom 1. März 2004, S. 15–16.

Friedemann, J. (2004): Investoren warten auf schwache Kandidaten, in: FAZ vom 26. März 2004, S. 62.

Gondring, H. (2003): Zoller, E.; Dinauer, J. (Hrsg.), Real Estate Investmentbanking, 1. Auflage, Wiesbaden 2003.

Hardegen, V. (2000): Betreiberimmobilien aus der Sicht eines Kreditinstitutes, in: GuG Grundstücksmarkt und Grundstückswert Nr. 2, 2000, S. 65–72.

Hardegen, V. (1997): Investitionen in Freizeitimmobilien aus der Sicht eines Kreditinstitutes, in: Festschrift für E. H. Schlenke, Hannover 1997.

Heuer, B. (2003): Stichwort – Den Gemeinden eine Plattform bieten, in: FAZ vom 25. April 2003, S. 45.

Heyd, R. (2003): Internationale Rechnungslegung, Stuttgart 2003.

Janssen, O. (2001): Simulationen zu Investitionsentscheidungen leicht gemacht: Das Discounted-Cashflow-Verfahren, in: GuG Grundstücksmarkt und Grundstückswert, Nr. 4, 2001, Seiten 193–198.

Jerzembek, L. (2001): Die Auswirkungen von IAS 40 auf die Bilanzierung von Anlageimmobilien, in : Immobilien-Investmentbanking, Marktbericht XI der Westdeutsche Immobilien Bank, München 2001.

Kleiber, W. (2003): Recht der Wertermittlung vor dem Hintergrund internationaler Verpflichtungen, Vortrag Immobilienkongress Wertermittlung & Werterhaltung, 4. November 2003, Hochschule Nürtingen.

Klinger, F.; Müller, M. (Hrsg.) (2003): Basel II & Immobilien, Herausforderung für die Immobilienfinanzierung, Berlin 2003.

KPMG (2004): International Financial Reporting Standards (IFRS) für Immobilien, Beilage zur Seminareinladung, Düsseldorf 2. April 2004.

KPMG Deutsche Treuhand-Gesellschaft (Hrsg.) (2003): International Financial Reporting Standards, 2. Aufl., Stuttgart 2003.

Leykam, M. (2004): Not leidende Immobilienkredite – Die freundlichen Liquidatoren sind da, in: Immobilien Zeitung vom 26. Februar 2004, S. 5.

Loibl, R. (2003): Spezial-Immobilien: Parkhäuser – keine Lizenz zum Gelddrucken, in: SZ vom 12. Dezember 2003, Seite V2/1.

Pallasky, Th. (2004): Immobilienfinanzierung professionell, in: FAZ vom 6. Februar 2004, S. 24.

Pallasky, Th. (2004): „ Schlimmer kommt's immer" – (Finanzierungs-)Paradigmenwechsel am Immobilienmarkt – Was zu tun?, in: Der Immobiliebrief Nr. 57 vom 1. März 2004, S. 13–14.

Pellens, B./Fülbier, Rolf U./Gassen, J. (Hrsg.) (2004): Internationale Rechnungslegung, 5. Aufl., Stuttgart 2004.

Plesser, J. (2003): Die Finanzierung von Immobilienprojekten unter Einfluss der Neuordnung der Eigenkapitalanforderungen an Kreditinstitute (Basel II), in: GuG Grundstücksmarkt und Grundstückswert Nr. 4, 2003, S. 209.

Plesser, J. (2004): Neue Instrumente für die gewerbliche Immobilienfinanzierung in Deutschland, Vortrag CD-ROM Bernd Heuer Dialog Quo Vadis, Berlin 5. Februar 2004.

Rau, R. (2003): Immobilienbewertung Prognose: Break-Even-Rendite schlägt Liegenschaftszins, in: Immobilien Zeitung vom 31. Juli 2003, S. 14.

Schulte, K.-W. (2003): IAS/IFRS Immobilienbewertung und -rechnungslegung: Es wird internationaler, in: Immobilien Zeitung vom 22. Dezember 2003, S. 10.

Wirtschaftlichkeitsbetrachtung im Rahmen von Due-Diligence-Prozessen bei Spezialimmobilien aus Sicht eines Projektentwicklers

Ingo H. Holz/Jens J. Jacobi

1 Projektentwicklung im Wandel: Rendite statt Standortorientierung

2 Anforderungen an die Immobilie im gewandelten Markt

3 Akquisitionsverlauf von Spezialimmobilien
3.1 Grundlagen einer Real Estate Due Diligence
3.1.1 Wirtschaftliche und finanzielle Due Diligence
3.1.2 Technische und umweltbezogene Due Diligence
3.1.3 Steuerliche Due Diligence
3.1.4 Rechtliche Due Diligence
3.1.5 Organisationsbezogene Due Diligence
3.2 Resultat: Verteilung der wirtschaftlichen Risiken auf Käufer und Verkäufer

4 Durchführung einer Wirtschaftlichkeitsbetrachtung am Beispiel einer multifunktionalen Spezialimmobilie
4.1 Objekt und Businessplan
4.2 Anwendung der „Back of the Envelope Analysis"

5 Anhang: Checkliste für eine Real Estate Due Diligence

1 Projektentwicklung im Wandel: Rendite statt Standortorientierung

Aufgrund der anhaltend schwachen Konjunktur befindet sich die Immobilienbranche in einem in dieser Stärke nie dagewesenen Umbruch. Unflexible, großkonzernstrukturierte- und inhaltlich eingleisig ausgerichtete Immobilienunternehmen, werden volkswirtschaftlich bereinigt. Wendige, auf die sich schnell ändernden Angebots- und Nachfragestrukturen reagierende Projektentwicklungsunternehmen hingegen können ungeahnte Chancen im jetzigen Marktumfeld im Rahmen einer Immobilienprojektentwicklung wahrnehmen und zählen in der Regel zu den expandierenden Marktteilnehmern. Das in diesem Beitrag im Fokus der Betrachtung stehende Segment der Spezialimmobilien gewinnt dabei, zum Nachteil der *Einproduktbüroimmobilie,* aus der Sicht von Projektentwicklern stark an Bedeutung.

Was hat sich so gravierend geändert? Die bisherigen Immobilienprojekte sind fast ausschließlich durch den Standort bestimmt. Dies führte zu den in der Immobilienbranche so bekannten Satz: *„Es zählt nur der Standort, der Standort und nochmals der Standort".* Verkäufer, die in diesem „Mainstream" ihre Grundstücke oder vorkonzipierten Projektideen Entwicklern zur Umsetzung anbieten, verlangen aufgrund der allgemeinen Knappheit an „guten Lagen" und Überhitzungstendenzen in diesem Marktsegment im Vorhinein einen immer höheren Aufpreis für die möglichen Potenziale der offerierten Flächen, aufgrund der „Einzigartigkeit" des in Frage stehenden 1a-Standortes. Entsprechend werden die Grundstücke mit einer fiktiven Bebaubarkeit und meist mit ehrgeizigen Annahmen über potenzielle Mieterlöse verkauft.

Aus diesem Verhalten vieler Marktteilnehmer auf der Verkäuferseite erwachsen zwei Konsequenzen, die in der Folge derartiger Transaktionen die Handlungsfreiheit eines Entwicklers einschränken:

1. Um die geforderte Rentabilität an einem Standort zu erreichen, muss der Entwickler erhebliche produktspezifische Einschränkungen in Kauf nehmen, und um die notwendigen, meist hohen Preise zu erreichen, hochwertige Nutzungen etablieren. Das heißt, es werden von Beginn an eine Vielzahl der Nutzungsmöglichkeiten ausgeschlossen, was im Einzelfall mit nicht unerheblichen Genehmigungsrisiken und standortbezogenen Konzeptrisiken verbunden ist.

2. Das Vorgehen aus 1. zwingt zu einer Übernahme meist risikoreicher weil höherwertiger festgelegter, d. h. nicht flexibel änderbarer Konzeptvorgaben, die zudem einen entsprechend per Definition eingeschränkten Nachfragerkreis ansprechen. Derartiges Vorgehen reduziert die Vielfalt möglicher Nutzungen in der Regel auf das hochpreisige Büroimmobiliensegment, d. h. die *Einproduktimmobilie*.

Im Ergebnis sind Erfolgshürden und Initiatorenrisiko erheblich, da bereits große Teile eines möglichen Projektentwicklergewinns von den Anbietern der Potenzialflächen abgeschöpft wurden – man könnte diese Entwicklung auch als einen Nachteil von allgemein transparenter und professioneller werdenden Immobilienmärkten aus Sicht des betroffenen Entwicklers bezeichnen. In Wachstumsmärkten entspricht dies einem gängigen und von allen Projektbeteiligten, besonders auch den finanzierenden Kreditinstituten, mitgetragenem Modell.

Insbesondere in Deutschland sind die Renditen, also der Kehrwert der Multiplikatoren, für den Entwickler bisher verhältnismäßig niedrig. Durch diese Marktkonstellation ist das Chancen-Risiko-Verhältnis für derartige Projekte für alle Beteiligten recht unattraktiv. Darüber hinaus sind die in der Vergangenheit bei der Akzeptierung von niedrigen Anfangsrenditen realisierten Wertänderungsrenditen in der Zukunft nicht mehr zwangsläufig gegeben.

Besonders wenn der Markt in seine Stagnationsphase übergeht, reagieren die Teilnehmer entsprechend: Die Endinvestoren versuchen in Deutschland über einen zeitlich früheren Einstieg stärker an diesem Chancen-Risiko-Verhältnis zu partizipieren, und hierdurch ihre potenzielle Rendite (d. h. Chance) zu erhöhen. Im Gegenzug steigen die Initiatoren früher aus der Entwicklung und somit aus dem Risiko aus. Die finanzierenden Institute, meist Banken, fordern zunehmend höhere Vorvermietungsstände, bevor sie nach einer Ankaufsfinanzierung die Finanzierung und Begleitung der Projektdurchführung übernehmen. Die Vorvermietungshürde, gerade im Einproduktimmobilienbereich, erweist sich jedoch als „Aspirin" der Branche: Es erhöht zunächst das kurzfristige Wohlbefinden, heilt aber nicht wirklich den Krankheitszustand. Bezogen auf die Immobilienbranche heißt das: Die Drittverwendungsfähigkeit und Konzeptflexibilität einer Immobilie zeigt sich erst mit dem Auslaufen des ersten Hauptmietvertrages. In diesem Wirtschaftszyklus erweist sich besonders die traditionelle *Einproduktimmobilie,* also meist die von den Banken und den institutionellen Investoren bevorzugte Büroimmobilie, als besonders risikoanfällig.

Seit dem Beginn des konjunkturellen Abschwungs der Wirtschaft sinkt der Anteil spekulativ entwickelter Vorratsbauten erheblich. Die Immobilienbranche achtet verstärkt auf nachhaltige Mieterträge und entsprechend auf Basis von Ist-Mieten gesicherten Renditen.

Waren es zunächst institutionelle Investoren, die sich für vermeintlich „einzigartige zentrale" Standorte zu Lasten der Renditen interessierten, sind es inzwischen die gleichen Investoren, die aus dem „Niedrigrenditeland" Deutschland ins Ausland flüchten. Die deutschen Investoren denken mittlerweile „internationaler". Denn die im internationalen Vergleich niedrigen Renditen in Deutschland waren bisher der Hauptgrund für das Fernbleiben ausländischer Investoren.

Von den niedrigen deutschen Renditen geprägt, waren deutsche Investoren interessante Anleger in den internationalen Märkten, denn die Preise, die die Deutschen zu zahlen bereit waren, haben „Premiumcharakter". Doch die fremden Märkte werden für deutsche Investoren zunehmend problematischer. Der Erfolgsdruck im Ausland attraktive und dennoch konservative Projekte zu akquirieren ist deutlich höher, als vergleichbare Projekte an lokalen, bekannten Standorten zu identifizieren. Dazu kommt, dass die Due Diligence im Ausland per Logik nicht so detailliert durchführbar ist. Darüber hinaus fallen im Ausland höhere Kosten für die Prüfungshandlungen an, als bei identischen Akquisitionen im Inland. Das gilt für die Mikrostandortanalyse sowie des weiteren für die Analyse der Stadtteilentwicklung, Branchenentwicklung, des Baurechts aber auch des gesamten Steuer- wie auch Gesellschaftsrechts. Einem kapazitär wie kostentechnisch höheren Akquisitionsaufwand und erhöhten Managementbedarf laufender Projekte, sowie erhöhter Betreuungsgebühren (wie Steuerberatungs- und Wirtschaftsprüfungsgebühren) stehen allerdings zum Akquisitionszeitpunkt tendenziell höhere Renditen gegenüber. Dieser Wettlauf der Marktteilnehmer auf hochrentierliche Auslandsstandorte mit zunächst hohem Renditepotenzial führt selbstverständlich an den stark nachgefragten Standorten zu sukzessive steigenden Preisen und in der Konsequenz – so wie wir es in Deutschland auch erlebt haben – zu einer zunehmenden Orientierung der dort engagierten Investoren auf immer weniger Arten gewerblicher Immobilien d. h. im Wesentlichen zur Konzentration auf Büroimmobilien.

Damit kauft auch hier der Investor aufgrund nicht einzelprojektbezogenen Gemeinkosten (wie Strukturkosten, erhöhte Steuerberatungs- und Wirtschaftsprüfungskosten) und deutlich erhöhten Vorlaufkosten eine tickende Zeitbombe ein. Dieser Effekt wird durch die Reduktion auf Einproduktimmobilien zusätzlich verstärkt.

Die beschriebene Entwicklung erlaubt fünf Trendaussagen:

1. Unter den neuen Voraussetzungen der Renditeorientierung wird wieder zunehmend Kapital in Deutschland investiert.

2. Das Interesse für den deutschen Markt richtet sich dabei auf Bestandsrevitalisierung von Immobilien, die eine Multifunktionalität des Flächenangebotes gewährleisten können und somit also weg von der Einproduktbüroimmobilie und der Neubauimmobilie führt.

3. Die Priorität des Anlageinteresses verlagert sich von reinen standortorientierten Investitionen hin zu Renditeimmobilien an „intelligenten" Standorten mit Potenzial, im Zweifel auch in guten 2a- oder 2b-Lagen.

4. Die einfache Rechnung: zentrale Lagen bedeuten niedrige aber stabile Rendite (1a-Lagen = niedriges Chancen-Risiko-Verhältnis) und dezentrale Lagen bedeuten eine hohe Rendite bei erhöhtem Risiko (2a- und 2b-Lagen = hohes Chancen-Risiko-Verhältnis) stimmt so nicht mehr, da die zentralen Einproduktimmobilien sich als struktural gefährdet (heißt: 1a-Lage = erhöhtes Risiko bei unsicherer, und dabei niedriger Rendite) erweisen.

5. Im Ergebnis hat sich das renditeorientierte Nachfrageinteresse über die unterschiedlichen Immobilienarten gestreut, zum grundsätzlichen Vorteil der Spezialimmobilien. Diesen fehlte bislang der Beweis ihrer Drittverwendungsfähigkeit. Im Gegensatz dazu ist der Nachweis ihrer nachhaltigen Mietertragsfähigkeit inzwischen ein wesentliches Erfolgsmerkmal.

Unter den bisherigen Immobilienprodukten rückt nun die multifunktionale Bestandsimmobilie, besonders in 2a- und 2b-Lagen, in den Mittelpunkt. Die Einstiegskosten sind in einem schwachen Marktumfeld und bei begrenzten „Potenzialaufschlägen" meist deutlich unter ihrem Herstellungswert. Bezahlt werden in diesem Markt grundsätzlich nur die existierenden Ist-Mieten zum kalkulatorischen, vollen Renditewert und die unvermieteten Flächen werden zu einer kalkulatorisch wesentlich höheren Rendite verkauft, da der Käufer ab Ankauf das gesamte Vermarktungsrisiko übernimmt und zunächst in seiner Kalkulation belastende Leerstandskosten in Kauf nehmen muss und hierfür einen entsprechenden Risikoaufschlag für das auf diesen Bereich der Immobilie entfallende Investment verlangen kann. Teilweise fließen sogar diese unvermieteten Flächen gar nicht in die Kaufpreisfindung ein.

In einem solchen Umfeld sind spekulative Neubauten fast chancenlos. Sie haben einen erheblichen Kostennachteil aufgrund ihrer Erstellungskosten, der sich negativ auf die kalkulatorisch notwendige Einstandsmiete auswirkt, die im gegenwärtigen Mietermarkt kaum erzielbar ist.

Bestandsgebäude stehen im Vergleich zu Neubauten bereits *„Shell and Core"*, zur Verfügung, sodass man jeden Mieterausbau, ob Büro, Lager, Produktion oder sonstige Nutzungen exakt berechnen kann. Darüber hinaus lassen sich die Flächen meist kurzfristig fertig stellen, die Vorhaltekosten sind geringer. Somit kann flexibler und nachfragegerechter mit meist kurzfristig vom Mieter gesuchten Lösungen reagiert werden. Bestandsschutz besteht meist und das Bau-, Planungs- und das Baugenehmigungsrisiko ist überschaubar.

Eine weitere Reduzierung des Risikos wird durch die mit einem solchen Produkt möglichen Vermarktungsstrategien erreicht: Durch die Anwendung einer Niedrigpreisstrategie erhöht sich das Feld der potentiellen Zielgruppen, die dann individuell über den Grad des Ausbaus mitentscheiden können. Sollte ein Mieter vor allem nach günstigen Räumlichkeiten suchen, so kann die Fläche im derzeit ausgebauten Zustand angeboten werden. Sollte ein Mieter hingegen besondere Ansprüche an Objekt und Ausbau stellen, so kann auch dies für ihn angeboten und durchgeführt werden.

Die folgende Aufstellung listet eine Vielzahl von bestehenden Spezialimmobilien auf und zeigt zahlreiche mögliche Nutzungs- und Revitalisierungspotenziale.

Revitalisierungs- und Umnutzungspotenziale für bestehende Spezialimmobilien		
Ehemalige Nutzungsform	Umnutzung	Beispiel
Lagergebäude	Loft-Wohnungen und Büros, Atelier, Einzelhandel, Gastronomie, Museum	No. 1 West India Quay (Docklands), London Speicherhalle 11 (Rheinauhafen), Köln
Werft	Kreativ- und Gründerzentrum	Trinity Buoy Wharf, 64 Orchard Place, London
Produktionsgebäude der Jahrhundertwende	Kletterhalle, Druckerei, Handwerkerausbildungszentrum, Supermarkt, Behördenzentrum, Medizinlabor	Thiemannstraße 1, Berlin-Neuköln Colditzstraße 34–36, Berlin-Tempelhof
Straßenbahndepot	Oldtimerzentrum; Museum, Handel, Werksatt, Gastronomie, Eventflächen, Fernsehproduktion	Meilenwerk, Wiebestraße 36–37, Berlin-Tiergarten
Tankstelle	Supermarkt, Inn-Bar	LPG Biomarkt, Mehringdamm 59, Berlin-Kreuzberg

Brauerei	Eventgastronomie, Kino, Wohnungen und Büros, Veranstaltungshalle	KulturBrauerei, Knaakstraße 97, Berlin-Prenzlauer Berg
Tagebau	Shopping-Center	Bluewater, Greehithe, Kent
Kirche	Antiquitätenkaufhaus, Diskothek, Cafe, Museum, Casino, Pub, Einfamilienhaus, Atelier	St. Michael's Church, Mark Street, London Friedenskirche, Mönchengladbach-Rheydt
Markthalle der Jahrhundertwende	Supermarkt	Ackerhallen, Ackerstraße 23/ Invalidenstraße 158, Berlin-Mitte

Tabelle 1: Revitalisierungs- und Umnutzungspotenziale für bestehende Spezialimmobilien

2 Anforderungen an die Immobilie im gewandelten Markt

Die Immobilie, ob Spezialimmobilie im weiteren Sinn oder Einproduktimmobilie wird unter Investoren nicht mehr als Sicherheitsinvestition mit reduzierter, aber stabiler Rendite betrachtet, sondern mittlerweile mit konkreten Alternativanlagen in Vergleich gebracht. Hiezu zählen im Wesentlichen auch der Aktien- und Anleihemarkt. Die Immobilie ist als gleichwertiges Anlageprodukt hinzugekommen. Ausschlaggebend hierbei ist die nachhaltige Verzinsung des eingesetzten Eigenkapitals, und zwar ohne Steuer- oder sonstige Subventionseffekte einzurechnen. Hierin gleicht die Immobilie der Anlagentypologie ihrer Anlagekonkurrenten.

Der wesentliche Unterschied zu den alternativen Investitionsmöglichkeiten liegt darin, dass bei der Immobilieninvestition nicht nur Eigenkapital, sondern maßgeblich auch mit Fremdkapital, meistens von Banken geliehenes Kreditkapital, gearbeitet wird. Daher verlangen die Banken in der heutigen Finanzierungspraxis den Nachweis erheblichen „echten" Eigenkapitals als Finanzierungsvoraussetzung. „Echt" insofern, als das bisher Eigenkapital ersetzende Haftungszulagen der Initiatoren bei den Banken zu einigen namhaften Negativbeispielen führten, bei denen die Banken am Ende das Risiko des Projektes vollständig selbst tragen mussten.

Für den verbleibenden – noch immer erheblichen – Fremdkapitalanteil einer Finanzierung gilt daher folgende Voraussetzung: ein durch Mietverträge nachgewiesener Cashflow oder im Fall von Projekten eine gesicherte Vorvermarktung zur Bedienung mindestens der Zins- und Tilgungsraten, also des Kapitaldienstes. In der Fachsprache redet man auch von dem so genannten *Debt Service Coverage Ratio,* oder kurz *DSCR*. Liegt diese Indikatorzahl bei 1, heißt das, dass der zu leistende Kapitaldienst vollständig durch den existierenden Mietcashflow abgedeckt wird. Natürlich liegt es den Banken – zurecht – daran, den nachhaltigen Mietcashflow konservativ zu ermitteln und von angegeben Mietvertragswerten etwaige Instandhaltungsrücklagen, Leerstandskosten sowie nichtumlagefähige Nebenkosten so hoch wie möglich anzusetzen und diese vom Mietertrag großzügig abzuziehen. Weiterhin werden kurzfristig kündbare Mietverträge gern gar nicht erst betrachtet. Begrifflich hat man nunmehr das *Net Operating Income,* oder abgekürzt den *„true" NOI* ermittelt. Der NOI ist die Grundlage zur Ermittlung des DSCR, wobei die Banken als „Wohlfühlergebnis" gern mindestens einen Indikator von 1,2 sehen wollen, sprich: Der nachhaltig erzielte Mietcashflow sollte rund 20 Prozent oberhalb des zu erwirtschaftenden Kapitaldienstes liegen.

Über den Projektverlauf betrachtet legen die Banken – wiederum verständlicher Weise – Wert darauf, dass sich diese Indikatorgröße mindestens auf gleichem Niveau hält, idealerweise verbessert aber keinesfalls reduziert. Denn hier gilt die Aussage: Nimmt der zu leistende Kapitaldienst als Zeichen weiterer begebener Darlehenstranchen im Zeitverlauf zu, sollte sich der korrespondierende, nachhaltige Mietcashflow auch entsprechend erhöhen. Dies ist also das Indikatorpaar: DSCR zum Ankauf eines Projektes bzw. Objektes und zum geplanten Verkauf, auf das sowohl der Projektentwickler, spätestens aber die begleitende Bank, Wert legen wird.

3 Akquisitionsverlauf von Spezialimmobilien

3.1 Grundlagen einer Real Estate Due Diligence

Werden Immobilien gekauft und verkauft, müssen in transparenten und hoch entwickelten Teilmärkten erhebliche Informationsmengen aus unterschiedlichen Bereichen in Bezug auf ihre Wertrelevanz hin untersucht werden. Je komplexer und großvolumiger der Transaktionsgegenstand ist, desto aufwendiger muss die Informationsaufbereitung betrieben werden. Sind derartige Prozesse bei beispielsweise einem Einfamilienhaus noch begrenzt und mit einem überschaubaren „Laufzettel" abzuarbeiten, wird schnell deutlich, dass diese Abläufe bei Spezialimmobilien ein besonderes Maß an Strukturierung, Zeit, Fachwissen und Interdisziplinarität erfordern, um sinnvolle Entscheidungsgrundlagen zu generieren. Eine so genannte Real Estate Due Diligence (kurz: Due Diligence) kann eben diesen Prozess kanalisieren und auf seine wesentlichen Bestandteile fokussieren.

Wörtlich übersetzt heißt der Begriff soviel wie: „Mit angemessener und erforderlicher Sorgfalt bzw. im Verkehr erforderliche Sorgfalt." Ziel einer Due Diligence ist es, bei Akquisitionsprozessen durch sorgfältige und systematische Beschaffung und Aufbereitung von Informationen eine Analyse, Prüfung und Bewertung der Immobilie durchzuführen. Hier wird eine fundierte Verhandlungsgrundlage erstellt, auf welcher später der Kaufpreis sowie weitere Verhandlungsmodalitäten gründen. Das eigentliche Kernelement und Hauptziel einer Due Diligence besteht somit in der Risikominimierung bei geplanten Akquisitionen und in der Chancenbeurteilung der damit verbundenen Investition.[1] Hierbei sollen alle wesentlichen Entscheidungskriterien ermittelt und geprüft, der Informationsstand optimiert und somit die Genauigkeit der Wertermittlung des Zielobjektes erhöht werden. Zusammenfassend ist eine Due Diligence ein:

- mehrphasiger, interdisziplinärer und transaktionsorientierter,
- Erhebungs-, Prüfungs- und Dokumentationsprozess,
- der in standardisierter Form Transparenz schaffen will und einen Kauf oder Verkauf vorbereitet sowie begleitet.

Für den Projektentwickler erfüllt die Due Diligence im Kern folgende *Aufgaben:*

- Mit Hilfe der gewonnenen Erkenntnisse können die Kaufpreisvorstellungen des Verkäufers besser nachvollzogen und gegebenenfalls auf Grundlage stichhaltiger Argumente ein realistischerer Kaufpreis verhandelt werden.
- Beiden Seiten wird nach Übergang des Objektes die Feststellung erleichtert, ob und in welchem Umfang die zugesicherten Eigenschaften den Tatsächlichen entsprechen.[2]
- Die Ergebnisse liefern schließlich, in Berichtsform, eine Aufnahme über das entsprechende Untersuchungsobjekt und ermöglichen somit eine sachgerechte Formulierung des Kaufvertrags. So wird es möglich, die gesamte Transaktion juristisch, gemäß den vorliegenden Gegebenheiten, zu gliedern. Zeigen sich

---

1 Vgl. Canepa (1998), S. 11 ff.
2 Vgl. Schroeder (1997), S. 216 ff.

Risiken im Untersuchungsobjekt, so kann der Kaufvertrag entsprechend angepasst werden. Darüber hinaus wird hierdurch simultan die Wahrscheinlichkeit zukünftiger Rechtsstreitigkeiten reduziert.

Eine umfassende Due Diligence lässt sich in fünf Funktionsbereiche unterteilen. Man spricht von einer *wirtschaftlichen und finanziellen, technischen und umweltbezogenen, steuerlichen, rechtlichen* und *organisationsbezogenen Due Diligence* zur Beurteilung einer Spezialimmobilie.

Durchgeführt wird die umfangreiche Due Diligence nach positivem Abschluss einer Voruntersuchung, bei der bestimmte (Ankaufs-)Kriterien wie beispielsweise Region, Investitionsvolumen, Flächen, Nutzungsart etc. die Immobilien vorselektieren. Im Folgenden werden die einzelnen Schritte der Due Diligence mit Bezug zur Spezialimmobilie kurz skizziert, um dann anhand eines konkreten Beispiels das Renditepotenzial derartiger Objekte und vermeintlich weniger guter 2a- oder 2b-Lagen zu verdeutlichen.

Adressaten und Beteiligte der Due Diligence sind dabei die in der Tabelle 2 aufgeführten Gruppen.

Adressaten der Real Estate Due Diligence	Projektentwickler	Private Investoren	Offene Fonds	Geschlossene Fonds	Leasinggesellschaften
	Banken	Versicherungen	Sonstige Bestandhalter	Bauträger	Private-Equity-Geber
Beteiligte der Real Estate Due Diligence	Wirtschaftsprüfer	Bausachverständige, Ingenieure, Architekten	Consultants	Ratingagenturen	Makler
	Fremdkapitalgeber	Steuerberater	Bewerter	Rechtsanwälte	Marktforschungseinrichtungen

Quelle: Eigene Darstellung

Tabelle 2: Beteiligte und Adressaten der Real Estate Due Diligence

3.1.1 Wirtschaftliche und finanzielle Due Diligence

Nach Abschluss der Voruntersuchung wird das Objekt, respektive Projekt, zunächst aus wirtschaftlicher und finanzieller Sicht betrachtet.

Wichtige Informationen werden in der Praxis mit Hilfe von Standort-, Markt- und Konkurrenzanalyse, der Beurteilung der vorhandenen Nutzer, des Betreibers oder des Verkäufers sowie durch die Analyse der Gebäudebewirtschaftungskosten gewonnen.

Bei der Standort-, Markt- und Konkurrenzanalyse ist es zunächst erforderlich, die Position des zu analysierenden Objektes in seinem relevanten Markt eindeutig zu identifizieren. In erster Linie wird man sich hierbei aufgrund des geringeren Erhebungsaufwands auf Sekundärinformationen stützen, welche z. B. von Verbänden, von Institutionen oder Marktforschungsgesellschaften zur Verfügung gestellt werden.

Ein weiterer wichtiger Gesichtspunkt bei der Standort- und Marktanalyse ist die Beschaffenheit der externen Infrastruktur. Vor allem bei Freizeit- und Handelsimmobilien und personalintensiven Nutzungen ist die Erreichbarkeit durch öffentliche Verkehrsmittel entscheidend. Neben der externen Infrastruktur sollte die grundstücksinterne Infrastruktur mit in die Beurteilung des Standortes einfließen. Wichtig ist in diesem Zusammenhang die Straßenführung zum Objekt, der Erschließungsgrad des betreffenden Grundstückes, die Anzahl der vorhandenen und möglichen Parkplätze. Überdies ergeben sich Anhaltspunkte für mögliche Wertsteigerungspotenziale aus der Analyse der zu erwartenden Entwicklung des Standorts und des künftigen Bedarfs. Wichtige Indizien können sich in diesem Zusammenhang aus der Untersuchung von geplanten bzw. begonnenen Bau- und Infrastrukturmaßnahmen (wie z. B. verbesserte Anbindung an den öffentlichen Personennahverkehr oder Autobahnen) ergeben.

Im Rahmen der Immobilienakquisition sollten ferner grundlegende Risiken, welche sich beispielsweise aus Erschließungskosten oder Regelungen zur Stellplatzablöse ergeben können, ermittelt werden.

Eine ebenfalls entscheidende Größe ist der Kaufpreis der Immobilie und der zu erwartende Mietpreis in Verbindung mit möglichen Entwicklungspotenzialen der einzelnen Parameter. Informationen dazu kann man von den jeweiligen Gemeinden, den Wirtschaftsförderungsgesellschaften, Maklern, und der regionalen bzw. überregionalen Presse und aus Fachzeitschriften erhalten.

Weiterhin ist bei der Analyse der vorhandenen Nutzer in Bezug auf Bonität und Image auch die Branche zu bewerten. Angemerkt sei dazu, dass ein ausgewogener Branchenmix ebenfalls zu einer Reduzierung des Objektrisikos positiv beiträgt.

Die finanzielle Due Diligence beinhaltet sämtliche Prüfungsüberlegungen, die im Zusammenhang mit einer Immobilienfinanzierung und -transaktion stehen. Im Rahmen der Prüfung ist aus diesem Grund nach Definiton des Gegenstandes der Finanzierung die Art der Fremdfinanzierung festzulegen und das Investitionsvolumen zu analysieren. Dabei sind Private Equity, Joint Venture, Mezzanine-Finanzierung, Participating Mortgage, Asset Backed Securities, Immobilienleasing oder die klassische Finanzierung über grundpfandrechtlich gesicherte Darlehen mögliche Ausprägungsformen. Bei allen zur Verfügung stehenden Alternativen gilt es folgende Parameter gegeneinander abzuwägen: Eigenkapitalanteil, Kosten der Kapitalbereitstellung, Tilgungsverlauf, geforderte Sicherheiten, geforderte (unternehmerische) Mitspracherechte Dritter und Risikoübernahme durch die Kapitalgeber. Grundsätzlich sollte der Entwickler bei der Wahl der Finanzierung Wert auf ein Höchstmaß an Flexibilität, eine Übereinstimmung seiner unternehmerischen Ziele und ausreichende unternehmerische Freiheitsgrade bei seinen Entscheidungen legen. Unter dem Aspekt der Risikobeschränkung sollten ferner Zinssicherungsinstrumente in Bezug auf das eingesetzte Fremdkapital wie Floor, Collar, Cap oder Swap berücksichtigt werden und deren Kosten mit in die Wirtschaftlichkeitsbetrachtung einfließen.

Handelt es sich bei dem zu analysierenden Objekt um eine Bestandsrevitalisierung oder ein Neubauprojekt, d. h. sind Baumaßnahmen durchzuführen, so ist ebenfalls eine detailliertere Kostenberechnung nach DIN 276 erforderlich.

In einem weiteren Schritt kann dann durch eine Wirtschaftlichkeits- und Renditeberechnung ein Ergebnis ermittelt werden, welches eine abschließende wirtschaftliche Beurteilung des Investments ermöglicht. Ein geeignetes Arbeitsmittel bietet dabei die „Back of the Envelope Analysis".

3.1.2 Technische und umweltbezogene Due Diligence

Das grundlegende Anliegen der technischen und umweltbezogenen Due Diligence besteht darin, einen umfassenden Eindruck über das Grundstück sowie den bautechnischen Zustand des Untersuchungsobjektes und des vorhandenen Raumprogramms zu erhalten.

Basis für die technische Due Diligence ist dabei eine umfangreiche Begehung des gesamten Objektes und die Analyse von Materialproben in Zusammenarbeit mit

Architekten, Ingenieuren für Bau- und Gebäudetechnik sowie Bausachverständigen. Dabei werden sämtlich Bauteile des vorhandenen Gebäudes hinsichtlich Funktionsfähigkeit, Zustand und Qualität erfasst und bewertet, um offensichtliche bzw. schwer erkennbare Fehlerquellen ausfindig zu machen. Die wesentlichen bautechnischen Bereiche sind dabei: Fundament und Keller, Fassade, Fußboden, Wand und Decke, Fenster und Türen, Dach, Heizung, Sanitärinstallation sowie Klimatechnik. Mögliche Bewertungskriterien sind z. B. Feuchtigkeit, Brand-, Wärme- und Schallschutz oder Bauzeit.

Beim Erwerb eines Objektes gehören zur technischen Beurteilung ebenfalls die Messung der Gesamtflächen, die Aufnahme der Gebäudestruktur und die Prüfung der Aufteilung der Räumlichkeiten vor dem Hintergrund einer potenziellen Revitalisierung oder Umnutzung. Von Interesse ist hier besonders das Achsmaß und der Anteil der Hauptnutz-, der Verkehrs- und der sonstigen Nebenflächen.[3] Aufgrund potenzieller Mieterfluktuation sind weitere wichtige Kriterien die flexible Nutzbarkeit und Funktionalität einer Immobilie.

Bei Bestandsobjekten sind darüber hinaus Auswirkungen der aktuellen Anforderungen an den Brandschutz und an eine behindertengerechte Nutzung, Alter der Baulichkeiten, Stand der Gebäudetechnik, Denkmalschutzauflagen, Instandhaltungskosten und Wartungsaufwand zu betrachten.

Das Ergebnis der technischen Prüfung des Bauzustands ist dann in Bezug auf die potenzielle Vermarktung und auf Möglichkeiten der Anpassung des Bestandsobjektes an heutige Anforderungen und die damit verbundenen Kosten zu hinterfragen.

Für die Vermarktungsfähigkeit ist auch der optische Eindruck von Bedeutung. Mögliche Gesichtspunkte sind in diesem Zusammenhang: Farb- und Formgestaltung, Gestaltung des Eingangsbereichs sowie die Gestaltung der dazugehörigen Außenanlagen.

Ein Teilgebiet der technischen Due Diligence ist die umweltbezogene Due Diligence, mit der die Umweltsituation und der Umfang möglicher behebungspflichtiger Lasten ermittelt wird. Dabei werden mögliche Risikoquellen wie z. B. Kontaminationen von Boden und Grundwasser, von Bausubstanz bzw. technischen Anlagen oder die Verwendung von gefährlichen Baustoffen (wie beispielsweise Asbest) näher betrachtet. Im Rahmen der Immobilienakquisition sind besonders folgende Aspekte von Interesse: Kosten für eine erforderliche Altlastensanierung, Möglich-

---

3   Vgl. Seiler (1998), S. 7 ff.

keiten zur Absicherung gegen Altlastenrisiken, Altlastenhaftung und Bodenwertminderungen.[4] In diesem Zusammenhang ist nicht nur das zu erwerbende Objekt zu betrachten, sondern auch die Nutzung und Geschichte der Nachbargrundstücke. Dabei stellt sich die Frage: Ist die Bonität derer Eigentümer ausreichend, um Kontaminationen zu regulieren und somit die zu erwerbende Liegenschaft auch langfristig betrachtet nicht zu gefährden? In bestimmten Regionen spielt auch die Frage nach der Wahrscheinlichkeit von Überschwemmungen und Erdbeben eine Rolle.

Ferner ist bei unbebauten Grundstücken die Bodenbeschaffenheit zu prüfen. Wesentliche Gesichtspunkte sind in diesem Zusammenhang beispielsweise die Tragfähigkeit des Bodens, vorhandenes Grundwasser und eventuell vorhandene alte, unterirdische Bauten (wie z. B. Kanäle, Keller oder Bodendenkmäler). Sind exemplarisch Luftschutzbunker vorhanden, so ergeben sich bei einer erforderlichen Freimachung erhebliche Mehrkosten.

3.1.3 Steuerliche Due Diligence

Im Mittelpunkt der steuerlichen Untersuchungen steht die Ermittlung von steuerlichen Risikofaktoren, welche durch den Erwerb der Immobilie, während ihrer Entwicklung und Nutzung sowie beim Wiederverkauf von Relevanz sind.

Im Rahmen des Ankaufsprozesses ist von wesentlicher Bedeutung für die steuerliche Beurteilung die gewählte Akquisitionsform. Mögliche Ausprägungen hierbei sind z. B. Asset Deal oder Share Deal, Joint-Venture-Gestaltungen oder Venture-Capital-Investitionen. Bei einem *Asset Deal* handelt es sich um den Verkauf einzelner oder mehrerer Liegenschaften wohingegen bei einem *Share Deal* eine oder mehrere Gesellschaften inklusive Personal veräußert werden.

Die angesprochenen Akquisitionsformen bieten unterschiedliche Vor- und Nachteile: So wird beispielsweise durch die Beteiligung an einer Personen- oder Kapitalgesellschaft gegebenenfalls die Grunderwerbsteuer wegfallen, dafür erwachsen aus dieser Ankaufsform aber während der Nutzungsphase und eventuell beim Abverkauf Probleme. Folgende Parameter sollten für eine steueroptimale Strukturierung ebenfalls herangezogen werden: Nutzung der Anschaffungskosten für Abschreibungen, Nutzung bestehender Verlustvorträge, steuerliche Abzugsmöglichkeiten von Finanzierungskosten und die Besteuerung eines Veräußerungsgewinns. Darüber hinaus hat die gewählte Finanzierungsform, respektive die Finanzierung mit Eigen- oder Fremdkapital, einen wesentlichen Einfluss auf die steuerliche Si-

---

4   Vgl. Munk (1998), S. 9–11.

tuation der Immobilie. Im konkreten Einzelfall muss hier ein Steuerberater/Wirtschaftsprüfer bereits im Rahmen der Akquisition hinzugezogen werden, um unerwünschte Überraschungen zu vermeiden.

In der Erwerbsphase ist vor allem die Grunderwerbsteuer ein wesentlicher Faktor im Zusammenhang mit der Bestimmung der Erwerbsnebenkosten.

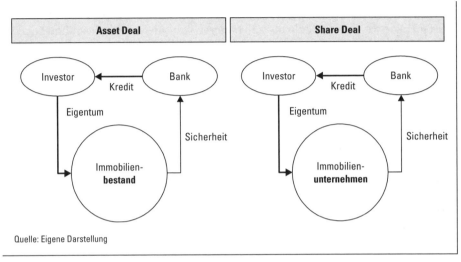

Abbildung 1: Akquisitionsform Asset- und Share Deal

Während der Entwicklungs- und Nutzungsphase sind weitere Steuerarten, welche Einfluss auf den erfolgreichen Betrieb der Immobilie haben, von Interesse. Hierzu zählen Ertragsteuer (Einkommen-, Körperschaft- und Gewerbeertragsteuer), Verkehrsteuer (Umsatzsteuer) und Substanzsteuer (Grundsteuer).[5]

In der Phase des Ausscheidens aus der Eigentumsphase können die folgenden Steuerarten von Interesse sein: Ertragsteuer, Abzugsteuer (Kapitalertragsteuer) und Grunderwerbsteuer aus Sicht des neuen Erwerbers.

Als Informationsquellen für die steuerliche Due Diligence dienen insbesondere Jahresabschlüsse, Grundbuchauszüge, Management-, Darlehens- oder Mietverträge, Steuererklärungen und -bescheide sowie die Veröffentlichungen zur aktuellen Steuerpolitik und -gesetzgebung.

---

5 Vgl. Murfeld (1995), S. 513 ff.

3.1.4 Rechtliche Due Diligence

Ziel der Untersuchungen im Rahmen der rechtlichen Due Diligence ist es, mögliche rechtliche Problemfelder aufzudecken und gewonnene Ergebnisse zu bestätigen oder in Frage zu stellen. Letztendlich stellt das Resultat der rechtlichen Due Diligence eine wesentliche Informationsgrundlage für die folgenden Kaufpreisverhandlungen und die Gestaltung des Vertrags dar. Entscheidend ist dabei, ob das gesetzliche Gewährleistungs- und Haftungsrecht den beteiligten Vertragsparteien ausreichende Regelungsmechanismen bietet. Ist das nicht der Fall, sollten gegebenenfalls zusätzliche Vereinbarungen getroffen werden, um in möglicherweise später auftretenden Streitfällen einen angemessenen Ausgleich gegenläufiger Interessen bewirken zu können.

Bei Immobilienakquisitionen stehen vor allem folgende Dokumente im Mittelpunkt der Untersuchung: Grundbuchauszug, Baulastenverzeichnis, Miet-, Pacht-, Service- und Wartungsverträge, Vereinbarungen mit Versorgungsunternehmen (z. B. Strom, Wasser, Gas), noch ausstehende Baugenehmigungen, Abnahmebescheinigungen sowie Management- und Angestelltenverträge.

Insbesondere bei Miet- bzw. Pachtverhältnissen ist auf die Laufzeit, Werthaltigkeit und Rechtssicherheit zu achten. Beispielhaft ist hierbei zu nennen, dass Nebenkosten über eine gesonderte Kostenabrechnung umgelegt werden und somit Preissteigerungen weitergegeben werden können. Sämtliche andere auf das Objekt abgeschlossenen Verträge sind in Hinblick auf ihre Rechtmäßigkeit, die vertraglichen Konditionen sowie etwaige Übernahmebedingungen und -möglichkeiten zu untersuchen. Wenn in diesem Zusammenhang Risiken aus einer unangemessenen Gestaltung der Konditionen ersichtlich sind, ist in einem weiteren Schritt zusätzlich zu prüfen, unter welchen Voraussetzungen eine Kündigung möglich ist und ob Vertragsstrafen vorgesehen sind.

Ferner sind beim Erwerb von bebauten und unbebauten Grundstücken Vorgaben von den entsprechenden Behörden bezüglich möglicher Nutzungen sowie geplante Änderungen der Bebauungs- und Flächennutzungspläne und städtebaulicher Richtlinien zu hinterfragen, die besonders bei der Entwicklung von Sonderimmobilien von Interesse sind.

3.1.5 Organisationsbezogene Due Diligence

Im Rahmen von Immobilienakquisitionen ist eine auf die Organisation bezogene Due Diligence bei bestimmten Spezialimmobilien durchzuführen, bei denen neben der Immobilie auch das Personal eine entscheidende Rolle spielt. Hierbei handelt es sich dann in der Regel um so genannte Management- bzw. Betreiberimmobilien, bei denen die gesamte Aufbau- und Ablauforganisation inklusive des Personalbestandes oftmals mit auf den Erwerber übergehen. Das betrifft den Erwerb von z. B. Hotels, Alten- bzw. Pflegeheimen, Fachkliniken, Golfanlagen, Freizeitparks oder Privatschulen. Ähnliche Prüfungshandlungen sind jedoch auch bei der Übernahme einer Spezialimmobilie mit Besitzgesellschaft (dann also Share Deal) in gewissen Grenzen erforderlich.

Hieraus ergibt sich die Anforderung, dass neben der Immobilie auch das Management und die Mitarbeiter eingehend zu prüfen sind, denn deren Qualität ist für die zukünftige Entwicklung der Immobilie von entscheidender Bedeutung. Letztendlich sind Ertragskraft und Ertragsentwicklung untrennbar mit dem Leistungsstandard der in der Unternehmung tätigen Personen und den Führungsqualitäten des Managements verbunden.[6]

Die Schwierigkeit besteht bei diesem Prüfungsgebiet vor allem darin, dass es sich bei der Beurteilung um schwer quantifizierbare Größen handelt, wie beispielsweise die Einschätzung der Motivation und Erwartungen der Mitarbeiter.

Bei der Beurteilung des Managements steht zunächst die Frage im Mittelpunkt, inwieweit dieses fachlich und persönlich geeignet ist, vorgegebene Strategien umzusetzen und Ziele zu erreichen. Ein weiteres wichtiges Kriterium ist die Einschätzung des Verhaltens der Mitarbeiter gegenüber Externen. Gemeint ist damit der Kommunikationsstil mit Kunden und Dienstleistern, das Außenbild des Unternehmens sowie die Corporate Identity. Weitere Untersuchungsparameter sind Ausbildungsstand, Marktkenntnisse, Berufserfahrung, Alter, Gesundheit, Stressanfälligkeit, Selbstverständnis im Unternehmen, Fluktuationsrate sowie Krankenstand.

Ferner sind neben der Prüfung und Bewertung des Managements und des Personals deren Einstellung gegenüber dem Investor und die Kompatibilität der Unternehmenskulturen zu untersuchen.

Im Folgenden werden die Ergebnisse der Real-Estate-Due-Diligence-Analyse zusammengefasst und Aspekte der Risikoabgrenzung erörtert.

---

6   Vgl. Hölters (1996), S. 96 ff.

3.2 Resultat: Verteilung der wirtschaftlichen Risiken auf Käufer und Verkäufer

Nach der Identifikation möglicher Risiken im Rahmen der Due-Diligence-Prüfung gilt es diese in der anschließenden Vertragsphase durch Garantie- und Gewährleistungsvereinbarungen auf Käufer und Verkäufer aufzuteilen. Ein besonderes Augenmerk ist dabei auf Informationen des Verkäufers zur Vollständigkeit der Objektunterlagen, Altlastensituation und die weiteren neben den Pacht- und Mietverträgen existierenden Vereinbarungen in punkto Kaufobjekt zu richten.[7]

In diesem Zusammenhang sollte beispielsweise die Anwendbarkeit der Sachmängelhaftung in Verbindung mit den Haftungsfolgen Berücksichtigung finden. Zu den grundsätzlichen Haftungsfolgen zählen unter anderem der Wandel des Kaufes durch Rückgabe des Kaufobjektes gegen Rückgabe des gezahlten Kaufpreises, Schadenersatzzahlungen oder die Minderung des Kaufpreises.

Grundlegendes Ziel im Rahmen von Immobilientransaktionsprozessen sollte aus Sicht des Käufers immer die Minimierung von möglichen Risiken sein. Um das finanzielle Risiko einer Immobilieninvestition weitestgehend gering zu halten, gibt es ferner eine Reihe von Instrumenten. Beispielhaft ist dabei der Aufbau eines Projektcontrollings anzuführen. Auch die Maßgabe einen Ankauf erst nach intern gesetzten Vermietungsauflagen zu bewirken ist eine Art der Risikobegrenzung.[8]

---

[7] Vgl. Herrlein (1998), S. 8–10.
[8] Vgl. Rutkowski (1998), S. 13–19.

4 Durchführung einer Wirtschaftlichkeitsbetrachtung am Beispiel einer multifunktionalen Spezialimmobilie

Im Folgenden wird aus der Sicht eines Projektentwicklers am Beispiel einer multifunktionalen Spezialimmobilie eine Wirtschaftlichkeitsbetrachtung mit Hilfe der „*Back of the Envelope Analysis*" durchgeführt.

Dabei werden die wesentlichen Merkmale dieser Spezialimmobilie, nämlich die Multifunktionalität, Drittverwendungsfähigkeit und Wirtschaftlichkeit unterstrichen.

4.1 Objekt und Businessplan

Das hier analysierte Objekt befindet sich am Innenstadtrand Berlins in einem gewachsenen Gewerbegebiet. Der Standort weist eine gute Verkehrsanbindung auf: Hierzu zählen die U-Bahn, deren Haltestelle in Laufnähe liegt und die Anbindung an die Stadtautobahn. Auch der Flughafen ist schnell zu erreichen.

Das denkmalgeschützte Gebäudeensemble aus den 1930er Jahren umfasst eine Mietfläche von rund 33.000 m^2 und wurde in traditioneller Industriebacksteinarchitektur errichtet. Das Objekt, das Produktion, Lagerhaltung und Büronutzung vereint, zeichnet sich besonders durch Multifunktionalität, hohen technischen Standard, Effizienz und Flexibilität der Flächen aus. Grundlage dafür sind die hohe Deckentraglast und die Stahlbetonskelettkonstruktion des Gebäudes in Verbindung mit einer großzügigen Raumhöhe. Weitere Merkmale des Standorts sind ausreichende Parkplätze, eine Kantine und ein 24-stündiger Wachschutz.

Neben dem Hauptmieter, der rund 15.000 m^2 langfristig angemietet hat, sind weitere rund 7.500 m^2 an unterschiedliche Nutzer mit verschiedenen Laufzeiten vermietet.

Grundlage der Wirtschaftlichkeitsberechnung sind die folgenden konservativen Annahmen: Der Hauptmieter verbleibt für weitere zehn Jahre im Objekt und mietet rund 45 Prozent der Fläche. Alle weiteren existierenden Mietverträge laufen zum nächstmöglichen Zeitpunkt aus, d. h. innerhalb der ersten zwei Jahre nach Ankauf. Parallel dazu werden jedes Quartal rund 600 m^2 zu 4,50 Euro je m^2 und Monat (Nettokaltmiete) und einer Laufzeit von fünf Jahren neu vermietet bzw. falls möglich als auslaufend angenommene Verträge zu diesen Konditionen verlängert. Die Maklercourtage ist hierbei mit drei Monatsnettokaltmieten berücksichtigt. Eine Renovierung der Mietflächen findet erst statt, nachdem ein Mieter gefunden ist und wird in Abstimmung mit diesem durchgeführt. Dafür ist ein Budget von 170 Euro je m² Mietfläche vorgesehen. Zur Vermarktung stehen ab Einkauf rund 10.500 m² Mietfläche sowie drei Flächen zur Nachverdichtung zur Verfügung. Für die zur Nachverdichtung geeigneten Areale sind z. B. der Bau eines Hochregallagers, einer Lagerhalle oder eines Parkhauses für ein in unmittelbarer Nachbarschaft geplantes Einkaufszentrum denkbar. Außerdem fließen in die Wirtschaftlichkeitsbetrachtung Leerstandskosten in Höhe von 1,50 Euro je m² und Monat für die oberirdischen Flächen, d. h. 210.000 Euro im ersten Jahr, Instandhaltungskosten von 250.000 Euro per annum, nicht-umlegbare Betriebs- und Bewirtschaftungskosten in Höhe von 150.000 Euro sowie Managementkosten in Höhe von 150.000 Euro per annum ein. Die nicht-umlegbaren Betriebs- und Bewirtschaftungskosten sowie die Leerstandskosten werden durch Neuverhandlung der bestehenden Mietverträge sowie durch Neuvermietungen im Projektverlauf reduziert. Der Kaufpreis dieser Multifunktionsimmobilie beläuft sich auf 16,5 Millionen Euro, was einem Quadratmeterpreis von rund 500 Euro entspricht. Der Kaufpreis, die Due Diligence- und weitere Erwerbsnebenkosten führen zu einem Eigenkapitalbedarf von 2,475 Millionen Euro und einem Fremdkapitalbedarf von 14,025 Millionen Euro bei Ankauf. Die Nettokaltmiete im ersten Jahr beträgt 1.8 Millionen Euro. Zusätzliche Mieterausbau- und Maklerkosten, die durch eine Neuvermietung der Flächen entstehen, werden zu 100 Prozent durch einen weiteren Kredit finanziert. Der Fremdkapitalzinssatz beträgt vier Prozent per annum. Das Objekt soll über einen Zeitraum von vier Jahren im Portfolio gehalten werden, wobei die gesamte Tilgung der Verbindlichkeiten endfällig zum avisierten Exit erfolgt.

Als herausragende Charakteristika des Objektes wurden die Multifunktionalität, Effizienz und Flexibilität in Verbindung mit dem günstigen Mietzins und der guten Verkehrsanbindung erkannt. Dies führt zur Identifikation verschiedener Zielgruppen: Büronutzer, Produktions- und Lagerunternehmen sowie vor allem Mietinteressenten, die an einer Mischnutzung aus Büro, Produktion und Lager interessiert sind. Die Liegenschaft könnte gleichermaßen als Behörden- oder Vertriebsstandort dienen. Eine Druckerei, Forschungseinrichtungen, ein Labor, ein Call-Center, ein Weindepot, eine Konditorei oder ein Catering-Service wären ebenfalls denkbar. Nicht zuletzt eignen sich die geräumigen Kellerflächen als Musikproberäume oder für ein Self-Storage oder die Dachflächen können als Freiluftkino, Sommer-Open-Air-Bar oder Veranstaltungsfläche genutzt werden.

4.2 Anwendung der „Back of the Envelope Analysis"

Die Wirtschaftlichkeitsbetrachtung dieser multifunktionalen Spezialimmobilie erfolgt mit Hilfe der *„Back of the Envelope Analysis" (BOE Analysis)*. Dieses Tool bietet eine einfache Form der Investitionsanalyse, die den Anforderungen eines Trader-Developers gerecht wird. Diese umfassen das Ziel, die Immobilie nur zu einem Preis zu erwerben, der unter dem erwarteten zukünftigen Verkaufspreis liegt unter Berücksichtigung der Vorhaltekosten, des Risikos und der Kosten der baulichen Veränderungen. Im Sinne der angloamerikanischen Betrachtungsweise stellt diese Analysemethode in erster Linie den Cashflow der Immobilien in den Vordergrund. Im Ergebnis kann mit dieser Berechnung die Angemessenheit des Kaufpreises hinterlegt, eine Aussage über die Beleihungsfähigkeit gegeben und ein möglicher zukünftiger Verkaufswert bestimmt werden. Im Folgenden werden die Eingabeparameter der BOE Analysis näher beschrieben.[9]

Die Eingangskenngröße ist das *Net Operating Income (NOI)*, also die Nettokaltmiete abzüglich nichtumlagefähiger Kosten, Leerstandskosten und Managementgebühr. Der *Cashflow from Operations (CFO)* ist die am meisten benutzte Kenngröße. Zur Herleitung des CFO werden ausgehend vom NOI weitere Positionen in Abzug gebracht, die sich aus Instandhaltungskosten, Maklercourtage bei Neuvermietungen und Mietausbaukosten zusammensetzten. Der CFO repräsentiert schließlich den Betrag, der für die Eigenkapital- und Fremdkapitalgeber und deren Verzinsungsansprüche zur Verfügung steht. Die Zins- und Tilgungszahlung für das eingesetzte Fremdkapital werden durch die Größe *Mortgage Payment (MP)* beschrieben (hier also die Fremdkapitalzinsen für den Erwerb zuzüglich weiterer Kosten für Makler und Ausbauten). Dividiert man im Folgenden diese durch das eingesetzte Fremdkapital, so erhält man die *Financing Costs (FC)*. Den *Cashflow after Financing (CFAF)* ermittelt man, indem vom Cashflow from Operations die Kosten für die Zins- und Tilgungszahlungen abgezogen werden. Um den *Return on Assets (RoA)* zu bestimmen, wird der *Cashflow from operations* durch den Kauf- oder Verkaufspreis dividiert. Schließlich erhält man den *Return on Equity (RoE)* bei Division des Cashflows after Financing durch das eingesetzte Eigenkapital. Für unser Beispielinvestment liefert die BOE Analysis im ersten Jahr die folgenden Ergebnisse (siehe Tabelle 3).

---

9   Poorvu (1999), S. 14 ff.

	1. Jahr
NOI	= 1.800.000 Euro – 150.000 Euro – 210.000 Euro – 150.000 Euro = 1.290.000 Euro
CFO	= NOI – 250.000 Euro = 1.040.000 Euro
MP	= 561.000 Euro + 10.470 Euro = 571.470 Euro
CFAF	= 1.040.000 Euro – 571.470 Euro = 468.530 Euro
RoA	= 1.040.000 Euro/16.500.000 Euro = 6,3 Prozent
FC	= 571.470 Euro/(14.025.000 Euro + (170 Euro/m² • 600 m² • 4) + (4,5 Euro/m² • 600 m² • 3 • 4)) = 4 Prozent
RoE	= 468.530 Euro/2.475.000 Euro = 19 Prozent

Tabelle 3: BOE Analysis am Beispiel einer multifunktionalen Spezialimmobilie (vereinfachte Darstellung)

Die Rendite des Investments (RoA) beträgt demzufolge im ersten Jahr rund 6,3 Prozent. Aufgrund des positiven Leverageeffekts erhält der Investor eine Rendite auf das eingesetzte Eigenkapital in Höhe von rund 19 Prozent.

Diese Art der Analyse empfiehlt sich im Allgemeinen vor dem ersten Besichtigungstermin. Da Projektentwicklern eine große Anzahl von Projekten angeboten wird ist es durchaus sinnvoll, bereits im Vorfeld einer umfangreichen Due Diligence, diese kurze Berechnung voranzustellen. Außerdem spielen bei der Besichtigung einer Immobilie Emotionen keine geringe Rolle: Durch Architektur, Nachbarschaft oder die Landschaft werden so Bindungen an das Objekt erzeugt. Manchmal entdeckt man dann eine Immobilie, die man unbedingt kaufen möchte. Das Bauchgefühl ist positiv. Achtung: Spätestens jetzt ist es Zeit für die vorgestellte BOE Analysis.

Und übrigens: Wenn man von Anfang an kein gutes Gefühl für das Investment hat, macht es meist auch keinen Sinn, es weiter zu verfolgen. Es wird auf jeden Fall nicht die letzte Investitionsmöglichkeit sein.

5 Anhang: Checkliste für eine Real Estate Due Diligence[10]

I. WIRTSCHAFTLICHE UND FINANZIELLE DUE DILIGENCE	
1.	Standortanalyse
1.1	Makrostandortanalyse
1.1.1	Harte Standortfaktoren
1.1.2	Weiche Standortfaktoren
1.2	Mikrostandortanalyse
1.2.1	Verkehrliche Erschließung und Verkehrsaufkommen
1.2.2	Nachbarbebauung
1.2.3	Nahversorgungsattraktivität
1.2.4	Image und Bedeutung des Standorts
1.2.5	Risiken durch spezifische Nutzeranforderungen
1.2.6	Architektonische Darstellung
1.2.7	Auswertung vorhandener Studien/Analysen
2.	Marktanalyse
2.1	Quantitative Marktanalyse
2.2	Qualitative Markt-Nutzungs-Konzeptionsanalyse
2.3	Wettbewerbsanalyse, Stärken-Schwächen-Vergleich
3.	Analyse vorhandener Nutzer, Betreiber oder des Verkäufers
3.1	Erstellung Mieterübersicht
3.2	Branchenbewertung
3.3	Bonitätsprüfung vorhandener Mieter
3.4	Überprüfung von eventuellen Verlegungs- oder Entmietungsproblematiken
3.5	Prüfung des Jahresabschlusses und der aktuellen Geschäftszahlen
4.	Kosten- und Wirtschaftlichkeitsberechnung
4.1	Kostenberechnung nach DIN 276
4.2	Wirtschaftlichkeits- und Renditeberechnungen
5.	Gebäudemanagement
5.1	Prüfung der Ausgaben und Einnahmen

---

10 Eigene Darstellung in Anlehnung an: Schulte, K.-W./Bone-Winkel, S. (2002), S. 208 ff.

6.	Finanzierung und Transaktion
6.1	Gegenstand der Finanzierung
6.2	Art der Fremdfinanzierung
6.3	Aufbereitung Finanzierungsunterlagen und Bankenansprache
6.4	Finanzierungskonditionen
6.5	Zinssicherungsinstrumente
6.6	Vorbereitung Transaktionsprozess
6.7	Gestaltung Kaufvertrag
6.8	Kaufpreisbestimmung, -fälligkeit, -zahlung, -sicherung

II. TECHNISCHE UND UMWELTBEZOGENE DUE DILIGENCE	
7.	Grundstücksanalyse
8.	Analyse der Objektstruktur, -ausstattung und -qualität
9.	Gebäudemanagement

III. STEUERLICHE DUE DILIGENCE	
10.	Analyse der Besteuerung in der:
10.1	Erwerbsphase
10.2	Nutzungsphase
10.3	Verkaufsphase

IV. RECHTLICHE DUE DILIGENCE	
11.	Öffentliches Baurecht
11.1	Bauplanungsrecht
11.2	Bauordnungsrecht/Baugenehmigung
12.	Grundstücksanalyse
13.	Analyse vorhandener Miet- Pacht- und Managementverträge

14.		Gebäudemanagement
14.1 14.2		Prüfung der existierenden Verträge Gewährleistungsfristen und Garantien
15.		Finanzierung und Transaktion
15.1 15.2		Festlegung Käufer- und Gesellschafterstruktur Gestaltung Kaufvertrag

V. ORGANISATIONSBEZOGENE DUE DILIGENCE		
17.		Betreiber, Objektmanagementgesellschaft
18.		Management und Personal

Literaturhinweise

Canepa, A. (1998): Due Diligence im M & A-Prozess, in: Management-Weiterbildung an der Universität Zürich, Heft 15, Zürich 1998.

Herrlein, J. (1998): Immobilieninvestitionen & Due Diligence, in: Euroforum-Konferenz Immobilien, Bad Homburg, 1998.

Holters, W. (1996): Handbuch des Unternehmens- und Beteiligungskaufs, 4. Aufl., Köln 1996.

Munk, C. (1998): Die Due Diligence-Untersuchung bei potenziell altlastenbehafteten Grundstücken und Gebäuden, in: Euroforum-Konferenz Immobilien, Bad Homburg, 1998.

Murfeld, E. (1995): Spezielle Betriebswirtschaftslehre der Grundstücks- und Wohnungswirtschaft, Hammonia-Verlag, Hamburg, 1995.

Poorvu, W.-J./Cruikshank, J.-L. (1999): The Real Estate Game – The Intelligent Guide To Decisiom-Making And Investment, The Free Press, New York, 1999.

Rutkowski, G. (1998): Die finanzielle Due Diligence beim Immobilienerwerb, in: Euroforum-Konferenz Immobilien, Bad Homburg, 1998.

Schröder, U. (1997): Darf der Vorstand der Aktiengesellschaft dem Aktienkäufer eine Due Diligence gestatten?, DB, Heft 43, 1997.

Schulte, K.-W./Bone-Winkel, S. (2002): Handbuch Immobilien-Projektentwicklung, Immobilien Informationsverlag, 2. Aufl., Köln, 2002.

Seiler, K. (1998): Strategische und wirtschaftliche Aspekte der Due Diligence-Untersuchung bei Immobilien-Investitionen, in: Euroforum-Konferenz Immobilien, Bad Homburg, 1998.

Portfoliobewertung und Spezialimmobilien im Portfoliokontext

Herwig Teufelsdorfer

1 Grundlagen

2 Darstellung von Immobilienportfolios über managementorientierte Ansätze
2.1 Die Vier-Felder-Matrix („BCG-Matrix")
2.2 Die Neun-Felder-Matrix („McKinsey-Matrix")

3 Darstellung von Immobilienportfolios über finanztheoretische Ansätze – Moderne Portfoliotheorie (MPT) nach Markowitz
3.1 Darstellung von Immobilienportfolios auf Basis von Risiko-Rendite-Profilen
3.2 Ermittlung von Risiko und Rendite bei Immobilien
3.3 Ableitung von Strategien aus Risiko-Rendite-Profilen

4 Steuerung von Immobilienportfolios
4.1 Grundlagen und Bestandteile eines strategischen Immobilienportfoliomanagements
4.2 Strategische Steuerung von Immobilienportfolios

5 Bewertung von Immobilienportfolios
5.1 Einflussfaktoren auf die Bewertung von Immobilienportfolios
5.2 Bewertungsansätze von Immobilienportfolios/-gesellschaften

6 Auswirkung von Sonderimmobilien auf Immobilienportfolios
6.1 Sonderimmobilien als Ausgleich/Ergänzung zu „normalen" Immobilienportfolios?
6.2 Änderung der Risiko-Rendite-Position durch die Beimischung von Sonderimmobilien
6.3 Bewertung der Beifügung von Sonderimmobilien durch potenzielle Investoren

1 Grundlagen

Die laufenden Effizienz- und Effektivitätssteigerungen der produzierenden Industrie im letzten Drittel des 20. Jahrhunderts beschränkten sich nicht ausschließlich auf die den Produkten direkt zurechenbaren Kosten. Vielmehr wurden die der Produktion vor- und nachgelagerten Kostenblöcke intensiv in die Betrachtungen einbezogen. Im Zuge der vermehrten Berücksichtung des Shareholder Values zur Beurteilung der Rentabilität von Unternehmen (SHV-Ansatz), wurde auch die Bedeutung der unternehmenseigenen Immobilienbestände erkannt. Diese wurden nun als wertschöpfender Teil des Eigenkapitals wahrgenommen, Ansprüche an die Verzinsung des eingesetzten Kapitals somit auch auf die eigenen Immobilien angewendet. Der in früheren Zeiten gängige „Buy and hold"-Ansatz im Umgang mit Immobilien wurde immer mehr durch den Ansatz „buy and manage" ersetzt. In Anlehnung an die bereits üblichen Portfoliobetrachtungen für eigene Produkte mittels Marktwachstum/relativem Marktanteil respektive Marktattraktivität/relativem Wettbewerbsvorteil wurden erste Portfolioansätze für die Unternehmensimmobilien entwickelt. In weiterer Folge wurden die Rendite-Risiko-Betrachtungen aus dem Bankwesen zur Verfeinerung der Portfoliosteuerung von Immobilienbeständen durch die Vertreter der Immobilienbranche adaptiert, um ein professionelles Portfoliomanagement zu ermöglichen.

Der Begriff des Portfolios bzw. Portefeuilles („porter" – französisch tragen, „feuilles" – französisch die Zettel) wurde ursprünglich im Bankwesen geprägt und bezeichnet die Gesamtheit von Wertanlagen einer Person (juristisch oder natürlich). Das Portfoliomanagement ist dementsprechend als der „wertoptimale" Umgang mit, der Gesamtheit der „Zettel" – der Wertpapiere bzw. –anlagen – zu sehen. Die Herausforderung hierbei liegt in der gleichzeitigen Betrachtung aller im Portfolio befindlichen Einzelwerte und der Entwicklung der einzelnen Faktoren, die deren Position im Portfolio ausmachen. Die Typologisierung der klassischen Portfoliomanagementmethoden erfolgt über managementorientierte oder finanztheoretische Ansätze.

Managementorientierte Ansätze	Finanztheoretische Ansätze
■ Portfolioansatz nach BCG ■ Portfolioansatz nach McKinsey	■ Moderne Portfoliotheorie (Markowitz) ■ Capital Asset Pricing Model (CAPM) ■ Arbitrage Pricing Theory (APT)

Tabelle 1: Typologisierung der Portfoliomanagementmethoden

2 Darstellung von Immobilienportfolios über managementorientierte Ansätze

Unternehmensberatungen wie Boston Consulting Group (BCG) und McKinsey beschäftigten sich Anfang der 70er Jahre erstmals mit der Ableitung unternehmensstrategischer Entscheidungen unter zu Hilfenahme von Portfoliomatrizen. Mittels dieser Ansätze können Indikatoren zum Umgang mit dem Portfolio abgeleitet bzw. Schwächen des Portfolios aufgedeckt werden. Es besteht jedoch keine Möglichkeit, konkrete Maßnahmen und Handlungsanweisungen zur Steuerung des Portfolios zu generieren. In vermehrtem Umfang wird versucht die quantitative Betrachtung von Immobilienportfolios nach Risiko-Rendite-Gesichtspunkten, in Anlehnung an die Portfoliotheorie nach Harry M. Markowitz, in der Praxis des Immobilienportfoliomanagements anzuwenden.

2.1 Die Vier-Felder-Matrix („BCG-Matrix")

Die BCG entwickelte eine Vier-Felder-Matrix mit den Achsen „Marktanteil" und „Marktwachstum", die Unterteilung der Achsen erfolgt nur nach zwei Feldern – „niedrig" und „hoch". Die vier Felder der Matrix stehen jeweils für die Stellung eines Produktes im Lebenszyklus und der damit verbundenen bzw. daraus ableitbaren Normstrategie:

- *Cash Cows:* Hoher relativer Marktanteil und niedriges Marktwachstum verbunden mit einem meist nur noch geringen Investitionsbedarf legen eine Abschöpfungsstrategie, unter Umständen Investitionen zur Festigung der Position nahe.

- *Stars:* Hoher relativer Marktanteil und hohes Marktwachstum erfordern entsprechende Investitionsvolumina zum Erhalt der Wettbewerbsposition in einem Wachstumsmarkt. Der Star ist als Vorläufer der Cash Cow zu sehen.

- *Question Marks:* Hohes Marktwachstum bei geringem relativen Wettbewerbsvorteil zeichnet neue Produkttypen am Anfang ihres Lebenszyklus aus.
  Hohe Investitionsvolumina zum Ausbau der relativen Wettbewerbsposition sind erforderlich.

- *Poor Dogs:* Niedriger Marktanteil und niedriges Marktwachstum verbunden mit einem meist geringen Profit führen zur Überlegung, ob das Halten des Objektes im Portfolio sinnvoll und vertretbar ist oder eine Desinvestition empfehlenswert erscheint.

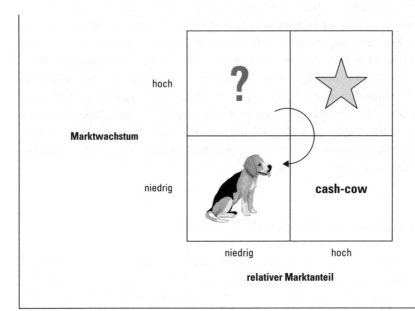

Abbildung 1: Die BCG-Matrix

Die Vier-Felder-Matrix fokussiert sich ausschließlich auf die Betrachtung des Marktes und der eigenen Stellung am Markt. Diese verengte Perspektive ist aus mehreren Gründen für die Betrachtung von Immobilienportfolios nicht sonderlich geeignet:

- Die Immobilie als Investitionsgut ist nicht duplizierbar.

- Die Qualität der einzelnen Immobilie wird in der Betrachtung nicht berücksichtigt.

- Die Investitionsvolumina bei Immobilien lassen eine Änderung des relativen Marktanteils nur in äußerst beschränktem Unfang zu.

- Die Immobilität des Betrachtungsgegenstand schließt das Anbieten eines Produktes in einem anderen Markt aus.

- Der Immobilienmarkt ist von einem vollkommenen Markt weiter entfernt als Märkte für Verbrauchsgüter, da es sich im Gegensatz zu Verbrauchsgütern um eine „abgeleitete Nachfrage" im gewerblichen und privaten Bereich handelt.

- Das Wachstum des Immobilienmarktes in Westeuropa ist als bescheiden zu betrachten, nicht zuletzt aufgrund der starken Abhängigkeit von der gesamtwirtschaftlichen und demografischen Entwicklung.

2.2 Die Neun-Felder-Matrix („McKinsey-Matrix")

Die Neun-Felder-Matrix erfordert den Ansatz eines Multifaktorenmodells mit Marktattraktivität als externer Einflussgröße und relativer Wettbewerbsvorteil als interner Einflussgröße. Die Ermittlung der Position eines Objektes folgt pro Achse dem Schema einer Nutzwertanalyse. Für jede der beiden Achsen werden Kriterien über zwei Ebenen definiert. Die Kriterien werden ihrem Einfluss auf die zugehörige Achse entsprechend gewichtet. Die Gewichtung der zweiten Ebene ergibt sich aus der Gewichtung der Subkriterien multipliziert mit der Gewichtung des übergeordneten Kriteriums.

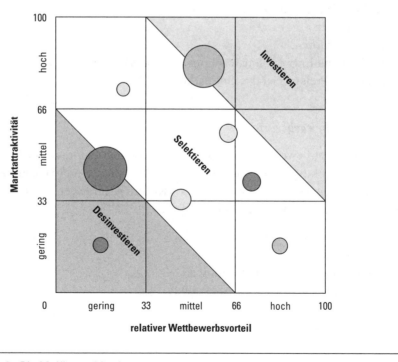

Abbildung 2: Die McKinsey-Matrix

Um die Kriterien bewerten zu können, werden Indikatoren definiert und deren Ausprägung (in der Regel zwischen 0 und 100) für die Bewertung der Kriterien der zweiten Ebene festgelegt. Das zuvor ermittelte Gewicht wird mit dem Wert der Ausprägung multipliziert. Die Summe der so erhaltenen Werte ergibt den Punktwert, der an der zugehörigen Achse abgetragen werden kann.

Marktattraktivität

Die Marktattraktivität spiegelt die externen Einflussfaktoren im Rahmen der Portfoliobetrachtung wider. Die zugehörigen Kriterien sind somit vom Unternehmen selbst nicht beeinflussbar. Sie sind im überregionalen Vergleich mehrerer Standorte und deren jeweiliger Eignung für die zu betrachtende Nutzungsart wesentlich. Bei Betrachtung eines einzelnen Standortes ist jedoch die Marktattraktivität für alle Teilnehmer gleich.

Die Marktattraktivität wird in der Regel in Anlehnung an die in der Immobilienwirtschaft anerkannten Systematik nach Bone-Winkel[1] anhand folgender Kriterien bestimmt:

- wirtschaftliche und politische Rahmenbedingungen,
- demografische und sozioökonomische Daten,
- Infrastruktur,
- weiche Faktoren,
- Struktur und Entwicklung des Immobilienmarktes,
- Miet- und Preisniveau des Teilmarktes.

Relativer Wettbewerbsvorteil

Der relative Wettbewerbsvorteil spiegelt die internen Faktoren im Rahmen der Portfoliobetrachtung wider. Die Kriterien und deren Indikatoren sind grundsätzlich vom Unternehmen selbst beeinflussbar. Als Kriterien werden ebenso in Anlehnung an die Systematik nach Bone-Winkel[2] festgelegt:

- Nutzungskonzept und Funktionalität,
- Mietermix,
- Grundstücks- und Standortfaktoren,
- architektonische/technische Gestaltung,

---

1 Siehe Bone-Winkel (1998), S. 236.
2 Ebenda.

- Ausschüttungsrendite,
- Wertentwicklung,
- Objektmanagement, Investitions- und Folgekosten.

Die Schwierigkeit bei der Ermittlung der einzelnen Punktwerte einer Immobilie liegt in der Festlegung der einzelnen Indikatoren und deren Bewertung. Die Vielschichtigkeit der Indikatoren bietet einerseits die Möglichkeit einer sehr feinen Abstufung der betrachteten Immobilie, andererseits ist dadurch auch die Gefahr gegeben, sich in den Details zu verzetteln. Ebenso ist die Ermittlung von Werten zu den einzelnen Ausprägungen mit unterschiedlichem Aufwand und Genauigkeit verbunden.

Die Erstellung des Grundgerüsts eines Indikatorenmodells bedarf der exakten Kenntnis des betrachteten Marktes und der zu betrachtenden Immobilien. In der Praxis bedarf es meist auch der mehrfachen Iteration, um die Unterschiede der einzelnen Immobilien eines betrachteten Portfolios in der grafischen Darstellung heraus zu arbeiten. Ein zu entwickelndes Indikatorenmodell wird daher von Fall zu Fall unterschiedlich aussehen. Handelt es sich um die Analyse eines unternehmenseigenen Portfolios an einem Standort, so ist es entweder notwendig, die Mikrostandorte der einzelnen Immobilien sowie die Spezifika ihrer Nutzungsart verstärkt einfließen zu lassen, oder aber die Indikatoren des Makrostandortes pro Nutzungsart zu streichen. Wird dies nicht beachtet, führt die Portfolioanalyse unweigerlich zur Massierung der einzelnen Objekte einer Nutzungsart auf ähnlichem Niveau der Marktattraktivität. Mehrere Immobilien an einem Ort bedeuten entsprechend auch keine Portfoliodiversifikation.

3 Darstellung von Immobilienportfolios über finanztheoretische Ansätze – Moderne Portfoliotheorie (MPT) nach Markowitz

Ab den 50er Jahren des 20. Jahrhunderts wurden im englischsprachigen Raum die Grundlagen für die Moderne Portfoliotheorie (MPT) gelegt. Die Fragestellung, wie man mit möglichst geringem Risiko einen maximalen Return aus der Kombination mehrerer Anlagen erhält, konnte bis dahin mindestens hinsichtlich der Bewertung des Risikos nur unzureichend beantwortet werden. Mit den Erkenntnissen der Arbeit von Harry M. Markowitz war es erstmals möglich den Risikobegriff quantitativ greifbar zu machen. Die Frage einer Portfoliodiversifizierung bei stabiler Rendite wurde hierdurch unter Anwendung der Wahrscheinlichkeitsrechnung quantitativ darstellbar („Don't put all your eggs into one basket"). Im Folgenden soll anhand eines „Portfolios" von zwei Anlagen die Grundidee der Risiko-Rendite-Profile dargestellt werden.

3.1 Darstellung von Immobilienportfolios auf Basis von Risiko-Rendite-Profilen

Die vollständige gegenläufige Reaktion zweier Anlagen auf externe Einflüsse wird durch den Korrelationskoeffizient von $\rho_{A,B} = -1$ widergespiegelt. Die beiden Geraden grenzen den Bereich ein, innerhalb dessen die jeweiligen Risiko-Rendite-Kombinationen, abhängig von den jeweiligen Anteilen der beiden Anlagen im Portfolio zu liegen kommen. Die einzelnen Punkte spannen die Effizienzlinie auf und bilden die Menge der Kombinationsmöglichkeiten der beiden Anlagen ab. Der

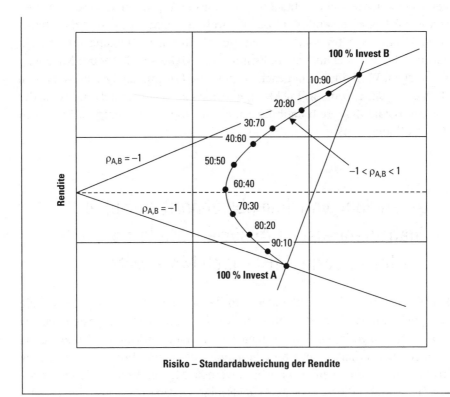

Abbildung 3: Risiko-Rendite-Profile

am weitesten links liegende Punkt auf dieser Kurve stellt das Portfolio der geringsten Varianz/des geringsten Risikos dar (MVP: Minimum-Varianz-Portfolio). Alle Punkte auf der Effizienzlinie stellen die risikoeffizienten Kombinationsmöglichkeiten der beiden Anlagen dar. Kombinationen, die unter der Waagerechten durch den Punkt des MVP gehen, bleiben unberücksichtigt, da bei gleichem Risiko in anderer Zusammenstellung der Anlagen eine höhere Rendite erzielt werden kann. Mit der Erhöhung der Anzahl der einzelnen Anlagen innerhalb eines Portfolios steigt entsprechend die Komplexität. Jede Kombination zweier Anlagen charakterisiert eine eigene Effizienzkurve. Die Summe der Effizienzkurven charakterisiert jenen Bereich innerhalb dessen die Portfoliokombinationen zu liegen kommen sollten.

3.2 Ermittlung von Risiko und Rendite bei Immobilien

Die Ermittlung des Risikos ist rein mathematisch problemlos möglich, führt in der Praxis aufgrund der meist bescheidenen Datensituation aber immer wieder zu größeren Problemen. Im vorgenannten Beispiel wurde die Standardabweichung der Rendite als Risikomaß herangezogen. Ebenso wäre es aber möglich mit einem Risikoindikatorenmodell ähnlich der Vorgehensweise in der McKinsey-Matrix zu arbeiten. In diesem Fall werden dann Risikokomponenten des Marktes und des Objektes (Leerstandsrisiko, Instandhaltungsrisiko, Wertrisiko) zur Bewertung herangezogen.

Ausgehend von einem *Erwartungswert*

$$E(X) = \sum_{i=1}^{n}(x_i \cdot p_i)$$

als Summe der gewichteten Renditen wird die Varianz als Maß für die Abweichung der Einzelrendite für unterschiedliche Szenarien z. B. eines Objektes ermittelt.

$$Var(X) = \sum_{i=1}^{n}(x_i - E(X))^2 \cdot p_i$$

Als Risikomaß wird die Standardabweichung als Quadratwurzel der Varianz herangezogen.

Die Portfoliotheorie macht sich zu nutze, dass Risiken nicht additiv sind. Entsprechend muss für die Kombination zweier Portfoliobestandteile die Kovarianz der Komponenten ermittelt werden.

$$Cov(X,Y) = \sum_{i=1}^{n} p_i \cdot \left[(x_i - E(X)) \cdot (y_i - E(Y))\right]$$

Die Kovarianz der Komponenten ist nur über ihr Vorzeichen, nicht jedoch über ihre Höhe interpretierbar, eine Kovarianz von Null bedeutet eine völlige Unabhängigkeit der beiden betrachteten Komponenten. Zur Behebung dieses Mankos wird in einem nächsten Schritt die Kovarianz normiert, d. h. der Korrelationskoeffizient wird ermittelt.

$$\rho_{X,Y} = \frac{Cov(X,Y)}{\sqrt{Var(X) \cdot Var(Y)}}$$

Damit liegt der Wertebereich immer zwischen –1 und +1. Die vollständig positive Korrelation $\rho_{X,Y} = +1$ trägt somit nichts zur Risikodiversifikation bei, während eine vollständig negative Korrelation $\rho_{X,Y} = -1$ einen maximalen Beitrag zur Risikodiversifikation leistet.

Die Rendite in ihrer einfachsten Form ist die Differenz zweier Werte zu unterschiedlichen Betrachtungszeitpunkten bezogen auf den Ausgangswert.

$$\rho_{12} = (W_2/W_1) - 1$$

Im immobilienwirtschaftlichen Alltag findet sich aber gerade im Umgang mit der „Rendite" ein weites Feld der Definitionen und Betrachtungsweisen. Diese reichen von der rein statischen Betrachtung im Sinne einer Netto-Anfangsrendite über die Betrachtung des internen Zinsfußes bis hin zur Rendite aus dem „Vollständigen Finanzplan" (VOFI-Rendite) und der Betrachtung eines Total Return. In zunehmendem Maße geht der Trend in Richtung der dynamischen Renditebetrachtung, da nur über diesen Weg der Zeitwert der eingesetzten Mittel korrekt berücksichtigt werden kann.

3.3 Ableitung von Strategien aus Risiko-Rendite-Profilen

Über die Lage eines Objektes in der Risiko-Rendite-Matrix lassen sich erste Überlegungen hinsichtlich des möglichen Umgangs mit Objekten anstellen. In jedem Fall müssen zwei Randbedingungen erfüllt sein: Einerseits muss das Objekt oberhalb der Rendite einer risikolosen Anlage (Bundesschatzbrief) liegen und andererseits soll das Objekt im effizienten Portfoliobereich liegen.

Ziel ist es, das Objekt über geeignete Maßnahmen möglichst nahe an die Effizienzlinie heranzuführen. Legt man in der Position des Objektes ein Achsenkreuz an, so spannt dieses vier Quadranten möglicher strategischer Bewegungen auf. Unter der Prämisse, dass alle Maßnahmen zur Verringerung des Risikos und der Erhöhung der Rendite mit gleichem Aufwand durchführbar und erreichbar sind, bildet jene Normale auf die Tangente der Effizienzlinie, die durch die Position des Objektes, führt die optimale Entwicklungslinie. Die Maßnahmen zur Verringerung des Risikos und Erhöhung der Rendite sind in der Realität von vielen Faktoren mit unterschiedlichem Aufwandspotenzial abhängig, eine detaillierte Analyse dieser Einflussfaktoren ist die wesentliche Voraussetzung für die Ableitung operativer Maßnahmen. Erste Priorität haben Maßnahmen, die zu Bewegungen im Quadranten II führen, da dieser die Kombination aus Risikominimierung und Renditemaximierung darstellt. Bewegungen in den Quadranten I und III sind für den Fall spezieller Umfeldbedingungen vorstellbar, die Bewegung im Quadranten IV ist als absolutes Tabu anzusehen. Jede unterlassene Maßnahme am Objekt ist positiver zu bewerten, als eine Reduktion der Rendite bei gleichzeitiger Erhöhung des Risikos.

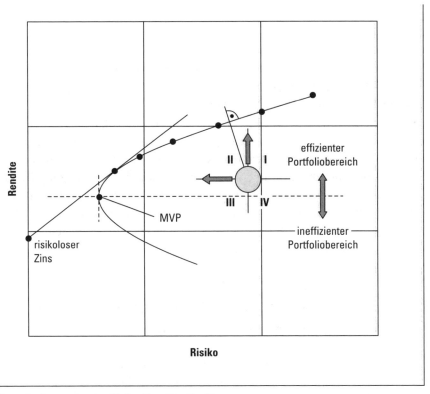

Abbildung 4: Strategien im Risiko-Rendite-Profil

Die praktische Anwendung der modernen Portfoliotheorie in der Immobilienwirtschaft ist derzeit nur eingeschränkt zu finden. Erschwernisse stellen zum heutigen Zeitpunkt die geringe Anzahl vergleichbarer Transaktionen, geringe Markttransparenz, die Ortsgebundenheit der Investition und ihre beschränkte Teilbarkeit dar. Mit der fortschreitenden Professionalisierung der Unternehmen im Umgang mit Immobilien und dem Trend zur indirekten Immobilienanlage, wie zum Beispiel der Verbriefung von Immobilien, treten diese Besonderheiten aber mehr und mehr in den Hintergrund. Damit werden Immobilien als Kapitalanlage gesehen und weniger als „Gebäude mit Grundstück". Im gleichen Maße wird auch die moderne Portfoliotheorie im Immobilienportfoliomanagement weitere Verbreitung und Anwendung finden.

4 Steuerung von Immobilienportfolios

Das gewandelte Verständnis hinsichtlich der Immobilie als Kapitalanlage bewirkt eine verstärkte Ergebnisorientierung des Managements von Immobilienbeständen. Zunehmend gleichen sich hier die Anforderungen an die anderer Investitionsmöglichkeiten an. Die Renditeansprüche bewegen sich in Abhängigkeit der Risikoaffinität des Investors von der Verzinsung knapp über 4 Prozent festverzinslicher Anlagen bis hin zur Verzinsung des Eigenkapitals in Höhe von 20 Prozent bis 25 Prozent. Dieser Umstand erfordert die ergebnisorientierte Steuerung der Bestände einerseits durch die langfristige Beplanung des Portfolios unter Einbezug möglicher Exitvarianten und andererseits durch die kurz- bis mittelfristigen Maßnahmen auf der Objektebene. Beide Betrachtungsebenen stecken den Rahmen für die Steuerung von Immobilienportfolios ab.

4.1 Grundlagen und Bestandteile eines strategischen Immobilienportfoliomanagements

Die Einflussfaktoren im Rahmen des Immobilienportfoliomanagements können in drei von einander abgrenzbare Bereiche unterschieden werden. So sind die Zielstruktur des Portfolios, die personellen Ressourcen und die Kernkompetenz des Unternehmens, weitgehend der Willensbildung und der Entscheidung des Managements unterworfen. Die Marktentwicklung und die Eigentümerinteressen oder Interessen der Shareholder und anderer Interessengruppen wie kommunale Politik etc. als externe Faktoren müssen im Rahmen der strategischen Ausrichtung des Unternehmens berücksichtigt werden, sind aber vom Management selbst nicht oder nur begrenzt beeinflussbar.

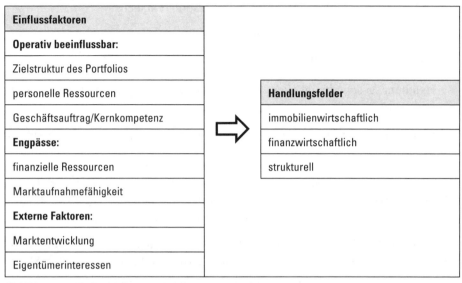

Abbildung 5: Einflussfaktoren und Handlungsfelder

Auf Basis der operativ beeinflussbaren und der externen Faktoren ist nun eine grundsätzliche Beplanung des Portfolios möglich, die Grenzen der Beplanung werden jedoch durch Engpassfaktoren vorgegeben. Im Wesentlichen bestehen die Engpässe in den zur Verfügung stehenden finanziellen Ressourcen des Unternehmens und der Aufnahmefähigkeit der Märkte. Aus der Betrachtung der Einflussfaktoren lassen sich die drei dargestellten Handlungsfelder ableiten. Das Zusammenwirken und die gleichzeitige Betrachtung des immobilienwirtschaftlichen, des finanzwirtschaftlichen und des strukturellen Handlungsfeldes bildet den Spannungsbogen des strategischen Immobilienportfoliomanagements.

Um die drei Handlungsfelder bestmöglich integrieren und koordinieren zu können, bedarf es der Erarbeitung folgender Bestandteile:

- Ziel- und Ergebnisstruktur des Portfolios langfristig,
- Mittelfristplanung,
- Markt- und Standortanalysen,
- Maßnahmenkatalog auf Einzelobjektebene.

4.2 Strategische Steuerung von Immobilienportfolios

Die erfolgreiche strategische Steuerung eines Immobilienportfolios liegt im flexiblen Umgang mit den bereits angesprochenen, teilweise konträren Einflussfaktoren und der ausgewogenen Mischung und Kombination aus:

- Detailschärfe (Strategie versus Einzelmaßnahme),
- Betrachtungsebenen (Portfolio versus Objekt),
- Handlungsgeschwindigkeiten (Kontinuität versus opportunitätsgesteuertes Handeln),
- Betrachtungszeiträumen (langfristige Ausrichtung versus kurzfristige Umsetzung).

Weiterhin ist die Steuerung der unterschiedlichen organisatorischen Einheiten und Tätigkeitsbereiche innerhalb des Unternehmens auf die Erreichung der übergeordneten strategischen Ziele auszurichten („Structure follows Strategy").

Die Ziel- und Ergebnisstruktur des Portfolios werden langfristig (d. h. > fünf Jahre) unter Berücksichtigung der Eigentümeranforderung und der antizipierten Marktentwicklung festgelegt. Dabei sind die Fragen zu beantworten:

- Welche Anforderungen werden an die Verzinsung des eingesetzten Eigenkapitals gestellt?
- Wie soll die Entwicklung des Unternehmenswertes aussehen?
- Welche Struktur des Zielportfolios ist zur Umsetzung der Antworten auf die ersten beiden Fragen notwendig?

Aus der Festlegung der Ziel- und Ergebnisstruktur des Portfolios wird in einem nächsten Schritt die Mittelfristplanung für den Zeitraum der nächsten drei bis fünf Jahre abgeleitet. Der Mittelfristplanung wird nun das Ergebnis der Markt- und Standortanalyse gegenübergestellt und die Umsetzbarkeit der Mittelfristplanung am Markt gespiegelt.

Den Ergebnissen dieser Gegenüberstellung von Markt und Portfolio folgend wird die Mittelfristplanung im Zuge eines iterativen Prozesses soweit und solange angepasst, bis einerseits die Realisierbarkeit der Planung hinsichtlich der Marktentwicklungen und andererseits die langfristigen Anforderungen aus der Ziel- und Ergebnisstruktur des Portfolios unter Berücksichtigung der Engpässe in Einklang gebracht werden.

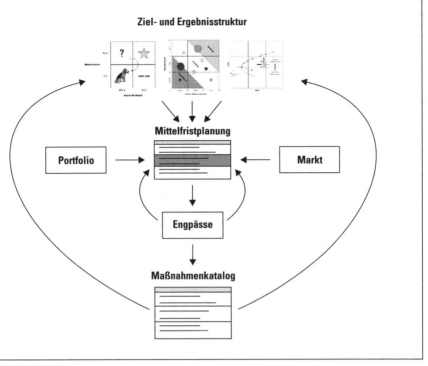

Abbildung 6: Steuerungsprozess für Immobilienportfolios

Die iterativen Prozesse der Planung und Steuerung laufen auf der Objekt- und Portfolioebene mit unterschiedlicher Geschwindigkeit, sind aber eng miteinander vernetzt. Mit der zunehmenden Anzahl der Durchgänge im iterativen Steuerungsprozess steigt auch der Deckungsgrad zwischen definierten Zielen. Die laufende unterjährige Lieferung von Informationen der Objektebene in die Portfolioebene und zurück bildet den Regelkreislauf mit Vorgaben von oben nach unten (Top down) und der Rückmeldung der entsprechenden Effekte von unten nach oben (Bottom up).

5 Bewertung von Immobilienportfolios

Überschriften wie „Konzern kriegt für Milliardenpaket keinen Cent"[3] in der einschlägigen Fachpresse im Zusammenhang mit der angekündigten Wiederaufnahme der in der AIB (Asset Immobilien Management GmbH & Co. KG) in die Bilanz der Metro AG sind zwar nicht alltäglich, führen aber die Problematik des mitunter erheblichen Unterschiedes zwischen dem Wert eines Portfolios und dem Preis, den der Markt bereit ist zu bezahlen, vor Augen. Transaktionen und diverse Studien[4] der jüngeren Vergangenheit zeigen bei der Wertbestimmung von Immobilienpaketen Abschläge zwischen 5 Prozent und 65 Prozent auf den *Net Asset Value (NAV)*. Angesichts dieser Umstände stellt sich die Frage, ob der Verkauf von Immobilienpaketen *(Asset Deal)* überhaupt lohnt oder nicht eher der Ansatz eines Verkaufs eines Unternehmens *(Share Deal)* mit dem Geschäftszweck „Immobilien" zielführender ist. Eine Bewertung über den Zeitwert des Eigenkapitals würde dann den Wertbeitrag des Managements der Immobilie mit abbilden und gegebenenfalls zu einem höheren Preis führen.

5.1 Einflussfaktoren auf die Bewertung von Immobilienportfolios

Die Wertermittlung eines Portfolios über die Summierung der Verkehrswerte wird in zunehmenden Maße durch eine rein finanzwirtschaftliche Betrachtung der mit dem Portfolio verbundenen, nachhaltigen und stabilen Cashflows verdrängt. Hier bildet der Barwert der Cashflows aus dem vorhandenen Portfolio den Sockel für die Bewertung. Auf diesen aufbauend kann die zukünftige Planung für noch zu erwerbende/erstellende Objekte bzw. neu abzuschließende Miet- und Pachtverträge der kommenden drei bis fünf Jahre berücksichtigt werden. Alle weiter in der Zukunft liegenden Cashflows aus Planungen werden nicht berücksichtigt, da das Eintreffen des Erwartungswertes mit größerem zeitlichen Horizont unsicherer wird. Ausschlaggebend für die Berücksichtigung zukünftiger, noch nicht vertraglich fixierter Ereignisse in der Bewertung des Portfolios ist im Wesentlichen der Track Record des Unternehmens. Je größer die Deckungsgleichheit der bisherigen Planun-

---

[3] Immobilien Zeitung Ausgabe 23/2003 vom 13. November 2003.
[4] Merrill Lynch, Real Review, May 2003 in „Discounts to Net Asset Values in European Property Companies" der EPRA.

gen mit den tatsächlich erreichten Ergebnissen ist, umso größer ist das Vertrauen in die vorhanden Planungen und umso eher werden Cashflows aus diesen berücksichtigt.

Die Preisbildung erfolgt durch ein Premium oder einen Discount zum Barwert des Eigenkapitals und wird von folgenden Faktoren beeinflusst:

- Geschäftsmodell,
- Struktur des Portfolios,
- Qualität des Managements,
- Transparenz.

Das Geschäftsmodell muss klar formuliert und nachvollziehbar sein, die Ausrichtung auf die Kernkompetenzen wird vorausgesetzt. Ebenso müssen die wertbeeinflussenden Faktoren und die wertvernichtenden Faktoren bekannt sein und in der Beplanung und Steuerung des Portfolios Berücksichtigung finden. Das Portfolio sollte entweder auf Nutzungsarten oder auf lokale Märkte ausgerichtet sein. Ein internationales Portfolio mit mehreren unterschiedlichen Nutzungsarten führt in der Regel zu Preisabschlägen. Die Qualität des Managements wird einerseits über deren Erfahrung und den Track Record des Unternehmens festgestellt, andererseits wird die Relation der Kosten des Managements eines Portfolios zum Ergebnis berücksichtigt. Die Transparenz des Geschäftsgebarens hinsichtlich der vorliegenden Zahlen und Ergebnisse, sowie der Annahmen der Randbedingungen für die Planung sind hierbei die stärksten Parameter zur Bewertung.

5.2 Bewertungsansätze von Immobilienportfolios/-gesellschaften

Die Bewertungsansätze für Immobilienportfolios/-gesellschaften spannen ein weites Feld unterschiedlicher Verfahren und Systematiken auf. Diese reichen von der einzelnen Objektbewertung unter Anwendung statischer Berechnungsmethoden mit der Vernachlässigung von Risikofaktoren und Portfolioeinflüssen bis hin zu dynamischen Verfahren der Bewertung auf Basis der Zahlungsströme unter Berücksichtigung der Abhängigkeiten der einzelnen Objekte untereinander und dem Einbezug von Risikogesichtspunkten. In der Praxis werden meist vier Verfahren angewandt:

1. Ansatz über vergleichbare Transaktionen,
2. Vergleich von börsennotierten Unternehmen (KGV),

3. Substanzwertmethode (Net Asset Value – NAV),

4. Discounted-Cashflow-Methode (DCF).

Der Ansatz über vergleichbare Transaktionen innerhalb einer Peer Group gestaltet sich für die Transaktion von Immobilienportfolios/-gesellschaften schwierig, da die Zusammensetzung des Portfolios und die Rahmenbedingungen des Marktes meist zu unterschiedlich sind und in Summe zu wenige diesbezügliche Transaktionen stattfinden. Dieser Ansatz ist methodisch einfach umsetzbar, da etwaige Abschläge oder Zuschläge durch äußere Einflüsse bereits in der zu vergleichenden Kennzahl enthalten sind und nicht mittels aufwendiger Ansätze und Berechnungsmethoden berücksichtigt werden müssen.

Der Vergleich von börsennotierten Immobilienunternehmen ist z. B. auch über das Kurs-Gewinn-Verhältnis (KGV) möglich. In der Regel erfolgt hierbei nicht nur der direkte Vergleich des KGVs, sondern es wird zusätzlich ein Benchmarking der wesentlichen immobilien- und finanzwirtschaftlichen Kennzahlen durchgeführt. Auch für diesen Ansatz ist die direkte Vergleichbarkeit hinsichtlich der unterschiedlichen Börsenkapitalisierung, der Größe und der Struktur des jeweiligen Portfolios bzw. Unternehmens zu überprüfen. Angesichts der nur knapp 60 in Deutschland an der Börse notierten Unternehmen ist dieser Ansatz mindestens für den deutschsprachigen Raum als wenig zielführend anzusehen. Im Vergleich international notierter Unternehmen ist der KGV-Ansatz aber durchaus interessant.

Der Net Asset Value stellt den Nettosubstanzwert eines Immobilienportfolios dar. Von der Summe der Verkehrswerte (Asset Value) werden die Verpflichtungen des Unternehmens in Abzug gebracht. Die einfache Ermittlung des Wertes und die damit verbundene schnelle Vergleichbarkeit stellen den Vorteil dieses Ansatzes dar. In der Realität ist aber, wie bereits eingangs erwähnt, die erhebliche Differenz zwischen dem NAV eines Unternehmens und dem im Transaktionsfall tatsächlich erzielbaren Verkaufspreis zu beachten.

Besonders erstaunlich erscheint in diesem Zusammenhang ein Umstand, der in den vergangenen Jahren zu beobachten war: So gab es bei Transaktionen von Immobilien, die von offenen Fonds erworben wurden, immer einen Kaufpreis zum oder über dem Verkehrswert, während Transaktionen von Immobilienpaketen, so diese nicht von offenen Fonds erworben wurden, durch erhebliche Abschläge gekennzeichnet waren. Die Gründe hierfür werden weitgehend in den Transaktionskosten, den Overheadkosten, der mangelhaften Diversifikation der Transaktionsportfolios und unterschiedlichen Markteinschätzungen der Beteiligten gesehen. Da diese

Punkte aber auch anteilig für die offenen Fonds gelten, stellt sich die Frage, in welchem Maße hier nicht eher clevere Marketingmaßnahmen in Kombination mit vorhandenem „Stupid Money" eine wesentliche Rolle spielen.

Der Ansatz der Bewertung von Immobilienportfolios/-gesellschaften über die Discounted-Cashflow-Methode (DCF) berücksichtigt einzig die in der Zukunft liegenden Zahlungsströme. Diese werden diskontiert und ergeben so den Wert, der über der Verzinsungsanforderung des Investors liegt. Dieser Ansatz ermöglicht den Vergleich von Investments unabhängig vom Investitionsgegenstand. Wesentlicher Einflussfaktor bei dieser Methode ist in der Höhe des Diskontierungsfaktors zu sehen. Der Diskontierungsfaktor spiegelt die Anforderung des Investors an die Verzinsung des eingesetzten Eigenkapitals wider und bildet entsprechend auch die Risikoeinschätzung ab. So werden Bestandsportfolios aufgrund des stabilen Cashflows mit Diskontierungssätzen weit unter jenen für Entwicklungsportfolios bewertet.

6 Auswirkung von Sonderimmobilien auf Immobilienportfolios

6.1 Sonderimmobilien als Ausgleich/Ergänzung zu „normalen" Immobilienportfolios?

Die vorangestellten Überlegungen hinsichtlich der Darstellung und Bewertung von Immobilien gelten allgemein und unabhängig davon, ob es sich um „konventionelle" Immobilien oder Sonderimmobilien handelt. Die im Vergleich zu konventionellen Immobilien unterschiedlichen Faktoren bei Sonderimmobilien werden jedoch bei der Beimischung von diesen das Gesamtportfolio wesentlich anders beeinflussen als die Beimischung weiterer Immobilien der gleichen Nutzungsart.

Im Gegensatz zu konventionellen Immobilien können Sonderimmobilien in der BCG-Matrix, klarer eingeordnet werden, da:

- die Wettbewerbssituation besser einschätzbar ist,
- die Anzahl der Konkurrenzobjekte geringer ist,
- die Konkurrenzobjekte bekannt sind,
- die Konkurrenten und deren Approach bekannt sind.

Hieraus folgt, dass in der Regel das Marktwachstum und der relative Marktanteil der eigenen Sonderimmobilie bekannt oder aber mindestens ermittelbar sind und sich jeweils in einer Größenordnung bewegen, die eine Beeinflussung der Position in der Matrix durch Informationsdefizite sehr gering halten. Somit stellt sich die Frage, in welchem Quadranten der Matrix sich eine zu erwerbende Sonderimmobilie befinden sollte.

Auszuschließen ist die Sinnhaftigkeit einer Investition in Sonderimmobilien, die im Quadranten der Poor Dogs liegen.

Der Kauf von Sonderimmobilien, die im Quadranten der Question Marks liegen, erfordert hohe Folgeinvestitionsvolumina zum weiteren Auf- und Ausbau des eigenen relativen Marktanteils und ist mit dem entsprechenden Risiko verbunden. Dieser Umstand erfordert Managementerfahrung hinsichtlich der jeweiligen Sonderimmobilie im Rahmen der Portfoliosteuerung. Fraglich ist jedoch, ob diese Erfahrung wirklich bei einer reinen Zumischung der Sonderimmobilie zum bereits bestehenden konventionellen Portfolio gegeben ist. Die Gefahr eines „stranded investment" ist erheblich.

Der Erwerb einer Sonderimmobilie im Quadrant der Cash Cow ist mit weniger Risiko verbunden. Eine Beimischung zum bestehenden Portfolio kann hier durchaus sinnvoll sein. Aspekte, die aber jedenfalls betrachtet und beurteilt werden sollten, sind:

- Stellung der Sonderimmobilie im immobilienwirtschaftlichen Schweinezyklus,
- Nachhaltigkeit und Stabilität der den Markt der Sonderimmobilie beeinflussenden Faktoren,
- mögliche Drittverwendungsfähigkeit der Immobilie,
- Kosten einer etwaigen Nutzungsänderung am Ende der Lebenszeit,
- Managementerfordernis/-aufwand hinsichtlich der Bewirtschaftung (eigene versus Betreiber).

Die Sinnhaftigkeit der Beifügung von Sonderimmobilien zu konventionellen Portfolios lässt sich ebenso über die Betrachtung im Rahmen der Neun-Felder-Matrix diskutieren. Sowohl die Ausprägung der Marktattraktivität als auch des relativen Wettbewerbsvorteils von Sonderimmobilien ist von denen konventioneller Immobilien, wie z. B. Büro-, Wohn-, und Einzelhandelsimmobilien, weitgehend losgelöst. Wirtschaftliche und politische Rahmenbedingungen sowie demographische und soziökonomische Daten sind zwar auch für Sonderimmobilien gültig, deren Auswirkung aber wesentlich anders.

Die Struktur und Entwicklung des Immobilienmarktes sind für Sonderimmobilien von geringerer Bedeutung, da es „den Sonderimmobilienmarkt" nicht in der gleichen Volatilität gibt, wie bei konventionellen Immobilien. Vielmehr sind langfristige Entwicklungen wesentlich und Entscheidungen im Zusammenhang mit Sonderimmobilien meist weitreichender. Der Mieter/Pächter eines Erlebnisbades wird nicht überlegen ob er zwei Straßen weiter in eine günstigere Immobilie zieht, die Frage ist vielmehr, ob er nach Ablauf eines bestehendes Miet-/Pachtvertrages verlängert oder ob die Möglichkeit einer Weiternutzung durch andere Mieter/Pächter zur Diskussion steht bzw. dem Eigentümer nur der Rückbau oder die Umnutzung der Immobilie bleibt.

In noch stärkerem Ausmaß als die Marktattraktivität konventioneller Immobilien entkoppelt ist der die Objektqualität darstellende relative Wettbewerbsvorteil, da dieser weitestgehend vom Eigentümer beeinflussbar ist.

Die Beimischung von Sonderimmobilien zu Portfolios ist unter den genannten Aspekten durchaus als sinnvoll zu betrachten. Die zu beurteilende Rahmenbedingungen sind der wirtschaftliche Erfolg der Investition inklusive Rückbau- und Umnutzungskosten am Ende der Nutzungsdauer, die Beurteilung der Marktentwicklung der Sonderimmobilie unter Einschaltung diesbezüglicher Spezialisten. Gleichermaßen auch die Fähigkeit der eigenen Organisation die Sonderimmobilie mit zu betreuen bzw. die Möglichkeit die Immobilie als Betreiberimmobilie langfristig zu verpachten.

6.2 Änderung der Risiko-Rendite-Position durch die Beimischung von Sonderimmobilien

Die Änderung der Renditen eines Portfolios durch die Beimischung einer Sonderimmobilie ist einfach nachzuvollziehen. Bereits im allgemeinen Teil wurde festgestellt, dass im Gegensatz zum Risiko die Rendite additiv ist. Somit lässt sich ableiten, dass höhere Renditen beigemischter Sonderimmobilien die Gesamtrendite des Portfolios steigen lässt, im gleichen Maße aber auch der umgekehrte Effekt möglich ist.

Der Einfluss der Risikokomponente einer Sonderimmobilie auf die Gesamtposition eines Portfolios ist nur über die Wechselwirkung aus Portfolio und Sonderimmobilie ermittelbar. Ausschlaggebend ist hierbei die Kovarianz. Je eher der Fall gegeben ist, dass bei der Änderung gleicher äußerer Faktoren die Abweichung der tatsächlich erzielten Renditen für bestehendes Portfolio und beigemischte Sonderimmobilie von den jeweiligen Erwartungswerten auch unterschiedliche Vorzeichen haben, so ist mindestens davon auszugehen, dass die Beimischung der Sonderimmobilie das Risiko-Rendite-Profil verbessert. Im Idealfall weist der Korrelationskoeffizient der Kombination aus Sonderimmobilie zu restlichem Portfolio den Wert $\rho_{X,Y} = -1$ aus und leistet somit einen maximalen Beitrag zur Risikodiversifizierung. In der Praxis jedoch liegen die Werte zur Ermittlung des Risikos für die vorangestellte Betrachtung meist nicht vor, so dass wesentlich griffigere und weniger abgeleitete Fragestellungen zur Beurteilung der Anreicherung bestehender Portfolios um beispielsweise weitere Sonderimmobilien herangezogen werden:

- Welche Szenarien hinsichtlich der Rendite sind für das angestrebte Investment denkbar (worst, realistic, best)?

- Welche Rahmenbedingungen müssen erfüllt sein, um die Renditeanforderungen erreichen zu können?

- Welche Auswirkungen hat eine einnahmenseitige Änderung der ursprünglichen Annahmen im Laufe der Zeit?

- In welchem Verhältnis stehen Marktwert, Kaufpreis und nachhaltige Einnahmen zueinander?

- Wann ist der optimale Einstiegs- und Ausstiegszeitpunkt?

- Wie verhalten sich Einnahmen- und Ausgabenseite während der Haltedauer des Investments?

6.3 Bewertung der Beifügung von Sonderimmobilien durch potenzielle Investoren

Unterschiedliche Investorentypen bewerten und gewichten gleiche Faktoren bei Immobilieninvestments unterschiedlich. Zur übersichtlichen Abgrenzung wird von drei Investorentypen ausgegangen:

- risikoaverser Investor,
- diversifizierter Investor,
- risikoaffiner Investor.

Der *risikoaverse Typ* wird seine Investition nur nach der Sicherheit der Anlage durchführen und ist dabei bereit, sich mit Verzinsungen knapp oberhalb risikoloser Anlagen zufrieden zugeben. Die Bereitschaft einer Erhöhung der Gesamtkapitalrendite durch die Aufnahme von Fremdkapital ist gering ausgeprägt. Die Stabilität auf niedrigem Renditeniveau steht im Vordergrund. Daraus folgt, dass ein risikoaverser Investor nur dann Beifügungen von Sonderimmobilien in sein Portfolio vornehmen wird, wenn die Immobilie mindestens langfristig vermietet ist, keine besondere Bewirtschaftung erfordert oder ein Betreiber mit entsprechender Reputation vorhanden ist.

Der *risikoaffine Investor* ist demgegenüber bereit ein höheres Risiko einzugehen, erwartet aber im Sinne der modernen Portfoliotheorie eine entsprechend hohe Verzinsung, die er durch die Aufnahme von Fremdkapital bis zu einer Höhe von 90 Prozent hebelt und so Renditen im zweistelligen Bereich erhält. Die Möglichkeit in einem Zeitraum von drei bis fünf Jahren einen Return on Equity (RoE) in Höhe von 20 Prozent bis 30 Prozent zu erreichen steht im Vordergrund. Demnach muss die Sonderimmobilie in der Lage sein eine entsprechende Ausschüttung an den Investor liquiditätsseitig abbilden zu können. Die langfristige Stabilität ist von untergeordneter Bedeutung, eine definierte Exitstrategie wird aber vorausgesetzt.

Der *diversifizierte Investor* liegt zwischen den beiden zuvor dargestellten Typen und ist bereit ein höheres Risiko bei entsprechend höherer Rendite einzugehen ohne opportunistisch zu handeln.

Unabhängig von Darstellungsmöglichkeit und den Bewertungsansätzen für Immobilienportfolios gibt es übergeordnete Einflussfaktoren, die jedenfalls in die Bewertung von Portfoliokompositionen einfließen sollten:

1. Relativer Marktanteil der zu erwerbenden Immobilie.
2. Relativer Wettbewerbsvorteil im Markt durch die Präposition der zu erwerbenden Immobilie.
3. Stabilität der Renditen der Sonderimmobilie.
4. Wechselwirkung zum vorhandenen Portfolio im Sinne der Korrelation bei Änderungen der äußeren Einflussparameter.
5. Dauer des nachhaltigen Cashflows (Miet-/Pachtverträge).
6. Potenziale bei Mieterwechsel.
7. Mögliche Exitstrategien zur Verwertung der Sonderimmobilie am Ende der Behaltedauer.

8. Strategiefit der Sonderimmobilie in Bezug zum vorhandenen Portfolio.

9. Notwendigkeit eines externen Managements für die Sonderimmobilie (Betreiberimmobilie).

10. Qualität des Managements der Sonderimmobilie.

Zusammenfassend kann festgehalten werden, dass je nach Disposition des Erwerbers und der individuellen Situation, die Beimischung von Sonderimmobilien zu Bestandsportfolien sinnvoll sein kann. Wesentlich ist bei einem Engagements die Betrachtung der Verzinsung des eingesetzten Eigenkapitals als Maß für die wirtschaftliche Sinnhaftigkeit, unter Berücksichtigung der Risikobereitschaft des Investors.

Die Frage ist somit auch nicht für den Überbegriff der Sonderimmobilie per se zu beantworten, sondern gleichermaßen immer nur über die Art der Sonderimmobilie (Herrschaftssitz nicht gleich Tankstelle), die Interessenlage des Erwerbers und das entsprechende Marktumfeld.

Literaturhinweise

Bone-Winkel, S. (1998): Immobilienportfoliomanagement, in Schulte, K.-W./ Bone-Winkel, S./Thomas, M. (Hrsg.): Handbuch Immobilien-Investition, Köln 1998, S. 215/269.
Immobilien Zeitung Ausgabe 23/2003 vom 13. November 2003.
Merrill Lynch, Real Review, May 2003 in „Discounts to Net Asset Values in European Property Companies" der EPRA.

Internationale Methoden zur Bewertung von Spezialimmobilien – ein Überblick

Nick French/Sven Bienert

1 Einleitung

2 Preis, subjektive Wertschätzung und Verkehrswerte

3 Zweck der Wertermittlung

4 Bewertungsmodelle
4.1 Methodische Ansätze – ein Überblick
4.2 Die Vergleichswertmethode – Non-Specialised Property
4.3 Die Investmentmethode – Non-Specialised Property
4.4 Die Gewinnmethode – Specialised Property
4.5 Die Residualwertmethode – Non-Specialised und Specialised Property
4.6 Das Sachwertverfahren – Specialised Property

5 Wahl der Bewertungsmethode
5.1 Immobilien mit gängigen Nutzungsarten (Non-Specialised Property)
5.2 Spezialimmobilien (Specialised Property)

6 Zusammenfassung

1 Einleitung

Die Bewertung von Immobilien ist in allen Wirtschaftsbereichen außerordentlich wichtig. Grund und Boden sowie Gebäude sind Produktionsfaktoren, wobei – wie bei jeder anderen Investition auch – der Wert einer Liegenschaft erst aus der Nutzung erwächst, der die betrachtete Immobilie zugeführt wird. Die Werthaltigkeit einer bestimmten Nutzung ist wiederum abhängig von der Nachfrage (und dem Angebot) nach dem Produkt oder der Dienstleistung, welche erstellt werden.

Immobilienbewertung ist in ihrer einfachsten Form die Bestimmung des Geldbetrages, für den die Liegenschaft zu einem bestimmten Zeitpunkt gehandelt wird. Bei einer genaueren Betrachtung gibt es jedoch eine große Bandbreite von verschiedenen Anlässen, zu denen Bewertungen von Immobilien erforderlich sind. Diese umfassen beispielsweise Bewertungen für Ankaufs- und Verkaufszwecke, Übertragungen, Steuerbemessungen, Enteignungen, Erbschaften, Vermögensauseinandersetzungen oder andere Vorgänge der Investition und Finanzierung von Liegenschaften.

Das Ziel dieses Beitrages ist es, einen kurzen Überblick über die Verfahren und Methoden der angloamerikanischen Immobilienbewertung zu geben, wobei insbesondere die Bewertung von Spezialimmobilien betrachtet wird. Hierbei sollen dem Leser vor allem die grundlegenden Überlegungen dieser Verfahren sowie im Einzelfall auch die englischen Begrifflichkeiten näher gebracht werden.

Spezialimmobilien sind Liegenschaften, die oftmals in besonderem Maße heterogen sind. Die Natur dieser Immobilien ist derart, dass die jeweils in Frage stehende Nutzungsart nicht in ausreichendem Maße gehandelt wird, um den Wert durch den Vergleich mit bereits in der Vergangenheit erfolgten Transaktionen in diesem Segment herleiten zu können. Da international oftmals eine größere Affinität in Bezug auf die Anwendung des Vergleichswertverfahren als im deutschsprachigen Raum feststellbar ist, tritt dort das vorgenannte Problem in der Regel „schneller" auf. In diesem Fall muss sich der Gutachter einem Bewertungskonzept zuwenden, das die grundlegenden Eigenschaften der Immobilie berücksichtigt und diese intensiver untersuchen, um ein Ergebnis auf Basis der wertrelevanten Eigenschaften der Liegenschaft bestimmen zu können. Bereits an dieser Stelle wird deutlich, dass bei Spezialimmobilien möglicherweise das Angebot und die Nachfrage nach der im Rahmen der Nutzung erstellen Leistung im weiteren Sinne betrachtet werden muss und erst auf Basis der dabei festgestellten Marktzusammenhänge ein Rückschluss auf den Immobilienwert möglich wird.

Bei den meisten gängigen Immobiliengattungen (also so genannte „non-specialised properties"), die zur Anlage erworben werden, basiert der Wert der Liegenschaft auf deren Möglichkeit, als Investment Einzahlungsüberschüsse generieren zu können. Diese Immobilien sind dann also weitgehend problemlos einer ertragsorientierten Wertfindung zugänglich. Hingegen basiert der Wert von Spezialimmobilien (also so genannte „specialised properties") oftmals auf einer tendenziell subjektiven Wertschätzung aus der Perspektive des jeweiligen Eigentümers, der in vielen Fällen selbst Nutzer der Liegenschaft ist. Aus seiner Sicht sind insbesondere der Beitrag der Immobilie zum gesamten Unternehmensgewinn sowie darüber hinaus weitestgehend subjektive Aspekte wie beispielsweise „Status" oder ein „Gefühl der Sicherheit" wertrelevant. In diesen Fällen, also bei Objekten ohne ausreichende Vergleichs- oder Ertragsdaten, kann der Gutachter nur versuchen, diese subjektive Wertschätzung durch ein anerkanntes Bewertungsverfahren nachzuvollziehen, um einen Preis festzustellen, der möglicherweise bei einer Transaktion am Markt erzielt werden könnte.

2 Preis, subjektive Wertschätzung und Verkehrswerte

Jedes Bewertungsverfahren, das valide ist und damit letztlich vom Markt bestätigt wird, muss eine verlässliche Schätzung des zu erwartenden Marktpreises generieren. Das Modell sollte deshalb die Marktkultur und -bedingungen zum Zeitpunkt der Bewertung widerspiegeln. Hierbei sollte bedacht werden, dass die jeweilige Methode die grundlegenden Handlungs- und Entscheidungsregeln des jeweiligen Marktes in seiner Systematik enthalten muss, und dass das Ergebnis der jeweiligen Bewertung der gemeine Wert oder auch Verkehrswert ist – dieser wird in der angloamerikanischen Bewertungspraxis als *„value"* bzw. genauer als *„market value"* bezeichnet.

Trotz dieser auf den ersten Blick leicht nachvollziehbaren Eingrenzung, was das Ziel einer Bewertung betrifft, kommt es in der Praxis dennoch oft zu einer inhaltlichen Vermischung von unterschiedlichen Begrifflichkeiten, die mit dem Verkehrswert in Verbindung stehen. Insbesondere im angloamerikanischen Raum wird das Wort *„value"* oft verwendet, um drei verschiedene, jedoch miteinander verwandte, Begriffe zu umschreiben. Eine Trennung der drei Inhalte ist jedoch insbesondere im

Kontext der Bewertung von Spezialimmobilien wichtig, da das Ziel, einen Verkehrswert zu ermitteln, oftmals nicht problemlos bzw. gar nicht bewirkt werden kann. Zur Erläuterung der Begriffe kann folgende Unterscheidung dienen:

- *Preis (Price)* ist der tatsächlich zu beobachtende Preis, zu dem eine Transaktion am Markt statt findet (das sind gleichzeitig die historischen Vergleichsdaten).

- *Verkehrswert/Marktwert (Value* oder *Market Value)* ist eine Bestimmung des erzielbaren Preises, der erlöst werden könnte, wenn das Objekt am Markt verkauft werden würde, und

- *subjektive Wertschätzung (Worth)* ist die individuelle Wertvorstellung eines bestimmten Individuums, ausgedrückt in Form eines Kapitalbetrages, den er/sie für eine bestimmte Immobilie zu zahlen (oder zu akzeptieren) bereit wäre. Die Höhe der jeweiligen Zahlungsbereitschaft orientiert sich dabei an den gesamten Vorteilen, die er/sie mit dem Eigentum an der Immobilie subjektiv verbindet und wird somit jeweils unterschiedlich sein.

Ökonomisch kann der „*worth*" als ein „*value in use*" bezeichnet werden, wohingegen der „*price*" oder „*market value*" als „*value in exchange*" bezeichnet werden können[1] – die subjektive Wertschätzung erwächst somit aus dem konkreten Nutzen(-vorteilen) und der Preis bzw. Verkehrswert aus einer (gegebenenfalls fiktiven) Transaktion am Markt. Wir wollen im Folgenden ein wenig genauer betrachten, unter welchen Bedingungen die Konstrukte „worth" und „price" sich unterscheiden bzw. identisch sind und dabei – um weitere Verwirrung zu vermeiden – die englischen Begriffe benutzen. Hintergrund unserer Überlegungen sind die Fragen nach dem für Spezialimmobilien passenden Bewertungsansatz und inwieweit sich bereits bei einer ersten Betrachtung der Begrifflichkeiten Besonderheiten in Bezug auf diese speziellen Immobilien ableiten lassen. In einem *vollkommenen Markt*, wo alle Marktteilnehmer, also Käufer und Verkäufer, dieselben vollständigen Informationen über das Marktgeschehen und die relevanten Parameter besitzen und die gleichen Bedürfnisse haben, sollten „*price*" und „*worth*" dieselbe quantitative Größe annehmen. Es ist ein „*price*", der unter spezifischen Marktbedingungen das Resultat der Kräfte von Angebot und Nachfrage bildet. Die subjektive Wertschätzung aller Marktteilnehmer ist dann der Gegenwarts- bzw. Barwert der in der Zukunft liegenden Vorteile (der so genannte „*present value of future benefits*"), die prognostiziert wurden und sich aus dem Eigentum an der Anlage ergeben haben. Dies ist die bereits weiter oben skizzierte Basis für den „*value in use*". In den perfekten Märkten der ökonomischen Theorie würden rationale und vollständig infor-

---

[1] Vgl. hierzu auch: IVS, IVS No. 2, 3.1 und 3.4 sowie IVS No. 1, 1.0 ff.

mierte Käufer nicht mehr zahlen und Verkäufer nicht weniger akzeptieren als diesen Gegenwartswert der erwarteten zukünftigen Vorteile aus der Anlage (wobei alle Vorteile in geldwerter Form vorliegen und unter Berücksichtigung eines aus dem Markt abgeleiteten Diskontierungsfaktors abgezinst wurden). Diese Aussage müsste für alle Wirtschaftssubjekte gleichermaßen zutreffen. Folglich müssten sämtliche Transaktionen zu Preisen erfolgen, die diesen „*value in use*" widerspiegeln, und simultan den „*value in exchange*" repräsentieren – „*value in use*" und „*value in exchange*" sind nach dieser Theorie dann immer identische Größen. Die Realität stellt sich jedoch (leider) anders dar. Immobilienmärkte sind in der Regel alles andere als perfekte Märkte, weshalb es nachvollziehbar ist, dass die vorgenannten Größen in bestimmten Märkten sich durchaus unterscheiden können. In der Tat kann das Bewertungsmodell in Abhängigkeit von der Nutzungsart einerseits seinen Ursprung im Vergleich von vorangegangenen Verkaufspreisen haben und somit den Wert einer Anlage („value in exchange") aus beobachteten Markttransaktionen ableiten. Andererseits kann es bei bestimmten Objekten, die nicht ausreichend oft gehandelt werden um verlässliche Vergleichsinformationen zu generieren, notwendig sein, Bewertungsmethoden zu verwenden, die die Denkweise der Hauptakteure widerspiegeln. Letztere Überlegung führt dann über die subjektive Wertschätzung *(„value in use")* zu einem Wertansatz für die Immobilie und trifft insbesondere auf viele Bereiche der Spezialimmobilien zu.

Es existiert die folgende international akzeptierte Definition des Begriffs „*Market Value*":

„Market Value is the estimated amount for which an asset should exchange on the date of appraisal between a willing buyer and a willing seller in an arm's length transaction after proper marketing wherein the parties had each acted knowledgeably, prudently and without compulsion."

Diese Definition des *International Valuation Standards Committee* (kurz: IVSC) wurde vollständig von den meisten nationalen Immobilienorganisationen übernommen (IVS No. 1, 3.1.). Ohne an dieser Stelle näher auf die Diskussion um die Unterschiede zwischen der deutschen Verkehrswertdefinition und dem angloamerikanischen Marktwert eingehen zu wollen, sei dennoch bemerkt, dass die Autoren die Begriffe synonym verwenden, da zwischen diesen bei genauerer Betrachtung weniger fundamentale, als vielmehr verbale Unterschiede bestehen. Die am häufigsten verwendeten Methoden zur Herleitung eines Marktwertes sind die Vergleichswertmethode *(direct capital comparison),* die Ertragswertmethode *(investment method),* die Sachwertmethode *(contractor's/cost method),* die Residualwertmethode *(residual method)* als eine Art Mischung von Ertrags- und Sachwertüberlegungen aus der Perspektive eines Entwicklers, sowie die Gewinnmethode *(profits method)*. Alle Methoden werden im Hinblick auf die Spezialimmobilie weiter unten nochmals aufgegriffen und die Ausführungen in Bezug auf ihre Anwendbarkeit und Methodik vertieft.

Wie bereits oben kurz skizziert, ist Immobilienbewertung – unabhängig davon, welcher Methode sie sich im Einzelfall bedient – immer ein Modell, um den Versuch zu unternehmen, einen möglichen Preis zu schätzen. Ein Marktwert ist das Ergebnis dieser Schätzung. Anders ausgedrückt ist es die Quantifizierung der fundamentalen Gesetzmäßigkeiten und Funktionsweisen eines Marktes, der Auswirkungen der rechtlichen Rahmenbedingungen, die Beachtung der physischen Aspekte der Immobilie sowie die Berücksichtigung des (bau-)planungsrechtlichen Rahmens. Ebenso beeinflussen die Möglichkeit, eine Finanzierung zu erhalten, die allgemeine Nachfrage nach Gütern und die gesamtwirtschaftliche Lage den Wert einer Immobilie.

Schränken wir die Betrachtung auf die Herleitung von Markt- bzw. Verkehrswerten ein, so ist das grundlegende Ziel jeder Bewertung demnach identisch: Es ist die beste Schätzung des Transaktionspreises der Immobilie. Die Unterscheidung zwischen der Bewertung von gängigen Immobilienarten und Spezialimmobilien erwächst somit erst aus dem Bewertungsverfahren, das angewendet wird bzw. angewendet werden muss. Bei den gängigen Immobilienarten gibt es ausreichende Handelsaktivitäten, um die Höhe des Preises auf den Bewertungsfall übertragen zu können, ohne die Notwendigkeit, fundamentale Aspekte der Immobilie analysieren zu müssen. Der Marktwert wird durch den Vergleich festgestellt. Vor dem Hintergrund, dass ein Preis letztlich das Ergebnis des Denkprozesses eines möglichen Käufers widerspiegeln soll, ist es letztlich die logische Konsequenz, dass dort, wo kein ausreichender Handel feststellbar ist, beispielsweise die Reproduktionskosten oder eine Analyse der Immobilie als ein Teil des Gesamtunternehmens als Bewertungsmethode herangezogen werden müssen. Dies ist im Regelfall die Basis für die Methoden der Bewertung von Spezialimmobilien, die im Folgenden eingehender betrachtet werden.

3 Zweck der Wertermittlung

Wertermittlungen sind aufgrund von vielen verschiedenen Anlässen notwendig. Diese reichen von der Herleitung von Marktwerten zu Verkaufszwecken bis hin zu der Festsetzung von Entschädigungszahlungen bei Enteignungen. Auch wenn die zur Anwendung kommende grundlegende Methode nicht von dem Bewertungszweck abhängen sollte, so ist es dennoch wichtig, dass Anlass und Zweck der Bewertung vor der Durchführung von Rechenschritten definiert werden. In der Folge werden die wesentlichen, internationalen bekannten Bewertungszwecke kurz vorgestellt.[2]

- *Bewertungen für Verkaufszwecke (Sale Report)*
  Die Verkaufsvorbereitung ist der häufigste Grund für die Beauftragung eines Bewertungsgutachtens. Auch wenn diese Gutachten oft als Bewertung bezeichnet werden, so sind sie dennoch oftmals mehr ein Instrument zur besseren Vermarktung. Zudem ist die Bewertung im Rahmen der Herleitung einer Entscheidungsgrundlage für Ankaufszwecke tendenziell eher eine Kalkulation des höchstmöglichen Gebots des Auftraggebers und damit eine Kalkulation eines subjektiven Wertes aus Sicht eines bestimmten Investors (Worth oder Investment Value).

- *Bewertungen für Zwecke der Rechnungslegung (Accounting Purposes)*
  Eine treffendere Verwendung des Begriffes „Bewertung" ist der Wertansatz von Immobilien im Rahmen der Rechnungslegung von privaten Unternehmen oder solchen im Eigentum der öffentlichen Hand. Die Mehrheit der bestandhaltenden Unternehmen muss derartige Wertermittlungen für ihre Liegenschaften im Rahmen der Bilanzerstellung durchführen. Da hierbei das Vermögen eines Unternehmens zu einem bestimmten Bilanzstichtag nach Maßgabe der tatsächlichen Verhältnisse (so genannter *„true and fair view"*) dargestellt werden muss, ist der dabei anzusetzende *„fair value"* (vgl. hierzu die International Financial Reporting Standards, IFRS) des Immobilienbestandes als Teil der gesamten Aktiva mit dem Marktwert *(„market value")* gleichzusetzen. Die oftmals noch gängige Praxis, die fortgeführten Anschaffungs- und Herstellungskosten anzuführen, verliert insbesondere international an Bedeutung.

- *Bewertungen für Beleihungszwecke (Loan Security)*
  Banken und andere Kreditgeber bewerten Immobilien als von Kreditnehmern bereitgestellte Sicherheit im Rahmen einer Kreditvergabe. Hierbei ist für diese Anspruchsgruppe wichtig, dass ein bestimmter Wert der Immobilie im Verhältnis zum ausgereichten Kredit nicht unterschritten wird *(„loan to value"-ratio,* LTV). Die Wertermittlung ist damit Teil des Risikomanagements der Bank und nur bedingt mit dem aktuellen Marktwert identisch. Der Marktwert der Immo-

---

[2] Anmerkung der Autoren: Die vorgestellten Termini sind vor diesem Hintergrund nur indirekt auf die Konzepte in den jeweiligen Normen beispielsweise den IVS bezogen, weshalb hier nicht weiter auf die jeweiligen Begriffe beispielsweise in Bezug auf „Market Value" und die so genannten „Non-Market Values" eingegangen werden soll. Vgl. hierzu auch: IVS, IVS No. 1 f., S. 94 ff.

bilie notiert im Regelfall über diesem im deutschsprachigen Raum bekannten *Beleihungswert* der Bank. Insbesondere bei den Beleihungswerten von riskanteren und damit auch ertragsvolatileren Spezialimmobilien sind entsprechend große Abschläge vom Marktwert zur Herleitung von Beleihungswerten festzustellen.

- *Bewertungen zur Festsetzung von Mindesterlösen (Minimum Price or Auction Reserve)*
  Oftmals kommt es vor, dass bei der Veräußerung von Unternehmensimmobilien oder bei der Verwertung von Liegenschaften der öffentlichen Hand die Verkäufer aufgrund interner Vorgaben bei einem Verkauf im Wege eines Bieterverfahrens oder bei einer Auktion nur Angebote akzeptieren dürfen, die einen gewissen Mindestwert übersteigen. Dieser wurde ex ante festgelegt und notiert im Regelfall am unteren Ende eines möglichen Marktwertes. Folglich muss eine Verkehrswertermittlung zur Vorbereitung derartiger Veräußerungen erfolgen, um einen Richtwert vorzugeben.

- *Bewertungen für Versicherungszwecke (Insurance)*
  Immobilien sind für den Fall einer notwendigen Wiederherstellung der baulichen Anlagen versichert. Dieser Versicherungswert steht allerdings in keiner Verbindung zu einem möglichen Verkaufspreis – Letzterer umfasst im Gegensatz zu Versicherungswerten beispielsweise auch den Grund und Boden. Für Versicherungszwecke ist die gewöhnliche Bewertungsmethode der Ansatz von Reproduktionskosten für den Fall der vollständigen oder teilweisen Zerstörung des Gebäudes. Hier wird ein weiterer Unterschied zu tatsächlichen Preisen oder Verkehrswerten deutlich, da sich letztere auf den Zeitwert der baulichen Anlagen beziehen, also eine Alterswertminderung immer Berücksichtigung findet.

- *Bewertungen für steuerliche Bemessungsgrundlagen/Einheitswerte (Taxation)*
  Gutachter müssen oft auch Immobilien für steuerliche Zwecke bewerten. Die wichtigsten Bezugsobjekte einer Besteuerung lassen sich den Bereichen „Vermögen" oder „laufendes Einkommen" zuordnen. Oft basieren die zur Steuerbemessung angefertigten Bewertungen auf spezifischen Formeln der Finanzbehörden und divergieren deshalb teilweise stark von einer gewöhnlichen Verkehrswertbestimmung.

- *Bewertungen im Rahmen von Enteignungen (Compulsory Purchase)*
  Oft resultiert aus infrastrukturellen oder sonstigen Vorhaben der öffentlichen Hand auch die Notwendigkeit zum Ankauf von Grund und Boden. Die Grundlage für die Berechnung einer im Gegenzug zur Enteignung zu entrichtenden Entschädigung für diese Grundstücke basiert dann auf dem Verkehrswert der in Frage stehenden Liegenschaften.

4 Bewertungsmodelle

4.1 Methodische Ansätze – ein Überblick

Jedes Land hat seinen eigenen kulturellen Hintergrund und seine Erfahrungen im Umgang mit Immobilien, die letztlich zu der Anwendung einer bestimmten Bewertungsmethode bei einem spezifischen Bewertungsanlass führen. Die Ausgestaltung der Methoden und der Umfang ihrer Normierung in Gesetzen oder Richtlinien sind dabei oftmals sehr unterschiedlich. Die Vorgehensweise der im deutschsprachigen Raum angewandten Ertragswertmethode ist beispielsweise im angloamerikanischen Raum nicht bekannt, da dort nicht eine Aufteilung in Bodenwertverzinsung und Ertragsstrom der baulichen Anlagen vorgenommen wird – das so genannte „gesplittete Verfahren" ist also international weniger bekannt. Die Unterschiede ließen sich endlos weiter ausführen, wichtiger sind jedoch die Gemeinsamkeiten. Interessant ist hierbei, dass sich die Bewertungsmethoden weltweit auf die drei Konzepte – vergleichswert-, ertragswert- oder sachwertorientierte Vorgehensweisen – reduzieren lassen. Die international üblichen Bewertungsmodelle können folgendermaßen gruppiert werden:

- *Vergleichswertmethode (Comparable/Direct value comparison method)*
  Anwendung für die meisten Immobilienkategorien, bei denen gute Anhaltspunkte für bereits erfolgte und öffentlich zugängliche Verkaufsdaten vorhanden ist. Also so genannte „Non-specialised property" und damit Objekte, die im Regelfall keine Spezialimmobilien darstellen.

- *Ertragswertmethode (Investment/Income method)*
  Anwendung für die meisten gewerblich (und wohnwirtschaftlich) genutzten Immobilien, die gegenwärtig und in der Zukunft Einzahlungsströme aus der Vermietung der Liegenschaft an Nutzer generieren – oder generieren könnten. Also wiederum „Non-specialised property" und damit Objekte, die im Regelfall keine Spezialimmobilien darstellen.

- *Gewinn- oder auch Pachtwertmethode (Accounts/Profits method)*
  Anwendung für Immobilien mit Bezug zum Verkauf von Produkten oder Dienstleistungen (jedoch keine normalen Ladenlokale oder Einkaufszentren), bei denen gegebenenfalls nur wenige Miet- oder Pachtansätze bekannt sind, weil sie im Regelfall nicht als Anlageobjekt gehalten werden. Die Gewinnmethode bestimmt hierbei eine tragbare Miete, die dann wiederum im Rahmen der ertragsorientierten Methoden kapitalisiert werden kann; also bei Spezialimmobilien.

- *Residualwertmethode (Development/Residual method)*
  Anwendung für Immobilien, die für eine Entwicklung oder zum Redevelopment zur Verfügung stehen oder bei unbebautem Grund und Boden. Hierbei wird der Wert des nicht entwickelten Grundstücks ins Verhältnis zu einem möglichen Verkaufspreis nach erfolgter Entwicklung unter Beachtung der gesamten Herstellungskosten gesetzt. Also bei Spezialimmobilien und anderen Liegenschaften.

- *Sachwertmethode (Contractor's/Cost method; Depreciated replacement cost method)*
  Anwendung für Objekte, die nicht im gewöhnlichen Geschäftsverkehr auf dem Markt gehandelt werden oder bei Wertfindungen für bestimmte Zwecke der Rechnungslegung oder aufgrund von gesetzlichen Vorgaben; also bei Spezialimmobilien.[3]

Wie oben ausgeführt, gibt es bei einer globalen Betrachtung eine Vielzahl verschiedener Bewertungsmethoden, die in den einzelnen Ländern Anwendung finden. In Großbritannien existieren fünf allgemein anerkannte Verfahren. Bezeichnet man das *Discounted-Cashflow-Verfahren* als eigene Methode ergeben sich sogar sechs.[4] Hingegen sind in Deutschland oder beispielsweise Österreich drei Verfahren gesetzlich in der *Wertermittlungsverordnung* WertV (D) bzw. dem *Liegenschaftsbewertungsgesetz* LBG (Ö) normiert. Diese drei Verfahren umfassen das *Vergleichswert-*, das *Sachwert-* und das *Ertragswertverfahren.* Die anderen drei Methoden sind zwar im deutschsprachigen Raum ebenfalls bekannt, müssen jedoch bei einer Verwendung durch den Gutachter ausführlicher begründet werden und sind bisher weit weniger verbreitet als in anderen Ländern – letztlich handelt es sich bei ihnen auch um auf den Ertrag fokussierte Methoden. Insbesondere bei Spezialimmobilien werden in der Praxis die letztgenannten Verfahren häufig eingesetzt, weshalb sie in den folgenden Ausführungen näher betrachtet werden.

---

[3] Anmerkung der Autoren: An dieser Stelle wird die relativ geringere Bedeutung des Sachwertverfahrens im angloamerikanischen Raum deutlich. Während im deutschsprachigen Raum regelmäßig Einfamilienhäuser und andere nur im Rahmen beabsichtigter Eigennutzung zu erwerbende Immobilien mit dieser Methode bewertet werden, ist der Anwendungsbereich international wesentlich kleiner.

[4] Anmerkung der Autoren: Bei der DCF-Methode handelt es sich bei genauerer Betrachtung nur um eine spezielle ertragsorientierte Bewertungsmethode, bei der im Gegensatz zu den impliziten Wachstumsmodellen der einfacheren Income-Methoden (beispielsweise Direct Capitalisation oder die Term-and-Reversion-Modelle) eine explizite Erfassung des Wachstums erfolgt – mit entsprechenden Auswirkungen auf den anzuwendenden Kalkulationszinssatz und andere Parameter.

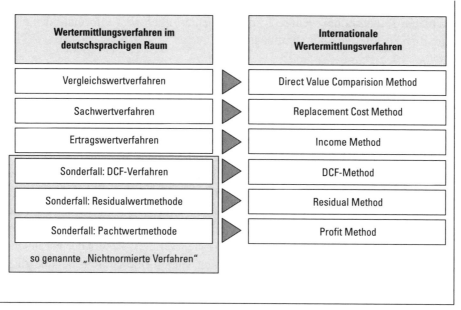

Abbildung 1: Vergleich nationaler und internationaler Bewertungsmethoden

Wir haben schon mehrfach festgestellt, dass das angewendete Bewertungsverfahren den Denkprozess eines Marktteilnehmers (Käufers oder Verkäufers) in Bezug auf dessen subjektive Wertschätzung nachvollziehen sollte. Wenn allerdings in Märkten häufig Transaktionen vergleichbarer Objekte zu beobachten sind, wird es möglich, auf die Betrachtung der Hintergründe für die Preisfindung zu verzichten. Der Wert wird dann durch Vergleiche hergeleitet. Diesem (einfacheren) Verständnis folgen insbesondere die Ertragswert- und die Vergleichswertmethode, die allerdings beide hauptsächlich für gängige Nutzungsarten und damit nicht im Fall von Spezialimmobilien angewendet werden können.

4.2 Die Vergleichswertmethode – Non-Specialised Property

Die Bewertung von Immobilien auf Basis eines Vergleichsmodells muss sich nicht einer detaillierten Analyse des eigentlichen Gedankenprozesses des potenziellen Käufers widmen, sondern greift vielmehr auf die vorhandene Datenbasis aus erfolgten Transaktionen zurück. In effizienten Märkten, die den Anforderungen an einen vollkommenen Markt weitgehend gerecht werden, kann diese Methode sehr zielführend sein. Allerdings ist die Methode weniger verlässlich, wenn in dem betrachteten Teilmarkt nur wenige Transaktionen erfolgen oder Informationen nicht öffentlich zugänglich oder veraltet sind.

Der Wert der zu betrachtenden Immobilie (so genanntes Bewertungsobjekt oder *„subject property")* sollte in enger Verbindung zum Verkaufspreis von ähnlichen Liegenschaften im gleichen Marktgebiet stehen. Der Gutachter identifiziert zunächst mehrere Vergleichsobjekte *(„comparable properties")* aus der gesamten Summe an Objekten, die vor kurzem veräußert wurden. Da Immobilien immer heterogene Güter sind, muss der Bewerter die vorliegenden Verkaufspreise der Vergleichsobjekte anpassen, um den Unterschieden zwischen dem Bewertungs- und dem Vergleichsobjekt Rechnung zu tragen. Die Zu- oder Abschläge im Rahmen der Anpassung können sich auf Größe, Qualität der Bausubstanz, Verkaufszeitpunkt, Mikrolage usw. beziehen. Der Gutachter leitet somit den gegenwärtigen Verkehrswert des Bewertungsobjektes aus den angepassten Verkaufspreisen der Vergleichsobjekte ab. Der hergeleitete Verkehrswert kann dann in einer Summe oder bezogen auf eine Einheit, z. B. in „Euro pro m^2", ausgewiesen werden.

Die erforderliche Fähigkeit des Bewerters liegt vor diesem Hintergrund insbesondere darin begründet, dass eine repräsentative Auswahl aus vor kurzem erfolgten vergleichbaren Verkäufen getroffen werden muss und auf Basis der analysierten Objekte ein Verkehrswert für das Bewertungsobjekt abgeleitet werden kann. Je größer die festgestellten Unterschiede zwischen den Immobilien sind, desto schwieriger wird die Übertragbarkeit von Aussagen und desto größer sind die diesbezüglichen Anforderungen an den Gutachter in Bezug auf seine Qualifikation. Insbesondere die Heterogenität und die Anzahl der Vergleichstransaktionen stehen in der Praxis einer Bewertung von Spezialimmobilien mit der hier beschriebenen Methode entgegen.

4.3 Die Investmentmethode – Non-Specialised Property

In der einfachsten Form kann die Vergleichsmethode dazu verwendet werden, den Verkehrswert in der oben beschriebenen Form direkt herzuleiten. Alternativ kann der Vergleichsgedanke auf andere Inputvariablen einer Bewertung übertragen werden – beispielsweise auf die Miethöhe oder die erzielten Anfangsrenditen. Die so genannte „Investment method" ist bei der Bewertung von gewerblichen Objekten, die zur Vermögensanlage erworben werden, die am häufigsten angewendete Vorgehensweise. Sie basiert auf dem Grundgedanken, dass der Kapitalwert der Immobilie auf den realisierten bzw. potenziellen Einnahmen basiert. Aus diesen Einnahmen, den Netto-Mieteinnahmen (Rohertrag, „gross potential income") abzüglich der auf den Eigentümer entfallenden Bewirtschaftungskosten (dann Reinertrag, „net potential income"), wird mit Hilfe eines Kapitalisierungszinssatzes („capitalization rate" oder „yield") der Kapitalwert der Immobilie errechnet. Bei dieser Vorgehensweise wird auf die Aufteilung in einen Boden- und Gebäudewert, wie beim deutschen Ertragswertverfahren üblich, verzichtet.

Zentral sind bei dieser ertragsorientierten Bewertung somit zwei Elemente:

1. die Herleitung des (nachhaltigen) Miertrages und
2. die Wahl einer angemessenen Anfangsrendite, um den Multiplikator zu bestimmen

Eine genauere Betrachtung dieser beiden Komponenten, also Miete und Rendite, macht die Interaktion zwischen den verschiedenen Teilmärkten – dem Nutzermarkt („occupational market") und dem Anlegermarkt („investment market") – deutlich. Immobilien können vom Eigentümer selbst genutzt werden, oder der Eigentümer kann die Immobilie an eine dritte Partei vermieten bzw. verpachten (fremd genutzte Immobilien). Der Nutzer zahlt dann eine bestimmte Miete an den Eigentümer, wobei die Miete den normalen Nutzwert der Immobilie aus Sicht des Mieters repräsentiert. Die Miethöhe wird in diesem Fall durch Angebot und Nachfrage für diese Nutzungsart im betrachteten Teilmarkt bestimmt. Gleichzeitig ist die Miete allerdings auch aus Sicht des Eigentümers die Verzinsung des in der Immobilie gebundenen Anlagebetrages – oder auch die Wiedergutmachung für die Aufgabe der Nutzung des Objektes. Die Mieteinzahlungen sind ein Cashflow und vor diesem Hintergrund kann der Wert der Liegenschaft durch den Barwert des zukünftig erwarteten Cashflows hergeleitet werden.

Eine andere Vorgehensweise ist die Herleitung eines Multiplikators *(„gross rent multiplier")* auf Basis einer Analyse von bereits erfolgten Verkäufen. Ergebnis dieser Untersuchung ist dann die Erkenntnis, dass Investoren im Durchschnitt für derartige Liegenschaften einer bestimmten Nutzungsart in diesem Teilmarkt „X"-Mal die Jahresmieteinnahmen zu bezahlen bereit sind. Je größer die Multiplikatoren, desto größer sind auch der Verkehrswert bzw. einfacher ausgedrückt die Attraktivität des Bewertungsobjektes. Festgestellte Multiplikatoren von erfolgten Transaktionen werden also wieder auf die vorzunehmende Bewertung übertragen, weshalb auch die Investmentmethode eine Vorgehensweise mit einfachen Vergleichen ist. Sie analysiert somit nicht die Werttreiber per se, sondern setzt quasi beim Ergebnis an.

4.4 Die Gewinnmethode – Specialised Property

Die ersten beiden vorgestellten Verfahren verzichten bei der Bewertung darauf, den Denkprozess der einzelnen Marktteilnehmer nachzuvollziehen. Stattdessen wird der Verkehrswert des Bewertungsobjektes aus den bereits erfolgten vergleichbaren Transaktionen desselben Marktgebietes abgeleitet – warum dieser Wert aus Sicht der Investoren gerechtfertigt ist, wird nicht weiter hinterfragt. Damit betrachten diese Bewertungsverfahren nicht die grundlegenden Daten und Beweggründe der Käufer.

Wenn allerdings nicht genügend Vergleichsdaten über ähnliche Verkäufe vorliegen und/oder wenn das Objekt keine Mieteinnahmen generiert, weil die Liegenschaft selbst genutzt ist, dann muss der Gutachter sich intensiver mit den Fundamentaldaten eines Marktes auseinander setzen. Beispielsweise wird der Marktwert eines Hotels, das der Eigentümer selber betreibt, von den Einzahlungsüberschüssen abhängen, die mit dem Objekt erwirtschaftet werden können.[5] Diese Größe wiederum hängt von einer Vielzahl einzelner Faktoren wie beispielsweise der Auslastung, der Anzahl der Betten, den durchschnittlichen Zimmerpreisen usw. ab. Mit anderen Worten: Die Immobilie wird letztlich als eine Art Produktionseinheit angesehen, wobei es die Aufgabe des Bewerters ist, die tragbare Miete bzw. Kostenmiete (*„economic rent"*) des Objektes herzuleiten.

Die so genannte *„Profit Method"* oder *„Account Method"*, also die Gewinnmethode, kommt zur Anwendung, wenn keines der vorgenannten Verfahren zur Anwendung kommen kann. Vergleichbar ist dieser Ansatz mit dem in Deutschland und Österreich bekannteren Pachtwertverfahren. Dieses Verfahren wird insbesondere zur Hotelbewertung sowie der Bewertung verschiedener weiterer Spezialimmobilien angewandt. Es handelt sich hierbei immer um betriebsspezifische Immobilien wie Tankstellen, Kinos oder Freizeitimmobilien. Die Roherträge werden dabei nicht aus der marktüblichen Miete, sondern den Erlösen des gesamten Umsatzprozesses des Betriebes abgeleitet.

Ausgangspunkt der Überlegung ist die Herleitung eines *tragbaren Mietzinses,* den der Betreiber einer Immobilie aus seinem Gewinn zahlen würde und der es ihm insgesamt dennoch ermöglicht, profitabel zu wirtschaften. Grundlage bildet der Jahresabschluss eines Betreibers der Liegenschaft. Damit ist die Gewinnmethode eine Art Unternehmensbewertungsverfahren, wobei der relative Anteil der Mieterträge an den gesamten Unternehmensaufwendungen hergeleitet werden soll. Ausgehend

---

[5] Anmerkung der Autoren: Vgl. zur Hotelbewertung den korrespondierenden Beitrag in diesem Sammelband.

von dieser fiktiven jährlichen Miete ist wieder eine Kapitalisierung mit einem angemessenen Vervielfältiger vorzunehmen. Voraussetzung für die Anwendung des Verfahrens ist die Möglichkeit, auf Jahresabschlüsse des Unternehmens oder vergleichbarer Unternehmen zurückgreifen zu können.

Dieser Bewertungsprozess kehrt also zu einer fundamentalen Analyse des individuellen Nutzenbeitrages der Immobilie zum Wert des gesamten Unternehmens zurück. Der tragbare Mietzins ist eine aus dem Angebot und der Nachfrage nach dem fertigen bzw. endgültigen Produkt – also in obigem Fall den Hotelzimmern – abgeleitete Größe.

4.5 Die Residualwertmethode – Non-Specialised und Specialised Property

Diese Methode wird nur bei Immobilien angewendet, bei denen Entwicklungspotenziale bestehen und bei denen die gegenwärtige Nutzung in Frage gestellt wird (*„property in transition"*). Bei der Residualwertmethode ermittelt der Gutachter den Wert der fertig entwickelten Immobilie (entweder auf Basis von Vergleichswerten oder durch eine Ertragswertberechnung). Von dieser Ausgangsbasis (dem so genannten *„Gross development value"*) werden alle Kosten subtrahiert, die bei der Herstellung des Objektes anfallen. Die Kosten umfassen den Rückbau und die Freilegung bestehender Altbausubstanz (wenn es sich nicht um eine sofort bebaubare Fläche handelt), die infrastrukturellen Anforderungen, die Baukosten, die Baunebenkosten inklusive einer Zwischenfinanzierung sowie einen Entwicklungsgewinn inklusive eines Risikokostenbestandteiles. Nach Abzug der Entwicklungskosten vom endgültigen Marktwert verbleibt ein Residuum, das den maximalen Betrag zum Ankauf des Grund und Bodens darstellt. Der Betrag umfasst dabei den Kaufpreis und die Erwerbsnebenkosten. In der praktischen Anwendung werden hierzu verstärkt ausgefeilte, computergestützte Berechnungsmethoden angewendet. Letztlich umfassen auch diese Verfahren jedoch die gleichen vorgenannten Grundelemente, wobei allerdings ein weitaus besserer Detaillierungsgrad erreicht werden kann. Abbildung 2 verdeutlicht die Grundkonzeption dieser Vorgehensweise.

Das Verfahren kommt also insbesondere bei unbebauten Grundstücken zur Anwendung, die erstmalig einer (Projekt-)Entwicklung zugeführt werden. Zudem – und dieser Fall ist insbesondere für Spezialimmobilien relevant – kann das Verfahren bei Liegenschaften eingesetzt werden, bei denen eine Sanierung, Nachverdichtung oder Revitalisierung in Erwägung gezogen wird. Die zentrale Frage, die sich der

Bewerter in diesem Kontext immer stellen sollte, ist: Kann die gegenwärtige Nutzung des Grundstücks noch als „*highest and best use*" angesehen werden, oder ergibt sich durch die Entwicklungsmaßnahmen gegebenenfalls ein anderes Bild?

Wert der fertiggestellten und vermieteten Immobilie
–
gesamte Kosten des Projektes
–
Finanzierungskosten des Grundstücks
–
Erwerbsnebenkosten
=
Grundstückswert

Abbildung 2: Ablauf der Residualwertmethode

Die Überlegungen in Bezug auf die Betrachtung des Verkehrswertes der Immobilie als Teil des Unternehmenswertes bei der Gewinnmethode können auf die Vorgehensweise bei der Residualwertmethode übertragen werden. Wenn man den Prozess eines (Re-)Developments als ein Geschäft betrachtet, kann man den Verkehrswert der Liegenschaft auf Basis der gegenwärtigen Nutzungsform als einen Teil dieses Geschäftes auffassen. Die Entwicklungsmaßnahmen werden vom Eigentümer nur initiiert, wenn die gegenwärtige Nutzungsform des Grundstücks nicht die Bestmögliche darstellt. Durch die Investition von Geldbeträgen in die Entwicklung der Fläche muss es somit möglich sein, latent vorhandene Werte freizusetzen. Dies geschieht durch die Wertsteigerung, die der Grund und Boden aufgrund der größeren Nachfrage nach der neu gewählten Nutzung im Gegensatz zu der ursprünglichen Verwendung des Grundstücks erfährt. Betrachtet man Projektentwicklung aus dieser Perspektive, so kann man schnell Parallelen zwischen den fundamentalen Ansätzen und Überlegungen der Gewinn- und der hier beschriebenen Residualwertmethode feststellen.

Im Ergebnis kann man festhalten, dass auch ein Residualwert des Grund und Bodens abhängig ist vom Angebot und der Nachfrage nach dem endgültigen Produkt – in diesem Fall der entwickelten Immobilie. Je größer die Nachfrage nach dem fertigen Produkt, desto größer ist im vorliegenden Fall der *„Gross development value"* und – bei der Annahme relativ konstanter Kosten – desto größer ist auch der Marktwert des Grund und Bodens in der Ausgangssituation.

4.6   Das Sachwertverfahren – Specialised Property

Eine weitere Methode, mit der es möglich ist, den Marktwert einer Immobilie zu bestimmen, ist die so genannte *„Contractor's method"* oder auch *„Replacement cost method",* also das international übliche Pendant zur deutschen *Sachwertmethode.*

Wenn die zu bewertende Immobilie so speziell ist, dass derartige Objekte nur sehr selten im gewöhnlichen Geschäftsverkehrs, also dem so genannten *„Open market",* gehandelt werden, dann wird es in der Praxis fast unmöglich sein, den Verkehrswert auf Basis von Vergleichen mit ähnlichen Transaktionen herzuleiten. Damit scheidet eine sinnvolle Anwendung der Vergleichswertmethode und der letzten Konsequenz auch die Anwendung des Ertragswertverfahrens – wenn keine Vergleichsmieten existieren – aus. Die Anwendung der Gewinnmethode könnte als sinnvoller Ausweg in Erwägung gezogen werden, wenn das Objekt mit einem bestimmten Geschäftszweck, der darin ausgeführt wird bzw. der mit der Immobilie in engem Zusammenhang steht, in Verbindung gebracht werden kann. Allerdings wird die Anwendung dieser Methode dann erschwert, wenn es sich nicht um Dienstleistungsbetriebe, wie beispielsweise Hotels, handelt. So ist es exemplarisch bei einem Produktionsbetrieb weitaus schwieriger, den Beitrag der Immobilie zur Wertschöpfung zu quantifizieren und letztlich eine Art „tragbare Miete" abzuleiten. Insbesondere werden die Anlagen und Maschinen innerhalb der Immobilie einen größeren Beitrag zum gesamten Unternehmenswert leisten als die sie umhüllende Baukonstruktion.

Letztlich muss sich der Bewerter jedoch auch in diesem Fall wieder mit den grundlegenden Überlegungen der Marktteilnehmer auseinander setzen. Dieser Prozess kann exemplarisch anhand der Betrachtung einer Ölraffinerie illustriert werden. Die Geschäftsnatur ist so speziell, dass keine Vergleiche in Bezug auf die Immobilie möglich sind. Das Objekt selber wird in der überwiegenden Mehrzahl der Fälle vom Eigentümer selbst genutzt, weshalb auch keine Mietzahlungen feststellbar sind. Darüber hinaus sind die Anlagen und Maschinen die wesentlichen wertbestimmenden Faktoren. Vor diesem Hintergrund wird der Eigentümer der Gebäude den Marktwert der baulichen Anlagen auf Basis der Wiederherstellungskosten bestimmen. Er stellt sich also die Frage: Wie viel würde es kosten, das Objekt wiederherzustellen, wenn das Unternehmen die Immobilien nicht mehr zur Verfügung hätte? Einfach zusammengefasst: Der Marktwert entspricht dann den Rekonstruktionskosten. Der Gutachter wird den Wert des Grund und Bodens feststellen (durch das Heranziehen von vergleichbaren Bodenwerten unter Berücksichtigung einer angemessenen Alternativnutzung), und zu diesem Wert die Kosten der Bebauung mit einem identischen neuen Gebäude, welches die gleiche Funktion erfüllt, addieren. Ausgehend von den Neubauherstellungskosten werden dann subjektive Anpassungen für die erfolgte Alterswertminderung des zu bewertenden Gebäudes im Vergleich zu einem identischen neuen Objekt gemacht. Es ist nachvollziehbar, dass dieses Vorgehen die realen Überlegungen eines Eigennutzers widerspiegelt und deshalb als eine zulässige und rationale Bewertungsmethode angesehen werden muss.

Es ist interessant, dass in Ländern, in denen das Verständnis der Immobilie als eigene Anlageklasse bisher weniger stark verbreitet ist und wo die Eigennutzung von Immobilien traditionell die vorherrschende Form der Verwendung ist, sich die Anwendung der sachwertorientierten Bewertungsmethoden nicht nur auf Spezialimmobilien beschränkt. Diese gängige Praxis ist vor dem folgenden Hintergrund nachvollziehbar: Ohne einen liquiden Investmentmarkt für derartige Objekte (wenn also die Immobilien beispielsweise nur zwischen Parteien gehandelt werden, die in der Absicht kaufen, das Objekt selbst zu nutzen) wird der Transaktionspreis die Mindestkosten aus Sicht des Erwerbers reflektieren. Diese untere Linie markiert die Kosten, die erforderlich wären, um ein relativ identisches Objekt auf einem ähnlichen Grundstück selbst zu erstellen. Hieraus resultiert eine starke Korrelation zwischen Preisen und Kosten. Wenn allerdings der Nutzermarkt von Unternehmen dominiert wird, die ihre Immobilien im Regelfall anmieten, und wenn ein gewisser Knappheitsgrad im Markt vorhanden ist, dann wird der Preis von den Angebots- und Nachfragecharakteristika des Nutzermarktes und weniger von reinen Kostenüberlegungen in Bezug auf die Wiederherstellung der Gebäude beeinflusst sein. In diesem Fall wird dann, unabhängig von der Art des Gebäudes, eine am Ertrag orientierte Bewertungsmethode die beste Lösung darstellen.

5 Wahl der Bewertungsmethode

Vor dem Hintergrund der vorgenannten Ausführungen hat der Gutachter die Wahl zwischen mehreren Bewertungsmethoden, wobei die zur Anwendung kommende Methode die im Markt vorliegenden Informationen widerspiegelt. Allgemein gilt: Je weniger Informationen in Form von Vergleichsverkäufen vorliegen, desto eher wird der Gutachter geneigt sein, eine Methode zu wählen, die die Bedeutung der Immobilie als ein Aktiva des gesamten Unternehmens bzw. der Organisation beleuchtet. Diese Immobilien werden allgemein als „Spezialimmobilien" bezeichnet. Umgekehrt werden Objekte, für die viele Vergleichsdaten in Form von Verkäufen, Mieten oder Renditen vorliegen, mit den gängigen vergleichs- oder ertragsorientierten Methoden bewertet.

5.1 Immobilien mit gängigen Nutzungsarten (Non-Specialised Property)

Die Immobiliengattungen, die in der Regel als nicht spezialisierte Immobilien zu bezeichnen sind, umfassen die Bereiche Wohnen, Büro, Läden, teilweise Industrie und Lagerhaltung. Objekte dieser Kategorien werden entweder mit dem Ertragswertverfahren oder der Vergleichswertmethode, bzw. in manchen Märkten durch Anwendung des Sachwertverfahrens bewertet. In diesem Beitrag werden derartige Objekte nicht weiter betrachtet.

5.2 Spezialimmobilien (Specialised Property)

Nutzungsarten, die als Spezialimmobilie zu qualifizieren sind, umfassen Objekte, bei denen die erforderlichen Marktdaten – gleich welcher Form – in unzureichendem Maße vorhanden sind. Eine implizit oder explizit angenommene Bewertungsprämisse bei derartigen Objekten ist oft die Annahme, dass die gegenwärtige Nutzung in Zukunft fortgeführt wird (*„existing use"*). Verwendet man diese vereinfachte Eingrenzung, so können bereits viele Immobilienarten als „speziell" klassifiziert werden. Folgende Aufstellung beleuchtet einige dieser Nutzungsformen näher:

- *Landwirtschaftliche Flächen*
  Auch wenn landwirtschaftliche Flächen im Idealfall durch Vergleichswerte bewertet werden können, ist der Markt oft durch staatliche Eingriffe verzerrt,

weshalb der Wert des Grund und Bodens möglicherweise von Zahlungen abhängig ist, die in Form von (staatlichen) Zuschüssen oder in Form von bestimmten (Milch-)Quoten gewährt werden. Deshalb kann der Wert mit Hilfe der *Gewinnmethode* hergeleitet werden.

- *Telekommunikationsanlagen*
  Diese können eine ganze Reihe von Betriebsanlagen umfassen. Antennenmasten sind mittlerweile (in vielen Ländern) bereits so weit verbreitet, dass die Vergleichswertmethode zur Anwendung kommen kann. Hingegen werden Kabeltrassen, Leitungen und beispielsweise Umspannstationen auf Grund mangelnder Vergleichswerte auf Basis ihres Beitrages zum gesamten Unternehmen bewertet. Deshalb kann der Wert mit Hilfe der *Gewinnmethode* hergeleitet werden. Möglich sind hier auch Bewertungsansätze, die sich am *Sachwert* orientierten.

- *Gewinnung von Bodenschätzen*
  Dies ist der klassische Fall, bei dem der Grund und Boden als ein Faktor der gesamten Produktion angesehen werden kann. Das Land ist dann das zentrale Element des Gesamtunternehmens, weshalb der Bodenwert von den erwarteten Gewinnen, die aus der Ausbeutung der Bodenschätze und nach Abzug der dabei entstehenden Kosten resultieren, abgeleitet werden muss. Deshalb kann der Wert mit Hilfe der *Gewinnmethode* hergeleitet werden. Alternativ kann eine Form der *Residualwertbetrachtung* angewendet werden, die dann aber lediglich eine einfache Variation der Gewinnmethode darstellt.

- *Deponien*
  Da dieser Prozess die Umkehrung des oben erläuterten Abbaus von Bodenschätzen darstellt, wird die identische Methodik angewendet. Hierbei ist lediglich eine Adaption notwendig, die berücksichtigt, dass die Gewinne aus dem Potenzial zur Ablagerung von Abfällen resultieren. Deshalb kann der Wert mit Hilfe der *Gewinnmethode* hergeleitet werden.

- *Bars und Restaurants*
  In vielen Ländern ist der Verkauf von Bars oder Restaurants ein gewöhnlicher Geschäftsvorgang, weshalb genügend Informationen für die *Vergleichswert- oder Ertragswertmethode* vorliegen. Sind diese Informationen nicht ausreichend vorhanden, muss der Gutachter sich auf die erwarteten Gewinne aus der Nutzung der Immobilie zum Verkauf von Getränken und Essen stützen. Dann wird der Wert wieder mit Hilfe der *Gewinnmethode* hergeleitet.

- *Casinos und Klubs*
  Auch wenn diese beiden Kategorien ebenfalls stark auf den Verkäufen von Getränken und Speisen fußen, haben sie dennoch weitere Einnahmequellen, die für eine Bewertung von Relevanz sind. Bei den Klubs sind dies Eintrittsgebühren und weitere Erlöse aus Dienstleistungen oder Nutzungsentgelten – beispielsweise bei einem Golfclub. Bei Casinos sind insbesondere die zusätzlichen Glücksspieleinnahmen zu nennen. Diese weiteren Erlösquellen und andere Modifikationen stellen jedoch letztlich nur Varianten der obigen *Gewinnmethode* dar, die auch hier zur Anwendung kommen sollte.

- *Kinos und Theater*
  Auch hier gilt, dass lediglich Variationen der vorgenannten Verfahren zur Anwendung kommen. Die Einrichtungen erheben eine „Eintrittsgebühr" und zusätzlich ergeben sich weitere Erlöse aus dem Verkauf von „Food & Beverage". Damit ist wieder die *Gewinnmethode* das korrekte Verfahren zur Wertfindung derartiger Immobilien.

- *Hotels*
  Hotels stellen eine weitere Immobilienart dar, bei der die Immobilie ein integraler Bestandteil des gesamten Unternehmens ist. Die eigentliche Zimmermiete ist bei den meisten Hotels heutzutage nur noch ein Erlösbestandteil unter vielen anderen (vgl. hierzu den Beitrag in diesem Sammelband). Auch hier ist die *Gewinnmethode* das vorherrschende Verfahren zur Wertfindung.

- *Freizeitimmobilien (private)*
  Unter diese umfassende Bezeichnung sind Fitnessclubs, Tennisanlagen, Fußballplätze, Schwimm- und andere Freizeitbäder, Golfplätze und ähnliche auf die Freizeitgestaltung gerichtete Nutzungsformen zu subsumieren. Einige dieser Objekte werden (auf überregional zu definierenden Märkten) oft genug gehandelt, um in einem ausreichenden Maß Vergleichswerte zu bekommen, die für eine Anwendung des *Vergleichswert- oder des Ertragswertverfahrens* ausreichen. Ähnlich der Betrachtung von Hotels, ist es allerdings auch bei diesen Nutzungsarten üblich, die Immobilie als einen Teil des gesamten Unternehmens zu betrachten. Der Fokus liegt dann wieder auf dem Erfolgsbeitrag der Immobilie zu dem betriebenen Geschäft insgesamt. Auch in diesem Fall ist also die *Gewinnmethode* das vorherrschende Verfahren zur Wertfindung.

- *Freizeitimmobilien (öffentliche)*
  Die meisten regionalen bzw. kommunalen Kompetenzträger haben die Ermächtigung, bestimmte Freizeitimmobilien zur Befriedigung der Bedürfnisse der Wohnbevölkerung als öffentliche Güter zur Verfügung zu stellen. In diesem

Fall sind die erhobenen Entgelte für die Nutzung dieser Einrichtungen nicht kostendeckend. Somit haben die Anbieter nicht das Ziel, einen Gewinn mit ihrer Leistung zu erzielen (Non-Profit-Organisationen, kurz: NPO), weshalb eine Anwendung der Gewinnmethode zur Bewertung der Liegenschaften zu keinen sinnvollen Ergebnissen führt. In diesem Fall ist ein Rückgriff auf die Wiederherstellungskosten der baulichen Anlagen der sinnvollste Ansatz zur Wertfindung. Somit sollte das *Sachwertverfahren* angewendet werden. Wird das öffentliche Gut von einem privaten Anbieter bereitgestellt und erhält dieser hierfür Subventionen von der öffentlichen Hand, dann ist auch eine am *Ertragswert* orientierte Bewertung der Liegenschaft möglich.

- *Alten- und Pflegeheime*
  Ähnlich der oben skizzierten Differenzierung zwischen den von privaten Anbietern und von der öffentlichen Hand bereitgestellten Freizeitimmobilien gibt es auch privat betriebene und öffentliche Heime. Die ersten sind wieder als einkommensproduzierende Immobilien anzusehen und werden deshalb mit der *Gewinnmethode* bewertet. Letztere, also die Heime der öffentlichen Hand, sind wiederum mehrheitlich NPOs, weshalb wiederum das *Sachwertverfahren* zum Einsatz kommt.

- *Krankenhäuser*
  Wieder ist eine Trennung zwischen privaten und öffentlich zugänglichen Krankenhäusern zu beachten. Erstere sind wiederum durch die *Gewinnmethode* und letztere durch das *Sachwertverfahren* zu bewerten.

- *Projektentwicklungen*
  Projektentwicklungen nehmen eine Zwischenstellung zwischen Spezialimmobilien und „normalen" Objekten ein. Die bei Fertigstellung der Immobilie angestrebte Nutzungsform kann sehr speziell oder auf Kategorien mit hoher Drittverwendung gerichtet sein, weshalb die Wertermittlung der vollendeten Immobilie an den für die jeweilige Nutzungsform adäquaten Methoden ausrichtet werden muss. Allerdings ist die grundsätzlich anzuwendende Methode bei Projektentwicklungen die *Residualwertberechnung,* um den gegenwärtigen Bodenwert des noch nicht vollendenden Projektes zu bestimmen.

- *Tankstellen*
  Tankstellen sind ebenfalls im Rahmen des gesamten Unternehmens als einkommensproduzierende Objekte zu qualifizieren, weshalb die *Gewinnmethode* zu wählen ist.

- *Forstwirtschaftliche Flächen*
  Wie landwirtschaftliche Flächen können auch forstwirtschaftliche Liegenschaften im Rahmen von Vergleichen bewertet werden. Allerdings sind die meisten großen Forste insbesondere auf die Verwertung der Baumbestände ausgerichtet, weshalb die Einkommenserzielung im Vordergrund einer kommerziellen Nutzung steht. In diesen Fällen kann wieder die *Gewinnmethode* zum Einsatz kommen.

- *Kirchliche Objekte*
  Kirchen sind im Regelfall NPOs und in den meisten Ländern als karitative Organisationen anerkannt. Deshalb ist die Anwendung des *Sachwertverfahrens* bei diesen Objekten zielführend.

6 Zusammenfassung

In diesem Abschnitt wurden die im Rahmen der Bewertung von Spezialimmobilien international anerkannten Bewertungsverfahren kurz vorgestellt. Der grundlegende Leitgedanke ist das Ziel, im Rahmen einer Bewertung von Immobilien einen Verkehrswert zu ermitteln. Der Gutachter muss den methodischen Ansatz wählen, der dieser Anforderung am weitestgehenden entspricht. Bei Spezialimmobilien ist dies oftmals wesentlich anspruchsvoller, da die Immobilie unter Umständen erst durch ihren Erfolgsbeitrag zum gesamten Unternehmen oder andere – vom „unproblematischeren" Vergleichswertverfahren weiter entfernte – Faktoren einer Wertfindung zugänglich wird.

Literaturhinweise

Adair, A. et al (Editors) (1996): European Valuation Practice: Theory and Technique, E & FN Spon, London 1996.

Askham, P. (Hrsg.) (2003): Special Properties and Purposes, Estates Gazette, London 2003.

Baum, A./Mackmin, D./Nunnington, N. (1997): The income approach to Property Valuation, 4th Edn, Thompson, London 1997.

French, N. (1996): „Investment Valuations: developments from the Mallinson Report", *Journal of Property Valuation and Investment,* 14:5, S. 48–58.

French, N. (1997): Market Information Management for Better Valuations: Concepts and Definitions of Price and Worth, *Journal of Property Valuation and Investment,* 15:5, S. 403–411.

IVSC (2003): „International Valuation Standards, IVS", 6. Aufl., 2003.

Peto, R./French, N./Bowman, G. (1996): Price and Worth: developments in Valuation Methodology, *Journal of Property Valuation and Investment,* 14:4, S. 79–100.

Rees, W. H./Hayward, R. (Hrsg.) (2000): Principles into Practice, Estates Gazette, London 2000.

RICS (2003), RICS Appraisal and Valuation Standards, Royal Institution of Chartered Surveyors, London. 2003.

Trott, A. (Ed.) (1986): Property Valuation Methods: Research Report, London. Polytechnic of the South Bank/Royal Institution of Chartered Surveyors 1996.

Teil II

Handelsimmobilien

Bewertung von innerstädtischen Einzelhandelslagen

Gerhard K. Kemper/Werner Altenschmidt

1 Einführung
1.1 Definition innerstädtischer Einzelhandelslagen
1.2 Besonderheiten im Rahmen des Bewertungsprozesses

2 Standortbezogene Bewertung innerstädtischer Einzelhandelsimmobilien
2.1 Demografische Situation
2.2 Einzelhandelskennziffern
2.3 Wettbewerbssituation
2.4 Allgemeine Mietpreissituation

3 Objektbezogene Bewertung innerstädtischer Einzelhandelsimmobilien
3.1 Lagequalität
3.2 Flächenaufteilung
3.3 Anlieferungsmöglichkeiten
3.4 Stellplatzablöse
3.5 Gebäudetechnik
3.6 Erforderliche Baumaßnahmen
3.7 Bedeutung der Drittverwendungsfähigkeit
3.8 Typische Mietrisiken

4 Vertragsbezogene Bewertung von Einzelhandelsimmobilien
4.1 Konkurrenzschutz und Branchenausschluss
4.2 Vertragslaufzeit
4.3 Indexierung

5   Vergleichende Wertentwicklung
5.1   Metropolen im Vergleich
5.2   Metropolen, Klein- und Mittelstädte im Vergleich
5.3   Sondersituation Neue Bundesländer

6   Erfolgsgrößen und Wertparameter
6.1   Mietansätze
6.2   Multiplikatoren und Netto-Anfangsrendite
6.3   Analyse der Betriebskosten
6.4   Cashflow-Analyse

7   Zusammenfassung

1 Einführung

Der Markt für Immobilienbewertungen wird eindeutig komplexer und bewegt sich in Richtung Spezialisierung. In besonderem Maße gilt dies für das Segment der Einzelhandelsimmobilien. In diesem Dienstleistungsbereich ist eine deutlich wachsende Nachfrage zu beobachten, die neben Potenzial- und Risikoanalysen immer häufiger auch eine planerische Flächenneuentwicklung umfasst. Auch bei umfangreichen Due-Diligence-Prüfungen muss die Frage beantwortet werden, welche Chancen und Risiken eine Immobilie beinhaltet.

Für alle Bewertungsbereiche gilt: Die Treffsicherheit von Aussagen über den zukünftigen Wert einer Immobilie steht und fällt mit der Qualität der in die Bewertung einfließenden Daten. Dies gilt besonders für die Prüfung der Nachhaltigkeit der Miete sowie für Aussagen über die Berücksichtigung von Mietausfallrisiken oder die bei einer Anschlussvermietung durchsetzbaren Konditionen. Gerade hierbei mangelt es jedoch in der Praxis erheblich an Transparenz und Objektivität. Entsprechende Daten lassen sich nicht ad hoc ermitteln, sondern müssen kontinuierlich erhoben werden. Gleichzeitig gewinnen Potenzialanalysen und detaillierte Entwicklungsszenarien in der Immobilienbewertung an Bedeutung und sorgen für eine zunehmende Komplexität. Voraussetzungen für eine zuverlässige Bewertung sind deshalb genaue Marktkenntnisse und das Wissen um die Besonderheiten der Immobilienkategorie Einzelhandelsimmobilien.

1.1 Definition innerstädtischer Einzelhandelslagen

In Deutschland gibt es lediglich 350 bis 400 wirklich attraktive Einkaufsmeilen. Ihre Länge schwankt zwischen 250 und 750 m, nur vereinzelt wird die Kilometermarke erreicht. Ob konsumorientierte „Kaufhausrennbahn" oder klangvolle und hochpreisige Luxusmeile – eines haben alle 1a-Lagen gemeinsam: Sie sind selten, meist über Jahrzehnte gewachsen und, anders als etwa Bürostandorte, nicht beliebig erweiterbar. Eine eindeutige, allgemein gültige Definition darüber, was eine 1a-Lage ausmacht, fehlt jedoch. Dennoch lassen sich Einkaufsstraßen anhand bestimmter Kriterien eindeutig als 1a- oder 1b-Lage klassifizieren.

Das wohl naheliegendste Charakteristikum einer Top-Einzelhandelslage ist eine hohe Passantenfrequenz. Sehr gute Standorte erreichen in Spitzenzeiten stündliche Frequenzen zwischen 15.000 und 18.000 Passanten. Letztere sind nur, und dies ist ein weiteres Kriterium für eine 1a-Lage, durch einen attraktiven Einzelhandelsbesatz zu erreichen. In den innerstädtischen 1a-Lagen wird dabei überwiegend der mittel- bis langfristige Bedarf bedient, Verbrauchsgüter spielen eine eher untergeordnete Rolle. Die Angebotsschwerpunkte liegen üblicherweise in den Bereichen Textil, Schuhe, Schmuck, Parfümerien, Accessoires und Sportartikel. Da sich in den Top-Einzelhandelslagen zunehmend filialisierte Unternehmen durchsetzen, ist auch der Filialisierungsgrad ein aussagekräftiger Anhaltspunkt für die Qualität einer Einzelhandelslage. Er spiegelt den prozentualen Anteil bundesweit tätiger Filialunternehmen am gesamten örtlichen Einzelhandel wider. In den wichtigsten Einkaufsmeilen liegt der Filialisierungsgrad in der Regel zwischen 60 und 75 Prozent, in Einzelfällen erreicht er Werte bis zu 90 Prozent. Letztlich lebt jede 1a-Lage in erster Linie von der Qualität des Einzelhandels-Angebotes. Nicht umsonst wird deshalb bei der Definition von 1a-Lagen gerne auch auf klassische Einzelhandelskennziffern zurückgegriffen. Aussagekräftig sind etwa die einzelhandelsrelevante Kaufkraft, die Umsatzkennziffer als Messgröße für den örtlichen Pro-Kopf-Einzelhandelsumsatz und die Zentralitätskennziffer, welche die Einzelhandelsumsätze einer Stadt in Beziehung zu der im Umfeld vorhandenen einzelhandelsrelevanten Kaufkraft setzt.

1.2 Besonderheiten im Rahmen des Bewertungsprozesses

Bei kaum einer anderen Immobilienkategorie übt die Lagequalität einen ähnlich hohen Einfluss auf die Ist- und Zukunftsmiete aus, wie bei den innerstädtischen Einzelhandelsimmobilien. Gleichzeitig ist der Einzelhandelsbesatz von höchster Wichtigkeit. In der Regel beruhen 60 bis 95 Prozent der Roherträge allein auf der im Erdgeschoss erzielten Miete. Der Substanzwert ist bei der Immobilienbewertung dementsprechend weitestgehend irrelevant. Stattdessen beruht die Wertermittlung auf ertragsbezogenen Überlegungen. Der Ertrag in Form von Miete, Wertsteigerung und gegebenenfalls Steuervorteilen gibt im Zusammenspiel mit dem Kapitalisierungszinsfuß bzw. Multiplikator Aufschluss über die Wertentwicklung.

Nur durch spezialisierte Marktkenntnisse lassen sich die Mängel einer weitgehend statischen Betrachtung, die aus einer fehlenden Kenntnis der Marktbesonderheiten resultiert und lediglich Ist-Erträge fortschreibt, vermeiden. Zumal die statische Wertermittlung der wachsenden Bewertungskomplexität längst nicht mehr gerecht wird. Denn neben Aspekten wie der Miete, Mietentwicklung, Nutzungsart, Mikro- und Makrolage, Gebäudequalität, den grundstücksrelevanten Informationen und dem Vermietungsstand rücken längst Prognosen über Drittverwendungschancen und alternative Nutzungskonzepte in den Mittelpunkt der Bewertung.

Häufig zeigen erst umfangreiche Potenzialanalysen die tatsächlichen Wertentwicklungschancen und Risiken einer Immobilie auf. Bei einer solchen „theoretischen" Neuentwicklung stehen etwa folgende Fragen im Raum: Wie geeignet ist das Gebäude für seine jetzige Nutzung? Welche alternativen Nutzungen kommen für das Gebäude oder Teile des Gebäudes in seiner jetzigen Form oder nach einem Umbau in Frage? Wie lassen sich neue Flächen aktivieren und welche Baukosten sind hierfür zu veranschlagen? Welche Flexibilität und Nutzungsmöglichkeiten besitzt das Gebäude im Hinblick auf aktuelle und zukünftige Mieter? Letztlich geht es also um die Erstellung eines umfassenden Nutzungskonzeptes für das Gesamtobjekt. Dabei werden die in Frage kommenden Branchen für die definierten Mietflächen spezifiziert und die Marktmietpreise für die definierten Mietflächen ermittelt. Anschließend erfolgt in der Regel eine Wirtschaftlichkeitsberechnung unter Berücksichtigung der notwendigen Umbaumaßnahmen. Hierbei sind für die Bearbeitung der Bewertungsaufträge interdisziplinäre Research-Teams erforderlich, in denen Architekten, Verkaufs- und Vermietungsexperten relevante Daten zusammentragen.

2 Standortbezogene Bewertung innerstädtischer Einzelhandelsimmobilien

Bei innerstädtischen Einzelhandelsimmobilien besteht immer ein direkter Zusammenhang zwischen Standort, Nutzungsart und Nachfrage und somit auch zwischen dem lagespezifisch angemessenen Immobilienangebot und dem hierfür erzielbaren Miet- und Kaufpreis. Mit Hilfe der Standort- und Marktanalyse (Stoma) werden alle derzeitigen und zukünftig standort- und marktseitigen Restriktionen und Entwicklungspotenziale im räumlichen Umfeld einer Immobilie ermittelt und entsprechend ihrer Bedeutung beurteilt. Schwächen des Standortes und Risiken des Marktes werden offen gelegt, und es entsteht ein objektiver Überblick über Chancen und Risiken.

Der hohe Stellenwert einer qualifizierten Stoma beim Kauf einer innerstädtischen Einzelhandelsimmobilie kann nicht oft genug betont werden. Einzelhändler sind extrem lageabhängige Nutzer, für die die Lagequalität nicht nur ein Kostenfaktor, sondern in erster Linie ein Umsatztreiber ist. Veränderungen des Marktes, des Umfeldes und der Wettbewerbssituation haben deshalb nicht selten deutlich gravierendere Auswirkungen auf die Immobilienrendite als etwa unvorhergesehene Steigerungen der Bau- oder Modernisierungskosten. Zudem lässt sich die Kostenseite bis zu einem gewissen Grad steuern, der Markt hingegen nicht. Insgesamt rückt eine fundierte Stoma die ertragsbestimmenden Komponenten in den Fokus und verhindert auf diese Weise eine unter Umständen teure Scheingenauigkeit.

Eine qualifizierte Stoma sollte über eine Status-quo-Betrachtung hinausgehen und auch Aussagen darüber treffen, wie sich der Standort zum Zeitpunkt der Investition und in den Jahren danach darstellt. Die Fakten und Einschätzungen sollten zudem um Vorschläge zu konzeptionellen Anpassungsnotwendigkeiten ergänzt werden. In der Regel wird bei der Bewertung von Einzelhandelsimmobilien mit qualitativ beschreibenden Methoden gearbeitet, die auf einen standardisierten Aufbau verzichten und die intensive Auseinandersetzung mit den spezifischen Gegebenheiten in den Mittelpunkt der Bewertung rücken. Es können jedoch auch Nutzwertkategorien gebildet und gewichtet werden. Auf jeden Fall sollte im Wechselspiel zwischen Fakten und Interpretationen stets deutlich werden, welche Aussage eine objektive Information und welche Aussage eine Wertung ist. Das Ergebnis der Stoma ist ein ausgewogenes Stärken-Schwächen-Profil oder eine Chancen-Risiken-Analyse, die im positiven Fall einen geeigneten Standort, ein marktgerechtes Miet- und Preisniveau, eine nachhaltige Tragfähigkeit und die Aussicht auf eine positive Wertentwicklung dokumentiert.

2.1   Demografische Situation

Die Untersuchung der demografischen Situation ist Bestandteil der Makro-Standortbewertung. Von Interesse sind dabei Größen wie die Einwohnerzahl, die Bevölkerungsentwicklung, die Arbeitslosenquote sowie die Besucherzahlen. Aussagen zur demografischen Entwicklung sind insofern für die Bewertung von Einzelhandelsimmobilien von Bedeutung, als sie Aufschluss über das Nachfragepotenzial und damit die Umsatzerwartungen des Einzelhandels geben, die sich wiederum direkt auf das Mietpreisniveau auswirken.

2.2   Einzelhandelskennziffern

Wichtiger noch als die demografischen Daten sind für eine Bewertung die wichtigsten Einzelhandelskennziffern, die Erstere in einen direkten Bezug zum Handel setzen. Die wichtigsten Indikatoren dieser Art sind die Kaufkraftkennziffer, die Umsatzkennziffer, die Zentralität sowie die Passantenfrequenz. Die Kaufkraftkennziffer bezieht sich auf die bundesdurchschnittliche einzelhandelsrelevante Kaufkraft, die gleich 100 gesetzt wird. Werte oberhalb von 100 spiegeln eine überdurchschnittliche, Werte unterhalb von 100 eine unterdurchschnittliche örtliche Kaufkraft wider. Die Umsatzkennziffer setzt den bundesdurchschnittlichen Pro-Kopf-Einzelhandelsumsatz gleich 100. Werte oberhalb von 100 stehen für einen überdurchschnittlichen, Werte unterhalb von 100 für einen unterdurchschnittlichen örtlichen Pro-Kopf-Einzelhandelsumsatz. Die Zentralitätskennziffer stellt das prozentuale Verhältnis der Einzelhandelsumsätze in einer Stadt zur im Gemeindegebiet vorhandenen einzelhandelsrelevanten Kaufkraft dar. Sie spiegelt also die Anziehungskraft des Einzelhandelsstandortes auf die Kaufkraft des Umlands wider. Die Berechnung erfolgt durch die Division der Umsatzkennziffer durch die Kaufkraftkennziffer. Werte oberhalb von 100 repräsentieren eine überdurchschnittliche, Werte unterhalb von 100 eine unterdurchschnittliche örtliche Zentralität. Die Passantenfrequenz, erhoben als Passanten pro Stunde, gibt Auskunft über potenzielle Kundenkontakte und damit Umsatzchancen. Letztere fließen in Form der Kennziffer „Umsatz pro Quadratmeter" oder als prozentualer Umsatzanteil der Mietbelastung in die Bewertung ein.

2.3 Wettbewerbssituation

Der Wert einer Handelsimmobilie steht und fällt mit der Qualität des Mieters. Die Nutzerstrukturen im Projektumfeld geben in diesem Sinne Aufschluss darüber, welche potenziellen Mieter sich für das Objekt zu welchen Konditionen interessieren könnten. Dem gleichen Ziel dient eine Untersuchung des Branchenmix und die Ermittlung unterrepräsentierter Branchen. Auch der Filialisierungsgrad kann als Parameter der Wettbewerbssituation herangezogen werden. Sehr wichtig bei der Bewertung von Einzelhandelsimmobilien ist zudem die Berücksichtigung bestehender und projektierter Shopping-Center, die sich bereits weit vor der Fertigstellung auf das Mietpreisniveau bestehender 1a-Lagen auswirken können.

2.4 Allgemeine Mietpreissituation

Die allgemeine Mietpreissituation ist ein sehr wichtiges Kriterium der Bewertung. In der Regel werden hierfür Spitzenmieten herangezogen. Natürlich haben diese nicht für alle Objekte einer 1a-Lage Bestand, liefern aber geeignete Anhaltspunkte für eine mittel- und langfristige Betrachtung der zurückliegenden Jahre. Die allgemeine Mietpreissituation stellt also die objektbezogene Status-quo-Betrachtung in einen Lage-Kontext. Gleichzeitig lassen sich auf der Grundlage von Zehn- oder 20-Jahres-Entwicklungen wesentlich validere Trendaussagen treffen, als dies bei einer reinen Betrachtung der aktuellen Mietpreissituation der Fall ist.

3 Objektbezogene Bewertung innerstädtischer Einzelhandelsimmobilien

Die objektbezogene Bewertung untersucht wesentliche Merkmale der Immobilie wie die Lagequalität, die Flächenaufteilung, die Gebäudetechnik, erforderliche Baumaßnahmen, die Drittverwendungsfähigkeit und typische Mietrisiken. Im Ergebnis liefert sie detaillierte Informationen zu den derzeitigen und zukünftigen objektbezogenen Restriktionen und Entwicklungspotenzialen und beurteilt diese entsprechend ihrer Bedeutung. Schwächen des Objektes werden offen gelegt und es entsteht ein objektiver Überblick über Chancen und Risiken.

3.1 Lagequalität

Die Lagequalität entscheidet heute mehr denn je über Erfolg oder Misserfolg im Einzelhandel. Die falsche Straßenseite, eine unzureichende verkehrliche Erschließung oder ein zu geringes Nachfragepotenzial im Verhältnis zum Projektvolumen können eine Investition uninteressant machen. Die Lagequalität ist dabei differenziert zu betrachten. Kenner der örtlichen Gegebenheiten können eine Einkaufsstraße mit konkreter Angabe der Hausnummern in beste, gute und auslaufende Lagen separieren.

3.2 Flächenaufteilung

Die Flächenaufteilung ist ein wesentlicher Einflussfaktor auf die Höhe der erzielbaren Miete und damit auf den Immobilienwert, der überwiegend durch die Miete im Erdgeschoss bestimmt wird. Eine ungünstige Aufteilung der Verkaufs- und Nebenflächen ist ebenso mietpreismindernd, wie eine verschnittene und nicht flexibel nutzbare Verkaufsfläche. Neben dem Flächenzuschnitt sind auch die Ladentiefe und die Deckenhöhe Mietpreiskriterien. Gleiches gilt für diebstahlsanfällige und damit personalintensive mehrgeschossige Flächen. Auch eine ausreichende Schaufensterfrontsituation ist ein entscheidendes Kriterium für die Vermietbarkeit von Ladenlokalen und damit für deren Miethöhe. Als Anhaltspunkt kann hier für ein 100 m²-Standardladenlokal eine Schaufensterfront von 6 m gelten. Die Zugangsmöglichkeiten (mittig/seitlich vorn, Eingangspassage, seitlich) sind ein weiteres wichtiges Bewertungskriterium, dass für viele Einzelhändler herausragende Bedeutung hat und zum K.o.-Kriterium einer Anmietung werden kann.

3.3 Anlieferungsmöglichkeiten

Besonders im Textilbereich sind gute Anlieferungsmöglichkeiten aufgrund der immer kürzer werdenden Kollektionsrhythmen von entscheidender Bedeutung. In unmittelbarer Nähe gelegene und unkomplizierte Anlieferungsmöglichkeiten können deshalb zur Bedingung einer Anmietung werden und sich bei Nichtvorhandensein entsprechend negativ auf die erzielbare Miete auswirken. Bei der Bewertung ist deshalb zu prüfen, ob Parkmöglichkeiten für Anlieferer, rückwärtige Anlieferungsmöglichkeiten oder ein zeitlich beschränkter Zugang über die Fußgängerzone bestehen.

3.4 Stellplatzablöse

Ein wichtiges Kriterium der objektbezogenen Bewertung ist ein ausreichender Nachweis bzw. eine ausreichende Ablöse von Stellplätzen. Auch die Kosten für Stellplätze bei zusätzlicher Ablösung, z. B. bei einer Gastronomie-Nutzungsänderung, müssen in die Bewertung einfließen.

3.5 Gebäudetechnik

Bei der Bewertung der Gebäudetechnik werden die wichtigsten Ausstattungsmerkmale der Einzelhandelsflächen untersucht. Im Mittelpunkt stehen dabei die Be- und Entlüftung, die Klimaanlage sowie Aufzüge für die Anlieferung. Viele Filialisten haben Kriterienkataloge für die Gebäudetechnik erstellt, die für eine Anmietung obligatorisch sind. Fehlt es an entsprechenden Ausstattungsmerkmalen, werden die betreffenden Ladenlokale nicht oder nur unter Mietpreiszugeständnissen angemietet.

3.6 Erforderliche Baumaßnahmen

Bauliche Maßnahmen können erheblichen Einfluss auf die Bewertung einer Immobilie nehmen und fließen in Form von Empfehlungen fast immer in qualifizierte Bewertungsergebnisse ein. Entsprechende Maßnahmen können etwa eine neue Frontgestaltung oder die Beseitigung von Eingangsstufen sein, die als grobe Faustregel mit Umsatzeinbußen von 10 Prozent je Stufe beziffert werden. Auch bei einer gastronomischen Nutzung werden in der Regel Umbauten erforderlich.

3.7 Bedeutung der Drittverwendungsfähigkeit

Auch der beste Mietvertrag läuft früher oder später aus. Die Qualität der Folgevermietung hängt dann entscheidend von der Drittverwendungsfähigkeit der Nutzflächen ab. Nur wenn diese gut ist, lässt sich eine Konkurrenzsituation zwischen verschiedenen Nachfragern aufbauen, die sich positiv auf das Mietpreisniveau auswirkt. Bei eingeschränkter Drittverwendungsfähigkeit droht dagegen in angespannten Marktsituationen eine Vermietung mit preislichen Zugeständnissen oder gar Leerstand. Beides kann die der Investition zu Grunde liegende Kalkulation ad absurdum führen. Umso wichtiger ist es, Einzelhandelsflächen mit den Augen des Einzelhandels zu sehen. Der Nutzer muss Geld verdienen können, nur dann kann er auch eine entsprechende Miete bezahlen. Mit steigender Drittverwendungsfähigkeit sinkt also das Leerstandsrisiko, wobei erstere gegebenenfalls durch bauliche Maßnahmen positiv beeinflusst werden kann. Überlegungen zur Drittverwendungsfähigkeit haben heute einen sehr hohen Stellenwert bei Investitionsentscheidungen und spielen dementsprechend auch in der Bewertung eine herausragende Rolle.

3.8 Typische Mietrisiken

Mit steigendem Mietrisiko sind fast immer Mietabschläge verbunden. Dies gilt, Ausnahmen bestätigen die Regel, etwa für Spielhallen, Sexshops, Diskothekennutzung im Keller oder Gastronomie im ersten Obergeschoss. Auch eine Flächenaufteilung 100 m² EG/100 m² 1. OG ist aufgrund der höheren Personalkosten mit Risiken verbunden. Gleiches gilt für aggressiv expansive Einzelhandelskonzepte, die nicht selten Mieten über dem Marktniveau akzeptieren. In Kleinstädten erweisen sich monogenutzte Kaufhäuser als riskant, da diese in der Regel kaum nachvermietbar sind.

4 Vertragsbezogene Bewertung von Einzelhandelsimmobilien

Die vertragsbezogene Bewertung untersucht wesentliche Merkmale der Vertragsgestaltung wie Konkurrenzschutz- und Branchenausschlussvereinbarungen, die Vertragslaufzeit, Untervermietungsverhältnisse und die Indexierung von Mietverträgen. Im Ergebnis liefert sie detaillierte Informationen zu den derzeitigen und zukünftigen vertragsbezogenen Restriktionen und Entwicklungspotenzialen und beurteilt diese entsprechend ihrer Bedeutung.

4.1 Konkurrenzschutz und Branchenausschluss

Vertragliche Vereinbarungen zum Konkurrenzschutz und Branchenausschluss reduzieren die Drittverwendungsfähigkeit und damit das Mietniveau von Einzelhandelsflächen bzw. -immobilien. Ein im Rahmen der vertraglichen Konstruktion vereinbarter Konkurrenzschutz oder Branchenausschluss kann, je nachdem auf welche Branche er sich erstreckt, unmittelbar Einfluss auf die Miethöhe haben. Dies ist dann der Fall, wenn hierdurch Branchen ausgeklammert werden, die aufgrund des Sortiments in der Lage sind, hohe Mieten zu bezahlen. Ein Ausschluss von Unternehmen aus den Bereichen Sexshop und Spielhalle wird bei der Bewertung als normal angenommen, hat also keinen Einfluss auf die Miethöhe.

4.2 Vertragslaufzeit

Anders als andere Nutzergruppen ist der Einzelhandel wesentlich stärker auf die Konstanz seines Standorts angewiesen. Aus diesem Grund bringt er in der Regel eine wesentlich höhere Bereitschaft zu Investitionen mit, als dies etwa bei Büronutzern der Fall ist. Als Kompensation für die längere Amortisationszeit werden überwiegend indexierte Zehn-Jahres-Verträge abgeschlossen. Normal ist eine Vertragslaufzeit von zehn Jahren plus ein mal fünf Jahre Option. Dabei wird von der Faustregel eines siebenjährigen Renovierungszyklus der Einzelhändler ausgegangen. Kurze Miet- und Restmietvertragslaufzeiten sind insbesondere in wirtschaftlich angespannten Situationen ein wertmindernder Faktor, da sie das Leerstandsrisiko und die Gefahr zukünftiger Mietmindereinnahmen erhöhen. Umgekehrt können kurze Laufzeiten in prosperierenden Zeiten ein Kaufargument sein und sich gegebenenfalls sogar wertsteigernd auswirken, wenn mit steigenden Mieten zu rechnen ist. Bewertungsrelevant ist die Mietvertragslaufzeit zudem in Hinblick auf die Indexierung. Unterschreiten die Laufzeiten inklusive Option die Frist von zehn Jahren, führt dies zu Wertabschlägen, da das „Bundesamt für Wirtschaft" diese Mindestlaufzeit für eine Indexierungsgenehmigung voraussetzt.

4.3 Indexierung

Mit Hilfe der Indexierung lassen sich die Mieten an die Entwicklung der allgemeinen Lebenshaltungskosten koppeln. Die Relevanz der Indexierung im Rahmen der Bewertung richtet sich nach der konkreten vertraglichen Ausgestaltung. Üblich ist eine Anpassungsschwelle, die, ausgehend vom Ausgangswert bei Mietvertragsabschluss, bei einer Steigerung um 10 Prozent oder 10 Punkte greift. Entscheidend ist zudem die Höhe der eigentlichen Anpassung, die im Lebensmitteleinzelhandel bei etwa 50 Prozent liegt und im Textilbereich üblicherweise 70 bis 80 Prozent, in Ausnahmefällen 100 Prozent erreicht. Möglich sind auch Anpassungen, die mit z. B. 70 Prozent beginnen und sich bei jeder Anpassung um weitere 5 Prozent steigern. Bei der Bewertung ist zu berücksichtigen, dass von einer Indexierung der Hauptmietverträge unter 70 bis 80 Prozent negative Auswirkungen auf das Mietpreisniveau ausgehen. Die Vereinbarung von Freijahren, also das verzögerte Einsetzen einer Indexierungsvereinbarung, wirkt sich ebenfalls wertmindernd aus. Auch bei längeren Laufzeiten ohne Marktmietanpassung droht, selbst bei voller Indexierung, ein Wertverlust der Immobilie.

5 Vergleichende Wertentwicklung

Wie bei fast allen Immobilienkategorien korreliert die Wertentwicklung auch bei Einzelhandelsimmobilien positiv mit der wachsenden Einwohnerzahl des Standorts. Die folgenden Übersichten stellen die Wertentwicklung (bezogen auf Einzelhandelsimmobilien in 1a-Innenstadtlagen) nach der Einwohnerzahl im Zeitablauf dar.

5.1 Metropolen im Vergleich

Die Metropolen Berlin, Düsseldorf, Frankfurt, Hamburg und München weisen im Zeitverlauf die mit Abstand höchsten Wertsteigerungsraten auf. Im 20-Jahres-Vergleich 1983 bis 2003 liegen diese im Durchschnitt über 230 Prozent.

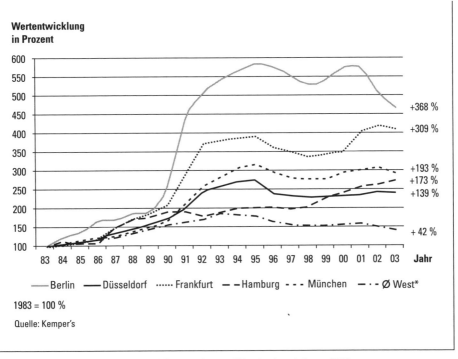

Abbildung 1: Wertentwicklung Metropolen auf Basis des Jahres 1983

5.2 Metropolen, Klein- und Mittelstädte im Vergleich

Erweitert man den Kreis der „Big Five" Berlin, Düsseldorf, Frankfurt, Hamburg und München um Köln und Stuttgart, liegt die durchschnittliche Wertsteigerung für Einzelhandelsimmobilien in Toplagen für den Zeitraum 1983 bis 2003 bei über 200 Prozent. Bei der Betrachtung nach Einwohnerzahlen bestätigt sich die klare Korrelation zwischen Wertentwicklung und Stadtgröße. In Städten ab 500.000 Einwohnern liegt der durchschnittliche Wertzuwachs zwischen 1983 und 2003 bei fast 150 Prozent. Bei Einwohnerzahlen zwischen 250.000 und 500.000 fällt dieser mit etwa 60 Prozent bereits deutlich kleiner aus. In Städten mit 100.000 bis 250.000

Einwohnern wurde eine durchschnittliche Wertsteigerung von 47 Prozent erzielt, in Kleinstädten mit unter 100.000 Einwohnern liegt sie bei 23 Prozent. Gleichwohl ist der derzeit vieldiskutierte Trend zu Investitionen an attraktiven Nebenstandorten berechtigt. Eine interessante Wertentwicklung lässt sich auch mit guten Einzelhandelsimmobilien an Standorten mit deutlich unter 250.000 Einwohnern erzielen. Voraussetzung ist, dass diese über eine hervorragende Zentralität verfügen.

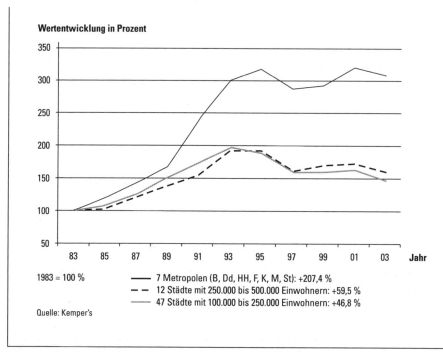

Abbildung 2: Vergleichende Wertentwicklung nach Einwohnerzahlen

5.3 Sondersituation Neue Bundesländer

In Ostdeutschland lässt ein klarer Aufwärtstrend der seit Jahren rückläufigen Wertentwicklung auch im langfristigen Vergleich auf sich warten. Für den Zeitraum 1993 bis 2003 liegt der durchschnittliche Wertverlust bei etwa 44 Prozent. Der ostdeutsche Markt für Einzelhandelsimmobilien befindet sich jedoch an einem Wendepunkt und weist gute Investmentchancen auf. Anders als im Westen sind etwa in Leipzig, Dresden und Erfurt stagnierende Mieten und Faktoren zu beobachten, was für eine Stabilisierung der vor drei Jahren begonnenen Seitwärtsbewegung des Marktes spricht. Durch ambitionierte Einzelhandelsprojekte haben sich hier innerhalb von zehn Jahren erstklassige und funktionierende Einzelhandelslagen herausgebildet, die zukunftsfähig sind. Gleichzeitig weisen die ostdeutschen Metropolen eine vielfältige Angebotssituation zu vergleichsweise günstigen Konditionen auf.

6 Erfolgsgrößen und Wertparameter

Letztlich beruht die Bewertung von Einzelhandelsimmobilien im Wesentlichen auf den Erfolgsgrößen Miete, Faktor bzw. Rendite und Betriebskosten. Wie diese Parameter in eine Cashflow-Analyse einfließen und welche Berechnungsansätze ihnen zu Grunde liegen zeigen wir im Folgenden.

6.1 Mietansätze

Prinzipiell ist davon auszugehen, dass die Umsatzchancen mit zunehmender Entfernung vom Eingang des Ladenlokals kontinuierlich abnehmen und daher auch der Mietwert proportional sinkt. Dies lässt sich im Rahmen der Bewertung mit Hilfe von Mietauf- und -abschlägen berücksichtigen. Gleichzeitig differiert die Wertigkeit der einzelnen Verkaufsebenen, die in einen so genannten Geschossfaktor einfließt. Auf diese Weise gelangt man zu marktnahen Ergebnissen, da sie sowohl auf der lagespezifisch relevanten Spitzenmiete als auch auf den objektspezifisch gegebenen Umsatzchancen aufbaut. Die Spitzenmiete sollte sich dabei auf ein ebenerdiges, sauber geschnittenes Standardladenlokal mit 100 m² Verkaufsfläche, 6 m Schaufensterfront und gehobener Ausstattung beziehen, um die Vergleichbarkeit zu gewährleisten.

Für die Ermittlung von Auf- und Abschlägen der Quadratmeterpreise lassen sich Faustformeln anwenden. Diese stellen allerdings lediglich Anhaltspunkte dar, von denen im Einzelfall durch besondere Gegebenheiten abgewichen werden kann. Unabhängig von den äußeren Einflussfaktoren wird eine Flächengröße zwischen 90 und 120 m² in der Regel mit 100 Prozent der lage- und objektangemessenen Miete bewertet. Für kleinere Flächen zwischen 60 und 90 m² ist ein Aufschlag von 30 Prozent üblich. Flächen zwischen 120 und 250 m² werden dagegen mit einem Abschlag von 20 Prozent bewertet. Bei Ladenlokalen mit mehr als 250 m² geht man von 65 Prozent der ermittelten Miete aus. Bei Mehrgeschossigkeit werden das Erdgeschoss mit 100 Prozent und das Untergeschoss mit 35 bis 40 Prozent der ermittelten Miete bewertet. Für das erste und zweite Obergeschoss setzt man üblicherweise 30 bis 35 Prozent bzw. 15 bis 20 Prozent an.

Umsatzabhängige Mieten sind in Shopping-Centern üblich, werden in Einkaufsstraßen aber nur sehr selten vereinbart. Hierfür gibt es mehrere Gründe: Erstens beziehen sich Banken bei der Finanzierung meist nur auf Festmieten. Zweitens ist der Vermieter auf eine verlässliche Abrechnung der Mieter angewiesen, die er bei Einzelmietverträgen, anders als in Shopping-Centern, kaum nachprüfen kann. Bei der Bewertung stellen Umsatzmieten deshalb einen Unsicherheitsfaktor dar, der sich entsprechend negativ auswirken kann.

6.2 Multiplikatoren und Netto-Anfangsrendite

Die Faktoren setzen die jährlichen Nettomieteinnahmen und den Immobilienwert durch Multiplikation in Beziehung. Vergleichbar mit einem Preis oder Kurs spiegeln sie die Marktsituation und das Zusammenspiel von Angebot und Nachfrage an einem Standort wider. Wie die Mieten korrelieren auch die Faktoren positiv mit der Einwohnerzahl. Derzeit erreichen die Multiplikatoren für Spitzenobjekte in Metropolen Werte bis zum 25-fachen, in Großstädten wie beispielsweise Nürnberg und Essen bis zum 16- bis 18-fachen, in Mittelstädten bis zum 14- bis 16-fachen und in Kleinstädten bis zum 11- bis 13-fachen der Netto-Jahresmiete. Als reziproker Wert stellt der Faktor die Rendite dar. Berücksichtigt man dabei die Erwerbs-Nebenkosten wie beispielsweise Grunderwerbsteuer, Notariatskosten und Maklerprovisionen ergibt sich die Netto-Anfangsrendite.

6.3 Analyse der Betriebskosten

Nebenkosten mindern den Ertrag, es sei denn sie können auf die Mieter umgelegt werden. Die Auswirkungen von Nebenkosten auf die Bewertung von Einzelhandelsimmobilien hängen damit vom Ausmaß der Umlegbarkeit ab. Letztere ist den Mietverträgen zu entnehmen. Nach den Normen zur Betriebskostenabrechnung (BetrKV, ehemals II. BV) sind Grundsteuer, Gebäudeversicherung etc. umlagefähig, Verwaltungskosten und Managementgebühren, wenn nicht anders vereinbart, jedoch nicht umlagefähig.

6.4 Cashflow-Analyse

Die Cashflow-Analyse untersucht alle für eine Bewertung relevanten Variablen für einen bestimmten Zeitraum und ermöglicht Aussagen über den Nettobarwert und die Verzinsung einer Immobilieninvestition. Als Variablen fließen die Mieteinnahmen, Annahmen über die Neuvermietung, nichtumlegbare Mietnebenkosten, Instandhaltungskosten, Umbaukosten, Leerstandszeiten und Vermarktungskosten bei Neuvermietung sowie der Exiterlös beim Verkauf ein. Die Cashflow-Analyse kann sich auf Monate, Quartale oder Jahre beziehen. Gängig sind Untersuchungen der jährlichen Cashflows, der Trend geht jedoch zu einer quartalsweisen Analyse. Üblicherweise umfasst der Zeitraum der Untersuchung zehn bis 15 Jahre, kann aber bis zu 30 Jahren reichen.

Im Ergebnis werden die Cashflows unter Berücksichtigung der vorgegebenen Verzinsung nach dem Nettobarwert aufgelöst. Sieht man den Nettobarwert in Form des Ankaufspreises zuzüglich Kaufnebenkosten als gegeben an, kann auch nach der internen Verzinsung aufgelöst werden.

Die Vorteile der Cashflow-Analyse liegen in deren objektiver Nachvollziehbarkeit, die zum genauen Überdenken der einzelnen Faktoren, etwa der Mieten bei einer Nachvermietung, zwingt. Die Cashflow-Analyse trägt zudem der dynamischen Entwicklung explizit Rechnung und erleichtert die Investitionsrechnung.

Umgekehrt steht und fällt die Analyse mit den Zukunftsannahmen, die je nach Marktkenntnis nur mehr oder weniger genau antizipiert werden können. Cashflow-Analysen über Zeiträume von mehr als 20 Jahren machen deshalb wenig Sinn, zumal sehr langfristige Werte das Resultat in der Regel nur unmaßgeblich beeinflussen. Vorsicht ist bei wechselnden Vorzeichen der Cashflows geboten, da diese mehr als eine mathematisch richtige interne Verzinsungsrate nach sich ziehen. Kritisch zu sehen ist auch die implizite Annahme, dass freiwerdende Cashflows während des Berechnungszeitraums zum internen Zinsfuß wiederangelegt werden können. Bei einer internen Verzinsung von 10 Prozent und mehr, erscheint dies in der gegenwärtigen Situation nicht realistisch. Für Verzerrungen kann auch die Einbeziehung eines Finanzierungshebels führen, der oft überzeugende Renditen in Aussicht stellt, welche aber sehr schnell in Verluste ausarten, wenn die vorhergesagten Mietsteigerungen nicht eintreffen – darüber hinaus gehört die Betrachtung der Finanzierung nicht zu den Aufgaben der Verkehrswertberechnung.

Die Cashflow-Methode setzt sich vor allem im angelsächsischen Raum immer mehr durch. Durch Tabellenkalkulationsprogramme lässt sich die komplizierte Mathematik heute mühelos beherrschen. Die Krux jedoch liegt in den der Analyse zu Grunde liegenden Annahmen: Ein überzeugender Computerausdruck ist eben noch keine erzielte Mieteinnahme.

7 Zusammenfassung

Die Bewertung von Einzelhandelsimmobilien unterscheidet sich inhaltlich in erheblichem Maße von der Analyse anderer Nutzungsformen. Standort und Lage sind von überragender Bedeutung. Gleichzeitig wird der Wert der Liegenschaft überwiegend durch den Einzelhandelsertrag und damit die erzielbare Einzelhandelsmiete dominiert. Für eine Bewertung sind deshalb sehr gute Kenntnisse des Einzelhandels unumgänglich. Auch die Fähigkeit, Drittverwendungsmöglichkeiten realistisch beurteilen zu können, spielt eine wichtige Rolle. Insgesamt erfordert die Bewertung von Einzelhandelsimmobilien hervorragende Standort- und Lagekenntnisse, spezifisches Einzelhandelswissen von der Kalkulation bis hin zu den konkreten Anmietungskriterien unterschiedlicher Handelsbereiche sowie architektonisches Know-how zur Beurteilung und Visualisierung möglicher Umbauten.

Bewertung von Shopping-Centern

Raimund Ellrott/Olaf Petersen

1 Allgemeine Trends und Entwicklungen im Einzelhandel der Europäischen Union
1.1 Überblick
1.2 Einzelhandelsausgaben und Kaufkraftsituation

2 Standort- und marktseitige Bewertung von Shopping-Centern
2.1 Bewertung des Makrostandortes
2.2 Bewertung des Mikrostandortes
2.3 Wettbewerbsanalyse
2.4 Abgrenzung des Einzugsgebietes und Ermittlung des relevanten Nachfragevolumens

3 Objektseitige Bewertung von Shopping-Centern

4 Erfolgsgrößen bei der Entwicklung und Bewertung von Shopping-Centern
4.1 Umsatzvolumen, Kaufkraftabschöpfung/Marktanteil
4.2 Mietansätze, Umsatzmietbelastungen, Betriebskosten, Multiplikatoren und Netto-Anfangsrendite

5 Bewertungsmethoden für Shopping-Center

1 Allgemeine Trends und Entwicklungen im Einzelhandel der Europäischen Union

1.1 Überblick

Die politische und wirtschaftliche Integration Europas hat in den letzten Jahrzehnten, und insbesondere in den 90er Jahren, tiefgreifende Fortschritte gemacht. Meilensteine waren unter anderem: Fall des „Eisernen Vorhanges" 1989/1990, der Beginn des europäischen Binnenmarktes 1993, der Start der europäischen Währungsunion 1999, die Einführung des Euro als gesetzliches Zahlungsmittel in zwölf Ländern der Europäischen Union (EU) 2002 und die im Mai 2004 erfolgte EU-Erweiterung um zehn ost-/südosteuropäische Staaten.

Typisch für die Einzelhandelsstrukturen und Verbraucherverhaltensweisen ist, dass sich der Einzelhandel in allen europäischen Ländern in mehr oder weniger ausgeprägtem Umfang als „local business" darstellt, das primär von nationalen und lokalen Anbietern und Betreibern sowie spezifischen Usancen und Einkaufsverhaltensweisen geprägt wird. Dessen ungeachtet, hat die Internationalisierung im europäischen Einzelhandel im Verlaufe der zweiten Hälfte der 90er Jahre deutlich an Zugkraft gewonnen.

Neben der diesbezüglich ausgesprochen dynamischen Entwicklung unter anderem in den osteuropäischen Reformstaaten Polen, Tschechien, Ungarn und der Slowakei nahm der Markteintritt ausländischer Einzelhändler auch in den westeuropäischen Ländern Belgien, Deutschland, Frankreich, Großbritannien, Italien, Niederlande, Österreich, Portugal sowie Spanien nach Angaben des International Council of Shopping-Centers (ICSC) in den 90er Jahren im Vergleich zu den 80er Jahren um etwa 50 Prozent zu. Wesentliche Motive für das „going international" der Einzelhandelsunternehmen sowie von Projektentwicklern, welches dem Einzelhandel in zunehmend größerem Maße eine internationale Dimension gibt, aber nicht immer zwangsläufig erfolgreich verläuft, sind unter anderem das Erreichen der Wachstumsgrenzen auf den Heimatmärkten, das Streben nach Größenvorteilen bei den Einkaufskonditionen, wachsende Rechtssicherheit für Investitionen im europäischen Ausland, gewisse Angleichungstendenzen bei den Konsummustern und im Verbraucherverhalten (unter anderem steigende Mobilität, Preis- und/oder Markenorientierung).

1.2 Einzelhandelsausgaben und Kaufkraftsituation

Für diesen Buchbeitrag haben die Autoren für 15 ausgewählte Länder der EU (ohne die Beitrittsländer vom Mai 2004), die gut 382 Millionen Konsumenten repräsentieren, wesentliche Struktur- und Leistungsdaten der Shopping-Center-Szene aufbereitet.

- Ein wichtiger Anhaltspunkt bei der Projektierung und Bewertung von Shopping-Centern ist der *Anteil der Einzelhandelsausgaben am privaten Konsum.* Nach den aktuellen Datenstatistiken tätigen die EU-Bürger durchschnittlich etwa ein Drittel bzw. rund 34 Prozent) der gesamten privaten Konsumausgaben im Einzelhandel. Ein besonders hoher Wert ist diesbezüglich in Irland (rund 46,7 Prozent), Dänemark (rund 40,4 Prozent) und Portugal (rund 39,6 Prozent) zu konstatieren, wohingegen der Anteil in den größeren europäischen Volkswirtschaften wie Großbritannien (rund 30,5 Prozent), Italien (rund 31,8 Prozent) und Deutschland (rund 32,1 Prozent) unterdurchschnittlich ausfällt und hier die Faktoren Mobilität, Wohnen, Freizeit/Reisen eine spürbar größere Rolle spielen.

- Unter konsumtiven Aspekten, die für ein Shopping-Center-Engagement von herausragender Bedeutung sind, ist in punkto *einzelhandelsrelevanter Pro-Kopf-Umsätze* unter den 15 ausgewählten Ländern der EU, die sich im Durchschnitt auf rund 4.632 Euro (Stand: 2002) belaufen, ein *deutliches Nord-Süd-Gefälle* zu erkennen. Entsprechend des Anteils an den privaten Konsumausgaben verfügen Luxemburg (rund 7.300 Euro), Irland (rund 6.700 Euro) und Dänemark (rund 6.500 Euro) über die höchsten Pro-Kopf-Umsätze, gefolgt von Großbritannien (rund 5.500 Euro) und Frankreich sowie Belgien (jeweils rund 5.100 Euro). Spanien (rund 3.800 Euro), Griechenland (rund 3.300 Euro) und Portugal (rund 2.900 Euro) markieren das untere Ende der europäischen Skala. Deutschland rangiert mit rund 4.700 Euro im Mittelfeld der EU-Länder.

- Ebenso wichtig ist der *(Brutto-)Einzelhandelsumsatz* in den Ländern der EU, der sich nach den Berechnungen der GfK PRISMA im Jahr 2002 in den fünfzehn Ländern der EU auf insgesamt knapp 1,8 Billionen Euro belaufen haben dürfte. Betrug der nominale Anstieg des Brutto-Einzelhandelsumsatzes in den 15 ausgewählten EU-Ländern zwischen 1997 und 2002 insgesamt knapp 17 Prozent (bzw. rechnerisches nominales Wachstum p. a.: gut 2,8 Prozent), sind länderspezifisch völlig unterschiedliche Entwicklungen in Bezug auf den Trend festzustellen.

■ Es ist in diesem Zeitraum, unter anderem auch bedingt durch eine vergleichsweise niedrige Ausgangsbasis, die mit Abstand höchste Wachstumsrate in Irland festzustellen. In diesen fünf Jahren konnte der Einzelhandelsumsatz um über 70 Prozent zulegen. Sehr hohe Wachstumsraten konnten – teilweise ebenfalls von niedriger Ausgangsbasis – auch Griechenland (+ rund 50 Prozent), Portugal (+ rund 37 Prozent), Schweden (+ rund 35 Prozent) und Spanien (+ rund 33 Prozent) verzeichnen. Unter den wichtigen west-/mitteleuropäischen Volkswirtschaften konnten vor allem der holländische und der französische Einzelhandel (+ rund 30 Prozent bzw. + rund 26 Prozent) überproportional zulegen. Eine Besonderheit ist Großbritannien, das wechselkursbedingt hier unterdurchschnittlich (nur + rund 14 Prozent) abschnitt, allerdings in der Landeswährung gerechnet ein überdurchschnittliches Umsatzplus von rund 23 Prozent verzeichnete. Schlusslichter beim nominalen Wachstum des Einzelhandelsumsatzes in diesem Zeitraum sind die beiden großen europäischen Volkswirtschaften Italien (+ rund 10 Prozent) und Deutschland (+ gut 2 Prozent, siehe hierzu auch Abbildung 1), wobei sich in Deutschland aufgrund der schwierigen gesamtwirtschaftlichen Rahmenbedingungen seit geraumer Zeit ein rasanter einzelhändlerischer Strukturwandel vollzieht.

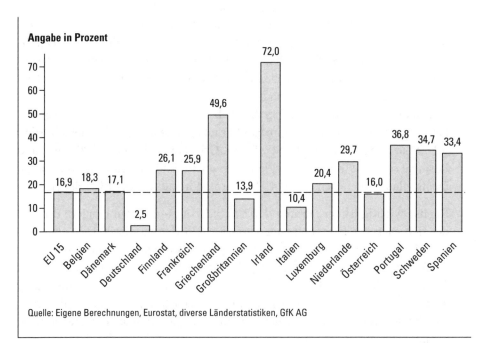

Abbildung 1: Entwicklung des Einzelhandelsumsatzes (nominal) in den EU-Ländern zwischen 1997 bis 2002

■ Bei rund 420 Millionen m² Verkaufsfläche (VKF), die nach den Zahlen von GfK PRISMA überschlägig in den fünfzehn EU-Ländern situiert ist, beträgt die durchschnittliche *Verkaufsflächenausstattung pro Kopf* der 15 EU-Länder rund 1,1 m²/Einwohner. EU-weit bestehen die relativ höchsten Flächenausstattungen in den entwickelten Volkswirtschaften Luxemburg (rund 1,5 m²/Ew.), den Niederlanden (rund 1,5 m²/Ew.), Österreich (rund 1,3 m²/Ew.) und Deutschland (rund 1,3 m²/Ew.), wobei bei den Letzteren im Vergleich vor allem eine sehr hohe Ausstattung an Fachmärkten (Verkaufsflächenanteil Bau-/Gartenmärkte sowie Möbelmärkte in den Niederlanden und Deutschland von Relevanz ist. Eine vergleichsweise etwas unterdurchschnittliche Verkaufsflächenausstattung (jeweils rund 1,0 m²/Ew.) ist für Frankreich, Großbritannien und Spanien zu konstatieren. Unter dem Referenzwert der EU-15 liegt die Ausstattung mit Verkaufsflächen in Griechenland (rund 0,9 m²/Ew.) und Portugal (gut 0,7 m²/Ew.).

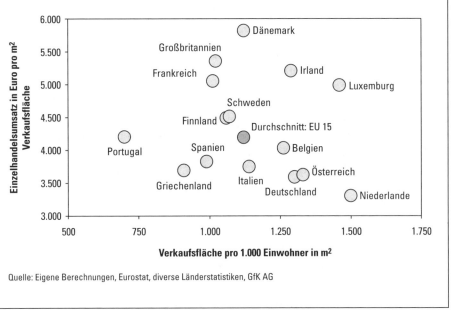

Quelle: Eigene Berechnungen, Eurostat, diverse Länderstatistiken, GfK AG

Abbildung 2: Flächenproduktivität in den EU-Ländern in Abhängigkeit von der Verkaufsflächenausstattung

■ Korrespondierend mit der Verkaufsflächenausstattung pro Kopf ist in den EU-Ländern, die in diesem Kontext einen überdurchschnittlichen Ausstattungsgrad (= tendenziell hohe Wettbewerbsintensität) aufweisen zumeist eine eher niedrige rechnerische *einzelhändlerische Flächenleistung* (jährlicher Brutto-Einzelhandelsumsatz pro m² VKF) festzustellen. So liegt diese in Deutschland, Österreich und den Niederlanden deutlich unter dem EU-Durchschnitt (siehe auch Abbildung 2).

Flächenproduktivitätsdifferenzen resultieren unter anderem auch aus enormen Raumleistungsdisparitäten im Foodbereich, in dem beispielsweise in Frankreich und Belgien sehr hohe Werte erreicht werden. Eine insgesamt hohe Gesamt-Flächenproduktivität ist für Dänemark, Großbritannien, Irland und Luxemburg festzustellen, wobei in diesem Zusammenhang unter anderem auch auf das in Dänemark, Irland und Luxemburg hohe Mehrwertsteuerniveau hinzuweisen ist und die Ergebnisse in (einkaufs-)touristisch geprägten Ländern (wie etwa Luxemburg oder Dänemark) tendenziell nach „oben gedrückt" werden können.

- Shopping-Center haben in den 15 ausgewählten Ländern der EU einen (sehr unterschiedlich stark ausgeprägten) hohen flächenseitigen Stellenwert und nach Erhebungen des ICSC in den 90er Jahren und zu Beginn dieses Jahrhunderts europaweit erheblich an Bedeutung gewonnen.

Bezogen auf die Gesamtmietflächen der Shopping-Center (Stand: 2002) in den 15 ausgewählten europäischen Ländern sind nach ICSC-Angaben absolut gesehen Frankreich und Großbritannien (mit jeweils etwa 14 Millionen m² GLA) mit klarem Abstand führend, gefolgt von Deutschland (gut zehn Millionen m² GLA), Spanien (rund sieben Millionen m² GLA) und Italien (knapp sechs Millionen m² GLA). Auf den weiteren Plätzen liegen die Niederlande (rund vier Millionen m² GLA), Schweden (rund drei Millionen m² GLA) und Österreich (knapp zwei Millionen m² GLA). Absolut gesehen sind die geringsten Shopping-Center-Flächen in Griechenland und erwartungsgemäß dem kleinen Luxemburg anzutreffen.

- Völlig anders stellt sich das Ranking dar, wenn man die Shopping-Center-Ausstattung pro Kopf der Bevölkerung betrachtet. Nach einer Studie des Büros Cushmann & Wakefield Healey & Baker aus dem Jahr 2002 liegen bei der *Shopping-Center-Fläche pro Kopf* zumeist die kleineren EU-Länder diesbezüglich an der Spitze. EU-Spitzenreiter ist Schweden, gefolgt von den Niederlanden, Luxemburg und Österreich. Deutschland, Italien, Belgien und Griechenland liegen in diesem Kontext am Ende der Skala (siehe Abbildung 3).

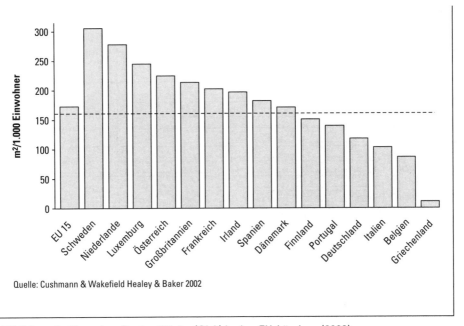

Abbildung 3: Shopping-Center-Fläche (GLA) in den EU-Ländern (2002)

- Unterschiedlich hoch stufen die befragten Experten in der Cushmann & Wakefield Healey & Baker-Studie auch den umsatzseitigen Stellenwert ein, den Shopping-Center innerhalb der 15 Länder der EU einnehmen. So dürften Shopping-Center die höchsten Marktanteile (zwischen rund 20 Prozent und rund 30 Prozent) in den vier Ländern Irland, Spanien, Schweden und Finnland erreichen, gefolgt von Frankreich und Großbritannien. Diesbezüglich bilden Österreich, Griechenland und Deutschland die Schlusslichter.

- Nach Expertenschätzungen wurden in den Jahren 2002 und 2003 in den 15 EU-Ländern um sechs Millionen m² GLA errichtet, wobei besonders die großen Volkswirtschaften Italien, Großbritannien und Deutschland im Fokus der Investoren standen, gefolgt von Spanien, den Niederlanden, Frankreich und Portugal. Auch zukünftig ist davon auszugehen, dass Shopping-Center in Europa weiter an Bedeutung gewinnen werden und ihren Stellenwert als Einzelhandelsvertriebsform in den nächsten Jahren ausbauen.

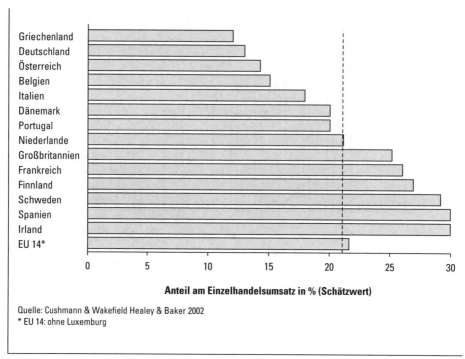

Abbildung 4: Shopping-Center-Marktanteile am Einzelhandelsumsatz (Schätzung 2001)

2 Standort- und marktseitige Bewertung von Shopping-Centern

Neben der Beachtung der allgemeinen Trends und Entwicklungen im europäischen Einzelhandel sowie der nationalen wirtschaftlichen und gesellschaftspolitischen Rahmenbedingungen ist eine fachlich fundierte *Standort-, Markt- und Potenzialanalyse* als Grundvoraussetzung für die erfolgreiche Entwicklung, Etablierung und Bewertung bzw. auch für die Stärkung und den Ausbau einer bereits erreichten Marktposition eines Shopping-Centers zu sehen. Ziel einer solchen Analyse ist ganz allgemein die Aufbereitung von ökonomisch nachhaltigen Wirtschaftlichkeits-/Tragfähigkeitsvoraussetzungen an einem spezifischen Standort bzw. die Herleitung von Eingangsparametern einer Bewertung der Immobilie, wobei projektbezogen die Realisierungschancen und -zeiträume sowie bestehende Restriktionen (und unter Umständen auch die ökonomischen und städtebaulichen Auswirkungen) aufbereitet und darauf aufbauend die Erfolgs- und Ertragsaussichten bewertet werden müssen.

Auch in den verschiedenen „Lebensphasen" eines Shopping-Centers ist eine solche Analyse als Instrument unabdingbar für Erfolg und Misserfolg einer Centerentwicklung. In der Planungsphase hilft sie insbesondere bei der Abwägung der generellen Marktchancen eines (Shopping-Center-)Projektes sowie der spezifischen Ausformulierung der Centerstruktur (etwa bei der Festlegung von Nutzungselementen oder der optimalen Flächenkonfiguration). Bei der Ankaufentscheidung wird ein Hauptaugenmerk auf der Ermittlung eines angemessenen Kaufpreises und der Nachhaltigkeit des Investments liegen. Ist das Shopping-Center bereits am Markt etabliert, fungiert die Standort- und Marktanalyse vor allem als Instrument für eine Struktur- und Centeroptimierung bzw. ebenfalls zur Generierung von Informationen für die hier im Fokus stehende Bewertung der Liegenschaft.

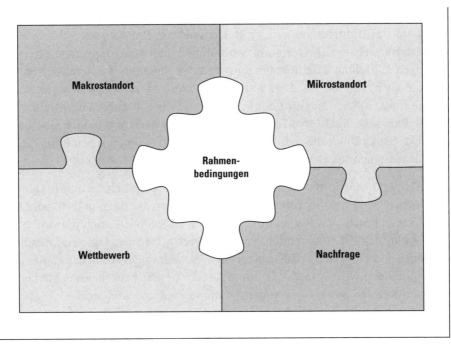

Abbildung 5: Standort- und Marktpuzzle

Grundsätzlich werden bei der Standort- und Marktanalyse, durch eine systematische Eruierung und Bewertung der direkt oder auch indirekt mit der Entwicklung einer Immobilie (oder auch eines Shopping-Centers) in Zusammenhang stehenden Informationen, die Chancen und Risiken oder auch Optimierungspotenziale für das spezifische Ob-/Projekt aufgezeigt, wobei in einem ersten Schritt – neben den eigentlichen „Key-Facts" (Umsätze, Ertrag, Kosten, Preise etc.) – üblicherweise *vier Teilbereiche* analysiert werden:

- die makrostandortseitigen Rahmenbedingungen,
- die mikrostandortseitigen Rahmenbedingungen,
- die Wettbewerbssituation sowie Struktur- und Leistungsdaten,
- die Nachfrage bzw. die potenzialseitigen Rahmenbedingungen.

2.1 Bewertung des Makrostandortes

Die Analyse der makrostandortseitigen Rahmenbedingungen stellt sich als unverzichtbare Basisinformation bei der Bewertung von Pro-/Objekten dar, wie dies etwa bei Büro-, Hotel-, Freizeit- und Wohnimmobilien, aber insbesondere bei großflächigen Einzelhandelseinrichtungen wie etwa Shopping-Centern, der Fall ist. (Abbildung 5 zeigt das Standort- und Marktpuzzle.) Als relevante Analysefaktoren sind in einem solchen Fall die Lage im Raum, die Verkehrsanbindung, die administrative Funktion, Stadt- und Siedlungsstruktur, Wirtschaftsstrukturen, besondere Charakteristika sowie die soziodemografischen und ökonomischen Rahmendaten des Makrostandortes zu bewerten.

Als wichtiger Standortfaktor ist zunächst die naturräumliche/geografische *Lage des Makrostandortes* sowie die administrative Staats-, Landes- und Regionszugehörigkeit zu beachten. Darüber hinaus ist aber insbesondere auch die strukturelle Einbindung des Makrostandortes in die Region zu betrachten. Das heißt, es sind die Fragen zu klären, welche stadtstrukturellen Verknüpfungen bestehen (unter anderem Solitärlage, Stadtverbund, Ballungsgebiet), welche benachbarten Städte/Zentren von Relevanz und wie weit diese entfernt sind und wie der Siedlungs- bzw. Wirtschaftsraum abzugrenzen ist.

Wichtige Anhaltspunkte für die Abgrenzung solcher Verflechtungsbeziehungen bietet etwa die Betrachtung der lokalen, regionalen und nationalen *Verkehrsanbindung* des Makrostandortes, insbesondere des städtischen Straßennetzes (Führung der Verkehrsachsen, jeweiliger Ausbauzustand) bzw. des Öffentlicher Personen-Nahverkehr (ÖPNV) – (Reichweite und Leistungsfähigkeit des Verkehrsverbundes). Im Mittelpunkt dieser Betrachtung steht jedoch die Frage nach der Erreichbarkeit des jeweiligen Makrostandortes. In diesem Zusammenhang ist die generelle Anbindung an das regionale/nationale Individualverkehrsnetz (unter anderem Verlauf und Belastung von Autobahnen, Bundesstraßen, Ein-/Ausfallstraßen) und an die übergeordneten öffentlichen Verkehrsträger (unter anderem Fern-/Regionalverkehr der Bahn, regionaler/internationaler Flughafen, Fährverbindungen) aufzubereiten. Mit Blick auf eine Zukunftsorientierung der Analyse sollten auch immer die relevanten Planungen für die verschiedenen Verkehrsträger eruiert und berücksichtigt werden.

Von Bedeutung für die Bewertung des Makrostandortes ist ferner die *Funktion des Untersuchungsortes.* Darunter ist zum einen die politische/administrative Funktion etwa als Bundes-/Landeshauptstadt oder als Kreisstadt etc. zu verstehen. Zum anderen aber auch die zentralörtliche Funktion als Ober-, Mittel-, Unter- oder auch Grundzentrum, die über den jeweils gültigen Landesraumordnungs- oder Regionalplan zugewiesen wird und mit der in der Regel eine bestimmte Versorgungsstruktur bzw. Infrastrukturausstattung einhergeht. Hier gilt es zu überprüfen, ob die jeweils zugeordnete Funktion etwa für die Region bzw. den Verflechtungsbereich auch mit dem tatsächlichen Versorgungsstatus übereinstimmt; dies kann etwa über eine Checkliste der Ausstattungsmerkmale (unter anderem hinsichtlich Wirtschaft, Kultur, Bildungswesen, Verkehr, Ver- und Entsorgung) und über Kennziffern (etwa Einzelhandels- und Beschäftigtenzentralität) erfolgen.

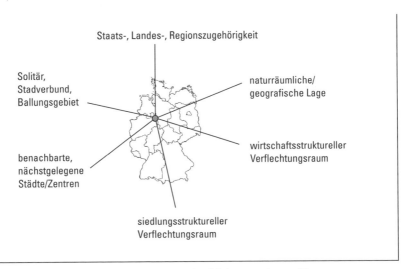

Abbildung 6: Relevante Untersuchungsfaktoren des Makrostandortes (I)

Des Weiteren sollte auch die spezifische *Stadt- und Siedlungsstruktur* vertiefend betrachtet werden. Handelt es sich um ein kompaktes oder weiträumiges Stadtgebiet und ist diese historisch bedingt um einen „Kern" gewachsen oder besteht ein durch Eingemeindungen entstandenes polyzentrisches Gebilde? Auch ist zu prüfen, welche Zentrenstruktur (übergeordnete Versorgungszentren, Subzentren etc.) und welche Gebiete unterschiedlicher Prägung (Wohngebiete unterschiedlicher Dichte und Bausubstanz/ Siedlungsform, gewerblich/industriell geprägte Gebiete, Erholungsgebiete etc.) bestehen und ob diesbezüglich Ballungen (etwa Entwicklungsachsen und -knoten) zu erkennen sind.

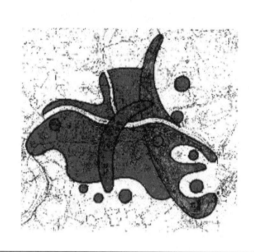

Abbildung 7: Relevante Untersuchungsfaktoren des Makrostandortes (II)

Ebenfalls von großer Bedeutung sind die in der Region bestehenden *Wirtschaftsstrukturen*. Diesbezüglich ist zu eruieren, welcher Sektor (primärer, sekundärer, tertiärer) die Wirtschaft bestimmt, welche Branchen vor Ort ansässig sind (unter anderem Erstellung eines Branchenprofils, Bewertung der wirtschaftlichen „Sicherheit" der jeweiligen Branche) und welche Unternehmen von hier aus agieren (unter anderem Größe und Stellenwert der Unternehmen, Anzahl der Beschäftigten, umsatzseitige Bedeutung/Entwicklung, wirtschaftliche Entwicklung des/der Unternehmen, Hauptsitz oder Zweigniederlassung).

Zudem sind die jeweils spezifischen Charakteristika, über die jeder Makrostandort verfügt, aufzuzeigen. Hier können etwa historische Besonderheiten, „weiche Standortfaktoren" (wie etwa das Image des Standortes, lokale/regionale Identität,

Stadtbild, Lebens- und Wohnqualität, Freizeitmöglichkeiten, Klima), die politischen Rahmenbedingungen (unter anderem Investitionsklima, politische Mandatsverteilung etc.) oder auch aktuelle Entwicklungen von Bedeutung sein.

Letztlich sind vor dem Hintergrund der aufgezeigten räumlichen, wirtschafts- und siedlungsstrukturellen Rahmenbedingungen insbesondere die *soziodemografischen* und *ökonomischen Rahmendaten* des Makrostandortes zu bewerten. Hier sind unter anderem Angaben zur Wohnbevölkerung, zur demografischen Entwicklung, zur altersstrukturellen Zusammensetzung der Bevölkerung, dem Anteil ausländischer Mitbürger, der Arbeitslosenquote, der Beschäftigtenzentralität und der Kaufkraft der Bevölkerung von Interesse. Idealerweise werden diese in einem Vergleich entweder zu Städten in der Region oder zu ähnlich strukturierten und gelegenen Städten gestellt, um über Analogien mögliche Stärken und Schwächen des Standortes aufzeigen zu können.

2.2 Bewertung des Mikrostandortes

Die richtige Lageeinschätzung des Mikrostandortes ist als wohl wichtigste Grundvoraussetzung für eine erfolgreiche Shopping-Center-Entwicklung und damit auch als zentral bei der Bewertung zu nennen, wobei dieses – neben dem klassischen Kriterium „Lage, Lage, Lage" – auch eine in jeder Hinsicht „stimmige" Projektentwicklung und Konzeptionierung voraussetzt. Vier Themenbereiche müssen insofern hinsichtlich des Mikrostandortes primär analysiert werden: die Lage/stadtstrukturelle Aspekte, die Grundstücks- und eventuell Objektsituation, die Umfeldgegebenheiten und die verkehrliche Erreichbarkeit. Dabei ist in der Praxis zunächst zu unterscheiden, ob die Analyse für ein bestehendes oder geplantes Shopping-Center durchgeführt wird, wobei das Faktorenraster der Untersuchung dadurch kaum beeinflusst wird.

Hinsichtlich der *stadträumlichen Lage* und Gegebenheiten ist üblicherweise zunächst die Lage des Mikrostandortes im Orts-/Stadtgebiet bzw. Orts-/Stadtteil/Bezirk aufzuzeigen und die Distanz zu den übergeordneten Zentren/Subzentren zu ermitteln. Auch ist zu zeigen, ob der Mikrostandort sich auf einer städtischen Entwicklungsachse befindet oder möglicherweise (auf raumplanerischer Ebene) als Entwicklungskern ausgewiesen ist. Zur Bewertung der räumlichen Situation des Mikrostandortes sind diese Angaben durch Aussagen zu den bestehenden stadtstrukturellen Gegebenheiten zu ergänzen (etwa solitäre Lage versus integrierte Lage, Randlage, städtebauliche Gegebenheiten). In den letzten Jahren war eine deutliche Verlagerung der Lage der Center festzustellen. War noch 1990 die Mehrzahl der deutschen Shopping-Center in einer Stadtteillage oder auf der „grünen Wiese" angesiedelt, so befinden sich mittlerweile die meisten Anlagen in den Innenstädten.

Von Relevanz ist zudem die *Grundstücks- und Objektsituation.* Zu analysieren sind in Hinblick auf wertrelevante Aspekte die naturräumliche Lage bzw. Beschaffenheit der Liegenschaft, Grundstücksgröße, -zuschnitt und -topografie, die vorhandene Bebauung (etwa hinsichtlich Zustand, Erscheinungsbild, derzeitiger Nutzung), mögliche Altlasten sowie planungs- und baurechtliche Vorgaben. Von großer Bedeutung für eine Einzelhandels- bzw. Shopping-Center-Immobilie sind zudem die Einsehbarkeit des Grundstückes bzw. die möglichen Präsentationsmöglichkeiten.

Ob es sich bei dem Mikrostandort um einen geeigneten Standort handelt, wird in starkem Maße auch von den *Umfeldgegebenheiten* beeinflusst. So dürfte ein auf Luxus und Exklusivität ausgerichtetes Shopping-Center-Konzept innerhalb eines mehrgeschossigen, verdichteten Arbeiterwohnbauquartiers kaum richtig platziert sein. Insofern sind auch die das Umfeld des Mikrostandortes prägenden Gegebenheiten (unter anderem bauliche Strukturen, gewerbliche/Wohnnutzungen, städtebauliche Barrieren) ebenso aufzuzeigen, wie die im Umfeld bestehenden komplementären oder konkurrierenden Einzelhandelsnutzungen (Agglomerations-/Synergieeffekte, Wettbewerber etc.). In diesem Kontext sind zudem auch mögliche Planungen (Einzelhandel, Gewerbe, Wohnen, Verkehrsinfrastruktur) sowie deren möglicher Realisierungshorizont darzustellen, um ein treffsicheres Bild von der gegenwärtigen und zukünftigen Wettbewerbssituation zu erhalten (vgl. Abschnitt 2.3).

Von großer Bedeutung für eine Einzelhandelsimmobilie bzw. hier ein Shopping-Center ist die *verkehrliche Erreichbarkeit,* wobei neben der guten überregionalen/regionalen Erreichbarkeit des Standortes (etwa über Autobahnen, Bundesstraßen oder Hauptverkehrsachsen) insbesondere auch die kleinräumige Erschließung des Mikrostandortes (unter anderem ausreichende Stellplatzkapazitäten, leistungsfähige Ein-/Ausfahrtssituation ins Straßennetz, adäquate Lösungen für den Anlieferverkehr) eine große Rolle für den von potenziellen Kunden als „bequem" wahrgenommenen Einkauf spielt. Darüber hinaus sind aber auch die Erreichbarkeit mit öffentlichen Verkehrsmitteln (unter anderem Nähe und Anbindung an den [Haupt-] Passantenlauf, nächstgelegene Haltestellen, Verbindungen, Fahrzeiten/Taktfrequenz) sowie für Fußgänger und Radfahrer (unter anderem gesicherte Straßenübergänge, Zustand der Geh-/Radwege, Passantenfrequenzen) zu prüfen.

Neben diesem Faktorenraster sind zudem eine Reihe weiterer Punkte, wie das Image der „Adresse" bzw. des Mikrostandortes (samt Umfeld) oder auch Frage, ob der Standort über eine ausreichende einzelhändlerische Vorprägung verfügt oder durch ein entsprechend aggressives Marketing dieser Standort erst „gemacht" werden muss, zu beachten.

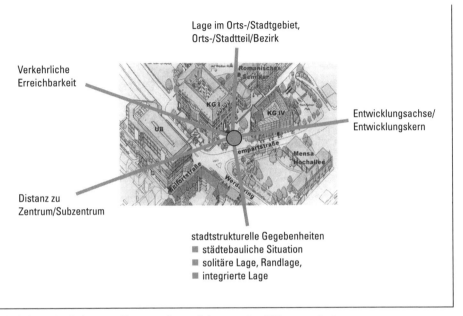

Abbildung 8: Relevante Untersuchungsfaktoren des Mikrostandorts

2.3 Wettbewerbsanalyse

Neben den aufgezeigten standortseitigen Faktoren ist auch eine differenzierte Auseinandersetzung und „richtige" Einschätzung mit den wettbewerbseitigen Gegebenheiten in Bezug auf die Werthaltigkeit eines Shopping-Center-Engagements entscheidend. In dieser Betrachtung wird davon ausgegangen, dass ein Shopping-Center geplant ist bzw. besteht und der Blickwinkel insofern auf eine einzelhändlerische Wettbewerbs- oder Angebotsanalyse beschränkt ist und die weitergehende Analyse des ausreichenden Nachfragepotenzials unterbleiben kann.

In 2002 existierten in Deutschland knapp 350 Shopping-Center (mit mehr als 10.000 m²), die eine VKF von rund 10,5 Millionen m² repräsentieren und vor allem mit der Wiedervereinigung Deutschlands stark gewachsen sind (siehe auch Abbildung 9). Bis 2005 sind 30 Shopping-Center (mit mehr als 10.000 m²) im Bau/in Planung, wobei seit Ende der 90er Jahre eindeutig ein Trend festzustellen ist, dass die Center dichter an die (Innen-)Stadt hinein rücken und so vielfach zu einer Belebung der Innenstädte beitragen können.

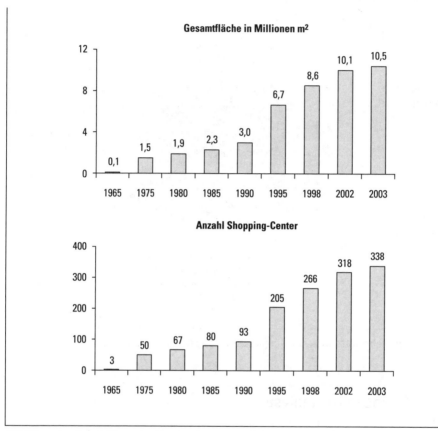

Abbildung 9: Entwicklung der bundesdeutschen Shopping-Center zwischen 1965 und 2003

In einem ersten Schritt sind zunächst die übergeordneten *Struktur- und Leistungsdaten* des örtlichen Einzelhandels, wie die Bestandsdaten (unter anderem Verkaufsflächenausstattung, Anzahl der Verkaufsstellen, Pro-Kopf-Ausstattung mit Verkaufsfläche) und Leistungszahlen (unter anderem Einzelhandelsumsatz, Flächenproduktivität, Einzelhandelszentralität) aufzuzeigen und auf dieser Basis warengruppenspezifische Stärken-Schwächen-Profile zu erarbeiten. Idealerweise werden diese Daten auch für die verschiedenen relevanten Einzelhandelslagen dargestellt.

Diesbezüglich sind die verschiedenen relevanten *Einzelhandelslagen* (etwa Innenstadt/City, Stadtteil-/Nebenzentren, Nahversorgungslagen, Fachmarktlagen/-agglomerationen, Shopping-Center) zu eruieren und qualitativ zu bewerten.[1] Als Bewertungsraster sind dabei unter anderem folgende Fragen zu beantworten: Welche Einzelhändler sitzen wo, mit welcher Verkaufsfläche? Welche Branchen/Betriebe üben eine Leitfunktion in der jeweiligen Lage aus? Wie hoch ist der Filialisierungsgrad? Wie kompetent ist der Besatz und auf welche Zielkundschaft reflektiert dieser? Welche Kunden-Passanten-Frequenzen sind vorhanden? Wie stellt sich die aktuelle Markt- und Mietsituation für Einzelhandelsimmobilien dar?

In diesem Kontext sollte der Blick aber auch in die Zukunft gerichtet werden und alle wettbewerbsrelevanten *Planungen* sowie deren Kennzahlen wären zu eruieren, etwa wie viele neue Verkaufsflächen im Bau bzw. geplant sind, wie viele neue Geschäfte an den Markt kommen sollen und welches geschätzte Umsatzvolumen diese generieren dürften. Auch sind weitere Details, etwa die Anzahl der entstehenden Pkw-Stellplätze, von Belang. Darauf aufbauend sind die Realisierungschancen der verschiedenen Projekte bzw. deren bestehende Restriktionen und der Realisierungshorizont einzuschätzen und sodann die Konzepte (unter anderem Lagequalität, Projekttyp, mögliche Flächenstruktur, Niveau/Standard) hinsichtlich ihrer Relevanz als potenzielle Wettbewerber zu bewerten.

Auf Grundlage dieser Informationen (Struktur- und Leistungsdaten, Ist-Wettbewerbssituation und Planungen) ist die perspektivische Wettbewerbssituation (zukünftige Lagequalität, Wettbewerbssituation, Wettbewerbsposition etc.) für das spezifische Analyseobjekt/-projekt heraus zu arbeiten und dieses Ergebnis bei der Bewertung zu berücksichtigen; unter dem Motto: Wie bin ich mit meinem Shopping-Center im Wettbewerb positioniert?

---

1 Hier stellt sich die grundsätzliche Frage nach der Abgrenzbarkeit der relevanten von nicht relevanten Wettbewerbern/Lagen. Auch wenn diese Frage letztlich nur subjektiv und analysespezifisch zu beantworten ist, gilt allgemein, dass primär die Einzelhandelseinrichtungen im Einzugsgebiet (siehe dazu folgenden Abschnitt) untersucht werden sollten. Darüber hinaus können sich natürlich auch signifikante „Einzugsgebietsüberschneidungen" mit weiteren großflächigen Shopping-Centern, Einzelhandelseinrichtungen/-agglomerationen oder einer jeweiligen Innenstadt ergeben, so dass diese ebenfalls zu berücksichtigen wären.

2.4 Abgrenzung des Einzugsgebietes und Ermittlung des relevanten Nachfragevolumens

Die Bewertung der absatzwirtschaftlichen Chancen und Risiken eines Centers – sprich die wirtschaftliche Nachhaltigkeit einer Investition – setzt die Darstellung von projekt-/objektrelevanten Potenzialanalysen voraus. Im Falle eines Shopping-Centers ist dies die Ermittlung eines einzelhandelsrelevanten Nachfragevolumens, auf das dieses nachhaltig sicher reflektieren kann.

Erster Schritt hierzu ist die Bestimmung eines Einzugsgebietes, in dem die Centeranlage potenzielle Käufer ansprechen/erreichen kann, wobei schematische Methoden wie etwa die Kreismethode oder die Zeitdistanzmethode keine „verwertbare" Ergebnisse liefern. Bewährt hat sich dagegen die Methode der modifizierten Zeitdistanz. Bei dieser werden zunächst Zeitdistanzzonen um den jeweiligen Standort gezogen (etwa 10-, 20- und 30-Pkw-Fahrminutenradien), die in einem *zweiten Schritt* anhand verschiedener Kriterien noch einmal modifiziert werden. Das Hauptaugenmerk dieser Modifikation liegt dabei auf der spezifischen Konkurrenzsituation, sprich den Wettbewerbern. Es müssen aber auch Sonderfaktoren wie topografische Barrieren (Überquerung eines Flusses), landsmannschaftliche Orientierungen (Köln versus Düsseldorf) u. Ä. berücksichtigt werden. Des Weiteren hängt die Reichweite eines voraussichtlichen Einzugsgebietes natürlich in besonderem Maße auch von der Größe und Attraktivität eines Pro-/Objektes, der Qualität des Standortes (mögliche Koppelungseffekte) und den regionalen Wettbewerbsstrukturen ab. Auch haben sich in der Praxis maximale Zeitdistanzen, die für bestimmte Handelsformate als zu modifizierende Grundannahme angenommen werden können, herauskristallisiert.

Auf der Basis des abgegrenzten Einzugsgebietes kann dann das in diesem ansässige Einwohnerpotenzial ermittelt werden. Über Indikatoren und Kenngrößen zu den jährlichen Einzelhandels-Pro-Kopf-Ausgaben (unter anderem Angaben des Statistischen Bundesamtes, GfK-Kaufkraftkennziffern) kann dann ferner das entsprechende Einzelhandelsnachfragevolumen, auf das das Shopping-Center reflektieren kann, errechnet werden.

3 Objektseitige Bewertung von Shopping-Centern

Neben der makro-/mikrostandortseitigen sowie wettbewerbs- und potenzialseitigen Beurteilung von Shopping-Centern sind insbesondere auch objektseitige Aspekte im Rahmen einer Pro-/Objektbewertung von Relevanz. Konzeptionell ist dabei zunächst einmal das Shopping-Center gegenüber anderen Handelsimmobilien abzugrenzen. Im Gegensatz zu den verschiedenen Ausprägungsformen der gewachsenen Einkaufs-/Geschäftszentren in den Städten und Stadtteilen handelt es sich bei dem Shopping-Center um eine bewusst geplante und „künstlich" errichtete Einheit, die in der Regel einheitlich entwickelt, verwaltet bzw. gemanagt und betrieben wird. Das Einkaufszentrum/Shopping-Center ist sicherlich die komplexeste Art einer Handelsimmobilie und zählt zu den Managementimmobilien, weswegen dieses relativ komplizierte Gebilde etwas näher dargestellt werden soll.

Shopping-Center benötigen, um richtig funktionieren zu können, neben dem „passenden Standort" vor allem

- eine hinreichende Größenordnung,
- eine baulich-funktionale Centerstruktur,
- einen standort-adäquaten, speziell abgestimmten Branchen-Mix,
- ein regelmäßiges Refurbishment,
- ein ausreichendes Kfz-Stellplatzvolumen sowie
- ein qualifiziertes Centermanagement

während der Errichtung und insbesondere auch für den sich anschließenden (erfolgreichen) Betrieb.

Mit Blick auf die Größenordnung des Shopping-Centers ist grundsätzlich anzumerken, dass für jede einheitlich geplante und entwickelte Einkaufseinrichtung die so genannte *„kritische Masse"* von entscheidender Bedeutung ist. Konzeptionell ist damit eine möglichst optimale Größenordnung gemeint, die einerseits ausreicht, um die notwendige Eigenattraktivität und damit Fernausstrahlung zu erreichen und andererseits den Markt nicht überstrapaziert bzw. überfrachtet. Auch muss bei der Flächendimensionierung berücksichtigt werden, dass eine gewisse Mindestgröße der Anlage erforderlich ist, damit das Center intern vernünftig funktional ausgesteuert werden kann.

Dies vorausgeschickt dürfte die grundsätzliche Mindestgröße für Shopping-Center in Deutschland in Abhängigkeit von den standortseitigen Gegebenheiten zwischen 15.000 und 20.000 m² VKF liegen. Wie vielfältige Planvorhaben in Deutschland zeigen, scheint es zumindest am Reißbrett, was die maximale Größenordnung anbetrifft, kaum Grenzen nach oben zugeben. Nach Auffassung der Autoren dürfte es jedoch ab einer Größe von ca. 70.000 m² VKF sowohl unter stadträumlichen Aspekten als auch unter marktseitigen Gesichtspunkten schwierig sein, eine Anlage nachhaltig (erfolgreich) zu etablieren; insofern fehlt so genannten „Mega-Zentren" mit Größenordnungen im 100.000 m²-Bereich und mehr vom standortverträglichen Marktpotenzial her in den allermeisten Fällen die Basis.

Ganz wichtig ist auch die *baulich-strukturelle Konzeption* eines Centers, wobei diesbezüglich die Erschließung und Wegeführung innerhalb des Centers im Mittelpunkt des Interesses stehen. Konzeptionell soll damit die möglichst optimale bzw. sinnfällige „Durchflutung" des Pro-/Objektes sichergestellt werden, sei es auf einer, zwei oder sogar auf drei (und mehr) Verkaufsebenen. Hier gilt es optionale Centerbausteine auf den spezifischen Standort zuzuschneiden und der jeweiligen „Projektphilosophie" des Betreibers anzupassen. Bewährt haben sich bei Shopping-Centern eine bi- (in Einzelfällen auch mehr-)polare Besetzung des Centers mit „Magnetbetrieben", in deren Spannungsfeld der Kundenlauf entlang einer mit Ladeneinheiten bestückten Ladenstraße verläuft. Gelingt es nicht, das Shopping-Center unter funktionalen Aspekten optimal auszusteuern, so zeigen die vielfältigen Studienergebnisse der Autoren, dass dann merkliche Abstriche in puncto Umsatz und Ertrag zu machen sind.

Mit Blick auf die Anforderungskriterien und Zielvorgaben eines Shopping-Centers sind in diesem Kontext auch das Ambiente und die Erlebnisqualität, Ruhe- und Verweilzonen sowie ein adäquates inneres und äußeres Erscheinungsbild von Relevanz.

Ein weiterer wichtiger Punkt für den Erfolg eines Shopping-Centers ist die standort- und marktadäquate Aussteuerung des *Branchen- und Mietermixes* unter anderem hinsichtlich der Bestückung der Branchen, der möglichen Betriebstypen und der Auswahl der Mieterklientel, der standortadäquaten Preis- und Sortimentslagen, einem ausgewogenen Flächenverhältnis zwischen Handels-/Gastronomiebetrieben und Dienstleistern sowie Klein-/Mittel- und Großbetrieben. Bewährt hat sich diesbezüglich die Bestückung mit mehreren flächengroßen Magnetbetrieben sowie einem attraktiven, vielfältigen und abwechslungsreichen kleinteiligen bis mittelgroßen Geschäftsbesatz aus den Warengruppen periodischer Bedarf, Bekleidung/Textilien, Schuhe/Lederwaren sowie Hartwaren. Mögliche Magnetbetriebe werden in aller Regel aus den Segmenten Warenhäuser/Bekleidungskaufhäuser, Technik-Fachmärkte, Bücher-Fachmärkte sowie Lebensmittel-Spezialisten rekrutiert.

Als Spezialform der Shopping-Center sind in diesem Kontext die so genannten Fachmarktzentren anzusehen, die primär mit mittelgroßen und größerflächigen Fachmärkten/Läden bestückt sind und weitgehend keine Shops mit Läden unter 100 m² VKF aufweisen.

Was die spezielle Frage des *Parkplatzangebotes* von Shopping-Centern anbetrifft, so sind ausreichend dimensionierte Stellplatzkapazitäten eine wesentliche Voraussetzung für eine hohe Kunden- und Besucherfrequenz. Wie Beispiele westdeutscher, regionaler Shopping-Center belegen, differiert die jeweilige Anzahl der Stellplätze in Abhängigkeit zur VKF eines Shopping-Centers, wobei mit der wachsenden Größe der Anlage der Stellplatzbedarf pro m² VKF zunimmt.

Last but not least kommt für ein erfolgreiches Betreiben eines Shopping-Centers einem professionellen und aktiven *Centermanagement* eine wesentliche Rolle zu, welches sich über die allgemeine kaufmännisch-wirtschaftliche Verwaltung der Immobilie hinaus auch sehr stark an den funktionalen Erfordernissen der Anlage, die letztlich über Erfolg und Misserfolg entscheiden, orientiert. Mit Blick auf die Verwaltung der Immobilie wären unter anderem die Kontrolle geschlossener Mietverträge, die Entwicklung des Mieterbesatzes, die Steuerung der wirtschaftlichen Entwicklung des Objektes, die Einstellung und Schulung des Personals, der Abschluss von Wartungs- und Dienstleistungsverträgen sowie Öffentlichkeitsarbeit (Aktionen der Veranstaltung, Werbung etc.) zu nennen.

4 Erfolgsgrößen bei der Entwicklung und Bewertung von Shopping-Centern

4.1 Umsatzvolumen, Kaufkraftabschöpfung/Marktanteil

Entscheidende Faktoren für den Erfolg oder Misserfolg eines Shopping-Centers sind aus Sicht der Autoren die Punkte:

- Umsatzvolumen und
- Kaufkraftabschöpfung/Marktanteil.

Mit Blick auf das *Umsatzvolumen* einer Centeranlage, das heißt die Gesamtheit aller Einzelbetreiberumsätze des Centers, ist zunächst ganz grundsätzlich anzumerken, dass dieses ganz maßgeblich vom vorgesehenen/bestehenden Branchen- und Mietermix bzw. der Leistungsfähigkeit (ausgedrückt in Flächenproduktivitäten =

Umsatz/m²) der Einzelbetreiber abhängt. Generell gilt, dass unter anderem Technik-/Bekleidungs-/Uhren-/Schmucksortimente um einiges „produktiver" (= höhere Umsätze/m²) als die raumleistungsschwächeren Warensortimente Heimwerker- und Gartenbedarf sowie Möbel/Einrichtungsbedarf, Haus- und Heimtextilien sind. Auch ist festzustellen, dass die Raumleistungen stark mit der Flächengröße der Sortiment-/Genrestruktur sowie der Betreiberprofessionalität des Anbieters korrelieren. Anbieter mit großflächigen Einheiten erzielen im Allgemeinen geringere Umsätze/m² als kleinteilige bzw. mittelgroße Geschäftsflächen sowie Filialistenbetriebe. Auch erwirtschaften vertikal ausgerichtete Anbieter zumeist höhere Umsätze als Einzelkämpfer, da sie Größenvorteile konsequent nutzen können.

Dies vorausgeschickt, gilt grundsätzlich

Mieter A		Umsatz/m² A		Umsatz A
Mieter B		Umsatz/m² B		Umsatz B
Mieter C	•	Umsatz/m² C	=	Umsatz C
Mieter D		Umsatz/m² D		Umsatz D
⋮		⋮		⋮
Σ Mieter im Center		Σ Umsatz/m² im Center		Σ Umsatz im Center

Welches Umsatzvolumen durch eine Shopping-Center-Anlage tatsächlich generiert werden kann, hängt ganz entscheidend davon ab, welcher *Marktanteil* bzw. welche *Kaufkraftabschöpfung* von der EKZ-Anlage erzielt werden kann. Die Begriffe Kaufkraftabschöpfung und Marktanteil bezeichnen also den „Teil des Kuchens", den die zu bewertende Center-Anlage auf sich vereinigen kann.

Erfahrungen der Autoren zufolge schwanken die realisierbaren Marktanteile einer Shopping-Center-Anlage zum Teil erheblich und sind unter anderem von der Größe des Centers, der Größe des Einzugsgebietes, der Mikrostandortqualität sowie von der aktuellen und absehbaren Wettbewerbssituation abhängig. So zeigen internationale Beispiele von Center-Anlagen in südeuropäischen Märkten, die – wie aus der Übersicht zu den internationalen Einzelhandels-/Wettbewerbsstrukturen hervorgeht – durch eine geringere Wettbewerbsintensität als in Deutschland gekennzeichnet sind, dass es dort gelingt, höhere Marktanteile als hierzulande zu erreichen. Stellen beispielsweise in Spanien und Portugal Marktanteile von 9 bis 12 Prozent übliche/hohe Werte dar, so werden diese in Deutschland praktisch nicht erreicht; hierzulande stellen Marktanteile von deutlich mehr als 6 bis 7 Prozent zumeist absolute Spitzenwerte dar, die nur in Ausnahmefällen erreicht bzw. übertroffen werden.

4.2 Mietansätze, Umsatzmietbelastungen, Betriebskosten, Multiplikatoren und Netto-Anfangsrendite

Ausgehend von dem bereits zuvor angesprochenen konstitutiven Merkmal der einheitlichen Planung und Entwicklung bzw. des zentralen Centermanagements ergeben sich bei einem Shopping-Center die *Mietansätze* für die einzelnen Mietflächen als Gesamtkomposition vor dem Hintergrund des (Ziel-)Branchen- und Mietermixes. Das heißt, dass auf Grundlage einer dezidierten Bewertung der standort-, markt- und potenzialseitigen Rahmenbedingungen entwickelte Mieterkonzept muss im Rahmen der Vermietung sowohl inhaltlich als auch in Hinblick auf die angestrebte Gesamtmiete umgesetzt werden, um im Rahmen der Bewertung zu hohen Ansätzen zu führen.

Nach den jahrzehntelangen Erfahrungen der GfK PRISMA ist hinsichtlich der Ladenmiete grundsätzlich festzustellen, dass diese nach den Aufwendungen für Wareneinsatz und Personal den dritten Platz in der Kostenstatistik von Einzelhandels-/Gastronomieeinrichtungen einnimmt. Hierbei ist zu berücksichtigen, dass die Mietkostenbelastung mit der Betriebsgröße korreliert; kleinere Unternehmen müssen in der Regel eine relativ höhere Belastung tragen, als größere Unternehmen.

Insbesondere muss aber die Miete in einem betriebswirtschaftlich vernünftigen Verhältnis zum Umsatz stehen, um auch als nachhaltig angesehen werden zu können. Dabei schwanken die zahlenmäßigen Größenordnungen der relativen Mietkostenbelastung zum Teil erheblich und sind, unter anderem abhängig von der Branche, Betriebsgröße, dem speziellen Angebotssegment sowie dem Vertriebstypus und last but not least der Standortqualität.

Im Rahmen der Shopping-Center-Vermietung werden dabei typischerweise die Mieten von Magnetbetrieben bzw. hervorgehobenen Namen bzw. Labels – die die „Eckpfeiler" des Centerkonzeptes darstellen – und bei denen vor diesem Hintergrund gegebenenfalls gewisse Mietpreiszugeständnisse akzeptiert werden (müssen), durch die bei den anderen Läden zu erzielenden Mieten „mitgetragen".

Im Hinblick auf die vereinbarten Mietpreise handelt es sich in der Regel um Netto-Kaltmieten, bezogen auf die angemieteten Laden- bzw. Lagerflächen mit mehrjährigen Laufzeiten[2] (häufig fünf oder zehn Jahre, bei Magnetmietern teilweise länger), wobei normalerweise an den Lebenshaltungskostenindex gekoppelte Wertsicherungsklauseln abgeschlossen werden.

Die je m² Shopping-Center-Mietfläche erzielbaren durchschnittlichen Netto-Kaltmieten schwanken in Europa je nach Land, Standort und Centertyp sehr stark. Während zum Beispiel in Südeuropa angesichts der dortigen entspannteren Wettbewerbssituation Durchschnittsmieten von über 40 Euro/m² (teilweise sogar bis zu 50 Euro/m²) erzielt werden können, liegen die entsprechenden Werte in Deutschland deutlich darunter und bewegen sich in der Regel in einer Größenordnung von maximal 20 Euro bis 25 Euro/m², wobei sich z. B. bei Fachmarktzentren noch deutlich niedrigere Werte ergeben.

Zusätzlich zu der Netto-Kaltmiete pro m² ist es darüber hinaus nicht unüblich, dass – ausgehend von dem Erreichen einer vertraglich fixierten Umsatzhöhe – Umsatzmieten vereinbart werden, und zwar als prozentualer Aufschlag auf den Umsatz, was selbstverständlich regelmäßige Umsatzmeldungen der Mieter an das Centermanagement zwingend voraussetzt. Gelegentlich laufen die Vereinbarungen der beteiligten Mietparteien sogar ausschließlich über Umsatzmieten.

Als „zweite Miete" sind über den reinen Mietzins hinaus die Aufwendungen der Mieter für die *Betriebskosten* sowie die Werbungskosten anzusehen. Diese sind zwar im Rahmen der Bewertung nur direkt wertrelevant, wenn es um die so genannten nicht-umlagefähigen Bestandteile geht. Allerdings haben die Betriebskosten einen wesentlichen indirekten Einfluss auf die Mietattraktivität und damit über den zu erwartenden Leerstand eines Centers auch Auswirkungen auf die zu erwartenden Roherträge.

Als Betriebskosten sind in diesem Zusammenhang die Aufwendungen der Mieter für Centermanagement/-verwaltung, öffentliche Abgaben, Versicherungen, Strom, Heizung, Wasser/Kanal, Wartung/Inspektion, Reinigung, Hausmeister/Bewachung, Information unter anderem anzusehen, die sich ausgehend von den spezifischen objektseitigen Gegebenheiten in einer weiten Spanne bewegen. „Traurige Berühmtheit" hat in diesem Zusammenhang die „Vertical Mall" „Zeil Galerie" in Frankfurt am Main erlangt, die nach der Eröffnung[3] 1992 diesbezüglich Spitzenwerte erzielte.

---

2   Wobei gelegentlich Sonderkündigungsrechte vereinbart werden.
3   Mittlerweile sollen hier dem Vernehmen nach eine deutliche Reduzierung der Betriebskostenbelastung erzielt worden sein.

Nach einer von Jones Lang LaSalle[4] durchgeführten Erhebung in 22 deutschen Centern bewegten sich die durchschnittlichen Betriebskosten insgesamt in einer Größenordnung zwischen gut 3 Euro/m² und rund 4 Euro/m² Mietfläche. Über die Betriebskosten hinaus sind die Mieter von Shopping-Center-Anlagen in der Regel dazu verpflichtet, sich über eine Umlage an der jeweiligen Center-Werbegemeinschaft, in der sie Mitglied sein müssen, für die Gesamtvermarktung des Centers in den Medien, eine Centerzeitung oder die speziellen Events unter anderem zu beteiligen. Die Aufwendungen variieren hier ebenfalls sehr stark, wobei Werte in einer Größenordnung von 2 Euro/m² bis 4 Euro/m² als durchaus gängig anzusehen sind.

Als eine wesentliche Rechengröße in Hinblick auf die von den Centermietern zu erwirtschaftenden Mieten ist die bereits angesprochene *Umsatzmietbelastung* anzusehen, die die Summe der jährlich zu zahlenden Kaltmieten ins Verhältnis zum jährlich erzielten Umsatz setzt.[5]

Hier gibt es für Shopping-Center grundsätzlich keine allgemein gültigen Werte, da ausgehend von der spezifischen Zusammensetzung des Mieterklientels nach Branchen und Betriebsformen, die typischerweise mit sehr verschiedenen Handelsspannen und Flächenproduktivitäten operieren (vom Lebensmitteldiscounter über Fachmärkte, Shops bis hin zum Designer-Labelstore[6]) sowie dem Land, in dem das Shopping-Center lokalisiert ist (mit sehr unterschiedlichen Kostenstrukturen z. B. in Ost- und Südeuropa gegenüber Mitteleuropa und Skandinavien), die Mieter eines Centers sehr unterschiedliche Miethöhen zu leisten bzw. zu „tragen" im Stande sind.

Abschließend sei in Hinblick auf „übliche" *Multiplikatoren* und *Netto-Anfangsrenditen* darauf hingewiesen, dass auch in diesem Kontext bezüglich der Shopping-Center nur wenige allgemeine Aussagen möglich sind, da hierbei jeweils nicht zuletzt die in Zeitablauf schwankenden Rahmenbedingungen auf den (inter-)nationalen Investmentmärkten bzw. die aktuellen Marktverhältnisse (Käufer- versus Verkäufermarkt) ihren Niederschlag finden.

Bezogen auf die Multiplikatoren ist in diesem Kontext darauf hinzuweisen, dass analog zur standortspezifischen Attraktivität von Kapitalanlagen in (internationalen) Metropolen höhere Multiplikatoren üblich sind, als in kleineren Groß- bzw.

---

4 Vgl. Immobilien-Zeitung vom 16. August 2003, Wiesbaden.
5 Beide Werte (Miet und Umsatz) entweder netto oder brutto, also ohne oder mit MwSt.
6 So können beispielsweise Lebensmittel-Discounter üblicherweise Umsatzmietbelastungen von 3 bis 4 Prozent vom Umsatz, Technik-Fachmärkte Umsatzmietbelastungen von 2 bis 3 Prozent, Uhren- und Schmuckgeschäfte Werte von 8 bis 10 Prozent sowie Designer-Labelstores grundsätzlich Umsatzmietbelastungen in zweistelliger Größenordnung erwirtschaften.

Klein- und Mittelstädten sowie in langjährig eingeführten (zentralen) Einzelhandelslagen höhere Multiplikatoren erzielt werden, als an (neuen) dezentralen Standorten.

Im Hinblick auf die Netto-Anfangsrendite für Shopping-Center-Investments in Deutschland sei angemerkt, dass hier Werte oberhalb von 7 Prozent heutzutage eher die Ausnahme sind, wogegen im süd- und osteuropäischen Ausland diese Marke oft noch übertroffen wird, teilweise aber sich auch hier etwas rückläufige Werte abzeichnen.

5 Bewertungsmethoden für Shopping-Center

Sachverständige der Bewertung bebauter und unbebauter Grundstücke sind in Deutschland grundsätzlich frei in Bezug auf die Wahl der Bewertungsmethode, wobei in aller Regel die in der Wertermittlungsverordnung (WertV) normierten Verfahren zur Anwendung kommen sollten. Die Anwendung der nicht normierten Verfahren muss dabei insbesondere in Grenzfällen gut begründet werden.

Die Wahl der Bewertungsmethode ist im Zusammenhang mit der Bewertung von Management- und Betreiberimmobilien wesentlich, dennoch ist letztlich auch die am besten geeignete Methodik letztlich wertlos, wenn der Gutachter nicht über ausreichende Erfahrungen im Umgang mit einzelhandelsrelevanten Fragestellungen und insbesondere über ausreichende Marktkenntnisse verfügt.

Betrachtet man zunächst die drei normierten Verfahren, so wird deutlich, dass es sich bei Shopping-Centern um renditeorientierte Anlagen handelt, die eine markt- und ertragsbezogene Bewertung verlangen. Das Sachwertverfahren kann somit nur im Rahmen der Plausibilisierung von Ergebnissen – insbesondere bei neuwertigen Objekten – hilfreich sein. Auch die direkte Vergleichswertmethode stößt an ihre Grenzen, da der Markt für Shopping-Center-Transaktionen eher überschaubar ist. Erschwerend kommt hinzu, dass regionale Abgrenzungen zu treffen sind und letztlich der verbleibende Teilmarkt keine oder nur begrenzte Aussagekraft hat. Auch sind die Vergleichstransaktionen regelmäßig nicht transparent und einzelne Center naturgemäß hochgradig heterogen. Gute Applikationen des Vergleichsgedankens können in die konkrete Bewertung über überregional gültige Vergleichsindikatoren, wie einzelbetreiberbezogene und durchschnittliche Mieten, Vertragslaufzeiten, Bewirtschaftungskosten etc. einfließen.

Neben der vorstehend skizzierten Umsatz-/Mietbelastungsrechnung kann im Rahmen des Ertragswertverfahrens über Vergleichswerte die Nachhaltigkeit der tatsächlichen Mieten zusätzlich weiter plausibilisiert werden. Differenzen können dann gegebenenfalls bei den „sonstigen wertbeeinflussenden Umständen" im Rahmen einer over- oder underrented-Kapitalisierung berücksichtigt werden. Bei den tatsächlichen Mieten ist dabei auf die vertragliche Mietanpassung (Indexierung, Umsätze, Umsatzmietbelastung, Staffelmieten etc.), die Umlage der Betriebskosten und gegebenenfalls vereinbarte Mieterincentives zu achten. Da zwischen Kaufleuten Vertragsfreiheit in Bezug auf die Kostenaufteilung herrscht, ist die Bandbreite der Höhe der beim Vermieter verbleibenden Bewirtschaftungskosten sehr groß. Bei einer weitgehenden Umlage der Betriebskosten und der Verwaltungskosten kann von folgenden weiteren Positionen ausgegangen werden. Die Instandhaltung liegt bei Shopping-Centern in einer großen Bandbreite zwischen rund 2 bis 4 Prozent bezogen auf die Netto-Mieteinnahmen. Das Mietausfallwagnis ist im hohen Maße abhängig von der Attraktivität der Centerkonzeption, der Management- und Standortqualität und dem konkreten Mietermix. Realistisch ist in Deutschland ein Ansatz von maximal 2 bis 3 Prozent p. a. der Netto-Mieteinnahmen. Die wirtschaftliche Gesamtnutzungsdauer eines Shopping-Centers beträgt ca. 50 bis 70 Jahre in Deutschland, wobei Erfahrungen zeigen, dass diese Gesamtnutzungsdauer beispielsweise in Südeuropa deutlich geringer ist.

In der Bewertungspraxis dominieren jedoch nicht die klassischen deutschen Verfahren sondern die angloamerikanische Bewertung unter Anwendung des Discounted-Cashflow-Verfahrens. Ohne auf die Details dieses Verfahrens näher einzugehen (es wird in unterschiedlichen Beiträgen dieses Buches ausführlich dargestellt) bietet dieses Verfahren den Vorteil die Ein- und Auszahlungen in einem Prognosezeitraum detailliert darstellen zu können.

Literaturhinweise

Reinhardt, W./Krägenau, L. (2003): Volkswirtschaftliche Entwicklungstendenzen im Ländervergleich, im German Council Report 1/2003, Ludwigsburg.

Reinhardt, W./Krägenau, L. (2003a) Einzelhandelsstrukturen im Ländervergleich, im German Council Report 2/2003, Ludwigsburg.

Ellrott, R. (2003): Branche handelt international, Immobilienmanager 11/2003, Köln.

Rat der Immobilienweisen, Frühjahrsgutachten 2003 und 2004 im Auftrag der Immobilien Zeitung, Wiesbaden.

Europäisches Handelsinstitut (EHI) (2003): Handel aktuell, Köln 2003.

Handelsverband BAG (2003): Vademecum des Einzelhandels, Berlin 2003.

Bewertung von Fachmärkten und Analyse der notwendigen Faktoren

Hermann Altmeppen/Holger Rathjen

1 Einleitung

2 Ein großflächiges Fachgeschäft – der Fachmarkt

3 Fachmärkte – Markt und Marktentwicklung
3.1 DIY – die „Do-it-yourself"-Branche
3.1.1 Sortimentspolitik der Bau- und Heimwerkermärkte
3.1.2 Wettbewerb – Anzahl und Flächenentwicklung
3.1.3 Wirtschaftliche Situation der Fachmärkte
3.1.4 Europäischer Markt
3.2 „Consumer Electronics"

4 Bewertung von Fachmärkten
4.1 Wahl des Bewertungsverfahrens
4.2 Wertbeeinflussende Faktoren
4.2.1 Planungsrechtliche Voraussetzungen
4.2.2 Ausgewählte Standortfaktoren
4.2.2.1 Harte Standortfaktoren
4.2.2.2 Weiche Standortfaktoren
4.2.3 Bodenwert
4.2.4 Mietvertrag
4.2.5 Baukosten
4.2.6 Gesamt- und Restnutzungsdauer
4.2.7 Liegenschaftszins und Vervielfältiger
4.3 Bestimmung des Grundstücksrohertrages
4.3.1 Ermittlung des Rohertrages über Festmieten
4.3.2 Berechnung des Rohertrages über den Umsatz
4.3.2.1 Grundsätzlicher Zusammenhang
4.3.2.2 Ansatz: Flächenproduktivität

4.3.3 Verwaltungskosten
4.3.4 Betriebskosten
4.3.5 Instandhaltungskosten
4.3.6 Mietausfallwagnis
4.4 Multiplikatoren und Netto-Anfangsrendite

5 Bewertungsbeispiele zur Bestimmung des Verkehrswertes

6 Zusammenfassung

1 Einleitung

Im Folgenden werden wesentliche Faktoren für die Verkehrswertermittlung von großflächigen Einzelhandelsimmobilien erläutert und untersucht sowie Kennzahlen dargestellt.

Um ein grundlegendes Verständnis für diese Immobilien zu erlangen, muss der Sachverständige über einige elementare Kenntnisse in Bezug auf den betroffenen Teilmarkt des Immobilienmarktes verfügen. Unabdingbar ist dazu, die Wirtschaftsgrundlage der Nutzer solcher Immobilien zu kennen. Daher wird, nachdem die Terminologien der Betriebstypen differenziert wurden, zunächst die „Do-it-yourself"-Branche, deren Entwicklung sowie deren Kennzahlen gesammelt und erläutert. Diese Branche bildet den Schwerpunkt der Betrachtung. Zusätzlich werden anschließend einige der bekannten Details aus dem Bereich der Elektronikfachmärkte ergänzt.

Besonderes Augenmerk im Rahmen der wertbeeinflussenden Faktoren kommt dabei der Nutzungsdauer und dem Liegenschaftszins sowie deren Verknüpfung im Vervielfältiger zu. Die Bedeutung dieses Zusammenspiels auf das Wertermittlungsergebnis wird oft unterschätzt.

Zu den Annahmen und Voraussetzungen gehören die folgenden *Eingrenzungen:*

- Den Schwerpunkt der Untersuchung bildet der Betriebstyp „Fachmarkt". Aufgrund des weiten Spektrums der Branchen der Fachmarktbetreiber und der spärlichen Informationslage zu dem Immobilientyp wird das Hauptaugenmerk auf die Branche der Bau- und Heimwerkermärkte gerichtet. Die angeführten Charakteristika des Marktes können nicht ohne weiteres auf kleinflächige Fachmärkte wie z. B. Drogerien übertragen werden, da bei den anschließenden Betrachtungen die Größe der Fläche im Mittelpunkt steht.

- Des Weiteren wird im Rahmen der wertbeeinflussenden Umstände der Einfluss der Nutzungsdauer auf den Ertragswert näher untersucht.

- Einen großen Einfluss auf den Wert der Immobilie hat der Wert des Bodens. Dieser ist vom konkreten Standort abhängig. Eine detaillierte Standortanalyse, wie sie im Zuge einer Projektentwicklung vorgenommen wird, ermöglicht die genaue Bestimmung des Bodenwertes. Die Einflussfaktoren werden hier nur im Allgemeinen erläutert. Es werden lediglich Ansätze zur Ermittlung des Bodenwertes aufgezeigt, der sich als tragbar durch den von der Immobilie erwirtschafteten Rohertrag erweist.

Es bestehen große Schwierigkeiten, plausible Größen zur Bestimmung des Ertragswertes zu erhalten. Ein verantwortungsvoller und sensibler Umgang mit ihnen ist unabdingbar, da viele Faktoren weitreichende Auswirkungen haben. Dies wird abschließend im Rahmen einiger Berechnungsbeispiele verdeutlicht. Sie werden zeigen, dass geringe Differenzen bei den angenommenen Werten bereits die Wirtschaftlichkeit eines ganzen Projektes in Frage stellen können. Dadurch unterstreichen die Beispiele die Bedeutung richtig angenommener Faktoren und die korrekte Interpretation des Mietvertrages, in den die wertbeeinflussenden Eigenschaften der Immobilie münden.

2 Ein großflächiges Fachgeschäft – der Fachmarkt

Der Fachmarkt ist ein großflächiges Fachgeschäft, das ein branchenbestimmtes breites und tiefes Angebot weitestgehend in Selbstbedienung führt. Trotz des Selbstbedienungskonzeptes wird dem Kunden auf Nachfrage auch Beratung und Service angeboten. Fachmärkte führen in der Regel die von ihnen versorgte Branche im Namen, z. B. Fliesenmarkt, Baumarkt usw.

Die Verkaufsfläche (VKF) dieser Märkte ist zumeist ebenerdig. Kleine Fachmärkte bieten ihr Sortiment bereits auf Flächen ab 700 m^2 an, üblicherweise herrschen aber Größenklassen von 3.000 m^2 bis 5.000 m^2 vor. Branchenabhängig haben neu errichtete Fachmärkte aber auch Flächen von 10.000 m^2 und mehr, jedoch scheint das ungebremste Flächenwachstum der vergangenen Jahre mittlerweile abzuflauen. Seit Jahren ist ein kontinuierlicher Flächenzuwachs bei gleichzeitig sinkender Flächenproduktivität zu beobachten, das scheint die ersten Betreiber zum Überdenken der Flächen- und Sortimentskonzepte zu bringen.

Aufgrund des hohen Flächenbedarfs für die Präsentation der Produkte befinden sich Fachmärkte in der Regel am Stadtrand. Aber auch hier gibt es Ausnahmen, vor allem aus dem Bereich der Elektronikfachmärkte.

Die Bauwerke, die solche Fachmärkte beherbergen, sind überwiegend in Skelettbauweise errichtete hallenartige Gebäude. Die Spannweiten der Tragkonstruktion liegen üblicherweise zwischen 15 m und 20 m und die Traufhöhe bei 3,5 m bis 5 m. Die Gebäude der jüngeren Baujahre sind oft so gehalten, dass sie ebenfalls als Lagerhallen oder anderweitig flexibel in ihrer späteren Nachnutzung einsetzbar sind.

Der Anteil der Verkaufsfläche an der Gesamtnutzfläche beträgt in der Regel zwischen 75 Prozent und 80 Prozent, der Anteil der Nutzfläche an der bebauten Fläche sogar 90 bis 95 Prozent.

Vorreiter des Fachmarktprinzips auf dem deutschen Markt waren die Bau- und Heimwerkermärkte sowie die Möbelfachmärkte. In diesen Branchen herrscht aufgrund der ausgestellten Güter schon immer ein relativ großer Flächenbedarf vor. Andere Branchen innerhalb dieses Betriebstyps sind unter anderem Textilien, Drogeriewaren, Schuhe, Computer und Unterhaltungselektronik.

In der Regel treten die Fachmarktbetreiber als Mieter auf. Die großflächigen Einzelhandelsimmobilien werden von eigenen oder fremden Grundstücksgesellschaften errichtet und unterhalten. Die nachhaltigen Erträge der Immobilien, auch bei selbst errichteten Gebäuden, bestehen daher aus den vertraglich fixierten bzw. anzunehmenden nachhaltigen Mieten, wobei die flächenabhängige Miete überwiegt, aber die umsatzabhängige Miete ebenfalls anzutreffen ist.

Das Fachmarktzentrum ist eine Zusammenlegung verschiedener Fachmärkte unter einem Dach, um auf diesem Weg Synergien in der Beschaffung, aber auch in der Magnetwirkung des Centers zu erzielen.

3 Fachmärkte – Markt und Marktentwicklung

Fachmärkte haben einen hohen Flächenbedarf bei vergleichsweise geringer Flächenproduktivität. Eine kurze Beispielrechnung soll verdeutlichen, dass Fachmärkte oft gar nicht in der Lage sind, hohe Handelsraummieten in Innenstädten zu bezahlen:

Der deutschlandweit umsatzstärkste Baumarkt „OBI" erzielte nach Auskunft der „BBE Unternehmensberatung GmbH" aus jedem Quadratmeter Verkaufsfläche durchschnittlich 2.069 Euro Umsatz im Jahr 2002. Das entsprach ca. 172 Euro pro Monat. In größeren Städten ist der Mietzins für Einzelhandelsflächen in 1a-Lagen oftmals bereits höher. Diese Einzelhandelsmieten sind für flächenintensive Fachmärkte nicht aufzubringen.

Dagegen können einige Elektro-, Schuh- oder Bekleidungsfachmärkte auch in Innenstädten die vergleichsweise hohen Quadratmetermieten erwirtschaften. Oft besteht dann ein besonderes Interesse am Erhalt des innerstädtischen Standortes, z. B. in der Verdrängung von Wettbewerbern.

Durch eine Neubewertung der klassischen Standortfaktoren verlagern sich die großflächigen Betriebe wie Möbelhäuser, Baumärkte, Gartencenter usw. zunehmend in die Peripherie der Städte. Grundlegend dafür sind betriebswirtschaftliche Überlegungen zu Grundstückskosten bzw. Mieten und zu Rationalisierungspotentialen durch Synergien, z. B. innerhalb von Fachmarktzentren. Des Weiteren sind Aspekte der Verfügbarkeit der benötigten Flächen, auch unter planungsrechtlichen Gesichtspunkten, von Bedeutung.

Betrachtet man dazu die Entwicklung der Kundenpräferenzen ein wenig detaillierter, unterstreicht der Wunsch nach „One-Stop-Shopping", d. h., alle Waren des täglichen Bedarfs sind in einem Geschäft mit großer Angebotsvielfalt zu erhalten, diese Tendenz. Gleichzeitig soll eine sichere Mengenverfügbarkeit bei hoher Bequemlichkeit und langen Öffnungszeiten gewährleistet werden. Zudem sollten die Güter möglichst günstig verfügbar sein. Diesem Trend steht der Anspruch der Konsumenten nach einer großen Anzahl an Geschäften, einer ansprechenden Einkaufsatmosphäre und der Betriebstypenvielfalt gegenüber.

Der Marktanteil der Fachmärkte betrug im Jahr 2002 bereits 21,4 Prozent an allen getätigten Konsumausgaben. Das bedeutet einen kontinuierlichen Anstieg seit 1999 (20,5 Prozent), während bei traditionellen Fachgeschäften ein stetiger Rückgang von 27,9 Prozent im Jahr 1999 auf 25,9 Prozent im Jahr 2002 zu beobachten ist.

In den folgenden Abschnitten werden branchenabhängig Historie und Trends in Bezug auf Flächenbedarfe, Umsätze und Kundenpotenziale näher erläutert. Schwerpunkt der Ausführungen bildet der Bereich der „Do-it-yourself"-Branche (DIY), da hier die umfangreichste Informationsgrundlage vorliegt. Abweichende Tendenzen sowie grundlegende wirtschaftliche Kenngrößen, vor allem für den Markt der Unterhaltungselektronik, werden anschließend beschrieben.

3.1 DIY – die „Do-it-yourself"-Branche

In der gesamten Handelslandschaft finden Umstrukturierungsprozesse statt. Die seit vielen Jahren wachsende Branche der Bau- und Heimwerkermärkte muss seit einigen Jahren Rückgänge der Zuwachsraten und zuletzt auch Umsatzrückgänge verkraften. Trotzdem werden die Verkaufsflächen stetig vergrößert, kleine Märkte geschlossen und neue großflächige Märkte geöffnet. Gerade bei Bau- und Heimwerkermärkten scheint dieses bislang ungebremste Flächenwachstum aber nicht mehr von allen Marktbetreibern forciert zu werden.

Die Kenntnis über das Marktgeschehen und dessen Zusammenhänge sind für den Immobiliengutachter nicht zuletzt bei der Einschätzung der möglichen Nutzungsdauer der betrachteten Objekte unabdingbar. Aus dem Bereich der DIY-Branche steht der Bau- und Heimwerkermarkt als Fachmarkt im Mittelpunkt der Betrachtung. Eine Unterscheidung zwischen den Distributionskanälen Baumarkt, Heimwerkermarkt und Gartenmarkt wird nicht getroffen, da die drei Vertriebsformen in der Vergangenheit faktisch immer mehr zu einer verschmolzen sind.

3.1.1 Sortimentspolitik der Bau- und Heimwerkermärkte

Das Sortiment der Bau- und Heimwerkermärkte kann in das Kernsortiment und das Erweiterungssortiment unterteilt werden. Das Kernsortiment beinhaltet die Hauptwarengruppen Heimwerker, Baustoffe und Gartenbedarf. Einige der Waren aus dem Bereich des Erweiterungssortiments sind z. B. Autoreifen, Campingzubehör, Fahrräder, Gardinen, Möbel usw. In diesen Bereich werden oft neue Produktgruppen aufgenommen, um die Attraktivität des Marktes zu erhöhen und umsatzstarke Artikel aus angrenzenden Sortimenten mit aufzunehmen. Die wirtschaftliche Bedeutung des Erweiterungssortiments steigt stetig. Durch das Anbieten von Produkten, die nicht in das klassische DIY-Sortiment gehören, ziehen die Bau- und Heimwerkermärkte Kunden von anderen Facheinzelhandelsbranchen, wie z. B. dem Heizungs- und Sanitärfachgeschäft, ab.

Tabelle 1 zeigt die typischen Flächenkonzepte der nach Inlandsumsatz führenden Unternehmen in Deutschland:

Warengruppe*	OBI	Praktiker	Bauhaus	Hornbach	hagebau	toom
Gartenbedarf	1.400	800	900	1.750	850	700
Baustoffe	400	260	250	800	220	330
Holz, Kleinmöbel	750	730	800	1.050	470	680
Bauelemente	250	250	400	450	150	220
Fliesen	300	300	400	500	180	260
Sanitär	650	600	750	1.050	420	590
Eisenwaren, Werkzeuge	550	520	750	700	370	430
Raumausstattung	650	520	900	1.050	410	670
Elektro, Lampen	450	420	600	650	330	370
Ergänzungsbedarf, Aktionen	600	500	550	600	350	400
VKF innen	6.000	4.900	6.300	8.600	3.750	4.650
Freifläche überdacht	450	550	500	500	400	350
Außenbereich	1.300	500	600	1.800	1.250	600
VKF gesamt	7.750	5.950	7.400	10.900	5.400	5.600
VKF gewichtet**	6.550	5.300	6.700	9.300	4.260	4.980

* Zuordnung nach dem Schwerpunktprinzip
** Innen-VKF = 100 Prozent, überdachte Fläche = 50 Prozent, Außenfläche = 25 Prozent.

Tabelle 1: Flächenkonzepte der Marktführer nach Inlandsumsatz (Angabe in m^2)[1]

---

[1] Vgl. Gemaba (2003c).

3.1.2 Wettbewerb – Anzahl und Flächenentwicklung

Massive Werbeauftritte der Anbieter in allen Medien fördern die Bekanntheit der Marken wie „OBI", „Hornbach" usw. und den Mut des Konsumenten zum Selbermachen. Gleichzeitig wird aber der Werbedruck innerhalb der Branche erhöht.

OBI	92 %
Praktiker	82 %
Hornbach	66 %
hagebau	63 %
Bauhaus	58 %

Tabelle 2: Gestützte Bekanntheit von Baumärkten[2]

Das Selbermachen erfreut sich steigender Beliebtheit. Es wird davon ausgegangen, dass es sich dabei um einen robusten Trend handelt, der seinen Ursprung in der zunehmenden Digitalisierung und Virtualisierung des Alltags hat.

Es können drei zentrale Grundmotive für einen Baumarktbesuch unterschieden werden: Das autonome Produzieren, wobei das Erleben von konkreten Gestaltungs- und Bestimmungsmöglichkeiten im Vordergrund steht, die handfesten materiellen Erfahrungen sowie die Entdeckung neuer Spielräume und Entwicklungsperspektiven. Es geht dabei um körperliche Betätigung, Erfolgserlebnisse und persönliche Bestätigung.

Im Rahmen der stetigen Polarisierung zwischen Qualitäts- und Discountprodukten sowie dem Interesse der Konsumenten am Selbermachen steigt die Anzahl der Verkaufsstellen und deren Umsätze auf Kosten des Fach- und Spezialeinzelhandels seit vielen Jahren stetig an, in der ersten Hälfte der 90er Jahre teilweise sogar im zweistelligen Prozentbereich. Erst in den Jahren 2002 und 2003 im Rahmen der allgemeinen Wirtschaftslage stagnierten die Umsatz- und Verkaufsstellenzuwächse.

Tabelle 3 zeigt die Verdoppelung der Anzahl an Verkaufsstellen innerhalb der vergangenen 15 Jahre seit 1988 in Deutschland. Erst in den vergangenen vier Jahren kam dieses Wachstum zum Erliegen. Ebenso ist erkennbar, dass sich die Fläche je

---

2 Vgl. DIYonline (2003).

Markt mehr als verdoppelt hat, wobei sich die Werte immer aus der Mittelung des Bestandes ergeben und somit nicht erkennen lassen, welche Größenordnung die Neubauten haben.

	Zahl der Baumärkte	Veränderung zum Vorjahr	VKF aller Baumärkte in 1.000 m²	Veränderung zum Vorjahr	VKF je Baumarkt in m²	Veränderung zum Vorjahr
01.01.1988	1.202	+4,1 %	2.470	+7,4 %	2.055	+3,2 %
01.01.1989	1.289	+7,2 %	2.756	+11,6 %	2.138	+4,0 %
01.01.1990	1.386	+7,5 %	3.100	+12,5 %	2.237	+4,6 %
01.01.1991	1.617	+16,7 %	3.725	+20,2 %	2.304	+3,0 %
01.01.1992	1.830	+13,2 %	4.460	+19,7 %	2.437	+5,8 %
01.01.1993	1.960	+7,1 %	5.130	+15,0 %	2.617	+7,4 %
01.01.1994	2.160	+10,2 %	5.930	+15,6 %	2.745	+4,9 %
01.01.1995	2.297	+6,3 %	7.095	+19,6 %	3.089	+12,5 %
01.01.1996	2.450	+6,7 %	8.224	+15,9 %	3.357	+8,7 %
01.01.1997	2.560	+4,5 %	8.977	+9,2 %	3.507	+4,5 %
01.01.1998	2.640	+3,1 %	9.794	+9,1 %	3.710	+5,8 %
01.01.1999	2.605	−1,3 %	10.102	+3,1 %	3.878	+4,5 %
01.01.2000	2.605	+0,0 %	10.606	+5,0 %	4.071	+5,0 %
01.01.2001	2.609	+0,2 %	11.038	+4,1 %	4.231	+3,9 %
01.01.2002	2.590	−0,7 %	11.273	+2,1 %	4.353	+2,9 %
01.01.2003	2.570	−0,8 %	11.524	+2,2 %	4.484	+3,0 %

Tabelle 3: Entwicklung der Anzahl und der Verkaufsfläche bei Baumärkten[3]

---

3   Vgl. Gemaba (2003a).

Es wird davon ausgegangen, dass die Stagnation bei dem Verkaufsstellenzuwachs darauf zurückzuführen ist, dass das Kundenpotenzial weitestgehend erschlossen ist, was wiederum dem Verdrängungswettbewerb innerhalb der Branche Vorschub leistet.[4]

Die am 1. Januar 2003 gezählten 2.570 Baumärkte lassen sich in folgende Größenklassen einteilen (siehe Tabelle 4). Es zeigt sich, dass die stagnierende Gesamtzahl verschleiert, welche Veränderungen innerhalb dieser Gruppen stattfinden.

Größen-klassen m²	Anzahl absolut 01.01.2002	%	Anzahl absolut 01.01.2003	%	Veränderung 2002–2003	VKF absolut in 1.000 m²	%
1.000–1.499	281	11	269	11	–4 %	313.900	3
1.500–2.999	625	24	588	23	–6 %	1.271.200	11
3.000–4.999	758	29	750	29	–1 %	2.898.200	25
5.000–7.499	592	23	589	23	–1 %	3.549.000	31
7.500–9.999	233	9	260	10	12 %	2.187.200	19
10.000 und mehr	101	4	114	4	13 %	1.304.100	11
Gesamt	2.590	100	2.570	100	–1 %	11.523.600	100

Tabelle 4: Größenstruktur 2002 und 2003 im Vergleich[5]

Das wird umso deutlicher, wenn man die Neueröffnungen oder die Umbauten, die für das Jahr 2003 und 2004 bekannt sind, betrachtet (siehe Tabelle 5). Es werden fast ausschließlich großflächige Betriebe eröffnet.

---

4   Vgl. Gewos (2000), S. 3.
5   Vgl. Gemaba (2003b), vgl. EHI (2002), S. 131, vgl. EHI (2003), S. 140.

	2003				2004			
	Schnitt	von	bis	Anzahl	Schnitt	von	bis	Anzahl
	in 1.000 m² VKF innen				in 1.000 m² VKF innen			
OBI	7,7	7,0	10,0	7	7,4	4,4	10,0	9
Praktiker	8,0	6,0	8,0	5	7,0	6,0	8,0	2
Bauhaus	9,6	6,0	12,5	7	8,9	7,3	12,0	7
Hornbach	9,9	8,0	12,0	7	9,0	8,0	11,0	7
hagebau	2,9	1,0	5,1	9	5,1	3,5	7,0	5
toom	3,9	1,8	5,0	5	4,3	5,0	6,0	4
Marktkauf	5,0	5,0	5,0	1	4,5	3,9	5,0	2
Globus	–	–	–	0	7,2	6,1	8,2	2
Bahr	10,0	6,0	15,0	4	6,0	6,0	6,0	1
Hellweg	5,0	5,0	5,5	1	–	–	–	0

Quelle: Rohn Verlag

Tabelle 5: Verkaufsflächen der Neueröffnungen in den Jahren 2003 und 2004[6]

Bei den meisten Standorten handelt es sich um Verkaufsflächen in Neubauten, nur wenige Angaben beziehen sich auf Um- bzw. Erweiterungsbauten. Nicht berücksichtigt ist die jeweilige Fläche des Gartencenters, die bei fast jedem Neubau vorgesehen und mit rund 2.000 m² bis 4.000 m² veranschlagt wird. Einzige Ausnahme bildet die Unternehmensgruppe hagebau, von der sich die Mehrzahl der für 2003 angekündigten Veränderungen auf zum Teil relativ kleinflächige Umbauten bzw. einen Neubau in Lüchow mit „nur" 1.000 m² Verkaufsfläche bezieht.

Die Verkaufsfläche der bestehenden Märkte wird, soweit es räumlich an den jeweiligen Standorten möglich ist, bislang kontinuierlich erhöht. Kleine Märkte werden in der Regel geschlossen, und die Anzahl großflächiger Märkte mit über 7.500 m² steigt überproportional. Oft werden zu kleine Baumärkte in zentraler, aber auch peripherer Lage geschlossen und zumeist am Stadtrand auf der so genannten „grünen

---

6 Vgl. Rohn (2003a), Rohn (2003b).

Wiese" neu eröffnet.[7] Ziel dieser expansiven Politik ist das Bestehen im Wettbewerb, das Erringen von Wettbewerbsvorteilen und die Verdrängung von Mitbewerbern. So wird in der Summe auch auf absehbare Zeit das Verkaufsflächenvolumen weiter steigen.

3.1.3 Wirtschaftliche Situation der Fachmärkte

Durch die gezeigten Flächenveränderungen steigt das Flächenangebot stärker als der erzielte Umsatz. Dennoch scheint ein Umsatzwachstum zurzeit nur über ein Flächenwachstum und die Aufnahme neuer Artikel in die Sortimente möglich zu sein. So ergibt sich eine abnehmende Flächenproduktivität.[8] Denn obwohl der Umsatz in den vergangenen Jahren stieg und erst 2002 leicht fiel, nimmt der flächenbereinigte Umsatz schon seit mehreren Jahren ab. Tabelle 3 zeigt ein Flächenwachstum von 2,2 Prozent auf 11,524 Millionen m^2 zum 1. März 2003. Gleichzeitig fiel der in den Bau- und Heimwerkermärkten erzielte Umsatz von 2002 auf 2003 um 120 Millionen Euro auf 16,05 Milliarden Euro im Jahr 2002. Das bedeutet eine Abnahme um 0,5 Prozent. Betrachtet man die Flächenproduktivität, ergibt sich ein Rückgang von 2,6 Prozent (siehe Tabelle 6).

Bei der Bewertung der wirtschaftlichen Situation, wie zur Bestimmung der nachhaltigen Erträge aus der Immobilie „Fachmarkt" notwendig, ist darauf zu achten, worauf sich die statistischen Umsatzzahlen beziehen. Die „BBE Unternehmensberatung GmbH" in Köln sammelt im Auftrag der Branchenverbände die Marktdaten und bereitet diese nach zwei Schlüsseln auf. Der erste Schlüssel basiert auf der Warengruppeneinteilung des Bundesverbandes Deutscher Heimwerker-, Bau- und Gartenfachmärkte e. V. (BHB), der zweite auf der Einteilung der Warengruppen durch die BBE selbst. Der zweite Schlüssel berücksichtigt umfassender das Erweiterungssortiment, während der BHB-Schlüssel fast ausschließlich die Marktdaten und Umsatzzahlen der Kernsortimente erfasst. Beide Schlüssel werden für die Ermittlung der Umsätze der gesamten DIY-Branche angewendet. Das beinhaltet auch Umsätze von DIY-Artikeln in Warenhäusern, Verbrauchermärkten etc.

Um die Umsatzsituation der Fachmärkte im Speziellen herauszufiltern, erscheint die genaue Betrachtung der Zusammensetzung der Umsätze nach dem umfassenderen BBE-Schlüssel sinnvoller. Tabelle 6 zeigt die Entwicklung der Umsätze der DIY-Branche und der Bau- und Heimwerkermärkte (B+H) sowie parallel dazu die

---

7 Vgl. Gewos (2000), S. 3.
8 Vgl. Teipel/Krüger/Kollatz (2001), S. 196, vgl. Gewos (2000), S. 3.

Entwicklung der durchschnittlichen Verkaufsfläche und der Flächenproduktivität. Außerdem lässt die Darstellung erkennen, welches Umsatzpotenzial die gesamte DIY-Branche birgt und welchen Anteil bisher die Fachmärkte daran haben.

	2002			2001		
	Branchenweit*	B+H	Veränderung	Branchenweit*	B+H	Veränderung
Kernsortiment	40.245 Mio. Euro			43.851 Mio. Euro		
Erweiterungssortiment	4.925 Mio. Euro			5.111 Mio. Euro		
Summe	45.170 Mio. Euro	16.050 Mio. Euro	−0,47 %	48.962 Mio. Euro	16.125 Mio. Euro	−0,51 %
Verkaufsfläche**		11.399 Tsd. m²			11.156 Tsd. m²	
Flächenproduktivität		1.408 Euro/m²	−2,59 %		1.445 Euro/m²	−3,49 %
	2000			1999		
	Branchenweit*	B+H	Veränderung	Branchenweit*	B+H	Veränderung
Kernsortiment	43.306 Mio. Euro			43.033 Mio. Euro		
Erweiterungssortiment	5.032 Mio. Euro			4.924 Mio. Euro		
Summe	48.338 Mio. Euro	16.208 Mio. Euro	+1,93 %	47.957 Mio. Euro	15.901 Mio. Euro	+6,01 %
Verkaufsfläche**		10.822 Tsd. m²			10.354 Tsd. m²	
Flächenproduktivität		1.498 Euro/m²	−2,48 %		1.536 Euro/m²	+1,85 %

* Umsätze nach BBE-Ansatz, ** gemittelt

Quelle: BBE, A. C. Nielsen

Tabelle 6: Vergleich: Umsätze, Flächenentwicklung und Flächenproduktivität 1999 bis 2002[9]

---

9 Vgl. A. C. Nielsen (2003), A. C. Nielsen (2002), A. C. Nielsen (2001).

Zur Ergänzung und Veranschaulichung werden die 10 umsatzstärksten Unternehmensgruppen herausgegriffen und detaillierter betrachtet (siehe Tabelle 7).

	Unternehmensgruppe	Vertriebsschiene	Anzahl Filialen	VKF in 1.000 m²	Bruttoumsatz in Mio. Euro	VKF pro Filiale in m²	Umsatz pro Filiale in Mio. Euro	Flächenproduktivität in Euro/m²
1	Tengelmann	OBI	464	2.900	6.000	6.250	12,9	2.069
2	Metro	Praktiker*	378	1.891	2.950	5.000	7,8	1.560
3	Bauhaus	Bauhaus	176	1.183	2.200	6.720	12,5	1.860
4	Hornbach	Hornbach	100	990	1.836	9.900	18,4	1.855
5	hagebau	hagebaumarkt	311	1.212	1.590	3.900	5,1	1.312
6	rewe	toom	262	1.254	1.488	4.790	5,7	1.187
7	AVA	Marktkauf	145	943	1.000	6.500	6,9	1.060
8	Globus	Globus	54	400	800	7.410	14,8	2.000
9	Max Bahr	Max Bahr	77	456	800	5.920	10,4	1.754
10	Hellweg	Hellweg	78	525	625	6.730	8,0	1.190
* mit Extra und Top-Baucenter								

Quelle: BBE

Tabelle 7: Top 10-Baumarktunternehmensgruppen in Deutschland im Jahr 2002

Abbildung 1 stellt die Marktposition der Top 10-Unternehmensgruppen dar. Die auf der Abszisse aufgetragene Flächenleistung lässt Rückschlüsse auf das Betreiberkonzept und seine Wirksamkeit zu. Auf der Ordinate wird der Bruttoumsatz pro Filiale dargestellt, was den Rückschluss auf das Standortkonzept des Unternehmens erlaubt. Die Größe der Blasen zeigt die jeweilige Marktbedeutung gemessen am Gesamtumsatz.[10]

---

10 Vgl. Teipel/Krüger/Kollatz (2001), S. 198.

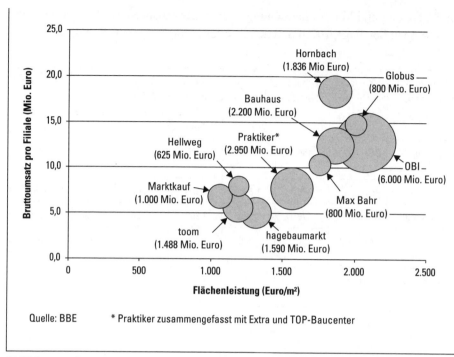

Abbildung 1: Portfolio zur Flächenproduktivität der Top 10 Baumärkte 2002

Die hier dargestellten Größen ermöglichen bereits eine überschlägige Ableitung des Verkehrswertes der Einzelhandelsimmobilie, da sie einen Rückschluss auf die Umsätze und somit auf die realisierbaren Mieteinnahmen ermöglichen. Sie können zur Kontrolle des Rohertrages herangezogen werden.

3.1.4 Europäischer Markt

Obwohl die Einzelhandelsstrukturen eines jeden Landes als historisch gewachsen und daher als einzigartig anzusehen sind, expandieren in fast allen Branchen die großen Unternehmensgruppen in internationale Märkte. Vor allem durch das Vordrängen führender Unternehmen mit großflächigen Konzepten hat die Polarisierung zwischen Erlebnis- und Versorgungskonsum auch in Deutschland Einzug gehalten. Oftmals haben diese Unternehmen bereits im heimischen Markt ein festes Standbein, bevor sie international expandieren. Beispiele dafür sind „Hennes & Mauritz" im Textilbereich, oder „Wal-Mart" bei den Discountern. Begründet wird diese Vermischung der Einkaufskulturen mit der Unzufriedenheit der Unternehmen in Bezug auf Wachstumspotenziale und Kaufkraftentwicklung auf dem heimischen Markt. Durch den hohen Marktbesatz und das so genannte „Overstoring", d. h. die Überversorgung in vielen Regionen, sind die inländischen Marktchancen weitestgehend ausgereizt. Das führt zu dem beschriebenen Verdrängungswettbewerb. Ähnliche Verhältnisse herrschen auch auf dem französischen und dem britischen Markt.

Europaweit liegt Deutschland bei der Betrachtung der Verkaufsfläche im Einzelhandel pro Einwohner in der vorderen Gruppe. In Köln z. B. bestehen pro Einwohner 1,5 m² Verkaufsfläche, in München und Hamburg 1,3 m², in Berlin 1,1 m² je Einwohner.[11] Dieses Flächenangebot resultiert mittelbar aus der Kaufkraft der Regionen, liegt aber im Schnitt über den Verhältnisse vieler europäischer Staaten. Tabelle 8 zeigt diese Einzelhandelskennzahl im Vergleich mit ausgewählten europäischen Ländern.

Kennzahlen	Deutschland	Österreich	Frankreich	Großbritannien	Italien
Einzelhandelsumsatz (Mrd. Euro)	324.865	36.696	293.709	363.530	215.651
Einzelhandelsumsatz pro Einwohner (Euro)	3.933	4.475	4.928	6.151	3.817
Verkaufsfläche (Tsd. m²)	108	12	51	39	75
Verkaufsfläche pro Einwohner (m²)	**1,3**	**1,5**	**0,9**	**0,7**	**1,3**
Einzelhandelsumsatz pro m² VKF (Euro)	3.008	3.058	5.759	9.321	2.875
Beschäftigte (Tsd.)	2.506	274	1.402	3.017	1.750

Tabelle 8: Einzelhandelskennzahlen 2001 einiger europäischer Länder[12]

Gerade die Bau- und Heimwerkerfachmärkte sind Vorreiter bei der Expansion in den mittel- und osteuropäischen Regionen. Bei dem aktuellen Tempo der Ausdehnung werden sich die Marktverhältnisse auch dort in wenigen Jahren angeglichen haben.

---

11 Vgl. Gewos (2000), S. 11.
12 Vgl. EHI (2003), S. 54.

Das primäre Interesse der Baumarktunternehmen gilt vor allem Tschechien, Ungarn und Polen, da dort stabile politische und wirtschaftliche Rahmenbedingungen vorherrschen. Abbildung 2 zeigt das Auslandsengagement deutscher Baumarktbetreiber, nach Ländern gegliedert, im Jahr 2001.

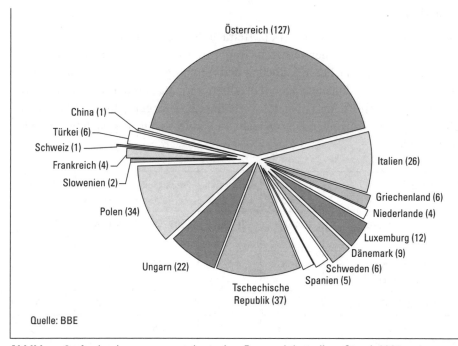

Abbildung 2: Auslandsengagement deutscher Baumarktbetreiber, Stand: 2001

Die Abbildung 2 zeigt auch, dass sich die Unternehmen gerade im österreichischen Markt in der Anfangsphase der Internationalisierung besonders stark engagierten. Seit 1998 regelte die so genannte „Farnleitner-Verordnung" die Ansiedelung von großflächigen Märkten und Einkaufszentren auf der grünen Wiese und verteuerte dort die Handelsflächen ab 800 m^2. Dieses Instrument sollte die Innenstädte schützen, wurde jedoch am 1.07.2000 vom Verfassungsgerichtshof aufgehoben.[13]

---

13 Vgl. Gate to Austria (2003).

Innerhalb kürzester Zeit wurden sechs neue Baumärkte durch den österreichischen Betreiber „bauMax" und weitere sechs durch deutsche Betreiber realisiert.[14] Tabelle 9 zeigt die Standorte für Neueröffnungen in den Jahren 2003 und 2004.

Standort	Eröffnungen 2003	Eröffnungen 2004
Bosnien-Herzegowina	1	–
Bulgarien	1	–
China	1	–
Dänemark	–	1
Kroatien	–	4
Litauen	1	3
Luxemburg	1	–
Österreich	–	2
Polen	1	–
Russland	2	–
Schweden	3	1
Schweiz	2	4
Slowakei	–	2
Slowenien	–	4
Tschechische Republik	1	2
Türkei	–	1
Ungarn	1	2

Quelle: Rohn Verlag

Tabelle 9: Bekannte Standortgründungen deutscher Baumarktunternehmen im Ausland[15]

Das Mittel der Verkaufsfläche liegt bei 6.000 m². Die Spanne reicht dabei von 5.000 m² bei den Standorten in Litauen, der Slowakei und Tschechien bis 14.000 m² in Shanghai, China. Diese Angaben sind, soweit bekannt, zuzüglich Außenflächen für Gartencenter.

---

14 Vgl. Rohn (2003c).
15 Vgl. Rohn (2003b).

3.2 „Consumer Electronics"

Die beschriebenen grundlegenden Marktentwicklungen der DIY-Branche gelten ebenso für den Bereich der „Consumer Electronics" (CE) und anderer Fachmarkt-Branchen wie Möbelmärkte, Textilfachmärkte u. Ä. Hier herrscht ein vergleichbarer strenger Verdrängungswettbewerb. Dieser bewegt einige der Fachmärkte dazu, trotz höherer Mieten für Einzelhandelsflächen, weiterhin in zentralen Lagen ihr Sortiment anzubieten. So sind einige große Elektronikfachmärkte wie z. B. „Media Markt" auch in innerstädtischen Gebieten präsent. Ähnlich ist es bei Möbelfachmärkten mit Lieferservice, die Präsentationsräume in zentralen Lagen unterhalten und ihre Lager in der Peripherie haben.

Aufgrund der geringen Anzahl an Wettbewerbern unter den großflächigen Anbietern und der Verschwiegenheit der auftretenden Unternehmen sind nur wenige Daten erhältlich. Ein dem DIY-Markt vergleichbares Bild ist hier kaum zu zeichnen.

	1998	1999		2000		2001	
	Umsatz Mrd. Euro	Umsatz Mrd. Euro	Veränderung in %	Umsatz Mrd. Euro	Veränderung in %	Umsatz Mrd. Euro	Veränderung in %
Unterhaltungselektronik/ Zubehör	9,9	10,1	+2.0	10,4	+3,2	10,2	−2,3
Informationselektronik	5,5	6,8	+23,6	8,1	+19,3	8,1	−0,3
Telekommunikation	1,7	1,8	+5,9	3,0	+69,0	2,5	−16,7
CE-Gesamt	17,1	18,7	+9,4	21,5	+15,0	20,8	−3,3

Tabelle 10: Umsatzentwicklung der CE-Marktsegmente 1998 bis 2001[16]

---

16 Vgl. Clevenz (2002), S. 50.

Die CE-Branche ist ebenso wie die DIY-Branche von der konjunkturellen Lage und dem sich wandelnden Verbraucherverhalten betroffen. Daher schrumpfen auch hier die Umsätze in den drei Kernsortimenten Unterhaltungselektronik (UE), Informationselektronik (IE) als auch die Telekommunikation (TK). Tabelle 10 zeigt die Entwicklung der Umsätze in diesen drei Segmenten seit 1998.

Die Umsätze werden über alle Betriebstypen des Einzelhandels generiert, jedoch ist der Anteil des Fachhandels außerordentlich hoch. Im Bereich der Unterhaltungselektronik wurden 2001 79,8 Prozent des Umsatzes dort erzielt, in der Informationselektronik 74,1 Prozent und bei der Telekommunikation 81 Prozent.

Länder- und betriebstypübergreifend war auf dem Telekommunikationsmarkt nach 2000 ein starker Einbruch zu verzeichnen. Die großen Zuwachsraten der Vergangenheit, vor allem auf dem Gebiet der Handys und PCs, haben zu einer Sättigung des Marktes in diesen Bereichen geführt.

In allen Segmenten ist zu beobachten, dass sich die „Großflächen-Vertreiber" etablieren und langsam an Bedeutung gewinnen. Dennoch bildet der Fachhandel und hier insbesondere die Betriebe mit kleineren Flächen das Rückgrat dieser Branche, mit nur geringen Bedeutungsverlusten im Zuge des verstärkten Wettbewerbes. Tabelle 11 verdeutlicht diese Entwicklung.

Von noch untergeordneter Bedeutung ist der E-Commerce, aber nahezu alle Großunternehmen sind in dem Bereich aktiv. Daher waren zwischen 2000 und 2001 mit +23 Prozent auch die größten Wachstumsraten zu verzeichnen. Den höchsten Rückgang dagegen erlebten die Warenhäuser mit –11,5 Prozent.[17] CE-Kompetenz ist scheinbar nur noch bei Karstadt vorzufinden.

Zu den Großflächen-Vertreibern, die hier im Mittelpunkt der Betrachtung stehen, werden etwa 900 Großfachgeschäfte, technische Kaufhäuser und Elektronik-Fachmärkte gezählt. Als Untergrenze gilt eine VKF von 1.000 m^2.

Als Großfachgeschäfte werden die am Markt verbliebenen mittelständischen Unternehmen und die großen Gesellschafter von „Expert", „Interfunk" etc. mit einem Umsatz von über 2,5 Millionen Euro verstanden. In diesen Betrieben wird ein nicht unerheblicher Anteil der Umsätze über den Service und die angegliederten Werkstätten erzielt.

---

17 Vgl. Clevenz (2002), S. 287.

Betriebsformen	UE/Zubehör (Mio. Euro)		IE/Zubehör (Mio. Euro)		TK/Zubehör (Mio. Euro)		Summe Umsatz (Mio. Euro)
Fachhandel/ Handwerk	3.740	36,7 %	574	7,1 %	400	15,8 %	4.714
Großfläche/ Fachmärkte	**4.147**	**40,7 %**	**1.900**	**23,5 %**	**636**	**25,1 %**	**6.683**
Diversifizierter Fachhandel	245	2,4 %			25	1,0 %	270
Computer-Fachhandel			3.521	43,5 %	228	9,0 %	3.749
TK-Fachhandel					764	30,1 %	764
Summe Fachhandel	8.132	79,8 %	5.995	74,1 %	2.053	81,0 %	16.180
Warenhäuser	290	2,8 %	220	2,7 %	120	4,7 %	630
Versender	910	8,9 %	270	3,3 %	110	4,3 %	1.290
SB-Warenhäuser, V-Märkte, Baumärkte	458	4,5 %	162	2,0 %	91	3,6 %	711
Food-Discounter, C & C, Sonstige	337	3,3 %	1.393	17,2 %	161	6,4 %	1.891
E-Commerce, Teleshopping	61	0,6 %	50	0,6 %			111
Summe	10.188	100,0 %	8.090	100,0 %	2.535	100,0 %	20.813

Tabelle 11: Distribution im CE-Handel 2001 nach Vertriebskanälen und Marktsegmenten[18]

---

18 Vgl. Clevenz (2002), S. 284.

Für technische Kaufhäuser stehen konzerngesteuerte Filialsysteme wie „Saturn", „Schaulandt" oder die ehemalige „Brinkmann"-Gruppe. Der Betriebstyp des technischen Kaufhauses ist mit einem Warenhaus vergleichbar, das auf technische Sortimente spezialisiert ist, aber Kaufhausatmosphäre und die dazu gehörenden Eigenschaften wie erhöhten Personaleinsatz bieten.

Die Elektronik-Fachmärkte verbuchen innerhalb der Großflächen-Anbieter die höchsten Zuwachsraten. Hierunter fallen rund 500 Outlets und rechtlich selbständige Filialisten von „Media Markt" oder „Pro Markt".

Tabelle 12 zeigt die Struktur der Großfachgeschäfte 2001.

Betreiber/Betriebstyp	Anzahl der Outlets	CE-Umsätze (Mio. Euro)	Anteil
Media/Saturn* (Metro AG)	242	3.670	54,9 %
Pro Markt (Rewe und Kingfisher)	152	900	13,5 %
Medimax-Fachmärkte (EP Düsseldorf)	50	230	3,4 %
Mega Company** Fachmärkte	65	270	4,0 %
expert-Fachmärkte	40	180	2,7 %
Alpha Tecc (Globus)	12	85	1,3 %
Sonstige Fachmärkte und Fachhändler	339	1.348	20,2 %
Gesamtpotenzial	900	6.683	100,0 %

* nur Inland
** Mega Company-Fachmärkte der „Interfunk" und „Ruefach"-Fachmärkte

Tabelle 12: Struktur der Großflächenanbieter 2001[19]

---

19 Vgl. Clevenz (2002), S. 299.

Die verschiedenen Betreiber von großflächigen Märkten vertreten dabei unterschiedliche Strategien. Die „Metro AG" und ihre Tochter „Media-Saturn-Holding" verfolgt gleichzeitig mit der Vertriebsschiene „Media Markt" ein Discounter-Konzept mit eher peripheren, verkehrsorientierten Standorten und mit „Saturn" ein Qualität-Erlebnis-Konzept überwiegend in der City.

Aufgrund des hohen Marktanteils des Facheinzelhandels werden oft auch innerstädtische Standorte gewählt. Grund hierfür ist auch der Wunsch nach Verdrängung der Konkurrenz. Wenn diese Motivation besteht, werden oft hohe Mieten akzeptiert. Den Spielraum hierfür liefert die wesentlich höhere Produktivität der Elektronik-Fachmärkte im Vergleich zu den Bau- und Heimwerkermärkten.

Pro Elektronik-Fachmarkt wurde 2001 auf durchschnittlich 2.900 m^2 VKF ein Umsatz von rund 25 Millionen Euro erzielt. Das ergibt eine Flächenproduktivität von 8.530 Euro/m^2 VKF.[20] Nicht bekannt ist, welche Fachmärkte und technischen Kaufhäuser dabei berücksichtigt wurden. Andere Quellen sprechen für Fachmärkte von 5.100 Euro/m^2 in Außenlagen und 6.300 Euro/m^2 in zentralen Lagen.[21] Der Stand dieser Daten ist allerdings das Jahr 1998. Seitdem hat es drastische Umsatzsteigerungen (siehe Tabelle 10) bei gleichzeitiger Optimierung der Flächenkonzepte und des Personaleinsatzes bei den Fachmärkten gegeben. Eine geringere Flächenproduktivität als die für das Jahr 1998 genannte ist also trotz der Stagnation der letzten beiden Jahre kaum anzunehmen.

Die Prognosen für das Jahr 2006 sehen am Gesamtbild kaum Veränderungen für Fachmärkte und ihre Wirtschaftsgrundlage voraus. Tabelle 13 stellt die Marktanteile der Vertriebskanäle im Jahr 2001 (siehe Tabelle 11) mit Vorhersagen für das Jahr 2006 gegenüber.

---

[20] Vgl. Clevenz (2002), S. 312.
[21] Vgl. GuG aktuell (1999), S. 371.

Betriebs-formen	UE/Zubehör 2001	UE/Zubehör 2006	IE/Zubehör 2001	IE/Zubehör 2006	TK-Zubehör 2001	TK-Zubehör 2006	Gesamt 2001	Gesamt 2006
Fachhandel/Handwerk	36,7 %	30,9 %	7,1 %	6,8 %	15,8 %	15,0 %	22,7 %	19,1 %
Großfläche/Fachmärkte	40,7 %	41,0 %	23,5 %	24,0 %	25,1 %	23,5 %	32,1 %	32,0 %
Diversifizierter Fachhandel	2,4 %	1,3 %	k. A.	k. A.	1,0 %	1,0 %	1,3 %	0,7 %
Computer-Fachhandel	k. A.	k. A.	43,5 %	40,0 %	9,0 %	8,0 %	18,0 %	17,8 %
TK-Fachhandel	k. A.	k. A.	k. A.	k. A.	30,1 %	25,0 %	3,7 %	2,5 %
Summe Fachhandel	79,8 %	73,2 %	74,1 %	70,8 %	81,0 %	72,5 %	77,8 %	72,1 %
Warenhäuser	2,8 %	2,1 %	2,7 %	1,8 %	4,7 %	2,2 %	3,0 %	2,0 %
Versender	8,9 %	10,2 %	3,3 %	3,6 %	4,3 %	4,0 %	6,2 %	6,8 %
SB-Warenhäuser, V-Märkte, Baumärkte	4,5 %	3,5 %	2,0 %	1,8 %	3,6 %	3,2 %	3,4 %	2,8 %
Food-Discounter, C & C, Sonstige	3,4 %	6,0 %	17,3 %	17,0 %	6,4 %	15,1 %	9,1 %	11,5 %
E-Commerce, Teleshopping	0,6 %	5,0 %	0,6 %	5,0 %	k. A.	3,0 %	0,5 %	4,8 %
Summe (Mio. Euro)	10.188	10.540	8.090	9.425	2.535	2.200	20.813	22.165

Tabelle 13: Distribution im CE-Handel 2001 und 2006 nach Vertriebskanälen[22]

---

22 Vgl. Clevenz (2002), S. 386.

4 Bewertung von Fachmärkten

4.1 Wahl des Bewertungsverfahrens

Die Bewertung von Fachmärkten stellt eine besondere Herausforderung an den Immobiliengutachter dar. Der Veräußerungsfall tritt im Vergleich zum Handel mit Ein- oder Mehrfamilienhäusern relativ selten ein. Es fehlen oft Erfahrungen im Umgang mit diesen Objekten und elementare Daten als Grundlage für die stichhaltige Bewertung. Die benötigten Informationen und Vergleichsdaten sind in der Regel schwer zu beschaffen, da in jeder Branche nur wenige Betreiber auftreten und diese ihre Erkenntnisse selten publizieren.

Erfahrungen der Vergangenheit haben gezeigt, dass die Anwendung des Sachwertverfahrens zur Ermittlung des Verkehrswertes von einzelhandelsgenutzten Immobilien selten einen plausiblen Wert ergibt. Stellt man die Substanz der Immobilie wie im Sachwertverfahren in den Vordergrund der Wertermittlung, ergeben sich im Ergebnis zum Teil große Abweichungen vom tatsächlich am Markt zu erzielenden Verkaufspreis, also dem Verkehrswert.

Fachmärkte werden als reine Renditeobjekte betrachtet. Die Käufer solcher Liegenschaften interessieren vorrangig die nachhaltig erzielbaren Erträge in Form der Mieten oder Pachten. Grundstücke mit Gebäuden, die der Einzelhandel nutzt, werden daher regelmäßig nach dem Ertragswertverfahren bewertet.

4.2 Wertbeeinflussende Faktoren

Die Bestimmung des Verkehrswertes erfordert gerade im Falle atypischer Immobilien mehr als nur die Summierung der einzelnen Faktoren im Ertragswertverfahren. Viele bedingen und beeinflussen sich gegenseitig. Es sind kumulierende Effekte zu berücksichtigen, da sich viele der Faktoren in mehrfacher Weise im Rahmen des Wertermittlungsverfahrens auswirken.

Das Kaufkraftpotenzial und die Demografie der Bevölkerung im Marktgebiet sind unter anderem für die Bestimmung des Jahresrohertrages elementar, ebenso für die Ermittlung des Bodenwertes. Des Weiteren muss abgeschätzt werden, wie groß die Kaufkraftumlenkung durch einen neuen Fachmarkt sein kann. Ganz entscheidend sind daher die Standortanalyse und der Mietvertrag, in dessen Formulierung die gewonnenen Erkenntnisse einfließen. Davon hängt der Erfolg des Betreiberkonzeptes und damit der gesamte wirtschaftliche Erfolg ab.

Die in den folgenden Unterkapiteln genannten wertbeeinflussenden Faktoren sind nur eine Auswahl aller tatsächlich wirksamen Faktoren. Sie werden näher erläutert, da die Ermittlung des Ertragswertes von ihnen in besonderem Maße abhängt.

4.2.1 Planungsrechtliche Voraussetzungen

Eine Vielzahl von Gesetzen, Verordnungen und Richtlinien grenzen Bauvorhaben im Sinne des Gemeinwohls und der städtebaulichen Entwicklung auf ein wünschenswertes Maß ein. Gerade von großflächigen Einzelhandelsimmobilien können bedeutende Veränderungen und Einflüsse auf die Wirtschaftsstruktur einer ganzen Region ausgehen. So lenken große und attraktive Märkte die Kaufkraft im Einzugsgebiet um, verursachen eine punktuelle Belastung des Verkehrsnetzes durch Kunden- und Lieferantenströme und verändern die Wettbewerbssituation in der Regel zu Lasten kleinerer, mittelständischer Betriebe.

Die Ansiedlung von Fachmärkten bedeutet eine erhebliche Beeinträchtigung des lokalen Umfeldes. So ruft ein Einzelhandelsgroßprojekt immer das Bedürfnis nach einer Abstimmung mit konkurrierenden Interessen hervor. Noch vor der Genehmigungsfähigkeit eines Bauvorhabens muss das durch § 11 Abs. 3 BauNVO (Baunutzungsverordnung) vorgeschriebene Verfahren zur Widerlegung von möglichen negativen Auswirkungen, z. B. Immissionen, Verkehrsnetzüberlastungen etc., mit positivem Ergebnis abgeschlossen werden.[23]

Für den Betrieb von großflächigem Einzelhandel werden besondere Rahmenbedingungen seitens der planenden Ämter und Kommunen festgelegt. Die BauNVO grenzt die Möglichkeit der Genehmigungsfähigkeit von Fachmärkten auf Sondergebiete und Kerngebiete, die allerdings bei entsprechend hohen Quadratmetermieten unwirtschaftlich erscheinen, ein.

Aufgrund der großen Einflüsse, die von diesen Flächen auf die Umgebung ausgehen, ist die Praxis der Planung und Genehmigung von Sondergebieten sehr restriktiv. Ein Baumarkt mit z. B. 10.000 m² Fläche könnte die gewachsene Einzelhandelsstruktur nachhaltig verändern und dazu führen, dass rund 5.000 Besucher pro Tag 8.000 bis 10.000 Fahrzeugbewegungen verursachen. Dazu käme noch der Lieferverkehr mit durchschnittlich 60 Großtransporten pro Tag. Diese enorme Belastung der Zufahrtsstraßen und Ortsdurchfahrten steht in den meisten Fällen den Entwicklungskonzepten der Städte entgegen.

---

23 Urteil OVG Lüneburg (Az.: 1 ME 151/02, 12B 756/02) vom 15. November 2002.

Durch den Beschluss eines B-Planes (Bebauungsplanes) wird Planungsrecht geschaffen. Es ist davon auszugehen, dass ausgewiesene Sondergebiete auch zukünftig diesen Status behalten werden. Die Knappheit dieser Gebiete führt regelmäßig zu einem sehr hohen Bodenpreisniveau, in westdeutschen Städten noch höher als in ostdeutschen, da dort vielfach das Verhältnis zwischen Flächenverfügbarkeit und Nachfrage deutlich anders ausfällt.

Die Notwendigkeit zur Errichtung von Stellplätzen ergibt sich aus den jeweiligen Landesbauordnungen (LBO). Die niedersächsische LBO sieht „für bauliche Anlagen, die einen Zu- und Abgangsverkehr mit Kraftfahrzeugen erwarten lassen",[24] die Errichtung von Einstellplätzen in der Art und Größe vor, dass die Fahrzeuge der zu erwartenden Besucher aufgenommen werden können.

Richtwertzahlen sehen für großflächige Einzelhandelsbetriebe einen Stellplatz je 10 bis 20 m² VKF vor.[25] Die Verwaltungsvorschriften einiger Länder ermöglichen bei überdurchschnittlich guter ÖPNV-Anbindung (Öffentlicher Personennahverkehr) eine Verminderung des Stellplatzbedarfes um bis zu 30 Prozent.

Je nach Bundesland und deren Verwaltungsvorschriften können die Stellplatzvorgaben auch variieren, in Nordrheinwestfalen z. B. ist ein Stellplatz je 10m² bis 30 m² VKF vorgeschrieben,[26] andernorts sogar nutzungsabhängig, für Elektrofachmärkte z. B. erheblich weniger als für Baumärkte. Die Zahlen lassen erkennen, dass allein der Flächenbedarf für Einstellplätze bei einem Fachmarkt mit 10.000 m² VKF zwischen 333 und 1.000 Parkplätzen liegt. Bei einer angesetzten Fläche von rund 20 m² bis 30 m² je PKW-Stellplatz inklusive der Erschließungsflächen (je nach Ausrichtung der Parkpaletten) ergibt sich so gemittelt ein zusätzlicher Freiflächenbedarf für diesen Fachmarkt in einer Größenordnung von 15.000 m².

4.2.2 Ausgewählte Standortfaktoren

Viele großflächige Einzelhandelsbetriebe haben im Zuge ihres steigenden Flächenbedarfs die Innenstädte verlassen und sich auf der so genannten „grünen Wiese" angesiedelt.[27] Zudem zeichnet sich eine Entwicklung zur Nutzungsbündelung ab. Der großflächige Einzelhandel siedelt sich vermehrt mit Dienstleistungsbetrieben, Gastronomie und Handwerk in räumlicher Nähe zueinander in Centern an.

---

24 LBO Niedersachsen (i. d. F. v. 10. Februar 2003), § 47 Abs. 2.
25 Vgl. Kleiber/Simon/Weyers (2002), S. 1237.
26 Vgl. VV BauO NRW (2000), S. 129.
27 Vgl. GMA (2000), S. 11.

Für die meisten Fachmärkte ist ein innerstädtischer Standort aufgrund der hohen Mieten kaum vorstellbar, dennoch werden zunehmend Shopping-Center mit Fachmarktbestandteilen in zentralen Lagen in Stadt- oder Stadtteilzentren geplant und realisiert. Kostengünstiges Parken, niedrige Preise und die gewünschte Bequemlichkeit lassen sich auch dort realisieren. Umfangreiche Synergien z. B. beim Wareneinkauf, aber auch bei erhöhter Kundenfrequenz, sorgen für eine verbesserte Wirtschaftlichkeit.

In Bezug auf eine Vielzahl von Untersuchungsobjekten kann die Standort- und Marktanalyse bereits vor dem Baubeginn die tatsächlichen Chancen auf einen wirtschaftlichen Erfolg der Immobilie klären. Unter einer Standort- und Marktanalyse kann die objektive, methodisch orientierte, fachlich fundierte Untersuchung der wesentlichen Rahmenbedingungen für eine Immobilieninvestition verstanden werden. Dazu gehört das systematische Sammeln, Gewichten und Bewerten von direkt und indirekt mit der künftigen Entwicklung einer Immobilie in Zusammenhang stehenden Informationen über den Standort, den Nutzermarkt und den Immobilienmarkt. Die Studie untersucht dabei die Eignung verschiedener Standorte hinsichtlich eines bestimmten Nutzungskonzeptes. Standort- und marktseitige Restriktionen sowie die Erfolgs- und Ertragsaussichten werden untersucht.

Im Regelfall wird die Analyse der Standortfaktoren in enger Zusammenarbeit mit dem späteren Betreiber des Fachmarktes vorgenommen. In vielen Fällen ist auch der Marktbetreiber selbst derjenige, der ein Projekt beauftragt und planen lässt. Dann wird der Markt in der Regel zum Bauabschluss verkauft und rückangemietet.

Bei den Standortfaktoren der Handelsimmobilien können mehrere Klassifizierungen der relevanten Faktoren vorgenommen werden. Zum einen kann in die zwei Dimensionen Makro- und Mikrolage unterschieden werden. Die Makrolage beschreibt die Standortfaktoren, die sich aus den Strukturdaten der Region und der Stadt ergeben, während unter dem Mikrobereich vor allem die Faktoren zusammengefasst werden, die Grundstücks- und Ausstattungsmerkmale beeinflussen. Die Faktoren selbst lassen sich nur schwer in Gruppen zusammenfassen, da viele von ihnen durch Verflechtungen kaum trennbar sind.

Zum anderen besteht die Möglichkeit zur Trennung in die Gruppe der harten und der weichen Standortfaktoren. Tabelle 14 zeigt beispielhaft diese Möglichkeit, die wichtigeren Punkte in Kategorien zu teilen.

Harte Faktoren	Weiche Faktoren
Verkehrsanbindung	Image des Standortes
lokales Umfeld	Wirtschaftsklima
sozioökonomische Faktoren	Verwaltungs- bzw. politische Strukturen
Mietbedingungen	planungsrechtliche Vorgaben
technische Ver- und Entsorgung	Kultur-, Wohn- und Freizeitqualität

Tabelle 14: Übersicht über einige harte und weiche Standortfaktoren[28]

Im Rahmen der Standortanalyse können diese Faktoren nach sachverständigem Ermessen entsprechend ihrer Bedeutung gewichtet werden.

4.2.2.1 Harte Standortfaktoren

Die so genannten harten Standortfaktoren zeichnen sich dadurch aus, dass sie objektiv messbar und von primärer Bedeutung für die Standortwahl des Einzelhandels sind.

Verkehrsanbindung

Der fundamentalste Punkt für die Wirtschaftlichkeit eines Fachmarktes ist die Verkehrsanbindung des Marktes. Die ÖPNV-Anbindung ist dabei eher zweitrangig, da Kunden eines Fachmarktes in der Regel mittels motorisierten Individualverkehrs den Markt erreichen und das Fahrzeug zum Transport der dort erworbenen Güter benötigen. Nur wenn eine gute Verkehrsanbindung gewährleistet ist, können andere Faktoren ihrer Bedeutung entsprechend wirken. Wenn das Verkehrsnetz am Standort unangemessen ausgelegt ist, kann auch ein regional hohes Kaufkraftniveau nur schwer zum wirtschaftlichen Erfolg führen.

Vorteilhaft sind stark frequentierte Verbindungsstraßen oder Autobahnanschlussstellen. Sie führen potenzielle Kunden aus der Region zum Standort und gleichzeitig auch die Stadtbevölkerung einfacher zum Markt hin. Diese Bedingung kann in

---

[28] Vgl. Grabener Verlag (2003), vgl. Handelswissen (2003): Standortfaktoren.

einer Stadtrandlage erfüllt sein, aber auch innerhalb von Stadtteilen. Für den Betreiber ist es eine wirtschaftliche Frage, ob der große Flächenbedarf bei dem am betrachteten Ort gegebenen Bodenwertniveau realisierbar ist.

Entscheidend für den Standort ist die Möglichkeit, durch eine günstige Lage die Kaufkraft der Region in den Fachmarkt umzulenken.

Lokales Umfeld

Faktoren, die in der Gruppe „lokales Umfeld" eingeordnet werden können, sind Synergieeffekte aus Umfeldnutzungen und die Konkurrenzsituation vor Ort. Hier werden Faktoren wie Zahl, Größe, Form und der Betriebstyp sowie Anbieter gleichartiger, ergänzender oder austauschbarer Sortimente zusammengefasst.

Die Bedeutung der Konkurrenzsituation wurde bereits mehrfach angesprochen, zumeist im Zusammenhang mit den wirtschaftlichen Risiken durch eine hohe Wettbewerberdichte. Andererseits sind Mitbewerber auch deshalb wichtig, da ihre Sortimente ergänzend wirken und gemeinsam eine starke Magnetwirkung auf den Kunden ausgeübt werden kann. Eine hohe Frequenzstärke der Standorte, d. h. ein hoher Kundendurchlauf, ist elementar für den wirtschaftlichen Betrieb von Fachmärkten.

Die Sättigung einer Region mit Fachmärkten gibt einen Anhaltspunkt zur Abschätzung von Potenzialen eines Objektes. So können bestehende oder zukünftig auftretende Lücken in der räumlichen Verteilung der Fachmärkte im Rahmen der Standortanalyse gefunden werden. Die realistische Einschätzung des Umfeldes und der Dichte an bereits vorhandenen Märkten einer Branche, sowie deren Alter und Restnutzungsdauer ist wichtig, um auf die Nachhaltigkeit der Erträge schließen zu können.

Tabelle 15 zeigt die Baumarktdichte je Bundesland und vergleicht die Einwohnerzahl mit der Anzahl und der Fläche der Märkte. Ähnliche Auswertungen sind für alle Branchen möglich, wenn auf eine ausreichende Datenbasis zurückgegriffen werden kann.

Bei der Auswertung der erhältlichen Daten ist darauf zu achten, dass statistische Angaben immer auch Schwächen haben. Länderübergreifende Interdependenzen können nicht veranschaulicht werden. So bildet Berlin in der Tabelle 15 das Schlusslicht, während Brandenburg sie anführt. Viele der brandenburgischen Märkte befinden sich dabei im Großraum um Berlin.

Bundesland	Einwohner in 1.000	Einwohner je Baumarkt	Verkaufsfläche je 10.000 Ew.	Regional-kennziffer
Gesamt	82.440	32.200	1.400 m²	100
Brandenburg	2.593	22.500	2.200 m²	157
Sachsen-Anhalt	2.580	22.100	2.190 m²	156
Mecklenburg-Vorpommern	1.760	20.500	2.060 m²	147
Thüringen	2.411	22.300	1.900 m²	136
Sachsen	4.384	24.800	1.850 m²	132
Niedersachsen	7.957	27.200	1.570 m²	112
Schleswig-Holstein	2.804	23.000	1.550 m²	111
Bremen	660	36.700	1.430 m²	102
Rheinland-Pfalz	4.049	34.000	1.390 m²	99
Saarland	1.067	46.400	1.340 m²	96
Nordrhein-Westfalen	18.052	35.900	1.300 m²	93
Hessen	6.078	35.300	1.220 m²	87
Bayern	12.330	33.300	1.220 m²	87
Baden-Württemberg	10.601	40.600	1.180 m²	84
Hamburg	1.726	44.300	1.010 m²	72
Berlin	3.388	72.100	800 m²	57

Tabelle 15: Baumarktdichte 2003, Regionalkennziffern[29]

---

29 Vgl. Gemaba (2003d).

Sozioökonomische Faktoren

Unter den sozioökonomischen Faktoren können Einflüsse durch die Anzahl an Einwohnern im Einzugsgebiet, der Bevölkerungsstruktur sowie der Wettbewerbssituation und der regionalen Wirtschaftskraft zusammengefasst werden.

Das Einzugsgebiet wird wesentlich durch die zentrenhierarchische Stellung der Kommune bzw. des Standortes bestimmt. In der Zentrenhierarchie können Groß-, Ober-, Mittel- oder Unterzentren je nach der Bedeutung und der Versorgungsfunktion, die die Stadt in der Region erfüllt, unterschieden werden.

Die Zentralität gibt der Stadt-Umland-Beziehung einen Bemessungswert. Es handelt sich dabei um einen Index, der sich aus dem Verhältnis des örtlichen Einzelhandelsumsatzes (multipliziert mit dem Faktor 100) zu dem örtlichen Marktpotenzial ergibt. Für die Standortwahl ist die zentrenhierarchische Funktion der Kommune eine wichtige Größe.

Wesentlich sind auch die die Wirtschaftskraft bedingenden Elemente wie die Einkommensstruktur und -verwendung, das Kaufkraftniveau sowie das Nachfragepotenzial. Dieses Potenzial ergibt sich aus der sortimentsbezogenen Kaufkraft, d. h. dem Anteil der Einkommen, der nach Abzug der Sparquote und aller nicht einzelhandelsrelevanten Ausgaben in bestimmte Branchen fließen kann.

Bundesweit steht den Deutschen von ihrem Einkommen ein Anteil in Höhe von 5.212 Euro jährlich für Ausgaben im Einzelhandel zur Verfügung. Rund 35 Prozent davon werden für Nahrungs- und Genussmittel ausgegeben.[30] Abbildung 3 zeigt die Verteilung der einzelhandelswirksamen Kaufkraft im Bundesdurchschnitt.

Die Ausgaben variieren je nach Region zum Teil erheblich. Ursachen dafür liegen unter anderem in der Sozial- und Beschäftigungsstruktur und den Lebens- und Sozialgewohnheiten, also auch in weichen Standortfaktoren. Es kann bei einem steigenden Kaufkraftniveau nicht zwingend davon ausgegangen werden, dass z. B. auch die Ausgaben im Baumarkt proportional steigen. So werden „besserverdienende" Schichten der Bevölkerung anteilig mehr Geld für Luxusgüter und Dienstleistungen ausgeben.[31]

---

30 Vgl. Grimm/Schöneberg (2003), S. 1.
31 Vgl. Pfeiffer (2003).

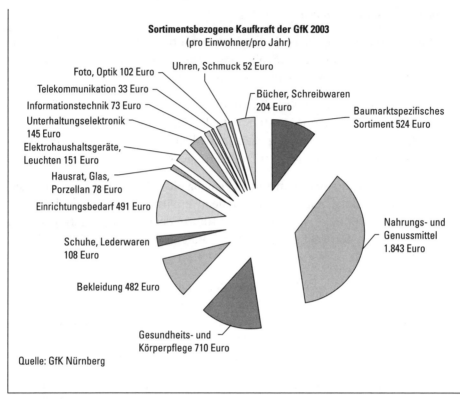

Abbildung 3: Sortimentsbezogene Kaufkraft der GfK 2003[32]

Kaufkraftkennziffern ermöglichen, bestimmte Gebiete dahingehend zu beurteilen, ob die Bevölkerung in diesen Bereichen über- oder unterdurchschnittliche Einkommen bezieht, also ob die in Abbildung 3 gezeigten Durchschnittswerte für die einzelnen Sortimente übertragbar sind. Sie werden bundesweit erhoben und differenziert für Städte, Kreise oder Bundesländer veröffentlicht. Aus dem zeitlichen Vergleich der Kennziffern verschiedener Jahrgänge können Anhaltspunkte bezüglich örtlicher Tendenzen abgelesen werden.[33]

Das Einkommen in der Bundesrepublik Deutschland liegt im Durchschnitt bei 16.606 Euro pro Einwohner. Regional gibt es wie bereits angedeutet zum Teil erhebliche Abweichungen davon. So liegt das durchschnittliche Einkommen in München z. B. mit 21.884 Euro pro Einwohner 31,8 Prozent über dem Schnitt.

---

32 Vgl. Grimm/Schöneberg (2003), S. 1.
33 Vgl. Pfeiffer (2003).

Bei den Stadt- und Landkreisen führt der Hochtaunuskreis die Statistik mit 23.058 Euro je Einwohner an. In ostdeutschen Großstädten steht Potsdam mit einem durchschnittlichen Einkommen von 15.639 Euro je Einwohner an erster Stelle.

Statistische Ämter oder die „Gesellschaft für Konsumforschung" (GfK) veröffentlichen die zur Bestimmung der im Rahmen der Standortanalyse gesuchten aktuelle Angaben über Kaufkraftkennziffern der Bundesländer und Regionen.

Auch die Nutzungskonzeption hat einen Einfluss auf die Wettbewerbsfähigkeit und -positionierung und damit auf die Fähigkeit der Umlenkung der Kaufkraft in den betrachteten Fachmarkt. Sie umfasst unter anderem das örtlich mögliche Vertriebs- und Betriebskonzept, die Umgestaltungs- und Erweiterungsmöglichkeiten, die unternehmensinterne Portfoliostrategie, die Ertragskalkulation und die Miet- und Pachtkonditionen. Durch den stetig steigenden Flächenbedarf wird ein flexibles Grundkonzept, eine Fläche mit Erweiterungs- und Änderungspotenzialen, vorausgesetzt.

Mietbedingungen

Von elementarer Bedeutung für die Standortwahl sind die ortsüblichen und die objektspezifischen Bedingungen des Mietvertrages. Miethöhe und Vertragslaufzeit, Konkurrenzschutzklauseln und andere Regelungen beeinflussen in großem Maße die Entscheidungsfindung. Im Umkehrschluss ergeben sich diese Punkte aus der Attraktivität eines Standortes, sind also Faktor und Resultat der Standortcharakteristika, der Nachfragsituation und der übrigen Rahmenbedingungen zugleich.

Der Mietvertrag regelt damit bindend und nach Möglichkeit umfassend das Verhältnis zwischen Mieter und Vermieter.

4.2.2.2 Weiche Standortfaktoren

Die weichen Standortfaktoren zeichnen sich durch die Gemeinsamkeit aus, dass sie nicht eindeutig messbar sind und bei ihnen kein direkter Zusammenhang mit der wirtschaftlichen Leistungsfähigkeit der Unternehmen besteht. Die Faktoren befassen sich mit dem politischen, sozialen und psychologischen Umfeld und stellen subjektive und emotionale Eindrücke und Bewertungen der Rahmenbedingungen dar. Auch diese Punkte sind letzten Endes monetär messbar, nicht jedoch ohne erheblichen zusätzlichen Aufwand.

Die weichen Standortdeterminanten sind für den Einzelhandel weit weniger bedeutend als die harten Faktoren. Der Einzelhandel will eine flächendeckende Versorgungsfunktion für die Bevölkerung wahrnehmen und ist daher nicht vom regionalen Image, dem Bildungsniveau, der Umweltqualität oder ähnlicher Punkte abhängig. Dagegen sind die wirtschaftlichen Auswirkungen auf die harten Faktoren wie z. B. auf die Kaufkraft relevant. Auch die Sicherheitslage vor Ort oder ein schlechtes Image der Gegend kann sich durchaus in sinkenden Kundenzahlen niederschlagen und somit messbar werden.

Die wesentlichen Faktorengruppen aus dem Bereich der weichen Faktoren sind das allgemeine Wirtschaftsklima, die Verwaltungs- und politischen Strukturen und das gegebene Planungsrecht vor Ort. So werden Bauvorhaben in der Größenordnung, die für Fachmärkte notwendig sind, primär durch das Baurecht geregelt, nicht durch den Wettbewerb und das Marktgeschehen. Wo es das Baurecht aber zulässt, sind die harten Faktoren, die wirtschaftlichen Kenngrößen, entscheidungsrelevant.

Die Genehmigungspraxis sowie Auflagen und Freiheiten sind auf Grund des Wunsches der Betreiber nach einem flächendeckenden Marktauftritt zweitrangig gegenüber den harten, wirtschaftlich relevanten Faktoren. So würde ein projektierter Fachmarkt nicht an länderweise differierenden Stellplatzverordnungen oder Einschränkungen bei der Außenwerbung scheitern, auch wenn das durchaus betriebsrelevante Punkte sind.

Die Summe aller Faktoren bestimmt die Attraktivität eines Standortes. Viele weiche und harte Faktoren bedingen sich gegenseitig und äußern sich letztendlich im lokalen Bodenwertniveau sowie im zu erwartenden Ertragswert der Immobilie. Wesentlicher Einflussfaktor neben allen wirtschaftlichen Überlegungen zur Vorteilhaftigkeit eines Standortes ist das Planungsrecht, da die Genehmigungsfähigkeit von großflächigen Fachmärkten nur auf wenige Gebiete innerhalb der Bebauungspläne beschränkt ist.

Unter dem Wirtschaftsklima können unter anderem allgemeine Stimmungen, öffentliche Förderungen, auch in nicht monetärer Weise, und Akzeptanzuntersuchungen für das geplante Sortiment des Fachmarktes zusammengefasst werden.

4.2.3 Bodenwert

Der Wert eines Grundstücks wird in der Regel aus Vergleichskaufpreisen gewonnen. Dazu wird der Bodenwert aus den Preisen von solchen Grundstücken abgeleitet, die in ihren wertbestimmenden Eigenschaften mit denen des betrachteten Grundstücks annähernd übereinstimmen. Diese besonders relevanten Eigenschaften sind unter anderem die Grundstücksqualität, die Lage, die Größe und der Zuschnitt, Art und Maß der baulichen Nutzung, die Oberflächengestalt, die Bodenbeschaffenheit, Baubeschränkungen und dingliche Beschränkungen sowie Einflüsse durch Baureste, Altlasten.

Bei Fachmärkten wird der Bodenwert aufgrund der beschrieben Knappheit an verfügbaren und geeigneten Sonderbauflächen sehr stark durch das wirtschaftlich Vertretbare geprägt. Auch wenn Gutachterausschüsse Bodenrichtwerte für Sondergebiete ermittelt haben, sind diese Werte sorgfältig zu prüfen. Insbesondere bei restriktiver planungsrechtlicher Ausweisung und bei starkem Verdrängungswettbewerb werden sehr hohe Kaufpreise für das Grundstück gezahlt.

Eine Möglichkeit zur Bestimmung des Bodenwertes bietet das Residualwertverfahren. Bei der Anwendung dieses Verfahrens wird der Verkehrswert des Grundstücks aus dem Verkehrswert der gesamten Liegenschaft abgeleitet. Das Residualwertverfahren ist ein in Deutschland nicht normiertes Verfahren. Das Verfahren setzt voraus, dass der Grundstücksrohertrag, die Gebäudeherstellungskosten und der Liegenschaftszins mit einiger Sicherheit vorhergesagt werden können. Die Grundform und ein Anwendungsbeispiel des Residualwertverfahrens sehen wie in Abbildung 4 dargestellt aus.

Veräußerungserlös nach vollendeter Bebauung	−	Bau-, Entwicklungs- und Vermarktungskosten einschließlich Unternehmergewinn	=	Residuum (Wert des unbebauten Grundstücks)

Abbildung 4: Grundform des Residualwertverfahrens

Beispiel 1: Residualwertverfahren		
Erwarteter Veräußerungserlös nach vollendeter Bebauung		21.600.000 Euro
Bau-, Entwicklungs- und Vermarktungskosten einschließlich Unternehmergewinn		
	Normalherstellungskosten Gebäude:	490 Euro/m²	
•	Grundfläche (BGF):	21.000 m²	
=	Herstellungskosten Gebäude:		10.290.000 Euro
	Normalherstellungskosten Parkplatz:	45 Euro/m²	
•	Parkplatzfläche:	19.000 m²	
=	Herstellungskosten Parkplatz:		855.000 Euro
Σ	Herstellungskosten der baulichen Anlagen und Außenanlagen:		11.145.000 Euro
+	Baunebenkosten:	12 %	1.337.000 Euro
+	Finanzierungskosten:	2 %	223.000 Euro
+	Wagnis und Gewinn:	5 %	557.000 Euro
=	Kosten und Unternehmergewinn:		**13.262.000 Euro**
Residuum			
	erwarteter Veräußerungserlös:	21.600.000 Euro	
−	Kosten und Unternehmergewinn:	13.262.000 Euro	
=	Bodenwert:		8.338.000 Euro
:	Grundstücksfläche:	40.000 m²	
=	rechnerischer Bodenwert:		**208 Euro/m²**

Bei dem Residualwertverfahren handelt sich um ein relativ unsicheres Verfahren, da wesentliche Parameter Schätzwerte sind. Kleine Veränderungen können große Auswirkungen haben. Eine weitere Möglichkeit bietet das folgende Verfahren zur Ermittlung des tragbaren Bodenwertes (siehe Abbildung 5).

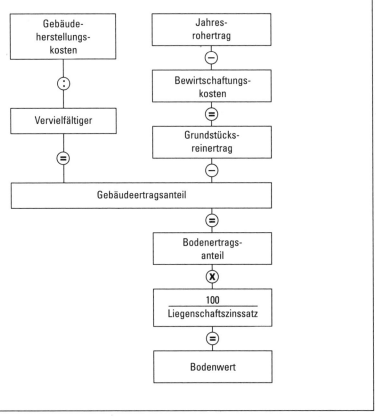

Abbildung 5: Bodenwertermittlung (kalkulatorische)[34]

---

34 Simon et al. (2003), S. 30, vgl. Kleiber/Simon/Weyers (2002), S. 1156.

Beispiel 2: Bestimmung des kalkulatorischen Bodenwertes			
Zu erwartender Jahresrohertrag:			1.900.000 Euro
Bewirtschaftungskosten:		10 %	190.000 Euro
Jahresreinertrag			
	Rohertrag:	1.900.000 Euro	
−	Bewirtschaftungskosten:	190.000 Euro	
=	Reinertrag:		1.710.000 Euro
Herstellungskosten der baulichen Anlagen (inklusive Baunebenkosten)			
	Normalherstellungskosten:	490 Euro/m²	
•	Grundfläche (BGF):	21.000 m²	
=	Herstellungskosten Gebäude:		10.290.000 Euro
	Normalherstellungskosten Parkplatz:	45 Euro/m²	
•	Parkplatzfläche:	19.000 m²	
=	Herstellungskosten Parkplatz:		855.000 Euro
	Baunebenkosten:	12 %	1.337.000 Euro
Σ	Herstellungskosten der baulichen Anlagen:		12.482.000 Euro
Vervielfältiger			
	Restnutzungsdauer:	20 Jahre	
	Liegenschaftszins:	7,0 %	
	Vervielfältiger:		10,59
Gebäudeertragsanteil			
	Gebäudeherstellungskosten:	12.482.000 Euro	
:	Vervielfältiger:	10,59	
=	Gebäudeertragsanteil:		1.178.000 Euro

Bodenertragsanteil			
	Grundstücksreinertrag:	1.710.000 Euro	
−	Gebäudeertragsanteil:	1.178.000 Euro	
=	Bodenertragsanteil:		**532.000 Euro**
Bodenwert			
	Bodenertragsanteil:	532.000 Euro	
:	Liegenschaftszins:	7,0 %	
=	Bodenwert:		7.600.000 Euro
:	Grundstücksfläche:	40.000 m²	
=	rel. Bodenwert:		**190 Euro/m²**

Die bloße Annahme eines geringeren Liegenschaftszinses kann zu erheblichen Abweichungen führen. Wird die vorgestellte Berechnung statt mit einem Liegenschaftszinssatz von 7 Prozent mit 6,5 Prozent vollzogen, ergibt sich ein tragbarer Bodenwert von rund 222 Euro/m² gegenüber 190 Euro/m². Es ist also darauf zu achten, dass jedes Verfahren losgelöst für sich kein garantiert verwertbares Ergebnis liefert, mehrere Verfahren zusammen aber zu einer relativen Sicherheit in Bezug auf das Ergebnis führen können.

Nach dieser Berechnung wäre ein Bodenwert in Höhe von 7.600.000 Euro für das betrachtete Objekt wirtschaftlich tragbar. Daraus ergibt sich bei einer für die Größe des Marktes notwendigen Grundstücksgröße von mindestens 40.000 m² ein Wert von 190,00 Euro/m². Übergrößen des Grundstücks führen nur dann zu einer Steigerung des wirtschaftlichen Bodenwertes, wenn zusätzliche Baulandreserven geschaffen werden können.

Die abschließende Beurteilung, welches Ergebnis im Kontext mit dem Marktgeschehen und der Nachfragesituation plausibel ist, obliegt dem Sachverständigen und verlangt besonders gewissenhafte Arbeit. Die Bewertungsbeispiele in Abschnitt 5 werden unter anderem zeigen, dass ein falsch bestimmter Bodenwert zu einem Missverhältnis im Ertragswert zwischen Boden- und Gebäudeanteil führen kann, durch den die wirtschaftliche Grundlage des betrachteten Objektes eventuell nicht mehr gegeben ist.

4.2.4 Mietvertrag

Der Mietvertrag ist als das Resultat aller wertbeeinflussenden Umstände von herausragender Bedeutung für die Wertermittlung. Die getroffenen Vereinbarungen und die Genauigkeit der vertraglichen Ausarbeitung sind wesentlich mitverantwortlich für den wirtschaftlichen Betrieb des Fachmarktes und darüber unmittelbar für den Wert der gesamten Einzelhandelsimmobilie. Mit steigender Nutzungsdauer verliert der Bodenwert an Bedeutung, da der Ertragsanteil aus den baulichen Anlagen innerhalb des Ertragswertverfahrens an Einfluss gewinnt. So werden gerade bei Einzelhandelsimmobilien die Mietverträge im Falle der Veräußerung der Immobilie gehandelt, sie bestimmen maßgeblich den Wert der Immobilie.

Im Regelfall beträgt die Mietvertragslaufzeit zwischen zehn und 15 Jahre, wobei zusätzlich maximal noch zwei Optionen zu je fünf Jahren vereinbart werden. Die Dauer der Mietverträge für großflächige Einzelhandelsimmobilien beschränkt sich daher auf maximal 25 Jahre.

Hauptgegenstand des Mietvertrages bilden die Regelungen bezüglich der Gegenleistungen für die Nutzung der Immobilie. Es gibt dabei verschiedene Varianten der Vertragsgestaltung bezüglich der Vergütung der Nutzungsüberlassung. Üblich sind Vereinbarungen über Fest- oder Umsatzmieten, gelegentlich mit zusätzlichen Variationen wie einer anfänglichen mietfreien Zeit.

Die ausgehandelte Vergütung beruht auf den Erkenntnissen der Standortanalyse, den Erwartungen über die wirtschaftliche Entwicklung des betrachteten Fachmarktes sowie den Eigenschaften des Bauwerks. Durch den langsamen Wandel des Immobilienmarktes für Einzelhandelsimmobilien vom Vermieter- zum Mietermarkt ist die Mietzinsgestaltung mehr denn je ein Kompromiss der beteiligten Parteien, in den alle wertrelevanten Eigenschaften einbezogen werden. So wirken vom Vermieter auf den Mieter abgewälzte Aufgaben, z. B. die Übernahme der Verwaltung, auch rohertragssenkend.

Die Regelungen über die zu vergütende Mietfläche weichen von denen im Wohnungsbau ab. Die gif-Richtlinie (Gesellschaft für Immobilienwirtschaftliche Forschung) zur Berechnung der Mietflächen für Handelsraum (MF-H) formuliert die Vorgehensweise ihrer Berechnung und definiert dazu ihre Bestandteile. Demnach beinhaltet die Mietfläche bei nur einem Mieter im Gebäude alle Flächen zwischen den umgebenden Wänden, gerechnet bis zu den Wandachsen. Lediglich Funktionsflächen, die dem allgemeinen Gebäudebetrieb dienen, werden nach der MF-H nicht berechnet, ebenso geringe Anteile der Konstruktionsgrundfläche.[35] Bei einem freistehenden Fachmarkt mit nur einem Mieter nähert sich die Mietfläche der bebauten Fläche, der Bruttogrundfläche, an. So wird in folgenden Beispielen vereinfacht mit der bebauten Fläche als Mietfläche gerechnet.

Uneinigkeit herrscht über die Anrechnung von überdachten und nicht überdachten Freiflächen, die dem Verkauf dienen. Diese sind zum Teil in den angegebenen Mietpreisspannen, die auf die innenliegenden Flächen bezogen sind, enthalten, in anderen Fällen werden die Freiflächen gewichtet (50 Prozent Anrechnung der überdachten Außenflächen, 25 Prozent der übrigen Außenverkaufsflächen) in die Mietfläche einbezogen.

Abbildung 6 veranschaulicht den Zusammenhang zwischen den bislang genannten Flächen. Der Anteil der VKF an der Gesamtnutzfläche liegt bei Einzelhandelsimmobilien zwischen 75 Prozent und 80 Prozent, die Nutzfläche macht dabei 90 bis 95 Prozent der bebauten Fläche aus.

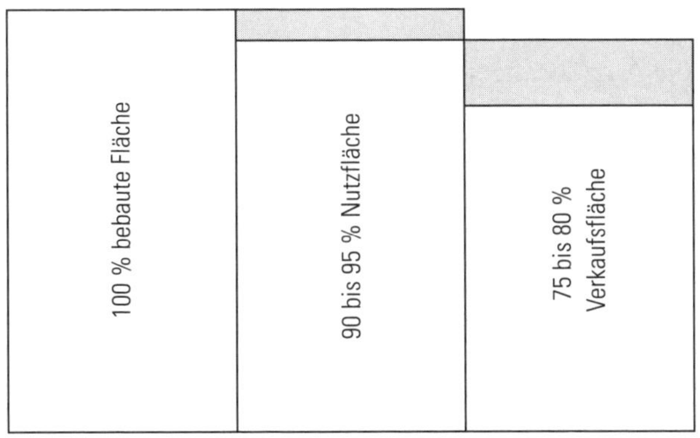

Abbildung 6: Flächenaufteilung bebaute Fläche, Nutzfläche, Verkaufsfläche

Gerade bei Mietverträgen mit Laufzeiten über zehn Jahre kommt der Absicherung des Mietzinssatzes gegen inflationäre Risiken oder Marktveränderungen eine besondere Bedeutung zu. Diese Anpassungen können im Rahmen von Wertsicherungsklauseln automatisch oder durch dann zu führende Nachverhandlungen geregelt werden. Ist kein umsatzabhängiger Mietzins vereinbart, der die Anpassung an

---

35 Vgl. NORM Richtlinie zur Berechnung der Mietflächen für Handelsraum, Teil C.

die wirtschaftlichen Verhältnisse des Mieters erlaubt, ist die Absicherung des Mietzinses in der Regel in Form von Staffelmieten oder Kopplungen an einen Index üblich.

Weitere wichtige Details, die im Mietvertrag verankert werden können, sind Konkurrenz- und Sortimentsschutzklauseln. Sie sind dann von Bedeutung, wenn der Vermieter mehrere Ladenlokale in direkter Nachbarschaft unterhält. In diesem Fall kann eine solche Klausel vorsehen, dass in den anderen Miеträumen Interessenten aus der gleichen Branche oder mit gleichen Sortimentsbestandteilen nicht aufgenommen werden. Dadurch kann sich der Mieter Konkurrenz in direkter räumlicher Nähe fernhalten. Für frei stehende Fachmärkte ist diese Klausel weniger bedeutend als für Geschäfte in Centern, da dem Vermieter auch angrenzende Areale gehören müssen, damit ein solches Wettbewerbsverbot sinnvoll ist.

Weitere Punkte, die im Vertragswerk Berücksichtigung finden, sind unter anderem die Betriebspflicht, um Leerständen vorzubeugen, Patronatserklärungen, um durch Bürgschaften von Mutterkonzernen für ihre Teilgesellschaften Fragen der Bonität zu klären oder Untervermietungsklauseln, die diese eindeutig verbieten oder auf bestimmten Flächen erlauben.

Je detaillierter die Ausführungen des Mietvertrages sind und umso mehr exakte und rechtlich stichhaltige Verfahrensregelungen verankert sind, desto sicherer ist das Vertragswerk, und umso größer ist der Stellenwert der ausgehandelten Vereinbarungen in Bezug auf die nachhaltigen Roherträge aus der Immobilie. Sind Regelungen darüber fixiert, welche Partei bestimmte Kosten (Verwaltungskosten, Betriebskosten etc.) übernimmt und wer welchen Pflichten nachzukommen hat, wird die Aushebelung eines bestehenden Mietvertrages durch rechtliche Unstimmigkeiten sehr unwahrscheinlich.

Die Qualität und Zukunftsfähigkeit, gerade in rechtlicher Hinsicht, sind unter anderem in den beschriebenen Faktoren von besonderer Bedeutung für den Wert der Immobilie und die Annahmen bezüglich der Nachhaltigkeit des Mietverhältnisses und der Roherträge.

4.2.5 Baukosten

Ebenfalls von großer Bedeutung für einen Fachmarkt sind die Herstellungskosten. Sie werden im Rahmen des Ertragswertverfahrens nicht zur Bestimmung des Ertragswertes benötigt, dienen aber der Kontrolle der Ergebnisse. Sie ermöglichen die Abschätzung der finanziellen Größenordnung, in der sich ein Projekt in Bezug auf die Errichtung eines Fachmarktes bewegt.

	Ausstattungs-kosten	Lagergebäude	Einkaufsgebäude (gem. NHK)	Großflächige Märkte (nach Simon)
ohne Anpassung		155–215 Euro/m²		
Baumarkt	125 Euro/m²	340 Euro/m²		
Textilmarkt			645 Euro/m²	**490–770 Euro/m²**
Schuh-, Sportfachmarkt	310 Euro/m²	525 Euro/m²		
Möbelmarkt	265 Euro/m²	480 Euro/m²		

Tabelle 16: Normalherstellungskosten gem. NHK 2000 (ohne Baunebenkosten, einschließlich 16 Prozent Mehrwertsteuer)

Die aktuelle Ausgabe der Normalherstellungskosten (NHK 2000) nennt für Einkaufsmärkte Herstellungskosten (siehe Tabelle 16) in Höhe von 645 Euro/m² für das Baujahr 2000 (einfache Ausführung). Im Vergleich dazu werden die Herstellungskosten für Warmlagergebäude mit Büro- und Sozialtrakt von den NHK 2000 mit 215 Euro/m² (mittlerer Standard) beziffert. Werden die reinen Einrichtungskosten zu den Herstellungskosten eines Lagergebäudes addiert, erhält man Herstellungskosten, die unter dem Wert der NHK für Einkaufsgebäude liegen. Zusätzlich müssten aber die Herstellungskosten der Parkplätze und Grünanlagen mit Einzäunung berücksichtigt werden. Ein Ansatz von rund 45 bis 50 Euro/m² Parkplatz- bzw. Freifläche scheinen gerechtfertigt. Der Ansatz von Herstellungskosten in der gleichen Höhe für die Grünfläche wie für die Erstellung eines einfach ausgeführten Parkplatzes ist dadurch zu erklären, dass auf relativ kleinen Grünstreifen Bäume, Büsche und gegebenenfalls die Einzäunung berücksichtigt werden müssen.

Simon et al. nennt einen Raummeterpreis für nicht unterkellerte SB-Märkte, Supermärkte und Verbrauchermärkte mit integriertem Lager-, Büro- und Sozialtrakt von 490 Euro/m² BGF (durchschnittliche Ausstattung) bis zu 770 Euro/m² BGF.[36] Je nach Anspruch des Betreibers lässt sich dadurch eine Spanne für die Herstellungskosten abhängig vom Fachmarkttyp abschätzen.

---

36 Vgl. Simon et al. (2003), S. 176.

4.2.6 Gesamt- und Restnutzungsdauer

Mehrere Begriffe versuchen den Zeitraum der Nutzbarkeit eines Bauwerkes zu beschreiben. Man kann die technische und die wirtschaftliche Lebensdauer differenzieren oder von der Gesamtnutzungsdauer sprechen. Die technische Lebensdauer eines Objektes kann, gemessen an der Standfestigkeit der tragenden Bauteile, bei weit über 200 Jahren liegen. Daraus lässt sich aber gerade bei Renditeobjekten kein unmittelbarer Schluss auf den Gebäudewert ziehen. Aussagefähiger ist die wirtschaftliche Lebensdauer. Darunter wird der Zeitraum verstanden, in dem ein Gebäude im Rahmen seiner Zweckbestimmung wirtschaftlich genutzt werden kann. Dieser Zeitraum ist wesentlich schwerer zu bestimmen als die Tragfähigkeit einzelner Bauteile, da hier der Blick in die Zukunft notwendig wird.

Die Gesamtnutzungsdauer von Handelsimmobilien, gerade bei Immobilien der hier betrachteten Größe, ist sehr stark von den im Mietvertrag vereinbarten Laufzeiten der Erstmieter abhängig. Viele Quellen benennen für Einzelhandelsimmobilien Gesamtnutzungsdauern von über 30 Jahren, für innerstädtische Immobilien sogar bis zu 50 Jahren. Aufgrund der Entwicklungen zu Flächenwachstum, Anspruchsmehrung seitens der Kunden und der gewöhnlichen Standardverbesserungen im Laufe der Zeit erscheint eine gleichwertige Nutzung bereits nach Beendigung des ersten Mietvertrages als unwahrscheinlich. Diese Dauer ist auch nur dann anzunehmen, wenn davon ausgegangen werden kann, dass der Mieter solvent bleibt, sein Betreiberkonzept aufgeht und damit der Mietvertrag in voller Länge erfüllt werden kann. In den vergangenen Jahrzehnten haben sich die Betreiberkonzepte und die daraus resultierenden Anforderungen an die Immobilien so stetig geändert, dass eine wirtschaftliche Gesamtnutzungsdauer über die Dauer des Mietvertrages – eventuell inklusive der ersten Option – unwahrscheinlich ist.

Bei Fachmärkten wird in der Regel eine sehr geringe Instandhaltungskostenrücklage gebildet, um die offensichtlichen Mängel am Bauwerk und an den Außenflächen sowie an sicherheitsrelevanten Stellen zu beseitigen. Der Wert des Objektes wird über die Nutzungsdauer in voller Höhe abgeschrieben. Wurde eine Immobilie 25 Jahre als Fachmarkt genutzt, ist die Weiterverwendung ohne größere Investitionen kaum möglich. In den meisten Fällen drohen der Abriss der Hallenbauten und der Neubau eines dann wirtschaftlich erscheinenden Objektes im Rahmen des weiterhin gültigen Planungsrechtes.

Kann eine Umnutzung in Erwägung gezogen werden, muss mit stark reduzierten Roherträgen in Form wesentlich geringerer Mieteinnahmen gerechnet werden. Denkbar wäre eine Nutzung der Bauwerke als Lagerfläche, sofern die Geschosshöhe das zulässt. Parkplatzflächen, die vorher vorgeschrieben waren, werden dann eventuell unvermietbar sein.

Der Bodenwert bleibt unter normalen wirtschaftlichen Rahmenbedingungen und der erwähnten Knappheit der Sonderbauflächen im Gegensatz zu den baulichen Anlagen stabil.

Ein Refurbishment, also eine umfassende Sanierung ausgedienter Einzelhandelsflächen, scheint nur in innerstädtischen Lagen wirtschaftlich sinnvoll. In Gebäuden in guter Lage ist eine Renovierung, verbunden mit einer Neu- oder Umnutzung, möglich und finanzierbar. Für ehemalige Warenhausflächen in zentralen Lagen können sich neue sinnvolle Konzepte realisieren lassen. Als Nutzer aus dem Segment der Fachmärkte kommen nur kleinflächigere Betriebe in Frage, welche nicht auf den motorisierten Kunden angewiesen sind, so z. B. Drogerie-, Schuh- oder Textilfachmärkte.

4.2.7 Liegenschaftszins und Vervielfältiger

Der Liegenschaftszins wird als Mittelwert vergleichbarer Objekte aus den nach dem Ertragswertverfahren abgeleiteten Verzinsungen errechnet. Die Vergleichsobjekte, auf denen die Bestimmung des geeigneten Zinssatzes beruhen soll, sind gerade bei Fachmärkten rar. Zwangsläufige Folge ist, dass dieser nicht vom Gutachterausschuss veröffentlicht wird.

Es wird deutlich, dass die Annahme einer zu hohen Restnutzungsdauer einen direkten Einfluss auf den Vervielfältiger und damit auf den Ertragswert hat, der schon bei Veränderungen um wenige Jahre zu hohen Differenzen im Ergebnis führen kann.

Mangels örtlich ermittelter Liegenschaftszinssätze durch den Gutachterausschuss kann bei der Wertermittlung von Fachmärkten die folgende Spanne einen Anhaltspunkt liefern. Danach liegt der übliche Liegenschaftszins bei großflächigen Einzelhandelsimmobilien zwischen 6,5 und 7,5 Prozent. Wenn der dringende Wunsch nach einem bestimmten Standort auf der Seite des Betreibers (hier gleich Investor) vorhanden ist, werden auch Verzinsungen unter der Untergrenze im Markt akzeptiert.

Bei der Bestimmung des Ertragswertes ist auf das Gesamtbild zu achten. Es muss immer überprüft werden, ob das Ergebnis des Ertragswertes bei angenommenen Größen (Liegenschaftszins, Restnutzungsdauer, Miete etc.) plausibel ist. Das ist z. B. anhand eines Vergleiches mit dem Sachwert der Immobilie möglich.

4.3 Bestimmung des Grundstücksrohertrages

Der Grundstücksrohertrag ist die wesentliche Größe, auf der sämtliche Wege und Verfahren zur Bestimmung des Ertragswertes und seiner Komponenten beruhen. Er ergibt sich aus den möglichen Mieteinnahmen. Es sind Mietspannen für Einzelhandelsflächen und zum Teil umsatzabhängige Mieten bekannt. In diesem Fall ist für die Bestimmung des Rohertrages die Kenntnis der zu erwartenden Umsätze im Markt grundlegend. Wichtig ist die Feststellung der Mieteinnahmen, die als nachhaltig angesehen werden können. Im Regelfall liegen die konkreten Forderungen aus dem Mietvertrag zur Bewertung des Fachmarktes vor. Die folgenden Ansätze dienen in erster Linie der Plausibilisierung und Prüfung der Erträge aus der Immobilie.

4.3.1 Ermittlung des Rohertrages über Festmieten

Tabelle 17 zeigt die Entwicklung der angesprochenen Mietpreisspannen seit 1997 bis zum Jahr 2003. Es handelt sich dabei um Mieten für Einzelhandelsflächen in Fachmarktzentren. Die zum Teil höhere Attraktivität der Lage in Centern gegenüber den Streulagen ist zu berücksichtigen.

Branche	1997	1998	1999	2000	2001	2002	2003
SB-Warenhaus 7.000–12.000 m²	8,95–10,00	9,07–10,83	9,20–10,00	9,20–10,74	9,46–10,00	9,71–10,00	9,50–11,00
Lebensmittel 1.200–4.000 m²	4,09–11,25	8,18–12,37	9,20–11,25	9,46–10,74	9,71–11,25	9,71–11,25	9,00–10,00
Möbel 3.000–30.000 m²	6.39–8,18	6,13–7,69	6,13–7,69	6,39–7,69	6,13–8,18	6,13–8,18	6,00–8,00
Elektro 2.000–6.000 m²	8,69–9,71	8,95–9,97	9,20–10,23	7,93–9,71	8,18–10,23	8,69–10,23	8,50–10,50
Textil 700–3.000 m²	8,69–13,29	8,18–12,78	8,69–13,29	8,95–12,53	9,20–12,27	9,71–12,27	9,50–10,50
Baumarkt 7.000–20.000 m²	7,67–9,20	7,41–9,20	6,39–7,67	6,65–8,18	6,39–8,18	6,90–8,18	6,50–8,00

Büro/Computer 700–2.000 m²	7,93–9,71	7,67–9,97	8,18–11,25	8,50–10,74	8,18–10,48	7,93–10,48	**8,00–9,50**
Discounter 800–1.400 m²	9,46–11,50	9,71–11,76	9,97–12,02	10,23–12,27	9,97–12,02	9,71–12,02	**9,50–11,50**
Küchen 700–3.000 m²	7,67–9,20	7,41–9,20	7,16–8,95	6,90–8,69	7,16–9,20	7,16–9,20	**7,50–9,00**
Teppich 4.000–8.000 m²	6,65–8,18	6,90–8,96	6,65–8,50	6,39–8,81	6,14–7,93	6,65–7,93	**6,50–8,00**
Zoo 500–1.500 m²	6,39–7,93	6,65–8,50	6,90–8,95	7,16–9,20	7,41–9,46	7,67–9,46	**7,50–9,00**
Freizeit/Sport/ Outdoor 1.500–6.000 m²	8,50–9,46	8,18–9,71	7,93–10,23	7,67–9,97	7,16–9,71	6,90–9,71	**6,50–9,50**
Schuhe 450–1.500 m²	8,69–10,23	9,20–10,74	8,95–10,48	8,69–10,23	9,20–10,74	9,46–10,74	**9,50–10,50**
Betten/Matratzen 600–800 m²	6,90–7,93	6,65–7,67	7,16–8,50	7,41–8,95	8,18–9,20	7,67–9,20	**7,50–9,50**

Tabelle 17: Mieten für Fachmarktzentren in Euro/m² pro Monat[37]

Der Jahresrohertrag ergibt sich aus der Multiplikation der durchschnittlichen Mieten mit der Mietfläche. Die Definition der Mietfläche wird in der MF-H, der Richtlinie zur Berechnung der Mietflächen für Handelsraum standardisiert. Diese Festlegung ist allgemein akzeptiert.

Bei dem Ansatz der geeigneten Größe ist darauf zu achten, dass die gewählte Mieteinnahme auch mittel- bis langfristig als nachhaltig angesehen werden kann. Die Entwicklung seit 1997, wie sie in Tabelle 17 dargestellt wird, gibt erste Anhaltspunkte dafür. Des Weiteren müssen unter anderem die Standortfaktoren, die Konkurrenzsituation und die Entwicklungen auf dem Markt entsprechend ihrer zu erwartenden Auswirkungen abgeschätzt werden.

Wie bereits angesprochen ist neben einer Festmiete auch eine umsatzabhängige Miete denkbar. Sind die Vereinbarungen des Mietvertrages nicht bekannt, können auch die im folgenden Abschnitt genannten umsatzabhängigen Mieten der Plausi-

---

37 Vgl. Brockhoff & Partner (2003), S. 76 f.

bilisierung bzw. der Bestimmung der Größenordnung der Mieten dienen. Die Daten über umsatzabhängige Mieten sind allerdings als wenig konkret und nicht aktuell anzusehen. Das so gewonnene Ergebnis ist also nicht zuletzt deswegen besonders kritisch zu betrachten.

4.3.2 Berechnung des Rohertrages über den Umsatz

4.3.2.1 Grundsätzlicher Zusammenhang

Ist der Umsatz bestimmt bzw. bei bereits bestehenden Märkten aus Umsatzmeldungen der Unternehmen bekannt, kann der Rohertrag abgeschätzt werden. Hier ist ebenso wie bei der Bestimmung des Bodenwertes auf den Kontext zu achten, und jede Möglichkeit zur Überprüfung des Ergebnisses zu nutzen. Wie das Berechnungsbeispiel in Abschnitt 5 zeigt, sind unter gewissen Annahmen Objekte schnell nicht mehr rentabel oder unter gegebenen Bedingungen nicht wirtschaftlich zu betreiben.

Tabelle 18 zeigt bekannte Ansätze für die umsatzabhängige Berechnung der Fachmarktmiete. Die Angaben beziehen sich auf die Nettoumsätze.

	BBE*	IfH**	GuG***
Bau- und Heimwerkermarkt	4,0 %	3,5 %	3,0 %–4,0 %
Consumer Electronics	4,0 %	5,5 %	5,0 %–6,0 %
Schuhe	5,5 %–7,5 %	6,0 %	k. A.
Möbel	4,0 %	4,7 %	4,5 %–5,0 %
Textil	k. A.	7,0 %	6,0 %–8,0 %
* BBE Handelsberatung Münster (2003) ** Institut für Handelsforschung (1995) *** Grundstücksmarkt und Grundstückswert (1999)			

Tabelle 18: Netto-Umsatzmieten einiger Fachmärkte[38]

---

38 Vgl. BBE-Münster (2003), vgl. GuG (1999), S. 371.

4.3.2.2 Ansatz: Flächenproduktivität

Die Flächenproduktivität liefert als Kennzahl den Zusammenhang zwischen dem erzielten Umsatz und der VKF. Der Jahresnettoumsatz kann durch die Multiplikation der durchschnittlichen Flächenproduktivität mit der VKF gewonnen werden.

Bei der Verwendung der Kennzahl ist genauestens darauf zu achten, ob die Durchschnittswerte die Eigenschaften des zu bewertenden Objektes repräsentieren oder ob Abweichungen im Standort, der Grundstücksgestalt oder anderen Punkten bestehen. Einflüsse durch die Konkurrenzsituation vor Ort lassen ebenfalls Rückschlüsse auf die Anwendbarkeit der durchschnittlichen Flächenproduktivität zur Bestimmung des Rohertrages zu.

Beispiel 3 veranschaulicht die Vorgehensweise auf den Grundlagen eines fiktiven Bau- und Heimwerkermarktes, für den eine aktuelle Angabe für Umsatzmieten aus Sachverständigenkreisen vorliegt. Demnach beträgt der Mietzins rund 4,5 Prozent des Jahresbruttoumsatzes.

	Beispiel 3: Rohertragsbestimmung über die Flächenproduktivität		
Verkaufsfläche			
	BGF:	21.000 m²	
	Nutzfläche (rund 95 %):	20.000 m²	
	Verkaufsfläche (rund 80 %):		**16.000 m²**
Jahresbruttoumsatz			
	Flächenproduktivität	1.700 Euro/m²	
•	Verkaufsfläche:	16.000 m²	
=	Umsatz p. a.:		**27.200.000 Euro**
Mieteinnahme			
	Umsatzmiete:	4,50 %	
•	Umsatz:	27.200.000 Euro	
=	Jahresrohertrag:		**1.224.000 Euro**
	Monatsmiete (je m² Mietfläche):		**4,86 Euro/m²**

Es zeigt sich, dass die Verwendung der Umsatzmiete zu einem Rohertrag in Höhe von 1.224.000 Euro p. a. führt, was einer monatlichen Miete von nur 4,86 Euro/m² Mietfläche entspricht.

4.3.3 Verwaltungskosten

Die Verwaltungskosten werden branchenüblich in einer Höhe von rund 5 Prozent angesetzt. Dieser Wert wird in der Regel für SB-, Verbraucher- und Baumärkte verwendet. Gerade bei großflächigen Märkten scheint jedoch ein Rohertragsanteil von 5 Prozent zu hoch zu sein. Bei einem Jahresrohertrag in Höhe von 1,9 Millionen Euro bei einem größeren frei stehenden Bau- und Heimwerkermarkt mit nur einem Mieter wären Verwaltungskosten von 95.000 Euro (5 Prozent des Rohertrages) pro Jahr unrealistisch.

Im Grunde dürfen die Verwaltungskosten großflächiger Einzelhandelsimmobilien mit nur einem Mieter nicht wesentlich über denen bei Wohn- oder Büroimmobilien, bezogen auf einen Mieter, liegen. Wenn man zusätzlich davon ausgeht, dass eine teilzeitbeschäftigte Person diese Verwaltungsaufgaben übernehmen könnte, dürfte die Annahme eines Bruttogehaltes in Höhe von maximal 20.000 Euro p. a., also rund 1 Prozent des Rohertrages, angemessen sein.

Im Mietvertrag können Vereinbarungen bezüglich einer Übernahme der Verwaltung durch den Mieter getroffen werden. Diese würden sich dann durch einen verringerten Mietzins im Rohertrag widerspiegeln und dürften nicht ein zweites Mal im Ertragswertverfahren in Abzug gebracht werden.

4.3.4 Betriebskosten

Die Aufteilung der Kosten zwischen Mieter und Vermieter entspricht den regionalen und branchenabhängigen Gepflogenheiten. Zusätzlich können vertragliche Regelungen vereinbart werden, die eine vollständige Übernahme der Betriebskosten durch den Mieter vorsehen. So ist es im Einzelhandel branchenüblich, dass die Betriebskosten vom Nutzer getragen werden. Sie sind dann nicht zusätzlich vom Rohertrag der Immobilie abzuziehen.

4.3.5 Instandhaltungskosten

Instandhaltungskosten sind die Kosten, die während der Nutzungsdauer von baulichen Anlagen für deren Erhalt zum bestimmungsgemäßen Gebrauch entstehen, um Einflüsse durch unter anderem Witterung und Alterung abzufangen. Die Fachliteratur nennt Spannen von 7 bis 8 Prozent des Rohertrages für die Rücklagenbildung. Gerade bei Fachmärkten wie auch bei anderen großflächigen Einzelhandelsimmobilien, bei denen nach Ablauf des Mietvertrages nicht mit einer weiteren gleichartigen Nutzung gerechnet werden kann, werden oftmals sehr geringe Summen um die 4 bis 5 Euro/m² Nutzfläche p. a. für Instandhaltungsaufgaben zurückgelegt. Die Aufwendungen in dieser Höhe umfassen bereits alle nötigen Leistungen am Gebäude und an den Außenanlagen, also vorwiegend an den Parkplätzen. Am Ende der Vertragslaufzeit müssen diese Immobilien in der Regel komplett saniert werden, um weiter wirtschaftlich genutzt werden zu können. Eine alleinige Instandsetzung würde nicht ausreichen. Daher werden oft nur offensichtliche, außenwirksame und substanzielle bzw. sicherheitsrelevante Instandhaltungsaufgaben wahrgenommen.

Nachdem auch die Instandhaltungskosten jahrelang auf den Mieter übertragen wurden, übernehmen mittlerweile wieder vermehrt die Vermieter diese Aufgabe, da die Mieter in der Vergangenheit nur geringes Interesse am Erhalt der Immobilie gezeigt haben.

4.3.6 Mietausfallwagnis

Das Mietausfallwagnis soll das vielfältige Risiko der Mieteinnahmeausfälle, z. B. durch Leerstand oder Mietrückstände mit den daraus resultierenden Kosten für eine Rechtsverfolgung, abdecken. Durch die langfristigen Mietverträge bei großflächigen Einzelhandelsimmobilien ist das Risiko des Leerstands geringer als bei gewöhnlichen Gewerbeimmobilien. Es hängt jedoch wesentlich von der Laufzeit der Verträge und der Attraktivität des Standortes ab. Die Projektentwicklung bei Fachmärkten findet in der Regel in direkter Zusammenarbeit mit dem potenziellen Mieter statt, so dass die Immobilie auf den Nutzer und seine Vorstellungen, auch in Bezug auf die Mietdauer, abgestimmt wird.

Im Einzelhandel ist zur Kalkulation des Mietausfallwagnisses eine Spanne von vier bis fünf Prozent des Rohertrages üblich. Jedoch erscheint aus den eben geschilderten Gründen die Annahme eines geringeren Ansatzes von ca. drei Prozent sinnvoll und auch marktgängig. In der Fachliteratur wird ein Mietausfallwagnis in Höhe von drei Prozent so interpretiert, dass bei 20 Jahren Nutzungsdauer, also 240 Monaten, ein Leerstand von rund sieben Monaten (3 Prozent) kalkulatorisch erfasst wird.

Ist die Summe der Bewirtschaftungskosten, die sich bei den getroffenen Annahmen zwischen 5 Prozent und 12 Prozent des Rohertrages bewegt, bekannt, kann der Jahresreinertrag durch Abzug der Bewirtschaftungskosten vom Jahresrohertrag ermittelt werden. Festzuhalten bleibt, dass der Mietvertrag in sämtlichen Punkten bezüglich der Übernahme der Kosten abweichende Regelungen beinhalten kann.

Tabelle 19 fasst die gewonnenen Ansätze für die Bewirtschaftungskosten noch einmal übersichtlich zusammen. Je nach abweichenden Regelungen im Mietvertrag muss es hier zu geänderten Annahmen kommen.

Verwaltungskosten	ca. 1 %
Betriebskosten	keine beim Vermieter
Instandhaltungskosten	4–5 Euro/m² BGF
Mietausfallwagnis	ca. 3 %
Summe	**5–12 %**

Tabelle 19: Bewirtschaftungskosten in Abhängigkeit vom Rohertrag

4.4 Multiplikatoren und Netto-Anfangsrendite

Multiplikatoren stellen genau wie die Netto-Anfangsrendite Marktindikatoren dar, die die Vergleichbarkeit unterschiedlicher Objekte untereinander ermöglichen. Ebenso kann anhand dieser relativ einfach zu ermittelnden Faktoren eine erste Aussage zur Wirtschaftlichkeit der Immobilie getätigt werden.

Die Faktoren können in zwei Gruppen aufgeteilt werden, in die Ertragsfaktoren und die Gebäudefaktoren. Die Ertragsfaktoren werden auf den jährlichen nachhaltigen Ertrag und die Gebäudefaktoren auf eine geeignete Bezugseinheit, insbesondere auf eine Raum- oder Flächeneinheit des Bauwerks, bezogen.

Genau wie im Rahmen des Vergleichswertverfahrens durch die Vergleichsfaktoren die Bestimmung des Verkehrswertes ermöglicht wird, ist umgekehrt auch bei bekanntem Verkehrswert und Ertrag die Berechnung einer einfachen Vergleichsgröße, des Vergleichsfaktors, möglich.

Nach Aussage von branchenkundigen Sachverständigen bewegt sich der Rohertragsfaktor aufgrund der angespannten wirtschaftlichen Lage zurzeit zwischen dem Acht- bis Zwölffachen, bei solider Grundlage positiver wirtschaftlicher Rahmendaten über dem Zehnfachen, andernfalls darunter. Ebenfalls wirken sich positive Erwartungen, z. B. durch eine günstige Makrolage, auf den Rohertragsfaktor bzw. die Bereitschaft zu einer längeren Amortisationsdauer aus.

Die Netto-Anfangsrendite ergibt sich aus dem Verhältnis zwischen den Nettomieteinnahmen eines Jahres abzüglich der Bewirtschaftungskosten und dem Kaufpreis zuzüglich der Erwerbsnebenkosten. Sie beschreibt damit die bereinigte Rendite, die der Investor im ersten Jahr erhält. Für die Berechnung genügen in der Regel gleich bleibend pauschalierte Annahmen.

Zu den Erwerbsnebenkosten zählen unter anderem die Aufwendungen für Grundbucheinträge, Notare, Maklerprovisionen, Vermessungsleistungen, Bodenordnungsverfahren, Baugrunduntersuchungen und die Grunderwerbssteuer. Größter Posten innerhalb der Summe der Nebenkosten sind die Grunderwerbssteuer, die sich zurzeit gesetzlich geregelt auf 3,5 Prozent des Kaufpreises beläuft, und falls erforderlich, die Maklercourtage in Höhe von bis zu 3 Prozent. Die anfallenden Kosten für den Notar bewegen sich bei ca. 1 Prozent und die Gerichtskosten für Rechtsänderungen im Grundbuch bei ca. 0,5 Prozent des Kaufpreises. Die Erwerbsnebenkosten belaufen sich in der Summe also auf 5 bis 8 Prozent des Kaufpreises, abhängig von der Komplexität des Sachverhaltes beim Erwerb.

Sofern die Annahmen für alle Vergleichsobjekte identisch verwendet werden ist auch die Vergleichbarkeit der Objekte untereinander mittels der Netto-Anfangsrendite gewährleistet. Das folgende Berechnungsbeispiel (Beispiel 4) zeigt schematisch die Bestimmung gemäß der Formel.

Die Bewirtschaftungskosten können mit pauschal 10 Prozent angesetzt werden, die Erwerbsnebenkosten mit rund 7 Prozent. In der Branche der großflächigen Einzelhandelsimmobilien wird zurzeit von einer tendenziell hohen Netto-Anfangsrendite von mindestens 7 Prozent ausgegangen. Der Rohertragsfaktor liegt in diesem Beispiel bei 11,05 (Kaufpreis/Rohertrag).

Hausintern gibt es bei den meisten Kreditinstituten und Versicherungen der Immobilienwirtschaft verschiedene Definitionen und Annahmen für die Netto-Anfangsrendite. Bei Vergleichen zwischen verschiedenen Objekten muss darauf geachtet werden, dass identische Grundlagen bzw. Annahmen verwendet werden.

Beispiel 4: Berechnung der Netto-Anfangsrendite			
Zu erwartender Jahresrohertrag:			1.900.000 Euro
Bewirtschaftungskosten:		10 %	190.000 Euro
Jahresreinertrag:			
	Rohertrag:	1.900.000 Euro	
−	Bewirtschaftungskosten:	190.000 Euro	
=	Reinertrag:		1.710.000 Euro
Kaufpreis:			21.000.000 Euro
Erwerbsnebenkosten:		7 %	1.470.000 Euro
Netto-Anfangsrendite:			
	Jahresreinertrag:		1.710.000 Euro
:	Kaufpreis + Erwerbsnebenkosten:		22.470.000 Euro
=	Netto-Anfangsrendite:		7,6 %

5 Bewertungsbeispiele zur Bestimmung des Verkehrswertes

Die folgenden parallel durchgeführten Berechnungen mit dem Ertragswertverfahren führen zu Verkehrswerten, die die Einflüsse einzelner Stellschrauben innerhalb des Modells auf das Ergebnis veranschaulichen.

Im ersten Schritt wird der Bodenwert über einen geeigneten Bodenrichtwert bzw. auf Grundlage einer Berechnung, wie in den Berechnungsbeispielen 1 und 2 durchgeführt, bestimmt. Der Bodenwert wird sowohl im Sach- als auch im Ertragswertverfahren benötigt. Um die Auswirkungen des Bodenwertes zu verdeutlichen, wird neben einem Bodenrichtwert von 210 Euro/m^2 eine weitere Berechnung mit einem fiktiven Wert von 300 Euro/m^2 durchgeführt.

Beispiel 5: Berechnung des Bodenwertes				
Verkaufsfläche:		16.000 m²		
Stellplatzfläche:				
	1 Platz pro 30 m² VKF:	533		
•	Fläche pro Stellplatz:	30 m²		
=	Stellplatzfläche:		**16.000 m2**	
Nutzfläche:				
	80 % Verkaufsfläche:	16.000 m²		
=	Nutzfläche:		**20.000 m²**	
Bebaute Fläche rund:				
	95 % Nutzfläche:	20.000 m²		
=	Bebaute Fläche rund:		**21.050 m²**	
Grundstücksgröße:				
	Bebaute Fläche:	21.050 m²		
+	Stellplätze:	16.000 m²		
	Flächenbedarf:		37.050 m²	
	Kantenlänge rund:	200 m		
+	Grünfläche:	4 · 200 · 3 m	2.400 m²	
=	Grundstücksgröße min.:		**40.000 m²**	
Bodenwert:				
	Bodenrichtwert:	**210 Euro/m²**	**300 Euro/m²**	
•	Fläche:	40.000 m²	40.000 m²	
=	Bodenwert:		8.400.00 Euro	12.000.000 Euro

Um einen Vergleichswert zur Beurteilung des Ergebnisses der Ertragswertermittlungen geben zu können, wird zuerst der Sachwert eines neuen Bau- und Heimwerkermarktes bestimmt. Dadurch kann der Substanzwert der baulichen Anlagen und des Grund und Bodens ermittelt werden (siehe nachfolgendes Beispiel 6). Das

Sachwertverfahren wird nicht detailliert beschrieben, da es in diesem Rahmen nicht notwendig ist. Die für das Sachwertverfahren benötigten Herstellungskosten wurden bereits in Abschnitt 4.2.5 erläutert.

	Beispiel 6: Berechnung des Sachwertes der neuen Anlage					
Gebäudewert:						
	Bebaute Fläche:	21.050 m²				
•	Herstellungskosten:	490 Euro/m²				
=	Zwischensumme:		10.314.500 Euro			
+	Baunebenkosten 12 %:	123.774 Euro				
=	Gebäudewert:		10.438.274 Euro			
Bauliche Außenanlagen:						
	Stellplatzfläche:	16.000 m²				
•	Herstellungskosten inklusive BNK:	50 Euro/m²				
+	Grünfläche:	2.400 m²				
•	Herstellungskosten inklusive BNK:	50 Euro/m²				
=	Bauliche Außenanlagen:		920.000 Euro			
Sachwert:						
	Gebäudewert:	10.314.500 Euro	52,5 %	10.314.500 Euro	44,4 %	
+	Wert der Außenanlagen:	920.000 Euro	4,7 %	920.000 Euro	4,0 %	
=	Zwischenwert:	11.234.500 Euro		11.234.500 Euro		
+	Bodenwert:	**8.400.000 Euro**	42,8 %	**12.000.000 Euro**	51,7 %	
=	Sachwert rund:		19.630.000 Euro		23.230.000 Euro	

Der Ertragswert sollte, um einen Unternehmensgewinn zu erzielen, den Sachwert in jedem Fall überschreiten (siehe Beispiel 7). Im Beispiel wird vereinfachend mit einer Mietfläche entsprechend der Bruttogrundfläche gerechnet.

Beispiel 7: Berechnung des Ertragswertes bei unterschiedlichen Bodenwerten					
Rohertrag:					
	Mietzins:	8 Euro/m²			
•	Monate p. a.:	12			
•	Mietfläche:	21.050 m²			
=	Rohertrag:		**2.020.800 Euro**		
Bewirtschaftungskosten:					
	Verwaltungskosten:	2,0 %	40.416 Euro		
+	Mietausfallwagnis:	3,0 %	60.624 Euro		
+	Instandhaltungs-rücklage:	5 Euro/m²	100.000 Euro		
=	Bewirtschaftungs-kosten:		**201.040 Euro**		
Reinertrag:					
	Rohertrag:	2.020.800 Euro			
−	Bewirtschaftungs-kosten:	201.040 Euro			
=	Reinertrag:		**1.819.760 Euro**		
Verzinster Bodenwert:					
	Liegenschaftszins:	7,0 %		7,0 %	
•	Bodenwert:	**8.400.000 Euro**		**12.000.000 Euro**	
=	verzinster Boden-wert:		588.000 Euro		840.000 Euro

	Gebäudereinertrag:				
	Reinertrag:	1.819.760 Euro		1.819.760 Euro	
−	verzinster Bodenwert:	588.000 Euro		840.000 Euro	
=	Gebäudereinertrag:		1.231.760 Euro		979.760 Euro
Vervielfältiger:					
	Restnutzungsdauer:	20 Jahre		20 Jahre	
	Liegenschaftszins:	7,0 %		7,0 %	
	Vervielfältiger:		10,59		10,59
Ertragswert rund:					
	Gebäudereinertrag:	1.231.760 Euro		979.760 Euro	
•	Vervielfältiger:	10,59		10,59	
+	Bodenwert:	8.400.000 Euro		12.000.000 Euro	
=	Ertragswert rund:		21.450.000 Euro		22.380.000 Euro
Sachwert:			19.630.000 Euro		23.230.000 Euro
Rohertragsfaktor:			10,61		11,07
Netto-Anfangsrendite:			7,9 %		7,6 %

Bei dem vorher kalkulierten Bodenwert in Höhe von 300 Euro/m² erreicht der Ertragswert bei einer Nutzungsdauer von 20 Jahren und einem Liegenschaftszins von 7 Prozent *nicht* den Sachwert. Erst wenn rechnerisch die Restnutzungsdauer auf 24 Jahre gesetzt wird oder mit einem Liegenschaftszins von 6 Prozent gerechnet wird, ist das möglich bzw. realisierbar.

In den folgenden Beispielen (8 bis 10) wird der geringere Bodenwert in Höhe von 210 Euro/m² zu Grunde gelegt. Im nächsten Berechnungsbeispiel (Beispiel 8) wird ausschließlich die Restnutzungsdauer variiert.

Beispiel 8: Differierende Nutzungsdauer				
Gebäudereinertrag (vgl. Beispiel 7): 1.231.760 Euro				
Vervielfältiger:				
	Restnutzungsdauer:	**20 Jahre**		**15 Jahre**
	Liegenschaftszins:	7,0 %		7,0 %
	Vervielfältiger:		10,59		9,11
Ertragswert rund:				
	Gebäudereinertrag:	1.231.760 Euro		1.231.760 Euro	
•	Vervielfältiger		10,59		9,11
+	Bodenwert:	8.400.000 Euro		8.400.000 Euro	
=	Ertragswert rund:		**21.450.000 Euro**		**19.620.000 Euro**
Sachwert:			19.630.000 Euro		19.630.000 Euro
Rohertragsfaktor:			10,61		9,71
Netto-Anfangsrendite:			7,9 %		8,7 %

Die Restnutzungsdauer wirkt sich bei dieser kurzen Laufzeit wie bereits beschrieben sehr stark auf den Ertragswert aus. Eine nur fünf Jahre kürzere Restnutzungsdauer führt bei gleich bleibendem Liegenschaftszinssatz zu einem so erheblichen Minderwert, dass der damit errechnete Ertragswert den Sachwert der Immobilie nicht mehr erreichen kann. Unter den gegebenen Voraussetzungen ist also eine 16-jährige Nutzungsdauer das Minimum für einen wirtschaftlichen Betrieb.

Bei einer kürzeren Gesamtnutzungsdauer von zehn Jahren (Beispiel 9) wäre rechnerisch nur noch ein Liegenschaftszins von 4,6 Prozent zu realisieren, um den Sachwert der Immobilie zu überschreiten. Grundsätzlich bedeutet eine noch kürzere Gesamtlebensdauer als die im Beispiel angenommenen 20 Jahre ein geringeres wirtschaftliches Risiko. Dies rechtfertigt eine Reduktion des Liegenschaftszinses.

Beispiel 9: Unterschiedlicher Liegenschaftszins bei geringer Restnutzungsdauer			
Reinertrag (vgl. Beispiel 7): 1.819.760 Euro				
Verzinster Bodenwert:				
	Liegenschaftszins:	7,0 %		4,6 %
•	Bodenwert:	8.400.000 Euro		8.400.000 Euro
=	verzinster Bodenwert:		588.000 Euro		386.400 Euro
Gebäudereinertrag:				
	Reinertrag:	1.819.760 Euro		1.819.760 Euro
−	verzinster Bodenwert:	588.000 Euro		386.400 Euro
=	Gebäudereinertrag:		1.231.760 Euro		1.433.360 Euro
Vervielfältiger:				
	Restnutzungsdauer:	10 Jahre		10 Jahre
	Liegenschaftszins:	7,0 %		4,6 %
	Vervielfältiger:		7,02		7,87
Ertragswert rund:				
	Gebäudereinertrag:	1.231.760 Euro		1.433.360 Euro
•	Vervielfältiger:	7,02		7,87
+	Bodenwert:	8.400.000 Euro		8.400.000 Euro
=	Ertragswert rund:		17.050.000 Euro		19.690.000 Euro
Sachwert:			19.630.000 Euro		19.630.000 Euro
Rohertragsfaktor:			8,44		9,74
Netto-Anfangsrendite:			10,0 %		8,6 %

Der Zeitraum, der für die Amortisation der Investition benötigt wird, beträgt dann ebenfalls zehn Jahre, also die gesamte Restnutzungsdauer.

Die Differenz von 2,4 Prozentpunkten beim Liegenschaftszins bewirkt beim Ertragswert einen Unterschied von 2,6 Millionen Euro. Die gleiche Differenz brächte bei einer Restnutzungsdauer von 20 Jahren den wesentlich größeren Unterschied im Ertragswert von +5,4 Millionen Euro. Die Amortisationsdauer würde sich dabei nur geringfügig auf 10,6 bzw. 13,3 Jahre erhöhen.

Bei einer zehn Jahre alten Immobilie mit einer erwarteten Gesamtnutzungsdauer von 20 Jahren ist der berechnete Sachwert dem Alter entsprechend zu verringern, da die Immobilie mit zunehmendem Alter einem Werteverzehr unterliegt. Bei Annahme einer linearen Wertminderung, in diesem Fall von 50 Prozent liegt der Ertragswert deutlich über dem Sachwert. Nach anderen Wertminderungsverläufen (z. B. nach „Ross") ergibt sich ein Minderungsfaktor von 37,5 Prozent. Der Sachwert der bislang betrachteten Immobilie beträgt dann nur noch rund 15,4 Millionen Euro.

	Beispiel 10: Gegenüberstellung der geminderten Sachwerte				
Ertragswert (vgl. Beispiel 9): rund 17.050.000 Euro					
	Gebäudereinertrag:	1.231.760 Euro			
•	Vervielfältiger:	7,02			
+	Bodenwert:	8.400.000 Euro			
=	Ertragswert rund:		**17.050.000 Euro**		**17.050.000 Euro**
Sachwert:		gemindert um 37,5 %	15.418.750 Euro	gemindert um 50,0 %	14.015.000 Euro
Rohertragsfaktor:			8,44		8,44
Netto-Anfangsrendite:			10,0 %		10,0 %

Eine genauere Betrachtung der Restwerte und der Einflüsse auf bereits genutzte Immobilien wird unter den anfangs genannten Annahmen und Voraussetzungen nicht getätigt.

6 Zusammenfassung

Zur Durchführung der Verkehrswertermittlung für großflächige Einzelhandelsimmobilien ist die Kenntnis vieler wertbeeinflussender Faktoren, der grundlegenden Entwicklung des Immobilienmarktes und des Wirtschaftsplatzes unabdingbar. Da ein nicht allzu feines Netz aus Informationen und Daten über alle Fachmarktbranchen gelegt werden kann, bleibt die Schwierigkeit der abschließenden Einschätzung der Rechengrößen. Viele Statistiken können nicht alleine verwertet werden, weil Daten veraltet oder unvollständig sind, sich zum Teil sogar gegenseitig widersprechen.

Um einzelne Werte bestimmen zu können, ist in fast jedem Fall die Ermittlung anderer meist noch unbekannter Faktoren unverzichtbar. Die Schwierigkeit besteht darin, einen geeigneten Ansatzpunkt zu finden. Die Größen haben dabei unterschiedliche Auswirkungen im Rahmen des Ertragswertverfahrens. Die korrekte Einschätzung dieser Faktoren ist daher von besonderer Bedeutung für die Ermittlung des Verkehrswertes.

Mit steigender (Rest-)Nutzungsdauer der Gebäude wird die Bedeutung des Bodenwertes für den Ertragswert immer geringer. Da Fachmarktimmobilien in der Regel nicht älter als 25 Jahre werden, behält der Boden einen großen Teil seiner Bedeutung im Ertragswertverfahren.

Oft vernachlässigt oder zu pauschal betrachtet wird hingegen die Restnutzungsdauer der Immobilien. Diesem Wert sollte eine besondere Bedeutung beigemessen werden. Kaum eine andere Größe hat solch entscheidende Auswirkungen auf das Ergebnis. Gerade bei Einzelhandelsimmobilien ist die Diskrepanz zwischen technischer und wirtschaftlicher Lebensdauer besonders hoch. Die vielfach getroffene Annahme einer Gesamtnutzungsdauer von 30 und mehr Jahren ist in der Realität beim großflächigen Einzelhandel nicht zu rechtfertigen. Der technische, aber auch strukturelle Wandel der Zeit macht die einheitliche Nutzung über einen solchen Zeitraum sehr unwahrscheinlich. Diese Dauer entspricht eher einem Ausnahmefall, der sich in 1a- oder 1b-Lagen bei kleinteiligen Geschäften realisieren lassen könnte. Dort besteht auch nach Jahren noch eine vergleichbare Nachfrage nach den in ihrer Größe eher unflexiblen Flächen.

Letzten Endes münden die gewonnen Erkenntnisse in dem Mietvertrag. Die dort getroffenen Vereinbarungen zwischen dem Mieter und dem Vermieter, sowohl inhaltlich als auch formal-juristisch, sind das Resultat der wertbeeinflussenden Umstände, zugleich ist der Mietvertrag als Handelsgegenstand im Falle der Veräußerung der Fachmarktimmobilie selbst ein wertbeeinflussender Faktor.

Die Bedeutung der dort reglementierten Faktoren spiegelt sich am deutlichsten im vereinbarten Mietzins wider. Nicht alle Ansätze zur Untersuchung der Nachhaltigkeit dieser Miete und der Plausibilisierung führen zu in gleichem Maße brauchbaren Ergebnissen.

Die abschließend durchgeführten Berechnungsbeispiele zeigen deutlich, wie groß die Abweichungen im Ergebnis schon bei geringfügig geänderten Annahmen sind. Sie sollen für den Einfluss der für die Berechnung von Fachmärkten relevanten Faktoren sensibilisieren.

Des Weiteren wird ersichtlich, welche Schwierigkeit die richtige Einschätzung der Marktlage, vor allem bei einer kürzer werdenden Gesamtnutzungsdauer, mit sich bringt. Schon über einen Zeitraum von zehn Jahren ist bei den Größen- und Marktverhältnissen, von denen die Beispielrechnungen ausgehen, kaum noch ein wirtschaftlicher Betrieb bei einer angemessenen Verzinsung des eingesetzten Kapitals möglich.

Letzten Endes gehen die großen Fachmarktbetreiber aber auch gewisse Risiken ein, um Konzepte oder Standorte realisieren zu können. So wird unter gewissen Umständen ein höherer Mietzins entrichtet, eine längere Amortisationsdauer akzeptiert oder ein größerer Bodenpreis in Kauf genommen. Auch in diesen Fällen ist der wirtschaftliche Betrieb der Immobilie „Fachmarkt" möglich.

Am Markt besteht ein großes Interesse professioneller Anleger am Immobilientyp Fachmarkt. Ein individuell angepasster und vollständig durchdachter Mietvertrag sowie eine fundierte Standortanalyse sichern den Erfolg der Immobilie.

Abschließend bleibt festzuhalten, dass gefundene Ansätze und ermittelte Ergebnisse im Rahmen der vorab getroffenen Annahmen und Voraussetzungen nicht alle offenen Fragen in Bezug auf Fachmärkte beantworten können. Die gewissenhafte Arbeit der Immobiliensachverständigen und der verantwortungsvolle Umgang mit den Kennzahlen und Daten sind unverzichtbar, um zu einem nachvollziehbaren und plausiblen Ergebnis zu gelangen. Sachverständiges Ermessen bedeutet hier, jede Möglichkeit der Überprüfung der Rechengrößen zu nutzen und mit den gewonnen spezifischen Erfahrungen abzugleichen.

Literaturhinweise

A. C. Nielsen GmbH (Hrsg.) (2001): Universen 2001: Bau- und Heimwerkermärkte. http://www.acnielsen.de/news/universen2001/35_36.htm. Abgerufen am 15. November 2003.

A. C. Nielsen GmbH (Hrsg.) (2002): Universen 2001: Bau- und Heimwerkermärkte. http://www.acnielsen.de/news/universen2002/36.htm. Abgerufen am 15. November 2003.

A. C. Nielsen GmbH (Hrsg.) (2003): Universen 2001: Bau- und Heimwerkermärkte. http://www.acnielsen.de/news/universen2003/37.htm. Abgerufen am 15. November 2003.

BBE Handelsberatung Westfalen GmbH (Hrsg.) (2003): Branchendaten. http://www.bbe-muenster.com/services/branchendaten.html. Stand der Seite: 2003, abgerufen am 10. Oktober 2003.

Brockhoff & Partner Immobilien GmbH (Hrsg. (2003): Mieten 2003: Einzelhandelsmieten, Büro- und Hallenflächen. Essen 2003.

Clevenz, P. (2002): BBE-Branchenreport: Consumer Electronics/Multimedia: Jahrgang 2002. Köln: BBE Unternehmensberatung GmbH, 2002.

DIYonline (Hrsg.) (2003): DIYonline News: Obi bleibt bestens bekannt. http://www.diyonline.de/news/news_heute_detail.20030919115351825.asp. Stand der Seite: 19. September 2003, abgerufen am 09. Oktober 2003.

EuroHandelsinstitut GmbH (Hrsg.) (2002): Handel aktuell 2002. Köln: Verlag EHI – Euro-Handelsinstitut GmbH, 2002.

Gate to Austria (Hrsg.) (2003): Einzelhandelsimmobilien. http://www.gatetoaustria.at/online/page.php?P=675. Abgerufen am 20. November 2003.

Gesellschaft für Markt- und Betriebsanalysen mbH (Hrsg.) (Gemaba 2003a): Gesamtentwicklung. http://www.gemaba.de/Spezielles/Baumarktwegweiser_2002/Gesamtentwicklung/gesamtentwicklung.html. Abgerufen am 10. Oktober 2003.

Gesellschaft für Markt- und Betriebsanalysen mbH (Hrsg.) (Gemaba 2003b): Größenstruktur. http://www.gemaba.de/Spezielles/Baumarktwegweiser_2002/Grossenstruktur/Grossenstruktur.html. Abgerufen am 10. Oktober 2003.

Gesellschaft für Markt- und Betriebsanalysen mbH (Hrsg.) (Gemaba 2003c): Angebotskonzepte der Marktführer. http://www.gemaba.de/Spezielles/Baumarktwegweiser_2002/Angebot_Marktfuhrer/Angebot_Marktfuhrer.html. Abgerufen am 10. Oktober 2003.

Gesellschaft für Markt- und Betriebsanalysen mbH (Hrsg.) (Gemaba 2003d): Regionaldaten: 1.400 QM je 10.000 Einwohner. http://www.gemaba.de/Spezielles/Baumarktwegweiser_2002/Regionaldaten/regionaldaten.html. Abgerufen am 10. Oktober 2003.

Gewos (2000): Gewos: Institut für Stadt-, Regional- und Wohnforschung GmbH (Hrsg.): Einzelhandel in Deutschland: Immobilienmarkt-Research Marktbericht 6. Berlin: Druckhaus Berlin-Mitte GmbH, 2000.

GMA (2000): Gesellschaft für Markt- und Absatzforschung mbH (Hrsg.): Die Stadt Werne als Einzelhandelsstandort: GMA-Einzelhandelsgutachten im Auftrag der Stadt Werne. Köln 2000.

Grabener Verlag (2003): Hamburger Sparkasse (Hrsg.): Immobilien-Fachwissen von A–Z. http://www.grabener.info/lexikon/ Stand der Seite: 9. Dezember 2003, abgerufen am 13. Dezember 2003.

Grimm, S./Schöneburg, U. (2003): Mode in Düsseldorf, Multimedia in Erlangen: Untersuchung der regionalen Kaufkraft für über 50 Sortimente in 439 Stadt- und Landkreisen. http://www.gfk.de/presse/pressemeldung. Stand der Seite: 15. September 2003, abgerufen am 10. Oktober 2003.

GuG aktuell (1999): o. V.: Quadratmeterumsätze in DM pro Jahr nach Warengruppe und Lage des Einzelhandelsbetriebes 1998. In: Grundstücksmarkt und Grundstückswert (GuG) aktuell 6/99. Neuwied: Luchterhand Verlag GmbH, 1999.

Handelswissen (Hrsg.) (2003): Zentrenhierarchie. http://www.handelswissen.de/servlet/PB/menu/1005370/index.html. Abgerufen am 14. Dezember 2003.

Immobilien Zeitung (2003): o. V.: Aengevelts Favoriten sind Kaufhäuser und Fachmärkte. In: Immobilien Zeitung, 2003-06-17, o. A.

Karl, T.: Mietpreisermittlung: Investment in Retail-Flächen: Es muss nicht immer ein Center sein. In: Immobilien Zeitung, 2003-07-31, Nr. 3, S. 7.

Kleiber, W./Simon, J./Weyers, G. (2003): Verkehrswertermittlung von Grundstücken: Kommentar und Handbuch zur Ermittlung von Verkehrs-, Versicherungs- und Beleihungswerten unter Berücksichtigung von WertV und BauGB. 4. vollst. überarb. u. erw. Auflage. Köln: Bundesanzeiger, 2002.

Pfeiffer, E. (2003): Immobilien – Kosmos: Kleines ABC der Standortanalyse. http://www.stalys.de/data/sa1.htm. Abgerufen am 16. Oktober 2003.

Rath, J. (2003):Wertermittlungspraxis: Arbeitshilfen für Bewertungssachverständige. 4. Auflage. Neuwied 2003.

Rohn Verlag (Hrsg.) (2003a): Marktentwicklung in Deutschland. http://www.rohn.de/markt/maerkte/index.htm. Abgerufen am 18. November 2003.

Rohn Verlag (Hrsg.) (2003b): Marktentwicklung international. http://www.rohn.de/markt/maerkte/markt_international.htm. Abgerufen am 18. November 2003.

Rohn Verlag (Hrsg.) (2003c): Österreich: Vor neuer Expansionswelle. http://www.rohn.de/markt/archiv/2000/2000_03/03farnleitner.htm. Stand: 03/2000, abgerufen am 18. November 2003.

Simon, J. et al.(2003): Handbuch der Grundstückswertermittlung. 5. Auflage. München 2003.

Teipel, K.-P./Krüger, U./Kollatz, U. (2001): BBE-Branchenreport: DIY – Do it yourself, 3. Jahrgang 2001. Köln: BBE Unternehmensberatung GmbH, 2001.

Abkürzungsverzeichnis

BauGB   Baugesetzbuch
BauNVO Baunutzungsverordnung
BHB   Bundesverband Deutscher Heimwerker-, Bau- und Gartenfachmärkte e. V.
BGF   Bruttogrundfläche
CE   Consumer Electronics
Gemaba Gesellschaft für Markt- und Betriebsanalysen mbH

GfK	Gesellschaft für Konsumforschung AG
GuG	Grundstücksmarkt und Grundstückswert
HH	Haushalt
i. d. F. v.	in der Fassung vom
IE	Informationselektronik
LBO	Landesbauordnung
MF-H	Richtlinie zur Berechnung der Mietflächen für Handelsraum
NRW	Nordrheinwestfalen
SB	Selbstbedienung
TK	Telekommunikation
UE	Unterhaltungselektronik
VV	Verwaltungsvorschrift
VKF	Verkaufsfläche
WertV	Wertermittlungsverordnung

Formelzeichen

BRW	Bodenrichtwert
BW	Bodenwert
BWK	Bewirtschaftungskosten
EW	Ertragswert
KP	Kaufpreis
p	Zinssatz
ReE	Reinertrag
RND	Restnutzungsdauer
RoE	Rohertrag
V	Vervielfältiger

Bewertung von Urban Entertainment Centern

Doerthe Gosewehr/Florian van Riesenbeck

1 Einführung
1.1 Entstehung und Bausteine
1.2 Ausprägungen und Definition

2 Marktüberblick
2.1 Internationaler Markt
2.2 Deutscher Markt

3 Grundlagen der Bewertung
3.1 Analyse des Konzeptes
3.2 Standortfaktoren
3.3 Objektfaktoren

4 Bewertungsmethodik
4.1 Wahl des Verfahrens für das Objekt
4.2 Methodik für Teilbereiche

5 Ableitung von Wertparametern
5.1 Ertragswertverfahren nach WertV
5.1.1 Bodenwert
5.1.2 Mietansätze
5.1.3 Bewirtschaftungskosten
5.1.4 Liegenschaftszins
5.1.5 Restnutzungsdauer und Vervielfältiger
5.1.6 Sonstige wertbeeinflussende Umstände
5.2 Hinweise zum Discounted-Cashflow-Verfahren
5.3 Allgemeine Anmerkungen

6 Berechnungsbeispiel im Ertragswertverfahren

6.1 Basisdaten
6.2 Einschätzung des Konzeptes
6.3 Ableitung der nachhaltigen Mieten/Pachten
6.4 Ableitung der Bewirtschaftungskosten
6.5 Ableitung des Bodenwertes
6.6 Ableitung des Liegenschaftszinssatzes und der Restnutzungsdauer
6.7 Ableitung der Bodenwertverzinsung
6.8 Ermittlung des Gesamtwertes

1 Einführung

Das UEC, das unbekannte Wesen? Spätestens seit Anfang der 90er Jahre sind Urban Entertainment Center (UEC) in aller Munde. UEC wurden in der Fachöffentlichkeit sowohl der Immobilienbranche als auch des Einzelhandels ausgiebig diskutiert. Die Diskussion darüber ist dabei keineswegs abgeschlossen. Vor der Bewertung eines UEC muss man sich auch mit definitorischen Fragen beschäftigen, denn ein UEC ist eine Managementimmobilie, bei der es für den wirtschaftlichen Erfolg besonders auf ein funktionierendes Zusammenspiel der Komponenten ankommt. Insofern muss eine kritische Analyse des Konzeptes einer Bewertung vorangehen.

1.1 Entstehung und Bausteine

Das grundsätzlich neue Element bei UEC ist die Verknüpfung von unterschiedlichen Nutzungen, z. B. aus den Bereichen erlebnisorientierter Einzelhandel, Unterhaltung und Gastronomie in einem räumlichen Kontext.[1] Weitere Nutzungen wie Hotel-/Sporteinrichtungen, Museen oder Kongresshallen stellen zusätzliche Angebotsoptionen dar. Es handelt sich dabei nicht um eine reine Addition dieser Nutzungen, sondern um eine bis in das Detail stimmige Kombination von Nutzungen, die durch ein ganzheitliches Konzept geprägt und verbunden sind. Die Schaffung und Nutzung von Synergien ist dabei ein zentrales Element.[2] Ziel ist die Erhöhung der Verweildauer und damit die Förderung der Umsätze auf den Einzelhandelsflächen, die letztlich das entscheidende Element für den wirtschaftlichen Erfolg sind.

Die Suche nach neuen Konzepten im Einzelhandel ist insofern vor allem der Versuch einer Antwort auf die Krise des klassischen Einzelhandels. Diese hat eine Neuorientierung innerhalb der Einzelhandelslandschaft zur Folge, wobei eben die Verbindung von Entertainment- und Erlebnisangeboten in Form eines integrierten Angebots- und Erlebniskonzeptes der Profilierung gegenüber dem Wettbewerb dienen.[3] Ein entscheidender Grund für die Krise des klassischen Einzelhandels ist in der Veränderung des Konsumverhaltens sowie in einer zunehmenden Freizeit- und Convenience-Orientierung der Bevölkerung zu sehen.

---

1 Reiff, F. (1998), S. 5.
2 Ackermann, V./Lantzerath-Flesch, C. (1999), S. 4.
3 Reiff, F. (1998), S. 9.

Wesentliche, durchaus widersprüchliche Trends sind:

- Polarisierung von Versorgungs- und Erlebniskonsum,
- Zunahme der Preissensibilität bzw. Smart Shopping,
- Erlebniskonsum und „Lifestyle Retailing",
- De-Materialisierung des Konsums.[4]

Der Vorteil einer Verbindung von Entertainment und Shopping ist die Schaffung eines neuen USP[5], wobei die aus Sicht des Einzelhandels nachteiligen Trends abgemildert werden.

Erste Versuche einer Kombination von Entertainment und Shopping im Sinne heutiger UEC wurden in den 90er Jahren in Amerika unternommen. Hierzu sei angemerkt, dass in den USA durch starke Suburbanisierungstendenzen in den 70er und 80er Jahren zahlreiche Innenstädte regelrecht ausbluteten. Insofern stellt das Konzept der UEC aus nordamerikanischer Sicht auch eine Antithese zur strikten Funktionstrennung dar. Europäische Innenstädte haben sich im Vergleich dazu eine höhere Attraktivität und Vielfalt bewahrt. Daher ist, ebenso wie bei der Betrachtung der Konsum- und Reisegewohnheiten, vor einer unkritischen Übernahme von Konzepten aus den USA zu warnen.

Als übliche Hauptelemente haben sich die Bausteine *„Entertainment"*, *„Gastronomie"* und *„Shopping"* herauskristallisiert. Die Ankerfunktion wird gemeinsam von diesen drei Schlüsselkomponenten wahrgenommen, die in Kombination wirken.

Der Baustein *„Entertainment"* erfüllt dabei mehrere Aufgaben. Einerseits ist er Magnet und Motor, d. h., er ist das ausschlaggebende Ziel der Besucher und stimuliert die Frequenz. Andererseits definiert er die thematische Ausrichtung des Centers, denn die Besucher kommen nicht um eines gezielten Einkauf willens, sondern auf der Suche nach Unterhaltung. Durch Herauslösen des Besuchers aus dem Alltag soll eine urlaubsähnliche Stimmung erzeugt werden. Die durchschnittliche Verweildauer ist bei erfolgreichen UEC deutlich höher als in Shopping-Centern (ca. 3,0 bis 4,5 Stunden gegenüber maximal 2,0 Stunden[6]). Nicht zuletzt deshalb sucht man in UEC vergebens Uhren. Auch natürliche Belichtung oder visuelle Verbindungen zur Außenwelt sind eher die Ausnahme. Überspitzt: Ein erfolgreiches UEC löst den Konsumenten aus seiner Alltagswelt heraus.

---

4   Der Konsument kauft nicht mehr materielle Artikel, sondern Themen, Botschaften, Symbole, Kulte und Erlebnisse, vgl. Reiff, F. (1998), S. 13.
5   Unique Selling Proposition.
6   IHK Pfalz (2001), S. 4; Frechen, J./Franck, J. (1996 bis 1998).

Meist sind Multiplex-Kinos als wesentliche Entertainment-Nutzung vorgesehen. Hierzu muss jedoch einerseits die derzeitige Krise auf dem deutschen Kinomarkt beachtet werden, andererseits bietet ein Kino als Entertainment-Magnet kaum ein ausreichendes Alleinstellungsmerkmal, das Besucher gezielt zum Besuch des UEC veranlassen dürfte. Daher sind weitere Entertainment-Nutzungen erforderlich. Diese sind in den Bereichen Infotainment, Edutainment, Film/Showbusiness und Sport, aber auch in weiteren Bereichen (z. B. Diskotheken, oder auch Spezialthemen wie Raumfahrt und Science Fiction im mittlerweile gescheiterten Space Park Bremen) zu suchen.

Der zweite wesentliche Baustein ist die *Gastronomie.* Bereits die hohe Verweildauer der Besucher macht Gastronomie erforderlich. Hierbei lässt sich grob unterteilen in vorrangig dem Entertainment thematisch und örtlich zugeordnete Gastronomie, in ebenfalls als Entertainment nah einzustufende, aber eigenständige Themengastronomie (z. B. Konzepte à la Rainforest Cafe, Jekyll & Hyde) und der im Sinne einer reinen Bedarfsdeckung dem Shopping zuzuordnenden Gastronomie, meist als Schnellgastronomie z. B. in Form von Food Courts. Die Grenzen sind dabei durchaus fließend.

Die dritte unverzichtbare Komponente schließlich ist der *Einzelhandel.* Im Regelfall ist die Vermietung der Einzelhandelsflächen der entscheidende wirtschaftliche Schlüssel zum Erfolg.[7] Dabei ist vor einer Überdimensionierung zu warnen. Die Perzeption eines UEC als Einkaufszentrum führt fast automatisch zu einem Versagen des Gesamtkonzeptes. Daher müssen Sortiment und Mietermix thematisch auf das dominante Motto des UEC abgestimmt sein *(„specialty stores")*. Umgekehrt bedeutet dies, dass beispielsweise Fachmärkte und (SB-)Warenhäuser als Ankermieter eines UEC per se ungeeignet sind. Für die Bewertung ist dabei zu bedenken, dass der Einzelhandel zwar in der Außenkommunikation eines UEC eine untergeordnete Stellung einnimmt, wirtschaftlich aber im Regelfall der Schlüssel ist.

Die Aufzählung der Bausteine eines UEC ist nicht abschließend, auch wenn die vorhergehend genannten Nutzungen unverzichtbar sind *(„trinity of synergies")*. Allgemeingültige Aussagen zu weiteren Bausteinen sind kaum möglich. Durchaus kontrovers diskutiert wird die Frage, ob Hotels Baustein eines UEC sein können. Die Integration eines Hotels ist denkbar, wenn es sich bei dem UEC um ein Urban-Resort handelt, also um eine Erlebnis-Destination, die Wochenend- und Kurz-

---

[7] Obwohl in den klassischen UEC-Vorbildern der USA der Einzelhandel nur etwa ein Drittel der Fläche einnimmt, werden hier ca. 60 Prozent des Gesamtumsatzes generiert. Vgl. IHK Pfalz: Urban Entertainment Center: Freizeitlust statt Einkaufsfrust! (2001).

urlauber anzieht.[8] Handelt es sich dagegen um ein UEC mit Schwerpunkt auf die Kurzzeitbesucher aus dem Nahradius, werden Verweildauer der Besucher und Einzugsradius keine Übernachtung erforderlich machen. Wo dennoch Hotels an UEC gebaut werden, so beziehen diese lediglich einen Teil der Gäste aus dem UEC und sind daher meist als eigenständige Objekte zu verstehen und zu bewerten.

1.2 Ausprägungen und Definition

Unter den in der Immobilienbranche als UEC bezeichneten Objekten dominieren folgende Grundtypen:

- *Shopping-Center mit angeschlossenen Unterhaltungseinrichtungen, meist Multiplex-Kinos, Bowlingcenter u. Ä.*
  Bei diesen Objekten dominiert nach Fläche, Umsatz und Ausrichtung von Sortiment bzw. Mietermix der Einzelhandel (Beispiele: *West Edmonton Mall* in Edmonton, *Ontario Mills* in Ontario, *Mall of America* in Bloomington, *Shopping-City Süd* in Wien und *CentrO* in Oberhausen). Die Komponenten/Teilbereiche könnten – unter Umständen – auch separat funktionieren und bewertet werden (wobei die ergänzenden Nutzungen die Existenz des funktionierenden Shopping-Centers teilweise voraussetzen), soweit nicht nachträglich eine engere Verzahnung und damit ein Wechsel des Charakters vorgenommen wird (insofern stellt das *CentrO* einen Grenzfall dar, bei dem zwischenzeitlich erhebliche *Entertainmentflächen* ergänzt wurden).

- *Entertainment-Nutzungen mit angeschlossener Gastronomie und Einzelhandelsflächen*
  Bei diesen Objekten, wie z. B. Freizeitparks oder den US-amerikanischen Casinos mit angeschlossener Mall, steht die Unterhaltung klar im Vordergrund. Eine Verknüpfung mit thematisch zugeordnetem Einzelhandel in nicht nur untergeordnetem Maßstab ist im Regelfall nur schwer möglich, dagegen bietet sich die Verknüpfung mit Hotels an. Auch hier ist der maßgebliche Teil für sich funktionsfähig und einzeln zu bewerten, wobei teilweise die Abgrenzung problematisch ist (z. B. *Universal City Walk* in Los Angeles, Form Shops mit Anknüpfung an das Kasino des *Caesars Palace Hotels* in Las Vegas, und das *SI-Zentrum* in Stuttgart).

---

[8] Als Beispiel kann das Freizeit- und Erlebniszentrum Stuttgart International (SI) genannt werden, das den Musicalbereich zusammen mit Übernachtung, Schwimmbadbesuch und Nachtmenü in Form eines Erlebnispakets anbietet. Vgl. Ackermann, V./Lantzerath-Flesch, C. (1999), S. 11.

- *Baulich getrennte, jedoch räumlich und funktional zusammenhängende innerstädtische Quartiere*
  Dieser Agglomerationstyp stellt insofern einen Sonderfall dar, als mit ihm viele der Zielstellungen eines UEC verfolgt werden, z. B. am Potsdamer Platz in Berlin. Aufgrund der fehlenden baulichen Einheit und der im Regelfall auseinander fallenden Eigentümerschaft handelt es sich jedoch auch hier nicht um ein UEC, das als Einheit zu bewerten wäre, obwohl bei der Bewertung der Einzelteile die bestehenden Verknüpfungen zu berücksichtigen sind.

- *Homogene, nach außen über die einzelnen Nutzungen hinweg einheitlich auftretende Objekte*
  Diese sind UEC im engen Sinne. Wesentliches Merkmal ist die Herausstellung der Entertainment-Nutzung bei einer wirtschaftlichen Dominanz der Einzelhandelsnutzung. Eine enge bauliche und thematische Verzahnung führt zu einem Verschwimmen der Übergänge. Neben zahlreichen nicht oder noch nicht zur Realisierung gekommenen UEC (z. B. UFO Dortmund, UEC Frankfurt, Krystallpalast Leipzig) kommt der *Space Park* in Bremen diesem Typus vom konzeptionellen Anspruch her recht nahe, wobei Ende 2004 bereits absehbar wurde, dass das Konzept in der ursprünglichen Form nicht tragfähig war.

Die Frage der *Urbanität* erscheint demgegenüber nachrangig. Urbane Lage ist nicht Bedingung für ein UEC, sondern dessen Ziel: Urbanität zu synthetisieren und deren wirtschaftliche Folgen zu generieren. Im Hinblick auf Flächenbedarf und Besucherfrequenz (Verkehrsinfrastruktur) sind typische Lagen für UEC-Randbereiche oder innenstadtnahe Stadtteile von Großstädten.

Aus dieser Darstellung der Ausprägungen wird deutlich, dass es einen fließenden Übergang zwischen UEC im engen Sinne und ähnlichen Objekten gibt. Die Herausforderung bei der Realisierung eines UEC liegt dabei in der gleichberechtigten und parallelen Vermietung der unterschiedlichen Komponenten. Wesentlich einfacher ist die konzeptionelle Erweiterung eines durch eine Nutzung dominierten Objektes. Dabei lassen sich allerdings die durch ein UEC verfolgten Ziele nicht voll verwirklichen. Somit kann die Frage, ob es sich bei einem Bewertungsobjekt um ein „echtes" UEC oder eine Kombination von Einzelobjekten handelt, nicht abschließend beantwortet werden. Dies ist im Einzelfall abzuwägen und im Rahmen der Bewertung angemessen zu dokumentieren.

2 Marktüberblick

2.1 Internationaler Markt

Die ersten Versuche einer Verknüpfung von Entertainment und Shopping wurden in Kanada und den USA vorgenommen. Begünstigt wird die Realisierung von UEC auf dem nordamerikanischen Markt neben den Defiziten vieler Innenstädte auch durch die Konsum- und Reisegewohnheiten breiter Bevölkerungsschichten: Die Kombination höherer Bereitschaft zu „Konsum von Unterhaltung" und eines geringeren Anspruchs an Authentizität einerseits, einer geringeren Urlaubszeit und einem anderen Reiseverhalten andererseits, begünstigt die Etablierung eines UEC als Alternative, als Ziel für Erlebnis, für den „kleinen Genuss".

Daher hat sich in den USA das *UEC-Konzept* etabliert und ist in vielen Variationen am Markt zu beobachten. Verlässliche Zahlen sind dabei angesichts der Abgrenzungsschwierigkeiten kaum vorhanden. Die Einzelhandelsflächen werden meist in der Kategorie „Shopping-Center" mit erfasst. Insgesamt lässt sich dabei teilweise eine Annäherung von Merkmalen der Objekttypen UEC, Shopping-Center und innerstädtischen Einzelhandelslagen erkennen, z. B. versuchen Marken durch die Inszenierung ihrer Produkte in Mega-Stores die klassischen Grenzen der Produktpräsentation aufzubrechen. Bekannte Beispiele für diesen erlebnisorientierten Einzelhandel sind die Nike Town Stores, Disney Stores, Warner Bros. Studio Stores oder das Sony Style-Konzept. In diesen direkt von den Herstellern betriebenen Geschäften ist die Inszenierung der Marke z. B. durch das Präsentieren von Sportschuhen, -bekleidung, und Accessoires in einer sportiven Arena das Hauptziel.[9]

Klassische UEC in den USA nutzen zwischen 30 bis 50 Prozent der vermietbaren Fläche für Entertainment- bzw. Freizeiteinrichtungen und zwischen 20 bis 30 Prozent für Gastronomie. Die verbleibende Fläche wird mit Einzelhandel besetzt. Sie erzielt anteilig die höchsten Mieteinnahmen. Grundsätzlich besteht in den USA aufgrund der Überschneidung der Öffnungszeiten von Einzelhandels-, Entertainment- und Gastronomieangeboten ein hohes Synergiepotenzial.

Als erfolgreiche UEC im weiteren Sinne sind zu nennen:

- Ontario Mills in Ontario, USA,
- West Edmonton Mall in Edmonton, USA,
- Mall of America in Bloomington, USA,

---

9 KPMG: Trends im Handel 2005: Ein Ausblick für die Branchen Food, Fashion & Footware, Köln 2003, S. 16.

- Heron City in Spanien (Barcelona, Valencia) und Schweden (Stockholm),
- Xanadú in Madrid, Spanien.

Das weltweit größte UEC-Projekt entsteht in New York: Meadowlands Xanadu ist ein Einkaufs- und Unterhaltungszentrum, in dem auf innovative Art Einzelhandel, Sport, Unterhaltung und Freizeit auf rund 250.000 m² Fläche verwirklicht werden soll. Investoren sind der US-Immobilienkonzern Mills Corporation zusammen mit dem deutschen Fondsinitiator *KanAm* und die US-amerikanische *Mack-Cali Realty Corporation.* Highlights des Konzeptes sind unter anderem *Mills Shopping Mall, Snow Dome, Indoor Alpinski-Resort, Indoor Wave* für Surver, *Under Water World, Wildlife Resort, Luxury Spa,* Hotel und Office. Die Mills Shopping Malls zählen dabei zu den erfolgreichsten Einzelhandelsobjekten in den USA und zu den größten Touristenattraktionen im jeweiligen Bundesstaat. Das Projekt wird nach den verfügbaren Angaben auf einem rund 442.000 m² großen Grundstück auf dem Gelände des bereits existierenden Meadowlands Sports Complex, bestehend aus dem Giants Stadium (Football), der Continental Airlines Sports Arena (Basketball) und der Meadowlands Pferderennbahn, errichtet. Meadowlands Xanadu entsteht in East Rutherford im Bezirk Bergen im US-Bundesstaat News Jersey rund fünf Meilen von Manhattan, New York City, entfernt.

2.2 Deutscher Markt

Am Beispiel UEC lassen sich recht gut sowohl Gemeinsamkeiten als auch Unterschiede zwischen dem internationalen bzw. US-amerikanischen und dem deutschen Markt beobachten. Gemeinsam ist beiden Märkten im Einzelhandelsbereich der Trend zu weiterer Spezialisierung. Die Trends ähneln sich also, sind aber nicht deckungsgleich. Insofern wird auch in Deutschland das UEC als mögliche Antwort auf die Krise des klassischen Einzelhandels angesehen, die in der Regel in einer Ausrichtung auf Filialbetriebe zum Ausdruck kommt. Diese zunehmende Vereinheitlichung der Einzelhandelsstandorte führt zu einem Verlust von urbanem Flair. Dabei sind deutsche Konsumenten jedoch teilweise kritischer: Trotz der erwähnten Filialisierungstendenzen erreichen UEC in Deutschland weniger leicht die erforderlichen Alleinstellungsmerkmale (USP), da die Innenstädte trotz Vereinheitlichungstendenzen immer noch ein vergleichsweise hohes Maß an urbanem Flair bieten.

Das derzeit größte Problem für UEC in Deutschland besteht in den rechtlichen Rahmenbedingungen, insbesondere in der Restriktion der Ladenöffnungszeiten, dem Jugendschutzgesetz sowie der Spielstättenverordnung. Die Schaffung von Synergien zwischen verschiedenen Nutzungen kann nur erfolgreich sein, wenn diese zeitgleich angeboten werden. Entertainment wird dabei vornehmlich in den Abendstunden nachgefragt. Müssen die Einzelhandelsbereiche um 20:00 Uhr schließen, kann keine Synergie entstehen. Schlimmer noch, ein nur teilgeöffnetes Center ist kein Ort, der zum Verweilen einlädt. Durch räumliche Trennung der Nutzungen versuchen einige Konzepte dieses Manko auszugleichen. Jedoch wird hierdurch der zum Erreichen einer homogenen Auswirkung nötige Effekt fließender Übergänge konterkariert. Nach allgemeiner Auffassung könnten sich UEC im engen Sinne erst nach einer weitreichenden Liberalisierung der Ladenöffnungszeiten durchsetzen. Des Weiteren verhindern das Jugendschutzgesetz und die Spielstättenverordnung teilweise die Frequentierung der Entertainmentbereiche durch junges, besonders konsumorientiertes Publikum.

Dies vorausgeschickt, verwundert es nicht, dass es in Deutschland bisher kaum realisierte UEC im engen Sinne gibt. Zudem liegen aufgrund der Schwierigkeiten einer definitorischen Abgrenzung kaum verlässliche Zahlen dieses Teilmarktes vor. Von der wirtschaftlichen Ausrichtung bestehender Projekte auf die Einzelhandelsflächen ausgehend, werden diese auch in Deutschland meist dem Segment „Shopping-Center" zugeschlagen. Dies ist insbesondere auf die – im amerikanischen Vergleich – hohen Grundstücks- und Baukosten bei geringen umsatzverträglichen Mieten zurückzuführen, die es in Innenstadtlagen nicht erlauben, einen für UEC angemessenen Anteil von über 50 Prozent der vermietbaren Fläche für Einzelhandel einzuhalten.[10] An dieser Stelle sei auf den Beitrag „Einzelhandelslagen" in dem vorliegenden Buch verwiesen.

Angesichts der zahlreichen theoretischen Abhandlungen sowie der per Ende der 90er Jahre nicht unerheblichen Zahl der in Planung befindlicher UEC in Deutschland[11] könnte pointiert formuliert werden, dass der deutsche Markt auf ein funktionierendes UEC wartet. Die Entwicklung des CentrO vom reinen Shopping-Center zum gemischten Konzept deutet an, dass die bestehenden Trends das UEC-Konzept tragen können. Unklar scheint dabei, welcher Nutzungsmix und welche Größenordnungen am Markt tragfähig sind. Sicher jedoch ist, dass diese Frage nicht unabhängig vom Standort beantwortet werden kann. Die Probleme des jüngst realisierten und bereits wieder geschlossenen Space Park in Bremen illustrieren dies. Es gelang nicht, die erforderlichen Ankermieter für die überdimensionierte Einzelhan-

---

10 Um z. B. 10.000 m² Entertainment zu finanzieren, sind mindestens 30 bis 40.000 m² Einzelhandel erforderlich, vgl. Reiff, F.: Amerikanische Urban Entertainment Center – Konzepte und deren Übertragbarkeit auf den deutschen Markt, Freiberg 1998, S. 56.

11 Wenzel & Partner schätzen die Zahl auf etwa 40, vgl. Ackermann, V./Lantzerath-Flesch, C.: Urban Entertainment Centers, Dortmund 1999, S. 16.

delsfläche zu gewinnen, sodass diese leer blieb. Daran scheiterte der Space Park nach Meinung der Verfasser maßgeblich, obwohl die Entertainmentteile des Space Centers mit integriertem Imax-Filmtheater und Cinespaces (Multiplex-Kino mit zehn Kinosälen) sowie des InnSide Residence Hotels eröffneten.

3 Grundlagen der Bewertung

3.1 Analyse des Konzeptes

Aus den vorhergehenden Abschnitten wird deutlich, dass der wirtschaftliche Erfolg eines UEC maßgeblich vom Konzept und der Abstimmung der einzelnen Komponenten aufeinander abhängt.

Kernfragen sind dabei:

- Liegt ein ausreichend großes Marktvolumen vor, sodass das UEC seine erforderlichen Umsätze generieren kann? Der Versuch eines Nachweises kann über eine auf Freizeitimmobilien spezialisierte Standort- und Marktanalyse geführt werden, wobei zu beachten ist, dass auch derartige Analysen nur eine Annäherung sein können. Empirische Zahlen mindestens 18 Monate nach Eröffnung sind in jedem Falle vorzuziehen.

- Erscheint die Entertainmentkomponente aufgrund von Ausrichtung, Konkurrenzsituation, Einzugsbereich etc. geeignet, das verfügbare Kundenvolumen optimal zu nutzen?

- Ist der Branchen-/Mietermix auf das Thema des UEC abgestellt? Ein beliebiger oder gar konträrer Besatz stellt das Funktionieren eines abgestimmten Konzeptes in Zweifel. In der Vermietungsphase bedarf es einerseits eines namhaften Vermieters mit entsprechenden Kontakten insbesondere zu Ankermietern, andererseits muss im Hinblick auf die Betriebsphase ein Center Management mit Entertainmenterfahrung ausgewählt werden.

- Sind die Flächen stimmig dimensioniert? Aufgrund der wirtschaftlichen Dominanz der Einzelhandelsflächen ist häufig zu beobachten, dass im Laufe der Konkretisierung der Projektentwicklung der Flächenmix zugunsten der Einzelhandelsflächen verändert wird (nicht selten wird mit einem ausgewogenen Verhältnis begonnen, jedoch im Laufe der Entwicklung stark auf Einzelhandel umgeschichtet). Überwiegen die Einzelhandelsflächen zu deutlich, besteht die Gefahr des „Kippens" des Objekteindrucks.

- Verfügen die Einzelhandelsmieter über eine nachhaltige Attraktivität und lassen sich daraus ausreichende Umsätze generieren? Hierzu sind die Umsatzentwicklungen der Mieter der vergangenen Jahre, soweit diese verfügbar sind, heranzuziehen.

- Wird die Gastronomie als dritte Kernkomponente stimmig eingesetzt? Gastronomische Flächen auf Stand Alone-Basis funktionieren erfahrungsgemäß nur begrenzt, meist auf einer Fläche von ca. 500 m² bis 1.000 m² (Themengastronomie). Ansonsten müssen die gastronomischen Flächen räumlich und thematisch entweder dem Entertainment (meist integriert) oder dem Shopping zugeordnet sein.

- UEC sind Hochfrequenzimmobilien und bedürfen daher einer großen Marktdurchdringung im Einzugsgebiet. Grundsätzlich sollte ein UEC daher nicht zu zielgruppenspezifisch sein, sondern eine breite Zielgruppenstruktur ansprechen. Optimal erscheint eine konzeptionelle Ausrichtung auf ein weit gefasstes Oberthema und dessen Aufbrechen in differenzierte thematische Zielgruppen- und Erlebnisbereiche.

- Passt die gesellschaftsrechtliche Konstruktion zum Konzept? UEC sind Managementimmobilien und als solche ist ihre Bewertung wesensverwandt mit der Unternehmensbewertung. Eine klare Trennung von Eigentümerfunktion und der Betreiberschaft, insbesondere der Entertainmentflächen, ist erforderlich, da andernfalls ein kaum einzuschätzendes „In-sich-Geschäft" resultiert. Der oder die Betreiber des Entertainmentbereiches sollten zudem über einschlägige Referenzen, Managementerfahrung und Know-how verfügen. Auch die Kompetenz und Erfahrung des Center Management ist angemessen in die Betrachtung einzubeziehen.

Auch diese Aufzählung kann naturgemäß nicht abschließend sein.

3.2 Standortfaktoren

Auf das Erfordernis einer Markt-Standort-Analyse wurde bereits eingegangen. Die Komplexität und Größe eines UEC spricht gegen eine Erarbeitung durch den Gutachter, zumal bereits in der konzeptionellen Phase derartige Analysen angefertigt worden sein dürften und insofern vorliegen sollten.

In ihrer typischen Ausrichtung induzieren UEC je nach Angebotsbereich und -größe infolge ihrer überregionalen Ausrichtung eine Frequenz von mindestens einer Million Besucher p. a.[12] Diese werden in einem Bevölkerungsradius von durchschnittlich 30 bis 60 Fahrminuten aktiviert. In Verbindung mit einer Penetrationsrate von mindestens 100 bis 400 Prozent[13] sind so die erforderlichen Grundfrequenzen zu generieren. Besucher aus einem Einzugsbereich von über 90 Minuten spielen für UEC im Regelfall nur eine untergeordnete Rolle.

Da über 90 Prozent der Besucher von UEC mit MIV[14] anreisen, sind überörtliche Straßenanbindung und die Bereitstellung von Parkplätzen[15] wesentliche Erfolgsfaktoren. Dies in Verbindung mit dem hohen Flächenbedarf[16] von UEC macht eine innerstädtische Lage unwahrscheinlich, Stadtrandlagen sind die Regel. Eine gute ÖPNV[17]-Anbindung ist zwar wünschenswert, aber nicht entscheidend.

Das städtebauliche Umfeld ist aus Sicht eines UEC relativ nachrangig, soweit es nicht eindeutig negativ belastet ist (z. B. sozialer Brennpunkt oder Industriebrache), da ein UEC-Besucher zielgerichtet anzieht und im Regelfall nicht mit der Umgebung korrespondiert. Dennoch tragen im Rahmen der thematischen Konzeption typische regionale Elemente zu einer authentischen Themen- bzw. Erlebniswelt bei und können die Identifizierung lokaler Zielgruppen mit dem Projekt erhöhen.

---

12 Freizeit und Einzelhandel: Ein Rezept für die Zukunft? Voraussetzungen und Chancen, Vortrag Dr. J. Frechen und J. Franck am 24. September 1998, in: Immobilien Zeitung: Freizeitimmobilien, Fachbeiträge 1996–1999, S. 23.
13 IHK Pfalz: Freizeitlust statt Einkaufsfrust!, 2001.
14 Motorisierter Individualverkehr.
15 Mindestens 1.000 Parkplätze, vgl. Ministerium für Arbeit, Soziales und Stadtentwicklung, Kultur und Sport des Landes Nordrhein-Westfalen: Stadtplanung als Deal? Urban Entertainment Center und private Stadtplanung, Düsseldorf 1998, S. 8.
16 Für UEC wird generell eine mindestoptimale Betriebsgröße von 15.000 m² angegeben. Sofern das UEC zu einer „Destination" werden soll und sich ein Einzugsgebiet bis zu 100 km erschließt, müssen 25.000 bis 60.000 m² geschaffen werden, vgl. Freizeit und Einzelhandel: Ein Rezept für die Zukunft? Voraussetzungen und Chancen, Vortrag Dr. J. Frechen/J. Franck am 24. September 1998, in: Immobilien Zeitung: Freizeitimmobilien, Fachbeiträge 1996–1999, S. 27.
17 Öffentlicher Personennahverkehr.

3.3 Objektfaktoren

UEC stellen im Unterschied zu konventionellen Einkaufszentren, die normalerweise standardisiert errichtet werden, grundsätzlich höhere Anforderungen an Grundkonstruktion und Rohbau. Im Regelfall wird ein UEC als flexibel teil- und nutzbare Skelettkonstruktion ausgeführt werden. Besondere Zwänge für das Raumprogramm ergeben sich besonders im Entertainmentbereich, um den herum die anderen Nutzungen meist angeordnet sind.[18] Die Fassadengestaltung ist in der Regel außergewöhnlich, mit starker Betonung von Eingangsbereichen und gegebenenfalls Sichtpunkten.[19] Unter besonderer Berücksichtigung der deutlich höheren Anforderungen an die technische Gebäudeausrüstung sind daher im Vergleich zu Shopping-Centern deutlich höhere Baukosten zu kalkulieren. Einige Quellen gehen dabei von bis zu drei- bzw. fünfmal höheren Hochbaukosten eines UEC als denen eines konventionellen Einkaufszentrums aus.[20] Derartige Angaben sind jedoch nicht hinreichend belegt und aus Sicht der Verfasser mit Vorsicht zu betrachten; eine Plausibilisierung im Einzelfall ist unverzichtbar.

Wesentliche Erfolgsfaktoren sind die Anordnung der Nutzungen zueinander und die Gestaltung der Laufwege, daneben die Gestaltung der für den Besucher sichtbaren Oberflächen. Diese und die Laufwege sollten im Idealfall mit verhältnismäßig geringem Aufwand zu variieren sein, da ein UEC in relativ kurzen Intervallen (ca. alle vier bis fünf Jahre)[21] umgestaltet werden muss.

Besonderes Merkmal von UEC ist eine überdurchschnittliche Ausstattung mit gebäudetechnischen Anlagen und Unterhaltungs- bzw. Informationselektronik. Dies sind insbesondere Besucherleitsysteme und sonstige optische und akustische Sys-

---

[18] Einerseits sind sie so anzuordnen, dass in Spitzenzeiten lange Warteschlangen und Besuchergruppen den anderen Betrieb nicht stören und nach Geschäftsschluss eventuell eine Trennung von dem Einzelhandelsbereich möglich ist. Andererseits ist eine räumliche Nähe zum Einzelhandel aufgrund der gegenseitig induzierten Frequenzen erwünscht. In vertikal angeordneten Centern bietet sich die Lösung in der Anordnung der Entertainmentbereiche in den oberen Geschossen an.

[19] Dies ist umso bedeutender, da UEC im Vergleich zu Shopping-Center nicht nach dem „Knochen-Prinzip" aufgebaut sind, welches besagt, dass Magneten an den Endpunkten der Einkaufsstraßen liegen, sondern mehrere kleinere und aufeinanderfolgende Shops bzw. Magneten umfasst, die aufgrund ihrer Attraktivität den Kunden Stück für Stück durch das gesamt Center ziehen. Vgl. Reiff, F.: Amerikanische Urban Entertainment Center – Konzepte und deren Übertragbarkeit auf den deutschen Markt, Freiberg 1998, S. 48.

[20] Beyard, M.: Revitalisierung von Innenstädten und Urban Entertainment Projekte in den USA, in: Ministerium für Arbeit, Soziales und Stadtentwicklung, Kultur und Sport des Landes Nordrhein-Westfalen (Hrsg.): Stadtplanung als Deal? Urban Entertainment Center und private Stadtplanung: Beispiele aus den USA und Nordrhein-Westfalen, Düsseldorf 1998, S. 30.

[21] Wenzel & Partner BDU: Revitalisierungszyklen von ausgewählten Freizeitgroßanlagen, in GuG 5/2001, S. 293

teme. Die Abgrenzung zwischen Gebäude und Gebäudetechnik zu betriebsspezifischen Einbauten gestaltet sich dabei schwierig. Während sich im Einzelhandels- und Gastronomiebereich meist der so genannte veredelte Rohbau als Ausbaustandard vorfindet, greift die technische Gebäudeausrüstung im Entertainmentbereich im Regelfall ineinander. Die Gebäudeleitsysteme werden meist durch das Center Management unterhalten, dessen Kosten wie bei Einkaufszentren üblicherweise auf die Mieter umgelegt werden.

Was ist also, insbesondere im Vergleich zu Shopping-Centern, besonders an UEC? Die konzeptionellen, technischen sowie unternehmensspezifischen Anforderungen von UEC sind im Vergleich zu konventionellen Einkaufszentren deutlich höher. Diese Anforderungen spiegeln sich nicht nur in der Frage nach dem geeigneten Verfahren zur Bewertung (Ertragswertverfahren versus DCF-Verfahren), sondern auch bei der Ableitung der bewertungsrelevanten Parameter wider. Für die Bewertung sind aufgrund dieser erhöhten Anforderungen sowie der Vertragsfreiheit bei gewerblichen Mietflächen die einzelvertraglichen Regelungen eingehend zu prüfen.

4 Bewertungsmethodik

4.1 Wahl des Bewertungsverfahrens für das Objekt

Als renditeorientierte, risikobehaftete Immobilie ist ein UEC nach allgemein anerkannter gutachtlicher Praxis mittels ertragsorientierter Verfahren zu bewerten. Nach wie vor in Deutschland vorherrschend ist das normierte statische Ertragswertverfahren, deshalb wird dieses bei der Bewertung eines in Deutschland belegenen UEC für einen deutschen Auftraggeber im Regelfall zur Anwendung kommen. Mit der verstärkten Präsenz ausländischer Investoren auf dem deutschen Immobilienmarkt und der damit einhergehenden Steigerung der Anforderungen an Transparenz und besonders Vergleichbarkeit von Immobilienbewertungen spielen internationale Standards und insbesondere die in diesen Standards formulierten Bewertungsverfahren, namentlich das angelsächsische Ertragswertverfahren (Investment Method) und das DCF[22]-Verfahren, eine immer wichtigere Rolle.

---

22 Discounted Cashflow.

Ertragswert- und DCF-Verfahren basieren dem Grunde nach auf einem eng verwandten finanzmathematischen Grundmodell. Sie verwenden aber unterschiedliche Prämissen und Parameter (siehe auch grundsätzliche Ausführungen dazu an anderer Stelle). Während das Ertragswertverfahren nach deutschem Verständnis das übliche Verfahren zur Ermittlung des Verkehrs-/Marktwertes von Immobilien darstellt, ist das DCF-Verfahren zur Abbildung zeitabhängiger Werteinflüsse und dynamischer Renditeentwicklung geeigneter und wird von internationalen Investoren insbesondere im Rahmen von Kauf-/Verkaufsentscheidungen bevorzugt. Beide Verfahren können zur gegenseitigen Kontrolle herangezogen werden. Die Wahl des jeweiligen Verfahrens ist vor dem Hintergrund der Frage- und Zielstellung zu treffen und im Einzelfall zu begründen.

Zur Abbildung der objektspezifischen Eigenheiten können ergänzend weitere Verfahren und Nebenrechnungen zur Anwendung kommen. Sollten sich nach Analyse des Konzeptes Zweifel am *„Going Concern"* als Grundprämisse ergeben, wären auch andere Bewertungsverfahren und/oder Wertbegriffe (als der Verkehrs-/Marktwert bzw. Market Value) denkbar. Das Sachwertverfahren allerdings ist für die Ermittlung des Marktwertes eines UEC grundsätzlich ungeeignet.

4.2 Methodik für Teilbereiche

Ein UEC ist per Definition ein einheitlich betriebenes und zusammenhängendes Objekt. Daher ist für das Objekt insgesamt ein einheitliches Bewertungsverfahren zu wählen.

Unabhängig davon sind Bewertungsparameter für einzelne Bereiche separat abzuleiten. Neben der Höhe der Bewirtschaftungskosten trifft dies insbesondere auch auf die Ableitung der nachhaltigen Mieten zu. Liegen keine vergangenheitsorientierten Bestandszahlen oder konkrete, belastbare Mietvereinbarungen vor, so empfiehlt es sich dringend, die in der Kalkulation vorgesehenen Mieten nicht nur durch Vergleich mit Marktkennziffern, sondern auch durch ergänzende Analysen zu plausibilisieren.

Für Einzelhandel und Gastronomie könnte dies insbesondere bei Umsatzpachten erforderlich sein, d. h. eine Prüfung der vorgesehenen Mietzinsen auf Übereinstimmung mit dem umsatzverträglichen Pachtanteil (je Sortiment bzw. Branche) und im Verhältnis zur Flächenproduktivität. Hierfür könnte die Zuhilfenahme der Methode des *„Zoning"* dienlich sein. Als methodischer Ringschluss sollten zudem die Gesamtumsätze (kumulierte Planumsätze der einzelnen Nutzungen) mit den Aussagen der Markt- und Standortanalyse abgeglichen werden.

Hinsichtlich der Wahl des Bewertungsverfahrens bei der Ableitung des Rohertrages empfiehlt sich, den Rohertrag der Einzelhandels- und Gastronomieflächen im Rahmen des Ertragswertverfahrens abzuleiten. Bei Entertainmentnutzungen und Beherbergung (Hotel) sollte zur Ableitung der nachhaltigen Erträge das GOP[23]-Verfahren zum Ansatz kommen, welches eine nachhaltig tragfähige Miete bzw. Pacht aus den Einnahmeüberschüssen des Betreibers ableitet, soweit diese Zahlen hinreichend konkret zur Verfügung stehen. Nach Ansicht der Verfasser sollten die Ergebnisse der GOP-Berechnungen, die auf den jeweiligen Betrieb abgestellt sind, darüber hinaus mit üblichen Erfahrungsgrößen verifiziert werden, da sich der Gutachter im GOP-Verfahren teilweise in die Untiefen der Unternehmensbewertung im weiteren Sinne begibt.

5 Ableitung von Wertparametern

Aufgrund der Tatsache, dass im Rahmen dieses Buches die Bewertung der wesentlichen Komponenten/Teilbereiche eines UEC (Einzelhandel, Kino, Musical) einzeln und gesondert behandelt wird, verweisen wir auf diese Beiträge und konzentrieren uns auf eine Betrachtung der Besonderheiten bei UEC. Es soll an dieser Stelle nochmals darauf hingewiesen werden, dass die Bewertung von UEC durch die Tatsache erschwert wird, dass verlässliche Informationen hinsichtlich UEC-spezifischer Bewertungsparameter zum gegenwärtigen Zeitpunkt kaum vorliegen. Die folgenden Ausführungen dokumentieren insofern den Versuch einer inhaltlichen Auseinandersetzung, wie bewertungsrelevante Parameter zu ermitteln sein könnten und basieren in Teilen auf eigenen Erfahrungswerten. Sie erheben keinen Anspruch auf Vollständigkeit oder Richtigkeit im Einzelfall.

5.1 Ertragswertverfahren nach WertV

Das Ertragswertverfahren nach WertV ist für renditeorientierte Immobilien in Deutschland zur Ermittlung des Verkehrs-/Marktwertes das meist angewandte Verfahren. Für die Bewertung eines UEC ergibt sich aufgrund der hohen Standardisierung dieses Verfahrens der Vorteil einer guten Übersichtlichkeit der betrachteten Komponenten/Teilbereiche.

---

23 Gross Operating Profit. Vgl. hierzu die relevanten Beiträge in diesem Sammelband.

Schwierigkeiten ergeben sich hingegen bei der Ableitung des Bodenwertes und einer angemessenen Einschätzung der Restnutzungsdauer sowie bei der Ermittlung eines geeigneten Liegenschaftszinssatzes.

5.1.1 Bodenwert

Die wirtschaftliche Gesamtnutzungsdauer von UEC ist deutlich kürzer als die klassischer Gewerbeimmobilien. Sie entspricht derjenigen von Spezialimmobilien. Daher gewinnt der Bodenwert bereits bei relativ jungen Objekten, das heißt, nicht wie üblich erst jenseits etwa der Hälfte der Gesamtnutzungsdauer, finanzmathematisch bedingt eine vergleichsweise hohe wertbeeinflussende Bedeutung.

Die Ableitung direkter Vergleichswerte dürfte in der Praxis ausgeschlossen sein. Methodisch gesehen basiert die Bodenwertermittlung deshalb im Regelfall auf dem indirekten Vergleichswertverfahren, d. h., sie erfolgt auf Basis von Bodenrichtwerten. Besonderheiten von UEC sind hierbei einerseits die große Grundstücksfläche und andererseits das Fehlen direkt vergleichbarer Bodenrichtwertzonen. Denn, ein UEC erzeugt zwar Urbanität und soll an Stadtzentren orientierte Mieten erwirtschaften, liegt jedoch im Regelfall nicht zentral, sondern eher in einer Stadtrandlage.

Bei der Ermittlung des Bodenwertes muss daher in einem ersten Schritt geprüft werden, ob von einem Fortbestehen des UEC auszugehen ist. Trifft dies nicht zu, erscheint ein Liquidationswertszenario angebracht, in welchem hypothetisch Folgenutzungen unterstellt werden müssen (gegebenenfalls ist eine deduktive Bodenwertableitung erforderlich). Die in diesem Wertszenario bestehenden überdurchschnittlich hohen Unsicherheiten führen im Regelfall zu sehr vorsichtigen Wertansätzen bis hin zum reinen Erinnerungswert.

Im Falle des Fortbestehens der bisherigen Nutzungen *(Going Concern)* ist ein geeigneter Vergleichswert abzuleiten. Gewonnene Erfahrungen zeigen auf, dass sich in der näheren Umgebung von UEC selten Bodenrichtwertzonen mit den Eigenschaften Kerngebiet (MK) oder Sonderfläche Einzelhandel (SO) befinden, die der Charakteristik des Bewertungsobjektes angemessen wären. Das unkritische Heranziehen innerstädtischer Bodenrichtwerte verbietet sich jedoch aufgrund der eingeschränkten Fungibilität des (unbebauten) Grundstücks. Der Wert eines UEC-Grundstücks wird neben dem geschaffenen Baurecht im Allgemeinen durch den erfolgreichen nutzungsspezifischen Betrieb der aufstehenden baulichen Anlagen bestimmt.

Um diesen Zirkelschluss aufzulösen, muss eine umfassende Analyse des jeweiligen Grundstücksmarktes durchgeführt werden, die zu einer Annäherung sowohl von der Nutzung als auch von der Lage des Objektes führt. Von einem unkritischen Ansatz des einen oder anderen Vergleichswertes ist dringend abzuraten. Insofern ist hier erhebliches Fingerspitzengefühl gefordert. Nach Meinung der Verfasser sollte sich der Bodenwert in Anbetracht der begrenzten Nutzungsdauer und aus Vorsichtsgründen tendenziell an dezentralen Vergleichswerten orientieren, da, wie ausgeführt, der höhere Wert des Bodens nicht dem Grundstück selber, sondern der Nutzung entspringt. Des Weiteren ist von der Anwendung des Residualwertes zur Bodenwertableitung in jedem Falle abzuraten, da dieses bereits bei einfacheren Bewertungsobjekten ein erhebliches Unsicherheitspotenzial birgt.

Eine weitere Besonderheit ist regelmäßig das Vorhandensein umfangreicher Flächen, die als Parkplatz genutzt werden. Hier ist ein geeigneter Abschlag auf den abgeleiteten Bodenwert vorzunehmen. Als Orientierungsgröße hat sich ein Erfahrungswert von maximal 50 Prozent des Wertes der bebauten Grundstücksteile bewährt. Diese Abschläge werden zum Ansatz gebracht, weil diese Flächen einerseits über die wirtschaftliche Restnutzungsdauer des UEC keiner anderen baulichen Nutzung zugeführt werden können, andererseits das UEC ohne diese nicht funktionsfähig ist. Die Werte benachbarter gewerblicher Bodenrichtwertzonen sollten dabei nicht wesentlich unterschritten werden, soweit darüber hinaus nicht weitere Abschläge angebracht sind.

Bei noch in Planung befindlichen Projekten ist zudem zu prüfen, ob neben der örtlichen Erschließung Beiträge für sonstige Erschließungsleistungen, wie beispielsweise den Bau neuer Zufahrtsstraßen, erforderlich sind. Dies wird z. B. durch städtebauliche Verträge geregelt. Entsprechende Unterlagen sind bei derartigen Bewertungsobjekten gründlich zu prüfen.

5.1.2 Mietansätze

Die *Ableitung der nachhaltigen Mieten* kann aufgrund des Fehlens hinreichend am Markt eingeführter UEC nur selten auf Basis von Vergleichswerten erfolgen. Es ist nach Möglichkeit auf Ist-Mieten zurückzugreifen, soweit diese verfügbar sind. Zum Ausschluss von Einmaleffekten sollten die ersten 18 Monate nach Eröffnung nur unter Vorbehalt, d. h. gegebenenfalls mit Anpassungen, berücksichtigt werden. Wurde das Objekt noch nicht eröffnet, so ist nach Möglichkeit auf abgeschlossene oder endverhandelte Mietverträge abzustellen, die ihrerseits zu plausibilisieren sind. Bei einer marktüblichen Kombination von Mindest- und Umsatzmiete sollte im Zweifel auf die Mindestmiete abgestellt werden.

Liegen keine bestätigten Mietverträge vor, greifen erhebliche Prognoseunsicherheiten, die z. B. durch Szenariorechnungen abgebildet werden können. Diese Szenarien sind jedoch eindeutig als solche zu kennzeichnen, detailliert abzuleiten und zu dokumentieren. Das Ergebnis der Betrachtungen wäre eine mögliche Wertbandbreite.

Entsprechend der Erfahrungen vom Betrieb amerikanischer UEC wird davon ausgegangen, dass die Verkaufsumsätze in funktionierenden Entertainment-Centern zwei bis fünf mal so hoch sind wie in konventionellen Einkaufszentren.[24] Dies lässt sich auf die infolge überschneidender Öffnungszeiten entstehenden hohen Synergiepotenziale zurückführen. In Deutschland werden aufgrund der kürzeren Öffnungszeiten dagegen die Chancen auf Umsatzsteigerungen in der oben genannten Bandbreite kritisch eingeschätzt. Insofern sind hier Werte maximal an der oberen Bandbreite von Einkaufszentren (für die Einzelhandels- und Gastronomienutzungen) plausibel.

Die Mieten für die Entertainmentnutzungen werden im Regelfall als Festmiete bzw. -pacht abgeschlossen, da ansonsten aus Eigentümersicht ein kaum kalkulierbares Risiko aus dem unternehmerischen Bereich des Betreibers übernommen wird. Seltener zu beobachten ist eine Kombination aus Mindest- und umsatzabhängiger Miete (z. B. bei Kinos). Bei in Planung befindlichen Objekten ist die Festmiete auf Tragfähigkeit hin zu prüfen: Die Planungsrechnung des Mieters ist zu plausibilisieren. Weiterhin sollte die Bonität des Mieters angemessen berücksichtigt werden. Auch Besonderheiten des Mietvertrags (z. B. Sonderkündigungsrechte) sind zu beachten.

Für die Einzelhandelsnutzungen hat sich als Standard eine Kombination von Mindest- und umsatzabhängiger Miete bewährt. Ein Überschreiten der Mindestmiete sollte nur bei entsprechend nachweisbaren Umsätzen in die Bewertung einfließen.

Für Gastronomienutzungen ist eine reine Festmiete üblich, da in diesem Bereich ein Nachweis der tatsächlichen Umsatzzahlen schwierig ist und ein hohes Risiko von Umsatzunterschlagung durch den Mieter besteht.

5.1.3 Bewirtschaftungskosten

Bei der Ableitung der *Bewirtschaftungskosten* ist in jedem Fall auf einzelvertraglicher Basis vorzugehen.

---

24   Beyard, M. (1998), S. 30.

Insbesondere die Betriebskosten werden im Regelfall vollständig auf die Mieter (und das Center Management) umgelegt (Triple Net Contract). In diesem Fall wird in der gutachterlichen Praxis in der Regel ein Restbetrag von ca. 2 Prozent bis 4 Prozent des Jahresrohertrages als nicht umlegbares Residuum angesetzt, für Stellplätze entsprechend der allgemeinen gutachtlichen Praxis.

Eine Ausnahme stellen Fälle dar, in denen die Betriebs- und Center-Management-Kosten mietvertraglich gedeckelt sind, d. h. der Mieter diese lediglich bis zu einer bestimmten Höhe trägt. In diesen Fällen muss im Einzelfall untersucht werden, ob dieser Maximalbetrag auskömmlich gestaltet ist. Bei berechtigten Zweifeln ist ein entsprechender Zuschlag auf die Bewirtschaftungskosten vorzunehmen.

Die *Verwaltungskosten* werden im Allgemeinen als nicht umlegbar angesehen, soweit dies nicht explizit abweichend geregelt ist (bei gewerblichen Mietverträgen möglich). Ähnlich wie bei Shopping-Centern ist der Verwaltungsaufwand beträchtlich. Erfahrungssätze gehen von rund 1,40 Euro/m^2 bis 11,70 Euro/m^2 p. a. bei einem durchschnittlichen Wert von 5,00 Euro/m^2 p. a.[25] aus, soweit der Mietermix der üblichen Mischung aus großflächigen Ankermietern und kleinteiligen Flächen entspricht. Die Ansätze für Stellplätze sind unter Berücksichtigung der Einzelfallregelungen entsprechend der allgemeinen gutachterlichen Praxis zu wählen.

Hinsichtlich der anzusetzenden *Instandhaltungskosten* hat sich ebenfalls der Trend zur weitgehenden Umlegung zumindest der nutzungsbedingten Instandhaltungskosten auf die Mieter umgesetzt. Dem Vermieter verbleibt hierbei die sogenannte Instandhaltung an „Dach und Fach", soweit einzelvertraglich nicht abweichend geregelt. Aufgrund der hohen Besucherfrequenz und des hohen Grades an technischer Gebäudeausrüstung sind bei UEC erfahrungsgemäß Werte am oberen Rand des Spektrums an Vergleichswerten anzusetzen. Die in der gutachtlichen Praxis für „Dach und Fach" gewählten Ansätze liegen für konventionelle Shopping-Center bei ca. 6,00 Euro/m^2 bis 8,00 Euro/m^2 p. a.[26] (Bezugsgröße ist in der Regel die NGF oder die MF-H). In Anbetracht der bei UEC höheren Frequenz sollte ein Ansatz von 7,50 Euro/m^2 jährlich nicht unterschritten werden. Für Stellplätze sind die Ansätze entsprechend den üblichen Werten zu wählen.

Eine Besonderheit bei UEC stellt das Erfordernis einer regelmäßigen *Revitalisierung* im Sinne eines Relaunch dar. Einerseits haben die Mieter ein Eigeninteresse, durch regelmäßige Erneuerung der Hauptattraktionen das UEC für Besucher attraktiv zu erhalten, andererseits sind regelmäßig auch bauliche Veränderungen

---

[25] Zeißler, M (2002), S. 202.
[26] Ebenda, S. 202.

durch den Eigentümer erforderlich. Daher sollte eine fiktive Revitalisierungsrücklage im Rahmen der Ableitung der Instandhaltungskosten abgeleitet bzw. gesondert ausgewiesen werden. Diese werden z. B. mit etwa 8 Prozent bis 10 Prozent der Ausgangsinvestition (Kostengruppen 300 bis 700 nach DIN 276) auf einen Fünf-Jahres-Rhythmus angegeben.[27] Als Abzugsposition im Rahmen der Bewirtschaftungskosten wäre somit eine jährliche Bandbreite von 1 Prozent bis 2 Prozent der Ausgangsinvestition denkbar. Der Ansatz einer solchen Revitalisierungspauschale sollte auf das dargelegte, beabsichtigte Investitionsverhalten des Eigentümers und das Nutzungsmix den UEC abgestellt sein. Werden keine derartigen Revitalisierungspauschalen berücksichtigt, ist in jedem Falle die verkürzende Wirkung auf die wirtschaftliche Gesamt- bzw. Restnutzungsdauer abzuwägen.

Das *Mietausfallwagnis* (Abbildung von Forderungsausfällen und leerstandsbedingten Zeiten) lässt sich bei UEC schwer standardisieren. Wird nach Analyse des Konzeptes bei angemessenen nachhaltigen Mieten bzw. bonitätsstarken Mietern von einem Funktionieren des UEC ausgegangen, können die in der Praxis für gewerbliche Objekte üblichen 4 Prozent zum Ansatz gebracht werden. Die Untersuchung der Mieter im Hinblick auf etwaige (fluktuationsbedingte) Leerzeiten im Objekt erlangt insofern besondere Relevanz. Die Berücksichtigung eines „so genannten" strukturellen Leerstandes (im Sinne von längerfristigen Leerständen) im Mietausfallwagnis ist dagegen abzulehnen, da sich erhebliche Auswirkungen auf das Gesamtkonzept und die Synergien ergeben. Entsprechende Risiken sollten daher vornehmlich über die Mietansätze oder auch den Liegenschaftszins abgebildet werden.

5.1.4 Liegenschaftszins

Die Gutachterausschüsse liefern durch die Auswertung der Kaufpreissammlungen empirisch abgeleitete Liegenschaftszinssätze. In vielen Städten kann bereits bei Gewerbeimmobilien nicht auf Liegenschaftszinssätze zurückgegriffen werden. Insofern kann von einer empirischen Ableitung derartiger Zinssätze für UEC im Besonderen keine Rede sein.

In diesem Fall kann der *Liegenschaftszinssatz* hilfsweise aus den einzelnen Liegenschaftszinssätzen der dem Gesamtkonzept inhärenten Nutzungen (z. B. Einzelhandel, Kino, Hotel), gewichtet nach den Anteilen der jeweiligen Nutzungen am Gesamtertrag, ermittelt werden. Insofern sei auch hier auf die entsprechenden Beiträ-

---

27 Reiff, F. (1998), S. 76.

ge in diesem Buch verwiesen. In der gutachtlichen Praxis werden für Shopping-Center im Regelfall zwischen 6,5 Prozent und 7,5 Prozent, für Kinos zwischen 6,0 Prozent und 7,5 Prozent und für Hotelimmobilien zwischen 6,5 Prozent und 7,5 Prozent als Basiszins angesetzt.[28] Dabei ist zu berücksichtigen, dass UEC im Vergleich zu den einzelnen gewerblichen Nutzungen durch den mit der Abstimmung der einzelnen Konzeptteile verbundenen Managementaufwand mit einem Aufschlag zu versehen sind. Generell ist von einem Basiswert unter 7,0 Prozent abzuraten. Vorhandene Chancen/Risiken sind zusätzlich durch adäquate Zu- und Abschläge zu berücksichtigen. Zudem empfiehlt sich, zur Einschätzung des Zinsniveaus der lokal anzuwendenden Liegenschaftszinssätze eine Verprobung per Dreisatz, z. B. über lokale und gutachterlich durchschnittlich anzuwendende Zinssätze für die jeweiligen Wohn- und Gewerbenutzungen vorzunehmen.

Die abgeleiteten Liegenschaftszinssätze der einzelnen Nutzungen sollten sich im Zweifel an deren oberen Bandbreiten orientieren. Die folgende Tabelle stellt exemplarisch eine Gewichtung der nutzungsspezifischen Liegenschaftszinssätze entsprechend ihres Anteiles am Gesamtertrag[29] dar:

Nutzung	Anteil Ertrag am Gesamtertrag	Liegenschaftszinssatz
Einzelhandel	60 %	7,5 %
Kino	20 %	7,5 %
Hotel	20 %	7,0 %
Gesamt	**100 %**	**7,4 %**

Tabelle 1: Ermittlung des gewichteten Liegenschaftszinssatzes (Beispiel)

Zur Plausibilisierung der gewählten Liegenschaftszinssätze könnten darüber hinaus öffentlich zugängliche Renditen verschiedener Freizeitimmobilien in Großbritannien herangezogen werden, die sich durchschnittlich auf 7,5 Prozent bis 8,0 Prozent belaufen, wobei die unterschiedliche Berechnungsweise zu bedenken ist.[30]

---

28 Kleiber/Simon/Weyers (2002), S. 1325.
29 Im Regelfall orientiert man sich am Rohertrag der jeweiligen Nutzung.
30 Westdeutsche ImmobilienHolding, Der Freizeitmarkt und seine Bedeutung für die Immobilienwirtschaft, Marktbericht III, Düsseldorf 1997, S. 80.

Der Liegenschaftszins fließt in zweifacher Weise in die Wertfindung einer Immobilie ein. Zum einen bestimmt dieser neben der Restnutzungsdauer den Vervielfältiger (siehe nachfolgenden Abschnitt), zum anderen dient er der Ableitung der angemessenen Bodenwertverzinsung. Bei der Ableitung der angemessenen *Bodenwertverzinsung* ist zudem zu berücksichtigen, dass nicht bebaute Flächen nicht vollumfänglich an der Wertschöpfung beteiligt sind. Daher sollten in der gutachterlichen Praxis unbebaute Grünflächen nicht und sonstige Flächen wie z. B. Parkplätze nicht voll in der Bodenwertverzinsung berücksichtigt werden, soweit sie nicht eindeutig den aufstehenden rentierlichen baulichen Anlagen zuzuordnen sind (vgl. Abschnitt 5.1.1).

5.1.5 Restnutzungsdauer und Vervielfältiger

Im Unterschied zur gewichteten Ableitung eines Liegenschaftszinses wird in der gutachterlichen Praxis der Ansatz einer *Restnutzungsdauer* für das zusammenhängende Objekt „UEC" befürwortet, weil eine wirtschaftliche Nutzung einzelner Komponenten/Teile über die anderen hinaus kaum darstellbar ist. In Anlehnung an Shopping-Center und unter Berücksichtigung des andauernden Trends der Verkürzung der Lebenszyklen von Gewerbeimmobilien erscheint im Regelfall der Ansatz einer wirtschaftlichen *Gesamtnutzungsdauer* von 30 bis 40 Jahren angemessen. Ansätze von über 40 Jahren dürften nicht sachgerecht sein.

Voraussetzung dieses vergleichsweise hohen Ansatzes ist jedoch die Berücksichtigung einer angemessenen Revitalisierungspauschale. Ohne diese dürfte die wirtschaftliche *Gesamtnutzungsdauer* deutlich niedriger liegen, zumal eine anders geartete Nachnutzung im Regelfall problematisch erscheint. Eine Verlängerung der wirtschaftlichen Restnutzungsdauer durch Sanierungsmaßnahmen, wie in der gutachterlichen Praxis üblich, ist abzulehnen, soweit nicht der Umfang der Umbaumaßnahmen einem Neubau gleichkommt. Insofern ist sowohl die Gesamt- als auch die wirtschaftliche Restnutzungsdauer von UEC sorgfältig abzuleiten und zu begründen.

Die Ableitung des *Vervielfältigers* zur Kapitalisierung des Reinertrages der baulichen Anlagen und Ermittlung des Barwerts der endlichen Rente erfolgt in der Regel über die Barwertformel bzw. Vervielfältigertabelle der WertR.

5.1.6 Sonstige wertbeeinflussende Umstände

Aufgrund der Besonderheiten von UEC besteht eine Vielzahl von möglichen wertbeeinflussenden Umständen am Grundstück (z. B. Rechte und Lasten im Grundbuch oder im Baulastenverzeichnis). Darüber hinaus sind zahlreiche einzelvertragliche Tatbestände wie z. B. Betriebspflichten, schwebende Zahlungs- oder drohende Rückzahlungsverpflichtungen von Fördermitteln etc. denkbar. Diese sind im Einzelfall zu würdigen und gegebenenfalls angemessen zu berücksichtigen. Dabei ist zu prüfen, ob diese dem Grundstück oder den baulichen Anlagen zuzurechnen sind.

Neben einer umfassenden Analyse der zur Verfügung gestellten Unterlagen und der angestellten Marktuntersuchungen empfiehlt sich die Einholung einer Vollständigkeitserklärung seitens der Auftraggebers.

5.2 Hinweise zum Discounted-Cashflow-Verfahren

Internationale Investoren, insbesondere aus dem angelsächsischen Raum, treffen ihre Kauf- bzw. Verkaufsentscheidungen oft auf Basis des (aus deutscher Sicht nicht normierten) DCF-Verfahrens. Im Hinblick auf die Beurteilung insbesondere geplanter Investitionen gewinnt dieses Verfahren zunehmend an Bedeutung, da bei derartigen Projekten überproportional oft internationale Beteiligte anzutreffen sind.

Das *DCF-Verfahren* (allgemeine Barwertmethode) eröffnet die Möglichkeit, die Effekte aus bereits erfolgten bzw. geplanten Investitionen bezogen auf einen mittelfristigen und überschaubaren Zeitraum (Detailplanungsphase) periodengenau aufzuzeigen. Der Wert einer mittels DCF-Verfahren beurteilten Immobilie ergibt sich durch *Diskontierung* der zumeist jährlichen, periodischen, nominalen Zahlungsüberschüsse (Ein- abzüglich Auszahlungen)[31], welche anschließend zu einem Barwert transformiert werden. Im Regelfall beträgt die Planungsphase zehn bis 15 Jahre. Am Ende des Betrachtungszeitraumes wird im Regelfall als wesentliche Prämisse der Verkauf der Immobilie (zum Restwert) unterstellt.

---

31 In der immobilienwirtschaftlichen Praxis werden oft die Begrifflichkeiten Einzahlung/Einnahme/Ertrag/Leistung bzw. Auszahlungen/Ausgabe/Aufwand/Kosten als Synonyme verwendet. Bei Anwendung des DCF-Verfahrens werden Liquiditätszu- und -abflüsse dargestellt.

Ein wesentlicher Vorteil des DCF-Verfahrens besteht in der detaillierten perspektivischen Darstellung komplexer, bereits realisierter bzw. geplanter Immobilienprojekte, wobei *Detaillierungsgrad* des Verfahrens sowie Art und Umfang der zum Ansatz zu bringenden Parameter maßgeblich durch die Betrachtung aus der Sicht des Eigentümers bzw. Betreibers bestimmt werden. Bezogen auf ein UEC könnte mittels dieses Verfahrens die wirtschaftliche Entwicklung einer jeden Komponente (Einzelhandel, Gastronomie etc.) des UEC separat prognostiziert werden. Hierdurch lassen sich insbesondere Entwicklungen in den Anlaufphasen der Teilkomponenten (beispielsweise Vermietungszeiten, Schwankungen der Besucherzahlen/Auslastung, Miet-/Umsatzsteigerungen, Auszahlungen für die Bewirtschaftung etc.), aber auch Auswirkungen von *Instandsetzungs-/Revitalisierungszyklen* während der Detailphase präzise abbilden (vgl. Abschnitt 3.3).

Die allgemein identifizierten Nachteile des DCF-Verfahrens sind auch bei der Beurteilung von UEC inhärent. Beispielhaft können Prognoseunsicherheiten zu Scheingenauigkeiten und Fehleranfälligkeit bei der Beurteilung führen. Des Weiteren erschwert der geringere Grad an Standardisierung einzelfallbezogene Untersuchungen. Bei älteren Objekten könnte unter Umständen zudem eine nicht vollständige Darstellung des Bodenwertes bei kurzer wirtschaftlicher Restnutzungsdauer zu einem falschen Wert führen.

Sowohl die *Diskontierung der Zahlungsströme* während des gewählten Planungszeitraumes als auch die Ermittlung des Verkaufserlöses des UEC zum Ende der letzten Planungsperiode (Restwert) erfordern die Ableitung von angemessenen Zinssätzen. An dieser Stelle ist ausdrücklich darauf hinzuweisen, dass diese nicht mit dem Liegenschaftszinssatz des Ertragswertverfahrens gleichgesetzt werden dürfen. Die Prognose der Zahlungsüberschüsse im DCF-Verfahren stellt aufgrund dessen Zweckbestimmung auf nominale Ein- und Auszahlungen ab. Hingegen werden bei statischen Ertragswertverfahren (reale) Reinerträge prognostiziert. Entsprechend korrespondierend hat die Ableitung des Zinssatzes zu erfolgen. Insofern stellt die nachvollziehbare Ableitung des geeigneten Diskontierungszinssatzes im DCF-Verfahren ein wesentliches Wert- und Entscheidungskriterium dar, an dem sich teils fundamentale Kritik am Verfahren festmachen kann. Kern einer solchen Kritik ist dabei meist der Vorwurf einer subjektiven und oft wenig transparenten Ableitung.

Bei der Bestimmung des *Diskontierungszinssatzes*[32] sollten kapitalmarkttheoretische Modelle immobilienbezogen angepasst werden. Da Immobilieninvestments Langzeitcharakter haben, bildet zunächst ein risikoloser Zinssatz mit langer Laufzeit den Ausgangspunkt der Betrachtung. In Abwägung des spezifisch höheren Risikos der Nutzung als UEC (Spezialimmobilie) und dessen Objektmerkmalen (Konzeption, Drittverwendungsfähigkeit, Fungibilität etc.) sowie der Bonität der Betreiber/Mieter sind Chancen und Risiken, sofern noch nicht in den prognostizierten Zahlungsströmen enthalten, vorzunehmen.

Alternativ könnte versucht werden, den anzuwendenden Zinssatz aus am Markt erzielbaren, mit dem Beurteilungsobjekt vergleichbaren, Objektrenditen (beispielsweise für Einzelhandel mit Entertainmentanteil) abzuleiten. In diesem Falle sind die Renditen zunächst nach Art, Zusammensetzung und Aussagegehalt detailliert zu hinterfragen und anschließend der abgeleitete Basiszins mittels Vergleich an das Risikoprofil des Bewertungsobjektes (z. B. Mikrolage, Konzeption und Ausstattungsqualität) anzupassen.

Die *Prognose des Verkaufserlöses* (Restwert) am Ende der letzten Periode der Planungsphase basiert auf dem Einnahmeüberschuss (dem Reinertrag) dieser Periode. Dieser Reinertrag wird im Regelfall über die ewige Rente kapitalisiert. Dabei wird davon ausgegangen, dass der Reinertrag der letzten Periode nachhaltig erzielt werden kann, d. h., somit wird für die Prognose dieser Position auf einen realen Zahlungsstrom abgestellt. Das bedeutet, dass Effekte aus Inflation/Wertentwicklung nicht direkt in der Zahlungsreihe, sondern durch Abschlag im hier anzuwendenden Zinssatz, dem so genannten Kapitalisierungszins, abgebildet werden.

Sowohl für die Ableitung des Diskontierungs- als auch des Kapitalisierungszinssatzes ist der respektive Teilflächenmarkt hinsichtlich Entwicklung und die Objektkonzeption im Hinblick auf den wirtschaftlichen Erfolg sowie die Möglichkeit des Überwälzens von potenziellen Steigerungen auf die einzelnen Wertparameter kritisch zu hinterfragen. Tendenziell liegt der Kapitalisierungszins zwischen 0,5 bis 1,5 Prozentpunkte unterhalb des zum Ansatz gebrachten Diskontierungszinses.

Im Hinblick auf die Ableitung des Restwertes über die ewige Rente auf Basis des Reinertrages der letzten Periode der Detailplanungsphase ist dabei zu prüfen, ob die zu Grunde liegende finanzmathematische Prämisse eines ewigen (oder zumindest noch langfristigen) Weiterbetriebes des Objektes vor dem Hintergrund der relativ kurzen Gesamtnutzungsdauer zutreffend ist. Sollte sich beispielsweise ein äl-

---

32 Zinssatz, mit dem die Zahlungsströme der Detailperiode einzeln auf den Bewertungsstichtag abgezinst werden und damit der zum Stichtag gültige Wert eines zukünftigen Zahlungsstroms einzeln bestimmt wird.

teres UEC mit dem Ende der Detailplanungsphase auch dem Ende der wirtschaftlichen Gesamtnutzungsdauer nähern (z. B. wirtschaftliche Restnutzungsdauer zum Zeitpunkt der Ableitung des Restwertes unter 20 Jahren), so kann eine unkritische Ableitung des Restwertes über die ewige Rente zu falschen Ergebnissen führen. In einem solchen Fall wäre über alternative Methoden zur Ableitung des Restwertes nachzudenken, wobei hier in Anbetracht des Prognosezeitraumes (unterstellte Verwertung nach Ende der Detailplanungsphase) erhebliche Unsicherheiten fast unvermeidbar wären.

Als Kompromiss wäre im genannten Beispiel denkbar, im Anschluss an die Detailplanungsphase eine Mittelfristphase anzuschließen, welche den Zeitraum zwischen Ende der Detailplanungsphase und dem Ende der wirtschaftlichen Restnutzungsdauer auf Basis vereinfachender Prämissen abbildet, und daran anschließend einen Liquidationswert zu bestimmen, welcher den Wert des Grundstücks nach Ablauf der wirtschaftlichen Restnutzungsdauer darstellt, soweit sich dieser ausreichend belastbar ableiten lässt.

Das DCF-Verfahren ist in seiner Ausprägung zusammenfassend darauf ausgerichtet, Unterstützung bei der Vorbereitung und der Analyse von Investitionen zu geben. Der Aufbau eines speziellen Modells zur Anwendung des DCF-Verfahren ist jedoch stets auf den zu betrachtenden Einzelfall abzustellen.

5.3 Allgemeine Anmerkungen

UEC sind bislang in Deutschland ein seltenes Phänomen. Aus diesem Grunde liegen verlässliche Zahlen hinsichtlich der Ableitung von bewertungsrelevanten Parametern zum gegenwärtigen Zeitpunkt kaum vor. Im Rahmen der Bewertung wird in vielen Fällen hilfsweise auf Bewertungsparameter klassischer Einkaufszentren zurückgegriffen. Dies ist jeweils im Einzelfall kritisch zu würdigen.

Der Gutachter trägt dabei die nicht geringe Verantwortung, sowohl die Risiken, die mit einem UEC verbunden sind – wie z. B. mangelnde Drittverwendungsfähigkeit, hoher Revitalisierungs- bzw. Totalmodernisierungsaufwand – als auch die Chancen eines UEC – wie z. B. die erfolgreiche Inszenierung einer Entertainmentwelt – angemessen zu beurteilen. Sollte dies aufgrund mangelnder Informationsdichte nicht mit angemessener Detailtiefe möglich sein, empfiehlt sich die Anwendung von Szenariotechniken oder im Extremfall unter Umständen sogar der Verzicht auf eine Wertableitung.

6 Berechnungsbeispiel im Ertragswertverfahren

6.1 Basisdaten

Das fiktive, zu bewertende Objekt sei ein UEC in zentraler Randlage einer deutschen Großstadt. Eröffnungszeitpunkt und Bewertungsstichtag seien in 2004.

Das Objekt umfasse als Attraktion einen Edutainmentbereich mit ca. 11.500 m² BGF (mit integrierter Themengastronomie) sowie im Konzept integrierte Einzelhandelsflächen von ca. 6.000 m² und einen Food Court von ca. 800 m² BGF. Ferner existiere ein IMAX-Kino mit ca. 600 Sitzen auf ca. 1.700 m² BGF (inklusive aller Nebenflächen etc.). Mietverträge mit allen Ankermietern liegen für ca. 85,00 Prozent der Mietflächen vor. Mietflächen und BGF werden vereinfachend gleich gesetzt. Die Hochbaukosten (KG 300 bis 700 nach DIN 276) seien rund 40,0 Millionen Euro.

6.2 Einschätzung des Konzeptes

Die Eigentümerin des UEC hat verschiedene Studien zum Freizeitverhalten der Bevölkerung und eine Markt- und Standortanalyse eines renommierten Marktforschungsinstitutes vorgelegt. Vor dem Hintergrund fehlender direkter Konkurrenzprojekte erscheint ein ausreichendes Frequenzvolumen gegeben. Die Verkehrsanbindung ist gut, es stehen 1.200 Stellplätze ebenerdig zur Verfügung.

Die Ausrichtung der Entertainmentnutzungen auf die Zielgruppe und die konzeptionelle Abstimmung der Bestandteile erscheint plausibel.

6.3 Ableitung der nachhaltigen Mieten/Pachten

Es liegen ein unterschriebener Pachtvertrag mit zehnjähriger Laufzeit sowie zwei Optionen à fünf Jahre für den Entertainmentbereich vor. Der Betreiber ist einschlägig bekannt und wird vom Gutachter als leistungsfähig eingeschätzt. Eine Bankbürgschaft ist vereinbart, besondere Ausstiegsklauseln bestehen nicht. Vereinbart wurde eine Festpacht in Höhe von 1,4 Millionen Euro jährlich. Sollten die Besucherzahlen einen Wert „X" übersteigen, steigert sich die Pacht um 10 Prozent. Eine Plausibilisierung der Planungsrechnung ergibt eine Übereinstimmung mit den Ergebnissen der Markt- und Standortanalyse.

Für die wesentlichen Einzelhandelsbereiche und den Food Court liegen ebenfalls Mietverträge vor. Diese basieren überwiegend auf einer Kombination von Mindest- und Umsatzmiete. Eine Prüfung der Bonität der Mieter und der Verträge ergab keine besonderen Erkenntnisse. Der gewichtete Durchschnitt der Mietverträge ergibt eine durchschnittliche Nettokaltmiete von 23 Euro/m² monatlich. Eine Plausibilisierung der Mieten über Gesamtumsatz, Flächenproduktivität und branchenübliche Miethöhe (am Markt und bezogen auf die Flächenproduktivität) führt zu keinen Beanstandungen.

Der renommierte Kinobetreiber hat einen Mietvertrag über zehn Jahre abgeschlossen. Die Monatsmiete ist 40 Euro je Sitzplatz.

Die Nutzung der Parkplätze ist für Besucher kostenlos.

Aus Vorsichtsgründen kommen nur die Fest- oder Mindestmieten zum Ansatz:

Nutzung Entertainment	1.400.000 Euro
Nutzung Einzelhandel und Food Court	1.877.000 Euro
Nutzung IMAX	288.000 Euro
Jahresrohertrag	3.565.000 Euro

6.4 Ableitung der Bewirtschaftungskosten

In allen Miet- bzw. Pachtverträgen werden die Betriebskosten, die Verwaltungskosten, die Kosten des Center Management sowie der Werbegemeinschaft und alle Kosten der Instandhaltung außer Dach und Fach vollständig umgelegt, und zwar auch für die Stellplätze. Die Konzept- und Bonitätsprüfung hat keine Ansätze für ein erhöhtes Mietausfallwagnis ergeben.

Betriebskosten Residuum 2 Prozent	71.000 Euro
Verwaltungskosten	0 Euro
Instandhaltungskosten 8 Euro/m²/p. a.	160.000 Euro
Mietausfallwagnis 4 Prozent	143.000 Euro
Revitalisierungspauschale 1 Prozent	400.000 Euro
Gesamte Bewirtschaftung	774.000 Euro

Entspricht rund 22 Prozent des Rohertrages.

6.5 Ableitung des Bodenwertes

Recherchen beim örtlichen Gutachterausschuss haben ergeben, dass folgende Bodenrichtwerte (BRW) in der Umgebung vorliegen:

- benachbartes Gewerbegebiet (GE) mit einem BRW von 260 Euro/m² bei einer Durchschnittsgröße von ca. 1.500 m²;
- Gewerbegebiet mit Einzelhandelsnutzung in 2 km Entfernung mit einem BRW von 450 Euro/m²;
- nachrichtlich: nächstgelegenes Kerngebiet (MK) mit einem BRW von 1.500 Euro/m².

Das UEC-Grundstück sei rechtwinklig geschnitten und umfasse ca. 44.000 m², von denen ca. 23.000 m² dem eigentlichen Gebäude zuzuordnen seien. 20.000 m² entfallen auf Stellplätze und innere Wege sowie 1.000 m² auf Grünflächen. Ein rechtskräftiger Bebauungsplan liegt vor.

Nach sorgfältiger Abwägung entscheidet sich der Gutachter für einen Ausgangswert von 400 Euro/m², der aufgrund der Größe des Grundstücks auf 350 Euro/m² reduziert wird. Dieser ist auf den der Bebauung zuzuordnenden Grundstücksteil anzuwenden. Für die Stellplätze legt der Gutachter einen geringeren Wert von 250 Euro/m² fest. Grünflächen sind ausweislich des Grundstücksmarktberichtes mit 20 Euro/m² anzusetzen.

Entsprechend ermittelt sich der Bodenwert wie folgt:

23.000 m² • 350 Euro/m²	8.050.000 Euro
20.000 m² • 250 Euro/m²	5.000.000 Euro
1.000 m² • 20 Euro/m²	20.000 Euro
Zwischensumme	13.070.000 Euro
Abzüglich Kostenbeitrag Erschließung ./.	1.000.000 Euro
Bodenwert	12.070.000 Euro

Annahme: Aus den Festlegungen des städtebaulichen Vertrages sind noch Erschließungskosten von einer Million Euro zu erwarten.

6.6 Ableitung des Liegenschaftszinses und der Restnutzungsdauer

Eine Analyse des Grundstücksmarktberichtes ergibt, dass sich die örtlichen Liegenschaftszinsen durchschnittlich ca. 0,5 Prozentpunkte über dem bundesdeutschen Durchschnitt bewegen. Gutachterliche Ansätze (im Einzelnen zu begründen):

Nutzung	Anteil am Rohertrag	Liegenschaftszins
Einzelhandel	53 %	7,25 %
Entertainment	39 %	8,00 %
Kino	8 %	7,50 %
Gesamt	**100 %**	**7,56 %**

Tabelle 2: Ableitung des Liegenschaftszinssatzes (Beispiel)

Im Weiteren wird ein gerundeter Wert von 7,5 Prozent angesetzt.

Die Restnutzungsdauer ist gleich der Gesamtnutzungsdauer und wird mit 35 Jahren angesetzt (zu begründen). Der Vervielfältiger beträgt entsprechend 12,27.

6.7 Ableitung der Bodenwertverzinsung

Der zur Ermittlung der Bodenwertverzinsung anzusetzende Bodenwert bestimmt sich wie folgt:

Dem Gebäude zuzuordnende Fläche 100 Prozent	8.050.000 Euro
Stellplätze zu 50 Prozent	2.500.000 Euro
Anzusetzen	10.550.000 Euro

Hinweis: Die Grünflächen sind nicht anzusetzen. Der Abzug für offene Erschließungskosten geht zwar vom Bodenwert im Status Quo ab, mindert jedoch nicht die fiktive Bodenwertverzinsung im Betrieb.

Bodenwertverzinsung 10.550.000 Euro • 7,5 Prozent = 791.250 Euro

6.8 Ermittlung des Gesamtwertes

Rohertrag	3.565.000 Euro
./. Bewirtschaftungskosten	−774.000 Euro
./. Bodenwertverzinsung	−791.250 Euro
Reinertrag nach Bodenwertverzinsung	1.999.750 Euro

Reinertrag • Vervielfältiger (12,27) = Gebäudeertragswert.

Gebäudeertragswert	24.536.933 Euro
Bodenwert	12.070.000 Euro
Wert des bebauten Grundstücks	36.606.933 Euro

Keine sonstigen wertbeeinflussenden Umstände.

In diesem Beispiel würde der Gutachter den Verkehrswert auf 36,6 Millionen Euro bestimmen. Auf eine Plausibilisierung mittels des DCF-Ansatzes verzichten wir aus Platzgründen, auch weil hier tiefer in die Prognosen zu den Zahlungsströmen in den einzelnen Perioden eingegangen werden müsste. Der ermittelte Verkehrswert liegt bereits unter den angenommenen Hochbaukosten. Dies ist den in diesem Beispiel gesetzten Prämissen geschuldet, mag jedoch das erforderliche nachhaltige Mietniveau illustrieren.

Hinweis: Die in diesem Berechnungsbeispiel verwendeten Objektdaten sind rein fiktiv. Die verwendeten Parameter sind ebenfalls rein beispielhaft und sind keinesfalls als Vorschläge für konkrete Objektbewertungen zu verstehen.

Aus Platzgründen ist die Darstellung stark gekürzt worden, d. h., die wesentlichen Parameter wurden nicht, wie erforderlich, ausführlich abgeleitet und begründet. Auch stellt das vorliegende Beispiel fast schon den Idealfall der Bewertung eines UEC dar, indem in allen Bereichen von vollständigen und validen Unterlagen ausgegangen wird. In der gutachterlichen Praxis sind bei derartigen Objekten regelmäßig keine so eindeutigen Aussagen zur Höhe der nachhaltigen Miete, der Bonität der Mieter, den Fähigkeiten des Managements etc. möglich.

Insofern kommt Erfahrung, Fingerspitzengefühl und Methodik des Gutachters in jedem Einzelfall erhebliche Bedeutung zu.

Literaturhinweise

Ackermann, V./Lantzerath-Flesch, C (1999): Urban Entertainment Centers, Dortmund 1999.

Beyard, M. (1997): Revitalisierung von Innenstädten und Urban Entertainment Projekte in den USA, in: Ministerium für Arbeit, Soziales und Stadtentwicklung, Kultur und Sport des Landes Nordrhein-Westfalen (Hrsg.): Stadtplanung als Deal? Urban Entertainment Center und private Stadtplanung: Beispiele aus den USA und Nordrhein-Westfalen, Düsseldorf 1997.

Frechen, J./Franck, J.: Freizeit und Einzelhandel: Ein Rezept für die Zukunft? Voraussetzungen und Chancen, in: Immobilien Zeitung: Freizeitimmobilien, Fachbeiträge 1996–1999.

Hinrichs, K./Schultz, E. (2003):Das Discounted Cashflow-Verfahren in der Praxis, in: GuG 5/2003, S. 265–272.

IHK Pfalz (2001): Urban Entertainment Center: Freizeitlust statt Einkaufsfrust!, 2001.

Kleiber, Wolfgang/Simon, Jürgen/Weyers, Gustav (2002):Verkehrswertermittlung von Grundstücken, Kommentar und Handbuch, 4. Auflage, Köln 2002.

KPMG (2003):Trends im Handel 2005: Ein Ausblick für die Branchen Food, Fashion & Footware, Köln 2003.

Ministerium für Arbeit, Soziales und Stadtentwicklung, Kultur und Sport des Landes Nordrhein-Westfalen (1998): Stadtplanung als Deal? Urban Entertainment Center und private Stadtplanung, Düsseldorf 1998.

Reiff, F. (1998): Amerikanische Urban Entertainment Center – Konzepte und deren Übertragbarkeit auf den deutschen Markt, Freiberg 1998.

Simon, J. (1999): Verkehrswertermittlung offener Immobilienfonds, in: GuG 3/99, S. 129–142.

Wenzel & Partner BDU (2001): Revitalisierungszyklen von ausgewählten Freizeitgroßanlagen, in GuG 5/2001, S. 293.

Westdeutsche ImmobilienHolding (1997): Der Freizeitmarkt und seine Bedeutung für die Immobilienwirtschaft, Marktbericht III, Düsseldorf 1997.

Zeißler, M. (2002): Bewirtschaftungskosten für Gewerbeimmobilien, in: GuG 4/2002, S. 197–204.

Teil III

Freizeitimmobilien

Bewertung von Multiplex-Kinos

Silke Geßner/Ellen Leupold

1 Einführung
1.1 Entstehung von Film, Kino und Multiplex
1.1.1 Entwicklung der Kinokultur
1.1.2 Etablierung von Multiplex-Kinos
1.2 Definition „Multiplex"

2 Marktüberblick
2.1 Europäischer Markt
2.1.1 Ausgewählte Akteure und Marktstrukturen
2.1.2 Situation am Multiplex-Markt
2.2 Deutscher Markt
2.3 Österreichischer Markt

3 Grundlagen der Bewertung
3.1 Vorbemerkung
3.2 Markt und Standort
3.3 Konzept
3.4 Investoren und Betreiber
3.5 Wahl des Bewertungsverfahrens

4 Ableitung von Wertparametern
4.1 Bodenwertermittlung
4.2 Umsatzverträgliche Pacht
4.3 Bewirtschaftungskosten
4.4 Liegenschaftszins
4.5 Wirtschaftliche Nutzungsdauer

5   Berechnungsbeispiel

5.1   Basisdaten
5.2   Einschätzung von Markt und Standort
5.3   Ableitung des Bodenwertes
5.4   Ableitung der umsatzverträglichen Pacht
5.5   Ableitung der Bewirtschaftungskosten
5.6   Ableitung von Liegenschaftszins und Restnutzungsdauer
5.7   Ermittlung des Gesamtwertes

6   Anlage: Deutsche Betreiber – ein Überblick

1 Einführung

Die große Zeit der Kinos ist vorbei. Auch, wenn das Kinosterben durch das Ansteigen der Besucherzahlen seit dem Einzug der Multiplex-Kinos als gestoppt gilt, spielt das Medium Kino heute leider nur noch eine untergeordnete Rolle im gesellschaftlichen Leben. Dennoch, „Kino ist und bleibt das innovative Leitmedium zwischen Tradition und Moderne"[1], dessen herausragende öffentliche Bedeutung durchaus einen Blick zurück erlaubt!

1.1 Entstehung von Film, Kino und Multiplex

1.1.1 Entwicklung der Kinokultur

Die Entwicklung des Kinos ist eng mit der Entstehung der Fotografie und des Films verbunden. Bereits im 17. Jahrhundert gelang es, Bilder an die Wand zu projizieren. Bahnbrechend war ca. zwei Jahrhunderte später die Erfindung der Fotografie und erster Bildprojekttoren.

Als Geburtsstunde des Kinos kann jedoch der 20. April 1896 bezeichnet werden. An jenem Tag fand in Köln die erste öffentliche Vorführung eines echten Films mit einem Projektor statt.[2] Es folgten Vorführungen in Wander- oder Schauzelten, später in ortsfesten Kinosälen – vor allem auf Jahrmärkten. In den 20er Jahren wurde das Kino erstmals durch amerikanische Einflüsse geprägt. Kino als Erlebnis- und Massenkultur entstand. In prunkvoll ausgestatteten und bis zu 5.000 Sitzplätze zählenden Kinosälen fanden neben der Filmvorstellung im Regelfall Beiprogramme mit Magiern, Dressuren oder Ähnlichem statt. Dann folgte der Ton- dem Stummfilm. Während des Dritten Reichs eher als Propagandamittel missbraucht, erlebte das Kino in den 50er Jahren als audiovisuelles Medium mit gesellschaftlicher Information-, Bildungs- und Unterhaltungsfunktion eine Blütezeit. Allein im Jahr 1956 besuchten in Westdeutschland rund 818 Millionen Bürger, d. h. jeder Bürger durchschnittlich 15,6-mal p. a., das Kino; ein Vielfaches vom heutigen Niveau (siehe Tabelle 6).

---

1 Cinema (2003), S. 4.
2 Giesau (1997), S. 4 ff.

Der Ende der 50er Jahre beginnende Einzug des Fernsehens und später auch des Videos hatte für das Kino und den nationalen Film gravierende Konsequenzen. Schließung bzw. Umbau der großen unrentablen Spielstätten waren die Folge.[3] Bereits Mitte der 60er Jahre war das Besucheraufkommen in den deutschen Kinos um nahezu 75 Prozent[4] zurückgegangen und hatte sich in Österreich halbiert.[5] Die kleinkünstlerischen Vorprogramme wichen den Spiel-, Snack- und Getränkeautomaten, die bald eine unverzichtbare Nebeneinnahme darstellten.

Die Impulse, welche die Filmwirtschaft durch die Verabschiedung von Filmförderungsgesetzen erfuhr (in Deutschland 1967, in Österreich 1981[6]), konnten den Bedeutungsverlust der traditionellen Kinos jedoch nicht aufhalten.

1.1.2 Etablierung von Multiplex-Kinos

Erst durch die Einführung der Entertainment-Komponente „Multiplex" erfuhr das Kino, insbesondere in seiner Funktion als sinnlicher Erlebnisort, neue Impulse. Mutiplex-Kinos sind zumeist baulich getrennt in Einkaufszentren bzw. Erlebnisparks oder als Ergänzung in UEC (vgl. Beitrag „Bewertung von Urban Entertainment Centern") angesiedelt. Ergänzt um die Schlüsselkomponente Gastronomie stimuliert dieser Kinotyp die Besucher zum Verweilen und lässt das Kino als Unterhaltungsmagnet neu aufleben.

Bereits in den späten 70er Jahren entstanden in den USA die ersten Multiplexe in enger Verknüpfung von Entertainment mit Bowling, Bars und Shopping. Im übertragenen Sinne lebt dadurch die Ära der „Filmpaläste", der Glanz des Kinos der 50er Jahre, nun durch pompöse Einrichtungen und großzügige Foyers wieder auf. Durch das Engagement großer US-Kinokonzerne verbreiteten sich die Multiplex-Kinos in Kanada und Großbritannien als Ausgangspunkt für eine Etablierung in Kontinentaleuropa.

Seitdem durchlebt die europäische Kinobranche eine Phase des grundlegenden Strukturwandels, welcher mit Vor- und Nachteilen einhergeht. Nach jahrelangem Rückgang kam es erstmals wieder zu einem Anstieg der Besucherzahlen, die anhal-

---

3 Giesau (1997), S. 4 ff.
4 Cineropa e. V.: der Verband der Multiplexkinos: Statistik, Kinomarkt und Multiplexentwicklung, in: www.cineropa.de.
5 Österreichisches Filminstitut (2002), S. 3.
6 Ebenda.

tende Kinokrise schien gebannt.[7] Dennoch darf nicht übersehen werden, dass mit dem Vormarsch der Multiplex-Kinos der europäische Kinomarkt von Polarisierungserscheinungen begleitet wird, welche sich zu Lasten der traditionell kleineren und mittleren Filmtheater vollziehen. Besucherzuwächse entfallen derzeit nahezu ausschließlich auf moderne Kinoneubauten. Eine weitere Folge von Multiplex-Ansiedlungen ist das zunehmende Auseinanderklaffen der Kino-Programmangebote. Die Sicherung der wirtschaftlichen Tragfähigkeit der Multiplexe erfordert eine kurzfristige Amortisation der sehr hohen Investitionskosten durch hohe Besucherfrequenzen. Das Angebot an „Blockbustern" aus US-amerikanischen Produktionen dominiert deshalb das Kinoprogramm. Nationale und europäische Filme können sich nur vereinzelt durchsetzen.

Inzwischen ist die Kinolandschaft durch ein immer engmaschiger werdendes Netz aus Kinoneubauten in verschiedensten Variationen gekennzeichnet. Das Angebot übersteigt die Nachfrage. Investitionsentscheidungen dürfen daher – nicht zuletzt wegen ihrer Komplexität und des hohen konzeptionellen Anspruchs – nicht ohne städtebaulich und wirtschaftlich tragfähige Untersuchungen getroffen werden. Darüber hinaus lassen aktuelle Entwicklungen im Home-Entertainment-Bereich erste Anzeichen eines erneut beginnenden Bedeutungsverlustes des Kinos vermuten. Die nahe Zukunft wird zeigen, welchen Einfluss die neuen technischen Entwicklungen tatsächlich ausüben.

1.2 Definition „Multiplex"

Was ist ein „*Multiplex*", auch „*Cinema Complex*", „*Megaplex*" oder „*Multiscreen*" genannt? Eine europaweit geltende einheitliche Definition existiert bislang nicht. Der Hauptverband Deutscher Filmtheater (HDF) formuliert die Eigenschaften von Multiplexen wie folgt:[8]

1. Ein Multiplex vereint mindestens acht „große und gekrümmte" Leinwände sowie mindestens 1.600 Sitzplätze.

2. Die Ton- und Bildqualität ist auf dem modernsten Stand der Technik.

---

7 Stitich Fritz, Stefan: Kulturpolitik im Ruhrgebiet am Beispiel Filmtheater, Revolution der Multiplexe, in: www.multiplex-theater.de.
8 Ebenda.

3. Ein Multiplex beinhaltet neben den eigentlichen Kinosälen verschiedene Gastronomie- und Freizeitangebote.

4. Angegliedert ist eine größere Zahl von Parkplätzen bzw. Parkdecks.

Die Definition der Filmförderungsanstalt (FFA)[9] bezieht den Begriff Multiplex auf Kinoneubauten mit mindestens neun Sälen mit speziellen Nebengeschäften sowie Parkplatzangebot und ÖPNV[10]-Anbindung. Gemäß dem „White Book of the European Exhibition Industry" soll ein Multiplex mindestens acht Leinwände aufweisen.[11] Bei einer Anzahl von 16 oder mehr Sälen wird von einem Megaplex gesprochen. In seiner Ausprägung kann ein Multiplex auch als Miniplex in Erscheinung treten. Ein Miniplex, teilweise auch Multiscreen genannt, ist ein kleineres Kino des Multiplex-Typs mit vier bis sechs Sälen.

2 Marktüberblick

2.1 Europäischer Markt

2.1.1 Ausgewählte Akteure und Marktstrukturen

Tabelle 1 zeigt, dass der europäische Kinomarkt maßgeblich durch das Engagement internationaler Konzerne bestimmt wird.

Entwicklungen des letzten Jahrzehnts verdeutlichen, dass Globalisierungs- und Konzentrationstendenzen im internationalen Kinomarkt erheblichen Einfluss auf das strategische und operative Agieren der Marktteilnehmer ausüben. Eine Kurzdarstellung der Entwicklung ausgewählter Kinokonzerne ist in der Anlage dargestellt.

---

9   www.ffa.de.
10 Öffentlicher Personennahverkehr.
11 MEDIA Salles: White Book of the European Exhibition Industry, in: www.mediasalles.it/ whiteboo/wb2_1_1.htm, 1.1 Introduction.

Größte Kinobetreiber in der EU-15			
Betreiber	Länder	Zahl der Leinwände	Marktanteil aller Leinwände
UGC	F, UK, IRL, E, B, I	850	3,40 %
Odeon	UK	812	2,50 %
Warner	UK, E, P, I	542	2,20 %
Gaumont	B, F	500	2,00 %
CineStar	D	419	1,70 %
Cinemaxx	D	356	1,40 %
UCI	UK	355	1,40 %
Cine UK	UK	323	1,30 %
Kinepolis	B, F, I, E	274	1,10 %
Summe der Top 9		**4.231**	**17,00 %**
Summe gesamt		**24.822**	**100,00 %**

Tabelle 1: Die größten Kinobetreiber in Europa (2002)[12]

2.1.2 Situation am Multiplex-Markt

Mit dem Aufkommen der Freizeitgroßanlage Multiplex erlebte die Kinolandschaft Europas einen starken Aufschwung. Allein zwischen 1990 und 1998 stiegen die Besucherzahlen um fast zwei Fünftel bei einer Verdoppelung der Anzahl der Leinwände. Im Durchschnitt geht der EU-Bürger 2,4-mal im Jahr ins Kino. Die Kasseneinnahmen pro Kopf betrugen 13,70 Euro.

Die Entwicklungen der einzelnen europäischen Länder ähneln sich, sind aber nicht deckungsgleich. Zum Beispiel wurde europaweit in 2002 ein leichtes Wachstum an Besuchern verzeichnet, welches jedoch ausschließlich auf positive Impulse in UK und Italien zurückzuführen war. Im restlichen europäischen Raum wurden

---

12 Dollt (2003), S. 5; Deiss (2001).

rückläufige Besucherzahlen festgestellt. Nicht zuletzt durch die sich abzeichnende Stagnation von Kinoinvestments kam die Sättigung des Kinomarktes ganz deutlich zum Ausdruck.[13]

Die nachstehenden Tabellen verdeutlichen exemplarisch den Bedeutungsgewinn des Betriebstyps Multiplex innerhalb der Kinolandschaft.

	Kino-Eckdaten (2002)								
	Verkaufte Tickets je Kino-Leinwand			Anzahl Kinos	Anteil Multi-plex-Kino gesamt	Anzahl Lein-wände	Einwoh-ner/ Leinwand	Durch. Ticket-preis (Euro)	Ticket-erlös/ Ein-wohner (Euro)
	Gesamt	Multi-plex	Weitere						
B	47.430	71.724	22.946	126	50,19 %	514	21.225	5,58	12,47
D	33.671	52.519	27.257	1.844	25,39 %	4.868	16.935	5,86	11,65
I	33.522	47.090	30.876	2.206	16,32 %	3.346	17.033	5,61	11,05

Tabelle 2: Kino-Eckdaten ausgewählter Länder Europas von 2002[14]

Bei Betrachtung der sich in 2002 vollzogenen Entwicklung verwundert es nicht, dass aktuelle Informationen für 2003 einen europaweiten Besucher- und Umsatzrückgang (ursächlich sind eine allgemein rückläufige Konjunktur und ein schwächeres Filmangebot) belegen.[15]

---

13 MEDIA Salles: European Cinema Yearbook – 2003 advance edition, in: www.mediasalles.it, S. 55 ff.
14 Ebenda, S. 70 ff.
15 Filmförderungsanstalt (2004,) S. 1 f.

Multiplex-Eckdaten (2002)[16]							
	Anzahl Multiplexe gesamt	Anzahl Multiplex mit 8–10 Sälen	Anzahl Kinosäle	Davon in Multiplexen mit 8–10 Kinosälen	Leinwanddichte[17]	Anteilig in Mulitplexen verkaufte Tickets	In Multiplexen verkaufte Tickets/ Leinwanddichte
A	22	15	226	131	38,43 %	64,12 %	1,67
B	20	7	258	62	50,19 %	75,90 %	1,51
CH	5	4	47	34	9,25 %	13,75 %	1,49
D	129	107	1.225	933	25,39 %	39,60 %	1,56
F	127	56	1.466	496	28,21 %	–	–
I	52	33	546	300	16,32 %	22,92 %	1,40
UK	183	97	2.013	882	59,19 %	–	–
Total	836	511	8.968	4.539	–	–	–

Tabelle 3: Multiplex-Eckdaten ausgewählter Länder Europas von 2002[18]

---

16 Bei der Betrachtung fällt auf, dass die europäischen statistischen Erhebungen von denen der FFA in Deutschland abweichen. Ursächlich hierfür sind unter anderem die definitorischen Begriffsbestimmungen der einzelnen Institute.
17 Die Leinwanddichte gibt das Verhältnis der Anzahl der Leinwände (Kinosäle) in Multiplexen zur Gesamtanzahl der Leinwände (Kinosäle) je Land an.
18 MEDIA Salles; European Cinema Yearbook, S. 87 ff.

2.2 Deutscher Markt[19]

Die Entwicklung in Deutschland folgt dem europäischen Trend. Dem ersten Multiplex (1990 in Hürth bei Köln) folgten zahlreiche weitere.[20] Die Kinorenaissance ging Anfang der 2000er in eine Stagnationsphase über. Aufgrund der positiven Ergebnisse in 2004 ist die Branche derzeit wieder optimistisch. Der Höhepunkt der Multiplex-Kinos scheint somit noch nicht überschritten, die Marktbedeutung von Multiplexen steht im Vergleich zu anderen Entertainment-Einrichtungen jedoch stetig auf dem Prüfstand.[21] Die neue Strategie der Kinounternehmen ist daher, den Kinobesuch zu einem Ganzjahreserlebnis zu entwickeln.[22]

Nach der Eröffnung von einem Multiplex in 2002, vier weiteren in 2003 und zwei Multiplexen in 2004 beläuft sich der Bestand Ende 2004 auf 145 Spielstätten[23] mit rund 1.300 Leinwänden und rund 320.000 Sitzplätzen. Dies entspricht einem Anteil von rund einem Viertel bezogen auf alle Kinoleinwände. Durchschnittlich verfügt jeder Multiplex somit über rund 9 Leinwände. Hinsichtlich Besucheraufkommen und Umsatz liegt der Marktanteil von Multiplex-Kinos (siehe Tabellen 4 und 5) nach rasanter Entwicklung aktuell bei rund 46 bis 51 Prozent.

	Anteil Multiplex-Kinos am Gesamtbesuch							
	1997	1998	1999	2000	2001	2002	2003	2004
Bundesweit	22,5 %	30,3 %	34,4 %	40,4 %	43,0 %	42,9 %	44,1 %	45,3 %
Alte Bundesländer	20,0 %	27,4 %	32,6 %	39,7 %	42,5 %	42,0 %	44,7 %	44,6 %
Neue Bundesländer	34,0 %	43,0 %	42,3 %	43,3 %	45,4 %	47,7 %	43,5 %	48,5 %

Tabelle 4: Anteil Multiplex-Kinos am Gesamtbesuch[24]

---

19 Ein wesentlicher Teil der nachfolgenden Informationen stützt sich insbesondere auf Informationen des FFA.
20 Giesau (1997), S. 4 ff.
21 DEGI Deutsche Gesellschaft für Immobilienfonds (Hrsg): Auf dem Weg in die Spaßgesellschaft: Freizeitimmobilien als nachhaltige Investments!?, Vortrag von Dr. Thomas Beyerle, 2003, S. 4.
22 Filmförderungsanstalt (FFA), FFAinfo – Aktuelle Informationen aus der Filmwirtschaft, in: www.ffa.de, Nr. 02/2004, S. 4 f.
23 Ebenda, Nr. 01/2005, S. 7; Nr. 01/2004, S. 5. Die Anzahl der Spielstätten weicht von der Angabe in Tabelle 3 ab. Ursächlich hierfür ist die unterschiedliche Ermittlung durch MEDIA Salles und FFA.
24 Filmförderungsanstalt (FFA), Marktdaten Kinoergebnisse Übersicht, in: www.ffa.de.

Anteil Multiplex-Kinos am Gesamtumsatz								
	1997	1998	1999	2000	2001	2002	2003	2004
Bundesweit	25,5 %	33,6 %	38,5 %	44,2 %	45,9 %	46,3 %	46,6 %	47,7 %
Alte Bundesländer	23,1 %	30,7 %	36,8 %	43,6 %	45,4 %	45,4 %	47,2 %	47,1 %
Neue Bundesländer	38,4 %	47,6 %	47,0 %	47,3 %	48,4 %	51,1 %	43,5 %	51,1 %

Tabelle 5: Anteil Multiplex-Kinos am Gesamtumsatz[25]

Das Kino-Jahresergebnis von 1998 bis 2004							
zum	31.12.1998	31.12.1999	31.12.2000	31.12.2001	31.12.2002	31.12.2003	31.12.2004
Einwohner Deutschland[1]	82.024.193	82.087.099	82.163.475	82.259.530	82.474.729	82.517.958	82.498.469
Kinobesucher[1]	148,9 Mio.	149,0 Mio.	152,5 Mio.	177,9 Mio.	163,9 Mio.	149,0 Mio.	156,7 Mio.
Kinoumsatz[1] (Euro)	818,2 Mio.	808,1 Mio.	824,5 Mio.	987,2 Mio.	960,1 Mio.	850,0 Mio.	892,9 Mio.
Filmtheaterunternehmen	1.189	1.173	1.200	1.177	1.203	1.202	1.208
Spielstätten (Kinos)	1.934	1.880	1.865	1.815	1.844	1.831	1.845
Leinwände (Säle)	4.435	4.651	4.783	4.792	4.868	4.868	4.870
Kinositzplätze[2]	802.765	844.829	873.538	884.033	884.790	877.820	864.260
Kinostandorte	1.073	1.064	1.054	1.043	1.049	1.032	1.033
Einwohner pro Sitzplatz	102	97	94	93	93	94	94
Einwohner pro Leinwand	18.495	17.649	17.178	17.166	16.942	16.951	18.940
Besucher pro Leinwand	33.568	32.035	31.891	37.130	33.671	30.599	32.178

---

25 Ebenda.

Besucher pro Sitzplatz	185	176	175	201	185	170	179
Kinobesuch pro Einwohner	1,82	1,82	1,86	2,16	1,99	1,81	1,8
Durchschn. Eintrittspreis (Euro)	5,50	5,42	5,41	5,55	5,86	5,70	5,70
Deutscher Marktanteil in Prozent (Besucherbasis)[3]	9,5 %	14,0 %	12,5 %	18,4 %	11,9 %	17,5 %	23,8 %
Besucher deutscher Filme	13,5 Mio.	19,8 Mio.	18,0 Mio.	30,9 Mio.	19,0 Mio.	25,3 Mio.	36,7 Mio.

1 Quelle: Statistisches Bundesamt, Wiesbaden
2 Sitzplätze ohne Open-air, Universitätskinos und Schließungen 2004
3 nach Meldungen der Verleihfirmen

Tabelle 6: Kinoergebnisse der Jahre 1998 bis 2004[26]

Das Kinojahr 2004 (Tabelle 6) war nach einem deutlichen Umsatz- und Besucherrückgang in 2003, in dem lediglich ein Ergebnis auf dem Niveau der Jahre 1998/1999 erreicht werden konnte durch eine Steigerung der Besucher- und Umsatzzahlen, insbesondere durch die strategische Neuausrichtung vieler Kinounternehmen gekennzeichnet.[27] Die Kinoform Multiplex profitierte in 2004 erwartungsgemäß von einem gegenüber den anderen Kinoformen überdurchschnittlichen Umsatzplus (8,1 Prozent). Vor allem in den neuen Bundesländern prägen die Multiplexe die Kinolandschaft.

Bereits in 2003 fiel die bundesweit rückläufige Entwicklung der Multiplexe im Vergleich zum Vorjahr, das heißt der Besucher- (auf 65,7 Millionen Euro) und der Umsatzrückgang (396,3 Millionen Euro), geringer aus. Das positive Ergebnis der Multiplexe resultiert insbesondere aus den überdurchschnittlich hohen Besucherzahlen bei Multiplex-Kinos mit Baujahr 2001 bis 2004.

---

26 www.ffa.de.
27 Als eine Ursache hierfür werden auch die überdurchschnittlich hohen Temperaturen des Sommers 2003 angeführt.

Durchschnittliche Eintrittspreise von Multiplex-Kinos[28]								
in Euro	1997	1998	1999	2000	2001	2002	2003	2004
Kino gesamt	5,25	5,50	5,42	5,41	5,55	5,86	5,70	5,70
in Berlin	5,53	5,66	5,55	5,40	5,59	5,85	5,85	n. a.
Multiplex	5,95	6,09	6,07	5,92	5,92	6,31	6,03	n. a.
in Berlin	5,83	5,85	5,85	5,70	5,76	6,18	5,88	n. a.

Tabelle 7: Durchschnittliche Eintrittspreise von Multiplex-Kinos[29]

Eine Gegenüberstellung von Leinwänden/Sitzplätzen zum Besucheraufkommen zeigt das Wachstum der Kinokapazitäten innerhalb der letzten Jahre auf. Nicht wenige namenhafte Kinobetreiber konnten trotz Marktdurchdringung und überdurchschnittlich hoher Besucherbindung nicht das geplante Umsatz- und Besuchervolumen generieren.[30] In 2000 kam es zur ersten Marktbereinigung mit einhergehenden Rationalisierungs- und Restrukturierungsmaßnahmen. Zahlreiche, insbesondere Multiplex-Bauvorhaben wurden gestoppt bzw. sehr restriktiv vergeben und unrentable Standorte geschlossen.

Seither betrifft der weitergehende Besucherschwund primär kleinere Kinos, welche mit dem erforderlichen Investitionsaufwand für neueste kinotechnische Besonderheiten finanziell überbelastet sind. Seit 2003 gleichen sich die Anzahl der Stilllegungen und die Neueröffnungen von Kinosälen aus. Wesentliche Gründe sind Unrentabilität, Mietvertragsende, Konkurrenz, Betriebsaufgabe etc.

---

28 Bruttoertrag inklusive 7 Prozent Umsatzsteuer.
29 www.ffa.de.
30 Stitch.

2.3 Österreichischer Markt

Die österreichische Kinolandschaft[31] zeichnete sich bis in die zweite Hälfte der 90er Jahre durch eine eher heterogene aber ausgewogene Struktur, bestehend aus Einsaal-/Mehrsaalkinos, Kinocenters und Multiplexen, aus. Vielleicht auch dadurch bedingt, vollzog sich die Entwicklung der Multiplex-Kinos nach der Eröffnung des ersten Objektes in 1994 nahe der Shopping City Süd bei Wien zunächst eher zögernd. Umso rasanter verschoben sich die Strukturen in der zweiten Hälfte der 90er Jahre. Infolge der Neueröffnung zahlreicher Multiplex-Kinos wurden 1998 erstmalig nach langer Zeit mehr als 15 Millionen und in 2002 19,3 Millionen Besucher gezählt. Diese insbesondere durch das überdurchschnittlich hohe Angebot von US-amerikanischen Filmen bedingte Entwicklung führte zu einem Akzeptanzrückgang einheimischer Filme, deren Anteil inzwischen im unteren einstelligen Millionenbereich liegt. Auch ist festzustellen, dass die Zahl der Sitzplätze in den ursprünglich überwiegend vorhandenen Einsaalkinos durch Umbau oder Schließung drastisch zurückgegangen ist. Zudem siedelten sich neue Multiplex-Kinos, insbesondere in Wien, zumeist (zu Lasten der traditionellen Innenstadtkinos) in Einkaufs- und Unterhaltungszentren am Stadtrand an.

Der Kinoboom in Österreich hat mit der Jahrtausendwende seinen Höhepunkt überschritten. Mit einem Anteil von 21 Multiplexen an 176 Kinos entfielen Ende 2003 rund 48.000 Sitzplätze auf Kinos mit acht und mehr Sälen, das heißt, 47 Prozent der Gesamtkapazität.[32] In 2002 mussten bereits zwei in Wien ansässige Multiplex-Kinos schließen, was deutlich auf die angespannte Situation am nationalen Kinomarkt hindeutet. Als Ursache werden überproportional steigende Sitzplatzzahlen (Wien: 48 Einwohner/Sitzplatz, Österreich 78 Einwohner/Sitzplatz) bei ausbleibender Besuchernachfrage genannt.[33]

Einstweilen ist die Kinolandschaft Österreichs vielen anderen europäischen Ländern ähnlich, währenddessen deutliche Konzentrationen auf die fünf größten Städte bei Vorherrschaft von Wien zu erkennen sind.

---

31 Stiglbauer (1999).
32 Statistisches Jahrbuch (2005).
33 Weinrich (2002).

Anzahl der Kinos, Sitzplatzkapazität und Besuche, Spieljahre 2002 und 2003 in Österreich		
	2002	2003
Kinos insgesamt	199	176
Davon mit ... Sälen		
1 Saal	99	74
2 Sälen	34	32
3 bis 5 Sälen	36	40
6 und 7 Sälen	9	9
8 und mehr Sälen	21	21
Kinosäle insgesamt	564	553
Sitzplätze insgesamt	104.077	100.725
Davon in Kinos mit ... Sälen		
1 Saal	18.641	14.056
2 Sälen	9.214	8.917
3 bis 5 Sälen	18.441	19.846
6 und 7 Sälen	9.815	10.078
8 und mehr Sälen	47.966	47.828
Besuche insgesamt (1.000)	19.316	17.719,50
Sitzplätze pro 1.000 Einwohner	12,9	12,5
Besuche pro 1.000 Einwohner	2.394	2.190

Tabelle 8: Statistische Kennzahlen Österreich[34]

---

[34] Statistisches Jahrbuch Österreich 2004: Nationale Seiten zu Kultur und Sport, in: www.statistik.at/jahrbuch.

3 Grundlagen der Bewertung

3.1 Vorbemerkung

Multiplex-Kinos sind Managementimmobilien, die sich durch die Abhängigkeit von *Standort* und *Konzept,* von Qualität und Erfahrung des jeweiligen *Betreibers*[35] und der Konsequenz dieser einzelnen Komponenten zueinander auszeichnen. Bei der Beurteilung einer Investition im Freizeitbereich ist die kurzfristige Amortisation des investierten Kapitals auf Grundlage eines tragfähigen Konzeptes und eines ausreichend großen abschöpfbaren Marktvolumens ein wesentliches Kriterium. Nicht zuletzt, da sich derartige Immobilien im Vergleich zu traditionell gewerblichen Objekten durch andere technische Wesensmerkmale und Nutzungsanforderungen auszeichnen.

Wann ist ein Multiplex rentabel? Für eine erste grob überschlägige Rentabilitätsbetrachtung einer (etwaig geplanten) Kinoinvestition wird die Ermittlung folgender Kennzahl empfohlen.[36]

$$\alpha = \frac{P \cdot H}{(Sv + Sp) \cdot Ar}$$

Darin bedeuten:
- α: Auslastungsfaktor eines Kinoplatzes in einem Kinoprojekt (Rentabilität)
- P: Anzahl Einwohner einer Region im Umkreis von 30 Minuten Anreisezeit (Einzugsgebiet bzw. Konkurrenzregion)
- H: durchschnittliche jährliche Kinobesuchshäufigkeit der Einwohner einer Region
- Sv: in einer Konkurrenzregion bereits vorhandene Kinoplätze
- Sp: in einer Konkurrenzregion geplante Kinoplätze
- Ar: optimal rentable Auslastung eines Kinositzplatzes in einer Region (beispielsweise 365 Personen pro Jahr und Sitzplatz)

Die Rentabilität eines Kinoprojektes ist demnach gegeben, wenn der tägliche Auslastungsfaktor jedes Kinoplatzes über das gesamte Betriebsjahr gesehen 1,0 beträgt. Folglich kann bei Werten über 1,0 ein Bedarf an zusätzlichen Kinos abgeleitet werden. Weiterhin wird angeführt, dass die ermittelte Rentabilitätskennzahl als

---

35 Auch bei gesicherter Investitionsfinanzierung.
36 Diese Rentabilitätskennzahl, mit dessen Hilfe eine erste Einschätzung von Kinoprojekten durchgeführt werden sollte, wurde 2001 von der Eidgenössischen Filmkommission der Schweiz herausgegeben. Hierzu vgl. Eidgenössische Filmkommission (2001).

Mischwert angesehen werden sollte, von der einzelne Kinos durchaus abweichen können. Des Weiteren sind die unterschiedliche Ausrichtung der Kinos und zwingend die Struktur des bestehenden Angebotes sowie der Charakter des geplanten Projektes zu berücksichtigen.

Somit reduziert sich der Aussagegehalt der Kennzahl. Aufgrund der Marktsituation kann der empfohlene Auslastungsfaktor in Deutschland bis auf wenige Ausnahmen nicht erzielt werden.

3.2 Markt und Standort

Die Wahl des richtigen Standortes determiniert den Erfolg eines stationären Multiplex-Kinos. Daher sollten bereits vor Beginn der konzeptionellen Phase Markt-Standortanalysen einschließlich einer Beurteilung von Umfeld und Wettbewerbssituation vorliegen.[37] Das Erfordernis einer stetigen Analyse besteht gleichfalls während der Betriebsphase, um – sofern erforderlich – rechtzeitig auf sich verändernde Marktentwicklungen reagieren zu können. Im Blickfeld des Betrachters sollte daher immer die gesamtheitliche Eingliederung des Objektes in die bestehenden Marktstrukturen und Einflussfaktoren stehen.

---

37 In Anlehnung an: Verband Deutscher Hypothekenbanken e. V. (Hrsg.): Der Immobilienmarkt in Deutschland, Studienbrief von Hartmut Bulwien, Berlin 2002, S. 62 f.

	Wesentliche Markt- und Standortfaktoren	
	Einflussfaktoren	Ausgewählte Kernfragen
Sozioökonomische und soziodemografische Rahmenbedingungen	Wirtschaft (Struktur und Entwicklung)	Kann die Nachfrage/Akzeptanz mit hinreichender Sicherheit bestimmt und auf Veränderungen rechtzeitig regiert werden? („Trendsetting"-Effekte)
	Beschäftigungssituation	
	Bautätigkeit	
	Einwohner/Haushalte (Struktur und Entwicklung)	Sind die Erfordernisse einer optimalen Einbindung in das gesamte regionale infrastrukturelle Netzwerk gewährleistet?
	Einkommenssituation/Kaufkraft	
Makrostandort	Räumliche Funktion und Image	
	Verkehrsverhältnisse, Infrastruktur, Erreichbarkeit	Ist ausreichende Planungssicherheit hinsichtlich städtebaulichem Umfeld, angemessenem Angebotsumfang und erhoffter positiver Imageeffekte gegeben?
	Einzugsbereich und Konsumentenstruktur	
Mikrostandort	Stadtteilfunktion und -image	Liegt ein ausreichend großes Marktvolumen vor?
	Lage im Stadtgebiet, Gestaltung des Umfeldes und der Nachbarschaft	Kann auf ausreichend empirische Daten zurückgegriffen werden?
	Öffentlich-rechtliche Voraussetzungen	
	Verkehrssituation/Infrastruktur und Versorgung	
Markt- und Wettbewerbssituation	Freizeit- und Gastronomieangebot/ -nachfrage sowie Präferenzen	
	Angebot an Kinos im Einzugsgebiet	
	Miet-/Preissituation und erwartete Investitionsrenditen	

Tabelle 9: Wesentliche Markt- und Standortfaktoren

3.3 Konzept

Neben Markt und Standort hängt der wirtschaftliche Erfolg des Multiplexes gleichfalls von folgenden (nicht abschließenden) Faktoren[38] ab (siehe Tabelle 10).

Wesentliche Konzeptfaktoren		
	Einflussfaktoren	**Ausgewählte Kernfragen**
Rechtliche Aspekte	Eigentümer und Betreiber	Passt die gesellschaftsrechtliche Konstruktion?
	Kompetenz und Erfahrung des Managements/Mieter	Sind Kompetenz und Erfahrung von Betreiber/Management ausreichend?
Grundstück	Beschaffenheit, Zuschnitt, Ausrichtung, Art und Maß der baulichen Nutzung	Entspricht die Konzeption den städtebaulichen und technischen Anforderungen und der Marktnachfrage?
	Verkehrs- und technische Erschließung, Parkplatzangebot	Sind die Säle/Flächen stimmig und ausgewogen dimensioniert?
	Auffindbarkeit und Sichtbarkeit	
Bauliche Anlagen	Gebäude- und Grundrisskonzeption	Sind gebäudetechnische Anlagen, Unterhaltungs- bzw. Informationselektronik ausreichend vorhanden?
	Architektur, Fassadengestaltung/Eingangsbereich	Passt der Mietermix im Objekt? Kann der Betreiber nachhaltig ausreichend Umsatz generieren?
	Technische Gebäudeausrichtung	
	Investitionskosten (laufend, Veränderungs-/Erweiterungs-/Veränderungsmaßnahmen)	Ist der vereinbarte Pachtzins umsatzverträglich?
Sonstige	Besucherfrequenz	
	Auslastung und Rentabilität	

Tabelle 10: Wesentliche Konzeptfaktoren

---

38 Ebenda.

3.4 Investoren und Betreiber

Multiplex-Kinos sind Großprojekte mit Investitionsvolumen von durchschnittlich 15 bis 25 Millionen Euro. Investoren sind in der Regel große institutionelle Anleger, die renditeorientiert investieren und auf einen bestimmten Betreiber zugeschnittene Objekte errichten.

Sofern Eigentümer und Betreiber nicht dieselbe Person sind, wird ein Pachtvertrag (Mietdauer 15 bis 25 Jahre) abgeschlossen. Dieses Vertragswerk kann inhaltlich sehr differenziert gestaltet sein. Nicht unüblich ist, dass der Vermieter an Erfolg/Risiko der Immobilie beteiligt wird. Der Mietgegenstand ist dahingehend zu definieren, inwieweit Innenausbau, Ausstattungen und Einrichtungen vom Vermieter/Mieter herzustellen sind. Der Miet-/Pachtzins wird im Regelfall in eine Grundmiete und eine umsatz- oder gewinnbezogene Miete aufgeteilt, wobei teilweise für die ersten Jahre eine niedrigere Grundmiete vereinbart wird.

Unabhängig von Art und Höhe der vereinbarten Pacht entscheiden die Managementfähigkeiten des Betreibers über die langfristige Sicherung der wirtschaftlichen Tragfähigkeit der Kinoinvestition.

3.5 Wahl des Bewertungsverfahrens

Kinos sind renditeorientierte und risikobehaftete Management-/Betreiberimmobilien, bei denen die Wertfindung nach allgemeiner gutachtlicher Praxis vorrangig mittels ertragsorientierter Verfahren erfolgt. Das Sachwertverfahren wird insofern lediglich ergänzend herangezogen.[39]

Die in den letzten Jahren auf dem deutschen Immobilienmarkt verstärkte Präsenz internationaler Kinobetreiber/Investoren führt neben der Anwendung der nationalen Standards[40] zunehmend zu einer Ausbreitung der von angelsächsischen Denkstrukturen geprägten internationalen Bewertungsstandards (angelsächsisches Ertragswertverfahren, Discounted-Cashflow-Verfahren). Ziel und Ergebnis der Anwendung dieser Verfahren sind insbesondere die Steigerung an Transparenz und Vergleichbarkeit der Wertfindung für diese Spezialimmobilien.

---

[39] Kühbach (2001), Nr. 4, S. 231–234.
[40] Hierunter sind im Folgenden die normierten deutschen Verfahren zu verstehen.

Grundsätzlich basieren statische (einperiodische) als auch dynamische (mehrperiodische) Bewertungsverfahren auf einem ähnlichen finanzmathematischen Grundmodell, stellen jedoch auf die Betrachtung realer bzw. nominaler Zahlungsströme ab. Entsprechend der jeweiligen Betrachtungsweise und der gesetzten Annahmen und Prämissen sind die Bewertungsparameter des zu Grunde zu legenden Verfahrens abzuleiten.

Obwohl in Bezug auf die wertmäßige Beurteilung von Kinoinvestitionen eine zunehmende Internationalisierung zu verzeichnen ist, wird in Deutschland noch ein Großteil von Kinoimmobilien (bedingt auch durch die Komponenten Komplexität, Zeit und Kosten) auf Basis statischer Verfahren, insbesondere bei der Ableitung von Verkehrs-/Marktwerten bzw. Beleihungswerten auf Basis des Ertragswertverfahren nach *WertV*[41] beurteilt. Aus diesem Grund stellen die Verfasser in den nachfolgenden Ausführungen beispielhaft auf das Ertragswertverfahren nach *WertV* ab.

Dennoch: In jedem konkreten Bewertungsfall ist die Wahl des Verfahrens vor dem Hintergrund der Zielstellung und insbesondere der Komplexität des Bewertungsgegenstandes zu treffen und zu begründen.

Bei der Anwendung des Ertragswertverfahrens nach WertV wird generell zwischen Pachtwert- und betriebswirtschaftlichen Verfahren unterschieden. Grundlage beider Verfahren bildet der durchschnittliche Gesamtjahresumsatzes des Kinobetriebes. Ergebnis des Pachtwertverfahrens ist der Verkehrs-/Marktwert des Grundstücks. Demgegenüber wird beim *betriebswirtschaftlichen Verfahren,* auch *Gross Operating Profit-* oder *GOP-Verfahren* genannt, der Wert des Unternehmens, oftmals durch Detailplanung der ersten drei Jahre mit sich anschließender Überführung in ein endliches Jahr, ermittelt. Bei Vorhandensein hinreichender betriebswirtschaftlicher Daten des Unternehmens (Erfolgsrechnungen etc.) ermöglicht das *GOP-Verfahren* die Ableitung der wirtschaftlich tragfähigen Pacht (als Residualgröße) aus Sicht des Betreibers.

Das in Deutschland am häufigsten zur Anwendung kommende Bewertungsverfahren ist das gesplittete Ertragswertverfahren in seiner besonderen Ausprägung des Pachtwertverfahrens, welches allgemeingültig anerkannt und auch bei der Beleihungswertermittlung verwandt wird.[42] Der Verkehrs-/Marktwert des Grundstücks ermittelt sich aus Bodenwert zuzüglich Wert der baulichen Anlagen. Bei der Bewertung wird von der Fortführung der Objektnutzung *(Going Concern)* ausgegangen.

---

41 Verordnung über die Grundsätze der Ermittlung von Verkehrswerten (WertV).
42 Kleiber/Simon/Weyers (2002), S. 878 f.

4 Ableitung von Wertparametern

4.1 Bodenwertermittlung

Multiplex-Kinos sind Spezialimmobilien mit gegenüber klassischen Gewerbeimmobilien deutlich kürzeren Lebenszyklen. Vor diesem Hintergrund gewinnt der Wert des Grund in Bodens in Relation zum gesamten Grundstückswert eine vergleichsweise hohe Bedeutung.

Die Ableitung des Bodenwertes erfolgt mittels Preisvergleich unter Anwendung des Vergleichswertverfahren (§§ 13, 14 WertV). In der Regel wird der Bodenwert durch mittelbaren (indirekten) Preisvergleich unter Heranziehen von durchschnittlichen Lagewerten, namentlich Bodenrichtwerten, ermittelt. Die Ableitung unmittelbarer (direkter) Vergleichswerte dürfte in der Praxis in Ermangelung von Vergleichspreisen ausgeschlossen sein.

Befindet sich das Bewertungsobjekt bzw. das Multiplex-Kino als Bestandteil eines Shopping-Centers, UEC etc. nicht unmittelbar in einer Bodenrichtwertzone, ist das Bodenpreisniveau sowohl des Standortumfeldes als auch der (über)örtlichen Grundstücksteilmärkte mit vergleichbarer Nutzung umfassend zu untersuchen. Die Ableitung des objektspezifischen Bodenwertes auf Grundlage der untersuchten Vergleichs(richt)werte erfordert eine genaue Kenntnis der Eigenschaften dieser Vergleichswerte und der Zustandsmerkmale des zu beurteilenden Grundstücksareals.

Ist das Bewertungsobjekt noch in der Planungsphase ist zu prüfen, ob neben der örtlichen Erschließung Beträge für weitere Erschließungsleistungen aufgebracht werden müssen. Die vorliegenden Vertragswerke sind diesbezüglich zu würdigen. Stehen dem Kino anstelle einer integrierten Tiefgarage umfangreiche Außenparkplätze zur Verfügung ist in Abstimmung mit dem Gutachterausschuss gegebenenfalls ein Abschlag auf den Wert des baureifen Grundstücks vorzunehmen.

Die erforderliche Grundstücksgröße eines Multiplex-Kinos wird auf Basis von Erfahrungswerten auf ca. 3.000 m² geschätzt. Diese ist im Einzelfall im baulichen und städtebaulichen Kontext der Immobilie abzuwägen.

Bei einem durchschnittlichen Bodenpreis von 500,00 Euro/m² Grundstücksfläche ergeben sich beispielhaft folgende Bodenwertanteile:

- Multiplex mit 1.500 Plätzen/Saal: ca. 1.000 Euro/Platz,
- Multiplex mit 2.500 Plätzen/Saal: ca.   600 Euro/Platz,
- Multiplex mit 4.000 Plätzen/Saal: ca.   375 Euro/Platz.

4.2   Umsatzverträgliche Pacht[43]

Der nachhaltige Wert eines Multiplex-Kinos im Sinne WertV bestimmt sich in erster Linie aus der Höhe der nachhaltig aus dem Objekt erzielbaren Umsätze als Basis zur Ermittlung des umsatzverträglichen Netto-Pachtertrages. Insofern kann zur Beurteilung eines Multiplexes die bei anderen Betreiber-/Managementimmobilien, z. B. Hotel, herangezogene Vorgehensweise weitestgehend analog angewendet werden (vgl. Beitrag hierzu in diesem Buch). Generell sollten folgende Aspekte analysiert und berücksichtigt werden:

Auch wenn ein bestätigter Pachtvertrag zwischen Betreiber und Verpächter vorliegt, ist die vereinbarte Pachtzahlung hinsichtlich ihrer Tragfähigkeit und in der Darstellung aus Eigentümersicht zu würdigen.

- Grundlage hierfür bilden bei *Bestandsobjekten* die Gewinn- und Verlustrechnungen (GuV) der letzten drei bis fünf Jahre. Im Hinblick auf die Ableitung des nachhaltig erzielbaren Umsatzes sind in jedem Fall die betriebswirtschaftlichen Rechungen auf einmalige und außerordentliche Effekte zu untersuchen und zudem die künftige Entwicklung der Markt- und Wettbewerbssituation qualitativ und quantitativ zu würdigen.

- Bei *in Bau befindlichen Objekten* sind bereits endverhandelte und abgeschlossene Verträge zu plausibilisieren. Sofern noch keine vertraglichen Regelungen getroffen worden sind, ist eine Umsatzprognose mittels branchen- und ortsüblichen Erfahrungssätzen vorzunehmen. Dabei ist zu untersuchen, aus welchem Einzugsgebiet wie viele potenzielle Kinobesucher, welchen Umsatzbeitrag jährlich leisten können.
Zur Bestimmung des notwendigen *Einzugsgebiets* potenzieller Kinobesucher wird zunächst eine Unterteilung in *Kerngebiet (Zone I)* und *erweitertes Einzugsgebiet (Zone II)* vorgenommen. Zone I zeichnet sich durch leichte, uneingeschränkte Erreichbarkeit in einer bestimmten Zeit (z. B. 30 Minuten) aus.

---

[43] Sommer/Piehler (2000). S. 191 f.; Kleiber /Simon/Weyers (2002), S. 1578 ff.

Zone II schließt sich räumlich der Zone I an. Potenzielle Besucher der Zone II haben jedoch ca. 60 Minuten Anreisezeit, zudem weist der Bereich Wettbewerbsstandorte auf.

- Die *Bindungsquote* gibt an, welches Besucherpotenzial aus dem definierten Einzugsgebiet unter Berücksichtigung der Qualität der Standortfaktoren (vgl. Abschnitt 3.2 Markt und Standort) langfristig gebunden werden kann. *Generell wird davon ausgegangen, dass die Bindungsquote aus Zone I ca. 60 Prozent und aus Zone II ca. 30 Prozent der Einwohner* beträgt. Darüber hinaus wird ein „Zuschlag für so genannte externe Zuflüsse" angesetzt, dessen Höhe sich nach der Qualität des Standorts bestimmt. Bei durchschnittlicher Ausprägung von Anbindung, Synergieeffekten, Struktur des Einzugsgebiets und Wettbewerbssituation werden bis zu *40 Prozent der aus Zone I und II* gebundenen Einwohner hinzuaddiert.
Erfahrungsgemäß umfasst das Einzugsgebiet eines Multiplex-Kinos mindestens 200.000 bis 250.000 Einwohner. Multiplexe aktivieren Besucher in einem Bevölkerungsradius von bis zu 30 Fahrminuten Anreisezeit mit ÖPNV oder Privatfahrzeug. In peripheren Lagen kann die Entfernung bis zu 80 km betragen.

- Angaben zum jährlichen *Besucheraufkommen* der Kinos in Deutschland bzw. in den jeweiligen Bundesländern, respektive Städten mit mehr als 200.000 Einwohnern, sind neben gegebenenfalls eigenen Erhebungen insbesondere den Statistiken der Filmförderungsanstalt (FFA)[44] zu entnehmen (vgl. auch Abschnitt 2.2). Neben der Anzahl der Einwohner ist auch die Altersstruktur innerhalb des Einzugsgebietes relevant. In den letzten Jahren ist eine leichte Verschiebung der Altersstruktur (steigendes Interesse der älteren Generation) erkennbar.

- Der *Umsatz je Kinogast* (Kartenerlös zuzüglich sonstiger Erlös) variiert nach Region und Kinobetriebstyp. Orientierungshilfe zur Ermittlung des Kartenerlöses geben neben der Plausibilisierung der Objektkalkulation die Statistiken der FFA. Demnach liegt der per Ende 2003 erzielte Ticketpreis bei rund 6 Euro brutto.[45]

---

[44] www.ffa.de; hinsichtlich der abschließenden Beurteilung des österreichischen Teilmarktes sollte diesbezüglich Kontakt mit dem Österreichischen Filminstitut aufgenommen werden.

[45] www.ffa.de, vgl. Tabelle 7 dieses Beitrages. Für 2004 ist bislang lediglich ein durchschnittlicher Eintrittspreis von 5,70 Euro (analog dem Vorjahr) veröffentlicht.

Erfahrungsgemäß gliedert sich der Gesamtumsatz eines Multiplex-Kinos in folgende Segmente:[46]

- Kartenerlös: 50 bis 70 Prozent
- Warenverkauf (Popcorn, Bier etc.): 25 bis 30 Prozent
- Werbeerlös: ca. 5 Prozent
- sonstige Erlöse: ca. 1 Prozent

Der *Bruttoumsatz* liegt in Deutschland erfahrungsgemäß in einer Bandbreite von 7,50 Euro bis 9,00 Euro je Gast mit steigender Tendenz.

Des Weiteren geht man von Auslastungsquoten zwischen 25 Prozent und 35 Prozent aus. Die Auslastung der Multiplexe sollte sich mindestens im oberen Bereich dieser Bandbreite bewegen.

Der *umsatzverträgliche Pachtanteil,* auch *Jahrespachterlös* oder *Jahresrohertrag* genannt, wird mittels angemessener, marktüblicher Pachtsätze aus dem nachhaltigen Gesamtumsatz abgeleitet. Grundsätzlich ist dieser Pachtsatz schwer abzuschätzen und bestimmt sich in nicht unwesentlichem Umfang aus den Gewinnerwartungen der häufig börsennotierten Betreibergesellschaft, wobei deren Realisierbarkeit einen weiteren zu beurteilenden Aspekt darstellt.

Im Regelfall wird von umsatzverträglichen *Pachtsätzen von 10 Prozent bis 15 Prozent* bezogen auf den Nettoumsatz ausgegangen. Dies entspricht einer *monatlichen Miete von 10 Euro bis 18 Euro je m^2 Nutzfläche (NF),* bezogen auf den Ausbaustandard eines qualifizierten Rohbaus ohne Nebenkosten. Teilweise werden auch jährliche Mieten je Platz angegeben. Bei hervorragenden Standortqualitäten können durchaus höhere Sätze erzielt werden, wobei deren Ableitung unter Berücksichtigung der wirtschaftlichen und technischen Aspekte der Kinoimmobilie sowie der Entwicklung der Markt- und Wettbewerbssituation zwingend gewürdigt werden sollte.

---

46 Sommer/Piehler (2000), S. 194.

4.3 Bewirtschaftungskosten

Bewirtschaftungskosten[47] sind die aus Sicht der Verpächter/Eigentümer notwendigen nicht umlegbaren Aufwendungen für die Kinoimmobilie. In der Ableitung dieser Kosten sollte auf einzelvertraglicher Basis vorgegangen werden.

Analog dem Ertragswertverfahren setzen sich die Bewirtschaftungskosten aus nicht umlegbaren Betriebskosten, Aufwendungen für Verwaltung und Instandhaltung sowie dem Mietausfallwagnis zusammen. Betriebskosten können in der Regel vertraglich geregelt vollständig auf den Mieter/Betreiber umgelegt werden. Bei der Wertermittlung in der gutachtlichen Praxis wird teilweise ein geringfügiger Restbetrag (< 5 Prozent vom jährlichen Rohertrag) als nicht umlegbare Betriebskosten angesetzt. In jedem Fall ist der Mietvertrag im Hinblick auf die wertmäßigen Auswirkungen der vereinbarten Regelungen in Bezug auf die Nebenkosten zu untersuchen.

Die Verwaltungskosten verbleiben, sofern mietvertraglich nicht anders geregelt, beim Vermieter. Diese betragen üblicherweise 3 Prozent bis 5 Prozent vom jährlichen Rohertrag.

Hinsichtlich der anzusetzenden Aufwendungen für die Instandhaltung hat sich in der Praxis der Trend der nutzungsbedingten Umlage eines Anteils der Aufwendungen an den Mieter durchgesetzt (so genannte „Dach- und Fach-Regelung"). Neben der laufenden Instandhaltung besteht bei Multiplex-Kinos das Erfordernis, die bauliche Anlage in regelmäßigen Abständen zu erneuern und auf einem attraktiven Niveau zu halten. Hierfür wird zusätzlich eine Revitalisierungsrücklage gebildet. Festzustellen ist, dass sich die Zeitspannen zwischen derart notwendigen Attraktivierungsmaßnahmen und -investitionen kontinuierlich verkürzen. Ist man vor wenigen Jahren noch von 15 Jahren ausgegangen, werden Revitalisierungszyklen im Kinosektor derzeit teilweise auf unter fünf Jahre geschätzt.[48] Pro Revitalisierung wird im Regelfall mit notwendigen Aufwendungen von ca. 5 Prozent bis 10 Prozent der Neubauinvestition (ohne Grundstück) ausgegangen. Die Höhe des Ansatzes der Bewirtschaftungskosten, insbesondere der Art und Umfang der geplanten (Revitalisierungs-)Maßnahmen haben entscheidenden Einfluss auf die wirtschaftliche Nutzungsfähigkeit der Kinoimmobilie. In der Regel wird von jährlichen Instandhaltungsaufwendungen einschließlich Revitalisierungsrücklage in einer Bandbrei-

---

47 Kleiber/Simon/Weyers (2002), S. 1615 ff.
48 DEGI Deutsche Gesellschaft für Immobilienfonds (2003), S. 9.

te von 25 Euro bis 30 Euro je m² NF bzw. durchschnittlich 60 Euro/Platz ausgegangen, was üblicherweise 12 Prozent bis 18 Prozent der umsatzverträglichen Pacht (Jahresrohertrag) entspricht.[49]

Ergänzend sei darauf hingewiesen, dass zur Ermittlung der Bewirtschaftungskosten im Allgemeinen und der Instandhaltung im Besonderen auf die richtige Bezugsgröße (in der Regel die NGF oder NF) abzustellen ist. Bei Kinos mit Raumhöhen von 9 bis 12 Metern ergeben sich folgende durchschnittlichen Flächenwerte:[50]

- Nettogrundfläche (NGF): ca. 3 m²/Platz,
- Nutzfläche (NF): ca. 2,30 m²/Platz,
- Nutzfläche (nur Kinobetrieb): ca. 2 m²/Platz.

Baukosten inklusive Baunebenkosten liegen in einer Bandbreite 4.000 Euro bis 8.000 Euro je Platz. Bei Neubauinvestitionen war festzustellen, dass sich die Herstellungskosten (ohne Grundstück) bei sehr umfangreicher technischer Gebäudeausstattung sowie eines hohen Flächenanteils an Foyer und Gastronomie oftmals im mittleren bis oberen Niveau der Bandbreite bewegen.

Als Mietausfallwagnis können die in der Praxis für gewerbliche Objekte üblichen 4 Prozent zum Ansatz gebracht werden, um Forderungsausfälle und fluktuationsbedingte Leerstände, vor allem auch im Gastronomiebereich, abzubilden. Risiken, die aus Bonität und Branchenerfahrung des Betreibers herrühren, zeichnen sich durch besondere Relevanz aus und sind vornehmlich risikoadäquat in der Prognose des Umsatzes bzw. im Liegenschaftszins abzubilden.

4.4 Liegenschaftszinssatz

Liegenschaftszinssätze werden durch die örtlichen Gutachterausschüsse auf Grundlage der Auswertung der Kaufpreissammlung abgeleitet. Für Spezialimmobilien werden meistens keine Zinssätze ausgewiesen. Eine erste Orientierungshilfe geben die Empfehlungen der WertR,[51] Erfahrungswerte der gutachtlichen Praxis und nicht zuletzt (sofern zugänglich) Renditen erfolgter Transaktionen. Der Liegenschaftszins eines Multiplex-Kinos liegt über denjenigen für die klassische gewerbliche Nutzung und wird erfahrungsgemäß mit 6 Prozent bis 7,5 Prozent als Ba-

---

49 Sommer/Piehler (2000), S. 194.
50 Ebenda, S. 192.
51 Richtlinien für die Ermittlung der Verkehrswerte (Marktwerte) von Grundstücken (WertR).

siszins zum Ansatz gebracht.[52] Ursächlich hierfür ist, dass die Nutzung der Immobilie als Multiplex eine betriebswirtschaftlich sinnvolle Drittverwendung nicht zulässt. Darüber hinaus bedingen objektspezifisch Qualität des Managements, Lagevorteile/-nachteile und Position der Immobilien in einem zunehmenden Verdrängungsmarkt wesentlich deren wirtschaftlichen Erfolg. All diese Komponenten sind, sofern noch nicht bei der Ableitung des nachhaltigen Umsatzes quantifiziert, risikoadäquat im Liegenschaftszins als Zu-/Abschläge abzubilden.

4.5 Wirtschaftliche Nutzungsdauer

Die wirtschaftliche Nutzungsdauer von Multiplexen wird maßgeblich durch die marktseitigen Anforderungen und die technischen Entwicklungen bestimmt. Analog zu allen weiteren Freizeitimmobilien ist bei Multiplex-Kinos in den letzten Jahren eine Verkürzung der Lebenszyklen zu verzeichnen. Derzeit wird von einer wirtschaftlichen Gesamtnutzungsdauer zwischen 30 und 40 Jahren ausgegangen.

Bei der Wertfindung einer Kinoimmobilie ist die wirtschaftliche Restnutzungsdauer stets im Einklang mit dem wirtschaftlich tragfähigen Bauzustand, der Höhe und des Umfanges der, unter der Position Bewirtschaftungskosten subsumierten, Aufwendungen für Instandhaltung und der Revitalisierungspauschale abzuleiten. Ohne den Ansatz von Aufwendungen für Revitalisierung würde die wirtschaftliche Gesamtnutzungsdauer eines Kinos wesentlich kürzer ausfallen. Umfassende Sanierungsmaßnahmen hingegen führen zu einer Verlängerung, unterlassene Maßnahmen zur Verkürzung der wirtschaftlichen Nutzungsdauer. Die Wahl der angesetzten wirtschaftlichen (Rest-)Nutzungsdauer ist in jedem Fall angemessen zu begründen.

Anschließend erfolgt die Ableitung des Vervielfältigers über die Barwertformel. Vereinfachend kann die Anlage 5 der *WertR (Vervielfältigertabelle)* herangezogen werden.

---

52 Ebenda, S. 195.

5 Berechnungsbeispiel

5.1 Basisdaten

Zur Darstellung des Bewertungsvorgehens wählen die Verfasser fiktiv ein in Stadtteillage von Ost-Berlin gelegenes Mulitplex-Kino. Das Objekt umfasst acht im 1. und 2. Obergeschoss gelegene Kinosäle mit rund 2.200 Sitzplätzen, wobei die Anzahl der Plätze je Saal zwischen 150 und 500 Sitzplätzen differiert. Im Erdgeschoss befinden sich die Kassen, Aufenthalts- und Sitzbereiche sowie konzessionierte Gastronomie. Insgesamt umfasst das Kino rund 5.200 m² NF sowie 6.600 m² NGF (einschließlich Nebenflächen). Die Grundstücksfläche beträgt 2.500 m². Stellplätze sind im Objekt selbst nicht in ausreichendem Maße vorzufinden, jedoch im benachbarten Einkaufszentrum vorhanden. Die im Objekt integrierte Gebäude- und insbesondere Kinotechnik entspricht modernem Standard.

Es liegt ein Mietvertrag mit einem renommierten internationalen Kinobetreiber mit einer Laufzeit von 15 Jahren sowie einer Option à fünf Jahre zu einem Festmietzins von 12,50 Euro je m² NGF für Ausbaustandard qualifizierter Rohbau vor. Als Hochbaukosten (KG 300 bis 700 nach DIN 276) waren rund 11 Millionen Euro entstanden. Die Eröffnung des Multiplexes war Ende 2002, als Bewertungsstichtag wird das Datum der Ortsbesichtigung und Inaugenscheinnahme Anfang 2004 gewählt. Die Bewertung soll aus Sicht des Eigentümers/Verpächters auf Grundlage des Pachtwertverfahrens erfolgen.

Hinweis: An dieser Stelle möchten wir noch einmal darauf hinweisen, dass die im Berechnungsbeispiel verwendeten Objektdaten rein fiktiv sind. Die Darstellung der in der Bewertung getroffenen Annahmen und Prämissen ist rein beispielhaft und keineswegs als Vorschlag für konkrete Objektbewertungen zu verstehen.

5.2 Einschätzung von Markt und Standort

Die Eigentümerin hatte bereits im Vorfeld der Konzeption des Multiplexes verschiedene Studien zu Markt- und Standort anfertigen lassen. Seit Eröffnung des Objektes wird die Markt- und Wettbewerbssituation in Zusammenarbeit mit dem Betreiber stetig untersucht. Die derzeitige Situation am Teilflächenmarkt gestaltet sich wie folgt (siehe Tabelle 11).

	Wesentliche Markt- und Standortfaktoren[53]
Makrolage	Struktur der Kinolandschaft Deutschlands und in Berlin*:
	1. In 2003 97 [41] Spielstätten, Reduzierung um 10 [4] Spielstätten gegenüber 2002.
	2. Nach stetem Anstieg der Leinwände in 2003 erstmals Reduzierung um 10 auf 293 [139] Leinwände; knapp zwei Fünftel in Multiplexen.
	3. Ende 2003 rund 59.800 [28.300] Sitzplätze; die Zahl der Besucher je Sitzplatz ist von 254 [226] in 1995 auf 192 [177] gesunken; 181 Besucher je Sitzplatz konnten in Multiplexen verzeichnet werden.
	4. Stetiger Anstieg der Eintrittspreise auf 5,85 [5,54] Euro, bei Multiplexen auf 6,18 Euro in 2002. In 2003 ist der durchschnittliche Eintrittspreis in Deutschland auf 5,70 [5,66] Euro, für Multiplexe auf 6,03 Euro, in Berlin auf 5,88 Euro gesunken. Im Ostteil Berlins liegt der durchschnittliche Kinopreis (alle Kinotyen) mit 5,38 Euro unter dem bundesweiten Niveau.
	5. Kinobesuch pro Einwohner in 2003 von 3,39 [3,94] gegenüber dem Bundesgebiet mit 1,99 (1,81) Kinobesucher pro Einwohner. Kinobesuche etwaig vergleichbarer Ballungsgebiete liegen nicht vor.
	6. Seit 1996 Bau von 13 Multiplexen (neun im Ost-Berlin, Folge sinkende Kinoauslastung), zahlreiche weitere Projekte wurden „auf Eis gelegt".
	7. Wettbewerbsdruck, insbesondere Verdrängung kleinerer innerstädtischer Kinos. In 2003 sind deutliche Konsolidierungsanzeichen erkennbar.
Mikrolage	Lage an stark befahrener Ausfallstraße; gute Anbindung an ÖPNV und Privatverkehr.
	Objektumfeld: gemischte, innerstädtische Nutzungen, Synergien durch Einkaufszentrum und großflächige Bürostandorte.
	Ausreichend Pkw-Stellplätze im benachbarten Einkaufszentrum.
	Konkurrenzsituation im Einzugsgebiet gestaltet sich relativ günstig (größtenteils Programmkinos), weitere Kinobauten sind in naher Zukunft nicht geplant.
* Die Werte in [ ] stellen die Kennzahlen für Ost-Berlin dar.	

Tabelle 11: Wesentliche Markt- und Standortfaktoren (Berechnungsbeispiel)

---

53 Die Markt- und Wettbewerbssituation wurde unter Makro-Mikro-Standort subsumiert; Senat Berlin: Kurzinformationen der Senatsverwaltung für Wirtschaft, Arbeit und Frauen – Kinowirtschaft, in: www.berlin.de.

5.3 Ableitung des Bodenwertes

Untersuchungen des Grundstücksmarktes von Berlin und Recherchen beim Gutachterausschuss haben ergeben, dass der für das Gewerbegebiet mit überwiegender Einzelhandelsnutzung ausgewiesene Bodenrichtwert mit 400 Euro/m² ohne weitere Anpassungen für die bebaute Grundstücksfläche herangezogen werden kann.

Entsprechend ermittelt sich bei einer maßgeblichen Grundstücksfläche von 2.500 m² ein Bodenwert von 1 Million Euro.

5.4 Ableitung der umsatzverträglichen Pacht

Die Entwicklung der erzielten Umsätze gestaltete sich aus Sicht des Betreibers nach Eröffnung positiv. Die Auslastung in 2003 betrug durchschnittlich 28 Prozent mit steigender Tendenz. Betrachtet über die 360 Betriebstage werden pro Tag 3,5 Vorstellungen gegeben. Im Hinblick auf die Prognose des nachhaltig erzielbaren Umsatzes als Basis der Ableitung der umsatzverträglichen Pacht sollte neben der Untersuchung der bisherigen wirtschaftlichen Entwicklung des Kinos auf die Ergebnisse der Analyse der Markt- und Wettbewerbssituation und insbesondere der unter Abschnitt 4.2 definierten Kennzahlen zurückgegriffen werden.

Einzugsgebiet und Bindungsquote

Für die Zone I wurden rund 150.000 Einwohner, für die Zone II ca. 300.000 Einwohner ermittelt. Aufgrund der Lagequalität und der zu erwartenden Synergieeffekte werden neben der Bindung aus Zone I (60 Prozent) und Zone II (30 Prozent) die durchschnittlichen externen Zuflüsse in Höhe von 40 Prozent der aus Zone I und II gebundenen Einwohner addiert. Es ergibt sich eine Bindungsquote von rund 252.000 Einwohner.

Besucheraufkommen

Der durchschnittliche Kinobesuch pro Einwohner im Ostteil Berlins liegt in den Jahren 1998 bis 2003 zwischen 3,68 und 4,28, was jährlich rund 927.360 bis rund 1.102.28 Besuchern entspricht. Bei Zugrundelegung von 360 Betriebstagen und durchschnittlich 3,5 Vorstellungen pro Tag ergibt sich eine Auslastung von 33 Prozent bis 40 Prozent. Unter Berücksichtigung der aktuellen Entwicklungen am örtlichen Kinomarkt wird eingeschätzt, dass sich der durchschnittliche Kinobesuch pro Einwohner nachhaltig auf 3,8 einpendeln wird somit eine nachhaltige, im Vergleich überdurchschnittliche, Auslastung von rund 35 Prozent erreicht werden kann.

Umsatz je Gast

Als Kartenerlös konnten in den in Ost-Berlin gelegenen Multiplex-Kinos in den Jahren 1998 bis 2003 Eintrittspreise (brutto) zwischen 5,85 Euro bis 6,18 Euro vereinnahmt werden, wobei in 2003 eine deutliche Reduktion unter die 5,90 Eurogrenze zu verzeichnen ist. Darüber hinaus liegt das Ost-Berliner Niveau unter dem Städtedurchschnitt. Es wird eingeschätzt, dass der nachhaltig erzielbarere Kartenpreis 5,80 Euro (brutto) beträgt, was einem Netto-Eintrittspreis von 5,42 entspricht. Mithin beträgt der Umsatz aus Kartenverkäufen insgesamt rund 5,19 Millionen Euro.

\multicolumn{3}{c}{Ableitung der umsatzverträglichen Pacht}		
Bindungsquote	Zone I, II sowie externe Einflüsse	252.000 Einwohner
Besucheraufkommen	3,80 Besucher pro Einwohner	957.600 Besucher jährlich
Kapazität des Kinos	2.200 Sitzplätze 6.600 m² Netto-Grundfläche 3,50 Vorstellungen pro Tag 360 Veranstaltungstage jährlich	2.772.000 Besucher jährlich
Auslastung		rund 35,00 %
Umsatzprognose (netto)	Kartenerlös (65,00 %) Warenumsatz (30,00 %) Werbeerlös (4,00 %) Sonstige Erlöse (1,00 %)	5,42 Euro 2,50 Euro 0,33 Euro 0,08 Euro
Nettoumsatz	pro Besuch jährlich	8,33 Euro rund 7.977.000 Euro
Umsatzverträglicher Pachtzins		12,50 %
Umsatzverträgliche Pacht (Jahresrohertrag)		997.125 Euro rund 12,60 Euro/m² NGF rund 16,00 Euro/m² NF

Tabelle 12: Ableitung der umsatzverträglichen Pacht (Beispiel)

Des Weiteren wird aufgrund von Erfahrungswerten unterstellt, dass der Umsatzanteil aus dem Kartenerlös 65 Prozent am Gesamtumsatz beträgt. 35 Prozent am Gesamtumsatz werden aus Nettoumsätzen für Waren, Werbung und sonstigen Erlösen erzielt. Somit ergibt sich ein Gesamtumsatz von rund 7,98 Millionen Euro.

Bei einem umsatzverträglichen Pachtanteil von 12,5 Prozent ergibt sich ein Jahresrohertrag von rund 997.125 Euro bzw. rund monatlich 12,60 Euro/m² NGF (rund 16,00 Euro/m² NF). Dieser Ansatz liegt leicht über der ausgehandelten Miete für den Ausbaustandard qualifizierter Rohbau und wird somit bestätigt.

5.5 Ableitung der Bewirtschaftungskosten

Gemäß der mietvertraglichen Regelung werden die Betriebskosten vollständig, die Verwaltungskosten sowie alle Aufwendungen für Instandhaltung außer „Dach und Fach" auf den Mieter umgelegt. Hinsichtlich der Ableitung der Bewirtschaftungskosten aus Sicht des Pächters wird entsprechend der Erfahrungen aus Immobilien vergleichbarer Art, Nutzung von Bewirtschaftungskosten von rund 22,55 Prozent bezogen auf den Rohertrag ausgegangen. In diesem Ansatz sind bereits die erforderlichen Aufwendungen für Instandhaltung und Revitalisierung von jährlich rund 25 Euro enthalten.

5.6 Ableitung von Liegenschaftszins und Restnutzungsdauer

Der Gutacherausschuss weist keine Empfehlungen für Liegenschaftszinssätze mit der spezifischen Nutzung als Multiplex aus. Insofern werden zur Ableitung des Zinssatzes bundesweit gültige Erfahrungswerte herangezogen und ein Basiszinssatz von 7,25 Prozent abgeleitet. Eine Analyse des Grundstücksmarktes weist jedoch darauf hin, dass sich die regionalen Liegenschaftszinssätze für gewerblich genutzte Immobilien um durchschnittlich 0,50 Prozent unter dem bundesdeutschen Durchschnitt bewegen. Weitere Untersuchungen des Grundstücksmarktes bestätigen das niedrigere Zinsniveau auch für Kinoimmobilien. Vor diesem Hintergrund wird ein objektbezogener Liegenschaftszins von 6,75 Prozent zum Ansatz gebracht.

Unter Berücksichtigung der geplanten Revitalisierungsmaßnahmen wird die wirtschaftliche Nutzungsdauer der Immobilie mit 35 Jahren abgeleitet. Der Vervielfältiger beträgt entsprechend 13,31.

Art, Umfang und Ergebnisse der Untersuchungen hinsichtlich Liegenschaftszins und wirtschaftlicher Restnutzungsdauer sowie Begründungen der Ableitung sollten in jedem Falle in dokumentierter Form aufbereitet werden.

5.7 Ermittlung des Gesamtwertes

Ermittlung des Gesamtwertes		
Bodenwert		1.000.000 Euro
Jahresrohertrag		997.125 Euro
Bewirtschaftungskosten	22,55 %	224.852 Euro
Grundstücksreinertrag		772.273 Euro
Bodenwertverzinsung	6,75 % vom Bodenwert	67.500 Euro
Reinertrag der baulichen Anlage		704.773 Euro
Vervielfältiger		13,31
Ertragswert der baulichen Anlage		9.380.529 Euro
Ertragswert des Grundstücks		10.380.529 Euro

Tabelle 13: Ermittlung des Gesamtwertes

In der Beispielrechnung ermittelt sich ein Verkehrs-/Marktwert des Grundstücks von rund 10,4 Millionen Euro. Dieser liegt aufgrund der fiktiv gesetzten Annahmen und Prämissen im Berechnungsbeispiel unter den Bau- und Investitionskosten. Ein Vergleich des abgeleiteten Marktwertes mit den Investitionskosten (Hochbaukosten von 11 Millionen Euro Hochbaukosten) gibt Aufschluss über die wirtschaftliche Tragfähigkeit eines geplanten bzw. realisierten Kinoprojektes. Im vorliegenden Beispiel wäre eine nachhaltige wirtschaftliche Tragfähigkeit nicht darstellbar.

Die Würdigung der Bewertungsergebnisse sollte jedoch stets im Kontext und Zusammenspiel der unterstellten Prämissen zum Ansatz gebrachten Parameter erfolgen.

Zusammenfassend kann darüber hinaus angeführt werden, dass bei der Bewertung von Managementimmobilien, hier in der besonderen Ausprägung des Multiplexes, der detaillierten Markt- und Branchenkenntnis sowie der Erfahrung des Beurteilers eine erhebliche Bedeutung beizumessen sind.

Das Erfordernis einer langfristigen Einschätzung von den derartige Objekte begleitende Chancen und Risiken wird auch in Zukunft Investoren, Eigentümer, Betreiber und Gutacher im Hinblick auf die Wahl und den Ansatz der geeignetsten Bewertungsmethodik vor mitunter erhebliche Herausforderungen stellen.

6 Anlage: Deutsche Betreiber – ein Überblick

UGC Cinemas

Die 1971 als Zusammenschluss verschiedener französischer Kinonetzwerke gegründete UGC Cinemas begann Anfang der 90er Jahre mit dem Bau von Multiplexen. Zunächst in Frankreich tätig werdend, expandierte sie relativ zeitnah in den belgischen und spanischen Markt.

Mit der Übernahme des britischen Virgin Cinemas network in 1999 erfolgte der Markteintritt in Großbritannien und Irland. In 2002 wurde das erste Multiplex-Kino in Italien eröffnet.

Aktuell verfügt das Unternehmen über rund 961 Leinwände in 94 Kinos mit Schwerpunkt in Frankreich und Großbritannien. In Belgien konnte sich UGC durch den Ankauf der Vermögensgegenstände der Pathé-Gruppe sowie von innerstädtischen Standorten gegenüber dem Hauptkonkurrenten Kinepolis etablieren.[54]

CinemaxX AG

Auch an dem ersten an der Frankfurter Börse notierten Kinounternehmen, der deutschen CinemaxX AG, sind die Entwicklungen der letzten Jahre nicht spurlos vorübergegangen. 1999 gründeten die CinemaxX AG und die belgische Kinepolis Group mit dem Ziel der weiteren Erschließung des europäischen Kinomarktes ein Joint Venture. Doch bereits Ende 2000 trennten sich die beiden Partner.

CinemaxX AG war infolge der vielen Neuinvestitionen bei gleichbleibenden Besucherzahlen in die Verlustzone gerutscht. Die Folge waren Rationalisierungen. Derzeit bespielt die CinemaxX AG 47 Kinocenter (einschließlich 36 Multiplexe) mit 343 Leinwänden und rund 88.000 Plätzen.[55]

UCI Kinowelt

UCI, eine Tochtergesellschaft der Filmunternehmen Paramount Pictures und Universal Studios, ist einer der weltweit führenden Kinobetreiber auf dem Sektor der Multiplexe und hat das erste deutsche Multiplex-Kino in Hürth bei Köln gebaut. Das Unternehmen wurde im Oktober 2004 von Terra Firma Capital Partners über-

---

54 www.ugccinema.co.uk.
55 www.cinemaxx.de.

nommen. UCI betreibt in Deutschland und Österreich unter der Marke „UCI Kinowelt" 22 Multiplexe mit >200 Leinwänden, die 2002 von mehr als 11,5 Millionen Kinogängern besucht wurden.[56]

Kinepolis Gruppe

Kinepolis Group N. V. entstand 1997 als Zusammenschluss der belgischen Familienunternehmen Bert und Claeys. Beide Unternehmen waren seit den 1960ern in Belgien tätig und hatten bereits 1988 (Brüssel) und 1993 (Antwerpen) sehr erfolgreich gemeinsam Megaplexe entwickelt.

Seit dem Jahr der Notierung an der Brüssler Börse, in 1998, expandierte die Gesellschaft zunächst nach Frankreich und Spanien, später nach Polen und in die Schweiz. Unternehmensstrategie ist die Etablierung des Konzepts „Megaplex" mit über 7.500 Sitzplätzen in mehr als 20 Kinosälen, eingebettet in Entertainment-Anlagen zur Freizeitunterhaltung und zum Einkauf für die ganze Familie.[57] Derzeit verfügt die Kinepolis Gruppe über mehr als 20 Kinos mit 292 Leinwänden.

Kinowelt/Kinopolis

Nach dem Einstieg der Kinowelt Medien AG bei Theile Hoyts (Kinopolis-Spielstätten) deckte das Unternehmen die gesamte Film-Verwertungskette (Produktion und Verleih) ab. Die positive Entwicklung endete jedoch mit dem Kauf eines 286 Millionen Euro teuren Filmpakets (mit 270 Spielfilmen und 600 Serienfolgen) vom amerikanischen Konzern Warner Brothers, deren Zahlungsverpflichtungen nicht bedient werden konnten. In 2000 rutschte das Unternehmen in rote Zahlen. Es folgte der Insolvenzantrag des verlustträchtigen 65-prozentigen Merchandising-Tochterunternehmens Bramaier Fanworld AG in 2001. Nur wenige Monate später mussten auch die Kinowelt Medien AG und ihr Tochterunternehmen Kinowelt Lizenzverwertungs GmbH ein Insolvenzverfahren einleiten.

Nunmehr spielt Kinopolis mit 15 Kinocentern, 116 Leinwänden und rund 25.000 Plätzen.[58]

---

56 www.uci-kinowelt.de.
57 www.kinepolis.be.
58 www.knopolis.de.

Literaturhinweise

Cinema (Hrsg.) (2003): Kino in Deutschland 2002, Februar 2003.

Cineropa e. V.: Der Verband der Multiplexkinos, Statistik, Kinomarkt und Multiplexentwicklung in www.cineropa.de.

Degi Deutsche Gesellschaft für Immobilienfonds (Hrsg.) (2003): Auf dem Weg in die Spaßgesellschaft: Freizeitimmobilien als nachhaltige Investments!?, Vortrag von Dr. Thomas Beyerle, 2003.

Deiss, R. (2001): Kinostatistiken, Starke Zunahme der Besucherzahlen, in: www. eu-datashop.de, Statistik kurz gefasst, Heft 2/2001.

Dollt, A. (2003): Kinostatistik, 2002 kein weiterer Anstieg der Besucherzahlen, in: www.eu-datashop.de, Statistik kurz gefasst, Heft 08/2003.

Eidgenössische Filmkommission (Hrsg.) (2001): Mini-, Multi-, Mega-: Hauptsache Plexxxxlarge oder: Wieviel Kino erträgt die Schweiz?, Grundsätzliche Meinungsäußerung der Eidgenössischen Filmkommission (Überarbeitete Fassung), Bern 2001.

Filmförderungsanstalt (FFA), FFAinfo – Aktuelle Informationen aus der Filmwirtschaft, in: www.ffa.de, Halbjährige Ausgaben seit 2000 und sonstige Informationen zu Deutschland.

Giesau, J. (1997): Kino im Wandel, Studie zu ausgewählten Nutzungsaspekten eines Kleinstadtkinos in den neuen Bundesländern mit resultierenden Möglichkeiten der allgemeinen Verbesserung, Berlin 1997.

Heuer, B./Schiller, A. (Hrsg.) (2000): Spezialimmobilien, 2000.

Kleiber/Simon/Weyers (2002): Verkehrswertermittlung von Grundstücken, Kommentar und Handbuch, 4. Auflage, Köln 2002.

Kühbach, H.-T. (2001): Die Bewertung eines Miniplex-Kinos, in: Grundstücksmarkt und Grundstückswert, Jahrgang 2001, Nr. 4, Seiten 231–234.

Österreichisches Filminstitut (Hrsg.) (2002): Daten zum österreichischen Film, Wien 2002.

Richtlinien für die Ermittlung der Verkehrswerte (Marktwerte) von Grundstücken (WertR).

Senat Berlin: Kurzinformationen der Senatsverwaltung für Wirtschaft, Arbeit und Frauen – Kinowirtschaft, in: www.berlin.de.

Sommer, G./Piehler, J. (2000): Grundstücks- und Gebäudewertermittlung für die Praxis (WertE), Freiburg 2000.

Statistsches Jahrbuch Österreich 2004, Nationale Seiten zu Kultur und Sport, in: www.statistik.at/jahrbuch.

Stiglbauer, S. (1999): Kinos sterben langsam – Die Entwicklung zum Multiplex-Kino war seit Jahrzehnten absehbar, in: Wiener Zeitung, 12. März 1999.

Stitch, Fritz, Stefan: Kulturpolitik im Ruhrgebiet am Beispiel Filmtheater, Revolution der Multiplexe, in: www.multiplex-theater.de.

Ungerböck, A. (1999): Zur Situation des österreichischen Films auf einem veränderten Kinomarkt, Zustandsbericht im Auftrag des Österreichischen Filminstitutes, Wien 1999.

Verband Deutscher Hypothekenbanken e. V. (Hrsg.) (2002): Der Immobilienmarkt in Deutschland, Studienbrief von Hartmut Bulwien, Berlin 2002.
Verordnung über die Grundsätze der Ermittlung von Verkehrswerten (WertV).
Weinrich, J. (2002): Die Kino-Megallomanie. Stirb langsam, Megaplex, in: Entertainment, Heft 3/2002.

Internetadressen:

www.cinemaxx.de.
www.cinestar.de.
www.ffa.de.
www.kinepolis.be.
www.kinopolis.de.
www.mediasalles.it.
www.uci.de.
www.ugccinema.co.uk.

Bewertung von Freizeit- und Hallenbädern

Silke Trost

1   **Einleitung**

2   **Der Bädermarkt in Deutschland und seine Strukturen**
2.1   Abgrenzung der einzelnen Anlagensegmente
2.2   Angebotsstruktur und Komplementärangebote
2.3   Betriebsformen
2.4   Wirtschaftliche Eckdaten
2.5   Investitionskosten
2.5.1 Erstinvestition (Neubau)
2.5.2 Reinvestitionen
2.5.3 Sanierungsinvestitionen

3   **Entwicklungen im deutschen Bädermarkt**

4   **Wertermittlung von Freizeit- und Hallenbädern**
4.1   Problemstellung der Wertermittlung
4.2   Wertermittlungsverfahren
4.2.1 Methoden der Wertermittlung
4.2.2 Relevante Wertermittlungsverfahren für Wasserfreizeitanlagen
4.3   Besonderheiten und Vorgehensweise
4.3.1 Besonderheiten der Wertermittlung von Wasserfreizeitanlagen
4.3.2 Leitfaden für die Erarbeitung der Ertragsprognose
4.4   Exemplarische Wertermittlung
4.5   Praxisbeispiele

5   **Zusammenfassung**

1 Einleitung

Schwimmen und Baden zählen nach wie vor zu den beliebtesten und am häufigsten ausgeübten Freizeitaktivitäten der Deutschen. Bäder haben einen hohen Stellenwert für die Gesundheit und Erholung und sind ein unverzichtbarer Bestandteil der öffentlichen Infrastruktur.

Die Vorhaltung von Bädern ist eine wichtige öffentliche Aufgabe. Hierzu zählen insbesondere die Nahbereichsversorgung für die Bevölkerung sowie die Grundversorgung für Schulen und Vereine.

Entsprechend der wachsenden Ansprüche der Nachfrager von Freizeitangeboten haben Schwimmbäder ihr Angebot über die originäre Funktion als Sportstätte hinaus verbreitert. Neue Betriebsformen und Konzepte gewinnen an Bedeutung – der Bädermarkt befindet sich in vielen Bereichen im Umbruch.

Insbesondere das Bestreben, die Anlagen zu privatisieren und die öffentlichen Haushalte damit zu entlasten, prägen die heutige Bäderlandschaft. Aus diesem Grund rückt auch die Frage der Wertermittlung dieser Immobilien immer stärker in den Vordergrund. Welche Problemstellungen sich für die Bewertung insbesondere aus den Strukturen bzw. der Ertragslage dieser Immobilien ergeben, soll in den folgenden Abschnitten behandelt werden.

2 Der Bädermarkt in Deutschland und seine Strukturen

2.1 Abgrenzung der einzelnen Anlagensegmente

Der Bädermarkt ist in seiner Struktur ein sehr vielschichtiges Segment der Freizeitimmobilienwirtschaft. Die Zuordnung der einzelnen Anlagentypen und Bäderarten zeigt die Definition des KOK (Koordinierungskreis Bäder).[1] Bäder lassen sich demnach nach Anlage, Einrichtung und Angebot wie folgt unterscheiden:

Bäderanlagentyp	Charakteristika
Freibäder	Bäder mit künstlichen, nicht überdachten Wasserflächen
Hallenbad	Bäder mit künstlichen, überdachten Wasserflächen
Hallenfreibad (Kombibad)	Kombination von Hallenbad und Freibad
Naturbäder	Bäder mit natürlichen Wasserflächen (Meer-, See-, Flussbäder) und Bäder an angestauten Flüssen oder Sand- und Kiesentnahmestellen

Tabelle 1: Verschiedene Bädertypen

Das Spektrum der Bäder reicht heute vom einfachen Badeplatz an öffentlichen Gewässern bis hin zum hochtechnisierten Erlebnisbad. Den oben aufgezeigten Anlagentypen lassen sich, je nach vorrangigem Nutzungsangebot, unterschiedliche Bäderarten zuordnen. Die wesentlichen sechs Kategorien werden, wie in Tabelle 2 gezeigt, definiert.

---

1 Koordinierungskreis Bäder (KOK) (1996).

Bäderart	Charakteristika
Sportorientierte Bäder	Sie weisen an Sportregeln orientierte Beckenabmessungen und Wassertiefen auf und bieten keine zusätzlichen Freizeiteinrichtungen. Sie werden durch die Öffentlichkeit sowie den Schul- und Vereinssport genutzt.
Leistungssportbäder	Sie dienen primär dem Leistungsschwimmsport (Leistungszentren, -stützpunkte) und verfügen über wettkampfgerechte Beckenabmessungen und Sprunganlagen.
Schulbäder	Das Beckenangebot besteht aus Sport- und Lehrschwimmbecken und ist in erster Linie dem Schulschwimmsport zugewiesen. Für Vereinsbäder gilt dies analog.
Spaßbäder (Erlebnisbäder)	Sie verzichten auf Sportnormgerechtigkeit und umfassen ausschließlich Badeeinrichtungen, die dem Freizeitvergnügen (Aktivitäten und Entspannung) dienen. Nutzer sind allein Individualgäste, eine schwimmsportliche Nutzung durch Gruppen, Schulen oder Vereine lassen die Einrichtungen nicht zu.
Freizeitbäder	Sie werden ebenfalls durch die Öffentlichkeit sowie den Schul- und Vereinssport genutzt, weisen aber zusätzliche freizeitorientierte Einrichtungen auf. Insofern sind sie eine Mischform zwischen Sport- und Spaßbädern.
Kur-, Heil- und medizinische Bäder	Sie bieten spezielle Becken und Wasserarten (hierzu gehören Meerwasser, Mineralwasser, Heilwasser und Thermalwasser) sowie therapeutische Einrichtungen und wurden bisher vorrangig für Regeneration, Therapie und Rehabilitation eingesetzt. Durch das gestiegene Gesundheitsbewusstsein werden sie in Zukunft weiter einen höheren Freizeitwert erhalten, indem zusätzliche Einrichtungen integriert werden, die der Prävention und Wellness dienen.

Tabelle 2: Verschiedene Bäderarten

Wechselnde Trends und Nachfragebedürfnisse beeinflussen den Freizeitimmobilienmarkt nachhaltig und haben auch im Bädersektor zu stetigen Angebotsveränderungen bzw. -differenzierungen geführt. Noch vor wenigen Jahren erfolgte in der Nomenklatur lediglich eine Unterscheidung der oben genannten vier Grundformen Sport-, Spaß-, Freizeit- und Kur-/Heil- bzw. Thermalbad. Die steigende Freizeitorientierung der Gesellschaft und die daraus resultierenden Anpassungen in der Produktgestaltung haben zu einer Vermischung und Verbreiterung der Angebotspalette geführt. Eine eindeutige Zuordnung der Anlagen ist daher heute teilweise nicht mehr möglich.

2.2 Angebotsstruktur und Komplementärangebote

Neben dem rein sportlichen Schwimmen decken Bäder (in unterschiedlichen Gewichtungen) die Besuchsmotive Spaß und Unterhaltung, z. B. durch Rutschen, Wildwasserkanal sowie Erholung und Entspannung, z. B. über Saunaangebote, Thermal- oder Wellnessbereiche etc. ab.

Auch die in den Bädern integrierten Angebotsbausteine haben sich in den Jahren immer weiter diversifiziert und stellen in Ergänzung zum reinen Badebereich bedeutende Umsatzträger dar. Um neben den Eintrittsentgelten für das Baden/Schwimmen zusätzliche Erlöspotenziale zu erschließen, ist das Spektrum der Bäder nicht allein auf Becken- und Wasserangebote beschränkt, sondern gliedert sich insbesondere bei den Freizeit-, Spaß-, Erlebnis- und Thermalbädern in weitere Profitcenter auf:

- *Sauna:* Saunaangebote stellen insbesondere unter Wirtschaftlichkeitsgesichtspunkten wichtige ertragsstarke Zusatzbausteine innerhalb von Wasserfreizeitanlagen dar. Während für das Badeangebot aufgrund der Versorgungsfunktion zumeist nicht kostendeckende Tarifstrukturen gelten, lassen sich durch attraktive Saunen zusätzliche Umsätze erschließen, die zum Teil zu einer Subventionierung der defizitären Wasserbereiche beitragen. Auch bei den Saunaangeboten bestehen unterschiedliche Typen, die je nach Ausstattung von puristischen Saunen bis hin zu Erlebnis- und Wellnesssaunen reichen. Saunen zählen nach wie vor zu den expandierenden Bereichen der Bäder, die gerade durch den vorherrschenden Wellness-Boom in der Freizeitbranche Zuwächse verzeichnen.

- *Wellness-/Beautyangebote:* Häufig gekoppelt an Saunaangebote werden zunehmend Wellness- und Beautyangebote in Wasserfreizeitanlagen integriert. Je nach Größe und Zielgruppe reicht das Spektrum von Massagen und Beauty-Anwendungen bis zu eigenständigen Day-Spas, die der Badegast während seines Aufenthaltes nutzen kann.

- *Solarien:* Einen bedeutenden Umsatzträger stellen auch Solarien dar, die sowohl im Bade- und/oder Saunabereich aufgestellt oder aber als eigenständige Sonnenstudios auch für externe Gäste zugänglich sind.

- *Kursprogramme, Animation und Events:* Animation und Kursprogramme, die als Ergänzung zum Wasserangebot Aktionen und Events bieten, haben sich zu wichtigen Marketinginstrumenten entwickelt, die insbesondere der Zielsetzung von Gästebindung und Generierung von Wiederholungsbesuchen dienen.

- *Gastronomie:* Ebenfalls zu den Profitcentern gehören die Gastronomieeinheiten von Bädern, die bei größeren Anlagen zu Standardangeboten zählen. Ein attraktives Freizeitbad kann kaum auf dieses Angebot verzichten und stellt für unterschiedliche Nutzer und Badbereiche entsprechende F & B-Angebote bereit. Die Bedeutung von gastronomischen Einheiten ist gekoppelt an die Angebotsvielfalt der Anlage und hat eine besondere Bedeutung im Hinblick auf die Aufenthaltsdauer der Gäste.

- *Fitnessbereich:* Fitnessbereiche stellen durch die Ausweitung des Kurs- und Sportangebotes über Aqua-Fitness-Programme hinaus interessante Komplementärangebote für Wasserfreizeitanlagen dar. Durch die Vielfalt von Wasser-, Sauna-, Kurs- und Geräteangeboten bieten diese Standorte – abhängig von der Marktsituation vor Ort – Wettbewerbsvorteile gegenüber herkömmlichen Anbietern. Vergleichbare Zielsetzungen verfolgen assoziierte Reha- und Physiotherapieeinrichtungen.

- *Sonstige Zusatzangebot:* Selbstverständlich sind die Möglichkeiten der Kombination bzw. Standortkopplung mit anderen (nicht zwingend badaffinen) Angeboten nahezu unbegrenzt. Aufgrund der in der Regel zur Verfügung stehenden Parkplatzkapazitäten werden Anlagen angesiedelt, die beispielsweise Schwerpunktnutzungen außerhalb der Lastzeiten des Bades aufweisen, wie etwa Angebote aus dem Bereich der Abendunterhaltung (Diskotheken, Gastronomien) oder die Synergien durch die Kombination mit Einkaufszentren in der unmittelbaren Nachbarschaft bieten. Bei der Errichtung eines Hotels sind die Nachfrage- und Positionierungsstrategien Gründe für die Standortentscheidung. Generell zeichnet sich in der Freizeitwirtschaft ein Trend zur Agglomeration von Angeboten (Destinationsbildung), also das Schaffen von eigenen Angeboten, ab. Einerseits bietet diese Ansiedelungsstrategie verschiedene Synergiepotenziale (Marketing, Koppelnutzungen etc.), die zu Kostenreduzierungen führen können, andererseits können Ergänzungsnutzungen eine Kompetenzstärkung des Standortes bewirken und eine Erhöhung des Freizeitwertes bedeuten. Stehen profitable Angebote im wirtschaftlichen Verbund mit der Wasserfreizeitanlage, sind häufig auch Ertragsgesichtspunkte Entscheidungsgründe für die Angebotsdiversifizierung am Standort.

2.3 Betriebsformen

Nach einer von der Sportministerkonferenz in Zusammenarbeit mit dem Deutschen Sportbund und dem Deutschen Städtetag herausgegebenen Untersuchung[2] ist der Betrieb von Bädern in allen Bundesländern vor allem eine öffentliche Aufgabe. Laut der Sportstättenstatistik der Länder gibt es in der Bundesrepublik Deutschland insgesamt knapp 127.000 Sportstätten, darunter 7.784 Bäder.

Mit einem Anteil von rund 80 Prozent werden Bäder vorrangig von Kommunen und sonstigen öffentlichen Betrieben geführt. Vereine oder kommerzielle Organisationen stellen lediglich einen Anteil von weniger als 8 Prozent der in der Statistik erfassten Anlagen. Ausnahmen bilden nach dem Ergebnis der Studie die Stadtstaaten Hamburg und Bremen mit einem relativ hohen Anteil vereinseigener Anlagen sowie die privat betriebenen Bäder in den neuen Bundesländern, vor allem in Brandenburg und Mecklenburg-Vorpommern. Dort erreichte der Anteil kommerziell betriebener Bäder im Jahr 2002 immerhin 15,7 bis 20,3 Prozent.

Städte und Gemeinden sind im Rahmen der Daseinsvorsorge gehalten, innerhalb der Grenzen ihrer Leistungsfähigkeit die für die wirtschaftliche, soziale und kulturelle Betreuung ihrer Einwohner erforderlichen Einrichtungen vorzuhalten. Für diese steht den Kommunen eine Vielzahl von Organisationsformen des öffentlichen und des privaten Rechts zur Verfügung. So können Bäder beispielsweise wie folgt betrieben werden:

- *Regiebetrieb:* Der Regiebetrieb ist rechtlich und organisatorisch ein Teil der öffentlichen Verwaltung. Er ist in den gemeindlichen Haushaltsplan eingebunden. Da das Haushaltsrecht mehr auf die hoheitliche Ämterverwaltung abgestimmt ist, ist es für Einrichtungen, die sich schnell dem Markt anpassen müssen, kaum geeignet. Im Bädersektor wird der zunehmenden Erkenntnis, dass diese Anlagen wie Wirtschaftsunternehmen zu führen sind, immer häufiger durch die Umsetzung alternativer Betriebsformen und die Ausgliederung aus der Verwaltung Rechnung getragen.

---

2 Vgl. Sportministerkonferenz in Zusammenarbeit mit dem Deutschen Sportbund und dem Deutschen Städtetag (Hrsg.) (2002). Anmerkung: Die Erfassung der Sportnachfrage beschränkt sich aus Gründen der Datenverfügbarkeit ausschließlich auf den organisierten Sport (Ausnahme: Versorgung mit Frei- und Hallenbädern, S. 45 f.). Damit wird nur ein, wenn auch der für die Anlagennutzung wichtigste Teil der Sportnutzung, erfasst. Der außerhalb von Vereinen überwiegend auf so genannten Sportgelegenheiten ausgeübte Sport sowie der Schulsport werden nicht betrachtet.

- *Eigenbetrieb:* Der Eigenbetrieb ist wie der Regiebetrieb ein rechtlich unselbstständiger Teil der Verwaltung. Organisatorisch ist er aber selbstständig und wird finanzwirtschaftlich als Sondervermögen geführt und verwaltet.

- *Betriebsgesellschaft:* Die Betriebsgesellschaft ist eine eigenständige Gesellschaft. In der Regel wird die Rechtsform einer GmbH oder GmbH & Co. KG gewählt. Es handelt sich dabei um Handelsgesellschaften mit eigener Rechtspersönlichkeit, die zu jedem zulässigen Zweck errichtet werden können, sowohl für wirtschaftliche als auch für nichtwirtschaftliche Unternehmungen. Bezogen auf den Betrieb kommunaler Bäder wurden Betriebsgesellschaften in der Regel als Tochterunternehmen, z. B. der Stadtwerke, gegründet. Mittlerweile gehen Kommunen verstärkt dazu über, den Betrieb der öffentlichen Bäder an externe kommunale oder privatwirtschaftliche Betriebsgesellschaften zu vergeben. Diese übernehmen dann – gegen einen zuvor ausgehandelten jährlichen Zuschussbetrag – für die öffentliche Hand den Betrieb der Bäder. Die Modalitäten der Einflussnahme der Stadt auf die Betriebsführung der Bäder sind Gegenstand der Vertragsverhandlungen und stehen im unmittelbaren Zusammenhang mit der späteren Zuschusszahlung. Die Übergabe des Betriebes öffentlicher Bäder an Dritte erfolgt in der Regel über öffentliche Ausschreibungsverfahren.

2.4 Wirtschaftliche Eckdaten

Die Zahl der Freizeitbäder hat sich in der Bundesrepublik Deutschland in der Vergangenheit expansiv entwickelt. In den letzten Jahren stagnierten die durchschnittlichen Auslastungs- und Kostendeckungsgrade der Anlagen. Saisonale Schwankungen sind insbesondere auf die Witterungsabhängigkeit der Nachfrage zurückzuführen. Die meisten Anlagen arbeiten defizitär.

Kennziffern Freizeitbäder (Wasserfläche von mindestens 800 m²)	
Investitionsvolumen	Ab ca. 10 Mio. Euro (abhängig von Ausstattung und Größe)
Besucheraufkommen*	Durchschnittlich ca. 284.000 Besuche pro Jahr (Spannbreite zwischen 131.000 und 603.000 Besuchen p. a.)
Umsatz je Besuch*	Gut geführte kommerzielle Anlagen erreichen einen durchschnittlichen Umsatz pro Gast von etwa 5,00 Euro (davon 1/3 Nebenumsätze), wobei die Spannbreite (abhängig von Ausstattung und Zusatzangeboten) von 2,30 Euro bis 11,00 Euro reicht.
Kosten je Besuch (ohne Kapitalkosten und Afa)*	Je nach Ausstattung und Größe variieren die Kosten zwischen 4,00 Euro und 12,00 Euro. Der Durchschnittswert lag im Betriebsvergleich von 2002 bei 6,41 Euro.
Kostenstruktur, ohne Kapitalkosten und Afa, (Mittelwert der am Betriebsvergleich teilgenommen Bäder)*	■ Personalkosten 45 % ■ Betriebsmittelkosten 28 % ■ Materialaufwand für Instandhaltung 2 % ■ Aufwand für Fremdleistungen 10 % ■ Übriger Aufwand 15 %
Kostendeckungsgrad (ohne Kapitalkosten und Afa)*	Der Kostendeckungsgrad liegt zwischen 47 und 140 %. Das heißt, die Erträge können die Betriebskosten lediglich etwa zur Hälfte decken. Nur zum Teil wird ein Überschuss erwirtschaftet, mit dem Kapitaldienst und Afa bedient werden können.

Quelle: Überörtlicher Betriebsvergleich (ÜÖBV) 2002, Deutsche Gesellschaft für das Badewesen, Essen, 2004

Tabelle 3: Wirtschaftliche Kennziffern bei Freizeitbädern (1)

Die Ergebnisse des Bäderbetriebsvergleichs zeigen, dass ein Freizeitbad im laufenden Betrieb zwar kostendeckend betrieben werden kann; werden jedoch die Abschreibung, Kapitalkosten und Rückstellungen für Reattraktivierungsinvestitionen berücksichtigt, ist eine Deckung allein durch die Umsätze in den Anlagen kaum möglich. Da der Bädermarkt von kommunalen Preisen geprägt ist, lässt sich ein Bad in der Regel rein privatwirtschaftlich und ohne kommunale Unterstützung nicht wirtschaftlich betreiben. Erfahrungswerte zeigen, dass mindestens ein Pro-Kopf-Umsatz von 15 Euro pro Gast realisiert werden muss, um eine Vollkostendeckung zu erwirtschaften. Selbst Wasserfreizeitanlagen mit einem attraktiven Saunabereich können diesen Zielwert nicht erreichen und liegen im Durchschnitt bei 10,00 bis 12,00 Euro Umsatz/Gast. Bei einer durchschnittlichen Besuchszahl von 300.000 Jahresgästen bedeutet dies eine Lücke von 0,9 Millionen bis 1,5 Millionen Euro p. a., die durch Zuschusszahlungen der Kommune gedeckt werden müssen. Etwas günstigere Rahmenbedingungen bieten Thermalbäder, bei denen die Grundversorgung des Schwimmens nicht im Vordergrund steht, sondern gesundheits- und wellnessbezogene Aspekte die Besuchsmotive bilden. Diese Anlagen richten sich insbesondere an kaufkräftige Zielgruppen, die bereit sind, einen Eintrittspreis zu entrichten, der deutlich über dem der kommunalen Versorgungsbäder liegt.

Kennziffern funktionale Hallenbäder (Wasserflächen von 251 bis 500 m²)	
Investitionsvolumen	Ab ca. 2,5 Mio. Euro (je nach Ausstattung und Größe)
Besucheraufkommen*	Durchschnittlich ca. 80.000 Besuche pro Jahr (Spannbreite zwischen 20.000 bis 200.000 Besucher p. a.)
Umsatz je Besuch*	Der Umsatz pro Gast reicht von unter 1,00 Euro bis zu 4,00 Euro, der Durchschnittswert lag laut Betriebsvergleich bei rund 2,20 Euro. Da Zusatzangebote in der Regel nicht vorgehalten werden, bezieht sich der Umsatz primär auf die erzielten Eintrittserlöse.
Kosten je Besuch* (ohne Kapitalkosten)	Die Kosten bewegen sich in einer Spannbreite von 4,00 Euro bis 12,00 Euro pro Gast. Durchschnittlich musste im Jahr 2002 ein Betriebskostenzuschuss von rund. 4,70 Euro je Gast aufgebracht werden.
Kostenstruktur (ohne Kapitalkosten und Afa; Mittelwert der am Betriebsvergleich teilgenommen Bäder)*	■ Personalkosten 46 % ■ Betriebsmittelkosten 27 % ■ Materialaufwand für Instandhaltung 3 % ■ Aufwand für Fremdleistungen 13 % ■ Übriger Aufwand 8 %
Kostendeckungsgrad (ohne Kapitalkosten und Afa)*	Der Kostendeckungsgrad liegt zwischen 12 % und ca. 65 %. Die Erwirtschaftung der Betriebskosten wird somit in diesen Anlagen in der Regel nicht erreicht. Der Durchschnittswert liegt bei lediglich rund 30 %.

Quelle: Überörtlicher Betriebsvergleich (ÜÖBV) 2002, Deutsche Gesellschaft für das Badewesen, Essen, 2004

Tabelle 4: Wirtschaftliche Kennziffern bei Hallenbädern (2)

Funktionale Hallenbäder sind fast ausnahmslos defizitär und auf die finanzielle Unterstützung durch die öffentliche Hand angewiesen. Wie die Ergebnisse des Betriebsvergleichs zeigen, liegt der Kostendeckungsgrad durchschnittlich bei gerade mal 30 Prozent. Zusätzlich führen sanierungs- und nachfragebedingter Attraktivierungsbedarf, Abschreibungen und gegebenenfalls ein zu leistender Kapitaldienst zu zusätzlichen finanziellen Belastungen für die Kommunen, die die öffentlichen Haushalte in vielen Fällen überfordern.

2.5 Investitionskosten

Bei den Investitionskosten sind zum einen die Erstinvestitionen für die Errichtung der baulich und technisch sehr aufwendigen Immobilien zu berücksichtigen. Zum anderen muss den kontinuierlichen Marktveränderungen und den dadurch erforderlichen Anpassungen durch entsprechende Erweiterungs- und Attraktivierungsinvestitionen Rechnung getragen werden.

2.5.1 Erstinvestition (Neubau)

Der Investitionsaufwand für Wasserfreizeitanlagen ist beträchtlich. Je nach Anlagenkonzept sowie quantitativer und qualitativer Ausrichtung sind die Investitionssummen zwischen den Anlagentypen, aber auch innerhalb der einzelnen Angebotssegmente, sehr unterschiedlich. Als Richtgrößen lassen sich im Bäderbereich 330 bis 500 Euro pro Kubikmeter umbautem Raum inklusive Nebenkosten exklusive Mehrwertsteuer ansetzen. In diesem Zusammenhang ist jedoch zu berücksichtigen, dass neue Verordnungen, wie beispielsweise die EnEV (Energieeinsparverordnung) oder auch Richtlinien für Betonbau und Wassertechnik, zukünftig zu steigenden Investitionskosten führen werden. Gerade im Zuge der europäischen Standardisierung sind weitere Reglementierungen zu erwarten.

2.5.2 Reinvestitionen

Neben der Erstinvestition sind je nach Anlagenkonzept und Lebenszyklus Attraktivierungsinvestitionen zu leisten, um einem schnellen Nachfragerückgang entgegenzuwirken. Sehr kurze Zyklen und damit auch zeitlich knapp zu kalkulierende Amortisationszeiten weisen z. B. stark mit Unterhaltungs-, Spaß- und Aktionselementen ausgestattete Anlagen auf. Längere Reattraktivierungszyklen sind dagegen bei entspannungs- und erholungsorientierten Angeboten zu beobachten, wobei auch hier der Innovationsdruck gestiegen ist. Bei sämtlichen Freizeitanlagesegmenten ist in den letzten Jahren eine Verkürzung der Lebenszyklen und somit der Zeitspannen zwischen den Attraktivierungsmaßnahmen und -investitionen zu verzeichnen. Freizeitbäder sind spätestens alle drei bis fünf Jahre gezwungen, in neue Attraktionen zu investieren.

2.5.3 Sanierungsinvestitionen

Dass die kommunalen Sporteinrichtungen in Deutschland – und darunter vor allem die Hallen- und Freibäder – mit einem hohen Investitions- und Sanierungsbedarf belastet sind, zeigen die Ergebnisse der bereits zitierten Sportstättenstatistik des Deutschen Städtetags:[3] In den alten Ländern weist nahezu jedes zweite Bad Sanierungsbedarf auf. In den neuen Ländern und auch in den Stadtstaaten liegen die Anteile sanierungsbedürftiger Bäder etwas höher. Diese Situationsbeschreibung gilt sowohl für die Freibäder als auch für Hallenbäder.

3 Entwicklungen im deutschen Bädermarkt

Mit dem wachsenden Marktbesatz an Wasserfreizeitanlagen zeichnen sich vielfältige Strömungen im Markt ab, die die Bäderlandschaft nachhaltig beeinflussen:

- Die Bäderlandschaft in Ostdeutschland hat sich durch zahlreiche Markteintritte nach der Wende dem westdeutschen Markt angeglichen. Die zum Teil *ungesteuerte Förderpolitik* in den neuen Ländern führte in einigen Regionen zu einem *Überbesatz* an Anlagen, die in Einzelfällen nicht mehr wirtschaftlich tragbar sind.

- Das Wettbewerbsgefüge wurde durch die *Qualitätsoffensive* in den Bädern, die an zahlreichen Standorten zu einer *Neupositionierung funktionaler Hallenbäder zu Freizeitbädern* führte, nachhaltig verändert.

---

[3] Vgl. Sportstättenstatistik der Länder, (2002). Anmerkung: Die Erfassung der Sportnachfrage beschränkt sich aus Gründen der Datenverfügbarkeit ausschließlich auf den organisierten Sport (Ausnahme: Versorgung mit Frei- und Hallenbädern, S. 45 f.). Damit wird nur ein, wenn auch der für die Anlagennutzung wichtigste Teil der Sportnutzung, erfasst. Der außerhalb von Vereinen überwiegend auf so genannten Sportgelegenheiten ausgeübte Sport sowie der Schulsport werden nicht betrachtet.

- Die Bäder werden nicht mehr primär von der öffentlichen Hand betrieben, sondern durch die steigenden Anforderungen an die wirtschaftliche Tragfähigkeit der Anlagen immer häufiger an *professionelle Betreiber* übergeben. Dabei zeigt auch der Betreibermarkt Veränderungen:
  - *Einstieg nationaler oder internationaler Energiekonzerne* (bzw. deren Tochterunternehmen) in die kommunalen Stadtwerke und damit Übernahme der öffentlichen Bäder,
  - *Gründung eigener Bäderbetreibergesellschaften durch die Energiekonzerne* (unter anderem im Zusammenhang mit Contracting),
  - Entstehung bzw. *Weiterentwicklung privater Betreibergesellschaften,*
  - Expansion nationaler bzw. Einstieg internationaler *Fitness- und/oder Wellness-Unternehmen* in den deutschen Markt und damit zusätzliches Angebot von Wasserflächen für den Freizeitsport.

- Durch die öffentliche Diskussion zur Einsparung öffentlicher Gelder wird die *Vollversorgung der Bevölkerung* mit Schwimmbädern immer *mehr in Frage gestellt.*

- Auch die Rolle von *Sportvereinen* hinsichtlich einer subventionierten Nutzung öffentlicher Sporteinrichtungen und Schwimmbäder wird innerhalb der EU überdacht.

Die Freizeitwirtschaft zählt zu einem der weiterhin prosperierenden Märkte in Deutschland und ist zu einem bedeutenden Wirtschaftsfaktor geworden. Wachsende Freizeit und eine vergleichsweise geringe Spareigung in diesem Segment wecken weiterhin das Interesse von Investoren an diesem Immobilienmarkt. Dies gilt insbesondere für Feriendörfer, Erlebnisparks und Fitnessstudios. Trotz der Tatsache, dass Bäder mit hohen Investitionen verbunden und Gewinne auch bei attraktiven Anlagen nur schwer zu erwirtschaften sind, geraten auch Freizeit- und Erlebnisbäder immer mehr in den Fokus der Privaten.

In der Regel bieten private Unternehmen der öffentlichen Hand den Bau und Betrieb eines Freizeitbades nur unter der Voraussetzung an, dass von Seiten der Gemeinde bzw. des Staates finanzielle Leistungen erbracht werden, wie z. B. die Übertragung des Grundstücks, staatliche Fördermittel, Bürgschaften und andere Unterstützungsleistungen oder auch die gemeinsame Übernahme des Betriebes. In der Regel ist die öffentliche Hand somit am Risiko der Investition und/oder des Betriebes beteiligt.

In den vergangenen Jahren ist in vielen Regionen der neuen Bundesländern mit Fördermitteln der Länder von bis zu 90 Prozent der Bausumme, eine Angebotsdichte entstanden, die bei starken Einzugsgebietsüberschneidungen zu „Kannibalisierungseffekten" geführt hat. Eine unangepasste Fördermittelpolitik ohne strategische Leitlinien und Bedarfsanalysen hat an verschiedenen Standorten bereits zu einer Marktübersättigung geführt, die sowohl für private Betreiber als auch Kommunen durch die Beteiligung an den Bädern ein erhebliches Risiko birgt und vereinzelt bereits Bäderschließungen zur Folge hatte.

Instandhaltungsmaßnahmen, Erweiterungen, Attraktivierungen und Neubauten führen zu kontinuierlichen Investitionen und einem stetigen Handlungsbedarf seitens der Kommunen. Einerseits wurden und werden noch immer aufgrund der Haushaltslage Instandhaltungs- und Attraktivierungsinvestitionen zur Sicherstellung der Marktfähigkeit versäumt und dem steigenden Wettbewerbsdruck sowie den Nachfragetrends zu wenig Rechnung getragen. Andererseits sind aufgrund sich verschärfender Richtlinien in der Wassertechnik und der EU-Gesetzgebung Investitionsmaßnahmen zur Betriebserhaltung erforderlich, die die Möglichkeiten des kommunalen Haushaltes in vielen Fällen übersteigen.

Die Restriktionen der öffentlichen Hand, wie sozialverträgliche Eintrittspreise, die Bindung an die öffentliche Tarifstruktur bei der Mitarbeitervergütung sowie die Belegung durch Schulen, Vereine und sonstige Gruppen (z. B. Polizei, Bundeswehr etc.), sind unter anderem für die Defizite kommunaler Bäder verantwortlich.

Angesichts der angespannten finanziellen Situation der kommunalen Haushalte sehen sich viele Städte und Gemeinden gezwungen, im Rahmen von Public-Private-Partnership-Modellen private Unternehmen in die Erfüllung öffentlicher Aufgaben einzubeziehen. Bäder müssen aufgrund ihrer Bedeutung für die Kommune und der finanziellen Belastungen für ihren Träger wie ein Wirtschaftsunternehmen geführt werden. Dabei hat sich gezeigt, dass durch eine Optimierung der Betriebsabläufe, die Verbesserung der Servicequalität und Kundenorientierung, die Erweiterung des Angebotsspektrums (z. B. Sauna, Kursprogramme, Animation, Events) sowie die Neugestaltung der Belegungszeiten durch Schul- und Vereinsschwimmer zwar in der Regel keine (Voll-)Kostendeckung erreicht werden kann, die Besuchszahlen und damit die Wirtschaftlichkeit des Bades dadurch jedoch zum Teil gesteigert werden können.

Nachfolgend werden Public-Private-Partnership-Modelle dargestellt, die im Bäderbereich Anwendung finden. Die Ausführungen, die in Auszügen zitiert sowie sinngemäß wiedergegeben werden, beziehen sich auf eine Veröffentlichung von

Prof. Dr. Carsten Sonnenberg, der sich eingehend mit Organisations- und Finanzierungsformen sowie der Thematik Public-Private-Partnership im Badewesen beschäftigt.

◾ *Investorenmodelle*

Investorenmodelle, oft auch als „Bauen und Finanzieren aus einer Hand" bezeichnet, sind eine Variante der öffentlich-privaten Zusammenarbeit, bei der vorwiegend im Baubereich die architektonische Gestaltung, die Finanzierung und die Bauleistung von einem Investor übernommen wird. Der öffentliche Auftraggeber erstellt hierbei eine Ausschreibung, die die Errichtung eines Gebäudes durch ein Konsortium aus Architekt, Bauunternehmen und Bank vorsieht. Die Anbieter des besten Angebotes gründen eine Investorengesellschaft und vergeben die Erbringung der Bauleistung. Grundstücke werden dem Investor typischerweise durch Erbbaurechtsbestellung zur Verfügung gestellt. Das fertig gestellte Objekt wird von der öffentlichen Hand entweder gemietet oder durch Leasing oder Ratenkauf über 20 bis 25 Jahre erworben (Raten- bzw. Mietkaufmodell). Die an den Investor zu zahlenden Raten werden dabei von diesem an die finanzierende Bank im Rahmen eines Factorings bzw. einer Forfaitierung (Forderungsverkauf bzw. -abtretung) gezahlt und sind durch die Bürgschaft der Kommune abgesichert. Dadurch kann der Investor Kommunalkreditkonditionen in Anspruch nehmen. Bei der Finanzierung können darüber hinaus auch andere Varianten, so z. B. Fonds- oder Beteiligungsmodelle Anwendung finden.

Aus dem reinen Investorenmodell, das auch als C-Modell bezeichnet wird, wurden in Thüringen und Baden-Württemberg weitere Modelle entwickelt, bei denen nur Teilleistungen ausgeschrieben werden.[4]

◾ *Immobilienleasing*

Das Immobilienleasing funktioniert ähnlich wie das *Raten- bzw. Mietkaufmodell.* Allerdings bilanziert hier unter Beachtung der Immobilienleasing-Erlasse der Leasinggeber das Bad, soweit kein Spezialleasing vorliegt. Da das Erstellen des Bades beim Leasing in der Regel durch einen privaten Investor erfolgt, der als Objektgesellschaft hierfür extra gegründet wird, sind steuerliche Vorteile weitestgehend ausgeschlossen. Diese existieren nur, wenn z. B. eine Bank oder ein Unternehmen mit einem über Jahre zu versteuernden Gewinn das Bad erstellt, um mittels geringer Leasingraten und einer hohen Abschlusszahlung (Kaufoption) die aktuelle Steuerlast zu senken. Formen wie *„buy and lease"* oder *„sale and lease back"* sind denk-

---

4　Vgl. Sonnenberg (2001).

bar. An der Objektgesellschaft kann sich die Kommune beteiligen, wobei aufgrund der Haftungsbeschränkungen nach dem jeweiligen Kommunalrecht die Rechtsform einer GmbH & Co. KG und damit die Beteiligung als Kommanditist gewählt wird. Bei einem Vollamortisationsleasing erwirbt die Kommune bzw. der öffentliche Betreiber mit Zahlung der letzten Leasingrate bzw. der Abschlusszahlung die Gebäude.

- *Fondsmodell*

Da Bäder grundsätzlich Zuschussbetriebe sind und eine angemessene Rendite für die Kapitalanleger nicht zu erwarten ist, existiert dieses Modell im Bäderbereich nicht.

- *Betreibermodell*

Hierbei wird nicht nur der Privatinvestor zum Erstellen des Bades ausgeschrieben, sondern auch der Betreiber. Es handelt sich also um eine ganzheitliche Lösung, die mehrere Varianten beinhaltet:
- BLOT = build, lease, operate, transfer (bauen, leasen, betreiben, übergeben)
- BOD = build, operate, deliver (bauen, betreiben, liefern)
- BOL = build, operate, lease (bauen, betreiben, leasen)
- BOO = build, own, operate (bauen, besitzen, betreiben)
- BOOST = build, own, operate, subsidise, transfer (bauen, besitzen, betreiben, bezuschussen, übergeben)
- BOT = build, operate, transfer (bauen, betreiben, übergeben)
- BRT = build, rent, transfer (bauen, mieten, übergeben)
- BTO = build, transfer, operate (bauen, übergeben, betreiben)
- DBOM = design, build, operate, maintain (entwerfen, bauen, betreiben, warten)
- DBOT = design, build, operate, transfer (entwerfen, bauen, betreiben, übergeben)
- FBOOT = finance, build, own, operate, transfer (finanzieren, bauen, besitzen, betreiben, übergeben)

In der Regel werden bei einem Betreibermodell Planung, Finanzierung, Bau und Betrieb des Bades vergeben. Dadurch sollen im Vergleich zum Investorenmodell weitere Synergieeffekte zwischen den Bereichen Planung, Bau und Betrieb erzielt werden, die zu einer Kostenoptimierung beim Bau und einer Ertragsoptimierung beim Betrieb des Bades führen.

4 Wertermittlung von Freizeit- und Hallenbädern

4.1 Problemstellung der Wertermittlung

Bis vor wenigen Jahren waren Wertermittlungen im Beratungsfeld des Bädermarktes nahezu unbekannt. Seit einiger Zeit häufen sich jedoch die Anfragen von Kommunen, die aufgrund der Haushaltslage Investoren für die Übernahme ihrer Bäder oder auch Beteiligungen privater Unternehmen bei Investition und Betrieb der Anlagen suchen.

Die Ermittlung eines Kaufpreises ist dabei von untergeordneter Bedeutung. Da die öffentliche Hand auch bei einer Privatisierung generell mit Zuschüssen am Betrieb beteiligt ist und durch das Heimfallrecht ein Teilrisiko trägt, sind die Ertragspotenziale nicht primär für die Ermittlung eines nachhaltig erzielbaren Mietzinses zu ermitteln. Vielmehr gilt es, zunächst die wirtschaftliche Tragfähigkeit des Standortes zu bewerten, welche eine zentrale Entscheidungsgröße für die Übergabe in private Hände bildet.

Nur wenige Wasserfreizeitanlagen lassen sich kostendeckend betreiben und verfügen damit über einen Markt, d. h. einen gewöhnlichen Geschäftsverkehr. Da die Kommunen jedoch die Anlagen für die Versorgung der Schulen und Vereine sowie zur Daseinsvorsorge der Bürger durch jährliche Zuschüsse unterstützen, haben sich verschiedene Unternehmen auf den professionellen Betrieb der Anlagen oder auch die Übernahme dieser Immobilien spezialisiert. Dabei ist klar festzustellen, dass es sich hierbei um einen reinen Käufermarkt handelt, der sich auf Standorte fokussiert, die Entwicklungspotenziale und eine nachhaltige finanzielle Unterstützung durch die öffentliche Hand bieten. Nicht selten werden von der Kommune aufgrund vertraglicher Vereinbarungen jährliche Zuschüsse in Millionenhöhe an private Betreiber und Investoren gezahlt, um die wirtschaftliche Tragfähigkeit der Anlagen sicherzustellen.

Im Rahmen der Privatisierungsbemühungen öffentlicher Aufgaben wie die Bereitstellung von Bädern, ist es notwendig, die bestehenden Einrichtungen zunächst in eine Betriebsform zu überführen, die derartige Kooperationen und Beteiligungen ermöglicht. Die Basis solcher Verhandlungen bildet der monetäre Wert dieser Anlagen.

4.2 Wertermittlungsverfahren

4.2.1 Methoden der Wertermittlung

Für die Werterfassung von Immobilien stehen mit der Wertermittlungsverordnung (WertV) und Wertermittlungsrichtlinie (WertR) verschiedene Instrumente zur Verfügung. Je nach Art und Nutzung der Baulichkeiten kommt entweder das Vergleichswertverfahren, das Sachwertverfahren oder das Ertragswertverfahren gemäß der in der WertV festgeschriebenen Grundsätze zum Tragen.

Das *Vergleichswertverfahren* findet vor allem bei Immobilien Anwendung, die viele Kauffälle aufweisen und stark typisiert sind, wie beispielsweise Wohnungen, Häuser, Stellplätze, Garagen etc. Aufgrund einer sehr geringen Zahl von Verkaufsfällen, die in ihren Parametern nur wenige Gemeinsamkeiten aufweisen, ist die Anwendung des Vergleichswertverfahrens für Wasserfreizeitanlagen dagegen nicht geeignet. Stehen für den Investor Renditegesichtspunkte im Vordergrund, ist das Ertragswertverfahren anzuwenden. Bei Bewertungsobjekten, bei denen ein Vergleich nicht zielführend und ein möglicher Ertrag nicht vorrangig ist, wird das Sachwertverfahren herangezogen.

Infrastruktureinrichtungen, wie z. B. Straßen, Tunnel, Brücken, Park- und Grünflächen oder auch Spielplätze und Sportanlagen, werden häufig nach dem *Sachwertverfahren* oder einem anderen substanzorientierten Wertverfahren bewertet. Dabei werden zunächst die Wiederbeschaffungskosten (Neuherstellungskosten) ermittelt und dann eine Alterswertminderung aufgrund der geschätzten Restnutzungsdauer und des baulichen Zustands vorgenommen.[5]

4.2.2 Relevante Wertermittlungsverfahren für Wasserfreizeitanlangen

Nach Ansicht von Klaus Bernhard Gablenz gibt es zur *Wahl des Verfahrens* nur eine einzige Begründung, nämlich über die Motivation, das Objekt zu nutzen: *ertragsorientiert oder nicht.*[6]

---

[5] Vgl. Nagel (2003).
[6] Vgl. Gablenz (1999).

Auch bei öffentlichen Bädern rücken Wirtschaftlichkeitsaspekte immer stärker in den Vordergrund. Wurden diese Immobilien in der Vergangenheit noch primär verwaltet, setzt sich auch in den Kommunen immer mehr die Erkenntnis durch, dass es sich bei diesen Einrichtungen um *komplexe Management- bzw. Betreiberimmobilien* handelt, die ein professionelles, marktorientiertes und betriebswirtschaftliches Handeln erfordern. Bezogen auf die Wahl des adäquaten Wertermittlungsverfahrens ist in diesen Fällen somit primär der *Ertragswert* (hier: im Rahmen des Pachtwertverfahrens) zu bestimmen. Die Ermittlung des Sachwertes dient lediglich als Hilfsfunktion, da die Substanz eine Voraussetzung für die Ertragswertermittlung darstellt. In der Regel wird der Substanzwert einer Wasserfreizeitanlage immer über dem des Ertragswertes liegen, da es sich bei Bädern, wie dargestellt, fast ausschließlich um defizitäre Immobilien handelt, die lediglich über Subventionen zu errichten und zu betreiben sind.

Da die *Sachwertermittlung* eine *statische Betrachtungsweise* beinhaltet, die den zum Zeitpunkt der Wertermittlung aktuellen Gegenwert einer Immobilie vergleichbaren Standards, Alters und Erhaltungszustandes verkörpert, wird bei dieser Methode den bereits beschriebenen Aspekten einer sich mit dem Markt stetig verändernden Managementimmobilie nur unzureichend Rechnung getragen.

Die *Ertragswertmethode* und die damit verbundene Einschätzung des Investitions- und Finanzbedarfs sind dagegen *eindeutig zukunftsgerichtet*. Gerade der Freizeitsektor ist ein sehr schnelllebiger Markt, der von Nachfrage- und Marktveränderungen geprägt ist. Um den Wert einer Freizeitimmobilie oder auch eines Bades ermitteln zu können, sind der mögliche Nutzen und die Verwendbarkeit der Immobilie für einen privaten Investor bzw. für einen Übernahmeinteressenten zu identifizieren. Allein mit nachvollziehbaren Ertragsüberlegungen, die auch strategische Aspekte und die Bewertung von Ertragspotenzialen einschließen, kann es überhaupt gelingen, private Kapitalgeber zu gewinnen bzw. die Verhandlungsbasis für die Kommune zu eruieren.

4.3 Besonderheiten und Vorgehensweise

4.3.1 Besonderheiten der Wertermittlung von Wasserfreizeitanlagen

Die schwierige Wirtschaftlichkeit von Wasserfreizeitanlagen wirft nicht allein bei der Wahl des geeigneten Bewertungsverfahrens Fragen auf. Auch die Anwendbarkeit der Instrumente fordert den Sachverständigen, insbesondere im Hinblick auf die Bewertung der einzelnen Parameter.

Bei der Wertermittlung nach dem Ertragswertverfahren sind bereits im Vorfeld der Bewertung folgende Sachverhalte zu klären:

1. Bei einer Vielzahl von Bädern muss aufgrund der Feststellung, dass es sich um *unrentierliche Nutzungen* handelt, die Aussage getroffen werden, dass für das Objekt kein gewöhnlicher Geschäftsverkehr und damit kein Verkehrswert darstellbar ist.[7] Aus diesem Grund werden im Bädermarkt die meisten Anlagen, insbesondere funktionale Hallenbäder ohne Zusatzangebote für einen *symbolischen Preis* an private Investoren und Betreiber übergeben. Folglich bedeutet dies, dass eine Ertragswertermittlung allein für Einrichtungen oder Multifunktionsanlagen durchgeführt werden kann, die ein positives wirtschaftliches Gesamtergebnis aufweisen.

2. Bei Wasserfreizeitanlagen besteht zudem in den meisten Fällen das Problem der *Zweckbindung*. Selbst wenn für den Standort eine tragfähige Konzeption gefunden wurde, lässt die Gebäudestruktur eine *Drittverwendungsfähigkeit* nur sehr eingeschränkt zu. Beim *Liquidationsverfahren,* das im Falle einer Alternativnutzung für das Grundstück zu wählen ist, ist das Planungs- und Bauordnungsrecht maßgebend. Zunächst wird von den Seiten der Kommunen zur Sicherstellung der Daseinsvorsorge ein Badangebot gefordert, was somit nur geringen Handlungsspielraum zulässt.

3. Zur *Ermittlung des Rohertrages* sind nicht die erzielbaren Mieten, sondern das zu erwirtschaftende Betriebsergebnis anzusetzen. Ausschlaggebend ist bei diesem Immobilientyp somit nicht die Objekt-, sondern die *Betreibersicht*.

4. Wie bereits an anderer Stelle erwähnt, kommt der *Revitalisierung* der Anlagen eine hohe Bedeutung zu. Das heißt, Wasserfreizeitanlagen erfordern neben hohen Instandhaltungsaufwendungen eine *kontinuierliche Attraktivierung und*

---

[7] Vgl. § 194 BauGB zur Definition des Verkehrswerts.

eine *Erweiterung des Angebotes,* die durch jährliche Bildung von Rückstellungen sicherzustellen sind.

5. Die *wirtschaftliche Nutzungsdauer* liegt bei Wasserfreizeitanlagen bei ca. 30 Jahren. Der Abschreibungszeitraum ist in der Regel durchschnittlich mit 18 bis 20 Jahren anzusetzen, wobei sich der Zeitraum nicht zuletzt aufgrund kürzerer Lebenszyklen immer weiter verringert. Die im KGSt-Bericht Nr. 1/1999[8] genannte Nutzungsdauer für Hallenbäder von 80 Jahren bietet angesichts der Erfahrungen im schnelllebigen Freizeitimmobilienmarkt keinen realistischen Ansatz.

6. Viele Anlagen weisen einen hohen *Sanierungsbedarf* auf. Die Feststellung der für den Weiterbetrieb eines Bades erforderlichen Investitionskosten erfordert nicht allein Kenntnisse zum baulichen und technischen Sanierungsbedarf. Aufgrund ständig neuer Verordnungen und Richtlinien zur Wasserqualität, Hygiene und Sicherheit ist zusätzlich die Einhaltung aktueller Normen zu beachten.

7. Bei der Ermittlung des Bodenwertes ist zu prüfen, ob eine Bewertung zielführend und überhaupt möglich ist. In vielen Fällen ist durch die klare Nutzungszuordnung kein Markt vorhanden und ein Bodenpreis kaum darstellbar. In weiteren Fällen handelt es sich um *Erbpachtgrundstücke,* die entsprechend zu bewerten sind.

8. Der Liegenschaftszins liegt bei mindestens 8 Prozent und kann im Ermessen der Standort- und Entwicklungsbedingungen noch darüber liegen.

4.3.2 Leitfaden für die Erarbeitung der Ertragsprognose

Die Bewertung einer Freizeitimmobilie erfordert zunächst eine fundierte Analyse des Objektes, des Marktes und seiner bestimmenden Parameter. Sowohl für die Vermarktung als auch die Bewertung einer Wasserfreizeitanlage sind fundierte Ertragsüberlegungen anzustellen, die alle ergänzenden Möglichkeiten der Vermögensnutzung und Optimierung des Objektes sowie der Bewirtschaftung einbeziehen. Die Betrachtung bezieht sich dabei nicht allein auf eine Ertragsmaximierung, sondern gleichermaßen auf eine Kosten- bzw. Defizitminimierung. Einen Überblick über die zu berücksichtigenden Arbeitsschritte zur Ermittlung der zukünftigen Ertragsentwicklung zeigt Abbildung 1.

---

[8] Vgl. KGSt (1999).

	1. Vergangenheitsanalyse
Entwicklung des Angebotes	■ Wie hat sich die Anlage in den letzten Jahren entwickelt und im Markt etabliert? ■ Welche Instandhaltungs- und Attraktivierungsmaßnahmen wurden ergriffen? ■ Welche Mitbewerber sind in den Markt eingetreten?
Entwicklung der Nachfrage	■ Wie hat sich die Nachfrage entwickelt? ■ Welches Besuchsaufkommen wurde erreicht? ■ Welche Zielgruppen konnten angesprochen werden?

▼

	2. Ist-Analyse/Soll-Ist-Vergleich
Sanierungsbedarf	■ Wie stellt sich der technische und bauliche Zustand dar? ■ Sind technische bzw. bauliche Anpassungen aufgrund in Kraft tretender Verordnungen erforderlich?
Einzugsgebietsanalyse	■ Wie stellen sich die soziodemografischen Rahmenbedingungen dar? ■ Welche urlaubs- und tagestouristische Bedeutung hat der Standort?
Wettbewerbsanalyse	■ Welche Anbieter sind im Umfeld bereits vorhanden bzw. geplant? ■ Welche Angebote und Serviceleistungen bieten sie? ■ Wie ist das Preisgefüge? ■ Wie positionieren sich die Anlagen, und welche Zielgruppen werden angesprochen?
Potenzialanalyse	■ Welches jährliche Besuchsaufkommen ist aufgrund der Nachfrage und des Wettbewerbs für den Standort realisierbar? ■ Werden diese Besuchszahlen bereits erreicht oder gibt es bisher nicht aktivierte Potenziale im Markt?

Stärken-Schwächen-Analyse	■ Welche Stärken und Schwächen bietet der Standort und sein Umfeld? ■ Welche Bedürfnisse und Anforderungen stellen die einzelnen Nutzergruppen (Öffentlichkeit, Schulen, Vereine)? ■ Wie sind die Kapazitäten in Abgleich mit dem Bedarf der einzelnen Nutzer verteilt? ■ Sind die Öffnungszeiten auf den Bedarf der Nutzer abgestimmt? ■ Wie sind die einzelnen Marketinginstrumente (Angebots-, Distributions-, Preis-, Kommunikationspolitik, internes Marketing) zu bewerten? ■ Welche Stärken und Schwächen resultieren aus der derzeitigen Betriebsstruktur und dem Management? ■ Wie stellt sich die wirtschaftliche Situation dar? ■ Wie steht die Anlage im Vergleich zu vergleichbar strukturierten Anbietern dar? ■ Bestehen gegebenenfalls Möglichkeiten der Kosteneinsparung bzw. Erlössteigerung?

▼

3. Strategische Zukunftsprojektion/Entwicklung einer strategischen Marktpositionierung	
Marktbeobachtung	■ Wie werden sich laut Trendberichten, Marktuntersuchungen, Branchenerkenntnissen Angebot und Nachfrage weiterentwickeln? ■ Welche Segmente werden sich voraussichtlich zu Zukunftsmärkten entwickeln?
Formulierung einer Bäderstrategie bzw. Chancen-Risiko-Profil	■ Wie sieht das zukünftige Zielgruppenprofil aus? ■ Welche Marktpositionierung soll zukünftig angestrebt werden? ■ Welche Konzeptanpassungen sind erforderlich? ■ Welche Maßnahmen sind in welchen Zeithorizonten, zu welchen Kosten und mit welcher Priorität zu realisieren?
Wirtschaftlichkeitsprognose	■ Welche wirtschaftlichen Effekte resultieren aus den einzelnen Handlungsoptionen (Profitcenterbetrachtung)? ■ Wie entwickeln sich die wirtschaftlichen Eckdaten bei Konzeptoptimierung im kurz- bis mittelfristigen Horizont?

Abbildung 1: Ablauf zur Ertragsprognose bei Bädern

1. Vergangenheitsanalyse

- *Entwicklung der Nachfrage:* Um den Etablierungsgrad einer Freizeitimmobilie zu ermitteln, wird zunächst die Entwicklung der Besuchszahlen der vergangenen Jahre bzw. seit Eröffnung betrachtet.

- *Entwicklung des Angebotes:* Die geleisteten Investitionen zur Erweiterung und Attraktivierung zeigen, inwieweit die Immobilie den Marktentwicklungen angepasst und der Wert erhalten bzw. erhöht wurde.

2. Ist-Analyse/Soll-Ist-Vergleich

- *Objektanalyse*
  Dieser Untersuchungsschritt umfasst zunächst die Aufnahme des baulichen und technischen Zustandes des Objektes.

- *Definition des Einzugsgebietes*
  Um das zu aktivierende Gästepotenzial zu ermitteln, ist zunächst das relevante Einzugsgebiet des Standortes zu definieren. Das Besucherpotenzial setzt sich aus dem Einwohner- und, in Abhängigkeit vom Standort, auch aus dem Touristenmarkt zusammen. Je nach Attraktivität, Größe und Angebotsbesatz werden von Besuchern von Freizeitbädern Entfernungen von bis zu 45 Minuten mit dem Pkw in Kauf genommen. Bei funktionalen Anlagen ist das Quellgebiet der Besuchspotenziale auf das lokale Umfeld und je nach Angebotsdichte auf maximal 20 Minuten Fahrzeit beschränkt.

- *Bewertung der soziodemografischen Strukturen*
  Als Basis der Potenzialanalyse sind zunächst die Einwohnerzahl im Einzugsgebiet, die Altersstruktur sowie die Kaufkraft der Bevölkerung zu ermitteln. Darüber hinaus sind als Basis der zukunftsgerichteten Bewertung Prognosedaten zu eruieren, die die mittelfristige Entwicklung dieser Parameter abbilden. Da an touristischen Standorten auch Übernachtungs- und Tagesgäste eine wichtige Zielgruppe für Wasserfreizeitanlagen darstellen, sind entsprechende Zukunftsbetrachtungen auch für dieses Potenzial durchzuführen.

- *Wettbewerbsanalyse*
  Um die Angebotsstrukturen im Umfeld zu erfassen und *Angebotsüberschneidungen* oder auch -lücken zu eruieren, werden die im Einzugsgebiet vorhandenen bzw. geplanten Mitbewerber erfasst und ausgewertet. Da Einzugsgebietsüberlappungen der einzelnen Anbieter zu berücksichtigen sind, ist die Wettbe-

werbsbetrachtung bei Freizeitbädern auf einen Umkreis von mindestens 1,5 Stunden zu fokussieren.

- *Potenzialanalyse*
  Die Potenzialberechnung basiert auf sekundärstatistischen Erhebungen zum Nutzungsverhalten von Badern sowie auf dem Marktanteil des Bades, der der Anlage unter Berücksichtigung der im Umfeld vorhandenen bzw. geplanten Mitbewerber zuzuschreiben ist. In einem Soll-Ist-Vergleich der Prognose zum jetzigen Besuchsaufkommen können bisher nicht aktivierte Besuchspotenziale und Entwicklungsmöglichkeiten des Standortes abgeleitet werden.

- *Stärken-Schwächen-Analyse*
  Die Stärken-Schwächen-Analyse umfasst zunächst eine Bestandsaufnahme des baulichen und technischen Zustands. Im Vergleich mit ähnlich strukturierten Anlagen sowie den Ergebnissen von Betriebsvergleichen (z. B. jährlicher Betriebsvergleich der Deutschen Gesellschaft für das Badewesen e. V.) wird in diesem Arbeitsschritt die Gesamtwirtschaftlichkeit sowie einzelne Erlös- und Kostenpositionen bewertet und Optimierungspotenziale aufgezeigt. Zusätzlich wird die Nutzung durch die verschiedenen Besuchergruppen (Öffentlichkeit, Vereine, Schulen) vor dem Hintergrund der zur Verfügung gestellten Kapazitäten und Öffnungszeiten analysiert und die Marketing- und Managementaktivitäten einer Erfolgskontrolle unterzogen.

3. *Strategische Zukunftsprojektion/Entwicklung einer strategischen Marktpositionierung*

- *Marktbeobachtung*
  Aktuelle Trends, soziodemografische Entwicklungen, Veränderungen im Nachfrageverhalten sowie Tendenzen in artverwandten Märkten geben Rückschlüsse auf Markteinflüsse im Bädersektor, die für die zukünftige Strategie in Betracht zu ziehen sind.

- *Formulierung einer Bäderstrategie bzw. Erstellung eines Chancen-Risiko-Profils*
  Zur Sicherstellung der Zukunftsfähigkeit ist die Konzeptstrategie anhand von Handlungsmaßnahmen und -optionen zu definieren und die Einzelschritte im Hinblick auf Chancen und Risiken zu prüfen.

- *Wirtschaftlichkeitsprognose*
  In Wirtschaftlichkeitsberechnungen, die unterschiedliche Szenarien berücksichtigen, wird die zukünftige Ertragssituation dargestellt. Dabei kann eine Er-

tragsvorschau über fünf Jahre relativ gesicherte Ergebnisse bieten. Eine Prognose, die über diesen Zeitraum hinausgeht, ist aufgrund der Schnelllebigkeit des Marktes mit hohen Unsicherheiten behaftet.

4.4 Exemplarische Wertermittlung

Die nachfolgende Wertermittlung geht davon aus, dass es sich bei der zu bewertenden Anlage um ein Renditeobjekt handelt. Dabei ist anzumerken, dass die Ansätze rein fiktiv sind und eine Wasserfreizeitanlage mit idealtypischen Rahmenbedingungen abgebildet ist.

Die folgenden Prämissen werden der Bewertung zu Grunde gelegt:

- Das Freizeitbad ist integriert in eine multifunktionale Anlage, die zusätzlich Ergänzungsnutzungen z. B. aus den Bereichen Gastronomie und Fitness umfasst.

- Die Investitionskosten (Netto-Herstellungskosten, indexiert) belaufen sich auf rund 22 Millionen Euro.

- Die Anlage ist fünf Jahre alt, die Restnutzungsdauer wird unter Berücksichtigung der Zusatzangebote mit rund 20 Jahren angesetzt.

- Der Bodenwert wird pauschaliert mit 1 Million Euro veranschlagt. Zur Vereinfachung erfolgt an dieser Stelle keine Herleitung.

- Für kurzfristige Maßnahmen zur Sanierung und Attraktivierung wird ein Investitionsbedarf von 3,5 Millionen Euro in Ansatz gebracht.

Berechnung 1: *Sachwertermittlung*

	Netto-Herstellungskosten Gebäude (indexiert)	22,0 Millionen Euro
./.	lineare Alterswertminderung 33 Prozent	7,3 Millionen Euro
=	**Bau- und Zeitwert**	**14,7 Millionen Euro**
+	Bodenwert des Grundstücks (gegriffener Wert)	1,0 Million Euro
=	**Sachwert vor Abzug Investitionsbedarf**	**15,7 Millionen Euro**
./.	Investitionsmaßnahmen	./. 3,5 Millionen Euro
=	**Sachwert nach Abzug Investitionsbedarf**	**12,2 Millionen Euro**

Berechnung 2: *Ertragswertermittlung (hier: Pachtwertverfahren)*

Prämissen:

▪ Besuchsaufkommen p. a. (alle Nutzungen):	400.000
▪ Herleitung realisierbare Pacht:	
Umsatz gesamt	4,4 Millionen Euro
./. Betriebskosten	3,0 Millionen Euro
= Betriebsergebnis	1,4 Millionen Euro
./. Betreibergewinn (10 Prozent)	0,14 Millionen Euro
= Realisierbare Pachtzahlung (Jahresrohertrag)	1,26 Millionen Euro
▪ Liegenschaftszins	8,0 Prozent
▪ Kapitalisierungsfaktor (Vervielfältiger) bei 20 Jahren	9,82
Jahresrohertrag	**1,26 Millionen Euro**
./. Bewirtschaftungskosten (in Prozent vom Jahresrohertrag):	
Verwaltung: 0,5 Prozent	./. 6.300 Euro
Instandhaltung (Dach und Fach): 10 Prozent	./. 126.000 Euro
Mietausfallwagnis: 5 Prozent	./. 63.000 Euro
./. Bodenwertverzinsung (1,0 Million Euro • 8 Prozent)	./. 80.000 Euro
= **Reinertrag der baulichen Anlagen**	**984.700 Euro**
Kapitalisiert mit Vervielfältiger in Höhe von 9,82	9,7 Millionen Euro
+ Bodenwert	1,0 Million Euro
= **Ertragswert vor Abzug Investitionsbedarf**	**10,7 Millionen Euro**
./. Investitionsmaßnahmen	3,5 Millionen Euro
= **Ertragswert nach Abzug Investitionsbedarf**	**7,2 Millionen Euro**

Ergebnis

Die Sachwertermittlung schließt mit einem Verkehrswert in Höhe von 12,2 Millionen Euro ab. Im Ertragswertverfahren wird ein Wert von 7,2 Millionen Euro ermittelt. Beide Verfahren wurden in einem vereinfachten Modell angewendet und berücksichtigen beispielsweise nicht die in Zyklen durchzuführenden Reattraktivierungsinvestitionen. Für diese sind ebenfalls entsprechende Barwerte zu ermitteln und in Abzug zu bringen.

Das Rechenbeispiel aus der Sachwert- und Ertragswertbetrachtung eines Freizeitbades zeigt, dass der Ertragswert deutlich unter dem Substanzwert angesiedelt ist. Dieses liegt einerseits darin begründet, dass mit dem Betrieb von Wasserfreizeitanlagen generell nur geringe Profite erzielt werden können. Die Diskrepanz der beiden Werte verweist aber auch auf mögliche Fehlentwicklungen in der Konzeption oder damit auch häufig verbunden auf zu hohe Herstellungskosten (z. B. fehlende Nachfrage- und Bedarfsorientierung sowie zu hohe Betriebskosten aufgrund von Überdimensionierung) hin. In vielen Fällen wurde das erzielbare Besuchspotenzial unter anderem aufgrund von späteren Marktneueintritten überschätzt, sodass die Planungsdaten nicht erreicht wurden.

Da es sich bei Wasserfreizeitanlagen fast ausschließlich um subventionierte, von der öffentlichen Hand mit Fördermitteln errichtete Immobilien handelt, ist die Anwendung des Sachwertverfahrens nicht sachgerecht. Handelt es sich bei der Einrichtung um eine Renditeimmobilie, kann nur ein ertragsorientiertes Verfahren (Ertragswertverfahren, DCF-Methode) einen realitätsnahen Wert abbilden. In vielen Fällen kann dann auf eine Wertermittlung verzichtet werden, wenn durch den Betrieb keine Kostendeckung erreicht wird und Zuschüsse sowie sonstige Subventionen von kommunaler Seite aufgebracht werden müssen. Lassen die rechtlichen Rahmenbedingungen eine Umnutzung des Gebäudes bzw. des Grundstücks zu, kommt alternativ das Liquidationsverfahren zum Tragen.

4.5 Praxisbeispiele

Sicherlich ist der derzeit sehr überschaubare und nur durch wenige private Unternehmen besetzte Markt ein absoluter Käufermarkt, der auf lukrative Standorte fokussiert ist und eine geringe Risikobereitschaft der Privaten aufweist. Dennoch gibt es Anlagen, die aufgrund von Entwicklungspotenzialen im Markt und der Angebotsstruktur für eine private Übernahme interessant sein können. Welche Verkaufs- und Übernahmefälle auch in der öffentlichen Diskussion überregionales Interesse ausgelöst haben, wird im Folgenden exemplarisch aufgezeigt.

Beispiel 1: Freizeitbad Nemo, Magdeburg

Ein Beispiel für die Veräußerung einer Wasserfreizeitanlage im Rahmen einer Zwangsversteigerung ist das durch einen privaten Investor und Betreiber errichtete Freizeitbad Nemo (heute Nautica) in Magdeburg. Das Bad wurde Ende 1999 eröffnet und musste bereits zwei Jahre nach Inbetriebnahme Insolvenz anmelden. Diese Anlage ist dadurch gekennzeichnet, dass sich unter dem Dach des Freizeitbades zusätzliche kommerzielle Konzeptbausteine vereinen, die Angebotssynergien zum Badeangebot bieten und zu einer Verbesserung der Gesamtwirtschaftlichkeit beitragen. Neben einer Saunalandschaft, einem Freibadbereich sowie einem angegliederten Fitness-Studio ist eine Diskothek mit Gastronomie in die Konzeption eingebunden, die zusätzlich für Abendfrequenzen am Standort sorgt und eine interessante Location für Events verschiedener Ausrichtung bietet. Der für eine Investitionssumme von 28,6 Millionen Euro errichtete und vom Land Sachsen-Anhalt mit 47 Prozent der Investitionen geförderte Gesamtkomplex konnte im Rahmen der Zwangsversteigerung mit 6,0 Millionen Euro lediglich einen Bruchteil der Anfangsinvestition erzielen. Der ermittelte Verkehrswert lag bei 8,7 Millionen Euro.

Beispiel 2: MediTherme, Ruhrpark Bochum

Das in Insolvenz geratene Erlebnisbad Aquadrom, eines der ersten privaten Spaßbäder Deutschlands, wurde von einem privaten Investor für 0,5 Millionen Euro käuflich erworben. Die Anlage wurde mit einem Millionenaufwand umgebaut und als Wellnessanlage neu positioniert. In der Saunalandschaft wurden 13 Saunen installiert, unter anderem Salz-, Infrarot- oder Aromasaunen, Dampfbäder, orientalisches Hamam, Stein- und Erdsaunen, TV-Sauna (hier werden wichtige Sportereignisse und Nachrichten übertragen). Für Abkühlung sorgen ein Innen- und Außen-Schwimmbecken, Tauchbecken, ein Bewegungsbecken mit Sportgeräten, Solebecken sowie Whirlpools. Auf dem Gelände steht ein 10.000 m² großer Außenbereich zur Verfügung. Zusätzlich wurden ein Beauty-Center und ein Fitness-Studio angegliedert.

Die Mehrzahl der funktional ausgerichteten Bäderanlagen der ersten Generation wechseln, soweit sich überhaupt ein Interessent für das Objekt findet, für einen symbolischen Preis von einem Euro den Besitzer.

Eine regelrechte Privatisierungswelle im Bäderbereich hat die Bundeshauptstadt Berlin erfasst. Aufgrund der desolaten städtischen Haushaltssituation wird von Seiten der Berliner Bäder Betriebe versucht, die bestehenden Bäder an private Investoren und Betreiber abzugeben bzw. private Partner für die Erhaltung der Anlagen zu finden.

Beispiel 3: Sport- und Erlebniszentrum (SEZ), Berlin

Ein sehr prominenter Verkaufsfall sorgte in Berlin für heftige politische und öffentliche Diskussionen. Das über die Stadtgrenzen Berlins bekannte SEZ (Sport- und Erlebniszentrum) war einst das größte Bade- und Freizeitzentrum der DDR. Die prekäre Haushaltslage zwang die Stadt Berlin Ende der 90er Jahre dazu, für das Objekt im Rahmen eines Ausschreibungsverfahrens Investoren zu suchen. Da das erhebliche Defizit der Anlage nicht länger ausgeglichen werden konnte, wurde das Bad sowie die daran angeschlossenen Betriebsteile (Eisbahn, Bowling, Sauna, Badminton etc.) im Dezember 2002 geschlossen. Die Poseidon GmbH aus Leipzig übernahm die Anlage im Oktober 2003 zum symbolischen Preis von einem Euro vom Land Berlin. Der Badebetrieb wurde eingestellt, zurzeit werden nur Teilbereiche der Anlage bewirtschaftet. Die Wiedereröffnung der Schwimmhalle, die saniert und attraktiviert werden soll, muss bis 2008 erfolgen. Wird diese Fünf-Jahres-Frist nicht eingehalten, fällt das SEZ vertragsgemäß wieder an das Land Berlin zurück.

Beispiel 4: Stadtbad Steglitz, Berlin

Erst kürzlich wurde das historische Stadtbad Steglitz für den symbolischen Preis von einem Euro verkauft. Über eine Neupositionierung der Anlage mit Ausrichtung auf Gesundheit und Bewegung im Wasser sowie über Sponsoren und Investoren sollen die Sanierungskosten, die sich auf mehrere Millionen Euro belaufen, erwirtschaftet werden.

Beispiel 5: Hallenbad Clayallee, Berlin

Das Hallenbad an der Clayallee in Zehlendorf, ein abgängiger, 30 Jahre alter Zweckbau, wurde vom Liegenschaftsfonds an ein privates Unternehmen veräußert. Bis Ende 2007 soll am alten Standort des Hallenbades mit einer Investitionssumme von 60 Millionen Euro die so genannte „Zehlendorfer Welle" entstehen, die unter anderem eine Schwimmhalle mit angeschlossenem Wellnessbereich und Gesundheitszentrum umfasst. Betreiberin wird die Hamburger MeridianSpa Gruppe sein, die bereits in Hamburg an vier Standorten sowie in Berlin in den Spandau Arkaden am Markt etabliert ist. Ergänzend sind in dem Komplex Geschäfte, Wohnungen sowie ein Ärzte- und ein Seniorenzentrum geplant.

5 Zusammenfassung

Die Bewertung von Freizeit- und Hallenbädern ist eng mit den Marktentwicklungen des Bädersektors verknüpft. Die Einflusskomponenten auf dieses Spezialimmobiliensegment sind vielfältig und erfordern eine genaue Betrachtung der ertragsbezogenen Parameter und besondere Sorgfalt in der Gutachtenerstellung. Eine schematische Wertermittlung kann für diese Immobilie nicht durchgeführt werden. Ob eine Bewertung im Sinne der WertV überhaupt zielführend und sachgerecht ist, hängt von der wirtschaftlichen Tragfähigkeit der Spezialimmobilie ab, die im Einzelfall zu prüfen ist. Da gerade bei Freizeitimmobilien der Erfolg maßgeblich vom Management und damit von der Professionalität des Betreibers abhängt, ist eine objektive Bewertung nur schwer darstellbar.

Literaturhinweise

Baugesetzbuch (BauGB) (2003): 35. Auflage, München 2003.
Deby, H./Stempel, S. (2002): Deutscher Städte- und Gemeindebund, Public-Private-Partnership – Neue Wege in Städten und Gemeinden, Dokumentation Nr. 28, Berlin 2002.
Deutsche Gesellschaft für das Badewesen (2004): Überörtlicher Betriebsvergleich 2002, Essen 2004.
Gablenz, K. B. (1999): Grundstücks-Wertermittlung, Berlin 1999.
Heuer, B. /Schiller, A. (Hrsg.) (1998): Spezialimmobilien, Köln 1998.
Kommunale Gemeinschaftsstelle für Verwaltungsvereinfachung (KGSt) (1999): Abschreibungssätze in der Kommunalverwaltung, Bericht 1/1999, Köln 1999.
Koordinierungskreis Bäder (Hrsg.) (1996): KOK-Richtlinien für den Bäderbau, 3. Aufl., Essen 1996.
Nagel, J. (2003): Bewertung kommunaler Liegenschaften – Die Jagd nach dem richtigen Wert, in: Immobilienzeitung Nr. 4 vom 13. Februar 2003, Wiesbaden 2003.
Sonnenberg, C. (2001): Formen des Public-Private-Partnership – wirtschaftliche und rechtliche Rahmenbedingungen. Gestaltung von Verträgen mit Privatinvestoren und Betreibern, in: Tagungsdokumentation des Bundesverbandes öffentlicher Bäder e. V., Seminar 0160 – Public-Private-Partnership im Badewesen – Ein Weg aus der Krise?, Juni 2001.
Sportministerkonferenz in Zusammenarbeit mit dem Deutschen Sportbund und dem Deutschen Städtetag (Hrsg.) (2002): Sportstättenstatistik der Länder, Berlin 2002.

Bewertung von Golfanlagen

Georg Böhm

1 Einleitung

2 Entwicklung des Golfsports und seine wirtschaftliche Bedeutung in Deutschland, Europa und der Welt

3 Wesentliche Punkte des Bewertungsprozesses
3.1 Definition von Golfplätzen
3.2 Golfplatzkonzept
3.3 Eigentums- und Besitzverhältnisse
3.4 Design und Spezifikationen beim Bau
3.5 Betreiberkonzepte
3.6 Abschreibungssituation

4 Grundlagen und Risiken
4.1 Standortfaktoren – Mikro- und Makrolage
4.2 Objektbezogene Faktoren
4.3 Konzeptionelle Faktoren
4.4 Aspekte der Pachtvertragsgestaltung

5 Wertermittlung
5.1 Ermittlung des Sachwertes einer Golfanlage
5.2 Ertragswert
5.3 Verkehrswert
5.4 Ideeller Wert

6 Bewertungsbeispiel
6.1 Ermittlung des Sachwertes (Betreibergesellschaft ohne Eigentum am Grundstück)
6.2 Ermittlung des Ertragswertes (Betreibergesellschaft ohne Eigentum am Grundstück)
6.3 Ableitung des Verkehrswertes (Betreibergesellschaft ohne Eigentum am Grundstück)
6.4 Ableitung des Verkehrswertes: Besitzgesellschaft/Verpächter (Besitzgesellschaft oder Verpächter als Grundstückseigentümer)

1 Einleitung

Die Bewertung von Golfplätzen ist wesentlich komplexer, als man zunächst vermuten möchte. Eine Vielzahl von Golfplatztypen existiert am Markt und alle haben entsprechend der ihnen zugedachten Funktion, unterschiedlich aufwendige Baustandards – passend oder nicht passend für die angesprochenen Zielgruppen, schlechte bis höchste Platzpflegestandards, diverse Betreibermodelle, mehr oder minder sinnvolle vertragliche Verpflichtungen, wie z. B. die Rückbauverpflichtung nach Ende der Pachtzeit, und vor allem oft unübersichtliche Besitz- und Eigentumsverhältnisse. Diese Aspekte haben entscheidende Auswirkungen auf den Wert einer Golfanlage. So kann exemplarisch die Bewertung des gleichen Golfplatzes bei verschiedenen Ausgangssituationen zu sehr gegensätzlichen Ergebnissen führen. Soll dieser Golfplatz bei Pachtende vereinbarungsgemäß zum Zeitwert abgelöst werden, so errechnet sich für den scheidenden Pächter ein eher geringerer Ablösewert. Will dagegen der Verpächter und Eigentümer desselben Golfplatzes den Golfplatz bei Pachtende an einen Erwerber veräußern, wird neben dem Grundstückspreis der zu errechnende Wert des Golfplatzes deutlich höher liegen, als im vorgenannten Fall. Es stehen sich also erstens die Bewertung des Grund und Bodens (des Verpächters oder der Golfgesellschaft) und zweitens die Bewertung des Unternehmens „Golfbetrieb" (der Betreibergesellschaft) gegenüber.

Das Ergebnis der Wertermittlung wird beeinflusst von naturschutz-, zivil- und steuerrechtlichen Maßgaben. Während naturschutzrechtliche Maßgaben der einzelnen Länder in der Europäischen Union sich immer mehr annähern, gibt es im Zivil- und Steuerrecht nach wie vor erhebliche, historisch bedingte Abweichungen. Dem vorliegenden Beitrag liegt die Rechtsordnung der Bundesrepublik Deutschland zu Grunde.

2 Entwicklung des Golfsports und seine wirtschaftliche Bedeutung in Deutschland, Europa und der Welt

Golf ist weltweit die Sportart mit der dritthöchsten Zahl an Aktiven (ca. 55 Millionen Menschen), nur noch übertroffen von Volleyball und Basketball mit jeweils mehr als 60 Millionen Aktiven. 70 Prozent aller Golfer treffen wir in den englischsprachigen Ländern an, allen voran die USA mit fast 30 Millionen Golfern und 16.500 Golfanlagen, von denen dreiviertel als offene Golfanlagen in kommunaler oder privater Trägerschaft betrieben werden. Die zweithöchste Anzahl an Golfern hat Japan mit 15 Millionen zu verbuchen, obwohl es dort nur 2.400 Golfanlagen gibt, von denen wiederum mehr als $2/3$ Übungsanlagen, wie Driving Ranges, sind. Während in Österreich bereits ein Prozent der Bevölkerung Golf spielt, repräsentieren die 430.000 Aktiven, die in Deutschland diesem Sport nachgehen, gerade einmal 0,5 Prozent der Bevölkerung. Nach verlässlichen Umfragen gibt es aber in Deutschland heute schon vier bis fünf Millionen echte Interessenten, die gerne mit dem Golfspielen beginnen würden, wenn die entsprechenden Golfangebote, nämlich preiswerte und offen betriebene Golfplätze vorhanden wären. Während in Deutschland noch mehr als 95 Prozent der Golfer als so genannte Clubgolfer mit mehr oder minder hohen Aufnahme- und Jahresgebühren ihre Runden ziehen, sind in den USA nur 10 Prozent der Golfer Mitglied in einem privaten Golfclub. 90 Prozent der Golfer folgen dem Prinzip „Pay and Play" und nutzen das große Angebot an offenen Golfanlagen. Mit 42 Milliarden US-Dollar Gesamtumsatz in den USA ist Golf ein gewaltiger Wirtschaftsfaktor, wobei 20 Prozent des gesamten Umsatzes im Golftourismus getätigt werden.

Um den tatsächlichen Bedarf an Golfplätzen in Mittel- und Südeuropa zu decken, müssten kurzfristig mehr als 5.000 neue Golfplätze errichtet werden. Alleine das Volumen der Baukosten würde 2,5 Milliarden Euro betragen. Der Gesamtumsatz in Sachen Golf könnte demnach in Europa kurzzeitig auf über 20 Milliarden Euro steigen. Über 200.000 neue direkte Arbeitsplätze – $1/3$ Fach-, $1/3$ Anlern- und $1/3$ Hilfskräfte – könnten in der Golfindustrie entstehen, ohne die gewaltige Anzahl an indirekten Arbeitsplätzen, die hierdurch zusätzlich entstehen würden, überhaupt zu erfassen.

Der zunehmende Niedergang der Landwirtschaft in Europa mit enormen freien Flächenpotenzialen wird diese Entwicklung in den nächsten Jahren unterstützen und fördern. Man kann Golf unter dem Dienstleistungsaspekt als einen der wenigen großen Zukunftsmärkte bezeichnen. Somit wird auch die Bewertung von Golfanlagen zukünftig einen immer breiteren Raum einnehmen.

3 Wesentliche Punkte des Bewertungsprozesses

3.1 Definition von Golfplätzen

Alle Anlagen, auf denen mit Golfschlägern nach dem kleinen Ball geschlagen werden kann, gehören zu den möglicherweise zu bewertenden Golfanlagen. Dies können sein:

- *Driving Ranges:* Übungsgelände ab einer Größe von ca. 1 ha. Von einer Abschlagfläche, die teils überdacht sein kann, werden Leihbälle auf eine Wiese mit Zielfahnen oder in ein Netz (z. B. Japan) geschlagen. Aufwendig gestaltete Driving Ranges mit Targetgrüns, Chipping und Puttinggrüns ermöglichen gar, eine auf einer Scorekarte vorgegebene Spielrunde zu simulieren. Driving Ranges sind für jedermann, ohne Vorkenntnisse, zu nutzen.

- *Pitch & Puttplätze:* Auf Flächen ab 2,5 ha lassen sich Pitch & Puttanlagen, die aus Abschlägen, sechs, neun oder 18 kurzen Spielbahnen und Grüns bestehen, realisieren. Maximale Bahnenlänge 100 m. Solche Anlagen ergänzen häufig die Infrastruktur von touristischen Anlagen und sind von jedermann gegen geringe Gebühr mit geringen Grundkenntnissen zu bespielen.

- *Kurzplätze:* Ab einem Gelände von ca. 5 ha lassen sich Plätze errichten, die zumeist aus sechs, neun oder 18 regulären Par-3-Bahnen mit Abschlag, Spielbahn und Grün zwischen 80 bis 210 m bestehen. Bei größerer Fläche sind auch eine bis drei Par-4-Bahnen auf solchen Anlagen anzutreffen.

- *Golfcenter:* oder auch Golfakademien sind Übungseinrichtungen mit einer Golfschule, die aus einer Driving Range und einem Pitch & Puttplatz oder einem Kurzplatz mit sechs, neun oder 18 Löchern bestehen.

- *Großfeldanlagen:* Ab einer Fläche von 15 ha lassen sich Großfeldanlagen realisieren. Bei einer Runde Golf ist ein Parcours von 18 Löchern zu durchspielen. Daher bestehen Großfeldanlagen in der Regel aus sechs (dreimal zu spielen), neun (zweimal zu spielen) oder 18 Löchern. Es gibt Par 3 (bis zu 225 m), Par 4 (bis zu 430m) und Par 5 (ab 435 m) Bahnen.

- *Wintergolfanlagen:* Golfangebot in der Halle, mit Spielmöglichkeiten gegen ein Netz, Putting- und Chippinggrün aus Kunstrasen und möglicherweise computergesteuerte Golfsimulatoren.

3.2 Golfplatzkonzept

Wir unterscheiden zwischen kommunalen oder privaten öffentlichen Golfanlagen und nicht öffentlichen privaten Clubanlagen. Öffentliche Anlagen, die in kommunaler Trägerschaft errichtet werden, von der Kommune selbst betrieben oder verpachtet werden sind z. B. so berühmte Beispiele wie St. Andrews (Schottland) und Pebble Beach (Kalifornien), einziges Beispiel in Deutschland ist die Rheinwiese in Düsseldorf (Eigentümer ist die Stadt Düsseldorf). Kommerzielle private Anlagen, die offen für alle Interessierten sind (also „Pay & Play"-Golfplätze), finden wir vor allem in den englischsprachigen Ländern, in Europa gibt es wenige, aber sehr erfolgreiche offene Konzepte, wie. z. B. die Golf Range (Österreich und Deutschland).

In Kontinentaleuropa überwiegen immer noch clubdominierte Golfanlagen, ob mit oder ohne Trägergesellschaft.

In zunehmendem Maße gewinnen touristische Golfanlagen in den klassischen Reiseländern an Bedeutung. Golfplätze werden dort immer mehr zu einem unverzichtbaren Bestandteil des Tourismusangebotes.

Resortplätze mit einem Angebot an Wohn- und Freizeitimmobilien haben dagegen in Mitteleuropa aufgrund baurechtlicher Beschränkungen, die einer Zersiedelung der Landschaft Einhalt gebieten sollen, derzeit nur geringe Bedeutung.

3.3 Eigentums- und Besitzverhältnisse

Als Idealfall ist anzusehen, wenn ein Golfgelände im Eigentum des Clubs, des Betreibers etc. steht (= Eigenbetrieb). Da Golfplätze bei sach- und fachgerechter Pflege nach herrschender Ansicht im Lauf der Jahre keinen Wertverlust (ausgenommen hiervon sind die technische Einbauten, wie z. B. das Beregungssystem mit einer Abschreibungszeit von 15 Jahren) erleiden, sondern im Gegenteil durch einen gewachsenen Reifegrad an Wert gewinnen, ist die bilanztechnische Abschreibung für die Wertermittlung des Golfplatzes nicht maßgeblich. Aufgrund der zumeist großen Flächen, die für Großfeldanlagen benötigt werden, ist dieser Idealfall allerdings nur selten anzutreffen. Die hohen Kosten für einen Grundstückserwerb in guter Lage stehen zumeist in keinem Verhältnis zu den eher moderaten Baukosten eines Golfplatzes und würden damit die Gesamtwirtschaftlichkeit einer solchen Anlage gefährden.

Daher werden in aller Regel die benötigten Grundstücksflächen langfristig angepachtet (= Pachtbetrieb). Die normale Anpachtung landwirtschaftlicher Flächen ist laut Bürgerlichem Gesetzbuch (BGB) auf maximal 30 Jahre beschränkt. Selbst vertraglich vereinbarte Verlängerungsoptionen haben im Ernstfall keine rechtliche Bindung und sind somit nicht einklagbar. Die Abschreibung des Golfplatzes ist fest an die Laufzeit des Pachtvertrages gekoppelt. Um eine längere Pachtzeit zu sichern, wird häufig nach zehn Jahren ein neuer Pachtvertrag mit der vollen Laufzeit abgeschlossen. Da beim Golfplatzbau das Eigentum an den Einbauten sofort an den Grundeigentümer fällt, ergeben sich sehr oft Finanzierungsschwierigkeiten, da keine Vermögenswerte als Sicherheit zur Verfügung stehen. Bei der Erstellung der Bilanz kann dagegen der Verpächter die fehlenden Vermögenswerte durch das steuerrechtliche Institut der „Betriebsvorrichtung" ersetzten. Auch die Entschädigungsfrage bei Pachtende wird im Falle der BGB Pacht zumeist nicht oder nur äußerst unbefriedigend geregelt.

Bis Anfang der 90er Jahre waren in der Bundesrepublik Deutschland Erbbaurechtsverträge (landläufig Erpachtvertrag genannt), die deutlich längere Pachtzeiten erlauben, für den Erwerb von Golfplatzflächen rechtlich nicht möglich. Die Grundbuchämter verweigerten die Eintragung, da die Investitionskosten für den Golfplatz zumeist unter dem Grundstückswert lagen. Eine höchstrichterliche Rechtsprechung hat diesen unbefriedigenden Umstand behoben (BGH 5. Zivilsenat, Az: V ZR 213/90, 10. Januar 1992). Trotz der klaren Vorteile eines Grundstückserwerbs auf Erbbaurechtsbasis für beide Seiten, wie

- Pachtzeiten bis 99 Jahre,

- „Eigentum auf Zeit", d. h., alle Einbauten in und auf dem gepachteten Gelände bleiben im Eigentum des Erbbaurechtsnehmers (Erbpachtnehmers), was die Finanzierung erleichtert,

- einer klaren Heimfallregelung (Entschädigung bei Pachtende), die Bestandteil des vor einem Notar geschlossenen Erbbaurechtsvertrages sein muss,

wird das Institut des Erbbaurechtsvertrags im Golfbereich vor allem wegen emotional bedingter Vorbehalte vieler Grundeigentümer leider noch zu selten eingesetzt, obwohl die Vorteile im Falle einer Bewertung auf der Hand liegen.

3.4 Design und Spezifikationen beim Bau

So unterschiedlich die Golfkonzepte vom einfachen Übungsplatz, Clubplatz, öffentlichen Platz, Tourismusplatz bis zum Turnierplatz sein können, so unterschiedlich können auch Design und Spezifikationen sein. Die Spezifikationen beschreiben und definieren die Qualität der Bauweise, der Materialien und der technischen Einbauten. Erst in den letzten Jahren wird man sich auch in Mitteleuropa unter dem immer stärker werdenden Druck nach Qualitätssicherung der Bedeutung solcher Spezifikationen bewusst. Wurden in den 50er bis 90er Jahren mangels Erfahrung und aus Unkenntnis der Komplexität von Golfplätzen diese eher dilettantisch geplant und gebaut, was all zu oft neben erheblichen qualitativen Mängeln auch zu existenziellen Problemen des jeweiligen Projektes führte, so ist man sich in den letzten zehn Jahren der Bedeutung einer professionellen Projektentwicklung und -realisierung zur Absicherung der Wirtschaftlichkeit des Golfprojektes immer mehr bewusst geworden.

Der Golfplatz eines Golfclubs, der sich 600 Mitglieder zum Ziel gesetzt hat, kann wesentlich kostengünstiger gebaut werden, da die relativ geringe Kapazitätsauslastung ausreichend Regenerationszeiten für die Spielflächen zulässt. Es reichen somit kleinere Grüns und Abschlagflächen aus. Der Anspruch an die Qualität der verwendeten Materialien und Gräser wird hierdurch geringer, weil durch die relativ geringe Spielfrequenz auf einem Clubplatz weniger Gebrauchsschäden drohen. Die Platzpflege gestaltet sich kostengünstiger, da weniger Personal über den ganzen Tag ungehindert vom Spielbetrieb arbeiten kann. Offene Golfplätze, die dagegen eine hohe Kapazitätsauslastung benötigen, um wirtschaftlich erfolgreich zu sein, müssen daher qualitativ wesentlich aufwendiger gebaut werden.

Genauso ist auch das Design bestimmend für den Erfolg und damit den Wert einer Anlage. Jeder Golfplatz sollte auf eine genau untersuchte Zielgruppe ausgerichtet sein. Ein touristischer Platz, der topografisch für ältere Personen kaum mehr begehbar ist, verfehlt genauso sein Ziel, wie ein Platz mit Hindernissen, die für den Normalspieler nicht zu überwinden sind. Der Erfolg eines Golfplatzes hängt in erster Linie vom erlebten Erfolgserlebnis des Golfspielers und von seiner Präsentation ab. Nicht die fragwürdige Aussage, es handle sich um einen *Meisterschaftsplatz* – was immer das sein mag – entscheidet über den Wert, sondern einzig und allein die Akzeptanz durch die Spieler, die eine Anlage erfolgreich machen.

Jeder erfolgreiche Golfplatz muss zielgruppengerecht sein und in seiner Ausgestaltung funktional den vorgegebenen Zielen entsprechen. Daraus folgt, dass ein Golfplatz, der von Design und Bauqualität seiner Zielsetzung am nächsten kommt und hierdurch wirtschaftlich erfolgreich ist, deutlich höher zu bewerten ist, als ein Platz, der dieses Ziel verfehlt.

3.5 Betreiberkonzepte

In Mitteleuropa herrscht nach wie vor das Clubmodell bei Golfanlagen vor. Bis in die 80er Jahre wurden Golfplätze von *ideellen Vereinen* errichtet. Golfbegeisterte fanden sich zusammen, um Plätze zu bauen. Zumeist fehlte den Initiatoren jegliche spezielle Grundkenntnis über Golfplatzbau, Golfplatzpflege und Clubmanagement. Selbst Initiatoren, die in ihrem Berufsleben erfolgreiche Kaufleute darstellten, erlebten bei ihrem Kontakt zum Golf emotionale Gefühlswallungen, die all zu oft alle erlernten Kaufmannstugenden in Vergessenheit geraten ließen. Über zinslose Darlehen und Spenden sollte das für die Errichtung notwendigen Kapital gesammelt werden, und man war überrascht, wenn trotz schönem Golfplatz und luxuriösem Clubhaus von der angestrebten Mitgliederzahl gerade einmal die Hälfte erreicht wurde. Folge war, dass sehr viele Golfprojekte in Schieflage gerieten und immer noch geraten. Man darf zwar als ideeller Verein keine Gewinne erwirtschaften, dennoch führt ein unprofessionelles Herangehen zwangsläufig zu wirtschaftlichen Katastrophen, weil ja nicht nur das Investment zu bewältigen ist, sondern vor allem der Unterhalt auf Dauer unabhängig von der Mitgliederzahl gleich bleibend zu sichern ist.

Die persönliche Haftung, der sich nun die Vorstände der Golfclubs gegenüber sahen, führte dazu, dass ab Mitte der 80er Jahre den Golfclubs *Trägergesellschaften* zur Seite gestellt wurden, die das persönliche Risiko eingrenzen sollten. Allerdings änderte dies vielfach kaum etwas an der mangelnden Professionalität.

Gängige Modelle sind *Kapitalgesellschaften,* wie AG oder GmbH, wobei Mitglieder entsprechende Anteile erwerben, oder KG-Modelle, bei denen die Mitglieder einen Kommanditanteil übernehmen.

3.6 Abschreibungssituation

Beim Thema Abschreibung ist genau zu unterscheiden zwischen steuerlicher Abschreibung und Wertverlust durch die tatsächliche Wertminderung.

Steuerlich werden Golfplätze genau wie Immobilien innerhalb der Pachtzeit längstens jedoch innerhalb von 30 Jahren abgeschrieben. Allerdings erleidet, wie bereits ausgeführt, ein Golfplatz, der nach den anerkannten Regeln gebaut worden ist, bei sach- und fachgerechter Pflege im Laufe der Jahre keine Wertminderung, sondern erreicht einen immer höheren Reifegrad. Die Rasennarben werden dichter, die Bepflanzung entwickelt sich immer weiter, so dass nach Ablauf der Pachtdauer ein echter Vermögenswert entstanden ist, der, soweit keine Ablösevereinbarungen getroffen sind, an den Grundeigentümer entschädigungslos zurückfällt.

Clubgebäude werden innerhalb der Pachtzeit, längstens jedoch in 30 Jahren, abgeschrieben.

Bei Einbauten in den Golfplatz, wie etwa dem Beregnungssystem, legt man eine Abschreibungszeit von 15 Jahren zu Grunde, die auch dem tatsächlichen Wertverlust entspricht, da das System in großen Teilen erneuerungsbedürftig ist.

Pflegemaschinen und Geräte werden innerhalb von fünf Jahren abgeschrieben, entsprechend dem Wertverlust.

4 Grundlagen und Risiken

4.1 Standortfaktoren – Mikro- und Makrolage

Wie bei allen Immobilieninvestments gilt auch für Golfanlagen, entscheidender Faktor für Erfolg oder Misserfolg ist und bleibt die Qualität und Lage des Standorts. Während in früheren Jahren Anfahrtszeiten von einer Stunde und mehr aufgrund des geringen Golfangebots akzeptiert wurden, sind heute Anfahrtszeiten von mehr als 30 Minuten kaum mehr zu vermitteln. Der Trend geht eindeutig auf Anlagen, die innerhalb von maximal 20 Minuten erreichbar sind. Der Niedergang der Landwirtschaft fördert diesen Trend, da auch in der Nähe von Ballungsräumen im steigenden Ausmaß nicht mehr landwirtschaftlich zu nutzende Ackerflächen zur Verfügung stehen. Die Entwicklung geht eindeutig zu Lasten der Werthaltigkeit älterer Golfplätze, die im weiteren Umfeld von Ballungsräumen vor Jahren entstanden sind.

Übungsanlagen, soweit sie nicht in einer touristischen Anlage integriert sind, bedürfen eines nahen Ballungsraums und sollten grundsätzlich auch mit öffentlichen Verkehrsmitteln erreichbar sein.

Für touristische Anlagen gilt grundsätzlich, je mehr Golfplätze an einem Reiseziel angeboten werden, desto erfolgreicher laufen alle Plätze. Ein isolierter einzelner Golfplatz stärkt zwar die touristische Infrastruktur und bindet damit Gäste, kann aber bei der Zielgruppe der aktiven Golfer gegen die klassischen Golfreiseziele, die ein breites Angebot an Golfplätzen aufweisen, nicht konkurrieren. Dies sollte bei der Konzeption und Planung einer solchen isolierten Golfanlage unbedingt berücksichtigt werden, um einen vertretbaren Kostenrahmen einzuhalten.

4.2 Objektbezogene Faktoren

Grundsätzlich lassen sich nahezu auf allen Geländen bei einer entsprechenden Größe Golfplätze errichten. Dies hat die Vergangenheit gezeigt. Dennoch haben folgende Punkte entscheidende Bedeutung:

- *Topografie:* Ein Golfplatz sollte für alle Altersgruppen begehbar sein. Bei einem topografisch schwierigen Gelände kann dies nur durch erhebliche Erdarbeiten erreicht werden. Darüber hinaus ist der Geländebedarf deutlich höher, was höhere Grunderwerbskosten und auch wesentlich höhere Platzpflegekosten mit sich bringt.

- *Boden:* Die Untergrundbeschaffenheit hat sowohl auf Bau als auch Unterhalt von Golfplätzen einschneidende Bedeutung. Wasserundurchlässige, z. B. lehmige oder felsige Böden benötigen einen großen Aufwand an Entwässerungsmaßnahmen (Drainagen, Oberflächenentwässerung, Auffanggräben etc.), die auf maximale Niederschlagsmengen ausgelegt sein müssen. So trifft man gerade in südlichen Breiten (Costa de Sol) mit Staunen auf gewaltige Wassergräben die fast immer trocken liegen, jedoch bei den seltenen, aber plötzlichen einsetzenden Niederschlägen gerade noch die Wassermassen fassen können.
Kiesige und sandige Böden ersparen teuere Entwässerungsmaßnahmen. Da sie aber sehr schnell trocken fallen, müssen die Beregnungssysteme optimal ausgelegt sein.
Moorige Böden verlangen spezielle stabilisierende Unterbauten bei den konstruktiven Golfplatzelementen, damit diese nicht im Untergrund versinken. Gleichzeitig muss durch unfangreiche Tropdressingmaßnahmen der moorige Oberboden verbessert werden, um im Spielbahnenbereich die Stabilität zu erhöhen.
Felsige Untergründe lassen sich oft nur durch gewaltige und damit sehr teure Sprengmaßnahmen bewältigen, was die Herstellungskosten massiv erhöht.

- *Landschaft:* Landschaftspflegerische Begleitmaßnahmen, die in den meisten Genehmigungsverfahren für die spätere Platzpflege gefordert werden, können Budgets über Gebühr strapazieren: Je größer die Fläche, je höher die Wertigkeit von bestehenden oder im Rahmen des Golfplatzbaus entstandener Biotopstrukturen, desto arbeits- und damit kostenintensiver sind die in den nicht bespielbaren Golfplatzflächen anfallenden Unterhaltsmaßnahmen.

- *Wasser:* Essenziell für die Qualität eines Golfplatzes ist seine Wasserbevorratung. Selbst wenn, wie in vielen Fällen in Mitteleuropa, nur Grüns und Abschläge beregnet werden, so sind für einen 18-Loch-Platz im Minimum ca. 25.000 m³ pro Jahr bereit zu stellen. Gibt es keine bzw. nur eine beschränkte Erlaubnis zur Wasserentnahme aus einem nahe gelegenen Gewässer oder dem Grundwasser, so sind zum Gewinnen von Oberflächenwasser riesige Wasservorratsbecken (Teiche und Seen) anzulegen, um nicht nur die Beregnungsmenge sicher zu stellen, sondern auch die Verdunstungsmenge zu kompensieren.

- *Lage am Wasser:* Während Golfplätze an Binnenseen weniger Gefahren ausgesetzt sind, birgt eine Lage in der Nähe oder direkt an Fließgewässern eine latente Hochwassergefahr. Wenn keine ausreichenden Schutzmaßnahmen getroffen sind oder aus Gründen der Wasserwirtschaft nicht getroffen werden dürfen, können erhebliche Schäden bei Überschwemmungen die Folge sein. Bei Meereslagen dagegen ist der Salzgehalt der Luft zu berücksichtigen, der auf das Rasenwachstum entscheidenden Einfluss hat. Nur durch spezielle Rasensorten und standortgerechte Pflegemaßnahmen kann diese Problematik gelöst werden.

- *Gebäude:* Entscheidend bei der Bewertung von Gebäuden einer Golfanlage ist ihre zielgruppengerechte Konzeption und Funktionalität. Der Wert eines Clubhauses oder Golfbetriebsgebäudes, das noch so großzügig und luxuriös sein mag, wird sich nicht nach DIN errechnen lassen, wenn die Ertragslage des Golfclubs durch immense Unterhaltskosten für das Gebäude geschwächt wird.

- *Sonstiges:* Zu den objektbezogenen Faktoren, die die Wertigkeit einer Golfanlage maßgeblich tangieren, gehören auch infrastrukturelle Einrichtungen, wie Straßen, Oberlandleitungen, öffentliche Versorgungsleitungen. Soweit diese Einrichtungen das Golfgelände nur soweit tangieren, dass hierdurch die Erschließung gesichert ist, sind sie wünschenswert und positiv, wenn diese aber das Gelände durchschneiden, ohne der Erschließung zu dienen, führen sie zumeist zu Problemen und wirken sich negativ im Rahmen der Wertfindung aus.

4.3 Konzeptionelle Faktoren

Bei den konzeptionellen Faktoren ist vor allem die *Vertragssituation* zwischen den Mitgliedern und den Golfclubs oder der jeweiligen Betriebsgesellschaft relevant. Clubs oder Betreibergesellschaften, die auf Eintrittsgelder zur Finanzierung ihrer Anlage angewiesen sind, bieten den Neumitgliedern mangels erzielbarer Spenden oder verkaufbarer Gesellschaftsanteile stattdessen die Möglichkeit, für die Dauer der Mitgliedschaft dem Club oder der Gesellschaft zinslose oder zinsgünstige Darlehen zur Verfügung zu stellen. Zu Pachtbeginn ist das Risiko überschaubar. Geht die Pachtzeit zu Ende und ist keine Verlängerung absehbar, ergeben sich Probleme, da in aller Regel keine entsprechenden Rücklagen geschaffen werden konnten.

4.4 Aspekte der Pachtvertragsgestaltung

Rückbauverpflichtung

Auf Empfehlung der Landwirtschaftsämter werden bei Pachtverträgen gemäß BGB sehr oft *Rückbauverpflichtungen* in den Vertrag geschrieben. Nach Ablauf der Pacht ist das Gelände im ursprünglichen Zustand an den Verpächter zurückzugeben.

Abgesehen davon, dass es widersinnig ist, einen gut gebauten und gepflegten Golfplatz, der ja im Laufe der Zeit an Wert gewonnen hat, nach dreißig Jahren wieder in landwirtschaftliche Flächen umzuwandeln, birgt diese Vertragsklausel enorme wirtschaftliche Risiken. Die tatsächliche Entwicklung des Umweltrechts in der EU ist nicht vorherzusehen. Wenn für einen Rückbau die derzeit geltenden Regelungen zu Grunde gelegt werden, kann man davon ausgehen, dass der Rückbau eines Golfplatzes bereits heute fast den Baukosten für einen neuen Golfplatz entspricht. Es müssen auf die Dauer des Pachtvertrages nicht nur die Erstellungskosten abgeschrieben werden, sondern fast derselbe Betrag für den Rückbau bis zum Pachtende zurückgelegt werden. Erhebliche Probleme für das wirtschaftliche Überleben von Golfanlagen werden hierdurch vorprogrammiert.

Dingliche Sicherung

Zumeist erfolgt die Anpachtung aufgrund der Geländegröße von mehreren Eigentümern. Bei normaler Pacht gemäß BGB würde demnach bei Insolvenz eines einzelnen Verpächters im Versteigerungsfall der Pachtvertrag unwirksam. Das hat zur

Folge, dass der gesamte Golfbetrieb bei Ausfall eines einzigen Verpächters zum Erliegen kommen könnte, wenn der neue Eigentümer das Gelände nicht mehr oder nur zu unannehmbaren Konditionen verpachten will. Deshalb ist für die Werthaltigkeit einer Golfanlage, die auf einem Gelände von mehreren Verpächtern errichtet ist, die dingliche Absicherung der Golfnutzung im Grundbuch unabdingbar.

Verlängerungsoptionen

Wie bereits aufgeführt, führen im Pachtvertrag festgelegte Verlängerungsoptionen nach Ende der Pachtdauer von 30 Jahren zu keiner rechtlichen Bindung.

5 Wertermittlung

Eine Wertermittlung für einen Golfplatz kann gefordert sein, wenn:

1. im Pachtvertrag zwischen Verpächter und Pächter, der zu Pachtbeginn die Kosten für die Errichtung der Golfanlage übernommen hatte, am Pachtende eine Entschädigung für die Investitionen des Pächters vereinbart worden ist,
2. für eine Neuverpachtung durch den Eigentümer ein realistischer Pachtpreis ermittelt werden soll,
3. eine Golfanlage auf einem gepachteten Grundstück während der Pachtzeit von einem Pächter an einen neuen Pächter veräußert werden soll,
4. eine Golfanlage inklusive Grundstück veräußert werden soll,
5. eine Bank Beleihungswertermittlungen durchführt,

wobei der Bewertungsgegenstand – Unternehmen, Grund und Boden inklusive wesentliche Bestandteile, Pachtvertrag, Erbaurechtsvertrag – jeweils genau zu definieren ist.

Die Wertermittlung gemäß Punkt 1 für eine Entschädigungszahlung zum Pachtende kann im Vertrag genau definiert sein, z. B. Ablöse zum Zeitwert oder zum Unternehmenswert. Ist diese nicht klar festgelegt, muss ermittelt werden, welche Entschädigungsregelung dem Wille der Vertragsparteien bei Vertragsabschluss am nächsten kommt.

Bei der Wertermittlung gemäß der Punkte 2, 3 und 4 wird in aller Regel die Frage des Verkehrswertes eine Rolle spielen. Beim Punkt 5 werden ebenfalls Verkehrswerte als Basis für die Ableitung eines Beleihungswertes der Bank relevant sein.

Zur Ermittlung des Wertes eines Golfplatzes sind die entsprechenden Bewertungsmethoden heranzuziehen, wie sie für Immobilien oder Unternehmen angewandt werden. Unter Berücksichtigung der *Eigentums- und Besitzverhältnisse* soll der Wert des Unternehmens „Golfanlage" mit oder ohne Immobilie ermittelt werden. Handelt es sich nicht um einen Eigenbetrieb ist somit genau zu prüfen, wem die einzelnen Bestandteile zuzurechen sind.

Der Verkehrswert der Liegenschaft ist der Preis einer Sache, der im üblichen Geschäftsverkehr nach rechtlichen Gegebenheiten, tatsächlichen Eigenschaften und der sonstigen Beschaffenheit erzielt werden kann. Der Verkehrswert ist letztlich aus dem Sach- und/ oder Ertragswert bzw. dem Vergleichswert abzuleiten. Zur Herleitung des Verkehrswertes finden folgende Bewertungsmethoden Anwendung:

Vergleichswertmethode

Die Vergleichswertmethode scheint dabei, wenig hilfreich zu sein, da aufgrund der Heterogenität der Anlagen und dem Mangel an öffentlich zugänglichen Daten der Transaktionen keine Vergleichbarkeit möglich ist.

Sachwertmethode

Sachwert ist der Wert einer Sache. Er ist der allgemeine Begriff für den Substanzwert eines Bauwerks im Jahre der Herstellung, abzüglich des Wertverzehrs durch Abnutzung (Alterswertminderung). Zum Sachwert muss auch der Wert des Grund und Bodens gezählt werden, die im Rahmen der Vergleichswertmethode herzuleiten ist.

Ertragswertmethode

Der Ertragswert wird aufgrund der Eckdaten Restnutzungsdauer (z. B. Restlaufzeit des Pachtvertrages), nachhaltig erzielbare Einnahmen und Kapitalisierungszinssatz errechnet. Der Ertragswert eines Unternehmens ist der Barwert aller künftig erzielbaren Reinerträge. Dabei ist zu beachten, dass bei der Barwertberechnung des Unternehmens der Kapitalisierungszinssatz ein anderer sein muss, als bei der Ertragswertberechnung auf Grundlage der Pachteinnahmen des Verpächters des Grundstücks, da nur der Verpächter den Liegenschaftszins – also dem aus dem Immobilienmarkt abgeleiteten Kapitalisierungszinssatz – anwenden darf.

5.1 Ermittlung des Sachwertes einer Golfanlage

Entschädigungsklauseln in Pachtverträgen bei Pachtende sehen sehr oft eine *Entschädigung zum Zeitwert* vor. Der Zeitwert einer Sache ist der Wert eines Vermögensgegenstandes zu einem bestimmten Zeitpunkt. Der Zeitwert errechnet sich aus dem Neuwert abzüglich der Wertminderung, die sich aus Alter und Abnutzung ergibt.

Im Falle eines gepachteten Golfgeländes entspricht der Zeitwert dem Sachwert des Golfplatzes, der Maschinen und der Gebäude. Der Sachwert des Golfplatzes und der Gebäude entspricht den Herstellungskosten marktfähiger, wirtschaftlicher Vergleichsbauwerke, abzüglich Wertminderung und Zu- oder Abschlägen wegen besonderer Umstände. Besondere Umstände, die zu einem Zuschlag führen, können z. B. in der optimalen Qualität des Standorts (Erreichbarkeit, Landschaftsbild etc.), der besonderen Attraktivität der Golfanlage als Ausrichter eines großen Turniers und in einem sehr günstigen Pachtpreis begründet sein. Besondere Umstände, die zu Abschlägen führen würden, wären neben einer schlechten Lage durch große Entfernungen zu einem Ballungsraum auch die fehlende dingliche Sicherung des Golfbetriebes im Grundbuch oder eine sehr hohe Pacht. Die besonderen Umstände unterliegen allerdings zumeist sehr subjektiven Einschätzungen, was bei verschiedenen Wertgutachten bezüglich der gleichen Golfanlage zu sehr unterschiedlichen Ergebnissen führen kann.

Soweit Gebäude oder Maschinen geleast sind, werden sie bei der Feststellung des Sachwertes nicht berücksichtigt.

Der Sachwert gemäß §§ 21 ff. WertV einer Golfanlage, die von einem Pächter auf fremdem Grund errichtet worden ist (es erfolgt also keine Bewertung des Grund und Bodens), setzt sich somit wie folgt zusammen:

Sachwert Golfplatz:

Erstellungskosten zum heutigen Tag
./. Abschreibungen Landschaftsbau (für die Pachtdauer, max. 30 Jahre)
./. Abschreibungen Beregnung 15 Jahre (entspricht der Alterswertminderung gem. § 23 WertV)
./. etwa notwendiger Reparatur- und Umbauarbeiten
./. etwa vereinbarter Rückbaukosten
+ möglicher Wertsteigerung durch Reifegrad

Sachwert Gebäude (kein Leasing):

Erstellungskosten zum heutigen Tag
./. Abschreibungen 30 Jahre
./. etwa notwendiger Reparatur- und Umbauarbeiten

Sachwert Maschinen:

Anschaffungswert
./. Abschreibungen fünf Jahre

Sachwert Clubhauseinrichtungen:

Anschaffungswert
./. Abschreibungen 15 Jahre
./. Abschreibungen 5 Jahre
./. GWG

ermittelter Sachwert für Platz, Gebäude, Maschinen und Einrichtungen gesamt
./. etwaiger Mitgliederdarlehen
+ bzw. ./. vor- oder nachteiliger besonderer Umstände (Lage etc.)

= Sachwert der Golfanlage

5.2 Ertragswert

Soll der Unternehmenswert einer Golfanlage ermittelt werden, steht der Ertragswert des Unternehmens im Vordergrund. Dabei ist im Bewertungsfall zu unterscheiden, ob der Golfclub oder die Golfgesellschaft lediglich als Golfplatzbetreibergesellschaft fungiert oder selbst bzw. über eine Schwestergesellschaft Eigentümer von Grund und Boden wird oder ist. Im ersten Falle mindern Pachtzahlungen den Rohertrag, weshalb in dem dann berechneten Unternehmenswert nicht der Wert des Grund und Bodens inkludiert ist. Aus Sicht eines Verpächters oder der Besitzgesellschaft des Golfplatzes würden diese Pachtzahlungen im Umkehrschluss Einnahmen darstellen, die nach Abzug der üblichen Bewirtschaftungskosten und nach erfolgter Kapitalisierung des Reinertrages den Verkehrswert der Liegenschaft darstellt.

Der Ertragswert eines Wirtschaftsgutes ist der kapitalisierte Barwert der künftigen Erträge. Er ist die Summe aller künftigen Erträge innerhalb der Restnutzungsdauer des Wirtschaftgutes, abzüglich der Zinseszinsen der noch nicht fälligen Erträge.

Der Ertragswert ist also abhängig von den „laufenden und nachhaltig" zu erzielenden Erträgen, dem Zinssatz und der wirtschaftlichen Restnutzungsdauer bzw. Restlaufzeit der Erträge. Im Gegensatz zum Sachwert lässt die Ermittlung des Ertragswertes kaum Raum für subjektive Bewertungskriterien, da ausschließlich objektive Zahlen und Fakten als Bewertungsgrundlage dienen.

Beim Ertrag handelt es sich um den Rohertrag, abzüglich der Bewirtschaftungskosten – also um den Reinertrag.

Der jährliche Reinertrag für die Restnutzungsdauer von „n" Jahren wird mit einem jährlichen Zinssatz von „p" Prozent kapitalisiert. Da eine Golfanlage, die zumeist auf fremden Grund errichtet wird, ein Risikoinvestment darstellt, sollte ein Zinssatz nicht unter 10 Prozent angenommen werden.

Ertragswert = Jahresnettoertrag • Kapitalisierungsfaktor (KF)

Der Kapitalisierungsfaktor berücksichtigt den Diskont in Abhängigkeit von der Laufzeit und dem Zinssatz. Er errechnet sich aus der bekannten Formel des Rentenbarwertfaktors (so genannter Vervielfältiger).

Beispiel für die Ermittlung des Nettoertrages aus Sicht der Betreibergesellschaft:

Erlöse	**Aufwendungen**
Jahresbeiträge	Personal
Greenfees (Gastspielgebühren)	Platzpflegeaufwand
Turniernenngelder	Clubhausunterhalt
Driving-Range-Leihbälle	Verwaltung
Sponsoring	Rechts- und Beratungskosten
Restaurant	etwaige Rücklagen für Rückbau
Golfshop	etwaige Rücklagen für Rückzahlung
Sonstige Erlöse	von Mitgliederdarlehen
Gesamterlös	Werbung
	Spielbetrieb
	Gebühren und Abgaben
	sonstiger Aufwand
	Gesamtunterhalt
	Geländepacht*
	Leasing
	Zinsaufwand
	Gesamtaufwand

Gesamterlös ./. Gesamtaufwand = Reinertrag

Ertragswert = Jahresnettoertrag • Kapitalisierungsfaktor (KF)

* Ist oder wird die Betreibergesellschaft oder eine Schwestergesellschaft Eigentümer von Grund und Boden, ist die Geländepacht nicht in Abzug zu bringen. Der Reinertrag erhöht sich dann entsprechend und der kapitalisierte Unternehmenswert versteht sich inklusive Grund und Boden.

5.3 Verkehrswert

Für eine vernünftige Verkehrswertermittlung von Golfplätzen ist unabhängig von Eigentums- oder Besitzverhältnissen sowohl der Sachwert als auch der Ertragswert heranzuziehen, um zu vertretbaren Ergebnissen zu gelangen.

Im Falle der Ermittlung des Verkehrswertes von gepachteten Golfanlagen führt in der Regel ein aus Sach- und Ertragswert errechneter Mittelwert, der zwischen $1/2$ Sachwert/$1/2$ Ertragswert und $1/3$ Sachwert/$2/3$ Ertragswert liegt, zum richtigen Ergebnis. Diese gegebenenfalls notwendige Gewichtung von Ertrags- und Sachwert zur Ableitung des Verkehrswerts ist vom Gutachter ausführlich zu begründen.

5.4 Ideeller Wert

Wenn zum Pachtende, wie unverständlicherweise häufig der Fall, keine Ablöse zwischen Verpächter und Pächter vertraglich vereinbart ist, fallen Golfplatz und Gebäude (nicht Maschinen und sonstige bewegliche Gegenstände) in jedem Falle entschädigungslos an den Verpächter.

Im Falle von Entschädigungsklauseln bei Pachtverträgen wird, wie bereits ausgeführt, zumeist der Zeitwert als Grundlage für die zu leistende Entschädigung vereinbart. Dies führt manchmal zu unbefriedigenden oder ungerechten Ergebnissen.

Zum Beispiel könnte sich für eine Golfanlage, die in einer Toplage in der räumlichen Nähe zu einem Ballungsraum liegt, ein Zeitwert von „0" errechnen, weil sie qualitativ völlig unzureichend gebaut ist, und enorme Investitionen für Reparatur- oder Umbauarbeiten benötigt werden, um langfristig den Standard für einen wirtschaftlichen Betrieb zu sichern. Das Gelände dieses Golfplatzes ist neben der verkehrsgünstigen Anbindung darüber hinaus landschaftlich äußerst attraktiv in ein sehr sensibles Gebiet gebettet und würde heute mit an Sicherheit grenzender Wahrscheinlichkeit nicht mehr genehmigt.

Die Leistung des Pächters, das Baurecht für die Golfanlage und damit eine auf Dauer gesicherte Existenz der Golfanlage begründet zu haben, stellt einen unbestreitbaren *ideellen Wert* dar, der finanziell entschädigt werden sollte.

Die Entschädigung dieses ideellen Wertes wird zunächst von der vertraglich vereinbarten Entschädigung nach Zeitwert nicht abgedeckt und wäre somit auch nicht einklagbar. Allerdings ist dieser ideelle Wert als ein besonderer Umstand anzusehen, der im Rahmen der Sachwertermittlung als Zuschlag einfließen sollte.

6 Bewertungsbeispiel

Im nachfolgenden Beispiel will der Golfbetreiber A die von ihm auf gepachteten Grundstücksflächen errichtete Golfanlage mit Clubhaus, Einrichtung, Maschinen und Geräten an einen anderen Golfbetreiber B veräußern. Das Golfgelände liegt sehr günstig zu einem Ballungsraum. Das Gelände wurde von vier Verpächtern zu gleichen Konditionen angepachtet. Der Pachtvertrag wurde gemäß BGB auf 30 Jahre geschlossen. Die Restpachtdauer des vorgenannten Pachtvertrages beträgt 15 Jahre. Das Golfspiel ist dinglich im Grundbuch gesichert. Es soll der Unternehmenswert der Golfanlage aus Sicht einer Betreibergesellschaft (Pächter) erfolgen.

Die Anlage wird sowohl touristisch als auch als Clubplatz genutzt.

Platz und Gebäude sind 15 Jahre alt. Der Platz entspricht im Baustandard zwar nicht den heute vorherrschenden Regeln, ist aber aufgrund einer sach- und fachgerechten Platzpflege in einem sehr guten Zustand. Das Beregnungssystem wurde ordnungsgemäß nach 15 Jahren erneuert. Clubhaus und sonstige Betriebsgebäude sind den Erfordernissen an das Betreiberkonzept hervorragend angepasst. Der Golfbetreiber bietet den Clubmitgliedern nur befristete Jahresspielrechte an. Die Nachfrage nach Jahresspielrechten ist aufgrund der Lage sehr hoch.

Variante 1: Im Pachtvertrag zwischen Grundeigentümer und Betreiber A wurde *eine Rückbauverpflichtung* zum Ende der Pachtzeit vereinbart, soweit keine Einigung über eine Verlängerung des Pachtvertrages zustande kommt.

Variante 2: Im Pachtvertrag wurde *keine Rückbauverpflichtung* vereinbart.

6.1 Ermittlung des Sachwertes (Betreibergesellschaft ohne Eigentum am Grundstück)

Sachwert Golfplatz	
errechnete Erstellungskosten zum heutigen Zeitpunkt (Abschreibungen:	1. 600.000 Euro
Golfplatz: 1.400.000 Euro auf 30 Jahre	
Beregnung: 200.000 Euro auf 15 Jahre)	
./. Abschreibungen Golfplatz nach 15 Jahren	700.000 Euro
./. Abschreibung Beregnung (ist erneuert)	0 Euro
./. notwendige kleinere Reparaturarbeiten am Platz	60.000 Euro
./. (Variante 1) Rückbaukosten inklusive Entsorgung entsprechen derzeit ca. 80 bis 90 Prozent der Baukosten für einen Golfplatz, da insbesondere die Rasentragschichten der konstruktiven Golfplatzelemente (Grüns und Abschläge) entsorgt werden müssen	1.540.000 Euro
Sachwert Golfplatz Variante 1 (mit Rückbauverpflichtung)	**−700.000 Euro**
Sachwert Golfplatz Variante 2 (ohne Rückbauverpflichtung)	**840.000 Euro**
Sachwert Clubhaus und sonstige Gebäude	
errechneter Anschaffungswert	1.200.000 Euro
./. Abschreibungen (hier: lineare Wertminderung)	600.000 Euro
Sachwert Gebäude	**600.000 Euro**
Sachwert Maschinen	
Anschaffungswert	400.000 Euro
Abschreibung (fünf Jahre)	
./. Maschinen voll abgeschrieben	150.000 Euro
./. Maschinen teilweise abgeschrieben	50.000 Euro
Wert des Maschinenparks nach Abschreibung	200.000 Euro
(Bei gutem Zustand der Maschinen kann der tatsächliche Wert bis zu 300.000 Euro liegen.)	
Sachwert Maschinenpark mittlerer Schätzwert	**250.000 Euro**
Sachwert Gebäudeeinrichtungen	300.000 Euro
./. Abschreibungen (15 Jahre, fünf Jahre und Geringwertige Wirtschaftsgüter GWG)	180.000 Euro
Sachwert Gebäudeeinrichtungen	**120.000 Euro**
Somit ergibt sich für die Golfanlage ein Sachwert in Höhe von	
Variante 1 (mit Rückbauverpflichtung)	**270.000 Euro**
Variante 2 (ohne Rückbauverpflichtung)	**1.810.000 Euro**

6.2 Ermittlung des Ertragswertes (Betreibergesellschaft ohne Eigentum am Grundstück)

Erlöse:	
▪ Jahresbeiträge	800.000 Euro
▪ Greenfees (Gastspielgebühren)	250.000 Euro
▪ Turniernenngelder	50.000 Euro
▪ Driving-Range-Leihbälle	120.000 Euro
▪ Sponsoring	80.000 Euro
▪ Restaurant (Umsatzpacht)	30.000 Euro
▪ Golfshop (Nettoerlös)	120.000 Euro
▪ Sonstige Erlöse	50.000 Euro
Gesamterlös	**1.500.000 Euro**
Aufwendungen (Variante 1 – mit Rückbauverpflichtung):	
▪ Personal	500.000 Euro
▪ Platzpflegeaufwand	150.000 Euro
▪ Clubhausunterhalt	70.000 Euro
▪ Verwaltung	40.000 Euro
▪ Rechts- und Beratungskosten	20.000 Euro
▪ Rücklagen für Rückbau	50.000 Euro
▪ Werbung	60.000 Euro
▪ Spielbetrieb	40.000 Euro
▪ Gebühren, Abgaben	30.000 Euro
▪ sonstiger Aufwand	20.000 Euro
▪ Geländepacht	120.000 Euro
▪ Zinsaufwand	100.000 Euro
Gesamtaufwand (Variante 1)	**1.200.000 Euro**
Nettoertrag Variante 1 (= Erlöse – Aufwand)	**300.000 Euro**

Aufwendungen (Variante 2 – ohne Rückbauverpflichtung):	
▪ Personal	500.000 Euro
▪ Platzpflegeaufwand	150.000 Euro
▪ Clubhausunterhalt	70.000 Euro
▪ Verwaltung	40.000 Euro
▪ Rechts- und Beratungskosten	20.000 Euro
▪ Werbung	60.000 Euro
▪ Spielbetrieb	40.000 Euro
▪ Gebühren, Abgaben	30.000 Euro
▪ sonstiger Aufwand	20.000 Euro
▪ Geländepacht	120.000 Euro
▪ Zinsaufwand	100.000 Euro
Gesamtaufwand (Variante 2)	1.150.000 Euro
Nettoertrag Variante 2 (= Erlöse – Aufwand)	350.000 Euro

Ertragswert Variante 1

Jahreszinssatz = 10 Prozent. Bei diesem Zinssatz handelt es sich im Gegensatz zur Immobilien-Bewertung nicht um einen Liegenschaftszins, sondern um die Verzinsung eines Risikoinvestments.

Restlaufzeit n = 15 Jahre

$$KF = \frac{(1+0{,}1)^{15} - 1}{0{,}1(1+0{,}1)^{15}} = 7{,}61$$

Ertragswert Variante 1 demnach: 300.000 • 7,61 = **2.283.000 Euro**

Ertragswert Variante 2

Ertragswert Variante 2 demnach: 350.000 • 7,61 = **2.663.500 Euro**

6.3 Ableitung des Verkehrswertes: (Betreibergesellschaft ohne Eigentum am Grundstück)

Variante 1 (mit Rückbauverpflichtung)	
Der Verkehrswert der Golfanlage, die von Pächter A an Pächter B veräußert werden soll, errechnet sich aus dem Mittelwert des Sach- und Ertragswertes	
Sachwert	270.000 Euro
Ertragswert	2.283.000 Euro
Summe	2.553.000 Euro : 2 = 1.276.500 Euro
Verkehrswert Variante 1:	**1.280.000 Euro**
Variante 2 (ohne Rückbauverpflichtung)	
Sachwert	1.810.000 Euro
Ertragswert	2.663.500 Euro
Summe	4.473.500 Euro : 2 = 2.236 750 Euro
Verkehrswert Variante 2:	**2.240.000 Euro**

Es zeigt sich deutlich, welche dramatischen Auswirkungen vertragliche Vereinbarungen im Rahmen eines Pachtverhältnisses, wie die Verpflichtung zum Rückbau am Pachtende, auf den Wert einer Golfanlage haben können.

6.4 Ableitung des Verkehrswertes: Besitzgesellschaft/ Verpächter (Besitzgesellschaft oder Verpächter als Grundstückseigentümer)

Soll der Verkehrswert des Golfplatzes aus Sicht der Besitzgesellschaft oder des Verpächters ermittelt werden, muss die nachhaltige Jahrespacht (hier also annahmegemäß 120.000 Euro p. a.) als *Rohertrag* angesetzt werden. Aus dieser Größe leitet sich der *Reinertrag* nach Abzug von *Bewirtschaftungskosten,* die auf den Verpächter entfallen, ab. Im Regelfall trägt der Pächter sämtliche Kosten der Bewirtschaftung und auch die anfallenden Steuern und Abgaben. Berücksichtigt werden müssen neben der Restlaufzeit des Pachtvertrages auch die Kosten für eventuelle Ablösevereinbarungen der Aufbauten. Neben dem Barwert aus der Kapitalisierung der Nettopacht muss auch ein Restwert des Grund und Bodens inklusive Golfanlage nach Ende der Pacht kapitalisiert werden. Der Diskontierungszinssatz wird im diesem Fall ein Liegenschaftszinssatz sein, der für Golfanlagen beispielsweise 4 Prozent betragen kann, also deutlich unter dem vorgenannten Zinssatz zur Diskontierung bei der Unternehmensbewertung notiert.

Literaturhinweise

Hurdzan, M./Boehm, G. (1999): Golfplatzarchitektur, Albrecht Verlag, Gräfelfing 1999.
GTC-Golf & Tourismus Consulting GmbH (2001): Golfmarkt der Zukunft, Kölner Druck und Verlag GmbH, Bonn 2001.
Lach, M./Menger, H. P./von Müllern, H. (2000): Rechtshandbuch für Immobilienmakler, WEKA-Verlag, Kissing 2000.
Kleiber, Simon/Weyers (2002): Verkehrswertermittlung von Immobilien. Kommentar und Handbuch. 4. Auflage, Köln 2002.

Bewertung von Messen und Veranstaltungszentren

Louise Bielzer/Thomas May

1 Einleitung
1.1 Zielsetzung des Beitrages und Hinweise zur Terminologie
1.2 Inhaltliche Eingrenzung und Methodik
1.3 Nutzen und Anwendbarkeit „klassisch" theoretischer Immobilien-Bewertungsansätze

2 Dimensionen von Veranstaltungs- und Messezentren als Grundlage für eine Bewertung
2.1 Die Umfeld- und Standortdimension
2.2 Die Dimension „Hardware"
2.3 Die Dimension „Software"
2.4 Die wirtschaftlichen Dimensionen
2.4.1 Die primärwirtschaftliche Dimension: Betrieb und Organisation
2.4.2 Die sekundärwirtschaftliche Dimension: Umwegrentabilität und Marketingaspekte

3 Exkurs: Messe Frankfurt

4 Interdependenzen der einzelnen Dimensionen

5 Anwendungsgebiete und Chancen einer gesamthaften Immobilienbewertung

1 Einleitung

1.1 Zielsetzung des Beitrages und Hinweise zur Terminologie

Die Notwendigkeit, Veranstaltungszentren (wirtschaftlich) zu bewerten, verstärkte sich zeitgleich mit der zunehmenden Verschärfung der wirtschaftlichen Situation der deutschen Kommunen, die zumeist sowohl im Besitz der Immobilien wie auch für den Betrieb der Einrichtungen verantwortlich sind. Je größer der Druck hinsichtlich geforderter Kosteneinsparungen in den Städten (und Bundesländern) und damit auch für die Veranstaltungszentren und Messen wird, desto mehr werden Optionen wie eine Teil- oder gar Vollprivatisierung von Veranstaltungsimmobilien diskutiert, die in einem ersten Schritt eine Bewertung der Häuser zwingend voraussetzen. Dabei geht es jedoch nicht nur um eine Bewertung der Immobilien-„Hardware", also der eigentlichen Gebäude, sondern darüber hinaus um eine Bewertung des Veranstaltungszentrums in all seinen Dimensionen.

Fraglich ist, ob vor dem Hintergrund, dass Veranstaltungszentren und Messen immer auch eine *politische Funktion* für die sie beheimatenden Kommunen einnehmen, eine ausschließlich *wirtschaftliche Bewertung* der Immobilien nicht zu kurz greift. Veranstaltungszentren oder Messen weisen über die Immobilien hinaus zahlreiche andere materielle und immaterielle „Dimensionen" auf, die in eine Gesamtbewertung des Zentrums oder der Messe über die eigentliche Immobilie hinaus einfließen sollten. Aus diesem Grund geht der hier vorliegende Beitrag davon aus, dass die Bewertung von Veranstaltungszentren und Messen zwar zentral auf einer wirtschaftlichen Bewertungsdimension basieren muss, jedoch aufgrund der genannten zum Beispiel politischen Funktion, die diese Immobilien oftmals auch einnehmen, um komplementäre – nicht leicht greifbare und oftmals nur schwer quantifizierbare – Bewertungsdimensionen – wie beispielsweise die architektonische Ausstrahlung der Gebäude, die Qualität oder geografische Reichweite des Veranstaltungsangebots oder besondere Alleinstellungsmerkmale des Hauses – erweitert werden sollte. Nur so kann dem (Stellen-)Wert, den das Haus für die jeweilige Kommune zum Beispiel auch sekundärwirtschaftlich, politisch oder marketingstrategisch einnimmt, angemessen Rechnung getragen werden, auch wenn dieser Bewertungsansatz über die herkömmlichen wirtschaftlichen Bewertungsansätze von Immobilien hinaus geht.

Der vorliegende Beitrag hat demnach zur Zielsetzung, entsprechend dem oben dargestellten Spannungsfeld von wirtschaftlichen Anforderungen einerseits und politisch-marketingstrategischer Bedeutung andererseits, in dem sich diese Spezialimmobilien bewegen, Maßstäbe für die Bewertung von Veranstaltungszentren und Messen[1] zu entwickeln. Ergebnis soll ein gesamthafter Bewertungsansatz sein, der der Rolle dieser Art von Spezialimmobilien in vollem Umfang gerecht wird. Hierbei ergeben sich bei genauerer Betrachtung also mehrere Herausforderungen, die im Rahmen einer gewöhnlichen Immobilienbewertung im Regelfall so nicht auftreten:

- Notwendigkeit zur klaren Differenzierung zwischen Unternehmens- und Immobilienbewertung,
- Notwendigkeit zur Berücksichtigung von leicht quantifizierbaren, wirtschaftlichen Ergebnissen und gegebenenfalls der Behandlung von „Umwegrenditen" im weiteren Sinne.

Einführend gilt es, darauf hinzuweisen, dass der Terminus *„Veranstaltungszentren"* nicht eindeutig und trennscharf ist und dementsprechend eine sinnvolle Einschränkung der Bedeutungen vorgenommen werden muss. So fasst man gemeinhin sowohl Stadthallen, Kulturzentren und Bürgerhäuser wie auch Mehrzweckhallen, Arenen oder Kongresszentren unter dem Betriff „Veranstaltungszentren" zusammen. Dabei muss beachtet werden, dass all diesen Veranstaltungsimmobilien zwar das generelle Vorhandensein der unten näher behandelten Dimensionen „Standort", „Hardware und Architektur" (Bau), „Software" (Betrieb) sowie „primäre und sekundäre Wirtschaftlichkeit" gemeinsam ist, die Bewertung dieser sehr heterogenen Immobilien jedoch auf unterschiedlichen Gewichtungen der Dimensionen sowie der jeweiligen Nachfrageansprüche beruht und die Berücksichtigung verschiedener Marktspezifika erfordert.

---

1 Der Begriff *„Messen"* bezieht sich im vorliegenden Beitrag ausschließlich auf Messezentren als Veranstaltungsimmobilien, nicht jedoch auf den Veranstaltungstyp „Messe", der sich wiederum in Fach- und Publikumsmessen gliedert und umgangssprachlich zum Beispiel für Veranstaltungen wie die *Internationale Automobilausstellung* oder die *Ambiente* gebraucht wird. Eine (wirtschaftliche) Bewertung des Veranstaltungstypus „Messe" wird im Rahmen dieses Beitrags nicht vorgenommen. Zum Veranstaltungstypus „Messe" vgl. z. B. Kirchgeorg (2003), S. 51–71, hier v. a. S. 65 ff. mit weiteren Nachweisen.

1.2 Inhaltliche Eingrenzung und Methodik

Der nachfolgende Beitrag ist entsprechend den obigen Ausführungen zur Terminologie hauptsächlich dem Untersuchungsgegenstand *Messezentren* und *Mehrzweckhallen* mit einer Kapazität von bis zu 15.000 Besuchern gewidmet. *Großarenen* bzw. überdachte *Stadien* wie zum Beispiel die *König-Pilsener-Arena* in Oberhausen sowie *Kongresszentren* können aus forschungsökonomischen Gründen nachfolgend nur am Rande berücksichtigt werden, wobei die Darstellung grundsätzlich in weiten Teilen auch auf diese Immobilien übertragbar wäre.

Zu beachten ist ferner, dass der vorliegende Beitrag eine möglicherweise vorhandene historische Dimension der Gebäude aus den oben genannten Gründen bei der Entwicklung eines gesamthaften Bewertungsansatzes ebenfalls außer Acht lassen muss. Dennoch seien an dieser Stelle einige Anmerkungen zu dem besonderen Merkmal „historische Dimension" von Veranstaltungsstätten gemacht: Grundsätzlich gibt es gerade im Bereich von Veranstaltungs- und Kongresszentren zahlreiche historische, denkmalgeschützte Immobilien, die sich zum Beispiel aufgrund denkmalschutzrechtlicher Vorgaben sowohl in ihrer wirtschaftlichen wie auch in ihren sonstigen komplementären Bewertungsdimensionen gravierend von „zeitgenössischen" Immobilien unterscheiden und in dieser Hinsicht nicht ohne weiteres mit den modernen Objekten verglichen werden können. Dabei kann es sich um Gebäude zum Beispiel des 19. oder frühen 20. Jahrhunderts wie die *Festhalle Frankfurt* (Baujahr 1909, heute zur *Messe Frankfurt GmbH* gehörig[2]) oder die im wilhelminischen Stil erbaute *Stadthalle Wuppertal* (Baujahr 1900[3]) handeln; aber auch Gebäude der 70er Jahre wie zum Beispiel die für die Olympiade 1972 in München erbaute *Olympiahalle*[4] stehen heute bereits unter Denkmalschutz und erfahren dementsprechend eine andere Bewertung als vergleichbare Hallen ohne dieses Merkmal. Im Rahmen der Ermittlung von Verkehrswerten dieser Immobilien kommen dementsprechend die *Aspekte des Denkmalschutzes* erschwerend bei der Wertfindung hinzu.

Besondere Bedeutung kommt in diesem Kontext dem internationalen Verband „Historic Conference Centres of Europe"[5] zu, der als Selektionskriterien für die Mitgliedschaft folgende Anforderungskriterien nennt, die ein Veranstaltungszentrum erfüllen muss:

---

2 Vgl. zur Festhalle Frankfurt auch www.messefrankfurt.com/corporate/de/festhalle.html vom 9. Februar 2004.
3 Vgl. zur Stadthalle Wuppertal auch www.stadthalle.de vom 9. Februar 2004.
4 Vgl. zur Olympiahalle München auch www.olympiapark.de vom 9. Februar 2004.
5 Vgl. dazu auch www.hcce.com vom 9. Februar 2004.

- „Size of country,
- Financial stability,
- Location (market),
- Reputation,
- Condition and size of building"[6]

Diese Selektionskriterien – vor allem der Aspekt Reputation – zeigen, dass die Bewertung der Veranstaltungsimmobilien für eine Aufnahme in den Verband historischer Kongresszentren Europas über die wirtschaftliche Dimension des Hauses hinaus geht.

Erfolgt eine Bewertung einer denkmalgeschützten Veranstaltungsimmobilie, um beispielsweise eine geplante Investition an einem historischen Veranstaltungsgebäude beurteilen zu können, gilt es, die historische Dimension, die sich sowohl in der Status-quo-Bewertung der Immobilie wie auch in den kalkulierten Investitionskosten niederschlägt, zu berücksichtigen.

Methodisch gliedert sich der nachfolgende Beitrag grundsätzlich in einen theoretischen Teil, der mit einer Untersuchung der Standortdimension, der architektonischen/baulichen Dimension (*„Hardware"*, also dem Bau), der „inhaltlichen" Dimension (*„Software"*, also dem Betrieb) sowie den *wirtschaftlichen Dimensionen* (primäre und sekundäre Wirtschaftlichkeit) der Veranstaltungs- und Messezentren die verschiedenen Grundlagen für eine gesamthafte Bewertung der Immobilien und des Betriebes darstellt. Ferner werden die wechselseitigen Abhängigkeiten der einzelnen Dimensionen dargestellt und untersucht, inwiefern sich aus einer gewichteten Kombination der Dimensionen ein grundlegender Bewertungsansatz ableiten lässt, der nach Bedarf in jedem Einzelfall adäquat angepasst werden kann.

Dem praxisbezogenen Anspruch des vorliegenden Beitrags wird Rechnung getragen, indem sich eine Darstellung der *Messe Frankfurt*, die im Zuge ihrer Um- und Neustrukturierung eine Bewertung erfahren hat, als Exkurs anschließt.

In diesem Beitrag wird von einer Fortführung der gegenwärtigen Nutzung als Veranstaltungsimmobilie *(Existing use value)* ausgegangen. Alternativnutzungen, die den Grund und Boden gegebenenfalls einer höherwertigen Nutzungsform (Stichwort: *„Highest and best use"*) zuführen, werden somit nicht betrachtet.[7] Damit wird die mögliche Anwendung des *Liquidationsverfahrens* oder des *Residualwertverfahrens* hier nicht näher beleuchtet. Auch in der Praxis hat diese Eingrenzung durchaus Relevanz, da die Veranstaltungsimmobilien durchweg eine sehr geringe

---

6   www.hcce.com/contents/membership_criteria.php vom 9. Februar 2004.
7   Vgl. hierzu beispielsweise International Valuation Standards, IVS No. 1.: Market Value.

Drittverwendungsfähigkeit aufweisen und ihr Abriss oftmals mit höheren Kosten verbunden ist, als der Verkehrswert des frei verfügbaren Grund und Bodens rechtfertigt. Als letztes würde eine alternative Nutzung im Regelfall eine Änderung der baurechtlichen Ausweisung des Grund und Bodens erfordern, was in der Praxis eine weitere Herausforderung darstellen würde.

1.3 Nutzen und Anwendbarkeit „klassisch" theoretischer Immobilien-Bewertungsansätze

Um Messen und Veranstaltungszentren bewerten zu können, stehen grundsätzlich verschiedene theoretische Ansätze zur Verfügung, die sich hauptsächlich auf die primärwirtschaftliche Dimension einer Immobilie beziehen. Neben diesen quantitativen Bewertungsmethoden sind qualitative Ansätze, die die Sekundäreffekte[8] einer Messe oder eines Veranstaltungszentrums berücksichtigen (z. B. Imagegewinn für eine Stadt), eher die Ausnahme.

Dementsprechend basiert die Bewertung dieser Spezialimmobilien primär auf der Ermittlung des *Verkehrswertes* gemäß § 194 Baugesetzbuch (BauGB), allerdings unter der Prämisse einer Fortführung der gegenwärtigen Nutzung und unter Verwendung der drei gängigen Verfahren zur Herleitung eines Vergleichs-, Ertrags- oder Sachwertes.

Der Verkehrswert entspricht dem Verkaufswert, d. h. dem Wert, der bei einem Verkauf im gewöhnlichen Geschäftsverkehr zu erzielen wäre. Da üblicherweise der Verkauf von Spezialimmobilien wie Messe- oder Kongressimmobilien nicht im gewöhnlichen Geschäftsverkehr stattfindet, scheidet eine „normale" Wertberechnung als übliches Verfahren aus.

Beim nachfolgenden Versuch, die herkömmlichen Bewertungsverfahren zumindest theoretisch als „Annäherungsverfahren" zu nutzen, werden die Probleme in der Praxis aufgezeigt.

Das *Vergleichswertverfahren*[9] setzt Informationen über zeitnahe Kaufpreise vergleichbarer Immobilien voraus. Da Messen und Veranstaltungsimmobilien Unikate sind, erweist sich dieses Verfahren für eine Bewertung als ungeeignet. Die Privatisierung der Betreibergesellschaft der *Messe Wien* oder die Beteiligung der *Messe Düsseldorf* an der Messe in Brünn könnten zwar Vergleichswerte liefern, werden

---

8   Vgl. dazu z. B. Täger/Penzkofer (2003), S. 135–149.
9   Vgl. §§ 13 und 14 WertV.

jedoch aufgrund einmaliger Standortfaktoren ebenfalls nur als Ansatzpunkte für eine Bewertung fungieren können. Darüber hinaus wird hier deutlich, dass eben nicht nur die „Besitzgesellschaft", respektive die isolierte Immobilie am Markt gehandelt wird, sondern oftmals die „Betreibergesellschaft", wobei dann andere bzw. weitere Werte den Transaktionspreis mitbestimmen. Der Goodwill, die Fähigkeiten des gegenwärtigen Managements, das Inventar des laufenden Betriebes, all diese Aspekte fließen in die oben genannten Verkäufe mit ein, dürfen jedoch nicht bei der Verkehrswertermittlung der Immobilie inkludiert werden. Neben der Heterogenität der Messegelände und -gebäude wird die Vergleichbarkeit also per se auszuschließen sein, da es hierbei in erster Linie um Unternehmensverkäufe *(Share Deal)* und erst in zweiter Linie um die Immobilien *(Asset Deal)* geht.

Der Bodenwert, der im Rahmen der Herleitung des Bodenwertverzinsungsbetrages einen wichtigen Bestandteil für eine Ertragswertberechnung des Grundstücks darstellt, setzt ein entsprechendes Planungs- und Baurecht voraus, welches im Fall von Messen in der Regel jedoch aus einem *Sondernutzungsrecht für Messen* besteht und damit alternative Nutzungen und Verwertungen ausschließt. Der Wert des Grund und Bodens ist damit von der Messenutzung bestimmt und kann nur durch Planungsänderungen beeinflusst werden. Vergleichbare Bodenrichtwerte, die Eingang in die Berechnungen finden könnten, sind im Regelfall nicht im lokalen Umfeld vorhanden und auch ein überregionaler Vergleich ist in der Regel kompliziert.

Neben dieser tendenziell operativen Herausforderung stellt sich grundsätzlich auch die Frage der Anwendbarkeit des *Ertragswertverfahrens* gem. §§ 15 ff. WertV. Ein Bewertungsverfahren soll die im gewöhnlichen Geschäftsverkehr durch die Marktteilnehmer angestellten Überlegungen zur Preisfindung widerspiegeln. Hierzu folgende Überlegung: Der Ertragswert der baulichen Anlagen ist der auf der Grundlage des Ertrages ermittelte Wert der Gebäude und der sonstigen baulichen Anlagen. Werden die Herstellungskosten der baulichen Anlagen für Messe- oder Kongressimmobilien ins Verhältnis zu den aus der Immobilie erzielbaren Erträgen gesetzt, wird schnell ersichtlich, dass die Milliardeninvestitionen in die Infrastruktur oftmals in keinem „realistischen" Verhältnis zu den – wenn überhaupt – bescheidenen direkt quantifizierbaren Erträgen dieser Immobilien stehen. Eine klassische Gewinnerzielungsabsicht der kommunalen Investoren kann deshalb nicht unterstellt werden, was das gesamte Ertragswertverfahren zumindest in diesem Kontext in Frage stellt. Diese Erkenntnis darf jedoch nicht darüber hinwegtäuschen, dass private Investoren, die in diesem Segment aktiv sind, primär renditeorientiert agieren. Erst die Trennung in eine Besitz- und Betreibergesellschaft (vgl. Exkurs zur Messe Frankfurt) schafft die Voraussetzungen, um eine realistische Verkehrswertermittlung von Veranstaltungszentren und Messen auf der Basis von Ertragsüberlegungen vornehmen zu können. In diesen Fällen bestehen im Regelfall Rückmiet- oder Rückpachtverträge, die Hinweise auf eine nachhaltig tragbare Mietverpflichtung geben und in der Folge als Ansatz der Roherträge im Rahmen des Ertragswertverfahrens einfließen können.

Das *Sachwertverfahren,* welches die Bausubstanz als Bezugsgröße heranzieht, ist somit zumindest in Bezug auf den Sachwert der baulichen Anlagen – für den Bodenwert gelten die gleichen Ausführungen wie oben – am ehesten geeignet, einen Verkehrswert der Liegenschaft herzuleiten. Hierbei können die Ansätze gem. WertR 2002 Typ 8-10 der NHK für „Gemeinde- und Veranstaltungszentren, Vereins- und Jugendheime" hilfreich sein. Die Neubaukosten der Kostengruppen 300 und 400 nach DIN (ohne Baunebenkosten jedoch inklusive der Mehrwertsteuer) belaufen sich bei Veranstaltungszentren auf bis zu 2.140,00 Euro pro m^2 Brutto-Grundfläche. In der Gegenüberstellung zu anderen gewerblichen Liegenschaften ist die Erstellung von Messen und Veranstaltungszentren damit vergleichsweise kostspielig. Die Objekte haben eine Lebensdauer von 60 bis 80 Jahren und es müssen ca. 18 Prozent Baunebenkosten veranschlagt werden.

Die an dieser Stelle lediglich kursorisch beschriebenen Ansätze der Immobilienbewertung[10] lassen sich problemlos auf alle Messen und Veranstaltungszentren übertragen, wenngleich sie – wie bereits in der Einleitung des vorliegenden Aufsatzes beschrieben – den Stellenwert der Einrichtungen nicht in vollem Umfang widerspiegeln können.

Es gilt zu berücksichtigen, dass diese Immobilien aufgrund ihrer unter anderem auch politischen Funktion – zum Beispiel als (internationaler) Werbeträger für die Stadt oder Region – bei ihrer Bewertung über die Wirtschaftlichkeit hinaus betrachtet werden können und sollten. Von zentraler Wichtigkeit ist hierbei die Zielsetzung der Bewertung: Handelt es sich bei dem Ziel der Immobilienbewertung um die Beantwortung der Frage, ob sich die Immobilien privatisieren oder sich ein privater Betreiber für die Messe bzw. die Veranstaltungsimmobilie finden ließe,[11] sind fraglos wirtschaftliche Bewertungskriterien ausschlaggebend und von höchster Relevanz. Selbiges gilt für die Überführung der Immobilien in eine reine Besitzgesellschaft. Auch in diesem Fall werden die ausschließlich auf die Immobilien entfallenden Ertragsströme transparent und fassbar gemacht. Ermittelt jedoch zum Beispiel eine Kommune den Wert, den die angesiedelte Veranstaltungsimmobilie für den Standort einnimmt, um beispielsweise den Zuschuss, den sie jährlich für den Unterhalt und Betrieb der Immobilie aufbringt, zu beurteilen, sollten weitere Dimensio-

---

10 Vgl. Simon/Reinhold (2001).
11 Zur Privatisierung von Messegesellschaften vgl. auch Hosch (2003), S. 239–251.

nen des Hauses wie zum Beispiel die Architektur (Alleinstellungsmerkmal und Werbeträger), das Umfeld (städtebauliche Funktion der Immobilie, Stellenwert für einen Stadtteil etc.), die „Software" (Art der durchgeführten Veranstaltungen) oder die zum Teil auch dadurch bedingte (internationale) Ausstrahlung ebenfalls bewertet, zumindest hypothetisch quantifiziert und dementsprechend berücksichtigt werden.[12] Darüber hinaus sind in diesen Fällen also der Unternehmenswert der Betreibergesellschaft und weitere Ausstrahlungseffekte der Immobilie in ihrer Gesamtheit zu erfassen.

Die Praxis zeigt, dass für eine Kommune ebenso wie für mögliche Investoren oder Betreiber – wenngleich in unterschiedlicher Gewichtung – vorwiegend folgende Dimensionen eine Rolle spielen, die sich auch auf die Bewertung einer Immobilie im Status quo oder eben auch auf die Planungen einer neuen Veranstaltungsimmobilie auswirken:

- direktes Umfeld und Standort eines Veranstaltungszentrums oder einer Messe mit Merkmalen wie der weiteren vorhandenen baulichen Infrastruktur wie zum Beispiel Hotels, Potenzialen für weitere Infrastruktur, der Verkehrsanbindung etc.,

- die Architektur bzw. „Hardware" eines Veranstaltungszentrums oder einer Messe,

- die „Software" eines Veranstaltungszentrums oder einer Messe,

- die Wirtschaftlichkeit eines Veranstaltungszentrums oder einer Messe (sowohl die primäre als auch die sekundäre Wirtschaftlichkeit).

---

[12] Reichweiten einer Veranstaltungsimmobilie, die Ausstrahlung eines Hauses, der viel zitierte *Sekundärnutzen* oder das Veranstaltungsportfolio, das möglicherweise auch zum Renommee der Stadt an sich beiträgt, sind zumeist nur schwer zu quantifizieren. Bedingt lassen sich diese Faktoren unter zu Hilfenahme zum Beispiel kommunikationswissenschaftlicher Methoden der Messung und Quantifizierung der Medienpräsenz des jeweiligen Hauses in Zahlen ausdrücken, doch ermöglicht auch dies allein noch keine umfassende Bewertung. Vielmehr bedarf es einer Verknüpfung dieser Untersuchungen zum Beispiel mit weiteren Primärerhebungen wie Umfragen bei Nutzergruppen des Hauses sowie mit den übrigen Dimensionen der Veranstaltungsimmobilie, um so ein differenziertes „Wert-Bild" zu erhalten.

2 Dimensionen von Veranstaltungs- und Messezentren als Grundlage für eine Bewertung

Abbildung 1 zeigt, welche Dimensionen für den erfolgreichen Betrieb eines Veranstaltungszentrums bzw. einer Messe und dementsprechend auch für die Bewertung der Immobilien bei der Fortführung der gegenwärtigen Nutzung wichtig sind. Es gilt zu beachten, dass die einzelnen Dimensionen in enger Wechselwirkung zueinander stehen und zwar individuell betrachtet werden können, nicht jedoch separat als pars pro toto für eine Gesamtbewertung der Immobilie herangezogen werden sollten.

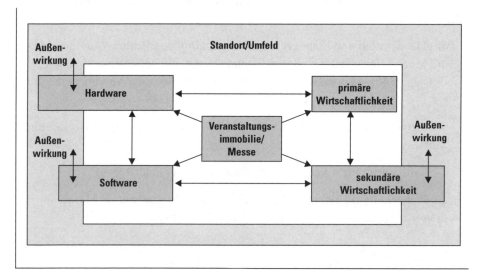

Abbildung 1: Bewertungsdimensionen einer Veranstaltungsimmobilie und ihre wechselseitigen Abhängigkeiten

Grundsätzlich gilt, dass die primäre Wirtschaftlichkeit, die zum Beispiel auch durch die Aufbau- und Ablauforganisation einer Veranstaltungsimmobilie mit bedingt ist, „binnenwirkt", während sich die Dimensionen „Hardware", „Software" und „sekundäre Wirtschaftlichkeit" nicht nur innerhalb des Veranstaltungszentrums, sondern auch im Umfeld desselben sowohl finanziell (Umwegrentabilität) als auch ideell (Imagegewinn, Werbeeffekte etc.) auswirken und somit im Rahmen einer normalen Immobilienbewertung nach WertV nur bedingt einfließen würden.

Nachfolgend werden die Dimensionen Umfeld/Standort, Hardware, Software und Wirtschaftlichkeit sowie Organisation beschrieben und im Hinblick auf ihre Bedeutung für die Bewertung von Veranstaltungsimmobilien eingeordnet.

2.1 Die Umfeld- und Standortdimension

Eine wichtige Rolle spielen bei der Bewertung von Veranstaltungszentren und Messen die so genannten Standortfaktoren, bei denen man gemeinhin auf nationaler Ebene die so genannte *Makro-, Meso- und Mikroebene,* worunter die Region, der Stadtteil und das unmittelbare Standortumfeld zu verstehen sind, unterscheidet.[13]

Im Fall von Veranstaltungszentren und Messen bietet es sich an, die Standortfaktoren unabhängig von ihrer räumlichen Zuordnung in so genannte harte und weiche, eher qualitativ wirkende und in Zahlen nur schwer zu beziffernde Standortfaktoren zu unterteilen. *Harte Standortfaktoren* sind die physischen Determinanten, die das räumliche Umfeld prägen (unter anderem geografische oder grundstücksbezogene Faktoren, Verkehrsstruktur, Baustruktur). Sie unterliegen keiner oder nur einer geringen Veränderung. Zu den harten Standortfaktoren gehören exemplarisch:

- die verkehrliche Erreichbarkeit (Autobahnanbindung, vorhandener Öffentlicher Personennahverkehr etc.) sowie

- die vorhandene Infrastruktur im direkten Umfeld der Veranstaltungsimmobilie (zum Beispiel Mantelnutzung, Hotel, Parkplatzsituation etc.).

Weiche Standortfaktoren sind die ökonomischen, sozio-demografischen und psychologischen Determinanten, die die Qualität und Charakteristik des Umfeldes prägen. Diese wiederum unterliegen einer Veränderung im Zeitablauf. Zu den eher schwierig zu quantifizierenden Standortfaktoren gehören oftmals diese weichen Standortfaktoren, wobei diese Zuordnung nicht zwangsläufig ist. Zu den weichen Standortfaktoren gehören gemeinhin unter anderem folgende Einflussgrößen wie:

- die Bevölkerungszahl und -dichte im Einzugsgebiet der Veranstaltungsimmobilie,

- die Bevölkerungsstruktur im Einzugsgebiet, die vor allem im Hinblick auf die Beurteilung von möglichen Zielgruppen der Veranstaltungen relevant wird (Altersstruktur etc.),

---

13 Vgl. zu Arten und zur Bewertung von Standortfaktoren zum Beispiel Muncke (1996), S. 101–164, hier vor allem S. 111–125.

- die Beschäftigungs- und Einkommensstruktur im Einzugsgebiet,
- der Bekanntheitsgrad und die Attraktivität eines Standortes/Image,
- die „Marke" bestimmter Eigenveranstaltungen oder eines bestimmten Veranstaltungsportfolios oder
- die Qualität des Services gegenüber Veranstaltern und Besuchern.

In eine gesamte Bewertung eines Veranstaltungszentrums oder einer Messe fließen diese Standortfaktoren zwar nur zu einem eher geringen Teil ein (siehe Abschnitt 3), doch stellen sie dennoch einen wichtigen Bewertungsfaktor für ein Haus dar, da die Außenwirkung durch verschiedene Standortfaktoren[14] oftmals nicht unerheblich positiv beeinflusst werden kann.

Außerdem wird der Bodenwert eines Veranstaltungszentrums maßgeblich durch dessen Standortvorteile oder -nachteile bestimmt, da diese letztlich die realisierbare Bodenwertverzinsung, die Bodenrente, determinieren.

2.2 Die Dimension „Hardware"

Die Dimension „Hardware" eines Veranstaltungszentrums oder einer Messe – das heißt die Gebäude per se, die tatsächlich vorhandene Bausubstanz und die Architektur[15] – spielt bei der Bewertung sowohl im Hinblick auf die wirtschaftliche Situation des Hauses als auch im Hinblick auf eine mögliche marketing-strategische Bewertung eine Rolle. So wirkt eine den betrieblichen Anforderungen Rechnung tragende „Hardware" zum einen direkt auf die wirtschaftlichen Zahlen eines Hauses rück *(Betriebsfolgekosten)*, zum anderen bedingt sie für eine Bewertung der Immobilie zentrale Faktoren wie zum Beispiel den erforderlichen Bauunterhalt. Hier sind also die Kernbereiche der Immobilienbewertung bei der Herleitung des Sach- oder Ertragswertes der baulichen Anlagen betroffen.

Häufig bewegen sich Veranstaltungsimmobilien im Spannungsfeld zwischen einer herausragenden Architektur, die zweifelsohne ein *Alleinstellungsmerkmal* darstel-

---

[14] Zu den Standortfaktoren einer Messe vgl. auch aus Sicht eines Oberbürgermeisters: Tiefensee (2003), S. 165–176.
[15] Kurze Anmerkungen aus Architektensicht sind auch folgendem Beitrag zu entnehmen: Braschel (2003), S. 193–201.

len kann[16], und dem späteren Betrieb des Hauses, bei dem die Praktikabilität im Mittelpunkt des Interesses steht. Wird bereits in der Planungsphase eines Veranstaltungszentrums der spätere Betrieb der Immobilie berücksichtigt und zum Beispiel auf ein „betriebsfreundliches" Raumprogramm und eine kurze Wegeführung Wert gelegt, können hohe Betriebsfolgekosten zu großen Teilen vermieden werden. Ist während der Planungsphase keine Berücksichtigung des späteren Betriebes erfolgt, spiegelt sich dies häufig in vergleichsweise weitaus höheren Bewirtschaftungskosten aus Sicht des Betreibers wider, die vor allem bei älteren Immobilien, bei denen die Architektur im ausschließlichen Vordergrund stand und die heute häufig unter Denkmalschutz stehen, auftreten.

Rein quantitativ wird die Dimension „Hardware" dementsprechend bei einer Bewertung von Veranstaltungszentren oder Messen in der primärwirtschaftlichen Situation (betriebliche Aufwendungen) reflektiert. Schwieriger lassen sich die Folgewirkungen der „Hardware" auf die Bewertung einer Immobilie beziffern, zum Beispiel indem die Architektur eine gesteigerte Medienpräsenz eines Hauses bedingt und so zu einem „Wertfaktor" für die Immobilie wird. Doch auch in diesem Fall kann im Mindesten ein fiktiver zusätzlicher „Wert" für eine solche Ausprägung der Dimension „Hardware" angenommen werden. Bei der Verkehrswertermittlung im Wege des Ertragswertverfahrens wird dieser Wert gegebenenfalls durch langfristig erhöhte Einnahmen, da mehr Veranstaltungen angezogen werden, in die Wertfindung einfließen.

2.3 Die Dimension „Software"

Ähnlich wie mit der Dimension „Hardware" verhält es sich mit der Dimension „Software", worunter das Veranstaltungsportfolio (Veranstaltungskalender bzw. Messekalender) einer Veranstaltungsimmobilie ebenso wie die komplementären Angebote (gastronomisches Angebot, weitere Serviceangebote, Merchandising etc.) zu verstehen sind. Der Wert der „Software" eines Veranstaltungs- bzw. Messezentrums lässt sich teilweise nur schwer beziffern, doch spiegelt er sich gegebenenfalls als nicht zu unterschätzender positiver Standortfaktor wider. Beispielhaft lässt sich in diesem Fall auf bestimmte etablierte Eigenveranstaltungen eines Veranstaltungszentrums verweisen, die mit positiven Deckungsbeiträgen zu realisieren sind

---

16 Vgl. zum Beispiel der Olympiapark in München (Architekt Günter Behnisch und Partner aus Stuttgart) oder das erst im Jahr 2000 eröffnete Kultur- und Kongresszentrum Luzern (vgl. dazu auch www.kkl-luzern.ch vom 9. Februar 2004), das unter anderem durch seine Architektur (Architekt Jean Nouvel) zu internationaler Bekanntheit gelangte.

und darüber hinaus einen Imagewert für das Haus darstellen. Damit gewinnt also auch die Güte des gegenwärtigen Betreibers an Bedeutung – wirtschaftet er besser als ein durchschnittlich begabter Betreiber, würde dies auch bei der Verkehrswertermittlung möglicherweise einfließen.

Sofern sich keine quantitative Bewertung der Dimension „Software" ermitteln lässt, sollte wiederum nach einer genauen Analyse dieser Dimension ein fiktiver Wert festgelegt werden, der in die weitere Bewertung mit einfließen kann.

2.4 Die wirtschaftlichen Dimensionen

Die wirtschaftliche Dimension einer Investition in Messen und Veranstaltungsimmobilien wird in der Öffentlichkeit und den politischen Entscheidungsgremien immer kontroverser diskutiert. Waren in Zeiten „voller Kassen" diese Investitionen schnell unter dem Stichwort „Daseinsvorsorge" für einen Wirtschaftsstandort (z. B. Hannover Messe nach dem Zweiten Weltkrieg) oder für die Bürger einer Kommune (z. B. Stadthallen in jedem „Dorf") begründet, werden heute diese Vorhaben kritischer hinterfragt.

Bei der wirtschaftlichen Bewertung einer Veranstaltungsimmobilie müssen in einem ersten Schritt die zwei Dimensionen primäre respektive sekundäre Wirtschaftlichkeit unterschieden werden.

Die *primäre Wirtschaftlichkeit* ergibt sich vereinfacht definiert aus allen Aktionen „innerhalb des Zaunes" einer Veranstaltungsimmobilie, die *sekundäre Wirtschaftlichkeit* hingegen erst im lokalen und regionalen Umfeld dieser Immobilien. Die genauen Schnittstellen sind oft nicht eindeutig, da eine so genannte Mantelnutzung oder ergänzende Nutzung zur Erhöhung der Wirtschaftlichkeit (z. B. ein Messe-Hotel) innerhalb des Zaunes liegen kann, aber konsequenterweise aus der Primärwirtschaftlichkeitsbetrachtung ausgeklammert werden sollte.

2.4.1 Die primärwirtschaftliche Dimension: Betrieb und Organisation

Werden in einem ersten Schritt Veranstaltungsimmobilien primärwirtschaftlich bewertet, sollte eine gedankliche Trennung in Betrieb/Organisation/Inhalte von Veranstaltungshäusern (Software) und Bau/Infrastruktur (Hardware) erfolgen. Das Beispiel der *Messe Frankfurt,* wo nach langen Diskussionen dies auch gesellschaftsrechtlich realisiert wurde, ist die Grundvoraussetzung für eine realistische Bewertung von Veranstaltungsimmobilien.

Gelingt es der Betreibergesellschaft mit ihren Gewinnen/Deckungsbeiträgen aus der Durchführung von Messen und Veranstaltungen

1. die laufenden Betriebskosten der Betreibergesellschaft (z. B. Personal- und Marketingkosten),
2. die laufenden Instandhaltungskosten des Inventars der Betreibergesellschaft (FF & E),
3. einen Gewinn inklusive einer Managementvergütung für die Betreibergesellschaft,
4. die Instandhaltungskosten und sonstigen Bewirtschaftungskosten der Besitzgesellschaft (z. B. intensive Abnutzung/Belastung der Infrastruktur) und
5. die Verzinsung der erfolgten Investitionen (z. B. hoher Flächenverbrauch, aufwendige Technik und Ausstattung)

zu verdienen, wäre die primäre Wirtschaftlichkeit einer Veranstaltungsimmobilie gegeben.

Die primär von der öffentlichen Hand erstellten und betriebenen Messen und Veranstaltungszentren sind bei einer „ehrlichen" Investitionsrechnung – mit dem Ziel der Erwirtschaftung einer angemessenen Gesamtkapitalverzinsung und eines Rückflusses bzw. Werterhaltes der Investitionen *(Return on and of capital)* – primärwirtschaftlich nicht rentabel. Am Beispiel des *Berliner Kongress- und Veranstaltungszentrums ICC*[17] wird deutlich, dass eine in die Jahre gekommene Veranstaltungsimmobilie selbst „geschenkt" nicht aus dem Immobilienportfolio der Stadt Berlin zu eliminieren ist.

Erfolgreiche Beispiele für die Rentabilität von Veranstaltungszentren lassen sich dagegen im Bereich privatwirtschaftlicher Investoren und Betreiber finden (z. B. *Estrel Hotel- und Veranstaltungszentrum*[18] in Berlin, *Schall Messen* in Sinsheim). Somit ist es unter bestimmten Prämissen wie z. B. einer „Quersubventionierung" des Veranstaltungsbereiches durch einen Hotelbetrieb durchaus möglich, eine Veranstaltungsimmobilie wirtschaftlich zu betreiben.

---

17 Vgl. dazu auch www.icc-berlin.de vom 9. Februar 2004.
18 Vgl. dazu auch www.estrel.de vom 9. Februar 2004.

2.4.2 Die sekundärwirtschaftliche Dimension: Umwegrentabilität und Marketingaspekte

Neben dieser rein finanzwirtschaftlichen Perspektive müssen deshalb – insbesondere bei Objekten im Eigentum der öffentlichen Hand – andere Wertetreiber berücksichtigt werden, die qualitativer (z. B. Imagegewinn einer Region als Investitionsstandort) und quantitativer Natur bezüglich des *Sekundärnutzens* sind. Wenn es der Frankfurter Hotellerie beispielsweise während der Messezeit gelingt, den Durchschnittspreis für ein Zimmer zu verdoppeln, wird sehr schnell klar, wo die Potenziale für eine Messestadt liegen.

Die Prozesskette einer Messeveranstaltung muss deshalb als Ganzes gesehen und auch in der wirtschaftlichen Wirkung als Ganzes bewertet werden. Ob und wieweit sich dann eine Basisinvestition in die Veranstaltungsinfrastruktur bewerten lässt, muss im Einzelfall geprüft werden. Zahllose Sekundärnutzenberechnungen (beispielsweise IFO) haben immer wieder versucht, den wirtschaftlichen Gesamtrahmen zu quantifizieren, wenngleich gerade der qualitative Sekundärnutzen (Imageeffekte, siehe oben) methodisch nur schwer plausibel zu berechnen ist.

Die wirtschaftliche Dimension von Messen und Veranstaltungszentren kann sich nicht nur auf das singuläre Einzelinvestment beschränken, sondern muss im *Gesamtkontext* eines Wirtschaftraumes stehen. In jedem Fall ist anzumerken, dass Veranstaltungen Frequenzgeneratoren für die Mobilitätsbranche (z. B. Flughäfen und Airlines), für Hotels und Gastronomie sowie für den Einzelhandel und sonstige Dienstleister sind.

Nach Angaben des Ausstellungs- und Messe-Ausschusses der Deutschen Wirtschaft e. V. (AUMA) beliefen sich allein im Bilanzjahr 2002/2003 die gesamten volkswirtschaftlichen Produktionseffekte, die die Messewirtschaft in Deutschland bedingt, auf rund 23 Milliarden Euro.[19]

---

[19] Vgl. AUMA Ausstellungs- und Messe-Ausschuss der Deutschen Wirtschaft (2003), S. 181.

3 Exkurs: Messe Frankfurt

Die Aufspaltung der *Messe Frankfurt* in eine Besitz- und Betriebsgesellschaft stellt einen ersten Schritt dar, den zukünftigen Anforderungen des Marktes Rechnung zu tragen. Mehr unternehmerische Gestaltungsmöglichkeiten und höhere Flexibilität erhöhen die Marktchancen der Frankfurter Messe.

Ob und wieweit mit diesen Maßnahmen eine Kapitalmarktfähigkeit respektive Privatisierung ermöglicht wird, hängt auch in diesem Fall von einer Bewertung und vom positiven Ausgang einer Wirtschaftlichkeitsbetrachtung aus Sicht des Betreibers sowie des Eigentümers der Immobilien ab. Auch wenn ein privater Betrieb wirtschaftlich darstellbar ist und sich Erlöspotenziale durch eine Privatisierung für die öffentliche Hand ergeben, spielen dennoch weitere Überlegungen bei der Entscheidungsfindung eine Rolle. Neben diesen finanziellen Dimensionen wird sich der öffentliche Gesellschafter beispielsweise genau überlegen, ob der Verlust an Einflussnahme auf die strategische Geschäftsführung für die Stadt Frankfurt ein „lukratives" Geschäft ist.

Bei der Bewertung der *Messe Frankfurt* müssen beide Gesellschaften getrennt betrachtet werden, wobei die „Landlord-Betrachtung" eine völlig andere Vorgehensweise als die „Management-Betrachtung" verlangt. Zum einem wird das immobile Vermögen (die Immobilie), zum andern das mobile Vermögen (die Marke, das Know-how etc.) zu bewerten sein.

Bei der Bewertung der *„Hardware"* ist Folgendes zu berücksichtigen:[20]

- Welchen Wert hat das Sondernutzungsgebiet „Messe" bei einer Grundfläche von 480.000 m^2, wenn keine alternative Nutzung zugelassen wird? Die schleppende Vermarktung der ehemaligen Bahngebiete in unmittelbarer Nachbarschaft der Messe zeigen, dass selbst 1a-Standorte in Frankfurt nicht per se einen Markt haben. Ein fiktiver Bodenwert von 2.000 Euro je m^2 ergäbe einen Wert von rund einer Milliarde Euro für das betrachtete Messegelände.

- Welchen Wert haben die Hallen und sonstigen Gebäude nach dem Sachwertverfahren? Bei einer Ausstellungsfläche von 325.000 m^2 und einer entsprechenden Gastronomie- und Verwaltungsinfrastruktur ergibt sich bei einem Wert von 3.000 Euro je m^2 ein Wert von rund einer Milliarde Euro zuzüglich der sonstigen Infrastruktur in einer geschätzten Größenordnung von rund 0,5 Milliarden Euro.

---

20 Alle Basisdaten sind dem Geschäftsbericht der Messe Frankfurt 2002 entnommen. Ergänzend wurde ein persönliches Gespräch mit dem verantwortlichen Mitarbeiter des Controllings geführt.

- Diesem Sachwert des Grundstücks (Grund und Boden, Gebäude inklusive wesentlicher Bestandteile und Zubehör) in Höhe von 2,5 Milliarden Euro wird eine Verkehrswertberechnung nach dem Ertragswertverfahren gegenübergestellt. Der gesamte Jahresüberschuss/ das Ergebnis aus operativer Tätigkeit der *Messe Frankfurt* liegt zwischen 16 und 28 Millionen Euro in den Jahren 1998 und 2002. Bei einer Renditeerwartung von 7 Prozent ergibt sich damit ein Barwert in Höhe von maximal 400 Millionen Euro, wenn eine „ewige Rente" zu Grunde gelegt wird.

Diese sehr vereinfachte Gegenüberstellung unterschiedlicher Bewertungsverfahren zeigt, welche deutlichen Diskrepanzen je nach Anwendung der einzelnen Bewertungsverfahren auftreten, so dass die Ermittlung eines „realistischen" Veräußerungspreises für Gesellschafter und potenzielle Investoren fast unmöglich ist.

Bei der Bewertung der „*Software*" ist Folgendes zu berücksichtigen:

- Wertetreiber der *Messe Frankfurt* sind die Eigenveranstaltungen mit den entsprechenden Aussteller- und Besucherzielgruppen. Jede dieser Messen muss als Profitcenter betrachtet und bewertet werden. So hat beispielsweise die Musikmesse in Frankfurt einen Markenwert, der durch die Aussteller- und Besucherbindung mit den jeweiligen Deckungsbeiträgen zu definieren ist. Eine „Themen GmbH Musikmesse" mit einem Deckungsbeitrag von fiktiven 5 Millionen Euro wäre beispielsweise ein hochinteressantes Asset im Portfolio der *Messe Frankfurt*. Bei einem Multiplikator von 15 hätte allein die Musikmesse einen Wert von 75 Millionen Euro.

- Die Gastveranstaltungen der *Messe Frankfurt* wie zum Beispiel die *Buchmesse* oder die *Internationale Automobil Ausstellung* (IAA) sind entsprechend ihrer Vertragslaufzeit zu bewerten. Wie die jüngste Vergangenheit gezeigt hat, sind diese Messen sehr volatibel und dadurch nicht wertstabil. Für den Betreiber sind diese Messen bei geringem Deckungsbeitrag eher uninteressant, für den Gesellschafter als Imageträger und für den Sekundärnutzen jedoch hoch willkommen.

- Das Messe-Know-how des Managements und der Mitarbeiter der *Messe Frankfurt* hat insbesondere bei der Globalisierung der Messethemen und dem Transfer in unterschiedliche Kontinente einen hohen Wert. Die börsennotierte, rein veranstaltungsorientierte Messegesellschaft *Reed* als der weltweit größte Messeveranstalter zeigt, dass alleine das „Gewusst wie" bei komplexen Prozessen einen Wert als solchen darstellt.

4 Interdependenzen der einzelnen Dimensionen

Das Beispiel der *Messe Frankfurt* und die Anmerkungen zur Bewertung der Hardware und Software zeigen, wie komplex sich die Bewertung einer Veranstaltungsimmobilie darstellt und wie schwierig es ist, einen „realen" Wert einer solchen Spezialimmobilie zu ermitteln.

Darüber hinaus wurde deutlich, welch unterschiedliche Aussagekraft und Relevanz die errechneten Werte für die unterschiedlichen Zielgruppen (Stadt, Gesellschafter, Investor) haben.

Strebt man eine nicht nur wirtschaftliche, sondern gesamthafte Bewertung von Spezialimmobilien wie Veranstaltungszentren oder Messen an, so gilt es, alle oben dargestellten Dimensionen eines Hauses miteinander zu vernetzen und in die Bewertung differenziert einzubeziehen.

Je nach Zielsetzung, die mittels der Immobilienbewertung erreicht werden soll, spielen die Dimensionen eine verschieden gewichtete Rolle. So werden – wie bereits oben beschrieben – im Fall einer beabsichtigten Privatisierung eines Veranstaltungszentrums wirtschaftliche Kennzahlen für die Bewertung ausschlaggebend sein. Geht es dagegen um eine Argumentation zum Beispiel des städtischen Zuschusses, wobei die zuständige Kommune hinterfragt, was ihr das Veranstaltungszentrum „wert" ist, so werden „weiche" Faktoren wie architektonische Alleinstellungsmerkmale oder eine internationale Ausrichtung und Medienpräsenz des Veranstaltungs- bzw. Messezentrums eine wichtigere Rolle spielen.

Im ersten Fall einer beabsichtigten Privatisierung eines Veranstaltungszentrums können die oben beschriebenen Dimensionen wie in Abbildung 2 dargestellt in die Bewertung einfließen.

Der Zielsetzung entsprechend, auf Basis der Immobilienbewertung eine Privatisierung der Veranstaltungsimmobilie herbeiführen zu können, kommt der primären Wirtschaftlichkeit mit 80-Prozent-Anteil an der Gesamtbewertung die größte Bedeutung zu. Wenn also die primäre Wirtschaftlichkeit einer Veranstaltungsimmobilie nicht gegeben ist und auch nicht möglich erscheint, ist nicht davon auszugehen, dass sich ein privater Investor finden lässt.

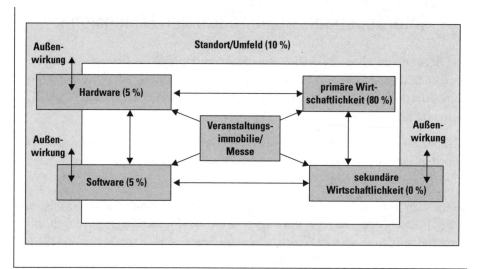

Abbildung 2: Bewertungsbeispiel im Hinblick auf eine Privatisierung einer Veranstaltungsimmobilie

Die Dimension „Standort/Umfeld" fließt zu 10 Prozent in die Bewertung ein; „Hardware" und „Software" werden mit je 5 Prozent berücksichtigt, da sie für einen möglichen privaten Investor zum Beispiel durch ihre Rückwirkungen auf die Betriebsfolgekosten oder die mögliche Medienpräsenz des Hauses und damit z. B. im Hinblick auf die Möglichkeit der Sponsorenfindung durchaus eine gewisse Relevanz haben können. Letztlich können sich die genannten vier Dimensionen alle auf die langfristige Profitabilität und damit wirtschaftliche Situation der Immobilie auswirken, so dass sie bei der Gesamtbewertung berücksichtigt werden müssen. Lediglich die sekundäre Wirtschaftlichkeit dürfte für den potenziellen privaten Investor bei der Entscheidungsfindung keine Rolle spielen.

Im Fall einer politisch motivierten Bewertung einer Veranstaltungsimmobilie könnten die einzelnen Dimensionen wie in Abbildung 3 dargestellt in einer Gesamtbewertung Berücksichtigung finden.

Auch bei dieser Zielsetzung nimmt die primäre Wirtschaftlichkeit einer Veranstaltungsimmobilie mit einem Anteil von 40 Prozent an der Gesamtbewertung den vergleichsweise größten Stellenwert ein, da der kommunale Sparzwang und die Zuweisung von Fördermitteln eine entsprechende Legitimation verlangt. Dennoch spielt sie bei weitem nicht die gleiche Rolle wie im Fall von Privatisierungsbestrebungen, wo sekundärwirtschaftliche Folgewirkungen eines Veranstaltungszentrums nicht berücksichtigt werden.

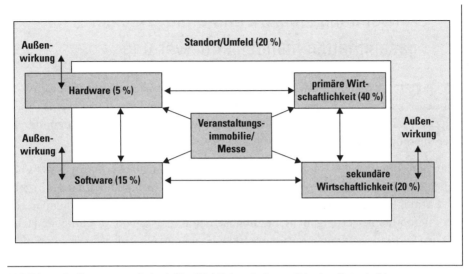

Abbildung 3: Bewertungsbeispiel im Hinblick auf eine politische Entscheidung

Die Dimensionen „Hardware" und „Software" – wiederum aufgrund ihrer Interdependenzen mit der primären und sekundären Wirtschaftlichkeit – fließen mit 5 bzw. 15 Prozent in die Bewertung ein. Der Software wird in diesem Fall eine höhere Relevanz zugewiesen, da sie für die Stadt unabhängig von der sekundären Wirtschaftlichkeit einen zentralen Imagefaktor (Werbewirkung) darstellen kann. Der Dimension „Standort/Umfeld" kommt mit 20 Prozent ein im Vergleich zum ersten Beispiel ebenfalls deutlich größerer Stellenwert zu, da gerade Veranstaltungs- und Messezentren häufig eine wichtige städtebauliche Funktion einnehmen.

Die gleiche Gewichtung kommt im Fall einer politisch motivierten Bewertung einer Veranstaltungsimmobilie der sekundärwirtschaftlichen Dimension zu, also den Folgewirkungen, die die Immobilie zum Beispiel in der ansässigen Wirtschaft, Hotellerie, Gastronomie etc. bedingt. Gerade für eine Stadt spielen diese Sekundärwirkungen eine wichtige Rolle, da ein vernetztes Denken zum Wohl aller am Standort vorhandenen Akteure im Mittelpunkt stehen sollte.

5 Anwendungsgebiete und Chancen einer gesamthaften Immobilienbewertung

Der dargestellte gesamthafte Bewertungsansatz zeigt, inwiefern eine differenzierte Betrachtungsweise und Zusammenführung der einzelnen Dimensionen einer Messe bzw. eines Veranstaltungszentrums eine umfassende Bewertung der Immobilien, über die rein wirtschaftliche Beurteilung hinaus, ermöglicht.

Einer der Vorteile eines solchen gesamthaften Immobilienbewertungsansatzes besteht darin, dass er eine vielschichtige Anwendung und Kommunikation der Ergebnisse ermöglicht. Es muss aber festgehalten werden, dass es auch mit einer derartigen Immobilienbewertung nicht möglich ist, den Interessen der öffentlichen Hand und den partikularen Interessen – zum Beispiel potenzieller Investoren – gleichermaßen Rechnung zu tragen.

Grundsätzlich gilt es, die Ansätze, die für die Bewertung von Messen bzw. Veranstaltungszentren zur Verfügung stehen, je nach Zielgruppe entsprechend auszuwählen und Ziel gerichtet zu kombinieren.

Die *Zielgruppen* lassen sich differenzieren in

1. die öffentliche Hand, vor allem Kommunen, die zumeist Eigentümer und Betreiber dieser Spezialimmobilien sind,
2. das Management einer Messe bzw. eines Veranstaltungszentrums, das für die eigene strategische Planung, aber auch zum Beispiel für die Argumentation in politischen Gremien oder gegenüber den Medien eine Bewertung einzelner oder aller Dimensionen der „eigenen" Immobilie vornehmen muss,
3. Private, zum Beispiel mögliche Investoren oder Partner, die für Formen der Kooperation oder des Public Private Partnership in Frage kommen.

Öffentliche Hand

Für die öffentliche Hand als Zielgruppe bietet sich eine Kombination des gesamthaften und des rein wirtschaftlichen Bewertungsansatzes an, wobei dem gesamthaften Ansatz ein verhältnismäßig hohes Gewicht zukommt, da die bereits oben erwähnten quantitativen und qualitativen Sekundäreffekte einer Messe bzw. eines Veranstaltungszentrums für eine Kommune eine wichtige Rolle spielen. Entscheidet sich eine Kommune, ihr Veranstaltungszentrum rein primärwirtschaftlich zu beurteilen, gilt es unbedingt, die Dimensionen „Bau" (Hardware) und „Betrieb"

(Software, Wirtschaftlichkeit, Personal etc.) getrennt zu bewerten, um Optionen des Public Private Partnership, der Kooperation mit Partnern oder gar die Option einer Schließung des Veranstaltungszentrums, die rein primärwirtschaftlich gesehen in letzter Konsequenz mittel- und langfristig durchaus empfehlenswert erscheinen kann, adäquat beurteilen zu können. Nur auf dieser Basis ist es letztlich für die öffentliche Hand auch möglich, über die Möglichkeiten einer Zuschusssenkung bzw. Deckelung des Zuschusses zu entscheiden.

Management

Eine Bewertung einer Messe bzw. eines Veranstaltungszentrums für die „interne" Zielgruppe „Management" kann ebenfalls auf Basis einer Kombination des gesamthaften Ansatzes und des primär wirtschaftlichen Ansatzes erfolgen. Besteht die Zielsetzung der Bewertung in einer externen Kommunikation der Ergebnisse, sollte dem gesamthaften Ansatz ein stärkeres Gewicht zukommen als wenn es um die strategische weitere Entwicklung des eigenen Hauses geht. In letzterem Fall kann auch die wirtschaftliche Bewertung einzelner Dimensionenbestandteile wie zum Beispiel die Bewertung bestimmter Fachmessen als Veranstaltungen (Bestandteil der Dimension Software) für das Management von Interesse sein, sofern diese beispielsweise ver- bzw. gekauft werden sollen oder eine Partnerschaft mit Privaten angestrebt wird.

Private/potenzielle Investoren oder Kooperationspartner

Im Fall privater/potenzieller Investoren oder Kooperationspartner als Zielgruppe der Immobilienbewertung steht der rein wirtschaftliche Bewertungsansatz oder die oben dargestellte Variante 1 des gesamthaften Bewertungsansatzes, die ebenfalls auf die primäre Wirtschaftlichkeit fokussiert, im Mittelpunkt der Untersuchung. Dabei gilt es wiederum, sowohl den „Bau" als auch den „Betrieb" der Immobilie gesondert zu bewerten, um eine Entscheidungsgrundlage für privates Engagement bieten und die Chancen dafür abschätzen zu können.

Abschließend bleibt festzuhalten, dass eine sinnvolle Kombination der verschiedenen oben dargestellten bzw. entwickelten Immobilienbewertungsansätze in jedem Fall empfehlenswert ist. Wie der Spagat zwischen öffentlichem und partikularem Interesse, zwischen Politik und privater Wirtschaft und zwischen dem Ziel primärer Wirtschaftlichkeit und quantitativen sowie qualitativen Sekundäreffekten gelöst werden soll und kann, kann nach sorgfältiger Prüfung letztlich nur der aktuelle Eigentümer der Veranstaltungsimmobilie im Einzelfall entscheiden.

Literaturhinweise

Auma Ausstellungs- und Messe-Ausschuss der deutschen Wirtschaft (Hrsg.) (2003): Bilanz. Die Messewirtschaft 2002/2003, Bergisch Gladbach 2003.

Braschel, R./Alef, W. R. (2003): Entwicklung von Messegeländen aus der Sicht der Architekten. In: Kirchgeorg, M./Dornscheidt, W. M./Giese, W./ Stoeck, N. (Hrsg.): a. a. O., S. 193–201.

Hosch, R. (2003): Privatisierung von Messegesellschaften: Grundsätzliche Überlegungen zu Geschäftsmodellen. In: Kirchgeorg, M./Dornscheidt, W. M./Giese, W./Stoeck, N. (Hrsg.): a. a. O., S. 239–251.

Kirchgeorg, M./Dornscheidt, W. M./Giese, W./Stoeck, N. (Hrsg.) (2003): Handbuch Messemanagement. Planung, Durchführung und Kontrolle von Messen, Kongressen und Events, Wiesbaden 2003.

Kirchgeorg, M. (2003): Funktionen und Erscheinungsformen von Messen. In: Ders./Dornscheidt, W. M./Giese, W./Stoeck, N. (Hrsg.): a. a. O., S. 51–71.

Muncke, G. (1996): Standort- und Marktanalyse in der Immobilienwirtschaft – Ziele, Gegenstand, methodische Grundlagen, Datenbasis und Informationslücken. In: Schulte, K.-W. (Hrsg.): a. a. O., S. 101–164.

Schulte, K.-W.(Hrsg.) (1996): Handbuch Immobilien-Projektentwicklung, Köln 1996.

Simon, J./Reinhold, W. (2001): Wertermittlung von Grundstücken, Neuwied 2001.

Täger, U. C./Penzkofer, H. (2003): Produktions- und Beschäftigungseffekte von Messen und Ausstellungen. In: Kirchgeorg, M./Dornscheidt, W. M./Giese, W./Stoeck, N. (Hrsg.): a. a. O., S. 135–149.

Tiefensee, W. (2003): Infrastrukturvoraussetzungen an Messestandorten. In: Kirchgeorg, M./Dornscheidt, W. M./Giese, W./Stoeck, N. (Hrsg.): a. a. O., S. 165–176.

Sonstige Quellen

- Geschäftsbericht der Messe Frankfurt 2002
- www.messefrankfurt.com/corporate/de/festhalle.html vom 9. Februar 2004
- www.stadthalle.de vom 9. Februar 2004
- www.olympiapark.de vom 9. Februar 2004
- www.hcce.com vom 9. Februar 2004
- www.hcce.com/contents/membership_criteria.php vom 9. Februar 2004
- www.icc-berlin.de vom 9. Februar 2004
- www.estrel.de vom 9. Februar 2004
- www.kkl-luzern.ch vom 9. Februar 2004

Teil IV

Gastgewerbliche Immobilien

Bewertung von Hotelgrundstücken unter besonderer Berücksichtigung der wirtschaftlichen Rahmenbedingungen

Sven Bienert

1 Grundüberlegungen
1.1 Charakteristika eines „Hotels"
1.2 Betriebstypologien der Hotellerie
1.2.1 Klassische Betriebsarten des Beherbergungsgewerbes
1.2.2 Differenzierung nach der Kategorie
1.2.3 Differenzierung nach der Betriebsgröße
1.2.4 Differenzierung nach Produktarten und Zielgruppen

2 Marktlage und Marktstruktur
2.1 Der europäische Markt – Transaktionsvolumina, Neubautätigkeit, Konzentrationsprozesse
2.2 Der deutsche Markt – Transaktionsvolumina, Neubautätigkeit, Konzentrationsprozesse

3 Besonderheiten im Rahmen des Bewertungsprozesses
3.1 Betrachtungsperspektiven einer Hotelimmobilie – Investor, Betreiber, Gast und Kreditinstitut
3.2 Bewertungsgegenstand – Immobilie als Teil des Unternehmens
3.3 Wertrelevante Aspekte
3.3.1 Grundsätzliche Überlegungen zur Wertrelevanz
3.3.2 Standortbezogene Faktoren
3.3.3 Objektbezogene Faktoren
3.3.4 Betreiberqualität und Branding
3.3.5 Gästestruktur
3.3.6 Finanzierungsumfeld
3.3.7 Vertragstypen und -gestaltung

4 Wahl des Bewertungsverfahrens
4.1 Deutsche und österreichische Bewertungspraxis
4.1.1 Sachwertüberlegungen
4.1.2 Vergleichswertüberlegungen
4.1.2.1 Anwendbarkeit des Vergleichswertverfahrens
4.1.2.2 Benchmarks und deren Quellen
4.1.3 Ertragsorientierung
4.1.3.1 Grundlagen zur Orientierung am Ertrag
4.1.3.2 Betrachtung von Gewinn- und Verlustrechnungen
4.1.3.3 Analyse der Erlöse und Auslastung
4.1.3.4 Analyse der Kostenstruktur
4.1.3.5 Herleitung der Diskontierungs- und Liegenschaftszinssätze
4.1.4 Pachtwertverfahren – umsatzorientierte Bewertung
4.1.5 Ertragswert in besonderen Fällen
4.2 Internationale Bewertungspraxis
4.2.1 Grundlagen der Gewinnmethode – gewinnorientierte Bewertung
4.2.2 Earnings Multiple Method
4.2.3 (Full) DCF-Method

5 Trends und erfolgreiche Strategien in der Hotellerie

6 Zusammenfassung

1 Grundüberlegungen

1.1 Charakteristika eines „Hotels"

Es sieht aus wie eine Immobilie, aber es ist nicht wie eine Immobilie – Hotels sind „anders"! Ein Hotel ist die einzige Nutzungsart, die täglich neu vermietet werden muss.

Hotels werden auch als *„Beherbergungsbetriebe"* bezeichnet bzw. unter diese subsumiert. Das Beherbergungs- und Gaststättengewerbe wiederum wird zusammenfassend als *„Gastgewerbe"* charakterisiert. Der Teilbegriff „Betrieb" macht den starken Unternehmensbezug der Immobilie deutlich, die ohne einen „guten" Betreiber faktisch wertlos ist. Im angloamerikanischen Raum werden Hotels treffend zu den *active property assets* im Gegensatz zu *passive property assets* gezählt. Hotels sind aus diesem Grund nicht nur den klassischen immobilienwirtschaftlichen Risikokomponenten ausgesetzt, sondern zusätzlich den Chancen und Gefahren, die der Betrieb eines Hotels mit sich bringt – beide Komponenten, das „Property risk" und das „Business risk" bedeuten für einen Bestandhalter, dass er (überspitzt gesagt) in zwei verschiedene Anlageklassen investiert und den dortigen Entwicklungen ausgesetzt ist. Durch diese starke Abhängigkeit von einer Änderung der gegenwärtigen Nachfrage sind die Objekte mit einer hohen Prognoseunsicherheit der zukünftigen Einzahlungen behaftet, die mehr oder weniger stark mit der erwarteten gesamtwirtschaftlichen Entwicklung korreliert.

Insgesamt ist ein Hotel somit klar von anderen Gewerbeimmobilien abzugrenzen. Letztlich kann es aus vier Perspektiven betrachtet werden, wobei alle vier Sichtweisen für eine Erfolg versprechende Hotelkonzeption und für die hier im Fokus der Betrachtung stehende Herleitung eines Verkehrswertes berücksichtigt werden müssen:

- Wohnimmobilie – Vermietung an den Hotelgast,
- Betreiberimmobilie – Unternehmer führt das Hotel,
- Gewerbeimmobilie und Anlageobjekt – Investor vermietet/verpachtet das Hotel mit Gewinnerzielungsabsicht,
- Dienstleistungsimmobilie – Hotelgast erhält diverse Serviceleistungen.

Alle vier Bereiche zusammen und die zu beobachtende hohe *Heterogenität* von Hotelimmobilien in Bezug auf Betriebsart, Kategorie, Größe und individueller Produktausgestaltung machen eine differenzierte Betrachtung der unterschiedlichen

Erscheinungsformen der Hotellerie notwendig. Zentral ist, dass die Hotellerie eine sehr dienstleistungsintensive Branche ist, bei der die Immobilie nicht der wichtigste Produktionsfaktor in Bezug auf den Erfolg oder Misserfolg ist, sondern primär die „Verpackung" für den Betriebszweck bildet. Die oben genannte Charakterisierung eines Hotels als Dienstleistungs- und Betreiberimmobilie verdeutlicht die hohe Bedeutung dieser Elemente in Bezug auf die Gesamtkonzeption. Vor diesem Hintergrund muss der für Übernachtungen insgesamt erlöste Umsatz in seine vier Bestandteile aufgelöst werden:

- Nutzung der Immobilie – „Miete" für die Zimmer,
- geleisteter Service/Dienstleistung – „Entgelt" für Betreiber,
- Nutzung des Namens/Prestiges – „Entgelt" für das Image,
- Nutzung der Ausstattung – „Miete" für die Ausstattung.

Da es für Hotelimmobilien charakteristisch ist, dass sie auf die konkrete Nutzung zugeschnitten sind, ergibt sich ein weiteres Gefahrenpotenzial, welches mit der *geringen Drittverwendungsfähigkeit* einer derartigen Liegenschaft zusammenhängt. Die Drittverwendung beschreibt allgemein das Potenzial der Immobilie zur Alternativnutzung. Relativ nahe liegend ist eine Umnutzung zur Seniorenimmobilie, hingegen sind größere Veränderungen notwendig, wenn die Immobilie einer wohnwirtschaftlichen- oder Büronutzung zugeführt werden soll.

Zusammenfassend sind Investitionen in eine Hotelimmobilie langfristig, großvolumig sowie insbesondere risikoreich – damit ist dies keine Assetkategorie für risikoaverse Anleger. Insgesamt ist ein Hotel aufgrund der vorgenannten Eigenschaften als *Spezialimmobilie* zu bezeichnen.

Aus Sicht eines Sachverständigen der Bewertung von bebauten und unbebauten Grundstücken ist die Wertfindung für derartige Objekte mit Herausforderungen verbunden, die weit über das grundlegende Wissen der Immobilienbewertung hinausgehen und spezifische Kenntnisse aus der Hotelbranche voraussetzen. Insbesondere aus dem Bereich der Rechnungslegung muss Wissen vorgehalten werden, um die Inhalte der Jahresabschlüsse des Betriebes im Rahmen der Bewertung korrekt einschätzen und verwerten zu können. Der Gutachter sollte sich auch mit dem Teilmarkt der Hoteltransaktionen bzw. grundsätzlich mit den branchenrelevanten Entwicklungen auseinandersetzen, um Aussagen über die zukünftigen Perspektiven der Immobilie und deren Relevanz für den heutigen Wert ableiten zu können.[1] Daneben muss eine Separation der Ertragsströme und deren Zuordnung zu den ein-

---

1 Vgl. RICS Valuation Group, 1. März 2004, S. 1, § 1.6.

zelnen Bestandteilen des Gesamtkonstruktes „Hotel" bewirkt werden. Auch wenn die Transparenz in Bezug auf die allgemeinen Branchenkennzahlen aus Bewertersicht als relativ gut eingestuft werden muss, so gibt es dennoch Teilbereiche und Eingangsgrößen im Bewertungsprozess, die im Vergleich zu anderen Immobilienarten mit erhöhtem Aufwand hergeleitet bzw. belegt werden müssen. Der anzuwendende Liegenschaftszinssatz (kurz: LSZ) oder die Instandhaltungsproblematik sind exemplarisch Bereiche, für die – eine fundierte Bewertung vorausgesetzt – sehr viel Zeit aufgewendet werden sollte.

Ein Auftrageber für eine Hotelbewertung sollte sich einen Gutachter auswählen, der in diesem speziellen Segment bereits nachweisbar über Erfahrung verfügt. Hierbei ist es sinnvoller, auf einen überregional tätigen (aber branchenerfahrenen) Sachverständigen zurückzugreifen, als unbedingt einen lokalen Sachverständigen (mit möglicherweise eingeschränktem Branchen Know-how) heranzuziehen – fundierte Kenntnisse über den regionalen Immobilienmarkt sind zur Wertfindung wichtig, aber überregionale Zusammenhänge des Hotelgeschäftes sind bei der Mehrzahl der Bewertungsanlässe wichtiger.

Das Potenzial in diesem Bewertungsbereich muss vor dem Hintergrund obiger Ausführungen aus Sicht des Sachverständigen überregional betrachtet werden und ist insgesamt außerordentlich groß. Beschränkt man eine erste Abschätzung auf die reinen Hotelbetriebe in Deutschland, so ergeben sich bei insgesamt ca. 48.500 Betrieben und unter der Annahme von Bewertungsanlässen bei nur 5 Prozent der Hotels jährlich bis zu 2.500 Wertgutachten pro Jahr. Diese werden aus folgenden Gründen und immer für bestimmte Anspruchsgruppen erstellt:

- *Veräußerung:* Kauf/Verkauf durch potenzielle Investoren und Verkäufer (Versicherungen, Banken, offene und geschlossene Fonds, Hotelgesellschaften, Privatinvestoren),

- *Bilanzierung:* Jahresabschlüsse der Bestandhalter im Rahmen des *Fair Value* (IFRS)-Ansatzes bzw. auch bei *fortgeführten Anschaffungs- bzw. Herstellungskosten* (HGB), wenn geprüft werden soll, ob außerordentlicher Abschreibungsbedarf vorliegt,

- *gerichtliche Gutachten,*

- *Finanzierung:* Beleihungswertermittlung durch Banken.

Weiter ergeben sich auch Potenziale im Rahmen der Bewertung von Management- und Pachtverträgen, die ebenfalls unter Barwertgesichtspunkten analysiert werden. Der Bewertungsprozess umfasst prinzipiell dieselben Schritte, wie sie auch bei anderen Bewertungen durchlaufen werden (siehe Abbildung 1).

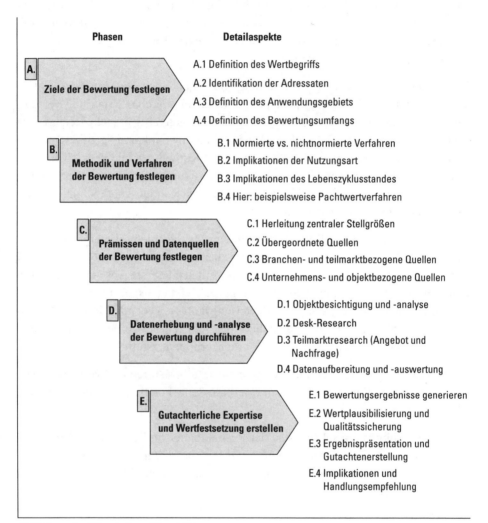

Abbildung 1: Ablauf einer (Hotel-)Bewertung

Der folgende Beitrag geht deshalb insbesondere auf die Anpassungen der „normalen" Bewertungsverfahren und die wesentlichen wertbeeinflussenden Umstände bei Hotelimmobilien ein. In den Ausführungen wird primär die deutsche und österreichische Perspektive eingenommen und dann auf die internationalen – und in der Praxis gängigen – Bewertungsmethoden im Hotelsektor eingegangen.

1.2 Betriebstypologien der Hotellerie

Um eine sinnvolle Bewertung bewirken zu können, sollen hier zunächst die einzelnen Produktformen und Entwicklungstendenzen kurz dargestellt werden.

Ein Hotel ist eine Kombination aus einem Verpflegungs- und Beherbergungsbetrieb. In der Abgrenzung zu Pensionen, Motels, Gasthöfen u. a. wird unter einem „Vollhotel" ein tendenziell besseres Angebot in einem größeren Gebäude verstanden. Betriebe ohne Restauration werden in Deutschland immer noch als „Hotel garni" bezeichnet. Eine normierte Legaldefinition des Begriffs „Hotel" existiert nicht.

Die *Beherbergungsindustrie*[2] kann nach unterschiedlichsten Kriterien differenziert werden, die in ihrer Kombination ein konkretes Hotel eindeutig definieren:

- *Besitzverhältnisse:* Eigentümer- versus Pachtbetriebe,
- *Kooperationsmodelle:* Einzelbetrieb, Hotelkonzern, Franchiseverbünde etc.
- *Standort:* Stadthotel (Innenstadt oder Randlage), Motel, Landhotel, Flughafen oder Bahnhofsnähe, Strandhotel, Kurhotel,
- *Betriebsgröße:* Klein-, Mittel- und Großbetriebe,
- *Beherbergungsgrund, -kategorie, -zielgruppe* etc.

Einige dieser möglichen Differenzierungsmerkmale werden in der Folge näher untersucht.

---

2   Vgl. Höfels u. a. (1998), S. 165.

1.2.1 Klassische Betriebsarten des Beherbergungsgewerbes

Die klassische Einteilung der Betriebsarten erfolgt in erster Linie in Abhängigkeit der Ausstattung und des gebotenen Servicelevels (siehe Tabelle 1):

\	Differenzierung nach der Betriebsart
Hotel (Full-Service-Hotel)	Beherbergungsbetrieb mit angeschlossenem Verpflegungsbetrieb für Hausgäste und Passanten. Es zeichnet sich durch einen angemessenen Standard und entsprechende Dienstleistungen aus. Es sollten mindestens 20 Gästezimmer angeboten werden.
Hotel garni	Betrieb ohne Restaurant, der Beherbergung, Frühstück und Getränke und höchstens kleine Speisen anbietet.
Hotelpension	Betrieb, der sich von Hotels durch eingeschränkte Dienstleistungen unterscheidet. Mahlzeiten werden nur an Hausgäste verabreicht.
Gasthof	Beherbergungsbetrieb, der einem Schank- oder Speisebetrieb angeschlossen ist.
Motel	Beherbergungsbetrieb, der durch seine Verkehrslage, seine Bauart und seine Einrichtung besonders auf die Bedürfnisse des Autotouristen ausgerichtet ist.
Appartementhotel (Boardinghouse)	Hotelbetrieb mit eingeschränktem Dienstleistungsangebot und der Verpflichtung, die vorhandenen Wohnungen und Zimmer hotelmäßig zu nutzen. Es stellt eine Sonderform dar, die bei längeren Aufenthalten für den Gast die Vorteile eines Hotels mit den Annehmlichkeiten einer Wohnung verbindet.

Quelle: Fachgruppe Hotels, DEHOGA

Tabelle 1: Differenzierung von Hotels nach der „Betriebsart"

1.2.2 Differenzierung nach der Kategorie

Informationsasymmetrien entstehen zwischen Gast und Hotelier aufgrund der Möglichkeit der Hoteliers ihre wahre, möglicherweise schlechtere, Dienstleistungsqualität zu verbergen. Der Gast weiß vor Antritt seines Aufenthaltes nicht, ob seine Erwartung an das Preis-Leistungs-Verhältnis der Dienstleistung erfüllt wird. Aus seiner Sicht bedeutet diese Situation, dass letztlich *Qualitätsunsicherheit* herrscht.

Dieser Markineffizienz kann eine klare Klassifizierung der Hotelkategorien begegnen und dadurch Informationsasymmetrien abbauen, sowie damit einhergehende Informationsdefizite eines Gastes reduzieren und dessen Wahrnehmungslücken schließen. Aus Sicht des Gastes kann hierdurch sichergestellt werden, dass seine Erwartung an die Dienstleistung mit hoher Wahrscheinlichkeit nicht enttäuscht wird, da er aus Erfahrung weiß, was er von beispielsweise einem 4-Sterne-Hotel zu erwarten hat. Auch aus Sicht der Hoteliers bedeutet dieses *Signaling* des eigenen Qualitätsniveaus Vorteile, da eine klare und deutliche Zielgruppenfokussierung unterstützt wird.

Einziges Problem an den *„Sternen":* Es gibt keine gesetzlich normierte oder gar international einheitliche Klassifizierung von Hotels. Seit 1962 versuchen die *World Trade Organisation* (WTO) und die *International Hotel Association* (IHA) die Prozesse zur Vereinheitlichung voranzutreiben.[3] Bislang ist jedoch ein 5-Sterne-Hotel in der Landeskategorie beispielsweise der Türkei nicht per se mit einem spanischen Hotel der gleichen Klasse vergleichbar. Der *Deutsche Hotel- und Gaststättenverband* (DEHOGA) hat zumindest für Deutschland seit 1996 Abhilfe geschaffen, indem bundesweit einheitliche Kriterien und Standards zur Klassifizierung definiert wurden, nach denen bereits über 5.000 Betriebe klassifiziert wurden. Die Sterne werden dabei nach dem Grad der Erfüllung folgender „harter" und „weicher" Kriterienbereiche vergeben:

- Gebäude/Raumangebot,
- Einrichtung/Ausstattung,
- Serviceleistungen,
- Freizeitangebot,
- Angebotsgestaltung,
- hauseigener Tagungsbereich.

Auch diese Kriterien und ihre Gewichtung bzw. Relevanz kann sicherlich kritisch hinterfragt werden. Insbesondere im 5-Sterne-Bereich wäre aus Sicht des Gastes eine weitergehende Differenzierung wünschenswert, da die aus der Masse herausstechenden Spitzenbetriebe keine besondere Behandlung erfahren. Das Ritz-Carlton in Berlin hat beispielsweise eine Mindestgröße der Zimmer von 40 m² und rangiert damit weit oberhalb der von der DEHOGA geforderten Benchmark (siehe Tabelle 2).

---

3   Vgl. Höfels u. a. (1998), S. 168 f.

Differenzierung nach der Kategorie			
Kategorie	Beispielsweise Kriterium: Zimmergröße (DZ)	Beispiele	
1* – Tourist	12 m²	Etap, Formule 1	Low-Budget
2** – Standard	16 m²//16–18 m²	Ibis, Holiday Inn Express	
3*** – Komfort	18 m²//18–25 m²	Novotel (teilw.), Maxx, Inter-CityHotels, Best Western (teilw.)	
4**** – First Class	22 m²//25–35 m²	Radisson SAS, Mercure, Mövenpick, Sofitel (teilw.)	
5***** – Luxury	> 26 m²//>35 m²	Vier Jahreszeiten, Kempinski, Hilton (teilw.), Ritz-Carlton, Maritim (teilw.)	High-Budget
6****** +	> 50 m²	Burj Al Arab	

Quelle: DEHOGA, 02.2003//Eigene Erfahrungswerte

Tabelle 2: Differenzierung von Hotels nach der „Kategorie"

Auch ist eine Differenzierung zwischen verschiedenen Produktkategorien erforderlich. Beispielsweise sollten bei Ferienhotels die Zimmer jeweils ca. 2 bis 3 m² größer sein als bei vergleichbaren Stadthotels derselben Kategorie.

In vielen Ländern wurden, teilweise von staatlicher Seite, Anstrengungen unternommen, einen Landesstandard ähnlich der oben genannten Vorgehensweise festzuschreiben. Daneben bestehen verschiedene international anerkannte Hotelführer wie beispielsweise der VATRA-Führer, die von privater Seite Bewertungen der Hotellerie durchführen.

Die Kategorie steht regelmäßig in direkter Verbindung zum Preisniveau, das ein Hotel vertreten möchte. In den vergangenen Jahren war in diesem Kontext in Deutschland und weiten Teilen Europas ein Trend zur Polarisierung zwischen dem sehr niedrigpreisigen Segment *(Low-Budget)* und den exklusiven Angeboten im Hochpreis- bzw. Luxussegment *(High-Budget)* zu beobachten. Dabei war im deutschen Hotelmarkt eine Ambivalenz der Strategien der Hotelbetreiber feststellbar. Gegenwärtig verstärkt beispielsweise die Intercontinental-Hotels-Group (vormals Six-Continents) den Ausbau seiner Budget-Hotelmarke Express-by-Holiday-Inn in Deutschland und NH-Hotels übernahm vor kurzem die Astron-Hotels. Nur wenige Ketten schafften es jedoch, alle Kategorien erfolgreich mit einer eigenen Marke zu bedienen. Der Accor-Konzern mit seinen wesentlichen Brandings Formule1, ETAP, IBIS, Sofitel, Novotel und Mercure kann als ein erfolgreiches Beispiel einer solchen Gesamtmarktbearbeitung angeführt werden. Bei einer gesamthaften Betrachtung war in Europa in den vergangenen Jahren ein Trend zu luxuriöseren Beherbergungsbetrieben erkennbar. Die 4- und 5-Sterne-Häuser konnten sich auch bei einer Durchschnittsbetrachtung besser behaupten, als die Hotelbetriebe der unteren Kategorien.

Die Budget-Idee ist jedoch eine sehr Alte und wurde bereits in den 60er Jahren in den USA eingeführt. Auch die bewusste Marktsegmentierung und damit die Belegung der Bereiche Economy, Mid-Price und Luxury wird von den großen Marktteilnehmern schon sehr lange betrieben. Beispielsweise führte die in der Mittelklasse angesiedelte Hotelkette Holiday Inn bereits in den 80er Jahren zusätzlich ein Luxus- und ein Economyprodukt ein (Crowne Plaza und Hampton Inn), um in allen (damaligen) Teilmärkten vertreten zu sein. In den 90er Jahren wurde in den USA als Fortsetzung des Ecomomy-Bereiches das so genannte *Hard-Budget-Hotel* eingeführt. Betrachtet man die Maslowsche-Bedürfnispyramide, so befriedigt dieses Hotel überspitzt gesagt nur noch das menschliche Grundbedürfnis nach einem „Dach über dem Kopf", ohne zusätzliche Leistungen oder Einrichtungen.

1.2.3 Differenzierung nach der Betriebsgröße

Es lässt sich feststellen, dass die meisten Hoteliers in Deutschland und auch Österreich sowie der Schweiz zum Mittelstand gehören. In der Schweiz haben nur ca. 10 Prozent der Hotels über 100 Betten und nur ca. 3 Prozent mehr als 100 Zimmer. Selbiges gilt für Österreich – hier beschäftigen ca. 80 Prozent der Betriebe weniger als zehn Mitarbeiter.[4] Die durchschnittliche Betriebsgröße deutscher Beherbergungsbetriebe liegt bei unter 50 Zimmern. Insgesamt ist die Hotelbranche im deutschsprachigen Raum als stark fragmentiertes Polypol zu bezeichnen, wobei diese Aussage auf viele Teilbereiche – beispielsweise die Stadthotellerie in den Gravitationszentren – nicht mehr uneingeschränkt zutrifft, da hier der Konzentrationsgrad bereits vergleichsweise hoch ist und viele Hotels zu den Ketten- oder anderen Kooperationsmodellen gehören.

---

4 Vgl. Udolf-Strobl (2003), S. 35; vgl. o. V., Statistik Austria (2003); vgl. o. V., Credit Suisse (2002), S. 55.

Der Mittelstandsbegriff kann anhand von Umsatzklassen eingegrenzt werden, wobei eine branchenabhängige Differenzierung getroffen werden muss. Darüber hinaus sollte auch zwischen der Betriebsgröße der Betriebsstätte „Hotel" und der Größe eine Hotelkonzerns insgesamt unterschieden werden. Nach der Definition des *Instituts für Mittelstandsforschung* werden damit Unternehmen bis zu einer Umsatzgrenze von 50 Millionen Euro oder 500 Beschäftigten beschrieben. Ähnlich stellt sich die Eingrenzung der Kommission der *Europäischen Union* (1996) dar,[5] die von kleinen und mittelständischen Unternehmen (kurz: KMU; small and medium sized Enterprises, kurz: SME) spricht, welche einen Jahresumsatz von höchstens 40 Millionen Euro (1), bei einer maximalen Bilanzsumme von 27 Millionen Euro (2) und höchstens 250 Beschäftigten (3) umfassen, sowie unabhängig in Bezug auf die Besitzverhältnisse sind (4). Vor diesem Hintergrund ist die in Tabelle 3 gewählte Abgrenzung besser geeignet, Hotelkonzerne zu unterscheiden, da in ganz Deutschland nur ca. 15 Hotels einen Jahresumsatz von jeweils über 25 Millionen Euro erwirtschaften.

Unternehmensklasse	Beschäftigte (Anzahl)	Umsatz (Mio. Euro)	Bilanzsumme (Mio. Euro)
Kleinstunternehmen	1–9	< 3	< 2,5
Kleinunternehmen	10–49	< 7	< 5
Mittlere Unternehmen	50–249	< 40	< 27
Großunternehmen	≥ 250	≥ 40	≥ 27

Quelle: Eigene Darstellung in Anlehnung an Bruckner/Hammerschmied, 2003, S. 43
Tabelle 3: Segmentierungkriterien (klein, mittel, groß)

Obwohl in den vergangenen Jahren eine deutliche Entwicklung zu größeren Betriebseinheiten im deutschsprachigen Raum und Europa insgesamt erkennbar war,[6] werden in Bezug auf die Hotelgröße nicht in Europa die Maßstäbe gesetzt. Unter den zehn größten Hotels der Welt, mit jeweils über 3.000 Zimmern befindet sich – außer dem abrissreifen Hotel-Rossija in Moskau – kein europäisches Haus. Die Top 20 werden insgesamt von den Mega-Hotels in Las Vegas dominiert. Das

---

5 Vgl. Bruckner/Hammerschmied (2003) S. 42 f.
6 Vgl. Udolf-Strobl (2003), S. 21: In Österreich stieg die durchschnittliche Betriebsgröße im Beherbergungsgewerbe von 37 Betten (1996) auf 41 Betten (2002).

MGM-Gand-Hotel, Las Vegas, hat über 5.000 Zimmer und das neue Venetian, Las Vegas sogar 6.600! Allerdings gibt es in den USA bereits seit 1927 (das heutige Chicago Hilton) Beispiele von Hotels mit über 3.000 Zimmern.

Dass „Größe" auch in Deutschland erfolgreich sein kann beweist das Estrel-Hotel, Berlin. Dieses größte Hotel Deutschlands mit den insgesamt 1.125 Zimmern überspringt als erstes Haus hierzulande die 50 Millionen Euro Umsatzgrenze. Deutlich wird die Bedeutung einer bestimmten Mindestgröße auch an der Tatsache, dass die Betriebsergebnisse von Hotels mit mehr als 100 Zimmern im Durchschnitt besser sind als die kleinerer Marktteilnehmer (vgl. Abschnitt 4.1.3).

1.2.4 Differenzierung nach Produktarten und Zielgruppen

In einem sehr wettbewerbsintensiven Marktumfeld ist es nahe liegend, dass die Unternehmen versuchen, sich beispielsweise durch *Produktinnovationen* zu differenzieren, um Wettbewerbsvorteile zu erlangen oder bestimmte (Nischen-)Märkte zu besetzen. Die Innovationen orientieren sich bei der Variation von Nutzungsschwerpunkt und Ausstattungsmerkmalen dabei immer an der fokussierten Zielgruppe und deren Wünschen.

So hat beispielsweise die ursprüngliche Differenzierung der Nutzungsarten in *Business- und Ferienhotels* im Laufe der Zeit zu einer starken Aufgliederung innerhalb der jeweiligen Gruppen geführt, die ausgehend von den Gästegruppen zu unterschiedlichen Ausformungen des Produktes „Hotel" geführt haben. Bereits frühzeitig kam es zur Unterscheidung von gewöhnlichen Hotels für Geschäftsreisende und *Tagungs- und Messehotels*. Bei den Ferienhotels wird heutzutage ebenfalls weiter anhand der Lage und Nutzung eine Differenzierung in beispielsweise *Strand-, Kur-, Sporthotels* oder *Hotelschiffe* vorgenommen.

Es ist wenig zielführend, an dieser Stelle die gesamte Evolution der Produkte und Konzepte innerhalb der Hotelbranche zu rezitieren, weshalb nur einige Entwicklungen der jüngeren Vergangenheit exemplarisch angeführt werden sollen. Zu den erfolgreichsten (Nischen-)Produkten zählten neben den bereits erwähnten Luxus- und Low-Budget-Hotels in den vergangenen Jahren:

- Boardinghäuser, Aparthotels,
- All-Suite-Hotels,
- Boutique-, Design-, Kunst-, Themen-Hotels,
- Wellness-, Beauty-Hotels.

Boardinghäuser

Boardinghäuser sind per se keine neue Erfindung, da es sich um das Konzept „Wohnen auf Zeit" (so genannte *extended stay properties*) handelt. Die Kundengruppen sind auch hier unterschiedlich und können Beratungsunternehmen ebenso betreffen wie Montagearbeiter. Langzeitaufenthalte sind dabei insbesondere bei Arbeitsplatzwechseln oder projektbezogenen Aufenthalten sowie bei der Job-Rotation interessant. Alternative bzw. verwandte Begriffe für diese Hotels sind die Bezeichnungen *Residence-Hotel, Aparthotel oder Serviced Appartement*. Geführt werden Boardinghäuser in der Betriebsart „Hotel Garni". Die durchschnittliche Größe der Zimmer bzw. Appartements liegt zwischen 30 und 60 m^2 und die Anzahl bei ca. 50 Einheiten. Charakteristisch sind die durch erhebliche Personalkosteneinsparungen (50 bis 75 Prozent) ermöglichten Preisnachlässe der Zimmerrate bei durchschnittlich höheren Auslastungszahlen (> 75 Prozent). Boardinghäuser maximieren vor diesem Hintergrund den Umsatz über die „Menge", wobei insgesamt die Erlös- und Kostenstruktur starke Unterschiede zu jener von Full-Service-Hotels aufweist. Bei der Konzeption muss bereits entschieden werden, wie umfangreich die gebotene Infrastruktur wie beispielsweise Fitnesscenter, Lounge etc. und der gebotene Service wie beispielsweise Reinigung, Wäscherei etc. sein sollen. Die durchschnittlichen Erlöse pro Übernachtung haben entsprechend auch in diesem Segment eine hohe Bandbreite und reichen von 50 Euro bis über 200 Euro pro Tag. Mittlerweile gibt es in Deutschland über 250 dieser Betriebe, wobei in Zukunft auch hier eine klarere Trennung in die Bereiche Budget, Economy und Luxury erfolgen wird. Erfolgreiches Beispiel des Top-Segmentes ist beispielsweise das INN-SIDE-RESIDENCE-Eurotheum in Frankfurt. Das Marktpotenzial im Bereich der Serviced Appartements haben längst auch die internationalen Hotelketten erkannt und sich mit eigenen Konzepten in diesem Bereich positioniert – beispielsweise Marriotts „Residence Inn" oder Hiltons „Embassy Suites". Viele Hotelketten – insbesondere in den großen Ballungsräumen – begegnen diesem Trend aber auch mit einem Mischkonzept, indem sie bestimmte Etagen ihres Hauses für Langzeitaufenthalte reservieren und entsprechende Anpassungen des Angebotes vornehmen (beispielsweise Lounge auf der Etage oder kostenloser Bügelservice). An dieser Stelle sei angemerkt, dass Boardinghäuser zu den wenigen „Erfindungen" im Hotelgeschäft zählen, die tatsächlich eine neue Nachfrage – nämlich zu Lasten des Wohnungsmarkt – generieren können und nicht nur mit anderen Hotelsegmenten konkurrieren.

All-Suite-Hotels

All-Suite-Hotels folgen einer ähnlichen Überlegung in Bezug auf die Zimmergrößen wie Boardinghäuser. Allerdings sprechen sie nicht primär Langzeitgäste an. Durch die bewusste Reduktion der Funktions- und Verkehrsflächen sowie die Reduktion der Nutzflächen, welche für Restaurants, Bars etc. bei normalen Full-Service-Hotels genutzt werden, können letztlich alle Zimmer mit Wohn- und separatem Schlafraum sowie Bädern ausgestattet werden, die sonst nur bei Suiten, zu den dann damit verbundenen höheren Preisen, üblich sind. Dieses Hotelsegment folgt also dem Trend einiger Kunden, weniger Wert auf die allgemeinen Flächen und Einrichtungen zu legen und stattdessen lieber ein besonders großes Hotelzimmer vorzufinden.

Boutique-Hotels

Boutique-Hotels treten jeweils in einem avantgardistischen, heterogenen Erscheinungsbild auf, wobei die ersten derartigen Häuser bereits zu Beginn der 80er Jahre in den USA entstanden sind.[7] Das Erscheinungsbild soll die Differenzierung vom Wettbewerb ermöglichen und eine USP[8] sichern („One of a kind appeal"), die sich aus Besonderheiten in Bezug auf Architektur bzw. Design, Exklusivität, Ambiente und Serviceleistungen zusammensetzt. Neben der thematischen Ausrichtung ist eine überschaubare Zimmeranzahl ein weiteres Merkmal dieser Hotels. Charakteristisch ist, dass diese Hotels nicht aufgrund ihrer vielen Zusatzeinrichtungen in Bezug auf Wellness, Fitness etc. besucht werden, sondern wegen des Ambientes. Boutique-Hotels verkörpern damit auch eine Art Gegenbewegung zu der stringenten *Corporate-Identity* der Hotelketten, die sich in einem oftmals uniformen Erscheinungsbild der Gebäude äußert. Erfolgreiche Beispiele für ein gelungenes Design-Hotel ist das SIDE in Hamburg. Mittlerweile gibt es auch Hotelketten, die ausschließlich Boutique-Hotels betreiben. Mit über 35 derartiger Hotels gehört die Klimpton-Gruppe heute zu den weltweit führenden Gesellschaften in diesem Segment.

Wellnesshotels

Wellnesshotels waren der wohl bedeutendste Wachstumsmarkt der vergangenen Jahre. Gute Anlagen haben einen Wellnessbereich von ca. 2.000 m²; wobei 1.000 m² als Minimum angesetzt werden sollten. Das Angebot sollte möglichst die

---

7 Vgl. Anhar, HVS International, 13. Dezember 2001.
8 USP – Unique Selling Proposition.

Bereiche Massage, Kosmetik, Fitness und gesunde Ernährung umfassen, wobei bei guten Betrieben ein Mitarbeiter im Wellnessbereich pro vier bis fünf Gästezimmer eingesetzt wird (vgl. auch Abschnitt 5).

2 Marktlage und Marktstruktur

2.1 Der europäische Markt – Transaktionsvolumina, Neubautätigkeit, Konzentrationsprozesse

Der Fremdenverkehr ist innerhalb der meisten EU-Mitgliedsstaaten einer der wichtigsten Wirtschaftsfaktoren, wobei insbesondere ausländische Gäste in vielen Ländern – wie beispielsweise Spanien oder Italien – dominieren und als „unsichtbarer" Export die Wirtschaft stärken. Im Zeitraum 1994 bis 2001 kam es zu einem konstanten Wachstum der Übernachtungszahlen von Touristen in Europa. Dieser Anstieg betrug insgesamt 12,6 Prozent auf nunmehr ca. 1.870 Millionen Übernachtungen.[9] Europa hat einen wesentlichen Anteil am Welttourismus, der im Jahr 2002 insgesamt ca. 700 Millionen Gästeankünfte und fast eine halbe Billion US-Dollar Umsatz generierte. Unter den zehn weltweit wichtigsten Tourismusdestinationen rangieren mit Frankreich, Spanien, Italien, dem Vereinigten Königreich, Österreich und Deutschland insgesamt sechs europäische Länder.[10]

Bezogen auf die Pro-Kopf-Einnahmen aus dem internationalen Reiseverkehr rangiert Österreich im Jahr 2002 mit 1.655 Euro vor der Schweiz; der europäische Durchschnitt beträgt lediglich ca. 500 Euro pro Kopf.[11] Bei der an den Übernachtungen pro Einwohner gemessenen Tourismusintensität verzeichnet ebenfalls Österreich mit über zehn den europäischen Spitzenwert. Deutschland rangiert mit nur 3,5 sogar unter dem europäischen Durchschnitt von ca. fünf Übernachtungen pro Einwohner. In Europa gibt es über 9,5 Millionen Hotelbetten, von denen die meisten in Italien, Deutschland, Frankreich, dem Vereinigten Königreich und Spanien sind. Österreich rangiert hier nur an sechster Stelle.[12]

---

9 Quantitatives Datenmaterial: EUROSTAT (2001).
10 Quantitatives Datenmaterial: World Tourism Organisation (WTO) (2002).
11 Vgl. Udolf-Strobl (2003), S. 7; vgl. WKO (2004), S. 1.
12 Quantitatives Datenmaterial: EUROSTAT (2001).

Betrachtet man den deutschsprachigen Raum genauer, so liegt beispielsweise die Gesamtkapitalrentabilität in Österreich bei 6 bis 8 Prozent, die Umsatzrentabilität bei ca. 3,5 Prozent. Die Anzahl der Betriebe ist in Österreich zurückgegangen und die durchschnittliche Unternehmensgröße steigt kontinuierlich. In den vergangenen Jahren konnten in Österreich regelmäßig leichte Zuwächse bei den Nächtigungszahlen auf nunmehr 118 Millionen p. a. verzeichnet werden. Insbesondere die wirtschaftliche Situation der kleinen und mittelständischen Betriebe ist jedoch als kritisch zu bezeichnen, wobei bereits viele Unternehmen eine negative Eigenkapitalquote aufweisen. Diese Situation wurde auch durch die Insolvenzen der Branche bestätigt, die regelmäßig über dem Durchschnitt der Gesamtwirtschaft notiert. Die Betriebsanzahl steigt nur noch in der 4- und 5-Sterne-Kategorie weiter an. Insgesamt konnte Österreich seine relative Wettbewerbsposition seit 1999/2000 unter den internationalen Tourismusdestinationen jedoch verbessern und die Auslastung leicht steigern.[13] Die Schweiz verzeichnete im vergangenen Jahrzehnt starke Rückgänge bei den Übernachtungen. Die Zahl der Übernachtungen ist von fast 80 Millionen p. a. (1991) auf nunmehr ca. 68 Millionen p. a. gesunken. Im Gegensatz zu beispielsweise Deutschland kommt in der Schweiz die Mehrzahl der Gäste aus dem Ausland. Die Auslastung der ca. 5.700 Schweizer Hotels notiert durchschnittlich bei ca. 50 Prozent, nur im Einzugsgebiet von Genf und Zürich können Werte von über 60 Prozent erreicht werden. Die Umsatzrentabilität liegt bei ca. 6 Prozent[14] und ist damit immer noch besser als der oben genannte österreichische Durchschnitt.

Die Geschäftsentwicklung der Hotellerie ist eng mit der allgemeinen Wirtschaftlage im Bereich der Business- und Tagungsgäste bzw. der Konsumstimmung im Bereich der Ferien-Hotellerie verbunden. Insgesamt kann festgestellt werden, dass sich die internationalen Tourismus-Hotelmärkte in einer Rezession befinden und das Tal erst langsam durchschritten wird. Die anhaltende internationale Wachstumsschwäche der Wirtschaft hat sich in den meisten Ländern deutlich auf die Tourismus- und Freizeitmärkte und damit auch auf die Hotellerie ausgewirkt. Hinzu kommt die Aufwertung des EURO gegenüber dem Dollar, die dazu beigetragen hat, dass sich eine Reise nach Europa für Gäste aus den USA weiter verteuert. Neben dem sich seit langer Zeit sukzessive verschärfendem Wettbewerbsumfeld und der konjunkturellen Schwächephase haben weitere Sondereinflüsse wie beispielsweise der „11. September",[15] der „Irak-Krieg" und die „SARS-Epedemie" der Branche insgesamt schwer zugesetzt und die einsetzende Erholung in vielen Märkten ab

---

13 Vgl. Udolf-Strobl (2003), S. 35; vgl. o. V., STATISTIK AUSTRIA (2003).
14 Vgl. o. V., CREDIT SUISSE (2002), S. 55 f.; vgl. BFS (2002), S. 8 ff.
15 Vgl. Taylor, Lodging Hospitality (15. Mai 2003), S. 43.

dem Jahr 2001 wieder beendet. Von diesen externen Einflussfaktoren waren die verschiedenen Segmente in den Bereichen der Geschäfts- und Privatreisenden gleichermaßen – wenn auch nicht in gleicher Intensität – betroffen. Gegenwärtig kann die Marktlage in den wichtigsten europäischen Zielmärkten insgesamt als „schwierig und kompliziert" bezeichnet werden.

In den europäischen Teilmärkten sanken aufgrund der vorgenannten Einflüsse die Erlöse pro vermietbarem Zimmer in 2003 – bekannteste Ausnahme dieser Entwicklung war Wien. Positive Impulse sind jedoch schon wieder in London wirksam. Dort haben sich die Auslastungszahlen mittlerweile erholt und notieren bei über 74 Prozent.

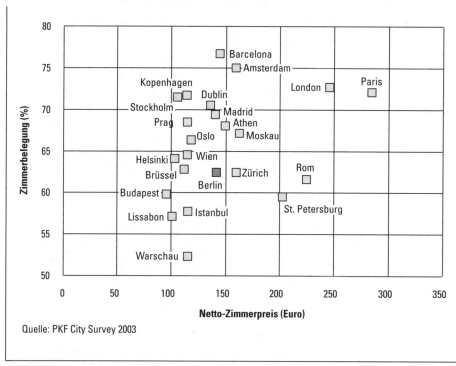

Abbildung 2: Zimmerpreise und -auslastung in europäischen Städten

Aufgrund der langsam wieder anziehenden Weltkonjunktur haben insbesondere die großen international agierenden Hotelkonzerne seit Ende 2003 bzw. Anfang 2004 eine Belebung des Geschäfts gespürt. Dass die Nachwirkungen der SARS-Krise überwunden sind, belegt auch die Auslastung von Hongkonger Hotels. Diese notiert wieder bei über 80 Prozent – ein Wert vom dem die Mehrzahl der Hoteliers in Europa nur träumen kann. Der Ausblick in Bezug auf die künftige Umsatzentwicklung ist bei einer aggregierten Betrachtung des europäischen Gastgewerbes weiterhin mit großen Unsicherheiten behaftet. Die Situation im Mittleren Osten ist nach wie vor angespannt, die Konjunktur in Europa hat sich noch nicht nachhaltig erholt und Überkapazitäten sind in vielen Märkten die Regel. Insgesamt sind die geschäftlichen Rahmenbedingungen der Hotellerie nach wie vor als labil zu bezeichnen.

Auch große Ketten wie beispielsweise die Schweizer Mövenpick-Gruppe oder die deutsche Dorint-Gruppe konnten sich der allgemeinen Marktentwicklung nicht entziehen. Aus Shareholder-Value-Perspektive ist es vielen Hotelkonzernen oftmals nicht gelungen, eine Wertmehrung des Vermögens zu erwirtschaften, was die teilweise deutlich negativen operativen Ergebnisse verdeutlichen.[16] Die vergangenen Jahre brachten jedoch vor allem für die unabhängigen Kleinbetriebe große operative Herausforderungen mit sich. Diese Herausforderungen konnten oftmals nicht bewältigt werden, was zu einer weiteren Verstärkung der *Konzentrationsprozesse* innerhalb der Branche beitrug. Die Eigenkapitalausstattung und auch die Rentabilität dieser Betriebe sind insbesondere bei den mittelständisch geprägten Unternehmen unterdurchschnittlich und machen diese auch in Zukunft anfällig. Insgesamt kommt erschwerend hinzu, dass Hotelzimmer den Markt naturgemäß auch in Schwächephasen nicht verlassen und Überkapazitäten nicht einfach „vom Markt" genommen werden können. Hierzu ein Beispiel: Die Produktion eines sich nicht optimal verkaufenden Luxusautos kann gedrosselt werden, ein Luxushotel kann jedoch gegebenenfalls nur im „Ganzen" geschlossen werden. Auch im Fall der Schließung unrentabler Betriebe entstehen dessen ungeachtet hohe Einmalaufwendungen – beispielsweise für den Personalabbau. Unabhängige Hotels können sich in diesem fortschreitenden Konzentrationsprozess ihre Eigenständigkeit beispielsweise durch einen Beitritt zu einer der erfolgreichen *Kooperationslösungen* wie beispielsweise:

- *Romantik-Hotels* (191 Hotels in zwölf Ländern),
- *The Leading Hotels of the World* (400 der weltweit besten Hotels),
- *Relais & Chateaux* (450 Mitgliedsbetriebe in 50 Ländern),
- *Best Western* (4.027 Hotels weltweit, davon 1.243 in Europa) oder
- *Small Luxury Hotels of the World* (über 300 Hotels weltweit).

bewahren. Die Hotelkooperationen agieren im Markt ähnlich wie Hotelketten und vertrauen dabei insbesondere auf eine starke und bekannte „Marke".

---

16 Vgl. o. V., Geschäftsbericht Dorint (2002), S. 2 ff.; vgl. o. V., Geschäftsbericht Mövenpick (2002), S. 1 ff.

Hotelmarken in Europa		
Rang	Markenname (Brand Name)*	Zimmeranzahl (Total Of Number of Rooms)
1.	Ibis	55.448
2.	Mercure	45.883
3.	Novotel	36.417
4.	Hilton	32.833
5.	Holiday Inn	28.573
6.	Radisson SAS	23.748
7.	Scandic Hotels	23.665
8.	Campanile	23.308
9.	Formule 1	22.583
10.	Quality Hotels	21.130
11.	Sol	19.785
12.	Marriott Hotels, Resorts & Suites	16.433
13.	Dorint	15.805
14.	Etap Hotel	15.795
15.	Sheraton Hotels & Resorts	15.590
16.	RIU Hotels	15.242
17.	Travel Inn	15.147
18.	Comfort Hotels	14.872
19.	Melia	13.320
20.	Premiere Classe Hotels	13.265

* Ohne die Marke „Best Western" mit gegenwärtig ca. 79.000 Zimmern in Europa.

Quelle: IHR-II/PwC European Hotel Groups Database 2002 (www.ihr-ii.co.uk)

Tabelle 4: Meist verbreitete Hotelmarken in Europa

Die oben genannten Hotelmarken oder Brands sind meistens nicht unabhängig. In der Regel werden in einem Hotelkonzern mehrere Marken für die verschiedenen Kategorien geführt. Zu den größten Hotelgesellschaften in Europa zählen neben den Marktführern Accor (F), Best-Western (USA) und Intercontinental-Hotels-Group (ehemals Six-Continents) (GB) mit jeweils weit über 70.000 Zimmern in Europa auch beispielsweise die Choice-Hotels-Europe (GB), Hilton-International-Group (GB), NH-Hotels (E) oder Sol-Melia (E).

Nach den Anschlägen in den USA durchzog ein Schockzustand die internationale Tourismuslandschaft. Dies hat nicht nur Auswirkungen auf die Anzahl der Übernachtungen gehabt, sondern auch zu einem beinahen Stillstand in Bezug auf den Verkauf von größeren Hotels geführt, von dem sich die Branche erst langsam wieder erholt. Während die Aktienkurse – und damit auch die Immobilienwerte – der amerikanischen Hotelgesellschaften direkt nach den Anschlägen durchschnittlich um 30 Prozent einbrachen, fiel die Kurskorrektur bei den europäischen Gesellschaften mit „nur" 20 Prozent etwas moderater aus. Im Jahr 2001 konnte dennoch ein Höchststand an Hoteltransaktionen im 4- und 5-Sterne-Bereich (aufgrund der Aktivitäten *vor* dem 11. September) von ca. 3,2 Milliarden Euro registriert werden.[17] Insgesamt haben die europäischen Hotelverkäufe seit 1991 stetig um jeweils 14 Prozent p. a. zugenommen, wobei sich der Anstieg bis 2000/2001 beschleunigte und dann nach einer kurzen Korrektur wieder zunahm.[18] Im Jahr 2003 wurden am europäischen Hotelinvestmentmarkt trotz allgemeiner Wirtschaftsflaute wieder Rekordumsätze erwirtschaftet. Neben einem hohen Transaktionsvolumen am Bestandsmarkt ist gegenwärtig in Europa auch eine (zu) rege Bautätigkeit festzustellen. Beide Entwicklungen sind auch mit der großen Liquidität der institutionellen Investoren, der allgemein zunehmenden M & A-Aktivität, den ungebremsten Expansionsplänen einiger Betreiberketten sowie den Sale-and-Leaseback-Transaktionen der großen Hotelgesellschaften zu erklären und beruhen somit nicht zwangsläufig auf den Fundamentaldaten der Branche.[19] Die weitere Entwicklung am Hotel-Investmentmarkt wird von den meisten Anlegern für das Jahr 2005 positiv beurteilt.

Die rückläufige Auslastung und sinkenden Zimmerpreise der vergangenen Jahre hatten auch Auswirkungen auf die realisierten Verkaufspreise von Hotels. Die Hotelwerte in Europa sind in den Jahren 2001/2002 nach einer langen Phase des Anstiegs erstmals wieder gesunken – allein im Jahr 2002 kam es zu einer Reduktion der durchschnittlichen Verkaufspreise je Zimmer *(Average Price per Room)* in

---

17 Vgl. Forster/Bock (2002), S. 1.
18 Vgl. JLLS, Hotel Investment Strategy (2003), S. 21.
19 Vgl. Astbury u. a., JLLS (12.2002), S. 1.

Höhe von 30 Prozent.[20] Diese Entwicklung sollte jedoch weiter hinterfragt werden. So ist es beispielsweise logisch, dass Verkäufer von Objekten mit einer noch akzeptablen Auslastung die Schwächephase lieber noch überbrücken wollen und dann erst den Exit – mit entsprechend besseren Preisen – planen, wohingegen ohnehin schlechte Objekte aufgrund der nochmals verschärften Rahmenbedingungen nun um jeden Preis verkauft werden müssen.

Für die wichtigsten Märkte und Segmente bestehen mittlerweile Datenbanken, die Auskünfte über die Entwicklung der Betriebskosten oder die Entwicklung der realisierten Ergebnisse für Hotelrenditen geben. Diese *„Hotel Valuation Indices"* trennen dabei korrekt nach Wertänderungs- und Nettocashflowrenditen der Hotels. Letztlich tragen diese Instrumente zu einem Anstieg der Transparenz für potenzielle Investoren in diesem Markt bei und unterstützten Benchmarking-Prozesse. Die Basis der Wertänderung bildet das Netto-Betriebsergebnis, das als ewige Rente kapitalisiert (vgl. hierzu Abschnitt 4.2.2) und zusätzlich im Rahmen der Vergleichsmethode den realisierten Verkaufspreisen gegenübergestellt wird.[21]

Die europäischen „Hot Spots" der Investoren waren in der Vergangenheit vor allem London sowie Paris, und in Bezug auf die Zielländer insbesondere Großbritannien sowie Spanien. Die durchschnittlichen Preise je Zimmer betrugen in Europa in den vergangenen Jahren zwischen 100.000 Euro und 175.000 Euro im Segment der 4- und 5-Sterne-Hotels. Diese aggregierte Kennzahl ist jedoch im Rahmen einer konkreten Bewertung wenig hilfreich. Betrachtet man alleine die Differenzen zwischen den teuersten Märkten in den Metropolen London und Paris mit über 450.000 Euro und denen mit den geringsten Werten von unter 150.000 Euro in Warschau, Istanbul und Lissabon, wird schnell deutlich,[22] dass selbst im Teilmarkt die konkreten Verkehrswerte und letztlich die realisierten Transaktionspreise eine weite Spanne aufweisen, was eine fundierte Auseinandersetzung mit der konkreten Situation eines bestimmten zu bewertenden Hotels erforderlich macht. Paris und London nehmen unter den europäischen Hotelmärkten traditionell nicht nur eine Ausnahmestellung bei den realisierten Verkaufspreisen ein – auch die Umsätze pro Zimmer liegen hier teilweise um 200 Prozent über denen der großen deutschen Metropolen. Bei den Transaktionen muss zwischen dem Verkauf von einzelnen Hotels (meist Asset Deal) und dem Verkauf von ganzen Hotelgesellschaften unterschieden werden (Corporate Deals oder Share Deals). Auch in diesem Bereich wurden in den vergangenen Jahren die verstärkten Konzentrationsprozesse deutlich. Auf der Käu-

---

20 Vgl. Lanzkron/Kett (2003), S. 1.
21 Vgl. Lanzkron/Kett (2003), S. 1.
22 Vgl. Lanzkron/Kett (2003), S. 6 (Anmerkung des Autors: Die Luxuskette *Mandarin Oriental* ist sogar bereit, für ihren Markteintritt in Paris bis zu 650.000 Euro pro Zimmer zu investieren.)

ferseite waren hier beispielsweise Accor (Einstieg bei Dorint), Hilton (Übernahme von Scandic), NH-Hotels (Übernahme von Astron) und Starwood (Übernahme von Le-Meridian) besonders aktiv.

Neben der gezielten Expansion in bestimmten Märkten unternahmen viele europäische Hotelketten im Rahmen ihrer Portfoliooptimierung auch selektive *Desinvestments* bei Hotels, die unrentabel wurden oder nicht mehr in die Unternehmensstruktur passten. So trennte sich NH-Hotels beispielsweise im Jahr 2002/2003 trotz Expansionskurs von insgesamt 14 als „nichtstrategisch" identifizierten Hotels bei einem durchschnittlichen Erlös von ca. 123.000 Euro pro Zimmer.[23]

Zugenommen haben in den vergangenen Jahren *Sale-and-Leaseback-Transaktionen* im internationalen Hotelgeschäft. Diese Entwicklung unterstreicht die voranschreitende Trennung zwischen Nutzer und Eigentümer in der Immobilienwirtschaft. Große Hotelketten beschaffen sich so das notwendige Kapital, um in ihrem Kerngeschäft – dem Betreiben und Managen von Hotels – weiter zu wachsen. Beispielsweise verwendete die Hilton-Gruppe einen Teil ihrer Erlöse aus einer Sale-and-Leaseback-Transaktion, um die Scandic-Hotel-Gruppe zu übernehmen. Käufer der Immobilien sind in der Regel bestandhaltende Gesellschaften, die den Hotelketten nahe stehen, Fonds oder bestimmte Bankentöchter.[24]

Eine weitere wichtige Entwicklung der vergangenen Jahre war die *Internationalisierung der Investoren*, die auch daran deutlich wird, dass der Anteil der Verkäufe, die im Heimatland des Käufers statt fanden, kontinuierlich abnahm.[25] Dieser Anteil beträgt mittlerweile unter 60 Prozent – grenzüberschreitende Investments liegen also im Trend. Dies kann durch die größere Transparenz der Märkte, den Wegfall von Währungsrisiken und Portfolioüberlegungen begründet werden. Auf der Käuferseite traten sowohl in Deutschland wie auch im europäischen Ausland verstärkt die offenen und geschlossenen Immobilienfonds auf. Ihre Motivation lag neben der Diversifikation ihres Portfolios sicherlich auch in der in den vergangenen Jahren stetig ansteigenden Liquidität aufgrund der begrenzten Attraktivität von Aktienmärkten in Phasen der Rezession begründet. Die Finanzierung durch Fondskonstruktionen und damit die Reduktion klassischer Bankkredite ist jedoch keine europäische Erfindung. In den USA gab es bereits in den 20er Jahren so genannte „community-financed" Hotelprojekte, bei denen die Gemeindemitglieder die Hotelfinanzierung übernahmen.[26]

---

23 Vgl. o. V., NH-Corporate Presentation (05.2004), S. 6.
24 Vgl. Forster/Bock (2002), S. 3.
25 Vgl. Forster/Bock (2002), S. 3.
26 Vgl. Rushmore/Baum (2001), S. 4 f.

2.2 Der deutsche Markt – Transaktionsvolumina, Neubautätigkeit, Konzentrationsprozesse

Wie andere Immobilienteilmärkte auch, befand sich der deutsche Hotelmarkt im Zeitraum 1989 bis 1995 in einer Phase des Aufschwungs. Überhitzungstendenzen führten schließlich ab 1996 zu einer Konsolidierung des Marktes. Eine zwischenzeitlich eingetretene Verbesserung der Marktlage war nicht von Dauer. Neben der positiven Korrelation mit den allgemeinen Entwicklungen am Immobilienmarkt ist der Hotelinvestmentmarkt jedoch vor allem von der Lage des Gastgewerbes abhängig.

Die Abschwächung der Nachfrage führte bei den meisten Hoteliers in Deutschland zu Umsatzrückgängen in den Jahren 2001 bis 2003, wobei 2003 von dem DEHOGA als „wirtschaftlich schlechtestes Jahr" des deutschen Gastgewerbes bezeichnet wird. Getrieben von einer rückläufigen Gästezahl kam es bei vielen Betrieben zu einer sinkenden Auslastung. Die bestehenden Überkapazitäten verstärkten den Preis- und Konkurrenzdruck weiter. Sinkende Zimmerpreise und Beschäftigtenzahlen, eine schwache Ertragslage sowie eine geringe Investitionsneigung der Hoteliers waren Begleiterscheinungen dieser negativen Entwicklung. Bei einer Betrachtung der letzten zehn Jahre stiegen die Übernachtungskapazitäten insgesamt schneller als der Übernachtungszuwachs, was zu einer insgesamt sinkenden Auslastung führte. Der DEHOGA geht von ca. 350 Millionen *nicht* belegten Betten p. a. in Deutschland aus, was einer Auslastung der gesamten Kapazität von lediglich 30 Prozent bis 35 Prozent bei der Betrachtung aller Betriebsarten entspricht. Damit sind täglich ca. 1.000.000 Betten im deutschen Beherbergungsgewerbe unbenutzt. Aufgrund der weiterhin angespannten Wirtschaftslage konnte im Jahr 2004 nur eine sehr begrenzte Verbesserung festgestellt werden.

Das deutsche Beherbergungsgewerbe beschäftigt ca. 316.000 Arbeitnehmer in ca. 48.500 Betrieben mit einem Branchenumsatz von ca. 18 Milliarden Euro p. a. Insgesamt wurden damit 269,5 Millionen Gästeübernachtungen im Jahr erreicht, 189,5 Millionen in den klassischen Betriebsarten: Hotel, Gasthöfe, Hotel garni und Pensionen (DEHOGA, 2003). Insgesamt sinkt die Anzahl der klassischen Beherbergungsbetriebe in Deutschland, hingegen nimmt die Bettenkapazität weiter zu und beträgt in Deutschland gegenwärtig knapp 2,5 Millionen.

Das Hotelgewerbe ist eine der konjunktursensibelsten Branchen. Neben den negativen konjunkturellen und strukturellen Rahmenbedingungen in Deutschland war die Hotellerie gleichermaßen von den oben skizzierten internationalen Einflüssen betroffen. Das deutsche Beherbergungsgewerbe ist allerdings im internationalen

Vergleich mit ca. 88 Prozent im hohen Maße von der Binnennachfrage abhängig, was zu Vor- oder Nachteilen – je nach makroökonomischer und weltpolitischer Situation – führen kann. Vor dem Hintergrund der anhaltenden internationalen Terrorangst hat sich die Binnennachfrage – trotz der wirtschaftlichen Schwächephase Deutschlands – als Stütze für viele Hoteliers erwiesen.

Bei den im deutschsprachigen Raum tätigen Anbietern entwickelte sich das Deutschlandgeschäft in den Jahren 2002 bis 2003 im Durchschnitt deutlich schlechter als ihre Aktivitäten in der Schweiz oder Österreich. Insbesondere im Gastronomiebereich wurden in den meisten Regionen Deutschlands die stärksten Umsatzeinbrüche seit der Wiedervereinigung verbucht. Gemäß Angaben von DESTATIS ging der Gesamtumsatz im Gastgewerbe im Jahr 2003 um nominal 4,9 Prozent (real: 5,8 Prozent) zurück. Das Gaststättengewerbe war hiervon überproportional betroffen und musste Umsatzeinbußen von nominal 6,8 Prozent verkraften. Laut Angabe der TREUGAST gingen die Umsätze der Hotellerie in 2003 um 3,8 Prozent zurück. Bezogen auf die verschiedenen Segmente waren insbesondere die von Geschäftsreisenden abhängigen Ketten- und Kooperationshotels sowie Einzelbetriebe im unteren Segment von dieser negativen Tendenz betroffen. Teilweise positive Entwicklungen konnten in der deutschen Ferienhotellerie aufgrund der Binnennachfrage, bei gehobenen Beherbergungsbetrieben und bei den Wellnessbetrieben verzeichnet werden. Im Segment der Konferenz- und Tagungshotels bekam die Branche stark die Kosteneinsparungen der Grossunternehmen zu spüren, die ihre Aktivitäten auf das Notwendigste zurückfuhren. Jede dritte Übernachtung in deutschen Hotels resultiert nach Angaben der Firma TREUGAST bereits aus dem Messe- und Kongressgeschäft, weshalb die Entwicklung in diesem Teilbereich für die Branche insgesamt von großer Bedeutung ist. Aufgrund der schlechten wirtschaftlichen Lage ist es gegenwärtig für viele Betreiber schwierig, ihren Pachtverpflichtungen nachzukommen, wenn diese Garantien oder eine Festpacht beinhalten.

In den Jahren 2003/2004 betrug die durchschnittliche *Zimmerauslastung* der gehobenen, großen deutschen Full-Service-Hotels ca. 60 Prozent. Der durchschnittliche Netto-Zimmerpreis dieser Hotels beträgt in Deutschland gegenwärtig unter 80 Euro und liegt damit noch immer unter dem Niveau von 1992. Tabelle 5 verdeutlicht die großen Unterschiede zwischen den wichtigsten deutschen Hotelstandorten und deren Abstand zu anderen europäischen Metropolen, die unterschiedliche Situation in verschieden Segmenten, sowie die Ergebnisse von zwei Hotelketten.

Auslastungen und Zimmererlöse			
Stadt/Segment	Zimmerauslastung	Netto-Zimmerpreis (ARR)	Room Yield (RevPAR)
Frankfurt (2003)	63,0 %	98 Euro (128 Euro)	62 Euro (81 Euro)
Berlin (2003)	65,0 %	88 Euro (130 Euro)	57 Euro (85 Euro)
Hamburg (2003)	69,0 %	85 Euro (104 Euro)	57 Euro (72 Euro)
München (2003)	67,0 %	100 Euro (109 Euro)	67 Euro (73 Euro)
Durchschnitt (2003)	60,0 %	80 Euro	49 Euro
Stadthotels (Top 10; 2003)	61,0 %	82 Euro	50 Euro
Stadthotels (Region; 2003)	54,0 %	69 Euro	37 Euro
Boardinghäuser (2003)	63,0 %	59 Euro	37 Euro
Wellness (2003)	63,0 %	88 Euro	56 Euro
Tagungs-/Incenticehotels (2003)	60,0 %	63 Euro	38 Euro
Ferienhotels (2003)	55,0 %	51 Euro	28 Euro
Dorint-Gruppe insg. (2003)	55,3 %	85 Euro	47 Euro
Hilton-Group insg. (2003)	64,2 %	105 Euro	67 Euro
London, Paris (2002 und 2003)	> 70,0 %	> 250 Euro	> 175 Euro

Tabelle 5: Auslastungen und Zimmererlöse (stadtbezogen 4- und 5-Sterne-Hotels in Klammern)[27]

Im Jahr 2000 konnte München noch die höchste Auslastung in Deutschland mit fast 77 Prozent im 4- und 5-Sterne-Segment vorweisen. Insbesondere der Rückgang der internationalen Kundschaft hat bei diesem Standort und in Frankfurt am Main zu

---

27 Vgl. Föllmer, hotelbiz consulting (2004); vgl. Burger, PKF hotelexperts, Hotelmarkt Deutschland (2003, 2004); vgl. o. V., Geschäftsbericht Dorint (2003), S. 2; vgl. o. V., Geschäftsbericht Hilton-Group (2004), S. 6; www.PricewaterhouseCoppers.com; www.joneslanglasallehotels.com.

den größten Einbußen geführt. Der internationale Vergleich legt offen, dass Deutschland relativ schlechter abschneidet. Allerdings regen hohe Auslastungsraten von über 80 Prozent – wie beispielsweise teilweise in Paris oder London –, auch verstärkt die Neubautätigkeit an. Trotz der hohen Dynamik im Markt gibt es auch Hotels, die seit langer Zeit zu den Top-Adressen in Deutschland gehören wie beispielsweise das Raffles-Hotel-Vier-Jahreszeiten in Hamburg oder das Hotel-Bareiss in Baiersbronn, der Bayrische-Hof in München oder das Adlon in Berlin. Neuer Spitzenreiter in Deutschland ist jedoch das Münchner Mandarin-Oriental mit einer Auslastung von 82 Prozent und einem Netto-Zimmererlös von 312 Euro pro Nacht. Für das Jahr 2005 wird insgesamt nur für die Standorte Hamburg und München mit einer moderaten Besserung gerechnet.

In den USA gelten die späten 50er und 60er Jahre als die großen Zeiten der Hotelketten. Während die Hilton-Gruppe (seit 1919) und die Sheraton-Gruppe (seit 1937) zu dieser Zeit bereits bestanden, traten eine Vielzahl von neuen Playern in den Markt ein, wie beispielsweise Hyatt und Marriott (beide seit 1957) oder Inter-Continental und Ramada Inn.[28] Der *Konzentrationsgrad* der deutschen Hotellerie, also der Anteil der Kooperations- oder Kettenhotels, hat sich hingegen erst im letzten Jahrzehnt deutlich erhöht und liegt gegenwärtig bei (nur) 13 Prozent, jedoch vereinen diese Betriebe ca. 40 Prozent aller Zimmer auf sich.[29] Zum Vergleich: Der Anteil der zu Ketten oder Kooperationen gehörenden Betriebe beträgt in den USA ca. 80 Prozent (1970: 35 Prozent) und in Frankreich immerhin 22 Prozent.[30] Da diese Unternehmen der so genannten Markenhotellerie sich in der Vergangenheit insbesondere in den großen Städten und im Segment der 4- bis 5-Sterne-Business-Hotellerie engagierten, ist ihr Anteil in beispielsweise Frankfurt, Berlin und Hamburg überproportional hoch. Die Zahl der ausländischen Betreiberketten, die in Deutschland aktiv sind, hat in den vergangenen Jahren ebenfalls deutlich zugenommen. So übernahm beispielsweise der spanische Hotelkonzern NH-Hotels die Astron-Hotels, und Accor wesentliche Anteile an der Dorint-Gruppe. Auch die Fraimont-Gruppe (USA) und die Sol-In-Gruppe (Spanien) expandieren gegenwärtig auf dem deutschen Markt. Gab es 1985 nur ca. 40 Gesellschaften, so sind es heute über 130 Hotelgesellschaften, die über 3.200 Hotels betreiben. Nur die Accor-Gruppe konnte jedoch die Grenze von 500 Millionen Euro Umsatz p. a. bereits erreichen, wobei die meisten der Ketten unter den Top-Ten in Deutschland zwischen

---

28 Vgl. Rushmore/Baum (2001), S. 6 ff.
29 Vgl. Föllmer, hotelbiz consulting (2003); vgl. Niemeyer (2002), S. 798; vgl. Höfels u. a. (1998), S. 166: Anteil der Individualbetriebe betrug 1998 90 Prozent.
30 Vgl. Rushmore/Baum (2001), S. 168; vgl. Hall, PwC (2000), S. 5.

200 und 300 Millionen Euro p. a. umsetzen.[31] Einen Hinweis auf die noch zu erwartende Konzentration und Verdrängung in Deutschland kann die so genannte *Brand-Penetration,* also die Marktdurchdringung der Hotelmarken, geben. Diese liegt in Deutschland bei unter 20 Prozent, was nur Platz 6 in Europa bedeutet. In England beträgt dieser Wert beispielsweise bereits 40 Prozent.[32]

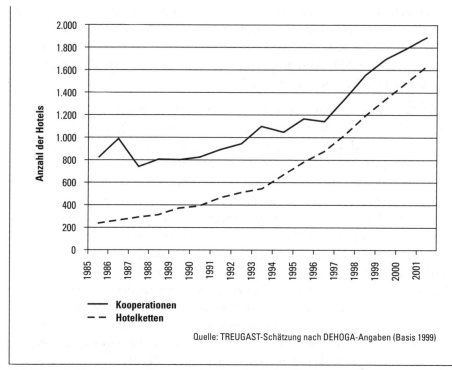

Abbildung 3: Zunahme des Konzentrationsgrades in der Hotellerie

Die im deutschen Hotelmarkt zu beobachtende Expansion der großen Hotelketten bzw. -kooperationen und der damit einhergehende Verdrängungswettbewerb erfolgte in der Vergangenheit zu Lasten der kleineren Privathotels, die nicht im gleichen Maße Größenvorteile und Synergien aus weltweiten Buchungssystemen sowie die Vorteile einer starken Marke nutzen konnten. Ihr relativer Anteil an der Gesamtzahl aller Beherbergungsbetriebe nimmt stetig ab.

---

31 Vgl. o. V., FAZ (6. August 2002).
32 Vgl. Astbury u. a., JLLS (12.2002), S. 2.

Hotelketten in Deutschland (Basis 2001)		
Rang (nach Umsatz)	Kettenname	Anzahl der Hotels in Deutschland
1.	Accor Hotellerie Deutschland GmbH/Dorint AG	287*/80*
2.	Best Western Hotels Deutschland GmbH	144
3.	Maritim Hotelgesellschaft mbH	36
4.	Steigenberger Hotels AG	63
5.	Marriott Hotel Holding GmbH	36
6.	InterContinentals Hotels Group (ehemals Six Continents Hotels)	22
7.	Starwood Hotels & Resorts Worldw. Inc.	22
8.	Hilton International	18
9.	Hospility Alliance AG	71
10.	NH Hotels*	53
* (Unternehmens-)Angabe, Basis 2003		

Tabelle 6: Die größten Hotelketten in Deutschland (umsatzbezogen)[33]

Vor dem Hintergrund der schlechten Fundamentaldaten der deutschen Hotellerie ist die Entwicklung der vergangenen Jahre am Investmentmarkt schwer nachvollziehbar. Im Jahr 2003 wurden ca. 570 Millionen Euro Einzeltransaktionsvolumen in Deutschland registriert – eine Wert der deutlich über dem langjährigen Durchschnitt notiert. Die von den Investoren beliebtesten Standorte für Hotelinvestments sind die großen Bürometropolen Frankfurt, München, Berlin, Düsseldorf und Hamburg sowie Köln und Stuttgart. Die gezahlten Preise je Zimmer bewegen sich auch in Deutschland in einer großen Bandbreite. Während für Häuser wie das Four-Seasons in Berlin über 420.000 Euro (pro Zimmer) erlöst wurden, konnten für das Park-Hotel in Bremen im selben Berichtszeitraum lediglich 160.000 Euro (pro Zimmer) erlöst werden.[34] Im europäischen Vergleich liegen die Metropolen München, Frankfurt, Berlin und Hamburg nur im Mittelfeld, wobei im Durchschnitt

---

33 Vgl. o. V., NH-Corporate Presentation (05.2004), S. 8: An dritter Stelle bei Stadthotels in Deutschland; vgl. vgl. o. V., FAZ (6. August 2002); vgl. NGZ-Der Hotellier (07/08.2003).
34 Vgl. Forster/Bock (2002), S. 10.

170.000 Euro bis 220.000 Euro in den Teilmärkten pro Zimmer erlöst werden.[35] Die Eigentümerstrukturen in der deutschen Hotelbranche sind in Abbildung 4 dargestellt.

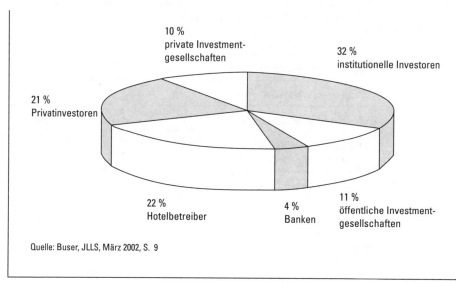

Quelle: Buser, JLLS, März 2002, S. 9

Abbildung 4: Struktur der deutschen Hotelinvestoren

Neben Transaktionen am Bestandsmarkt steigt auch die Zahl der neuen Hotels kontinuierlich und liegt gegenwärtig bei ca. 160 Hotels p. a. mit einer durchschnittlichen Bettenanzahl von über 150 Betten pro Hotel (zum Vergleich: 1990 waren es 63 Hoteleröffnungen mit 128 Betten pro Hotel). Zukünftige Entwicklungsmaßnahmen arbeiten bereits mit einer durchschnittlichen Größe von über 220 Betten pro Hotel, wobei der DEHOGA in den kommenden fünf Jahren insgesamt 38.000 neue Zimmer und ein Investitionsvolumen von über fünf Milliarden Euro prognostiziert.

Erklärt werden kann dieses Verhalten der Investoren und Projektentwickler nur teilweise mit dem antizyklischen Investitionsverhalten. Erste Pläne zum Hotelneubau entstehen dabei in Zeiten des Abschwungs und die Vermarktung erfolgt dann aufgrund langer Entwicklungszeiten mit dem Einsetzen des nächsten Aufschwungs. Offensichtlich haben viele Investoren damit gerechnet, dass sich der Markt bis zur vollständigen Fertigstellung – Realisierungszeiträume von fünf Jahren sind hier realistisch – wieder erholt. Ein weiterer Grund ist aus Sicht der Investoren auch das gegenwärtig historisch günstige Zinsniveau. Hierdurch kann der Leverage-Effekt

---

35 Vgl. Lanzkron/Kett (2003), S. 6.

optimal ausgenutzt werden. Dass dies auch geschieht, belegt die negative Korrelation der (sinkenden) Zinssätze und der (steigenden) Ausleihungen für Hotelinvestments.[36] Fraglich ist allerdings, ob im Zuge von Basel II eine Kreditrationierung[37] oder ein verstärkt risikoorientiertes Pricing des Fremdkapitals die Bautätigkeit einschränken wird. Als weitere Triebfeder für die steigende Investitionstätigkeit suchte in den vergangenen Jahren viel Kapital aus dem Aktienmarkt „neue" Anlagemöglichkeiten. Die hohen Mittelzuflüsse und die steigende Bedeutung der Diversifikation im Immobilienportfolio haben auch dazu beigetragen, dass offene und insbesondere geschlossene Immobilienfonds verstärkt Hotelimmobilien in ihren Bestand aufnehmen. Von vielen Banken wurde im Zuge von Basel II auch die Bereinigung des eigenen Kreditportfolios von „faulen" Hotelengagements[38] und die Veräußerung von Hotels aus eigenen Auffanggesellschaften weiter vorangetrieben, eine Entwicklung, die sich ebenfalls positiv auf das Transaktionsvolumen auswirkte.

Auch wenn klar Wachstumsbereiche zu identifizieren sind (siehe auch Abschnitt 5), existieren dennoch in Bezug auf Gesamtdeutschland *Überkapazitäten* im Beherbergungsgewerbe. Diese konzentrieren sich insbesondere auf die jungen Bundesländer und bei der Betrachtung der Unternehmensgröße auf mittelständische Betriebe ohne Konzernanbindung sowie einfache Pensionen und Gasthöfe. Vor dem Hintergrund der bestehenden Überkapazitäten nährt eine Betrachtung der gegenwärtigen und geplanten Hotelneubauten die Ängste vor Angebotsüberhängen in den gegenwärtig noch interessanten Teilmärkten. Ein besonders starker Zuwachs der Hotelkapazitäten war in den vergangenen Jahren in Berlin zu beobachten. Seit 1991 hat die Bettenkapazität dort bereits um mehr als zwei Drittel zugenommen. Kurz- bis mittelfristig ist aufgrund der starken Neubautätigkeit und den massiven Überkapazitäten im Bestand bei der Gesamtbetrachtung des Hotelmarktes nicht mit der Realisierung der geplanten Renditen zu rechnen. Für die Zukunft wird nur eine Besserung erwartet, wenn die Wirtschaft insgesamt an Fahrt gewinnt. Wie groß die Hebelwirkung einer schwachen Wirtschaft auf die Hotellerie im Extremfall sein kann, verdeutlicht ein Extrembeispiel aus den USA: Hier mussten während der großen Depression in den 30er Jahren 80 Prozent aller Hotelbetriebe schließen.[39]

---

36 Vgl. Elgonemy, Cornell Quarterly (06.2002), S. 8.
37 Vgl. Udolf-Strobl (2003), S. 49 ff.: Basel II und die Auswirkungen auf die Hotellerie.
38 Vgl. Staley/Walsh, Appraisal Journal (1993), S. 350: Delinquency rates on hotel loans are far greater than on other property types.
39 Vgl. Rushmore/Baum (2001), S. 5.

3 Besonderheiten im Rahmen des Bewertungsprozesses

3.1 Betrachtungsperspektiven einer Hotelimmobilie – Investor, Betreiber, Gast und Kreditinstitut

Hotelimmobilien gehören zur Gruppe der Betreiberimmobilien. Ohne einen guten Betreiber verliert nicht nur das Unternehmen „Hotelbetrieb", sondern letztlich auch die „Hotelimmobilie" an Wert, da der Betrieb nicht mehr die für eine angemessene Kapitalverzinsung der Immobilie notwendigen Einzahlungsüberschüsse erwirtschaften kann. Letztlich wird ein schlechter Betreiber auch den Wert der Immobilie mindern, wenn er ein abgewirtschaftetes Hotel mit einem schlechten Image hinterlässt.

Bei einer genaueren Betrachtung „bewerten" die einzelnen Interessengruppen eines Hotels unterschiedliche Aspekte. Aus Sicht der Fremdkapital gebenden *Bank* wird

- die Sicherheit des Beleihungswertes,
- ein geringer Loan-to-Value (LTV: 60 bis 70 Prozent),
- ein hoher Dept-Service-coverage-ratio (DSCR: 1,4 bis 1,6) und
- ein langfristiger, fester Pachtvertrag

im Vordergrund stehen. Der *Gast* wird auf

- die perfekte Befriedigung seiner Bedürfnisse und
- ein gutes Preis-Leistungs-Verhältnis

abstellen, wohingegen den *Betreiber*

- die Höhe des Betriebsergebnisses nach Abzug der Pachten/Mieten sowie
- die langfristige Steigerung des Umsatzes

besonders interessiert.

Im Rahmen der Verkehrswertermittlung der Immobilie ist jedoch die *Sichtweise eines Investors,* der als Bestandhalter die Immobilie in seinem Eigentum hält, zentral. Die Trennung zwischen der Betreiber- und Investorensicht und die entsprechenden Anpassungen und Aufteilungen von Zahlungsströmen einer Hotelimmobilie sind somit wichtig, um im Ergebnis nur die den Verkehrswert der Immobilie bestimmenden Bestandteile in die Bewertung einfließen lassen zu können.[40] Hierbei kommt es häufig zu Schwierigkeiten und Missverständnissen, da grundsätzlich zwei Konstellationen mit mehreren weiteren Ausformungen bei einem Hotel möglich sind:

- *Eigenbetrieb:* Das Hotel wird von dem Eigentümer selbst betrieben. Hierzu wird gegebenenfalls eine Vereinbarung zum Franchise abgeschlossen, wenn der Eigentümer nicht selbst eine Hotelkette ist.
- *Fremdbetrieb:* Das Hotel wird von jemand anderem als dem Eigentümer betrieben. Hierzu hat er je nach seiner Affinität zur Übernahme unternehmerischen Risikos und den Möglichkeiten des Marktes einen Vertrag (Management, Pacht, Mischformen) mit einem Betreiber abgeschlossen.

Wie bei Gewerbeimmobilien üblich, muss beim Fremdbetrieb bereits in einem frühen Stadium der Entwicklung durch den Entwickler (hier: Trader-Developer)[41] ein erstklassiger Mieter/Nutzer – hier also ein Betreiber, der Hotelgäste anzieht – gefunden werden. Ansonsten ist der Verkauf der Immobilie an einen Endinvestor praktisch ausgeschlossen. Damit wird die sorgfältige Auswahl des Betreibers zur zentralen Bedingung für den nachhaltigen Erfolg eines Hotels. Anforderungen, die an einen Betreiber zu stellen sind, können folgendermaßen zusammengefasst werden:

- Seriosität und nachgewiesene Kompetenz,
- langjährige Erfahrung in dem betrachteten Hotelsegment,
- hohe Bonität (am besten ein gutes Rating der Hotelkette),
- klare Unternehmensstrategie (in Bezug auf beispielsweise Produkte, Preis, Kommunikation und Distribution),
- vorhandene Netzwerke zu bedeutenden Marktteilnehmern.

Bei vielen neuen Hotelprojekten wird von den Projektentwicklern oft der Fehler gemacht, dass Endinvestoren und potenzielle Betreiber oftmals zu spät in den Entwicklungsprozess und die Konzeption mit einbezogen werden und letztlich die geschaffenen Tatsachen nicht mit deren Markteinschätzung konform gehen. In der Phase der Ideenfindung und Grobkonzeption sollte sich die Aufgabe des Entwicklers auf die Einschätzung der grundsätzlichen Eignung eines Standortes und die Festlegung der Kategorie beschränken – spätestens dann sollten die Partner mit ein-

---

40 Vgl. Jenyon u. a., IZ (22/1996).
41 Anmerkung des Autors: Ein Trader-Developer ist ein Projektentwickler, der Immobilien mit dem Ziel entwickelt, diese nach ihrer Fertigstellung mit Gewinn an einen Dritten zu veräußern.

gebunden werden. Dies ist auch vor dem Hintergrund der in Deutschland und Österreich schlechten Eigenkapitalausstattung der Projektentwickler wichtig, da in der Regel erst eine Finanzierungszusage der Banken erfolgt, wenn ein Exit-Szenario feststeht.

Auch bei der Trennung von Betrieb und Bestandhaltung der Immobilien wird der Eigentümer der Liegenschaft immer eine Portion des Geschäftsrisikos mittragen müssen – schließlich ist sein einziger Nutzer der Betreiber und der wiederum trägt das volle Geschäftsrisiko des Hotelbetriebs. Jeder Bestandhalter muss sich deshalb mit dem Hotelgeschäft und der Branche insgesamt bis zu einem gewissen Grad beschäftigen, um einschätzen zu können, welche Risiken daraus er letztlich aufgrund der konkreten Rahmenbedingungen und der individuellen Vertragsgestaltung selber trägt. Erst wenn er diese Risiken erkannt und bewertet hat, kann er einschätzen, ob das Risiko-Rendite-Profil als angemessen bezeichnet werden kann. Identische Kenntnisse benötigt auch ein Gutachter für die Bewertung der Immobilie. Wie sonst könnte man einen adäquaten Diskontierungssatz systematisch herleiten, ohne wieder unreflektiert und letzten Endes zu Unrecht auf die wenig zielführenden Angaben in der Literatur zurückgreifen zu müssen.

Weitere Kriterien, die aus Sicht des Investors beim Fremdbetrieb wichtig und somit wertrelevant sind, können in Bezug auf ihre Bedeutung folgendermaßen gereiht werden:

- langfristige Miet-/Pacht-/Managementverträge mit bekanntem Betreiber und die Tragfähigkeit der Pacht durch das Betriebsergebnis,
- die Sicherstellung der Erwirtschaftung einer angemessenen Eigenkapitalrendite und des (Fremd-)Kapitaldienstes,
- Mikrostandort des Hotels und Lage im Ballungsraum großer Städte,
- gute Erreichbarkeit/Verkehrsanbindung,
- Prognosesicherheit (hoher) Renditen und Wertstabilität sowie die langfristige Wertsteigerung der Immobilie,
- optimale Größe des Hotels,
- Synergieeffekte aus Umgebungsnutzungen (beispielsweise Tagung, Business-Center etc.),
- Amortisation des Investments nach 20 bis 25 Jahren,
- positive Portfolioeffekte.

Als Investoren treten neben den Hotelgesellschaften, die selber als Betreiber agieren, eine große Anzahl privater und institutioneller Anleger als Eigenkapitalgeber für Hotels auf. Die restriktivere Fremdkapitalvergabe der Banken macht eine Finanzierung von Hotels durch beispielsweise *geschlossene Immobilienfonds* interessant. Diese sammeln im Durchschnitt aller geschlossenen Hotelfonds ca. 30 bis 35 Prozent Eigenkapital ein und erreichen deshalb leichter die Anforderungen der Banken in Bezug auf den Eigenkapitaleinsatz. Große Anbieter geschlossener Fonds in Deutschland sind *Dr. Peters-Gruppe (Dortmund), Fundus-Gruppe (Köln), Dr. Ebertz & Partner (Köln), KapHag-Holding (Berlin)* und die *CFB-Commerz-Fonds (Düsseldorf)*.[42] Bei den *offenen Immobilienfonds* sind exemplarisch die *DIFA (Deutsche Immobilien Fonds AG, Hamburg)* und die *Westinvest (Sparkassenverbund, Düsseldorf)* im Hotelbereich aktiv. Ihr Engagement belegt, dass der Hotelmarkt von den institutionellen Anlegern mittlerweile als eine Subklasse der Anlageklasse „Immobilie" verstanden wird, wohingegen in der Vergangenheit dieses Segment aufgrund der höheren Risiken oft gemieden wurde. Auffallend ist, dass deutsche offene Immobilienfonds in den vergangenen Jahren auch bereit waren, geringere Renditen zu akzeptieren, was jedoch primär durch die hohen Mittelzuflüsse motiviert war und somit in der Zukunft weniger die treibende Kraft ihres Engagements am Hotelmarkt darstellen wird. Mit den geringeren Renditen sind allerdings auch weniger Risiken verbunden, die in der Regel durch Top-Standorte und internationale erfahrene Betreiber mit einem starken Branding und langfristigen Pacht-/Managementverträgen reduziert werden. In den vergangenen Jahren waren auch angloamerikanische *Opportunity Funds* verstärkt im Hotelsegment aktiv. Im Gegensatz zu den längerfristig fokussierten Investoren, die auf die laufenden Pachtzahlungen als kontinuierlichen Cashflow abstellen, haben diese Marktteilnehmer kurzfristig zu realisierende Wertänderungsrenditen im Visier. In Amerika haben sich als weitere Anlegergruppe bereits einige REIT's,[43] also Immobilienaktiengesellschaften, wie beispielsweise Host-Marriott, auf die Bestandhaltung von Hotels und Freizeitimmobilien spezialisiert. Derart fokussierte Gesellschaften gibt es in Deutschland bisher nicht.

Die Namen der größten europäischen reinen Hotelinvestoren kennt man häufig gar nicht: *Pandox, Capona, Orb Estates, Dividum* oder eben die deutsche *DIFA*. Diese reinen Investoren sind im Vergleich zu Betreibern, die oft über einen mehr oder weniger großen Eigenbestand verfügen, (noch) relativ klein. Lediglich einer dieser europäischen Investoren verfügt über Hotelimmobilien mit einem Marktwert von über einer Milliarde Euro.[44]

---

42 Vgl. o. V., Welt am Sonntag (6. Juli 2003); vgl. o. V., IZ (1. Juli 2004).
43 REIT – Real Estate Investment Trust.
44 Vgl. Astbury u. a., JLLS (12.2002), S. 2.

3.2 Bewertungsgegenstand – Immobilie als Teil des Unternehmens

Im vorliegenden Beitrag steht die Immobilie als Bewertungsobjekt im Mittelpunkt der Betrachtung. Ziel ist es in diesem Kontext, einen *Verkehrswert* der Liegenschaft zu ermitteln. Der Wert der Liegenschaft ist dabei eng mit dem Wert des Betriebes, für den die Immobilie die Hülle bildet, und dessen *Unternehmenswert* verbunden. Dennoch ist strikt zwischen einer Unternehmensbewertung und einer Wertermittlung in Bezug auf die Hotelimmobilie zu trennen.[45] Auch sind alle in die Bewertungen einfließenden Werte um eine etwaig enthaltene Umsatzsteuer zu reduzieren.[46]

Grundsätzlich muss der Wert eines Hotelgrundstückes in der nationalen Bewertungspraxis gemäß § 194 Baugesetzbuch (BauGB) in Verbindung mit den Regelungen nach der Wertermittlungsverordnung (§ 3 WertV) im Sinne eines Verkehrswertes ermittelt werden (Österreich: Liegenschaftsbewertungsgesetz, § 2 LBG). Dieser Verkehrswert bezieht sich auf die Liegenschaft und nicht auf das Hotel als Unternehmen. Noch genauer wird das Grundstück inklusive Außenanlagen und den Aufbauten bewertet, wobei die Aufbauten gegenwärtig als Hotel genutzt werden. Nicht enthalten ist in dieser Bewertung das Inventar, also die Einrichtung und Ausrüstung, des Hotels. Lediglich die wesentlichen Bestandteile und das Zubehör sind gem. Bestandteilslehre (§§ 93 ff. BGB) Teil des Verkehrswertes. Letztlich ist der Verkehrswert des Grundstücks ein Wert, den „jedermann" – im Sinne des Durchschnittes der Marktteilnehmer – am Grundstücksmarkt bereit wäre zu zahlen. Der Verkehrswert ist damit der wahrscheinlichste Kaufpreis, würde jetzt eine Transaktion stattfinden. Eine freie Disponierbarkeit wird damit unterstellt, bei der die Marktteilnehmer auch im Rahmen der planungsrechtlichen Beschränkungen eine andere als die gegenwärtige Nutzung als die Beste (im Sinne des *highest and best use*) für das in Frage stehende Grundstück wählen könnten. Hier wird damit indirekt bereits die eingeschränkte Drittverwendungsfähigkeit der Hotelimmobilie tangiert, die auch bei einer Fortführung des Hotelbetriebes zu berücksichtigen ist.

Der aus dem angelsächsischen Raum stammende Begriff *Market value,* also der Marktwert, ist grundsätzlich mit dem deutschen Verkehrswertbegriff in Verbindung zu bringen, und kann mit diesem bzw. dem *gemeinen Wert* der Liegenschaft

---

45 Vgl. Kleiber/Simon/Weyers (2002), S. 933 f.
46 Vgl. RICS Valuation Group (1. März 2004), S. 3, § 2.8.

gleich gesetzt werden.[47] Beide Werte verstehen sich ohne Erwerbsnebenkosten (Brokerage and Legal Costs) und stellen somit den Kaufpreis dar, den ein Investor zahlen müsste. Bei der Bewertung der Immobilie muss nach der Auffassung beider Denkschulen ein möglicher Preis (Value as an estimate of Price) und nicht ein subjektiver Wert aus Sicht eines bestimmten Investors (Worth) der Immobilie ermittelt werden. In der wissenschaftlichen Diskussion wurde häufig versucht, eine Unterscheidung der Begriffe Markt- und Verkehrswert zu fundieren. Dabei wurde oft angeführt, dass der Marktwert im Gegensatz zum deutschen Verkehrswertverständnis der der „Beste Preis" wäre, den ein Käufer zu zahlen bereit ist. Neuere Ausarbeitungen gehen von einer weitgehenden inhaltlichen Gleichheit der Begriffe aus.

Ein Unternehmen kann definiert werden als ein marktwirtschaftlich, also mit Gewinnerzielungsabsicht, handelnder Betrieb, der die Erstellung und/oder Verteilung von Gütern bzw. Dienstleistungen im Sinne einer planvoll organisierten Wirtschaftseinheit zum Ziel hat. Bei einer Unternehmensbewertung wird entsprechend kein isolierter Verkehrswert der Liegenschaft hergeleitet – die Immobilie ist nur einer von mehreren Aktivposten des Unternehmens. Dabei ist Ziel und zentrale Annahme eine Fortführung des Hotelbetriebes (Going Concern) im Gegensatz zu Substanzwertüberlegungen (break up value). Nur in Grenzbereichen sind bei Hotels Substanzwertgedanken zu berücksichtigen – wenn beispielsweise Landreserven das Potenzial zur Nachverdichtung bieten und diese Werte im ertragsorientierten Unternehmenswert nicht ausreichend berücksichtigt werden (Quantifizierung des nicht-betriebsnotwendigen Vermögens). Die Unternehmensbewertung bedient sich – wie auch die ertragsorientierte Immobilienbewertung – der Methodik der dynamischen Investitionsrechnung. Dabei wird eine Betrachtung auf Ebene der Unternehmung durchgeführt und nicht die Perspektive eines bestimmten, potenziellen Käufers eingenommen, weshalb – analog zur Vorgehensweise bei der Verkehrswertermittlung – keine Berücksichtigung von persönliche Steuersätzen bei Steuern auf das Einkommen oder individuellen Abschreibungs- oder Finanzierungsbedingungen erfolgen darf (diese Erweiterungen würden zum vollständigen Finanzplan, VOFI, führen). Beide vorgenannten Aspekte wären Gegenstand der Berechnung eines subjektiven Wertes (Investment value, Worth) des Hotelgrundstückes aus der Sicht dieses einzelnen Wirtschaftssubjektes.

---

[47] Vgl. IVS, 4.4., 4.9., 5.: (Market) Value und IVS No. 1; vgl. USPAP, Standards Rule 1–3 und Definitions; vgl. zum „gemeinen Wert" beispielsweise in Deutschland § 9 BewG oder §§ 2311 ff. BGB; vgl. zum „Market value" beispielsweise Richtlinien der RICS, SAVP No. 2.: Der Begriff OMV wurde in der neuesten Auflage des *Red Book* durch den international gebräuchlicheren Begriff des MV ersetzt.

Wird die Unternehmensbewertung eines voll ausgestatteten Betriebes vorgenommen, so kann das Ergebnis, der *Unternehmenswert des Hotels* (value of fully equipped and operating entity), in drei Komponenten zerlegt werden:[48]

1. Die *Immobilie inklusive wesentlicher Bestandteile und Zubehör,* also der *Verkehrswert,* ist ein Teil der Aktiva des gesamten Unternehmens (land and buildings/improvements – Real Property Component),

2. Die *Innenausstattung, Gerätschaften und Möbel,* also das *Inventar,* sind ein weiterer Teil der Aktiva (fixtures, fittings, furniture, furnishing and equipment, kurz: FF & E – Personal Property Component),

3. Das *Handelspotenzial* der beiden vorgenannten Bestandteile als Hotel bei der Unternehmensfortführung und insbesondere der mit der Immobilie verbundene Name (Trading potential and Goodwill attached to the Property).

- *Nicht* Teil der Bewertung ist der Markenname und das Potenzial aufgrund des Namens eines bestimmten, gegenwärtigen Betreibers (Personal Goodwill; Business Enterprise Component I).

- *Nicht* Bestandteil sind die Lagerbestände des Hotels (Wet and Dry consumable Stock; Business Enterprise Component II).

- *Nicht* Teil der Bewertung ist die Managementleistung im laufenden Betrieb (Business Enterprise Component III).

Die Trennung der oben genannten Bestandteile und die gegebenenfalls notwendige Isolation des Verkehrswertes der Immobilie stellen den Gutachter vor große Herausforderungen.[49] Dies ist insbesondere aufgrund der Tatsache der Fall, dass Hotels im gewöhnlichen Geschäftsverkehr inklusive FF & E als Unternehmen gehandelt werden (fully operational business), und die damit verbundenen Preise im Regelfall den Wert auf Basis der potenziellen zukünftigen Erlöse (trading potential) der gegenwärtigen Nutzung (existing use) widerspiegeln.[50]

---

[48] Vgl. RICS Valuation Group (1. März 2004), S. 2, § 2.2; vgl. Scott (2000), S. 574, S. 580 f.; vgl. Rushmore/Baum (2001), S. 360.

[49] Vgl. RICS Valuation Group (1. März 2004), S. 2, § 2.3: Value in isolation is entirely hypothetical; vgl. Scott (2000), S. 598: *Bricks and Mortar Valuations* are a hypothetical exercise.

[50] Vgl. Scott (2000), S. 571.

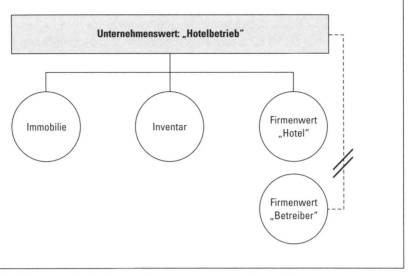

Abbildung 5: Bestandteile des Unternehmenswertes „Hotelbetrieb"

Ein Betreiber übernimmt vom Eigentümer im Regelfall die Immobilie inklusive FF & E.[51] Kompliziert ist dann die richtige Aufteilung von Werten und Zahlungsströmen zwischen dem Inventar und dem Verkehrswert der Liegenschaft. Hierzu folgendes Beispiel: Auch wenn für das Inventar Reserven aus den laufenden Einzahlungsüberschüssen gebildet werden, um Ersatzbeschaffungen zu tätigen (hier: Ausstattungsreserve bzw. FF & E-Reserve), so bilden die nach diesem Abzug kapitalisierten Beträge *dennoch* den Wert von der Immobilie *und* dem Inventar ab. Dies ist deshalb der Fall, weil die FF & E-Reservenbildung keinem *Return on Capital*, sondern nur einem *Return of Capital* entspricht und damit lediglich den Ersatz durch Abnutzung tangiert. Bei der Bewertung auf Grundlage von erwirtschafteten Gewinnen muss darüber hinaus darauf geachtet werden, dass neben Erträgen das laufende Management mit honoriert wird. Dessen Arbeitsleistung oder der kalkulatorische Unternehmerlohn in einem Eigenbetrieb muss deshalb vor der Kapitalisierung von Beträgen zur Herleitung von Verkehrswerten in Abzug gebracht werden.

Die Behandlung des Markennamens und des Potenzials aufgrund des Namens eines bestimmten, gegenwärtigen Betreibers ist nicht minder schwierig. Bei der Verkehrswertermittlung muss der Sachverständige die Frage nach den nachhaltig erzielbaren Ergebnissen eines *durchschnittlich* begabten Betreibers beantworten;

---

51 Vgl. Höfler u. a. (1998), S. 180.

eine Auffassung, die übrigens auch bei der Herleitung eines *Market Value* zutrifft.[52] Es darf also nicht per se davon ausgegangen werden, das beispielsweise „Hilton" das zu bewertende Hotel auch in Zukunft betreibt. Von diesem Marktdurchschnitt kann lediglich abgesehen und auf den gegenwärtigen Betreiber abgestellt werden, wenn klar ist, dass dieser aufgrund von vertraglichen Bindungen auch einem anderen Eigentümer dauerhaft verbunden sein wird. Aber auch in diesem Fall produzieren der Name und alle anderen Vorteile einer „Hilton"-Markierung nicht automatisch einen höheren Verkehrswert der Immobilie. Diese Problematik wird in der Bewertungspraxis dadurch entschärft, dass besonders „gute" Betreiber für ihren Namen und gegebenenfalls ein damit einhergehendes besseres Image des Hotels auch mehr Gebühren verlangen. Eben diese höheren Managementgebühren oder ein geringerer Pachtsatz schmälern in der Folge wieder die aus Sicht des Eigentümers zu kapitalisierenden Beträge, weshalb dann der Verkehrswert der Immobilie nahezu unverändert bleibt.

Im Rahmen der Verkehrswertermittlung von Hotels kommt es insbesondere aufgrund von asymmetrischer Information zu Differenzen zwischen den gutachterlich festgestellten Verkehrswerten und den tatsächlich realisierten Preisen.[53] Die *Principal-Agent-Theorie* setzt sich inhaltlich mit diesen Informationsasymmetrien zwischen Principal (Auftraggeber, hier: Investor etc.) und Agent (Auftragnehmer, hier: Sachverständiger) auseinander. Beispielsweise konnte in Zeiten einer aggressiven Kreditvergabe durch Banken beobachtet werden, dass die gutachterlich hergeleitete Verkehrs- und daraus abgeleitet Beleihungswerte über den tatsächlichen Preisen notieren, da diese Ergebnisse den Zwecken der Banken dienten und von diesen dahingehend beeinflusst wurden. In Zeiten hoher Unsicherheit kann theoretisch das Gegenteil eintreten und die Werte werden wegen fehlender Informationen über die zukünftige Entwicklung mit zu vielen Unsicherheitsabschlägen belegt. Ein Sachverständiger sollte sich dieser Problematik bei der Bewertung allgemein und bei der Hotelbewertung im Besonderen immer bewusst sein.

---

52 Vgl. Jenyon u. a. (1999), S. 137.
53 Vgl. Andrew/Dalbor, Hospitality Management (2000), S. 353; vgl. Dalbor, Appraisal Journal (04.2001), S. 182 ff.

3.3 Wertrelevante Aspekte

3.3.1 Grundsätzliche Überlegungen zur Wertrelevanz

Wie bei allen Nutzungsarten sind auch bei Hotelimmobilien Einflussfaktoren identifizierbar, die den Erfolg oder Misserfolg in besonderem Maße bestimmen.

Conrad Hilton betonte bereits in den 20er Jahren die Wichtigkeit der richtigen Standortwahl für den nachhaltigen Erfolg seiner Hotels. Sein Ausspruch „Lage, Lage, Lage" als Erfolgsrezept ist auch heute noch in Bezug auf alle Immobilieninvestments von großer Relevanz.[54] Er konnte damals allerdings nicht wissen, dass die Märkte heutzutage derart dicht besetzt sind: Ein Hilton liegt vis à vis eines Maritim Hotels und das Interconti ist direkt neben dem Sheraton usw. Letztlich haben alle Investoren und Betreiber eine „gute" oder sogar „sehr gute" Lage gefunden. Der Weg zum nachhaltigen Erfolg eines Hotels muss deshalb heutzutage noch weiter hinterfragt werden. Um alle Erfolgs- und Gefahrenpotenziale aufzudecken müssen letztlich insbesondere die drei Bereiche „Lage, Nutzer, Objekt" bzw. in Bezug auf Hotelinvestments „Lage, Betreiber/Branding, Objekt" analysiert werden.

Wichtig ist bei Hotelimmobilien das Verständnis von De- und Interdependenzen zwischen den einzelnen Einflüssen und Werttreibern, die nicht in allen Segmenten gleich wirksam sind. So hat beispielsweise die allgemeine wirtschaftliche Entwicklung einen besonderen Einfluss auf die Businesshotels. Die Veränderung des Konsumverhaltens der Hotelgäste wiederum hat größere Auswirkungen auf Ferienhotels und vielleicht auch die Sinnhaftigkeit von Zusatzangeboten wie beispielsweise Wellnessanlagen. Die wertrelevanten Aspekte können zur strukturierten Betrachtung in einer Stärken-Schwächen-Analyse des Bewertungsobjektes zusammengefasst werden. Diese so genannte SWOT-Analyse muss dann auch die branchen- und umfeldbezogenen Chancen und Gefahren mit einbeziehen.[55] Nur mit einem derart umfassenden Ansatz wird es dem Sachverständigen gelingen, alle verkehrswertbestimmenden Details ausreichend zu würdigen.

Der Sachverständige sollte neben den Standardunterlagen einer Immobilienbewertung auf folgende zusätzliche Quellen nicht verzichten:

- Investitionskostenaufstellung,
- Machbarkeitsstudien (bei neuen Hotels),

---

54 Vgl. Zitelmann, Die Welt (20. Mai 2001): Regionale Standortattraktivität ist definiert durch „Lage, Lage, Lage" – die drei entscheidenden Gründe, die *Conrad Hilton* in den 20er Jahren zusammenfasste.

55 Anmerkung des Autors: SWOT ist die Abkürzung für Strengths, Weaknesses, Opportunities, Threats.

- Ausstattungsbeschreibung,
- Flächen- und Zimmeraufstellung/Grundrisse,
- Business- und Marketing-Plan,
- Verträge (Pacht, Franchise, Management etc.),
- Jahresabschlüsse und Planungsrechungen,
- Interviews mit verantwortlichen Managern vor Ort,
- Steuerbescheide,
- Inventarlisten,
- Speisekarte, Hotelprospekt, Internetauftritt,
- Benchmarkinformationen zur Branche.

3.3.2 Standortbezogene Faktoren

Wie bereits oben ausgeführt, ist der einmal gewählte Standort des Hotels in der Folge dauerhaft eine der wichtigsten Determinanten für Umsatz sowie Ertragskraft des Betriebes und damit auch der Wert der Immobilie. Der Standort ist in Bezug auf die Lagequalität für die in Frage stehende Nutzungsart sowie eine Einschätzung von Angebot und Nachfrage nach dem konkreten Produkt zu hinterfragen (vgl. Abbildung 6).

Betrachtung der Lage		Betrachtung des Marktes	
Mikrolage	**Makrolage**	**Angebot**	**Nachfrage**
Erreichbarkeit/ Zentralität	Verkehrsnetzanbindung	gegenwärtige Bettenanzahl	Fremdenverkehrsintensität, Gästeankünfte
Image/ Bekanntheit	Wirtschaftsstärke der Region	Betriebskennzahlen der Konkurrenz	Saisonalität, Auslastung, Zimmerpreise
Nachfragegeneratoren	rechtliche Rahmenbedingungen	Fluktuation, Marktdynamik, Eintrittsbarrieren	Entwicklung der Nachfragergruppen
Umgebung, ...	soziodemografische Strukturen, ...	Entwicklungstätigkeit, ...	Wechselkurse, Konsumneigung, ...
Analyse wertrelevanter Aspekte des Hotelstandortes			

Abbildung 6: Analyse des Hotelstandortes

In Bezug auf die *Mikrolage*, also das direkte Umfeld – beispielsweise im jeweiligen Stadtteil –, sind im Kontext der Hotelbewertung folgende wertrelevanten Aspekte hervorzuheben:

- infrastrukturelle Verkehrsanbindung, Erreichbarkeit, Zentralität, Passantenfrequenz und gegebenenfalls Nähe zu bestimmten Bereichen (Innenstadt, touristische Attraktionen etc.),
- wichtigste Entwicklungsmaßnahmen in Bezug auf den Ausbau des Freizeit-, Tourismus-, Messe- oder Kongressmarktes im Einzugsgebiet,
- Aktivitäten des Standortmarketing,
- Image des Stadtteils bzw. der Gegend und deren Bekanntheit,
- Sozialstruktur der Umgebung,
- Nähe zu bedeutenden Unternehmen und anderen Nachfragegeneratoren,
- Versorgungseinrichtungen (des täglichen Bedarfs) in der Umgebung,
- Umgebungsbebauung, Ausblick der Zimmer, Zugang zum Hotel, Grünanteil der Umgebung (beispielsweise Parkanlagen),
- Einsehbarkeit des Hotels und Sichtbarkeit der Hotelwerbung,
- Größe und Zuschnitt des Grundstücks sowie Standortbegutachtung in Bezug auf die Topografie etc.,
- Emissionen oder sonstige störende Anlagen in der Umgebung,
- Parkplatzangebot für Pkw und Busse auf dem Grundstück als auch in unmittelbarer Umgebung,
- planungsrechtliche Situation des Grundstücks, Potenziale zur Nachverdichtung, Lasten und Beschränkungen, Ausnutzbarkeit (Art und Maß der Bebaubarkeit etc.), Erschließungszustand.

Darüber hinaus muss die *Makrolage* durch den Sachverständigen in Bezug auf wertrelevante Aspekte näher untersucht werden. Hierbei sind die folgenden Kriterien von besonderer Bedeutung:

- Zentralitätsfunktion der Stadt,
- Anbindung an das überregionale Verkehrsnetz inklusive Bahnhöfe und Flughäfen sowie Entwicklung der Auslastung der Flughäfen der Umgebung,

- Wirtschaftskraft und -wachstum der Region und andere soziodemografische Daten,

- Sicherheit des Standortes in Bezug auf (höhere) Gewalt (Naturkatastrophen etc.) und Terror,

- öffentlich-rechtlicher Rahmen (Subventionen, Auflagen in Bezug auf Arbeits- und Öffnungszeiten, Hygiene, Brandschutz, Konzessionen etc.).

Insbesondere die rechtlichen Rahmenbedingungen in Bezug auf Gesetzeslage und andere Auflagen müssen bei Hotelimmobilien ständig beobachtet werden. Bei der Annahme der Absicht einer Fortführung des Betriebes muss darüber hinaus hinterfragt werden, ob alle gegenwärtig vorliegenden Genehmigungen, Lizenzen etc. auf den neuen Eigentümer übergehen oder ob diese im Zweifelsfall neu beantragt werden müssen oder im schlimmsten Fall komplett wegfallen würden.[56]

Im Rahmen der Beurteilung der Lage muss der Gutachter im Stande sein, diese vor dem Hintergrund des konkreten Bewertungsobjektes und damit poduktbezogen richtig einschätzen zu können. Gute Anbindung und Sichtbarkeit des Hauses ist beispielsweise für Motels ein klarer Erfolgsfaktor, hingegen für ein Boardinghouse von untergeordneter Relevanz, da diese auch in einer peripheren Lage situiert sein können.

Neben dem Standort ist auch der Markt genau zu analysieren. Angebot und Nachfrage grenzen letztlich die realisierbaren Netto-Zimmerpreise und die Auslastung des Hotelbetriebes und damit das mögliche Umsatzpotenzial ein, weshalb der Sachverständige diesem Teil der Untersuchungen entsprechend viel Aufmerksamkeit widmen sollte. Im Ergebnis bestimmen die *Marktlage* und *-struktur*, der *Zyklusstand* sowie die *Konkurrenzsituation* vor Ort wesentlich den Erfolg des Betriebes und dieser wiederum den Wert des Hotelgrundstücks. Erhoben bzw. hergeleitet werden sollten konkret folgende Aspekte:

- Einzugsgebiet, Fremdenverkehrsintensität der Region, Gästeankünfte in der Vergangenheit, durchschnittliche Aufenthaltsdauer der Gäste,

- Auslastungs- und andere Betriebskennzahlen, Ausstattungsniveau sowie Kapazitäten aller Konkurrenzbetriebe im Teilmarkt,

- Projektstatus und Realisierungswahrscheinlichkeit geplanter Hotelprojekte und deren Markteintrittszeitpunkte,

---

56 Vgl. RICS Valuation Group (1. März 2004), S. 8, § 4.

- Ableitung des zukünftigen objektbezogenen Gästepotenzials,
- gesamtwirtschaftlicher Rahmen des Hotelbetriebes,
- Entwicklung der Wechselkurse zu den wichtigsten Herkunftsländern,
- Detailanalyse der wichtigsten fünf Konkurrenzbetriebe,
- Fluktuation unter den Wettbewerbern sowie allgemeine Marktdynamik und gegebenenfalls vorhandene Agglomerationseffekte,
- zukünftige Marktprognosen zur allgemeinen Entwicklung von Angebot und Nachfrage und Ableitung von Angebots- oder Nachfrageüberhängen aus dem gegenwärtigen und zukünftig zu erwartenden Zimmerangebot,
- Entwicklung der Hotelpreise im Verhältnis zur Entwicklung der gesamten Lebenshaltungskosten,
- Betrachtung der Entwicklung der wichtigsten Nachfragergruppen,
- Angaben zur Saisonalität des Marktes,
- Teilmarktvolatilität anhand der Betrachtung von Kennzahlen der vergangenen zehn Jahre,
- Situation auf dem Beschaffungsmarkt in Bezug auf den Wareneinkauf, Personalkosten und -verfügbarkeit etc.

Um den „Markt" gezielt erforschen zu können, ist in einem ersten Schritt zunächst eine sinnvolle Abgrenzung desselben notwendig, da die Erhebungen und Analysen nur die relevanten Konkurrenzbetriebe betrachten dürfen. Der *relevante Teilmarkt* eines Hotels ist in allgemeiner Form das geografische Gebiet, in welchem die Nachfrage sowie die direkten Wettbewerber aufeinander treffen. Beispielsweise konkurriert ein 5-Sterne-Hotel nur marginal mit einem 2-Sterne-Haus. Hingegen bedienen zwei nebeneinander liegende Design-Hotels klar dieselbe Zielgruppe. Bei einem Boardinghouse müssen aufgrund der geringeren Markteintrittsbarrieren im Gegensatz zu normalen Full-Service-Hotels auch verstärkt „normale" (Projekt-)Entwicklungen am Wohnungsmarkt der Region oder Stadt kritisch beobachtet werden. Dabei macht es einen kapitalen Unterschied, ob die avisierte Zielgruppe des Bewertungsobjektes kurz- bis mittelfristige Aufenthalte (drei Tage bis vier Wochen) umfasst oder tatsächlich Langzeitaufenthalte (länger als vier Wochen) betrifft. Im ersten Fall sind die Wettbewerber in Teilbereichen die „normalen" Hotels und bei letzterer Variante muss der lokale Wohnungsmarkt als Konkurrenz angesehen werden.

Zur *Abgrenzung des Marktes* dienen insgesamt folgende Faktoren:

- *Räumliche Abgrenzung*
  - Reisezeit zwischen dem Ziel der Besucher (Kongress, Strand etc.) und dem Bewertungsobjekt,
  - Reisemittel, welches hierzu benutzt wird (ÖPNV[57], zu Fuß etc.),
  - Standorte der Konkurrenzbetriebe.

- *Sachliche Abgrenzung*
  - Herkunft der Nachfrage allgemein und der eigenen Zielgruppe im Besonderen (Gästemix),
  - Produktabgrenzung.

- *Zeitliche Abgrenzung*
  - Dauer der Saison,
  - Öffnungszeiten der relevanten Konkurrenzbetriebe.

Während bei Business-Hotels im Zentrum eine Reisezeit von nur zehn Minuten zum Ziel akzeptiert wird, beträgt diese Faustregel bei Hotels in Randlagen bis zu 20 Minuten.[58] Neben der Art der Fortbewegung zu diesen Zielen sollten auch beispielsweise natürliche Grenzen mit bedacht werden. Hierzu ein Beispiel: Ein zehn Minuten Fußweg auf dem Stadtplan kann „sehr lange" sein, wenn eine Schnellstraße ohne direkte Überquerungsmöglichkeiten zwischen dem Hotel und der Destination liegt.

Ausgehend von dem so definierten Teilmarkt kann nun – am besten anhand einer grafischen Darstellung – hergeleitet werden, wie viel Nachfrage in dem Gebiet bisher vorhanden war und wie sich die Marktanteile des Bewertungsobjektes in Relation zu den Konkurrenzbetrieben darstellt. Dabei sollten die nach dem klassischen Gästemix (siehe Abschnitt 3.3.5) unterteilten Marktsegmente getrennt untersucht werden. Hierbei kann auch ein *Zeit-Distanzzonenmodell* hilfreich sein. Dabei wird angenommen, dass das zu bewertende Hotel nur aus seinem unmittelbaren Umfeld große Anteile der gesamten Nachfrage auf sich ziehen kann. In weiter entfernten Gebieten (Entfernungsradien) wird dann nur noch ein relativ kleinerer Anteil der dort befindlichen Nachfrage abgeschöpft. Ausgangspunkt der Analyse ist in jedem Fall die Betrachtung der tatsächlich wirksamen Nachfrage, gemessen an den Auslastungen der Hotels. Die historischen Auslastungszahlen und der Gästemix der Konkurrenz müssen hierzu vom Gutachter erhoben werden, was in der Praxis kein einfaches Unterfangen darstellt. Auslastung und Zimmeranzahl der Betriebe werden

---

57 ÖPNV – Öffentlicher Personennahverkehr.
58 Vgl. Rushmore/Baum (2001), S. 106.

dann in Abhängigkeit der jeweiligen Segmente je Hotel multipliziert. Ergebnis ist dann die durch Summenbildung ermittelte Anzahl der Zimmerbelegungen pro Jahr je Kundensegment im betrachteten Teilmarkt. Einige Gutachter schlagen vor, weniger attraktive Wettbewerbsbetriebe in Bezug auf deren Ausstattung, Alter, Erhaltungszustand und gesamthaftes Erscheinungsbild über einen Skalierungsfaktor in ein *effektives Zimmerangebot* zu überführen.[59] Das bedeutet, dass ein weniger attraktives Konkurrenzhaus mit 200 Zimmern beispielsweise nur mit 30 Prozent seiner nominalen Zimmeranzahl am Markt agieren (und entsprechend Nachfrage abschöpfen) kann, also mit 60 Zimmern. Problematisch an dieser grundsätzlich sinnvollen Überlegung ist, dass die Gefahr besteht, das Bewertungsobjekt „schön zu rechnen" und die tatsächliche Konkurrenz letztlich zu unterschätzen. In jedem Fall wichtig ist hingegen, dass berücksichtigt wird, ob die betrachteten Betriebe ganzjährig geöffnet haben oder beispielsweise ein neues Hotel erst zur Jahresmitte eröffnet wurde, und somit das Zimmerangebot nicht im gesamten Jahr Nachfrage auf sich ziehen konnte. Die gesamten Nächtigungszahlen eines Teilmarktes sowie die durchschnittliche Auslastung und das gesamte Zimmerangebot können gegebenenfalls auch bei der lokalen Tourismusbehörde erfragt werden. In diesem Fall stellt das oben skizzierte Vorgehen nur eine Plausibilisierung der bereits in aggregierter Form vorliegenden Daten dar.

Da die obigen Ausführungen nur die gegenwärtig wirksame Nachfrage erfassen, muss in Märkten mit starken Nachfrageüberhängen noch eine Schätzung bezüglich der *nicht bedienten Nachfrage* erfolgen. Darüber hinaus kann es sein, dass durch bestimmte neue touristische Attraktionen oder die Ansiedlung großer Betriebe *vollständig neue Nachfrage* entsteht. Diese beiden Formen der *latenten Nachfrage* müssen zusätzlich berücksichtigt werden, um die gesamte in der Zukunft wirksame Nachfrage nach Übernachtungen in einem Teilmarkt herzuleiten.[60]

Neben dem oben untersuchten gegenwärtigen Angebot muss bei der Herleitung von nachhaltigen Auslastungszahlen auch das zukünftige Angebot in die Betrachtungen einfließen. Hierbei sollte die *Realisierungswahrscheinlichkeit von neuen Hotelprojekten* im Teilmarkt kritisch hinterfragt werden, da die meisten Projekte bereits in einem frühen Stadium wieder aufgegeben werden. Anhaltspunkte für die Realisierung oder das Scheitern sind:

- erfolgte Grundstückssicherung,
- erfolgreich abgewickelte vergleichbare Projekte,
- erfolgte Baugenehmigung,

---

[59] Vgl. Rushmore/Baum (2001), S. 114.
[60] Vgl. Rushmore/Baum (2001), S. 124, S. 128.

- qualifizierter Betreibervertrag,
- allgemeine Marktlage,
- Finanzierungszusage.

Im Zusammenhang mit der Neubautätigkeit müssen insbesondere Hotelmärkte genauer analysiert werden, in denen trotz einer gegenwärtigen Auslastung von unter 65 Prozent rege Entwicklungstätigkeit registriert wird. Diese Märkte könnten unter Umständen das zusätzliche Angebot bei gleich bleibender Nachfrage nicht absorbieren. Bei der Würdigung der gegenwärtigen und zukünftigen Marktlage sollte auf den langfristigen Durchschnitt der letzten Jahre zurückgegriffen werden, um nachhaltig realisierbare Werte zu generieren. Die als *natürliche Auslastung (naturally occupancy level)* bezeichneten Werte würden keinen Anlass zur Veränderung der Zimmerpreise oder des Angebotes geben. Notieren die gegenwärtigen Auslastungen jedoch über diesen Werten, werden die Hoteliers ihre Preise anheben und ihre Gewinne so maximieren. Steigende Profitabilität der Branche wird zu verstärkter Neubautätigkeit und letztlich einer zyklischen Marktbewegung führen, wodurch das selbst geschaffene Überangebot den Markt wieder zum „natürlichen" Durchschnitt zurückführt.[61]

Ausgehend von der prognostizierten Nachfrage und dem gegenwärtigen und zukünftigen Angebot kann dann eine Auslastung des zu bewertenden Hotels prognostiziert werden. Bei bestehenden Hotels muss der gegenwärtige Anteil am Markt nicht zwangsläufig den nachhaltigen Werten entsprechen. Die insgesamt erhobenen Marktdaten sollten wieder in der direkten Gegenüberstellung zu den wichtigsten Konkurrenzbetrieben analysiert werden, um ein realistisches Potenzial feststellen zu können. Hierzu wird mit der so genannten *Fair-Market-Share-Methode* gearbeitet.[62] Als *fairer Anteil* an den gesamten Zimmerbelegungen eines Marktes werden *Marktanteile* eines Hotels bezeichnet, die genau der Relation der Zimmeranzahl des Hotels zur Zimmeranzahl des gesamten Marktes entsprechen. Grundgedanke ist, dass ein Hotel mit 75 Betten in einem bereits definierten Teilmarkt mit insgesamt 2.500 Betten 3,75 Prozent der gesamten Nachfrage auf sich vereinnahmen kann. Der Gutachter kann nun ausgehend von dieser Erkenntnis begründet festlegen, ob das Hotel ein Out- oder Underperformer ist und somit mehr oder weniger als den normalen Marktanteil im Einzugsgebiet abschöpfen kann. Dieser einfache Ansatz sollte jedoch in seiner Aussagekraft nicht überbewertet werden. Nur besonders erfolgreiche Hotels erreichen eine *Marktdurchdringung,* die zu Marktanteilen über dem rechnerisch fairen Anteil führt. Beim Teilmarkt ist damit insbeson-

---

61 Vgl. deRoos (04.1999), S. 17 f.
62 Vgl. Staley/Walsh, Appraisal Journal (1993), S. 353.

dere die Konkurrenzsituation des direkten Umfeldes genau zu hinterfragen. Hilfreich ist es in diesem Kontext, definierte Wettbewerber aufzulisten und im Rahmen einer SWOT-Analyse gegenüberzustellen. Kriterien sind hier: Auslastung, Umsatzentwicklung, durchschnittliche Zimmerpreise, Zimmeranzahl, Mitarbeiteranzahl, Kategorie, Ausstattung, Lage/Zentralität, Alter, Erhaltungszustand etc.

Bei seiner Marktforschung sollte der Gutachter zunächst die öffentlich zugänglichen Quellen in Bezug auf das örtliche Angebot und die Nachfrage einsehen (Sekundärforschung) und erst dann in dezidierte Interviews mit den wichtigen Marktteilnehmern oder die Besichtigung von Wettbewerbern einsteigen (Primärforschung). In Bezug auf die Marktlage gibt es von Beratern, Verbänden, Wirtschaftsprüfern, Banken oder den Maklerhäusern eine Flut von Publikationen, aus denen hilfreiche Informationen entnommen werden können.

Insbesondere bei der Fortschreibung von Marktdaten im Rahmen des Bewertungsprozesses muss der Gutachter sicherstellen, dass er keine spekulativen Elemente in seine Betrachtung integriert, da dies dem Verkehrswertbegriff widerspricht. Beispielsweise müsste der Gutachter bei einem neuen Hotel auch sehr gut begründen, warum dieses Objekt nach der Einführungsphase eine größere Marktdurchdringung als Konkurrenzbetriebe haben sollte – eine Vorgehensweise, die leider oft ohne sachliche Begründung vorgenommen wird. Aufgrund der Tatsache, dass Hotels einer stärkeren Zyklizität als andere Nutzungsarten unterliegen, stellt die Anforderung, spekulative Elemente nicht zu berücksichtigen, in der Praxis eine große Herausforderung dar. Dies ist vor allem dann der Fall, wenn die Mehrzahl der Marktteilnehmer diese Wertsteigerungserwartung teilt, was wieder für den „gewöhnlichen Geschäftsverkehr" und damit eine Integration dieser Überlegungen in die Bewertung sprechen würde. Probleme in Bezug auf die Beantwortung der Frage, was denn nun momentan „gewöhnlich" bzw. „nachhaltig" ist, können sich auch in Märkten ergeben, die am Ende einer Baisse angelangt sind. In diesen Situationen werden viele Eigentümer mit hohem Leverage oder solche mit „schwachen" Hotels ihre Objekte zu reduzierten Preisen auf den Markt bringen, um einen schnellen Exit bewirken zu können. Da potenzielle Käufer in diesen Märkten oft Schwierigkeiten haben, hohe LTV-Ratios zu realisieren, müssen die Verkäufer oftmals weitere Preiszugeständnisse machen, um Erwerber zu motivieren, welche die Immobilien vollständig mit Eigenkapital finanzieren. Aus Sicht des Gutachters sind die dann realisierten Preise nur bedingt als Vergleichswerte zu verwenden, da keine normale Vermarktung statt gefunden hat und es sich eher um einen *„Forced sale value"*[63] handelt.

Trotz der Teilmarktbetrachtung müssen die erhobenen Daten auch im Lichte des gesamtwirtschaftlichen Rahmens hinterfragt werden. In weniger entwickelten Märkten kann es beispielsweise vorkommen, dass Hotelmanager die Elastizität der Nachfrage im Abschwung „austesten". Ergebnis ist dann häufig ein ruinöser Wettbewerb, bei dem die Zimmerpreise in einer Abwärtsspirale sukzessive gesenkt werden, ohne die gewünschten Effekte bei der Auslastung realisieren zu können. In entwickelten Märkten folgen Hotelimmobilien – insbesondere die Businesshotels – der allgemeinen Konjunkturentwicklung fast direkt. Ein größerer *Time-Lag,* wie er bei anderen Immobilienarten zu beobachten ist, kann hier negiert werden. Innerhalb einer Region weisen der Hotel- und der Büromarkt vor diesem Hintergrund in der Regel eine positive Korrelation auf, wobei der Hotelmarkt wesentlich intensiver reagiert.

3.3.3 Objektbezogene Faktoren

Bei einem Hotel sind Architektur und Ausstattung wesentliche Erfolgsfaktoren. In Märkten mit einer hohen Wettbewerbsintensität repräsentieren erfolgreiche Hotel und deren Nutzungskonzepte nicht mehr nur „Aufenthaltsorte auf Zeit". Sie verkörpern vielmehr den klar fokussierten Lebensstil der Zielgruppe, den die Liegenschaften durch ein bestimmtes Erscheinungsbild umsetzen. Letztlich können Architektur und Ausstattung dazu verwendet werden, ein Alleinstellungsmerkmal im Sinne einer USP aus Sicht eines jet-settenden Geschäftsmannes, einer jungen Familie oder eines kulturinteressierten Individualreisenden aufzubauen. Die Zusammenarbeit des Architekten John Portmann und der Hyatt-Gruppe kann in diesem Zusammenhang als ein erfolgreiches Beispiel der Verbindung von Architektur und Marketing ins Feld geführt werden (Bau des Hyatt-Regency Atlanta, 1967).

Der Sachverständige muss jedoch kein Marketingsstratege sein. Er sollte vielmehr in der Lage sein, das Erscheinungsbild des Hotels und die Qualität sowie den Erhaltungszustand von Gebäuden und Ausstattung grundsätzlich beurteilen sowie im Hinblick auf die nachhaltige Realisierbarkeit von Erlösen hinterfragen zu können.

---

[63] Vgl. IVS, No. 2, 3.10.

Dabei sind folgende Bereiche der meist qualitativen Aspekte von herausragender Bedeutung:

- grundsätzliche Zielgruppenadäquanz des umgesetzten Konzeptes,
- Anteil an Ein- und Zweibettzimmern, Suiten und allgemein die Raumgrößen,
- Ausstattung mit Fitness-, Wellnesseinrichtungen, Bars, Restaurants und Konferenzeinrichtungen,
- Größen und Platzierung der Zusatzeinrichtungen,
- Umsetzung der Corporate Identity eines bestimmten Betreibers am Objekt,
- Erhaltungszustand von (technischer) Ausstattung und baulicher Substanz,
- äußeres Erscheinungsbild, Architektur und Bauqualität des Hotels, Alter des Hotels, realisierte Modernisierungen,
- Funktionalität des Grundrisses,
- Flexibilität der Raumaufteilung,
- Drittverwendungsfähigkeit und Revitalisierungsanfälligkeit,
- Verhältnis von Verkehrs- und Funktionsflächenanteilen (VF bzw. FF) zur Nutzfläche (NF) in Abhängigkeit der Kategorie.

Der Gutachter darf – auch wenn Pläne vorhanden sind – nicht auf eine intensive Begehung der Hotelimmobilie verzichten. Es kommt nicht selten vor, dass die Grundrisse im Laufe der Zeit verändert wurden, oder sich der Ausbau- und Erhaltungszustand einzelner Zimmer stark vom Durchschnitt des Objektes unterscheidet. In Einzelfällen können auch in Bezug auf die Zimmeranzahl in unterschiedlichen Quellen verschiedene Angaben enthalten sein. Eine vollständige Überprüfung ist dann unumgänglich.

Grundsätzlich gilt, dass nicht alles, was das Management oder der Eigentümer als wichtig einschätzt, auch aus der Sicht des Gastes tatsächlich als elementar eingestuft wird. Studien belegen, dass der Gast insbesondere ernst genommen werden will und dass das Bedürfnis „Schlafen" und damit das Zimmer („hell" und „ruhig") immer noch eines der wesentlichsten Entscheidungskriterien für den Hotelbesuch sind. Wesentlich sind auch der mit dem Hotel einhergehende „Status" und das kulinarische Angebot.[64] Insbesondere bei Hotels der 4-und 5-Sterne-Kategorie sollte die Konzeption der Lobby deshalb großzügig sein, denn aus der Sicht des Gastes ist

---

64 Vgl. Höfels u. a. (1998), S. 175; vgl. DEHOGA-Gästeumfrage aus dem Jahr 1999: Ranking der Gästeanforderungen.

der Eingangs- und Aufenthaltsbereich einer der am intensivsten wahrgenommen Bereiche in einem Hotel.

Die (effiziente) Flächenausnutzung sollte vom Gutachter auch hinterfragt werden. Ein hoher Anteil an Nutzflächen kann ein Indiz hierfür sein. Der *Nutzflächenfaktor*, also das Verhältnis der Nutzfläche zu der gesamten Brutto-Grundfläche sollte bei modernen Hotelgebäuden über 80 Prozent betragen. Ein hoher Nutzflächenanteil ist jedoch keine Garantie für geringere Kosten und höhere Erlöse. Beispielsweise ist auch die Platzierung und Anordnung sowie Positionierung der Bars und Restaurants im Verhältnis zu den Wettbewerbern von entscheidender Bedeutung. Bars mit direktem Zugang von der Straße werden tendenziell mehr Umsatzbeiträge von Nicht-Hotelgästen rechtfertigen, als Einrichtungen, die im Inneren des Hotels angeordnet sind und deshalb kaum von Nicht-Hotelgästen wahrgenommen werden. Darüber hinaus muss bei allen Zusatzeinrichtungen hinterfragt werden, ob deren Anordnung zueinander und innerhalb des Gesamtkonzeptes effizient ist, oder ob diese eventuell zu besonders hohen laufenden Kosten führen.

Der Bedarf an Ersatzinvestitionen und der grundsätzliche Erhaltungszustand sowie die technischen Anlagen (Klimaanlage, Heizung, Kücheneinbauten etc.) sind bei einer Bestandsimmobilie aufgrund der kurzen Modernisierungszyklen mit besonderer Sorgfalt durch den Gutachter zu analysieren. Hierbei sollten auch die Wartungsverträge und Protokolle der Aufzüge und anderer technischer Anlagen durch den Sachverständigen auf ihre Ordnungsmäßigkeit hin überprüft werden. Bei einer Unternehmensbewertung, die auch F&E umfasst, muss der Bewerter darüber hinaus prüfen, ob es sich um geleaste Gegenstände handelt, die dann nicht Teil des Unternehmenswertes sein dürfen.

Ebenfalls mit dem Objekt verbunden und deshalb im Rahmen einer Bewertung relevant sind die Eintragungen im Grundbuch Abt. II (Österreich: C-Lastenblatt). Diese können bei Hotels von besonderer Relevanz sein, wenn es sich beispielsweise um dingliche Absicherungen für den Vertrieb von Brauereierzeugnissen handelt. In Bezug auf rechtliche Aspekte eines Hotelverkaufes gehen gegebenenfalls auch Rechtsstreitigkeiten mit auf den neuen Eigentümer über. Ein Gutachter sollte in jedem Fall prüfen, ob derartige gerichtliche Auseinandersetzungen mit Gästen, dem Manager bzw. Pächter vorliegen oder zu erwarten sind. Wertrelevanz können diese jedoch nur haben, wenn sie mit der Immobilie auf einen neuen Eigentümer übergehen würden. Wertrelevant können als Weiteres öffentlichen Abgaben sein, wenn bestehende Zahlungsrückstände auf einen neuen Eigentümer übergehen. Aufgrund der Größe eines Hotelprojektes sind im Rahmen der Entwicklung häufig umfangreiche Prüfungen in Bezug auf z. B. die Umweltverträglichkeit notwendig. Insbesondere bei der Bewertung von laufenden Hotelprojekten müsste dieser Bereich ebenfalls eingehend untersucht werden. Neben den vertraglichen Gestaltungen oder auf einen neuen Eigentümer übergehende Belastungen können auch gesetzliche Vorschriften, beispielsweise restriktive Öffnungszeiten, die Erlöspotenziale eines Hotels begrenzen und müssen dann entsprechend wertmindernd berücksichtigt werden. In Bezug auf die diversen Profit-Center eines Hotels müssen darüber hinaus die jeweils notwendigen Betriebskonzessionen und Genehmigungen vorliegen, für deren Erteilung bestimmte Standards bei den Sanitäranlagen, den Fluchtwegen, den Parkmöglichkeiten sowie dem Brandschutz erfüllt sein müssen. Auch diese Unterlagen müssen vom Sachverständigen eingesehen werden.

3.3.4 Betreiberqualität und Branding

Bereits mehrfach wurde auf die Bedeutung eines guten, erfahrenen Betreibers sowie die Relevanz der Markierung, dem so genannten *Brand* (also der Marke), für einen erfolgreichen Hotelbetrieb und damit möglicherweise auch den Wert der Hotelimmobilie hingewiesen. Dieser Bereich soll an dieser Stelle in Bezug auf seine Bedeutung für den Verkehrswert eines Hotelgrundstückes intensiver hinterfragt werden.

Das „Problem" eines Brand ist, dass diese Marke in der Regel durch den Betreiber oder Franchisegeber geliefert wird und damit *nicht* Teil des Verkehrswertes des Hotelgrundstückes sein darf[65] *(Personal Goodwill)* – Ausnahme ist der Fall, dass das Hotel selbst sich einen Namen im Markt gemacht hat und dieser dauerhaft mit der Immobilie verbunden bleiben kann oder der Betreibervertrag vom neuen Eigentümer mit übernommen werden muss *(Trading potential and Goodwill attached to the Property)*. Als Beispiel für die Verbindung mit der Immobilie selbst kann das Burj-Al-Arab in Dubai genannt werden, als Beispiel für einen an den Betreiber gekoppelten Namen kann fast jedes Hotel genannt werden, das die großen Ketten betreiben – wie beispielsweise der Name „Hilton".

Aus Sicht des Eigentümers der Immobilie ist der Name somit nur werthaltig, wenn mit diesem (Geschäfts-)Wert überdurchschnittliche Renditemöglichkeiten verbunden sind. Der auf den Bereich des Personal Goodwill, also die Markierung durch eine Hotelkette, entfallende Gewinnanteil wird jedoch über die Vergütung der Management- oder der Franchise-Fees in Abzug gebracht und somit im Regelfall *nicht* mitkapitalisiert bzw. bewertet.[66] Lediglich wenn der Mehrwert durch die erhöhte Auslastung und letztlich den Gewinn die mit diesem Branding verbundenen Kosten

---

65 Vgl. RICS Valuation Group (1. März 2004), S. 7, § 3.1; 3.3.
66 Vgl. Staley/Walsh, Appraisal Journal (1993), S. 354: „Some Brands provide good value to hotel owners ... (but) brand affiliations are expensive ...".

der Management- oder Franchiseverpflichtungen übersteigen, ergibt sich eine Erhöhung des Verkehrswertes der Immobilie.67 Dieser Betrag kann dann bei den „sonstigen wertbeeinflussenden Umständen" angesetzt werden, wobei die Restlaufzeit der Verträge die Basis für den Overrented-Anteil bildet.

Insbesondere bei den Hotelketten wird jedoch deutlich, dass die den Wert der Marke insgesamt bestimmenden Faktoren über den bloßen Markennamen eines einzelnen Hotels hinausgehen. Weitere Elemente sind die Möglichkeit den Markennamen auf andere Objekte zu übertragen (also das so genannte re-branding enhancement), die mit den Marken verbundenen Vertriebs- und Marketinginfrastruktur (Vermarktungskooperationen, Kundendatenbanken etc.) und strategische Partnerschaften sowie Kundenbindungsprogramme, wie beispielsweise eine Miles-and-More-Anbindung. Bei einer Wertfindung für die gesamte Marke – unabhängig davon, ob dieser Wert für einen Kettennamen oder ein bestimmtes Hotel hergeleitet werden soll – muss auf alle gegenwärtigen und zukünftigen Nutzenpotenziale dieser materiellen und immateriellen Bestandteile Bezug genommen werden. Der Nutzen kann dabei in Form von zusätzlichen Erlösen, aber auch verminderten Kosten in die Kalkulation einfließen. Bei Verkäufen von Hotels oder Hotelkonzernen mit Markierung ist zu beobachten, dass Käufer, die bereits über starke Markennamen in ihrem Portfolio verfügen, nicht bereit sind, einen hohen Aufpreis für den Namen zu zahlen, da sie ohnehin nach dem Kauf ein Re-Branding durch ihre eigenen Marken planen.68 Dennoch ist es auch ein gewöhnlicher Geschäftsverkehr, wenn Investoren, die nicht aus dem Betreibersegment stammen, den Wert der Marke honorieren und entsprechend höhere Preise zahlen. Bei einer Markierung des Hotels selbst sollte der Bewerter auch die Namenssicherung prüfen, um die Gefahr von Nachahmern einzuschränken.

Hilton und Marriott sind die weltweit wertvollsten Hotelmarkennamen mit einem Wert von je ca. 1,3 Milliarden US-Dollar (Brand Value). Ein Vergleich mit der wertvollsten Marke der Welt – Coca Cola – zeigt jedoch, dass diese fast 65-mal soviel Wert ist.69 Die weltweit voranschreitende Konsolidierung im Hotelmarkt führt verstärkt dazu, dass teilweise bekannte Hotelnamen verschwinden. Auf lange Sicht ist es aufgrund der hohen Marketingkosten je Brand für die großen Hotelketten oft sinnvoller, sofort ein Re-Branding zur stärksten Marke im Konzern vorzunehmen, als relativ „schwache Marken" weiterzuführen. So verschwand beispielsweise der in Deutschland bekannte Name „Astron" nach der Übernahme durch NH Hotels und die Dorint-Gruppe betreibt seit dem Einstieg von Accor ein Co- und Re-Branding seiner

---

67 Vgl. Taylor, Lodging Hospitality (15. Mai 2003), S. 46: Value of a flag.
68 Vgl. Town, JLLS (JonesLangLaSalle) (22. Oktober 2001).
69 Vgl. Hall, PwC (2000), S. 3.

Marken mit dem entsprechenden Accor-Namen (Tabelle 7 listet die weltweit größten *Hotelbetreiber* und die weltweit am stärksten verbreiteten *Hotelnamen* auf.).

Die größten Hotelbetreiber und deren Marken					
Rang	Hotelbetreiber	Anzahl der Zimmer (in Tsd.)	Rang	Markenname	Anzahl der Zimmer (in Tsd.)
1.	InterContinental Hotels Group (ehemals: Six Continents)	536 **	1.	Best Western***	306
2.	Cendant Corporation	518 **	2.	Holiday Inn Hotels & Resorts	290
3.	Marriott International	490 *	3.	Days Inn	162
4.	Accor	389	4.	Marriott Hotels, Resorts and Suites	149
5.	Choice Hotels Intern.	350	5.	Sheraton Hotels	128
6.	Hilton Hotels Corp.	318	6.	Ramada Franchising Systems	121
7.	Best Western Intern.	308	7.	Super 8 Motels	119
8.	Starwood Hotels & Resorts	227	8.	Hampton Inn	111
9.	Carlson Hospitality Worldwide	129	9.	Radisson hotels & Resorts	102
10.	Hyatt Hotels/ Hyatt International	87	10.	Holiday Inn Express	92

Tabelle 7: Weltweit führende Hotelbetreiber und Marken[70]

Auch wenn die Erhöhung des Verkehrswertes durch einen bestimmten Betreiber kritisch hinterfragt werden muss, so ist dennoch eine vorhandene Anbindung an

---

[70] Vgl. Karp/Town/Webb, JLLS (09.2001), S. 13 ff.; vgl. Rushmore/Baum (2001), S. 169; vgl. American Hotel & Lodging Association; vgl. HOTELS Business Magazin; *Marriott: Unternehmensangabe 02.2004; **Cendant/Intercontinental aktualisierte Angabe: o. V., IZ (22. April 2004); *** Best Western: Unternehmensangabe (07.2004).

eine der starken Marken bzw. Ketten heutzutage eine conditio sine qua non, um in dem sich weiter verschärfenden Wettbewerbsumfeld erfolgreich bestehen zu können. Beispielsweise können große Ketten gezielter ein heutzutage unerlässliches *Customer Relationship Management* (kurz: CRM) umsetzen, mit Unternehmen Kooperationsverträge für Geschäftsreisende oder mit Reiseveranstaltern bestimmte Abnahmekontingente zu Sonderkonditionen aushandeln und ein professionelles *Facility Management* der betriebenen Hotels zum Werterhalt der Immobilien sicherstellen.[71] Insbesondere bei neuen Hotels stellt sich auch oft die Frage, ob das Objekt überhaupt in der Lage ist, den anderen Wettbewerbern signifikante Marktanteile abzunehmen. Starke und am internationalen Hotelmarkt bereits eingeführte Marken können sich hierbei oft besonders positiv auf diese *Anlaufphasen* auswirken. Auch gute Betreiber benötigen jedoch ca. drei Jahre, bevor das erste Jahr mit der geplanten, nachhaltig erzielbaren Auslastung erreicht wird.

Steht für ein Hotel der zukünftige Betreiber noch nicht fest, so kann ein Track-record Auskunft über die Erfahrung und Erfolge der potenziellen Kandidaten geben. Unerfahrene Investoren können bei der Betreiberauswahl auch beispielsweise auf das jährlich erscheinende Ranking von TREUGAST zurückgreifen. Während beispielsweise Marriott, Arabella Sheraton und Accor noch mit der Bestnote „AAA" geratet wurden, hat beispielsweise die Dorint-Gruppe im Jahr 2003 nur noch ein „BBB" erhalten.[72] Der Betreiber sollte in jedem Fall in der Lage sein, mit einem schlüssigen *Business-Plan* das prognostizierte Wachstum des Hotels – und damit die Wertsteigerung der Immobilie – untermauern zu können. Moderne Managementmethoden des Betreibers sind somit für ein erfolgreiches Hotel von entscheidender Bedeutung. Bei seit vielen Jahren gut in den Markt eingeführten Häusern ist es grundsätzlich sinnvoll den eigenen Hotelnamen als Marke beizubehalten und den jeweiligen Betreiber nur mit seinem Ketten- oder Franchisenamen im Sinne eines Co-Brandings aufzunehmen. So wird sichergestellt, dass ein Wertbestandteil der Immobilie, der aus dem eigenen Ansehen entsteht, auch ohne den gegenwärtigen Betreiber in Zukunft erhalten bleibt.

Dass bei der Markenbildung und dem Versuch der Abgrenzung zur Konkurrenz bisher noch bei weitem nicht alle Denkansätze ausgeschöpft sind, zeigt aktuell das Beispiel „Marriott". Die Marke hat bereits im Jahr 2001 eine Kooperation mit dem weltweit renommierten Juwelier BVLGARI geschlossen. Ob sich dieser Versuch des *Cross-Marketings* mit einem branchenfremden Partner auszahlen wird, bleibt

---

71 Vgl. o. V., NH-Corporate Presentation (05.2004), S. 19: „Corporate Clients" and contracts with „Travel Groups".
72 www.treugast.de; vgl. Pütz-Willems, HB (12. März 2004).

abzuwarten. In diesem Bereich hat sich bisher nicht jede „gute" Idee ausgezahlt. Dies verdeutlicht der bei einer ersten Betrachtung sinnvolle Einstieg vieler Fluggesellschaften in das Hotelgeschäft in den 60er Jahren. Sämtliche dieser Verbindungen wurden mittlerweile wieder gelöst, da sich die erhofften Synergien offensichtlich nicht einstellten.[73]

3.3.5 Gästestruktur

Die Zusammensetzung der Gäste in Bezug auf Konsumgewohnheiten, Life-Style-Typen, Altersgruppen, Reisegrund und Herkunftsländer ist wichtig, um Rückschlüsse auf die Höhe und Nachhaltigkeit der erzielbaren Umsätze ziehen zu können. Dabei sollte der Betreiber die Gratwanderung zwischen einer *klaren Zielgruppenansprache* bei gleichzeitig ausgewogenem *Gästemix* erreichen. Wichtig sind in diesem Kontext auch die Feststellung des Anteils ausländischer Gäste sowie deren Quellenländer und die allgemeine *Nachhaltigkeit des Gästeaufkommens.* Alle vorgenannten Aspekte müssen vom Gutachter kritisch hinterfragt werden.

Negativbeispiel in Bezug auf die bewusste Auseinandersetzung mit der Nachhaltigkeit einer bestimmten Zielgruppe ist der Kur- und Thermalort Bad Gastein.[74] Die zahlungskräftige Stammklientel wurde hier immer älter und junge Gäste blieben aus, da diese sich vom vorhandenen Angebot nicht angesprochen fühlten – oder angesprochen wurden. Gegenwärtig wird dort der Versuch unternommen, aus dem Auslastungstief mit neuen Angeboten und einer veränderten Zielgruppenfokussierung herauszufahren.

Neben dem Aspekt der Nachhaltigkeit ist die klare Fokussierung der „richtigen" Zielgruppe ebenso wichtig. Die empfangenen Gäste sollten im Einklang mit dem nach außen kommunizierten Image, dem Erscheinungsbild des Hotels und der Kategorie des Hauses bzw. des Gebietes stehen. Ein Negativbeispiel stellen beispielsweise die Bustouristen in Kitzbühel dar. Zwar garantieren diese kurzfristig eine verbesserte Auslastung der Hotels in der Nebensaison, langfristig wird hierdurch aber nicht das vom Nobelskiort gewünschte Image unterstrichen und die tatsächlich gewünschte Zielgruppe mit entsprechender Zahlungsbereitschaft erreicht.

Das gastronomische Konzept muss ebenfalls auf die Zielgruppe des Hotels abgestimmt sein. Das heißt Convenience-Küche im unteren Segment und ein hochwertiges Angebot im 4- und 5-Sterne-Bereich. Letzteres kann in der Gastronomie z. B.

---

73 Vgl. Rushmore/Baum (2001), S. 10.
74 Vgl. Hofer, Die Presse (23. Januar 2004).

Ethno-Food, die mediale Aufbereitung durch Front-Cooking oder beispielsweise Konzepte im Bereich des hochwertigen Fast-Foods (z. B. Sushi oder Finger-Food) umfassen.

Obwohl eine klare Zielgruppenansprache positiv ist, kann eine zu starke Fokussierung auf eine bestimmte Zielgruppe auch zu Abhängigkeiten und damit Nachteilen für den Betreiber führen. So bekamen einige der innovativen Boutique-Hotels trotz eines guten Konzeptes den Einbruch der New-Economy besonders hart zu spüren, da dieser Personenkreis ihre Hauptzielgruppe (25- bis 55-jährige Personen, die überdurchschnittlich gut verdienen) darstellte. Ebenso erwies sich ein hoher Anteil an Gästen aus den USA im Zuge der Terrorangst und der Aufwertung des EURO als Nachteil, da Gäste aus Amerika vielfach ausblieben. Als weiteres Beispiel haben Business-Kunden eine geringere Preissensibilität als andere Hotelgäste – grundsätzlich positiv aus Sicht des Hoteliers. Dafür ist aber die Auslastung in diesem Bereich stärker positiv mit der gesamtwirtschaftlichen Entwicklung korreliert als in anderen Segmenten, was insbesondere in wirtschaftlichen Schwächephasen regelmäßig zu starken Umsatzeinbrüchen von stark fokussierten Betreibern führt.

Ausgangspunkt der Entwicklung von Hotels ist immer die Frage: Was wird ein durchschnittlicher Hotelgast der angestrebten Zielgruppe für Produktleistungen verlangen und was ist er bereit für diese Leistung zu zahlen *(Target-Costing)?* Diese Frage muss auch bei der Bewertung beantwortet werden, da insbesondere die *durchschnittlichen Ausgaben pro Übernachtung* ein wesentlicher Werttreiber sind. Letztlich muss auch in diesem Bereich ein Vergleich mit den lokalen Wettbewerbern im Teilmarkt erfolgen. Bei diesem Benchmarking sollte das zu bewertende Hotel auf bzw. besser noch über dem Durchschnitt der Mitbewerber notieren.

Die Mischung der Gäste kann sich aus Geschäftsreisenden, lokaler Nachfrage in Bezug auf Konferenzeinrichtungen, Reisegruppen/Bustouristen, Individualtouristen etc. zusammensetzen. Bei einer genaueren Analyse kann darauf aufbauend für jede Zielgruppe ein Erfolgsbeitrag hergeleitet werden, der sich aus dem jeweiligen Doppelbelegungsfaktor, der realisierten Zimmerrate für die Zielgruppe sowie dem prozentualen Anteil der Gruppe an den gesamten Übernachtungen herleitet (vgl. Abschnitt 4.1.3.3).

3.3.6 Finanzierungsumfeld

Die Betrachtung einer konkreten Finanzierung darf grundsätzlich bei der Verkehrswertermittlung der Hotelimmobilie *keinen* Einfluss entfalten, da der Kredit nicht mit der Immobilie und damit deren Wert, sondern mit dem Kreditnehmer, also der natürlichen oder juristischen Person, verbunden ist.

Dessen ungeachtet besitzt das allgemeine Finanzierungsumfeld der Branche durchaus Wertrelevanz, da im gewöhnlichen Geschäftsverkehr Hotels regelmäßig mit hohen Fremdkapitalanteilen finanziert werden. Auf der einen Seite hat dies Auswirkungen auf die grundsätzliche Zahlungsbereitschaft der Käufer und auf der anderen Seite erhöht es bei steigenden Zinsbelastungen gegebenenfalls den Druck der potenziellen Verkäufer zum Ausstieg. Die vorgenannten allgemeinen Finanzierungsumstände sind jedoch in den erhobenen Marktdaten, beispielsweise den Diskontierungssätzen und damit im Wert des Objektes eingepreist – eine gesonderte Berücksichtigung ist somit überflüssig und muss unterbleiben.

Falsch ist auch das pauschale Arbeiten mit Finanzierungsaspekten im Rahmen der Immobilienbewertung. Die Finanzierung per se kann keine Wertsteigerung für das Objekt herbeiführen! Eine unter dem Marktniveau abgeschlossene Fremdkapitalbeschaffung (beispielsweise 7 Prozent Festzins statt 8 Prozent auf Marktniveau) schafft zwar Werte – diese haben aber *nichts* mit der Immobilie selbst zu tun, sondern sind Teil des positiven Leverage-Effektes eines bestimmten Investors.[75]

Trotz der gegenwärtig historisch niedrigen Zinsen ist die Kreditvergabe von Seiten der Banken konservativer geworden. Dieser Umstand ist mit den Entwicklungen im Bankensektor (vgl. hierzu die Ausführungen zu Basel II in diesem Sammelband) zu erklären. Die resultierenden geringeren Beleihungsrahmen (LTV-Ratios von 50 Prozent bis maximal 70 Prozent)[76] und die teilweise zu beobachtenden Kreditrationierungen führen dazu, dass auch aus Sicht der Eigenkapitalgeber vor dem Hintergrund der schwindenden Möglichkeit einen großen Leverage-Hebel anzusetzen, bei der Auswahl der Projekte oder Bestandsobjekte selektiver vorgegangen werden muss, um eine geforderte Eigenkapitalverzinsung (RoE oder Equity Yield)[77] von bis zu 20 Prozent p. a. zu ermöglichen.

Darüber hinaus werden aus Sicht der Banken im Regelfall lieber Unternehmenskredite an große Hotelgesellschaften vergeben *(corporate borrowing),* als die gleiche

---

75 Vgl. Elgonemy, Cornell Quarterly (06.2002), S. 10.
76 Vgl. JLLS, Hotel Investor Sentiment Survey (HISS), Issue 4 (January 2002), S. 5//LTV – Loan-to-Value Ratio.
77 RoE – Return on Equity.

Immobilie für einen Privatinvestor zu finanzieren *(single-asset borrowing)*. Dieses Verhalten ist logisch, betrachtet man die jeweiligen Risikoprofile des Engagements – beispielsweise haben große Hotelketten wie Accor oder NH-Hotels einen moderaten Verschuldungsgrad (Net debt/Total equity) zwischen 40 und 60 Prozent.[78] Außerdem ergeben sich bei der Finanzierung großer Konzerne mehr Möglichkeiten für die Bank Cross-Selling zu betreiben.

Als weiteres Kriterium betrachten die Banken in den letzten Jahren auch vermehrt die Drittverwendungsfähigkeit sowie die grundsätzliche Marktgängigkeit des Hotels. Auch finanzieren Banken ungern die Ausstattung und das Inventar mit. Handelt es sich nicht um Eigenbetriebe und wird der Eigentümer finanziert, ist aufgrund der guten Prognosefähigkeit der Erträge eine Festpacht aus Sicht der Bank am besten.

An dieser Stelle muss auch auf die zunehmend korrekte Risikoallokation zwischen Banken und Investoren hingewiesen werden. In der Vergangenheit war häufig eine weit unter der Gesamtkapitalverzinsung notierende Fremdkapitalverzinsung zu beobachten, obwohl die Bank faktisch wenig Sicherheiten hatte und deshalb in einem nicht unerheblichen Ausmaß an dem unternehmerischen Risiko des Hotels beteiligt war. Letztlich ist ein aus dieser Konstellation resultierender hoher Leverage-Effekt für den Eigentümer jedoch nur angemessen, wenn er für diese größere erwartete Rendite auch mehr unternehmerisches Risiko übernimmt.

3.3.7 Vertragstypen und -gestaltung

Da es sich beim Eigentümer und beim Betreiber im Regelfall um Vollkaufleute handelt, herrscht in Bezug auf den Abschluss von Vereinbarungen über die Nutzung und den Betrieb von Hotels weitgehend Vertragsfreiheit. Vor diesem Hintergrund müssen in jedem Fall im Rahmen der Bewertung der Liegenschaft alle wesentlichen Verträge eingesehen und in Bezug auf ihre Wertrelevanz hinterfragt werden. Auch in diesem Kontext gilt die grundsätzliche Regel: Bewertet wird nur, was auch beim Immobilienverkauf mit übertragen wird.

Unabhängig von der gewählten Vertragsform sollte der Bewerter die Unterlagen dahingehend untersuchen, ob vor dem Hintergrund der langfristigsten Bindung ein ausgewogenes Verhältnis zwischen Betreiber und Eigentümer vorliegt und ob die Risiken sowie die hierfür der jeweiligen Seite zugestandenen Anteile des verteilungsfähigen Gewinns ausbalanciert sind. Die „beste" Festpacht wird dem Eigner

---

78 Vgl. o. V., NH-Corporate Presentation (05.2004), S. 8.

wenig nutzen, wenn diese schon nach wenigen Jahren vom Betreiber nicht mehr erwirtschaftet werden kann. Die Vertragsgestaltung zwischen Betreiber und Eigentümer ist somit der wesentliche Schlüssel für den nachhaltigen Erfolg eines Hotelbetriebes, der nur dauerhaft im Wettbewerbsumfeld bestehen kann, wenn Betreiber und Eigentümer sich in Interessenidentität üben.

Trotz der weitgehenden Gestaltungsfreiheit kommen bestimmte Vertragstypen immer wieder vor und sollen in der Folge kurz dargestellt werden. Wesentlich ist die Differenzierung zwischen den Vertragsformen *Management- und Pachtvertrag*. Diese unterscheiden sich dahingehend, dass der Eigentümer beim Managementvertrag zum Hotelier wird und deshalb per definitionem mehr unternehmerisches Risiko übernimmt als bei der Verpachtung des Betriebes an einen Betreiber (siehe Abbildung 7). Beim Managementvertrag übernimmt der Manager die Erfüllung der Interessen des Eigentümers – und verpflichtet diesen.[79] Letztlich ist jedoch keiner der Vertragstypen aus Sicht des Bewerters eine Garantie für Erfolg oder Misserfolg eines Hotels.

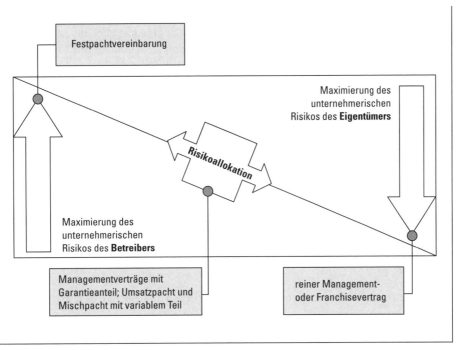

Abbildung 7: Risikoallokation durch Betreiberverträge

---

79 Vgl. Niemeyer (2002), S. 805.

Aufgrund des höheren Risikos sollte für den Eigentümer bei einem Managementvertrag (ohne weitere Ertragsgarantien) ein größerer Gewinnanteil nach Abzug der auf ihn entfallenden Kosten verbleiben, als bei den sichereren Pachtverträgen. Diese Ergebnisse sind jedoch aus Sicht des Eigentümers mit größeren Unsicherheiten verbunden; ein Umstand, dem im Rahmen einer dynamischen Investitionsrechnung regelmäßig mit einer Erhöhung des Diskontierungszinssatzes begegnet wird. In Bezug auf die Verkehrswertermittlung der Liegenschaft muss somit unabhängig von der unterstellten Vertragsart letztlich dasselbe Ergebnis resultieren, wenn ein potenzieller Käufer die Verträge *nicht* übernimmt oder ein Objekt *ohne* bestehende Verträge erwirbt (vgl. hierzu beide Varianten des Bewertungsbeispiels in Tabelle 27). Wertsteigerungen oder -minderungen durch die Vertragsgestaltung können sich demnach nur ergeben, wenn Verträge übernommen werden und hierdurch eine over- oder underrented Situation vorliegt oder wenn bestimmte Nebenkosten zum Vor- oder Nachteil des Eigentümers umgelegt werden.

In Deutschland herrschen im Gegensatz zum angloamerikanischen Raum immer noch Pachtverträge vor (vgl. Abbildung 8). Der Pachtvertrag ist in den §§ 581 ff. BGB geregelt. Für die Bewertung der Immobilie relevant ist die Gegenleistung (Pacht) des Pächters für das Recht, aus dem gepachteten Gegenstand, also der Immobilie gegebenenfalls zuzüglich des Inventars, den „… Genuss der Früchte …" zu bekommen. Bei der vertraglichen Ausgestaltung des Pachtvertrags werden in Bezug auf den Pachtbetrag *(Pachtzins)* folgende Formen unterschieden:

- Festpacht – gleich bleibender, gegebenenfalls indexierter jährlicher Pachtzins auf Basis der Fläche oder als Pauschalbetrag,
- Umsatzpacht – an den jeweiligen Jahresumsatz gekoppelter Pachtzins,
- Staffelpacht – Umsatzpacht mit in Abhängigkeit des Umsatzes differierenden Prozentsätzen,
- Mischpacht – Kombination aus Fest- und Umsatzpacht.

Festpacht

Die Herleitung der *Festpacht* erfolgt auf Basis der Investitionskosten und unter Berücksichtigung der realistisch zu erwirtschaftenden Ergebnisse aufgrund der Lage, Kategorie, Konkurrenzsituation etc. Insbesondere bei länger laufenden Pachtvereinbarungen wird mit dieser vertraglichen Konstruktion jedoch nicht einer möglichen Veränderung der wirtschaftlichen Situation des Betriebes Rechnung getragen. Festpachten wälzen einen Großteil der gesamten Risiken aus der Immobilie und dem Hotelbetrieb auf den Betreiber ab. Die Akzeptanz der Betreiber, diese Investitionsrisiken in Zukunft zu tragen, sinkt jedoch. Auch aus Sicht des Eigentümers muss die Sinnhaftigkeit dieser Vertragsvariante kritisch hinterfragt werden. Nur im Fall von potenten Hotelgesellschaften als Betreiber ist davon auszugehen, dass auch dauerhaft eine – im Vergleich zu den tatsächlich erwirtschafteten Ergebnissen – gegebenenfalls zu hohe Pachtzahlung geleistet werden kann. In diesem Fall ergibt sich jedoch dann das Problem, dass die Gesellschaft möglicherweise Nachverhandlungen über die zu leistenden Pachtzahlungen initiieren wird – nur in sehr seltenen Fällen bietet die Festpacht also tatsächlich für den Eigentümer der Immobilie „Sicherheit" vor der Übernahme von unternehmerischem Risiko aus dem Hotelbetrieb.

Umsatzpacht

Bei der *Umsatzpacht* nimmt der Eigentümer stärker an den Chancen und Gefahren des Hotelbetriebes teil. Bei der Pachtzinsberechnung werden in der Regel in Abhängigkeit der Profitcenter (*Umsatzarten*) unterschiedliche Prozentsätze beispielsweise bei Logis oder F & B zu Grunde gelegt (vgl. Tabelle 24). Insbesondere bei der Vereinbarung von umsatz- oder gewinnabhängigen Zahlungen an den Eigentümer sollte dieser auf die Aufnahme einer *Betriebspflicht* in den Pachtvertrag drängen, um seine Pachterlöse sicher zu stellen.

Staffelpacht

Die *Staffelpacht* ist insbesondere bei neuen Hotels in der Anlaufphase hilfreich, da sie dem Betreiber den notwendigen finanziellen Spielraum garantieren. In Abhängigkeit der *Umsatzhöhe* differieren bei dieser Vertragsart die Prozentsätze der zu leistenden Pachtzahlungen. Vor dem Hintergrund der Probleme auch großer Betreiberketten, wie beispielsweise der Dorint-Gruppe, ist nunmehr klar, dass in der Anlaufphase von neuen Hotels nur reduzierte Pachten vereinnahmt werden können, da teilweise hohe Anlaufverluste ansonsten vom Betreiber nicht zu verkraften sind.

Pachtverträge gehen auf den neuen Eigentümer im Falle eines Verkaufs über, jedoch nicht bei der Zwangsversteigerung, weshalb aus Sicht des Pächters eine *dingliche Sicherung* seiner Rechte bewirkt werden sollte. Oft zahlt ein neuer Betreiber bei der Übernahme eines laufenden Pachtvertrages eine Ablösesumme für den Goodwill an den bisherigen Pächter. Auch an dieser Stelle wird deutlich, dass diese Werte aus Sicht des Eigentümers der Immobilie nicht bewertungsrelevant sein dürfen, da die über dem Marktdurchschnitt notierenden Erlöspotenziale nicht ihm zustehen.

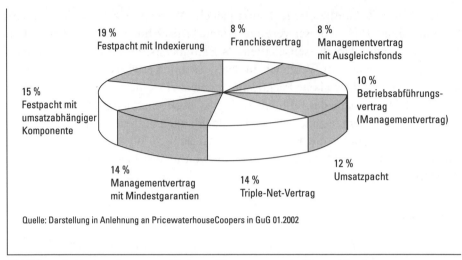

Abbildung 8: Verwendung verschiedener Vertragstypen in Deutschland

Der Trend geht insgesamt zu stärker performanceorientierten Vergütungsstrukturen und damit weg von der klassischen Festpacht. Allerdings sind dabei auch gewisse Mindestumsatz- und/oder Gewinngarantien durch den Betreiber in der Mehrzahl der Verträge enthalten – anders wären die in der Regel notwendigen Fremdkapitalbereitstellungen nicht möglich. Mischformen aus garantierten Zahlungen an den Investor und einer gewinnabhängigen Zahlung sind häufig vorzufinden und stellen eine Form der Risikoallokation zwischen den Beteiligten dar.

Managementverträge

Durch das verstärkte Auftreten ausländischer Betreiber in Deutschland kommen *Managementverträge* verstärkt zum Einsatz (vgl. Abbildung 8). Viele der renommierten Ketten wie Hilton, Hyatt, Marriott oder die spanische Gruppe NH-Hotels schließen diese Vertragsform vorwiegend ab. Der Managementvertrag wurde erstmals von der Intercontinental-Gruppe 1946 verwendet. Erst in den 80er Jahren kam es jedoch zu einem verstärkten Einsatz in den USA. Von dort aus haben sich diese Vertragsstrukturen weltweit durchgesetzt. 95 Prozent aller weltweit existierenden Verträge sind heutzutage eine Variante dieser Vertragsform.

Der Managementvertrag ist dem Wesen nach ein *Geschäftsbesorgungsvertrag* (§ 675 BGB), bei dem der Manager die Interessen des Eigentümers wahrnimmt. Die Bandbreite der möglichen Ausgestaltung ist hierbei sehr weitreichend und umfasst auch beispielsweise Mindestgarantien in Bezug auf den Erfolg und gegebenenfalls den Ausschluss von Weisungs- und Zustimmungsrechten des Eigentümers. Hinter dem „Manager" steht in der Regel eine Hotelkette, die mit dem Eigentümer den Vertrag ausgehandelt hat und dann ihren Hotelmanager einsetzt. Der Manager handelt dann im Namen und auf Rechnung des Eigentümers und verpflichtet diesen durch seine Handlungen. Der Eigentümer stellt sämtliche Ressourcen, die für den Betrieb notwendig sind, zur Verfügung. Hierfür erhält er im Gegenzug für den höheren Investitionsbedarf, die höheren Risiken und seinen Arbeitgeberstatus eine höhere Gewinnchance. Insbesondere bei den Management-Verträgen ist es auch normal, dass der Eigentümer als „Hotelier" sich das Recht vorbehält, das Jahresbudget zu genehmigen, wichtige Personalentscheidungen mit zu treffen, oder bei großen Investitionen seine Zustimmung eingeholt werden muss.[80]

Für die Vergütung der Hotelkette wird eine *Management-Fee* vereinbart, die sich aus zwei Komponenten zusammensetzt. Die Basisvergütung *(Base-Fee)* beträgt 2 bis 4 Prozent des Umsatzes (Durchschnitt: 2 Prozent). Die zweite Komponente, die erfolgsabhängige so genannte *Incentive-Fee,* beträgt hingegen zwischen 7 bis 12 Prozent und bezieht sich auf den Brutto-Betriebsgewinn, auch *Gross Operating Profit* (kurz: *GOP)* genannt (Durchschnitt: 7 Prozent).[81] Die Incentive-Fee wird im Regelfall nur gewährt, wenn der Betreiber gleich eine Markierung mitbringt (dann: *First-tier Management Company).* Ohne das Branding müsste ein zusätzlicher Franchisevertrag abgeschlossen werden, weshalb der Betreiber dann nur die Base-Fee erhält (dann: *Second-tier Management Company).*[82] Letztgenannte Vertragskonstellation findet sich verstärkt bei kleineren Hotels in Nebenlagen, da große Ketten der Marken-Hotellerie dieses Segment nicht so intensiv besetzen. Die Alternative, einen relativ unbekannten Betreiber zu suchen, mit ihm einem Managementvertrag zu schließen und zusätzlich einen Franchisepartner – beispielsweise Ramada, Days Inn oder Microtel – zu finden, um den neuen Namen und die sonstigen Benefits nutzen zu können, kann unter Umständen im Ergebnis dennoch die kostspieligere Variante darstellen.

Die Vertragsdauer beträgt bei Pacht- und Managementverträgen in der Regel 15 bis 20 Jahre plus Verlängerungsoptionen (20 Jahre zuzüglich zwei Verlängerungsoptionen à fünf Jahre) und ist somit wesentlich länger als bei anderen Immobilienarten. In den Verträgen muss jeweils geprüft werden, ob gegebenenfalls nur dem Betreiber die Verlängerungsoption zusteht, oder ob beide Parteien zustimmen müssen. Aus Sicht des Eigentümers ergeben sich hieraus gegebenenfalls Vorteile, wenn

---

80 Vgl. JLLS (Juni 2001), S. 1, S. 7.
81 Vgl. Höfler u. a. (1998), S. 200; vgl. JLLS (Juni 2001), S. 1.
82 Vgl. Rushmore/Baum (2001), S. 181.

es sich um einen sehr guten Partner handelt oder Nachteile, wenn auf einen zu schwachen Betreiber gesetzt wurde. Die vereinbarte Vertragsdauer des Erstabschlusses *(initial term)* ist in Europa in den letzten Jahren gestiegen und im Durchschnitt bereits doppelt so lang wie in Amerika, wo lediglich zehn Jahre üblich sind.[83]

Bereits ca. ein Drittel der neuen Vertragsabschlüsse enthält Kündigungsregelungen „ohne Grund" oder im Falle des „Verkaufs". Fraglich aus Sicht des Sachverständigen ist also in jedem Fall, ob der gegenwärtige Betreiber auf einen neuen Eigentümer übergehen wird oder nicht. Oft wird dem Eigentümer auch das Recht eingeräumt, außerordentlich zu kündigen, wenn eine bestimmte Performance nicht erreicht wird. Diese Klausel wirkt sich positiv auf den Wert der Immobilie aus, da dauerhaft von nachhaltigen Erlösen ausgegangen werden kann und eine geringere als die Marktperformance nicht angenommen werden muss.[84]

Insgesamt ist bei den Verträgen durch den Sachverständigen zu prüfen, ob gegebenenfalls eine Geschäftsbegrenzungsfunktion für den Betreiber hieraus resultiert. Oft sind eingeschränkte Kontrahierungsmöglichkeiten bei Betreibern im Zusammenhang mit dem Gastro-Bereich gegeben. Bestehen hier fixierte Lieferverträge, muss dies bei der Bewertung unter Umständen Berücksichtigung finden. Fraglich ist auch, ob bestimmte Urlaubs- und Öffnungszeiten vertraglich fixiert wurden und wie sich diese auf den potenziellen Umsatz des Hotels auswirken (vgl. hierzu auch Abschnitt 3.3.3).

Franchiseverträge

Viele Hotelketten verdienen mit ihren Franchisepartnern bereits mehr Geld als durch den Betrieb der eigenen Häuser. *Franchiseverträge* beinhalten Bestandteile verschiedener Vertragstypen. In der Regel ist der Antrieb des Eigentümers zum Abschluss derartiger Verträge der potenzielle Know-how-Transfer vom Franchisegeber. Letztlich handelt der Franchisenehmer aber beim Betrieb des Hotels im eigenen Namen und auf eigene Rechnung und ist somit Hotelier.[85] Franchisenehmer kann der Eigentümer selbst oder ein qualifizierter Betreiber sein. Die laufenden Franchisegebühren betragen durchschnittlich in aggregierter Form 6 bis 10 Prozent des Umsatzes – in der Regel ist die Bezugsbasis nur der Logis-Umsatz – zuzüglich einer einmaligen Anschlussgebühr von mindestens 40.000 Euro. Bezieht man die Gesamtkosten auf den Umsatz, so ist Best-Western mit nur 1,8 Prozent der mit Ab-

---

83 Vgl. JLLS (Juni 2001), S. 1.
84 Vgl. JLLS (Juni 2001), S. 1, S. 7.
85 Vgl. Höfler u. a. (1998), S. 202.

stand günstigste Anbieter, wohingegen Hilton und Marriott mit 9,5 Prozent bzw. 11,4 Prozent am teuersten sind.[86] Die hohe Bandbreite der Kosten ergibt sich aus den möglichen Inhalten, die bei den verschiedenen Anbietern unterschiedlich ausgestaltet sind und folgende Aspekte umfassen können: Branding, Reservierungssystem, Managementberatung, Schulungen, Kundenbindungsprogramme, gemeinsamer Einkauf, gemeinsames Marketing etc. Insbesondere bei Franchiseverträgen sollte geprüft werden, ob Gebietsschutzklauseln in den Verträgen enthalten sind, um Kanibalisierungseffekte derselben Marke im Teilmarkt des Bewertungsobjektes zu vermeiden. Durch den Verdrängungswettbewerb werden auch viele Privathotels zu Lizenznehmern der großen, international tätigen Hotelketten. Das *Franchisekonzept* hat insbesondere den Vorteil, dass durch den einheitlichen Markenauftritt der Bekanntheitsgrad gesteigert werden kann und im Rahmen eines gemeinsamen Einkaufs weitere Kosteneinsparpotenziale gehoben werden können.

4 Wahl des Bewertungsverfahrens

4.1 Deutsche und österreichische Bewertungspraxis

Die Bewertung von Hotelgrundstücken erfolgt gemäß §§ 13 bis 25 WertV (bzw. in Österreich §§ 1ff. LBG) unter Verwendung der normierten Verfahren der nationalen Wertermittlungsmethodik.

Auf eine gegebenenfalls notwendige Anpassung von Verfahrensergebnissen aufgrund der veränderten Marktlage (§ 7 Abs. I.2 i.V. mit § 3 Abs. III WertV) wird hier nicht näher eingegangen. Es wird davon ausgegangen, dass alle den Verkehrswert des Hotels bestimmenden Faktoren bereits ihren Niederschlag in den Eingangsvariablen der jeweiligen Methoden gefunden haben. Ist diese Anforderung im konkreten Bewertungsfall nicht gegeben, muss der Gutachter begründete Anpassungen bewirken.[87]

Die folgenden Ausführungen, insbesondere zu den Erlösen und Kosten, der Diskontierung und der Betrachtung von Jahresabschlüssen sind auch für die internationale Bewertungspraxis relevant und nehmen auf diese bereits Bezug.

---

86 Vgl. Rushmore/Baum (2001), S. 176 f.
87 Vgl. Kleiber/Simon/Weyers (2002), S. 944 ff.: Insbesondere beim Ertragswert ist die Anpassungsnotwendigkeit im Regelfall geringer, da (aktuelle) Marktdaten in die Bewertung eingeflossen sind.

4.1.1 Sachwertüberlegungen

Das *Sachwertverfahren* sollte nur bei Objekten angewendet werden, bei denen die Eigennutzung sowie technische Aspekte im Vordergrund stehen. Es kommt also zur Anwendung, wenn ein potenzieller Erwerber in seiner Entscheidungsfindung bei einer Eigennutzung sich die Frage der Errichtung einer derartigen Immobilie stellt. In diesem Fall werden Sachwerte und somit die Gestehungskosten, respektive der Reproduktionswert *(Replacement Costs),* wichtig. Dieses Verfahren kommt insbesondere zur Verwendung, wenn eine nicht primär auf die Ertragserzielung gerichtete Nutzung der Immobilie das Markgeschehen bestimmt – im Rahmen einer Hotelbewertung spielt der Sachwert damit per se in jedem Fall eine untergeordnete Rolle und kann nur flankierend, beispielsweise zur Plausibilisierung der Ergebnisse anderer Verfahren, angewendet werden. Diese grundsätzliche Feststellung zum Sachwert gilt auch im Kontext internationaler Verfahren der Immobilienbewertung.[88]

Dass der Sachwert nicht den gewöhnlichen Geschäftsverkehrswert bestimmt, wird auch daran deutlich, dass sich die Sachwerte in der Vergangenheit weitgehend linear entwickelt haben, während zum Teil starke Abweichungen der tatsächlich realisierten Preise je Zimmer von diesen reinen Herstellungskosten festzustellen waren. Als einziges Verfahren zur Herleitung des Verkehrswertes eines Hotelgrundstücks scheidet das Sachwertverfahren somit aus. Der Substanzwert aus Grundstück, Gebäude und Einrichtung kann deshalb nur als Hilfsverfahren zum Einsatz kommen. Die Diskussion um die Möglichkeiten und insbesondere Grenzen einer Marktanpassung eines ermittelten Sachwertes zur Ableitung des Verkehrswertes erübrigt sich vor dem geschilderten Hintergrund.

Auf eine sinnvolle Ausnahme der Anwendungsmöglichkeit des Sachwertverfahrens bei Kleinstbetrieben, die nur Nebenerwerbscharakter haben, weist *Ostermann* hin.[89] Sachwertüberlegungen sind darüber hinaus auch nötig, wenn grundsätzlich die Renditeorientierung der Liegenschaft und damit ein ertragsorientiertes Bewertungsverfahren unstrittig sind. Der Sachwert kann in diesem Zusammenhang der Plausibilisierung der Ergebnisse dienen. Als letztes kann die Abschätzung von Investitionskosten aus Sicht eines rationalen Investors ebenfalls sinnvoll sein, um eine Antwort auf die „Make or buy"- Frage zu erhalten. In diesem Kontext konnte in verschiedenen Teilmärkten empirisch nachgewiesen werden, dass die Neubautätigkeit immer dann besonders zunahm, wenn der ertragsorientierte Verkehrswert

---

[88] Vgl. Jenyon u. a. (1999), S. 94; vgl. Rushmore/Baum (2001), S. 311.
[89] Vgl. Ostermann, GuG (1999), S. 285.

pro Zimmer *(Value per Room)* die kalkulatorischen Herstellungskosten pro Zimmer *(Replacement Cost per Room)* überschritt.

Die Methodik zur Herleitung eines Sachwertes von bebauten und unbebauten Grundstücken ist in den §§ 21 bis 25 WertV (Österreich: § 6 LBG) normiert. Auch bei der Herleitung von Sachwerten für Hotelgrundstücke gilt grundsätzlich der in der WertV dargelegte Verfahrensablauf. In der Folge wird nur auf die Besonderheiten in Bezug auf Sachwerte bei Hotelimmobilien eingegangen. Die allgemeine Methodik wird als bekannt vorausgesetzt.

Der *Herstellungswert der Gebäude* wird auf Grundlage der Normalherstellungskosten (NHK 2000) ermittelt.[90] Die Bezugsgröße ist in diesem Fall die Brutto-Grundfläche des Gebäudes. Vorgeschlagen werden bei Neubauten in Abhängigkeit des Ausstattungsstandards Werte zwischen ca. 950 und 1.950 Euro/m^2 (inklusive Ust., Kostengruppen 300 und 400, also ohne Baunebenkosten). Die Baukosten sind damit in etwa vergleichbar mit denen für Verwaltungs- bzw. Bürogebäude, notieren jedoch deutlich über den Vorgaben für Wohnimmobilien. Hierbei muss im Regelfall eine Anpassung an das Bewertungsobjekt in Bezug auf regionale Besonderheiten, die Subkategorie und den konkreten Wertermittlungsstichtag erfolgen. Die Investitionskosten bzw. Sachwerte von Boardinghäusern sind beispielsweise im Regelfall wesentlich geringer als für Hotels und orientieren sich primär an den Benchmarks für hochwertige Wohnimmobilien. Die durchschnittlichen *Baunebenkosten* für Hotelimmobilien betragen ca. 18 Prozent (gem. NHK 2000). Gute Vergleichsdaten für Baukosten können aber auch andere Quellen – beispielsweise von *Marshall & Swift* für die USA[91] oder diversen Baukostenindices in Deutschland (BKI) – liefern.

In der Praxis werden die Erstellungskosten für ein Hotel üblicherweise über die *Investitionskosten pro Zimmer* verglichen, die in der Regel eng mit der in Frage stehenden Kategorie – aufgrund der damit verbundenen höheren Ausführungsqualität – verbunden sind. Einschließlich Grundstück, Baunebenkosten, Küche, Flächen für Restaurants, Pre-Opening-Kosten und einer (Zwischen-)Finanzierung der Baumaßnahme (ohne Umsatzsteuer) werden die in Tabelle 8 aufgeführten Richtgrößen verwendet, wobei auch bei diesen Angaben die Kosten stark in Abhängigkeit der regionalen Lage, der Ausstattung und des Produktes differieren können.

---

90 Anmerkung des Autors: In der herrschenden Literatur und der praktischen Anwendung wird heutzutage weitgehend die Anwendung der Raummeterpreise auf Basis 1913 abgelehnt und auf die NHK 2000 gemäß den Wertermittlungs-Richtlinien des Bundes und dem Runderlass des Bundesministeriums für Verkehr, Bau- und Wohnungswesen vom 1. Dezember 2001 zurückgegriffen (S. 42 f.).

91 www.marshallswift.com.

Investitionskosten je Zimmer			
Kategorie	Gesamtgröße in m² BGF bezogen auf ein Zimmer	Zimmergröße in m² NF	Kosten in Euro
2**	30 bis 35	16 bis 18	50.000 bis 75.000
3***	35 bis 50	18 bis 25	75.000 bis 100.000
4****	50 bis 65	25 bis 35	100.000 bis 125.000
5*****	> 65	> 35	125.000 bis 250.000

Tabelle 8: Investitionskosten je Zimmer[92]

Dass vor dem Hintergrund des Wellnesstrends und der gestiegenen Qualitätsansprüche der Kunden die Investitionskosten auch wesentlich über diesen Benchmarks notieren können, belegt beispielsweise das Four-Seasons-Hotel in New York. Dieses Hotel ist mit einer Million US-Dollar Investitionskosten pro Zimmer der wahrscheinlich teuerste Hotelbau der Welt. Ein weiteres Extrembeispiel, allerdings aus dem deutschsprachigem Raum, ist das Hotelprojekt des 5-Sterne A-Rosa-Schlosshotel-Kaps der Arkona-Gruppe in Kitzbühel (ehemals geplant als Dorint-Hotel, Fertigstellung: 2005), das über 400.000 Euro pro Zimmer bzw. Suite kosten wird.[93] Die einfachste „Bierdeckelrechnung" besagt, dass die am Markt durchsetzbaren Zimmerpreise für eine Übernachtung bei einer durchschnittlichen Auslastung von 60 Prozent ca. 1/1000 der damit verbundenen Investitionskosten entsprechen sollten – bei diesem Objekt also durchschnittlich 400 Euro pro Nacht. Bereits an dieser Stelle muss sich der Investor also die Frage stellen, ob diese (sehr hohen) Werte durch die Nachfrage dauerhaft realisiert werden können. Insgesamt bewegen sich jedoch die gegenwärtig im deutschsprachigen Raum realisierten Projekte weitgehend in den in Tabelle 8 ersichtlichen Bandbreiten. Beispielsweise wurden für ein Hotel der Accor-Gruppe am Anhalter-Bahnhof in Berlin ca. 84.000 Euro pro Zimmer für eine 2- und 3-Sterne-Kategorie investiert. Ein 3-Sterne-Neubau in Hannover schlug mit ca. 115.000 Euro pro Zimmer zu Buche und in Wolfsburg wurden für ein Hotel im gehobenen Segment ca. 137.000 Euro kalkuliert.[94]

---

[92] Vgl. GuG (1/1998), S. 49; vgl. Kyrein (2002), S. 463 f.; vgl. Niemeyer (2002), S. 802; vgl. Sahlins, Development Cost Survey (2003), S. 5 f.; vgl. Rushmore/Baum (2001), S. 314; vgl. Kleiber/Simon/Weyers (2002), S. 1433; vgl. Nehm u. a. (1996), S. 1 ff.; vgl. Ostermann, GuG, 3.99, S. 146.
[93] Vgl. o. V., Immobilien-Manager (14. Oktober 2003).
[94] Vgl. o. V., IZ (1. Juli 2004).

Abgesehen von möglicherweise grundsätzlich zu hohen Investitionskosten kann es auch problematisch werden, wenn zu viele Hoteliers auf einen aktuellen Trend ohne nachhaltiges Konzept aufspringen. Eine große Zahl der Anlagen wurde völlig falsch konzipiert und wird für die Investoren in Zukunft unter „sunk costs" zu verbuchen sein – sich also nie rentieren! Klassischer Fehler ist eine zu große Dimensionierung von Zusatzeinrichtungen, wie beispielsweise dem Wellness-Bereich, wenn diese nicht in einem sinnvollen Verhältnis zum Gesamtkonzept und/oder der eigenen Hotelkategorie stehen.

Die Aufteilung der Investitionskosten auf die Profit-Center Logis und F & B erfolgt ungefähr im Verhältnis 2:1. Bei Hotels ist der Anteil der Ausbauten und der Haustechnik an den gesamten Investitionskosten im Regelfall besonders hoch und kann bis zu 65 Prozent der gesamten Baukosten betragen. Diese Tatsache ist insbesondere vor dem Hintergrund der kürzeren Lebensdauer dieser Ausbauten im Vergleich zum gesamten Gebäude bei einer Bewertung entsprechend wichtig. Die gesamten Investitionskosten teilen sich bei einem 4-Sterne-Hotel idealtypisch wie in Tabelle 9 dargestellt auf (gemäß der Kostengruppen in Anlehnung an die DIN 276).

Idealtypische Investitionskostenaufteilung	
Grundstück	8–10 % (maximal 25 %)
Herrichten und Erschließen	1 %
Bauwerk – Baukonstruktion	35–40 %
Bauwerk – technische Anlagen	16–18 %
Außenanlagen	1–2 %
Sonstige Ausstattung und Kunstwerke (FF & E) 20 % Equipement 60 % Innenausstattung 12 % Küchenausstattung 7 % EDV 1 % Rest	14–16 %
Baunebenkosten	14–16 %

Tabelle 9: Investitionskostenaufteilung eines 4-Sterne-Hotels[95]

---

95 Vgl. Höfler u. a. (1998), S. 189 f.; vgl. Sahlins, Development Cost Survey (2003), S. 5 f.; vgl. Simon, GuG (06.1991): vgl. Kleiber/Simon/Weyers (2002), S. 1432; vgl. auch diverse Baukostenindices (BKI).

Bereits bei der Grundstückswahl und damit im Rahmen der Projektentwicklung muss auf eine Kohärenz zwischen akzeptablem Preis und Kategorie geachtet werden. Budget-Hotels gehen in dezentrale Lagen, da sie sehr preissensibel sind und der Grundstückserwerb in der Regel einen relativ größeren Anteil an den gesamten Investitionskosten hat, wohingegen für Luxushotels die Zentralität eine Standortwahl maßgeblich bestimmt und der Grundstückspreis eine relativ untergeordnete Rolle spielt.[96] Die Grundstücksgröße und die Aufwendigkeit der Außenanlagen sollten ebenfalls im Einklang mit der Gesamtkonzeption stehen und vom Sachverständigen entsprechend gewürdigt werden.

In Bezug auf die *Gesamtnutzungsdauer* (GND) einer Hotelimmobilie werden die in Tabelle 10 genannten Werte vorgeschlagen.

Gesamtnutzungsdauer: Gebäude	
NHK	40–80 Jahre
Kleiber/Simon/Weyers	40–60 Jahre
Ostermann	40–70 Jahre
Rushmore/deRoos	40 Jahre
Gesamtnutzungsdauer: FF & E (Refurbishment, Revitalisierungszyklus)	
Weyers	10–20 Jahre
Ostermann	10–20 Jahre
Rushmore/deRoos	3–12 Jahre (FF & E außer Küchen: bis 25 Jahre)

Tabelle 10: Modernisierung und Gesamtlebensdauer von Hotelgebäuden[97]

Durch das ursprüngliche Baujahr und den Wertermittlungsstichtag ergibt sich vor dem Hintergrund der GND eine rechnerische *Restnutzungsdauer* (RND) einer Immobilie, die jedoch insbesondere bei Hotels nicht der tatsächlichen RND entsprechen muss. Zur Bestimmung der tatsächlichen RND müssen zusätzlich die erfolgten Modernisierungen oder gegebenenfalls eine übermäßige Abnutzung berück-

---

96 Vgl. Niemeyer (2002), S. 801; vgl. Höfler u. a. (1998), S. 190.
97 Vgl. Rushmore/deRoos (1999), S. 5; vgl. Rushmore/Baum (2001), S. 360; vgl. NHK-2000 (2001), S. 42; vgl. Kleiber/Simon/Weyers (2002), S. 1328; vgl. Ostermann, GuG (3.99), S. 143 ff.

sichtigt werden. Gemäß § 16 Abs. IV WertV ist die RND der Zeitraum in Jahren, in denen das Objekt bei ordnungsgemäßer Unterhaltung voraussichtlich noch wirtschaftlich genutzt werden kann. Alteingesessene Hotels in den Metropolen, die seit teilweise mehr als 100 Jahren bestehen, belegen, dass auch die wirtschaftliche Lebensdauer eines Hotels bei umfangreichen Sanierungen und Modernisierungen theoretisch sehr lange Zeiträume umfassen kann.

Der *betriebswirtschaftliche Lebenszyklus* in Bezug auf die Umsatz- und Ertragsentwicklung eines Hotels ist wesentlich kürzer als die gesamte wirtschaftliche Nutzbarkeit. Er umfasst ca. zwölf Jahre und teilt sich folgendermaßen auf:

- Anlaufphase drei bis vier Jahre,
- Stabilisierungsphase sechs bis sieben Jahre,
- Verlangsamungsphase zwei Jahre.

Diese betriebswirtschaftlichen Zyklen bedingen deshalb nach ca. zehn bis 20 Jahren erste umfangreiche Instandhaltungsmaßnahmen, um die wirtschaftliche Nutzung zu bewahren bzw. wiederherzustellen. Zu Recht weist *Weyers* auch auf ein „sehr hohes Modernisierungs- und Revitalisierungsrisiko" in Bezug auf Hotels hin, das durch eine verkürzte Restnutzungsdauer oder erhöhte Instandhaltungskosten bzw. individuelle Abschläge zu berücksichtigen ist.[98] Die erforderlichen Investitionen beziehen sich in erster Linie auf die abnutzbare Ausstattung und können gegebenenfalls bei den „sonstigen wertbeeinflussenden Umständen" angesetzt werden, wenn die normale Alterswertminderung diesen Bereich nicht ausreichend berücksichtigt und beispielsweise weitere Abschläge wegen wirtschaftlicher Überalterung, unzeitgemäßen Grundrissen bzw. Raumhöhen oder einer zu individuellen Architektur erforderlich sind.

Problematisch können im Zusammenhang mit Hotelimmobilien darüber hinaus die Quantifizierung der *Baumängel oder -schäden* und deren Angrenzung zur normalen Abnutzung sein. Theoretisch sinnvoll ist es auch, die rechnerische Trennung der Wertminderungsverläufe des Gebäudes und des FF & E-Bereiches (siehe Tabelle 10). Insbesondere bei Bestandteilen, die einem starken Verschleiß ausgesetzt sind, wird ein progressiver Wertminderungsverlauf – beispielsweise nach *Ross* – empfohlen.

---

[98] Vgl. Kleiber/Simon/Weyers (2002), S. 2416.

4.1.2 Vergleichswertüberlegungen

4.1.2.1 Anwendbarkeit des Vergleichswertverfahrens

Das Vergleichswertverfahren zur Bewertung bebauter und unbebauter Grundstücke ist in den §§ 13 und 14 WertV (Österreich: § 4 LBG) normiert. Das Vergleichswertverfahren ist marktorientiert, da erfolgte Transaktionen die Datenbasis der Wertfindung darstellen.

Das *direkte Vergleichswertverfahren* (unmittelbar) kann nur angewendet werden, wenn Kaufpreise vergleichbarer Hotelgrundstücke in ausreichender Anzahl vorhanden sind und eine hinreichende Übereinstimmung der wertbildenden Faktoren gegeben ist.[99] Eine identische Regelung findet sich auch bei der angloamerikanischen Methodik zur Vergleichswertberechnung.[100] Insbesondere muss hierbei die zeitliche Vergleichbarkeit bestehen, d. h. die verwendeten Daten dürfen nicht älter als drei bis vier Jahre sein. Der Vergleich muss anhand von prüfbaren und objektiven Maßstäben durchgeführt werden können. Abweichungen müssen in Form von Anpassungen durch Zu- oder Abschläge ausgeglichen werden. Begrifflich wird dabei zwischen dem Vergleichsgrundstück und dem Bewertungsgrundstück unterschieden. Genauer betrachtet durchläuft das Vergleichswertverfahren mehrere Stufen zur Herleitung von Verkehrswerten:

- Suche nach Vergleichsobjekten,
- Eliminierung von persönlichen bzw. ungewöhnlichen Verhältnissen bei den gefundenen Objekten,
- Anpassung an den Bewertungsfall durch Zu- und Abschläge,
- Berücksichtigung insbesondere zeitlicher Aspekte,
- Anpassung an die gegebenenfalls geänderte aktuelle Marktlage zur Ableitung des Verkehrswertes.

Das Vergleichswertverfahren wird in der Praxis insbesondere zur Bewertung von Grund und Boden oder Eigentumswohnungen eingesetzt. Die Anwendung von der direkten Vergleichsmethode zur Herleitung von Verkehrswerten eines Hotelgrundstücks scheidet in der Regel aus. Bei genauerer Betrachtung ergeben sich drei Herausforderungen bei dem Versuch, direkte Vergleiche anzustellen, die in der Regel eine Anwendung des Verfahrens verhindern.

---

[99] Vgl. Kleiber/Simon/Weyers (2002), S. 1024.
[100] Vgl. RICS Valuation Group (1. März 2004), S. 5, § 2.16.1; vgl. Rushmore/Baum (2001), S. 316.

Zunächst müssen Betriebe gefunden werden, die hinreichend vergleichbar sind (1). Insbesondere die Betriebe der Hotellerie und des Gastgewerbes sind jedoch durch eine starke Heterogenität in Bezug auf das Objekt, die Lage, den Business-Mix, den Gästemix, die historische Performance, die Vertragsgestaltung, den Unterhaltungszustand, die Ausstattung, die Betriebskosten und die Größe gekennzeichnet. Auch die regelmäßig vorgeschlagenen Anpassungen durch Zu- und Abschläge, die vom Sachverständigen vorgenommen werden, um Unterschiede auszugleichen, können nicht überzeugen, da sie auf subjektiven und oftmals wenig gehaltvollen Annahmen basieren. Letztlich müsste der Gutachter auch Anpassungen für den „guten Ruf", also das Image und die Bekanntheit der Vergleichsobjekte, vornehmen. Diesen derivativen Firmenwert korrekt zu erfassen und gegebenenfalls in eine Betriebs- und Immobilienkomponente zu zerlegen, stellt den Sachverständigen vor große Herausforderungen. Zudem müssen die Vergleichswerte in ausreichender Anzahl vorliegen (2). Da es sich bei Hotelgrundstücken regelmäßig um einen kleinen Teilmarkt handelt, wird die erforderliche Anzahl von mindestens drei Werten schwer zu erreichen sein. Erschwerend kommt hier die Marktabgrenzung hinzu. Investoren akquirieren primär nach Produktkategorien (Boarding, Luxus, Design) und erst an zweiter Stelle in Bezug auf bestimmte Regionen. Bei den Vergleichsobjekten muss deshalb auf Produkttyp, regionalen Markt etc. simultan geachtet werden.[101] Als letzte Anforderung müssen die Vergleichswerte der Hoteltransaktionen auch dem Gutachter kommuniziert werden (3). Diese Transparenz ist im Regelfall nicht gegeben.

In der praktischen Anwendung kommt das direkte Vergleichswertverfahren insbesondere zur Plausibilisierung der Ergebnisse einer ertragsorientierten Bewertung zur Anwendung. Hierbei werden die Ergebnisse des Ertragswertverfahrens auf Zimmerbasis umgerechnet und den tatsächlich erzielten Verkaufspreisen von erfolgten Transaktionen in der gleichen Kategorie gegenübergestellt *(Adjusted Sale Price Per Room)*.[102]

Vor dem geschilderten Hintergrund zahlreicher Unwägbarkeiten bei der praktischen Umsetzung direkter Vergleiche können indirekte Vergleiche einen Ausweg bilden, wenn der direkte Vergleich nicht mit hinreichender Genauigkeit bewirkt werden kann.[103] Das *indirekte Vergleichswertverfahren* hingegen stellt einen mittelbaren Preisvergleich dar, bei dem aus einer Vielzahl von mathematisch-statis-

---

[101] Vgl. Staley/Walsh, Appraisal Journal (1993), S. 349.
[102] Vgl. Jenyon u. a., IZ (13/1996): Anwendung der Comparison Method; vgl. Rushmore/deRoos (1999), S. 25.
[103] Vgl. OLG Entscheidung, München, 15 U 6379/97 (21. Mai 2000): Zur Anwendbarkeit des indirekten Vergleichs.

tisch ausgewerteten Daten die Wertfindung der betrachteten Immobilie bewirkt wird. Bestes Beispiel sind hierfür die Bodenrichtwerte, die auf Grundlage der ausgewerteten Kaufpreissammlungen von den Gutachterausschüssen der Gemeinden in Deutschland publiziert werden. Diese können selbstverständlich auch im Rahmen der Hotelbewertung in Bezug auf die Herleitung des Bodenwertes verwendet werden. Wichtig ist hierbei, dass auf eine identische bauplanungsrechtliche Ausweisung der Flächen geachtet wird (Ausweisung gem. der BauNVO), da Hotelgrundstücke in den Gebieten § 4 bis 11 BauNVO, also Dorf-, Wohn-, Misch-, Kern-, Gewerbe-, Industrie- und Sondergebieten liegen können.

4.1.2.2 Benchmarks und deren Quellen

Hotels sind so unterschiedlich und individuell wie die Gäste, die in ihnen nächtigen. Dennoch sind Vergleiche innerhalb der Branche sinnvoll und notwendig, um eigene Schwachstellen auffinden und wertrelevante Tatsachen feststellen zu können.[104] Dabei muss die Vergleichbarkeit auf Teilmarktebene stets kritisch hinterfragt bzw. hergestellt werden – ein deutsches Landhotel mit dem The-Oriental in Bangkok zu vergleichen wäre zweifelsohne verfehlt.[105] Vergleichbare Unternehmen werden auch als „Peer Group" bezeichnet. Dennoch muss jede Wirtschaftlichkeitsanalyse und jede Wertermittlung hotelbezogen erfolgen, wobei die besonderen Umstände des Einzelfalls genauestens analysiert werden müssen. Die bloße Übernahme von Durchschnittskennzahlen oder Benchmarks einer Peer Group würde hingegen im Regelfall zu falschen Ergebnissen führen.

Vergleichsüberlegungen können somit auch in Bezug auf andere Eingangsparameter einer sach- oder ertragswertorientierten Bewertung Verwendung finden. In diesem Fall löst sich der Sachverständige vom Kern des Vergleichswertverfahren, da nicht mehr Preise verglichen werden, sondern nur einzelne, preisbestimmende – also den Preisen vorgelagerte – Kriterien wie beispielsweise Erlöskennzahlen, Verzinsungsanforderungen, Pachtsätze etc. Bei allen Vergleichen muss darauf geachtet werden, dass es sich teilweise um regionale Märkte – wie beispielsweise in Be-

---

[104] Vgl. RICS Valuation Group (1. März 2004), S. 4, § 2.15.
[105] Anmerkung des Autors: Das Mandarin-Oriental-Bangkok gilt seit Jahren als das beste Hotel der Welt (Angabe der Zeitschrift Institutional-Investor) – trotz der sieben Sterne des Burj-Al-Arab in Dubai.

zug auf den Bodenwert – teilweise jedoch um überregional gültige Kennzahlen und Preisbildungsprozesse[106] – wie beispielsweise in Bezug auf die üblichen Management-Fees – handelt.

Indirekt hergeleitete Vergleichsfaktoren können auch gemäß § 12 WertV bei der Bewertung von Hotels im Rahmen von *Roh- oder Reinertragsmultiplikatoren* (Vervielfältiger) angewendet werden. Die Rohertragsmultiplikatoren notieren bei Hotelimmobilien zwischen 10,5 und 13,5.[107] Gängig sind auch Multiplikatoren für den Jahresumsatz (ohne Umsatzsteuer) die zwischen zwei und drei notieren. Hierbei werden also die realisierbaren Renditen bzw. Liegenschaftszinssätze verglichen (vgl. Abschnitt 4.1.3).

Auch gastgewerbliche Mieten und Pachten sollten durch Verwendung der marktüblichen Ansätze für vergleichbare Objekte hergeleitet werden.[108] Problematisch ist hierbei, dass viele Vergleichsbetriebe mittelständische Eigentümerbetriebe sind und diese keine Mieten oder Pachten entrichten. Sind die Auslastung und die durchschnittlichen Zimmerpreise von Konkurrenzbetrieben der näheren Umgebung bekannt, so kann eine Durchschnittsbetrachtung der dort realisierten Auslastungs- und Erlöskennzahlen einzelner Unternehmen – gegebenenfalls unter Zuhilfenahme einer Gewichtung der Relevanz der einzelnen Betriebe – Auskunft über die Werthaltigkeit der ortsansässigen Hotels geben.[109]

Insgesamt sind Marktdaten und Transparenz die Voraussetzung für die Generierung von sinnvollen und marktgerechten Verkehrswerten. Die alleinige Anwendung einer bestimmten Rechenmethodik ist somit nicht ausreichend. Die in Tabelle 11 ersichtlichen Quellen enthalten aussagekräftige Informationen in Bezug auf die zentralen Kennzahlen von Hotelbetrieben.

---

106 Vgl. Höfels u. a. (1998), S. 173.
107 Vgl. Rushmore/deRoos (1999), S. 26: Market-Derived Capitalization Rate.
108 Vgl. BGH Entscheidung, XII ZR 150/97, 28. April 1999 zur Herleitung von gastgewerblichen Pachten in Streitfällen gem. § 138 BGB (Sittenwidrige Rechtsgeschäfte).
109 Vgl. Staley/Walsh, Appraisal Journal (1993), S. 349.

	(Ausgewählte) Informationsquellen zur Hotelbewertung							
	DEHOGA (inklusive Landesverbände)	Makler/Berater	Researchberichte großer Banken	Lokale Gutachterausschüsse/Grundstücksmarktberichte	Fachzeitschriften	Statistische Landes- und Bundesämter (Fremdenverkehrsstatistik)	Jahresabschlüsse von Hotels und Betreibern	Spezialisierte Forschungseinrichtungen
Liegenschaftszinssätze		(X)		(X)	(X)			
Verzinsungsanforderungen bei Hotelbetrieben	X	X	X		X		X	
Erlös- und Kostenstruktur	X				X	(X)	X	X
Gesamtwirtschaftliche Rahmenbedingungen			X	(X)	(X)			
Pachtsätze/Mietansätze	X							(X)
Allgemeine Brancheninformationen	X	X	(X)		X	X	X	X
Ortsübliche Zimmerpreise	X	X					X	
Baukosten	X							(X)

Tabelle 11: Informationsquellen zur Hotelbewertung[110]

---

110 Anmerkung des Autors: Das „Deutsche Wirtschaftswissenschaftliche Institut für Fremdenverkehr an der Universität München" (DWIF) ist beispielsweise eine Forschungseinrichtung.; Zu den führenden Beratern, Maklern und Wirtschaftsprüfern im Bereich der Hotels gehören Jones LangLaSalle, Price WaterhouseCoopers, Ernst&Young, Deloitte & Touche, Insignia, Lauppe/Hotour, TREUGAST, PKF, Horwath.; Zu den Fachzeitschriften zählen beispielsweise „Allgemeine Hotel- und Gaststättenzeitung", „Top Hotel", „Neue Gastronomische Zeitung" und „Cost & Logis".; Nennungen in Klammern wird nur eine bedingte Aussagekraft beigemessen.

4.1.3 Ertragsorientierung

4.1.3.1 Grundlagen zur Orientierung am Ertrag

Hotels dienen der Ertragserzielung und sind somit Renditeobjekte. Die einfachste ertragsorientierte Bewertungsmethode ist die so genannte Tausender-Regel bei der der erzielbare Zimmerpreis pro Tag einfach mit tausend multipliziert wird.[111] Dies entspricht einem *Gross Room Revenue Multiplier* (GRRM) von 2,7 (bei 365 Betriebstagen). Die empirisch feststellbaren GRRM notieren zwischen zwei bis vier.[112]

Verkehrswert = ARR • Zimmeranzahl • 1.000

Der typische Käufer eines Hotels ist ein Investor, der das mögliche Investment mit anderen Anlagemöglichkeiten vergleicht, weshalb die mit einer Investition in eine Hotelimmobilie verbundenen zukünftigen Reinerträge in Form des Barwertes dieser Beträge ausschlaggebend für die Wertfindung sein müssen *(Present value of future benefits)*.[113]

Die insbesondere in Österreich noch gängige Praxis, Ertrags- und Sachwerte zur Herleitung des Verkehrswertes – ohne weitere Begründungen – zu vermischen, muss abgelehnt werden. *Kleiber* betont zu Recht, dass die pauschale und nicht begründete Anwendung der so genannten Mittelwertmethode (Berliner Verfahren)[114] mit der Anforderung gem. § 7 Abs. I. 3 WertV, wonach bei der Anwendung von mehreren Wertermittlungsverfahren zur Ableitung des Verkehrswertes eine „Würdigung" der Ergebnisse aller Verfahren statt finden soll, nur in selten Fällen in Einklang gebracht werden kann. Im Fall von Hotelgrundstücken sind die Grenzfälle, in denen auch nur ansatzweise Sachwertüberlegungen für den Verkehrswert relevant sind, sehr selten. In der Praxis ist damit die gleichrangige Behandlung des Sachwertes nur hypothetischer Natur. Beispielsweise stellt auch das Landgericht *Kempten* fest, dass das Ertragswertverfahren für Hotelgrundstücke die einzig richtige Me-

---

[111] Vgl. O'Neil, Cornell Quarterly (08.2003); vgl. Rushmore/deRoos (1999), S. 26.
[112] Anmerkung des Autors: Verhältnis des Verkaufspreises (Sale price) und den Netto-Einnahmen pro Zimmer p. a. (Gross room revenue).
[113] Vgl. RICS Valuation Group (1. März 2004), S. 2., § 2.5: Perspective of purchasers in the market; vgl. Rushmore/Baum (2001), S. 309.
[114] Vgl. Kleiber/Simon/Weyers (2002), S. 947.

thode darstellt.[115] Darüber hinaus ist es auch unstrittig, dass ertragorientierte Verfahren im gewöhnlichen Geschäftsverkehr aus Sicht der Investoren angewendet werden, um sich über die Preisfestsetzung Klarheit zu verschaffen – vor diesem Hintergrund ist also auch aufgrund der Maßgabe gem. § 7 Abs. II WertV das Ertragswertverfahren für Hotelgrundstücke anzuwenden.[116]

Die Normen zur Ertragswertberechnung finden sich in den §§ 15 bis 20 der WertV (Österreich: § 5 LBG). Der Ertragswert setzt sich in der Grundform aus dem Bodenwert und dem Ertragswert der baulichen Anlagen zusammen, weshalb das Vorgehen auch als *gespaltenes Wertermittlungsverfahren* bezeichnet wird. Die Werte werden zunächst getrennt ermittelt und am Ende der Berechungen zum Ertragswert des Grundstücks zusammengefasst. Dabei wird der Bodenwert nach den bereits beschriebenen Grundsätzen der Vergleichswertberechnung hergeleitet und der *Bodenwertverzinsungsbetrag als ewige Rente* betrachtet. Der Wert der baulichen Anlagen wird hingegen als Rentenbarwert einer endlichen Zahlungsreihe (Zeitrentenvervielfältiger) der nachhaltig erzielbaren jährlichen *Reinerträge der baulichen Anlagen*, also nach Abzug der Bodenwertverzinsung, ermittelt. Ansatzpunkt ist jedoch immer der *Rohertrag des Grundstücks*, also die erzielbare Netto-Kaltmiete. Bei der Verwendung von Pachtverträgen ergibt sich bei Hotelgrundstücken die „Miete" aus den Pachten. Bezugsgröße der Pachtherleitung ist in der Regel der Umsatz (siehe Abschnitt 3.3.7). In Bezug auf die Ermittlung von Ertragswerten bei Hotelgrundstücken kommt dann das so genannte *Pachtwertverfahren* als Ausprägung des Ertragswertverfahrens zur Anwendung.[117]

Problematischer ist die Konstellation bei Managementverträgen, da hier keine explizite Aufteilung zwischen Ertragsbestandteilen der Immobilie und Betrieb auf dem „Silbertablett" serviert wird. In diesem Fall ist die Bezugsgröße „Umsatz" weniger zielführend und die Betrachtung des Residuum nach Abzug aller betriebsbedingten und gebäudebezogenen Kosten gewinnt an Bedeutung. Dreh- und Angelpunkt dieser Bewertungsverfahren ist dann regelmäßig der Brutto-Betriebsgewinn, der kapitalisiert wird. In Deutschland ist dieses Verfahren als so genanntes *betriebswirtschaftliches Verfahren* bekannt. Inhaltlich ist das Vorgehen der angloamerikanischen Praxis und damit den dort vorherrschenden Gewinnmethoden gleichzusetzen, weshalb in Bezug auf die Methodik auf die Passagen im vorliegenden Beitrag verwiesen wird (vgl. Abschnitt 4.2).

---

115 Vgl. LG Entscheidung, Kempten, 4 T 2605/97, 28. April 1998: Bewertung von Hotelgrundstücken zur Ermittlung des Verkehrswertes.
116 Vgl. Kleiber/Simon/Weyers (2002), S. 914, S. 1291: Ertragswertverfahren zur Bewertung von Hotelgrundstücken.
117 Vgl. Kleiber/Simon/Weyers (2002), S. 923, S. 1437.

Simon führt zu dem Verfahren aus: „Vor der Anwendung des betriebswirtschaftlichen Verfahrens bei der Verkehrswertermittlung muss generell gewarnt werden."[118] Diese Aussage ist aus zwei Gründen problematisch und nach Einschätzung des Autors auch unzutreffend. Erstens begründet *Simon* seine Aussage mit der Notwendigkeit des Sachverständigen, zur Anwendung des Verfahrens Kenntnisse aus dem Hotelmanagement haben zu müssen (beispielsweise über die Personalaufwendungen), was den Gutachter überfordern würde. Ohne in diese Problematik weiter eintauchen zu wollen, wird hier die Auffassung vertreten, dass eine Hotelbewertung – unabhängig welche Methode zur Anwendung kommt – nur von einem Gutachter erstellt werden kann, der eben auch „Sachverstand" in Bezug auf die Branche und deren bewertungsrelevante Kennzahlen mitbringt. Ein Nachsatz hierzu: Auch die fundierte Einschätzung des nachhaltig erzielbaren Umsatzes und der tragbaren Pachtzahlung zur Anwendung des Pachtwertverfahrens erfordert Branchenkenntnisse aus der Hotellerie! Der zweite, nicht explizit von *Simon* erwähnte, aber in der Praxis wohl wichtigere, Grund für die vermeintliche Fehleranfälligkeit der gewinnbasierten Methoden liegt in der Bezugsgröße der Berechnung begründet. Ohne eine sachlich fundierte Trennung des Ertragsstroms „Gewinn" in Bestandteile, die auf die Immobilie, den Betreiber, das Inventar etc. entfallen, ergibt sich bei der Kapitalisierung des vollen Gewinns quasi automatisch ein Unternehmenswert – der nicht Ziel einer Verkehrswertermittlung der Immobilie ist. Auch hier liegt also das Problem nicht im Verfahren, sondern vielmehr in dessen Anwendung begründet. Darüber hinaus kann es nicht zielführend sein, wenn bei einem Hotelgrundstück mit einem Managementvertrag weiter von (fiktiven) Pachtverträgen ausgegangen wird. Damit würden – nur um das Pachtwertverfahren anwenden zu können – Fakten ignoriert, die im gewöhnlichen Geschäftsverkehr wertbestimmend sind.

4.1.3.2 Betrachtung von Gewinn- und Verlustrechnungen

Das *Uniform System of Accounts for the Lodging Industry* (USALI)[119] ist ein international einheitliches Betriebsabrechnungssystem der Hotellerie. Es wurde bereits im Jahr 1926 in New York entwickelt und nimmt auf die Besonderheiten der Branche in Bezug auf die Rechnungslegung Rücksicht. Die letztmalige Überarbeitung der USALI erfolgte 1998 und eine Integration in DATEV im Jahr 2002. Neben der Erstellung von Abschlüssen unterstützt es auch beim Vergleich mit Mitbewerbern

---

118 Kleiber/Simon/Weyers (2002), S. 1440.
119 Vgl. Gugg/Hank-Haase (2001), S. 29; vgl. Rushmore/Baum (2001), S. 240 ff.

und dient damit als Management- und Controllinginstrument im Unternehmen insgesamt sowie auf Abteilungsebene.

Der Sachverständige muss auf Basis der Daten des betrieblichen Rechnungswesens die Gewinn- und Verlustrechnungen (kurz: G + V) der Jahresabschlüsse untersuchen, wobei entweder die nachhaltig erzielbaren Umsätze (beim Pachtwertverfahren) oder der Brutto-Betriebsergebnis (beim betriebswirtschaftlichen Verfahren) im Zentrum seines Interesses stehen. Damit sind die Jahresabschlüsse des Hotels eine der wesentlichsten Informationsquellen des Gutachters. Hierbei müssen in der Regel für die Bewertung folgende Faktoren kritisch hinterfragt und gegebenenfalls angepasst werden:

- Sind die in der Vergangenheit realisierten Ergebnisse auch von einem zukünftigen, durchschnittlich begabten, Betreiber realisierbar?
- Sind vorliegende Prognosen für die nahe Zukunft realitätsnah?
- Sind bei Abschlüssen von Hotelketten die Overheadkosten auf den Einzelabschluss des bewerteten Hotels verursachungsgerecht zugeordnet?
- Handelt es sich um einen Eigenbetrieb, bei dem der kalkulatorische Unternehmerlohn noch nicht im Jahresabschluss inkludiert ist?
- Muss in Bezug auf die Abschreibung oder andere Positionen eine Korrektur vorgenommen werden?
- Muss im Hinblick auf die notwendige Instandhaltung und FF & E-Rücklage eine Korrektur vorgenommen werden?
- Können die insgesamt für die Immobilienbewertung relevanten Ertragsströme zweifelsfrei isoliert werden?

Da die erzielten Umsätze der Vergangenheit ein wesentlicher Faktor der künftigen Profitabilität eines Hotels und damit wertbestimmend sind, sollte ein gewissenhafter Gutachter bei der Prüfung der Jahresabschlüsse auch Querchecks zur Plausibilisierung des Umsatzes durchführen. Diese Prüfungen können sich auf alle Zahlungen beziehen, die direkt an die Umsatzhöhe gekoppelt sind (Kreditkartenkommissionen, Franchisegebühren, Reservierungsgebühren etc.).

Die Systematisierung der Ergebnisse erfolgt nach USALI anhand einer Teilkostenrechnung, die von den Umsatzerlösen der einzelnen Profit-Center (Übernachtung, Restauration, Wellness etc.) die direkt zurechenbaren Kosten wie Wareneinsatz- oder Personalkosten der Abteilung subtrahiert. Die Summe der dann verbleibenden gesamten Abteilungsergebnisse wird erst in einem weiteren Arbeitsschritt um die nicht direkt zurechenbaren Gemeinkosten des Betriebes ermäßigt. Diese bestehen beispielsweise aus Verwaltungs-, Marketing- oder Energiekosten. Die positiven Abteilungsergebnisse sind somit Deckungsbeiträge, die für die vorgenannten Overheadkosten, die Managementleistungen sowie die anlagen- und gebäudebezogenen Kosten und gegebenenfalls einen Gewinn zur Verfügung stehen. Das sich ergebende operative Brutto-Betriebsergebnis nach Abzug der Gemeinkosten ist der GOP.[120] Der GOP wird auch als *Income Before Fixed Charges* (kurz: IBFC) bezeichnet.[121] Explizit umfassen die gesamten Betriebskosten (Operating Expenses) also keine Bestandteile, die sich aufgrund von anlagen- und gebäudebezogene Kosten wie Instandhaltungsrücklagen, Grundsteuer oder Gebäudeversicherung ergeben. Ebenso wenig sind Zinsen oder Abschreibungen enthalten.

Zur Hotelbewertung nach den internationalen Methoden (vgl. Abschnitt 4.2) wird in den weiteren Schritten von der USALI-Rechnungslegung abgewichen, da dort auch Abschreibungen und Zinsbelastungen in der Folge berücksichtigt werden würden. Nach Abzug der direkt gebäude- und anlagebezogenen Kosten vom GOP ergibt sich zur Immobilienbewertung das Netto-Betriebsergebnis, der *Net Operating Profit* (kurz: NOP). Der NOP ist damit der für einen Investor, welcher sich einen Manager für das Objekt angestellt hat, relevante Ertragsstrom. Diese Überschüsse stehen in der Folge für den Fremdkapitaldienst, die Eigenkapitalverzinsung und die Einkommenssteuern zur Verfügung. Darüber hinaus ist der NOP die Basis für die Bewertung der Hotelimmobilie.

Oft wird der Fehler gemacht, das Brutto- Betriebsergebnis vor Abzug von Managementleistungen direkt zu kapitalisieren und das Ergebnis als Wert der Hotelimmobilie zu diskutieren. Dies ist aus zweierlei Gründen falsch. Problematisch ist hierbei zunächst, dass zwar regelmäßig von der „Bewertung von Hotel*immobilien*" gesprochen wird, faktisch aber nur über eine Betrachtung der abgezinsten GOP's eine Unternehmensbewertung stattfindet, da keine Trennung zwischen Immobilienwert und sonstigen Assets des Unternehmens erfolgt (siehe auch Abschnitt 3.2). Letztlich unterstellen diese Ergebnisse – wenn keine Mieten/Pachten angesetzt werden – den Eigenbetrieb und vermengen Ertragsbestandteile, die auf die Immobilie entfallen und damit den Verkehrswert bestimmen und solche, die einem Betreiber oder

---

120 Vgl. GOP GmbH & Co KG, www.gop-hotels.com; vgl. Jenyon u. a., IZ (06/1996): USALI Anwendung zur Hotelbewertung; vgl. Niemeyer (2002), S. 803, S. 811; vgl. Höfels u. a. (1998), S. 175 ff.; vgl. Rushmore/deRoos (1999), S. 5; vgl. Jenyon u. a. (1999), S. 145 f.; vgl. Scott (2000), S. 586; Der GOP wird allgemein auch als EBITDA bezeichnet.
121 Anmerkung des Autors: IBFC entspricht weitgehend dem Betriebsergebnis I nach SKR 70, also dem Überschuss vor Mieten/Pachten, Leasing, Zinsen, Instandhaltung und Afa.

dem Inventar zufallen würden.[122] Darüber hinaus muss das Betriebsergebnis in jedem Fall noch um die oben genannten gebäude- und anlagebezogen Kosten reduziert werden, wenn eine Immobilienbewertung erfolgen soll.

Ausgehend vom GOP muss also bei einer Immobilienbewertung besonders darauf geachtet werden, dass der *„Income to Owner"*, also der Ertragsstrom, der dem Eigentümer nach Abzug aller Kosten verbleibt, hergeleitet wird.

Die Aufbereitung der G+V eines Hotels zu Bewertungszwecken kann in Anlehnung an das USALI, wie in Abbildung 9 dargestellt, durchgeführt werden.

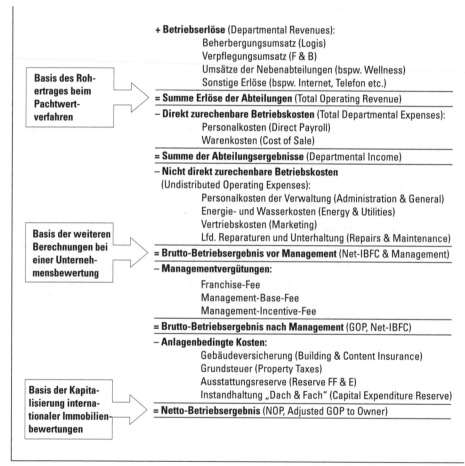

Abbildung 9: Ansatzpunkte der Bewertungen

---

[122] Vgl. Jenyon u. a., IZ, 06/1996; vgl. Jenyon u. a., IZ, 22/1996: Betrachtung eines eigenbetriebenen Hotels.

In Deutschland kommt alternativ der *DATEV-Kontenrahmen „Hotel- und Gaststätten: Standardkontenrahmen (SKR) 70"* zum Einsatz. Primärer Unterschied dieses Kontenrahmens im Vergleich zu gewöhnlichen Rechnungslegungsgrundlagen ist ebenfalls die Aufteilung in betriebs- und anlagebedingte Kosten.

Der GOP (IBFC) beträgt gegenwärtig bei 5-Sterne-Hotels bis zu 35 Prozent und bei kleineren 1- und 2-Sterne-Häusern 25 Prozent. Ein GOP von über 35 Prozent des Umsatzes sollte besonders kritisch hinterfragt werden, da derartige Ergebnisse eher die Ausnahme bilden. Insgesamt ist die *Performance* von Hotels sehr unterschiedlich und muss auf Teilmarktebene in Bezug auf die wesentlichen Treiber der zentralen Kennziffern genau untersucht werden. Dabei geben Standort, Betreiber, Betriebsgröße und -typ sowie Kategorie nur den Rahmen vor, im dem sich die Performance bewegen kann.

4.1.3.3 Analyse der Erlöse und Auslastung

Die Erlöse umfassen regelmäßig die drei Komponenten: Übernachtung bzw. Logis, Speisen und Getränke bzw. Food & Beverage (kurz: F & B) sowie sonstige Erlöse. Die Aufteilung auf die drei Bereiche stellt sich im Durchschnitt wie in Tabelle 12 aufgeführt dar. Allerdings muss der jeweilige Business-Mix des zu bewertenden Hotels im Einzelfall kritisch hinterfragt werden. Exemplarisch dürften die angegebenen Werte nicht auf einen Gasthof übertragen werden, da dieser einen wesentlich höheren F & B-Anteil hat. Im Gegensatz dazu wäre bei Hotel garnis der Logis-Anteil überproportional groß.

Der gesamte *Jahresnettoumsatz pro Zimmer* schwankte 2003 bei deutschen Businesshotels in den Metropolen zwischen 30.000 Euro und 40.000 Euro. Diese Werte sind jedoch nicht für die Nebenzentren oder beispielsweise ein Landhotel in Ostdeutschland repräsentativ. Betrachtet man nur den Logisumsatz, können die in Tabelle 13 genannten Orientierungswerte als Bundesdurchschnitt zu Grunde gelegt werden.

Aufteilung der Erlöse (Angaben in Prozent)			
Profit-Center bzw. Abteilung	Richtwert: Businesshotel	Durchschnitt: Deutschland 2002	Beispiel: Dorint-Gruppe 2002
Logis-Anteil[123]	50–60 %	53 %	55 %
F & B-Anteil[124]	30–40 %	39 %	36 %
Sonstiges-Anteil[125]	5–10 %	8 %	9 %

Tabelle 12: Aufteilung der Erlöse in Prozent[126]

Logisumsatz pro Zimmer (Angaben in Euro p. a. ohne Umsatzsteuer)	
Sehr einfache Betriebe	5.000 bis 8.000
Durchschnittliche Betriebe	8.000 bis 10.000
Sehr gute Betriebe	10.000 bis 20.000
Luxushotels	> 20.000

Quelle: Riedl/Bruß, 2003, S. 27; eigene Erfahrungswerte

Tabelle 13: Netto-Logisumsatz pro Zimmer p. a.

Bei Werten am oberen Ende der Bandbreite der Logisumsätze sind mit diesen Ergebnissen *Auslastungen* der Belegung von bis zu 70 Prozent verbunden, wohingegen bei Ergebnissen am unteren Ende lediglich Belegungen von ca. 50 Prozent erzielt werden konnten.

Grundsätzlich muss zwischen der Auslastung von Betten und Zimmern unterschieden werden. Das Zimmer bezeichnet dabei die kleinste Einheit, die einem Gast zur Miete angeboten werden kann.

---

[123] Anmerkung des Autors: Die Erlöse aus „Logis" umfassen den Nettoerlös aus der Vermietung der Zimmer ohne Umsatzsteuer und ohne Erlöse aus Telefon, Frühstück etc.

[124] Anmerkung des Autors: Die Erlöse aus „Food" umfassen die Nettoerlöse aus dem Verkauf von Speisen, Kaffee, Milch, Tee und gepressten Säften. Die Erlöse aus „Beverage" umfassen die Nettoerlöse aus dem Verkauf von allen anderen Getränken.

[125] Anmerkung des Autors: Die sonstigen Erlöse umfassen die Nettoerlöse aus dem Verkauf von Massagen, Wellness- und Beauty-Anwendungen, Sportangeboten, Telefongebühren, Tagungsequipment, Wäsche-Service und dem Verkauf von beispielsweise Zeitungen etc.

[126] Vgl. NGZ, Lauppe/Hotour GmbH; vgl. Kleiber/Simon/Weyers (2002), S. 1435; vgl. Föllmer, hotelbiz consulting (2003); vgl. Geschäftsbericht Dorint 2002; vgl. Berlingen (2002), S. 28.

(1) Bettenauslastung *(Occupancy Bed) in Prozent* (Occ$_{Be}$):

$$\text{Occ}_{Be} = \frac{\text{Anzahl Übernachtungen} \cdot 100}{\text{Anzahl Betten} \cdot 365}$$

(2) Zimmerauslastung (Occupancy Room) in Prozent (Occ$_R$):

$$\text{Occ}_{R} = \frac{\text{Anzahl Zimmerbelegungen} \cdot 100}{\text{Anzahl verfügbarer Zimmer} \cdot 365}$$

Die Aussagekraft der Zimmerauslastung ist grundsätzlich größer, da Doppelzimmer gegebenenfalls nur von einer Person genutzt werden. Per definitionem ist die Auslastung der Zimmer deshalb immer größer als die Auslastung der Betten. Ein von einer Person benutztes Doppelzimmer hat beispielsweise eine Bettenauslastung von nur 50 Prozent, jedoch eine Zimmerauslastung von 100 Prozent.

Sind der *Doppelbelegungsfaktor (DBF)* und die durchschnittliche Bettenanzahl pro Zimmer, also der *Doppelzimmerfaktor (DZF)*, gleich groß, dann wurden alle vorhandenen Doppelzimmer (DZ) auch mit jeweils zwei Personen belegt. Die Zimmerauslastung ist dann gleich der Bettenauslastung. Je stärker jedoch der DBF unter dem DZF notiert, also je weniger DZ tatsächlich von zwei Gästen genutzt wurden, desto weiter notiert die Betten- unter der Zimmerauslastung. Die DBF betragen zwischen 1,3 bei gehobenen Stadthotels und 1,8 in der Ferienhotellerie. Der DZF beträgt im Durchschnitt zwischen 1,6 und 1,8 und ist in den vergangenen zehn Jahren gestiegen.

(3) Doppelbelegungsfaktor (DBF):

$$\text{DBF} = \frac{\text{Anzahl Übernachtungen}}{\text{Anzahl Zimmerbelegungen}}$$

(4) Ø Bettenanzahl pro Zimmer (DZF):

$$\text{DZF} = \frac{\text{Anzahl Betten}}{\text{Anzahl Zimmer}}$$

Betriebswirtschaftlich müssen bestimmte *Mindestauslastungen* gewährleistet sein, um dauerhaft am Markt bestehen zu können. Als Faustregel sollte die Zimmerauslastung im Jahresdurchschnitt 50 Prozent bei einfachen Häusern und 60 Prozent bei einem gehobenen Standard nicht unterschreiten. Bei einer weniger optimierten Kostenstruktur sind sogar 65 bis 70 Prozent Auslastung zum Break-even notwendig.[127] Selbstverständlich können diese Anforderungen in Abhängigkeit der Kostenstruktur, den generierten Erlösen pro Zimmer und der regionalen Lage zum Teil stark differieren. Luxushotels benötigen oft Auslastungen zwischen 70 bis 75 Pro-

---

127 Vgl. Staley/Walsh, Appraisal Journal (1993), S. 349.

zent, um die avisierte Rentabilität zu erreichen. Bereits eine relativ geringe Reduktion der Auslastung um beispielsweise 10 Prozent wird bei vielen Hotels dazu führen, dass diese Häuser mit Verlust arbeiten – dieser Zusammenhang gilt für die Branche insgesamt und unterstreicht die hohe Abhängigkeit von konjunkturellen Einflüssen und die starke Zyklizität der Hotellerie. Hotels reagieren in ihren Erlösen wesentlich schneller auf makroökonomische Veränderungen als beispielsweise der Büromarkt. Dies ist auch logisch, führt man sich beispielsweise vor Augen, in welchen Zeithorizonten die Geschäftsreise eines Mitarbeiters gestrichen werden kann und wie lange hingegen die komplette Auflösung seines Arbeitsplatzes dauern würde.

Erforderliche Zimmerauslastung zum Break-even (Richtwertangaben in Prozent)	
Business-Hotel	> 50
First-Class-Hotel	> 60
Luxus-Hotel	> 70
Ketten-Hotel	> 80
Minimum	> 55

Tabelle 14: Erforderliche Zimmerauslastung in Prozent

Die gegenwärtige Situation mit Zimmerauslastungen zwischen 55 Prozent und 65 Prozent (bei einer Durchschnittsbetrachtung in den Jahren 2002/2003) zeigt, dass die Branche, wie bereits mehrfach betont, sich in keiner besonders guten Verfassung befindet. Trotz der regelmäßig angeführten Unterschiede zu anderen Märkten wie beispielsweise den USA werden jedoch auch Gemeinsamkeiten deutlich. In den USA, beträgt der langjährige Auslastungsdurchschnitt der Hotellerie ca. 63 Prozent (natural accupancy rate)[128] und bewegt sich damit bei einer langfristigen Betrachtung in ähnlichen Größenordnungen wie hier zu Lande.

Die realisierten *Netto-Zimmerdurchschnittspreise* (Average Room Rate, kurz: ARR) sind eine der wesentlichsten wertbestimmenden Größen eines Hotels. Die ARR entspricht dem durchschnittlichen Logiserlös ohne Umsatzsteuer, Rabatten und Frühstück.[129]

---

128 Vgl. deRoos (04.1999), S. 16 f.; vgl. Rushmore/Baum (2001), S. 150.
129 Anmerkung des Autors: Die ARR werden oft auch als Average Daily Rate, ADR, oder Average Achieved Room Rate, AARR, bezeichnet.

(5) Zimmerpreis in EURO (ARR):

$$ARR = \frac{\text{Gesamtertrag Logis}}{\text{Anzahl Zimmerbelegungen}}$$

Die realisierten ARR betrugen in den vergangenen Jahren an den weniger prosperierenden Standorten teilweise unter 60 Euro, wohingegen an guten Hotelstandorten weit über 100 Euro erlöst werden konnten. Nur Spitzenbetriebe wie der Bayrische Hof in München bzw. Hotels der Kempinski- oder Hyatt-Gruppe können mit Werten zwischen 150 und 280 Euro aufwarten. Die weltweit höchsten Hotelzimmerpreise werden in London, Mailand, Rom und New York gemessen (siehe auch Tabelle 5). In lokaler Kaufkraft ist ein Hotelzimmer nach einer Erhebung von Jones Lang LaSalle (JLLS) in London beispielsweise doppelt so teuer wie in San Francisco und ca. 25-mal teurer wie in Mexiko City. Superlativen wie das neue New Yorker Mandarin-Oriental, amerikanisches Flaggschiff der gleichnamigen Hongkonger Hotelgruppe, sind jedoch auch hier nicht die Regel – die teuerste Suite kostet dort 12.595 US-Dollar (Rack Rate) pro Nacht!

Erlöse im Logisbereich (hier: deutsche Stadthotels, Angaben in Euro ohne Ust. und ohne Frühstück in Abhängigkeit der Kategorie)		
	Stadthotel – EZ	Stadthotel – DZ
Netto-Zimmerpreise, ARR (getrennt nach EZ und DZ)	35–75–125	50–100–150

Tabelle 15: Netto-Zimmerpreise (Kategorie: einfach – mittel – gehoben)

Die publizierten Zimmerrichtpreise, auch als *Rack Rate*[130] bezeichnet, werden in der Realität kaum am Markt durchsetzbar sein, was mit unterschiedlichen Preisnachlässen und teilweise auch -aufschlägen zu erklären ist. Diese Preisdifferenzierungen des Richtpreises umfassen beispielsweise:

- Businesskunden (Commercial Rate),
- Unternehmen (Corporate Rate),
- Gruppenrabatte (Contract Rate),
- Sonderaktionen, beispielsweise spezielle Wochenendtarife (Weekend Rate),
- Messepreise (Congress Rate) etc.

---

130 Anmerkung des Autors: Listenpreise gemäß PreisauszeichnungsVO, Average Published Tariffs, Advertised Tariffs. Also der Richtpreis, wenn Kunde direkt im Hotel nachfragt, ohne einen speziellen Tarif zu verlangen.

Die Veränderung zwischen Messepreisen und ermäßigten Wochenendtarifen kann dabei in deutschen Großstädten bis zu 400 Prozent betragen. Darüber hinaus enthalten die veröffentlichten Preise in der Regel die Umsatzsteuer sowie gegebenenfalls noch das Frühstück und sind somit in einem weiteren Schritt in Nettopreise des Logisanteils zu überführen. Aus diesen Teilergebnissen der einzelnen Kundensegmente, den so genannten *Average Sector Rates* (kurz: ASR), errechnet sich erst unter Berücksichtigung der jeweiligen DBF die oben genannten Durchschnittsgröße, die ARR. Letztlich dient die Rack Rate primär der strategischen Positionierung und die einzelnen Durchschnittsraten bestimmter Kundengruppen der operativen Umsetzung betriebswirtschaftlicher Ziele. Im Rahmen der Bewertung wird in der Regel nur mit der über die einzelnen ASR hergeleiteten ARR gearbeitet, da diese in aggregierter Form über die Logiserlöse des Hotels Auskunft gibt. Ein Beispiel für die Herleitung dieser Raten kann Tabelle 16 entnommen werden.

	Beispiel: Gästemix				
Preis-bereich	Zielgruppe	Gewichtung (Anteil der Gruppe an allen Gästen)	Doppel-belegung in Prozent	Preisdifferen-zierung in Prozent	Preis in Euro (netto und ohne Frühstück)
Rack Rate:					
EZ	alle Gäste				**110,00 Euro**
DZ	alle Gäste				**135,00 Euro**
Average Sector Rate:					
	Businessgast	25,00 %	2,00 %	−10,00 %	99,45 Euro
	Reisegruppen	50,00 %	55,00 %	−20,00 %	99,00 Euro
	Individualgast	5,00 %	30,00 %	0,00 %	117,50 Euro
	Tagungsgäste	20,00 %	4,00 %	10,00 %	122,10 Euro
Average Room Rate:		(100,00 %)	30,30 %		**104,66 Euro**

Tabelle 16: Gästemix zur Herleitung des Netto-Zimmerpreises (ARR)

Erst durch die Berechnung des *Revenue per Available Room* (kurz: RevPAR), also der durchschnittlichen Erlös pro verfügbarem Zimmer, wird die Vergleichbarkeit von unterschiedlichen (Marktbearbeitungs-) Strategien der Hotels möglich. Die Kennzahl verbindet die Bereiche „Menge" und „Preis" und berücksichtigt dadurch auch deren Interdependenz. Der RevPAR wird, insbesondere in Bezug auf seine Entwicklung im Zeitverlauf, als wichtigste Kennzahl für die Wertentwicklung von Hotelimmobilien herangezogen.[131] Da der RevPAR sich aus „Auslastung" und „Zimmerrate" herleitet, sind diese zwei Größen als kritische Erfolgsfaktoren zu identifizieren. Hierzu folgendes Beispiel:

- 150 Euro Netto-Zimmerpreis bei 30 Prozent Auslastung = 45 Euro RevPAR
- 75 Euro Netto-Zimmerpreis bei 60 Prozent Auslastung = 45 Euro RevPAR

Beispielsweise ist der RevPAR eines Boardinghouses in der Regel größer als der eines Hotels (höhere Auslastung bei kleinerem Netto-Zimmerpreis). Bezieht man die Erlöse jedoch auf die Nutzfläche, so ergeben sich geringere Werte als bei Hotels.

(6) Durchschnitts-Erlös pro verfügbarem Zimmer in EURO (RevPAR):[132]

$$\text{RevPAR} = \text{ARR} \cdot \text{Occ}_R$$

Probleme eines Hotels konzentrieren sich in der Regel auf drei Bereiche: zu geringe Auslastung, zu geringer Zimmererlös oder zu hohe Betriebs- und Kapitalkosten. In Märkten in denen ein Hotelier deutlichen Angebotsüberhängen gegenübersteht wird er in der Lage sein, die Auslastung (Absatzmenge) und die durchschnittlichen Zimmerpreise (Absatzpreis) simultan zu steigern, um so den Umsatz zu maximieren. In stark besetzten Märkten muss er sich jedoch für die Maximierung einer Größe zu Lasten der Anderen entscheiden. Der Versuch, einseitig die Auslastung über eine Preissenkung zu maximieren, wird allerdings nicht zielführend sein, da sich der Hotelier dann im Preiswettbewerb übt, anstatt Qualitätswettbewerb zu betreiben.

Abgesehen vom vorgenannten Zusammenhang führt eine sehr hohe Auslastung aufgrund der erhöhten Abnutzung und Kapazitätsgrenzen beim Personal in der Regel nicht zur gewünschten Gewinnmaximierung beim Hotelbetrieb, da die zusätzlichen Erlöse nicht die entstehenden Kosten decken können. Im Rahmen der Immobilienbewertung muss der Gutachter vor diesem Hintergrund insbesondere die oben genannten Bereiche kritisch hinterfragen. Im Rahmen eines modernen Rech-

---

131 Vgl. Lanzkron/Kett (2003), S. 1.
132 Anmerkung des Autors: Der RevPAR wird oft auch als „Average Daily Room Yield" oder „Room Yield" bezeichnet.

nungswesens und Controllings sollte hierzu eine möglichst differenzierte, beispielsweise tagesgenaue, Budgetierung sowie Nachverfolgung der tatsächlich realisierten Auslastung und der Erlöse erfolgen.[133]

Die *durchschnittliche Aufenthaltsdauer* (kurz: AD), also die Anzahl der Übernachtungen pro Gast, ist eine weitere Kennzahl mit indirekter Wertrelevanz, die Aufschluss über Erlöspotenziale und auch die Personalintensität gibt. Diese Kennzahl ist in den klassischen Wintersportregionen, beispielsweise in Österreich, mit ca. 4,3 Tagen Aufenthaltsdauer pro Gast[134] und allgemein in Ferienhotels wesentlich höher als bei Businessreisenden. In Stadthotels, die überwiegend Geschäftsreisende nutzen, werden Werte von 1,2 bis 1,7 Nächten nicht überschritten (Durchschnitt: ca. 1,3 Nächte).[135] Interessant ist, dass diese Kennzahl in vielen Regionen und insbesondere im Städtetourismus aufgrund der Trends zu Kurzurlauben rückläufig ist. Beispielsweise reduzierte sich diese Kennzahl in Berlin zwischen 1992 und 2002 von 2,5 Tagen auf 2,3 Tage pro Gast.[136]

(7) Durchschnitts-Aufenthaltsdauer (AD):

$$AD = \frac{\text{Anzahl Zimmerbelegungen}}{\text{Anzahl Zimmerankünfte}}$$

Bei den Erlösen ist als weiterer Aspekt der *Anteil an Stammgästen* relevant. Dieser kann Hinweise auf die Kundenzufriedenheit und die zu erwartenden Marketingaufwendungen geben. Bei der Beherbergung sind im Regelfall geringere Stammgastanteile zu erzielen, als bei der Restauration. Auch bei dieser Betrachtung kommt es selbstverständlich zu großen Unterschieden zwischen beispielsweise Ferien- oder Businesshotels.

In Bezug auf die F & B-Bereiche sind Aussagen über die *Anzahl der Sitzplätze* im Restaurant und Außenbereich sowie gegebenenfalls an der Bar erforderlich. Darüber hinaus sind Angaben über die *Belegungshäufigkeit der Plätze* und den durchschnittlichen *Warenumsatz je Sitzplatz* erforderlich (vgl. Beitrag im vorliegenden Sammelband).

---

[133] Vgl. Gugg/Hank-Haase (2001), S. 87 ff.
[134] Vgl. Udolf-Strobl (2003), S. 9.
[135] Vgl. Niemeyer (2002), S. 799.
[136] Vgl. Angaben des Statistischen Landesamtes Berlin.

Erlöse im F & B-Bereich (hier: deutsche Stadthotels, Angaben in Euro ohne Ust. in Abhängigkeit der Kategorie)	
Durchschnittlicher Warenumsatz je Sitzplatz (in Euro)	9 – 12 – 18
Durchschnittliche Belegungshäufigkeit je Sitzplatz und Tag (Anzahl)	0,5 – 1,0 – 1,5

Tabelle 17: Erlöse im F & B-Bereich (einfach – mittel – gehoben)

Der durchschnittliche F & B-Umsatz kann bei ganzjährigem Betrieb zwischen 1.500 und über 10.000 Euro pro Sitzplatz p. a. betragen, wobei Werte zwischen 3.000 und 6.000 Euro die Regel sind. Die Umsatzaufteilung zwischen Speisen und Getränken beträgt in der Regel 3:2.

Warenumsatz pro Sitzplatz (in Euro p. a. ohne Ust.)	
Gute Betriebe	1.500 bis 5.000
Sehr gute Betriebe	5.000 bis 8.000
Luxushotels mit Gourmet-Restaurant	> 10.000

Quelle: Riedl/Bruß, 2003, S. 28

Tabelle 18: Warenumsatz pro Stuhl in Euro p. a., ohne Umsatzsteuer

Einfache Überschlagsberechnungen errechnen den Umsatz im F & B-Bereich durch einen prozentualen Bezug zum Logisumsatz auf Basis der Relation von Erfahrungswerten oder der Relation aufgrund der Ergebnisse vergangener Jahre. Bei einer Verwendung der oben genannten branchenbezogenen Richtwerte für Umsätze je Sitzplatz müssen die Umsatzbeiträge von Nebenräumen der gastronomischen Bereiche des Hotels mit Abschlägen auf den Normalumsatz belegt werden, wenn diese nur diskontinuierlich genutzt werden.

Darüber hinaus können die F & B-Erlöse in einer detaillierten Berechnung aus den Logiserlösen hergeleitet werden. Hierzu wird auf Grundlage von Erfahrungswerten der Vergangenheit oder Benchmarks der Branche das Konsumverhalten der Gäste in Bezug auf die einzelnen Mahlzeiten aufgeschlüsselt. In einem *ersten Schritt* wird ein prozentualer Ansatz ermittelt, der Auskunft darüber gibt, wie viele der Übernachtungsgäste zu welcher Mahlzeit erscheinen. Basis muss hier wieder die Betten- und nicht die Zimmerauslastung sein. *Darauf aufbauend* wird der Erlös je Mahlzeit und Gast und letztlich der hieraus resultierende Umsatz berechnet. Bei einer noch genaueren Vorgehensweise wäre hier wieder eine getrennte Betrachtung der einzelnen Zielgruppen durchzuführen. Der gesamte F & B-Umsatz kann dann wieder auf die erwarteten Übernachtungen umgelegt und ein durchschnittlicher F & B-Umsatz je Gast ausgewiesen werden. Der Gutachter muss somit eine Abschätzung vornehmen, wie viele der Hotelgäste tatsächlich im angeschlossenen Restaurant speisen (vgl. Tabelle 19).[137]

Erlöse aus F & B (Vereinfachtes Berechnungsschema)					
Konsumbereich	Anteil der Logisgäste (in Prozent)	Food (in Euro je Gast)	Beverage (in Euro je Gast)	F & B-Umsätze (in Euro je Gast)	Gesamter F & B (in Euro)
Frühstück	95 %	2,20 Euro	5,40 Euro	7,60 Euro	85.000,00
Mittagessen	20 %	...	...	...	...
Zwischenmahlzeit	5 %	...	...	...	...
Abendessen	25 %	...	...	...	...
Bar	15 %	...	...	...	...
Minibar	17 %	...	...	...	...
Sonstiges	2 %	...	...	...	...
Passanten	k. A.				...
Summe					645.000,00

Tabelle 19: Berechnung der Erlöse aus F & B (vereinfachte Darstellung)

In Abhängigkeit der räumlichen Lage des Hotels muss gegebenenfalls zusätzlich auch ein realistischer Umsatzbeitrag aus dem Passantengeschäft, also der Nicht-Hotelgäste (Walk-in guests), in Bezug auf den F & B-Umsatz geschätzt werden. Dieser kann marginal sein, wenn es sich um ein Hotel in Stadtrandlage handelt und

---

[137] Vgl. o. V., DEHOGA (07.2002), S. 26 ff.

die gastronomischen Einrichtungen nicht im Erdgeschoss gelegen sind. Hingegen werden Hotels in innerstädtischen Lagen mit großen gastronomischen Flächen im Erdgeschoss und zusätzlicher Außenbewirtschaftung im Sommer einen beachtlichen Umsatzbeitrag generieren.[138]

Letztlich sind die Erlöse auf Jahresbasis auch stark abhängig von der *Betriebsdauer* des Hotels (Umsatztage). Während Stadt- und Businesshotels sowie Kongresshotels in der Regel ganzjährig geöffnet sind, müssen Saisonbetriebe – beispielsweise Ferienhotels in Wintersportorten – ihren Jahresumsatz in kürzeren Zeitfenstern generieren. Hierbei wird unterschieden zwischen *Vor-, Haupt-, Zwischen- und Nachsaison*, wobei die gesamte Betriebsdauer dieser Hotels zwischen 150 und 240 Tagen beträgt. Da die Auslastung aufgrund des Konkurrenzumfeldes und der Kostenstrukturen in der Hauptsaison in den meisten Regionen nicht mehr ausreicht, um dauerhaft erfolgreich am Markt bestehen zu können ist festzustellen, dass immer mehr Betriebe versuchen, ihre Erlöse in der Nebensaison zu steigern.

Fitness- und auch Wellnesseinrichtungen sind in der Regel eigene Profit-Center im Hotel. Die Abgrenzung der Erlöse fällt dabei oft schwer, da diese Facilities indirekt die ARR positiv beeinflussen und sich die direkten Erlöse dieser Abteilungen in der Regel (noch) in Grenzen halten. Zu den sonstigen Erlösen zählen neben den Telefongebühren auch Mieten von Läden im Hotel, Einnahmen aus der Vermittlung (beispielsweise von Autovermietungen), Mieteinnahmen aus aufgestellten Automaten Dritter oder beispielsweise Einnahmen aus gebührenpflichtigen Filmen in den Zimmern oder Garagenmieten. In aller Regel ist das Schicksal dieser Erlöse mit der Entwicklung der Gästezahlen verbunden, weshalb die Mieterlöse nicht isoliert vom Hotelbetrieb in Ansatz gebracht werden dürfen. Der Umsatzbeitrag aus Telefongebühren kann mit 0,25 Euro pro vermieteter Zimmernacht veranschlagt werden. Die Einkünfte pro vermieteter Zimmernacht aus Pay-TV, Wäscherei und Internet übersteigen in der Regel nicht 1,50 Euro. Weitere Einkünfte können aus dem Verkauf von Postkarten, Souvenirs, Geldwechsel etc. generiert werden und betragen in der Regel nicht mehr als 2,5 Prozent der gesamten Einnahmen.

4.1.3.4 Analyse der Kostenstruktur

Aus Sicht der Betreiber sind die Kontrolle und Reduktion der Betriebs- und Personalkosten gegenwärtig die wichtigsten Faktoren in Bezug auf den wirtschaftlichen Erfolg. Somit ist die *Kostenstruktur* eines Hotels auch von großer Bedeutung für den Wert der Immobilie und muss vom Sachverständigen kritisch hinterfragt werden.

---

138 Vgl. Gugg/Hank-Haase (2001), S. 32 f.

Einen großen Einfluss auf die Kostenstruktur innerhalb einer bestimmten Hotelkategorie hat die Größe des Hotels gemessen an der Betten- bzw. Zimmeranzahl. Betrachtet man den Umsatz pro Mitarbeiter (MA) so ergeben sich für kleinere Hotels mit <100 Zimmern ca. 67.000 Euro/MA/p. a., wohingegen größere Häuser mit >100 Zimmern ca. 75.000 Euro/MA/p. a. erwirtschaften. Ein ähnliches Bild in Bezug auf die Effizienz verdeutlichen die Wareneinsatzquoten, die bei den kleineren Hotels teilweise über 30 Prozent liegen, bei großen Einheiten jedoch auch unter 25 Prozent betragen können.[139] Bei den Wareneinsatzquoten sind die Benchmarks in Bezug auf den Bereich Food tendenziell höher (realistisch sind hier 30 bis 35 Prozent) als bei dem Bereich Beverage (realistisch sind hier 20 bis 25 Prozent). Bei den Nebenabteilungen sind die Werte von bis zu 50 Prozent möglich. Insgesamt ist die Bedeutung der im Hotel vorhandenen gastronomischen Einrichtungen entscheidend für die richtige Deutung des Wareneinsatzes.

Im Ganzen stellen die Personalkosten mit bis zu 40 Prozent der Gesamtaufwendungen den größten Kostenblock dar.[140] Trennt man nach F & B und Logisumsätzen, so sind die Personalkosten bezogen auf den Umsatz bei F & B relativ höher und betragen bis zu 45 Prozent. Als durchschnittliche Kosten je Angestelltem können inklusive aller weiteren Kosten wie Sozialversicherung, Mitarbeiterfortbildung und gegebenenfalls Unterbringung ca. 35.000 bis 40.000 Euro p. a. für ein Mittelklassehotel als realistischer Durchschnittswert angesetzt werden. Das reine Bruttogehalt des General Managers eines Hotels kann ca. 70.000 Euro p. a. betragen. Die Plausibilisierung der gegenwärtigen Beschäftigtenzahlen kann anhand von Benchmarkkennzahlen der Branche erfolgen, die für alle Departments in Abhängigkeit der Größe, Kategorie und Auslastung des Hotels konkrete Soll-Vorgaben enthalten. Dabei ergeben sich in Abhängigkeit der Hotelkategorie charakteristische Unterschiede. Beispielsweise notiert bei 5-Sterne-Hotels die Kennzahl „MA pro Zimmer" teilweise deutlich über 0,5 MA pro Zimmer, wohingegen Boardinghäuser oder Low-Budget-Hotels im Einzelfall mit weniger als 0,1 MA pro Zimmer arbeiten können. Die Effizienz des Betriebes kann bis hin zum Reinigungspersonal geprüft werden: Dieses sollte pro Person und Schicht ca. 14 Zimmer säubern. Kaum ein Gutachter wird jedoch im Rahmen der Bewertung derart akribisch die gegenwärtige Kostenstruktur hinterfragen.

---

139 Vgl. Föllmer, hotelbiz consulting (2003).
140 Vgl. Staley/Walsh, Appraisal Journal (1993), S. 348.

Benchmark-Kennzahlen zu Betriebskosten und -ergebnis		
Kategorie	Bandbreiten (in Abhängigkeit des Produktes, der Kategorie, der Größe, der Region)	Durchschnitt: Deutschland 2003
Vollbeschäftigte MA pro Zimmer	0,05–0,8 MA	0,42 MA
Personalaufwand je vollbeschäftigtem MA in Euro p. a.	23.000–40.000 Euro	25.748 Euro
Personalaufwand in Prozent	25–35 % (Dorint-Gruppe 2002: 27,4 %)	23 %
Wareneinsatzquote F & B in Prozent	14–35 % (Dorint-Gruppe 2002: 12,5 %)	26 %
Platzbedarf je Sitzplatz in m²	0,8–1,5	k. A.
Aufwendungen operative Abteilungen in Prozent vom Umsatz (Logis, F & B, Sonstige)	30–50 %	49 %
Nicht verteilte operative Aufwendungen in Prozent vom Umsatz (Verwaltung, Marketing, Reparaturen, Energie, Wasser)	20–30 %	24 %
Betriebsergebnis nach Gemeinkosten in Prozent vom Umsatz (GOP, IBFC nach USALI)	20–35 %	27 %
Betriebsergebnis pro Zimmer in Euro p. a.	8.000 bis 12.000	8.851

Tabelle 20: Benchmark-Kennzahlen zu Betriebskosten und -ergebnis[141]

---

[141] Vgl. Föllmer, hotelbiz consulting (2004); vgl. Berlingen (2002), S. 51; vgl. BFS (2002), S. 1 ff.; vgl. Geschäftsbericht Dorint 2002; eigene Erhebungen.

Der *Grundbedarf* an Personal zur Aufrechterhaltung der Betriebsbereitschaft hat tendenziell Fixkostencharakter. Der *Zusatzbedarf* beschreibt hingegen die über die „normale" Auslastung hinausgehenden Spitzen und kann teilweise auch durch Teilzeitbeschäftigte bewältigt werden, wobei in diesem Fall die Kosten einen variablen Charakter annehmen. Personalkosten sind in der Hotellerie im Gegensatz zu anderen Branchen im Regelfall schneller reduzierbar. Aus Sicht eines potenziellen Betreibers ist dennoch die Übernahme von Arbeitsverhältnissen bei einem bestehenden Betrieb ein Risikofaktor (§ 613a BGB, Betriebsnachfolge), wenn es sich um Verträge mit über dem Marktdurchschnitt notierenden Personalkosten handelt. Im Rahmen der Bewertung kann dies zu Abschlägen führen.

Bei den Gemeinkosten, die nicht abteilungsbezogen zugeordnet werden konnten, sind ebenfalls die einzelnen Bestandteile vom Gutachter kritisch zu würdigen. Exemplarisch muss das Verhältnis der öffentlichen Verkehrs- und Funktionsflächen (VF und FF) im Gebäude im Hinblick auf die anzusetzenden Energiekosten hinterfragt werden. Hierbei sollte die Bezugsgröße die gesamte Nutzfläche sein.

Als weiterer Bereich der Overheadkosten sind die Marketingkosten von großer Relevanz. Hotels haben aufgrund der täglich neuen Vermietung einen hohen Marketingaufwand, um in den wettbewerbsintensiven Märkten dauerhaft bestehen zu können.[142] In dicht besetzten Märkten mit starkem Wettbewerb ist ein ausreichendes Marketingbudget deshalb unerlässlich. Dieses sollte insgesamt 4 bis 7 Prozent des gesamten Umsatzes betragen (Durchschnitt: 5 Prozent). In den Betriebskosten enthalten sind oft auch Franchisegebühren sowie damit verbundene Systemgebühren der Betreiber für die Nutzung von Buchungs- und Reservierungssystemen, dem gemeinsamen Marketing, einer Buchhaltung sowie beispielsweise Mitarbeiterfortbildungen. Bei der Bewertung ist somit auf einen moderaten Ansatz bei den Marketingkosten zu achten, wenn bereits in den Franchisegebühren hohe Marketinganteile enthalten sind.[143] Ebenfalls nicht korrekt wäre bei neuen Hotels die gesonderte Berücksichtigung von Pre-Opening- oder Start-up-Kosten. Diese werden schließlich bei einem Business-Park auch nicht gesondert in Abzug gebracht und sind im Jahresabschluss ohnehin bei den durchschnittlichen Marketingkosten enthalten, weshalb eine abermalige Berücksichtigung bei der Bewertung zu Redundanzen führt.

Die Kosten für „Property Operation & Maintenance" sind sicherlich bei Ressorts mit entsprechend großflächigen Anlagen um 10 bis 15 Prozent vom Umsatz höher als bei vergleichbaren Strandhotels, bei denen oftmals 3 Prozent ausreichen. Bei

---

142 Vgl. Staley/Walsh, Appraisal Journal (1993), S. 348.
143 Vgl. Niemeyer (2002), S. 806; vgl. Höfler u. a. (1998), S. 196 f.

Stadthotels in zentralen Lagen sind wiederum die lokalen Abgaben höher als bei dezentralen Objekten.

Insgesamt sind bis zu 85 Prozent aller Kosten in Hotels Fixkosten, die nur mittel- bis langfristig in variable Bestandteile überführt werden können. Hintergrund ist, dass die volle Dienstleistung jederzeit erbracht werden muss und keine „Produktion auf Lager" möglich ist. Darüber hinaus entstehen Fixkosten aufgrund der hohen Anlagenintensität der Branche. Das Anlagevermögen kann bis zu 90 Prozent der Bilanzsumme eines Eigenbetriebes umfassen, was sich auf die Fixkosten entsprechend negativ auswirkt. Die variabelsten Komponenten bei den Kosten eines Hotelbetreibers sind der Wareneinsatz sowie andere direkt an den Umsatz gekoppelte Positionen.

Über 60 Prozent Fixkostenbestandteile sind hingegen in den Personalkosten, der Administration, dem Marketing und den Energiekosten enthalten. Steuern und Versicherungen haben zu 100 Prozent Fixkostencharakter.[144] Diese Zusammenhänge müssen bei der Methodik der Bewertung berücksichtigt werden, da eine direkte Koppelung der Kosten an die Umsatzerlöse vor diesem Hintergrund nur bedingt sinnvoll erscheint. Wird eine computergestützte Umsetzung der Rechenschritte (beispielsweise mit MS-Excel) angestrebt, müssen die fixen und variablen Kostenbestandteile und gegebenenfalls deren Anbindung an die Umsatzerlöse entsprechend der grundlegenden betriebswirtschaftlichen Zusammenhänge in einem Hotelbetrieb erfolgen, um nicht zu realitätsfernen Ergebnissen zu gelangen. Die variablen Kosten pro Übernachtung betragen (weitgehend unabhängig von der Kategorie) zwischen 15 bis 20 Euro pro Zimmer. Dieser Betrag stellt somit die kurzfristige Preisuntergrenze des Angebotes dar. Vor diesem Hintergrund werden die Möglichkeiten zur gezielten Preisdiskriminierung oft nicht genügend ausgenützt, da theoretisch jedes Zimmer über 20 Euro einen positiven Deckungsbeitrag generiert.

Zur Berechnung des NOP, der einem Eigentümer der Immobilie verbleibt, müssen vom GOP gebäudebezogene Kosten in Höhe von 10 bis 14 Prozent bezogen auf den Umsatz sowie gegebenenfalls eine Managementgebühr in Abzug gebracht werden. Hierbei sind Kosten, die auf die Instandhaltung für „Dach und Fach" sowie „FF & E" entfallen, der größte Kostenbestandteil. Die gesamten Instandhaltungskosten betragen bei Eigenbetrieben in der Nutzungsphase mindestens fünf Prozent des Umsatzes.[145]

---

144 Vgl. Staley/Walsh, Appraisal Journal (1993), S. 354; vgl. Rushmore/Baum (2001), S. 247.
145 Vgl. Höfler u. a. (1998), S. 188 f.; vgl. Rushmore/deRoos (1999), S. 4; vgl. Berlingen (2002), S. 47.

Handelt es sich um einen Pachtbetrieb, so sind Teile der gebäudebezogenen Kosten vom Eigentümer aus den erlösten Pachteinnahmen zu bestreiten. Die Bewirtschaftungskosten und deren Aufteilung werden deshalb beim Pachtwertverfahren (vgl. Abschnitt 4.1.4) vertieft.

4.1.3.5 Herleitung der Diskontierungs- und Liegenschaftszinssätze

Die Wahl des Diskontierungssatzes ist einer der wesentlichsten Schritte bei der Bewertung von Renditeobjekten, da alle ertragsorientierten Bewertungsverfahren eine Abzinsung mit Hilfe der dynamischen Investitionsrechnung zur Überführung von Zeitwerten in Barwerte vornehmen. Der zur Abzinsung gewählte Zinssatz entspricht in diesem Zusammenhang der von dieser Investition durchschnittlich zu erwartenden Rentabilität. Diese Aussage trifft sowohl auf die nationalen wie auch auf die angelsächsischen Verfahren zu.

Hotelgrundstücke sind per definitionem „Renditeobjekte", allerdings weisen sie im Vergleich zu beispielsweise Büroimmobilien eine höhere Volatilität der zu erwartenden Einzahlungsüberschüsse auf, was mit den insgesamt höheren Risiken, also Chancen und Gefahren, eines Hotelinvestments zu erklären ist. Die Renditeanforderungen (ex ante) und auch die realisierten Renditen (ex post) von Hotelimmobilien notieren vor diesem Hintergrund im langjährigen Durchschnitt ca. 2 bis 5 Prozent über den Ergebnissen von anderen gewerblichen Immobilien.[146] Die bei Hotelimmobilien verwendeten Diskontierungszinssätze müssen somit einen Großteil der wertrelevanten Strukturmerkmale der Immobilie, das allgemeine Branchenrisiko sowie das Marktgeschehen zum Ausdruck bringen, wenn diese Faktoren nicht bereits in den Ansätzen der Erträge und Aufwendungen berücksichtigt wurden.[147] Die richtige Herleitung des Diskontierungszinssatzes stellt somit hohe Ansprüche an einen Sachverständigen.

Grundsätzlich gibt die Rentabilität (Rendite bzw. Yield) im Rahmen der Investitionsrechnung Auskunft über die Vorteilhaftigkeit einer Anlagemöglichkeit, wobei regelmäßig eine Stromgröße – der Ertrag oder Gewinn – ins Verhältnis zu einer Bestandsgröße – dem eingesetzten Kapital – gesetzt wird. Rentabilität ist somit der Ergiebigkeitsgrad des investierten Kapitals eines Kapitalgebers. Im Immobilienlexikon: „The Glossary of Property Terms" werden insgesamt über 50 verschiedene Renditebegriffe innerhalb der Immobilienwirtschaft identifiziert. Ein Großteil die-

---

[146] Vgl. Staley/Walsh, Appraisal Journal (1993), S. 350 f.; eigene Berechnung des Autors für den deutschen Markt: 3 bis 4 Prozent.
[147] Vgl. RICS Valuation Group (1. März 2004), S. 3, § 2.10: All risk yield.

ser Begriffe kann im Rahmen von Hotels diskutiert werden. Wichtig ist dabei, dass Netto-Anfangsrenditen, laufende Renditen, Wertänderungsrenditen, der Total Return usw. nicht deckungsgleich sind, auch wenn alle diese Renditebegriffe dieselbe Investition charakterisieren. Wird also von einer „Rendite" im Kontext mit einer Hotelinvestition gesprochen, so hat dieser Begriff ohne die Ergänzung, um welche Renditegröße es sich handeln soll, keine Aussagekraft.

Unterschiede bei den Begriffen und Ergebnissen im Zusammenhang mit einer Immobilienrendite liegen insbesondere in der expliziten oder impliziten Berücksichtigung von Wachstum, Risikogehalt der Hotelinvestition und Betrachtungshorizont begründet. Darüber hinaus ergeben sich Unterschiede – bzw. besser gesagt Missverständnisse-, wenn von anderen Anlageklassen Zinssätze als Vergleich hinzugezogen und im Zusammenhang mit Hotels besprochen werden. Weder die vorgenannten Zinssätze noch die Anwendung von investorbezogenen Zinssätzen oder Zinssätzen, die Mischungen aus Eigen- und Fremdkapitalanteilen darstellen, also die Einbeziehung von Leverage-Effekten bewirken, haben jedoch etwas mit Immobilienrenditen gemein. Bei der Verkehrswertermittlung von Hotelimmobilien muss deshalb insbesondere sichergestellt werden, dass es sich um die „richtigen" Diskontierungszinssätze handelt.

Der anzuwendende Zinssatz zur Herleitung von Verkehrswerten darf nur die Verzinsung einer Investition in eine Hotelimmobilie, bestehend aus der durchschnittlich zu erwartenden Netto-Cashflow-Rendite aus den laufenden Einzahlungen und der Wertänderungsrendite, erfassen.[148] Der Kapitalisierungszinssatz im Rahmen der Verkehrswertermittlung drückt damit die Verzinsung aus, die ein Investor für das vom ihm in die jeweilige Hotelimmobilie eingebrachte Kapital erwarten kann. Hierzu die Definition des *Appraisal Institute* zur „Rendite" von Immobilien: „A Yield rate is a rate of return on capital (also: discount rate). It is usually expressed as a compound annual percentage rate. The yield rate considers all expected benefits, including the proceeds from sale at determination of the investment." Im langfristigen Durchschnitt sind Gesamtkapitalrenditen bei Hotels von 9 bis 11 Prozent p. a. in Deutschland darstellbar – viele, vor allem mittelständische, Betriebe weisen jedoch gegenwärtig eine wesentlich schlechtere Gesamtkapitalrentabilität von teilweise unter 6 Prozent auf. In den USA liegen diese Werte zwischen 9 und 17 Prozent p. a., was mit insgesamt höheren Risiken in diesen Teilmärkten zu erklären

---

148 Anmerkung des Autors: Wertänderungsrendite und Netto-Cashflow-Rendite ergeben den Total return, auch: Total property yield, der Hotelinvestition. Der Total Return ist also die Gesamtkapitalverzinsung im Sinne der internen Verzinsung der Investition (Internal Rate of Return, IRR).

ist.[149] Diese Kennzahlen entsprechen also der durchschnittlich realisierten Rentabilität der Investition in die Hotelimmobilie unabhängig von der Kapitalherkunft oder -aufteilung im gesamten Betrachtungszeitraum. Sie umfassen bereits die laufende Rendite und die Wertänderung und werden deshalb auch als *Total Return* der Investition bezeichnet.

Im Rahmen der Abzinsung von Beträgen muss nun genau darauf geachtet werden, wie zukünftigen Inflations- und Wachstumserwartungen bei der Hotelimmobilienbewertung berücksichtigt werden sollen. Erfolgt eine auf eine repräsentative Periode beschränkte Betrachtung, so muss das Wachstum – wie beispielsweise bei der Pachtwertmethode, der Direct Capitalisation oder bei der Berechnung des Restwertes am Ende des Detailprogosezeitraumes bei der DCF-Methode *(Terminal Capitalisation Rate)* – implizit berücksichtigt werden. Bei der dann zur Anwendung kommenden so genannten *Equivalent Yield* fließen diese Erwartungen in den Kalkulationszinssatz ein (deshalb auch: *Growth Implicit Models).* Diese Equivalent Yield wird deshalb auch als *Growth Yield* bezeichnet, da hier bereits die Erwartungen der steigenden Miet- und Kapitalwerte des Investors eingeflossen sind. Im Ergebnis ist diese Rendite vergleichbar mit dem deutschen LSZ, da auch dieser nur die Ausschüttungsrendite bzw. Netto-Cashflow-Rendite betrachtet und die Wertsteigerungserwartung quasi in der „geringen Anfangsrendite" enthalten ist. Die Equivalent Yield beträgt bei Hotels zwischen 7 bis 9 Prozent. Grundsätzlich gilt: je höher das Wertänderungsrisiko, desto höher der Kalkulationszinssatz. Das heißt, die Investoren erwarten eine höhere Ausschüttungsrendite, wenn die erwartete Wertänderung mit großen Unsicherheiten behaftet ist (Annahme des risikoaversen Investors).

Hiervon zu unterscheiden ist ein Kapitalisierungszinssatz, der im Rahmen eines expliziten Wachstumsmodells eingesetzt wird. Bei dieser Vorgehensweise werden Inflations- und Wertsteigerungserwartungen durch die Veränderung der Erträge direkt – beispielsweise durch Indexierungen der erwarteten ARR – berücksichtigt. Eine weitere Berücksichtigung in der Renditeanforderung muss dann unterbleiben, was sich in *höheren* Kapitalisierungszinssätzen ausdrückt. Diese so genannte *Equated Yield* ist die Rendite, die das Investment tatsächlich durch die Wertänderung und laufende Ausschüttung erzielt.[150] Sie wird auch als *Non Growth Yield* bezeichnet. Angewendet wird diese Größe beispielsweise zur Diskontierung im

---

149 Anmerkung des Autors: Vergleichswerte der USA auf Basis der „Discount Rate on unleveraged, all-cash transactions".
150 Vgl. Rushmore/Baum (2001), S. 320.

Detailprognosezeitraum einer DCF-Berechnung. Die Equated Yield ist dann weitgehend mit der oben genannten Größe des Total Return, also der Gesamtkapitalverzinsung, identisch.[151]

Ein weiterer häufig verwendeter Begriff bei Hotelinvestments ist die *Netto-Anfangsrendite* (Net Initial Yield, kurz: IY). Sie wird auch als Netto-Cashflow-Rendite des ersten Jahres bezeichnet und ergibt sich aus der anfänglichen jährlichen Nettomieteinnahme im Verhältnis zu den gesamten Anschaffungskosten der Investition, also inklusive der landesüblichen Transaktionskosten und entspricht somit dem Reziprokwert der in Deutschland üblichen (Rohertrags-)Vervielfältiger. Anfangsrenditen unterstellen somit ebenfalls implizites Wachstum. Die IYs bei Hotelimmobilien betragen in Europa im Durchschnitt zwischen 8,5 und 9 Prozent, wobei in Asien, Amerika und Australien tendenziell höhere IYs realisiert werden. Insbesondere in Märkten die als „sicherer" eingestuft werden – in denen also eine mit weniger Risiken behaftete positive Wertänderungsrendite erwartet wird – liegen die IY noch unter diesen Werten. London und Paris weisen IYs von 8 bis 8,5 Prozent auf und einige deutsche Standorte in den Ballungsräumen bei Häusern in guter Teilmarktlage notieren mit ca. 7 bis 8 Prozent noch darunter.[152] In der Vergangenheit waren die IYs für Hotels der höheren Kategorien oftmals geringer als bei Budget- und Economy-Hotels. Dies bedeutet, dass in der Vergangenheit Investoren offensichtlich eine höhere Sicherheit im gehobenen Segment erwartet hatten. Dieser Zusammenhang kann sich jedoch in Zukunft auch umgekehrt darstellen. Betrachtet man die verschiedenen Hotelinvestorengruppen, so konnte man in bestimmten Märkten feststellen, dass Eigenbetreiber bei den identischen Investments auch geringere Anfangsrenditen akzeptierten, als reine Anleger. Der Preis des gewünschten Markteintritts wurde dann also beim Hotelankauf gleich „mitbezahlt". Dieses strategische Verhalten ist bei den renditeorientierten Anlegergruppen nicht zu beobachten. Umgekehrt kann es jedoch auch vorkommen, dass diese institutionellen Investoren geringere Renditen akzeptieren, wenn sie eine hohe Liquidität haben und die Gelder investiert werden sollen. Insgesamt kommt hier wieder die schwierige Frage zum tragen, welche Einstellung als „gewöhnlich" und somit „marktüblich" angesehen werden kann und letztlich bei der Verkehrswertermittlung berücksichtigt werden darf bzw. sollte.

---

[151] Vgl. Jenyon u. a. (1999), S. 147 ff.

[152] Vgl. JLLS, Hotel Investor Sentiment Survey (HISS), Issue 4 (January 2002), S. 4; Anmerkung des Autors: Vor dem Hintergrund der nach Auffassung des Autors steigenden Unsicherheit des deutschen Hotelmarktes sollten diese Werte kritisch hinterfragt werden, da nicht per se mit einer hohen (positiven) Wertänderungsrendite gerechnet werden sollte.

In Deutschland wird der anzuwendende Diskontierungszinssatz regelmäßig aus Marktdaten (Kaufpreise und den ihnen zugeordneten Erträgen) im Wege einer retrograden Berechnung, also direkt aus dem Marktgeschehen des Immobilienmarktes, abgeleitet. In diesem Fall spricht man vom LSZ. Dieser LSZ ist fast mit der IY eines Investors gleichzusetzen,[153] da er nur eine Netto-Cashflow-Rendite des ersten Jahres darstellt und eine Wertsteigerungserwartung beinhaltet. Eine Wertänderungsrendite ist also im LSZ wiederum implizit enthalten. In Bezug auf Hotelimmobilien ergibt sich an dieser Stelle eine besondere Herausforderung. Nur wenige Gutachterausschüsse errechnen tatsächlich regelmäßig eigene LSZ für ihre Region.[154] Wenn LSZ vorliegen, beziehen sich diese im Regelfall nicht explizit auf Hotelimmobilien, weshalb auch an dieser Stelle wieder auf überregionale Benchmarks oder die Vorschläge in der Fachliteratur zurückgegriffen werden muss.[155] Der LSZ einer Hotelimmobilie muss den erhöhten Risiken in Bezug auf die Wertentwicklung der Immobilie Rechnung tragen. Diese umfassen die geringe Drittverwendungsfähigkeit, hohe Revitalierungsanfälligkeit etc. Allgemeingültige LSZ in Abhängigkeit der Kategorie sind hingegen wenig zielführend.

Liegenschaftszinssätze bei Hotelgrundstücken	
Minimaler Liegenschaftszinssatz:	6,75 %
Risikozuschläge:	
Standortrisiko	bis + 0,40 %
Sanierungs-/Modernisierungsrisiko	bis + 0,20 %
Drittverwendungsrisiko	bis + 0,20 %
Pachtwertentwicklungsrisiko	bis + 0,40 %
sonstige Branchenrisiken	bis + 0,30 %
sonstige Objektrisiken	bis + 0,10 %
Maximaler Liegenschaftszinssatz:	8,00 %

Tabelle 21: Liegenschaftszinssätze bei Hotelgrundstücken

---

153 Anmerkung des Autors: Die Einbeziehung der Erwerbsnebenkosten fehlt in diesem Fall allerdings.
154 Bandbreite diverser Städte für Geschäftsgrundstücke (2000): 5,50 bis 7,75 Prozent.
155 Vgl. Kleiber/Simon/Weyers (2002), S. 977 ff.: 6,50 bis 7,50 Prozent.

Die direkte Ableitung von Kapitalisierungszinssätzen aus dem Immobilienmarkt, wie sie in Deutschland praktiziert wird, ist international nicht selbstverständlich. In Bezug auf die Herleitung des anzusetzenden Kalkulationszinsfußes werden grundsätzlich folgende Fälle unterschieden:

- aus dem Immobilienmarkt abgeleiteter Liegenschaftszins,

- Vorgabe von Mindestrenditen (Target Rate of Return) eines bestimmten Investors, hergeleitet aus beispielsweise einer Eigen- und Fremdkapitalverzinsung (WACC), unter Einbeziehung von Leverage-Effekten,[156]

- aus dem Kapitalmarkt abgeleitete Verzinsung mit immobilienwirtschaftlich orientierten Risikokorrekturen.

Werden *Leverage-Effekte eines Investors* berücksichtigt, so sollten sich aus Sicht dieser Eigenkapitalgeber – aufgrund der positiven Differenz zwischen der Fremdkapitalverzinsung und der Gesamtkapitalrendite – Werte in Bezug auf die Eigenkapitalverzinsung (*Equity yield rate*) von 18 bis 25 Prozent bei Hotels ergeben.[157] Das obere Ende dieser Bandbreite beschreibt beispielsweise einen vernünftigen Eigenkapitalverzinsungsanspruch, wenn es sich um eine komplizierte Revitalisierung eines „Problemhotels" mit entsprechenden Risiken handelt. Betrachtet man die Fremdkapitalbeschaffung für Hotelinvestments, so ergeben sich Spreads im Vergleich zum LIBOR[158] von ca. + 3 Prozent.[159] Dieser Wert kann zur Plausibilisierung der oben genannten Eigenkapitalverzinsungsansprüche verwendet werden. Legt man eine 11-prozentige Gesamtkapitalrendite zu Grunde und unterstellt einen LIBOR von 2,5 Prozent bei einer Verschuldungsquote von 2,3 (entspricht einem LTV von ca. 70 Prozent), so ergeben sich wieder die oben genannten Werte.[160] Wie bereits angeführt, dürfen diese Eigenkapitalrenditen jedoch *nicht* in die Immobilienbewertung einfließen, da keine Finanzierungsbetrachtung oder gar investorbezogene Einschätzung des Hotels erfolgen darf. Oft wird argumentiert, dass die oben genannten Immobilienrenditen – insbesondere bei Hotelimmobilien – nicht „korrekt" wären und besser auf einen WACC-Satz als Mischsatz aus einer normalen Eigenkapitalverzinsungsanforderung und einem Fremdkapitalzinssatz zurückgegriffen werden sollte, da immer Fremdkapital eingesetzt wird und dieses (mit seinen

---

[156] WACC = Weighted Average Capital Costs; Anmerkung des Autors: In diesen Fällen wird dann ein subjektiver Wert (Worth) und kein Verkehrswert (Market Value) ermittelt.
[157] Vgl. Rushmore/deRoos (1999), S. 8; vgl. Rushmore/Baum (2001), S. 328 ff.
[158] LIBOR = London Inter-Bank Offered Rate.
[159] Vgl. Elgonemy, Cornell Quarterly (06.2002), S. 10; vgl. JLLS, Hotel Investment Strategy (2003), S. 8; Anmerkung des Autors: Bei einem LTV von ca. 60 Prozent.
[160] Anmerkung des Autors: In diesem Beispiel beträgt die Eigenkapitalrendite also 23,65 Prozent.

geringeren Zinssätzen) berücksichtigt werden muss.[161] Bei dieser unvollständigen Argumentationskette wird vergessen, dass bei richtiger Risikoallokation sich Bank und Investor das Immobilienrisiko aufteilen und danach ihre Verzinsungsansprüche ausrichten – der Hotelmarkt mit seiner Verzinsung bildet also den Ausgangspunkt und nicht ein abstrakter Verzinsungswunsch der Bank oder die subjektive Renditevorgabe eines Investors. Wird dennoch ein WACC-Ansatz favorisiert, ist darauf zu achten, dass die Gewichtung von Eigen- und Fremdkapitalanteilen zur Herleitung der Kapitalkosten eine durchschnittliche Transaktion repräsentiert und nicht auf einen bestimmten Investor zu schnitten ist. Darüber hinaus muss das „Tax Shield", also die steuerliche Absetzbarkeit der Fremdkapitalzinsen, berücksichtigt werden. Die LTV-Ratios betragen dann in der Regel 70 Prozent.[162]

Oft wird auch betont, dass der *Diskontierungszinssatz vom Kapitalmarkt* und den dort üblichen Renditen abgeleitet werden sollte. Diese „Ableitung" darf jedoch nicht darauf hinauslaufen, dass der Zinssatz im Ergebnis das Risiko des Kapitalmarktes widerspiegelt. Dieses Vorgehen wäre bei der klassischen Ertragswertberechung im Sinne der WertV (oder des LBG in Österreich) strikt abzulehnen. Reine an den Opportunitätskosten orientierte Ansätze sind somit nicht zielführend. Der Zinssatz einer Diskontierung von Immobilienerträgen weicht vom Kapitalmarktzinssatz ab, da es sich bei Immobilien um eine andere (eigene) Anlageklasse mit einem besonderen Risiko-Rendite-Profil handelt. Ein sinnvoller Ansatz ist in diesem Kontext jedoch eine Applikation kapitalmarkttheoretischer Überlegungen nach *Markowitz*, dem *„Capital Asset Pricing Model"* (kurz: CAPM). Hierbei wird von einem *sicheren Referenzzinssatz* (Risk free Rate) ausgegangen, der strukturiert um *Risikozuschläge* (Risk Premium) für die spezifischen Risiken eines Hotelinvestments erhöht wird.[163] Der risikolose Referenzzinssatz beträgt gegenwärtig ca. 4,5 Prozent bis 5,5 Prozent und orientiert sich an der Verzinsung von langfristigen (Staats-)Anleihen eines Emittenten mit hoher Bonität (beispielsweise Deutschlands oder Österreichs). Beachtet werden sollte, dass dabei nicht nur – wie es in der Praxis regelmäßig gemacht wird – auf das aktuelle Zinsniveau zurückgegriffen werden darf. Vielmehr ist im Hinblick auf den langen Detailprognosezeitraum eine Durchschnittsbildung der letzten zehn Jahre anzustreben. Während die gegenwärtige Umlaufrendite börsennotierter festverzinslicher Wertpapiere nur 4,01 Prozent beträgt (1. Juli 2004, Durchschnitt der börsennotierten Anleihen öffentlicher Emittenten in Deutschland), ergibt sich bei einer Durchschnittsbildung ab 1993 ein risi-

---

161 Vgl. z. B. Rushmore/deRoos (1999), S. 5.
162 Vgl. Rushmore/deRoos (1999), S. 6.
163 Vgl. Scott (2000), S. 574: Market's perception of the risk associated with the subject property (RICS GN 7.2.17).

koloser Zinssatz von 5,49 Prozent. Zum Verständnis des zweiten Bestandteils der Berechnung, den Risikozuschlägen, muss die Grundidee des CAPM kurz dargelegt werden. Die Grunderkenntnis von Markowitz besagt, dass Anlagen mit einem größeren systematischen Risiko (Marktrisiko = Equity Market Premium) aus diesem Grunde eine höhere Mindestrenditeanforderung der Investoren im Vergleich zu risikolosen Papieren rechtfertigen. Die auf diese Differenz, die so genannte Marktrisikoprämie, angewendeten Betafaktoren (ß-Faktoren) basieren auf der relativen Volatilität der betrachteten Anlage zum Gesamtmarkt, welche durch die Kovarianz und die Korrelationskoeffizienten ausgedrückt wird. Werte oberhalb von eins indizieren ein höheres Risiko des Assets, das über dem des Gesamtmarktes notiert. Konkret wird ausgehend von Betafaktoren, die das individuelle systematische Risiko einer börsennotierten Hotelaktiengesellschaft (beispielsweise der Lodging-REITs) im Verhältnis zum Aktiengesamtmarkt (dem Risiko des Marktportefeuilles) ausdrücken, dieses approximativ auf andere Investitionen bzw. den Zinssatz der Bewertung übertragen. Kalkulationszinsfuß ist dann der bereits beschriebene risikolose Zinssatz zuzüglich der mit dem Betafaktor gewichteten Marktrisikoprämie, die eine Differenz zwischen der langfristigen Verzinsung aller Aktien (Renditeerwartung des Marktportefeuilles) und der sicheren Anlage zum Ausdruck bringt. Das Marktrisiko als Differenz zwischen dem Aktienindex, z. B. dem Deutschen Aktienindex (DAX), und weitgehend risikolosen festverzinslichen Wertpapieren beträgt bei langjährigen Betrachtungshorizonten international zwischen 3,1 und 7,8 Prozent p. a. (Deutschland: ca. 5,5 Prozent p. a.). Ausgehend von diesem Wert ist ein Betafaktor für Hotelinvestoren von 1,1 realistisch. Damit sind Hotelinvestments mir größeren Risikozuschlägen zu belegen als andere gewerbliche Immobilieninvestments.[164]

$$r = r_F + (r_M - r_F) \cdot \beta_H$$

hier:

$$11{,}54 = 5{,}49 + (10{,}99 - 5{,}49) \cdot 1{,}1$$

β_H = Betafaktor von börsennotierten Hotelaktiengesellschaften, H
r = Risikoadjustierter Kalkulationszinsfuß
r_F = Risikofreier Zinssatz, F
r_M = Rendite des Marktportefeuilles, M

---

164 Vgl. Rushmore/deRoos (1999), S. 6.

Als Ergebnis ergibt sich wieder eine Anforderung an die Gesamtkapitalverzinsung für Hotelimmobilien von ca. 11,5 Prozent – dieser aufgrund des CAPM hergeleitete Wert harmonisiert also weitestgehend mit den empirisch festgestellten internen Verzinsungen der Hotels.

	Betafaktoren (gewichteter Durchschnitt)	Risikozuschlag (β x Risikoprämie bzw. Marktrisiko)
Deutscher Immobilien-Aktienindex (DIMAX)	0,61	3,10 %*
Bestandsgeschäft-Gewerbe	0,48	2,40 %*
Bestandsgeschäft-Wohnen	0,46	2,30 %*
Bestandhaltung-Hotelimmobilien	1,10	6,05 %
Δ Rendite: Hotel versus andere Immobilien		ca. 3,00–4,00 %

* Anmerkung des Autors: Zur Berechnung der Ergebnisse wurden marginal andere Ausgangswerte für das Marktrisiko und den risikolosen Zinssatz verwendet.

Quelle: Eigene Darstellung und Berechnung; Ergebnisse der European Business School (ebs) für DIMAX, Wohnen, Gewerbe

Tabelle 22: Betafaktoren nach sektoraler Gliederung (Deutschland)

Der in Tabelle 22 genannte Risikozuschlag von 6,05 Prozent bezieht sich primär auf den deutschen Markt, kann jedoch durch Anwendung des Modells leicht auf andere Länder übertragen werden. *Jones Lang LaSalle Hotels* zeigt einen pragmatischeren Weg zur Herleitung von Risikozuschlägen auf, der allerdings nur mit Bandbreiten arbeitet und wiederum die Finanzierung explizit mit einbezieht.[165] Die in Tabelle 23 gezeigten Bandbreiten unterscheiden sich deshalb von den in Tabelle 21 vorgeschlagenen Anpassungen beim LSZ, da auch der minimale LSZ bereits Teile des allgemeinen Branchenrisikos enthält.

---

165 Vgl. JLLS, Hotel Investment Strategy (2003), S. 8.

Risikobereich	Bandbreite in BP* (100 BP = 1,00 Prozent)
Länderrisiko	0–200
Markttransparenz	50–300
Fundamentale Marktdaten	20–300
Managementerfahrung und Marke	50–300
Leverage-Faktor	0–200
Liquidität	50–200
Bandbreite insgesamt	170–1.500, also 1,7 Prozent bis 15,0 Prozent

* Für Objekte, die nicht in der Einführungsphase sind, und für entwickelte Länder mit einem Fremdkapitalanteil von 60 Prozent.
Weitere Anpassungsmöglichkeiten nach Rushmore/Baum, 2001, S. 322 für:
F&B Risk und Functional Obsolescence.

Quelle: Eigene Darstellung in Anlehnung Jones Lang LaSalle, Hotel Investment Strategy, 2003, S. 8
Tabelle 23: Herleitung von Risikozuschlägen bei Hotelinvestments

Risikoprämien müssen jedoch bei der Erweiterung von Bewertungsverfahren mit Hilfe von Simulationen grundsätzlich überdacht werden. In diesem Fall müssen dann in der Konsequenz die pauschalen Risikozuschläge bei der Diskontierung unterbleiben, um Redundanzen zu vermeiden. Beispielsweise stellt eine Szenarioanalyse im Ergebnis auch den Worst-Case dar. Beinhaltet die Diskontierung jedoch – fälschlicherweise – immer noch bestimmte Risikozuschläge beim Zinssatz, so wird eine möglicherweise negative Entwicklung überzeichnet.

4.1.4 Pachtwertverfahren – umsatzorientierte Bewertung

Das *Pachtwertverfahren* (auch *Investorenverfahren* genannt)[166] ist ein spezielles Ertragswertverfahren. Die zentrale Besonderheit des Pachtwertverfahrens ist die Herleitung des Jahresrohertrages des Grundstückseigentümers. Der Rohertrag entspricht dabei den *nachhaltig zu erzielenden Pachteinnahmen* auf Basis der Jahresnettopachtwerte (ohne Umsatzsteuer), die mit dem Hotel bei Unterstellung eines durchschnittlich befähigten Betreibers erwirtschaftet werden können. Letztlich

---

166 Vgl. Kleiber/Simon/Weyers (2002), S. 1343 ff.

muss die ermittelte Pacht also „betriebswirtschaftlich tragfähig" sein. Die Differenzierung zwischen der Immobilie und dem Hotelbetrieb ist auch bei der Bewertung von Eigenbetrieben durch die Annahme einer fiktiven Pacht sicher zustellen.

Bezugsgröße zur Bestimmung der Pachteinnahmen ist regelmäßig der nachhaltig erzielbare Jahresnettoumsatz (ohne Umsatzsteuer) des Betriebes. Es wird also bei der Bewertung eine Umsatzpacht angenommen. Die Umsätze sind aus den Jahresabschlüssen der letzten drei bis fünf Jahre zu entnehmen und dann auf ihre Nachhaltigkeit hin zu plausibilisieren oder bei neuen Objekten aus Erfahrungswerten der Branche abzuleiten. Diese *Umsatzschätzung* ist – insbesondere bei neuen Häusern – äußerst komplex und damit fehleranfällig (vgl. Abschnitt 4.1.3). Problematisch ist die korrekte Bestimmung der Eingangsparameter der folgenden Berechnungen:

(8) Umsatz Logis (Rooms Revenue) p. a. (U_L):

$$U_L = \text{RevPAR} \cdot \text{Anzahl verfügbarer Zimmer} \cdot 365$$

(9) Umsatz F & B (F & B Revenue) p. a. (U_{FB}):

$$U_{FB} = \text{Warenumsatz pro Platz} \cdot \text{Plätze} \cdot \text{Beleghäufigkeit} \cdot 365$$

Durch die Multiplikation des prozentualen Pachtsatzes mit dem Jahresumsatz in EURO ergeben sich die Pachteinnahmen. Der zu wählende *Pachtsatz* (Pachtzins in Prozent) ist vor diesem Hintergrund zentral. Die tragbaren Pachtsätze variieren dabei insbesondere in Abhängigkeit des Umsatzsegmentes (Logis, F & B etc.) und der Kategorie des Hotels (vgl. Tabelle 24).

Marktübliche Pachtsätze bei Hotelgrundstücken (in Prozent)	
Beherbergung (nur Logisumsatz)	
■ einfache Betriebe	15–20
■ gute Betriebe	20–25
■ sehr gute Betriebe	25–30
■ Luxushotels	selten über 30
Hotel – Gastronomiebereich (nur F & B-Umsatz)	
■ Gastronomie	6–12
■ Getränke	8–12
■ Hotelbetrieb (nur sonstige Umsätze)	10–15

Stadthotel (vom Gesamtumsatz)	
▪ Normalausstattung	11–13
▪ gehobene Ausstattung	11–13
▪ First-Class/Luxus	13–15
▪ Kettenhotellerie und große Hotels gem. DEHOGA	18–30
Ferienhotel (vom Gesamtumsatz)	
▪ Normalausstattung	8–10
▪ gehobene Ausstattung	11–13
▪ First-Class/Luxus	10–12
Hotel garni (vom Gesamtumsatz)	
▪ Normalausstattung	18–20
▪ gehobene Ausstattung	20–24
Restauration – Speiserestaurants	
▪ gut	7–9
▪ sehr gut	8–10
▪ Spezialitätenlokale	8–12
Restauration – Gaststätten	
▪ einfach	6–10
▪ gehoben	7–11

Tabelle 24: Pachtsätze bezogen auf den Umsatz bei Hotelgrundstücken[167]

Das untere Ende der Bandbreiten eines Pachtsatzes sollte die Ausgangsbasis bei einer Zimmerauslastung von 50 Prozent bilden. Als Faustregel kann jeweils bei einer Steigerung der Auslastung um 5 Prozentpunkte der Pachtsatz um 2 Prozentpunkte angehoben werden. Bezogen auf die Kategorie können bei Luxushotels Pachtsätze von über 30 Prozent tragbar sein, wohingegen bei einfachen 2-Sterne-Häusern bereits 20 Prozent zu viel sein können. Bei der Beurteilung eines Pachtansatzes im Rahmen der Bewertung muss berücksichtigt werden, dass ein Pachtsatz sich in der Regel auf zwei Aspekte, die Räumlichkeiten und die spezifischen Ausbauten, also

---

167 Vgl. Simon, GuG (06.1991); Riedl/Bruß (2003), S. 30 ff.; vgl. Kleiber/Simon/Weyers (2002), S. 1344, S. 1575 ff.; vgl. Berlingen (2002), S. 44; eigene Erfahrungswerte.

das Inventar, bezieht. Das Inventar ist jedoch nicht Gegenstand des Verkehrswertes der Immobilie, weshalb eventuell enthaltene Ertragsbestandteile, die sich auf das Inventar beziehen, separiert werden müssen. Hierzu sollten die Inventarliste und der Pachtvertrag unbedingt eingesehen werden, um einen Anhaltspunkt über die Werthaltigkeit und den Umfang der Gegenstände zu bekommen.

Zur Plausibilisierung der Ergebnisse der Pachteinnahmen der gastronomischen Bereiche können teilweise auch Mietpreisspannen für diese Nutzungen bei den Gutachterausschüssen erfragt werden. Gegebenenfalls ist auch der Vergleich mit an dem Standort gezahlten Mieten für Ladenlokale sinnvoll. Wichtig ist hierbei, dass die gleiche Bezugsbasis, in der Regel die Hauptnutzfläche (HNF), gewählt wird. Eine Anwendung von Vergleichsmieten zur Überprüfung der Pachteinnahmen aus dem Logisbereich scheidet hingegen normalerweise aus, da für Hotels keine Mieten vereinbart werden und Vergleiche mit Wohnraummieten nicht zielführend sind, da es sich um einen anderen Teilmarkt handelt – eine Ausnahme bilden in gewissen Grenzen Boardinghäuser. Aus Sicht des Betreibers muss sich der Miet- oder Pachtwert immer aus der Ertragskraft des Gewerbes ableiten und darf sich damit insgesamt nur indirekt am regionalen Grundstücksmarkt orientieren.

Vor dem Hintergrund der schlechten Möglichkeiten, die Pachtsätze strukturiert herzuleiten oder zu überprüfen, wurde z. B. die EOP-Methode entwickelt. Bei diesem Instrument der *Ertragskraft orientierten Pachtwertfindung* (kurz: EOP)[168] handelt es sich um ein strukturiert methodisches Vorgehen zur Herleitung eines Pachtsatzes für ein bestimmtes Hotel. Diese Methode unterstellt einen Basisumsatz und einen damit korrespondierenden Basispachtsatz in Prozent des Umsatzes in Abhängigkeit von der Betriebsart, Größe, Betriebszeit und der Lage. Ausgehend von diesem durchschnittlichen „Normalfall" werden Anpassungen vorgenommen, die systematisch die wertrelevanten Unterschiede des betrachteten Betriebes durch Zu- und/oder Abschläge beim Umsatz oder dem Pachtsatz berücksichtigen (I. Korrektur). Diese Anpassungen, in Abhängigkeit der pachtwertbeeinflussenden Kriterien des Bewertungsobjektes, beziehen sich im Detail auf objekt- und vertragsspezifische Faktoren, welche aus den örtlichen Gegebenheiten des Grundstücksmarktes einen Pachtwert bestimmen, jedoch nicht auf subjektive Erwartungen oder Gebrauchsvorteile eines bestimmten Pächters abstellen. Der korrigierte Basispachtzins (in Euro) ergibt sich dann aus der Multiplikation des korrigierten Basispachtsatzes (in Prozent) und des korrigierten Basisumsatzes (in Euro). In einem weiteren Arbeitsschritt werden gegebenenfalls zusätzliche Zu- oder Abschläge (in Euro)

---

[168] Vgl. Loew, GuG (04.1997); vgl. Riedl/Bruß (2003), S. 15 ff.; vgl. Kleiber/Simon/Weyers (2002), S. 1345 f.

aufgrund von „sonstigen" Besonderheiten des zu bewertenden Objektes vorgenommen, um den Pachtwert (in Euro) im Bewertungsfall herzuleiten (II. Korrektur). Letztlich ist jedoch ein hohes Maß an spezifischem Fachwissen erforderlich, um die Anpassungen in der korrekten Form bewirken zu können. Auch die EOP-Methode ist damit im Kern subjektiven Einflüssen des Sachverständigen ausgesetzt und das Ergebnis entspricht deshalb trotz methodischer Exaktheit nicht zwangsläufig den realen Gegebenheiten. Das Verfahren wurde zwar von mehreren Gerichten bestätigt, ist jedoch insgesamt nicht unumstritten und wurde zuletzt vom BGH (Bundesgerichtshof) kritisch diskutiert.[169]

Weichen die tatsächlichen Pachteinnahmen von der erzielbaren nachhaltigen Pacht ab, muss eine Over- oder Underrented-Kapitalisierung erfolgen, und die errechneten Differenzbeträge bezogen auf die Restlaufzeit des Pachtvertrages in Form des Barwertes bei den „sonstigen wertbeeinflussenden Umständen" einbezogen werden. Handelt es sich um ein neues Hotel, muss die Anlaufphase mit reduzierten Umsätzen und entsprechenden Abschlägen im Rahmen des Pachtwertverfahrens Berücksichtigung finden. Auch alle anderen vertraglichen Besonderheiten sind bei der Pachtwertmethode nicht im Rahmen des nachhaltigen Rohertrages anzusetzen, sondern erst bei den „sonstigen wertbeeinflussenden Umständen" (§ 17 II WertV).

Die Pachteinnahmen pro Hotelzimmer (Lease costs per Room) sind in Deutschland mit ca. 7.200 Euro/p. a. im gehobenen Segment geringer als in anderen Ländern.[170] Allerdings werden im Luxusbereich auch hierzulande bis zu 16.000 Euro pro Zimmer akzeptiert. Das *Schlosshotel Berlin* hat mit über 34.000 Euro die wohl höchste Jahrespacht pro Zimmer in Deutschland (Dorint-Gruppe).[171] Bei diesem Wert ist es jedoch zweifelhaft, ob eine derart hohe Pacht vom Betreiber vor dem Hintergrund der Richtwerte zum Logisumsatz je Zimmer (vgl. Tabelle 13) überhaupt jemals zu erwirtschaften ist.

Die Bezugsgröße „Umsatz" ist – den laufenden Betrieb vorausgesetzt – immer größer als „null". Damit ist auch der sich ergebende Rohertrag aus Sicht des Eigentümers der Immobilie beim Pachtwertverfahren immer positiv. Letztlich kann diese Vorgehensweise bei Betrieben, die ein negatives Betriebsergebnis erwirtschaften, in die Irre führen. Hier wird eine zentrale Problematik der Pachtwertmethode deutlich. Trotz der (teilweise dauerhaften) Verluste eines Betreibers kommt dieses Verfahren letztlich bei einer unreflektierten Anwendung zwangsläufig zu dem Ergeb-

---

[169] Vgl. BGH Entscheidung, XII ZR 150/97, 28. April 1999.
[170] Vgl. o. V., NH-Corporate Presentation (05.2004), S. 18; vgl. Jenyon u. a., IZ, 22/1996: Mieten werden bei Hotels als Zimmermietpreise p. a. ausgewiesen.
[171] Vgl. Pütz-Willems, HB (5. Juli 2002).

nis: „Der Betrieb kann eine Pacht in jedem Fall zahlen!" Dieses Ergebnis kann vermieden werden, wenn man den Umsatz bis zum Betriebsergebnis vor anlagebedingten Aufwendungen verfolgt und erst dieses als Bezugsgröße weiter verwendet (vgl. Abschnitt 4.2).

Der aus dem Umsatz abgeleitete Rohertrag des Eigentümers der Immobilie muss um die auf ihn entfallenden *Bewirtschaftungskosten* zur Herleitung des *Reinertrags* des Hotelgrundstücks reduziert werden. Bei Hotels ist es üblich, dass der Betreiber einen Großteil der Kosten des Eigentümers übernimmt, weshalb die Bewirtschaftungskosten des Eigentümers im Regelfall nicht mehr als 17,5 Prozent des Rohertrages betragen (vgl. Abbildung 10).

Die Bewirtschaftungskosten setzen sich im Wesentlichen aus den bekannten Kategorien Mietausfallwagnis, Verwaltung, Instandhaltung und nichtumlagefähige Betriebskosten zusammen. Die *Verwaltungskosten* sind bei nur einer zu verwaltenden Partei – dem Betreiber – sehr gering anzusetzen. Als Orientierungswert ist 1 Prozent der jährlichen Roherträge bei der Bewertung zu veranschlagen. Das *Pachtausfallwagnis* ist ein rein kalkulatorischer Ansatz und orientiert sich an den Benchmarks für das Mietausfallwagnis bei gewerblichen Liegenschaften. Der Ansatz ist insgesamt relativ hoch zu veranschlagen, was durch die hohe Abhängigkeit von nur einem Nutzer und gegebenenfalls längeren Leerstandzeiten des Objektes bis zur Neuverpachtung zu erklären ist. Letztlich wird sich der Ansatz jedoch an den Gegebenheiten des Einzelfalls ausrichten müssen. Im Fall eines bonitätsstarken Betreibers und einer Absicherung der Pachtzahlungen (meist für drei bis vier Monatspachten) über Bankbürgschaften ist jedoch ein prozentualer Ansatz in Höhe von 3,5 Prozent des jährlichen Rohertrages auskömmlich. Der Betreiber trägt die laufenden *Betriebskosten* gemäß BetrKV (Betriebskostenverordnung, ehemals II. BV). Bei der konkreten Bewertung muss jedoch in jedem Fall der (Pacht-)Vertrag eingesehen werden, dem gegebenenfalls anders lautende Vereinbarungen der Parteien zu entnehmen sind, die entsprechend Berücksichtigung finden müssen. Im Rahmen der Verpachtung und vollständigen Umlage der Betriebskosten ist im Rahmen der Bewertung lediglich ein Residuum (so genannte *nichtumlagefähige Betriebskosten*) von 1,5 Prozent der jährlichen Roherträge anzusetzen.

Bewirtschaftungskosten für Hotelgrundstücke im Pachtwertverfahren
Benchmarkbandbreite 10,0 bis 20,0 % des Rohertrages (Richtwert: 17,5 %) verbleiben beim Eigentümer

Summe aus nicht weiterberechenbaren		
■ Betriebskosten: Aufstellung gem. Betriebskostenverordnung (BetrKV, ehem. II. Berechnungsverordnung), die Kosten umfassen beispielsweise Energie, Wasser, Entsorgung, öffentliche Abgaben, Versicherungen etc.	**Betriebskosten**	■ Übernahme der kompletten Betriebskosten erfolgt in der Regel durch den Betreiber. ■ Anderslautende vertragliche Regelungen sind wertrelevant. ■ Als Residuum an „nicht umlegbaren Betriebskosten" ergeben sich Ansätze von ca. 1,5 % des Rohertrages, die der Eigentümer trägt.
■ Verwaltungskosten: Beinhaltet die Verwaltung aus Sicht der Besitzgesellschaft, Korrespondenz und Abrechnungen mit dem Betreiber sowie Vergabe und Kontrolle laufender Instandhaltungsarbeiten, Jahresabschlussaufstellung.	**Verwaltungskosten**	■ Auf Grund der Tatsache, dass das Objekt nur einen Nutzer hat (den Betreiber), sind diese Kosten im Vergleich zu anderen Nutzungsarten aus Sicht des Eigentümers geringer. ■ Erhöhte Aufwendungen für beispielsweise eine Besitzgesellschaft sind entsprechend zu berücksichtigen. ■ Durchschnittlich resultieren Kosten von ca. 1,0 % des Rohertrages.
■ Pachtausfallwagnis (kalkulatorischer Ansatz): Kosten für Leerstandszeiten ohne Betreiber, gegebenenfalls gerichtliche Auseinandersetzungen mit dem Nutzer, uneinbringliche Forderungen	**Pachtausfallwagnis**	■ Abhängigkeit von einem Betreiber/Nutzer. ■ Orientierung an den Mietausfallwagnissen für gewerbliche Liegenschaften. ■ Durchschnittlich ergeben sich aus Sicht des Eigentümers Pachtausfallwagnisse von ca. 3,5 % des Rohertrages.
■ Instandhaltungskosten (kalkulatorischer Ansatz): Laufende Instandhaltung der Gebäude und des Inventars zur Gewährleistung der Attraktivität des Hotels während der wirtschaftlichen Restnutzungsdauer.	**Instandhaltung „Dach & Fach"**	■ Die Instandhaltung der Gebäude, des Zubehörs und der wesentlichen Bestandteile der Immobilie obliegen im Regelfall dem Eigentümer des Hotels. ■ Die Instandhaltung bei Hotels ist aufwändiger und umfasst Wartung, Inspektion und Instandsetzung. ■ Durchschnittlich ergeben sich Kosten von ca. 11,5 % des Rohertrages.
	Rücklage FF & E	■ Die Instandhaltung des Inventars übernimmt vertraglich in der Regel der Pächter des Hotels. ■ Hierbei muss sichergestellt werden, dass der Pächter die Mittel nicht zweckentfremdet. ■ Durchschnittlich ergeben sich Rücklagen für FF & E von ca. 3,0 bis 5,0 % des Umsatzes. Diese sind in der Regel also nicht vom Eigentümer zu bilden!

Abbildung 10: Bewirtschaftungskosten für Hotelgrundstücke

In einem harten Konkurrenzumfeld muss insbesondere das Produkt für den Kunden dauerhaft attraktiv sein. Aus diesem Grund sind bei Hotelbetrieben im Vergleich zu anderen gewerblichen Liegenschaften höhere Instandhaltungskosten zu beobachten und entsprechend größere kalkulatorische Ansätze für die Instandhaltung der Immobilie und des Inventars zu bilden. Die vom Pächter übernommen Kosten umfassen regelmäßig auch entgegen der Regelung nach § 536 BGB (der Vermieter hat hiernach die Mietsache stets auf eigene Kosten in einem ordnungsgemäßem Zustand zu erhalten) Teile die *Instandhaltungskosten*. Gesetzlich ist der Verpächter also für die komplette Instandhaltung der Immobilie und gegebenenfalls die Erneuerung des Inventars verantwortlich. Beim Pachtvertrag (§§ 581 ff. BGB) trägt der Pächter jedoch gem. § 582 BGB die Instandhaltungskosten der Inventargegenstände sowie in der Praxis auch Klein- und *Schönheitsreparaturen* wie Malerarbeiten etc. Im Regelfall wird also eine Aufteilung der Kosten vorgenommen. In der Praxis werden zur Begrenzung des Kostenrisikos des Pächters auch Höchstgrenzen für die Instandhaltung vertraglich vereinbart. Der aus Sicht des Eigentümers grundsätzlich positiv einzuschätzende Umstand einer Abwälzung von Teilen der Instandhaltungspflicht auf den Betreiber ist nicht unproblematisch, da viele Betreiber die für die Instandhaltung vorgesehen Mittel anderweitig einsetzen. Zwar ist es auch im Sinne des Pächters, den Betrieb attraktiv zu halten, seine Motivation diesbezüglich nimmt jedoch gerade gegen Ende der Vertragslaufzeiten ab und die Begehrlichkeiten zur Zweckentfremdung der Gelder steigen. Dies führt dann zwangsläufig zu einer Wertminderung der Immobilie durch einen mangelhaften Unterhaltungszustand. Zwischen Verpächter und Pächter wird deshalb im Regelfall eine *Rücklagenbildung für FF & E* (kurz: FF & E-Reserve) beschlossen, um die Erneuerung des Inventars und die Instandhaltung der Einrichtung durch den Pächter zu gewährleisten. Hierbei muss der Eigentümer auf eine Kontrollmöglichkeit achten, weshalb die Beträge in der Regel auf ein Konto des Eigentümers gebucht werden und vom Pächter abgerufen werden können. Die FF & E-Rücklage sollte ca. 3 bis 5 Prozent des Umsatzes betragen – ein Wert, der auch in den meisten Vertragsabschlüssen mit Betreibern so durchgesetzt werden kann.[172]

Hiervon zu unterscheiden sind die „großen" Instandhaltungsmaßnahmen an „Dach & Fach", die weiterhin dem Eigentümer obliegen. Instandhaltungsmaßnahmen dienen der Erhaltung des bebstimmungsmäßigen Gebrauchs(Soll)-Zustand, der zur Erzielung der avisierten Pacht notwendig ist. Die Instandhaltungskosten entstehen bei der Beseitigung der durch Abnutzung, Alterung und sonstiger Witterungseinflüsse entstehenden baulichen und anderen Schäden am Bewertungsobjekt. Die kalkulatorischen Ansätze für diese Instandhaltungsrücklage (Reserve for Replace-

---

[172] Vgl. Höfler u. a. (1998), S. 197; vgl. JLLS (Juni 2001), S. 8.

ment of Fixed Assets, Capital Expenditure Reverve) belaufen sich auf ca. 2 bis 5 Prozent des Betriebsumsatzes bzw. 9 bis 14 Prozent vom Rohertrag des Eigentümers.

Analog der bekannten Methodik zur Ertragswertberechnung wird nun vom *Reinertrag des Grundstücks* der Bodenwertverzinsungsbetrag in Abzug gebracht, um den *Reinertragsanteil der baulichen Anlagen* zu isolieren. Der hierfür notwendige Bodenwert wird im Rahmen der Vergleichswertmethode hergeleitet. Der ebenfalls notwendige LSZ wird gemäß der in Abschnitt 4.1.3 dargelegten Vorgehensweise bestimmt. Ähnlich der Sachwertermittlung muss auch bei der Pachtwertmethode die rechnerische RND kritisch hinterfragt werden. Zwischenzeitlich erfolgte Modernisierungen beeinflussen die hier relevante *wirtschaftliche RND* des Hotels positiv, wohingegen sich auch eine Verkürzung aufgrund von beispielsweise wirtschaftlicher Überalterung ergeben kann. Tatsächliche Restnutzungsdauer und LSZ bilden nunmehr die Eingangsvariablen zur Bestimmung des *Vervielfältigers* (Rentenbarwert einer nachschüssigen Zeitrente). Im Ergebnis ergibt sich der Ertragswert des Grundstücks aus der Summe von Bodenwert und Ertragswert der baulichen Anlagen. Vorhandene „sonstige wertbeeinflussende Umstände" müssten hier gegebenenfalls vorher berücksichtigt werden. Eine vereinfachte Ertragswertberechnung und damit die Vernachlässigung der Separation des Bodenwertverzinsungsbetrages ist bei einer langen RND der baulichen Anlagen auch möglich.

Bei einer gesamthaften Würdigung des Pachtwertverfahrens können insbesondere folgende Aspekte bemängelt werden:

- Die einperiodische Betrachtung wird den diskontinuierlichen Zahlungsströmen eines Hotels schwer gerecht.
- Die Bezugsgröße „Umsatz" kann zu falschen Ergebnissen führen, da nicht transparent ist, ob der Betrieb überhaupt Gewinne erwirtschaftet.
- Das Pachtwertverfahren eignet sich insbesondere für Betriebe, die auf der vertraglichen Basis einer Umsatzpacht betrieben werden und weniger für andere Vertragsgestaltungen.

Abschließend wird die oben beschriebene Rechenmethodik anhand eines fiktiven Beispiels für ein 4-Sterne-Businesshotel, das in einem Nebenzentrum gelegen ist, vorgestellt (vgl. Tabelle 25).

Über-nachtung	Zimmer	Betten	Zimmer-preis Angabe in Euro, netto ohne Frühstück	DB in Prozent der DZ	ARR in Euro	Zimmer-auslas-tung in Prozent	Betriebs-tage	Vermietete Betten	bzw. Zimmer
	Anzahl	Anzahl						Anzahl	Anzahl
EZ	20	20	75	56,00	88	65,00	365	26.648	17.082
DZ	52	104	107						
Summe	72	124							

Logisumsatz	in Euro p. a.		1.502.229
Logisumsatz	pro Zimmer in Euro p. a.		20.864
Logisumsatz	in Prozent aller Erlöse		63,52

	Sitzplatz-anzahl Stück	Waren-umsatz Netto in Euro/Tag	Belegung pro Tag
F & B:	110	12	1,3

F & B-Umsatz	in Euro p. a.	626.340
F & B-Umsatz	pro Sitzplatz p. a. in Euro	5.694
F & B-Umsatz	in Prozent aller Umsätze	26,48

	in % aller Umsätze		Euro
Sonstige Umsätze: p. a.	10,00		236.508

Pachtein-nahmen:	Umsatz Euro p. a.	Pachtsätze in % vom Umsatz	Euro
aus Logisumsatz	1.502.229	25,00	375.557
aus Gastronomieumsatz	626.340	12,00	75.161
aus sonstigem Umsatz	236.508	12,00	28.381
Pachteinnahmen	in Euro p. a.		479.099
Pachteinnahmen	in Prozent aller Umsätze		20,26

Bewirtschaftungskosten:		Bewirtschaftung in % vom Rohertrag	
Instandhaltung „Dach & Fach"		11,50	
Verwaltungskosten		1,00	
Pachtausfallwagnis		3,50	
nicht umlegbare Betriebskosten		1,50	
Summe	in Euro p. a.	17,50	83.842
Reinertrag des Grundstücks	in Euro p. a.		395.257

Bodenwertverzinsungsbetrag:	Größe in m²	GFZ (tats.)	GFZ (Vergl.)	Boden-richtwert	Umrech-nung			Euro
	1.500	0,80	1,00	350,00	0,90			(470.745)
								33.423
Reinertrag der baulichen Anlagen		in Euro p. a.						361.834
Liegenschaftszinssatz/Vervielfältiger:					Baujahr	Stichtag	GND	Euro
Basis		6,75 %			1991	2004	70	
Risikozuschläge					Alter	13		
	Standortrisiko	0,15 %			RND	57		
	Sanierungsrisiko	0,05 %			V	13,80		
	Drittverwendungsrisiko	–						
	Pachtwertentwicklungsrisiko	0,05 %						
	sonstige Branchenrisiken	0,10 %						
	sonstige Objektrisiken	–						
Summe		7,10 %						
Ertragswert der baulichen Anlagen		in Euro						4.994.098
Ertragswert des Hotelgrundstücks (vor Zu- und Abschlägen) in Euro								5.464.842
Ertragswert pro Zimmer (vor Zu- und Abschlägen) in Euro								75.901

Tabelle 25: Pachtwertverfahren für ein Hotelgrundstück (dieses stark vereinfachte Beispiel dient nur zur Illustration)

4.1.5 Ertragswert in besonderen Fällen

Viele in die Jahre gekommene Hotels sind nicht mehr zeitgemäß in Bezug auf Größe, Lage und die Strukturmerkmale des Objektes. Letztlich ist in solchen Fällen zunächst eine *Revitalisierung* anzuraten, wenn der Ertragswert unter den verbliebenen Substanzwert sinkt und die gegenwärtige Hotelnutzung somit in Frage gestellt werden muss. Das Objekt hat dann in jedem Fall Entwicklungspotenziale und befindet sich im „Umbruch" *(Property in transition)*. Viele Hotelbauten aus den 60er und 70er Jahren entsprechen jedoch gar nicht mehr den heutigen Kundenwünschen. Eine Sanierung und Revitalisierung sowie gegebenenfalls eine mögliche Nachverdichtung auf den teilweise sehr hochwertigen Grundstücken überschreitet dann in vielen Fällen die Kosten der Freilegung und Erstellung eines Neubaus. Außerdem können die Revitalisierung oder gar die darüber hinausgehende *Umnutzung* der bestehenden Bausubstanz beispielsweise auch aus rechtlichen Gründen ausscheiden, weshalb dann die Freimachung des Grundstücks und die anschließende Verwertung des Grund und Bodens nach dem „Highest and Best use"[173] unumgänglich ist. Im angloamerikanischen Raum ist im Rahmen der Herleitung von Marktwerten (Market value, kurz: MV) explizit geregelt, dass bei der Bewertung zunächst abzuwägen ist, ob die gegenwärtige Nutzung noch die ertragsreichste ist und letztlich den „höchsten" MV bedeutet:[174]

- MV als *Existing Use Value* – also für die gegenwärtig vorliegende Nutzung,

- MV als *Alternative Use Value* – also der Wert bei unterstellter bzw. theoretisch möglicher Umnutzung des Objektes.

In Deutschland und Österreich herrscht in der Praxis oft noch der Grundgedanke der Bewertung „wie es steht und liegt", also auf Basis der gegenwärtigen Nutzung, vor. Dass diese Ergebnisse jedoch aus Sicht des gewöhnlichen Geschäftsverkehrs oftmals nicht die richtigen Resultate in Bezug auf den Verkehrswert liefern, wird deutlich, wenn man sich vor Augen führt, dass vor allem Projektentwickler sich für die oben genannten Potenzialflächen interessieren und ihre marginale Zahlungsbereitschaft letztlich den realisierten Preis bestimmt und damit den höheren Verkehrswert bestätigt. Die Sinnhaftigkeit der weiteren Nutzung des Grundstückes als Hotel muss vor diesem Hintergrund auch hierzulande eine der ersten Überlegungen des Sachverständigen sein.[175] Auch im deutschsprachigen Raum sind für den Fall, dass die gegenwärtige Nutzung nicht mehr opportun ist, Bewertungsverfahren entwickelt worden, die dann dann zum Einsatz kommen. Im Gegensatz zur Grundform des Pachtwertverfahrens wird in § 20 WertV die *Ertragswertberechnung in besonderen Fällen* dargelegt. Das Verfahren findet Anwendung, wenn der erforderliche Bodenwertverzinsungsbetrag die jährlichen Reinerträge der Liegenschaft übersteigt (so genannte Unwerte) – also offensichtlich nicht mehr die „beste" Nutzung des Grund und Bodens erfolgt. In diesem Fall ist nur noch ein korrigierter Bodenwert anzusetzen. Wartezeiten bis zur Freilegung und Freilegungskosten müssen hier entsprechend Berücksichtigung finden und erhöhen bzw. mindern den Bodenwert *(Liquidationsverfahren)*. Für Freilegungskosten können ca. 15 bis 20 Euro/m^3 (also in Abhängigkeit des umbautem Raumes) veranschlagt werden. Auch möglich ist die Anwendung der *Residualwertmethode* zur Herleitung des Bodenwertes, also einer Developerrechnung, die als Ergebnis den tragbaren Bodenwert vor dem Hintergrund eines bestimmten Entwicklungsszenarios herleitet.

---

[173] Vgl. beispielsweise International Valuation Standards (IVS), General Valuation Concepts an Principles – No. 6, 2003, S. 39 f.

[174] Vgl. beispielsweise RICS Valuation Group, 1. März 2004, S. 1, § 1.5; S. 7, § 3.4.

[175] Vgl. Kleiber/Simon/Weyers (2002), S. 913, S. 917: Das in der Immobilie „schlummernde" Entwicklungspotenzial muss auch bei gegenwärtig Ertrag produzierenden Objekten erkannt und berücksichtig werden. Letztlich gilt es, den *höchsten Wert* als Verkehrswert zu ermitteln.

Interessant ist, dass Grundstücke, die mit der vorhandenen Hotelnutzung teilweise auch als „Best-case-Szenario"-Defizite über den gesamten Detailprognosezeitraum generieren (Distressed Properties), dennoch über dem reinen Bodenwert gehandelt werden.[176] Offensichtlich sind genug Investoren der Meinung, das in Frage stehende Objekt mit der gegenwärtigen Nutzung weiter wirtschaftlich betreiben zu können.[177] Letztlich kann in diesen Fällen auf erzielte Vergleichspreise von ähnlich abgewirtschafteten bzw. unwirtschaftlichen Hotels zurückgegriffen werden und auf die oben dargelegte Methodik verzichtet werden.

4.2 Internationale Bewertungspraxis

4.2.1 Grundlagen der Gewinnmethode – gewinnorientierte Bewertung

Ist in Ausnahmefällen eine Bewertung durch die normierten Wertermittlungsverfahren nicht möglich, kann auch ein anderes, nicht normiertes Bewertungsverfahren in Deutschland[178] oder Österreich zur Anwendung kommen. Die Ausführungen der WertV (D) oder des LBG (Ö) sind vor diesem Hintergrund in Bezug auf die Bewertung von Hotelgrundstücken nicht als bindend anzusehen.

International kommen ebenfalls das Vergleichswertverfahren und diverse auf den Ertragswert gerichtete Verfahren zur Anwendung.[179] Sachwertüberlegungen werden hingegen nicht thematisiert. Die RICS betont in diesem Kontext, dass das vom Gutachter gewählte Bewertungsverfahren die Methode sein soll, die auch im Markt für derartige Objekte Anwendung findet.[180] In den folgenden Ausführungen wird nicht weiter auf den *Direct Comparable-/Sales Comparison Approach* (Vergleichswertverfahren) oder den *Cost Approach* (Sachwertverfahren) eingegangen, deren Ansätze und Ziele weitgehend mit der nationalen Praxis harmonieren.[181] Die folgenden Vorbemerkungen dienen somit dem Verständnis der am Ertrag der Hotelimmobilie orientierten amerikanischen Verfahren.

---

176 Vgl. Staley/Walsh, Appraisal Journal (1993), S. 350.
177 Anmerkung des Autors: Dass „schöne Optik" und wirtschaftliches Betreiben oftmals nicht Hand in Hand gehen, ist auch vielen Auffanggesellschaften der Banken klar geworden, die versucht haben, die im Rahmen von Zwangsmaßnahmen übernommenen Hotels selbst zu betreiben.
178 Vgl. Bundesverwaltungsgericht (BVerwG), Beschluss, 4 B 69/95, 16. Januar 1996.
179 Vgl. RICS Valuation Group (1. März 2004), S. 2., § 2.5; vgl. Scott (2000), S. 574.
180 Vgl. RISC, Guidence Note 7.2.2., Appraisal and Valuation Manual (1996).
181 Vgl. Rushmore/deRoos (1999), S. 2 ff.

Im angloamerikanischen Raum dominieren Managementverträge bei Hotels, d. h., die Situation „Eigentümer versus Betreiber" mit entsprechender Aufteilung der Erträge durch einen Pachtvertrag herrscht dort nicht vor. Vielmehr ist der Betreiber gleichzeitig Eigentümer und damit Hotelier, der allerdings im Regelfall eine Managementgesellschaft mit dem operativen Betrieb des Hauses betraut hat. Vor diesem Hintergrund ist es wenig verwunderlich, dass sich auch die Bewertung von Hotelimmobilien in England und den USA in eine andere Richtung entwickelt hat und sich nicht des Gedankenguts des deutschen Pachtwertverfahrens bedient. Vielmehr wird auf die *Erkenntnisse der Unternehmensbewertung* zurückgegriffen, wobei die dort verwendeten Verfahren im Rahmen einer deduktiven Hypothesenbildung auf die Immobilienbewertung übertragen werden. Eine Unternehmensbewertung erfolgt allgemein auf Basis der Ergebnisse der G+V mehrerer Jahresabschlüsse, die dann in einen Barwert überführt werden. Konsequenterweise muss also die Immobilienbewertung die G+V nach USALI bis zu den auf die Immobilie entfallenden Gewinnen oder Verlusten „durchrechnen". Zu kapitalisieren ist dann das *Netto-Betriebsergebnis,*[182] um den MV der Immobilie zu erhalten (vgl. auch Abschnitt 4.3.1).[183] Dieses Verfahren wird als *Profit Method* (oder *Account Method* bzw. *Gewinnmethode)*[184] bezeichnet. Anders als beim Pachtwertverfahren werden also nicht die Umsätze als Bezugsgröße verwendet, sondern der Gewinn bzw. Verlust, der dem Eigentümer verbleiben würde. Die Gewinnmethode ist insofern dem Pachtwertverfahren überlegen, als dass hier offensichtlich wird, ob eine Pacht überhaupt tragbar – d. h. aus den Gewinnen zu erwirtschaften – ist. Insbesondere wenn Eigentümer und Betreiber nicht identisch sind, kann mit dem Verfahren auch die Herleitung einer tragbaren Pacht erfolgen (vgl. Abbildung 11).

Bei diesem Verfahren muss besonders trennscharf unterschieden werden, ob eine Unternehmensbewertung – Basis wäre dann der GOP – oder Immobilienbewertung im Rahmen der Anwendung der Gewinnmethode erfolgen soll. Der GOP entspricht lediglich den Erlösen abzüglich der Betriebskosten. Der NOP hingegen ist mit den Pachteinnahmen nach Abzug der Bewirtschaftungskosten (im Sinne des Reinertrages des Grundstücks) vergleichbar, weshalb auch erst dieser Betrag somit die Möglichkeit eröffnet, einen Verkehrswert der Immobilie aus der Kapitalisierung des Re-

---

[182] Anmerkung des Autors: Das Netto-Betriebsergebnis wird neben dem bereits eingeführten Begriff NOP in diesem Zusammenhang auch als: *Net operating income, Net income to owner, Adjusted GOP to owner, Net income before recapture* bzw. *Net income before depreciation & dept service* bezeichnet.
[183] Vgl. Rushmore/Baum (2001), S. 319.
[184] Vgl. Jenyon u. a., IZ (06/1996); vgl. Jenyon u. a. (1999), S. 135 ff.

siduums herzuleiten (siehe auch Abbildung 9).[185] Wichtig ist, dass bei Betreiberimmobilien aus Sicht eines Investors bewertet wird. Das prognostizierte Betriebsergebnis muss deshalb in jedem Fall um ein Management-Honorar (auch: kalkulatorischer Unternehmerlohn, Eigenkapitalverzinsung, Gewinnanteil des Nutzers) und einen Risikozuschlag für das Betriebsrisiko des Betreibers zur Herleitung des NOP reduziert werden (Tenant's Share).[186] Ohne diese Anpassungen würde die Managementleistung zu unrecht mit kapitalisiert werden.[187]

+	Gross Receits (Brutto-Betriebserlöse)
−	Gross Expenditures (Brutto-Betriebskosten)
=	Gross Operating Profit (Brutto-Betriebsgewinn)
−	Tenant's Expenditures (anlagenbezogene Aufwendungen des Betreibers)
−	Tenant's Share (Gewinnanteil des Betreibers inklusive Managementgebühren)
=	Rateable Value plus Rates (Pachtwert des Grundstücks, verfügbare Pacht i. S. des Rohertrages)

Abbildung 11: Tragbarer Pachtbetrag eines Hotelgrundstücks

Wird von einer Fortführung durch den gegenwärtigen Betreiber ausgegangen, können die tatsächlichen Angaben weitgehend übernommen werden. Im Sinne der Wertermittlung für einen „durchschnittlichen befähigten Betreiber" muss hingegen wieder von den nachhaltig möglichen Kosten und Erlösen ausgegangen werden. Um einen repräsentativen Eingangswert der Berechnungen zu erhalten sollte in jedem Fall der Brutto-Betriebsgewinn aus einem Durchschnittsergebnis der letzten fünf Jahre des Betriebes hergeleitet werden. Die Fortführung des Betriebes ist dann sinnvoll, wenn aus dem erwirtschafteten GOP neben einem angemessenen Unternehmerlohn (Managementgebühren) auch die (fiktive) Pacht sowie die anlagebedingten Kosten bestritten werden können.

Die Kapitalisierung der Beträge basiert, wie auch die Herleitung von Verkehrswerten im Rahmen der Pachtwertmethode, auf den Prinzipien der dynamischen Investitionsrechnung. Damit sind diese Verfahren durchaus mit den Ausführungen des

---

[185] Vgl. Jenyon u. a. (IZ, 22/1996).
[186] Vgl. Scott (2000), S. 582.
[187] Vgl. Jenyon u. a. (1999), S. 141.

§ 15 WertV konform.[188] Die anzuwendenden Diskontierungszinssätze sind zwar nicht direkt mit den LSZ des deutschen Immobilienmarktes vergleichbar, allerdings wurde bereits in Abschnitt 4.1.3 darauf hingewiesen, dass die deutschen LSZ mit einer Equivalent Yield in Verbindung gebracht werden können, die im angloamerikanischen Raum üblich ist.

Da sich die Gewinnmethode methodisch der *Direct Capitalisation* (1) bei konstanten jährlichen Überschüssen bedient oder auf die Berechnung von Barwerten mit Hilfe der *DCF-Method* (2) bei jeweils unterschiedlichen Jahresüberschüssen zurückgreift, ist dieses Verfahren letztlich nur eine Variante der im angloamerikanischen Raum bekannten Investmentmethoden.

Synonym werden folgende Begriffe verwendet:

- *Auf Basis eines repräsentativen Jahres (1):*
  Earnings Multiple Method or Approach; Maintainable Earnings Approach; Income Method; Income Capitalisation Approach als Direct capitalisation; Direct capitalisation of one stabilized year.

- *Auf Basis eines Detailprognosezeitraumes (2):*
  (Full-)Discounted-Cash-Flow Method; DCF-Approach.

4.2.2 Earnings Multiple Method

Das Gegenstück zur vereinfachten Ertragswertmethode ist die so genannte *Income Method*[189] als einfachste Anwendung der *Investment Methods*. Dieses Verfahren wird insbesondere in Großbritannien sowie den USA angewendet und basiert auf der Berechung eines Kapitalwertes zukünftiger Einzahlungsüberschüsse. Dabei kommt ein implizites Wachstumsmodell zum Einsatz, bei dem mit einer Equivalent Yield abgezinst wird *(Growth Implicit Model)*. Der Kapitalisierungszinssatz wird auf der Basis von vergleichbaren, bereits erfolgten Transaktionen hergeleitet. Damit fließen auch in dieses Verfahren Aspekte des Vergleichswertverfahrens mit ein.[190] Letztlich repräsentiert der Kapitalisierungssatz wieder das Risiko, welches mit dem konkreten Bewertungsobjekt in Verbindung gebracht wird. Bezugsgröße der direkten Kapitalisierung ist bei Hotels der NOP eines als repräsentativ angenommenen Jahres – deshalb wird auch von der „band of investment method of one stabilized year" gesprochen. Dieser Betrag wird dann als ewige Rente kapitali-

---

188 Vgl. Kleiber/Simon/Weyers (2002), S. 983.
189 Auch *Income Approach;* vgl. USPAP, Standards Rule 1–4 (c).
190 Vgl. RICS Valuation Group, 1. März 2004, S. 4, § 2.17.2

siert.[191] Ähnlich dem einfachsten Fall der Bewertung von genau zur Marktmiete vermieteten Immobilien *(Rack Rented Properties oder Fully Let Freeholds)* ergibt sich auch hier der Wert des Hotels durch Multiplikation der beim Eigentümer verbleibenden Nettojahreseinnahmen mit einem Vervielfältiger *(Years Purchase, kurz: YP)*.[192]

Beispiel: Direct capitalisation of one stabilized year	
Number of Rooms	100
Stabilized Occupancy	65 %
Stabilized ARR	110,00 Euro
RevPAR	71,50 Euro
Stabilized Room Revenue (60 % of Total Revenue)	2.609.750,00 Euro
Stabilized Total Revenue	ca. 4.350.000,00 Euro
Income Before Fixed Charges (IBFC), also der GOP (30 % of Total Revenue)	1.305.000,00 Euro
Expenditures (25 % of IBFC) ■ FF & E ■ Insurance ■ Capital Expenditure Reserve ■ Property Taxes	326.250,00 Euro
Net operating Profit	978.750,00 Euro
Equivalent Yield (hier: All Risk Yield)	8 %
YP in perpetuity (Year's Purchase)	12,5
Net Income • Year's Purchase = Capital Value	
MV (Market or Capital Value)	**12.234.375,00 Euro**
Value per Room	122.343,00 Euro

Tabelle 26: Anwendung der *Direct capitalisation* zur Hotelbewertung (dieses stark vereinfachte Beispiel dient nur zur Illustration)

---

191 Vgl. RICS Valuation Group, 1. März 2004, S. 4, § 2.17.1: Capitalization of a maintainable market-derived profit; vgl. Rushmore/deRoos (1999), S. 2, S. 6 f.; vgl. Jenyon u. a. (1999), S. 137, S. 144: Earnings Multiple Approach bzw. Maintainable Earnings Approach; vgl. Scott (2000), S. 588 ff.; vgl. Rushmore/Baum (2001), S. 330 f.
192 Vgl. IVS, 9.2.1.3.: *Income Capitalization Approach* as *Market-based valuation approach*.

Abschließend wird die oben beschriebene Rechenmethodik anhand eines fiktiven Beispiels für ein 4-Sterne-Businesshotel, das in einem Nebenzentrum liegt, vorgestellt (vgl. Tabelle 26).

Da im angloamerikanischen Raum Managementverträge die Regel sind und Miet- oder Pachtverträge fast gar nicht vorkommen, sind auch Over- oder Underrented-Situationen bei Hotelimmobilien von geringer Relevanz. Das von anderen gewerblichen Objekten bekannte Term-and-Reversion-Model, auch Säulenverfahren genannt, wird vor diesem Hintergrund hier nicht weiter behandelt.

Da das Pachtwertverfahren ebenfalls von gleichbleibenden nachhaltigen Erlösen ausgeht, sind zu diesem Verfahren direkte Parallelen zu ziehen. Wichtige Unterschiede des englischen Verfahrens sind jedoch die fehlende Aufteilung in Boden- und Gebäudewert, der Verzicht auf einen Ansatz von Pachten bzw. Mieten, die Annahme von ewigen Zahlungsströmen und insbesondere die Bezugsgröße „Gewinn" statt „Umsatz".

4.2.3 (Full) DCF-Method

Bei der *DCF-Method* (IVS Guidance Note No. 9) wird ebenfalls, ausgehend von den in der Zukunft liegenden Zeitwerten, der Barwert einer Investition hergeleitet: „Discounted Cashflow Analysis is a method used to convert future benefits into present value by discounting each future benefit at an appropriate yield rate."[193]

Die DCF-Methode kann dabei sowohl zur Herleitung eines Verkehrswertes wie auch zur Feststellung eines Unternehmenswertes verwendet werden. Hierbei ist jeweils nur auf die passenden Eingangsvariablen der Berechnung zu achten. Werden beispielsweise ausgehend von den jährlichen Pachteinnahmen, also dem Rohertrag, die Bewirtschaftungskosten in Abzug gebracht und dann die verbleibenden Beträge jeweils mit einem aus dem Immobilienmarkt abgeleiteten Diskontierungszinssatz kapitalisiert, so ergibt sich ein Verkehrs- bzw. Marktwert. Selbiges Ergebnis ergibt sich, wenn nicht von Pachteinnahmen, sondern einem Managementvertrag ausgegangen wird. Hier ist dann darauf zu achten, dass das Netto-Betriebsergebnis, also der Gewinn nach Abzug der anlagebedingten Kosten, zur Kapitalisierung verwendet wird. Wichtig ist, dass in diesen beiden Fällen nur Marktdaten in die DCF-Analyse einfließen: „Market value DCF-Analysis should be supported by

---

[193] Vgl. IVS, Guidance Note No. 9: *DCF-Analysis*; vgl. USPAP, Statement on Appraisal Standards No. 2, Subject Discounted Cashflow Analysis.

market-derived data."[194] Diese Daten beziehen sich neben dem Zinssatz auch auf Auslastung, ARR, Bewirtschaftungskosten und Wiederverkaufserlöse. Als weitere Anforderung dürfen die zur Kapitalisierung verwendeten Ertragsströme nur auf die Immobilien entfallen, d. h., sämtliche auf das Inventar und das Management entfallenden Gewinnbestandteile müssen vorher in Abzug gebracht werden.

Im Gegensatz dazu kann durch die Verwendung des GOP und dessen Abzinsung mit einem kapitalmarktorientierten Diskontierungszinssatz unter Verwendung der tatsächlichen Unternehmensergebnisse als Eingangsvariablen ein Unternehmenswert bestimmt werden.[195] Von *Rushmore* wird in diesem Kontext beispielsweise die Erweiterung durch die Einbeziehung einer teilweisen Finanzierung mit Fremdkapital vorgeschlagen.[196] In diesem Fall wird der Kapitalisierungszinssatz aus den WACC des Investors hergeleitet. Aus Sicht eines einzelnen Investors ist dieses Vorgehen sicherlich die in der Praxis gängige Methode, um die eigene maximale Zahlungsbereitschaft im Rahmen der Preisfindung zu determinieren. Allerdings ist dieses Vorgehen – das über den Einsatz von WACC eines durchschnittlichen Investors hinausgeht – mit der VOFI-Methode[197] zu vergleichen und untermauert letztlich nur eine subjektive Nutzeneinschätzung (Investmentwert im Sinne des *Worth*) und keinen Verkehrs- bzw. Marktwert (vgl. hierzu auch Abschnitt 4.1.3).

Insgesamt ist eine kategorische Ablehnung der DCF-Methode zur Herleitung von Verkehrswerten vor dem geschilderten Hintergrund nicht sachlich zu begründen, da es sich hierbei lediglich um eine Rechenmethodik handelt, die per se wertfrei in Bezug auf ihre Verwendung ist. Richtig ist jedoch, dass die DCF-Methode in der Praxis aufgrund ihrer spezifischen Vorteile am häufigsten mit Bezug auf einen bestimmten Investor Anwendung findet. Die RICS betont zu Recht, dass das DCF-Verfahren insbesondere für die „Calculation of Worth", also die subjektive Wertschätzung aus Sicht eines bestimmten Investors, geeignet ist.

Die Verkehrswertermittlung basiert somit, wie schon bei dem vorgenannten Verfahren, auf den Ergebnissen der G + V nach USALI und dem hieraus abgeleiteten NOP des Eigentümers. Zentraler Unterschied zur *Earnings-Multiple-Method* ist jedoch, dass nicht ein stabilisiertes Jahr, sondern ein längerer Detailprognosezeit-

---

194 Vgl. USPAP, Statement on Appraisal Standards No. 2, Subject Discounted Cashflow Analysis.
195 Vgl. Rushmore/deRoos (1999), S. 2, S. 18: Valuation technique which uses a total property yield; vgl. Rushmore/Baum (2001), S. 333; vgl. Berndt/Haase, WestLB, DCF (07.2002), S. 12 f.
196 Vgl. Rushmore/deRoos (1999), S. 8.
197 VOFI – Vollständiger Finanzplan.

raum sowie ein fiktiver Veräußerungserlös an dessen Ende betrachtet werden.[198] Diese „Forecast period" beträgt für Hotelimmobilien regelmäßig fünf bis zehn Jahre. Nur in seltenen Fällen werden längere Zeithorizonte gewählt.[199] Für diese Zeitspanne werden die Erlöse und Kosten jahresgenau fortgeschrieben. In Bezug auf die Inflation sollte darauf geachtet werden, dass die Erlöse nicht „optimiert" werden, indem die hierauf bezogene jährliche Steigerung über der für die Kosten notiert. Vollständig korrekt ist die Aufteilung aller Kostenpositionen in ihre fixen und variablen Bestandteile. Für die variablen Elemente müssen dann in der Folge jeweils die sachlich begründeten Bezugsgrößen – in der Regel ist das die Auslastung oder der Umsatz – definiert werden.

Wegen der Möglichkeit, in einzelnen Jahren unterschiedliche Ergebnisse bei der Bewertung berücksichtigen zu können, wird dieses Verfahren insbesondere bei komplexeren Situationen mit diskontinuierlichen Zahlungsströmen angewendet. Insbesondere im 4- und 5-Sterne-Bereich, oder in Hotelmärkten, die sich durch eine große Dynamik mit entsprechend volatilen Auslastungen und ARRs auszeichnen, ist das DCF-Verfahren deshalb zu empfehlen.[200] Auch ist eine Anwendung sinnvoll, wenn ein neues Hotel oder ein Hotel-Relaunch bewertet werden sollen. In beiden Fällen liegen keine stabilisierten Werte sondern diskontinuierlich anfallende *Anlauf-* oder *Modernisierungskosten* vor. Diese Aspekte können im Rahmen der tabellarischen Darstellung des DCF-Modells gut transparent gemacht und verarbeitet werden.

Insgesamt muss bei den notwendigen Prognosen immer bedacht werden, dass historische Performancekennzahlen und deren konjunkturellen Schwankungen sowie eine beobachtete Korrelation bestimmter Kostenpositionen mit beispielsweise der Auslastung zwar einen (sinnvollen) Hinweis auf die zu erwartenden zukünftige Entwicklung geben können, diese jedoch nicht abschließend zu bestimmen vermögen.[201] Das zentrale Problem ist, dass *quantitativ-technische Prognosemodelle* im Regelfall mit dieser so genannten *Trendextrapolation* arbeiten. Dabei werden die in der historischen Betrachtung verifizierten Zusammenhänge verschiedenster Kennzahlen, unter der Prämisse konstanter Kausalitäten, in die Zukunft projiziert. Der wesentliche Kritikpunkt an dieser Vorgehensweise ist, dass in einer dynamischen Umwelt einmal beobachtete Zusammenhänge Veränderungen unterliegen können.

---

198 Vgl. Jenyon u. a. (1999), S. 148.
199 Vgl. Jenyon u. a. (IZ, 06/1996): Betriebsvorschau muss über fünf bis zehn Jahre erfolgen; vgl. RICS Valuation Group (1. März 2004), S. 3., § 2.6; vgl. Rushmore/deRoos (1999), S. 2.
200 Vgl. Rushmore/deRoos (1999), S. 7; vgl. RICS Valuation Group (1. März 2004), S. 6, § 2.18.1.
201 Vgl. RICS Valuation Group (1. März 2004), S. 3., § 2.7; vgl. Taylor, Lodging Hospitality (15. Mai 2003), S. 44.

Daher erfolgt in diesen Fällen keine ursachengerechte Prognose, weshalb diese rein autoregressive Erwartungsbildung vom theoretischen Standpunkt aus abzulehnen ist. Die Analyse muss vielmehr um rationale Elemente erweitert werden. Hierzu werden in letzter Zeit verstärkt *qualitativ-fundamentale Prognosemodelle* eingesetzt, die dem Einfluss der Rendite- und Risikobestimmungsfaktoren in ihrer Ursache und jeweiligen Auswirkung nachgehen. Bei diesen Verfahren wird also Heteroskedastizität unterstellt und historische Analogien werden ausgeblendet. Dass gerade in der Hotelbranche Unsicherheiten bestehen und diese insbesondere im Zusammenhang mit der DCF-Methode berücksichtigt werden sollten, kann an folgendem Beispiel verdeutlicht werden. Die Branche war Anfang 2001 weitgehend einhellig der Meinung in Bezug auf die positiven Konjunkturaussichten. Die Researchabteilung einer großen deutschen Bank etwa titelte: „Hotelimmobilien: Dornröschen ist erwacht." Dass danach aus unterschiedlichsten und sicher auch schwer bzw. gar nicht vorhersehbaren Gründen wieder der „Tiefschlaf" einsetzte, verdeutlicht die großen Gefahren, die mit der unreflektierten Fortschreibung von beobachteten Entwicklungen der Vergangenheit oder einem gegenwärtig festgestellten Trend verbunden sind.

Beim zu wählenden Zinssatz muss im Rahmen der Kapitalisierung beachtet werden, dass bei der DCF-Methode im Gegensatz zur statischen Einjahresbetrachtung regelmäßig eine explizite Anpassung der Erlössteigerung im Detailprognosezeitraum statt findet. Bei der Kapitalisierung im Rahmen dieser expliziten Anpassung, beispielsweise durch eine Indexierung, kommt dann die Equated Yield zum Einsatz.[202] Bei dieser Vorgehensweise werden Inflations- und Wertsteigerungsraten direkt in den Zeitwerten berücksichtigt, weshalb eine weitere Berücksichtigung bei der Diskontierung unterbleiben muss, was sich in *höheren* Zinssätzen ausdrückt. Theoretisch möglich ist es auch, einen unterschiedlichen Kalkulationszinsfuß für die einzelnen Perioden zu wählen. Dies kann z. B. in Abhängigkeit der Konjunkturprognose erfolgen. In der Praxis wird jedoch regelmäßig lediglich auf eine Unterscheidung in Bezug auf den zu wählenden Zinssatz für den fiktiven Veräußerungserlös abgestellt. Da dieser wiederum eine implizite Wertänderungserwartung zum Ausdruck bringt, sollte ein geringerer Zinssatz bei der *Terminal Capitalisation Rate* als bei den laufenden Zahlungen gewählt werden (vgl. Abschnitt 4.1.3).[203] Folgende Aspekte sind jedoch in diesem Zusammenhang auch zu bedenken: Der Kapitalisierungszinssatz bei der Veräußerung ist aufgrund der Alterung des Hotels – wenn keine Modernisierung erfolgte – gegebenenfalls höher zu wählen als die

---

[202] Vgl. Jenyon u. a. (IZ, 22/1996): Equated Yield im Detailprognosezeitraum; vgl. Jenyon u. a. (1999), S. 94.
[203] Vgl. RICS Valuation Group (1. März 2004), S. 6, § 2.18.2; vgl. Scott (2000), S. 591.

Diskontierung der laufenden Einzahlungsüberschüsse; darüber hinaus nimmt das allgemeine Risiko mit zunehmender Entfernung vom Bewertungszeitpunkt zu, was ebenfalls für einen höheren Zinssatz sprechen würde.

Neben der allgemein guten Handhabbarkeit und Transparenz ist ein weiterer Vorteil dieses Verfahren auch, dass die Ergebnisse für Dritte leicht nachvollziehbar sind und sämtliche Prämissen im Rahmen eines Reviews, also der Qualitätssicherung, von (externen) Prüfern plausibilisiert werden können. Das DCF-Verfahren kann darüber hinaus auch ohne größere Probleme an vorhandene Datenbanken eines Unternehmens angeschlossen werden. Hierdurch können die Bewertungen regelmäßig mit den tatsächlichen Erlösen und der Auslastung abgeglichen werden (Stichwort: kontinuierliche Wertermittlung). Auch Verbindungen zu externen Lieferanten von Marktdaten sind möglich, um realistische Prognosen der zukünftigen Entwicklungen einfließen lassen zu können.

Die folgenden zwei fiktiven Beispiele verdeutlichen abschließend noch einmal die Vorgehensweise bei der Anwendung der DCF-Methode zur Herleitung von Verkehrswerten der Hotelimmobilie. Hierbei wird zunächst der Brutto-Betriebsgewinn vor Management- und anlagebedingten Kosten (Net-IBFC & Management) hergeleitet. Darauf aufbauend wird in Variante (1) ein Pachtvertrag als Basis der auf die Immobilien entfallenden Erlösanteile verwendet. In Variante (2) wird der international üblichere Fall eines Managementvertrages (hier: Second tier Company und deshalb zuzüglich eines notwendigem Franchisevertrages) angenommen, wobei der Gewinn wieder bis auf die auf die immobilienspezifischen Erlösbestandteile reduziert wird (siehe Tabelle 27).

Allgemeiner Teil: Discountes-Cashflow*	2004	2005	2006	2007	2008	2009	2010	2011	2012	Exit 2013
	1	2	3	4	5	6	7	8	9	10
Betriebstage p. a. (Days of operation):	365	365	365	365	365	365	365	365	365	365
Zimmer (Nummer of Units):	125	125	125	125	125	125	125	125	125	125
Zimmerbelegung (Room occupancy):	55,0 %	58,0 %	60,0 %	63,0 %	65,0 %	68,0 %	71,0 %	74,0 %	73,0 %	74,0 %
Zimmerbelegung pro Jahr (Occupied Rooms/Year):	25.094	26.463	27.375	28.744	29.656	31.025	32.394	33.763	33.306	33.763
Netto-Zimmererlös (ARR) in Euro:	80	83	90	94	95	99	105	111	113	114
Durchschnittl. Erlös pro verfügbarem Zimmer (RevPAR) in Euro:	44	48	54	59	62	67	75	82	82	84
Beherbergungsumsatz (Rooms)	2.007.500	2.196.388	2.463.750	2.701.913	2.817.344	3.071.475	3.401.344	3.747.638	3.763.606	3.848.925
Verpflegungsumsatz (Food & Beverage)	1.277.500	1.372.742	1.539.844	1.640.447	1.680.521	1.778.222	1.969.199	2.067.662	2.076.472	2.123.545
Nebenabteilungen und Sonstiges (Other)	365.000	352.991	395.960	482.484	444.844	538.855	596.727	646.144	648.898	663.608
Summe der Abteilungsumsätze gesamt in Euro:	3.650.000	3.922.121	4.399.554	4.824.844	4.942.708	5.388.553	5.967.270	6.461.444	6.488.976	6.636.078
Logis (Direct Payroll & Cost of Sale)	682.550	636.952	665.213	702.497	732.509	798.584	884.349	974.386	978.538	1.000.721
F & B (Direct Payroll & Cost of Sale)	970.900	1.043.284	1.154.883	1.197.526	1.226.780	1.298.102	1.417.823	1.488.717	1.474.295	1.507.717
Other (Direct Payroll & Cost of Sale)	149.650	141.196	158.384	192.994	177.938	204.765	226.756	245.535	246.581	252.171
Summe direkt zurechenbare Betriebskosten in Euro:	1.803.100	1.821.433	1.978.479	2.093.017	2.137.227	2.301.451	2.528.929	2.708.637	2.699.414	2.760.608
Summe Abteilungsergebnisse in Euro:	1.846.900	2.100.688	2.421.074	2.731.827	2.805.481	3.087.102	3.438.341	3.752.807	3.789.562	3.875.469
Personalkosten der Verwaltung (Administration & General)	328.500	352.991	395.960	434.236	395.417	431.084	477.382	516.916	519.118	530.886
Vertriebskosten (Marketing)	292.000	313.770	351.964	385.988	345.990	377.199	417.709	452.301	454.228	464.525
Lfd. Reparaturen und Unterhaltung (Repairs & Maintenance)	109.500	117.664	131.987	144.745	148.281	161.657	179.018	193.843	194.669	199.082
Energie & Wasser (Energy & Utilities)	182.500	196.106	219.978	241.242	247.135	269.428	298.363	323.072	324.449	331.804
Summe nicht direkt zurechenbare Betriebskosten in Euro:	912.500	980.530	1.099.888	1.206.211	1.136.823	1.239.367	1.372.472	1.486.132	1.492.465	1.526.298
Brutto-Betriebsergebnis in Euro vor Management:	934.400	1.120.158	1.321.186	1.525.616	1.668.658	1.847.735	2.065.869	2.266.675	2.297.098	2.349.171

Variante 1: Umsatzpacht*		2004	2005	2006	2007	2008	2009	2010	2011	2012	Exit 2013
Pachteinnahme Logis	25,0 %	501.875	549.097	615.938	675.478	704.336	767.869	850.336	936.909	940.902	962.231
Pachteinnahme F & B	15,0 %	191.625	205.911	230.977	246.067	252.078	266.733	295.380	310.149	311.471	318.532
Pachteinnahme Sonstige	12,0 %	43.800	42.359	47.515	57.898	53.381	64.663	71.607	77.537	77.868	79.633
Summe Pachteinnahmen p. a. in Euro (Rohertrag):	20,2 %	737.300	797.367	894.429	979.443	1.009.795	1.099.265	1.217.323	1.324.596	1.330.240	1.360.396
Bewirtschaftungskosten vom Rohertrag in Euro p. a.:	14,0 %	103.222	111.631	125.220	137.122	141.371	153.897	170.425	185.443	186.234	190.455
Reinertrag des Grundstücks in Euro p. a. (NOP):		634.078	685.736	769.209	842.231	868.424	945.368	1.046.898	1.139.153	1.144.807	1.169.940
Verkaufspreis vor Erwerbsnebenkosten		–	–	–	–	–	–	–	–	15.599.206	
Erwerbsnebenkosten	5,0 %	–	–	–	–	–	–	–	–	742.819	
Verkaufspreis nach Erwerbsnebenkosten		–	–	–	–	–	–	–	–	14.856.387	
Cashflow		634.078	685.736	769.209	842.321	868.424	945.368	1.046.898	1.139.153	16.000.394	
Kapitalisierungszinssatz fiktiver Veräußerungserlös	7,5 %	(relativ geringeres Risiko aus der Bestandhaltung, Eigentümer ist Verpächter an einen bonitätsstarken Pächter)									
Kapitalisierungszinssatz Prognosezeitraum	8,0 %										
Barwerte		587.109	587.908	610.623	619.131	591.035	595.742	610.855	615.449	8.004.180	
Bruttokapitalwert:		12.822.032									
Erwerbsnebenkosten:	5,0 %	610.573									
Verkehrswert in Euro:		12.211.459	Value per Room in Euro:		97.692						
(Personal and Real Property Component)											

Variante 2: Managementvertrag*		2004	2005	2006	2007	2008	2009	2010	2011	2012	Exit 2013
Franchise-Fee		140.525	153.747	172.463	189.134	197.214	215.003	238.094	262.335	263.452	269.425
Management Base Fee		91.250	98.053	109.989	120.621	123.568	134.714	149.182	161.536	162.224	165.902
Management Incentive Fee		0	0	0	0	0	0	0	0	0	0
Summe Management- & Franchisekosten in Euro:		231.775	251.800	282.451	309.755	320.782	349.717	387.276	423.871	425.677	435.327
Brutto-Betriebsergebnis in Euro nach Management (GOP):		702.625	868.357	1.038.735	1.215.861	1.347.877	1.498.018	1.678.593	1.842.804	1.871.421	1.913.845
Ausstattungsreserve (Reserve FF & E)		109.500	117.664	131.987	144.745	148.281	161.657	179.018	193.843	194.669	199.082
Grundsteuer (Property Taxes)		10.950	11.766	13.199	14.475	14.828	16.166	17.902	19.384	19.467	19.908
Gebäudeversicherung (Building & Content Insurance)		36.500	39.221	43.996	48.248	49.427	53.886	59.673	64.614	64.890	66.361
Instandhaltung „Dach & Fach" (Capital Expenditure Reserve)		146.000	156.885	175.982	192.994	197.708	269.428	298.363	323.072	324.449	331.804
Summe anlagebedingte Kosten in Euro (Fixed Charges):		302.950	325.536	365.163	400.462	410.245	501.135	554.956	600.914	603.475	617.155
Netto-Betriebsergebnis in Euro (NOP):		399.675	542.821	673.572	815.399	937.632	996.882	1.123.637	1.241.890	1.267.946	1.296.690
Verkaufspreis vor Erwerbsnebenkosten		–	–	–	–	–	–	–	–	16.208.620	
Erwerbsnebenkosten	5,0 %	–	–	–	–	–	–	–	–	771.839	
Verkaufspreis nach Erwerbsnebenkosten		–	–	–	–	–	–	–	–	15.436.780	
Cashflow		399.675	542.821	673.572	815.399	937.632	996.882	1.123.637	1.241.890	16.704.726	
Kapitalisierungszinssatz fiktiver Veräußerungserlös		8,00 % (erhöhtes Risiko durch Eigenbetrieb, Eigentümer = Hotelier)									
Kapitalisierungszinssatz Prognosezeitraum		8,50 %									
Barwerte		368.364	463.237	532.239	596.580	635.196	625.310	652.610	667.862	8.318.013	
Bruttokapitalwert:		12.859.411									
Erwerbsnebenkosten:	5,0 %	612.353									
Verkehrswert in Euro:		12.247.058		Value per Room in Euro:		97.976					
(Personal and Real Property Component)											

Tabelle 27: DCF-Verfahren zur Bewertung eines Hotelgrundstück (* dieses stark vereinfachte Beispiel dient nur zur Illustration)

5 Trends und erfolgreiche Strategien in der Hotellerie

Eine Hotelbewertung ist ertragsorientiert durchzuführen. Da die Erträge per definitionem in der Zukunft liegen, müssen bei der Prognose der künftigen Ein- und Auszahlungen auch bestimmte Entwicklungslinien im Sinne eines Strukturwandels oder den kurzfristigen Trends in die Bewertung einfließen. Aus dem jährlich erscheinenden „Trendgutachten Hospitality" der TREUGAST und ähnlichen Veröffentlichungen können Hinweise in Bezug auf die Zukunftsfähigkeit von erfolgten oder geplanten Investitionen eines Hotels oder bestimmter Geschäftsmodelle entnommen werden und in die Wertermittlung im Rahmen der Beurteilung der Nachhaltigkeit von Zahlungsströmen einfließen.[204]

Ein Thema von großer strategischer Bedeutung für die Hotellerie war bisher beispielsweise die Diskussion um die Notwendigkeit von *Wellnessbereichen* in den bestehenden Anlagen und insbesondere deren Relevanz bei der Planung von neuen Projekten. Der Hintergrund dieses Trends ist klar und lässt sich mit dem nächsten (VI.) Kondratjew-Zyklus, also dem allgemeinen strukturellen Wandel, erklären.[205] Unzweifelhaft sind derartige Einrichtungen für viele Betriebe eine conditio sine qua non, um in einem sich weiter verschärfenden Wettbewerb erfolgreich zu bestehen. Fraglich ist allerdings dennoch, inwieweit sich die erheblichen Investitionen – für ein 100-Betten-Hotel wird von einem 1.000 m^2 Wellnessbereich ausgegangen (also ca. 10 m^2 pro Zimmer)[206] – in weitgehend identische Konzepte rentieren, wenn sehr viele Anbieter auf denselben „Zug" aufspringen. Allein in Österreich sind in den vergangenen zehn Jahren über 500 Wellnesshotels entstanden. Letztlich muss der Wellnessbereich zum Gesamtprodukt passen, weshalb es beispielsweise bei 2- oder 3-Sterne-Häusern oft gar nicht sinnvoll erscheint, derartige Investitionen in Angriff zu nehmen. Da sich Wellnesseinrichtungen gegenwärtig in ganz Europa weiter auf Expansionskurs befinden, ist mittelfristig mit Sättigungstendenzen und einer Marktbereinigung zu rechnen. Dennoch wird das Thema *Gesundheitstourismus* insgesamt weiter an Bedeutung gewinnen und ist der Wachstumsmarkt der Zukunft. Neben dem klassischen Kururlaub oder den oben genannten Wellness-

---

204 www.treugast.de.
205 Anmerkung des Autors: Nicolaj Kondratjew (1892–1938), russischer Ökonom, der als Entdecker der Zyklen des Strukturwandels gilt. Der nächste *Megatrend* wird in den Bereichen Life-Science, Gesundheit, Entertainment, Wissensmanagement, Bio- und Gentechnologie sowie gesunde Umwelt und Ressourcenzugang vermutet. Vgl. Nefiodow (2001), S. 3 ff.
206 Vgl. Föllmer, NGZ (11.2003).

angeboten werden in diesem Zusammenhang auch andere Produkte neu kreiert, die sich mit den Aspekten Entspannung, Erholung und Pflege für Körper, Geist und Seele auseinandersetzen.[207] Einige der Stichworte in diesem Zusammenhang lauten: Wandertourismus, sanfter und ökologischer Tourismus im Einklang mit der Natur usw. In diesem Kontext werden immer neue Leistungsbündel zusammengestellt, um latent vorhandene oder artikulierte Bedürfnisse der Zielkundschaft zu befriedigen. Bei den Produkten sind der Phantasie somit keine Grenzen gesetzt. Viele Spitzenbetriebe lassen ihre Hotels beispielsweise vermehrt von einem Feng-Shui-Meister „abnehmen", um auch diesem Trend gerecht zu werden.

Das Beispiel „Wellness" zeigt, wie problematisch es sein kann, wenn letztlich weite Teile des Gesamtmarktes einem bestimmten Trend folgen. Vergleichbare Beispiele dieser Art des „Herdentriebes" können auch in anderen Segmenten der Hotellerie beobachtet werden. Exemplarisch drängen die Neben- und Unterzentren verstärkt in das *Messe- und Kongressgeschäft* – bereits heute ist jedoch klar, dass der „Kuchen" zu klein ist, um jedem Anbieter ein Auskommen zu sichern. Einzelne Anbieter haben vor dem geschilderten Hintergrund erkannt, dass es nicht mehr ausreicht einem bestimmten Trend zu folgen, um aus Sicht des Kunden dauerhaft wahrgenommen und letztlich durch die erfolgte Buchung bevorzugt zu werden. Die *Produktdifferenzierung* wird somit immer weiter voranschreiten, wobei verstärkt der Versuch im Vordergrund stehen muss, möglichst *große Markteintrittsbarrieren* für Nachahmer aufzubauen, oder im besten Fall ein „einzigartiges Produkt" für sich reklamieren zu können. Einige Hotels versuchen deshalb, eine *USP durch Attraktionen* im oder am Haus zu erreichen. Radisson-SAS haben ihr neues Hotel in Berlin z. B. mit einem 25 m hohen Aquarium ausgestattet. Fraglich ist hier immer, ob sich derartige Elemente nachhaltig auf die Performance auswirken können oder nur die Einführungsphase positiv beeinflussen. Die „Marktlücke" muss letztlich den *Return on Investment* (kurz: RoI) über die gesamte Amortisationszeit der Investition garantieren und nicht nur in den ersten Jahren der Inbetriebnahme die gewünschten Resultate generieren. Zur Erlangung einer USP greifen die Entwickler auch gerne das Thema „historische Gebäude" auf, die im Rahmen einer Umnutzung zum Hotel umgebaut werden.

Insgesamt gewinnt das Bauen im Bestand und die Umnutzung von beispielsweise Büroobjekten oder gar Kaufhäusern zum Hotel immer mehr an Bedeutung. Hierbei ist jedoch oft nicht die einzigartige Bausubstanz ausschlaggebend, sondern die Erwartung, durch ein *Redevelopment* im Vergleich zum Neubau Kosten zu sparen. In Bezug auf die Umnutzung von beispielsweise Büroimmobilien müssen dabei je-

---

207 Vgl. Udolf-Strobl (2003), S. 37 ff.

doch eine Reihe von Aspekten berücksichtigt werden. Letztlich lohnt sich ein derartiges Vorhaben meistens nur, wenn ohnehin eine Grundsanierung des Objektes notwendig wäre. Außerdem müssen die für Hotels notwendigen Achstiefen von 16 bis 18 m darstellbar sein oder auch Lieferanteneingänge und die umfangreiche Sanitärinstallation etc. bedacht werden. Insgesamt können die ex ante feststehenden Raumstandards der international agierenden Ketten deshalb nur selten erreicht werden. Als Beispiel einer bereits erfolgten Umnutzung eines Kaufhauses kann das ehemalige Berliner Wertheim-Kaufhaus genannt werden, das von der Domina Hotels-Gruppe (Mailand) entwickelt wurde.[208]

Gegenwärtig muss man sich bei der Entwicklung von vielen neuen „Standardhäusern" die Frage stellen, wo denn nun die intelligenten Lösungen sind, die die Entwickler oft anpreisen. Nach Auffassung des Autors ist im harten Wettbewerbsumfeld und bei steigendem Kostendruck die *Suche nach Synergieträgern* in Bezug auf die gemeinsame Nutzung von Flächen, den gemeinsamen Vertrieb oder die gemeinsame Nutzung von Brandings ein bisher zu wenig beachteter Bereich, da durch hierauf gerichtete Aktivitäten die Kosten bei der Erstellung und auch in der Nutzungsphase spürbar gesenkt werden könnten. Synergien zu erzielen wird deshalb in Zukunft ein weiteres zentrales Thema bei der Konzeption und damit auch der (späteren) Wertfindung von Hotelimmobilien sein. Synergien ergeben sich beispielsweise bei der gemeinsamen Lobby von einem Businesscenter und einem Hotel. Neben kostenseitigen Aspekten resultieren hierbei auch auf der Erlösseite Vorteile, da die Auslastung der Nutzungen „Büro" und „Hotel" sich gegenseitig positiv beeinflussen. Weitere Ergänzungen könnten der besser durchdachte Anschluss an ein Kongresszentrum, Ärztehäuser oder die Kombination mit Dauerwohnbereichen darstellen (so genannte *Mixed-Use-Properties).* Die Synergien reichen dann bis zur gemeinsamen Garagennutzung und dem Sicherheitsdienst. Letztlich profitiert auch der Kunde, der eine von ihm gewünschte Gesamtleistung konsumieren kann. Erste Beispiele dieser Mixed-Use-Hotels sind Häuser wie das Centrovitale in Berlin.[209] Auch gibt es schon erfolgreiche Konzepte, die Luxusappartements mit direkter Anbindung zu einem Hotel verkaufen und damit den Bereich des Dauerwohnens neu definieren. Der „Dauerhotelgast" erwirbt hierdurch die Sicherheit, auf ein reichhaltiges Angebot an Serviceleistungen des angegliederten Hotels ständig zugreifen zu können. Für die Hotels ergeben sich im Gegenzug eine bessere Auslastung ihrer Kapazität und zusätzliche Erlösquellen. Erfolgreiche Beispiele dieser

---

208 Vgl. Meixner/Hartmann, Berliner Morgenpost (12. Juni 2003).
209 Vgl. Harriehausen, FAZ (25. April 2004).

Kombination wurden in New York bereits realisiert (beispielsweise im Mandarin-Oriental). Von den dort erreichten Vorvermarktungsraten der Appartements in Höhe von fast 70 Prozent träumt so manch ein Trader-Developer hierzulande.

Bei den Kettenhotels und dmit den großen Playern ist ein zunehmend *selektives Vorgehen bei der Expansion* zu beobachten. Sie haben mittlerweile die wichtigsten Teilmärkte in Deutschland, Österreich und der Schweiz besetzt. Die während der allgemeinen Schwächephase der Wirtschaft zutage getretenen Probleme auch großer Marktteilnehmer verstärkten die Sensibilisierung der Kreditgeber und Investoren für die zentralen Erfolgsfaktoren eines Hotels und führten zu der Erkenntnis, dass Größe allein nicht zum dauerhaften Erfolg im wettbewerbsintensiven Hotelgeschäft führt. Fast alle erfolgreichen Beispiele von Anbietern am Markt machen eine weitere zentrale Entwicklung deutlich: Nur die Fokussierung auf bestimmte klar abgegrenzte Märkte oder Marktnischen und damit die Spezialisierung führen zum Erfolg. „Allrounder" mit unscharfer Positionierung und diffuser Zielgruppenansprache werden deshalb auch in Zukunft weiter Marktanteile abgeben müssen.

Bei den Zielgruppen werden zwei Segmente gegenwärtig von den Hotelkonzernen mit besonderem Interesse beobachtet. Zum einen ist der *Jugendtourismus* derzeit einer der großen Wachstumsmärkte. Österreichische Anbieter organisieren beispielsweise jedes Jahr den außerordentlich erfolgreichen „Summer-Splash" für Abiturienten in der Türkei.[210] Ein derartiges Jugendhotel muss sich dabei auf die Bedürfnisse dieser Zielgruppe: Action, Fun und Relaxen thematisch ausrichten. Eines der ersten Hotels, das mit einem Konzept speziell für diese Zielgruppe im deutschsprachigen Raum entwickelt wurde, ist das 325 Zimmer große Cube-Hotel in Nassfeld, Österreich. Das 24-Stunden-Angebot umfasst neben Discos, Bars, Chill-Out-Lounge und Skate-Parkour auch besondere Zimmergrößen und ein reichhaltiges Sportangebot.[211] Dass diese Zielgruppe grundsätzlich interessant ist, beweist auch das verstärkte Engagement der Accor-Gruppe im Segment der *Backpacker Hostels,* also Hotels, die spezielle auf Rucksacktouristen – ähnlich der deutschen Jugendherbergen – zugeschnittene Angebote offerieren. Erfolgreiche Beispiele für Städtehotels mit einer sehr jungen Zielgruppe gibt es auch in Deutschland. In Berlin konnte beispielsweise The-Generator reüssieren, wobei die Bettenpreise bei zwölf Euro beginnen. Neben Angeboten für eine sehr junge Klientel ist zum anderen auch die Ausweitung der Produkte für die *Zielgruppe 55+* aufgrund der fortschreitenden Alterung der Bevölkerung zu beobachten (Aging Society).

---

210 www.splashline.at/summersplash.
211 Vgl. Hofer, Die Presse (23. Januar 2004).

Diese Klientel ist vermehrt aktiv und will nicht die klassischen Angebote der Seniorendestinationen in Anspruch nehmen. Ein zentraler Vorteil dieser anspruchsvollen Zielgruppe ist ihre hohe Kaufkraft.

Insgesamt muss als weitere zentrale Entwicklung festgestellt werden, dass die *Ansprüche des Hotelgastes an die Qualität* der Dienstleistung stetig steigen. Der Gast verfügt heutzutage über umfangreiche Erfahrungen mit anderen Hotels im In- und Ausland und kann das gebotene Leistungsniveau deshalb besser beurteilen. Die perfekte Befriedigung des Bedürfnisses „Schlafen" wird vorausgesetzt. Deshalb gewinnt die Ausweitung der *Serviceleistungen* um den Produktkern „Standard-Hoteldienstleistung" an Bedeutung. Diese Leistungen müssen auf die heterogenen Erwartungen der einzelnen Zielgruppen differenziert eingehen. So erwartet der Business-Gast mittlerweile ein perfekt funktionierendes Büro, das es ihm mit der hierfür notwendigen Infrastruktur, wie Leih-PCs, Highspeed-Internet-Zugang, FAX, Voice-Mail, ADSL-Zugang etc. erlaubt, seinen Geschäften nachzugehen. Insbesondere die Schwächephasen der Branche sollten von Potenzialobjekten dazu verwendet werden, die Phase mit niedrigen Belegungen zu gezielten *Renovationen* zu nutzen, um dem Kunden beim nächsten Aufschwung bereits ein marktgerecht optimiertes Angebot präsentieren zu können. Die *laufende Verbesserung der Marktleistung* wird insbesondere bei den großen Hotelketten systematisch betrieben. Hierzu zählen beispielsweise folgende Aspekte:

- laufende Mitarbeiterqualifizierung,

- Benchmarking mit lokalen Vergleichsbetrieben,

- Ausbau der Controllingsysteme,

- bessere Markterschließung durch Weiterentwicklung der Reservierungs- und Buchungssysteme,[212]

- konsequente Nutzung der Internetvermarktung,[213]

- Kooperationen mit Fluggesellschaften durch Einbindung in deren Vielfliegerprogramme,

- laufende Verbesserung des Angebotes (Wellnesseinrichtungen, Health Club, Wireless-Lan-Verbindungen/moderne Kommunikationseinrichtungen etc.),

- durchdachtes Kostenmanagement.

---

[212] Vgl. Höfels u. a. (1998), S. 207: Global Distribution Systems (GDS).
[213] Anmerkung des Autors: In den vergangenen Jahren kam es jährlich zu einer Verdoppelung der Buchungen via Internet.

Insbesondere die *Kontrolle der Kosten* hat für Hotelbetreiber eine hohe Bedeutung, da einen Großteil der Aufwandsseite – zumindest kurz- bis mittelfristig – Fixkosten darstellen, die nur bei einem antizipativen Vorgehen rechtzeitig an die marktseitigen Gegebenheiten angepasst werden können. Einzelne Ketten reagieren vor dem Hintergrund erwarteter Umsatzrückgänge mit einem Kostenmanagement-Programm, bei dem die Zielvorgabe an die einzelnen Hotelmanager beispielsweise lautet: Für jeden Euro Umsatzrückgang müssen die Kosten mindestens um 50 Cent sinken (so genannter *Profit bzw. Earnings Conversion Factor).* Kleinere, unabhängige Hotels sollten sich wenigstens zu einer regionalen *Einkaufskooperation* zusammenschließen, um ihre Kostenstruktur in den Griff zu bekommen. Da bei den angloamerikanischen Bewertungsverfahren direkt auf eine Kapitalisierung der verbleibenden Gewinne zur Hotelbewertung abgestellt wird, sind die Betriebskosten letztlich auch in Bezug auf die Hotelimmobilie wertrelevant.

Die Performance eines Hotels kann jedoch nicht nur durch die Kostenseite, sondern ebenso durch die erzielbaren Erlöse optimiert werden. Die deutsche Hotellerie wird in diesem Zusammenhang in Bezug auf die *Preispolitik* in Zukunft eine stärkere Differenzierung zwischen den einzelnen Gäste-Segmenten vornehmen müssen.[214] Als „Best practise" kann die Branche aus den aktuellen Entwicklungen bei den deutschen Fluggesellschaften lernen. Bei der Lufthansa fliegen innerdeutsch Economy- gemeinsam mit Business-Class-Gästen, wobei Letztere bis zu 600 Prozent mehr für einen Platz in der selben Maschine zahlen. Im harten Wettbewerbsumfeld werden letztlich Umsatz und Gewinn über die konsequente Abschöpfung der marginalen Zahlungsbereitschaft jedes einzelnen Gastes maximiert. Instrumente wie CRM, um den Kunden dauerhaft an ein Hotel zu binden, werden deshalb an Bedeutung gewinnen. Hierbei sollte in Zukunft auch verstärkt selektiv vorgegangen werden und beispielsweise eine Priorisierung in A-, B- und C-Kunden erfolgen. Kritisch zu beurteilen ist hingegen der insbesondere in der Ferienhotellerie feststellbare Trend zu „All-Inclusive"-Angeboten. Aus Sicht der Beteiligten steigert diese Entwicklung für die Kunden die Möglichkeit der Vergleichbarkeit und dadurch letzten Endes auch die Konkurrenz unter den Anbietern. Darüber hinaus werden die Erlöspotenziale aus dem F & B-Bereich und sonstigen Nebenabteilungen von vornherein beschnitten. Dass all diese Aspekte inhaltlich mit der Immobilienbewertung verwoben sind, zeigt sich in der Bedeutung des Stammgästeanteils für Erlöse und Auslastung, der allgemeinen Relevanz der anderen Abteilungen für die Erlöse sowie der absoluten Höhe der (fixen) Bewirtschaftungskosten einer Liegenschaft. Auf der Erlösseite wird sich in der Ferienhotellerie ein weiterer Paradigmenwech-

---

214 Vgl. Höfels u. a. (1998), S. 172.

sel einstellen müssen: „Tourismus muss 365 Tage im Jahr stattfinden"[215] – die durchschnittlichen acht Monate Öffnungszeit werden in Zukunft nicht ausreichen, um dauerhaft eine zufrieden stellende Performance garantieren zu können. Im Rahmen der Hotelbewertung muss deshalb eine zu starke Abhängigkeit von einer kurzen Saison kritisch hinterfragt werden.

Bereits betont wurde, dass auch das *Branding* und damit der Anschluss an international bekannte und renommierte Markennamen stark an Bedeutung gewinnen – auch wenn hierdurch nicht zwangsläufig ein positiver Einfluss auf den Immobilienwert resultiert (vgl. Abschnitt 3.3.4). Insbesondere im hochpreisigen Segment der 4- und 5-Sterne-Häuser sind ein besonderes Image und ein darauf abgestimmtes Marketing inklusive des Anschlusses an Buchungssysteme von hoher Relevanz. Auch für die Anbieter im *Markenlizenz- und Franchisegeschäft* hat der aggressive Vertrieb und das damit verfolgte Ziel der Marktdurchdringung eine immer größere Wichtigkeit. Die gegenwärtige Markendifferenzierung wird jedoch bald ihren Höhepunkt überschreiten. Nach einer Phase der Verdrängung der Privathotels durch die Ketten und Kooperationen wird es in Zukunft zu einer Verdrängung der Marken kommen. Am Ende werden nur die international eingeführten „starken Marken" diesen Verdrängungswettbewerb überstehen. Im Rahmen der Bewertung wird es damit zunehmend wichtig, auch die Nachhaltigkeit eines vorhandenen Brandings kritisch zu hinterfragen.

Bedenkt man, dass der deutsche und europäische Markt häufig den Ideen und Vorgaben aus den USA folgte, so kann man erwarten, dass die dort in den späten 90er Jahren verstärkte Marktsegmentierung und das sich ausweitende M & A-Geschäft auch hierzulande in den kommenden Jahren weiter forciert werden.[216] Möglich ist auch, dass es aufgrund des Ausscheidens vieler Mittelständler und der allgemeinen Konzentration langfristig zu *oligopolistischen Strukturen in Teilsegmenten* kommt. Derartige Strukturen sind bereits im Ansatz bei der Stadthotellerie in den Ballungszentren zu beobachten. Diese Konzentrationsprozesse werden durch den anhaltend hohen Konkurrenzdruck in vielen Segmenten weiter intensiviert. In Zukunft werden die starken internationalen Hotelketten aufgrund ihrer Marktmacht auch vermehrt in der Lage sein, bestehende Verträge nachzuverhandeln und beispielsweise die von ihnen weniger gerne akzeptierten Pachtverträge in Managementverträge mit „besseren" Konditionen umzuwandeln. Dies hätte erhebliche Einflüsse auf die Bewertung in Bezug auf die anzuwendende Rechenmethodik und die Werthaltigkeit der Immobilien.

---

215 Vgl. Hofer, Die Presse (23. Januar 2004).
216 Vgl. Rushmore/Baum (2001), S. 20 f.

War bisher die stärkere Differenzierung in einen Low- und High-Budget-Bereich zu beobachten, wird es nach Einschätzung des Autors in den nächsten Jahren verstärkt zu einer „Aldisierung" in der Hotellerie kommen. Die Kunden verlangen also *höchste Qualität zu einem günstigen Preis.* Aufgrund der aufgebauten (Über-) Kapazitäten im Top-Segment[217] werden auch die 4- und 5-Sterne-Hotels aufgrund des härten Wettbewerbsumfeldes diesen Marktanforderungen des Preiswettbewerbs folgen müssen.[218] Nahe liegend ist, dass gerade der Aldi-Konzern diese Entwicklung mit unterstützt. *Kooperationen zur besseren Vermarktung* der Hotelkapazitäten wie beispielsweise die Vermarktung von Reiseangeboten der ers-Touristik/EUROTOURS durch Aldi in Österreich (Hofer-Märkte) werden in Zukunft an Bedeutung gewinnen. Dort kostet das 4-Sterne-Wellness-Hotel in Österreich dann inklusive Vollpension 34,75 Euro pro Person und Nacht.[219] Separiert man von diesem Betrag im Rahmen einer Bewertung die Verpflegungsanteile und die Reservierungsvergütung des Veranstalters, so werden bei diesem Angebot schwerlich die weiter oben genannten Grenzen für positive Deckungsbeiträge der Übernachtungserlöse erreicht.

Da sich der Kunde zunächst für die Urlaubsart, dann für das Land, die Region und zuletzt für das konkrete Angebot entscheidet, wird es in Zukunft wichtiger, die „Region" und ihre Positionierung im Marktumfeld stärker in die Bewertung im Rahmen der Makrolage zu integrieren. Der *„Wettbewerb der Regionen"* ist in vollem Gang und fast jede touristische Zielregion arbeit bereits mit einem eigenen Tourismusbeauftragten und entsprechenden Werbekampagnen. Sicher können nicht alle Regionen so medienwirksame Projekte wie beispielsweise das Burj-Al-Arab, die künstliche Hotel-Palmeninsel oder das erste Unterwasserhotelprojekt Hydropolis, vorweisen. Diese Beispiele aus Dubai zeigen jedoch, wie sich eine Tourismusregion quasi selbst erfinden kann. Bei einer globalen Betrachtung werden insbesondere die größeren Staaten der EU-Osterweiterung sowie Russland, Indien und China die Wachstumsmärkte der kommenden Jahre darstellen. Durch die EU-Erweiterung um zehn Länder seit dem 1. Mai 2004 erwarten sich zudem die deutschen Hoteliers weitere Impulse beim Incoming-Tourismus. Gegenwärtig beträgt die Zahl der Übernachtungen aus diesen Ländern ca. 2,5 Millionen p. a. – Tendenz steigend.

---

217 Vgl. Hunziker, IZ (27. März 2003).
218 Vgl. Niemeyer (2002), S. 822: „Fünf-Sterne-Syndrom" der Anbieter.
219 www.ers.at.

Allgemein wird erwartet, dass *Kurzreisen* und *Städtetrips* in der Zukunft weiter an Bedeutung gewinnen werden. Wendet man sich einer rein nationalen Betrachtung zu, so muss das von vielen identifizierte Potenzial in deutschen Nebenzentren wie beispielsweise Freiburg oder Paderborn oder Innsbruck in Österreich kritisch hinterfragt werden. Letztlich sind auch diese Märkte bereits dicht besetzt und „Goldgräberstimmung" kommt auch hier sicherlich nicht auf. *Einmalereignisse* wie beispielsweise die Fußball-WM 2006 in Deutschland sorgen bereits im Vorfeld dafür, dass erhebliche Kapazitäten aufgebaut werden, wobei mit fünf Millionen zusätzlichen Übernachtungen gerechnet wird.[220] Hierbei kann man aus Sicht der Immobilienbewertung nur hoffen, dass bedarfsgerecht – auch im Sinne der Folgenutzung – vorgegangen wird. Das Risiko spekulativer Fertigstellungen ist in der Tat primär in fragilen, aufstrebenden und somit weniger entwickelten (unreifen) Märkten anzutreffen. Exemplarisch führten die olympischen Spiele in Atlanta zu keinem drastischen Angebotsüberhang im Hotelmarkt, wohingegen in Barcelona der Markt aufgrund von überhitzten und zu optimistisch geplanten Projekten in eine lange Baisse stürzte.[221] Damit bleibt zu hoffen, das man in Deutschland vor diesem Hintergrund nicht mit extremen Marktbeeinflussungen aufgrund von derartigen „Events" rechnen muss. In Bezug auf Terroranschläge u. Ä. müssen die Auswirkungen eines einmaligen Negativereignisses auf eine Region relativiert werden, da Studien belegen, dass sich die wertbeeinflussenden Faktoren des jeweiligen Teilmarktes nach einem abrupten Einbruch innerhalb von ca. zwölf Monaten regenerieren, wenn Reisewarnungen aufgehoben werden und die Sicherheit der Touristen dem Markt plausibel gemacht werden kann.[222]

Trotz oder gerade wegen schwieriger gesamtwirtschaftlicher Rahmenbedingungen wird insbesondere in Deutschland die Suche nach Marktnischen in Bezug auf das Geschäftsmodell immer wichtiger. Spezialisten wie beispielsweise *Albeck & Zehden*, die sich mit Problembetrieben auseinander setzen, könnten sich vor diesem Hintergrund in Zukunft positiv entwickeln. Wie groß das Potenzial der Auffanggesellschaften von Banken in Bezug auf Hotelimmobilien sein kann, verdeutlicht das Beispiel Asien: In den *Asset Management Companies* (AMCs), die dort von Staatsseite gegründet wurden, um von Banken die Not leidenden Kredite (non-performing-loans) zu übernehmen, befinden sich gegenwärtig Hotelimmobilien mit einem Marktwert von ca. fünf Milliarden Euro. All diese Gesellschaften zusammen

---

220 Vgl. Pütz-Willems, HB (10. Mai 2004).
221 Vgl. McKay/Plumb (2001), S. 5 ff.
222 Vgl. JLLS, Impact of Bombings (2002): Bali (2002) and Luxor (1997).

sind damit – unfreiwillig – einer der größten Hoteleigentümer in Asien.[223] Ein ähnliches Konstrukt mit mehreren hundert notleidenden Hotels wurde nach der Krise der Branche Anfang der 90er Jahre in den USA gegründet: Die *Resolution Trust Corporation* (RTC).[224] Auch im deutschsprachigen Raum sind die Auffanggesellschaften der Banken- und Versicherungskonzerne voll mit Problemimmobilien die auf das „richtige" Konzept warten.

Die *Entwicklung zu größeren Betriebseinheiten* mit über 200 Betten wird auch in Zukunft weiter zu beobachten sein. Betrachtet man die besseren Kostenstrukturen der größeren Hotels, ist diese Entwicklung auch als betriebswirtschaftlich sinnvoll zu bezeichnen. Im Rahmen der Bewertung haben die kleineren Hotels deshalb klar Nachteile in Bezug auf die potenzielle Performance. Unterstützt wird die Entwicklung zu größeren Einheiten von der Tatsache, dass in den kommenden zehn Jahren bei vielen klein- und mittelständischen Eigenbetrieben die *Nachfolgeproblematik* zu einer großen Herausforderung wird, die viele Häuser nicht überstehen können. Viele dieser Hotels erwirtschaften gegenwärtig keine angemessene kalkulatorische Eigenkapitalverzinsung oder einem kalkulatorischen Unternehmerlohn. Spätestens bei der Übergabe oder der Suche nach einem Betreiber wird diese Problematik zutage treten und viele Anbieter zum Marktaustritt zwingen. Den kleinen Hotels wird – verpassen sie die sich bietenden Möglichkeiten zur Neuausrichtung – somit zeitverzögert das gleiche Schicksal zuteil, wie den „Tante-Emma"-Läden im Retailbereich.

Die veränderten Rahmenbedingungen und die daraus erwachsenden Trends innerhalb der Branche lassen sich wie in Abbildung 12 dargestellt visualisieren.

---

223 Vgl. Cowan, JLLS (2000), S. 8.
224 Vgl. Rushmore/Baum (2001), S. 16.

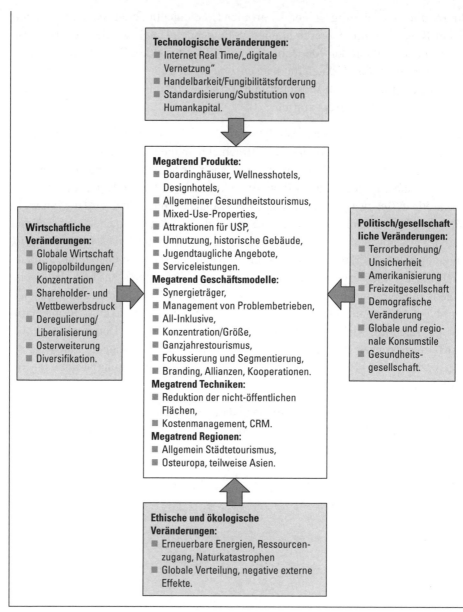

Abbildung 12: Rahmenbedingungen und Trends in der Hotellerie

6 Zusammenfassung

Abschließend sollen komprimiert die aus Sicht des Autors häufigsten Fehler bei einer Hotelbewertung und die insgesamt wichtigsten Prüfbereiche zusammenfassend dargestellt werden.

Folgende Aspekte betreffen häufige Fehler bei der Hotelbewertung, auf die beim Bewertungsprozess geachtet werden sollte:

- keine strukturierte Herleitung eines angepassten LSZ oder Diskontierungszinssatzes,

- fehlerhafte Aufteilung des GOP zur Berechnung des Einkommensstromes des Eigentümers der Immobilie (beispielsweise Inkludierung des Markennamens oder Handelspotenzials des Betreibers),

- unzureichende Prüfung der nachhaltig erzielbaren Umsätze (beispielsweise arbeiten mit alten G + V-Daten),

- adaptive Erwartungshaltung und reine Trendextrapolation in Bezug auf Kosten- und Erlösstrukturen (beispielsweise ständige Steigerung der Erlöse),

- Redundanzen/Doppelungen in der Berücksichtigung materiell gleicher Aspekte (beispielsweise Ansatz besonders geringer ARR und zusätzlich geringerer Diskontierungssatz aufgrund der Marktlage),

- fehlender oder unzureichender Abzug bei den Erlösen für das Inventar (FF & E), um in Zukunft Reserven für Ersatzbeschaffungen zu haben,

- fehlender Abzug des Inventarwertes oder der diesbezüglichen Erlösströme, weshalb der Verkehrswert zu hoch ist,

- unzureichende Berücksichtigung des „Highest and Best use", d. h. gegebenenfalls bereits falscher Bewertungsansatz,

- unreflektiertes Arbeiten mit allgemeinen Branchenzahlen.

Diese Fragen sollte ein Sachverständiger bei seiner Hotelbewertung besonders sorgfältig untersuchen:

- Hat das Hotel einen ausreichend interessanten Gästemix?

- Hat das Hotel einen Businessplan, der auch Entwicklungen und schwache Signale der Branche berücksichtigt?

- Sind die Betriebstage lang genug oder bietet das Hotel nur Potenzial für eine klassische Acht-Monate-Saison?
- Bestehen Synergien oder Allianzen mit der Umgebung (beispielsweise Kooperation mit einem Kongress- oder Businesszentrum)?
- Gibt es eine Abhängigkeit von einem einzelnen Nachfragegenerator?
- Erreicht das Hotel eine kritische Größe, um von einer Fixkostendegression zu profitieren?
- Gibt es genügend Markteintrittsbarrieren in Bezug auf potenzielle Konkurrenz?
- Wurden Investitionen getätigt, in denen das Hotel nur der Nachahmer ist, oder sind die mit den Investitionen verbundenen Erlöspotenziale nachhaltig?
- Passen der Name und der Betreiber zum Hotel?
- Wurden die FF & E-Rücklagen für die Werterhaltung des Inventars verwendet?
- Erfolgte eine ausreichende Instandhaltung an Dach & Fach oder besteht ein Instandhaltungsrückstau?
- Gibt es Wiederverkaufsmöglichkeiten oder eine potenzielle Drittverwendungsfähigkeit?
- Befindet sich das Hotel in einer Anlauf- oder Relaunchphase oder reflektieren die gegenwärtigen Ergebnisse bereits den Normalzustand?
- Sind genügend Gelder in objektive Machbarkeitsstudien geflossen – oder wurden die „Wunschergebnisse" des Investors durch ein „Null-acht-fünfzehn"-Gutachten nur „bestätigt"?

Die Bewertung von Hotelbetrieben und Hotelgrundstücken sind komplexe Bewertungsbereiche, die neben der besonderen Methodik ein hohes Maß an Teilmarkt- und Branchenkenntnis erfordern. Es konnte gezeigt werden, dass sowohl national wie auch international übliche Bewertungsstandards zur Herleitung von Verkehrswerten angewendet werden können. Der vorliegende Beitrag hat neben der abschließenden Darstellung der diesbezüglichen Methodik auch die verschieden wertrelevanten Aspekte wie beispielsweise die Kapitalisierungszinsen oder die Vertragsvarianten mit großer Detailgenauigkeit behandelt.

Abschließender Hinweis zu den Bewertungsbeispielen

An dieser Stelle sei darauf hingewiesen, dass die in den Berechnungsbeispielen verwendeten Daten und Prozentsätze fiktiv sind und lediglich der Illustration dienen. Die Darstellung der Bewertung und der hierbei getroffenen Prämissen sind rein beispielhaft und keineswegs als Vorschlag für konkrete Hotelbewertungen zu verstehen. Diese erfordert selbstverständlich weitergehende Berechnungen, Erhebungen und Begründungen, als dies in einem Beitrag, der die Methodik und die allgemeinen Rahmenbedingungen verdeutlicht, möglich ist.

Literaturhinweise

Anhar, L. (2001): „The Definition of Boutique Hotels", HVS International, 2001.

Berlingen, J. (2002): „Betriebsvergleich Beherbergungsgewerbe", Gastgewerbliche Schriftenreihe Nr. 91, DEHOGA/INTERHOGA, 1. Aufl., Bonn 2001.

Berndt, R./Haase, W.-D. (2002): „Immobilienbewertung durch Discounted-Cashflow-Verfahren", Westdeutsche ImmobilienBank (Hrsg.), „Chancen und Risikoaspekte des Immobilien-InvestmentBanking, Marktbericht XII", Eigenverlag, Mainz 2002, S. 7–16.

Bock, P./Forster, B. (2002): „European Hotel Transactions 2002", HVS International, London 2002.

Bruckner, B./Hammerschmied, H. (2003): „Basel II – Aktuelles Basiswissen, Der Steuerberater als Finanzcoach, Neue Geschäftsfelder durch Rating", Wilhelm, G. (Hrsg.), „Die Neue Baseler Eigenkapitalvereinbarung – Basel II", Manzsche Verlags- und Universitätsbuchhandlung GmbH, 1. Aufl., Wien 2003.

Bundesamt für Statistik (2002), BFS (Hrsg.): „Schweizer Tourismus in Zahlen", Bern 2002.

Burger, K. (2004): „Hotelmarkt Deutschland – 2003", PKF hotelexperts, München 2004.

Buser, A. (2002): „Global Public Funds Comparison", in: Jones Lang LaSalle (Hrsg.): „Hotel Topics – Public and Private Hotel Investment", Issue No. 10, New York 2002, S. 6–10.

Cowan, M. (2000): „A New Breed of Hotel Owner – Asien Asset Management Corporations" in: Jones lang LaSalle (Hrsg.): „Hotel Topics – Smart Structures in Hotel Investment", Issue No.3, New York 2000, S. 8–10.

Dalbor, M. C./Andrew, W. P. (2000): „Agency problems and hotel appraisal accuracy – An exploratory study", International Journal of Hospitality Management, No. 19 2000, S. 353–360.

Dablor, M. (2001): „The Agency Relationships Involved in hotel Appraisals Completes for the Resolution Trust Companies and Institutional Lenders", The Appraisal Journal, 2001, S. 182–189.

DeRoos, J. A. (1999): „Natural Occupancy Rates and Development Gaps", Cornell Hotel and Restaurant Administration Quarterly 1999, S. 14–17.

Elgonemy, A. R. (2002): „Dept-financing Alternatives", Cornell Hotel and Restaurant Administration Quarterly 2002.

Föllmer, J. (2003 und 2004): „Hotel Performance Trends 2003 – Executive Summary", hotelbiz consulting, München 2003 sowie 2004.

Föllmer, J. (2003): „So realisieren Sie ein erfolgreiches Wellnesskonzept", NGZ – Der Hotelier, 2003.

Gugg/Hank-Haase (2003): „Das Budget in der Hotellerie – Mit erfolgreicher Finanzplanung die Zukunft sichern", Gastgewerbliche Schriftenreihe Nr. 57, DEHOGA/INTERHOGA, 6. Aufl., Bonn 2003.

Harriehausen, C. (2004): „Ein Silberstreif am Hotelhorizont", Frankfurter Allgemeine Sonntagszeitung 2004.

Hall, L. (Hrsg.) (2000): „Hospitality Directions – Europe Edition, Forecasts & Analysis for the Hospitality Industry", PricewaterhouseCoopers Hospitality, London 2000.

Höfels, T./Buer, C./Maschmeier, R./Vesely, H. (1998): „Hotels", in: Sonderimmobilien, Immobilien Informationsverlag Rudolf Müller GmbH & Co. KG, Köln 1998, S. 161–210.

Hofer, G. (2004): „Hotelruine als mahnendes Beispiel", Die Presse 2004.

Hunziker, C. (2003): „Immer mehr Hotels – Sättigung im Luxussegment", Immobilien-Zeitung 2003.

Jenyon, B. A./Turner, J. D./White, D. P./Lincoln, N. (1996): „Bewertung von Hotelimmobilien", Immobilien-Zeitung 1996.

Jenyon, B. A./Turner, J. D./White, D. P./Lincoln, N. (1996): „Die Vergleichsmethode (Direct Value Comparison Method)", Immobilien-Zeitung 1996.

Jenyon, Bruce A./Turner, John D./White, Darron P./Lincoln, Nicole (1996): „Gewinnmethode – Bewertung von Hotelimmobilien", Immobilien-Zeitung 1996.

Jones Lang LaSalle (Hrsg.) (2001): „Management Agreement Trends Worldwide", Issue No. 7, New York 2001.

Jones Lang LaSalle Hotels (Hrsg.) (2002): „Hotel Investor Sentiment Survey (HISS)", Issue 4, New York 2002.

Jones Lang LaSalle Hotels (Hrsg.) (2002): „Impact of the Bali Bombings", New York 2002.

Jones Lang LaSalle Hotels (Hrsg.) (2003): „Hotel Investment Strategy Annual", New York 2003.

Karp, A./Town, A./Webb, M. (2001): „BigBig Brand Continue to get Bigger" in: Jones lang LaSalle (Hrsg.): „Hotel Topics – Global investment in Hotel Branding", Issue No. 8, New York 2001, S. 13–17.

Kleiber, W./Simon, J./Weyers, G. (2002): „Verkehrswertermittlung von Grundstücken", Bundesanzeiger Verlagsgesellschaft mbH, 4. Aufl., Köln 2002.

Kruschwitz, L. (1995): „Investitionsrechnung", Walter de Gruyter & Co., 6. Aufl., Berlin 1995.

Kyrein, R. (2002): „Immobilien – Projektmanagement, Projektentwicklung und -steuerung", Immobilien Informationsverlag Rudolf Müller GmbH & Co. KG, 2. Aufl., Köln 2002, S. 462–464.

Lanzkron, J./Kett, R. (2003): „European Hotel Valuation Index – 2003", HVS International, London 2003.

Loew, H. G. (1997): „Die Pachtwertfindung für gastgewerbliche Objekte", Grundstücksmarkt und Grundstückswert (GuG), 1997, S. 209 ff.

Loew, H. G. (1999): „Zum Pachtwert für gastgewerbliche Objekte auf Basis der an der Ertragskraft Orientierten Pachtwertfindung ", Grundstücksmarkt und Grundstückswert (GuG), 1999, S. 351 ff.

Loew, Horst G. (2001): „Zur Miet-/Pachtwertfindung gastgewerblicher Bewertungsobjekte mit Hilfe der Vergleichswertmethode", Grundstücksmarkt und Grundstückswert (GuG), 2001, S. 14 ff.

Loew, H. G. (2001): „Zur Eignung von Ladenmieten als Maßstab für die Bestimmung von Gaststättenmieten", Grundstücksmarkt und Grundstückswert (GuG), 2001, S. 142 ff.

Luthe, M. (2000): „DEHOGA-Hotelmarktanalyse 2000", DEHOGA Deutscher Hotel- und Gaststättenverband, Berlin 2000.

McKay, M./Plumb, C. (Lead Authors) (2001): „Reaching Beyond the Gold – Issue 1 – 2001", LaSalle Investment Management, Chicago 2001.

Meixner, S./Hartmann, G. (2003): „Hotelboom in Berlin: Investoren greifen nach den Sternen", Berliner Morgenpost 2003.

Nefiodow, L. A. (2001): „Der Sechste Kondratieff – Wege zur Produktivität und Vollbeschäftigung im Zeitalter der Information", Rhein-Sieg Verlag, 5. Aufl., Sankt Augustin 2001.

Nehm, A./Riering, E./Schlinger, M./Seidl, W. (1996): „Gebäudekosten 1997 – Baupreistabellen zur überschlägigen Kostenermittlung", Stuttgart 1996.

Niemeyer, M.(2002): „Hotelprojektentwicklung", Schulte, K.-W./Bone-Winkel, S. (Hrsg.), „Handbuch Immobilien-Projektentwicklung", Immobilien Informationsverlag Rudolf Müller GmbH & Co. KG, 2. Aufl., Köln 2002, S. 795–823.

O'Neil, J. W. (2003): „Study Confirms Hotel Industry's „Dollar per Thousand" Rule", Cornell Hotel and Restaurant Administration Quarterly 2003.

o. V. (2002): Wirtschaftlichkeitsberechnungen im Gastgewerbe", Gastgewerbliche Schriftenreihe Nr. 79, DEHOGA/INTERHOGA und Beratungsgruppe Luxenburger und Partner, 3. Aufl., Bonn 2002.

o. V. (2003): „Geschäftsbericht Dorint 2002", Dorint-Aktiengesellschaft, Mönchengladbach 2003.

o. V. (2003): „Geschäftsbericht Mövenpick 2002", Mövenpick-Aktiengesellschaft, Cham 2003.

o. V. (2004): „Geschäftsbericht Hilton-Group 2003", Hilton Group plc, Watford/England 2004.

o. V. (2002): „Ein Jahr der Ernüchterung", FAZ, 2002.

o. V. (2003): „Spezialimmobilien für Spezialanleger", Welt am Sonntag, 2003.

o. V. (2002): „Hotelinvestments", Grundstücksmarkt und Grundstückswert – Information (GuG), 2002, S. 3.

o. V. (2002): „Der Schweizer Immobilienmarkt 2002", CREDIT SUISSE Economic Research & Consulting (Hrsg.), Eigenverlag, 2002, S. 54 ff.

o. V. (1998): „Zimmer-Investitionskosten in der Hotellerie (1996)", Grundstücksmarkt und Grundstückswert – Information (GuG), 1998, S. 49.

o. V. (2003): „Tourismus in Zahlen – Österreich 2002/2003", STATISTIK AUSTRIA, Wien.

o. V. (2004): „NH Hoteles Corporate Presentation – 2004", NH Hoteles Investors Relation Department, Madrid 2004.

o. V. (2004): „Die Welt hat eine neue Nr. 1", Immobilien-Zeitung, 2004.

o. V. (2004): „Konjunkturbericht Gastgewerbe – Sommer 2003", DEHOGA Deutscher Hotel- und Gaststättenverband, Berlin 2004.

o. V. (2003): „Die Deutsche Hotelklassifizierung", DEHOGA Deutscher Hotel- und Gaststättenverband, Berlin 2003.

o. V. (2003): „Projektentwicklung – Grundstein für Kitzbüheler Hotelprojekt gelegt", Immobilien-Manager, 2003.

o. V. (2003): „Betreiber – Treugast-Hotelstudie sieht nur wenige Gewinner in 2003", Immobilien-Manager, 2003.

o. V. (2004): „Berliner Hotelprojekte – Sekt in Strömen und Männer ohne Schlips", Immobilien-Zeitung, 2004.

Ostermann, A. (1999): „Die Verkehrswertermittlung von Hotels (Teil 1)", Grundstücksmarkt und Grundstückswert (GuG), 1999, S. 143 ff.

Ostermann, A. (1999): „Die Verkehrswertermittlung von Hotels (Teil 2)", Grundstücksmarkt und Grundstückswert (GuG), 1999, S. 282 ff.

Pütz-Willems, M. (2002): „Dorint hat sich am Luxus verschluckt", Handelsblatt, 2002.

Pütz-Willems, M. (2004): „Hotelketten verlieren an Ansehen", Handelsblatt, 2002.

Pütz-Willems, M. (2004): „Hotelkonzerne verbünden sich für die Fußball-WM 2006", Handelsblatt, 2004.

Sahlins, E. (2003): „Hotel Development Cost Survey", HVS International, San Francisco 2003.

Scott, B. D. (2000): „Hotels", in: Hayward, R. E. H., Rees, W. H.: „Valuation principles into practise", Estates Gazette, 5. Aufl., London 2000, S. 571–599.

Simon, J. (1995): „Wertermittlung von Hotelbetrieben", Grundstücksmarkt und Grundstückswert (GuG), 1995, S. 95 ff.

Simon, J. (1991): „Wertermittlung eines Hotel garni", Grundstücksmarkt und Grundstückswert (GuG), 1991, S. 132 ff.

Simon, J. (1991): „Wertermittlung von Grundstücken mit Hotelgebäuden", Grundstücksmarkt und Grundstückswert (GuG), 1991, S. 312 ff.

Taylor, S. (2003): „What Is Your Hotel Worth?", Lodging Hospitality, 2003, S. 43–50.

Teerapittayapaisan, S./Astbury, K./Clack, V. (2002): „Changing Ownership Structures – Europe", in: Jones Lang LaSalle (Hrsg.): „Hotel Topics – Changing Ownership Structures", Issue No. 13, New York 2002, S. 1 ff.

Town, Anna (2001): „The Value of a Hotel Brand – What Would You Pay?", Jones Lang LaSalle Hotels, New York 2001.

Tgrading Related Valuation Group (2004): „The Capital and Rental Valuation of Hotels in the UK – Valuation Information Paper No.6", RICS Business Information Services Limited, Coventry 2004.

Riedl, K. U., Bruß, H.-Ch. (2001): „Miet- und Pachtverträge im Gastgewerbe", Gastgewerbliche Schriftenreihe Nr. 65, DEHOGA/INTERHOGA, 4. Aufl., Bonn 2001.

Rushmore, S./Baum, E. (2001): „Hotels & Motels – Valuations and Market Studies", Appraisal Institute, Illinois 2001.

Rushmore, S./deRoos, J. A. (1999): „Hotel Valuation Techniques", HVS International, 1999.

Udolf-Strobl, E. (2003): „Bericht über die Lage der Tourismus- und Freizeitwirtschaft in Österreich 2002", Bundesministerium für Wirtschaft und Arbeit, Wien 2003.

Walsh, C. B./Staley, H. B. (1993): „Considerations in the Valuation of Hotels", The Appraisal Journal, 1993, S. 348–356.

Weyers, G. (1993): „Gesamtnutzungsdauer von Hotelgebäuden"Grundstücksmarkt und Grundstückswert (GuG), 1993, S. 41 ff.

White, D./Turner, J./Jenyon, B./Lincoln, N. (1999): „Internationale Bewertungsverfahren für das Investment in Immobilien", IZ Immobilien Zeitung Verlagsgesellschaft, 1. Aufl., Wiesbaden 1999.

Wirtschaftskammer Österreich (WKO), Bundessparte Tourismus und Freizeitwirtschaft (Hrsg.) (2004): „Tourismus in Zahlen", 40. Ausgabe, Wien 2004.

Zitelmann, R. (2001): „Die Immobilien-Regel gilt immer noch: Lage, Lage, Lage", Die Welt, 2001.

(Ausgewählte) Gesetze/Normen/Empfehlungen

ASB (2003): „Uniform Standards of Professional Appraisal Practise, USPAP", 2003.

Bundesministerium für Verkehr, Bau- und Wohnungswesen (2001): „Normalherstellungskosten – NHK 2000", 2001, S. 42 f.

IVSC (2003): „International Valuation Standards, IVS", 6. Aufl., 2003.

Liegenschaftsbewertungsgesetz 1992: „Bundesgesetz über die gerichtliche Bewertung von Liegenschaften".

ÖNORM B1800 (2002): „Ermittlung von Flächen und Rauminhalten von Bauwerken", Österreichisches Normungsinstitut, Wien 2002.

ÖNORM B1802 (2002): „Liegenschaftsbewertung", Österreichisches Normungsinstitut, Wien 2002.

Wertermittlungsverordnung-WertV (1997): in der Fassung der Bekanntmachung vom 6. Dezember 1988, (BGBl.I 1988 S. 2209, zuletzt geändert am 18.08.1997 BGBl.I 1997, S. 2081).

RICS (2003): „Appraisal and Valuation Standards – Red Book", 5. Aufl., 2003

TEGoVA (2003): „European Valuation Standards 2000, EVS", 5. Aufl., 2003

Bewertung von (Themen-)Gastronomie

Heimo Kranewitter

1 **Grundlagen für die Wertermittlung**

2 **Einteilung der Gastronomie**

3 **Standorte für gastronomische Betriebe**

4 **Datenerhebung und Informationsbeschaffung**

5 **Wirtschaftliche Betrachtung von Gastronomiebetrieben**
5.1 Einflussfaktoren
5.2 Ermittlung des Gastronomieumsatzes
5.3 Ermittlung des Jahresrohertrages
5.4 Lebenszyklus von Gastronomiebetrieben
5.5 Drittverwendungsfähigkeit der Objekte

6 **Wahl des Wertermittlungsverfahrens**

7 **Vergleichswertverfahren**

8 **Sachwertverfahren**

9 **Ertragsorientierte Bewertungsmethoden**
9.1 Pachtwertverfahren
9.2 Gross-Operating-Profit-Methode
9.3 Discounted-Cashflow-Methode

1 Grundlagen für die Wertermittlung

Für die Bewertung einer Gastronomieliegenschaft sind spezielle Branchen- und Marktkenntnisse notwendig. Darüber hinaus müssen die aktuellen Trends im Gastgewerbe beobachtet sowie der Standort der Liegenschaft einer genauen Betrachtung unterzogen werden. Erforderlich sind Kenntnisse über die vielen Erscheinungsformen des Gastronomiegewerbes sowie die branchenspezifischen Kennziffern.

Der Verkehrswert wird vorwiegend mit Hilfe der verschiedenen ertragsorientierten Bewertungsmethoden ermittelt, in vereinzelten Fällen werden allerdings auch das Vergleichswertverfahren oder das Sachwertverfahren angewandt.

2 Einteilung der Gastronomie

Die Gastronomiebetriebe können in folgende *Betriebsarten* eingeteilt werden:

- Gastwirtschaften
  - Gasthäuser,
  - Gasthöfe,
  - Rasthäuser.
  - Restaurants,
  - Pizzerien,
  - Bistros,
  - Buffets,
  - Imbissstuben und -hallen,
  - Jausenstationen,
  - Schutzhütten,
  - Kantinen.
- Schankwirtschaften
  - Bierausschankbetriebe,
  - Weinausschankbetriebe,
  - Branntweinschänken.
- Kaffeehausbetriebe
  - Kaffeehäuser,
  - Kaffeerestaurants,
  - Espressi,
  - Kaffee-Konditoreien,
  - Cafés.

- Vergnügungslokale
  - Bars,
  - Diskotheken,
  - Nachtclubs,
  - Tanzcafés und -lokale.
- Eisbetriebe und -dielen.
- Sonstige Betriebe
  - Partyservice,
  - Catering,
  - Gemeinschaftsverpflegung,
  - Trinkhallen,
  - Trendgastronomie,
  - Kettenbetriebe.

In Betrieben, die der *Servicegastronomie* zuzuordnen sind, werden die Gäste bedient. In der *Selbstbedienungsgastronomie* erfolgt keine Bedienung der Gäste bei Tisch (z. B. Fastfood-Unternehmen, Kantinen usw.).

Die *Individualgastronomie* umfasst Unternehmen, die in der Regel aus einem Einzelbetrieb bestehen. Darunter fallen aber auch Unternehmen mit mehreren Betrieben, allerdings mit unterschiedlichem Leistungsprogramm, sodass die Gäste diese Betriebe als unabhängig voneinander wahrnehmen (Individualgastronomie auf Systembasis).

Zur *Systemgastronomie* (z. B. McDonald's, Burger King, Pizza Hut, Pizza Mann usw.) werden jene Unternehmen gezählt, deren Kontrolle mehrere Betriebe unterstehen. Die einzelnen Betriebe (Eigenbetriebe oder Franchisenehmer) sind dabei mit identischen Markennamen und -zeichen sowie einem konzeptionell durchdachten Leistungsprogramm am Markt vertreten, und sind darüber hinaus auch einheitlich organisiert (z. B. Organisationshandbuch, betriebsübergreifende Schulungen und Kontrollen usw.).

Die Systemgastronomie umfasst sowohl Betriebe der Servicegastronomie, als auch Free-Flow-, Counter-, Take-Away- (Schalter zur Straße, Außenfenster) und Lieferdienste sowie Catering und Partyservice.

Die *Themengastronomie* (z. B. Planet Hollywood, Hard Rock Cafe, Fashion Cafe usw.) ist sowohl als Individualgastronomie als auch als Systemgastronomie vertreten. Dabei werden in den Betrieben eigentlich gastronomieferne Themen gastronomisch umgesetzt. Das ausgewählte Thema schlägt sich im Speise- und Getränkeangebot, im Ambiente und im Marketing nieder.

3 Standorte für gastronomische Betriebe

Für Gastronomiegrundstücke ist der Standort von besonderer Bedeutung, da davon unter anderem der wirtschaftliche Erfolg abhängt.

Die *Eignung eines Standorts* für Gastronomiebetriebe hängt von folgenden Faktoren ab:

- *Verkehrslage:* gute Erreichbarkeit zu Fuß, mittels Pkw oder öffentlichen Verkehrsmitteln. Genügend Parkplätze in der unmittelbaren Umgebung.
- *Umgebung:* Nachbarschaftssituation, Standortimage, städtebauliches Erscheinungsbild, naturbelassene Landschaft.
- *Infrastruktur:* Einkaufsmöglichkeiten, gastronomisches Angebot der Region, kulturelle Einrichtungen.
- *Konkurrenzsituation:* Anzahl und Struktur der Mitbewerberbetriebe.
- *Wirtschafts- und Sozialstruktur der Region*: Entwicklung der Wirtschaftskraft, Arbeitsmarkt, Einkommensniveau.

Im Rahmen der Bewertung sind entsprechende Standort- und Lageanalysen vorzunehmen.

4 Datenerhebung und Informationsbeschaffung

Grundvoraussetzung für die Bewertung ist die Besichtigung der Liegenschaft. Bei der Begehung werden die wichtigsten Grundlagen gesammelt. Bei der Anfahrt zur Liegenschaft wird festgehalten, in welcher Region sich diese befindet. Das Gebäude wird vom Keller bis zum Dachboden aufgenommen und der Stand des Ausbaus, die Ausstattung, eventueller Reparatur- oder Sanierungsstau sowie die Nutzung erfasst.

Der Zustand der Heizungs- und Klimaanlagen, der Küche, der Gastronomiebereiche sowie der Sanitäranlagen ist zu überprüfen.

Nach der Ortsbesichtigung wird die Baubehörde aufgesucht und in die Raumplanungs- und Bauunterlagen Einsicht genommen sowie eventuelle Fragen über besondere Bauvorschriften und Auflagen werden abgeklärt.

Bezüglich der Belegung und der Frequentierung des Gastronomiebetriebes werden vom Betreiber entsprechende Aufzeichnungen verlangt bzw. Auskünfte eingeholt. Wichtige Unterlagen stellen dabei die Gewinn- und Verlustrechnungen der letzten drei bis fünf Jahre und eventuelle Planungsrechnungen für einen überschaubaren zukünftigen Zeitraum dar.

Darüber hinaus werden Unterlagen und Auskünfte bei Fremdenverkehrsämtern und Interessenvertretungen eingeholt, sowie statistische Zahlen von Statistik- und Forschungsinstituten angefordert.

Für Gastronomiebetriebe sind die Regelungen der Gaststättengesetze und -verordnungen maßgeblich. Jeder Betreiber benötigt eine Konzession zur Führung eines Gastronomieunternehmens.

Wichtige Kriterien für die Konzessionserteilung sind:

- die persönliche Befähigung des Antragstellers,
- die örtlichen Gegebenheiten des Gastronomiebetriebes wie Toiletten, hygienische Verhältnisse, Parkmöglichkeiten, Fluchtwege, Brandschutz usw.

Im Rahmen der Bewertung sollte sich der Gutachter die Konzession vorlegen lassen.

5 Wirtschaftliche Betrachtung von Gastronomiebetrieben

5.1 Einflussfaktoren

Für den wirtschaftlichen Erfolg oder Misserfolg eines gastronomischen Betriebes sind im Wesentlichen die Betriebsart, der Standort, die Betriebsgröße, das Marktgeschehen, die Anforderungen der Gäste an die Qualität des Angebots sowie das Engagement des Betreibers entscheidend.

Die *Betriebsart* ist entscheidend dafür, welche Gäste angesprochen werden, sowohl hinsichtlich der Produkt- und Dienstleistungspalette als auch dem Preisniveau. Bei den Gästen unterscheidet man z. B. zwischen Reisenden, Fastfood-Gästen, Stammgästen, Kantinengästen usw. Als Stammgast wird ein Gast bezeichnet, der im Durchschnitt einmal pro Woche im Gastronomiebetrieb konsumiert.

Der *Standort* ist vor allem für die Veräußerbarkeit einer Gastronomieliegenschaft von Bedeutung. Entscheidend dabei ist, ob der Standort aufgrund des Bekanntheitsgrads, der Erreichbarkeit und des Umfeldes attraktiv genug ist, das Interesse von Liegenschaftskäufern zu wecken.

Die *Betriebsgröße* hat einen wesentlichen Einfluss auf die erzielbare Umsatzhöhe sowie auf die Kostenstruktur und in der Folge auf die Ertragsmöglichkeiten. Die Rentabilität steigt bei zunehmender Betriebsgröße vor allem durch die Kostenvorteile beim Waren-/Materialeinsatz sowie bei den Energie- und Verwaltungskosten, jeweils in Relation zu den Umsätzen. Umsatzstärkere Betriebe nutzen die verfügbaren Kapazitäten wesentlich besser, was sich in der Höhe beim „Umsatz je Sitzplatz" niederschlägt.

Die *Angebotsqualität* des Gastronomiebetriebes hängt von der Qualität der Ausstattung (Qualität von Besteck und Geschirr, Stoff- oder Papierservietten usw.), dem Speisen- und Getränkeangebot (Art, Breite und Tiefe) und dem Service (Teller- oder Tischservice, Brigadesystem usw.) ab. Betriebe der gehobenen Kategorie haben, vor allem in der Küche, einen höheren Personaleinsatz als jene mit einem durchschnittlichen Angebot.

Das *Management* eines gastgewerblichen Unternehmens wird ständig mit Veränderungen in der saisonalen Nachfrage konfrontiert. Auf die sich ändernden Gäste- und Umsatzzahlen sowie die saisonalen Schwankungen in der Umsatzstruktur reagiert der Gastronomiebetreiber mit den Öffnungszeiten bzw. der Offenhaltungsdauer seines Betriebes. Es wird zwischen Regionen mit Jahressaison, Zweisaison, Einsaison-Winter und Einsaison-Sommer unterschieden.

Bezüglich der Eigentumsverhältnisse unterscheidet man bei Gastronomiebetrieben zwischen „Pachtbetrieben", die sehr häufig anzutreffen sind, und „Eigentümerbetrieben", bei denen dem Betreiber sowohl die Liegenschaft als auch das Unternehmen gehört.

Der Erfolg oder Misserfolg im Gastgewerbe hängt auch von der Kommunikationspolitik des Unternehmers, die sich in der Intensität von Repräsentation und Werbung niederschlägt, ab.

5.2 Ermittlung des Gastronomieumsatzes

Der Umsatz eines Gastronomiebetriebes setzt sich aus folgenden Bereichen zusammen:

- Erlöse aus Speisen (Food-Erlöse, Küchenerlöse),
- Erlöse aus Getränken (Beverage-Erlöse, Kellererlöse),
- sonstige Erlöse (Zigaretten, Zigarren, Süßigkeiten, Automatenerlöse usw.).

Der *Verpflegungsumsatz* wird wie folgt ermittelt:

    Anzahl der Sitzplätze
- Warenumsatz je Sitzplatz pro Tag
- 365 Tage
- Beleghäufigkeit

Die *Beleghäufigkeit* ist der Quotient aus:

$$\frac{\text{belegte Sitzplätze pro Jahr}}{\text{Anzahl der vorhandenen Sitzplätze pro Jahr}}$$

Wenn erforderlich, muss die Umsatzsteuer aus dem Umsatz pro Sitzplatz herausgerechnet werden.

Beispiel 1:

Restaurant mit 120 Sitzplätzen, möglicher täglicher Umsatz pro Sitzplatz 13 Euro, 320 Offenhaltungstage, das Restaurant ist täglich zu 60 Prozent ausgelastet:

Belegungshäufigkeit:

$$\frac{320 \text{ Tage} \cdot 120 \text{ Sitzplätze} \cdot 0{,}6}{120 \text{ Sitzplätze} \cdot 365 \text{ Tage}} = \frac{23.040}{43.800} = 0{,}53$$

Verpflegungsumsatz:

120 Sitzplätze • 13 Euro • 365 Tage • 0,53 = 301.782 Euro

Von Interessenvertretungen sowie Statistik- und Forschungsinstituten werden die durchschnittlichen Jahresumsätze (ohne Umsatzsteuer und ohne nähere Angaben zur Berücksichtigung der Auslastung) pro Sitzplatz bekannt gegeben. Veröffentlicht werden diese z. B. in den Schriftenreihen des Deutschen Hotel- und Gaststättenverbands (DEHOGA) für Deutschland sowie der Fachverbände Gastronomie und Hotellerie für Österreich. Mit diesen Kennzahlen kann durch den Gutachter die Plausibilität der vom Betreiber angegebenen Umsätze überprüft werden.

Außerdem kann mit diesen Angaben der Umsatz wie folgt errechnet werden:

Anzahl der Sitzplätze
- Warenumsatz je Sitzplatz pro Jahr
- Offenhaltungstage/365 Tage

Betriebsart Umsatzbereich	Warenumsatz pro Sitzplatz/Jahr in Euro ohne Umsatzsteuer
Gaststätten	
■ einfache	rund 1.500–2.000
■ gute	rund 2.000–4.100
Restaurants	
■ gute	rund 2.000–4.600
■ sehr gute	–7.700
Pubs	
■ gute	rund 2.000–3.000
■ sehr gute	–4.500
Bistros	rund 2.500–4.500
Spezialitätenlokale	rund 3.600–9.200
Traditionelle Schankbetriebe	rund 1.500–2.000
Cafés/Eisdielen	rund 2.000–4.600
Diskotheken	rund 2.600–7.100
Hallenbetriebe	rund 1.000–3.100

Quelle: Gastgewerbliche Schriftenreihe Nr. 57 des DEHOGA, 1999

Tabelle 1: Durchschnittliche Warenumsätze pro Sitzplatz

Die in der Tabelle 1 angeführten Warenumsätze pro Sitzplatz und Jahr stellen eine grobe Orientierungshilfe für die Plausibilitätsprüfung der vom Gastronomiebetreiber mitgeteilten Umsätze dar. Für die Ermittlung des Umsatzes von Nebenzimmern, Sälen und Freiterrassen werden aufgrund der geringeren Nutzungshäufigkeit nur ein Viertel der oben angeführten Durchschnittswerte angesetzt.

5.3 Ermittlung des Jahresrohertrages

Der Jahresrohertrag ist bei Anwendung des Ertragswertverfahrens die Ausgangsbasis für die Ermittlung des *Verkehrswertes* einer Gastronomieimmobilie (nach der WertV in Deutschland oder dem LBG in Österreich) oder des *Unternehmenswertes* eines Gastronomiebetriebs.

Der Jahresrohertrag wird z. B. aus folgenden Ergebnissen ermittelt:

- Betriebsergebnis,
- Brutto-Cashflow,
- Gross Operating Profit (GOP),
- Jahrespacht bei Pachtbetrieben (aber auch bei eigengenutzten Betrieben).

Das Betriebsergebnis, der Brutto-Cashflow bzw. der Gross Operating Profit sind im Wesentlichen synonym zu verwendende Begriffe und weisen in diversen Publikationen nur geringfügige Berechnungsunterschiede auf. Diese resultieren primär aufgrund des zur Anwendung kommenden Rechnungslegungsstandards (USALI oder SKR 70).

Das *Betriebsergebnis* errechnet sich z. B. laut des DEHOGA wie folgt:

	Betriebserlöse insgesamt
−	Warenkosten
−	Personalkosten
−	Betriebs- und Verwaltungskosten
=	**Brutto-Betriebsergebnis/Betriebsergebnis I/GOP**
−	Mieten und Pacht
−	Leasing
−	Abschreibungen
−	Fremdkapitalzinsen
−	Instandhaltungen
=	**Netto-Betriebsergebnis/Betriebsergebnis II/NOP**

Für die Berechnung des Betriebsergebnisses müssen neben dem Umsatz die Aufwendungen des Gastronomiebetriebes wie Wareneinsatz, Personalaufwand, Energieaufwand, Instandhaltung, Werbung und Repräsentation, Verwaltung, Steuern und Abgaben sowie Sonstiges ermittelt werden.

In der folgenden Tabelle 2 sind Beispiele für die Aufwandsstruktur in Prozent von gastronomischen Betrieben angeführt.

Angaben in Prozent	Gasthäuser[1]) Kategorie 1[2])	Gasthäuser Kategorie 2[3])	Restaurants Kategorie 1[2])	Restaurants Kategorie 2[3])
Betriebseinnahmen (ohne Umsatzsteuer)	100	100	100	100
Wareneinsatz	16–19	15–25	25–30	23–28
Personalaufwand (ohne Unternehmerlohn)	34–41	25–29	32–39	32–40
Energieaufwand	5–6	5–7	3–5	3–4
Instandhaltung	5–8	5–7	2–7	2–5
Werbung und Repräsentation	1–4	3–5	1–3	1–3
Verwaltung	4–6	5–8	3–7	3–5
Steuern und Abgaben	4–7	2–4	5–6	4–10
Sonstiger Aufwand	4–5	3–7	2–7	1–5
Betriebsergebnis vor Zinsen, Pacht/Mieten, Abschreibung und Rücklagen	8–23	15–36	3–22	12–22

Angaben in Prozent	Kaffeehäuser Kategorie 1[2)]	Kaffeehäuser Kategorie 2[3)]	Espressi und Buffets
Betriebseinnahmen (ohne Umsatzsteuer)	100	100	100
Wareneinsatz	9–18	24–27	26–27
Personalaufwand (ohne Unternehmerlohn)	21–27	16–29	14–25
Energieaufwand	1–7	4–6	2–4
Instandhaltung	2–7	3–5	4–5
Werbung und Repräsentation	2–6	3–7	2–3
Verwaltung	5–7	4–7	3–5
Steuern und Abgaben	4–4	2–4	3–6
Sonstiger Aufwand	3–4	3–6	3–4
Betriebsergebnis vor Zinsen, Pacht/Mieten, Abschreibung und Rücklagen	29–39	14–33	24–42

1) über 10 Beschäftigte
2) Verpflegungsleistungen mit gehobener bzw. erstklassiger Qualität
3) Verpflegungsleistungen mit durchschnittlicher Qualität

Quelle: Schriftenreihe der Fachverbände Gastronomie und Hotellerie Nr. 13 – Betriebskennzahlen des österreichischen Gastgewerbes Bilanzjahr 1999

Tabelle 2: Aufwandsstruktur gastronomischer Betriebe (in Prozent)

Wird das Betriebsergebnis aufgrund vorhandener Bilanzen oder Planungsrechnungen des zu bewertenden Betriebes ermittelt, ist stets zu prüfen, ob die individuellen Strukturdaten mit den durchschnittlichen Kennzahlen übereinstimmen. Größere Differenzen können sich z. B. bei einem Familienbetrieb ergeben, wenn die Mitarbeit einzelner Familienangehöriger nicht oder nur unterbezahlt wird. Dieser Umstand muss durch geeignete Korrekturen berücksichtigt werden, um damit Fehleinschätzungen zu vermeiden.

Das oben genannte *Brutto-Betriebsergebnis* kann daher, wenn Bilanzen vorliegen, wie folgt errechnet werden:

	bilanzieller Gewinn/Verlust
+/–	Dotierung/Auflösung von Rücklagen
+/–	Veränderungen der Rückstellungen
+	Abschreibung
+	Zinsen und Spesen
+	Pacht und Mieten
–	unbare Erträge
=	Brutto-Betriebsergebnis = GOP = Brutto-Cashflow

Der GOP (in Prozent) ist eine Standardkennzahl der internationalen Hotellerie und Gastronomie, insbesondere der Hotelketten. Der GOP dient für interne und zwischenbetriebliche Kontrollen, die unabhängig von der Art und Fristigkeit der Finanzierung (Eigenkapital oder Fremdkapital, Miete, Pacht oder Leasing) und der Abschreibungspolitik des Unternehmens sind.

Diese Kennzahl kann aus Publikationen des Deutschen Hotel- und Gaststättenverbands (DEHOGA), dem Deutschen Wissenschaftlichen Institut für Fremdenverkehr (DWIF), der Österreichischen Gesellschaft für Angewandte Forschung in der Tourismus- und Freizeitwirtschaft (ÖGAF), der Österreichischen Nationalbank (ÖNB) usw. entnommen werden.

5.4 Lebenszyklus von Gastronomiebetrieben

Jeder Gastronomiebetrieb unterliegt bestimmten Lebenszyklen (vgl. Abbildung 1).

I   = Einführungsphase
II = Wachstumsphase
III = Reifephase
IV = Abstiegsphase

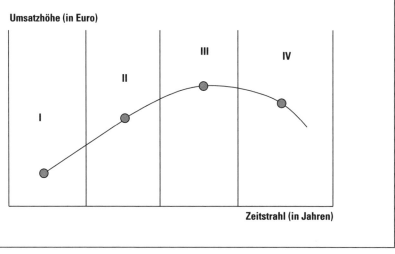

Abbildung 1: Lebensphasen eines Gastronomiebetriebes

Den Lebenszyklen unterliegen dabei

- der Betriebstyp,
- der Gastronomiebetrieb selbst,
- der Standort,
- das Management bzw. die Unternehmerfamilie.

Unterschiedliche Gastronomietrends reihen sich, jeder mit einem bestimmten Lebenszyklus, aneinander. Diese können z. B. sein:

- nationale Spezialitäten (Chinesisch, Italienisch, Griechisch usw.),
- Nouvelle Cuisine,
- Hausmannskost,
- Naturküche,
- Grillwelle usw.

Die typischen Merkmale einer Abstiegsphase sind:

- Es treten verstärkt völlig neue Mitbewerber auf.
- Es sind keine neuen kreativen Ansätze bemerkbar, immer mehr tätigt der Gastronomiebetrieb Imitationsinvestitionen.
- Die eigenen Werbemaßnahmen sind nicht mehr so wirksam wie früher.
- Die Ertragskraft ist über einen längeren Zeitraum rückläufig.
- Es fehlt der Mut zur Investition und generell wird übervorsichtig agiert.

- Misstrauen innerhalb der Betreiberfamilie führt zu Streit und Substanzverzehr.
- Die Unternehmensnachfolge wird hinausgezögert.
- Die Kritik am „Produkt" nimmt ständig zu.

Die vorgenannten Phasen sind in hohem Maße wertrelevant und müssen im Rahmen einer Verkehrswertermittlung der Immobilie und insbesondere der Unternehmensbewertung des Betreibers entsprechend einfließen.

5.5 Drittverwendungsfähigkeit der Objekte

Die Bewertung eines Gastronomiebetriebes erfolgt vielfach nicht isoliert im Rahmen der Bewertung einer Gesamtimmobilie, sondern im Rahmen der Bewertung eines größeren Objektes, in welchem das Gastronomieunternehmen integriert ist.

Ein wichtiges Kriterium ist daher die Drittverwendungsfähigkeit von gastronomisch genutzten Flächen. In Betracht kommen dabei vor allem die Verwendung als Geschäfts- oder Büroflächen. Ist eine alternative Verwendung möglich, so kann auf die Flächenerträge der vergleichbaren Nutzungsarten zurückgegriffen werden. Etwaige notwendige Umbaukosten müssen dann bei der Bewertung allerdings wertmindernd berücksichtigt werden.

6 Wahl des Wertermittlungsverfahrens

Bei der Ermittlung des Werts einer Gastronomieliegenschaft unterscheidet man grundsätzlich zwischen zwei Werten, die ermittelt werden können und zwar

- dem *Verkehrswert* bzw. dem *Wert der Immobilie*, der sich aus dem Bodenwert, dem Gebäudewert und dem Wert der Außenanlagen zusammensetzt sowie

- dem *Unternehmenswert,* bei dem zusätzlich zum Wert der Immobilie die Einrichtung und der ideelle Firmenwert (Goodwill) wie Markenname, Ansehen des Betriebes usw. berücksichtigt werden.

Da Gastronomiebetriebe in der Regel Ertragsobjekte sind, ist für die Bewertung vor allem das Ertragswertverfahren in all seinen Ausprägungen von Bedeutung. Das Vergleichswertverfahren sowie das Sachwertverfahren werden unterstützend herangezogen.

7 Vergleichswertverfahren

Aufgrund nicht ausreichend zur Verfügung stehender Kaufpreise sowie der Problematik der Vergleichbarkeit der vielfältigen Gastronomiebetriebe ist die Anwendung des Vergleichswertverfahrens bei der Ermittlung des Gesamtwertes der Gastronomieliegenschaft nur selten möglich.

Das Vergleichswertverfahren kommt bei der Ermittlung des Bodenwerts zur Anwendung. Dabei werden die Kaufpreise vergleichbarer Grundstücke herangezogen und werterhöhende bzw. -mindernde Unterschiede der Vergleichsgrundstücke gegenüber dem zu bewertenden Grundstück wie z. B. Wertverhältnisse am Ermittlungsstichtag, Art und Maß der baulichen Nutzung usw. durch Zu- und Abschläge berücksichtigt.

8 Sachwertverfahren

Das Sachwertverfahren wird bei der Bewertung von Gastronomieliegenschaften in der Regel nur unterstützend herangezogen. Der ermittelte Sachwert bei Gastronomieliegenschaften liegt meist deutlich höher als der Ertragswert. Für die Ableitung des Verkehrswerts aus dem Sachwert ist daher ein entsprechend hoher Abschlag zur Anpassung an die Marktlage vorzunehmen.

Die Herstellungskosten schwanken sehr stark je nach Art des Gastronomiebetriebs, der Ausstattung sowie zugehörigen Nebeneinrichtungen (Tanzsaal, Kinderecken usw.).

Die *Gesamtnutzungsdauer* von Gastronomiebetrieben ist dadurch geprägt, dass laufend Investitionen notwendig sind, da der Betrieb den aktuellen Trends angepasst werden muss, um für die Gäste attraktiv zu bleiben. Die Notwendigkeit von Erneuerungsinvestitionen hängt stark von den Gästen, die der Betrieb ansprechen will, ab. Der Trendgastronomiebetrieb muss im Vergleich zu einem alt eingesessenen, gutbürgerlichen Gastronomiebetrieb deutlich öfter investieren, um einen zeitgemäßen Standard für die Gäste anbieten zu können. Im Normalfall müssen ca. alle zehn Jahre Modernisierungsinvestitionen durchgeführt werden. Die übliche Gesamtlebensdauer liegt, je nach Art des Gastronomiebetriebes und der Qualität der Immobilie, zwischen 40 und 60 Jahren.

9 Ertragsorientierte Bewertungsmethoden

9.1 Pachtwertverfahren

Das Pachtwertverfahren wird sowohl für die Wertermittlung von eigengenutzten als auch von verpachteten Betrieben angewendet.

Bei der Verpachtung wird zwischen dem Pächter und Verpächter regelmäßig eine umsatzabhängige Pacht vereinbart. Diese Pacht wird als Jahresrohertrag für die Ertragswertberechnung herangezogen.

Dabei ist darauf zu achten, dass nicht unbedingt der mit dem zu bewertenden Gastronomiebetrieb erzielte Umsatz sowie die vereinbarte Pacht verwendet werden, sondern ein nachhaltig erzielbarer Jahresnettoumsatz und ein marktüblicher und nachhaltig erzielbarer Pachtzins zur Anwendung kommen.

Der Unterschied zwischen Miet- und Pachtverträgen liegt darin, dass bei einem Mietverhältnis nur die leeren Räumlichkeiten durch den Vermieter zur Verfügung gestellt werden, während bei einem Pachtverhältnis die wesentlichen Einrichtungsgegenstände wie z. B. Tische und Stühle, Kücheneinrichtung usw. mitverpachtet werden. Der Verpächter will, im Gegensatz zum Vermieter, nicht nur die Räumlichkeiten zur Verfügung stellen, sondern hat auch am Bestehen des verpachteten Betriebes Interesse.

Bei der Verkehrswertermittlung müssen die Pachtanteile, die die zur Verfügung gestellte Einrichtung betreffen, herausgerechnet werden. Bei der Unternehmensbewertung bleiben diese berücksichtigt.

Ermittlung des Jahrespachtwertes

Bei bestehenden Gastronomiebetrieben kann der Gesamtumsatz ohne Umsatzsteuer aus den Bilanzen der letzten Jahre entnommen und bei neuen Objekten aufgrund von Erfahrungssätzen abgeleitet werden. Der Umsatz ist allerdings auf Plausibilität und Nachhaltigkeit zu überprüfen (vgl. Abschnitt 5.2).

Aus dem nachhaltig erzielbaren Gesamtumsatz, der sich aus dem Verpflegungsumsatz und dem sonstigen Umsatz (Tabakwaren, Spielautomatenprovision, Telefon usw.) errechnet, wird mit dem angemessenen und marktüblichen Pachtzins in Prozent der Jahrespachtwert ermittelt.

In Tabelle 3 sind die Umsatz-Pachtsätze für Gastronomiebetriebe aufgeführt.

Betriebsart Umsatzbereich	Basispachtsätze in Prozent
Gaststätten	
■ einfache	6–8
■ gute	7–9
Restaurants	
■ gute	7–9
■ sehr gute	8–10
Pubs	
■ gute	8–10
■ sehr gute	10–12
Bistros	10–12
Spezialitätenlokale	8–12
Schankbetriebe	6–8
Cafés/Eisdielen	8–12
Diskotheken	12–18
Hallenbetriebe	4–7

Quelle: Gastgewerbliche Schriftenreihe Nr. 57 des DEHOGA, 1999

Tabelle 3: Basis-Umsatz-Pachtsätze in Prozent

Die in der gastgewerblichen Schriftenreihe Nr. 57 des DEHOGA veröffentlichten Basis-Umsatz-Pachtsätze in Prozent sind für die zu bewertende Gastronomieliegenschaft durch Zu- oder Abschläge aufgrund liegenschaftsspezifischer Gegebenheiten anzupassen.

In den in der Tabelle 3 angeführten Pachtsätzen ist auch der Pachtanteil für das Mobiliar enthalten, wobei der Mobiliaranteil mit bis zu rund 25 Prozent der Pachtwerte angenommen werden kann.

Beispiel 2:
Restaurant mit Verpflegungsleistungen in gehobener Qualität.
Bodenwert: 234.900 Euro
Restnutzungsdauer: 40 Jahre
Kapitalisierungszinssatz: 8 Prozent
Bewirtschaftungskosten: 15 Prozent, da die Betriebskosten und ein Teil der Instandhaltungskosten vom Pächter übernommen werden.

Umsatzart	Erlöse ohne Umsatzsteuer
Küchenerlöse	638.227 Euro
Kellererlöse	354.571 Euro
Sonstige Erlöse	20.261 Euro
Summe der Betriebserlöse	**1.013.059 Euro**

Vereinbarte Umsatzpacht laut Pachtvertrag 10 Prozent des Gesamtumsatzes ohne Umsatzsteuer.

Umsatz-Pachtsatz:	10 Prozent
– 20 Prozent Pachtanteil für Mobiliar:	2 Prozent
korrigierter Umsatz-Pachtsatz für die Immobilie:	8 Prozent

$$\frac{1.013.059 \cdot 8}{100} = 81.045 \text{ Euro (p. a.)}$$

(1) Bodenwert:	
2.135 m² • 110 Euro (hergeleitet aus Vergleichswert)	234.900 Euro
(2) Wert des Restaurantgebäudes:	
■ Jahresrohertrag der Liegenschaft (Jahrespachtwert)	81.045 Euro
■ abzüglich 15 % Bewirtschaftungskosten des Verpächters	−12.157 Euro
■ Liegenschaftsreinertrag	68.888 Euro
■ abzüglich Verzinsung des Bodenwerts $\frac{234.900 \text{ Euro} \cdot 8\,\%}{100} =$	−18.792 Euro
■ Reinertrag der baulichen Anlagen	50.096 Euro
■ Gebäudeertragswert: Vervielfältiger bei 40 Jahren Restnutzungsdauer und Kapitalisierungszinssatz von 8 % = 11,92 50.096,00 Euro • 11,92 =	597.100 Euro
(3) Ertragswert der Restaurantliegenschaft:	**832.000 Euro**

Eine Anpassung an die Marktlage ist nicht notwendig. Der *Verkehrswert* der begutachteten Restaurantliegenschaft beträgt somit 832.000 Euro.

9.2 Gross-Operating-Profit-Methode

Die Gross-Operating-Profit-Methode dient zur Ermittlung des *Unternehmenswertes des Gastronomiebetriebes,* der in der Regel deutlich über dem Verkehrswert der Liegenschaft liegt.

Als Ausgangsbasis für die Ermittlung des Unternehmensertragswertes dient der in Abschnitt 5.3 beschriebene *Brutto-Cashflow* respektive der *GOP.*

Ausgehend vom nachhaltig erzielbaren GOP im Wirtschaftsjahr der Begutachtung des Gastronomiebetriebes wird der Brutto-Cashflow für die nächsten vier Jahre geplant und die fünf Betriebsergebnisse (ein Ist- und vier Planergebnisse) gewichtet und kapitalisiert.

Für die Heranziehung des Kapitalisierungszinssatzes wird der Brutto-Cashflow mit den Überschüssen einer entsprechenden Alternativveranlagung verglichen. Für die Kapitalisierung wird daher ein nachhaltiger Anlagezinssatz am Kapitalmarkt herangezogen, der aufgrund des höheren Risikos eines Unternehmens sowie der geringeren Mobilität mit einem Risikozuschlag – bezogen auf den Ausgangswert – von bis zu 50 Prozent, gegebenenfalls sogar noch darüber, erhöht wird. Wichtig ist hierbei, dass es sich bei diesem Kapitalisierungszinssatz nicht um einen Liegenschaftszinssatz – wie bei der vorgenannten Bewertung der Immobilie – handelt.

Der errechnete und die prognostizierten GOPs werden auf den Wertermittlungsstichtag diskontiert. Beim Brutto-Cashflow des fünften Jahres geht man davon aus, dass dieser auf Dauer erzielbar ist und kapitalisiert diesen auf ewig (1/p, z. B. p = 9 Prozent; 1/p = 11,1111). Die fünf Einzelpositionen der Barwerte der jeweiligen GOPs werden dann addiert und bilden den Unternehmenswert nach der Gross-Operating-Profit-Methode.

Beispiel 3:

Brutto-Cashflow 2004: 175.000 Euro
Die Betriebsergebnisse der Folgejahre 2005 bis 2008 werden geplant.

Anlagezinssatz:	6 Prozent
+ 50 Prozent Risikozuschlag:	3 Prozent
Kapitalisierungszinssatz:	9 Prozent
($\triangleq$ Diskontierungszinssatz der Berechnung)	

Jahr	GOP in Euro	Diskontierungsfaktor	Einzelbarwert in Euro	Faktor	Gesamtbarwert in Euro
2004	175.000	0,9174	160.545	1,0000	160.545
2005	181.000	0,8417	152.348	1,0000	152.348
2006	190.000	0,7722	146.718	1,0000	146.718
2007	198.000	0,7084	140.263	1,0000	140.263
2008	205.000	0,6499	133.230	11,1111	1.480.332
Barwert = betriebswirtschaftlicher Ertragswert:					2.080.206
Unternehmenswert nach Gross Operating Profit:					rund 2.080.200

Der *Unternehmenswert* beträgt zum Bewertungsstichtag nach der Gross-Operating-Profit-Methode *rund* 2.080.200 Euro

9.3 Discounted-Cashflow-Methode

Bei der *Discounted-Cashflow-Methode* (DCF-Methode) werden die während eines festgelegten Berechnungszeitraumes – in der Regel zehn bis maximal 15 Jahre – erwarteten Einzahlungen und Auszahlungen für jedes Jahr einzeln berechnet. Die daraus für jedes Jahr errechneten Einzahlungsüberschüsse (Cashflows) werden auf den Bewertungsstichtag abgezinst und addiert. Hinzugezählt wird der auf den Bewertungsstichtag abgezinste, geschätzte Verkaufserlös der zu bewertenden Gastronomieimmobilie am Ende des Betrachtungszeitraumes. Der Verkaufserlös wird dabei z. B. als Ertragswert in Form des Barwerts einer ewigen Rente berechnet. Als ewige Rente wird der Cashflow des letzten Jahres des Betrachtungszeitraumes herangezogen. Für die Ermittlung des Barwerts des Verkaufserlöses wird aufgrund der größeren Unsicherheit bezüglich der ewigen Rente üblicherweise ein höherer Kapitalisierungszinsatz herangezogen als für die Barwertermittlung der laufenden Cashflows.

Neben der *Verkehrswertermittlung* einer Gastronomieimmobilie findet das DCF-Verfahren vor allem in der *Unternehmensbewertung* eines Gastronomiebetriebes Anwendung. Wichtig ist – in Abhängigkeit der zwei vorgenannten Anwendungsmöglichkeiten – wieder, jeweils die passenden Bezugsgrößen zu verwenden (Pachteinnahmen versus GOP) und den jeweiligen Diskontierungszinssatz richtig zu wählen (LSZ versus kapitalmarktorientierter Zinssatz).

Der Vorteil der DCF-Methode liegt darin, dass alle Einzahlungen und Auszahlungen übersichtlich dargestellt werden können, und die während des Berechnungszeitraums erwarteten Veränderungen wie z. B. Miet- bzw. Pachterhöhungen und -senkungen, Umsatz- und Kostenerhöhungen und -senkungen, Umbaukosten, Instandhaltungskosten usw. leicht berücksichtigt werden können. Anders als bei den sonstigen ertragsorientierten Methoden besteht daher beim DCF-Verfahren die Möglichkeit, Risken und Wachstumspotenziale einer Gastronomieimmobilie bzw. eines Gastronomiebetriebes explizit im Kapitalfluss abzubilden.

Beispiel 4:

Restaurant mit Verpflegungsleistungen in gehobener Qualität (hier Bewertung der Immobilie).

Jahresrohertrag (Umsatzpacht):	81.045 Euro
Bewirtschaftungskosten:	15,0 Prozent
Indexierung:	1,5 Prozent
Kapitalisierungszinssatz:	8,0 Prozent
Kapitalisierungszinssatz für Verkaufserlös in zehn Jahren:	9,0 Prozent
Verkaufsnebenkosten:	3,0 Prozent
Betrachtungszeitraum:	10 Jahre

Jahr	Jahresrohertrag in Euro	Bewirtschaftungskosten in Euro	Reinertrag in Euro	Abzinsungsfaktor bei 8 %	Barwert Cashflow in Euro
2004	81.045	12.157	68.888	0,9259	63.783
2005	82.261	12.339	69.922	0,8573	59.944
2006	83.495	12.524	70.971	0,7938	56.337
2007	84.747	12.712	72.035	0,7350	52.946
2008	86.018	12.903	73.115	0,6806	49.762
2009	87.308	13.096	74.212	0,6302	46.768
2010	88.618	13.293	75.325	0,5835	43.952

2011	89.947	13.492	76.455	0,5403	41.309
2012	91.296	13.694	77.602	0,5002	38.817
2013	92.665	13.900	78.765	0,4632	36.484
Summe der Barwerte der Cashflows					**490.102**
				Abzinsungsfaktor bei 9 %	
Reinertrag ab 2014:			78.765		
Ewiger Rentenbarwertfaktor bei 9 %:			11,1111		
Bruttoverkaufserlös in zehn Jahren:			875.079		
abzüglich Verkaufsnebenkosten:			− 26.252		
Nettoverkaufserlös in zehn Jahren:			848.827	0,4224	
Barwert aus Verkaufserlös in zehn Jahren:					**358.544**
Summe der Barwerte insgesamt:					**848.646**
Verkehrswert nach Discounted-Cashflow-Methode:					**848.600**

Der *Verkehrswert* nach DCF-Methode beträgt zum Bewertungsstichtag (hier: 1. Januar 2004) 848.600 Euro.

Literaturhinweise

Gerardy, T./Möckel, R./Troff, H. (2004): Praxis der Grundstücksbewertung, Landsberg am Lech 2004.
Kranewitter, H. (2002): Liegenschaftsbewertung, Wien 2002.
Riedel, K.-U./Bruss, H.-Ch. (1999): Miet- und Pachtverträge im Gastgewerbe. Gastgewerbliche Schriftenreihe Nr. 57, DEHOGA/INTERHOGA, Bonn 1999.
Simon, J./Kleiber, W. (1996): Schätzung und Ermittlung von Grundstückswerten, Neuwied 1996.
White, D./Turner, J./Jenyon, B./Lincoln, N. (2000): Internationale Bewertungsverfahren für das Investment in Immobilien, Wiesbaden 2000.
Wöber, K. (2001): Betriebskennzahlen des österreichischen Gastgewerbes Bilanzjahr 1999, Schriftenreihe der Fachverbände Gastronomie und Hotellerie, Wien 2001.

Teil V

Infrastrukturbezogene Immobilien

Bewertung von Grundstücken mit Windenergieanlagen

Herbert Troff

1 Grundstücke mit Windenergieanlagen

2 Technische Daten von Windenergieanlagen
2.1 Errichtung und Technik von Windenergieanlagen
2.2 Planung der WEA-Standorte
2.3 Stromeinspeisevergütung

3 Nutzungsentgelte
3.1 Nutzungsentgelte vor EEG
3.2 Nutzungsentgelte nach EEG
3.3 Aufteilung der Nutzungsentgelte auf Standort- und Umlageflächen

4 Wertermittlungsaufgaben
4.1 Wertermittlungsgrundsätze
4.2 Ermittlung der Bodenwerte
4.3 Ermittlung der jährlichen, umsatzabhängigen Nutzungsentgelte
4.4 Ermittlung eines einmaligen Ablösebetrages
4.4.1 Ableitung des Ablösebetrages (Wert des Nutzungsrechtes) bei Altanlagen
4.4.2 Ableitung des Ablösebetrages bei Neuanlagen

5 Orientierungswerte 2005 bei Ablösungsvereinbarungen für Standort- und Umlageflächen
5.1 Mäßiger Binnenlandstandort
5.2 Guter Binnenlandstandort
5.3 Sehr guter Standort – Küste oder Bergkuppen

6 Zusammenstellung der Grundsätze

1 Grundstücke mit Windenergieanlagen

Die Errichtung von Windernergieanlagen (WEA) hat in den letzten Jahren ständig zugenommen. Zusätzliche Wertermittlungsaufgaben sind hierdurch entstanden: ein *neues Betätigungsfeld für Grundstückssachverständige*. Die zentralen Herausforderungen für den Sachverständigen werden im vorliegenden Beitrag intensiv dargestellt und Lösungsvorschläge zu folgenden Teilbereichen vorgeschlagen:

- Unterschiede der Betreiber und Grundstückseigentümerperspektive,

- Ermittlung von Erlöspotenzialen auf Basis unterschiedlicher Normen zur Einspeisevergütung,

- Unterschiede bei der Ermittlung von einmaligen Ablösebeträgen und laufenden Nutzungsentgeltzahlungen,

- Vorgehensweise zur Aufteilung der Nutzungsentgelte zwischen den Anspruchsgruppen der betroffenen Flächen,

- Ableitung von Orientierungswerten für Praxis.

In Deutschland sind bereits weit über 15.000 WEA errichtet worden. Innerhalb Deutschlands liegen naturgemäß die Küstenländer Niedersachsen und Schleswig-Holstein mit ihren windgünstigen Standorten an der Spitze; aber auch im Binnenland werden zunehmend WEA errichtet. Die Verteilung der WEA in den Bundesländern ergibt sich aus der Tabelle 1.

Bundesland	Anzahl
Niedersachsen	4.109
Schleswig-Holstein	2.643
Nordrhein-Westfalen	2.177
Brandenburg	1.617
Sachsen-Anhalt	1.375
Mecklenburg-Vorpommern	1.061
Sachsen	654
Rheinland-Pfalz	650
Hessen	493

Thüringen	413
Baden-Württemberg	237
Bayern	236
Hamburg	56
Bremen	38
Saaland	38
Berlin	0
Gesamt	**15.797**

Quelle: Bundesverband Windenergie unter www.wind-energie.de

Tabelle 1: Anzahl der WEA in Deutschland (Stand: 30. Juni 2004)

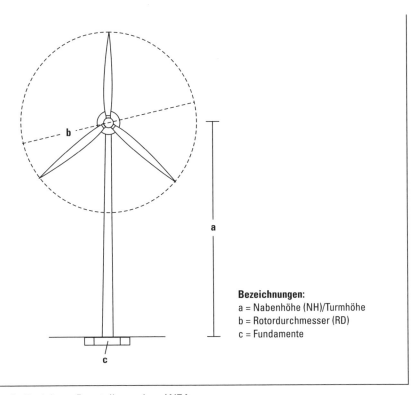

Bezeichnungen:
a = Nabenhöhe (NH)/Turmhöhe
b = Rotordurchmesser (RD)
c = Fundamente

Abbildung 1: Typisierte Darstellung einer WEA

Die Tabelle 2 mit der europaweit installierten Windenergie-Leistung zeigt, dass bei der Nutzung der Windenergie Deutschland den ersten Platz einnimmt.

Land	Installierte Windenergie-Leistung in MW				
	1999	2000	2001	2002	2003
Deutschland	4.443	6.113	8.754	12.001	14.609
Spanien	1.225	2.538	3.337	4.830	6.202
Dänemark	1.761	2.364	2.534	2.880	3.110
Niederland	411	449	483	686	873
Italien	283	427	697	785	904
Großbritannien	353	406	474	552	646
...	...	...	...	...	
Österreich	42	79	95	139	415
...	...	...	...		
Schweiz	3	3	3	3	3
...	...	...	...		
Europaweit	9.076	13.258	17.528	17.528	28.700

Quelle: Bundesverband WindEnergie; www.wind-energie.de

Tabelle 2: In Europa installierte Windenergie-Leistung

2 Technische Daten von Windenergieanlagen

2.1 Errichtung und Technik von Windenergieanlagen

WEA entstehen als Einzelanlagen oder in Windfarmen (auch so genannte Windparks), die je nach ihrer Leistungsfähigkeit über unterschiedliche Ausmaße verfügen.

Unter Windfarm wird beispielsweise nach dem Windenergie-Erlass von Nordrhein-Westfalen vom 3. März 2002 die Planung oder Errichtung von mindestens drei WEA verstanden, die

- sich innerhalb einer bauleitplanerischen Fläche befinden, oder
- nahe beieinander liegen; Orientierungswert ist das Achtfache des Rotordurchmessers oder die gemeinsame Einwirkung (entsprechend Nr. 2.2 TA-Lärm[1]) auf einen Immissionsort; der größere Abstand ist maßgeblich.

Zur Errichtung einer Windenergieanlage sind umfangreiche Genehmigungsverfahren zu durchlaufen, um die planungs- und bauordnungsrechtlichen Bedingungen abzuklären.

Der *Typ einer Windenergieanlage* ist bestimmt durch die Typenbezeichnung, die Rotorkreisfläche, die Nennleistung und die Nabenhöhe gemäß den Angaben des Herstellers (siehe Tabelle 3).

Die Nutzungsdauer von WEA wird von den Herstellern und Betreibern mit 20 bis 30 Jahren angegeben; nach zehn bis 15 Jahren ist eine Generalüberholung bei Getriebe-WEA erforderlich, bei getriebelosen WEA erst später.

Die Betreiber von WEA sind in der Regel nicht die Eigentümer der Standortflächen, so dass mit den Eigentümern von Standort- und Gestattungsflächen (Baulasten-/Abstandsflächen) entsprechende zivelrechtliche Vereinbarungen (Verträge) zur Betreibung von WEA abgeschlossen werden. Vereinbart werden Zeiträume, die sich im Idealfall über die gesamte Betriebsdauer von WEA erstrecken. Die Verträge sehen hierzu im Regelfall eine feste Laufzeit von 20 Jahren mit bis zu vier Optionen für die Betreiber von je fünf Jahren vor, wodurch die maximale Laufzeit bis zu 40 Jahre betragen kann.

---

[1] TA-Lärm = Technische Anleitung zum Schutz gegen Lärm – TA-Lärm vom 26. August 1998 (GMBl. S. 503).

WEA-Typ Nennleistung	Baujahre	Nabenhöhe (NH) [m]	Rotordurch-messer (RD) [m]	Durchschnittliche Energieleistung pro Jahr am Standort in optimierter Nabenhöhe*)
200/300 kW	ab 1990	40/50	30–33	vom 1.700-fachen der Nennleistung [bei mäßigem Standort (Binnenland)] bis zum 3.500-fachen der Nennleistung [bei sehr gutem Standort (Küste/Bergkuppen)] **)
500/600 kW	ab 1995	50/65	40–45	
1.500 kW	ab 1997	65/100	65–70	
1.800–2.000 kW	ab 1999	70/100	66–80	
2.000–3.000 kW	ab 2001	> 100	75–90	
4.500 kW	ab 2003	> 120	114	

*) abhängig von der Lage, Geländerauhigkeit und der Windgeschwindigkeit in Nabenhöhe

**) entspricht der Laufzeit einer WEA von 1.700 bis 3.500 Stunden pro Jahr bei Volllast der jeweiligen Nennleistung in kW; beispielsweise errechnet sich die Jahresenergieleistung einer 1.500 kW – WEA bei einer Laufzeit bei Volllast von 2.200 h folgendermaßen: 1.500 kW • 2.200 h = 3.300.000 kWh

Tabelle 3: Technische Daten von WEA

2.2 Planung der WEA-Standorte

Mit dem Gesetz zur Änderung des Baugesetzbuches (BauGB) vom 8. August 1996 (BGBl. I, S. 1189) zählen seit dem 1. Januar 1997 WEA zu den „privilegierten Vorhaben" im Außenbereich nach § 35 Abs. 1 Nr. 6 BauGB. In Flächennutzungsplänen können die Gemeinden nach § 5 i. V. m. § 35 Abs. 3, Satz 3, BauGB „Vorrang- oder Konzentrationszonen für WEA" festlegen.

WEA-Vorhaben können planungsrechtlich zugelassen werden

- im Geltungsbereich eines Bebauungsplanes nach § 30 BauGB mit besonderer Ausweisung als Sondergebiet „Windfarm" und auf Versorgungsflächen,

- im unbeplanten Innenbereich nach § 34 Abs. 2 BauGB und

- im Außenbereich nach § 35 Abs. 1 Nr. 1 oder Nr. 6 sowie

- über eine Umweltverträglichkeitsprüfung (UVP); UVP-pflichtige Vorhaben siehe Anlage 1 des Gesetzes über die Umweltverträglichkeitsprüfung (UVPG) vom 21. Februar 1990 (BGBl. I, S. 205), zuletzt geändert durch Artikel 1 des Gesetzes vom 27. Juli 2001 (BGBl. I, S. 1950).

Die Genehmigungspflicht ist jeweils nach Landesbauvorschriften geregelt. Die Abstandsvorschriften der WEA sind abhängig von der Leistung, der Nabenhöhe und des Rotordurchmessers der WEA. Bei den *einzuhaltenden Abstandflächen* sind drei Teilbereiche simultan zu beachten. Diese richten sich auf die Bestimmung der Abstände von WEA zu

- Einzelgebäuden/Ortslagen,
- Nachbargrenzen und
- benachbarten WEA.

Alle drei Bereiche werden im Folgenden näher erläutert und darauf aufbauend im Anschluss der sich daraus ergebende Flächenverbrauch (F) abgeleitet.

1. Abstand zu Einzelgebäuden/Ortslagen

Bei der Planung und Ermittlung der Abstände der WEA zu Siedlungsgebieten und zu Wohngebäuden ist grundsätzlich sicherzustellen, dass die jeweils maßgeblichen Werte der TA-Lärm eingehalten werden, damit sich Entschädigungsforderungen wegen möglicher Immobilienwertminderung außerhalb der Abstandsradien (situationsbezogen 300 m bis 750 m) nicht begründen lassen *(Gebot der gegenseitigen Rücksichtnahme)*.

Im Rahmen eines OVG-NRW-Urteils vom 30. November 2001 wurden im konkret zu entscheidenden Fall für die Ausweisung einer „Vorrangzone für Windkraftanlagen" durch die Gemeinde folgende Abstände als „nicht zu hoch gegriffen" angesehen:

- von 300 m zu Einzelgebäuden und Gehöften,
- von 300 bzw. 500 m zu überwiegend außerhalb des Ortszusammenhangs liegender Wohnbebauung (je nach unterschiedlichen Himmelsrichtungen), sowie
- von 500 bzw. 750 m zu überwiegend im Ortszusammenhang liegender Wohnbebauung (gleichfalls je nach unterschiedlichen Himmelsrichtungen).

2. Abstand zu Nachbargrenzen

Die Ermittlung der WEA-Abstände zu zustimmungspflichtigen Nachbarn (Nachbargrenzen), (H), richtet sich nach Landesbauvorschriften und wird beispielsweise

- in *Niedersachsen* nach der Formel

$$H = \text{Nabenhöhe} + \text{Radius des Rotors} / \sin(45°)$$

ermittelt; teilweise sind einseitig auch $\frac{1}{2}$ H zulässig (Schmalseitenprivileg).

Beispiel 1a: Abstand – Nachbarn

WEA-Typ: 1.500 kW-Anlage; Nabenhöhe = 98 m; Rotordurchmesser = 70 m

H = 98 m + 35 m/0,7071 = 147,50 m

= Radius der zustimmungspflichtigen Nachbarflächen/Gestattungsflächen.

- in *Nordrhein-Westfalen* nach Nr. 4.3.1 WEA-Erlass-(WEAErl) vom 3. Mai 2002 nach der Formel

$$H = \tfrac{1}{2}\ \text{Nabenhöhe} + \text{Radius des Rotors}$$

ermittelt (ohne Schmalseitenprivileg).

3. Abstand zu benachbarten WEA

Die Abstände zu benachbarten WEA sind zur Vermeidung von Windabschattungen unterschiedlich. Es werden folgende Erfahrungswerte empfohlen:

- bis zum achtfachen Rotordurchmesser (RD) in Hauptwindrichtung und
- bis zum fünffachen Rotordurchmesser (RD) in Nebenwindrichtung.

Beispiel 1b: Abstand – andere WEA

WEA-Abstandsermittlung für eine WEA mit 1.500 kW Nennleistung und einem Rotordurchmesser von 70 m:

$A_{Nebenwindrichtung} = 70\ m \cdot 5 = 350\ m$

$A_{Hauptwindrichtung} = 70\ m \cdot 8 = 560\ m$

Die Abstände der WEA in Windparks werden gelegentlich auch kleiner gewählt.

Der NRW-WEA-Erlass 2002 empfiehlt zur optimalen Ausnutzung des hereinkommenden Windes und des Gebotes der gegenseitigen Rücksichtnahme, in einem Winkelbereich von +/−30° zur Achse der Hauptwindrichtung vor den benachbarten WEA das Achtfache ihres Rotordurchmessers als Abstand einzuhalten; in allen übrigen Windrichtungen das Vierfache des Rotordurchmessers.

4. Flächenverbrauch (F)

Bei der Planung von Windparks ist die zur Verfügung stehende Fläche, der so genannte *Flächenverbrauch,* für einen Windfarm von Bedeutung. Im Folgenden werden Erfahrungswerte mitgeteilt.

Der Flächenverbrauch je WEA für Umlageflächen, die eine flächenhafte Entschädigung erhalten, ergibt sich nach obigem Beispiel 1b folgendermaßen:

Beispiel 1c: Flächenverbrauch – Windpark

350 m • 560 m = 19,6 ha

Der Flächenverbrauch wird von den WEA-Betreibern/-Planern für Windparks anlagenabhängig mit 10 bis 20 ha/WEA angegeben.

Bei Einzelstandorten wird der Flächenverbrauch für die Standort- und Abstandsflächen (Eintragung einer Baulast oder Dienstbarkeit) je nach Landesvorschrift beispielsweise mit folgender Formel berechnet:

$$F = (H)^2 \cdot \pi$$

für Beispiel 1a bei einer 1.500 kW-Anlage und einem Abstandsradius von H = 147,50 m wie folgt ermittelt:

Beispiel 1d: Flächenverbrauch – Einzelstandort

$F_{max} = (147,50\ m)^2 \cdot 3,14 = 68.315\ m^2 = ca.\ 6,8\ ha$

oder wenn H/2 einseitig zulässig ist, ergibt sich

$F_{min} = (73,75\ m)^2 \cdot 3,14 = 17.079\ m^2 = ca.\ 1,7\ ha$

2.3 Stromeinspeisevergütung

Auf der Grundlage des Stromeinspeisegesetzes vom 7. Dezember 1990 (BGBl. I. S. 633), geändert am 19. Juli 1994 (BGBl. I., S. 1622), erhielten die Betreiber 1996 für die Lieferung von Strom aus WEA von Versorgungsunternehmen 17,21 Pf./kWh (1997 = 17,14/kWh; 1998 = 16,78 Pf./kWh). Nach § 7 des „Gesetzes für den Vorrang Erneuerbarer Energien" – Erneuerbare-Energien-Gesetz-EEG vom

29. März 2000 (BGBl. I, S. 305) – gelten folgende Stromeinspeisevergütungen für Strom aus WEA bis zum Errichtungsjahr 2001:

- 17,8 Pf./kWh – an allen Standorten für die ersten fünf Jahre,
  = 9,10 Cent/kWh[2] danach standortabhängig bis maximal ca. 20 Jahre bzw.
- 12,1 Pf./kWh – für die restliche Betriebsdauer
  = 6,19 Cent/kWh

Die Einspeisevergütung reduzierte sich in Abhängigkeit vom Errichtungsjahr der WEA bis zum 1. August 2004 (In-Kraft-Treten des Gesetzes zur „Neuregelung der Erneuerbaren Energien im Strombereich" vom 21. Juli 2004 (BGBl. I, S. 1918)) jährlich um 1,5 Prozent, danach jährlich um 2,0 Prozent (vgl. Tabelle 4).

Jahr der Errichtung der WEA	Höchster Betrag der Einspeisevergütung	Niedrigster Betrag der Einspeisevergütung
2001	17,80 Pf. bzw. 9,10 Cent/kWh	12,10 Pf. bzw. 6,19 Cent/kWh
2002	9,00 Cent/kWh	6,10 Cent/kWh
2003	8,90 Cent/kWh	6,00 Cent/kWh
2004	8,80 Cent/kWh	5,90 Cent/kWh
2004 *)	8,70 Cent/kWh	5,50 Cent/kWh
2005*)	8,53 Cent/kWh	5,39 Cent/kWh
2006*)	8,36 Cent/kWh	5,28 Cent/kWh

*) Aufgrund der Änderungen des Gesetzes zur „Neuregelung des Rechts der Erneuerbaren Energien im Strombereich" vom 21. Juli 2004 (BGBl. I, 1918)

Tabelle 4: Einspeisevergütungen nach EEG in Abhängigkeit vom Jahr der WEA-Errichtung

Bei der Errichtung von WEA vor dem 31. Dezember 2001 betrug die Vergütung 17,8 Pf. pro Kilowattstunde (kWh) für die Dauer von fünf Jahren, gerechnet vom Zeitpunkt der Inbetriebnahme. Danach beträgt die Vergütung für Anlagen, die in dieser Zeit windstandortabhängig 150 Prozent des errechneten Ertrages der Referenzanlage erzielt haben, mindestens 12,1 Pf. pro kWh.

---

2   Mit In-Kraft-Treten des 9. Euro-Einführungsgesetzes vom 10. November 2001 (BGBl. I S. 2992).

Für Altanlagen gilt nach EEG als Zeitpunkt der Inbetriebnahme der 1. April 2000. Für diese Anlagen verringert sich die Frist der erhöhten Vergütung um die Hälfte der bis zum 1. April 2000 zurückgelegten Betriebszeit; sie läuft jedoch in jedem Fall mindestens vier Jahre.

Um die Dauer der Höchstvergütung zu ermitteln, konnte bisher der *Vergütungsrechner* des Bundesverbandes WindEnergie genutzt werden *(http:// www.wind-energie.de* → Informationen → EEG-Rechner), der zurzeit vor dem Hintergrund der sich 2004 geänderten Rechtslage und ändernden Einspeisevergütungen nicht zugänglich ist. Unter Eingabe des *WEA-typenbezogenen Referenzertrages* in kWh, die vom Hersteller für Anlagetypen mitgeteilt worden sind und des *realen Standortertrages* (aus Windgutachten oder aus Vergleichsanlagen der Region) konnte der Satz der erhöhten Vergütung ermittelt werden.

- *Referenzanlage* ist eine WEA eines bestimmten Typs, für die sich entsprechend ihrer von einer dazu berechtigten Institution vermessenen Leistungskennlinie an dem Referenzstandort (Vergleichs-/Bezugsstandort) ein Ertrag in Höhe des Referenzertrags errechnet.

- *Referenzertrag* ist die für jeden Typ einer Windenergieanlage einschließlich der jeweiligen Nabenhöhe bestimmte Strommenge, die dieser Typ bei Errichtung an dem Referenzstandort rechnerisch auf Basis einer vermessenen Leistungskennlinie in fünf Betriebsjahren erbringen würde. Eine Liste der Referenzerträge (Fünf-Jahres-Erträge) der WEA von einzelnen Herstellern findet man jetzt unter *www.wind-fgw.de* => EEG/Referenzerträge.

Die *Standortqualität* für eine WEA ergibt sich als Quotient aus dem realen Standortertrag in kWh/Jahr und dem Referenzertrag in kWh/Jahr. Die Standortqualität bestimmt somit die Dauer der o. g. erhöhten Einspeisevergütung.

Beispiel 2: Ermittlung der Standortqualität für eine geplante WEA

$$\text{Standortqualität} = \frac{\text{realer Standortertrag}}{\text{Referenzertrag}} =$$

$$= \frac{2.700.000 \text{ kWh}}{3.375.000 \text{ kWh}} = 80\ \% = \text{mäßiger Binnenlandstandort}$$

Nach einer Auswertung des www.wind-energie.de/-„Vergütungs"-Rechners wurden erhöhte Einspeisevergütungen für bestimmte Standorte ermittelt (siehe Tabelle 5).

Region	Standortqualität	Durchschnittliche Laufzeit einer WEA in h/Jahr	Dauer der erhöhten Einspeisevergütung
Sehr guter Küstenstandort	150 %	~ 3.300 h	5 Jahre
Guter Binnenlandstandort	100 %	~ 2.200 h	16 Jahre
Mäßiger Binnenlandstandort	80 %	~ 1.800 h	20 Jahre

Tabelle 5: Dauer der erhöhten Einspeisevergütung von WEA nach EEG

Die Betreiber von WEA sind entweder Eigentümer der Flächen, auf denen die Anlagen errichtet werden oder Gesellschaften, die die benötigten Standort- und Zuwegungsflächen für die Nutzungsdauer der Windenergieanlage pachten.

Zur Absicherung der dem WEA-Betreiber vertraglich zustehenden Nutzungsrechte wird zu seinen Gunsten das Grundstück mit einer beschränkt persönlichen Dienstbarkeit belastet. In den Verträgen befinden sich Bestimmungen, die die Haftung des Betreibers umschreiben. Regelmäßig wird der Grundstückseigentümer von Ansprüchen Dritter freigestellt, die während des Baus, des Betriebes und der Unterhaltung einer Windenergieanlage entstehen. In den Verträgen wird in der Regel auch festgelegt, dass Flurschäden für den Fall zu ersetzen sind, dass dieser während der Errichtung, der Unterhaltung und des Abbaus der Windenergieanlage entstehen. Nach Ablauf der Vertragszeit ist der Betreiber zur Beseitigung der Windenergieanlage auf eigene Kosten verpflichtet. Zur Sicherstellung der Ansprüche des Grundstückseigentümers auf Beseitigung und Entsorgung der Windenergieanlage hat der Betreiber regelmäßig Rücklagen zu bilden (z. B. ca. 120.000 Euro für eine 1.800 kW-Anlage).

Für die Errichtung einer Windenergieanlage (Einzelanlage) werden als Standortfläche je nach Größe der Anlage und des erforderlichen Fundaments zwischen 150 bis 350 m² Fläche benötigt, sowie eine Zuwegungsfläche bis zur nächsten öffentlichen Straße.

3 Nutzungsentgelte

Bei Wertermittlungsaufgaben ist zu unterscheiden zwischen Nutzungsentgeltregelungen von Alt-WEA, die vor der Einführung des „Erneuerbare-Energien-Gesetz-EEG" vom 29. März 2000 errichtet wurden und neuen, nach diesem Zeitpunkt, errichteten WEA.

3.1 Nutzungsentgelte vor EEG

Für die Bereitstellung von Flächen für den Betrieb von WEA wurden den Grundstückseigentümern – soweit sie nicht selbst Betreiber waren – standortbezogene Nutzungsentgelte gezahlt für

- die Nutzung der Standort- und Zuwegungsflächen, sowie für
- das Recht zur Betreibung einer Windenergieanlage inklusive der wirtschaftlichen Nachteile für die Restflächen.

Es wurden sowohl *jährlich wiederkehrende Zahlungen* geleistet, als auch *einmalige Ablösebeträge* gezahlt.

Die Höhe der Nutzungsentgelte war abhängig von

- den windabhängigen Standortbedingungen (durchschnittliche Jahreswindgeschwindigkeit), sowie
- der Leistungsfähigkeit der Windenergieanlage (Nennleistung in kW oder Jahresenergieertrag in MWh).

Die in der Tabelle 6 angegebenen Nutzungsentgeltspannen wurden von aus den im nordwestdeutschen Küstenbereich bisher gezahlten Entschädigungen für Altanlagen vor dem EEG abgeleitet.

Nennleistung einer WEA in kW	Nutzungsentgelte pro Jahr
250/300	750 Euro bis 2.000 Euro
500/600	2.500 Euro bis 6.100 Euro
1.500	7.500 Euro bis 13.000 Euro

Tabelle 6: Jährliche Nutzungsentgelte von WE-Altanlagen für die Bereitstellung von Flächen zur Errichtung einer Windenergieanlage

Die Nutzungsentgeltzahlungen wurden überwiegend als jährliche Festbeträge an die Eigentümer der Standortflächen über die Laufzeit gezahlt. In den Beträgen (siehe Tabelle 6) sind bereits die Nutzungsentgelte für die wirtschaftlichen Erschwernisse der verbleibenden landwirtschaftlichen Flächen enthalten; zusätzliche Zahlungen wurden hierfür nicht vereinbart.

An windgünstigen Standorten liegen die durchschnittlichen Jahreswindgeschwindigkeiten 10 m über Grund (GuG 1996, S. 361) auf den Nordsee-Inseln bei 7,0 m/sec, im Küstenbereich bei 6,0 bis 6,5 m/sec, im Binnenland bei ca. 5,0 m/sec. Auf Bergkuppen im Binnenland bestehen ähnliche Windverhältnisse wie im Küstenbereich.

Die in der Tabelle 6 aufgeführten Höchstwerte wurden bis Ende der 90er Jahre für gute Standorte mit ca. 6,0 m/sec durchschnittliche Jahreswindgeschwindigkeit erzielt; die niedrigeren Werte wurden in den Verträgen um 1990 vereinbart.

Die durchschnittliche Jahreswindgeschwindigkeit ergibt sich aus den bereits für den Standort vorliegenden *Windgutachten,* die von Sachverständigen für WEA-Standorteignungs-Untersuchungen angefertigt werden. Hierin ist die standortbezogene durchschnittliche Jahreswindgeschwindigkeit angegeben. Sie ist von den standortbezogenen Anströmungsverhältnissen abhängig; diese werden wiederum von den lokalen Rauigkeitsverhältnissen, den Hindernissen und orografischen Strukturen des Geländes.

Die durchschnittliche Jahreswindgeschwindigkeit wird angegeben für bestimmte Höhen über Grund. Der Deutsche Wetterdienst gibt die durchschnittliche Jahreswindgeschwindigkeit in 10 m über Grund an, während in den Windgutachten auch die Windverhältnisse in Nabenhöhe einer Windenergieanlage (z. B. 70 m ü. G.) angegeben sind. Darüber hinaus sind in den Windgutachten Energieproduktionsprognosen der Windenergieanlage für den geplanten Standort enthalten, sodass der Grundstückssachverständige sich auf diese Parameter für Wertermittlungsaufgaben beziehen kann.

3.2 Nutzungsentgelte nach EEG

Mit den Regelungen im EEG vom 29. März 2000 wurden die Stromeinspeisevergütungen neu geregelt und standort- bzw. ertragsabhängige Höchstsätze für die Stromeinspeisung vom Gesetzgeber für WEA festgelegt, die bis zum 31. Dezember 2001 ans Netz gingen. Auch für WE-Altanlagen hat das EEG die Höchstförderung neu geregelt und begrenzt. Hinsichtlich der Dauer der Höchstförderung wird auf die Tabelle 4 verwiesen.

Eine Umfrage des Verfassers bei den Betreibern ergab, dass seit der Stromeinspeiseneuregelung durch die EEG die Betreiber von neuen WEA überwiegend jährliche, *umsatz- und ertragsabhängige Nutzungsentgeltzahlungen* für das *Recht zur Errichtung von WEA* mit den Eigentümern von Standortflächen und Umlageflächen vereinbaren und somit sich die jährlichen Entschädigungsbeträge für die Eigentümer über den Zeitraum einer WE-Betriebsdauer *umsatzabhängig gestalten* und über die *gesamte Laufzeit verändern*.

Überwiegend vereinbaren die WEA-Betreiber mit den Eigentümern folgende *Umsatzpachtsätze:*

- Vom ersten bis zwölften Jahr (Finanzierungszeit): 4 bis 6 Prozent, im Durchschnitt 5 Prozent,

- für die weiteren Jahre: 6 bis 10 Prozent, überwiegend 8 Prozent,
  bzw. 4 und 7 Prozent beim mäßigen Standort (80 Prozent Standortqualität).

3.3 Aufteilung der Nutzungsentgelte auf Standort- und Umlageflächen

Der Umsatzanteil wird nicht mehr nur für den Eigentümer des WEA-Standortes gezahlt, sondern es erfolgt eine *Aufteilung der gesamten Nutzungsentgelte* auf die

- *Eigentümer von Standort- und Umlageflächen:* 75 bis 80 Prozent (überwiegend *80 Prozent)* des Betrages der gesamten Fläche (für alle umgerechnet auf ha oder m²); d. h. für *Standort- und Umlageflächen*

- 20 bis 25 Prozent (überwiegend *20* Prozent) des Gesamtbetrages.

Die Regelung der 90er Jahre, dass der Eigentümer des Standortes die Nutzungsentgelte zu 100 Prozent erhielt und die Eigentümer der umliegenden Flächen nicht beteiligt wurden, führte bei der Errichtung von WEA zur fehlenden Akzeptanz der „Nichtbeteiligten".

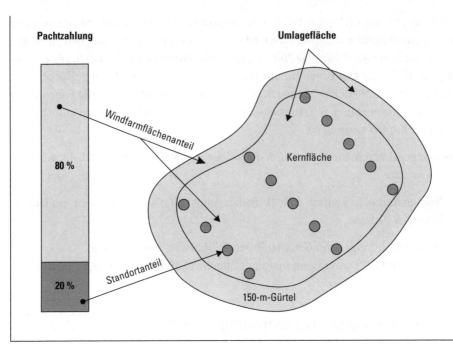

Abbildung 2: Aufteilung der Nutzungsentgelte (Pachtzahlungen) in einer Windfarm auf die Eigentümer der Standort- und Umlageflächen

Als weitere Anspruchsgruppe, die im Rahmen der Nutzungsentgeltzahlungen involviert werden sollte, können die *Pächter* landwirtschaftlicher Flächen bei langfristigen Pachtverträgen identifiziert werden. Sind die betroffenen landwirtschaftlichen Flächen langfristig verpachtet, so werden die vorher genannten jährlich gezahlten umsatzanteiligen Nutzungsentgelte des Eigentümers des Standortes noch weiter aufgegliedert. Beim Eigentümer verbleiben dann nur 85 Prozent der auf den Standort entfallenden Zahlungen und 15 Prozent werden an den Pächter zur Abgeltung aller wirtschaftlichen Erschwernisse, die im Zusammenhang mit der WEA entstehen, weitergereicht.

4 Wertermittlungsaufgaben

Beim Verkauf und bei der Verpachtung von Standort-, Abstands- und Zuwegungsflächen für WEA ergeben sich folgende Wertermittlungsaufgaben:

Die Ermittlung

- des Bodenwertes der Standort- und Zuwegungsflächen,

- der Nutzungsentgelte für das Recht zur Errichtung einer Windenergieanlage inklusive der Entschädigung für die gegebenenfalls wirtschaftliche Erschwernis, die durch das Vorhandensein der Windenergieanlage entsteht (Nutzungsentgelte).

4.1 Wertermittlungsgrundsätze

Für die Wertermittlung des Grund und Bodens wird das Vergleichswertverfahren (§§ 13 und 14 der Wertermittlungsverordnung – WertV) herangezogen.

Die Ermittlung der jährlich zu zahlenden Entschädigung für das Recht zur Errichtung einer Windenergieanlage (inklusive Wirtschaftserschwernis durch das Vorhandensein einer solchen Anlage für die Restflächen) ist bei WE-Altanlagen vertraglich vereinbart; bei WE-Neuanlagen sind diese ertrags-/umsatzabhängig zu ermitteln.

Sofern einmalige Ablösebeträge ermittelt werden sollen, wird – falls keine Vergleichswerte vorliegen – in Anlehnung an das Ertragswertverfahren das jährlich von dem Betreiber zu zahlende Nutzungsentgelt über die Nutzungsdauer der Windenergieanlage kapitalisiert.

4.2 Ermittlung der Bodenwerte

Die Größe der jeweils benötigten Fläche (oder auch Funktionsfläche genannt), ist abhängig vom Typ der Windenergieanlage und vom Projektbetreiber zu erfragen. Der *Entwicklungszustand* (§ 4 WertV) der Standortfläche- und Zuwegungsfläche ist entsprechend der Lage im Außenbereich (§ 35 BauGB) in der Regel als *„besondere Fläche der Landwirtschaft"* (§ 4 Abs. 1 Nr. 2 WertV) einzustufen und entsprechend der regionalen Marktsituation mit dem Drei- bis Siebenfachen des Bodenwertes des reinen Agrarlandes anzusetzen.

Ähnliche Faktoren ergeben sich nach *Linke* in GuG 1997, S. 30, aufgrund einer Kaufpreisanalyse mit Kaufpreisen aus *Nordfriesland* (Kaufpreise von 1990 bis 1996) und aus dem *südlichen Brandenburg* (Kaufpreise aus 1995/1996).

4.3 Ermittlung der jährlichen, umsatzabhängigen Nutzungsentgelte

Der Betrag für das Recht zur Errichtung einer Windenergieanlage leitet sich aus dem zwischen den Betreibern und Eigentümern vereinbarten energieertragsbezogenen (umsatzabhängigen) jährlichen Nutzungsentgelt ab, das in Höhe eines Prozentsatzes der jährlichen Einspeisevergütung gem. § 7 (1) bis (4) EEG gezahlt wird.

Inhalt der jährlichen Nutzungsentgelte sind:
- die Nutzung der Standort- und Zuwegungsflächen,
- das Recht zur Betreibung einer Windenergieanlage,
- die Abgeltung der Aufwendungen für die Baulast- bzw. Dienstbarkeitseintragungen (z. B. im Land Brandenburg) sowie
- den Ausgleich für die wirtschaftlichen Erschwernisse/Nachteile bei landwirtschaftlichen Restflächen.

Seit der Einführung des EEG vom 29. März 2000 vereinbaren die Betreiber von Windfarmen mit den Grundstückseigentümern nicht nur standortbezogene Nutzungsentgelte, sondern ein differenzierte Standort- und Flächenzahlung im Verhältnis von 20 für den Standort zu 80 für die Umlagefläche. Diese Regelung berücksichtigt auch die Beteiligung der Grundstückseigentümer in angemessener Form, die nur Abstandsflächen zur Verfügung stellen, bzw. nur innerhalb des Windfeldes liegen (Umlagefläche). Der Flächenbedarf der Windfarmen ergibt sich vorrangig aus den Abstands- und Abschattungsflächen, die sich nach den Landesbauordnungen und regionalen Besonderheiten richten (siehe Abschnitt 2.2).

In allgemeiner mathematischer Form lässt sich die *Nutzungsentgeltzahlung der Beteiligungen* der Grundstückseigentümer wie folgt darstellen:

$$y = EP/a \cdot EV \cdot P$$

y = jährliches Nutzungsentgelt in Euro
EP/a = Jahresenergieleistung (Jahresproduktion) der WEA in kWh
EV = Einspeisevergütung gemäß EEG in Euro/kWh, § 7 Abs. 1 und 3 EEG
P = Umsatzpachtsatz in Prozent, ortsüblich

Die Nutzungsentgelte sind abhängig von der Standortqualität (mäßiger, guter Binnenlandstandort bzw. sehr guter Küstenstandort) und den Zeiträumen der höchsten Vergütung der Stromeinspeisung nach EEG (auch abhängig vom Jahr der Errichtung einer WEA).

Beispiel 3: Ermittlung des jährlichen Entschädigungsbetrages aus der jährlichen Energieproduktion für Standort und Umlageflächen

(beispielhaft auf Grundlage einer Windfarm mit insgesamt 80 ha Gesamtfläche)

Windfarm mit acht WEA soll im Jahre 2005 errichtet werden – je 1.500 kW Nennleistung; vereinbart wurde eine Aufteilung der Entschädigungs-/Ablösezahlungen von 20 Prozent standortbezogen und 80 Prozent flächenbezogen;

1. Fallgestaltung:

- *Mäßiger Binnenlandstandort mit 2.700.000 kWh Energieleistung pro Jahr (80 Prozent Standortqualität);*
- *Zeitraum der erhöhten Einspeisevergütung (8,53 Cent/kWh) ca. 20 Jahre, danach 5,39 Cent/kWh;*
- *Umsatzpachtanteil für die ersten 12 Jahre = 4 Prozent und für die weiteren Jahre 7 Prozent.*

2. Fallgestaltung:

- *Guter Binnenlandstandort mit 3.300.000 kWh Energieleistung pro Jahr (100 Prozent Standortqualität);*
- *Zeitraum der erhöhten Einspeisevergütung (8,53 Cent/kWh): ca. 16 Jahre, danach 5,39 Cent/kWh;*
- *Umsatzpachtanteil für die ersten 12 Jahre = 5 Prozent und für die weiteren Jahre 8 Prozent.*

3. Fallgestaltung:

- *Sehr guter Küstenstandort mit 4.950.000 kWh Energieleistung pro Jahr (150 Prozent Standortqualität);*
- *Zeitraum der erhöhten Einspeisevergütung (8,53 Cent/kWh): ca. fünf Jahre, danach 5,39 Cent/kWh;*
- *Umsatzpachtanteil für die ersten zwölf Jahre = 5 Prozent und für die weiteren Jahre 8 Prozent.*

Betriebszeit	Jahrespro-duktion EP/a in kWh/a	Einspeiseverg-ütung EV in Euro/kWh	Anzahl der WEA in der Wind-farm	Jahresumsatz in Euro	
				in der Wind-farm	je Standort
				(Spalte 2 x Sp. 3 x Sp. 4)	(Spalte 5/ WEA)
1	2	3	4	5	6
Mäßiger Binnenlandstandort:					
01.–20. Jahr	2.700.000	0,0853	8	1.842.480	230.310
21.–25. Jahr	2.700.000	0,0539	8	1.164.240	145.530
Guter Binnenlandstandort:					
01.–16. Jahr	3.300.000	0,0853	8	2.272.392	284.049
17.–25. Jahr	3.300.000	0,0539	8	1.435.896	179.487
Sehr guter Küstenstandort:					
01.–05. Jahr	4.950.000	0,0853	8	3.377.880	422.235
06.–25. Jahr	4.950.000	0,0539	8	2.134.440	266.805

Tabelle 7: Jahresumsatz aus dem Betrieb einer Windfarm

Betriebszeit	Pachtsatz (ortsüblich) in Prozent	Jahresumsatz in Euro in der Windfarm	Umsatzanteil in Euro, jährlich (Nutzungsentgelt = y_1)	
			in der Windfarm	je Standort
		(aus Tabelle 7, Spalte 5)	(Spalte 2 x Sp. 3)	(Spalte 4/WEA)
1	2	3	4	5
Mäßiger Binnenlandstandort:				
01.–12. Jahr	4	1.842.480	73.699	9.212
13.–20. Jahr	7	1.842.480	128.974	16.122
21.–25. Jahr	7	1.164.240	81.497	10.187

Guter Binnenlandstandort:				
01.–12. Jahr	5	2.272.392	113.620	14.202
13.–16. Jahr	8	2.272.392	181.791	22.724
17.–25. Jahr	8	1.435.896	114.872	14.359
Sehr guter Küstenstandort:				
01.–05. Jahr	5	3.377.880	168.894	21.112
06.–12. Jahr	5	2.134.440	106.722	13.340
13.–25. Jahr	8	2.134.440	170.755	21.344

Tabelle 8: Jährlicher Umsatzanteil für die Standort- und Umlageflächeneigentümer (insgesamt = 100 Prozent)

Betriebszeit	Standortanteil in Prozent	Nutzungsentgelt jährlich in Euro (= y_1) (aus Tabelle 8, Spalte 4)	Nutzungsentgelt, standortbezogen	
			in der Windfarm in Euro (Spalte 2 x Sp. 3)	je Standort in Euro (Spalte 4/WEA)
1	2	3	4	5
Mäßiger Binnenlandstandort:				
01.–12. Jahr	20	73.699	14.740	1.842
13.–20. Jahr	20	128.974	25.795	3.224
21.–25. Jahr	20	81.497	16.299	2.037
Guter Binnenlandstandort:				
01.–12. Jahr	20	113.620	22.724	2.840
13.–16. Jahr	20	181.791	36.358	4.545
17.–25. Jahr	20	114.872	22.974	2.872
Sehr guter Küstenstandort:				
01.–05. Jahr	20	168.894	33.779	4.222
06.–12. Jahr	20	106.722	21.344	2.668
13.–25. Jahr	20	170.755	34.151	4.269

Tabelle 9: Aufteilung der Nutzungsentgeltzahlungen nach dem Flächenmodell für den Standort (hier: 20 Prozent)

Betriebszeit	Standort- und Gestattungs-flächenanteil in Prozent	Nutzungsentgelt jährlich in Euro (= y_1) (aus Tabelle 8, Spalte 4)	Nutzungsentgelt, flächenbezogen	
			in der Windfarm in Euro (Spalte 2 x Sp. 3)	je ha Fläche in Euro (Spalte 4/Wind-farmgröße)
1	2	3	4	5
Mäßiger Binnenlandstandort:				
01.–12. Jahr	80	73.699	58.959	737
13.–20. Jahr	80	122.974	103.179	1.290
21.–25. Jahr	80	81.497	65.197	815
Guter Binnenlandstandort:				
01.–12. Jahr	80	113.620	90.896	1.136
13.–16. Jahr	80	181.791	145.433	1.818
17.–25. Jahr	80	114.872	91.897	1.149
Sehr guter Küstenstandort:				
01.–05. Jahr	80	168.894	135.115	1.689
06.–12. Jahr	80	106.722	85.378	1.067
13.–25. Jahr	80	170.755	136.604	1.708

Tabelle 10: Aufteilung der Nutzungsentgeltzahlungen nach dem Flächenmodell für die Umlageflächen (hier: 80 Prozent)

Für Grundstückseigentümer, deren Flächen nur teilweise von der Windfarm in Anspruch genommen werden, sind die betroffenen Flächen nur anteilig zu entschädigen.

4.4 Ermittlung eines einmaligen Ablösebetrages

Die Betreiber und Eigentümer der Fläche vereinbaren, dass die über die Nutzungsdauer der Windenergieanlage jährlich anfallenden Nutzungsentgelte als einmalige Zahlung (Ablösebetrag) mit der Herstellung der Anlage entrichtet werden soll.

Dieser Ablösebetrag wird ermittelt, indem das jährliche Nutzungsentgelt über die wirtschaftliche Nutzungsdauer einer Windenergieanlage mit einem angemessenen Zinssatz kapitalisiert wird. Der Wert des Nutzungsrechts zur Errichtung einer Windenergieanlage sind somit die kapitalisierten jährlichen Nutzungsentgelte.

Hier ist zu unterscheiden, ob es sich um eine Alt-WE-Anlage oder um eine Neuerrichtung handelt.

4.4.1 Ableitung des Ablösebetrages (Wert des Nutzungsrechtes) bei Altanlagen

Bei Altanlagen sind die vertraglich vereinbarten jährlichen Nutzungsentgelte zu kapitalisieren, die sich in der Regel über die Laufzeit nicht verändern. Diese Verhältnisse sind in der Regel bis zur Einführung des EEG im Jahre 2000 anzutreffen. Als Kapitalisierungszinssatz wird bei relativ niedrigen Jahresbeträgen 6 Prozent und bei höheren bis zu 8 Prozent zu Grunde gelegt.

Die Ermittlung des Wert des Nutzungsrechts (Ablösebetrag) zur Betreibung einer WEA bei einer WE-Altanlage kann in allgemeiner Form folgendermaßen dargestellt werden:

$$y_{AB} = y_{JE} \cdot V_{(ND, Zs)}$$

y_{AB} = Ablösebetrag (Barwert) des Nutzungsrechts zur Errichtung einer Windenergieanlage

y_{JE} = jährliches Nutzungsentgelt (vertraglich vereinbart) einer Windenergieanlage

$V_{(ND, Zs)}$ = Vervielfältiger aus der Vervielfältigertabelle (Anlage WertV)

ND = Betriebsdauer der WEA

Zs = Kapitalisierungszinssatz

Beispiel 4: Ablösebetrag

Ablösebetrag/Wert des Nutzungsrechts zur Errichtung einer Windenergieanlage

Annahmen:

y_{JE} = z. B. 4.400 Euro

ND = z. B. 20 Jahre

Zs = z. B. 6 Prozent

y_{AB} = 4.400 Euro • 11,47 = ca. 50.500 Euro (einmaliger Ablösebetrag je Standort).

4.4.2 Ableitung des Ablösebetrages bei Neuanlagen

Für die Ermittlung der einmaligen Ablösebeträge sind die ermittelten jährlichen Nutzungsentgelte zu kapitalisieren und auf den heutigen Wertermittlungsstichtag abzuzinsen. Kapitalisierungszeitraum ist die Laufzeit einer WEA. Heute kann bei der Kapitalisierung von einer Betriebsdauer der Anlagen von 25 Jahren ausgegangen werden.

Als Zinssatz für die Kapitalisierung und Abzinsung wurden nach der Erhebung des Autors 6 bis 10 Prozent vereinbart, regionale Abhängigkeiten wurden nicht festgestellt. Es wird ein mittlerer Kapitalisierungszinssatz von 8 Prozent empfohlen.

Die Ermittlung des Ablösebetrages zur Errichtung einer neuen Windenergieanlage lässt sich in allgemeiner Form darstellen:

$$y_{AB} = y_{JE1} \cdot V_{(n;\,Zs)} + y_{JE2} \cdot V_{(m;\,Zs)} \cdot 1/q^n + y_{JE3} \cdot V_{(j;\,Zs)} \cdot 1/q^{n+m}$$

y_{AB} = Ablösebetrag in Euro für die gesamte, angenommene Betriebsdauer

y_{JE1}; y_{JE2}; y_{JE3} = jährliches Nutzungsentgelt in Euro (jeweils konstant für den Zeitraum)

$V_{(n,\,Zs)}$; $V_{(m,\,Zs)}$; $V_{(j,\,Zs)}$ = Vervielfältiger bei n, m und j Jahren mit (Zs) Kapitalisierungszinssatz

$1/q^n$; $1/q^{n+m}$ = Abzinsungsfaktoren

Beispiel 5: Ermittlung der Ablösebeträge für WEA-Standorte und Umlageflächen

(Fortsetzung des Beispiels 3 unter Beachtung aller drei Fallgestaltungen)

1. Fallgestaltung:

- Mäßiger Binnenlandstandort (80 Prozent Standortqualität);
- WEA mit 1.500 kW Nennleistung/2.700.000 kWh jährliche Energieleistung/25 Jahre WEA-Betriebsdauer.

Betriebszeit Jahre	Nutzungsentgelt pro Jahr je Standort Euro	Vervielfältiger n-Jahre und 8 % Zinssatz	Abzinsungsjahre	Betrag ohne Abzinsung Euro	Abzinsungsfaktoren bei n-Jahren und 8 % Zins	Ablösebetrag 20 % für den Standort Euro	Ablösebetrag 100 %[4] für den Standort Euro
01./12. = 12	1.842[1]	7,54	0	13.892		13.892	69.461
13./20. = 08	3.224[1]	5,75	12	18.540	0,397114	7.362	36.812
21./25. = 05	2.037[1]	3,99	20	8.129	0,214548	1.744	8.721
25				Ablösebetrag		22.999	114.994
				davon 85 %		19.549[3]	97.745[3]

Tabelle 11: Ablösebeträge für Standortnutzungsentgelte (mit 20-prozentigem und 100-prozentigen Anteil bei mäßigem Standort)

Betriebszeit Jahre	Nutzungsentgelt pro Jahr, flächenbezogen Euro/ha	Vervielfältiger n-Jahre und 8 % Zinssatz	Abzinsungsjahre	Betrag ohne Abzinsung Euro	Abzinsungsfaktoren bei n-Jahren und 8 % Zins	Ablösebetrag Euro/ha
01./12. = 12	737[2]	7,54	0	5.557		5.557
13./20. = 08	1.290[2]	5,75	12	7.416	0,397114	2.945
21./25. = 05	815[2]	3,99	20	3.252	0,214548	698
25				Ablösebetrag		9.200
				davon 85 %		7.820[3]

Tabelle 12: Ablösebeträge für die Flächennutzungsentgelte (mit 80-prozentigem Anteil bei mäßigem Standort)

2. Fallgestaltung:

- **Guter Binnenlandstandort (100 Prozent Standortqualität);**
- *WEA mit 1.500 kW Nennleistung/3.300.000 kWh jährliche Energieleistung/ 25 Jahre WEA-Betriebsdauer.*

Betriebs-zeit Jahre	Entschädi-gung pro Jahr je Standort Euro	Vervielfäl-tiger n-Jahre und 8 % Zinssatz	Abzin-sungs-jahre	Betrag ohne Ab-zinsung Euro	Abzin-sungsfak-toren bei n-Jahren und 8 % Zins	Ablösebetrag 20 % für den Standort Euro	Ablösebetrag 100 %[4] für den Standort Euro
01./12 = 12	2.840[1]	7,54	0	21.417		21.417	107.086
13./16 = 04	4.545[1]	3,31	12	15.043	0,397114	5.974	29.869
17./25 = 09	2.872[1]	6,25	16	17.949	0,291890	5.239	26.195
25				Ablösebetrag		32.630	163.151
				davon 85 %		27.736	144.930[3]

Tabelle 13: Ablösebeträge für eine Standortentschädigung (mit 20-prozentigem und 100-prozentigen Anteil bei gutem Standort)

Betriebszeit Jahre	Entschädi-gung pro Jahr je Standort Euro/ha	Vervielfälti-ger n-Jahre und 8 % Zinssatz	Abzinsungs-jahre	Betrag ohne Abzinsung Euro	Abzinsungs-faktoren bei n-Jahren und 8 % Zins	Ablöse-betrag Euro/ha
01./12. = 12	1.136[2]	7,54	0	8.567		8.567
13./16. = 04	1.818[2]	3,31	12	6.017	0,397114	2.390
17./25. = 09	1.149[2]	6,25	16	7.179	0,291890	2.096
25				Ablösebetrag		13.052
				davon 85 %		11.094[3]

Tabelle 14: Ablösebeträge für die Flächenentschädigung (mit 80-prozentigem Anteil bei gutem Standort)

3. Fallgestaltung:

- **Sehr guter Standort (150 Prozent Standortqualität);**
- WEA mit 1.500 kW Nennleistung/4.950.000 kWh jährliche Energieleistung/25 Jahre WEA-Betriebsdauer.

Betriebs-zeit Jahre	Entschädi-gung pro Jahr je Standort Euro	Vervielfäl-tiger n-Jahre und 8 % Zinssatz	Abzin-sungs-jahre	Betrag ohne Ab-zinsung Euro	Abzin-sungsfak-toren bei n-Jahren und 8 % Zins	Ablösebetrag	
						20 %	100 %[4]
						für den Standort	
						Euro	Euro
01./05. = 05	4.222[1]	3,99	0	16.847		16.847	84.236
06./12. = 07	2.668[1]	5,21	5	13.901	0,680583	9.460	47.302
13./25. = 13	4.269[1]	7,90	12	33.742	0,397114	13.392	66.962
25				**Ablösebetrag**		**39.700**	**198.500**
				davon 85 %		**33.745**	**168.725**[3]

Tabelle 15: Ablösebeträge für eine Standortentschädigung (mit 20-prozentigem und 100-prozentigen Anteil bei sehr gutem Standort)

Betriebszeit Jahre	Entschädi-gung pro Jahr je Standort Euro/ha	Vervielfälti-ger n-Jahre und 8 % Zinssatz	Abzinsungs-jahre	Betrag ohne Abzinsung Euro	Abzinsungs-faktoren bei n-Jahren und 8 % Zins	Ablösebe-trag Euro/ha
01./05. = 05	1.689[2]	3,99	0	6.739		6.739
06./12. = 07	1.267[2]	5,21	5	5.560	0,680583	3.784
13./25. = 13	1.708[2]	7,90	12	13.490	0,397114	5.357
25				**Ablösebetrag**		**15.880**
				davon 85 %		**13.498**[3]

Tabelle 16: Ablösebeträge für die Flächenentschädigung (mit 80-prozentigem Anteil bei sehr gutem Standort)

Folgende Anmerkungen gelten für alle drei Fallgestaltungen:
1) Siehe Tabelle 9.
2) Siehe Tabelle 10.
3) 85 Prozent Eigentümeranteil bei langfristig verpachteten Flächen, Pächteranteil = 15 Prozent.
4) Gilt für die Fälle, wenn die Ablösebeträge nicht aufgeteilt werden müssen, weil nur ein Eigentümer für die gesamte Fläche des Windparks vorhanden ist.

Für die praktische Handhabung in Entschädigungsverhandlungen zwischen den Grundstückseigentümern und Betreibern sowie für die Plausibilitätsprüfung von Wertermittlungen wurden in Modellrechnungen so genannte *Orientierungswerte 2005* für verschiedene WEA ermittelt, die im Jahre 2005 an verschiedenen Standorten errichtet wurden.

Als Standortkriterien wurden gewählt:

- mäßiger Binnenlandstandort,
- guter Binnenlandstandort und
- sehr guter Küstenstandort oder auf Bergkuppen

sowie für WEA-Typen mit Nennleistungen von 500, 1.000, 1.500, 2.000 und 2.500 kW.

Die Ergebnisse sind in Abschnitt 5 dargestellt.

5 Orientierungswerte 2005 bei Ablösevereinbarungen für Standort- und Umlageflächen

5.1 Mäßiger Binnenlandstandort

Rahmenbedingungen:

- Dauer der erhöhten Vergütung nach EEG bei einer Errichtung im Jahre 2005: ca. 20 Jahre zu 8,53 Cent/kWh, danach 5,39 Cent/kWh (siehe Tabellen 4 und 5).

- Umsatzpachtzahlungen an Standort- und Gestattungsflächen: zwölf Jahre = 4 Prozent, danach = 7 Prozent.

- Aufteilung der jährlichen Umsatzpachtzahlungen bzw. Ablösevereinbarungen von jeweils 20 Prozent für die Standorte und 80 Prozent für die Standort- und Umlageflächen.

- Kapitalisierungs- und Abzinsungszinssatz: 8 Prozent.

- Die Tabellenwerte enthalten 100 Prozent der ermittelten Werte für die Grundstückseigentümer der Standort- und Umlageflächen; sind die betroffenen Flächen längerfristig verpachtet, so erfolgt in der Regel eine Aufteilung der Orientierungswerte im Verhältnis 85 Prozent für die Eigentümer und 15 Prozent für die

Pächter der landwirtschaftlichen Flächen, die auch weiterhin landwirtschaftlich genutzt werden können (bis auf die Standort- und Zuwegungsflächen).

- Angenommene Betriebsdauer der WEA: 25 Jahre.
- Durchschnittliche jährliche Laufzeit einer WEA pro Jahr in der Region: ~ 1.800 h Volllast.

WEA		Ablöse-betrag gesamt [100 %]	Anteil Ablösebe-trag auf Standort [20 %]	Anteil Ablösebetrag auf Fläche [80 %]				
Nenn-leistung in kW	Energie-leistung jährlich in kWh	in Euro/ WEA	in Euro/ WEA	insge-samt in Euro/ WEA	beim **Einzelstand-ort** Flächenver-brauch von		beim **Windpark** Flächenverbrauch von	
					2,5 ha/ WEA in Euro/ha	5,0 ha/ WEA in Euro/ha	10,0 ha/ WEA in Euro/ha	20,0 ha/ WEA in Euro/ha
500	900.000	38.331	7.666	30.665	12.266	6.133	3.067	1.533
1.000	1.800.000	76.663	15.333	61.330	24.532	12.266	6.133	3.067
1.500	2.700.000	114.994	22.999	91.996	36.798	18.399	9.200	4.600
2.000	3.600.000	153.326	30.665	122.661	49.064	24.532	12.266	6.133
2.500	4.500.000	191.657	38.331	153.326	61.330	30.665	15.333	7.666

Tabelle 17: WEA-Ablösevereinbarungen bei mäßigem Standort

5.2 Guter Binnenlandstandort

Rahmenbedingungen:

- Dauer der erhöhten Vergütung nach EEG bei einer Errichtung im Jahre 2005: ca. 16 Jahre zu 8,53 Cent/kWh, danach 5,39 Cent/kWh (siehe Tabellen 4 und 5).
- Umsatzpachtzahlungen an Standort- und Umlageflächen: zwölf Jahre = 5 Prozent, danach = 8 Prozent.

- Aufteilung der jährlichen Umsatzpachtzahlungen bzw. Ablösevereinbarungen von jeweils 20 Prozent für die Standorte und 80 Prozent für die Standort- und Umlageflächen.

- Kapitalisierungs- und Abzinsungszinssatz: 8 Prozent.

- Die Tabellenwerte enthalten 100 Prozent der ermittelten Werte für die Grundstückseigentümer der Standort- und Umlageflächen; sind die betroffenen Flächen längerfristig verpachtet, so erfolgt in der Regel eine Aufteilung der Orientierungswerte im Verhältnis 85 Prozent für die Eigentümer und 15 Prozent für die Pächter der landwirtschaftlichen Flächen, die auch weiterhin landwirtschaftlich genutzt werden können (bis auf die Standort- und Zuwegungsflächen).

- Angenommene Betriebsdauer der WEA: 25 Jahre.

- Durchschnittliche jährliche Laufzeit einer WEA in der Region: ~ 2.200 h Volllast.

WEA		Ablösebetrag gesamt [100 %]	Anteil Ablösebetrag auf Standort [20 %]	Anteil Ablösebetrag auf Fläche [80 %]				
Nennleistung in kW	Energieleistung jährlich in kWh	in Euro/ WEA	in Euro/ WEA	insgesamt in Euro/ WEA	beim **Einzelstandort** Flächenverbrauch von		beim **Windpark** Flächenverbrauch von	
					2,5 ha/ WEA in Euro/ha	5,0 ha/ WEA in Euro/ha	10,0 ha/ WEA in Euro/ha	20,0 ha/ WEA in Euro/ha
500	1.100.000	53.894	10.779	43.115	17.246	8.623	4.312	2.156
1.000	2.200.000	107.788	21.558	86.230	34.492	17.246	8.623	4.312
1.500	3.300.000	163.151	32.630	130.521	52.208	26.104	13.052	6.526
2.000	4.400.000	215.575	43.115	172.460	68.894	34.492	17.246	8.623
2.500	5.500.000	269.469	53.894	215.575	86.230	43.115	21.558	10.779

Tabelle 18: WEA-Ablösevereinbarungen bei gutem Standort

5.3 Sehr guter Standort – Küste oder Bergkuppen

Rahmenbedingungen:

- Dauer der erhöhten Vergütung nach EEG bei einer Errichtung im Jahre 2005: ca. 5 Jahre zu 8,53 Cent/kWh, danach 5,39 Cent/kWh (siehe Tabellen 4 und 5).

- Umsatzpachtzahlungen an Standort- und Umlageflächen: zwölf Jahre = 5 Prozent, danach = 8 Prozent.

- Aufteilung der jährlichen Umsatzpachtzahlungen bzw. Ablösevereinbarungen von jeweils 20 Prozent für die Standorte und 80 Prozent für die Standort- und Umlageflächen.

- Kapitalisierungs- und Abzinsungszinssatz: 8 Prozent.

- Die Tabellenwerte enthalten 100 Prozent der ermittelten Werte für die Grundstückseigentümer der Standort- und Umlageflächen; sind die betroffenen Flächen längerfristig verpachtet, so erfolgt in der Regel eine Aufteilung der Orientierungswerte im Verhältnis 85 Prozent für die Eigentümer und 15 Prozent für die Pächter der landwirtschaftlichen Flächen, die auch weiterhin landwirtschaftlich genutzt werden können (bis auf die Standort- und Zuwegungsflächen).

- Angenommene Betriebsdauer der WEA: 25 Jahre.

- Durchschnittliche jährliche Laufzeit einer WEA in der Region: ~ 3.300 h Volllast.

WEA		Ablöse-betrag gesamt [100 %]	Anteil Ablöse-betrag auf Standort [20 %]	Anteil Ablösebetrag auf Fläche [80 %]				
Nenn-leistung in kW	Energie-leistung jährlich in kWh	in Euro/ WEA	in Euro/ WEA	**insgesamt** in Euro/ WEA	beim **Einzelstandort** Flächenverbrauch von		beim **Windpark** Flächenverbrauch von	
					2,5 ha/ WEA in Euro/ha	5,0 ha/ WEA in Euro/ha	10,0 ha/ WEA in Euro/ha	20,0 ha/ WEA in Euro/ha
500	1.650.000	66.167	13.233	52.933	21.173	10.587	5.293	2.647
1.000	3.300.000	132.333	26.467	105.867	42.347	21.173	10.587	5.293
1.500	4.950.000	198.500	39.700	158.800	63.520	31.760	15.880	7.940
2.000	6.600.000	264.667	52.933	211.733	84.693	42.347	21.173	10.587
2.500	8.250.000	330.833	66.167	264.667	105.867	52.933	26.467	13.233

Tabelle 19: WEA-Ablösevereinbarungen bei sehr gutem Standort

6 Zusammenstellung der Grundsätze

Die Ergebnisse lassen sich wie folgt zusammenfassen:

Die Höhe der Ablösebeträge (Nutzungsentgelte) sind im Wesentlichen abhängig von den Nennleistungen der WEA und den tatsächlichen Energieleistungen, die wiederum von den jeweiligen Standorten der WEA abhängig sind. Insofern sind die standortbezogenen Ertragssituationen unter Berücksichtigung der Dauer der Höchstförderungen zu ermitteln.

Bei den Ablösevereinbarungen werden bei der Neuerrichtung seit der Neuregelung im EEG nur noch ertragsabhängige Nutzungsentgelte vereinbart, die standort- und flächenbezogen (Standort- und Umlageflächen) aufgeteilt werden; eine Aufteilung im Verhältnis von 20 Prozent auf den Standort zu 80 Prozent auf die Standort- und Umlageflächen wird überwiegend vorgenommen.

Je geringer der Flächenverbrauch für die Umlageflächen in ha/WEA, desto höher sind die zu vereinbarenden Entschädigungen für die Flächenentschädigung pro Einheit (WEA/ha).

Für die zu ermittelnden Ablösebeträge werden überwiegend als Parameter angehalten:

- für die Betriebsdauer der WEA 25 Jahre,
- als Umsatzpachtsatz der Grundstückseigentümer wurden überwiegend 5 Prozent (für die ersten zwölf Jahre) und danach 8 Prozent vereinbart; an mäßigen Binnenlandstandorten (80 Prozent Standortqualität) 4 Prozent (für die ersten zwölf Jahre) und danach 7 Prozent,
- als Kapitalisierungszinssatz wurden überwiegend 8 Prozent angenommen.

Bei langfristig verpachteten Flächen sind die in den Tabellen (17 bis 19; siehe Abschnitt) ermittelten Ablösebeträge aufzuteilen; nach derzeitigen Marktbeobachtungen in 85 Prozent für den Grundstückseigentümer und 15 Prozent für den Pächter.

In einigen Regionen werden von den WEA-Betreibern an die WEA-Standortgemeinden so genannte einmalige Strukturförderungszahlungen geleistet; um diese Beträge werden die 100-prozentigen Ablösebeträge gemindert, bevor eine Aufteilung an die Grundstückseigentümer nach Standort und Flächenanteil erfolgt.

Literaturhinweise

Bundesverband Windenergie: Marktübersichten 2000/2001/2002.

Enercon: Produktbeschreibung der Fa. ENERCON, Aurich.

Linke, C. (1997): Grundstücke für WEA. GuG, 1997, S. 30.

Linke, C. (1999): Entwicklung der Bodenpreise von für die Errichtung von Windkraftanlagen vorgesehenen Flächen. GuG, 1999, S. 166.

Lorenzen, N. (1997): Wertermittlung von WEA. GuG, 1997, S. 198.

o. V.: Installierte Leistung. Neue Energie 9/2001, S. 76.

Portz, N. (1996): Privilegierung von Wind- und Wasserenergieanlagen nach dem BauGB. In: Heft 52, 7 der Schriftenreihe des Nds. Städte- und Gemeindebundes Hannover 1996.

Sprengnetter, H.-O. (2003): Wertermittlungen im Zusammenhang mit WEA. WertermittlungsForum Aktuell (WFA), 2003, S. 99.

Tacke: Produktbeschreibung der Fa. TACKE, Salzbergen.

Troff, H. (1996): WEA. GuG, 1996, S. 361.

Troff, H. (1997): Wertermittlung von Grundstücken mit WEA. Institut für Städtebau Berlin 1997, 370/5.

Troff, H. (2001/2002): Neue Entwicklungen zur Bewertung von Grundstücken mit Windkraftanlagen. Institut für Städtebau Berlin 2001, S. 426/4 und 2002, S. 430/4.

Troff, H. (2002): Grundstücke mit WEA in Gerardy/Möckel/Troff, Praxis der Grundstücksbewertung, 57. NL 10/2002, Verlag Moderne Industrie, Landsberg.

Troff, H. (2002): Neue Entwicklungen zur Bewertung von Grundstücken im ländlichen Raum mit/für WEA. Vortragsmanuskript im Seminarband der Norddeutschen Bausachverständigen-Tage 2002, Wismar 10/2002.

Troff, H. (2003): Verkehrswertermittlung von Grundstücken mit WEA. Grundstücksmarkt und Grundstückswert (GuG), 2003, S. 28 ff.

Wedemeyer, H. (1996): Verträge über die Inanspruchnahme von Grundstücken für das Betreiben von Windkraftanlagen. Heft 52, 7 der Schriftenreihe des Nds. Städte- und Gemeindebundes Hannover 1996.

Bewertung von Flughäfen

Evangelos Peter Poungias/Christian Sternberg

1 Der Flughafenmarkt
1.1 Entwicklungen von Dynamik und Komplexität
1.2 Privates Kapital und Management
1.3 Weltweiter Privatisierungsprozess
1.4 Flughafeninvestoren

2 Bedarf zur Wertermittlung von Flughäfen

3 Bewertungsgrundlagen
3.1 Land und Infrastruktur
3.2 Flugverkehr
3.3 Stakeholder und Management

4 Bewertungsdisziplinen
4.1 Flugverkehr als Wachstumstreiber
4.2 Kapazität, Masterplan und Investitionsbedarf
4.3 Betriebsmodell und Betriebskosten
4.4 Aviation-Entgelte und Regulierungsregime
4.5 Non-Aviation-Erlöse und Geschäftentwicklung
4.6 Finanzierung und Steuern

5 Vergleich der Bewertungsverfahren
5.1 Multiple-Methode
5.2 DCF-Methode

1 Der Flughafenmarkt

1.1 Entwicklungen von Dynamik und Komplexität

Der internationale Flugverkehrsmarkt ist wie kaum eine andere Branche von Veränderungen geprägt. Die bedeutendsten Entwicklungen für Flughäfen sind:

- Verkehrswachstum,
- Kapazitätsengpässe,
- Wettbewerb,
- Regulierung.

Verkehrswachstum

In der Vergangenheit lag das Wachstum im Luftverkehr beim 1,5 bis 2,0-fachen des Wirtschaftswachstums. Es wird erwartet, dass sich dieser Trend zukünftig fortsetzt.

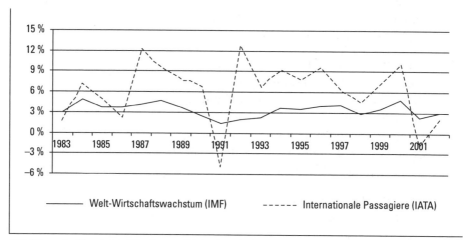

Abbildung 1: Vergleich Wachstum Weltwirtschaft und internationale Passagiere

Das Airports Council International (ACI) prognostiziert bis 2020 ein weltweites Passagierwachstum von durchschnittlich jährlich 3,4 Prozent. Differenziert nach Regionen entspricht dies bis 2020 einer Steigerung um 50 Prozent in Nordamerika, um 100 Prozent in Europa und um 250 Prozent im asiatisch/pazifischen Raum. Das

Luftfrachtaufkommen soll im gleichen Zeitraum weltweit um 4,4 Prozent p. a. steigen, d h. um 70 Prozent in Nordamerika, um 100 Prozent in Europa und um 200 Prozent im asiatisch/pazifischen Raum.

Der Flugverkehr ist damit eine Branche, die auch zukünftig von einem überdurchschnittlichen Wachstum geprägt sein wird.

Kapazitätsengpässe

Viele Flughäfen sind in einer Situation, in der ihre überalterte Infrastruktur der Nachfrage hinsichtlich Kapazität und Qualität nicht entspricht.

Die Gründe hierfür liegen insbesondere im hohen Passagierwachstum der vergangenen Jahre und in gestiegenen Sicherheits- und Serviceanforderungen. Vielfach wurden in der Vergangenheit aber auch nachfrageorientierte Ausbaumaßnahmen versäumt, sei es aufgrund von Kapitalmangel, aufgrund regulativer Beschränkungen oder aus Umweltschutzgründen.

Um die für das prognostizierte Verkehrswachstum erforderlichen Kapazitäten zu schaffen, sind gewaltige Investitionen erforderlich. So befinden sich nach Schätzungen von ACI an Flughäfen weltweit Ausbauprogramme von ca. 500 Milliarden Euro in der konkreten Planung bzw. Umsetzung.

Wettbewerb

Hinsichtlich ihrer Wettbewerbsposition stellen Flughäfen in der Regel lokale Monopole mit hohen Eintrittsbarrieren für Wettbewerber dar. Auf Flughäfen in großen Ballungsräumen, d. h. insbesondere mit starken Quellverkehren (aus der Region), trifft dies jedoch nicht mehr uneingeschränkt zu. Dies zeigen die Entwicklungen in den Großräumen London und Rhein-Ruhr, wo der Markt z. B. mit Etablierung der Low-Cost-Carrier inzwischen stark segmentiert ist.

Im Zuge der Bildung von Airline-Allianzen und der immer weiterführenden Zusammenarbeit ihrer Mitglieder wurden Transferstandorte, Flugzeugwerften und andere Einrichtungen der Allianzpartner zusammengelegt und das Auftreten der Allianzpartner an einem Flughafen koordiniert.

Mit dieser Intensivierung der Wettbewerbssituation wurde insgesamt die Marktmacht der Airlines gegenüber den Flughäfen gestärkt. Heute müssen Flughäfen viel stärker auf die spezifischen Bedürfnisse der einzelnen Airlines und Passagiere eingehen und nach Möglichkeit differenzierte Leistungen anbieten.

Regulierung

Der Flugverkehrsmarkt ist in besonderem Maße legislativen Änderungen auf europäischer wie nationaler Ebene ausgesetzt: Mit der europaweiten Liberalisierung des Flugverkehrs wurde der Wettbewerb auch unter den Bodenverkehrsdiensten gestärkt und damit die Rentabilität dieser Dienstleistungen für Flughäfen herabgesetzt. Die Schaffung eines einheitlichen europäischen Marktes führte zum Wegfall des innereuropäischen Duty-Free-Geschäfts und damit zu hohen Einnahmeausfällen. Darüber hinaus führen verschärfte Umwelt- und Lärmschutzauflagen zu beträchtlichen Aufwendungen auf Seiten der Flughäfen.

Derartige Umsatzeinbußen und Kostenbelastungen führen insbesondere bei einer gleichzeitig, aufgrund von Terroranschlägen, Kriegen und Infektionskrankheiten, volatileren Nachfrage zu stets neuen Herausforderungen für das Flughafen-Management.

1.2 Privates Kapital und Management

Mit den beschriebenen Entwicklungen steht der Flughafenmarkt vor zwei wesentlichen Herausforderungen:

- Das kräftige Wachstum des Luftverkehrs macht gewaltige Investitionen in die Flughafeninfrastruktur erforderlich, die das Leistungsvermögen der öffentlichen Hand, des traditionellen Eigentümers von Flughäfen, bei weitem übersteigen.

- Gleichzeitig haben Veränderungen im wettbewerblichen und regulativen Umfeld das Management von Flughäfen zunehmend komplexer werden lassen. Diesen Anforderungen sind Unternehmen, die nach öffentlich-rechtlichen Gesichtspunkten geführt werden, nur bedingt gewachsen.

Als Lösung bietet sich an, privates Kapital zum nachfragegerechten Ausbau der Flughafeninfrastruktur zu nutzen und privates Management einzusetzen, das flexibel und schnell auf Entwicklungen und die sich wandelnden Anforderungen reagieren kann. Damit ergibt sich als Konsequenz die Privatisierung von Flughäfen und somit der Schritt von der staatlichen Bereitstellung von Infrastruktur hin zur wettbewerbsfähigen Flughafen-Dienstleistung.

Für private Investoren stellen Flughäfen aufgrund ihrer diversifizierten Umsatzbasis und ihrer stabilen Cashflows grundsätzlich attraktive Anlageobjekte dar. Bei den bislang vielfach nach öffentlich-rechtlichen Maßstäben geführten Flughafengesellschaften sehen private Investoren darüber hinaus die Chance, durch privates Management den Betrieb operativ effizienter zu gestalten, systematisch neue Geschäftsfelder zu erschließen und die Finanzierung zu optimieren. In Verbindung mit privatem Management verspricht deshalb das Investment in Flughäfen privaten Anlegern eine angemessene Rentabilität.

Ende der 80er Jahre begann man in ganz Europa, das entstandene Monopol der öffentlichen Hand bei der Luftverkehrsinfrastruktur zu hinterfragen. Es setzte sich vielfach die Erkenntnis durch, dass öffentliches Eigentum an Flughäfen nicht zwingend ist, weil über Regulierungen sowohl der Wettbewerb sichergestellt, als auch die öffentliche Interessen ausreichend gewahrt werden können. Gleichzeitig bestand auf privater Seite Interesse, in Flughäfen zu investieren und deren Management zu optimieren. Damit waren die Voraussetzungen für die Privatisierung von Flughäfen geschaffen.

1.3 Weltweiter Privatisierungsprozess

Die einsetzende Privatisierungswelle, die 1987 mit der Entstaatlichung der British Airports Authority (BAA) ins Rollen kam, hat unterdessen weltweit an Dynamik gewonnen.

Der Verkauf von Flughäfen und damit die Preisbildung finden im Wettbewerb zwischen Investoren statt. Es besteht die Möglichkeit der Privatisierung über einen Börsengang (IPO) oder über den Verkauf an einen industriellen Investor (Trade-Sale), wobei es beim Trade-Sale von großer Bedeutung ist, ob eine Mehrheits- oder eine Minderheitsbeteiligung veräußert werden soll. Diese Alternativen unterscheiden sich hinsichtlich der Art und des Ausmaßes der zu übertragenden Kontrolle und damit auch hinsichtlich des zu erzielenden Privatisierungserlöses. Bei börsennotierten Flughäfen mit hohem Streubesitzanteil kann das Flughafen-Management in der Regel selbständiger agieren, d. h. die Einflussnahme der Eigentümer ist in der Regel schwächer als die der industriellen bzw. Finanzinvestoren bei einem Trade-Sale.

Zu den börsennotierten Flughafengesellschaften gehören in Europa die BAA, Copenhagen Airports, Flughafen Wien, Unique Zürich und Fraport. Weltweit sind darüber hinaus Auckland International Airport (Neuseeland), Grupo Aeroportuario del Sureste (Mexiko), Beijing Capital Airport International (China) und Malaysia Airports Holdings Berhad (Malaysia) börsennotiert. In näherer Zukunft sind weitere Börsengänge geplant, z. B. die der Flughäfen in Amsterdam (Niederlande), Hong-Kong (China) und Narita (Japan).

1987–92	1993–95	1996	1997	1998	1999	2000–02	2003 und weiter
Kanada: – Toronto T3 Österreich: – Wien I UK: – BAA I	Dänemark: – Kopenhagen I Österreich: – Wien II UK: – East Midlands – Bournemouth – Sheffield – Belfast Int'l – Cardiff – Prestwick	Bolivien (3) Dänemark: – Kopenhagen II Griechenland: – Athen UK: – BAA II – Belfast City	Australien: – Brisbane – Melbourne – Perth Chile: – Santiago Deutschland: – Düsseldorf Italien: – Rom I Kolumbien (1) UK: – Birmingham – Bristol I – Kent Int'l – Liverpool USA: – JFK/IAT	Argentinien (33) Australien: – Adelaide – Alice Springs – Canberra – Coolangatta – Darwin – Hobart – Launceston – Townsville Deutschland: – Frankfurt-Hahn – Hannover Italien: – Neapel Kolumbien (1) Mexiko Südost (9) Neuseeland: – Auckland – Wellington Schweden: – Stockholm-Skavsta UK: – Luton	China: – Peking Malaysia Mexiko Pazifik (12) USA: – Niagara Falls – NY Stewart	Australien: – Sydney China: – Hainan Costa Rica: – San Jose Dänemark: – Kopenhagen III Deutschland: – Frankfurt – Hamburg Indien: – Bangalore Italien: – Florenz – Rom II – Turin Jamaika – Montego Bay Malta Mexiko Nord (13) Oman – Seeb/Muscat – Salalah Peru: – Lima Schweiz: – Zürich Uruguay: – Montevideo UK: – Bristol II	Albanien: – Tirana Brasilien China: – Hong Kong Costa Rica Frankreich: – AdP Indien – Chennai – Delhi – Mumbai Irland Italien: – Bologna – Mailand SEA Japan: – Narita Kroatien Mexiko: – Mexiko-City Niederlande: – Schiphol Peru Portugal Thailand Uruguay

Abbildung 2: Ausgewählte Flughafenprivatisierungen mittels Börsengang oder Trade-Sale

Fast sämtliche internationalen Flughäfen in Großbritannien und Australien wurden zwischen 1987 und 2002 vollständig privatisiert. Dies bedeutet, dass die öffentliche Hand keine direkte Einflussnahme mehr auf die Flughafengesellschaften ausüben kann, sondern ihre Interessen über Wettbewerbs-, Genehmigungs- und Aufsichtsbehörden wahrt. In vielen anderen Staaten wurde bislang nur ein Teil der Flughäfen privatisiert, und diese häufig auch nur teilprivatisiert, d. h., die öffentliche Hand kann ihren Einfluss auch weiterhin direkt bei der Flughafengesellschaft geltend machen. Beispiele hierfür sind unter anderem Dänemark, Deutschland, Griechenland, Italien, Österreich und die Schweiz. Auch in verschiedenen Staaten Mittel- und Südamerikas wechselten seit Mitte der 90er Jahre zahlreiche Flughäfen in private Verantwortung.

Eine Flughafenprivatisierung stellt die Übertragung der Flughafeneinrichtungen und der Flughafenlizenzen auf private Investoren dar. Dies kann entweder für eine zeitlich limitierte Dauer (Konzession) oder aber zeitlich unbeschränkt gelten. In der Regel sieht eine Privatisierung den Verkauf eines bestehenden und funktionierenden Flughafens vor, an dem ein mehr oder weniger hoher Investitionsbedarf besteht. Vereinzelt steht eine Privatisierung aber auch im Zusammenhang mit einer kompletten Neuentwicklung eines Flughafens, die dann von besonderer Komplexität geprägt ist. Erfolgreiches Beispiel eines derartigen Greenfield-Projektes ist die Entwicklung und der Betrieb des neuen Flughafens von Athen durch HOCHTIEF AirPort.

Der Schwerpunkt zukünftiger Privatisierungen wird zum einen im asiatischen Raum liegen, insbesondere in China, Indien und Thailand. Zum anderen werden auch in Europa die Privatisierungsprozesse fortgeführt werden, unter anderem in Frankreich, Portugal und den Niederlanden, aber auch in den Ländern Osteuropas, wo ein hoher Investitionsbedarf besteht. In Nordamerika gibt es zurzeit nur wenige Anzeichen dafür, dass es in naher Zukunft verstärkt zu Privatisierungen kommen wird, obgleich es dort ein staatliches Förderprogramm gibt und mehrere Pilotprojekte bereits umgesetzt wurden.

Seit 2000 kommt es auch zu Transaktionen im Sekundärmarkt, d. h. zu einem Weiterverkauf von Flughafenbeteiligungen. Gründe hierfür sind einerseits der Austritt von Marktteilnehmern, die sich strategisch auf ihr Kerngeschäft zurückziehen. Andererseits haben institutionelle Investoren, die für ihre Kunden nach guten Anlagemöglichkeiten suchen, Flughäfen verstärkt entdeckt und erschließen sich diese über Transaktionen im Sekundärmarkt.

Flughafen	Jahr	Veräußerer	Erwerber	Anteil	Kaufpreis [Euro]
Sydney International Airport	2003	HOCHTIEF Airport	Macquarie Airports	5,0 %	72 Mio.
Sydney International Airport	2003	Abbey National	Macquarie Airports	2,9 %	29 Mio.
Aeroporti di Roma (AdR)	2003	Leonardo Holding SA	Macquarie Infrastruktur Fonds	44,7 %	474 Mio.
Birmingham International Airport	2001	Bridgepoint Capital Limited	Macquarie Infrastruktur Fonds	24,1 %	136 Mio.
East Midlands Airport und Bournemouth International	2001	National Express Group	Manchester Airport Group	100,0 %	377 Mio.
Bristol International Airport	2001	First Group/Bristol City Council	Macquarie/Cintra Konsortium	100,0 %	314 Mio.

Tabelle 1: Ausgewählte Transaktionen auf dem Flughafen-Sekundärmarkt

1.4 Flughafeninvestoren

Zu Beginn der Entwicklung war die Gruppe privater Flughafeninvestoren gemäß ihrer unterschiedlichen Ziele, die sie mit einem Engagement in diesem Markt verfolgen, breit gefächert. Dazu zählen z. B. Flughäfen, die an einer regionalen Ausweitung ihrer Aktivitäten interessiert sind, Baudienstleister und Technologiekonzerne, die vor allem Planung, Bau und Ausstattung der Flughäfen im Blick haben, Immobiliengesellschaften, die an der Vermarktung der zahlreichen attraktiven Flächen interessiert sind, und später auch Investmentbanken, die sichere Anlagemöglichkeiten suchen.

Um Flughafenbeteiligungen, deren Erwerb einen hohen finanziellen Einsatz erfordert, strategisch wie auch operativ so zu führen und zu entwickeln, dass in wenigen Jahren sowohl eine angemessene Wertsteigerung als auch Dividenden realisiert werden, sind die unterschiedlichsten Fähigkeiten und Kenntnisse erforderlich. Diese umfassen den operativen Bereich, wie z. B. das Airline-Marketing, die kommerzielle Entwicklung oder die bauliche Entwicklung eines Flughafens, ebenso wie die Geschäfts- und Investitionsplanung und die Finanzierung.

Von entscheidender Bedeutung ist, dass im Zuge eines langfristigen Interesses eigenes interdisziplinäres Management-Know-how aufgebaut wird, mit dem die verschiedensten Aspekte des Flughafengeschäfts in Kooperation mit der Flughafengesellschaft miteinander verzahnt werden können. Das Engagement sollte deshalb weder auf den rein finanziellen Aspekt der Flughafenbeteiligung beschränkt bleiben, noch sollte der Schwerpunkt auf der Abwicklung des operativen Betriebes liegen.

Zukünftige Privatisierungen werden zu weiterer Bewegung und weiterem Wettbewerb auf dem Markt der Flughafeninvestoren führen. Im Rahmen einer Konsolidierung werden sich diejenigen durchsetzen können, die ein renditestarkes Anlageportfolio erworben haben, hinsichtlich ihres Know-hows den Schritt zu einem spezialisierten Transaktions- und Beteiligungsmanager geschafft haben und sich dabei auf ein internationales Beteiligungsnetzwerk stützen können.

2 Bedarf zur Wertermittlung von Flughäfen

Der Einsatz privaten Kapitals führt zu dem Erfordernis, den Wert von Flughäfen zu bestimmen. Für den öffentlichen Anteilseigner standen nicht Renditeaspekte, sondern die Regionalentwicklung im Vordergrund. Gegebenenfalls haftete die öffentliche Hand sogar für die Kreditrisiken des Flughafens. Private Kapitalgeber dagegen erwarten eine risikoadäquate Verzinsung des eingesetzten Kapitals. Hierfür ist es erforderlich, aus Sicht der Eigenkapitalgeber den Wert des Investments bzw. aus Sicht der Fremdkapitalgeber den Wert der Kreditsicherheiten zu ermitteln. Bewertungen erfolgen sowohl im Rahmen von Transaktionen als auch auf kontinuierlicher Basis.

Eine erste Bewertung von Flughäfen findet bereits im Vorfeld von Privatisierungen statt, wenn die öffentliche Hand bei Desinvestitionsinteresse ihre Verkaufsoptionen, Börsengang oder Trade-Sale, evaluiert.

Bei einer Privatisierung mittels Trade-Sale erfolgt in der Regel die Bewertung des Flughafens im Rahmen eines strukturierten Bietungsverfahrens, in dem industrielle Investoren, d. h. Investoren mit speziellem Flughafen-Know-how, untereinander im Wettbewerb stehen. Auf Basis einer Unternehmensprüfung (Due-Diligence) sowie eigener detaillierter Geschäftsplanungen entwerfen die interessierten Investoren Geschäftsstrategien und ermitteln Angebotspreise. Den Zuschlag erhält derjenige, der das finanziell und inhaltlich attraktivste Angebot unterbreitet.

Bei einer Privatisierung durch Börsengang erfolgt die Bewertung von Flughäfen durch Investmentbanken, Finanzanalysten und Fondsmanager auf der Basis von Börsenprospekten und Geschäftsberichten, angereichert um wirtschaftliche Rahmendaten und Vergleichswerte von anderen Flughäfen. Auf ähnlicher Basis erfolgt dann auch die kontinuierliche Betrachtung und Bewertung börsennotierter Flughäfen durch Analysten, die Investmentempfehlungen geben.

Bei den industriellen Investoren findet die laufende Bewertung im internen Controlling statt, wo im Vergleich zu den Analysten auf wesentlich detailliertere und transparente Daten zugegriffen werden kann. Darüber hinaus ist ein industrieller Investor mit operativer Erfahrung in der Bewirtschaftung von Flughäfen in besonderer Weise geeignet, die wertmäßigen Auswirkungen von Entwicklungen im Flugverkehrsmarkt einzuschätzen.

Eine kontinuierliche Bewertung von Flughäfen erfolgt darüber hinaus auch im Rahmen von Kreditvergaben, Refinanzierungen und Credit-Ratings, bei denen die Fähigkeit der Flughäfen bewertet wird, Kreditverpflichtungen auch zukünftig nachzukommen. Damit haben diese Bewertungen direkten Einfluss auf die Kapitalstruktur und auf die Höhe der Fremdkapitalzinsen.

Bei Transaktionen im Flughafen-Sekundärmarkt stehen auf Käufer- und Verkäuferseite wiederum Bewertungen an. Institutionellen Investoren, die sich in den letzten Jahren verstärkt an Flughäfen engagieren, fehlt in der Regel das im Rahmen eines Trade-Sale erforderliche spezifische Flughafen-Know-how. Sie haben die Möglichkeit, erfahrene Transaktionsmanager und industrielle Mitinvestoren zu der Bewertung hinzuzuziehen.

Wichtig zum Verständnis einer Flughafenbewertung ist, dass es sich hierbei im Regelfall um eine Unternehmensbewertung des laufenden Flughafenbetriebes handelt. Eine reine Verkehrswertermittlung des Grund und Bodens und der Aufbauten ist selten relevant, da ein „Flughafen" als Unternehmen nicht am Grundstücksmarkt gehandelt wird.

3 Bewertungsgrundlagen

3.1 Land und Infrastruktur

Die *Infrastruktur-Immobilie* Flughafen ist ein in seiner Ausdehnung großes und in seinen Abhängigkeiten komplexes System aus verschiedensten Gebäuden, Einrichtungen und Anlagen, die zusammen das funktionsfähige Gesamtsystem eines Flughafens darstellen. Die unterschiedlichen Anlagen sind in Tabelle 2 hinsichtlich ihres Bezuges zur Luftverkehrsabwicklung dargestellt.

Primäre Flughafenanlagen	Sekundäre Flughafenanlagen	Tertiäre Flughafenanlagen
Start- und Landebahnsystem Rollwege und Vorfelder mit Abstellpositionen Fluggastanlagen (Terminals und Gepäckförderanlagen) Fracht- und Postanlagen	Flugzeugserviceeinrichtungen (z. B. Wartung, Betankung, Inflight-Catering) Flughafenbetriebsanlagen und Verwaltung (z. B. Feuerwehr, Bodenverkehrsdienste) Landseitige Anbindung (z. B. Schiene, Straße, Parkraum)	Einrichtungen für Besucher, Abholer, Begleiter Einzelhandels-, Büro-, Gewerbe- und Hotelimmobilien
ca. 80 % der Flughafenflächen	ca. 18 % der Flughafenflächen	ca. 2 % der Flughafenflächen

Tabelle 2: Kategorisierung der Flughafenanlagen

Ein Flughafen hält mittels seines Grundbesitzes und seines Eigentums an den Anlagen die Kontrolle über sämtliche primären, sekundären und tertiären Flughafeneinrichtungen. In Ausnahmefällen investieren aber auch wichtige Kunden oder Finanzinvestoren in einzelne Einrichtungen, wie z. B. in Frachtanlagen, Hangars oder Bürogebäude. Dann sichern sich die Flughäfen weitgehende Rechte hinsichtlich Nutzung, Pachtzins und Grundstücksrückgriff in den Pacht- oder Erbbaurechtsverträgen. In diesem Fall ist aus Sicht der Grundstückseigentümer mit Hilfe des Pachtwertverfahrens eine Verkehrswertermittlung der Immobilien auf Basis der Pachteinnahmen möglich.

Die Geschäftstätigkeit des Flughafens begründet sich über seine Rechte an Grundstück und Infrastruktur. Zu unterscheiden ist einerseits das Aviation-Geschäft, d. h. die Bereitstellung einer betriebsbereiten Flugverkehrsinfrastruktur, die Airlines nutzungsabhängig zu festen Entgelten angeboten wird, und andererseits das kommerzielle (Non-Aviation-)Geschäft, d. h. die längerfristige Vermietung von Flächen und Übertragung von Konzessionsrechten zur Ausübung bestimmter Geschäftstätigkeiten auf dem Flughafengrundstück.

Das System Flughafen zeichnet sich dadurch aus, dass alle Anlagen auf die Abwicklung von Flugverkehr hin ausgelegt sind. Eine alternative Nutzung einzelner Gebäude ist zwar denkbar, in der Regel aber wirtschaftlich suboptimal. So kann ein Hangar z. B. als Lagerhalle genutzt werden, die bauliche Spezifikation einer großen stützenfreien Halle bleibt dabei aber ungenutzt. Die Drittverwendungsfähigkeit sowohl des Flughafens als System als auch einzelner Flughafenanlagen ist demnach stark eingeschränkt.

Ausschlaggebend für die alternative Nutzung eines Flughafens könnte die gute verkehrliche Anbindung des Grundstücks sein. Sowohl straßen- und häufig auch schienentechnisch sind diese Standorte auf die Beförderung von täglich mehreren zehntausend Passagieren, Besuchern und Beschäftigten ausgelegt. Dies prädestiniert Folgenutzungen mit hohen Publikumsverkehren, z. B. als Messe- und Kongressstandort, wie er am ehemaligen Flughafen München-Riem erfolgreich entwickelt wurde. Ist künftig eine anderweitige Nutzung durch Stilllegung und Umwidmung der Flächen geplant, kann auf Vergleichswertbasis der Bodenwert der fiktiven Folgenutzung in Ansatz gebracht werden.

3.2 Flugverkehr

Für die *Spezialimmobilie* Flughafen sind neben der Infrastruktur der rechtliche Rahmen für die Abwicklung von Flugverkehr sowie die Nachfrage nach Flugverkehr Bedingungen für das Flughafengeschäft. Erst der Flugverkehr führt zu Aviation-Entgelten und weckt bei Firmen, die im Rahmen des Flugbetriebes am Flughafen tätig werden wollen, die Nachfrage nach Flächen, die zu Miet- und Konzessionsumsätzen beim Flughafen führen.

Voraussetzung für die Aufnahme des Flugverkehrs ist, dass sämtliche Betriebsgenehmigungen und Lizenzen vorliegen, d. h. auch die betrieblichen Voraussetzungen, z. B. hinsichtlich Sicherheitsstandards und Behördenfunktionen erfüllt sind. Für die Ausweitung des Flugverkehrs ist die Genehmigungslage von großer Bedeutung. Je weitreichender sie eine Steigerung des Luftverkehrs zulässt, d. h., je geringer die Betriebsbeschränkungen z. B. hinsichtlich Nachtflug oder Fluglärm sind und je klarer der umwelt- und planungsrechtliche Rahmen einen Ausbau zulässt, desto eindeutiger kann bei der Wertermittlung eine Ausweitung des Flughafengeschäfts unterstellt werden.

Neben dem rechtlichen Rahmen bedarf es der Nachfrage von Airlines und Passagieren, den Flugverkehr aufzunehmen und auszubauen. Diese Nachfrage begründet sich aus dem Potenzial des Flughafenstandorts. Wie bei anderen Immobilien auch, kommt demnach der Lage eine besondere Bedeutung zu. Allerdings ist aufgrund des lokalen Monopolcharakters von Flughäfen der Makrostandort gegenüber dem Mikrostandort maßgeblich. Die Vorteilhaftigkeit eines Flughafenstandorts leitet sich ab aus der Anzahl der im Einzugsgebiet lebenden potenziellen Passagiere und von seiner Attraktivität als Zieldestination (z. B. als Urlaubsdestination). Darüber hinaus gibt es standortbezogene Wettbewerbsaspekte, wie seine Lage und Erreichbarkeit relativ zu anderen Flughäfen und das Vorhandensein alternativer Transportmittel (z. B. Hochgeschwindigkeitszüge). Auch betriebliche Wettbewerbsfaktoren beeinflussen die Verkehrsnachfrage eines Flughafens, wie seine Eignung als Transferflughafen (Hub) oder sein Kostenniveau sowohl für Airlines (z. B. Entgelte) als auch für Passagiere (z. B. Parkgebühren).

Der Flughafen ist eine Immobilie, deren Wert sich grundsätzlich an dem am Standort aufkommenden und durchführbaren Flugverkehr bemisst.

3.3 Stakeholder und Management

Die *Betreiberimmobilie* Flughafen ist gekennzeichnet durch das Tätigwerden und das Zusammenspiel einer großen Zahl ganz verschiedener Unternehmen und Institutionen, die jeweils mit ihrem Know-how zum Flughafenbetrieb beitragen.

Zu diesen Stakeholdern zählen Airlines, Handling-Agenten für Ticketing, Check-in und Boarding, Ground-Handling-Unternehmen für das Be- und Entladen der Flugzeuge und die Kabinenreinigung, Firmen für Betankung, Inflight-Catering, Flugzeugwartung, sowie für Fracht- und Postabfertigung. Behörden, wie Zoll, Bundesgrenzschutz und Polizei gehören ebenso dazu wie die Flughafenfeuerwehr und die Flugfeld- und Luftraumüberwachung. Dienstleister sorgen für die Instandhaltung von Startbahnen, Rollfeldern, Gepäckförderanlagen und Haustechnik, und auch Einzelhändler, Gastronomen sowie Firmen für die Parkraumbewirtschaftung, die Verkehrsbetriebe und Hotelbetreiber gehören dazu.

Darüber hinaus besteht zu weiteren Flughafen-Stakeholdern, wie z. B. Anwohnern und der Lokal- und Regionalpolitik, ein Beziehungsgeflecht, welches die Komplexität des Flughafen-Managements weiter steigert.

Das Management hat die Aufgabe, die Geschäftstätigkeit und die Anliegen der unterschiedlichen Interessengruppen mit zum Teil divergierenden Zielsetzungen so zu steuern und zu integrieren, dass die Ziele des Flughafens insgesamt bestmöglich erfüllt werden, d. h. dass bei hoher Wirtschaftlichkeit der Luftverkehr sicher, umweltverträglich, serviceorientiert und planmäßig durchgeführt wird. Der Flughafen stellt dazu die erforderlichen Funktionalitäten sicher. Hierzu gehört, dass alle für den Flugbetrieb erforderlichen Einrichtungen und Dienstleistungen betriebsbereit zur Verfügung stehen und auch, dass den sich ändernden Anforderungen der Kunden, wie z. B. der Low-Cost-Carrier, nach Möglichkeit Rechnung getragen wird. Darüber hinaus koordiniert und vermittelt das Flughafenmanagement zwischen den beteiligten Firmen und Interessengruppen, schafft effiziente Arbeitsbedingungen und entwickelt die Geschäftstätigkeit, sowohl generell über eine Steigerung des Luftverkehrsaufkommens, z. B. mittels Airline-Marketing, als auch bezogen auf einzelne Geschäftsbereiche, z. B. durch Ausweitung der Einzelhandelsflächen.

Auf diese Weise kann das Management die Geschäfte der am Flughafen tätigen Unternehmen steigern und über entsprechend höhere Aviation-Entgelte, Miet- und Konzessionseinnahmen den Wert des Flughafens maximieren. Ob und inwieweit dies gelingt, hängt sowohl von dem Grad der privatwirtschaftlichen Kontrolle ab, die z. B. bei Teilprivatisierungen in der Regel nicht voll ausgebildet ist, als auch von der Qualität des Managements. Kennzeichnend für ein erfolgreiches privatwirtschaftliches Management ist dessen Fähigkeit, eine meist öffentlich-rechtlich geprägte, funktionale Organisationsstruktur in eine mit flachen Hierarchien, schnellen Entscheidungswegen und hoher Eigenverantwortung der Mitarbeiter zu überführen. Das Selbstverständnis aller Beschäftigten sollte von Rendite-, Kunden- und Prozessorientierung geprägt sein.

4 Bewertungsdisziplinen

Die Wertermittlung von Flughäfen basiert auf den typischen betriebswirtschaftlichen Größen, mit denen sich die Entwicklung von Unternehmen beschreiben lässt, d. h. auf Umsätzen, Betriebskosten, Investitionen, Finanzierungsaufwand und Steuern. Unter Berücksichtigung der spezifischen Flughafengeschäftsbereiche ergeben sich damit die folgenden inhaltlich abgrenzbaren Bewertungsdisziplinen:

- Flugverkehr als Wachstumstreiber,
- Abfertigungskapazitäten, Ausbauplan und Investitionsbedarf,
- Betriebsmodell und Betriebskosten,

- Aviation-Entgelte und Regulierungsregime,
- Non-Aviation-Erlöse und Geschäftsentwicklung,
- Finanzierung und Steuern.

In dem Bewertungsprozess, der eine Marktanalyse, eine Due-Diligence und eine Strategie- und Geschäftskonzeptentwicklung eines jeden Geschäftsbereichs umfasst, werden diese Disziplinen miteinander inhaltlich abgestimmt und in einem umfassenden Geschäftsplan zahlenmäßig zusammengebracht. Der Bewertungsprozess der Unternehmensbewertung eines Flughafens unterscheidet sich somit trotz der Ausrichtung an den Erlösen inhaltlich stark von den aus der Immobilienbewertung bekannten Verfahren zur Herleitung des Verkehrswertes mit Hilfe des Ertragswertverfahrens nach WertV. Starke inhaltliche Ähnlichkeit weist der in der Folge dargelegte Ablauf jedoch mit der im angloamerikanischen Raum bei der Immobilienbewertung angewendeten Gewinnmethode (Profits Method) und den darauf aufbauenden DCF-Bewertungsverfahren auf (vgl. hierzu Beitrag zur Hotelbewertung in diesem Sammelband).

4.1 Flugverkehr als Wachstumstreiber

Die Erlöse eines Flughafens sind zu etwa drei Viertel direkt abhängig von der Anzahl der Passagiere. Eine sorgfältige und detaillierte Analyse des Verkehrs der vergangenen Jahre sowie die Prognose der zukünftigen Entwicklung dieses wichtigen Treibers sind deshalb die entscheidenden Grundlagen für die Wertermittlung.

Das *Verkehrswachstum* basiert in erster Linie auf der wirtschaftlichen Entwicklung der Flughafenregion und kann deshalb von Standort zu Standort sehr unterschiedlich sein. Auf Basis der bereits dargestellten standort- und wettbewerbsorientierten Erfolgsfaktoren der Flugverkehrsnachfrage kann das Management aktiv vorgehen, um das Verkehrsaufkommen zu steigern. Dies wird als Airline-Marketing bezeichnet. So kann es die Aufnahme neuer Strecken unterstützen, indem es z. B. gezielt neue Airlines anspricht und für eine Einführungszeit Sonderkonditionen gewährt. Darüber hinaus besteht die Möglichkeit, sich als Basis für einen Low-Cost-Carrier zu positionieren oder als Transferflughafen für Interkontinentalflüge, sofern die jeweiligen Voraussetzungen, wie unter anderem eine niedrige Kostenbasis, kurze Umsteigezeiten oder ausreichende Landerechte gegeben sind.

Neben konjunkturellen, demografischen und wettbewerblichen Faktoren ist der Luftverkehr weiteren Risiken unterworfen. Er ist externen Schocks ausgesetzt, wie z. B. Terroranschlägen, Infektionskrankheiten oder Naturkatastrophen, die zu starken kurzfristigen Nachfrageschwankungen führen können. So hat im Frühjahr 2003 die Lungenkrankheit SARS auf einzelnen Routen zu einem Rückgang von bis zu 70 Prozent des Verkehrsaufkommens geführt.

Die *Verkehrsprognose* zeigt die möglichen Potenziale für das Verkehrswachstum auf. Prognostiziert werden nicht nur die Wachstumsraten von Passagieren und Luftfracht, sondern auch die Entwicklung einzelner Destinationen und Airlines, der Umsteigeranteil, die Saisonalität des Verkehrs im Jahresablauf, das zum Einsatz kommende Fluggerät, die Anzahl der Flugbewegungen, die Verkehrsspitzenlasten (Spitzenstunde) für Ankunft und Abflug, sowie Nationalität, Reisezweck und Anreiseverkehrsmittel von Passagieren. Die Verkehrsprognose dient damit als Grundlage sowohl für die Ausbauplanung als auch für die Entwicklung der Geschäftsstrategien eines Flughafens. Das Verkehrsaufkommen ist der entscheidende Treiber für das Flughafengeschäft.

4.2 Kapazität, Masterplan und Investitionsbedarf

Um seine Geschäftstätigkeit zu maximieren, muss ein Flughafen mit seiner Infrastruktur die Kapazität bereitstellen, die für die Bedienung der Verkehrsnachfrage erforderlich ist. Dabei muss allerdings die Wirtschaftlichkeit sichergestellt sein, d. h., der mit Erhalt und Ausbau der Kapazität verbundene Nutzen sollte die damit entstehenden Kosten stets überschreiten.

Im Rahmen der Flughafen-Wertermittlung werden der Bestand analysiert, die *Maximalkapazität* bestimmt, ein der prognostizierten Verkehrsentwicklung entsprechender Ausbauplan (Masterplan) mit Investitionsprogramm entwickelt sowie Ansätze für ein wertsteigerndes Management dieser Investitionen unterstellt.

Zunächst werden der Zustand und die Kapazität der bestehenden Infrastruktur ermittelt. Eine Prüfung der funktionalen, technischen und baulichen Qualität der Anlagen gibt Aufschluss über deren Lebensdauer und Servicegrad, über Altlasten und betriebliche Ineffizienzen. So kann z. B. eine suboptimale räumliche Anordnung zu großen Distanzen und langen Wegezeiten führen und damit kritische Prozesse wie das Flugzeug-Turnaround (Flugzeug-Abfertigung) verlängern oder verteuern. Auf Basis der Prüfung kann beurteilt werden, wie groß der Bedarf ist an Investitionen in Ersatzmaßnahmen, Altlastenbefreiung oder Maßnahmen zur Erreichung internationaler Standards und gesetzlicher Anforderungen, wie z. B. der hundertprozentigen Kontrolle des aufgegebenen Gepäcks. Mit der Ermittlung der Ist-Kapazität werden auch die Engpässe identifiziert, die für eine erforderliche Kapazitätssteigerung als Erstes erweitert werden müssen. Diese können von der Einrichtung einer weiteren Sicherheitsschleuse bis hin zum Bau einer neuen Startbahn reichen.

Darüber hinaus wird auch die *Kapazitätsgrenze* des Flughafens analysiert und ermittelt. Grundsätzlich kann ein Ausbau von der Ist-Situation über mehrere Jahrzehnte hin bis zu seiner Maximalkapazität erfolgen. Diese begrenzt das Wachstum und stellt die langfristige Betriebsobergrenze dar. Die Maximalkapazität kann sich über die Genehmigungslage definieren, die sich z. B. an Umwelt- oder Lärmschutzaspekten orientiert. Wenn der Airport territorial begrenzt ist, kann sich die Maximalkapazität aber auch aus den räumlichen Grenzen ergeben, bzw. aus dem, was innerhalb der Grenzen technisch und wirtschaftlich realisierbar ist.

Dies aufzuzeigen ist unter anderem Aufgabe des *Masterplans,* eines Ausbauplanes, in dem die verschiedenen Aspekte, wie Verkehrsentwicklung, betriebliche Funktionalitäten, Kapazität und Genehmigungslage aufeinander planerisch abgestimmt und optimiert sowie ein Investitionsprogramm aufgestellt werden. Im Masterplan werden die kurz-, mittel- und langfristigen Entwicklungsphasen eines Flughafens definiert. Dabei geht es um einen nachfragegerechten, wirtschaftlich sinnvollen Ausbau der primären, sekundären und tertiären Flughafenanlagen mit der entsprechenden Versorgungsinfrastruktur.

Nachfragegerecht ist die Entwicklung eines Flughafens, wenn sie sich stets an der erwarteten Verkehrsnachfrage orientiert, d. h., wenn weder zu wenig noch zu viel Kapazität bereitgehalten wird. Nachfragegerecht bedeutet aber auch, dass die Anlagen und Einrichtungen den verschiedensten Kundenwünschen von Airlines, Einzelhändlern oder Behörden gerecht werden, d. h. einen kostengünstigen Betrieb gewährleisten, effektive Arbeitsbedingungen bieten oder Möglichkeiten zur Marktpositionierung geben. Wirtschaftlich sinnvoll ist die Entwicklung eines Flughafens, wenn die Nutzung einer Fläche nach Renditegesichtspunkten abgewogen wird. Dies bedeutet z. B., dass nur dann ein Grundstück im Masterplan für kommerzielle Immobilienentwicklungen ausgewiesen wird, wenn für diese Fläche keine Nutzung mit für den Flughafen insgesamt höherer Rendite identifiziert wird. Damit bildet der Masterplan die Grundlage nicht nur für das Aviation-Geschäft, sondern ebenso für die Entwicklung weiterer Geschäftsfelder. Darüber hinaus bedeutet eine wirtschaftlich sinnvolle Entwicklung, dass Flächenreserven für zukünftige Erweiterungen vorausschauend eingeplant werden, damit weder Anlagen vorzeitig wieder abgebrochen, noch der Betrieb langfristig suboptimal strukturiert werden muss.

Der Masterplan muss auch politischen Interessen gerecht werden. So ist der Ausbau insbesondere mit der kommunalen Raumplanung, der regionalen Entwicklungsplanung und dem Umwelt-, Planungs- und Luftverkehrsrecht in Einklang zu bringen, z. B. sind die ungünstigen Auswirkungen des Luftverkehrs, wie Fluglärm oder Straßenverkehr, zu entschärfen.

Schließlich wird der Masterplan in ein Investitionsprogramm überführt, in dem die einzelnen Maßnahmen mit Planungs- und Baupreisen versehen werden. Bei kurzfristig anstehenden, bedeutenden Investitionen ist es für Investoren und Kreditgeber in der Regel erstrebenswert, Kostensicherheit zu schaffen, z. B. über einen bereits verhandelten Bauvertrag mit Pauschal- oder Maximalpreis.

Flughäfen sind wirtschaftlichen Schwankungen unterworfen und damit zeitweilig auch rückgängigen Verkehrszahlen ausgesetzt. Sie tragen bei hoher Anlagenintensität fast das gesamte Auslastungsrisiko. So haben beispielsweise die Flughäfen in Zürich und Brüssel gerade zu dem Zeitpunkt neue Terminalanlagen fertig gestellt, als die jeweils wichtigsten Airlines, die so genannten Home-Carrier Swissair bzw. Sabena, ihren Flugbetrieb Ende 2001 stark einschränkten bzw. aufgaben. Investitionen in die Flughafeninfrastruktur, wie z. B. in Terminals, liegen häufig im Bereich mehrerer hundert Millionen Euro und sind größtenteils sprungfixer Natur. Das Investitionsrisiko ist demnach von materiellem Ausmaß, und dem Investitionszeitpunkt kommt eine besondere Bedeutung zu.

Im Rahmen des Managements von Investitionen kann das Risiko beurteilt und verringert werden, indem grundsätzlich jede Investition einer Wirtschaftlichkeitsbetrachtung standhalten muss, die betriebliche Notwendigkeit hinterfragt sowie Möglichkeiten zur Vermeidung oder zur Verschiebung von Investitionen untersucht werden. Anstatt die Kapazität vorauseilend zu erhöhen, können beispielsweise bestimmte Engpässe zunächst betrieblich (z. B. über personellen Mehraufwand anstelle von automatisierten Anlagen) oder unter Komforteinbußen (z. B. Flugzeug-Abfertigung über Vorfeldpositionen anstelle von Positionen mit Fluggastbrücken) überbrückt werden. Auch kann das Investitionsvolumen durch einen modularen oder phasenweisen Ausbau über einen längeren Zeitpunkt gestreckt werden.

Ergebnis dieser Disziplin der Flughafen-Wertermittlung ist zum einen die am Standort zukünftig realisierbare, d. h. die sowohl rechtlich mögliche als auch die in einem Masterplan baulich und betrieblich definierte Kapazitätsentwicklung des Flughafens. Zum anderen wird ein bedarfsgerechtes Investitionsprogramm definiert, mit Instandsetzungs-, Planungs- und Baukosten sowie entsprechenden Abschreibungswerten.

4.3 Betriebsmodell und Betriebskosten

Die Bewirtschaftung eines Flughafens ist geprägt von ganzjährigem 24-Stunden-Betrieb, höchsten Sicherheitsauflagen und differenzierten Serviceanforderungen. Damit sind die Betriebskosten auf grundsätzlich hohem Niveau. Bei Passagierrückgängen haben Airports bei diesen operativen Kosten nur wenig Spielraum und kaum Möglichkeiten kurzfristiger Anpassung. Die Erlöse brechen weg, während die Betriebskosten nur mit erheblichem Zeitverzug gesenkt werden können. Eine Analyse der britischen BAA von Ende 2002 ergab, dass 80 Prozent der operativen Kosten mittelfristig fixiert waren. Das Ausmaß dieses Operating-Leverage ist abhängig vom Betriebsmodell. Die Tätigkeiten eines Flughafens können nämlich entweder auf die nicht-übertragbaren Aufgaben beschränkt bleiben oder aber auch solche umfassen, die alternativ über Outsourcing oder Konzessionsvergabe von externen Dienstleistern erbracht werden könnten.

Traditionell weisen Flughäfen einen hohen vertikalen Integrationsgrad auf und führen Aufgaben wie z. B. die Instandhaltung mit eigenem Personal durch. Bei einem hohen Grad an Eigenbewirtschaftung und den gegenwärtigen dynamischen Rahmenbedingungen kann ein Flughafen allerdings nicht in allen Bereichen führend sein, was Einbußen bei Servicequalität und Wirtschaftlichkeit zur Folge haben kann. Darüber hinaus bieten einige Flughäfen ihren Kunden Dienstleistungen an, wie z. B. Bodenverkehrsdienste, bei denen sie mit Dritten im Wettbewerb stehen und deren Umsätze nicht mit dem Land- oder Anlagenbesitz begründet werden können. Die Wertermittlung geht in diesen Fällen über die Immobilienbewertung hinaus zur Unternehmensbewertung. Umsätze und Betriebskosten sind entsprechend höher.

Ist ein Flughafen nach dem Landlord-Prinzip aufgestellt, so übernimmt er dagegen nur die ureigensten Aufgaben, d. h. die steuernden, koordinierenden und entwickelnden Funktionen für Infrastruktur, Flugverkehr und Dienstleistungen. Alle anderen ausführenden Aufgaben überlässt er externen Spezialisten. Deren Servicequalität wird nicht nur über quantitative Leistungsangaben, sondern auch qualitativ über Qualitätsstandards sichergestellt (Service-Level-Agreements). Eine geringere Fertigungstiefe führt im Vergleich zur Eigenbewirtschaftung zu niedrigeren Gesamtumsätzen, bei gleichzeitig sinkenden Betriebskosten, wobei insbesondere Personalkosten überproportional sinken und damit der Operating-Leverage. Das bedeutet, dass sich Nachfrageschwankungen in geringerem Maße auf das Ergebnis auswirken.

Tabelle 3 verdeutlicht diese unterschiedlichen Betriebsmodelle eindrucksvoll: Der in seiner Größe mit Sydney vergleichbare Flughafen München erwirtschaftet 85 Prozent mehr Umsatz pro Passagier, weist aber gleichzeitig um 450 Prozent höhere Betriebskosten pro Passagier auf.

	BAA Gruppe 2002/03	Fraport Gruppe 2002	Sydney Airport 2002/03	München Airport 2002
Passagiere	128 Mio.	69 Mio.	24 Mio.	23 Mio.
Umsatz [Euro]	2.959 Mio.	1.804 Mio.	313 Mio.	555 Mio.
■ Aviation	38 %	46 %	48 %	33 %
■ Non-Aviation	62 %	27 %	52 %	41 %
■ Bodenverkehrsdienste	0 %	27 %	0 %	26 %
Umsatz pro Passagier [Euro]	23,23	27,40	12,90	23,90
Mitarbeiter [MA]	11.861	21.395	388	4.363
■ Passagiere pro MA	10.800	3.200	62.400	5.300
■ Umsatz pro MA [Euro]	249.000	84.000	807.000	127.000
Betriebskosten [Euro]	1.739 Mio.	1.387 Mio.	78 Mio.	415 Mio.
% vom Umsatz:	59 %	77 %	25 %	75 %
■ Personal	24 %	47 %	7 %	35 %
■ Material/Services	28 %	16 %	17 %	20 %
■ Sonstiges	7 %	14 %	1 %	20 %
EBITDA[1] [Euro]	1.220 Mio.	502 Mio.[1]	235 Mio.	140 Mio.
% vom Umsatz	41 %	28 %	75 %	25 %
Abschreibungen [Euro]	400 Mio.	214 Mio.[1]	85 Mio.	106 Mio.
% vom Umsatz	14 %	12 %	27 %	19 %
EBIT [Euro]	820 Mio.	285 Mio.[1]	150 Mio.	34 Mio.
% vom Umsatz	31 %	16 %	48 %	6 %
Investitionen [Euro]	1054 Mio.	291 Mio.	151 Mio.[2]	134 Mio.
% vom Umsatz	36 %	16 %	48 %	24 %

1) Zur besseren Vergleichbarkeit wurden die Sonderabschreibungen im Zusammenhang mit dem Projekt Manila in Höhe von 289,5 Mio. Euro nicht berücksichtigt.
2) Die Summe schließt die Akquisition eines Terminals in Höhe von 113 Mio. Euro ein. Ohne diesen Vorgang hätten die Investitionen 12 % vom Umsatz betragen.

Tabelle 3: Vergleich der Unternehmenskennzahlen von ausgewählten Flughafengesellschaften

---

1 EBITDA – Earnings Before Interest, Taxes, Depreciation and Amortization.

Bei der Flughafenbewertung werden in dieser Disziplin sämtliche Betriebskostenkategorien analysiert, das Potenzial für Effizienzsteigerungen ermittelt, gegebenenfalls entsprechende Konzepte entwickelt und Anpassungen des Betriebsmodells geprüft. Ergebnis sind einerseits ein Betriebskonzept und andererseits eine Prognose der einzelnen Kostenkategorien in Abhängigkeit von Passagierentwicklung und Flughafenausbau.

4.4 Aviation-Entgelte und Regulierungsregime

Flughäfen ermöglichen Airlines von der Landung bis zum erneuten Start die Ausführung ihres Lufttransportgeschäfts. Dabei greifen die Airlines auf Einrichtungen zurück, deren Nutzung ihnen in Rechnung gestellt wird. Diese Gebühren stellen üblicherweise ungefähr die Hälfte der Umsätze eines Flughafens dar und werden erhoben nach Flugbewegungen, Flugzeuggewichtsklassen, Abstellzeiten und nach der Anzahl der Passagiere.

Die Ermittlung und die Erhebung dieser Entgelte unterliegen dem Einfluss von Wettbewerbsbehörden auf nationaler und supranationaler Ebene – die Nachhaltigkeit der Erlöse ist damit zum Teil auch extern definiert. Auch privatisierte Flughäfen sind diesen Institutionen unterworfen, weil sie als lokale Monopole gegenüber ihren Kunden eine stärkere Marktposition besitzen, d. h. die Preise gegebenenfalls höher und die Servicequalität niedriger sein könnten, als unter reinen Wettbewerbsbedingungen.

Die grundsätzlichen Prinzipien für Flughafengebühren sind Kostenbezug, Transparenz und Nichtdiskriminierung. Dennoch ist das Entgeltsystem international sehr unterschiedlich geregelt. Es reicht von der staatlichen Vorgabe einer Kapitalrendite in Nordamerika, die zwar eine Monopolpreisbildung verhindert, aber keine Anreize zu Effizienz und Kostenreduktion gibt, bis hin zu deregulierten Systemen in Australien und Neuseeland, wo allein die Androhung einer Wiedereinführung von Preiskontrollen als Regulativ dient.

Weit verbreitet ist das System von Preisobergrenzen, aber auch hier variieren die Definition und die Zusammensetzung der Preisobergrenzen deutlich. So unterscheiden sich die Systeme beispielsweise dahingehend, welche Gebühren mit einer Preisobergrenze versehen werden, wie der Servicelevel berücksichtigt wird, wann und wie die Preisobergrenze angepasst wird oder inwieweit kommerzielle Umsätze bei der Ermittlung der Preisobergrenze mit einbezogen werden.

Bei der Bewertung sind die für den Flughafen geltenden Entgeltsysteme genau zu untersuchen, ihre Nachhaltigkeit einzuschätzen und die bestehenden Spielräume zu evaluieren. Differenzierte Gebührenordnungen stellen ein Management-Tool dar, über das die Nutzung der Flughafeninfrastruktur gesteigert oder z. B. bei nach Lärm differenzierten Gebühren die Umweltbelastungen reduziert werden können.

4.5 Non-Aviation-Erlöse und Geschäftsentwicklung

Das kommerzielle Geschäft hat in den letzten zwei Jahrzehnten deutlich an Bedeutung gewonnen, sowohl hinsichtlich der Servicequalität für den Kunden, als auch und vor allem in wirtschaftlicher Hinsicht.

Während der Umsatz dieses Geschäftes im Vergleich zum Geschäftsfeld Aviation ebenfalls ca. 50 Prozent der Gesamterlöse ausmacht, werden hier bis zu 80 Prozent des Betriebsergebnisses (EBIT) eines Flughafens generiert. Non-Aviation stellt damit die wirtschaftliche Stütze des gesamten Betriebes dar. Die Erträge verteilen sich typischerweise auf die Geschäftsbereiche Retailing zu 35 Prozent, auf Parken und Mietwagen zu 20 Prozent und auf die Flächenvermietung zu 30 Prozent. Unter Sonstige (15 Prozent) fallen unter anderem Erträge aus der Flugzeugbetankung und aus der Vermarktung von Werbeflächen.

Das *Retailing-, Park-* und *Mietwagengeschäft* wird üblicherweise von spezialisierten Konzessionären betrieben, die in einer Ausschreibung ausgewählt werden und dem Flughafen als Konzessionsgebühr einen Anteil vom Umsatz zahlen. Damit partizipiert der Flughafen direkt an deren Umsätzen mit den Passagieren, ohne an der Abwicklung des Tagesgeschäfts und den Betriebskosten beteiligt zu sein. Die Prognose dieser Geschäftsfelder erfolgt deshalb folgerichtig auf Passagierbasis. Wie auch im Geschäftsbereich Flächenvermietung sind damit sämtliche Umsätze des Geschäftsfeldes Non-Aviation ihrer Natur nach Mieterlöse, bzw. Erträge vor Mietnebenkosten, Verwaltungskosten und Abschreibungen. Die Bewertung dieser Bereiche könnte sich vor dem geschilderten Hintergrund theoretisch auch am normalen Ertragswert- bzw. Pachtwertverfahren der Immobilienbewertung orientieren.

Betreibt eine Flughafengesellschaft das Retailing, Park- oder Mietwagengeschäft selber, so sind die Umsätze und Betriebskosten höher, und die Wertermittlung ginge wie bei den Bodenverkehrsdiensten über die reine Immobilienbewertung hinaus, weil sich diese Umsätze nicht aus dem reinen Land- und Anlagenbesitz begründen. In diesem Fall wäre die Flughafengesellschaft wieder selbst Betreiber und wäre somit größeren Risiken ausgesetzt. Bei der Bewertung ist die Wertschöpfungstiefe eines Flughafens genau zu analysieren, damit die Unternehmenszahlen nicht falsch interpretiert werden.

Das *Retailing* umfasst das Duty-Free-Geschäft, den Einzelhandel und die Gastronomie. Sein Potenzial ergibt sich aus den Charakteristika der Konsumenten, insbesondere der Passagiere und lässt sich von deren Reiseziel, Nationalität und Reisezweck ableiten. So sind beispielsweise nur internationale, bzw. aus der EU ausreisende Passagiere zum Duty-Free-Einkauf berechtigt. Da die Verbrauchs- und Umsatzsteuern weltweit unterschiedlich sind, ist zudem Duty-Free-Shopping z. B. für Briten und Japaner, die eine größere Steuerlast tragen, attraktiver als z. B. für Italiener oder Spanier. Höhere Umsätze lassen sich auch mit Umsteige- und Interkontinentalpassagieren erzielen, da sie länger im Terminal verweilen. Darüber hinaus weisen Geschäftsreisende gegenüber Ferienreisenden ein höheres verfügbares Einkommen auf, sodass auch sie im Durchschnitt mehr für Konsum ausgeben. Diese Passagiercharakteristika variieren von Flughafen zu Flughafen deutlich, somit ist auch das jeweilige Potenzial höchst unterschiedlich und muss für jeden Standort separat ermittelt werden.

Das Retailing an Flughäfen weist gegenüber anderen Handelsimmobilien Eigenheiten und Besonderheiten auf. Primäre Kundengruppe für Flughäfen sind die Passagiere, deren Ziel nicht ein Einkaufserlebnis, sondern der pünktliche Abflug ist. Nur wenn der potenzielle Kunde über den Abflug ausreichend orientiert und informiert ist, wird er überhaupt zum Konsum bereit sein, und dieser ist vorwiegend von Impulskäufen geprägt. Außerdem wird im Vergleich zu Shoppingcentern nicht selten die doppelte Flächenproduktivität erzielt. Bei allen Aspekten der Entwicklung und des Managements des Retailing sind diese Flughafenfaktoren zu berücksichtigen. Dementsprechend unterscheiden sich die Art der Retailkonzepte, der Mietermix, die Größe der Geschäftseinheiten, das Layout und die Gestaltung des Handelsbereiches, der Servicegrad, die Vertragslaufzeiten und die Mietkonditionen von denen anderer Handelsimmobilien. So betragen beispielsweise die Umsatzmieten zwischen ca. 10 Prozent in der Gastronomie bis über 40 Prozent für einzelne Duty-Free-Sortimente. Diese Abgabe wird in der Regel durch eine garantierte Mietzahlung unterlegt, die als absolute Größe oder per Passagier definiert wird und mit dem Inflationsindex steigt. Die Vertragslaufzeiten liegen beim Handel bei drei bis fünf, in der Gastronomie aufgrund höherer Investitionen bei fünf bis zehn Jahren. Diese kurzen Revitalisierungszeiten stellen die Aktualität des Handelsangebots sicher, die für Impulskäufe bedeutungsvoll ist.

Die Entwicklung und das Management des Handelsbereichs sollte wie bei einem Shoppingcenter von einem Airport-Centermanagement verantwortet werden, das die Spezifika des Flughafenumfeldes adäquat einbezieht. Diese Rolle wird üblicherweise als Kernkompetenz der Flughäfen angesehen und von ihnen selbst eingenommen. In Nordamerika gibt es hierfür jedoch auch unabhängige Entwickler und Manager.

Als Risikofaktoren des Retailgeschäfts sind neben Verkehrsschwankungen insbesondere politisch-regulative Veränderungen zu nennen. So ist in der Vergangenheit das innereuropäische Duty-Free-Geschäft verloren gegangen, und neue wirtschaftliche Zusammenschlüsse werden das Duty-Free-Geschäft weiter beschneiden. Außerdem drohen Verbote wie die des zollfreien Verkaufs von und der Werbung für Tabakprodukte. Diese Risiken werden zukünftig zu weiteren Einnahmeverlusten führen.

Bei der Bewertung des Retailbereichs wird untersucht, inwieweit die Erträge bereits am maximalen, nachhaltig erzielbarem, Potenzial liegen, bzw. durch welche Maßnahmen bezüglich Produktangebot, Layout oder Management die Erträge weiter gesteigert werden können und welche Einnahmeverluste gegebenenfalls zu erwarten sind. Die Spanne der erzielten Konzessionserträge pro Passagier ist breit und reicht von z. B. 0,23 Euro am Flughafen von Houston bis zu 6,80 Euro am Flughafen Changi in Singapur.

Das Park- und Mietwagengeschäft ist wie das Retailing von der Zusammensetzung der Passagiere geprägt. Das Parkgeschäft wird von der Höhe des Quellverkehrs aus der Region und das Mietwagengeschäft von der Stärke des Zielverkehrs in die Region bestimmt. Darüber hinaus wird das Geschäft von der verkehrstechnischen Anbindung und ihren Alternativen geprägt. So wird ein stadtnaher Flughafen mit preiswürdigen Taxistrecken und guter Anbindung an den öffentlichen Nah- und Fernverkehr in der Regel geringere Umsätze pro Passagier generieren.

Bei der Bewertung dieses Geschäftssegments wird das Ertragspotenzial ermittelt und untersucht, über welche Strategien und Konzepte der Produkt- und Preisdifferenzierung die Zahlungsbereitschaft der Kunden möglichst umfassend erschlossen werden kann. Dabei werden auch mögliche Einflüsse auf die Flugverkehrsnachfrage berücksichtigt. So bieten abseits gelegene Regionalflughäfen deutlich günstigere Parktarife an, um die Flugverkehrsnachfrage zu stimulieren. In diesem Geschäftssegment liegen die Erträge pro Passagier ebenfalls in einem weiten Spektrum von z. B. 0,22 Euro am Flughafen von Gran Canaria bis zu 3,98 Euro am Flughafen Indianapolis (vgl. hierzu Beitrag „Parkierungsanlagen").

Die dritte Säule des Non-Aviation-Geschäfts ist die Entwicklung und Vermietung von Flächen. Sie umfasst einzelne Büro- und Lagerflächen ebenso wie ganze Hangars oder Hotels.

Zu unterscheiden sind einerseits Flächen wie z. B. Airline-Counter, Lounges oder Frachtumschlaghallen, die Firmen für ihre Tätigkeit im Rahmen des Flughafenbetriebes benötigen und deren Nachfrage sich nach der Flugverkehrsentwicklung richtet. Die Vermietung dieser Flächen ist geprägt von hohen Mieten, kleinen Mietflächen pro Vertrag und kurzen Laufzeiten. So liegen aufgrund knapper Flächen z. B. die Büromieten in Terminals auf dem Niveau von Top-Innenstadtlagen. Im Rahmen der Wertermittlung werden die Entwicklung dieser Flächen gemäß dem Masterplan hochgerechnet und abhängig vom gegenwärtigen Mietpreisniveau gewisse Mietsteigerungspotenziale unterstellt.

Darüber hinaus üben Flughäfen als wirtschaftliche Motoren und Drehkreuze einer Region eine hohe Anziehungskraft auf Nutzer aus, die in keinem direkten Bezug zum Aviation-Geschäft stehen. Airports verfügen häufig über ausreichende, gut erschlossene und entwicklungsfähige Flächen, die sowohl für Büro- oder Logistikfunktionen als auch für großflächige Fachmärkte wegen ihrer Erreichbarkeit, Serviceeinrichtungen und ihres Images attraktiv sind. Flächen in unmittelbarer Nachbarschaft zu den Terminals sind auch hochattraktiv als Hotel- und Kongressstandort. So liegt z. B. die Auslastung von Hotels, die fußläufig von den Terminals erreicht werden können, im Jahresmittel um bis zu 10 Prozent über jenen in City-Lagen. Die Nutzer all dieser Objekte sind bereit, attraktive Miet- und Pachtpreise – vergleichbar mit erstklassigen Büro- und Gewerbeparks am Stadtrand bzw. entsprechend besten Hotellagen – zu entrichten und langfristige Bindungen einzugehen. So können derartige Immobilien gegebenenfalls aus dem Immobilienportfolio eines Flughafens herausgelöst und an institutionelle Investoren veräußert werden. Im Rahmen der Flughafen-Wertermittlung werden sowohl bestehende, als auch das Potenzial für zukünftig zu entwickelnde Spezialimmobilien auf dem Gelände berücksichtigt. Die Bewertung erfolgt nach der jeweiligen spezifischen Bewertungspraxis der einzelnen Immobilientypen und wird dann auf Ebene der Gesellschaft aggregiert dargestellt.

4.6 Finanzierung und Steuern

In den vorangegangenen Abschnitten wurden die fünf Disziplinen zur Bewertung des operativen Geschäfts von Flughäfen dargestellt. Auf diese Art können die Cashflows für einen Bewertungszeitraum prognostiziert, mit einem vorgegebenen durchschnittlichen Kapitalkostensatz diskontiert und so der Wert eines Flughafens ermittelt werden.

Soweit die Theorie. In der Praxis gibt es keinen extern vorgegebenen, durchschnittlichen Kapitalkostensatz. Vielmehr stellt die Kapitalbeschaffung selbst einen wesentlichen Einflussfaktor auf den Wert dar. Wird ein Flughafen als sichere Anlage gewertet, so sind die von Investoren erwarteten Renditen ebenso wie die von Fremdkapitalgebern geforderten Zinsen geringer und der mit diesen niedrigeren Kapitalkosten diskontierte Barwert der Cashflows höher. Der Wert eines Flughafens steigt demnach mit abnehmenden Kapitalkosten. Diese werden minimiert, indem z. B. die Kapitalstruktur optimiert, innovative Finanzierungsinstrumente eingesetzt und günstige Fremdkapitalkonditionen vereinbart werden. Gerade bei Bietungsprozessen, bei denen es darum geht, einen Flughafen mit dem höchsten vertretbaren Kaufpreis zu gewinnen, ist die günstige Kapitalbeschaffung ein signifikanter Erfolgsfaktor. So konnte beispielsweise HOCHTIEF AirPort zusammen mit Konsortialpartnern bei der erfolgreichen Akquisition des Flughafens von Sydney ein Gearing (Verhältnis Fremdkapital zu Gesamtkapital) von 70,0 Prozent und durchschnittliche Fremdkapitalzinsen von 6,5 Prozent erzielen und auch deshalb einen Kaufpreis von 3,2 Milliarden Euro bieten.

Die Kapitalstruktur einer Gesellschaft kann dahingehend optimiert werden, dass der Anteil des gegenüber dem Eigenkapital günstigeren Fremdkapitals heraufgesetzt wird. Diese Erhöhung des Financial-Leverage (Gearing) ist jedoch nur insoweit möglich, wie der gesamte Leverage eines Unternehmens (bestehend aus Operating-Leverage und Financial-Leverage) gewisse Grenzen nicht überschreitet. Eine weiter gehende Erhöhung des Financial-Leverage setzt also eine Reduzierung des Operating-Leverage voraus, die durch die folgenden Maßnahmen erzielt werden kann:

- Reduktion des Fixkostenblocks, z. B. durch Outsourcing,
- Reduktion des Anteils externer Kosten, z. B. durch Insourcing,
- Schaffung flexibler Vertragsstrukturen, z. B. durch Definition von Leistungsstandards,

- Steigerung der Umsätze, z. B. durch Einführung von Wettbewerb zwischen Konzessionären zur Steigerung der Attraktivität,
- Minimierung des eingesetzten Kapitals, z. B. über Landlord-Prinzip.

Der Anteil des Fremdkapitals wird auch durch den Einsatz innovativer Finanzierungsinstrumente heraufgesetzt, beispielsweise traditionell über Nachrangdarlehen oder wie bei Akquisition von Sydney Airport mit einer hybriden Anleihe mit Wandlungsoption.

Eine Reduzierung der Fremdkapitalkosten wird erreicht, indem die Fremdkapitalgeber von der Qualität, d. h. von der Sicherheit der Flughafenanlage überzeugt werden. Als Infrastruktureinrichtungen sind Flughäfen natürliche lokale Monopole, die aufgrund ihrer Anlagen- und Kapitalintensität ebenso wie aufgrund ihrer Management-Komplexität für Wettbewerber hohe Eintrittsbarrieren darstellen. Von gewissen Nachfrageschwankungen abgesehen sind die Ziel- und Quellverkehre in der Regel stabil und die Umsatzbasis diversifiziert, sowohl nach Kunden als auch nach Geschäftsfeldern.

Wurde der Geschäftsplan von einem spezialisierten Transaktionsmanager entwickelt, so kann dieser bei den Fremdkapitalgebern das Verständnis für das Flughafengeschäft fördern, die Methodik, die Strategien und die Konzepte erklären, auf denen die einzelnen Prognosen beruhen, und ihnen so die Vorzüge des Flughafeninvestments näher bringen.

Darüber hinaus werden in einer umfangreichen Risikoanalyse die Auswirkungen verschiedener Verkehrsszenarien, geänderter politischer Rahmenbedingungen, unerwarteter Geschäftsentwicklungen (z. B. Änderungen der Baupreise, der Betriebskosten oder der Umsatzentwicklung) und einzelner Katastrophenfälle (z. B. höhere Gewalt, Terroranschlag, Flugunglück) ermittelt und Maßnahmen zur ihrer Entschärfung ergriffen. So können die Folgen einiger Risiken beispielsweise durch Versicherungen ausgeglichen oder über detaillierte Verträge, klare Kompetenzverteilungen und Konfliktlösungsmechanismen begrenzt werden.

Auch die Optimierung der steuerlichen Behandlung von Flughäfen hat wertsteigernden Einfluss und muss nach den jeweiligen lokalen Gegebenheiten und Möglichkeiten analysiert und z. B. mit entsprechenden gesellschaftsrechtlichen Strukturen umgesetzt werden.

5 Vergleich der Bewertungsverfahren

5.1 Multiple-Methode

Investments werden häufig in ihrem Wert als Vielfaches einer Ertragsgröße, z. B. als Multiple des Gewinns (P/E-Multiple) oder des EBITDA beschrieben und über diese Größe miteinander verglichen. Die Werte von Immobilien beispielsweise in der Innenstadt von Sydney erreichen ein EBITDA-Multiple von 14, während Sydney Airport aufgrund höherer Wachstumspotenziale mit einem EBITDA-Multiple von 18,3 bewertet wurde.

Ein Vergleich der EBITDA-Multiples ausgewählter Flughafen-Transaktionen in Abbildung 3 zeigt, dass der Wert zwischen dem 4,8- und 18,3-fachen des EBITDA liegen kann. Differenziert man nach der Art der Privatisierung, d. h. nach Börsengang, Verkauf einer Minderheits- oder einer Mehrheitsbeteiligung, so ergibt sich ein klareres Bild. Bei Börsengängen wird im Durchschnitt ein Wert vom 7,3-fachen EBITDA erzielt, beim Verkauf von Minderheitsbeteiligungen liegt diese Größe bei 10,7 und bei der Veräußerung von Mehrheitsbeteiligungen bei 15,0. Liegt ein hoher Privatisierungserlös im Interesse der öffentlichen Hand, so wäre ein mehrheitlicher Verkauf an einen industriellen Investor anzuraten, da auf diese Weise gegenüber einem Börsengang etwa der zweifache Wert generiert werden kann. Die Wertunterschiede begründen sich unter anderem mit dem Umfang der zu übertragenden Kontrolle über das Management.

Der Vergleich von Flughafenwerten auf Basis von Multiples erscheint zwar interessant, für die eigentliche Wertermittlung jedoch können Multiples höchstens eine grobe Wertspanne kennzeichnen. Die Anzahl der Transaktionen, aus denen die Durchschnittswerte gebildet werden, ist viel zu klein und die wenigen gelisteten Flughäfen in ihrer Struktur viel zu unterschiedlich, als dass ein belastbarer Mittelwert überhaupt kontinuierlich gebildet werden könnte.

Eine Bewertung anhand von Multiples basiert auf Zahlen aus der Vergangenheit, die nur bedingt Aufschluss über die Zukunft geben. So weisen Flughäfen beispielsweise fundamental unterschiedliche Wachstumsraten auf, die sich nicht in vergangenheitsbezogenen Größen, wie dem EBITDA widerspiegeln. Auch variiert der zukünftige Investitionsbedarf deutlich. Er kann wie z. B. am Flughafen London-Heathrow über Jahre auf 80 Prozent des Umsatzes steigen und würde bei einer Bewertung mit der Multiple-Methode nicht angemessen berücksichtigt werden können. Dies sind nur einige Beispiele für die Schwächen der Multiple-Methode. Die Liste ließe sich anhand der bereits beschriebenen wertbestimmenden Faktoren weiter fortsetzten.

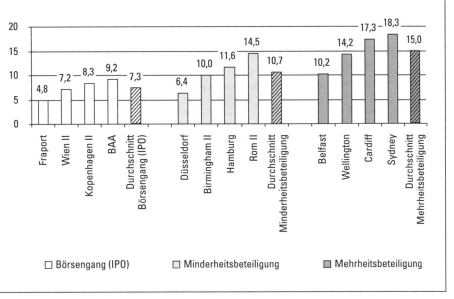

Abbildung 3: Firmenwert/EBITDA-Multiples für ausgewählte Börsengänge, sowie Trade-Sales von Minderheits- und Mehrheitsbeteiligungen

5.2 DCF-Methode

Im Gegensatz zur Multiple-Methode bietet eine Bewertung durch den Discounted-Cashflow (DCF) die Möglichkeit, in einem in sich geschlossenen Geschäftsplan ein angemessenes Bild der Entwicklung über einen langen Zeitraum und unter Berücksichtigung sämtlicher Rahmenbedingungen aufzuzeigen. Die bisherige Darstellung zeigte bereits die wesentlichen Einflussfaktoren auf die Cashflows eines Flughafens auf. Sie alle müssen im Geschäftsplan inhaltlich aufeinander abgestimmt und zahlenmäßig zusammengeführt werden.

Die DCF-Methode kann auf Basis der Projekt-Cashflows vor Finanzierung erfolgen. Bei langfristigen oder unbegrenzten Konzessionsdauern werden diese Cashflows über zehn bis 20 Jahre detailliert prognostiziert, für die Folgezeit ein Endwert z. B. über ein Multiple oder über eine ewige Rente mit Wachstumsfaktor (Basis: Cashflows) angenommen und mit den gewichteten durchschnittlichen Kapitalkosten (WACC) diskontiert. Alternativ können auch in der so genannten Discounted-Dividend-Analyse (DDA) die erwarteten Dividendenausschüttungen, d. h. die Equity-Cashflows (nach Finanzierung) mit der von Investoren geforderten Rendite abgezinst werden. In diesem Fall erfolgt die Ermittlung eines Endwertes ebenfalls über eine Annahme eines Multiples oder einer ewigen Rente (Basis: Dividenden).

Wie bereits im vorherigen Abschnitt dargestellt, kommt den Kapitalkosten im Hinblick auf den Wert eines Flughafens eine hohe Bedeutung zu. Dies gilt dementsprechend auch für die Bewertung mittels der DCF-Methode.

Die *Kapitalkosten* sind unabhängig von einer öffentlich-rechtlichen oder privaten Gesellschafterstruktur. Selbst wenn über staatliche Garantien die Kapitalkosten nominal niedriger liegen, sind sie es nur scheinbar, werden doch in diesen Fällen lediglich die Risiken vom Unternehmen auf den Steuerzahler übertragen.

Die *Fremdkapitalkosten* leiten sich aus der risikolosen Rate zuzüglich einer Risikoprämie für den Insolvenzfall ab und lassen sich anhand der tatsächlichen Zinsbelastung leicht ermitteln.

Die Ermittlung der *Eigenkapitalkosten,* d. h. der erwarteten, risikoadäquaten Rendite auf das Eigenkapital, ist dagegen nicht trivial.

Folgende Möglichkeiten bieten sich an:

- Die Ermittlung der Eigenkapitalkosten kann über den Return-on-Equity (RoE) erfolgen. Auch wenn keine zwei Unternehmen die gleiche Risikostruktur aufweisen, so liefern Unternehmen aus derselben Branche doch gute Richtwerte. Für das Jahr 1998/99 wurden für die Unternehmen BAA, Copenhagen Airports und Flughafen Wien RoE-Werte von 14,3 Prozent, 28,4 Prozent und 13,5 Prozent ermittelt. Diese Methode ist allerdings statisch und liefert über die Jahre sehr unterschiedliche Werte.

- Eine weitere Möglichkeit besteht in der Anwendung des Capital-Asset-Pricing-Modells (CAPM), welches die Eigenkapitalkosten als Rate für die risikolose Verzinsung plus einer Risikoprämie für das Eigenkapital definiert. Diese Risikoprämie ermittelt sich über die Korrelation der Renditen der Anlage und eines volldiversifizierten Marktportfolios. Sie wird über längere Zeiträume, empirisch über den Börsenhandel ermittelt. Für die Flughafengesellschaften BAA, Copenhagen Airports und Flughafen Wien ergeben sich darüber Eigenkapitalkosten von 12,5 Prozent, 9,4 Prozent und 10,9 Prozent. Diese Methode folgt einer Theorie, die das Verhalten rationaler Investoren widerspiegelt, und ist deshalb grundsätzlich besser geeignet als der RoE.

Eigenkapitalrenditen zwischen 9,4 Prozent und 12,5 Prozent erscheinen relativ niedrig, beziehen sich hier aber auf Unternehmen in sehr stabilen Ländern mit guten langfristigen Aussichten. Für andere, nichtbörsennotierte Unternehmen oder Greenfield-Projeke gelten andere Voraussetzungen. Wenn die Risiken in den ausführlich beschriebenen Themenbereichen Verkehrsentwicklung, Investitionen, Kostenentwicklung, Regulierung, kommerzielles Geschäft und Finanzierung für ein Unternehmen oder Projekt bedeutsam sind, so kann die geforderte Eigenkapitalrendite erheblich höher liegen. Ein zweistelliger Wert wird für Airports mit einem geringen Risikoprofil gemeinhin als Minimalrendite angesehen. Zusätzliche Risiken würden zu Aufschlägen auf diesen Wert führen. Die angemessenen Eigenkapitalkosten bestimmen sich für einen Flughafen auf Basis der Art, Anzahl und Eintrittswahrscheinlichkeiten der jeweiligen Risiken.

Literaturhinweise

Airport Council International (2003): ACI Worldwide and Regional Forecasts Airport Traffic 2002-2020, Genf 2003.
BAA PLC, (2003): Annual Report 2002/03, London 2003.
Fraport AG (2003): Geschäftsbericht 2002, Frankfurt am Main 2003.
Ising, A.,(2004): Riskmanagement beim Betrieb von Flughäfen, in: Lutz, U. und Klaproth, T., Riskmanagement im Immobilienbereich, Berlin 2004, S. 203–220.
Kalenda, R. (2003): Building Long Term Success in Airport Investment, in: Transportation Finance Review, 2003, S. 11–14.
Kleiber, W./Simon, J./Weyers, G. (2002): Verkehrswertermittlung von Grundstücken, Bundesanzeiger Verlagsgesellschaft mbH, 4. Aufl., Köln 2002.
Macquarie Airports (2002): Sydney Airport Acquisition Assumptions, Sydney 2002.
Morgan Stanley Dean Witter (2002): Airports: Flocking to the Super-Hubs, 2002.
Flughafen München GmbH (2003): Geschäftsbericht 2002, München 2003.
Pryce, C. (2002): Airport Directory, in: Gray, S., The Airport Book 2002, Kingston 2002, d1–d98.
Schroder/Salomon/Smith/Barney (2002): Working Paper, 2002.
Southern Cross Airports Corporation Holdings Limited (2003): Annual Report 2003, Mascot 2003.

Bewertung von Bahnhöfen

Andreas Freese

1 **Einleitung**

2 **Aktuelle Situation der Empfangsgebäude in Deutschland**

3 **Bewertungsspezifika**
3.1 Entbehrlichkeit und Entwidmung
3.2 Planungsrecht
3.3 Denkmal- und Bestandsschutz
3.4 Altlasten
3.5 Nutzungskonzepte und Revitalisierung

4 **Wertimmanente Ansätze**
4.1 Bodenwert
4.2 Rohertrag
4.3 Bewirtschaftungs- und Betriebskosten
4.4 Liegenschaftszinssatz
4.5 Restnutzungsdauer
4.6 Instandsetzungs- und Modernisierungskosten

5 **Anonymisiertes Bewertungsbeispiel**
5.1 Allgemeine Angaben
5.2 Grundstücksbeschreibung
5.3 Baubeschreibung
5.4 Bodenwert
5.4.1 Planungsrecht
5.4.2 Bodenrichtwerte
5.4.3 Bodenwertermittlung
5.5 Ertragswert
5.5.1 Grundlagen/Voraussetzungen
5.5.2 Ertragswertermittlung
5.6 Verkehrswert

1 Einleitung

Spricht man über die Bewertung von Bahnhöfen, stellt man schnell fest, dass der Begriff „Bahnhof" gar nicht so eindeutig ist, wie man zunächst annehmen könnte. Der erste Gedanke gilt meist dem Bahnhofsgebäude allein. Betrachtet man allerdings die offizielle Definition nach der Eisenbahn-Bau- und Betriebsordnung[1] wird deutlich, dass der Begriff „Bahnhof" weitaus mehr umfasst:

„Bahnhöfe sind Bahnanlagen mit mindestens einer Weiche, wo Züge beginnen, enden, ausweichen oder wenden dürfen. Als Grenze zwischen den Bahnhöfen und der freien Strecke gelten im Allgemeinen die Einfahrsignale oder Trapeztafeln, sonst die Einfahrweichen."

Zusätzlich zu dem Bahnhofsgebäude, welches genauer als Empfangsgebäude bezeichnet wird, fallen also auch Gleisanlagen, Bahnsteige, weitere Gebäude sowie die dazugehörige technische Infrastruktur im definierten Bereich unter den Begriff „Bahnhof".

Im Folgenden wird es ausschließlich um die *Bewertung von Empfangsgebäuden* gehen. Die Bewertung zielt auf die Verkehrswertermittlung im Sinne von § 194 Baugesetzbuch (BauGB) ab.

2 Aktuelle Situation der Empfangsgebäude in Deutschland

In Deutschland befinden sich ca. 5.600 Bahnhöfe, davon ca. 2.800 mit Empfangsgebäude, im Besitz der Bahntochter DB Station&Service AG. Die Empfangsgebäude sind im Durchschnitt 85 Jahre alt. In den letzten Jahren haben viele Stationen einen Wandel durchlebt. Es sind neue Funktionszusammenhänge entstanden:

Ca. 1,7 Milliarden Reisende pro Jahr nutzen die Bahnhöfe für An- und Abfahrt. Zusätzlich werden ca. 2,4 Milliarden Besucher pro Jahr an den Bahnhöfen zum Einkaufen, essen gehen, Bummeln oder Vergleichbarem empfangen. Unter Berück-

---

[1] Vgl. § 4 Abs. 2 EBO.

sichtigung der häufig zentralen Lage sind Bahnhöfe somit ein idealer Standort für Handel, Gastronomie, Dienstleistung. Hierfür stehen in den Empfangsgebäuden deutschlandweit insgesamt ca. 850.000 m² Fläche zur Verfügung.

Insbesondere unter dem Blickpunkt des Funktionszusammenhangs Bahnhof und Einkaufszentrum hat die Deutsche Bahn AG (DB AG) in den letzten Jahren vor allem größere Bahnhöfe modernisiert (z. B. Köln, Nürnberg, Hamburg-Dammtor).

In den nächsten Jahren will sich DB Station&Service AG verstärkt um kleinere und mittlere Stationen kümmern. Es wurde daher der Zustand aller 5.600 Bahnhöfe dokumentiert; dabei ging es vor allem um die Bereiche Erscheinungsbild, Kundeninformation, Aufenthaltsqualität und Angebot an Reisebedarf. Anhand dieser Kriterien wurde der Handlungsbedarf in gering, mittel oder hoch eingestuft. Auf Basis dieser Dokumentation wird innerhalb langfristiger Rahmen- und Finanzierungsvereinbarungen eine Kooperation mit Ländern und Gemeinden angestrebt.

In Niedersachsen wurde beispielsweise eine solche Finanzierungsvereinbarung abgeschlossen. Im Rahmen dieses Sofortprogramms werden in Niedersachsen in 2004 unter anderem 18 Empfangsgebäude „im Ganzen" angepackt, d. h., die Gebäude erhalten ein „Facelifting", eine moderne Ausstattung, mehr Licht sowie eine einheitliche und übersichtliche Wegeleitung und Fahrgastinformation. Bei weiteren Stationen werden Wegeleitung, Wartebereiche, Unterführungen und Toilettenanlagen verbessert.

Trotz der skizzierten umfangreichen Investitionsvorhaben verbleibt eine große Zahl von Empfangsgebäuden, gerade im ländlichen Raum, die für den Bahnbetrieb nicht mehr (vollumfänglich) benötigt werden und denen neue Perspektiven in Bezug auf ihre weitere (Dritt-)Verwendung eröffnet werden sollen.

So wurde beispielsweise Ende 2002 in Nordrhein-Westfalen ein erstes Empfangsgebäudepaket gebildet. Bestandteil des ersten Paketes sind insgesamt 97 Gebäude in 83 Kommunen des Landes Nordrhein-Westfalen. Viele Kommunen ziehen in Betracht, das Empfangsgebäude in ihrem Gemeindegebiet zu erwerben. Für alle 97 Empfangsgebäude wurden unter Bereitstellung von Fördergeldern des Landes Nordrhein-Westfalen in 2003 Wertermittlungsgutachten angefertigt, um substanzielle Kaufangebote zu erhalten.

3 Bewertungsspezifika

Im Folgenden werden kurz wesentliche Bewertungsspezifika von Empfangsgebäuden genannt. Dabei werden auch Hinweise gegeben, wie mit diesen Bewertungsspezifika im Rahmen der Wertermittlung umgegangen werden kann bzw. welche Annahmen und Prämissen zu treffen sind.

3.1 Entbehrlichkeit und Entwidmung

Bahnflächen unterliegen dem Fachplanungsrecht[2] sowie der eisenbahnrechtlichen Widmung. Es ist für eine Folgenutzung zunächst zu klären, ob die gewidmeten Bahnflächen dauerhaft nicht mehr für den öffentlichen Eisenbahnverkehr benötigt werden, d. h. „entbehrlich" sind. Die Infrastruktureinrichtungen und baulichen Anlagen dürfen nicht länger Betriebszwecken einer öffentlichen Eisenbahn dienen. Diese Entbehrlichkeitsprüfung führt im Konzern DB AG die DB Services Immobilien GmbH durch; hierbei werden alle relevanten Bahngesellschaften um eine Stellungnahme gebeten.

Ist eine Eisenbahnbetriebsanlage des Bundes entbehrlich, bedarf es einer Entwidmung durch das Eisenbahn-Bundesamt (EBA). Bei der Entwidmungsverfügung handelt es sich um einen einfachen Verwaltungsakt, der nach Durchführung eines nicht förmlichen Verwaltungsverfahrens ergeht. Durch diesen Verwaltungsakt wird der Rechtscharakter der Fläche verändert; sie unterliegt fortan der kommunalen Planungshoheit.

Die beschriebene Vorgehensweise stellt den Regelfall dar. Zwar sollte grundsätzlich die Entwidmung der Bahnliegenschaften angestrebt werden, wenn diese nicht mehr für den Bahnbetrieb benötigt werden. Aber für eine optimale Standortnutzung und -entwicklung sind gelegentlich auch Liegenschaften einzubeziehen, die in Teilen nach wie vor bahnbetriebsnotwendig sind und daher gewidmet bleiben müssen. Um hier eine konfliktfreie Interessenslage zwischen Fachplanung und kommunaler Planungshoheit (Bauleitplanung) zu gewährleisten, wurde ein Leitfaden zur Aktivierung gewidmeter Bahnflächen und Empfangsgebäude entwickelt, der auch Niederschlag in der Präsidialverfügung des Eisenbahn-Bundesamtes zu entwidmungsrechtlichen Fragestellungen fand; diese Präsidialverfügung soll ein

---

2 Vgl. § 38 BauGB.

bundesweit einheitliches Verwaltungshandeln innerhalb des Eisenbahn-Bundesamtes gewährleisten.

Für die Verkehrswertermittlung wird in der Regel ein entwidmeter Zustand unterstellt; die gegebenenfalls getätigten Auflagen im Rahmen der Entbehrlichkeitsprüfung (z. B. Leitungsrechte) sind zu berücksichtigen. Ferner sind hinsichtlich der potenziellen Überschneidung von Fachplanung und Bauleitplanung genaue Informationen einzuholen (z. B. Bebauungsplanentwurf), diese gilt es unter Einfluss der zukünftigen Nutzungsmöglichkeit des Grundstücks zu würdigen.

3.2 Planungsrecht

Bahnflächen unterliegen wie beschrieben der Fachplanung. Nichtsdestotrotz sind sie nicht per se als Gemeinbedarfs- bzw. Verkehrsflächen zu charakterisieren. Für den Bahnbetrieb entbehrliche Flächen nehmen am Grundstücksmarkt teil. Auch vor dem formalen, hoheitlichen Akt der Entwidmung orientiert sich die Wertfindung an planungsrechtlichen Möglichkeiten:

- die Flächen liegen im Geltungsbereich eines Bebauungsplanes (§ 30 BauGB),
- die Flächen liegen innerhalb eines im Zusammenhang bebauten Ortsteils (§ 34 BauGB),
- die Flächen liegen im Außenbereich (§ 35 BauGB).

Bebauungspläne gibt es nur in seltenen Fällen. Somit ist für die wirtschaftliche Realisierbarkeit von Folgenutzungen folgende Frage entscheidend: Gehören die Flächen zum Innenbereich oder zum Außenbereich? Ein im Zusammenhang bebauter Ortsteil im Sinne von § 34 BauGB ist ein Bebauungskomplex im Gebiet einer Kommune, der nach Zahl der vorhandenen Bauten ein gewisses Gewicht besitzt und Ausdruck einer organischen Siedlungsstruktur ist.

Die vorhandene Bebauung prägt somit die planungsrechtliche Bebaubarkeit des Bewertungsgrundstücks nach Art und Maß der baulichen Nutzung. Nach allgemeiner Auffassung können auch ungenehmigte oder nach Fachplanungsrecht erstellte Gebäude für die Beurteilung, ob ein Grundstück zu einem Bebauungszusammenhang nach § 34 BauGB gehört, von Bedeutung sein, nämlich wenn sie in einer Weise geduldet werden, die keinen Zweifel daran lässt, dass sich die zuständige Behörde mit ihrem Vorhandensein abgefunden hat.

Lässt das Bewertungsobjekt eine Folgenutzung zu und sind die oben genannten Voraussetzungen des § 34 BauGB gegeben, ist die Bewertungsfläche als baureifes Land im Sinne von § 4 WertV anzusehen.

3.3 Denkmal- und Bestandsschutz

Aufgrund ihrer historischen Bausubstanz mit repräsentativem Charakter und aufgrund ihres Alters prägen Empfangsgebäude oftmals maßgeblich das Stadtbild. Eine größere Zahl von Empfangsgebäuden (ca. 500)[3] steht deswegen unter Denkmalschutz.

Die Bodenwertermittlung bei denkmalgeschützten Empfangsgebäuden vollzieht sich auf Grundlage des nutzungsadäquaten Bodenwertes unter Berücksichtigung der denkmalgemäßen Nutzung. Im Rahmen der Ertragswertermittlung derartiger Objekte ergibt sich nicht zwangsläufig eine hohe oder gar unendliche Restnutzungsdauer, nur weil der physische Bestand der Gebäude dauerhaft gesichert ist. Es ist eine Schätzung der wirtschaftlichen Restnutzungsdauer im üblichen Modell vorzunehmen.[4]

Der Bestandsschutz ist nicht eindeutig gesetzlich definiert oder geregelt. Es existiert aber eine umfangreiche Rechtsprechung zum Bestandsschutz. So folgert Bischoff aus einem Urteil des Bundesverwaltungsgerichts vom 18. Mai 1990: „Eine Nutzung ist dann nicht mehr vom Bestandsschutz erfasst, wenn sie bauplanungsrechtlich neu festzusetzen ist und nicht mehr unter der bisherigen Genehmigung zugelassen ist." Empfangsgebäude werden in der Regel unter der fiktiven Annahme einer Aufhebung der eisenbahnrechtlichen Widmung bewertet. Eine Nutzungsänderung bedarf der gemeindlichen Genehmigung.

Bestandsschutz kommt beispielsweise dann in Betracht, wenn Mieter in Empfangsgebäuden zulässigerweise mit Zustimmung der Kommune bahnfremde Nutzungen betreiben.

Der Wert der baulichen Anlagen orientiert sich daran, inwiefern sie sich in die zukünftige Nutzung einordnen lassen.

---

3   Nach Auskunft von DB Station&Service AG.
4   Vgl. Sprengnetter u. a., S. 10/3/8/1; vgl. Gerardy/Möckel/Troff, S. 4.3.9/43.

3.4 Altlasten

Im Konzern DB AG verantwortet das Sanierungsmanagement (FRS) die Thematik Altlasten im Sinne des Bundesbodenschutzgesetzes. Die Untersuchung, Bewertung und Sanierung ökologischer Altlasten erfolgt im Rahmen eines Vier-Stufen-Programms:

- historische Erkundung: Ersterfassung von Altlastenverdachtsflächen durch z. B. Luftbildauswertung, Archivrecherche, Ortsbegehung,

- orientierende Untersuchung: Feststellung und erste Einschätzung von Art und Umfang möglicher Schadstoffeinträge durch z. B. Bodenproben, chemische Analyse, bei bestätigtem Altlastenverdacht erfolgt eine Detailuntersuchung (Gefährdungsabschätzung) zur Festlegung von gegebenenfalls notwendigen Gefahrenabwehrmaßnahmen (Sanierung),

- Sanierungsdurchführung: Monitoring,

- Nutzungsvorbereitung.

Aus den vorliegenden Untersuchungen respektive Gutachten lassen sich auch abfallspezifische Aussagen treffen.

Alle Liegenschaften der DB AG sind im Rahmen einer historischen Erkundung und einer orientierenden Untersuchung erstbewertet worden. Als Kriterium für Abfall (belastetes Bodenmaterial) gelten hier die so genannten Zuordnungswerte für Einbauklassen (Z 0– Z 5) gemäß den technischen Regeln der Länderarbeitsgemeinschaft Abfall (LAGA) „Anforderungen an die stoffliche Verwertung von mineralischen Abfällen – Technische Regeln". Im Wesentlichen kann dabei von folgender Unterscheidung gesprochen werden:

- Verwertung/Einbau der mineralischen Abfälle (bis Z2),
- Ablagerung der mineralischen Abfälle in Deponien (> Z2).

Im Rahmen der Wertermittlung von Empfangsgebäuden wird stets Altlastenfreiheit unterstellt. Ein Grundstückssachverständiger verfügt nicht über die erforderliche Sachkenntnis, um das Gefährdungspotenzial und gegebenenfalls entstehende Kosten abschätzen zu können. Hierfür ist das Sanierungsmanagement (FRS) einzuschalten. Es erfolgt im Gutachten in der Regel ein Hinweis auf vorliegende Untersuchungen des Sanierungsmanagements.

3.5 Nutzungskonzepte und Revitalisierung

Empfangsgebäude sind in ihren aktuellen Nutzungen oftmals sehr heterogen (z. B. Reisezentrum, Kiosk, Büro, Wohnung, Lagerfläche, Technikräume, Wartehalle). Gleiches gilt für den baulichen Zustand; der Ausbauzustand reicht beispielsweise von modernisierten Räumen mit zeitgemäßer Ausstattung (z. B. DB Reisezentrum, DB Service Store) bis hin zu seit mehreren Jahrzehnten unverändert gebliebenen Räumen, die heute ungenutzt sind (z. B. ehemalige Gepäckabfertigung).

Eine wesentliche Aufgabe des Sachverständigen im Rahmen einer Wertermittlung besteht darin, Vorstellungen zur zukünftigen Nutzung mit sinnvollen, separat vermietbaren Einheiten klar zu beschreiben. Fehlt eine detaillierte Vorgabe seitens des Auftraggebers, können sich hieraus unterschiedliche Szenarien ergeben, wie beispielsweise:

- Status quo: Fortführung bestehender Nutzungen/Mietverhältnisse.
- Ergänzung von neuen Nutzungen: In welchen Gebäudeteilen kann sinnvollerweise modernisiert werden, um vermietbare Zustände zu erreichen und Leerstand zu beseitigen?
- Komplettrevitalisierung: Modernisierung des gesamten Gebäudes.

Bei allen Szenarien gilt es, die Zukunftsfähigkeit sowie die Vermarktbarkeit der einzelnen Nutzungen im Fokus zu behalten. Modernisierungskosten sollten nicht ungeprüft von einem Bausachverständigen übernommen werden, denn dieser recherchiert in der Regel nicht – im Gegensatz zum Sachverständigen für die Bewertung von bebauten und unbebauten Grundstücken – die Marktfähigkeit neu entstehender Nutzungen. Ein wirtschaftlich agierender Marktteilnehmer wird aber nicht ein Gebäude modernisieren, wenn sich die Investitionen nicht „rechnen". Das Szenario Komplettrevitalisierung sollte vorsichtig angegangen werden, da es stark einer Residualwertermittlung ähnelt: Der Wert ergibt sich als Differenz zweier großer Ausgangsgrößen (Ertragswert der baulichen Anlage und Instandsetzungs- und Modernisierungskosten). Es gilt zu beachten, dass Vor- und Nachteile dieses Verfahrens bei dessen Anwendung in der Tat gewissenhaft beachtet werden, um das Ergebnis angemessen würdigen zu können.

Auf Basis des gewählten Nutzungskonzeptes muss dann eine Harmonisierung der wertimmanenten Ansätze stattfinden, beispielsweise geht ein höheres Mietniveau gegebenenfalls mit einem höheren Liegenschaftszinssatz einher oder umfangreiche Modernisierungskosten bedingen eine längere Restnutzungsdauer.

4 Wertimmanente Ansätze

Innerhalb dieses Abschnittes werden Hinweise zur Ableitung wesentlicher zur Wertermittlung von Empfangsgebäuden erforderlicher Daten gegeben.

Es werden keine Ausführungen zum Sachwertverfahren vorgenommen, da aus Sicht des Verfassers dieses Verfahren nur bedingt Aussagen zur Herleitung des Verkehrswertes liefert. Dies liegt wesentlich in der historischen Bausubstanz und der oftmals großzügigen repräsentativen Bauweise mit teilweise ungünstigen Flächenzuschnitten begründet; ein wirtschaftlich handelnder Marktteilnehmer ist erfahrungsgemäß selten bereit, die sich hieraus ergebenden Preise zu bezahlen.

4.1 Bodenwert

Die zu bewertenden Grundstücke sind manchmal übergroß. Hier ist zunächst eine sinnvolle Teilflächenbildung vorzunehmen: z. B. eigentliches Baugrundstück, Bahnhofsvorplatz, eigenständig verwertbare Teilfläche.

Bei der Bodenwertermittlung ist die zukünftige Nutzung unter Einfluss der Drittverwendungsfähigkeit zu berücksichtigen. Nach Fortfall der eisenbahnrechtlichen Widmung ist eine planungsrechtliche Einstufung der Flächen nach den §§ 29 ff. BauGB vorzunehmen; hierbei ist insbesondere die Anwendbarkeit des § 34 BauGB zu prüfen.

Nach Festlegung der zukünftigen Nutzung orientiert sich die Bodenwertermittlung an Vergleichspreisen respektive Bodenrichtwerten für Grundstücke der Qualität baureifes Land mit vergleichbaren Nutzungen. Es gilt im Weiteren diese Werte anzupassen. Hierbei sind die in § 5 WertV beschriebenen Zustandsmerkmale zu berücksichtigen (z. B. Maß der baulichen Nutzung, Rechte und Belastungen, tatsächliche Eigenschaften, Lagemerkmale).

4.2 Rohertrag

Zum Rohertrag zählen insbesondere Mieten, Pachten und sonstige Nutzungsentgelte. Es sind nachhaltig erzielbare Einnahmen, die ortsüblich und angemessen sind und damit das jeweilige Marktniveau reflektieren, zu recherchieren. Hierbei dienen vor allem folgende Hilfsmittel: Mietspiegel, Preisspiegel (z. B. RDM, VDM), Maklerberichte, Immobilienangebote in Presse und Internet, Telefonate mit ortsansässigen Maklern, Auswertungen der Gutachterausschüsse.

Ist-Mieten sind nicht ungeprüft zu übernehmen. Gezahlte Mieten der unterschiedlichen Bahngesellschaften für spezifische Bahnnutzungen (z. B. DB Reisezentrum, Stellwerk, Technikräume) sind häufig zentral bestimmte Größenordnungen, die sich nicht zwangsläufig am ortsüblichen Mietniveau orientieren. Insbesondere bei Wohnungsmietverträgen sind die rechtlichen Bedingungen der Mieterhöhungsmöglichkeiten zu beachten.[5]

Bei der Ermittlung des Rohertrages sind gegebenenfalls auch umsatzabhängige Mieten zu beachten. Mieten für Ladennutzungen werden oftmals an die Höhe des Umsatzes gekoppelt; Erfahrungswerte des Verfassers liegen bei ca. 5 bis 7 Prozent für Ladennutzungen in kleineren und mittleren Empfangsgebäuden. Bei der Ableitung sollte zum einen eine breite Informationsbasis (z. B. Umsätze der letzten drei Jahre) vorliegen und zum anderen sollte eine Plausibilisierung über den Quadratmeteransatz erfolgen, um die Nachhaltigkeit derartiger Einnahmen im Fokus zu behalten (vgl. hierzu den Beitrag in diesem Sammelband).

Ferner sind over- und underrented – Situationen zu berücksichtigen. Weicht bei einem Mietvertrag mit fester Laufzeit die tatsächliche Miete von der Marktmiete ab, so ist die Differenz kapitalisiert hinzu- oder abzurechnen. In diesem Kontext sind auch bahnspezifische Nutzungen (z. B. Stellwerk) zu betrachten, die in absehbarer Zeit entbehrlich werden.

4.3 Bewirtschaftungs- und Betriebskosten

Das Mietausfallwagnis für Wohnungsmietverträge wird in einer Größenordnung von ca. 2 Prozent gesehen, für Gewerbemietverträge liegt es bei ca. 4 Prozent. Höhere Mietausfallwagnisse, die aus Stillstandszeiten herrühren, sollten eher Berücksichtigung in der Ermittlung des Rohertrages finden.

Verwaltungskosten belaufen sich bei Wohnungsmietverträgen in Anlehnung an die zweite Berechnungsverordnung (II. BV, jetzt: BetrKV) auf ca. 200 bis 230 Euro/Wohnung. Bei Gewerbemietverträgen wird ein Standardansatz in einer Größenordnung zwischen 3 und 5 Prozent[6] gesehen. Es empfiehlt sich, nicht standardisiert diese Ansätze zu verwenden, sondern stets auch die absolute Größenordnung im Auge zu behalten, so dass beispielsweise bei geringem Mietniveau und einer hohen Anzahl an Verträgen auch durchaus ein höherer Prozentsatz angemessen sein kann.

---

5 Vgl. § 557 ff. BGB.
6 Vgl. Kleiber/Simon/Weyers: Anhang 9.5, 9.6.

Instandhaltungskosten orientieren sich am Normalansatz mit Werten zwischen zehn bis elf Euro/m² Nutzfläche und Jahr.[7] Es empfiehlt sich, auf den Mietvertrag abzustellen. Wird in diesem vereinbart, dass Erhaltungsarbeiten an Dach und Fach vom Nutzer zu erbringen sind, kann eine Minderung der üblichen Erfahrungssätze um bis zu 50 Prozent erfolgen. Gleichfalls sollte Berücksichtigung finden, dass bei kurzer Restnutzungsdauer niedrigere Instandhaltungskosten angesetzt werden, weil umfangreiche Instandhaltungen nicht mehr stattfinden und/oder Flächen lediglich zu Lagerzwecken vermietet werden.

Betriebskosten sind in der Regel auf die Mieter umlegbar. Eine separate Berücksichtigung ist demzufolge im Normalfall nicht notwendig. Ein Ansatz hat gegebenenfalls dann zu erfolgen, wenn eine nicht vermietbare Bahnhofshalle für die Öffentlichkeit zugänglich gehalten wird und hieraus Mietpotenziale der angrenzenden Flächen erwachsen. Betriebskosten für z. B. Strom, Heizung, Reinigung können hierbei eventuell nicht auf andere angrenzende Mieter umlegbar sein.

4.4 Liegenschaftszinssatz

„Der Liegenschaftszinssatz ist der Zinssatz, mit dem der Verkehrswert von Liegenschaften im Durchschnitt marktüblich verzinst wird".[8] Es wird ersichtlich, dass sich der Liegenschaftszinssatz an abgeleiteten Liegenschaftszinssätzen für gleichartige bebaute und genutzte Grundstücke in der jeweiligen Region/Lage des Bewertungsobjektes orientieren sollte. Mit gleichartig bebaut und genutzt sind hier Grundstücke gemeint, die vergleichbar sind mit der dem Empfangsgebäude zugedachten neuen Nutzung.

Um dieser Forderung und der vergleichsweise hohen spezifischen Bedeutung des Liegenschaftszinssatzes innerhalb des Ertragswertverfahrens Rechnung zu tragen, sollte eine intensive, gewissenhafte Recherche erfolgen. Aus Sicht des Verfassers gilt es hierbei folgende Risikoarten zu würdigen:

- Marktrisiko (z. B. Angebot und Nachfrage, Wirtschaftswachstum, Bevölkerungsentwicklung),

- Objektrisiko (z. B. Lage, Mietverträge, Miethöhe, funktionale Mieteinheiten, Zustand),

---

7 Vgl. Kleiber/Simon/Weyers: Anhang 9.7.
8 Vgl. § 11 WertV.

- Fungibilitätsrisiko (z. B. Vermarktungsfähigkeit, Drittverwendungsfähigkeit, Marktgängigkeit).

Eine Recherche beim örtlichen Gutachterausschuss respektive im örtlichen Grundstücksmarktbericht ist unerlässlich. Eigene Erfahrungen für klassische kleinere bis mittlere Empfangsgebäude in Grund- oder Mittelzentren gehen von Liegenschaftszinssätzen in einer Größenordnung von ca. 6 bis 8 Prozent aus.

4.5 Restnutzungsdauer

Die Ableitung der Restnutzungsdauer als Differenz zwischen wirtschaftlicher Gesamtnutzungsdauer und Alter des Gebäudes ist in der Regel bei Empfangsgebäuden nicht zielführend, da die Gebäude häufig vergleichsweise alt sind und in der Vergangenheit mehr oder weniger stark modernisiert oder teilmodernisiert worden sind.

Daher erscheint es sinnvoller, die wirtschaftliche Restnutzungsdauer sachgerecht zu schätzen. Um eine solche Schätzung zu fundamentieren, bietet sich das Verfahren des Arbeitskreises „Erforderliche Daten" der Arbeitsgemeinschaft der Vorsitzenden der Gutachterausschüsse für Grundstückswerte in Nordrhein-Westfalen an, welches in der Literatur vorgestellt wird.[9] Es werden fünf Modernisierungsgrade von „nicht modernisiert" bis „umfassend modernisiert" vorgeschlagen. Die Schätzung der wirtschaftlichen Gesamtnutzungsdauer sollte sich an veröffentlichten Werten für Gebäude mit vergleichbaren Nutzungen orientieren.

Aus Sicht des Verfassers ergeben sich auf diesem Wege sachgerechte und angemessene Größenordnungen. Notwendige Instandsetzungen respektive Modernisierungen sind bei der Ableitung der Restnutzungsdauer zu berücksichtigen.

4.6 Instandsetzungs- und Modernisierungskosten

Instandsetzungen werden als Maßnahmen zur Wiederherstellung des zum bestimmungsgemäßen Gebrauch geeigneten Zustandes (Soll-Zustandes) eines Objektes definiert. Modernisierungen sind dagegen bauliche Maßnahmen zur nachhaltigen Erhöhung des Gebrauchswertes eines Objektes einschließlich der durch diese Maßnahmen verursachten Instandsetzungen.

---

9 Vgl. z. B. Sprengnetter u. a.: Abschnitt 6.2.5.

Vor der Eruierung derartiger Kosten sollte auf das zu Grunde gelegte Nutzungskonzept (siehe Abschnitt 3.5) hingewiesen werden. Es sollten vom Sachverständigen die Bereiche genannt werden, wo er Instandsetzungs- bzw. Modernisierungsmaßnahmen für erforderlich hält. In einem weiteren Schritt sollten die einzelnen auszuführenden Gewerke (z. B. Sanitär, Fenster, Bodenbeläge) beschrieben werden. Kostenangaben finden sich in der Literatur.[10]

Instandsetzungs- und Modernisierungskosten sind als konkreter Bedarf zu charakterisieren und dementsprechend auf Basis der kalkulierten Aufwendungen in voller Höhe als Wertminderung in Abzug zu bringen, um die angesetzten Erträge über die gegebenenfalls verlängerte wirtschaftliche Restnutzungsdauer nachhaltig erzielbar werden zu lassen. Ferner wird im gewöhnlichen Geschäftsverkehr ein Käufer diese Kosten tatsächlich gegenrechnen, wenn er nicht einen überhöhten Kaufpreis aufbringen will.

5 Anonymisiertes Bewertungsbeispiel

5.1 Allgemeine Angaben

Bei dem Bewertungsobjekt handelt es sich um einen Stadtteilbahnhof einer norddeutschen Großstadt. Eigentümer des ca. 3.500 m² großen bebauten Grundstücks ist die DB Station&Service AG. Zweck der Wertermittlung ist ein bevorstehender Verkauf. Wertermittlungsstichtag sowie Tag der Ortsbesichtigung ist der 25. April 2003. Als Objektunterlagen standen ein Lageplan (M 1:1.000), Grundrisszeichnungen sowie eine Auflistung der Mietverhältnisse zur Verfügung.

5.2 Grundstücksbeschreibung

Das Zentrum des Stadtteils liegt ca. 1 km nordwestlich der Bewertungsfläche. Die Umgebungsbebauung ist charakterisiert durch Bahnhofsvorplatz mit Busbahnhof, Parkplatz, Kulturzentrum, Geschosswohnungsbau sowie einem Einkaufszentrum. Die Verkehrsanbindung ist insgesamt als gut zu bezeichnen: Eine Autobahn sowie

---

10 Vgl. z. B. Schmitz/Krings/Dahlhaus/Meisel (2002); GUG-Kalender: Fachinformationen.

Bundesstraßen tangieren den Stadtteil; mit dem Zug erreicht man nach ca. 20 Minuten den Hauptbahnhof, von wo aus man Anschluss an den überregionalen Zugverkehr (ICE) hat.

Die Oberfläche ist im Wesentlichen eben. Der Zuschnitt des Grundstücks ist unregelmäßig (ungefähre Breite ca. 100 m; mittlere Tiefe ca. 35 m). Es findet sich marginales Busch- und Strauchwerk.

Im Rahmen der orientierenden Untersuchung bezüglich Altlasten wurden zwei Verdachtsflächen mit Kontaminationen im Sinne einer latenten Gefährdung festgestellt. Im Fall von Eingriffen in den Untergrund ist dabei der anfallende kontaminierte Bodenaushub voraussichtlich recyclebar oder beschränkt wiedereinbaufähig. Im Rahmen dieser Wertermittlung wird Altlastenfreiheit unterstellt.

Das Grundstück ist über die Erfundenstraße erschlossen. Nach Aussage des Bauamtes *(Hr. xy)* ist mit Erschließungsbeiträgen gemäß BauGB beziehungsweise mit Abgaben gemäß Kommunalabgabengesetz nicht zu rechnen. Das Grundstück wird demzufolge erschließungsbeitragsfrei bewertet.

Die Entbehrlichkeitsprüfung ist abgeschlossen. Wertbeeinflussende Auflagen der Bahngesellschaften sind nicht bekannt geworden. Das Baulastenverzeichnis enthält keine Eintragungen. Abteilung II des Grundbuchs ist lastenfrei.

Es existieren folgende Mietverhältnisse:

Nutzung	Lage	Mietfläche (m²)	Monatsnetto-Kaltmiete (Euro/m²)	Monatsnetto-Kaltmiete (Euro)	Laufzeit/Kündigungsfrist
Gaststätte	EG	210	5,30	1.113,00	seit 08/1992; 12 Monate
Gaststätte Wohnung	EG	129	2,30	296,70	seit 08/1992; 12 Monate
DB Reisezentrum	EG	115	8,00	920,00	seit 04/2001; 6 Monate
DB Service Store	EG	81	34,00	2.754,00	04/2001–04/2011; 10 Jahre fest
DB Netz (Batterieraum)	EG	13	2,30	29,90	seit 04/2001; 6 Monate

BSW (Büro)	EG	27	4,30	116,10	seit 01/2000; 6 Monate
Wohnung 1	1. OG	118	2,10	247,80	seit 04/1997; 6 Monate
Wohnung 2	1. OG	100	2,60	260,00	seit 04/1996; 6 Monate
Wohnung 3	1. OG	88	2,60	228,80	seit 04/1996; 6 Monate
Summe		881		5.966,30	

5.3 Baubeschreibung

Bei dem Empfangsgebäude handelt es sich um ein in Teilen unterkellertes, zweigeschossiges Massivgebäude mit einem ursprünglichen Erstellungsjahr von ca. 1875. Das Gebäude ist in U-Form errichtet. Der vordere Teil des östlichen Flügels ist eingeschossig.

Folgende Nutzungen finden sich in dem Gebäude: Erdgeschoss: Gaststätte, Wohnung, DB Reisezentrum, DB Service Store, Technik, Büro; 1. Obergeschoss: drei Wohnungen, Übernachtungsräume (leer), Büro (leer).

Die Außenwände bestehen aus Mauerwerk (roter Ziegel). Die Dachkonstruktion (Walmdach über den beiden Flügeln, Satteldach über dem Mittelteil) besteht aus Holz (Lattung, gezapft) mit Ziegeldeckung. Die Fenster sind doppelt verglast, teilweise aus Holz, teilweise aus Kunststoff. Die Türen sind überwiegend aus Holz; im Keller finden sich T 30-Brandschutztüren. Das Gebäude besitzt eine Öl-Zentralheizung; die Wohnungen haben Gas-Etagenheizungen. Die Fußböden sind mit Teppich, Holzdielen, Parkett, PVC oder Fliesen belegt. Es sind Holztreppen vorhanden. Die Sanitäreinrichtungen weisen überwiegend einen einfachen Standard auf. Der DB Service Store und das DB Reisezentrum als komplett modernisierte Teilbereiche besitzen eine Klimaanlage.

5.4 Bodenwert

5.4.1 Planungsrecht

Die Bewertungsfläche ist im Flächennutzungsplan als Fläche für Bahnanlagen dargestellt. Nördlich grenzen gemischte Bauflächen, südlich Wohnbauflächen an. Es existiert kein Bebauungsplan für die Bewertungsfläche.

Nach Aussage von Herrn Planung (Planungsamt) ist eine Änderung des Flächennutzungsplanes für das Bewertungsobjekt in Richtung gemischte Baufläche (Mischgebiet oder Kerngebiet) angedacht.

Für das Objekt liegt eine Grobskizze des Architekturbüros Gestaltung vom 20. Januar 2003 vor, nach der im Erdgeschoss ca. 700 m² Nutzfläche entstehen sollen (unter anderem Gastronomie, Laden, Büro). Es ist eine Vorplatzlösung (ellipsenförmige Dachkonstruktion) und eine mittige Durchgangsmöglichkeit durch das Gebäude zu den Bahngleisen geplant. Im Obergeschoss sollen Büroräume geschaffen werden.

Nach Fortfall der eisenbahnrechtlichen Widmung unterliegt das Objekt der kommunalen Planungshoheit. Eine planungsrechtliche Genehmigungsfähigkeit baulicher Anlagen würde sich dann nach § 34 BauGB richten. Es existiert eine Prägung des Grundstücks durch die angrenzende Bebauung. Art und Maß der baulichen Nutzung orientieren sich an der tatsächlichen Bebauung (gemischte Baufläche; II-geschossig). Die Grundstücksqualität ist gemäß § 4 WertV als baureifes Land einzustufen.

5.4.2 Bodenrichtwerte

Lage	Art und Maß der Nutzung	Richtwert (Euro/m²)	Stichtag	Bemerkung
Hauptstraße	M, II-geschossig	250	01.01.2003	Beginn der Hauptgeschäftsstraße
Parallelstraße	W, II-geschossig	150	01.01.2003	Geschosswohnungsbau

5.4.3 Bodenwertermittlung

Ausgangswert (Bodenrichtwert)		250,00 Euro/m²
Mikrolage	−15 Prozent	− 37,50 Euro/m²
Größe	−10 Prozent	− 25,00 Euro/m²
Zuschnitt	−15 Prozent	− 37,50 Euro/m²
(Korrigierter) Bodenwert		150,00 Euro/m²

Anmerkungen:

- Art und Maß der baulichen Nutzung des Bewertungsobjektes sind mit dem gewählten Ausgangswert vergleichbar.

- Der Ausgangswert bezieht sich auf Grundstücke aus dem Beginn der Hauptgeschäftsstraße. Das Bewertungsobjekt liegt isoliert ca. 300 m von diesen Vergleichsgrundstücken entfernt. Die Höhe des Abschlags berücksichtigt sowohl positive (erhöhte Passantenfrequenz) als auch negative (Lärmemissionen, Grundstück stets öffentlich zugänglich) Umstände der Gleisnähe.

- Das Bewertungsobjekt besitzt eine im Vergleich zu den Grundstücken aus der Bodenrichtwertzone deutliche Übergröße. Umrechnungskoeffizienten existieren nicht. Der gewählte Abschlag wurde nach eingehender Diskussion mit der Geschäftsstelle des Gutachterausschusses gewählt.

- Der Grundstückszuschnitt ist ungünstig. Insbesondere in der Nähe des Bahnhofsvorplatzes/der Zufahrt und im westlichen sich verjüngenden Grundstücksbereich werden nicht mit dem vollen Bodenwert ansetzbare Grundstücksteile gesehen. Die Größe des Abschlags ergibt sich anhand folgender überschlägiger Rechnung: betroffene Grundstücksfläche ca. 1.000 m²; Wertabschlag 50 Prozent: Gesamtabschlag = ca. 1.000 m²/3.500 m² • 50 Prozent = rund 15 Prozent.

Insgesamt ergibt sich ein Bodenwert in Höhe von 3.500 m² • 150 Euro/m² = rund 525.000 Euro.

5.5 Ertragswert

5.5.1 Grundlagen/Voraussetzungen

Der Verkehrswert leitet sich bei vorliegendem Objekt aus dem Ertragswert ab. Ein wirtschaftlich handelnder Marktteilnehmer wird das Bewertungsobjekt unter Renditegesichtspunkten betrachten.

Der Ertragswert bezieht sich auf den Ist-Zustand des Gebäudes. Unter besonderer Berücksichtigung nachhaltig erzielbarer Mieteinnahmen, der aktuellen Vermietungssituation sowie des Zustands wird der vorläufige Ertragswert abgeleitet. Overrented- Situationen werden bei der Verkehrswertableitung berücksichtigt.

Es wird kein Wert auf Basis der angedachten Umnutzung abgeleitet, da diese derzeit nicht konkret genug greifbar ist. Der genaue Bedarf der diversen Nutzer ist noch nicht abschließend geklärt. Künftige Nutzungen können noch nicht detailliert und umfassend genug beschrieben werden. Ebenso sind keine Kostenschätzungen für den Umbau bekannt.

5.5.2 Ertragswertermittlung

Jahresrohertrag 12 • 5.905,50 Euro	70.866 Euro
Bewirtschaftungskosten 20 Prozent	– 14.173 Euro
Jahresreinertrag	56.693 Euro
Bodenwertverzinsungsbetrag 6,5 Prozent von 525.000 Euro	– 34.125 Euro
Reinertragsanteil der baulichen Anlage	22.568 Euro
Vervielfältiger 13,06 (RND 30 Jahre; LZ 6,5 Prozent)	
Ertragswert der baulichen Anlage	294.738 Euro
Instandsetzungskosten	– 30.000 Euro
Bodenwert	+ 525.000 Euro
Ertragswert	789.738 Euro
	rund 790.000 Euro

Anmerkungen:

Der Monatsrohertrag setzt sich wie folgt zusammen:

Nutzung	Lage	Mietfläche (m²)	Netto-Miete (Euro/m²)	Monatsrohertrag (Euro)
Gaststätte	EG	210	5,50	1.155,00
Wohnung zur Gaststätte	EG	129	2,50	322,50
DB Reisezentrum	EG	115	8,00	920,00
DB Service Store	EG	81	25,00	2.025,00
DB Netz (Batterieraum)	EG	13	2,00	26,00
BSW (Büro)	EG	27	4,00	108,00
Wohnung 1	1. OG	118	2,50	295,00
Wohnung 2	1. OG	100	2,50	250,00
Wohnung 3	1. OG	88	2,50	220,00
Leerstand (Büro)	1. OG	64	4,00	256,00
Leerstand (Büro)	1. OG	32	4,00	128,00
10 Stellplätze			je 20,00	200,00
Summe		977		5.905,50

Die aufgeführten Größen der Mietflächen ergeben sich bei den vermieteten Flächen aus dem Mietvertrag und wurden anhand der Grundrisszeichnungen überschlägig plausibilisiert. Die Flächengröße für den Leerstand im 1. OG wurde anhand der Grundrisszeichnung eruiert.

Aus dem VDM-Preisspiegel 2002 gehen für den Ort des Bewertungsobjektes folgende Mieten hervor:

Büro (Randlage, Bestandsobjekt): 4,00–6,00 Euro/m²
Laden (Nebengeschäftszentrum, Vorortlage,
bis 200 m²): 20,00–30,00 Euro/m²
Wohnung (einfach, 70–80 m²): 3,50 Euro/m²

Aus dem RDM-Preisspiegel 2002 ergeben sich folgende Mieten:

Büro (mittlerer Nutzwert): 5,00 Euro/m²
Wohnung (mittlerer Wohnwert, 70 m², Baujahr bis 1948): 3,75 Euro/m²

Die Geschäftsstelle des Gutachterausschusses hat 2000 eine Auswertung von Wohnungsmieten durchgeführt. Es ergibt sich:

Wohnung (Stadtteil, > 50 m², Baujahr bis 1949): 2,50–5,00 Euro/m²

Unter Berücksichtigung der Lage und des Zustandes werden die angesetzten Mieten als nachhaltig erzielbar erachtet. Insbesondere bei den Wohnungen sind Mieten am unteren Ende einer Spanne angesetzt, vor allem bedingt durch Lage, Heizung, Größe.

Die Bewirtschaftungskosten in Höhe von 20 Prozent setzen sich wie folgt zusammen:

- Mietausfallwagnis: ca. 50 Prozent Wohnen zu 2 Prozent;
  ca. 50 Prozent Gewerbe zu 4 Prozent   3,0 Prozent
- Verwaltung: 3,5 Prozent
- Instandhaltung: 977 m² • 10,00 Euro/m²/70.866 Euro   13,5 Prozent

Als Liegenschaftszinssatz wird im Grundstücksmarktbericht 2002 für Mehrfamilienhäuser mit Gewerbeanteilen eine Größenordnung von 6,0 bis 6,5 Prozent genannt, reine Gewerbeobjekte liegen zwischen 7,0 und 8,0 Prozent. Unter Abwägung von Marktrisiken (z. B. geringe aktuelle Nachfrage, fallende Preise), Objektrisiken (z. B. gute aktuelle Vermietungssituation, mittlerer Modernisierungsgrad, funktionale Aufteilung) und Fungibilitätsrisiken (mittlere Marktgängigkeit vor allem wegen relativer Größe des Objektes) wird eine Größenordnung von 6,5 Prozent für angemessen erachtet.

Die wirtschaftliche Restnutzungsdauer als Zeit, in der die bauliche Anlage bei ordnungsgemäßer Unterhaltung und Bewirtschaftung voraussichtlich noch wirtschaftlich genutzt werden kann, wird unter Berücksichtigung notwendiger Instandsetzungen, des tatsächlichen Alters sowie des aktuellen Zustands auf 30 Jahre geschätzt. Das Objekt besitzt einen mittleren Modernisierungsgrad; die wirtschaftliche Gesamtnutzungsdauer wird mit 100 Jahren angesetzt. Auf Basis des Modells zur modifizierten Restnutzungsdauer des Arbeitskreises „Erforderliche Daten" der Arbeitsgemeinschaft der Vorsitzenden der Gutachterausschüsse für Grundstückswerte in Nordrhein-Westfalen wird diese Größenordnung bestätigt.[11]

Es ist der Ansatz von Instandsetzungskosten in Teilbereichen notwendig. Es wird für die im Ertragswertverfahren aufgeführte Nutzungsart Büro (insgesamt ca. 123 m²) eine Größenordnung von ca. 250 Euro/m² angesetzt. Diese Kosten beziehen sich vornehmlich auf die Gewerke Sanitär, Elektro, Maler-/Bodenbelagsarbeiten.[12]

5.6 Verkehrswert

Es ist folgende overrented-Situation zu berücksichtigen:

Für den DB Service-Store wird eine Miete gezahlt, die über dem ortsüblichen Niveau liegt. Diese Mehrmiete wird kapitalisiert über die Restlaufzeit des Mietvertrages (acht Jahre) zum Ertragswert hinzugerechnet. Der Zinssatz orientiert sich an einem Nominalzinssatz zuzüglich eines Risikozuschlags, da der Mieter „ausfallen" könnte:

729 Euro (2.754 Euro – 2 025 Euro) • 12 • 5,97 (acht Jahre; 7 Prozent) = 52.225 Euro

Unter Berücksichtigung oben getätigter Ausführungen ergibt sich für das ca. 3.500 m² große mit einem überwiegend II-geschossigen Empfangsgebäude bebaute Bewertungsgrundstück ein ertragswertorientierter Verkehrswert in Höhe von

840.000 Euro.

Der Verkehrswert ergibt sich aus dem Ertragswert (790.000 Euro) und der Berücksichtigung der overrented-Situation (50.000 Euro).

Als wesentliche wertbeeinflussende Merkmale seien zusammenfassend aufgeführt:

- Mieten sowie
- der Liegenschaftszinssatz.

---

11 Vgl. Sprengnetter u. a.: Abschnitt 6.2.5
12 Vgl. Schmitz/Krings/Dahlhaus/Meisel (2002), S. 47.

Bei dem eruierten Wert handelt es sich im Wesentlichen um einen Status-quo-Wert. Eine Umnutzung ist derzeit nicht konkret genug greifbar, um auf Basis eines Umnutzungskonzeptes einen Wert abzuleiten.

Es ergibt sich folgende Kennzahl: 12,3-fache des Jahresrohertrages nach Instandsetzung.

Im Grundstücksmarktbericht 2002 werden Ertragsfaktoren in Höhe von 12 für Mehrfamilienhäuser mit Gewerbemietanteilen angegeben. Der VDM publiziert im Jahr 2002 eine Spanne von zehn bis 14 für Wohn- und Geschäftshäuser.

Literaturhinweise

Bischoff, B.(2000): Wertermittlung unter Beachtung der Regelungen zum Bestandsschutz, Vortrag im 413. Kurs des Instituts für Städtebau Berlin, Berlin 2000.
DB Station & Service AG (2002): Geschäftsbericht 2002, Berlin 2003.
Deutscher Städtetag (1999): Die Städte und die Bahn, in: DST-Beiträge zur Stadtentwicklung und zum Umweltschutz, Reihe E, Heft 31, Köln 1999.
Forum Bahnflächen NRW (2003): Leitfaden zur Aktivierung gewidmeter Bahnflächen und Empfangsgebäude, Rheinbach 2003.
Gerardy/Möckel/Troff: Praxis der Grundstücksbewertung (Loseblatt-Sammlung).
Kleiber/Simon/Weyers (1998): Verkehrswertermittlung von Grundstücken, 3. Aufl., Köln 1998.
Schmitz/Krings/Dahlhaus/Meisel (2002): Baukosten 2002 – Instandsetzung, Sanierung, Modernisierung, Umnutzung, 15. Aufl., Essen 2002.
Sprengnetter, U. A. (2001): Grundstücksbewertung, Handbuch zur Ermittlung von Grundstückswerten und sonstige Wertermittlungen (Loseblatt-Sammlung).

Bewertung von Parkierungsanlagen, insbesondere von Parkhäusern

Hans-Jürgen Lorenz

1 **Grundlagen zur Bewertung von Parkierungsanlagen – Parkhäuser als Renditeobjekte**

2 **Die Ertragswertermittlung**

3 **Die Sachwertermittlung**
3.1 Auf Basis der NHK 2000
3.2 Auf Basis des Bruttorauminhaltes oder des umbauten Raumes

4 **Die Discounted-Cashflow-Methode**

5 **Die Verkehrswertableitung**

1 Grundlagen zur Bewertung von Parkierungsanlagen – Parkhäuser als Renditeobjekte

Eingangs sei auf die Spezifika der Branche hingewiesen. Zunächst dienen Parkierungsanlagen zum Abstellen von Kraftfahrzeugen. Das können sowohl einzelne Kfz-Stellplätze, als auch Parkhäuser und Tiefgaragen sein. Parkbauten sind Parkhäuser und Garagenhäuser, Tiefgaragen sowie Parkpaletten- bzw. -decks.

Im folgenden Beitrag wird auf die *Parkhäuser* eingegangen. Parkhäuser gibt es in verschiedenen Bauweisen (Tiefgaragen, Hochbauten, Stahlkonstruktion, offen und geschlossen). Die zwei- bis dreigeschossigen, rundum offenen in leichter Bauweise erstellten Parkdecks werden als besonders funktional und preiswert bezeichnet.[1] Sie gehören zu jenen Parkhäusern, die nicht als Renditeobjekte genutzt werden, z. B. als Parkierungsanlagen für Einkaufszentren. Der Regelfall ist jedoch eine Nutzung von Parkhäusern als *Renditeobjekte*. Nach der Nutzung wird unterschieden in Kurz- und Dauerparker.

Auf neuere Parkraumkonzepte wie beispielsweise automatische Parkhäuser, bei denen die Pkws auf eine Eingangsrampe abgestellt und dann durch elektronisch gesteuerte Teleskoparme vollautomatisch auf einen Abstellplatz manövriert werden, wird hier nicht näher eingegangen. Diesen neuen Konzepten wird insbesondere vor dem Hintergrund der Anforderung an verdichtetes Bauen, ein großes Wachstumspotenzial in der Zukunft eingeräumt. Gegenwärtig haben diese Anlagen nur 20 bis 200 Abstellplätze, wobei bereits Anlagen mit bis zu 800 Stellplätzen in der Testphase sind.

Entsprechend der Bauweise und dem damit eingeschränkten Verwendungszweck ist eine anderweitige Nutzung von Parkhäusern und Tiefgaragen nahezu nicht möglich. Diese *geringe Drittverwendungsfähigkeit* muss sowohl bei der Investitionsrechnung als auch der Kosten-Nutzen-Rechnung sowie bei der Bewertung beachtet werden. Darüber hinaus ist in den größeren Städten in den alten Bundesländern Deutschlands kaum noch mit dem Bau von neuen Parkierungsanlagen zu rechnen. Das liegt sowohl an der enorm hohen Dichte an Parkierungsanlagen, als auch am Mangel geeigneter Grundstücke. Lediglich in den größeren Städten der neuen Bundesländer Deutschlands können noch neue Parkierungsanlagen, insbesondere Parkhäuser und Tiefgaragen, errichtet werden, da hier die Dichte noch nicht so groß

---

1 Weyers, Heft 2 (1994), S. 70.

ist und noch freie Grundstücke vorhanden sind bzw. freigemacht werden können. Grundsätzlich kann also in Zukunft nicht mehr mit erheblichen Steigerungsraten bei den Erträgen aus dem Parkhausgeschäft gerechnet werden. Damit bei den vorhandenen Parkhäusern eine angemessene Auslastung bzw. hohe Belegungsquote erreicht werden kann, ist sowohl ein hohes Niveau bei der Modernisierung, als auch ein professionelles Management unabdingbar.

Letzteres stellt *hohe Anforderungen an die Betreiber.* Parkierungsanlagen werden entweder in Eigenregie durch den Grundstückseigentümer selber oder durch Vergabe an Dritte bewirtschaftet. Gegenwärtig überwiegt die Vergabe an externe Betreiber. Das erfolgt entweder auf der Grundlage von Miet- oder Pachtverträgen, von Geschäftsbesorgungsverträgen oder Betriebsführungsverträgen. Die Ausgestaltung der letzteren Verträge sieht vor, dass alle wirtschaftlichen Risiken beim Grundstückseigentümer verbleiben. Gleichermaßen beeinflusst die Vertragsgestaltung die Kosten- und Erlösstruktur sowie deren Höhe. Beispielsweise wird für ein offenes Parkhaus (Baujahr 1961 in westdeutscher Großstadt mit 756 Parkplätzen), das professionell auf der Basis eines Geschäftsbesorgungsvertrags betrieben wird, ein Aufwand von 18 Prozent der Erlöse angegeben. Diese liegen nach Angaben in der Literatur bei offenen Parkierungsanlagen im Allgemeinen bei über 20 Prozent der Erlöse.[2]

Bei einem *Miet- oder Pachtvertrag* können eine Festpacht mit Wertsicherungsklausel, eine Mindestpacht mit Umsatzbeteiligung, eine Staffelpacht oder eine reine Umsatzbeteiligung vorgesehen werden.

Bei einem *Geschäftsbesorgungsvertrag* hat der Betreiber den Betrieb der Parkierungsanlage entsprechend den Grundsätzen einer ordnungsgemäßen kaufmännischen Geschäftsführung vorzunehmen. Zu den Aufgaben gehören – im Namen und für Rechnung des Eigentümers – sowohl die Absicherung der Kurz- oder Dauerparkgeschäfte einschließlich Wartung, Reinigung der Anlagen sowie die Verauslagung der anfallenden Personal-, Betriebs- und Bewirtschaftungskosten und die Berichterstattung sicher zu stellen.

Die *Betriebskosten* (unter anderem Betreibervergütung, Personal- und Energiekosten, Versicherungsprämien, Verbandsbeiträge, Instandhaltungskosten) und damit die gesamten Aufwendungen betragen im Durchschnitt 20 bis 35 Prozent der Einnahmen.[3]

---

2 Information, Grundstücksmarkt und Grundstückswert, Heft 1, 2004, S. 28.
3 Information, Grundstücksmarkt und Grundstückswert, Heft 3, 2004, S. 167.

Über die Höhe der *Betreibervergütungen* liegen unterschiedliche Angaben vor. Als Orientierungswert kann von 20 bis 25 Prozent der Betriebskosten (gesamter Aufwand) ausgegangen werden.

Bei neuen Parkhäusern ist bis zur rentablen Auslastung mit einer *Anlaufzeit von drei bis fünf Jahren* zu rechnen. Der Zeitraum hängt von der Lage und der konkreten Gestaltung der Tarifstruktur ab. Bei der Gestaltung der Kurzparker-Tarife in Parkhäusern und Tiefgaragen haben die Gebühren für das Parken im öffentlichen Straßenraum mit Parkuhren sowie Parkscheinautomaten eine gewisse Leitfunktion. Die *Kurzparker-Tarife* sind entweder:

- linear
- progressiv oder
- degressiv

gestaltet.

Parkdauer der Kurzparker	
Standorttyp	**Stunden**
Hochwertige Einzelhandelslage (Stadt > 500.000 Einwohner)	bis 5
Fußgängerzone (Stadt > 500.000 Einwohner)	2 bis 4
Stadtteilzentrum (Stadt > 500.000 Einwohner	1 bis 2
Fußgängerzone (Stadt 100.000 bis 500.000 Einwohner)	1 bis 3
Zentrum (Stadt < 100.000 Einwohner)	1 bis 2
Einkaufszentrum (> 35.000 m² Verkaufsfläche)	2
Einkaufszentrum (15.000 bis 35.000 m² Verkaufsfläche)	1 bis 2
Multiplex-Kino	2 bis 3
Bürozentrum	2 bis 3

Quelle: Darstellung in Anlehung an APCOA in Immobilien-Zeitung, 24. Oktober 2002
Tabelle 1: Durchschnittliche Parkdauer der Kurzparker

Diese Tarife sind alle zeitabhängig (Parkdauer) gestaffelt. Eine besondere Tarifstruktur existiert für Parkierungsanlagen an Flughäfen. Dort wird unterschieden in *Kurz- und Langzeitparker.* Bei den Kurzzeitparkern wird auf der Grundlage je angefangener Stunde oder auch in kürzeren Intervallen abgerechnet. Dabei bilden

z. B. je angefangene 20, 60, 120 oder 180 Minuten die Basis für den Gebührensatz.[4] Für *Langzeitparker* auf Flughäfen werden auch Tages- oder Wochensätze angewendet, wobei gewisse Höchstparkdauern und damit verbundene Höchstsätze einzuhalten sind.

Bei Parkhäusern in Innenstadtlage sind kürzere Parkzeiten (z. B. je angefangene 20 Minuten) als Abrechnungsmodus möglich. *Dauerparkplätze* in Großstädten werden auf Monatsmietbasis angeboten. Informationen über die Monatsmiete für Dauerparkplätze in Parkhäusern und Tiefgaragen können gegebenenfalls über den Mietspiegel, bei den Industrie- und Handelskammern, den Gutachterausschüssen der Städte oder von örtlichen Betreibern erfragt werden.

Nach Angaben der Süddeutschen Zeitung[5] lassen sich Spitzenmieten bis zu 200 Euro/Stellplatz/p. m. nur noch in Ausnahmefällen, beispielsweise an den Frankfurter Messehotels, im Hamburger Hanseviertel oder der Düsseldorfer Kö-Galerie erzielen. Zu solchen attraktiven Metropolen gehören auch München, Berlin und Köln. Es zeichnet sich ab, dass in Städten mit weniger als 100.000 Einwohnern die Investitionen in Parkhäuser nur noch in bewährte Standorte fliesen. Die derzeitige Marktsituation ist nicht sehr günstig. Deshalb wird im vorgenannten Beitrag darauf hingewiesen, dass die Renditen für Investoren gegenwärtig nur noch das Niveau anderer Immobilien erreichen. Das entspricht konkret einer Absenkung von ursprünglich zwanzig Prozent auf 3 bis 9 Prozent p. a. Ursache dafür ist vor allem die Flaute im Einzelhandel als auch ein schnelleres Ansteigen der Kosten gegenüber dem Umsatz. Selbst bei verstärktem Vermieten an Dauerparker kann dieser Umsatz- und Gewinnausfall nicht ausgeglichen werden.

Auch der Bevölkerungsrückgang in manchen Stadtkernen trägt sein Übriges zur geringen Attraktivität für Parkhausinvestoren und -betreibern bei.

Neuerdings sind daher Standorte in der Nähe von Kliniken eher wirtschaftlich interessant, denn den Kommunen – in der Regel Klinikeigentümer – fehlt die Finanzkraft, um derartige Investitionen selber realisieren zu können. Insofern sind private Investoren gefragt. Lohnend ist eine derartige Investition, bei entsprechend großen Kliniken, die in großem Umfang mit Pkw angefahren werden.

Die Parkierungsanlagen dienen, bis auf wenige Ausnahmen, im Geschäftsleben einer Renditeerwirtschaftung. Insofern orientiert sich die Verkehrswertermittlung immer am *Ertragswert*.

---

4 Kleiber/Simon/Weyers: a. a. O., S. 81.
5 Loibi (2003), S. 82/1.

Der *Sachwert,* abgeleitet aus den Herstellungskosten, hat bei der Wertermittlung eher eine Kontrollfunktion. Um verschiedene Methoden des Sachwertes darzustellen, wurden zwei Verfahren gewählt, nämlich die Bewertung nach den Normalherstellungskosten (NHK) 2000 und nach dem Ansatz tatsächlicher Kosten abgerechneter Bauvorhaben[6] auf der Basis des Bruttorauminhaltes.

Weil der Eigentümer in der Regel vorsteuerabzugsberechtigt ist, erfolgt die Ermittlung des Ertragswertes im Rahmen des Fallbeispieles bei der Ertragswertermittlung auf der Nettobasis, also ohne *Mehrwertsteuer.*

Bei der Sachwertermittlung sind die Baunebenkosten in vom Hundert der Herstellungskosten angegeben. Die Herstellungskosten beinhalten die gesetzliche Mehrwertsteuer. Da die Baunebenkosten aus mehrwertsteuerpflichtigen Architektenhonoraren und aus mehrwertsteuerfreien Gebühren (z. B. Baugenehmigungsgebühren) bestehen, und der Baupreisindex die Umsatzsteuer enthält, ist die Bauwertberechnung zunächst brutto, inklusive Mehrwertsteuer, durchzuführen. Erst am Schluss der Rechnung wird die Mehrwertsteuer herausgerechnet, und der Nettobetrag angezeigt.

2 Die Ertragswertermittlung

Die Ertragwertermittlung erfolgt auf der Grundlage der §§ 15 bis 20 der WertV[7] in Verbindung mit der WertR 2002[8]. Der Ertragswert setzt sich zusammen aus dem *Rohertrag,* abzüglich der *Bewirtschaftungskosten* und dem Verzinsungsbetrag des Grund und Bodens. Das Zwischenergebnis ist der *Reinertrag* der baulichen Anlage. Der Ertragswert ergibt sich, indem vom kapitalisierten Reinertrag der baulichen Anlage eventuell anstehende Kosten für Reparaturstau abgezogen werden und der Bodenwert hinzugerechnet wird.

Grundlage der Ertragswertermittlung ist somit der nachhaltig erzielbare *Jahresrohertrag.*

---

6 Baukostenberatung Architektenkammer Baden-Würtemberg, Baukostendatenbank, Gebäudekosten, Baupreistabellen, Teil1, Jahrgang 1995.

7 Verordnung über Grundsätze für die Ermittlung der Verkehrswerte von Grundstücken (Wertermittlungsverordnung – WertV) vom 6. Dezember 1988, zuletzt geändert durch Art. 3 des Gesetzes vom 18. August 1997 (BGBl. I 1997, 2081).

8 Richtlinie für die Ermittlung der Verkehrswerte von Grundstücken (Wertermittlungsrichtlinie 76/96 – WertR 76/96) in der Fassung vom 11. Juni 1991, Neubekanntmachung vom 19. Juli 2002 (BAnz Nr. 168 vom 20. Dezember 2002).

Dieser kann auf zwei Wegen ermittelt werden:

1. der Umsatz bzw. die Einnahmen als Durchschnittsgröße mehrerer Jahre, je nachdem, ob eine ertrags- oder liquiditätsorientierte Betrachung überwiegt, oder

2. als durchschnittliche Stellplatzmiete in Verbindung mit der Anzahl der Stellplätze unterteilt in Kurzparker, Dauerparker, Codekarten, Hallenmieter, Festplatzmieter, Nachtparker.

Die WertV sieht das gesplittete Ertragswertverfahren vor weil davon ausgegangen wird, dass die bauliche Anlage vergänglich, der Grund und Boden dagegen unvergänglich ist. Neben dem Ertragswertverfahren nach WertV gibt es noch das einfache Ertragswertverfahren. Dabei wird *nicht* zwischen baulicher Anlage und Bodenwert unterschieden. Der Reinertrag des Grundstückes wird dabei auf ewig vervielfältigt. Die Ergebnisse beider Berechnungen unterscheiden sich nur dann wesentlich, wenn die Restnutzungsdauer der baulichen Anlage geringer als 50 Jahre ist.

Im vorliegenden Fall erfolgt die Berechnung auf der Grundlage der WertV, da bei Parkierungsanlagen die Gesamtnutzungsdauer nicht über 50 Jahre hinausgeht. Wenn eine andere, höherwertigere Grundstücksnutzung möglich ist, werden auch ältere Objekte mit einer bisherigen Nutzungsdauer von 30 bis 40 Jahren abgerissen, da sich Parkhäuser für eine Umnutzung nicht eignen.

Die Erlöse aus dem Parkhaus werden wesentlich beeinflusst von der Auslastung der Stellplätze (mittlere Parkdauer in Stunden, Umschlag (Kfz/Stpl./Tag)), den Öffnungszeiten (24 Stunden täglich), der Relation zwischen Kurz- und Dauerparkplätzen, der Tarifstruktur, der gesamten Kapazität (Anzahl der Stellplätze) und den Werbeeinnahmen. Zur Verbesserung der Erlössituation können auch Werbemaßnahmen für Fremdfirmen und Warenautomaten beitragen. Diese sind umso höher, je besser die Lage und je stärker die Frequentierung des Parkhauses ist. Sie beziehen sich sowohl auf die Nutzfläche (z. B. Automaten), als auch auf Wandflächen (z. B. Reklametafeln, Vitrinen) und können somit nicht auf die Nutzfläche bezogen werden. Die Daten für die Werbeerlöse sind bei einer Bewertung der Buchführung zu entnehmen oder anhand von Betriebsvergleichen zu ermitteln und werden bei den „sonstigen wertbeeinflussenden Umständen" berücksichtigt.

Bei Objekten, die auf der Grundlage eines Betriebs- bzw. Geschäftsbesorgungsvertrags betrieben werden, besteht für den Eigentümer kein unmittelbarer Einfluss auf die Kostenstruktur. Es ist demzufolge zu unterscheiden zwischen den betriebsbedingten Auslagen des Betreibers und den Bewirtschaftungskosten des Eigentümers.

Zu den betriebsbedingten Auslagen gehören die Personalkosten sowie die Betriebskosten (unter anderem Energiekosten, Materialkosten, Wasser- und Heizungskosten, Bürokosten und Versicherungen, Wartungsaufwendungen, Reparaturen, Gebühren und Werbungskosten). Die Höhe der Personal-, Betriebs- und Bewirtschaftungskosten werden wesentlich von der Stellplatzanzahl, deren Auslastung und dem Parkhaustyp beeinflusst. Derartige Kosten sind wesentlich geringer bei Parkdecks sowie offenen Parkhäusern als bei Tiefgaragen mit den aufwendigen Be- und Entlüftungsanlagen. Allerdings rechnet *Kessler*, Geschäftsführer der Contipark-Gruppe damit, dass Tiefgaragen mit breiten Zufahrten, bequemen Stellplätzen und mehr Service die alten Parkhäuser ersetzen werden. Ein derartig hoher Standard muss jedoch von den Kunden bezahlt werden.[9]

Betriebskosten in Abhängigkeit der Parkierungsanlage	
Anlagentyp	Betriebskosten in Euro je Stellplatz pro Monat
Parkplatz	20 bis 25
Parkhaus	25 bis 35
Tiefgarage	30 bis 40

Quelle: Darstellung in Anlehung an APCOA in Immobilien-Zeitung, 24. Oktober 2002

Tabelle 2: Betriebskosten von Parkierungsanlagen

Bei Parkhäusern ist bereits nach 15 bis 20 Jahren mit größeren Reparaturen zu rechnen. Daher werden auch die in die Ertragswertrechnung einbezogenen, angemessenen Instandhaltungskosten(-rücklagen) in Höhe von 10 Prozent des Rohertrages angesetzt.

---

9 Loibi (2003), S. 82/1.

Die *Bewirtschaftungskosten* setzen sich zusammen aus:

- Den *Verwaltungskosten:* tatsächliche Werte in der Regel anhand der Buchführung.
- Den *Betriebskosten:* nichtumlegbare Grundbesitzabgaben sowie Versicherungsprämien, Löhne, Gehälter, Energie, Wasser, Reinigung, Abfallbeseitigung, Telefon, Bürobedarf.[10]
- Den *Instandhaltungskosten* und -rücklage: 1 Prozent des Neubauwertes bzw. 8 bis 12 Prozent des Rohertrages.[11]
- Dem *Mietausfallwagnis:* Durch verkehrslenkende Maßnahmen in den Innenstädten kann die Erreichbarkeit von Parkierungsanlagen unter Umständen erschwert werden, wodurch sich die Auslastung verringert. Weitere Einflussfaktoren sind: Rezession, Umweltbewusstsein, Benzinpreisentwicklung, Absatzprobleme bei Personenkraftwagen und kostenbewusstes Parken. Das Mietausfallwagnis soll daher mit 6 bis 10 Prozent des Jahresrohertrages angesetzt werden.[12]

Die Vorgehensweise zur Ertragswertermittlung soll ausgehend vom nachfolgenden *Fallbeispiel* demonstriert werden.

Beispiel 1: Ertragswertermittlung Parkhaus

Der Sachverständige erhält den Auftrag, ein Innenstadtparkhaus mit 333 Stellplätzen zu bewerten. Es soll der Verkehrswert festgestellt werden. Im Einzelnen enthält der Auftrag folgende Aufgabenstellung:

a) Zweck der Begutachtung: Verkaufsverhandlungen

b) Bewertungsstichtag: 10. Februar 2003

c) Ermittlung des Ertragswertes auf der Basis der WertV, §§ 15 bis 20

d) Sachwertberechnung auf der Basis der NHK 2000

e) Sachwertermittlung auf der Grundlage des Bruttorauminhaltes und des umbauten Raumes

f) Verkehrswertableitung nach § 7 WertV

---

10 Eine nähere Spezifikation der Betriebskosten enthalten die Informationen in Heft 1, Grundstücksmarkt und Grundstückswert, 2004, S. 28; allerdings ist unbedingt zu beachten, dass es sich dabei um den gesamten Aufwand handelt. Also einschließlich der Verwaltungskosten und dem Instandhaltungsaufwand.
11 Kleiber/Simon/Weyers: a. a. O., S. 83.
12 Kleiber/Simon/Weyers: a. a. O., S. 83.

Angaben zum Grundstück:

- *Grundstücksgröße: 4.350 m².*

- *Gebäude: Parkhaus mit zehn Parkebenen, im Splitlevelsystem mit kreuzungsfreiem Einbahnverkehr, in Stahlbetonmassivbauweise mit Fertigteildecken, offene Ausführung ohne Lüftungsanlage.*

- *Lage: in einer mittelgroßen Stadt in den neuen Bundesländern.*

- *Baujahr: 1993.*

- *Belastungen: Grundbuch und Baulastverzeichnis keine Eintragungen.*

- *Bruttogrundfläche: 11.114 m², je Ebene = 1.111,4 m².*

- *Geschossfläche: 11.114 m².*

- *Geschossflächenzahl:* $\dfrac{11.114 \text{ m}^2}{4.350 \text{ m}^2} = 2{,}55.$

- *Erschließungskosten: voll erschlossen, und vollständig bezahlt.*

- *Bruttorauminhalt: 32.189 m³.*

- *Nutzfläche (NF): 4.338 m².*

- *Stellplätze (Stpl.): 333 Stpl. davon 200 Kurzparker und 133 Dauerparker.*

- *Öffnungszeiten: 24 Stunden (Tag- und Nachtbetrieb).*

- *Betreiber: Es besteht ein Geschäftsbesorgungsvertrag.*

- *Parkleitsystem: Anschluss an das Parkleitsystem der Stadt, daran sind weitere Parkierungsanlagen und Stellplätze angeschlossen.*

Bodenwertermittlung:

Zunächst ist der Bodenwert zu ermitteln. Er wird sowohl für die Ertrags- und Sachwertermittlung als auch für die Feststellung des Verkehrswertes benötigt.

Für den Bewertungsbereich hat der Gutachterausschuss einen Richtwert für die City-Lage von 250 Euro/m² Grundstücksfläche (ebf)[13] bei einer GFZ (Geschossflächenzahl) von 2,0 angegeben.

Das Parkhaus befindet sich in einer Spitzenlage, wobei auf die tatsächliche GFZ von 2,55 abzustellen ist.

---

13 Erschließungsbeitragsfrei (ebf).

Wird der Bodenwert für das Parkhaus vom Richtwert des Gutachterausschusses abgeleitet, so kann wie folgt vorgegangen[14] werden:

- *Umrechnungskoeffizient = 1,16*
- *Bodenwert bei einer GFZ von 2,55:*
  $250,00$ Euro/m^2 • $1,16$ = 290 Euro/m^2
  4.350 m^2 • 290 Euro/m^2 = $1.261.500$ Euro
- *Als Vergleichszahl wird der Bodenwert je Stellplatz angegeben; dieser beträgt:*

$$\frac{1.261.500 \text{ Euro}}{333 \text{ Stellplätze}} = 3.788 \text{ Euro/Stellplatz}$$

Als absolute Größe ausgedrückt, beträgt der Bodenwert 1.261.500 Euro und gerundet 1.260.000 Euro.

Für die Ertragswertermittlung liegen folgende Ausgangsdaten vor:

Rohertäge:	
1. Erlöse je Stellplatz (Kurzparkergeschäft) p. a. (60 Prozent der Stellplätze = 200 Stpl.)	1.722,00 Euro
2. Erlöse je Stellplatz (Dauerparkergeschäft) p. a. (40 Prozent der Stellplätze = 133 Stpl.)	2.070,00 Euro
3. Erlöse aus Werbemaßnahmen und Warenautomaten p. a.	15.348,00 Euro
Bewirtschaftungskosten:	**in Prozent vom Rohertrag**
4. Betreiberhonorar	5,0 %
5. Betriebskosten (Personal, Material, Energie, Grundbesitzabgaben, Versicherungsprämien u. a.)	23,5 %
6. Instandhaltungskostenrücklagen	10,0 %
7. Mietausfallwagnis	8,0 %
Sonstiges:	
8. Liegenschaftszinssatz (Spanne 6,5 bis 7,5 %) (Spezialobjekt mit höherem Risiko)	7,0 %
9. Vervielfältiger bei einem Liegenschaftszinssatz von 7,0 % und	13,3317
10. einer Restnutzungsdauer von 40 Jahren, Reparaturstau (aus Sachverständigengutachten entnommen)	16.000 Euro

Tabelle 3: Ausgangsdaten der Ertragswertberechnung eines Parkhauses

---

[14] Der Gutachterausschuss hat keine eigenen Umrechnungsfaktoren ermittelt. Es wird deshalb auf die Anlage 11 der WertR 2002 zurückgegriffen, die linear fortgeführt wurde.

Ausgehend von den vorliegenden Ausgangsdaten kann nunmehr der Ertragswert für das Grundstück mit Parkhaus wie folgt ermittelt werden (siehe Abbildung 1).

	Ertragswert gemäß §§ 15 bis 20 WertV				
1	Rohertrag (RE)		Nachhaltig erzielbare Miete		
	Bereich	Stpl.	je Monat netto	Monate	RE in Euro
	Erlöse aus Kurzparkgeschäft	200	143,50	12	344.400,00
	Erlöse aus Dauerparkgeschäft	133	172,50	12	275.310,,00
	Erlöse aus Werbemaßnahmen		1.279,00	12	15.348,00
		333	1.595,00		
	jährlicher Rohertrag gesamt				635.058,00
2	Bewirtschaftungskosten	Einheiten	Ansatz % des RE		Euro
	Betreiberhonorar- Geschäftsbesorgungsvertrag	635.058,00	5,00 %		31.752.90
	Betriebskosten	635.058,00	23,50 %		149.238,63
	Instandhaltungskosten/-rücklagen	635.058,00	10,00 %		63.505,80
	Mietausfallwagnis	635.058,00	8,00 %		50.804,64
			46,50 %		
	abzüglich jährliche Bewirtschaftungskosten gesamt				−295.301,97
3	Reinertrag Grundstück			=	339.756,03
4	Bodenwertanteil am Reinertrag (BW · LZ)	1.260.000,00	7 %	=	−88.200.00
5	Ertragsanteil der baulichen Anlagen am Reinertrag			=	251.556,03
6	Restnutzungsdauer der baulichen Anlagen		40		
7	Liegenschaftszinssatz LZ		7 %		
8	Vervielfältiger		13,3317		
9	Ertragswert der baulichen Anlagen		(Z8 · Z5)		3.353.669,50
10	Zu- und Abschläge	Reparaturstau	+ −		−16.000,00
	Zwischensumme		(Z9−Z10)		3.337.669,50
11	Bodenwert		+		1.260.000,00
12	Ertragswert		=		4.597.669,50
13	Ertragswert gerundet		=		4.600.000,00

Abbildung 1: Ertragswert für ein Parkhaus mit 333 Stellplätzen

Der gerundete Ertragswert für das Innenstadtparkhaus mit 333 Stellplätzen beträgt 4,60 Millionen Euro. Der Bodenwertanteil liegt bei rund 27,39 Prozent. Demzufolge beträgt der Anteil der baulichen Anlage 72,61 Prozent.

Der Rohertrag je Stellplatz und Monat beträgt rund

$$\frac{635.058 \text{ Euro}}{12 \text{ Monate}} \cdot \frac{1}{333 \text{ Stellplätze}} = 159 \text{ Euro.}$$

Damit wird ein Wert erreicht, der innerhalb der Stadt in einer üblichen Gruppenbreite von 140 bis 165 Euro/Stellplatz/Monat liegt. In größeren Städten liegt diese Spanne zwischen 185 und 195 Euro/Stellplatz.[15]

Das sind monatlich rund

$$\frac{635.058 \text{ Euro}}{12 \text{ Monate}} \cdot \frac{1}{4.338 \text{ m}^2 \text{ NF}} = 12,20 \text{ Euro} / \text{ m}^2 \text{ NF.}$$

Dies ist ein Wert, der in einer üblichen Rohertragsspanne von Parkhäusern liegt.[16] *Demzufolge kann der Rohertrag als nachhaltig angesehen werden, insbesondere für gute Standorte und die damit verbundene gute Nachfragesituation.*

3 Die Sachwertermittlung

3.1 Auf Basis der NHK 2000

Mit der Herausgabe der NHK 2000[17] wurden auch für Parkhäuser die *Herstellungskosten* aus dem Jahr 1995 (NHK 95) fortgeschrieben und aktualisiert. Bezugsbasis der Vorgaben auf Grundlage der NHK 2000 ist die *Bruttogrundfläche*.

Für Parkhäuser und Tiefgaragen wurden die NHK 2000 ohne Baunebenkosten angegeben. Letztere werden gesondert ausgewiesen. Die NHK für Parkhäuser setzen sich aus der Kostengruppe 300 und 400 der DIN 276/1973 einschließlich 16 Prozent Mehrwertsteuer (Preisstand 2000) zusammen.

---

15 Information aus Grundstücksmarkt und Grundstückswert, Heft 3, 2004, S. 167.
16 Kleiber/Simon/Weyers: a. a. O., S. 1421.
17 Normalherstellungskosten 2000 (NHK 2000), Bundesministerium für Verkehr, Bau- und Wohnungswesen, S. 14.

Für Parkhäuser erfolgt eine Darstellung der Kosten bezogen auf die Bruttogrundfläche, für eine durchschnittliche Geschosshöhe von 2,65 m. Die Angaben gehen von einem mittleren Ausstattungsstandard aus. Es erfolgt eine Gruppierung der Kostenspannen in Abhängigkeit des Baujahres. Es werden dabei zwei verschiedene *Parkhaustypen* unterschieden:

a) mehrgeschossige Parkhäuser mit offener Ausführung ohne Lüftungsanlage,

b) mehrgeschossige Parkhäuser mit geschlossener Ausführung mit Lüftungsanlage.

Die Tabelle 4 enthält die NHK bis zum Jahr 2000 für die zwei Parkhaustypen.

	Kosten der Bruttogrundfläche in Euro/m²	
Zeitraum	offene Ausführung ohne Lüftungsanlage	geschlossene Ausführung mit Lüftungsanlage
1946–1959	395–425	485–525
1960–1969	425–450	525–555
1970–1984	450–475	555–585
1985–1999	475–515	585–635
2000	520	640

Quellen: Normalherstellkosten 2000 (NHK 2000) gemäß den Wertermittlungs-Richtlinien des Bundes und dem Runderlass des deutschen Bundesministeriums für Verkehr, Bau- und Wohnungswesen vom 1. Dezember 2001, S. 55.

Tabelle 4: NHK für mehrgeschossige Parkhäuser (durchschnittliche Geschosshöhe 2,65 m) und mittleren Ausstattungsstandards

Der mittlere *Ausstattungsstandard* für Parkhäuser wird wie in Tabelle 5 dargestellt, angegeben.

Sollten sich bei der Bewertung Abweichungen vom mittleren Ausstattungsstandard ergeben, sind diese in Form von Zu- und Abschlägen bei den NHK zu berücksichtigen.

Weiterhin sind die *Baunebenkosten* in die Wertermittlung einzubeziehen. Das betrifft die Kostengruppe 700 gemäß DIN 276. Für Parkhäuser entsprechend dem Typ 28.1 (Gebäudetypenblatt) sind 10 Prozent der NHK und für den Typ 28.2 11 Prozent der NHK in Ansatz zu bringen.

Kostengruppe		Mittel
Fassade	Skelett-, Fachwerk-, Rahmenbau	Sichtbeton, Mauerwerk mit Putz oder Fugenglattstrich und Anstrich, einfache Verkleidung
	Massivbau	Sichtbeton, Sichtmauerwerk/Mauerwerk mit Putz oder Fugenglattstrich und Anstrich, einfache Verkleidung
Fenster		begrünte Metallgitter, Glasbausteine
Dächer		befahrbares Flachdach (Dachparkdeck) ungedämmt, Oberflächenentwässerung, begrüntes Flachdach bzw. Überbauung
Bodenbeläge		Rohbeton, Estrich, Gussasphalt
Installation		Sprinkleranlage, Strom- und Wasseranschluss, Löschwasserleitung, Installation auf Putz
Besondere Einrichtungen		Personenaufzug, Videoüberwachung, Rufanlagen, Brandmelder, Beschallung, Toilettenanlagen, Rauch- und Wärmeabzugsanlagen, mechanische Be- und Entlüftungsanlagen

Quelle: Normalherstellkosten 2000 (NHK 2000) gemäß den Wertermittlungs-Richtlinien des Bundes und dem Runderlass des deutschen Bundesministeriums für Verkehr, Bau- und Wohnungswesen vom 1. Dezember 2001, S. 55.

Tabelle 5: Ausstattungsstandard (nur Parkhäuser)

Die *Gesamtnutzungsdauer* für beide Parkhaustypen wird mit 50 Jahren angegeben. Für die Ermittlung der NHK ab dem Jahr 2001 ist eine Baupreisindizierung angezeigt, wenn auf die NHK 2000 zurückgegriffen wird.

Aufbauend auf das Beispiel aus Abschnitt 1.2 und den dort aufgezeigten Ausgangsdaten kann der Sachwert mit Hilfe der NHK 2000 in allgemeiner Form wie folgt ermittelt werden:

$$NHK = BGF \cdot NHK/m^2 \cdot K \cdot Bi$$

Legende:

NHK = Normalherstellkosten
BGF = Bruttogrundfläche
NHK/m^2 = Normalherstellkosten je m² Bruttogrundfläche
K = Korrekturfaktoren
Bi = Baupreisindex

Abbildung 2: Berechnung des Sachwertes auf Basis der NHK

Beispiel 2: Sachwertermittlung Parkhaus (Basis: NHK 2000)

*Für die **Sachwertermittlung** liegen folgende (ergänzende) Ausgangsdaten vor:*

1. Bewertungsstichtag:	10. Februar 2003
2. Bodenwert (gerundet):	1.260.000 Euro
3. BGF:	11.114 m² Summe aus 10 Parkebenen
4. NHK Brutto:	475 Euro/m², offene Ausführung ohne Lüftungsanlage
5. K:	entfallen
6. Bi:	100,8 für Februar 2003 auf der Basis 2000 = 100, gewerbliche Betriebsgebäude
7. Zuschlag für besondere Bauteile:	3 % der Herstellungskosten (Lift, Sicherheitausgang)
8. Außenanlagen und Hausanschlüsse:	2 % der Herstellungskosten
9. Baunebenkosten:	10 %
10. Reparaturstau:	16.000 Euro
11. Alterswertminderung (linear):	AfA linear nach der Formel[18] $$\frac{100 \cdot \text{Alter}}{\text{GND}} = \frac{100 \,(\text{GND} - \text{RND})}{\text{GND}}$$

Tabelle 6: Ausgangsdaten der Sachwertberechnung eines Parkhauses (nach NHK 2000)

Für das Parkhaus, gemäß Fallbeispiel, ergibt sich folgender Gebäudezeitwert sowie Sachwert (siehe Abbildung 3).

---

18 GND = Gesamtnutzungsdauer, RND = Rstnutzungsdauer.

Bauteil: Parkgarage					
1 Basis NHK 2000	Gebäudetyp:	28.1 offen ohne Lüftung			
2 Wertstichtag	Monat	2	Jahr	2003	
3 Baupreisindex		1,0080	M/J	11/2002 (letzter veröffentlichter Index	
4 Bruttogrundfläche in m²			11.114,00	vor Wertstichtag)	
5 Baujahr			1993		
fikt. Baujahr			1993	fikt. Alter:	10 Jahre
6 Restnutzungsdauer in Jahre			40		
7 Nutzungsdauer in Jahre			50		
8 Alterswertminderung in %			20,00	linear	
9 Baunebenkosten gem. Gebäudetyp (%)			10		
Ausstattungsstandard			Mittel		
10 Grundflächenpreis (GfP) in €/m² 2000			475,00	Brutto	
Korrekturfaktoren	Land/Kreis	1			
	Ortsgröße	1			
bei MFH:	Grundrißart	1			
	Wohnungsgröße	1			
11 Grundflächenpreis BGF 2000		1	475,00	GfP 2000 in €/m² mittel	
12 Grundflächenpreis BGF zum Wertstichtag			478,80	€/m²	
13 Zwischensumme	< = BGF x GfP 2000 >				
	(m²) x (€/m²)	5.279.150,00		€ =	5.279.150,00
14 Besonders zu berechnende Bauteile und Betriebseinrichtungen in €					
15			0,00	€	
16			0,00	€	
17			0,00	€	
18	3%	5.279.150,00	158.374,50	€	
				= +	158.374,50
19 Zwischensumme				=	5.437.524,50
20 Baunebenkosten		10 % aus Z 19		+	543.752,45
21 Neubauwert/Normalherstellungskosten (Basis NHK 2000) 2000				€ =	5.981.276,95
22 Neubauwert zum Bewertungsstichtag Z 3 x Z 21				€ =	6.029.127,17
23 Technische Wertminderung					
24 - Alterswertminderung	20,00 % aus Z 22 =		1.205.825,43 €		
25 - Baumängel			0,00 €		
26 - Bauschäden			0,00 €		
27 - Reparaturstau			16.000,00 €		
				= ./.	1.221.825,43
28 Zwischensumme				=	4.807.301,73
29 Wirtschaftliche Wertminderung					
wegen		0 % aus Z 28		./.	0,00
30 Zwischensumme				=	4.807.301,73
31 Zuschläge wegen Wertverbesserungen					
32			0,00 €		
33			0,00 €		
34			0,00 €		
				= +	0,00
35 Bauwert (Zeitwert) zum Wertstichtag gerundet				€ =	**4.807.300**

Abbildung 3: Bauwert für das Parkhaus mit 333 Stellplätzen (NHK 2000)

Der Sachwert für das Innenstadtparkhaus (Baujahr 1993) mit 333 Stellplätzen und zehn Parkebenen beträgt gerundet netto 5,23 Millionen Euro (brutto: 6,07 Millionen Euro).

Der Zeitwert netto wird wie folgt berechnet:

$$\frac{\text{Zeitwert brutto}}{1{,}16} = \text{Zeitwert netto}$$

Der Sachwert je Stellplatz beträgt:

$$\frac{5.230.000 \text{ Euro}}{333 \text{ Stellplätze}} = 15.706 \text{ Euro/Stellplatz}$$

Dieser Sachwert entspricht den Relationen zu vergleichbar gut instand gehaltenen Parkhäusern.

An dieser Stelle kann auch ein Vergleich zu den vorgeschlagenen Benchmarks der Herstellungskosten aus anderen Quellen gezogen werden (siehe Tabelle 7).

Baukosten in Abhängigkeit der Parkierungsanlage	
Anlagentyp	**Baukosten in Euro je Stellplatz**
Parkplatz	1.000 –3.000
Parkhaus	5.000–15.000
Tiefgarage	15.000–30.000

Quelle: Darstellung in Anlehung an APCOA in Immobilien-Zeitung, 24. Oktober 2002

Tabelle 7: Baukosten von Parkierungsanlagen

3.2 Auf Basis des Bruttorauminhaltes oder des umbauten Raumes

Eine weitere Berechnungsmöglichkeit des Sachwertes ergibt sich auf der Grundlage der Anwendung von tatsächlich abgerechneten Objekten auf der Basis des *Bruttorauminhaltes* nach DIN 277/1973/1987. Der Bruttorauminhalt ist ein Maß, welches das Volumen eines Baukörpers angibt. Derartige Berechnungen erfolgen auf der Grundlage der DIN 277, wobei die Fassungen von 1973 mit der Ergänzung von 1987 sowie die von 1950 am gebräuchlichsten sind. Die DIN 1973 (Ergänzung 1987) ist die Grundlage für die Volumensberechnung, die als Bruttorauminhalt in m³ nachgewiesen wird. Der Bruttorauminhalt ist nach *Astl*[19] sowie *Kleiber/Simon/ Weyers*[20] der Rauminhalt des Baukörpers, der nach unten von der Unterfläche der konstruktiven Bauwerksohle und im Übrigen von den äußeren Begrenzungsflächen des Bauwerkes umschlossen wird. Eingangsüberdachungen, Kellerlichtschächte etc. gehören nicht zum Bruttorauminhalt, sondern zu den besonders zu berechnenden Bauteilen.

Der Bruttorauminhalt wird ausgehend von den Bruttogrundflächen und den dazugehörigen Höhen ermittelt. Unterschiedliche Volumina haben auch differenzierte Raummeterpreise.[21]

Bei der Sachwertermittlung findet die Berechnung des Bauwertes auf der Grundlage des Bruttorauminhaltes nur nach den tatsächlichen Gebäudekosten[22] Verwendung. Ausgehend von den Beispielen 1 und 2 in den Abschnitten 2 und 3.1 wird die Anwendung in der Folge demonstriert.

Beispiel 3: Sachwertermittlung Parkhaus (Basis: Raummeterpreise)

*Für die **Sachwertermittlung** liegen folgende (ergänzende) Ausgangsdaten vor:*

1. Bewertungsstichtag:	10. Februar 2003
2. Bodenwert (gerundet):	1.260.000 Euro
3. Bruttorauminhalt (BRI):	32.189 m³
4. Raummeterpreis zum Zeitpunkt auf der Preisbasis 1995 nach DIN 276, Kostengruppe 300 und 400 brutto:	155 Euro/m³
5. Index[23] Februar 2003, auf der Basis 1995 = 100:	101,9
6. Zuschlag für besondere Einbauten und Bauteile:	3 % der Herstellungskosten
7. Außenanlagen und Hausanschlüsse:	2 % der Herstellungskosten
8. Index Basis 2000:	100
9. Baunebenkosten:	10 %
10. Alterswertminderung (linear):	20 %

Tabelle 8: Ausgangsdaten der Sachwertermittlung eines Parkhauses (nach Raummeterpreisen)

---

19 Astl, B.: Lexikon der Immobilienwertermittlung, Hrsg. Sandner/Weber, Bundesanzeiger Verlag Köln, 2003, S. 161–162.
20 Kleiber/Simon/Weyers: a. a. O., S. 162.
21 Astl, B.: a. a. O. S. 162.
22 Baukostenberatung Architektenkammer Baden-Württemberg: a. a. O. S. B 173.
23 Verkettet von Basis 2000 = 100 auf 1995 = 100; Faktor 1,01106, Gewerbliche Betriebsgebäude, Statistische Berichte, Bayerisches Landesamt für Statistik und Datenverarbeitung,1/2004, S. 44.

Für das Parkhaus, gemäß Fallbeispiel, ergibt sich folgender Gebäudezeitwert (siehe Abbildung 4):

Lfd. Nr.	Positionen	BRI bzw. %	Euro/m³	Euro
1	Herstellungskosten Bauwerk:	32.189	155,00	4.989.295,00
2	Besondere Bauteile:	3 %		149.678,85
3	Baunebenkosten:	10 %		498.929,50
4	Herstellungskosten (gesamt):			
	Basis 1995			5.637.903,35
	Basis Februar 2003	5.637.903,35 • 1,019		5.745.023,51
5	Alterswertminderung:	20 %		−1.149.004,70
6	Reparaturstau:			−16.000,00
7	Wirtschaftliche Wertminderung:			0,00
8	Bauwert/Zeitwert brutto:			4.580.018,81

Abbildung 4: Bauwert der baulichen Anlagen für das Parkhaus mit 333 Stellplätzen (DIN 277/1973/1987)

Im Vergleich mit den NHK 2000 (4,8 Millionen) liegt der Gebäudezeitwert brutto mit 4,58 Millionen Euro um 4,73 Prozent niedriger (vgl. Abbildungen 3 und 4). Diese Differenz liegt in den unterschiedlichen Ansätzen begründet.

Sachwertberechnung		Euro
Bauwert (gerundet):		4.580.019
Zeitwert der Außenanlagen und sonstigen Anlagen:	2 %	91.600
Zeitwert brutto:		4.671.619
Zeitwert netto:		4.027.258
Bodenwert:		1.260.000
Sachwert netto:		5.287.258
Sachwert netto gerundet:		5.290.000

Abbildung 5: Sachwert für das Parkhaus mit 333 Stellplätzen (DIN 277/1973/1987)

Der Sachwert in Höhe von 5,29 Millionen Euro weicht vom Sachwert der NHK 2000 um 1,15 Prozent nach oben ab. Diese geringe Abweichung zeigt, dass das Ergebnis gesichert ist.

Der Sachwert für das Parkhaus auf der Grundlage des Bruttorauminhaltes (DIN 277/1973/1987) beträgt gerundet 5,29 Millionen Euro. Das sind gerundet 15.886 Euro je Stellplatz.

Nicht mehr so verbreitet sind die Kubikmeterpreise der Basisjahre 1913 mit Bezug auf den umbauten Raum nach DIN 277/1950. Auf dieser Grundlage werden die Bauwerte, bezogen auf das Jahr 1913, ermittelt. Der umbaute Raum wird mit Hilfe der DIN 277/1950 berechnet.

Zwangsläufig ergeben sich je nach gewählter Methode auch Unterschiede in der Sachwerthöhe. Da diese Größen aber lediglich Kontrollfunktionen haben und der Ertragswert bei Parkhäusern im Mittelpunkt der Bewertung steht, soll auf eine ausführliche Würdigung derartiger Unterschiede verzichtet werden. Ein Beispiel für eine Berechnung des Bauwertes für ein Parkhaus auf der Basis des umbauten Raumes nach der DIN 277/1950 kann der Literatur[24] entnommen werden.

4 Die Discounted-Cashflow-Methode

Die DCF-Methode hat ihren Ursprung in der allgemeinen Betriebswirtschaft. Sie wird dort als Kapitalwertmethode zur *Wirtschaftlichkeitsberechnung von Investitionen* genutzt. Die DCF-Methode wird im Europäischen Raum von ausländischen und auch von deutschen Investoren angewandt.

Der DCF – auch als Net Present Value (NPV) bezeichnet – wird durch Abzinsung der Einzahlungsüberschüsse (liquiditätsorientierte Betrachtungsweise) bzw. Abzinsung des Gewinns (ertragsorientierte Betrachtungsweise) auf den Investitionszeitpunkt sowie anschließender Summierung der Barwerte ermittelt. Das gilt für einen festgelegten Bewertungszeitraum für alle renditeorientierten Parkierungsanlagen.

Ist dabei der Bewertungszeitraum geringer als die erwartete Restnutzungsdauer, so muss auch der Restwert der Parkierungsanlage bzw. deren Liquidationswert abgezinst werden.

---

[24] Kleiber/Simon/Weyers (2002), S. 1420.

Daraus folgt für die Berechnungsformel:

$$\sum_{t=1}^{n} \frac{C_{ft}}{q^t} + \frac{R_W}{q^n}$$

Legende:
- n = Bewertungs- bzw. Untersuchungszeitraum
- t = Zeitperiode
- q = Diskontierungsfaktor
- C_{ft} = Cashflow der Periode t
- R_w = Restwert des Bewertungsobjektes

Bei der Ermittlung des NPV für renditeorientierte Parkierungsanlagen ist unbedingt zu beachten, dass bei der Herleitung auf den Gewinn (Reinertrag) oder die Einzahlungsüberschüsse abgestellt wird. Denn der Cashflow ist mit vorgenannten Größen nicht identisch. Eine Berechnung auf Basis des Cashflow ist möglich, präsentiert aber ein völlig anderes Bild als auf Basis der Gewinn- bzw. Einzahlungsüberschussbasis. Der Cashflow enthält auch Größen wie Rücklagen, Rückstellungen, Gewinn- und Verlustvorträge, die als künftige Zahlungsströme schwer oder bei der Bewertung von Parkierungsanlagen kaum kalkulierbar sind.

Möglich ist jedoch mit der DCF-Methode die steuerlichen Abschreibungsmöglichkeiten und somit die Ertragssteuern zu berücksichtigen.

Eine Kalkulation des Cashflow erfordert demzufolge eine fundierte Buchführung und versierte Bilanzanalyse. Zugleich ist die Ermittlung des Cashflow abhängig von der Rechtsform des jeweiligen Unternehmens.

Kalkulation des Cashflow im Unternehmen:

Bilanzgewinn
+ Verlustvortrag bzw. ./. Gewinnvortrag + Zuführung zu bzw. ./. Auflösung von Rücklagen
= Jahresüberschuss + Abschreibungen bzw. ./. Zuschreibung auf das Anlagevermögen + Zuführung zu bzw. :/. Auflösung von langfristigen Rückstellungen
= Cashflow

Bei der Festlegung des Kalkulationszinsfußes zur Diskontierung der einzelnen Jahresbeträge sind mehrere Varianten möglich:[25]

- Die Ableitung aus den Renditeforderungen des Grundstückseigentümers.
- Die Orientierung an den Eigenkapitalrentabilitätserwartungen der Investoren gegebenenfalls unter Nutzung der Leverageformel.[26]
- Eingeschränkt, aber möglich ist eine Ableitung aus Anlagemöglichkeiten für Eigenkapital in Form von Geldanlagen mit Laufzeiten, die denen der Zahlungsströme im Bewertungszeitraum adäquat sind (Pfandbriefe, Industrieobligationen, Bundeswertpapiere).
- Die Ermittlung eines internen Zinssatzes nach der in der Investitionsrechnung üblichen Methode (Voraussetzung ist, dass die Höhe der Investitionsauszahlung bekannt ist).

Sofern das höhere Risiko für Investitionen in Parkierungsanlagen nicht bereits in den Renditeforderungen des Grundstückseigentümers enthalten sind, kann der Kalkulationszinssatz um einen Risikozuschlag angehoben werden. Das muss jedoch immer anhand des jeweiligen Typs der Anlage entschieden werden.

Die DCF-Methode ist nicht in der Wertermittlungsverordnung vorgesehen. Eine Begründung dafür ist die Abstellung auf künftige abzuzinsende Zahlungsströme (Einzahlungsüberschüsse bzw. Gewinnerwartungen). Deshalb sollte neben der DCF-Methode bei der Bewertung von Parkierungsanlagen insbesondere bei ausländischen Investoren zusätzlich der Ertragswert nach WertV (statisches Verfahren) angeboten werden.

Weiterhin sind bei der Anwendung der DCF-Methode eine Reihe von Problemen zu lösen. Als Erstes bedarf es einer Kalkulation des Zukunftserfolges. Das ist bei Parkhäusern mit einem erheblichen Risiko verbunden, weil die Unsicherheitsfaktoren sehr groß sind. So lässt sich die Kapazitätsauslastung und die darauf basierende Erlös- bzw. Einnahmesituation nur stark eingeschränkt über einen längeren Zeitraum von fünf bis zehn Jahren im Voraus kalkulieren. Unsicherheiten lassen sich zwar durch verschiedene Methoden (z. B. statistische Methoden auf der Basis von Streuungsmaßnahmen) eingrenzen, aber niemals ganz ausschließen.

---

25 Lorenz, H.-J.: Zinsfußmethode, in: Lexikon der Immobilienwertermittlung, Bundesanzeiger-Verlag, Köln, S. 657–658 (Hrsg.: S. Sandner und U. Weber).

26 Leverage ist die Hebelwirkung des Verschuldungsgrades; Einfluss des finanzwirtschaftlichen Risikos auf die Eigenkapitalrentabilität.

Als Zweites ist zu beachten, dass der Kalkulationszinsfuß bei der DCF-Methode und der Liegenschaftszinssatz nicht identisch sein müssen. Der Kalkulationszinsfuß ist aus den internen Renditeanforderungen des Eigentümers als auch des Betreibers abzuleiten.

Dieser Zinssatz kann dann höher sein, als der Liegenschaftszinssatz. Eine Problematik die allgemein die erhöhten Diskontierungszinssätze von Betreiberimmobilien betrifft.

Der Kalkulationszinsfuß bei der DCF-Methode ist rentabilitätsorientiert. In ihm spiegeln sich die Renditeanforderungen der Anteilseigner wider. Um auch die Auswirkung der Umsatzrentabilität sowie des Kapitalumschlages und der Kapitalstruktur sowie des Verschuldungsgrades in die Zinsberechnung einbeziehen zu können, wäre die Anwendung der Leverage-Formel geeignet. Allerdings muss das für den gesamten Prognosezeitraum erfolgen. Für Parkhäuser ist dies nur auf der Grundlage der Szenarioanalyse möglich (Planungshorizont mindestens fünf Jahre, verschiedene Umsatz- und Kosteneinflussfaktoren als Umweltbedingungen; Analyse, Projektion und Auswertung bezüglich der Eigenkapitalrentabilität und der Entwicklungstrends; Entscheidung für die Variante Entwicklungspfad).

Soll auch der Restwert in den Lösungsalgorithmus einbezogen werden, bedarf es einer Vorauskalkulation des Liquidationswertes. Allerdings macht das nur bei einer Weiternutzung des Parkhauses Sinn. Sonst sind die Abrisskosten in die Berechnung einzubeziehen.

Bei der Anwendung der DCF-Methode muss dem Nutzer klar sein, dass es sich hierbei um eine betriebswirtschaftliche Methode handelt, die stromgrößenorientierte Daten in hoher Qualität erfordert. Für die Bewertung von Parkhäusern eine sehr hohe und nicht leicht zu realisierende Anforderung.

5 Die Verkehrswertableitung

Die Verkehrswertableitung bei Parkierungsanlagen basiert auf dem Ertragswertverfahren, wobei die ermittelten Sachwerte nur der Ergebniskontrolle dienen. Grundsätzlich regelt § 7 WertV die Verkehrswertermittlung. Für Parkierungsanlagen ist ebenso wie für andere Immobilien eine Würdigung der Lage auf dem Grundstücksmarkt unerlässlich. Darüber hinaus ist eine Integration ertragsbeeinflussender Faktoren (Anzahl der Stellplätze, Kapazitätsauslastung) und sofern möglich, ein Betriebsvergleich mit anderen Objekten notwendig.

Bezogen auf die in den Abschnitten 2 und 3 dargestellten Beispiele und die dargestellten Bewertungsresultate ergibt sich folgende Verfahrensweise:

1. Ertragswert für das Parkhaus (333 Stellplätze)   4.600.000 Euro
   (auf Nettobasis gerechnet)
2. Sachwert I für das Parkhaus (Basis NHK 2000 netto)
   5.230.000 Euro
3. Sachwert II für das Parkhaus (Basis Bruttorauminhalt,
   DIN 277/1973/1987, netto)   5.290.000 Euro
4. Bodenwert   1.260.000 Euro

Nach § 7 Abs. 1 WertV ist der *Verkehrswert* aus dem Ergebnis des oder der herangezogenen Verfahren unter Berücksichtigung der Lage auf dem Grundstücksmarkt gem. § 3 Abs. 3 WertV zu bemessen. Das hat zur Folge, dass überprüft werden muss, ob das ermittelte Ergebnis dem Verkehrswert (Marktwert) entspricht.

Der Ertragswert führt, wenn die Ausgangsparameter dem Gründstücksmarkt entsprechen in der Regel direkt zum Verkehrswert, so dass eine Marktanpassung dann nicht mehr notwendig wäre. Im vorliegendem Falle wurden die angesetzten Daten dem Marktgeschehen entnommen. Aus diesem Grunde entspricht der ermittelte Ertragswert dem Verkehrswert oder nach WertR 2000 dem Marktwert.

Im vorliegenden Fall bildet der Ertragswert die Grundlage der Verkehrswertableitung. Bedingt durch die gute Lage und die für dieses Parkhaus vorhandene hohe Auslastung, mit der auch in Zukunft gerechnet werden kann, wird ein Verkehrswert von 4.600.000 Euro festgestellt.

Zu einem ähnlichen Ergebnis gelangt man, wenn die ermittelten Sachwerte durch einen angemessenen Marktanpassungsabschlag gem. § 7 WertV bzw. Kap. 3.7 WertR 2002 korrigiert werden. Für dieses Beispiel beträgt der Abschlag 15 Prozent. Der Abschlag in vor genannter Höhe ist nicht ungewöhnlich hoch, so dass die korrigierten Sachwerte den auf der Basis des Ertragswertes ermittelten Verkehrswert bestätigen. Somit ergeben sich folgende Vergleichswerte:

Sachwert I: 5.230.000 Euro − 15 Prozent = 4.446.500 Euro,
            gerundet 4.446.000 Euro

Sachwert II: 5.290.000 Euro − 15 Prozent = 4.496.500 Euro,
            gerundet 4.500.000 Euro

Diese Vergleichswerte bestätigen als Kontrollwerte den ermittelten Verkehrswert.

Literaturhinweise

Kleiber (2002): Verkehrswertermittlung von Grundstücken, Köln 2002.
Sandner, S./Weber, U. (Hrsg) (2003): Lexikon der Immobilienwertermittlung, Köln 2003.
Loibi, R. (2003): Keine Lizenz zum Gelddrucken, in: Süddeutsche Zeitung, 2003, Nr. 286 vom 12. Dezember 2003, S. 82/1.
Weyers, G. (1994): Verkehrs- und Beleihungswert von Grundstücken mit Parkierungsanlagen, (1. Teil) in: Grundstücksmarkt und Grundstückswert, 1994, Heft 2, S. 70–83.
Weyers, G. (1994): Verkehrs- und Beleihungswert von Grundstücken mit Parkierungsanlagen, (2. Teil) in: Grundstücksmarkt und Grundstückswert, 1994, Heft 3, S. 156–160.
Weyers, G. (1997): Ermittlung des Rohertrages (§ 17 WertV) mit Hilfe des Betriebsergebnisses einer Parkierungsanlage, in: Grundstücksmarkt und Grundstückswert, 1997, Heft 5, S. 298.
Nehm, A./Riesing, E./Schlinger U./Seidel, W. (1994): Gebäudekosten 1995, Stuttgart 1994.
Richtlinien für die Ermittlung der Verkehrswerte von Grundstücken (Wertermittlungsrichtlinie 76/96) in der Fassung vom 11. Juli 1991, Neubekanntmachung vom 19. Juli 2002 (BABZNr. 168 vom 10. Dezember 2002.
Verordnung über Grundsätze für die Ermittlung der Verkehrswerte von Grundstücken (Wertermittlungsverordnung – WertV) vom 6. Dezember 1988, zuletzt geändert durch Art. 3 des Gesetzes vom 18. August 1997 (BGBL.I 1997, 2081.
Normalherstellungskosten 2000 (NHK 2000), Bundesministerium für Verkehr, Bau- und Wohnungswesen.
Veith, T. (2002): Parkflächen wirtschaftlich betreiben – Service und effizienter Betrieb lassen die Parkhauskasse klingeln, Immobilien-Zeitung, 24. Oktober 2002, S. 18 ff.

Bewertung von Tankstellen

Sandra Kirchner/Klaus Wagner

1 Von der Tankstelle zum „Convenience Store"

2 Tankstellenmarkt in Deutschland
2.1 Entwicklung der Tankstellen
2.2 Fusionen und Marktanteile
2.3 Geschäftsfelder einer Tankstelle

3 Tankstellenmarkt in Europa

4 Rahmenbedingungen und Kennzahlen
4.1 Anforderungen an das Grundstück
4.2 Planungs- und Baurecht
4.3 Pacht- und Betreibermodelle
4.4 Tankstellenrechte
4.5 Betriebswirtschaftliche Faktoren
4.5.1 Erlösstruktur
4.5.2 Umsatzkennzahlen
4.5.3 Pachtsätze

5 Fallbeispiel
5.1 Objektbeschreibung
5.2 Bewertungsansätze
5.2.1 Ermittlung der Pacht
5.2.2 Bodenwert
5.2.3 Bewirtschaftungskosten
5.2.4 Liegenschaftszinssatz
5.2.5 Nutzungsdauer
5.2.6 Altlasten
5.3 Bewertung

1 Von der Tankstelle zum „Convenience Store"

Am 11. August 1927 wurde in Hamburg[1] die erste „Großtankstelle" nach amerikanischem Vorbild eröffnet. Sie war mit zwei Zapfsäulen, einem Kassenhaus und einem Schutzdach ausgestattet. Damals war ein Tankwart mit Uniform, Krawatte und Schirmmütze zuständig für den Verkauf sowie das Befüllen von Benzin und Öl. Er bot aber auch zusätzliche Dienstleistungen wie Scheibenwaschen, Abschmieren oder Luftdruckprüfung an.

Heute kann man eine Tankstelle besser als „Convenience Store" beschreiben, in dem es außer Treibstoffen und Öl auch eine Vielzahl von Gütern des täglichen Bedarfs wie beispielsweise frisch aufgebackene Brötchen, Wurst, Käse, Butter oder Kaffee und andere Getränke, aber auch diverse Sonderartikel wie Kleidungsstücke, CDs und Radios zu kaufen gibt.

Der Begriff „Convenience" stammt aus dem Englischen und bedeutet soviel wie Annehmlichkeit oder Bequemlichkeit. Im betriebswirtschaftlichen Zusammenhang kann „Convenience" als kundenorientierte Vielfalt verstanden werden. Die Tankstelle als „Convenience-Markt" bietet dem Kunden die Möglichkeit, zu jedem Zeitpunkt alles Notwendige zur Deckung seines kurz- und mittelfristigen Bedarfs aus einer Hand zu erhalten, ohne dass größere räumliche Distanzen zu überwinden sind.[2]

Im Folgenden sollen aus immobilienwirtschaftlicher Sicht die zur Ermittlung des Verkehrswertes relevanten Rahmenbedingungen des Marktes und des Wettbewerbs von Tankstellen dargestellt und erläutert werden. Die Ausarbeitung mündet in einer beispielhaften Bewertung eines Tankstellengrundstücks.

Nicht behandelt werden in diesem Beitrag Fragestellungen zu Rastanlagen an Autobahnen, so genannten Nebenbetrieben, oder zu Autohöfen. Auf umfangreiche Ausführungen bezüglich der Problematik von Kontaminationen des Bodens, die durch diese Nutzungsart entstehen können, wird verzichtet.

---

1 Vgl. Rolfsmeier, M.: „Volltanken, bitte", in: „Die Welt", Hamburg 2002.
2 Vgl. Auer, S./Koidl, R.: Convenience Stores. Handelsform der Zukunft, Frankfurt 1997.

2 Tankstellenmarkt in Deutschland

2.1 Entwicklung der Tankstellen

Nach heutiger Definition können *Tankstellen* einerseits als Verkehrsimmobilien betrachtet werden, sofern die Sicherung und Unterstützung des Straßenverkehrs im Vordergrund steht. Andererseits können sie als Pachtobjekte spezifiziert werden, wenn die Ermittlung des Rohertrages im Rahmen der Bewertung entscheidend ist, und darüber hinaus sind Tankstellen Handelsbetriebe, die Kraftstoffe für Straßenfahrzeuge (Otto- und Dieselkraftstoffe) an Endverbraucher vertreiben.[3] All diesen Ansätzen ist immanent, dass Tankstellen betreiberabhängig sind und ihr Betrieb unter anderem auch von politischen Rahmenbedingungen beeinflusst wird.

Vom gesamten Kraftstoffabsatz in Deutschland werden rund 70 Prozent über Tankstellen abgewickelt.[4]

Die *Tankstellenbranche* ist durch drei Strukturmerkmale gekennzeichnet:

1. Seit ca. 35 Jahren ist die Zahl der Tankstellen in den alten Bundesländern rückläufig.
2. Die Branche ist sehr heterogen organisiert.
3. Die Geschäftsaktivitäten verlagern sich immer stärker weg vom traditionellen Kraftstoffverkauf hin zum so genannten Shopgeschäft.

Durch die schnell zunehmende Motorisierung in den 50er und 60er Jahren wuchs das Tankstellennetz bis ins Jahr 1969 auf rund 46.680 Stationen an. Seit 1970 hat sich die Anzahl der Kraftfahrzeuge nochmals mehr als verdreifacht,[5] wohingegen die Zahl der Tankstellen Anfang 2003 erstmals unter 16.000 Stationen gesunken ist[6] (siehe Abbildung 1). Damit hat sich der Tankstellenbestand innerhalb von rund 35 Jahren auf nahezu ein Drittel bzw. im Mittel um 864 Stationen pro Jahr vermindert.

---

3 Nicht eingeschlossen sind in dieser Abgrenzung Zapfanlagen für Otto- und Dieselkraftstoffe, die nicht öffentlich zugänglich sind.
4 Ottokraftstoffe werden zu rund 95 Prozent über Tankstellen vertrieben. Bei Dieselkraftstoffen erfolgt mehr als die Hälfte des Absatzes über Direktlieferungen an gewerbliche oder öffentliche Großverbraucher.
5 Vgl. o. V., Kraftfahrtbundesamt, Flensburg 2003.
6 Vgl. o. V., Fakten, Argumente, Analysen, EID – Energie Informationsdienst, Hamburg 2004.

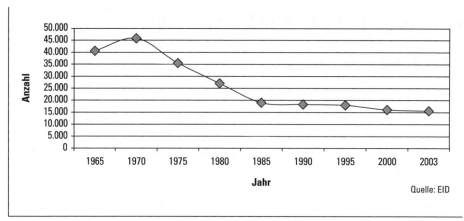

Abbildung 1: Entwicklung der Straßentankstellen

Schon allein aus dieser extrem gegenläufigen Entwicklung lässt sich erkennen, dass kaum eine Branche in den vergangenen Jahrzehnten einen derartigen Strukturwandel erfahren hat, wie das Tankstellengewerbe.

Die Gründe hierfür liegen überwiegend in einem rückläufigen Kraftstoffabsatz und der daraus resultierenden hohen Wettbewerbsintensität des Tankstellengewerbes. Nach Einschätzung des Mineralölwirtschaftsverbandes gibt es in Deutschland rund 4.000 Tankstellen zuviel. Darüber hinaus führen der harte Preiswettbewerb und steigende umweltrechtliche Auflagen zu sinkenden Umsatzrenditen.[7]

Seit 1988 ist der Ertragsanteil, der durch den Verkauf von Kraftstoffen erzielt wird, kontinuierlich gesunken.[8] Dies wirkt sich nicht nur auf die Dichte des deutschen Tankstellennetzes und die jeweiligen Marktanteile, sondern auch auf das Dienstleistungsangebot der einzelnen Betriebe aus.

Innerhalb der letzten zehn Jahre hat sich die Zahl der Tankstellen um 11 Prozent verringert, im Vergleich zu 1970 sogar um über 65 Prozent. Diese Entwicklung führte zu einem deutlich steigenden Versorgungsgrad je Tankstelle.[9] Versorgte eine Tankstelle im Jahr 1970 gerade einmal 304 Pkw, so waren es im Jahr 2003 ca. 2.858 Pkw je Tankstelle (siehe Abbildung 2).

---

[7] Umsatzrendite = Gewinn vor Steuern bezogen auf den Umsatz.
[8] Vgl. o. V., Jahresbericht 2002, BTG – Bundesverband Tankstellen und Gewerbliche Autowäsche Deutschland e. V., Minden 2002.
[9] Vgl. o. V., Fakten, Argumente, Analysen, EID – Energie Informationsdienst, Hamburg 2004 sowie o. V., KBA – Kraftfahrtbundesamt, Flensburg 2003.

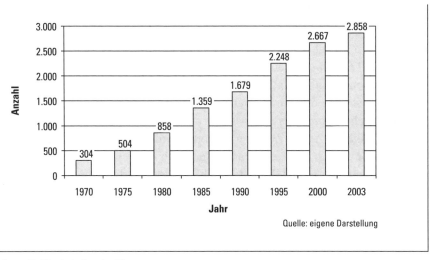

Abbildung 2: Tankstellen je Pkw

Im Zuge der Schrumpfung des Tankstellennetzes werden überwiegend Kleintankstellen in Citylagen und in Wohngebieten aufgegeben. Ferner ist davon auszugehen, dass eine weitere Ausdünnung des Netzes weniger die umsatzstarken Marken betreffen wird, die in den vergangenen Jahren bereits in erheblichem Umfang ihre Stationen reduziert haben, als vielmehr die kleinen und unabhängigen Anbieter.

Darüber hinaus hat sich die wirtschaftliche Situation der Tankstellen in Grenzgebieten zu Polen, Luxemburg, Tschechien, der Schweiz und Österreich durch die Erhebung der Ökosteuer erheblich verschlechtert. Die hohe steuerliche Belastung der Kraftstoffe in Deutschland führt zu extremen Preisunterschieden, die für den Verbraucher durch die Einführung des Euro zudem leichter erkennbar sind. Tankstellen in Grenznähe haben mit Umsatzrückgängen seit der Einführung der Ökosteuer bis zu 40 Prozent bei Kraftstoffen und in der Folge bis zu 20 Prozent im Shopgeschäft zu kämpfen. Aufgrund der beschriebenen Situation wird sich das Tankstellennetz im Grenzgebiet weiter ausdünnen, da eine europaweite Harmonisierung der Mineralölsteuer vor dem Hintergrund der Zustimmung aller EU-Mitglieder fraglich erscheint.[10]

---

10 Vgl. o. V., Jahresbericht 2002, BTG – Bundesverband Tankstellen und Gewerbliche Autowäsche Deutschland e. V., Minden 2002.

2.2 Fusionen und Marktanteile

Die Fusionen zwischen Total, PetroFina und ElfAquitaine, Shell und DEA sowie Aral und BP haben seit dem Jahr 2000 für tiefgreifende Veränderungen bei den Marktteilnehmern und -anteilen gesorgt. Die Vielzahl der konzerngebundenen Markentankstellen, die häufig auch als Farbentankstellen bezeichnet werden, hat sich hierdurch von ehemals zehn Marken auf nunmehr sechs Marken reduziert. Die vom Bundeskartellamt im Zuge der Fusion verordneten Auflagen führten zu einem Verkauf oder Tausch von bestehenden Stationen und ermöglichten zwei ausländischen Wettbewerbern – OMV (Österreich) und PKN Orlen (Polen) – den Eintritt in den deutschen Markt.

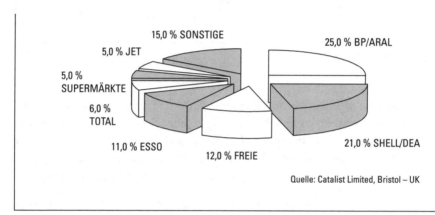

Abbildung 3: Marktanteile 2003

Die neu entstandenen Tankstellenkonzerne Shell/DEA und Aral/BP können rund 46 Prozent aller Marktanteile auf sich vereinigen.[11] Von den übrigen Kraftstoffmarken kommt nur noch Esso auf einen Marktanteil von über 10 Prozent.

Betrachtet man die Marktanteile gemäß ihrer Eigentümerstruktur zeigt sich, dass rund zwei Drittel aller Stationen auf Pächtertankstellen entfallen.[12]

---

11 Vgl. o. V., Catalist Limited, Bristol – UK.
12 Vgl. o. V., Catalist Limited, Bristol – UK.

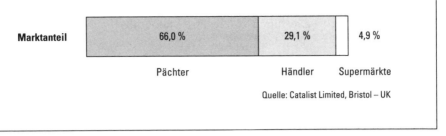

Abbildung 4: Marktanteile 2003 nach Betreibern

2.3 Geschäftsfelder einer Tankstelle

Der sinkende Kraftstoffumsatz und der stetig zunehmende Wettbewerb im Tankstellengeschäft führt zu einer immer größeren Bedeutung von das ursprüngliche Kerngeschäft ergänzenden Geschäftsfeldern. Es kann zwischen *vier Geschäftsfeldern* unterschieden werden, die im Folgenden dargestellt werden.

1. *Geschäftsfeld Kfz:*

    - Kraftstoffvertrieb,
    - Reparatur und Wartung,
    - Autowäsche,
    - Verkauf von Autozubehör.

2. *Geschäftsfeld Einzelhandel:*

    - Aktionsware,
    - E-Commerce,
    - Food- und Non-Food-Sortimente.

3. *Geschäftsfeld Dienstleistung:*

    - Geldautomaten,
    - Internetdienste (z. B. Routenplaner, Hotelführer etc.),
    - Postagentur,
    - usw.

4. *Geschäftsfeld Gastronomie:*

    - Heiß- und Kaltgetränke,
    - Bistro, Snack,
    - Fast Food.

Insgesamt sind rund 85 Prozent aller Tankstellen mit so genannten Convenience-Shops ausgestattet.[13] Die durchschnittliche Shopgröße beträgt heute zwischen 80 m² bis 110 m²,[14] wobei deutlich eine Tendenz zu einer Shopgröße von bis zu 250 m² zu erkennen ist.[15]

Das Umsatzwachstum der letzten Jahre im Einzelhandel der Tankstellen wurde durch die in Deutschland rigiden Ladenöffnungszeiten unterstützt. Obwohl weiterhin von Umsatzzuwächsen in diesem Geschäftsfeld ausgegangen wird, bleibt abzuwarten, inwieweit bei weiterer Lockerung der Ladenöffnungszeiten dem Einzelhandelsgeschäft der Tankstellen Umsatzeinbußen entstehen werden. Fest steht jedenfalls, dass es mittel- bis langfristig die wichtigste Einnahmequelle der Tankstellen bleibt.

Ehemals tankstellentypische Dienstleistungen wie beispielsweise Reparatur und Wartung spielen eine immer geringere Rolle, da die Fahrzeuge immer wartungsärmer werden und anfallende Arbeiten häufig nur noch von Vertragswerkstätten durchgeführt werden können. Allgemeine Dienstleistungen wie beispielsweise Autowäsche, Staubsauger usw. stellen heute an einer Tankstelle eine Selbstverständlichkeit dar. Neu ins Dienstleistungssortiment aufgenommen wurden Postagenturen, Lottoannahmestellen oder Geldautomaten.

Im Bereich Gastronomie verfügen alle Farbentankstellen über eigene Imbisskonzepte in Form von Backshops, Kaffeebars oder Bistros. Zunehmende Bedeutung kann auch Fast-Food-Ketten beigemessen werden, die ihrerseits als Franchisegeber die Symbiose mit Tankstellen suchen und somit deren Besucherfrequenz erhöhen.

3 Tankstellenmarkt in Europa

Die Entwicklung des europäischen Tankstellenmarktes ist gekennzeichnet durch einen erbitterten Konkurrenzkampf bei weiter sinkenden Margen im Kraftstoffverkauf.[16] Den sinkenden Erträgen im Kerngeschäft steht allerdings ebenfalls ein starkes Wachstum im Shopbereich gegenüber.

---

13 Vgl. o. V., Marktreport der Allianz-Dresdner Immobiliengruppe, Frankfurt am Main 2003.
14 Vgl. o. V., A.T. Kearney, in: Tankstellen-Magazin, Mainz 2002.
15 Vgl. o. V., Marktreport der Allianz-Dresdner Immobiliengruppe, Frankfurt am Main 2003.
16 Vgl. Loth, Shon, Forecourt retailing in Europe, in: Datamonitor report, o. O. 2002.

In der Europäischen Union gab es im Jahr 2003 ca. 79.300 Tankstellen.[17] Diese werden betrieben von großen und kleinen Markengesellschaften, die in mehreren Ländern vertreten sind, Markenfirmen, die sich mehr oder weniger auf ein Land beschränken, regionalen und lokalen Tankstellenketten, Supermärkten und so genannten freien Tankstellen, die autonom operieren.

Marke	Zahl der Tankstellen	Absatzmarktanteil aktuell	Marktanteil nach Tankstellenzahl
Shell/DEA	8.405	12,9 %	10,6 %
Esso	7.735	10,9 %	9,8 %
BP/Aral	7.256	12,9 %	9,2 %
Total	5.860	7,3 %	7,4 %
Agip	5.467	6,1 %	6,9 %
Repsol	3.619	6,5 %	4,6 %
Q8	3.483	3,0 %	4,4 %
Texaco	2.780	3,0 %	3,5 %
IP	2.672	1,7 %	3,4 %
Tamoil	2.503	2,0 %	3,2 %
ERG	1.834	1,3 %	2,3 %
AVIA	1.788	1,2 %	2,3 %
Cepsa	1.785	3,1 %	2,3 %
API	1.538	1,0 %	1,9 %
JET	1.530	2,6 %	1,9 %
Galp	1.105	1,5 %	1,4 %
Supermärkte*	6.577	8,2 %	8,2 %
Übrige	13.360	14,8 %	17,5 %
Insgesamt	**79.297**	**100,0 %**	**100,0 %**
*ohne JET und Total			

Quelle: Catalist

Tabelle 1: Europäische Marktanteile 2003

---

17 Vgl. o. V., Catalist Limited, Bristol – UK.

Das größte Tankstellennetz besitzt die Gruppe Royal Dutch/Shell, die als einzige in allen EU-Staaten vertreten ist. Mit mehr als 8.400 Tankstellen betreibt sie gut 10 Prozent aller öffentlichen Tankstellen der EU. Shells Kraftstoff-Absatz-Marktanteil liegt bei knapp 13 Prozent. Auf dem gleichen Absatzniveau liegt Aral/BP mit fast 7.300 Stationen. Esso hat zwar das zweitgrößte Tankstellennetz in der EU, kommt aber nur auf einen Marktanteil von 11 Prozent.

Zusammen mit Total, Agip und Repsol (jeweils ca. 6 bis 7 Prozent) decken die insgesamt sechs Gesellschaften zusammen über 50 Prozent des Kraftstoffabsatzes über Tankstellen in der EU.

Bei einem Effizienzvergleich des Tankstellennetzes in den Ländern der EU liegen die deutschen Tankstellen an erster Stelle. In Bezug auf die Zahl der Pkw, die eine Tankstelle durchschnittlich versorgen muss, kommen deutsche Stationen auf ca. 2.858 Pkw je Tankstelle. In Großbritannien sind dies ca. 2.578 Pkw je Station, in Spanien ca. 2.193 Pkw und in Norwegen und der Schweiz ca. 922 Pkw bzw. ca. 845 Pkw je Station.

Europaweit spielen Supermarkt-Tankstellen eine untergeordnete Rolle mit Ausnahme von Frankreich und Großbritannien. Dort profitieren Supermärkte und Handelsketten von der tendenziell sinkenden Markenbedeutung im Mineralölbereich und erobern erhebliche Marktanteile.[18] In Frankreich werden bereits rund ein Drittel aller Tankstellen von Supermärkten betrieben, deren Absatz-Marktanteil fast 50 Prozent erreicht.[19] In Großbritannien werden gut 25 Prozent des Kraftstoffabsatzes über Hyper- und Supermarkttankstellen verkauft, wie in Frankreich mit steigender Tendenz.

In Deutschland hingegen stagniert dieses Geschäft. Nach Brancheneinschätzungen liegt der Marktanteil der Supermärkte am Benzingeschäft bei ca. 5,0 Prozent. In den übrigen Ländern der EU schwanken die Marktanteile der Supermärkte zwischen 0,2 Prozent und 4,0 Prozent. In Italien und Norwegen sind Supermarkttankstellen unbekannt.

Im europäischen Vergleich hat Deutschland beim Benzinverkauf als einziges Land seit 1997 rückläufige Margen zu verzeichnen (siehe Tabelle 2).

---

18 Vgl. o. V., IBM Business Consulting Services, Studie: Mineralöl-Industrie auf neuem Kurs, o. O. 2003.
19 Vgl. o. V., Shell hat das größte Tankstellen-Netz in Europa, in: EID, Nr. 06/04, o. O. 2004, S. 16.

	1997	Jan.–Jun. 2000	Jul.–Dez. 2000	Jan.–Jun. 2001	Jul.–Dez. 2001	Jan.–Jun. 2002	Jul.–Dez. 2002	Jan.–Jun. 2003	Jul.–Dez. 2003
Italien	100	90	112	99	116	107	112	117	116
Dänemark	100	95	94	96	108	105	110	110	112
Frankreich	100	104	129	103	119	104	111	117	111
Belgien	100	101	109	107	111	104	107	107	110
Großbritannien	100	101	108	72	126	89	95	116	108
Niederlande	100	103	106	101	101	103	103	105	108
Spanien	100	63	84	85	110	101	101	106	103
Deutschland	100	51	77	75	72	80	84	91	82

Quelle: OPAL/Wood Mackenzie

Tabelle 2: Entwicklung der Brutto-Tankstellenmargen (Eurosuper) in Europa

Die Mineralölsteuersätze in den europäischen Staaten könnten unterschiedlicher nicht sein. In den deutschen Grenzgebieten ist die Existenz vieler Tankstellen durch den Tanktourismus in benachbarte Länder gefährdet. Eine Erhebung der europäischen Mineralölsteuersätze per Ende Januar 2004, die die Londoner Oil Price Assessment Limited, OPAL, für den EID durchgeführt hat, hat folgende Ergebnisse geliefert:

Der deutsche Steuersatz für Eurosuper liegt um 11,83 Cent/l über dem in Belgien, 10,78 Cent/l über dem in Dänemark, 6,46 Cent/l über dem in Frankreich, 18,14 Cent/l über dem in der Schweiz, um 21,24 Cent/l über dem in Luxemburg und 22,25 Cent/l über dem in Österreich. Die höchsten Steuern auf Benzin werden in Großbritannien erhoben, vor den Niederlanden und Deutschland. Auch bei Dieselkraftstoff liegt Deutschland – hinter Großbritannien und der Schweiz – an dritter Stelle.

Mit dem Beitritt Deutschlands mitteleuropäischer Nachbarländer zur EU, wurden die Abstände zu den deutschen Mineralölsteuern noch größer, denn in Tschechien und Polen werden Steuern auf Benzin und Dieselkraftstoff erhoben, deren Niveau noch unter dem in Österreich und Luxemburg liegt.

4 Rahmenbedingungen und Kennzahlen

4.1 Anforderungen an das Grundstück

Im Rahmen des weiteren Netzausbaus der großen Farbentankstellen werden häufig Standorte für Großtankstellen bevorzugt, die es ermöglichen sollen, alle Produkte der jeweiligen Geschäftsfelder anzubieten. Hauptsächlich wird in größeren Städten und entlang von Autobahnen investiert. Für Straßentankstellen eignen sich insbesondere rechtsseitige Standorte an frequentierten Ein- und Ausfallstraßen sowie Umgehungsstraßen, großen Kreuzungen, in unmittelbarer Nähe zu Einkaufszentren oder großen SB-Märkten oder angrenzend an große Wohngebiete. Straßen mit einer Frequenz von >14.000 Kraftfahrzeugen je Tag werden ebenfalls bevorzugt.[20]

Die durchschnittliche Grundstücksgröße von Bestandstankstellen beträgt je nach Marke zwischen 1.170 m² und 2.630 m².[21] Die optimale Flächengröße ist jedoch stark abhängig von den jeweilig angebotenen zusätzlichen Dienstleistungen und den vorhandenen Tankpositionen.

Um heutigen, zeitgemäßen Standards zu entsprechen, sollte ein Tankstellengrundstück mindestens 2.500 m² groß sein. Je nach Nutzungsintensität sind sogar Abweichungen von bis zu +100 Prozent möglich. Das Grundstück selbst sollte einen rechteckigen Zuschnitt haben und gut einsehbar sein. Die Länge der Straßenfront sollte zwischen 50 und 80 Metern, die Tiefe mindestens 40 Meter betragen. Eine zwingende Voraussetzung ist die Möglichkeit einer unproblematischen Zu- und Abfahrt.

Wird ein Grundstück als Tankstellengrundstück genutzt, so ist die zweifelsfreie Zustandsdokumentation des Bodens vor Nutzungsbeginn von besonders großer Bedeutung. In der Regel wird hierfür ein Beweissicherungsgutachten erstellt.

4.2 Planungs- und Baurecht

Für die Durchführung einer Wertermittlung ist es wichtig, mit den diversen relevanten Normen vertraut zu sein. In erster Linie sind die planungs- und baurechtlichen Vorgaben nach den §§ 30, 34 und 35 BauGB zu nennen, auf deren Inhalt an dieser Stelle nicht weiter eingegangen werden soll.

---

20 Vgl. o. V., Der Markt für Spezialimmobilien, in: Neue Perspektiven, Marktreport 2003, Allianz Dresdner Immobiliengruppe, Frankfurt am Main 2003.
21 Vgl. Aikman, Samatha, Catalist Limited, Bristol – UK.

Die BauNVO regelt die Zulässigkeit im Rahmen des Geltungsbereichs eines qualifizierten Bebauungsplanes. Bei Vorliegen nachfolgend dargestellter Festsetzungen (siehe Tabelle 3) ist die Errichtung einer Tankstelle zulässig.

Baufläche	Baugebiet	Norm	Zulässigkeit
W Wohnbauflächen (§ 1 Abs. 1 Nr. 1 BauNVO)	WS Kleinsiedlungsgebiet	§ 2 BauNVO	ausnahmsweise
	WR Reines Wohngebiet	§ 3 BauNVO	nicht zulässig
	WA Allgemeines Wohngebiet	§ 4 BauNVO	ausnahmsweise
	WB Besonderes Wohngebiet	§ 4a BauNVO	ausnahmsweise
M Gemischte Bauflächen (§ 1 Abs. 1 Nr. 2 BauNVO)	MD Dorfgebiet	§ 5 BauNVO	zulässig
	MI Mischgebiet	§ 6 BauNVO	zulässig
	MK Kerngebiet	§ 7 BauNVO	ausnahmsweise
G Gewerbliche Bauflächen (§ 1 Abs. 1 Nr. 3 BauNVO)	GE Gewerbegebiet	§ 8 BauNVO	zulässig
	GI Industriegebiet	§ 9 BauNVO	zulässig
S Sonderbauflächen (§ 1 Abs. 1 Nr. 4 BauNVO)	SO Sondergebiet für Erholung	§ 10 BauNVO	nicht zulässig
	SO Sonstiges Sondergebiet	§ 11 BauNVO	gem. Festsetzung

Quelle: Eigene Darstellung

Tabelle 3: Normen des Baurechts

Grundsätzlich sind jedoch die konkreten Umstände des Einzelfalls, wie z. B. Shopgröße oder die Anzahl der Zapfanlagen, für die Zulässigkeit wichtig.

Zusätzlich zu den Normen des Baurechts sind die Bestimmungen des Wasser-, Arbeitsschutz-, Immissionsschutz-, Abfall- und Gewerberechts im Umgang mit Tankstellen zu beachten. In Trinkwasserschutzgebieten sind Tankanlagen grundsätzlich nicht zulässig.

Im Rahmen der Bewertung sollte zumindest das Vorliegen folgender Genehmigungen geprüft werden:

- Baugenehmigung für Tankstellengebäude, -nebengebäude und -überdachung,
- Genehmigungen nach §§ 20 und 21 Bundesimmissionsschutzverordnung,
- Genehmigungen der Straßenverkehrsbehörde und des Wasserwirtschaftsamtes.

Im Rahmen des Gutachtens ist es nicht die Aufgabe des Grundstückssachverständigen, die Funktionstüchtigkeit der technischen Anlagen zu beurteilen oder zu bewerten. Folglich ist darauf hinzuweisen, dass sich die Wertermittlung nicht auf die Funktionstüchtigkeit der technischen Anlagen bezieht, sondern diese im Gutachten unterstellt wird. Ferner wird von dem Vorhandensein sämtlicher behördlicher Genehmigungen ausgegangen, sofern die Prüfung vorliegender Genehmigungen nichts Anderes ergeben hat.

4.3 Pacht- und Betreibermodelle

Die Modelle, mit denen die Mineralölkonzerne ihre Tankstellen und Shops in Deutschland betreiben, sind vielfältig. So setzt Aral/BP traditionell auf eine hohe Zahl selbständiger Pächter, während Shell/DEA ihre Tankstellen im Wesentlichen von eigenen Mitarbeitern betreiben lässt. Pächter arbeiten mit einem höheren Grad an Eigenverantwortung, bieten aber weniger Spielraum für überregionale Marketingkampagnen. Zudem besteht zwischen Betreibergesellschaft und Pächter ein größeres Konfliktpotenzial, angesichts sinkender Margen im Benzingeschäft.[22]

Allgemein sind folgende Konstellationen üblich:

- Der Eigentümer des Grund und Bodens errichtet die vollständige Tankanlage mit Betriebseinrichtungen, baulichen Anlagen und Außenanlagen. Er betreibt die Anlage selbst oder verpachtet sie an eine Mineralölgesellschaft oder einen Einzelbetreiber.
  Durch einen Pachtvertrag werden die jeweiligen Rechte und Pflichten (z. B. Laufzeit, Höhe der Pacht, Instandhaltung, Umgang mit Bodenverunreinigungen etc.) der Vertragsparteien geregelt.

- Der Eigentümer des Grund und Bodens errichtet nur die baulichen Anlagen und die Außenanlagen. Die Tankstellentechnik wird von einem Dritten, der das Grundstück, die baulichen Anlagen und Außenanlagen pachtet, eingebracht. Hierbei ist es üblich, dass dem Dritten das Recht zur Unterverpachtung eingeräumt wird.

- Der Eigentümer des Grund und Bodens verpachtet das unbebaute Grundstück. Die Tankstellentechnik, die baulichen Anlagen und die Außenanlagen werden von einem Dritten errichtet. Dieser betreibt oder verpachtet die vollständige

---

[22] Vgl. Preuß, O., Tankstellen müssen Shops reformieren, in: Financial Times Deutschland, o. O. 2003.

Tankstelle. Die Sicherung einer solchen Konstruktion erfolgt häufig über eine beschränkt persönliche Dienstbarkeit im Sinne von § 1090 BGB in Form eines so genannten „Tankstellenrechts" in Abteilung II des Grundbuches.[23]

4.4 Tankstellenrechte

Unter einem „Tankstellenrecht" wird eine beschränkt persönliche Dienstbarkeit verstanden, die einer Mineralölgesellschaft das Recht zur Lagerung und zum Vertrieb von Kraft- und Schmierstoffen auf einem fremden Grundstück verleiht. Darüber hinaus umfasst das Recht die Errichtung, die Unterhaltung und den Betrieb der Tankanlage (bestehend aus unterirdischen Tanks, Zapfeinrichtungen, Nebeneinrichtungen und Werbemitteln) nebst allen technischen Einrichtungen. Das Tankstellenrecht kann einem Dritten auch für den Fall überlassen werden, dass der ursprüngliche Grundstückseigentümer als Pachtvertragspartei ausfällt.

Tankstellenrechte werden in der Regel für einen längeren Zeitraum bestellt und sind dementsprechend wettbewerbsbeschränkend. Dies ist besonders bei der Beleihbarkeit zu berücksichtigen, da die Rangfolge der Dienstbarkeit im Grundbuch von entscheidender Bedeutung ist. Im Fall einer Zwangsversteigerung erlischt ein Tankstellenrecht im Nachrang. Der Ersatzwert tritt an die Stelle des Rechts. Dieser Wert entspricht dem Jahreswert des Tankstellenrechts multipliziert mit der Restlaufzeit (maximal dem 25fachen Jahresbetrag). Es besteht allerdings auch die Möglichkeit, einen Wertersatz-Höchstbetrag zu vereinbaren und einzutragen.[24]

4.5 Betriebswirtschaftliche Faktoren

4.5.1 Erlösstruktur

Die Verdienstanteile einer Tankstelle bestehen aus den Erlösen für den Kraft- und Schmierstoffumsatz in Form der Provisionszahlungen der Mineralölkonzerne sowie den Erlösen aus dem Shop- und Waschanlagengeschäft und den sonstigen Serviceleistungen. Abbildung 5 zeigt die Bruttoverdienstanteile der einzelnen Bereiche und die Dominanz des Shopumsatzes.

---

23 Vgl. Schröter, K.: Die Wertermittlung von Grundstücken mit Tankstellen, in: GuG Nr. 5, o. O. 2003.
24 Vgl. Haegele, Grundbuchrecht Rz. 1222, o. O.

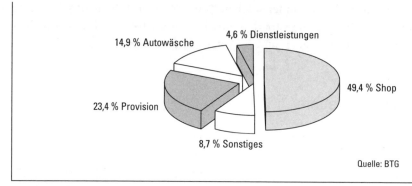

Abbildung 5: Bruttoverdienstanteile der einzelnen Bereiche (2003)

Mit dem Shopbereich werden fast 50 Prozent des Bruttoverdienstes von Tankstellen erwirtschaftet. Die Autowäsche macht durchschnittlich einen Anteil von 14,9 Prozent aus und die Provisionen aus dem Kraftstoffumsatz betragen ca. 23,4 Prozent.

Tabelle 4 zeigt, wie sich im Altbundesgebiet die Gewichte der einzelnen Geschäftsbereiche verschoben haben.

	Jahresvergleich 2003/2002 – West			
	2003	Veränderung zum Vorjahr	2002	Veränderung zum Vorjahr
Kraftstoff/Liter	3.904.257	−2,12 %	3.988.926	−0,42 %
Provisionserlöse in Euro	65.399	−4,26 %	68.309	−1,34 %
Warenverkauf in Euro	840.355	−2,22 %	859.456	+5,74 %
Dienstleistungen in Euro	11.197	−16,62 %	13.429	−13,60%
Autowäsche in Euro	52.716	−2,04 %	53.814	+1,83 %
Gesamtumsatz in Euro	**995.786**	**−2,24 %**	**1.018.654**	**+4,60 %**
Erlöse in Euro	280.137	−3,30 %	289.711	+0,90 %
Kosten in Euro	243.049	−3,18 %	251.041	+2,13 %
Gewinn in Euro	**37.088**	**−4,09 %**	**38.670**	**−7,44 %**

Quelle: BTG

Tabelle 4: Jahresvergleich 2003/2002 – West

Die Umsätze der westdeutschen Tankstellen waren im Jahr 2003 erstmalig in allen Geschäftsbereichen rückläufig. Im Vergleich zum Vorjahr ging der Gesamtumsatz um 2,2 Prozent zurück. Fast doppelt so viel war der Rückgang beim Gewinn mit rund 4,1 Prozent. Letztendlich ist es auch gelungen die Kosten mit rund. 3,2 Prozent zu reduzieren – allerdings dürfte dies durch weitere Streichung von Serviceleistungen bewerkstelligt worden sein. Insgesamt wurden somit sowohl Provisionen als auch Handelsspannen reduziert.[25]

Eine nicht ganz so drastische, aber ebenfalls nicht zufriedenstellende Entwicklung war bei den ostdeutschen Tankstellenbetrieben zu verzeichnen. Während der Gesamtumsatz leicht sank (um 0,5 Prozent), konnte der Gewinn mit rund 1,1 Prozent geringfügig gesteigert werden. Allerdings war dies auch nur durch eine Kostenreduktion von rund 1,8 Prozent möglich.

	Jahresvergleich 2003/2002 – Ost			
	2003	Veränderung zum Vorjahr	2002	Veränderung zum Vorjahr
Kraftstoff/Liter	4.136.420	−1,43 %	4.196.732	−0,67 %
Provisionserlöse in Euro	64.034	−2,26 %	65.516	−0,20 %
Warenverkauf in Euro	789.679	−0,85 %	796.466	+6,07 %
Dienstleistungen in Euro	3.804	−27,07 %	5.216	−15,06 %
Autowäsche in Euro	50.089	+1,61 %	49.295	−4,76 %
Gesamtumsatz in Euro	**942.508**	**−0,51 %**	**947.297**	**+4,61 %**
Erlöse in Euro	255.848	−1,42 %	259.538	−1,25 %
Kosten in Euro	225.512	−1,75 %	229.522	−0,89 %
Gewinn in Euro	**30.336**	**+1,07 %**	**30.016**	**−3,96 %**

Quelle: BTG

Tabelle 5: Jahresvergleich 2003/2002 – Ost

---

25 Vgl. o. V., Jahresbericht 2003, BTG, Minden 2003.

4.5.2 Umsatzkennzahlen

Kraftstoffumsatz

Nach Angaben des Bundesverbandes Tankstellen und Gewerbliche Autowäsche Deutschland e. V. wurden im Jahr 2003 in Westdeutschland 3.904.257 Liter Kraftstoff und in Ostdeutschland 4.136.420 Liter Kraftstoff je Tankstelle umgesetzt. Tabelle 6 zeigt den Absatz je Liter Kraftstoff bezogen auf den Gesamtumsatz der Pachtstationen.

Pächter gesamt	Anteil	Absatz an Kraftstoff in Liter je Tankstelle
bis 2.400 m^3	22,0 %	1.902.897
bis 3.000 m^3	15,0 %	2.698.836
bis 3.600 m^3	14,1 %	3.316.901
bis 4.200 m^3	12,7 %	3.896.004
bis 4.800 m^3	11,0 %	4.484.194
bis 6.000 m^3	12,8 %	5.354.757
bis 8.400 m^3	10,1 %	6.932.248
über 8.400 m^3	2,4 %	9.988.687

Quelle: BTG

Tabelle 6: Kraftstoffumsatz

Eine Übersicht der Umsatzentwicklung im Kraftstoffbereich west- und ostdeutscher Tankstellen ab 1995 (siehe Tabelle 7) zeigt einen weitgehend gleich bleibenden Kraftstoffumsatz westdeutscher Tankstellen im Gegensatz zu einem kontinuierlichen Rückgang des Kraftstoffumsatzes an ostdeutschen Tankstellen.

Jahr	1995	2000	2001	2002	2003
	Westdeutsche Tankstellen				
Kraftstoffumsatz	3.956.032	4.081.715	4.005.595	3.988.926	3.904.257
	Ostdeutsche Tankstellen				
Kraftstoffumsatz	5.476.831	4.415.414	4.224.051	4.196.732	4.136.420

Quelle: BTG

Tabelle 7: Vergleich zwischen westdeutschen und ostdeutschen Tankstellen

Shopumsatz

Die Mineralölkonzerne sehen im Shopbereich ihr größtes Wachstumspotenzial. Wie bereits dargestellt beträgt der Shopanteil am Bruttoverdienst der Tankstelle ca. 49,4 Prozent. Unter den Bestandteilen des Shopsortiments entfallen in den alten Bundesländern die höchsten Umsatzanteile auf Tabakwaren (46 Prozent), Getränke (16 Prozent) und Telefonkarten (14 Prozent). Allerdings muss bei den Tabakwaren und den Telefonkarten berücksichtigt werden, dass die erzielbaren Margen sehr gering sind. Bezogen auf die übliche Rendite der Bestandteile des Shopsortiments ist an erster Stelle der Fast-Food-Umsatz zu nennen, gefolgt von den Getränken und Lebensmitteln. Die Telefonkarten, mit denen der dritthöchste Umsatz erzielt wird, bilden bei der Renditebetrachtung das Schlusslicht.

Tabelle 8 zeigt die Zusammensetzung des Shopumsatzes in Ost- und Westdeutschland 2003 und die prozentuale Veränderung zu 2002.[26]

	Gesamtmarkt West	Veränderung 2003/2002	Gesamtmarkt Ost	Veränderung 2003/2002
Shopumsatz	840.355	−2,22 %	789.679	−0,85 %
davon				
RZB*	22.701	−13,42 %	15.159	−13,73 %
Getränke	137.211	−8,56 %	105.654	−11,28 %
Tabakwaren	388.913	−0,17 %	395.886	+1,47 %
Karten/Zeitschriften	52.147	−6,29 %	40.216	−4,99 %
Süßwaren	54.835	−9,10 %	33.580	−8,71 %
Fast Food	28.537	−1,89 %	40.033	−3,14 %
Lebensmittel	18.630	−11,23 %	14.380	−10,45 %
Telefonkarten	117.902	+14,47 %	120.336	+16,30 %
Sonstige Waren	19.479	−20,71 %	24.435	−17,63 %
* Reifen, Zubehör, Batterien				

Quelle: BTG

Tabelle 8: Shopumsatz 2003/2002

---

26 Vgl. o. V., Jahresbericht 2003, BTG – Bundesverband Tankstellen und Gewerbliche Autowäsche Deutschland e. V., Minden 2003.

Umsatz aus der Waschanlage

Die Umsätze aus dem Autowaschgeschäft sind in Ost- und West-Deutschland in 2002 sehr unterschiedlich ausgefallen. Die westdeutschen Tankstellenbetreiber konnten aus dem Geschäft mit der Autowäsche ein geringes Umsatzplus von 1,83 Prozent erwirtschaften, während die ostdeutschen Tankstellenbetreiber sich mit einem Umsatzrückgang von 4,76 Prozent bescheiden mussten. Tabelle 9 zeigt die Entwicklung des Waschanlagenumsatzes in Westdeutschland in Abhängigkeit vom Kraftstoffumsatz.

Umsatz	2002	2001	Veränderung 2002/2001
bis 2.400 m^3	35.262 Euro	34.776 Euro	1,40 %
bis 3.000 m^3	43.327 Euro	42.683 Euro	1,51 %
bis 3.600 m^3	50.521 Euro	48.231 Euro	4,75 %
bis 4.200 m^3	54.999 Euro	55.433 Euro	–0,78 %
bis 4.800 m^3	59.634 Euro	58.347 Euro	2,21 %
bis 6.000 m^3	65.950 Euro	63.912 Euro	3,19 %
bis 8.400 m^3	78.540 Euro	77.416 Euro	1,45 %
über 8.400 m^3	88.748 Euro	86.420 Euro	2,68 %
Gesamtmarkt	**53.814 Euro**	**52.847 Euro**	**1,83 %**

Quelle: BTG

Tabelle 9: Waschanlagenumsatz in Abhängigkeit vom Kraftstoffumsatz

Gründe für das geringe bzw. ausgebliebene Umsatzwachstum liegen zum einen in der angespannten wirtschaftlichen Lage und zum anderen in einem veränderten Verbraucherverhalten. Die Waschhäufigkeit der Fahrzeuge wird reduziert, und das Preisbewusstsein der Verbraucher nimmt stetig zu, sodass auf Billigangebote zurückgegriffen oder auf Zusatzleistungen verzichtet wird.[27]

---

27 Vgl. o. V., Jahresbericht BTG, Minden 2002.

Umsatz aus sonstigen Serviceleistungen

Die ehemals tankstellentypischen Dienstleistungen und der Werkstattbereich an Tankstellen haben im Jahr 2003 nahezu die Bedeutungslosigkeit erreicht. Tabelle 10 zeigt die Veränderungen zu 2002 der ost- und westdeutschen Betriebe.

	West 2003		**Ost 2003**	
	Euroumsatz	Veränderung 2003/2002	Euroumsatz	Veränderung 2003/2002
Wagenpflege	3.208	–14,61 %	1.743	–15,26 %
Kfz-Dienstleistungen	7.989	–17,40 %	2.061	–34,75 %

Quelle: BTG

Tabelle 10: Ost- und westdeutsche Betriebe 2003/2002

Die Ursache des Rückgangs des Jahresumsatzes liegt zum einen darin, dass die Fahrzeuge immer wartungsärmer werden und in der Regel die Vertragswerkstätten aufgesucht werden, wenn Reparaturen notwendig sind. Zum anderen liegt der Rückgang auch darin, dass sich immer mehr Markentankstellen von diesem Geschäft zurückziehen und ihre Kapazitäten auf den ertragsstärkeren Shopbereich konzentrieren.[28]

4.5.3 Pachtsätze

Die Pachten auf Grundlage der Kraftstoffumsätze hängen entscheidend von der Menge des verkauften Kraftstoffes ab. Dabei sind die Pachtvereinbarungen der Mineralölgesellschaften vielschichtig. Einige Gesellschaften vereinbaren eine Festpacht in Kombination mit einer Umsatzpacht, andere Gesellschaften vereinbaren ausschließlich eine gestaffelte Umsatzpacht. Die dritte Art der Pachtvereinbarung ist die Kopplung an die Menge des verkauften Kraftstoffes in Liter.

---

28 Vgl. o. V., Jahresbericht BTG, Minden 2002.

Nachfolgende Tabelle zeigt die durchschnittlichen, in Cent/l umgerechneten Pachten in Abhängigkeit von den Kraftstoffumsätzen in den Jahren 2002 und 2003.

Jahr	2003		2002		Veränderung 2003/2002
Umsatz	Gesamt		Gesamt		
0 –2.400 m^3	17.229 Euro	0,91 Ct./l	19.336 Euro	1,00 Ct./l	−10,89 %
2.401–3.000 m^3	28.727 Euro	1,06 Ct./l	31.993 Euro	1,18 Ct./l	−10,21 %
3.001–3.600 m^3	39.000 Euro	1,18 Ct./l	42.733 Euro	1,29 Ct./l	−8,74 %
3.601–4.200 m^3	49.139 Euro	1,26 Ct./l	47.806 Euro	1,23 Ct./l	+2,79 %
4.201–4.800 m^3	52.050 Euro	1,16 Ct./l	54.102 Euro	1,20 Ct./l	−3,79 %
4.801–6.000 m^3	64.586 Euro	1,21 Ct./l	65.487 Euro	1,23 Ct./l	−1,38 %
6.001–8.400 m^3	69.027 Euro	1,00 Ct./l	72.882 Euro	1,06 Ct./l	−5,29 %
über 8.400 m^3	86.215 Euro	0,86 Ct./l	92.641 Euro	0,93 Ct./l	−6,94 %
Gesamtmarkt West	**42.847 Euro**	**1,10 Ct./l**	**46.281 Euro**	**1,16 Ct./l**	**−7,40 %**
Gesamtmarkt Ost	**31.697 Euro**	**0,77 Ct./l**	**36.614 Euro**	**0,87 Ct./l**	**−13,43 %**

Quelle: BTG

Tabelle 11: Verhältnis Pacht und Kraftstoffumsätze

Der Rückgang der Pachten erklärt sich aus der angespannten wirtschaftlichen Lage vieler Tankstellenbetreiber. Teilweise sind die Mineralölkonzerne den Betreibern durch eine Reduzierung der Pacht entgegengekommen, um drohende Insolvenzen zu vermeiden.

Die Pachtsätze für Shop- und Waschstraßenumsätze sind verhältnismäßig uneinheitlich. Als Durchschnittssätze können für den Shopbereich 5 Prozent bis 7 Prozent des Umsatzes als Pacht in Ansatz gebracht werden, für Waschstraßen zwischen 10 Prozent und 15 Prozent des Umsatzes.

5 Fallbeispiel

5.1 Objektbeschreibung

Das für die beispielhafte Bewertung ausgewählte Objekt soll folgende Merkmale aufweisen:

Grundstück: Das rechteckig geschnittene Grundstück liegt rechtsseitig an einer vierspurigen Einfallstraße einer deutschen Großstadt.

Größe: 2.800 m² (Länge: ca. 70 m, Breite ca. 40 m).

Verkehrsfrequenz: ca. 13.000 Kraftfahrzeuge täglich.

Eigentumsverhältnisse: Das Grundstück, die Gebäude sowie die technischen Anlagen sind einem Eigentümer zuordenbar, der den Betrieb der Tankstelle und der Verkaufseinrichtungen verpachtet hat (Pachtbetrieb).

Baurecht: Ein rechtskräftiger Bebauungsplan weist ein zulässiges Maß der baulichen Nutzung von GFZ = 2,2 bei MK-Nutzung aus.

Bebauung: Das Grundstück wurde 1998 mit einem Tankstellengebäude, einer Waschstraße, drei Zapfanlagen (d. h. sechs Tankpositionen) und einer Tankstellenüberdachung bebaut. Auf dem Grundstück befindet sich außerdem eine Servicebucht mit Staubsauger und Pressluftgeräten.

Tankstellengebäude: Das Gebäude verfügt über rund 175 m² Verkaufsfläche, die sich in einen Kassen-, einen Bistro- und einen Kühlthekenbereich gliedert. Ferner gibt es diverse Verkaufsregale.

In dem Tankstellengebäude befinden sich auch ein ca. 22 m² großer Büroraum, ein ca. 19 m² großes Warenlager und ca. 62 m² sonstige Flächen (Verkehrsflächen, Sozialraum, WC).

Waschstraße: Die Waschstraße verfügt über eine Grundfläche von rund 61 m². Die Technik ist geleast.

Zapfanlage: Die drei vorhandenen Zapfanlagen sind überbaut mit einem ca. 210 m² großen Tankstellendach.

Außenanlagen: Der überwiegende Teil der Grundstücks-Freifläche (ca. 2.000 m²) ist mit Beton befestigt, entlang der Umfriedung im hinteren Grundstücksbereich sind kleinere Rasenflächen angelegt.

5.2 Bewertungsansätze

Der Verkehrswert einer Tankstelle wird in der Regel nach dem so genannten Pachtwertverfahren bestimmt, einer Sonderform des Ertragswertverfahrens, bei dem zur Ermittlung des Ertragswertes an Stelle von nachhaltig erzielbaren Mieterlösen von nachhaltig erzielbaren Pachterträgen ausgegangen wird. Diese Unterform des Ertragswertverfahrens kommt insbesondere bei so genannten Betreiberimmobilien zur Anwendung, die üblicherweise verpachtet werden bzw. verpachtet werden können.

Der Sachwert spielt eine eher untergeordnete Rolle, da sich der Verkehrswert einer Tankstelle in erster Linie an den Erlösen und weniger an den Herstellungskosten orientiert. Das Vergleichswertverfahren ist zur Ermittlung des Verkehrswertes ebenfalls ungeeignet, da hierfür eine ausreichend große Anzahl an geeigneten Vergleichsobjekten vorhanden sein müsste, was im Regelfall verneint werden kann.

5.2.1 Ermittlung der Pacht

Zur Ableitung einer nachhaltig erzielbaren Pacht empfiehlt es sich, nicht nur die Umsätze eines Jahres zu berücksichtigen, sondern der Pachtermittlung einen längeren Zeitraum zugrunde zu legen. Für das Bewertungsobjekt soll für die Jahre 2001 bis 2003 von nachfolgender Umsatz- und Erlösstruktur ausgegangen werden.

Jahr	2001	2002	2003	Mittel 2001–03
Kraftstoffumsatz	4.112 m³	4.085 m³	4.023 m³	4.073 m³
Kraftstoffumsatz in Liter	4.112.000	4.085.000	4.023.000	4.073.333
Pacht je Liter	0,0121 Euro	0,0123 Euro	0,0126 Euro	0,0123 Euro
Pacht aus Kraftstoffumsatz	49.755 Euro	50.246 Euro	50.690 Euro	50.230 Euro
Shopumsatz	828.397 Euro	848.367 Euro	883.596 Euro	853.453 Euro
Bemessungsgrundlage der umsatzbezogenen Pacht Shop	5,5 %	5,5 %	6,0 %	5,7 %
Pacht Shop	45.562 Euro	46.660 Euro	53.016 Euro	48.413 Euro
Umsatz aus dem Betrieb der Waschstraße	49.265 Euro	51.397 Euro	49.641 Euro	50.101 Euro
Bemessungsgrundlage der umsatzbezogenen Pacht Waschstraße	12,0 %	12,0 %	12,0 %	12,0 %
Pacht Waschstraße	5.912 Euro	6.168 Euro	5.957 Euro	6.012 Euro

Ausgehend von der dargestellten Umsatz- und Erlösstruktur sowie der eingangs geschilderten Marktsituation werden der Tankstellenbewertung folgende als nachhaltig angesehene Pachterlöse zu Grunde gelegt:

Als nachhaltig angesehene Umsatz- und Ertragswerte		
Kraftstoffumsatz	4.000 m³	
Kraftstoffumsatz in Liter	4.000.000	
Pacht je Liter	0,0124 Euro	
Pacht aus Kraftstoffumsatz		49.600 Euro
Shopumsatz	880.000 Euro	

Bemessungsgrundlage der Pacht Shop	6 %	
Pacht Shop		52.800 Euro
Umsatz aus dem Betrieb der Waschstraße	50.000 Euro	
Bemessungsgrundlage der Pacht Waschstraße	12 %	
Pacht Waschstraße		6.000 Euro
Gesamterträge p. a.		108.400 Euro

Erträge aus sonstigen Dienstleistungen wurden nicht angesetzt, da sie nur in vernachlässigbarem Umfang anfallen.

5.2.2 Bodenwert

Als Bodenwertansatz wird der vom Gutachterausschuss ermittelte Bodenrichtwert gewählt. Im vorliegenden Fallbeispiel hat der örtliche Gutachterausschuss für das zu bewertende Grundstück einen Bodenrichtwert von 380 Euro/m^2 bei einer GFZ von 2,0 und MK-Nutzung festgestellt.

Das Bewertungsgrundstück liegt im Geltungsbereich eines rechtskräftigen Bebauungsplans, der eine zulässige GFZ von 2,2 und MK-Nutzung ausweist. Mittels vom Gutachterausschuss als praxisüblich bezeichneter linearer Umrechnung ergibt sich nachfolgend dargestellter angepasster Bodenrichtwert:

Bodenrichtwertanpassung	
Bodenrichtwert:	380 Euro/m^2
Nutzungsmaß:	GFZ von: 2,0
GFZ-Anpassung auf Bewertungsobjekt:	GFZ von: 2,2
Bodenrichtwert (angepasst):	418 Euro/m^2

Das auf dem Bewertungsgrundstück realisierte Maß der baulichen Nutzung beträgt GFZ = 0,14 und unterschreitet das zulässige Maß erheblich. Gleichwohl besteht kein Anpassungsbedarf, da der Realisierung des zulässigen Maßes der baulichen Nutzung von GFZ = 2,2 in baurechtlicher und tatsächlicher Hinsicht nichts entgegensteht.

5.2.3 Bewirtschaftungskosten

Unter Bewirtschaftungskosten sind die Kosten zu verstehen, die zur laufenden Bewirtschaftung von Wirtschaftseinheiten erforderlich und vom Grundstückseigentümer zu tragen sind. Sie umfassen Betriebs-, Instandhaltungs- und Verwaltungskosten sowie das Mietausfallwagnis.

In der vorliegenden Bewertung wird unterstellt, dass sämtliche *Betriebskosten,* insbesondere Wartungs- und Prüfkosten der Tankstellentechnik, vom Betreiber getragen werden. Insofern reduzieren sich die Bewirtschaftungskosten auf die Instandhaltungskosten von Dach, Fach und Fassade sowie die Verwaltungskosten und das Mietausfallwagnis.

Als Ansatz für die *Instandhaltungskosten* wird ein für einfache Gewerbeflächen üblicher Wert von 5 Euro je m² Nutzfläche p. a. gewählt. Die Nutzfläche setzt sich aus der Fläche des Tankstellengebäudes und der Fläche der Waschstraße zusammen. Darüber hinaus werden die Instandhaltungskosten der befestigten Freifläche mit 1 Euro pro m² und Jahr veranschlagt.

Der *Verwaltungskostenansatz* kann aufgrund des geringen Aufwandes als vergleichsweise niedrig eingestuft werden. Im Rahmen der Tankstellenbewertung wird ein Ansatz von 1 bis 3 Prozent des Jahresrohertrages als angemessen erachtet.

Das *Mietausfallwagnis* bezieht sich auf Ertragsausfälle durch uneinbringliche Mietrückstände (bzw. Pachten) und Nebenkosten hiervon (Kosten für die Rechtsverfolgung, kalkulatorischer Zinsverlust). Bei gewerblich genutzten Immobilien beträgt das Mietausfallwagnis allgemein zwischen 2,5 Prozent und 4,0 Prozent, in besonderen Fällen bis 8,0 Prozent. Aufgrund der Kfz-Frequenz und des vorliegenden Pachtvertrages erscheint ein Ansatz von 4,0 Prozent angemessen.

5.2.4 Liegenschaftszinssatz

Der Liegenschaftszins ist das Maß für die durchschnittliche marktübliche Verzinsung des in einer Liegenschaft in der Regel langfristig gebundenen Kapitals und damit ein Abbild für das dem Grundstück beizumessende Kapitalverwertungsrisiko. Der Liegenschaftszinssatz ist unter anderem abhängig von Nutzungsart, Lagemerkmalen, Miethöhe und Restnutzungsdauer. Seine sachgerechte Ermittlung ist allein schon deswegen geboten, weil er für die Berechnung des Gebäudewertes – insbesondere bei längeren RND – von ausschlaggebender Bedeutung ist.

Örtliche Gutachterausschüsse veröffentlichen in aller Regel keine ortstypischen Liegenschaftszinssätze für Tankstellengrundstücke. Daher muss auf Angaben der Fachliteratur sowie eigene Recherchen und Erfahrungen zurückgegriffen werden.

In der Fachliteratur nennt *Kleiber*[29] durchschnittliche Liegenschaftszinssätze für Tankstellengrundstücke von 6,0 Prozent bis 8,5 Prozent, weist aber darauf hin, dass bei besonderen Lagen oder wirtschaftlichen Risiken eine Anpassung vorzunehmen ist.

In den Beleihungsgrundsätzen für *Sparkassen*[30] werden für Tankstellengrundstücke Liegenschaftszinssätze von 6,0 Prozent bis 7,5 Prozent genannt. In den „Wesentlichen Aspekten der Beleihungswertermittlung", herausgegeben durch den Verband deutscher Hypothekenbanken, werden Liegenschaftszinssätze in einer Bandbreite zwischen 6,5 Prozent und 8,5 Prozent empfohlen.

Generell ist dem Tankstellengeschäft ein erhöhtes Kapitalverwertungsrisiko beizumessen. Wirtschaftliche Einflussfaktoren wie Kfz-Frequenz, Verkaufsmargen, gesetzliche Rahmenbedingungen unterliegen einem erheblichen Änderungspotenzial. Hinsichtlich des Shopumsatzes stellen die längeren Öffnungszeiten der Supermärkte und das zuletzt aufgrund der schwierigen konjunkturellen Lage gestiegene Kostenbewusstsein der Verbraucher Risikofaktoren dar. Hingegen spielen andere allgemein risikobeeinflussende Faktoren wie die Makro- und Mikrolage eine eher untergeordnete Rolle.

Für das Bewertungsobjekt wird aufgrund der Lage und der Ertragskraft ein Liegenschaftszins von 7,5 Prozent angesetzt.

5.2.5 Nutzungsdauer

Die wirtschaftliche Restnutzungsdauer von Gebäuden wird grundsätzlich ermittelt, indem von einer für die Objektart üblichen Gesamtnutzungsdauer das Alter des Gebäudes in Abzug gebracht wird. Bei der Ermittlung der wirtschaftlichen Restnutzungsdauer sind auch der Bau- und Unterhaltungszustand sowie die wirtschaftliche Verwendungsfähigkeit zu berücksichtigen.

---

29 Vgl. Kleiber/Simon/Weyers, Verkehrswertermittlung von Grundstücken, 4. Aufl., Köln 2002, S. 977.
30 Vgl. Stannigel/Kremer/Weyers, Beleihungsgrundsätze für Sparkassen, Stuttgart 1984, S. 478.

In der Literatur schwanken die Angaben zu wirtschaftlichen Gesamtnutzungsdauern erheblich. Es werden Zeiträume von zehn bis 30 Jahren angeführt. In einem Erlass des Bundesministeriums für Raumordnung, Bauwesen und Städtebau[31] wird eine durchschnittliche wirtschaftliche Gesamtnutzungsdauer für Tankstellen von zehn bis 20 Jahren angegeben. Vor dem Hintergrund der zunehmend verkürzten Revitalisierungsphasen für gewerblich genutzte Gebäude sowie unter dem Aspekt einer laufend verschärften Gesetzgebung und der sich stetig wandelnden Ansprüche an Tankstellenobjekte, wird eine Gesamtnutzungsdauer von 20 Jahren als angemessen erachtet.

5.2.6 Altlasten

Unabhängig von den allseits bekannten Gefahren von Kontaminationen ist hinsichtlich der Problematik von Altlasten auf eine Untersuchung der Freien und Hansestadt Hamburg hinzuweisen, bei der alle im Hamburger Stadtgebiet befindlichen Tankstellenstandorte untersucht wurden. Der Untersuchungsbericht endet mit dem Fazit, dass zwar von Tankstellenbetrieben prinzipiell Gefahren ausgehen, aber das jeweilige „Gefahrenpotenzial für Schutzgüter wesentlich geringer ist, als zunächst angenommen worden war".[32]

Im Fallbeispiel wird von einem pauschalen, auf Erfahrungswerten beruhenden Ansatz von Kosten für die Beseitigung der Bodenverunreinigungen, in Höhe von 100.000 Euro ausgegangen, die nach Ablauf der Nutzungsdauer anfallen und entsprechend abzuzinsen sind.

5.3 Bewertung

Die vorliegende Bewertung richtet sich nach § 20 Abs. II WertV, dessen typischer Anwendungsfall bei bebauten Grundstücken besteht, wenn auf einem hochwertigen Baugrundstück infolge einer ungünstigen Bebauung das bauplanungsrechtlich zulässige Nutzungsmaß nicht ausgeschöpft wird oder aufgrund der Art der Nutzung des realisierten Gebäudes eine zulässig höherwertige Nutzungsart nicht möglich ist *(Liquidationswertverfahren).*

---

31 Vgl. RdErl. des Bundesministeriums für Raumordnung, Bauwesen und Städtebau vom 12. Oktober 1993 (BAnz Nr. 199, 1993, S. 9630 = GuG 1994, 42).
32 Vgl. o. V., Programm Tankstellen, Freie und Hansestadt Hamburg, Behörde für Umwelt und Gesundheit, Amt für Umweltschutz, Gewässer- und Bodenschutz, Hamburg 2003.

Im vorliegenden Fall wurde dieses Verfahren gewählt, da es die Kosten der Freilegung (z. B. Abbruchkosten) und die Beseitigung von eventuellen Bodenverunreinigungen nach Ablauf der Nutzungsdauer einbezieht.

Der Jahresrohertrag ermittelt sich aus den Pachten aus Kraftstoffumsatz, Shopumsatz und Umsatz aus der Waschanlage. Bei der Ermittlung der Pacht aus Kraftstoffumsatz wird von einem Jahresabsatz an Kraftstoff von 4.000.000 Litern ausgegangen. Bei einer Pacht von 0,0124 Euro je Liter ergibt sich ein Pachtertrag von 49.600 Euro. Dem Pachtertrag aus Shopumsatz liegt ein jährlicher Umsatz von 880.000 Euro zugrunde, der bemessen mit einem Pachtansatz von 6 Prozent zu einem Ertrag von 52.800 Euro führt. Der Umsatz aus der Waschanlage beträgt in diesem Bewertungsbeispiel 50.000 Euro. Eine Pacht von 12 Prozent des Umsatzes resultiert in einem Ertrag von 6.000 Euro.

	Ertragswertverfahren
Lfd. Nr.	Ertragswert	
1	Pachterträge aus Kraftstoffumsatz	49.600 Euro
2	Pachterträge aus Shopumsatz	52.800 Euro
3	Pachterträge aus dem Betrieb der Waschstraße	6.000 Euro
	Jahresrohertrag	108.400 Euro

Ausgehend von dem Rohertrag (108.400 Euro p. a.) wird durch Abzug der nicht umlegbaren Bewirtschaftungskosten der Reinertrag errechnet. In der Regel sind dies die Instandhaltungskosten, die Verwaltungskosten und das Mietausfallwagnis. Der Bewertung liegt die Annahme zu Grunde, dass die Betriebskosten vollständig vom Betreiber getragen werden.

Aufgrund der kurzen Restnutzungsdauer werden als Bewirtschaftungskosten nur solche angesetzt, die im Hinblick auf den bevorstehenden Abbruch notwendigerweise noch aufzubringen sind (reduzierte Bewirtschaftungskosten).

./. Bewirtschaftungskosten			
Instandhaltungskosten	5 Euro/m² Nutzfläche Gebäude	339 m²	−1.695 Euro
	1 Euro/m² Freifläche	2.000 m²	−2.000 Euro
Verwaltungskosten	2 % des Jahresrohertrages		−2.168 Euro
Mietausfallwagnis	4 % des Jahresrohertrages		−4.336 Euro
	Bewirtschaftungskosten		**−10.199 Euro**

Durch Abzug der Bewirtschaftungskosten vom Jahresrohertrag erhält man den Jahresreinertrag.

§ 20 Abs. II WertV regelt den Fall eines bebauten Grundstücks, das nicht sofort, aber in absehbarer Zeit freigelegt werden kann. Die bestehenden Pachtverträge verhindern über die Restnutzungsdauer von 14 Jahren die sofortige Freilegung des Bewertungsgrundstücks. Vor diesem Hintergrund ergibt sich der Barwert der Erträge als Summe der über die Restnutzungsdauer mit dem Vervielfältiger kapitalisierten Reinerträge.

Ertrag über die Restnutzungsdauer (kapitalisiert)		
Jahresreinertrag	(Jahresrohertrag − Bewirtschaftungskosten)	98.201 Euro
	Restnutzungsdauer: 14 Jahre	
	Liegenschaftszinssatz: 7,5 %	
	Barwert	**833.643 Euro**

Zum Barwert (kapitalisierte Reinerträge) wird der über die Restnutzungsdauer abgezinste Bodenwert addiert.

+ Bodenwert (abgezinst)		
Grundstücksgröße	2.800 m²	
Bodenwert	418 Euro/m²	1.170.400 Euro
Restnutzungsdauer	14 Jahre	
Zinssatz zur Abzinsung	7,5 %	
	Bodenwert	**425.222 Euro**

Dem Bodenwert liegt die Annahme eines unbebaut gedachten Grundstücks zugrunde. Vor diesem Hintergrund wird der Bodenwert um die abgezinsten Freilegungskosten vermindert, da der Boden nach Ablauf der Restnutzungsdauer vollständig für eine Neubebauung zur Verfügung steht.

./. Rückbaukosten (abgezinst)			
Abriss und Beräumung	15 Euro/m³	1.320 m³	–19.800 Euro
Bodenkontaminationen	pauschal		–100.000 Euro
Summe			–119.800 Euro
Restnutzungsdauer		14 Jahre	
Zinssatz zur Abzinsung		7,5 %	
	Rückbaukosten		–43.525 Euro

In der vorliegenden Bewertung wird bei der Freilegung des Grundstücks berücksichtigt, dass Kontaminationen des Bodens beseitigt werden müssen. Ein pauschaler Ansatz von 100.000 Euro berücksichtigt diesen Umstand.

Barwert		833.643 Euro
Bodenwert	425.222 Euro	
Rückbaukosten	–43.525 Euro	
Ertragswert		1.215.341 Euro

Nach Addition des abgezinsten Bodenwertes zum Barwert, vermindert um die abgezinsten Rückbaukosten, ergibt sich ein Ertragswert des Bewertungsobjektes von *rund 1.200.000 Euro.*

Die Anwendung des § 20 Abs. II WertV unterscheidet sich nur insofern vom Ertragswertverfahren nach den §§ 15 bis 19 WertV, als die Freilegungskosten ausdrücklich bodenwertmindernd berücksichtigt werden. Ansonsten führt das Verfahren nach § 20 Abs. II WertV zu dem gleichen Ergebnis wie das „normale" Ertragswertverfahren, da lediglich eine umgestellte mathematische Formel des allgemeinen Ertragswertverfahrens zur Anwendung kommt.

Teil VI

Industrie- und Distributionsimmobilien

Bewertung von Lager- und Logistikimmobilien

Anke Niklas

1 Abgrenzung von Lager- und Logistikimmobilien von anderen Immobilienarten

2 Kategorien der Lager- und Logistikimmobilien
2.1 Logistikzentren
2.2 Gewerbeparks
2.3 Lagerhallen

3 Allgemeine Entwicklung des Logistikmarktes
3.1 Markttrends
3.2 Anforderungen an Logistikimmobilien
3.2.1 Standort/Lage
3.2.2 Grundstück
3.2.3 Gebäudeanforderungen

4 Auswahl und Anwendbarkeit von Bewertungsmethoden

5 Marktdaten und -transparenz
5.1 Flächenbedarf
5.2 Mietansätze
5.3 Bewirtschaftungskosten in der Bewertung
5.4 Netto-Anfangsrenditen

6 Besonderheiten im Rahmen des Bewertungsprozesses
6.1 Drittverwendungsfähigkeit und Lage
6.2 Leerstandsanalyse

7 Bewertungsbeispiel
7.1 Sachverhalt
7.2 Ertragswertberechnung
7.3 Sachwertberechnung
7.4 Discounted Cashflow

1 Abgrenzung von Lager- und Logistikimmobilien von anderen Immobilienarten

Nachdem in der Vergangenheit überwiegend in innerstädtische Bürohäuser, Geschäftshäuser oder Mehrfamilienhäuser investiert wurde, liest man seit nunmehr zwei Jahren verstärkt über die Investitionsbereitschaft in Lager- oder Logistikimmobilien. Dieser Trend ist auf die Renditeentwicklung der einzelnen Immobilienarten zurückzuführen. Die ständig steigende Nachfrage von inländischen als auch ausländischen Investorengruppen nach klassischen Anlagen hat ein Sinken der Renditen und dadurch einen Preisanstieg bewirkt. Umso attraktiver werden vor diesem Hintergrund Investments die, wie Lager- und Logistikimmobilien, eine höhere Rendite versprechen.

Wie unterscheiden sich nun diese Immobilien von den so genannten klassischen Anlageobjekten? Wesentliche Punkte sind in der Regel die einfache Struktur, die Verwendung von einfachen Baumaterialien und dadurch die vergleichsweise kurze wirtschaftliche Lebensdauer.

- „Eine *Lagerhalle* ist ein Hallenbaukörper, der überwiegend zur Zwischenlagerung und zum Umschlag von Waren genutzt wird."[1]

- Mit dem Begriff *„Logistik"* bezeichnet man hingegen eine marktgerechte, ganzheitliche Analyse, Planung, Ausgestaltung, Umsetzung sowie Kontrolle aller Material- und Warenflüsse zwischen mindestens zwei Partnern sowie innerhalb eines Unternehmens.

Dass eine Klassifizierung nicht so einfach zu treffen ist und durchaus unterschiedliche Typen und Problemstellungen entstehen können, darauf wird im Folgenden eingegangen.

Allgemein gehören Lagerhallen und alle Ausprägungen von Distributionsorientierten Liegenschaften zu der Gruppe der *Industrie- und Produktionsimmobilien* und sind somit eindeutig den *Spezialimmobilien* zuzuordnen.

---

1 Vgl. Kleiber/Simon/Weyers (2002), S. 1427.

2 Kategorien der Lager- und Logistikimmobilien

Die geforderten Serviceleistungen und dadurch das Aufgabengebiet der Speditions- und Lagerfirmen haben sich in den vergangenen Jahren deutlich erweitert. Neben der einfachen Transportleistung wird heute die Organisation komplexer Dienstleistungspakete erwartet.

Logistikimmobilien weisen in der Regel folgende Merkmale auf:

- Sie dienen der Lagerung, dem Umschlag und der Kommissionierung von Waren und Gütern, gemäß den heutigen Anforderungen verbunden mit der notwendigen Infrastruktur und Technik.

- Sie befinden sich an ausgewählten Standorten mit guter Anbindung an die Verkehrsinfrastruktur.

- In der Regel werden sie von Logistikunternehmen auf Basis von Logistikdienstleistungsverträgen betrieben.

- Insbesondere Logistikzentren gehören zu Immobilien, die einen erhöhten Managementaufwand erfordern.

Die Speditions- und Logistikbranche ist auf ein dichtes Netz angewiesen, um Ware schnell und ohne Zeitverlust umzuschlagen und transportieren zu können. Der Markt wird durch einen Eigennutzeranteil von derzeit rund zwei Drittel bestimmt. Lediglich ein Drittel der Flächen sind angemietet, wobei ein deutlicher Trend weg vom Eigentum und hin zur Anmietung erkennbar ist (vgl. Tabelle 1).

Im Rahmen der veränderten Produktions- und Lieferbeziehungen haben sich die folgenden unterschiedlichen Typen von Logistikimmobilien entwickelt:

- Hub Center/Distribution Center,
- Public Shared Warehouse,
- One Customer Warehouse,
- Multi Usage Warehouse,
- Operating Depot.

Hochregallager bilden eine weitere Sonderform der Lager- und Logistikimmobilien. Im Zusammenhang mit der Wertermittlung sind diese jedoch mit äußerster Vorsicht zu betrachten. In der Regel bestehen Hochregallager aus einem technischen Kern und einer äußeren Schutzhülle. Während des Betriebes ist der Aufenthalt von Personen nicht möglich. Hochregallager werden meistens als ergänzende

Distributionslager vermietet. Es sind *(nach Kleiber/Simon/Weyers)* steuerlich Betriebsvorrichtungen und keine Gebäude. Eine *Drittverwendungsfähigkeit* ist in den meisten Fällen in Frage zu stellen.

Gegenüberstellung von gemieteten zu eigenen Flächen				
	1960	1980	1990	2000
Umschlagsfläche				
Eigengenutzt	62,9	59,4	61,9	62,3
Gemietet	37,1	40,6	38,1	37,7
Lagerfläche				
Eigengenutzt	45,1	53,4	54,4	52,9
Gemietet	54,9	46,6	45,6	47,1
Freilagerfläche				
Eigengenutzt	58,0	56,3	66,4	66,7
Gemietet	42,0	43,7	33,6	33,3

Quelle: Bundesverband Spedition und Logistik e. V.; Bulwien AG

Tabelle 1: Angemietete versus eigengenutzte Flächen

Im Folgenden werden drei unterschiedliche Klassifikationen von Lager- und Logistikimmobilien näher erläutert: Logistikzentren, Gewerbeparks und Lagerhallen.

2.1 Logistikzentren

Logistikzentren unterscheiden sich von Gewerbeparks in der Hallengröße, während Gewerbeparks auch kleinteilige Hallen anbieten, konzentrieren sich Logistikparks auf Hallenflächen ab 10.000 m² und mehr. Der Anteil an Büroflächen liegt in diesen Zentren unter 10 Prozent. Eine 24-Stunden Genehmigung sowie die Nähe zur Autobahn sind erforderlich.

Folgende *Arten von Logistikzentren* lassen sich unterscheiden:

1. *Netzwerkgebundene Logistikzentren*

Die Standorte sind durch das Netzwerk des Logistikers bestimmt. Der Standort ist hierbei vom Produktsegment des logistischen Dienstleisters abhängig und somit auch vom Standort seiner Kunden.

Bei den Immobilien handelt es sich meist um standardisierte Hallen mit Rampenbereich. Eine Drittverwendungsfähigkeit ist dann gegeben, wenn ein Nachmieter ein vergleichbares Netzwerk mit den örtlichen Knotenpunkten benötigt.

2. *Verkehrsinfrastrukturgebundene Logistikzentren*

Der Standort wird durch die Verkehrsinfrastruktur und das Transportmedium bestimmt. Die Auswahl der Standorte bezieht sich hier nicht ausschließlich auf straßengebundene, sondern auf so genannte multimodale Transportwege wie Überseehäfen, Binnenhäfen, Flughäfen oder Güterverkehrszentren und Containerumschlagsbahnhöfe.

Von Interesse sind besonders Standorte, die die Nutzung mehrerer Transportmöglichkeiten ermöglichen.

3. *Kunden- bzw. Produktionsstandortgebundene Logistikzentren*

Hier wird der Standort ausschließlich durch den Produktionsstandort des Kunden, in der Regel der Großindustrie, bestimmt. Um mit Hilfe ausgefeilter Logistik die Ware zum richtigen Zeitpunkt in der richtigen Qualität und Quantität zur Verfügung stellen zu können, ist diese Nähe zum Kunden unabdingbar.

Eine weitere Gruppe im Bereich der Logistikimmobilien sind so genannte *Solitärstandorte*. Hierbei handelt es sich vorwiegend um unternehmenseigene oder dienstleistereigene Standorte. Die Auswahl des Standortes wird durch den Firmensitz oder den Grundstücksflächenbedarf in Relation zu den Grundstückspreisen bestimmt.

2.2 Gewerbeparks

Die *Charakterisierung von Gewerbeparks* ist gemäß der Gesellschaft für Immobilienwirtschaftliche Forschung e. V. (gif) wie folgt definiert:

1. Auf der Grundstücksebene

- Areal, das im Bebauungsplan für gewerbliche Nutzung vorgegeben ist (GE-Gebiet),
- sehr gute Verkehrserschließung auch für Schwerlast- und Güterverkehr,

- Grundstücksfläche ist mit mindestens 20.000 m² zu bemessen,
- Konzept und Bebauung durch Projektentwickler,
- hinsichtlich Architektur und Nutzung relativ einheitliches Erscheinungsbild,
- Grünflächengestaltung als integralen Bestandteil des Gesamtkonzeptes.

2. *Auf der Gebäudeebene*

- Kombination von Gebäude, Lager und Serviceflächen,
- Gebäude flexibel nutzbar (Flächenaufteilung, Expansionsmöglichkeit, Drittverwendungsfähigkeit, unterschiedliche Raum- und Lagerhöhen).

In der Regel sind erfolgreiche Gewerbeparks *Managementimmobilien,* das heißt mit einem professionellen Management ausgestattet.

Seit den 80er Jahren haben sich vier *verschiedene Gewerbeparktypen* entwickelt, die sich im Wesentlichen durch das Verhältnis von Büro- zu Lagerfläche unterscheiden:

- *Typ I*
  Diese Gewerbeparks unterscheiden sich kaum von den heutigen Logistikparks. Hauptnutzer sind Spediteure, die nur wenig Büroflächen benötigen. Diese Art der Gewerbeparks markierte Anfang der 80er Jahre die Gewerbeparkentwicklung und verfügt über einen Büroflächenanteil von 10 bis 15 Prozent.

- *Typ II*
  Die seit ca. 1985 entwickelten Gewerbeparks weisen einen erhöhten Büroflächenanteil von bis zu 40 Prozent auf.

- *Typ III*
  Die Gewerbeparks werden immer stärker mit Büroflächen ausgebaut. Zusätzlich werden in dem seit den 90er Jahren entwickelten Typ Serviceflächen angeboten. Der Büroflächenanteil beläuft sich auf 30 bis 40 Prozent, der Serviceflächenanteil auf rund 10 Prozent.

- *Typ IV*
  Gewerbeparks dieses Typs unterscheiden sich kaum noch von Büroparks. Es werden bis zu 80 Prozent Büroflächen und rund 20 Prozent ausgewiesen. Lagerflächen werden lediglich im büroüblichen Rahmen angeboten. Typische Nutzer sind so genannte Peripheriemieter wie High-Tech-Vertriebsfirmen, die neben dem Büroflächenanteil kleinere Serviceflächen zu Lager- oder Schulungszwecken benötigen.

2.3 Lagerhallen

Die durchschnittliche Lagerhalle besteht aus einem eingeschossigen, nicht unterkellerten Baukörper entweder beheizt oder unbeheizt. Die Größen bewegen sich zwischen 2.500 m² und 10.000 m², das heutige Angebotsvolumen ist relativ hoch.

In der Regel besitzen Lagerhallen gute Andienungsmöglichkeiten, um einen schnellen Warenumschlag zu gewährleisten. Die Fußböden sollten für Gabelstaplerverkehr ausgelegt sein. Nach *Kleiber* werden folgende *Lagerhallentypen* anhand der Traufhöhe unterschieden:[2]

Normaltyp	Traufhöhe	6,50– 7,50 m
Hochlagerhalle	Traufhöhe	8,00–14,00 m
Hochregallager (Sonderform)	Traufhöhe	15,00–45,00 m
Kühlhalle (Sonderform)	Traufhöhe	6,50–12,00 m

Tabelle 2: Lagerhallentypen

Auf die Sonderformen der *Kühlhallen* sowie der *Hochregallager* wird hier jedoch nicht weiter eingegangen.

3 Allgemeine Entwicklung des Logistikmarktes

3.1 Markttrends

Kaum eine Branche hat sich in den letzten 20 Jahren so grundlegend verändert wie die Logistikbranche. Insbesondere die Strukturveränderungen im produzierenden Gewerbe wie steigender Kostendruck, Verkürzung der Produktlebenszyklen, Verringerung der Fertigungstiefe, im zunehmenden Maße aber auch die Auswirkungen der wachsenden E-Commerce-Märkte, stellen Logistikunternehmen und Unternehmen mit großem Eigenbestand an Lagerflächen vor neue Aufgaben.

---

2 Vgl. Kleiber/Simon/Weyers (2002), S. 1427.

Während man sich in den 70er Jahren bei Logistikdienstleistern weitgehend auf das Transportieren, Lagern und Umschlagen beschränkte, wurde in den 80er Jahren die Logistik schon als Querschnittsfunktion gesehen, die der Optimierung funktionsübergreifender Abläufe diente. Dies mündete dann in den 90er Jahren in den Aufbau und die Optimierung von *kundenorientierten Wertschöpfungsketten*. In der laufenden Dekade gilt es nun, diese Wertschöpfungsketten zunehmend international auszurichten, daneben aber bestehende Aufgaben weiter auszubauen. Charakteristisch ist vor allem die kontinuierliche Ausweitung der von Logistikdienstleistern wahrgenommenen Aufgaben, die sich auch in den Anforderungen an die jeweiligen Immobilien niederschlagen.

3.2 Anforderungen an Logistikimmobilien

3.2.1 Standort/Lage

Der wesentliche Standortfaktor für Logistikimmobilien ist die Nähe zu Produzenten bzw. die Nähe zu Kunden. Die wichtigste Ressource im Bereich der Logistik ist das Verkehrssystem. Dabei hat sich die Verkehrsorientierung des Logistikgewerbes in der Vergangenheit stark gewandelt. Waren es früher die Bahn und das Schiff, die einen entscheidenden Anteil am Güterverkehr hatten, so ist es heute eindeutig die Straße, auf die der größte Teil des Gütertransportes entfällt.

Die meisten Logistikzentren befinden sich daher in den großen deutschen Ballungsräumen. Hier rangiert der Rhein-Ruhr-Raum mit seiner Bevölkerung von über zehn Millionen Einwohnern an erster Stelle. Die günstige Lage zu den westeuropäischen Wirtschaftszentren macht diesen Wirtschaftsraum für Logistiker besonders attraktiv. Das Rhein-Main-Gebiet mit einer Bevölkerung von nahezu fünf Millionen Einwohnern rangiert an zweiter Stelle. Es folgen die Ballungsräume Hamburg, München, Stuttgart und der Rhein-Neckar-Raum. In den östlichen Bundesländern gehören neben der Metropolregion Berlin vor allem die Wirtschaftsräume Halle/Leipzig, Dresden und Chemnitz/Zwickau zu den wichtigsten Wirtschaftsregionen und somit den Top-Standorten für Logistiker.

Große *Distributionscenter* suchen ihre Standorte aufgrund ihrer Flächenansprüche vor allem entlang der stark frequentierten Autobahnen. Diese finden sich insbesondere an den Autobahnkreuzen – auch fern von großen Ballungsräumen. Ein typisches Beispiel ist Bad Hersfeld, das neben der Verkehrsgunst den Vorteil der Lage in der geografischen Mitte Deutschlands aufweist und daher für deutschlandweit operierende Unternehmen interessant ist.

Zusammengefasst bestehen folgende *Standortanforderungen:*

- Nähe zu Ballungsräumen;
- beste Verkehrsanbindung an Autobahnnetz und städtische Anbindungen:
  - unmittelbare Nähe zur Autobahnauffahrt,
  - keine Ortsdurchfahrten,
  - keine Ampeln;
- Anbindung an möglichst mehrere Verkehrsträger (Straße, Schiene, Wasserstraße, Flughafen);
- schwerlasttaugliche Straßendecken, gute Bodentragfähigkeit: 250 kN/m^2.

3.2.2 Grundstück

An Logistikgrundstücke werden im Idealfall folgende Anforderungen gestellt:

- hoher Grundstücksanteil,
- potenzielle Erweiterungsflächen,
- Industriegebiet (GI) oder Gewerbegebiet (GE) ohne Einschränkungen
- 24-Stunden-Genehmigung mit möglichst hohen Lärmemissionswerten,
- keine angrenzenden Wohngebiete,
- Grundstückspreise bis 150 Euro/m^2 (bei Top-Standorten),
- Infrastruktur (Tankstelle, 3-Sterne-Hotel, Gastronomie).

3.2.3 Gebäudeanforderungen

Für ein Logistikunternehmen ist es erforderlich, eine bestimmte Warenmenge in einem vorgegebenen Zeitrahmen zu bewegen. Diese Aufgabenstellung ist für jeden Logistiker die gleiche, unabhängig von der Art der Ware die bewegt werden soll. Um einen reibungslosen Geschäftsablauf zu gewährleisten, sind kurze Wege erforderlich. Die Möglichkeiten hierzu werden durch die Flexibilität und die optimalen Ausnutzungsmöglichkeit der Immobilie geschaffen. Hierbei werden hauptsächlich die nachfolgenden Anforderungen gestellt:

- Teilbarkeit,
- Stützenraster 25 • 15 m,
- Bodenbelastung mindestens 5 t/m^2 optimal 7,5 t/m^2,
- Betonboden fugenfrei und ohne Toleranzen,

- Umfahrbarkeit,
- Büroflächenanteil 5 bis 15 Prozent,
- Stahlbetonbauweise mit Brandschutz,
- Hallenhöhe mit dreilagigen Paletten bei 10 m,
- ausreichend Andocktore, zweiseitig andienbar.

Insgesamt ist zu beobachten, dass die *Flächenanforderungen* steigen und große Firmen vermehrt auf ein Zentrallager zu Lasten kleinerer, in der Region verstreuter, Flächen umstellen.

4 Auswahl und Anwendbarkeit von Bewertungsmethoden

Wie in Abschnitt 2 aufgeführt, sind rund zwei Drittel der Logistikimmobilien eigengenutzte Flächen. Lediglich ein Drittel der Flächen sind angemietet. Im Rahmen der Konzentration vieler Unternehmen auf ihr jeweiliges Kerngeschäft, ist jedoch eine Entwicklung zugunsten einer Anmietung von Flächen feststellbar.

Diese Ausgangssituation wirkt sich auf die Wahl der anzuwendenden Bewertungsmethode aus. Entsprechend der Auswahlmethodik im deutschen Wertermittlungsverfahren gemäß WertV ist der Nutzungszweck für die Immobilie ausschlaggebend. So wäre dementsprechend bei einer selbstgenutzten Immobilie der Sachwert und bei einer vermieteten Immobilie der Ertragswert richtungsweisend. In der Praxis wird jedoch üblicherweise das *Ertragswertverfahren als Berechnungsgrundlage* für beide Fälle gewählt.

Die wirtschaftliche *Gesamtnutzungsdauer* einer Lager- oder Logistikimmobilie beträgt je nach Bauart bis zu 40 Jahre. Vor dem Hintergrund einer oft relativ begrenzten wirtschaftliche Restnutzungsdauer von älteren Objekten kann das Gebäudealter deshalb als weiteres Kriterium für die Auswahl eines Bewertungsverfahrens und die damit verbundenen Nutzungsmöglichkeiten gesehen werden – beispielsweise kommen bei abgenutzten Objekten verstärkt *Residualwertüberlegungen* oder der so genannte *Liquidationswert* zum Tragen. Im Bewertungsfall einer vermieteten Immobilie mit einer Restnutzungsdauer von weniger als 15 Jahren kann es aufgrund des Gebäudealters zu erheblichen Abschlägen kommen. Als zusätzliche Bewertungsmethode empfiehlt es sich hier auch beispielsweise einen Discounted Cashflow zu errechnen, um die Wirtschaftlichkeit während der *Restnutzungsdauer* besser abzubilden. Wichtig bei der zusätzlichen *DCF-Berechnung* ist die Wahl des Diskontierungszinssatzes. Er ist in keinem Fall dem Liegenschaftszinssatz der Ertragswertberechnung gleichzustellen.

Zur Verdeutlichung der Unterschiede werden in Abschnitt 7 die drei Bewertungsmethoden gegenübergestellt.

5 Marktdaten und -transparenz

5.1 Flächenbedarf

Insgesamt gibt es in Deutschland über 300 Millionen m² reine Lagerflächen. Der Flächenbedarf eines Logistikzentrums ist von dem Dienstleistungsangebot und der Warenart abhängig. Es liegt im wirtschaftlichen Denkprozess eines Unternehmens, die Kosten für die Anschaffung oder Anmietung einer Fläche zu minimieren und den Nutzen zu maximieren. Die aktuellen Markttendenzen weisen auf großflächigen Bedarf in Bezug auf die nachgefragten Einheiten hin. Rund 44 Prozent des Vermietungsvolumens in 2003 wurde mit Flächen über 5.000 m² erzielt.

Flächenumsatz 2003	Büro	Lager	Service	Gesamt
Berlin	16.000	149.200	5.000	**170.200**
davon in Gewerbeparks	8.800	31.500	2.100	**42.400**
davon Lagerflächen > = 5.000 m²		80.800		
Düsseldorf	52.300	95.000	4.100	**151.400**
davon in Gewerbeparks	9.900	29.700	1.400	**41.000**
davon Lagerflächen > = 5.000 m²		31.300		
Frankfurt/Main	107.000	223.700	5.200	**335.900**
davon in Gewerbeparks	19.600	30.700	2.100	**52.400**
davon Lagerflächen > = 5.000 m²		103.000		

Hamburg	39.700	242.300	1.500	**283.500**
davon in Gewerbeparks	1.300	5.000	1.000	**7.300**
davon Lagerflächen > = 5.000 m²		132.500		
München Region	166.000	152.500	6.900	**325.400**
davon in Gewerbeparks	9.300	14.800	2.700	**26.800**
davon Lagerflächen > = 5.000 m²		43.400		

Quelle: Jones Lang LaSalle

Tabelle 3: Flächenumsatz (2003)

Betrachtet man die Hallenflächen nach Betriebsgrößen, so verfügen gemäß einer Auswertung des Bundesverbandes für Spedition und Logistik e. V. rund 76 Prozent der Hallenflächen in Betrieben über eine Größe von mehr als 10.000 m².

Lagerhallen nach Betriebsgrößen in Deutschland 1998		
Betriebsgröße in m²	**Anteil Betriebe**	**Anteil an allen Lagerhallen**
Bis 1.000	26,0 %	2,0 %
1.001 bis 5.000	38,0 %	11,0 %
5.001 bis 10.000	14,0 %	11,0 %
10.001 bis 50.000	20,0 %	46,0 %
Über 50.000	2,0 %	30,0 %

Quelle: Bundesverband Spedition und Logistik e. V./Bulwien AG 2002

Tabelle 4: Lagerhallen nach Betriebsgrößen in Deutschland (1998)

5.2 Mietansätze

Die Miethöhe für Lagerflächen ist unterschiedlich und muss aus dem jeweiligen Teilmarkt unter Berücksichtigung der individuellen Bedingungen hergeleitet werden.

Neben den vorgenannten allgemeinen Einflussgrößen wie Standort, Anbindung und Infrastruktur sind die folgenden objektbezogenen Mieteinflussgrößen in der Mietpreisfindung zu berücksichtigen:

- Andienungsmöglichkeiten,
- Bauweise,
- Stapelhöhe von mindestens 6,50 m,
- Tragfähigkeit,
- Energiekonzept,
- Flexibilität,
- bauliche Ausstattung.

Die Mieten werden entweder pauschal über sämtliche Flächen oder aber getrennt nach Lager-, Büro- und Serviceflächen vereinbart. Folgende durchschnittliche Mietpreiszahlung wurde im Jahr 2003 für die fünf deutschen Ballungszentren ermittelt (siehe Tabelle 5).

Mietpreisspanne für Logistikimmobilien Ende 2003*			
	Altbestand	mittlerer Bestand	Top-Objekte
Berlin	2,00–3,20	3,40–4,30	4,60–5,70
Düsseldorf	1,90–3,20	3,35–4,30	4,60–5,60
Frankfurt	2,20–3,60	3,70–4,60	4,65–5,90
Hamburg	2,10–3,30	3,55–4,40	4,55–5,70
München	2,40–3,50	3,90–4,70	4,80–6,00
* Nettokaltmiete in Euro/m²/Monat			

Quelle: DTZ Tie Leung 2004

Tabelle 5: Mietpreisspanne für Logistikimmobilien (Ende 2003)

Vergleicht man die Ergebnisse mit anderen Standorten in Europa, so kosten Deutschlands teuerste Flächen in Frankfurt nur etwa die Hälfte wie vergleichbare Objekte in London-Heathrow.

Insgesamt ist in den meisten europäischen Ländern eine steigende Nachfrage nach Dienstleistungen des Logistiksektors feststellbar, wobei insbesondere in Deutschland positive Signale durch die EU-Osterweiterung erwartete werden. Standortentscheidungen werden im Markt verstärkt grenzüberschreitend gegenübergestellt und eine rein nationale Wahl verliert vor dem Hintergrund des weiteren Ausbaus der europäischen Verkehrsnetzwerke zunehmend an Bedeutung. Die Heterogenität der Marktteilnehmer führt bei dem Mietniveau zu einer überregionalen Konstanz, die in dieser Form bei Spezialimmobilien selten ist.

Von einer grundsätzlich positiven Entwicklung werden jedoch nicht alle Logistikstandorte und -immobilien in gleichem Umfang profitieren können. Moderne großflächige Objekte mit optimaler Anbindung, prozessoptimierter technischer Gebäudeausstattung und weitreichendem Serviceangeboten werden sich zu Lasten der älteren Distributionsimmobilien in Nebenzentren entwickeln.

5.3 Bewirtschaftungskosten in der Bewertung

Obwohl rund zwei Drittel der Lager- und Logistikobjekte selbstgenutzt sind, werden sie in der Wertermittlung in der Regel als Renditeobjekte betrachtet und nach dem Ertragswertverfahren berechnet. Aus den erzielbaren Erträgen sind dem Eigentümer im Allgemeinen noch die folgenden Kosten zuzurechnen und von der Nettokaltmiete abzuziehen:

- Mietausfallwagnis   1–4 Prozent
- Verwaltungskosten   1–2 Prozent
- Instandhaltungskosten (Dach und Fach)   3,00–6,00 Euro/m^2/p. a.

Die Angaben sind als Durchschnittswerte zu betrachten. Je nach Gebäudezustand, Lage, Drittverwendungsfähigkeit und vertraglichen Vereinbarungen sind die Bewirtschaftungskosten nach oben oder nach unten anzupassen, um den individuellen Umständen des Bewertungsfalls Rechnung zu tragen.

5.4 Netto-Anfangsrenditen

Die Renditen für Logistikimmobilien liegen in Deutschland mit durchschnittlich 8,25 Prozent deutlich über den Renditen für andere Gewerbeimmobilien. Entscheidend bei der Renditeentwicklung sind die Lage, Funktionalität und Drittverwendungsfähigkeit der Immobilie.

Renditen*	2002	2003
Berlin	9,00	8,50
Düsseldorf	8,60	8,25
Frankfurt	8,20	8,00
Hamburg	8,10	8,10
München	8,70	8,60
* Renditen als Brutto-Anfangsrenditen, d. h. Rohertrag/Verkehrswert		

Quelle: DTZ Tie Leung

Tabelle 6: Renditeentwicklung für Logistikimmobilien

6 Besonderheiten im Rahmen des Bewertungsprozesses

Aufgrund des boomenden Logistiksektors und der mit modernen Logistikimmobilien verbundenen hohen Investitionskosten muss der Bewertung von Logistikimmobilien eine große Bedeutung beigemessen werden. Dies insbesondere vor dem Hintergrund, dass die verfügbaren Marktdaten noch immer sehr lückenhaft sind.

6.1 Drittverwendungsfähigkeit und Lage

Bei der Logistikimmobilie handelt es sich um eine Spezialimmobilie, die zwar zum einen aufgrund attraktiver Renditen aus dem laufenden Betrieb, zum anderen aber aufgrund der Lebensdauer durch ein Auslastungsrisiko im Zeitablauf gekennzeichnet ist. Logistikverträge mit Logistikdienstleistern sind über längstens fünf bis zehn Jahre darstellbar. Die Entwicklung geht zu kürzeren Verträgen mit Vertragslaufzeiten zwischen zwei und drei Jahren. Die Vertragslaufzeiten decken somit nie die gesamte Lebensdauer eines Objektes ab. Dementsprechend kommt der Drittverwendungsfähigkeit eine große Bedeutung zu. Je enger eine Logistikimmobilie auf einen einzelnen Nutzer zugeschnitten ist, umso eingeschränkter ist die Drittverwendungsfähigkeit, das heißt die Möglichkeit das Objekt weiter zu verwerten, beziehungsweise einer anderen Nutzung zuzuführen.

In Abschnitt 3.2. wurden bereits die heutigen Anforderungen an Logistikimmobilien näher erläutert. Wichtig bei der Prüfung der Drittverwendungsfähigkeit sind vor allem die verkehrgünstige Lage und die Möglichkeit des 24-Stunden- bzw. Drei-Schichten-Betriebes. Weitere Punkte sind der Büroflächenanteil, das Vorhandensein von Reserveflächen und die ausreichende Zahl von Rampenplätzen.

Aufgrund der relativ kurzen Gesamtnutzungsdauer kommt vor diesem Hintergrund dem Bodenwert und dessen zukünftigen Verwendungsmöglichkeiten eine hohe Bedeutung zu. Die im Vergleich zu anderen Nutzungsarten relativ geringeren Herstellungskosten der baulichen Anlagen und gegebenenfalls auch geringere Freilegungskosten führen deshalb in Grenzfällen zur möglichen Anwendung des Liquidationsverfahrens.

6.2 Leerstandsanalyse

Moderne Logistikimmobilien haben mit althergebrachten Lagerhallen nichts mehr gemeinsam. Nach Schätzung internationaler Immobilienberater stehen lediglich ein Prozent der logistiktauglichen Hallen leer.

Bei der Analyse des Flächenleerstandes in einem Bewertungsobjekt ist daher insbesondere zu prüfen, inwieweit die Flächen dem heutigen Standard entsprechen und ob und mit welchen Aufwendungen die Flächen entsprechend angepasst werden können.

Gerade bei älteren Immobilien besteht das Risiko, dass Leerstandsflächen nicht mehr heutigen Anforderungen entsprechen und eine Anpassung wirtschaftlich nicht mehr tragbar ist. Diese Flächen sind entweder als dauerhafter Leerstand anzusehen oder aber mit einem stark geminderten Mietpreis über die Restnutzungsdauer der Immobilie zu bewerten.

7 Bewertungsbeispiel

7.1 Sachverhalt

Bei dem Bewertungsobjekt handelt es sich um einen 1997 fertiggestellten Lagerhallenkomplex mit integrierten Büroflächen. Der Lagerhallenkomplex verfügt über insgesamt 27 Andienungstore, von denen 20 über höhenverstellbare Laderampen verfügen. Die Lagerhallen sind in drei gleich große Abschnitte unterteilbar.

Das Grundstück verfügt über eine Fläche von rund 16.557 m². Die Mietflächen teilen sich in 7.650 m² Hallenfläche und 800 m² Bürofläche auf zusätzlich sind 8.600 m² Freiflächen vermietet. Der Anteil der Bürofläche an der Gesamtfläche der Immobilie beträgt rund 9,5 Prozent. Der Flächenkomplex befindet sich in einem gepflegten Zustand.

Das Bewertungsobjekt ist mit einem langfristigen Mietvertrag mit einer Restlaufzeit von fünf Jahren an einen bonitätsstarken Nutzer vermietet. Das Mietniveau entspricht den ortsüblichen Mieten.

Das Grundstück befindet sich in einem Gewerbegebiet. Der anzusetzende Bodenrichtwert beträgt 150,00 Euro/m² einschließlich Erschließungskosten. Übliche Monatsmieten für vergleichbare Flächen sind wie folgt:

- *Lagerhalle*   4,50 Euro/m²
- *Büro- und Sozialflächen*   7,00 Euro/m²
- *befestigte Hoffläche*   0,95 Euro/m²

Für den Vermieter fallen bei vergleichbaren Objekten in der Regel folgende Bewirtschaftungskosten an:

- *Instandhaltungskosten*   3,00 Euro/m² vermietbarer Fläche
- *Mietausfallwagnis*   2,00 Prozent des Rohertrages
- *Verwaltungskosten*   1,00 Prozent des Rohertrages

Sondervereinbarungen wurden mit dem Mieter nicht getroffen. Der Mieter trägt vollständig die anfallenden Betriebskosten.

Der ortsübliche Liegenschaftszins beträgt für vergleichbare Objekte 7,00 Prozent. Die Gesamtnutzungsdauer des Objektes wurde aufgrund der einfachen Konstruktion und der verwendeten Materialien auf 30 Jahre festgesetzt, die wirtschaftliche Restnutzungsdauer beläuft sich auf 23 Jahre.

7.2 Ertragswertberechnung

Miete Lagerhalle p. a.		413.100 Euro
Miete Büro p. a.		67.200 Euro
Miete Außenlager		98.040 Euro
Rohertrag p. a.	578.350 Euro	
./. Instandhaltung (3,00 Euro/m²/p. a.)		25.479 Euro
./. Verwaltung (1,00 Prozent)		5.783 Euro
./. Mietausfallwagnis (2,00 Prozent)		11.567 Euro
Bewirtschaftungskosten gesamt p. a.	42.829 Euro	
Reinertrag des Grundstücks		535.511 Euro
./. Bodenwertverzinsung		173.849 Euro
(16.557 m² • 150 Euro • 7,00 Prozent)		
Reinertrag des Gebäudes p. a.	361.662 Euro	
Vervielfältiger		11,27
(RND 23 Jahre, Liegenschaftszinssatz 7,00 Prozent)		
Wert der baulichen Anlagen	4.076.725 Euro	
Bodenwert	2.483.550 Euro	
Ertragswert	**6.560.275 Euro**	
Verkehrswert gerundet[3]	**6.560.000 Euro**	

Dieser Verkehrswert entspricht einer Netto-Anfangsrendite von 8,16 Prozent und liegt entsprechend der aktuell im Markt feststellbaren Netto-Anfangsrenditen in der üblichen Bandbreite.

7.3 Sachwertberechnung

Die aufgeführten Baukosten wurden einer Baukostentabelle entnommen. Sie entsprechen den durch einen Projektentwickler anhand der tatsächlichen Baukosten in Abhängigkeit der verwendeten Materialien und Gebäudehöhen ermittelten Wertansätze bezogen auf die BGF. Die Baukosten verstehen sich inklusive der derzeitigen Mehrwertsteuer von 16 Prozent.

---

[3] Der Verkehrswert wurde in diesem Beispiel ohne weitere Marktanpassungen aus dem Ertragswert abgeleitet.

Baukosten 8.900 m² • 450,00 Euro/m² BGF		4.005.000 Euro
./. Alterswertminderung (Ross) 14,00 Prozent		576.275 Euro
Gebäudesachwert		3.428.725 Euro
Außenanlagen	10,00 Prozent	342.873 Euro
Baunebenkosten	11,00 Prozent	377.160 Euro
Sachwert der baulichen Anlagen		4.148.758 Euro
Bodenwert		2.483.550 Euro
Grundstückssachwert		6.632.308 Euro
Verkehrswert gerundet[4]		6.630.000 Euro

Bei diesem Beispiel liegen Sach- und Ertragswert sehr dicht beieinander. Der Sachwert wäre hier auch ohne Marktabschläge als Verkehrswert ausweisbar. Zusätzlich zeigt die Beziehung von Sachwert zu Ertragswert in diesem Fall ein ausgeglichenes Verhältnis zwischen Baukosten und Mietertrag – also die angemessene Rentabilität der erfolgten Investitionsaufwendungen.

Oft werden die Sachwerte von Lagerimmobilien auch mit der Bezugsgröße Brutto-Raum-Inhalt (BRI), beispielsweise anhand der Vorgaben der NHK 2000, ausgewiesen. Hierbei kommt die Bedeutung von Raumhöhen und die damit verbundenen Kosten stärker zum Ausdruck.

7.4 Discounted Cashflow

Bei einer Cashflow-Betrachtung werden die tatsächlichen Einkommensströme kapitalisiert. Die Ausgangsgrößen unterscheiden sich dahingehend von einer deutschen Ertragswertberechnung gemäß WertV, dass zum Beispiel ein Mietausfallrisiko nicht mit prozentuellen Abschlägen, sondern als tatsächlicher Mietausfall (nach Ablauf des Mietvertrages) betrachtet wird. Ein latentes Mietausfallrisiko würde in der Auswahl des Kapitalisierungszinssatzes berücksichtigt werden.

---

[4] Der Verkehrswert wurde in diesem Beispiel ohne weitere Marktanpassungen aus dem Sachwert abgeleitet.

Wichtig bei einer solchen Betrachtung ist die sorgfältige Prognose der Ausgangsgrößen. Bei unserem Bewertungsbeispiel haben wir die folgenden Ausgangsgrößen angesetzt:

- Instandhaltungsrücklage für Dach und Fach in Höhe von jährlich 3,00 Euro/m²,
- nach Ablauf des Mietvertrages einen Leerstandszeitraum von drei Monaten,
- vom Eigentümer zu leistende Renovierungsarbeiten in Höhe von 5,00 Euro/m² für die Lagerflächen und 50,00 Euro/m² für die Büroflächen,
- Vermittlungsgebühr (Maklercourtage) in Höhe von zwei Nettomonatsmieten bei erfolgter Neuvermietung,
- Kapitalisierungszins in Höhe von 7,75 Prozent angesetzt.

Der jährliche Cashflow sieht hierbei wie folgt aus:

	Zum Jahresende	Jährlicher Cashflow in Euro	Diskontierung @,75 %
Jahr 1	Dezember 04	547.216,00	528.933,00
Jahr 2	Dezember 05	547.216,00	490.890,00
Jahr 3	Dezember 06	547.216,00	455.582,00
Jahr 4	Dezember 07	547.216,00	422.814,00
Jahr 5	Dezember 08	404.074,00	292.612,00
Jahr 6	Dezember 09	368.891,00	241.399,00
Jahr 7	Dezember 10	547.207,00	337.979,00
Jahr 8	Dezember 11	547.207,00	313.670,00
Jahr 9	Dezember 12	547.207,00	291.109,00
Jahr 10	Dezember 13	547.207,00	270.171,00
Total Cashflow		5.150.657,00	3.645.159,00
Property Resale @,75 % Cap		7.060.735,00	3.347.165,00
Total Property Present Value			6.992.324,00
Gerundet			6.992.000,00

Tabelle 7: Barwerte im Rahmen der DCF-Bewertung

Auszugsweise sind die Jahre 1, 3, 5, 6, 7, 9 und 11 aufgeführt:

	Jahr 1	Jahr 3	Jahr 5	Jahr 6	Jahr 7	Jahr 9	Jahr 11
Zum Jahresende	Dez 2004	Dez 2006	Dez 2008	Dez 2009	Dez 2010	Dez 2012	Dez 2014
Potenzieller Mietwert	578.350,00	578.350,00	578.347,00	578.340,00	578.340,00	578.340,00	578.340,00
Eingehende Miete Leerstand			−144.585,00				
Tatsächlich eingehende Miete	578.350,00	578.350,00	433.762,00	578.340,00	578.340,00	578.340,00	578.340,00
Einkommensstrom (brutto)	578.350,00	578.350,00	433.762,00	578.340,00	578.340,00	578.340,00	578.340,00
Bewirtschaftungskosten	25.350,00	25.350,00	25.350,00	25.350,00	25.350,00	25.350,00	25.350,00
Nicht umlagefähige Kosten Verwaltung	5.784,00	5.784,00	4.338,00	5.783,00	5.783,00	5.783,00	5.783,00
Summe Bewirtschaftungskosten	31.134,00	31.134,00	29.688,00	31.133,00	31.133,00	31.133,00	31.133,00
Einkommensstrom (netto)	547.216,00	547.216,00	404.074,00	547.207,00	547.207,00	547.207,00	547.207,00
Vermietungs- und Investitionskosten Renovierungskosten Maklerkosten				98.250,00 80.066,00			
Summe Vermietungs- und Investitionskosten				178.316,00			
Cashflow vor Kapitaldienst und Steuern	547.216,00	547.216,00	404.074,00	368.891,00	547.207,00	547.207,00	547.207,00

Tabelle 8: Detaildarstellung des Cashflows

Die Gegenüberstellung des Ertragswertverfahrens mit der Discounted-Cashflow-Methode zeigt, dass für das Bewertungsobjekt trotz gleicher Ausgangssituation unterschiedliche Parameter angesetzt werden müssen. Beide Verfahren müssen mit der entsprechenden Sorgfalt behandelt werden.

Obwohl im vorliegenden Fall die Ergebnisse mit kleineren Abweichungen gleich ausfallen, ist immer auch die jeweilige Ausgangssituation zu berücksichtigen. Das aktuelle Marktgeschehen macht jedoch deutlich, dass, obwohl der theoretische Ansatz formell richtig sein kann, das Sachwertverfahren nur als Ergänzung betrachtet wird und im gewöhnlichen Geschäftsverkehr hinter dem Ertragswert zurücktritt.

Je nach Interessenslage und im Rahmen einer zunehmenden Globalisierung ist im internationalen Marktgeschehen der Discounted-Cashflow-Methode der Vorzug zu geben.

Aber gleichgültig, mit welcher Berechnungsmethode man zu einem Ergebnis gelangt, Grundvoraussetzung für ein marktkonformes Ergebnis ist immer die genaue Analyse des Objektes, des Standortes und der jeweiligen Marktsituation.

Literaturhinweise

Kleiber, W./Simon, J./Weyers, G. (2002): Verkehrswertermittlung von Grundstücken, Bundesanzeiger Verlagsgesellschaft mbH, 4. Aufl., Köln 2002.
Arendt, T. (2002): Logistikzentren, Dortmund 2002.
Bankgesellschaft Berlin (2001): Logistikimmobilien, Berlin 2001.
IKB Deutsche Industriebank, Branchenbericht 2002, Düsseldorf 2002.
HVB Expertise (2001): Lager und Logistik, München 2001.
Bulwien AG (2002): Gewerbeparks und Logistikimmobilien als Investmentprodukt, München 2002.
Jones Lang LaSalle (2001): Gewerbegebietreport 2001.
Jones Lang LaSalle (2003): The Market for industrial and Commercial Space Q4 2003.

Bewertung von Fabrikationsgrundstücken

Astrid Hummel

1   Grundlagen
1.1   Wertermittlungsgrundsätze
1.2   Typische Bauweisen, Gebäudekonzeption
1.3   Wertbegriffe, Wertermittlungsverfahren
1.3.1 Marktwert
1.3.2 Wertermittlungsverfahren

2   Bewertung von Fabrikationsgrundstücken
2.1   Grundsätzliches
2.2   Bodenwert
2.2.1 Allgemeine Einflussfaktoren
2.2.2 Objektkonkrete Einflussfaktoren
2.3   Sachwert
2.3.1 Methodischer Ansatz
2.3.2 Wertrelevante Einflussfaktoren
2.4   Ertragswert
2.4.1 Methodischer Ansatz
2.4.2 Wertrelevante Einflussfaktoren
2.5   Ableitung des Marktwertes

3   Wertermittlung unter Berücksichtigung der zukünftigen Nutzung
3.1   Betriebsfortführung
3.2   Branchenverwandte Folgenutzung des Betriebes
3.3   Branchenfremde Folgenutzung des Betriebes
3.4   Betriebsaufgabe und Aufteilung des Betriebsgeländes
3.5   Betriebsaufgabe und geändertes Bauplanungsrecht
3.6   Abbruch der Gebäude nach Beendigung von Miet- bzw. Pachtverträgen

1 Grundlagen

1.1 Wertermittlungsgrundsätze

Die Notwendigkeit der Ermittlung von objektiven Wertaussagen für Fabrikations- und Gewerbegrundstücke hat in der jüngsten Zeit stark zugenommen. Während früher die Objekte im Wesentlichen selbst genutzt wurden und es insofern einen nur geringen Handel gab, ist heute aufgrund geänderter wirtschaftlicher Rahmenbedingungen ein zunehmender Wechsel der Immobilien auf dem Markt zu beobachten. Ertragssteigerungen allein durch effiziente Vermarktung (Verkauf, Vermietung, Sale and Lease back) einzelner Immobilien oder von Grundstücksteilen rückt immer stärker in den Vordergrund.

Im individuellen Einzelfall fehlen jedoch regelmäßig geeignete Vergleichsdaten, sodass die Wertermittlung insbesondere von Fabrikationsgrundstücken einer besonderen Sachkunde bedarf.

Die ertragsorientierte Nutzung der Immobilien hat sich richtigerweise als Basis für die Wertermittlung durchgesetzt, denn nur durch eine angemessene Berücksichtigung aller wirtschaftlichen Gesichtspunkte einer Immobilie ist der Marktwert marktnah ermittelbar.

1.2 Typische Bauweisen, Gebäudekonzeption

Im Laufe der Industrialisierung hat sich die Bauweise der Produktionshallen sowohl den Anforderungen als auch den äußeren Gegebenheiten regelmäßig angepasst. Man findet heute auf den Fabrikationsgrundstücken im Wesentlichen vier verschiedene Gebäudetypen, die sich hinsichtlich ihrer Konzeption, ihrer Konstruktion und ihrer Materialien für Wände, Dächer und tragenden Bauteile gleichen oder ähnlich sind:

- *Massive Gebäude*
  Mauerwerk mit Wanddicken von mindestens 50 cm; Satteldach aus Stahlfachwerkbindern, Stahl- oder Holzpfetten; Fußböden aus Betonplatten; Holz- oder Eisenfenster; Holz- oder Stahltore; Licht- und Kraftstrominstallation; Wasseranschluss.

- *Stahlfachwerkgebäude*
  Stahlprofilstützen die mit Mauerwerkssteinen ausgefacht sind; Stahlfachwerkbinder als Dachkonstruktion mit Stahl- oder Holzpfetten mit Dachpappe auf Schalung eingedeckt; Fußböden aus Stahlbeton; Stahlfensterbänder; Stahltore; Licht- und Starkstromanschluss, Wasseranschluss.

- *Bauwerke als Hüllen*
  Leichtes Stahlfachwerk in Stahlbeton; Ausfachung massiv oder mit Leichtbaustoffen; Satteldach mit Stahlfachwerkbindern, Stahlpfetten und Trapezblech eingedeckt; Stahlbetonboden; Stahltore; Strom- und Wasseranschluss; Beheizung durch Heizstrahler.

- *Stahlbetongebäude aus Fertigteilen*
  Stahlbetonhülsenfundamente; Wände Stahlbetonstützen, Ausfachung mit großformatigen Massivplatten oder Mauerwerk; Dach Parallelgurtbinder und Pfetten in Stahlbeton, Stahlbetondachplatten der Trapezblech mit Pappeindeckung; Stahlbetonfußboden; Fensterbänder in Stahl oder Beton; Stahltore; Strom und Wasseranschluss; Beheizung Heizstrahler oder Lüfter.

Gebäude in *leichter Bauweise* haben sich im Laufe der Zeit wenig verändert. Ihre Wände bestehen aus Mauerwerk, das Dach ist z. B. als Pultdach oder Satteldach mit Holzsparren, Schalung und Dachpappe errichtet. Sie enthalten in der Regel einen Betonfußboden und sind einfach ausgebaut.

Die meisten Fabrikationsanlagen sind im Laufe der Jahre entsprechend der Markt- und Produktionsentwicklung gewachsen und enthalten insofern Gebäude unterschiedlichster Bauweise in mehr oder weniger wirtschaftlicher Anordnung. Erst die neueren Produktions- und Verwaltungsgebäude sind in der Regel nach modernen, betriebswirtschaftlichen Gesichtspunkten (Optimierung der Betriebsabläufe, Senkung der Betriebskosten etc.) errichtet.

Bei der Bewertung von Fabrikationsgrundstücken spielt die *Wirtschaftlichkeit der Gebäudekonzeption* aufgrund ihrer Auswirkungen auf die Wirtschaftlichkeit der Produktionsprozesse neben der Effizienz der Einzelgebäude eine wesentliche Rolle.

Dies kann im Einzelfall dazu führen, dass technisch einwandfreie Gebäude, allein aufgrund ihrer Lage auf dem Fabrikgrundstück als nicht mehr wirtschaftlich für den Betriebsablauf zu beurteilen sind und bei der Bewertung nur der Bodenwert abzüglich der Abbruchkosten in Ansatz zu bringen ist.

Bei der Beurteilung einer stillgelegten Industrieanlage muss die *allgemeine Weiterverwendungsfähigkeit* durch in der Regel branchenverwandte Betriebe geprüft werden. Insbesondere spielen die *Kosten für eine gegebenenfalls mögliche Umwandlung* für die Nachnutzung eine erhebliche Rolle.

1.3 Wertbegriffe, Wertermittlungsverfahren

1.3.1 Marktwert

Unter dem *Marktwert* versteht man den Preis, der im gewöhnlichen Geschäftsverkehr ohne Rücksicht auf ungewöhnliche oder persönliche Verhältnisse („Jedermannsverhalten") zu erzielen wäre. Insbesondere sind alle Markteinflüsse, die zum Zeitpunkt der Wertermittlung auf die Immobilie Einfluss haben, zu berücksichtigen. In Deutschland ist dieser Wert in § 194 Baugesetzbuch als *Verkehrswert* definiert.

Neben *allgemeinwirtschaftlichen Bedingungen* sind

- *Standortfaktoren* (Versorgungsleitungen etc.),
- *Infrastruktur* (überörtliche Verkehrsanbindung etc.),
- *Lage* des Grundstückes und
- die *individuellen Bedingungen* des Fabrikationsgrundstückes

aus der objektiven Sichtweise eines Dritten zu beurteilen.

Dies bedeutet, dass bei der Bewertung zu berücksichtigen ist, inwieweit die Immobilie einer *anderweitigen Nutzung* zugeführt werden kann. Marktkenntnisse hinsichtlich des *Bedarfs* für Immobilien dieser Art mit gegebenenfalls erforderlichen Anpassungen der einzelnen Gebäude auf dem Gelände sind hierbei eine Grundvoraussetzung.

Selbst für ein Fabrikationsgrundstück im laufenden Betrieb in guter Lage, bei positiver Marktentwicklung, mit gut abgestimmten Betriebsabläufen und einem Management, das die Grundvoraussetzungen für eine gute Ausnutzung der Anlage sicherstellt, ist eine objektive Beurteilung der *Weiterverwendungsfähigkeit* erforderlich.

Bei einem Fabrikations- bzw. Gewerbegrundstück mit stillgelegtem Betrieb oder bei dem die Stilllegung droht, ist eine marktkonforme Beurteilung der *Drittverwendungsmöglichkeit* erforderlich. Dabei ist die Frage zu prüfen, inwieweit Teile der Immobilie oder die Gesamtimmobilie für andere gewerbliche Zwecke nutzbar ist bzw. welche Kosten für die *Nutzbarmachung* erforderlich sind. Im Extremfall, bei Aussichtslosigkeit der Nachnutzung, ergibt sich der Wert der Immobilie wie oben skizziert aus dem Bodenwert abzüglich der Abbruchkosten.

1.3.2 Wertermittlungsverfahren

Für die Wertfindung können in der Regel das Vergleichswert-, das Sachwert- und/oder das Ertragswertverfahren gem. Wertvermittlungsverordnung (WertV) zur Anwendung kommen.

Für die Bewertung von Fabrikations- und Gewerbegrundstücken ist das *Vergleichswertverfahren* nicht geeignet, da in der Regel keine geeigneten Vergleichspreise vorliegen. Lediglich im Rahmen der Ermittlung des Bodenwertes erlangt das Vergleichswertverfahren eine Bedeutung.

Mit Hilfe des *Sachwertverfahrens* wird die *technische* Wertkomponente der Immobilie ermittelt. Sie ist in der Regel ungeeignet für eine marktkonforme Wertfindung, da diese auf einer ertragsorientierten – und nicht auf einer herstellungskostenorientierten, vergangenheitsbezogenen – Nutzung des Grundstückes basieren muss. Seine Berechtigung erlangt das Verfahren jedoch für Kontroll- und Informationszwecke. An dieser Stelle wird sichergestellt, dass alle relevanten Informationen zu Grundstück und Gebäuden ordnungsgemäß abgebildet werden. Auch bei der Annahme einer Fortführung der Geschäftstätigkeit kann es für bilanzielle Zwecke sinnvoll erscheinen, eine sachwertorientierte Bewertung vorzunehmen.

Entscheidend ist jedoch für eine Fabrikationsfläche das *Ertragswertverfahren,* welches die *wirtschaftliche* Komponente bei der Wertfindung zur Grundlage macht. Hier fließen über die nachhaltig zu erzielenden jährlichen Reinerträge und die zeitliche Dauer der Einkünfte die *zukunftsorientierten* Aspekte in die Wertermittlung ein. Auch wenn die Einschätzung beider Komponenten oftmals problematisch ist, so ist dies doch der bestmögliche Weg, um zu objektiven Marktpreisen zu gelangen.

2 Bewertung von Fabrikationsgrundstücken

2.1 Grundsätzliches

Bei einem Fabrikationsgrundstück steht für den Eigentümer oder Erwerber nicht der Besitz im Vordergrund, sondern der *Ertrag*, den er aus seiner Nutzung ziehen kann. Die Gebäude sind lediglich Mittel zur Abwicklung von Produktionsabläufen, die sich nach betriebswirtschaftlichen Gesichtspunkten richten.

Insofern muss auch bei der Ermittlung des Marktwertes eines Fabrikationsgrundstückes seine *wirtschaftliche Nutzung* als Basis herangezogen werden. Dies ist insbesondere bei älteren Gebäuden erforderlich, da diese in der Regel nicht den heutigen Anforderungen der Produktion hinsichtlich Ver- und Entsorgung, Belichtung, Be- und Entlüftung, Gebäudeabmessungen, Grundrisse, Geschosshöhen, Gebäudeanordnungen etc. entsprechen.

Wenn auch die Eigennutzung bei Fabrikationsgrundstücken noch überwiegt, so nimmt doch, verursacht auch durch steuerliche Rahmenbedingungen, die Anzahl der Ver- und Anmietungen, der Ver- und Anpachtungen, der Sale-and-Lease-back-Verträge und Leasingverträge ständig zu. Die Marktteilnehmer erwarten hier, dass sich die in eine Liegenschaft investierte Summe in einer dem Risiko und der Langfristigkeit des Investments angemessenen Größenordnung verzinsen soll. Gerade diese Entwicklungen zeigen die wirtschaftlichen Aspekte eines Fabrikationsgrundstückes und bieten gleichzeitig eine sachgerechte Möglichkeit zur Ermittlung eines marktgerechten Wertes.

Auch die Erfahrungen auf dem Grundstücksmarkt bestätigen diese Entwicklung. Kaufpreise von Fabrikationsgrundstücken, insbesondere mit älterer unwirtschaftlicher Gebäudesubstanz, liegen regelmäßig unter dem Sachwert und finden sich in der Nähe des tendenziell niedrigeren Ertragswertes wieder.

Technische Belange spielen zunehmend eine untergeordnete Rolle; sie sind jedoch für Vergleichs- und Kontrollzwecke und hinsichtlich der Ermittlung von Betriebskosten nicht zu vernachlässigen.

2.2 Bodenwert

Der *Bodenwert* eines Fabrikationsgrundstückes ist getrennt vom Wert seiner baulichen Anlagen zu ermitteln. Sein *Einfluss auf den Gesamtwert* resultiert im Wesentlichen aus der Lage, der Größe, der selbständig bebaubaren Teilflächen des Fabrikationsgrundstückes und der für den Produktionsablauf wirtschaftlichen Nutzungsdauer der Gebäude.

Für die Wertermittlung sind *Vergleichspreise* heranzuziehen, um einen möglichst marktnahen Bodenwert zu erhalten. Auf dem Immobilienmarkt werden heute zwar Fabrikationsgrundstücke gehandelt, jedoch sind diese aufgrund ihrer Individualität in der Regel nicht direkt für Vergleichszwecke geeignet, sodass der Sachverständige den Bodenwert in der Regel mit Hilfe von indirekten Vergleichspreisen oder Bodenrichtwerten und den Einflussfaktoren auf das zu bewertende Grundstück ermitteln muss.

2.2.1 Allgemeine Einflussfaktoren

Im Bereich der Bodenwertermittlung von Fabrikationsgrundstücken sind *Konjunktur, Strukturwandel und regionale Entwicklungen* als wesentliche Einflussfaktoren zu sehen. Rationalisierung und Strukturwandel haben gerade in der jüngsten Zeit zu einem regional teilweise deutlichen Abbau von Gewerbe- und Produktionsflächen und damit zu einem erhöhten Angebot von Gewerbeimmobilien auf dem Grundstücksmarkt geführt. Insofern ist bei der Ermittlung des Bodenwertes die jüngere und die zukünftige Entwicklung des *regionalen* Teilmarktes hinsichtlich des *Strukturwandels* und des damit einhergehenden Immobilienangebotes zu berücksichtigen. Das Heranziehen „älterer" Vergleichsdaten oder von Bodenrichtwerten ohne Berücksichtigung der aktuellen Marktsituation führt zu keinem sachgerechten Ergebnis.

In Zeiten schwieriger konjunktureller Entwicklungsphasen nehmen die Kommunen oftmals durch eine *aktive Bodenpolitik* Einfluss auf die Ansiedlung neuer Gewerbe- und Industrieunternehmen. Der öffentlich geförderte Verkauf von Grund und Boden deutlich unter bisher gezahlten Marktpreisen (Marktverzerrung) beeinflusst ebenfalls den Bodenwert in nicht unerheblichem Maße und muss – sofern es sich nicht um einen gesonderten Teilmarkt handelt – bei der Wertermittlung berücksichtigt werden.

Ein weiterer wesentlicher Faktor bei der Bodenbewertung ist der regionale *Standort* der zu bewertenden Gewerbeimmobilie. Insbesondere die *Lage* des Grundstückes innerhalb seiner Umgebung bzw. in Beziehung zu den Nutzungen seiner Umgebungsbebauung ist hierbei von Bedeutung. Einerseits können sich in Industrie- bzw. Gewerbegebieten Synergieeffekte ergeben, andererseits können auf singuläre Standorte unterschiedlichste Einflussfaktoren (z. B. Lkw-Anlieferverkehr in Wohngebietsnähe) wirken.

Auch die *Infrastruktur* der Stadt, insbesondere die Nähe zu Wissenschafts- und Forschungseinrichtungen mit entsprechendem „Personalreservoir", ist bei der Bodenbewertung zu berücksichtigen.

2.2.2 Objektkonkrete Einflussfaktoren

In jedem Fall ist jedoch die *Verkehrsanbindung* der Fabrikationsgrundstücke von enormer Wichtigkeit. Leistungsfähige Straßen, eine gute Autobahnanbindung, die Nähe zu einem Güterbahnhof bzw. die Anbindung an einen Flughaben beeinflussen den Bodenwert von Gewerbe- und Fabrikationsgrundstücken nachhaltig positiv.

Ausnutzung, Ausnutzungsmöglichkeiten, Größe, Zuschnitt, Baugrund, Topografie, Erschließung, Drittverwendungsmöglichkeiten des Grundstückes sind ebenso wertrelevante Faktoren, die bei der Bodenwertermittlung marktkonform berücksichtigt werden müssen.

Rechtliche Gegebenheiten wie Nutzungsrechte Dritter (Wege-, Leitungsrechte etc.), Umweltschutzregelungen (Immissionsauflagen etc.) können einen erheblichen Einfluss auf den Bodenwert eines Fabrikationsgrundstückes ausüben. Sie müssen sorgfältig eruiert und berücksichtigt werden.

Das Vorhandensein von *Kontaminationen* im Boden bzw. umgangssprachlich von „Altlasten" kann den Wert des Grundstückes erheblich beeinflussen. Aufgrund der besonderen Sachkunde, die für die Beurteilung der „Altlast" erforderlich ist, ist hier ein geeigneter Sachverständiger einzuschalten. In der Praxis wird bei der Bewertung eines kontaminierten Grundstückes zunächst der Wert des unbelasteten Grundstückes ermittelt, jedoch mit dem Hinweis auf das Vorhandensein von Kontaminationen. Über ein weiteres Gutachten werden die Kosten für eine Altlastensanierung ermittelt.

Inwieweit der Markt dem Grundstück nach Altlastensanierung dennoch einen *merkantilen Minderwert* beimisst, ist im Einzelfall zu überprüfen.

2.3 Sachwert

2.3.1 Methodischer Ansatz

Der Sachwert (§§ 21 bis 25 WertV) bildet den „technischen" Wert der Immobilie ab. Er setzt sich zusammen aus dem *Bodenwert*, dem *Wert der baulichen Anlagen (Gebäude, Außenanlagen, besondere Betriebseinrichtungen),* und den *sonstigen Anlagen.* Die Systematik des Verfahrens ergibt sich wie folgt:

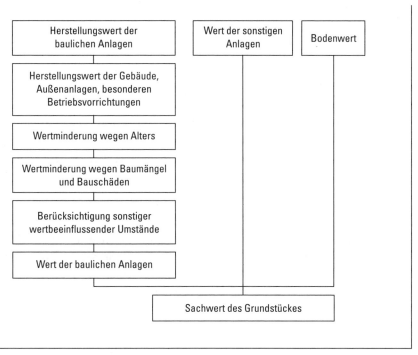

Abbildung 1: Bestandteile des Sachwertverfahrens

Der Wert der baulichen Anlagen umfasst alle *Kosten zur Herstellung* eines Gebäudes zum Wertermittlungsstichtag, einschließlich der Baunebenkosten. Die *Wertminderungen* aufgrund von *Alter* und *Abnutzung* werden entsprechend der Lebensdauer der baulichen Anlagen in Abzug gebracht. Eventuell vorhandene *Baumängel und Bauschäden* werden ebenso wie *sonstige wertrelevante Umstände* gesondert berücksichtigt.

2.3.2 Wertrelevante Einflussfaktoren

Die Ermittlung des Herstellungswertes der baulichen Anlagen kann über verschiedene Methoden erfolgen. Neben dem *Hochrechnen der tatsächlichen Herstellungskosten* gibt es die Möglichkeit der *Kostenschätzung* und die Ermittlung mit Hilfe von *Normalherstellungskosten*.

In jedem Fall müssen jedoch zwei Komponenten gesichert ermittelt werden. Einerseits müssen genaue *Größenangaben* über das Gebäude vorliegen (Volumen bzw. umbauter Raum, Bruttorauminhalt; Flächenangaben bzw. Geschossfläche, Nutzfläche), andererseits müssen *gesicherte* so genannte *gewöhnliche* Kostenpreise zu Grunde gelegt werden. Diese sind gegebenenfalls mit Hilfe geeigneter Baupreisindexreihen auf die Preisverhältnisse am Wertermittlungsstichtag umzurechnen.

In der Vergangenheit wurde fast ausschließlich mit Hilfe des umbauten Raumes und Raummeterpreisen gearbeitet. In der jüngsten Zeit erfolgte eine Umstellung auf Normalherstellungskosten und Bruttogrundflächen. Im Industriebau wird, aufgrund einer präziseren Kostenermittlung, der Bewertung nach Grundrissflächen des Baukörpers eine immer stärkere Bedeutung zugemessen. In jedem Fall ist darauf zu achten, dass den gewählten Werten die entsprechende Berechnungseinheit bzw. Bezugsgröße zu Grunde gelegt wird.

Der Industriebau war im Laufe seiner Geschichte einem starken Wandel unterworfen. Gerade in jüngster Zeit entstanden durch die Entwicklung neuer Baustoffe und den Einsatz weitgehend vorgefertigter Bauteile *multifunktionelle Konstruktionsformen* zu günstigeren Rohbaukosten, aus denen einfache und hochwertige Produktionshallen errichtet werden und wurden. Diese Gebäude haben selbst bei einfachster Ausführung eine Lebensdauer von 20 bis 30 Jahren, die bezogen auf den Zweck der Gebäude, nämlich die Umhüllung der Produktionsanlagen, ausreichend ist.

Ältere Industriebauten, insbesondere die vor dem Zweiten Weltkrieg errichteten Mauerwerksmassivbauten in herkömmlicher Bauweise oder Skelettkonstruktionen mit Ausmauerung, basieren auf einer deutlich kostenintensiveren Bauweise. Selbst wenn nicht von den historischen Baukosten, sondern von Kosten, die für derzeit übliche Konstruktionen vergleichbarer Nutzungen ausgegangen wird, ergeben sich hier vergleichsweise höhere Herstellungskosten.

Vom Herstellungswert der baulichen Anlagen ist die *Wertminderung wegen Alters* in Abzug zu bringen. Diese bestimmt sich aus dem Verhältnis der *Restnutzungsdauer* zur *Gesamtnutzungsdauer* der baulichen Anlagen. Sie kann je nach Art und Nutzung gleichmäßig oder mit zunehmendem Alter verändert verlaufen. Die *techni-*

sche Restnutzungsdauer wird dabei insbesondere durch die Dauerhaftigkeit des Rohbaus, die Qualität der Bauausführung, die laufende Unterhaltung und äußere (Umwelt-)Einflüsse geprägt.

Der Wandel im Industriebau von einer schweren Mauerwerkskonstruktion hin zu einer leichten Stahlfachwerkkonstruktion zeigt sich auch in der zugehörigen Gesamtnutzungsdauer der Gebäude. Ein älterer Industriebau weist gegebenenfalls eine längere *technische* Restnutzungsdauer auf, als ein moderner Industrieneubau, der speziell auf die Produktionsmethoden und die dazu erforderlichen Maschinen und Betriebsvorrichtungen – auch hinsichtlich seiner Lebensdauer – abgestellt wurde. In der Wertermittlungspraxis wird hier mit mehr oder weniger schematischen Tabellenwerten (siehe *Brachmann/Holzner*), die das Alter in Relation zur Restnutzungsdauer setzen und eine normale Instandhaltung unterstellen, gearbeitet.

Die *wirtschaftliche* Restnutzungsdauer wird im Abschnitt 2.4 (Ertragswert) dargelegt.

Gesamtnutzungsdauer eines Fabrikationsgebäudes ist demnach der Zeitraum, in dem dieses im Hinblick auf die darin enthaltenen Anlagen und Betriebseinrichtungen, unter Berücksichtigung seiner technischen Standdauer, seiner wirtschaftlichen Nutzungsdauer, der fortschreitenden Entwicklung der Technik und Produktionsmethoden wirtschaftlich genutzt werden kann. Der technische Aspekt des Fabrikationsgebäudes tritt somit in den Hintergrund.

Gegebenenfalls vorliegende *Baumängel* oder *Bauschäden* sind in der Wertermittlung über den Ansatz tatsächlicher marktüblicher Kosten für ihre Beseitigung oder über Erfahrungssätzen zu berücksichtigen. Nicht behebbare Baumängel und -schäden werden über eine reduzierte Restnutzungsdauer berücksichtigt.

Nach Berücksichtigung *sonstiger wertbeeinflussender Umstände* (wirtschaftliche Überalterung, überdurchschnittlicher Erhaltungszustand etc.) wird aus dem so ermittelten Wert der baulichen Anlagen durch Addition des *Wertes der sonstigen Anlagen* und des Bodenwertes der Sachwert ermittelt.

Bei dem Sachwert handelt es sich trotz Berücksichtigung der wirtschaftlichen Restnutzungsdauer um einen technisch orientierten Wert. Bei der Ermittlung des Marktwertes sind jedoch noch andere Umstände wirtschaftlicher Art zu berücksichtigen: So kann z. B. bei Fabrikationsgebäuden die *betriebswirtschaftliche Überalterung der Maschinen* zu einem vorzeitigen Gebäudeabbruch oder zu einer Reduzierung des Gebäudewertes (über eine bereits erfolgte Reduzierung der Restnutzungsdauer hinaus) führen. Dies ist oftmals bei alten, massiven Industriebauten der Fall, die häufig auf die Belange einer speziellen Nutzung abgestellt waren. Moderne Industriebauten sind hiervon seltener betroffen, da sie einerseits eine kürzere Lebensdauer aufweisen und andererseits hinsichtlich ihrer Verwendbarkeit flexibler gestaltet sind. Die Beantwortung der Frage nach einer weiteren Nutzung für den ursprünglichen Fabrikationszweck *(existing use value)* oder gegebenenfalls einer alternativen Drittverwendung *(alternative use value)* ist im Rahmen der Herleitung eines Verkehrswertes stets abzuwägen. Grundsätzlich gilt in diesem Kontext die Prämisse der „besten" *(best use value)* Nutzung für das Grundstück, wenn nicht explizit eine Fortführung der gegenwärtigen Nutzung Bestandteil des Bewertungsauftrages ist.

Auch *Angebot und Nachfrage* orientieren sich nicht an einem technischen Wert. Handelt es sich um ein Gebiet mit fehlender Nachfrage nach Fabrikationsgrundstücken, so können die Gebäude praktisch wertlos sein.

Der Berücksichtigung des Grundstücksmarktes für Fabrikationsgrundstücke zur Ermittlung des Verkehrswertes aus dem Sachwert kommt aufgrund obiger Argumente eine erhebliche Bedeutung zu. Hierfür erforderliche Korrekturfaktoren, sog. *Marktanpassungsfaktoren* liegen selten vor und müssen sachverständig eingeschätzt werden. Gerade für ältere Fabrikgrundstücke können diese eine nicht unerhebliche Größe erreichen.

2.4 Ertragswert

2.4.1 Methodischer Ansatz

Der Ertragswert (§§ 15 bis 20 WertV) bildet den „wirtschaftlichen" Wert der Immobilie ab. Er beruht auf der Annahme, dass der Wert einer Liegenschaft sich durch die aus ihr zu erwirtschaftenden *Erträge* angemessen verzinst. Dabei wird zwischen dem Barwert für den auf den Grund und Boden entfallenden Ertragsanteil (ewige Rente) und dem Barwert der auf die baulichen Anlagen für den Zeitraum der Restnutzungsdauer dieser Anlagen entfallenden Ertragsanteil (Zeitrente) unterschieden. Die Systematik des Verfahrens ergibt sich wie folgt (siehe Abbildung 2).

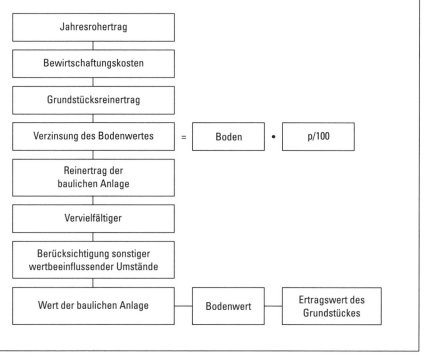

Abbildung 2: Bestandteile des Ertragswertverfahrens

Innerhalb des Ertragswertverfahrens sind Gebäudenutzflächen, nachhaltig erzielbare Mietansätze, Bewirtschaftungskosten (Betriebs- Verwaltungs-, Instandhaltungskosten, Mietausfallwagnis), wirtschaftliche Restnutzungsdauer, und Liegenschaftszins als Einflussfaktoren von wesentlicher Bedeutung.

Dabei wird die Zukunftsorientiertheit der Wertermittlung durch die Nachhaltigkeit der Miet- und Kostenansätze zum Wertermittlungsstichtag und der sachverständigen Einschätzung des Liegenschaftszinssatzes sichergestellt.

Im Rahmen der Bewertung von Fabrikationsflächen ist insbesondere auf die *kurze Gesamtnutzungsdauer* Rücksicht zu nehmen (vgl. hierzu auch Abschnitt 2.3.2). Durch diese wächst dem Bodenwert eine besondere Bedeutung im Rahmen der Wertfindung zu. Bei Fabrikationsflächen am Ende ihrer wirtschaftlichen Nutzungsdauer kann es vor diesem Hintergrund sinnvoll sein, den *Liquidationswert* gem. § 20 WertV zu ermitteln.

2.4.2 Wertrelevante Einflussfaktoren

Der *Jahresrohertrag* ergibt sich aus der Multiplikation der verschiedenen *Nutzflächen* mit den zugehörigen nachhaltig erzielbaren *Mietansätzen*.

Für Fabrikationsgrundstücke ist vor allem die *Nutzfläche*, in der DIN 277 definiert als derjenige Teil der Netto-Grundfläche, der der Nutzung des Bauwerkes entsprechend seiner Zweckbestimmung dient, relevant.

Die *nachhaltig erzielbaren Mieterträge* muss der Sachverständige in der Regel – da die meisten Fabrikationsgrundstücke eigengenutzt sind – auf der Basis marktüblicher Mietansätze und seiner Erfahrung einschätzen. Liegen jedoch *Mietverträge* vor, so sind die vereinbarten Mietansätze auf ihre Nachhaltigkeit, auf ihre Marktüblichkeit zu überprüfen. Dies gilt auch für Fabrikationsgrundstücke im *Leasingmodell*, für die in der Regel eine „investitionskostengebundene" Miete vereinbart wird. Da der Leasinggeber in der Regel an einer angemessenen Verzinsung seines eingesetzten Gesamtkapital interessiert ist, während der Leasingnehmer meistens nur bereit ist einen marktüblichen Mietzins zu akzeptieren, kann zum Zeitpunkt des Vertragsabschlusses von marktnahen Mietansätzen ausgegangen werden.

Bei der Ermittlung der nachhaltig erzielbaren Mieterträge muss insbesondere beachtet werden, dass neben der Berücksichtigung von Besonderheiten der Objekte (Altbau-Neubau, normal – übergroße Nutzflächen etc.) eine angemessene *wirtschaftliche Nutzungsdauer* der Objekte in Ansatz gebracht wird.

Für Fabrikations- und Industriebauten bestimmt sich diese durch den Zeitraum, in dem die Gebäude hinsichtlich ihrer Zweckbestimmung wirtschaftlich vertretbar genutzt werden können. Zu unterscheiden ist hier zwischen *Mehrzweckgebäuden,* die für verschiedene Zwecke genutzt werden können und *Einzweckgebäuden,* deren anderweitige Verwendbarkeit z. B. durch ihren Inhalt (Heizhaus etc.) nicht gegeben ist. Insofern leitet sich die wirtschaftliche Nutzungsdauer von Einzweckgebäuden im Wesentlichen aus der wirtschaftlichen Nutzungsdauer der Betriebsanlage ab.

Als weitere Einflussgrößen auf die wirtschaftliche Nutzungsdauer ist die *Lage der Gebäude innerhalb des Fabrikationsgeländes* und die *Abmessungen der Gebäude* im Hinblick auf die weitere betriebliche Entwicklung zu sehen. Im Zusammenhang mit der fortschreitenden Technik, der Veränderung von Produktionsmethoden und der diesbezüglich gegebenenfalls erforderlichen Anpassung der Produktions- oder Betriebsabläufe ist dem einzelnen betroffenen Gebäude gegebenenfalls eine entsprechend geringere wirtschaftliche Nutzungsdauer beizumessen. Dies gilt selbst dann, wenn es sich noch um eine gute Bausubstanz handelt.

Im modernen Industriebau wird dieser Tatsache Rechnung getragen, indem lediglich ein „Hülle" um die Betriebseinrichtung herum gebaut wird; die bautechnische Ausführung orientiert sich entsprechend am Zweck der Nutzung (Mehrzweck-, Einzweckgebäude).

Vom *Jahresrohertrag* sind – um zum Grundstücksreinertrag zu gelangen – die *Bewirtschaftungskosten* in Abzug zu bringen. Hierzu zählen die Abschreibung, die Verwaltungskosten, die Betriebskosten, die Instandhaltungskosten und das Mietausfallwagnis.

Die *Abschreibung* ist durch Einrechnung in den Vervielfältiger berücksichtigt.

Die Verwaltung von Fabrikationsgrundstücken wird in der Regel nicht gesondert vorgenommen, so dass der Sachverständige auf Erfahrungswerte zurückgreifen muss. Die *Verwaltungskosten* bewegen sich meistens zwischen rund 1,0 bis 1,5 Prozent des Rohertrages.

Nichtumlagefähige Betriebskosten sind die Kosten, die dem Eigentümer durch das Eigentum am Grundstück laufend entstehen, und nicht auf den Nutzer umgelegt werden können oder von diesem unmittelbar getragen werden. Auch hier muss der Sachverständige in der Regel auf Erfahrungswerte für Fabrikationsgrundstücke zurückgreifen.

Instandhaltungskosten sind Kosten, die infolge Abnutzung, Alterung und Witterung zur Erhaltung des bestimmungsgemäßen Gebrauches der baulichen Anlagen während ihrer Nutzungsdauer aufgewendet werden müssen. Nicht hinzugezählt werden dürfen Kosten zur Wertverbesserung. Die Instandhaltungskosten werden als Durchschnitt der Instandhaltungskosten mehrerer Jahre ermittelt, um größere Maßnahmen anteilmäßig mitberücksichtigen zu können. Auch bei diesen Daten muss der Sachverständige in der Regel auf Erfahrungswerte für Fabrikationsgrundstücke zurückgreifen. Zu beachten sind jedoch vertragliche Regelungen, die insbesondere bei gewerblichen Immobilien die Instandhaltung – bis auf Dach und Fach – auf den Mieter verlagern.

Mit dem Ansatz eines *Mietausfallwagnisses* wird das Risiko einer Ertragsminderung wie z. B. Mietminderung, Zahlungsrückstände, Leerstand bzw. Kosten einer in diesem Zusammenhang stehender Rechtsverfolgung, berücksichtigt. Fabrikgrundstücke werden häufig nur von einem Mieter genutzt, sodass die Beurteilung des Mietausfallwagnisses sehr stark von der Bonität dieses Mieters und der Drittverwendungsmöglichkeit des Fabrikgrundstückes abhängt. Selbst ein langfristiger

Mietvertrag schützt hier nicht vor einem Mietausfall, und auch bei Eigennutzung der gewerblichen Immobilie kann der Eigentümer in wirtschaftliche Schwierigkeiten geraten.

Bei der Ermittlung des *Reinertrages* (Rohertrag abzüglich Bewirtschaftungskosten) ist bei allen Komponenten auf die *Nachhaltigkeit* der Ansätze zu achten. Sowohl die Mieterträge als auch die Bewirtschaftungskosten müssen für das zu bewertende Objekt *orts- und marktüblich* und als *dauerhaft* bezeichnet werden können. Besondere Umstände, die sich z. B. aus vertraglichen Regelungen ergeben, sind gesondert zu berücksichtigen.

Für die Ermittlung des *Reinertragsanteils der baulichen Anlagen* ist zunächst der *Reinertragsanteil des Grund- und Bodens* vom *Reinertrag* in Abzug zu bringen. Durch Kapitalisierung des Reinertragsanteils der baulichen Anlagen mit dem sich aus *Liegenschaftszins* und Restnutzungsdauer ergebenden *Vervielfältiger* ergibt sich der *Ertragswert der baulichen Anlagen.*

Die Auswahl eines vertretbaren *Liegenschaftszinssatzes* hängt von der jeweiligen Lage am Grundstücksmarkt ab. Neben den besonderen Eigenschaften des Bewertungsobjektes selbst, sind bei der Ermittlung des Liegenschaftszinssatzes insbesondere die allgemeine wirtschaftliche Situation und die zu erwartende konjunkturelle Entwicklung zu berücksichtigen. Erfahrungsgemäß kann für Fabrikationsgrundstücke in der Regel ein Liegenschaftszins zwischen 6,0 und 8,5 Prozent in Ansatz gebracht werden. Im Einzelfall, insbesondere in strukturschwachen Gebieten mit einem großen Angebot an Gewerbegrundstücken, sind Abweichungen nach oben erforderlich.

2.5 Ableitung des Marktwertes

Der Marktwert für Fabrikgrundstücke ist in der Regel aus dem Ertragswert abzuleiten.

Das *Vergleichswertverfahren* setzt voraus, dass eine ausreichend große Zahl von aktuellen Daten zu vergleichbaren bebauten Grundstücken vorliegt. Dies ist jedoch gerade bei Fabrikationsgrundstücken, die in der Regel sehr individuell auf ihren Produktionsablauf ausgerichtet sind, nicht der Fall. Anwendung findet das Verfahren jedoch bei der Bodenwertermittlung.

Der *Sachwert* eignet sich nur bedingt zur Ableitung des Marktwertes. Da sich der Sachwert vor allem am Substanzwert orientiert, ein potenzieller Erwerber jedoch bei seiner Kaufpreiskalkulation den wirtschaftlichen Nutzen der Immobilie in den

Vordergrund stellt, ist zur Ermittlung des Marktwertes aus dem Sachwert eine entsprechende Korrektur erforderlich. Diesbezügliche *Marktanpassungsfaktoren* stehen jedoch aufgrund der Individualität der Fabrikationsgrundstücke nicht zur Verfügung und können nur sachverständig eingeschätzt werden.

Der *Ertragswert* bildet in der Regel einen fundierten Ausgangswert für die Ermittlung des Marktwertes, da die wertrelevanten Einflussfaktoren bereits methodisch auf die Ermittlung eines Marktwertes ausgerichtet sind. Unsicherheiten, die sich aufgrund der in der Regel geringen Anzahl von Vergleichsdaten ergeben können, wirken sich nicht so stark wie im Sachwert aus, sind aber unter Umständen ebenso durch einen Marktanpassungsfaktor zu berücksichtigen.

3 Wertermittlung unter Berücksichtigung der zukünftigen Nutzung

3.1 Betriebsfortführung

Erfolgt die Wertermittlung für ein Fabrikationsgrundstück, dessen Produktion weitergeführt wird, so stehen bei der Wertfindung die Alternativaufwendungen des Erwerbers für einen vergleichbaren Betrieb im Vordergrund. Hierbei kann es sich entweder um die Errichtung neuer oder um die Anmietung/Anpachtung geeigneter Gebäude handeln.

Handelt es sich um einen rentablen Betrieb und ist die wirtschaftliche Situation der Branche stabil, ohne konjunkturell negative Einflüsse, so ist bei der Wertermittlung Folgendes zu beachten:

Für moderne, kostengünstige Baukörper mit geringen Bewirtschaftungskosten, in wirtschaftlicher Anordnung auf dem Grundstück gelegen, kann der zu ermittelnde Sachwert dem auf der Basis von marktüblichen Vergleichsmieten ermittelten Ertragswert und damit dem Marktwert sehr nahe kommen.

Handelt es sich jedoch um Fabrikationsbauten mit alter Bausubstanz so führt dies, bezogen auf heutige Wertverhältnisse, zu sehr hohen Gebäudeherstellungskosten und damit zu einem sehr hohen Sachwert. In diesem Fall kann die Ableitung des Marktwertes nur mit Hilfe eines sehr hohen Marktanpassungsabschlages gelingen. Die Schätzung eines solchen Abschlages ist jedoch mit vielen Unsicherheiten behaftet.

Die Ermittlung des Marktwertes aus dem Ertragswert auf der Basis von marktüblichen Vergleichsmieten erscheint hier aufgrund der rentabilitätsorientierten Einflussfaktoren selbst dann zielführender, wenn nur wenige Vergleichsmieten vorliegen.

Die Wertermittlung ist jedoch in jedem Fall schwierig, da nur wenige Objekte auf dem Markt gehandelt werden, und diese in der Regel durch persönliche oder ungewöhnliche Umstände beeinflusst sind.

3.2 Branchenverwandte Folgenutzung des Betriebes

Erfolgt die Wertermittlung für ein Fabrikationsgrundstück, dessen Produktion zwar umgestellt wird, jedoch innerhalb der Branche bleibt, so gelten ebenfalls die genannten Grundsätze. Es bedarf jedoch einer besonderen Prüfung inwieweit die Folgenutzung Einfluss auf den Bodenwert bzw. auf den Marktwert hat.

Werden z. B. einzelne Gebäudeteile nur noch teilweise, oder einzelne Gebäude überhaupt nicht mehr benötigt, so sind diese bei der Bewertung selbst dann außer Betracht zu lassen, wenn sie das Ende ihrer gewöhnlichen Lebensdauer noch nicht erreicht haben. Werden Gebäude oder Gebäudeteile nur noch für untergeordnete Nutzungen benötigt, so bilden diese Nutzungen die Basis für die Wertermittlung.

Im Einzelfall sind für die Ermittlung des Marktwertes Abbruchkosten für den Betriebsablauf störende Gebäude bzw. Umbau- und Erweiterungskosten für die Anpassung an die Folgenutzung in Ansatz zu bringen.

3.3 Branchenfremde Folgenutzung des Betriebes

Erfolgt die Wertermittlung für ein Fabrikationsgrundstück, dessen originäre Produktion aufgegeben wurde, so steht die Prüfung möglicher anderweitiger Nutzungen im Vordergrund. Insbesondere die Nutzungsflexibilität der einzelnen Gebäude ist hierbei wertrelevant, da sich hieraus die Anzahl der möglichen Folgenutzungen ableiten lässt.

Angebot und Nachfrage von bzw. nach Industriegrundstücken sind in der Region jedoch als entscheidende wertrelevante Parameter in die Wertermittlung einzubeziehen. Selbst ein gut erhaltenes, flexibel nutzbares Gebäude auf einem Grundstück mit guter infrastruktureller Ausstattung hat keinen oder nur noch einen geringen Wert, wenn in der Region oder aufgrund eines Strukturwandel oder einer schwacher Konjunktur keine oder nur eine geringe Nachfrage nach Industriegrundstücken besteht.

Als Basis für die Wertermittlung ist die mögliche Folgenutzung heranzuziehen, die für das zu bewertende Objekt am ehesten wahrscheinlich erscheint. Die Ermittlung des Marktwertes orientiert sich entsprechend an den genannten Grundsätzen.

3.4 Betriebsaufgabe und Aufteilung des Betriebsgeländes

Erfolgt die Wertermittlung für einen stillgelegten Betrieb, und ist eine Veräußerung des Gesamtobjektes an einen Folgenutzer aufgrund ungünstiger Gebäudeanordnung oder aufgrund Übergröße des Grundstückes nicht möglich, so ist eine differenzierte Betrachtung erforderlich.

Da es sich in diesen Fällen meist um Betriebsgelände mit älterer Bausubstanz, die sich oftmals nicht wirtschaftlich weiter nutzen lassen, handelt, muss zunächst ermittelt werden, welche Gebäude aufgrund ihrer Nutzungsflexibilität für eine Folgenutzung geeignet sind, welche Gebäude als wertneutral einzuordnen sind, und für welche Gebäude aufgrund ihrer Monofunktionalität oder ihrer Unwirtschaftlichkeit in jeden Fall nur noch der Abbruch in Frage kommt. Darüber hinaus muss gegebenenfalls eine Aufteilung des Betriebsgeländes in marktgängige Grundstückseinheiten, die gesondert veräußert werden können, erfolgen.

Die Wertermittlung erfolgt hier für Gebäude mit möglicher Folgenutzung auf der Basis nachhaltig erzielbarer Marktmieten, nicht vermietbare Gebäude bleiben außer Ansatz und für unwirtschaftliche Gebäude sind die Abbruchkosten in Ansatz zu bringen. Auf jeden Fall ist hier das Ertragswertverfahren zielführend. In Abhängigkeit von Angebot und Nachfrage sind die wertrelevanten Parameter sachverständig einzuschätzen.

Das Sachwertverfahren kann nur unterstützend herangezogen werden, bedingt jedoch, dass die wirtschaftlichen Grundüberlegungen hinsichtlich rentabler Folgenutzungen sachverständig in die Wertermittlung einfließen. Aufgrund der in der Regel großen Diskrepanz zwischen dem Sachwert älterer Massivbauten und der hierfür am Markt erzielbaren Preise, ist das Verfahren jedoch mit großen Unsicherheiten behaftet.

3.5 Betriebsaufgabe und geändertes Bauplanungsrecht

Oftmals erfolgt die Betriebsaufgabe oder Betriebsverlagerung auf bzw. von Grundstücken, mit zwischenzeitlich geändertem Bauplanungsrecht. Dies trifft z. B. auf innerstädtische Grundstücklagen zu.

Sofern es sich um ein Fabrikationsgrundstück mit abbruchreifem Gebäudebestand handelt, ist zunächst der Bodenwert auf der Basis der rechtlich zulässigen, bestmöglichen Grundstücksnutzung zu ermitteln. Für die Ermittlung des Marktwertes sind die Freilegungskosten von dem so ermittelten Bodenwert in Abzug zu bringen.

Sofern es sich jedoch um ein Fabrikationsgrundstück mit nachnutzbarem Gebäudebestand handelt, ist in der Wertermittlung die wirtschaftlichere Variante zwischen Bestandschutz und Bodenwert abzüglich Freilegungskosten zu wählen.

3.6 Abbruch der Gebäude nach Beendigung von Miet- bzw. Pachtverträgen

Erfolgt die Wertermittlung für ein Fabrikationsgrundstück mit abbruchreifen Gebäuden, die jedoch aufgrund von laufenden Miet- bzw. Pachtverträgen nicht sofort abgebrochen werden können, so ist – sofern ein im Verhältnis zum Bodenwert zu geringer Ertrag erwirtschaftet wird – das *Liquidationswertverfahren* in Ansatz zu bringen.

In diesem Fall ist zunächst der Bodenwert auf der Basis der rechtlich zulässigen, bestmöglichen Grundstücksnutzung, abzüglich der Freilegungskosten zu ermitteln. Dieser Bodenwert ist anschließend über die Zeitspanne bis zum Zeitpunkt des Abbruches der Gebäude abzuzinsen. Anschließend ist der aus der Vermietung/Verpachtung zu erzielende Barwert der Reinertragsrente hinzuzuziehen.

Literaturhinweise

Brachmann/Holzner (1999): Bauwert von Industriebauten, Verkehrswert von Fabrikgrundstücken, Gebäude-Versicherungswerte, Hannover 1999.
Kleiber/Simon/Weyers (2002): Verkehrswertermittlung von Grundstücken, Köln 2002.
Simon/Cors/Halaczynski/Teß (2003): Handbuch der Grundstückswertermittlung, München 2003.
Grundstücksmarkt und Grundstückswert, diverse Artikel.

Teil VII

Sozialimmobilien und öffentliche Bauten

Bewertung von Seniorenwohn- und Pflegeimmobilien

Carsten Brinkmann/Markus Bienentreu

1 Einleitung

2 Begriffsdefinition – Arten von Seniorenimmobilien
2.1 Altenwohnung/Altenwohnen
2.2 Betreutes Wohnen/Servicewohnen
2.3 Residenz/Wohnstift
2.4 Pflegeheim
2.5 Geriatrische Einrichtungen

3 Die Wahl des Wertermittlungsverfahrens

4 Bewertung
4.1 Der Bodenwert – Besonderheiten
4.2 Parameter des Ertragswertverfahrens
4.3 Die Bestimmung des nachhaltig erzielbaren Ertrages bei Pflegeheimen
4.4 Die Bestimmungen des nachhaltig erzielbaren Ertrages bei Residenzen
4.5 Die betriebliche Komponente

1 Einleitung

Im Gegensatz zu anderen Immobilienarten, die klar definiert sind, gibt es bei Seniorenimmobilien eine Vielzahl verschiedener Ausprägungsformen. Während altengerechte Wohnungen klassischen Wohnimmobilien gleichen, stellen *Pflegeheime* mit anderen Immobilienarten kaum vergleichbare Spezialimmobilien dar. Stehen auf der einen Seite klassische Wohnnutzaspekte im Vordergrund, sind auf der anderen Seite betriebsspezifische Charakteristika entscheidend.

Bedingt durch die vielfältigen Bewertungsansätze ist die Einstufung in die Nutzungsart jeder Bewertung voranzustellen.

Die Wandlung im Gesundheitsbereich hat zu Änderungen und Neuerungen bei den Seniorenwohnformen geführt. Hinter den klassischen Definitionen des Altenheims oder Altenwohnheims verbergen sich Einrichtungen, die heute überwiegend als „veraltet" gelten und in der Gunst der Zielgruppe nicht mehr opportun sind. Neue kommunikativere und selbstständige Wohnformen oder spezialisierte Einrichtungen haben diese ersetzt.

Eine Differenzierung muss daher klare Entscheidungsmerkmale bieten und darf keine bewertungstechnisch relevanten Aspekte außer Acht lassen. Dies bedingt, dass neben immobilienwirtschaftlichen Aspekten – je nach Art der Seniorenimmobilie – betriebliche Gesichtspunkte in die Bewertung einbezogen werden.

2 Begriffsdefinition – Arten von Seniorenimmobilien

Eine klare Definition der einzelnen Seniorenimmobilienarten existiert nicht. Auch innerhalb der Branche werden Begriffe häufig unterschiedlich verwendet. So tragen beispielsweise die wenigsten *Pflegeheime* diese Bezeichnung, um den negativ belegten Begriff des „Heims" zu vermeiden. Die Benennung ist daher nicht absolut zu sehen. Vielmehr sind die Inhalte, die unter den einzelnen Begriffen subsumiert werden, ausschlaggebend und müssen für den Bewertungsfall überprüft werden.

Grob differenzieren lassen sich:

- Altenwohnung/Altenwohnen,
- *betreutes Wohnen*/Servicewohnen
- (Senioren-)*Residenz*/Wohnstift,
- (Alten-)*Pflegeheim,*
- Geriatrie/geriatrische Einrichtung.

2.1 Altenwohnung/Altenwohnen

Bei dieser Art der Seniorenimmobilie handelt es sich um an den Erfordernissen der Senioren ausgerichtete Wohnungen ohne weiteres Serviceangebot. Die Wohnungen sind üblicherweise an die alterspezifischen Bedürfnisse und – vorausschauend auf einen sich verschlechternden Gesundheitszustand der Bewohner – barrierefrei nach DIN 18025 Teil 2 ausgestattet. Die Schwellenfreiheit und die größeren Bewegungsflächen sollen den Bewohnern die Mobilität im Alter erleichtern. Ein weitergehender Service bzw. eine Verpflichtung zur Abnahme von Serviceleistungen besteht nicht.

Voraussetzung für den Einzug in Altenwohnungen ist üblicherweise das Erreichen einer bestimmten Altersgrenze (60 oder 65 Jahre). Damit stehen diese Konzepte der klassischen Wohnnutzung sehr nahe.

Eine Bewertung kann daher wie eine Verkehrswertermittlung bei vergleichbaren Wohnimmobilien unter Anpassung der spezifischen Parameter erfolgen.

2.2 Betreutes Wohnen/Servicewohnen

Bei dieser Wohnform wird dem Bewohner ebenfalls eine vollwertige Wohnung bzw. ein Apartment mit Bad und Küche zur Verfügung gestellt. Wie die Altenwohnungen, sind die Apartments barrierefrei (DIN 18025 Teil 2) und zum Teil auch rollstuhlgerecht ausgestattet (DIN 18025 Teil 1). Grundsatz dieser Wohnform ist: „So viel Selbstständigkeit wie möglich – so viel Hilfe wie nötig".

Neben der Wohnnutzung wird der Bewohner verpflichtet, über eine Grundpauschale weitergehende Leistungen eines Servicedienstleisters abzunehmen bzw. zu bezahlen. Die Leistungspalette gliedert sich in Grund- und Wahlleistungen. Während die Grundleistungen mit einer monatlichen (Service-)Pauschale abgegolten sind, müssen die nach Bedarf in Anspruch genommenen Wahlleistungen extra vergütet werden. Sowohl der Umfang der Grund- und Wahlleistungen als auch die dafür zu entrichtenden Preise unterscheiden sich erheblich.

Benötigt ein Bewohner Pflege, wird diese über ambulante Dienste erbracht (ambulante Pflegeleistung nach § 71 Abs. 1 Sozialgesetzbuch XI). Dabei ist zu beachten, dass je nach Schwere der Pflegebedürftigkeit die weitergehende Unterbringung häufig nicht garantiert wird. Nicht jedes Krankheitsbild kann über 24 Stunden im *Betreuten Wohnen* versorgt werden. Insbesondere demenzielle Erkrankungen mit Desorientierungszuständen stellen diese Organisationsform vor nahezu unlösbare Aufgaben. Ein Umzug ins *Pflegeheim* ist dann nicht auszuschließen.

Unter den Begriff „*betreutes Wohnen*" lassen sich Wohnformen wie Servicewohnen, Wohnen Plus, Wohnen 2000 etc. subsumieren. Unterschiede bestehen in aller Regel nur im Umfang und in der Art der gewährten Leistung und Betreuung.

Zu beachten ist, dass derartige Einrichtungen unter das Heimgesetz (§ 1 HeimG) fallen, wenn die Mieter vertraglich verpflichtet sind, Verpflegung und Betreuungsleistungen von bestimmten Anbietern anzunehmen. In diesen Fällen müssen die Vorschriften des Heimgesetzes sowie die dazugehörigen Verordnungen (Heimmindestbauverordnung etc.) erfüllt sein.

Dies ist nicht der Fall, wenn Betreuung und Verpflegung nur angeboten werden oder die Mieter vertraglich verpflichtet sind, allgemeine Betreuungsleistungen von bestimmten Anbietern anzunehmen und das Entgelt hierfür im Verhältnis zur Miete von untergeordneter Bedeutung ist.

Betreutes Wohnen steht ebenfalls der klassischen Wohnnutzung nahe. Eine Bewertung kann unter Berücksichtigung der entsprechenden Parameter nach dem Verfahren für vergleichbare Wohnimmobilien erfolgen.

Sind *betreute Wohnungen* oder Altenwohnungen nicht als eigenständige Anlage konzipiert, sondern in größere Wohnanlagen eingestreut, spricht man von generationsübergreifendem Wohnen oder Mehrgenerationenwohnen.

2.3 Residenz/Wohnstift

Diese Art von Seniorenimmobilien beinhaltet hochwertige Wohnungen für Senioren, bei denen über den monatlichen Basispreis eine Vielzahl anderer Dienstleistungen abgegolten wird. Vergleicht man diese Immobilienart mit dem Hotelbereich, entspricht sie einem 4- bis 5-Sterne-Seniorenhotel.

Neben der Wohnung wird ein umfangreicher Service verpflichtend angeboten. Eine Differenzierung des Preises findet häufig nicht statt. Zusätzlich zu den umfangreichen, im Basispreis enthaltenen Leistungen wie beispielsweise Mittagessen, kann das Angebot um Wahlleistungen (z. B. Frühstück) erweitert werden.

Im Gegensatz zum *betreuten Wohnen* halten *Residenzen* einen hohen Anteil von Service-, Funktions-, Verkehrs- und Gemeinschaftsflächen vor, deren Vorhaltung und Nutzung mit dem Basispreis abgegolten sind.

Während bei der *Residenz* der Serviceaspekt im Vordergrund steht, ist dies beim *betreuten Wohnen* die Wohnnutzung. Die Abgrenzung zum *betreuten Wohnen* ist häufig fließend und muss im Einzelfall genau geprüft werden.

Obwohl *Residenzen* der Wohnnutzung dienen, können diese nicht analog zu Wohnimmobilien bewertet werden. Neben den Wohnaspekten treten deutliche Eigenschaften der Spezialimmobilie auf, denen bei der Bewertung Rechnung getragen werden muss.

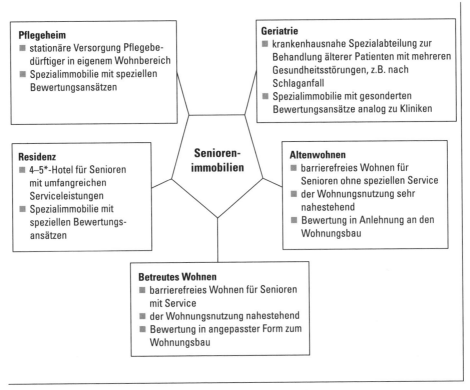

Abbildung 1: Seniorenimmobilien und ihre Bewertungsansätze

2.4 Pflegeheim

Pflegeheime sind Immobilien, in denen Leistungen der stationären Pflege nach § 71 Abs. 2 Sozialgesetzbuch (SGB) – Elftes Buch (XI) – Soziale Pflegeversicherung erbracht werden. In stationären *Pflegeheimen* werden die Patienten/Pflegebedürftigen auf Dauer und für 24 Stunden am Tag versorgt. Daneben existieren Tages- und Kurzzeitpflegeeinrichtungen, welche nachfolgend nicht näher betrachtet werden.

Der Einzug ins *Pflegeheim* erfolgt nur, wenn die Familienmitglieder nicht mehr in der Lage oder willens sind, die Angehörigen aufgrund der zunehmenden Gebrechen zu Hause zu versorgen oder in anderen Einrichtungen versorgen zu lassen. Wegen des zunehmenden Angebots anderer Wohnformen wie *betreutes Wohnen* entwickeln sich diese Einrichtungen zu Schwer- und Schwerst*pflegeheimen*.

Zu den *Pflegeheimen* bzw. zum *betreuten Wohnen* zählen auch so genannte integrierte Einrichtungen oder Verbundkonzepte. Dies sind Senioreneinrichtungen, die ambulant und stationär Leistungen nebeneinander erbringen.

Zusätzlich zum klassischen *Pflegeheim* werden Wohnungen des *betreuten Wohnens* angeboten. Für den Bewohner hat dies den Vorteil, über das *Pflegeheim* bei Bedarf auch für den Schwerstpflegefall abgesichert zu werden. Für den Betreiber der Einrichtung stellen diese Wohnungen eine Art Zulieferfunktion für das *Pflegeheim* dar. Aufgrund der Kombination dieser beiden Seniorenwohnformen ist auch der Begriff „kombinierte Einrichtung" gebräuchlich.

Die Bewertungsansätze richten sich nach der Höhe des Anteils des *betreuten Wohnens* an der Gesamtgröße der Einrichtung. Sofern auch eine räumliche und funktionale Trennung besteht, ist es sinnvoll, die Immobilien jeweils separat zu bewerten.

Pflegeheime sind Spezialimmobilien und als diese auch eigenständig zu bewerten.

2.5 Geriatrische Einrichtungen

Bei dieser Art der Seniorenimmobilie handelt es sich um eine krankenhausnahe Spezialabteilung zur Behandlung älterer Patienten mit mehreren Gesundheitsschäden (z. B. nach Schlaganfall).

Aus diesem Grund fällt die Bewertung dieser Spezialimmobilie in den Bereich der Fach- und Spezialkliniken. Die Bewertung erfolgt analog der im Beitrag „Bewertung von Kliniken"dargelegten Grundsätze.

3   Die Wahl des Wertermittlungsverfahrens

Anlässe der Bewertung von Sozialimmobilien sind hauptsächlich Verkaufspreisermittlungen und Beleihungswertermittlungen für Finanzierungen. Dazu werden in Deutschland üblicherweise die klassischen Verkehrswertermittlungsverfahren Sachwert-, Ertragswert- und Vergleichswertverfahren angewandt.

Bei der Bewertung von Seniorenimmobilien scheidet das Vergleichswertverfahren aufgrund der mangelnden Anzahl zur Verfügung stehender Vergleichsobjekte aus.

Für die Spezialimmobilie unter den Sozialimmobilien kommt das *Ertragswertverfahren* bei der Verkehrswertermittlung zum Tragen. Da der Ertrag, den das Objekt erbringt, über den Betrieb aus dem Objekt erwirtschaftet werden muss, steht die Rendite bei dieser Immobilienart klar im Vordergrund. Der Betreiber muss über den Betrieb den Kapitaldienst der Immobilie erwirtschaften – gleich ob er diesen als Miete an einen Investor zahlt oder zur Finanzierung der eigenen Immobilie einsetzt (Eigenbetrieb).

Die Bewertung über das Sachwertverfahren muss zu einem ungenauen Ergebnis führen, da viele wertrelevante Punkte des Betriebes derartiger Einrichtungen dabei nicht berücksichtigt werden. Zwar lassen sich überschlägig grobe Abweichungen bei den aufgerufenen Preisen feststellen, ein realistischer Kaufpreis kann jedoch erst anhand des Ertragswertes ermittelt werden. Letztendlich ist nicht die Substanz des Gebäudes entscheidend, sondern der Ertrag, der über den dazugehörigen Betrieb aus dem Gebäude erwirtschaftet werden kann.

Der Ertrag aus der Bewirtschaftung der Immobilie darf jedoch nicht mit dem Betriebsergebnis des Unternehmens gleichgesetzt oder vermischt werden. Diese beiden Punkte sind strikt zu trennen und separat zu bewerten. Die Bewertung der Immobilie umfasst *nicht* automatisch die Bewertung des Betriebes bzw. der Betriebsgesellschaft. Der Wert des Betriebes muss eigenständig – unter Berücksichtigung der betrieblichen Komponenten – ermittelt werden.

Wird neben der Immobilie auch das Unternehmen betrachtet, kommt häufig die DCF-Methode zum Einsatz. Nachfolgend wird jedoch auf die Wertermittlung der Immobilie abgestellt. Sofern der operative Betrieb den Ertragswert der Immobilie beeinflussen kann, wird dies entsprechend dargestellt.

4 Bewertung

Aufgrund des Spezialimmobiliencharakters von *Pflegeheimen, Residenzen* und geriatrischen Einrichtungen ergeben sich bei der Bewertung spezifische, wertrelevante Besonderheiten. Nachfolgend werden *Pflegeheime* und *Residenzen* intensiv behandelt.

Gemeinsam haben diese eine stark eingeschränkte Multifunktionalität. Bei einer Neuvermietung besteht aufgrund der speziellen, auf die Nutzung abgestellten Konzeption, unter wirtschaftlichen Gesichtspunkten fast ausschließlich die Möglichkeit, diese einem anderen Betreiber des gleichen Segments (Drittverwendung) anzubieten. Die Betriebsübernahme einer gut funktionierenden Seniorenimmobilie ist für Betreiber durchaus lukrativ.

Eine anderweitige Nutzungsart scheitert meist an den anfallenden Umbaukosten oder den bei anderer Nutzung stark reduzierten Mieteinnahmen aufgrund des hohen Nebenflächenanteils. Das schränkt die Multifunktionalität erheblich ein und ist einer der Gründe für die differenzierte Bewertung.

Fehlerquellen bei der Bewertung von diesen Spezialimmobilien liegen insbesondere in:

- der Wahl des falschen Bewertungsverfahrens,
- einer falschen Herleitung des Mietansatzes,
- Zugrundelegung einer nicht nachhaltig belegbaren Bettenzahl (häufig zu hoher Zweibettzimmeranteil) im Pflegebereich,
- einem zu hohen Mietansatz im *Residenz*bereich.

Insbesondere Fehler bei der nachhaltig erzielbaren Miete haben gravierende Auswirkungen auf das Ergebnis der Bewertung.

4.1 Der Bodenwert – Besonderheiten

Der Bodenwert wird analog zu anderen Immobilienarten im Vergleichswertverfahren ermittelt. Während *Pflegeheime* überwiegend in klassischen Wohngebieten und Stadtteilzentren liegen, sollten *Residenzen* über einen exklusiven Standort verfügen.

Als Besonderheit ist zu beachten, dass *Pflegeheime* in Sondergebieten liegen können, die einer Nutzungsausweisung, bzw. Beschränkung – z. B. Nutzung für den Gemeinbedarf – unterliegen. Der Bodenpreis entspricht in diesem Fall nicht dem der umliegenden Nutzungsarten und muss korrigiert werden.

4.2 Parameter des Ertragswertverfahrens

Auch der *Residenzbereich* ist ähnlich wie eine klassische Wohnnutzung zu sehen, doch der Abnutzungsgrad ist höher. Die Bewohner sind regelmäßig 24 Stunden am Tag präsent.

Dazu kommt die ständige Bewirtschaftung des Hauses, verbunden mit der Anwesenheit weiterer Personen bzw. des Personals, so dass die Beanspruchung der Immobilie höher ist als im klassischen Wohnungsbau.

Die Konzepte im *Pflegeheimbau* waren in den vergangenen Jahrzehnten größeren Änderungen unterworfen. Zukünftig dürfte die Weiterentwicklung moderat verlaufen. Auch wenn eine intensivere persönliche Betreuung der Bewohner wünschenswert ist und damit die Anzahl der Bewohner je Wohngruppe eingeschränkt würde, scheitern diese Konzepte häufig an den Personalressourcen bzw. den damit verbundenen Kosten.

Sofern die Einrichtung regelmäßig instand gehalten wird und über ein modernes Raum- und Funktionsprogramm verfügt, ist eine *Gesamtnutzungsdauer* von 60 bis 80 Jahren erreichbar. Eine höhere Nutzungsdauer scheidet aufgrund der hohen Frequenz und Belastung durch die 24-stündige Anwesenheit der Bewohner und des Pflegepersonals aus.

Die Bewirtschaftungskosten sollten für beide Immobilienarten gesondert berechnet werden. Dabei ist ein *Mietausfallwagnis* – abhängig von der Bonität des Betreibers – von 3 bis 5 Prozent angemessen. Die Kosten für Instandhaltung und Instandsetzung müssen abhängig von den mietvertraglichen Regelungen veranschlagt werden. Sofern die *Instandhaltungskosten* weitgehend auf den Mieter abgewälzt werden und nur die Instandhaltung von „Dach & Fach" beim Vermieter verbleibt, sind diese entsprechend zu reduzieren.

Da die Immobilie nur einen Mieter (den Betreiber) aufweist, ist der Verwaltungsaufwand geringer als bei Immobilien mit mehreren Nutzern. Der Aufwand für die Vermietung des Hauses an die Bewohner ist im Pflegesatz bei den Heimentgelten für die Verwaltung berücksichtigt. Entsprechend können pauschale *Verwaltungskosten* in Ansatz gebracht werden, die im Bereich von 1 bis 2 Prozent des Jahresrohertrages liegen.

Aus diesen Parametern errechnen sich im Regelfall Bewirtschaftungskosten von 10 Prozent bis 20 Prozent der Jahresnettomiete.

Auch wenn ein *Pflegeheim* im bautechnischen Sinne einer wohnähnlichen Nutzung unterliegt, fällt der Betrieb der Einrichtung in den Gewerbebereich. Insofern wäre der *Liegenschaftszins* analog zu einer rein gewerblich genutzten Immobilie festzulegen. Aufgrund des erhöhten Risikos einer Spezialimmobilie und der eingeschränkten Drittverwendungsfähigkeit, sollte der Liegenschaftszins um 0,5 Prozentpunkte gegenüber klassischen Büroimmobilien (bzw. um zwei Prozentpunkte gegenüber Wohnimmobilien) erhöht werden.

Bei *Residenzen* kann auf diesen Zuschlag verzichtet werden, da bei dieser Immobilienart die Wohnnutzung stärker im Vordergrund steht. Das Risiko wird hier über die Einstufung als Gewerbeimmobilie und dem damit im Vergleich zum Wohnungsbau erhöhten Liegenschaftszins abgebildet. Erfragt werden kann der Liegenschaftszins analog zum Bodenwert beim Gutachterausschuss.

Weitere Sicherheitsabschläge bei der Ertragswertberechnung sind nur notwendig, sofern ungewöhnliche Situationen das Objekt belasten. Üblicherweise nehmen Kreditinstitute bei der Beleihungswertermittlung einen zusätzlichen Sicherheitsabschlag vor, um ihr Risiko bei der Finanzierung zu minimieren.

4.3 Die Bestimmung des nachhaltig erzielbaren Ertrages bei Pflegeheimen

Bei der Bewertung von *Pflegeheimen* bereitet die Berechnung eines nachhaltig erzielbaren Ertrages häufig Probleme. Vergleichsmieten über Quadratmeterwerte wie bei anderen Immobilienarten können nicht herangezogen werden bzw. würden zu falschen Ergebnissen führen.

Auch die Herleitung über einen Prozentsatz vom Umsatz führt oft zu irreführenden Werten. Wird ein gefördertes Objekt bewertet, muss berücksichtigt werden, dass der Bau des Hauses von der Förderbehörde bezuschusst wurde. Ähnlich wie beim geförderten Wohnungsbau wirkt sich dies auf die realisierbare Miete aus. Entsprechend muss bei diesen Objekten der pauschale Ansatz über einen Prozentanteil am Umsatz zu überhöhten und damit falschen Ergebnissen führen.

Anhaltspunkt für die Bewertung ist die vom Nutzer bzw. Betreiber gezahlte Miete. Allerdings ist auch diese einer Plausibilitätsprüfung zu unterziehen. Bei einer nicht marktkonformen Miete sind entsprechende Korrekturen vorzunehmen.

Werden irrationale Mieten versprochen, die über die realisierbaren Sätze hinausgehen, geht dies zu Lasten des Betriebsergebnisses. Der Betreiber muss die Miete aus den anderen Einnahmebereichen bezuschussen. Eine solche Quersubvention innerhalb des Pflegesatzes ist jedoch gesetzlich nicht zulässig. Stellt der Kostenträger dieses Verhalten fest, drohen die Kürzung des Pflegesatzes sowie weiterreichende Konsequenzen.

Ein anderer Betreiber würde eine Miete in dieser Höhe nicht akzeptieren. Übersteigt die Miete das Betriebsergebnis, ist die Wirtschaftlichkeit des Betriebes gefährdet und die Insolvenz des Betreibers (oder die Nachverhandlung des Mietvertrages) vorprogrammiert.

Diesen Zusammenhang zwischen einer (tragbaren) Mietverpflichtung und dem Betriebsergebnis aus Sicht des Betreibers (!) stellt Tabelle 1 dar. Hierbei wurden folgende Prämissen unterstellt:

- Bettenanzahl: 100 Stück,
- Betriebstage pro Jahr: 365,
- nachhaltiger Auslastungsgrad: 95 Prozent,
- durchschnittlicher Pflegesatz pro Tag: 88 Euro,
- Instandhaltungskostenanteil des Betreibers: 1 Euro
- Umsatzrendite des Betreibers in der Ausgangslage: 4 Prozent.

	Pro Belegtag	Pro Jahr (95 %)				
Belegtage/ Betten	100	34.675				
Umsatz pro Tag	88,00 Euro	3.051.400 Euro				
davon Investitionskosten	17,00 Euro	589.475 Euro				
Angenommene Umsatzrendite von 4 %	3,52 Euro	122.056 Euro	Eigentümer der Immobile		Betreiber	
Mietvarianten			„Ertragswert*"	Mietdifferenz	Restgewinn	Umsatzrendite des Betreibers
1. nach Abzug Instandhaltung des Betreibers	16,00 Euro	554.800 Euro	6.684.993 Euro	0 Euro	122.056 Euro	4,00 %
2. nach Faustformel in % vom Umsatz (hier Annahme: 20 %)	17,60 Euro	610.280 Euro	7.352.770 Euro	55.480 Euro	66.576 Euro	2,18 %
3. laut abgeschlossenem Pachtvertrag	19,61 Euro	680.000 Euro	8.191.943 Euro	125.200 Euro	–3.144 Euro	–0,10 %

* für die Berechnungen wurden bis auf die Miethöhe die gleichen Prämissen unterstellt (aus Vereinfachungsgründen ein Rohertragsmultiplaktor von ca. 12)

Tabelle 1: Auswirkungen verschiedener Mietansätze auf Ertragswert und Betriebsergebnis

Ein realistischer und nachhaltiger Immobilienertrag muss sich an den Sätzen orientieren, die dem Betreiber für die Nutzung der Immobilie zur Verfügung stehen bzw. von diesem dem Bewohner in Rechnung gestellt werden können. Im *Pflegeheim*bereich ist dies gesetzlich normiert.

Der Bewohner zahlt an den Betreiber täglich einen *vereinbarten Pflegesatz* – abhängig von seiner Pflegebedürftigkeit. Dieser gliedert sich in die Kostenbereiche:

- Pflegeleistungen,
- Unterkunft und Verpflegung,
- Investitionskosten.

Während die Sätze für die Pflegeleistungen mit Anstieg der Pflegestufe ebenfalls ansteigen, bleiben die Sätze für Unterkunft und Verpflegung sowie die Investitionskosten über alle Pflegestufen gleich.

Innerhalb der Sätze für Pflegeleistungen sowie Unterkunft und Verpflegung dürfen nach § 82 SGB XI Aufwendungen für Maßnahmen *nicht* berücksichtigt werden, die dazu bestimmt sind, die für den Betrieb der Pflegeeinrichtung notwendigen Gebäude und sonstigen abschreibungsfähigen Anlagegüter herzustellen, anzuschaffen, wieder zu beschaffen, instand zu halten oder instand zu setzen – (mit Ausnahme der Verbrauchsgüter, deren Kosten in die Pflegevergütung einbezogen werden dürfen wie z. B. Inkontinenzmittel). Hierzu zählen die Aufwandsdispositionen:

- für den Erwerb und die Erschließung von Grundstücken,
- für Miete, Pacht, Nutzung oder Mitbenutzung von Grundstücken oder sonstigen Anlagegütern,
- für den Ablauf oder die innerbetriebliche Umstellung von Pflegeeinrichtungen,
- für die Schließung von Pflegeeinrichtungen oder Umstellung auf andere Aufgaben.

Diese Aufwendungen dürfen nach § 82 Abs. 3 SGB XI *nur* bei den Investitionskosten (betriebsnotwendige Investitionsaufwendungen) geltend gemacht werden. Nur aus diesem Kostenblock kann und darf der Betreiber Mieteinnahmen generieren, die er zur Finanzierung oder zur Pacht der Einrichtung einsetzt. Zusätzliche Mieteinnahmen können höchstens aus der Untervermietung einzelner Räume, z. B. Friseur, erzielt werden.

Die Investitionskosten berechnen sich nach den von den Bundesländern vorgegebenen Schemata. Darin enthalten sind *auch* die Kosten für die Instandhaltung der Immobilie und des Mobiliars. Dies ist in Abhängigkeit von der entsprechenden Regelung des Mietvertrages bei der Berechnung des nachhaltig erzielbaren Ertrages zu berücksichtigen. Entsprechend sollte bei den für eine nachhaltige Miete zu Grunde gelegten Investitionskosten, sofern dem Vermieter nur die Instandhaltung und Instandsetzung an „Dach & Fach" obliegt, ein Abzug für sonstige Instandhaltungsmaßnahmen in Ansatz gebracht werden.

Der Investitionskostensatz muss die Grundlage für die Berechnung eines nachhaltig erzielbaren Ertrages liefern. Neben den Bestimmungen des SGB XI kommen hier auch Regelungen des Bundessozialhilfegesetzes (BSHG) bzw. SGB XII zum Tragen.

Sofern Sozialhilfeempfänger im *Pflegeheim* aufgenommen werden, wird der Sozialhilfeträger Verhandlungspartner des Betreibers. Er finanziert die Investitionskosten, die der Sozialhilfeempfänger zu zahlen hat, nur, sofern eine entsprechende Vereinbarung zur Übernahme der gesondert berechneten Investitionskosten nach § 93 Abs. 7 Bundessozialhilfegesetz (BSHG) bzw. § 75 Abs. 5 SGB XII abgeschlossen wurde.

Der Anteil der Sozialhilfeempfänger in *Pflegeheimen* liegt im Regelfall bei 25 bis 50 Prozent mit steigender Tendenz. Da die Investitionskosten ohne eine Vereinbarung nach BSHG für Sozialhilfeempfänger nicht refinanziert sind (der Sozialhilfeempfänger kann nicht, der Sozialhilfeträger muss nicht zahlen), muss die entsprechende Vereinbarung vorliegen oder bei der Bewertung ein ausreichender Abschlag vorgenommen werden.

Der Investitionskostensatz sollte seiner Höhe nach im Bereich vergleichbarer Einrichtungen im näheren Umkreis liegen. Dabei ist zu berücksichtigen, dass frei finanzierte Einrichtungen häufig höhere Pflegesätze aufweisen als geförderte *Pflegeheime*.

Ein Investitionskostensatz, der deutlich über den Sätzen vergleichbarer Einrichtungen liegt, zieht unweigerlich nachteilige Auswirkungen auf die Belegung nach sich. Zukünftig ist zudem damit zu rechnen, dass der Sozialhilfeträger preiswertere Einrichtungen bevorzugen wird.

Pflegestufe	I	II	III	Abrechnungspartner (vereinfacht)
1. durchschnittliche Pflegekosten	40 Euro	50 Euro	65 Euro	**Pflegekasse** (bis zum jeweiligen Höchstbetrag je Pflegestufe, dann Bewohner bzw. Sozialhilfeträger)
2. Unterkunft & Verpflegung (Hotelkosten)		18 Euro		Bewohner bzw. Sozialhilfeträger
3. Investitionskosten (Miete, AfA + Instandhaltung)		17 Euro		**Mietanteil**
Gesamtpflegesatz	75 Euro	85 Euro	100 Euro	

Abbildung 2: Aufbau des Pflegesatzes (Kosten pro Bewohner und Tag)

Für den nachhaltig erzielbaren Ertrag ist ferner der *nachhaltige Auslastungsgrad* der Einrichtung wesentlich. Bei der Berechnung des Ertrages kann im Regelfall eine durchschnittliche Belegung von 95 Prozent angesetzt werden, sofern keine außergewöhnlichen Kriterien vorliegen. Bei der Berechnung der Pflegesätze wird häufig von einer 98-prozentigen Auslastung ausgegangen. Aus Gründen der Risikobetrachtung sollte bei der Bewertung ein Satz von 95 Prozent nicht überschritten werden.

Zusätzlich zum Investitionskostensatz müssen weitere spezifische Faktoren geprüft werden. Dies sind insbesondere der Bedarf an Pflegeplätzen vor Ort, die Struktur und das Konzept des Hauses, das Raum- und Funktionsprogramm sowie das Betriebskonzept.

Der Standort sollte bei der Bewertung über den Grundstückspreis hinaus betrachtet werden. Pflegeeinrichtungen „im Grünen" sind heute nicht mehr opportun. Gefordert sind Standorte innerhalb der Städte oder Stadtteilzentren mit guter Verkehrsanbindung und Infrastruktur für Angehörige und Mitarbeiter. Der pflegebedürftige Bewohner möchte nicht auf die grüne Wiese abgeschoben werden, sondern – soweit er dazu noch in der Lage ist – am Leben in der Stadt teil haben und bevorzugt günstig (zentral) gelegene Einrichtungen.

Ausschlaggebend für den Erfolg einer Einrichtung ist der *quantitative und qualitative Bedarfsdeckungsgrad* vor Ort. Die Anzahl der Pflegebedürftigen in Heimen lag Ende des Jahres 2001 bei 4,3 Prozent der über 65-Jährigen. Für den ländlichen Bereich können 4,0 Prozent der über 65-Jährigen als Richtwert, in Großstädten aufgrund des geringeren familiären Hilfepotenzials 5 Prozent der über 65-Jährigen als Richtwert angenommen werden. Dabei ist sowohl der Bedarfsdeckungsgrad am Standort als auch im Landkreis zu berücksichtigen. Liegt der Bedarfsdeckungsgrad oberhalb dieser Richtwerte, muss mit Abschlägen bei der Auslastung gerechnet werden.

Auch die *Aufteilung von Einbett- und Zweibettzimmern* kann die Belegung beeinflussen. Der Trend der letzten Jahre war von einer gesteigerten Nachfrage nach Einbettzimmern geprägt. Manche Landespflegegesetze forderten sogar einen Einbettzimmeranteil von bis zu 100 Prozent. Von dieser Maximalforderung kann bis zu einem bestimmten Grad abgewichen werden. Keinesfalls sollte jedoch eine Quote von 50 Prozent der Betten im Einbettzimmer unterschritten werden. Dies entspricht einer Zimmerverteilung von zwei Drittel Einbett- zu ein Drittel Zweibettzimmern. Bei einem höheren Anteil an Zweibettzimmern können Probleme bei der Belegung der Zimmer mit einer zweiten Person auftreten. Die Folge ist eine geringere Auslastung.

Die Größe der Einbettzimmer sollte mindestens 14 m^2, besser 16 m^2, bei Zweibettzimmern mindestens 20 m^2, besser 22 m^2 aufweisen. Eine Nasszelle mit Waschbecken, Dusche und WC je Bewohnerzimmer ist Standard. Um ausreichende Gemeinschaftsflächen anzubieten, sollte die NGF pro Platz nicht unter 40 m^2 liegen. Größenordnungen oberhalb von 50 m^2 NGF je Platz lassen sich aus Kapitalmarktsicht nur selten über den Pflegesatz finanzieren, auch wenn dies für die Betreuung der Bewohner sinnvoll wäre.

4.4 Die Bestimmung des nachhaltig erzielbaren Ertrages bei Residenzen

Im Gegensatz zu *Pflegeheimen* besteht bei *Residenzen* im Regelfall keine klare Differenzierbarkeit zwischen dem Mietanteil und den sonstigen (Service-)Entgelten. Der Bewohner zahlt einen monatlichen „Pensionspreis", der neben der Überlassung des Wohnapartments die Nutzung der Gemeinschaftsräume (Restaurant, Bibliothek, Schwimmbad etc.) und eine Reihe Serviceleistungen (z. B. Mittagessen, wöchentliche Reinigung des Apartments) beinhaltet. Eine detaillierte Aufteilung der vom Bewohner zu entrichtenden Monatsentgelte kann nur über den Betreiber erfolgen.

Die sicherste Methode, den mietrelevanten Anteil abzuleiten, bietet die *Analyse der Gewinn- und Verlustrechnung* bzw. der *Betriebswirtschaftlichen Auswertung* (BWA). Dies setzt voraus, dass der Betreiber die Daten zur Verfügung stellt. Auch hierbei muss berücksichtigt werden, dass ein entsprechender Betriebsgewinn beim Betreiber verbleibt und nur eine tragfähige Miete in Ansatz gebracht wird.

Zusätzlich kann die angegebene Miete über Vergleichsmieten bestehender Objekte plausibilisiert werden. Hinsichtlich der Differenzierung des Mietanteils unterliegt diese Methode jedoch ebenfalls den oben angeführten Prämissen.

Eine weitere Möglichkeit besteht darin, einen Prozentsatz vom Umsatz näherungsweise als Mietanteil zu Grunde zu legen. Üblicherweise liegt die Pacht bei ca. 30 Prozent des Umsatzes. Unterschiede sind jedoch je nach Umfang des pauschalen Serviceangebotes gegeben. Auch die Größe der Einrichtung beeinflusst aufgrund der Fixkosten sowie der sprungfixen Kosten den anzusetzenden Prozentsatz. Diese Methode liefert allerdings kein exaktes Ergebnis, sondern nur einen Näherungswert.

Ein wesentliches Erfolgskriterium für eine *Seniorenresidenz* stellt der Standort dar. Bei *Residenzen* handelt es sich um 4 bis 5 Sterne-Hotels für Senioren. Entsprechend sollte auch der Standort analog zum Hotelbereich ausgewählt werden. Der Kunde ist nur bereit, das hohe Monatsentgelt zu zahlen, wenn er dafür auch angemessen zentrale Standorte, verbunden mit ansprechenden Serviceleistungen, geboten bekommt. Abstriche beim Standort führen zwangsläufig zu Abschlägen bei der Auslastung.

Die Auslastung liegt im *Residenz*bereich bei 80 bis 98 Prozent. Eine höhere Auslastung als 90 Prozent sollte bei der Bewertung jedoch nur dann angesetzt werden, wenn der Betreiber diese in der Vergangenheit kontinuierlich nachweisen kann. Allerdings gibt es im Bereich der Residenzen auch Negativbeispiele, die aufgrund eines mangelhaften Konzeptes auch nach mehreren Jahren noch (zu) geringe Auslastungszahlen von teilweise unter 60 Prozent aufweisen.

Der Trend bei den Wohnungsgrößen hat sich in den letzten Jahren deutlich zu Gunsten größerer Wohnungen (2- bis 3-Zimmer-Apartments) verschoben. Die Mindestgröße für einen wirtschaftlichen Betrieb dieser Einrichtungen liegt bei 120 bis 150 Apartments.

Aufgrund des Spezialimmobiliencharakters mit einem darauf abgestimmten Raum- und Funktionsprogramm ist die Drittverwendungsmöglichkeit stark eingeschränkt. Eine anderweitige Nutzung ist infolge des hohen Anteils von Servicefläche wirtschaftlich kaum darstellbar. Bei einem Ausfall des Mieters bleibt die Vermietung an einen anderen Betreiber des gleichen Segments erfahrungsgemäß das wirtschaftlich sinnvollste Neuvermietungsszenario.

Um eine solche Anlage nachhaltig auslasten zu können, muss bei Pensionspreisen pro Monat ab 1.500 Euro aufwärts eine entsprechend wohlhabende Klientel vor Ort vorhanden sein. Kleinstädte scheiden als Standorte für Einrichtungen dieser Nutzungsart aus. Ausnahmen bilden Städte, die bei der Zielgruppe als Wohnsitz im Alter besonders beliebt sind.

Zusätzlich beeinflusst die Konkurrenz vor Ort die Auslastung der Einrichtung. Daher ist eine detaillierte Konkurrenzanalyse Voraussetzung für eine fundierte Bewertung. Bedarfsmargen analog zum Pflegebereich existieren nicht. Bewertet werden muss die Altersstruktur und die Einkommenssituation vor Ort und im Einzugsbereich der Einrichtung.

Neben diesen Faktoren ist bei dieser Immobilienart das Betriebskonzept für den Erfolg entscheidend. Dabei ist sicherzustellen, dass der Verbleib der Bewohner auch im Schwerstpflegefall gesichert ist. Dies kann durch die Pflege im eigenen Apartment oder eine hausinterne Pflegestation gewährleistet werden. Die Sicherheit, im Pflegefall nicht mehr umziehen zu müssen, ist ein wesentliches Vermietungsargument und damit relevant für die Belegung.

4.5 Die betriebliche Komponente

Zusätzlich zu den immobilienwirtschaftlichen Aspekten muss auch die betriebliche Komponente betrachtet werden. Nur eine wirtschaftliche Betriebsführung sichert die langfristige Mietzahlung. Bestehen Mängel hinsichtlich des Konzeptes, des Standortes, des Bedarfs bis hin zur Kompetenz des Betreibers, muss dies bei der Bewertung beachtet werden. Dabei ist zu unterscheiden, ob diese Probleme behebbar sind, oder das Objekt nachhaltig belasten.

Zum einen ist die Immobilie auf ihre Funktionsfähigkeit, zum anderen die Betreiberkalkulation zu prüfen. Einer besonderen Beachtung bedürfen die Personalkosten. Einerseits ist dies der Hauptkostenblock für den Betreiber, zum anderen ist diese Kostenart nur mittel- bis langfristig disponibel. Aufgrund der bestehenden Vorschriften (Kündigungsschutz etc.) sind Personalumstrukturierungen und damit Änderungen der Personalkosten kurzfristig nur eingeschränkt realisierbar.

Bei der Betreiberkalkulation ist darauf zu achten, dass ein ausreichender Gewinn für die Betriebsgesellschaft verbleibt. Ergebnisse aus dem Betrieb, die den nachhaltig erzielbaren Ertrag aus den Investitionskosten übersteigen, dürfen bei der Bewertung der Immobilie nicht in Ansatz gebracht werden. Würde man diese der nachhaltig erzielbaren Miete zurechnen, verbliebe dem Betreiber kein Gewinn und das Interesse am Betrieb der Einrichtung würde entfallen. Gleichzeitig wäre kein anderer Betreiber bereit, unter Marktgesichtspunkten diese Miete zu zahlen.

Grundsätzlich sind Betriebs- bzw. Unternehmensgewinne anders zu bewerten als Immobilien- bzw. Mieterträge. Eine Einbeziehung des Betriebsgewinns in die Ertragswertberechnung verzerrt das Ergebnis erheblich. Während der nachhaltig erzielbare Betrag im Immobilienbereich bei einem Liegenschaftszins von sieben Prozent und einer Restnutzungsdauer von 58 Jahren mit einem Vervielfältiger von 14 kapitalisiert wird, liegen die Vervielfältiger für Unternehmensgewinne dieser Branche für größere Gesellschaften bei vier bis sechs. Eine Kapitalisierung innerhalb der Immobilienbewertung würde demnach einen deutlich überhöhten Unternehmenswert ergeben. Beispielsweise würde die Einbeziehung eines Unternehmensgewinns von einer Million Euro in den nachhaltig erzielbaren Ertrag einen um bis zu zehn Millionen Euro überteuerten Wert ergeben.

Zudem können Beträge, die aus dem Betrieb erwirtschaftet werden, zusätzlich zur Tilgung eines Kredits eingesetzt werden. Dadurch wird die Tilgungsphase verkürzt, der Verkehrswert bleibt jedoch unbeeinflusst. Steht die Immobilie im Eigentum des Betreibers und besteht dessen Ziel in einer möglichst schnellen Entschuldung, ist dieses Vorgehen ein opportuner Ansatz.

Literaturhinweise

BSHG, Bundessozialhilfegesetz, Beck-Texte im dtv, München 1996.

Hessisches Sozialministerium (2003): Novellierung der Heimmindestbauverordnung, Wiesbaden 2003.

Koch, J. (2002): Buchhaltung und Bilanzierung in Krankenhaus und Pflege, Berlin 2002.

Kunz, E./Butz, M./Wiedemann, E. (2003): Heimgesetz Kommentar, München 2003.

Murfelde, U. A. (1997): Spezielle Betriebswirtschaftslehre der Grundstücks- und Wohnungswirtschaft, Hamburg 1997.

Petersen, H. (1999): Marktorientierte Immobilienbewertung, in Sailer, E. und Langenmaack, H.-E.: Kompendium für Makler, Hausverwalter und Sachverständige, Stuttgart/München/Hannover/Berlin 1999.

Reinhold, W. (2003): Wertermittlungsrichtlinien 2002, München/Unterschleißheim 2003.

SGB XI, Soziale Pflegeversicherung, Beck-Texte im dtv 1996.

Statistisches Bundesamt (2003): Bericht: Pflegestatistik 2001, Bonn 2003.

Tegova (2003): Europäische Bewertungsstandards, Bonn 2003.

Bewertung von Kliniken

Carsten Brinkmann/Stefan Begemann

1 Einleitung

2 Kliniken
2.1 Krankenhäuser
2.2 Vorsorge- und Rehabilitationseinrichtungen
2.3 Zukünftige Entwicklungen

3 Bewertungsverfahren für Kliniken
3.1 Alternative Bewertungsverfahren
3.2 Wahl des Bewertungsverfahrens

4 Das Vorgehen im Rahmen einer Immobilienbewertung
4.1 Immobilienbewertung am Beispiel einer Vorsorge- und Rehabilitationseinrichtung
4.2 Immobilienbewertung am Beispiel eines Krankenhauses

5 Zusammenfassung

1 Einleitung

Das Gesundheitswesen hat sich in den letzten Jahrzehnten zu einem der wichtigsten Wirtschaftsfaktoren in Deutschland entwickelt. Die Gesamtausgaben in diesem Bereich betrugen im Jahr 2002 ca. 234 Milliarden Euro. Davon entfielen 73,6 Milliarden Euro auf die stationäre Versorgung in ca. 3.500 Kliniken (2.200 Krankenhäuser und 1.300 Vorsorge- und Rehabilitationseinrichtungen).

Die Ausgaben entsprachen damit annähernd 10,5 Prozent des deutschen *Bruttoinlandproduktes (BIP)*. Nach den Vereinigten Staaten und der Schweiz hat Deutschland damit in Relation weltweit die höchsten Gesundheitsausgaben.

Unter dem Aspekt der Beitragssatzstabilität der gesetzlichen Krankenkassen wurde in den letzten Jahren mit einer Vielzahl von gesetzlichen Regelungen versucht, den Kostenanstieg im Gesundheitswesen einzudämmen. Bezogen auf den Bereich der Kliniken waren dies insbesondere das Krankenhausfinanzierungsgesetz und die Bundespflegesatzverordnung in ihren jeweils aktuellen Fassungen.

Dies führte zu vielfältigen Bemühungen der Träger/Betreiber, die vorhandenen Strukturen in den Kliniken zu optimieren. Außer den internen Verbesserungsmaßnahmen werden speziell *Kooperationen* vorangetrieben. Neben dem Anschluss an eine der etablierten Klinikketten stehen Unternehmensbeteiligungen, strategisch ausgerichtete Unternehmenszu- und -verkäufe oder Fusionen im Vordergrund.

Verändern sich im Rahmen solcher Zusammenschlüsse die Gesellschafts- und Gesellschafterstrukturen, stellt sich die Frage nach dem Unternehmenswert und der Bedeutung bzw. dem Preis der Immobilien. Neben steuer- und gesellschaftsrechtlichen Fragestellungen kommt dem Immobilienvermögen im Rahmen der Absicherung einer angedachten Fremdfinanzierung eine hohe Bedeutung zu.

2 Kliniken

Einrichtungen der stationären Krankenversorgung werden in der Regel unter dem Begriff *„Klinik"* zusammengefasst, unabhängig davon, ob es sich dabei um ein Krankenhaus oder um eine Vorsorge- und Rehabilitationseinrichtung handelt. Aufgrund der unterschiedlichen Betreiber- und Finanzierungsstrukturen muss eine Abgrenzung erfolgen.

2.1 Krankenhäuser

Die Definition des Begriffes „Krankenhaus" findet sich im Fünften Sozialgesetzbuch (SGB V) und im Krankenhausfinanzierungsgesetz (KHG). Krankenhäuser im Sinne dieser Gesetze sind „Einrichtungen, in denen durch ärztliche und pflegerische Leistungen Krankheiten, Leiden oder Körperschäden festgestellt, geheilt oder gelindert werden sollen oder Geburtshilfe geleistet wird und in denen die zu versorgenden Personen untergebracht und verpflegt werden können". Im Bereich der Krankenhäuser existieren drei wesentliche *Träger- bzw. Betreibergruppen*:

- öffentlich Träger (z. B. Städte und Gemeinden),
- private Träger (z. B. Privatpersonen oder Aktiengesellschaften),
- freigemeinnützige Träger (z. B. kirchliche Träger oder Stiftungen).

Die Anteile der Krankenhäuser nach Trägerschaft werden in Abbildung 1 dargestellt.

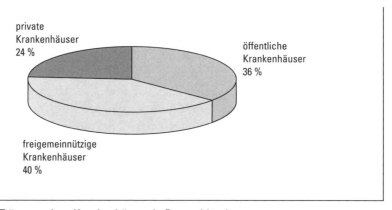

Abbildung 1: Trägerstruktur Krankenhäuser in Deutschland

Die Finanzierung der Krankenhäuser richtet sich nach den Regelungen des KHG und der Bundespflegesatzverordnung (BPflV). Durch das so genannte *duale Finanzierungssystem* wird im Wesentlichen zwischen Investitions- und Betriebskosten eines Krankenhauses unterschieden. Die Investitionskosten für Immobilien und andere Anlagegüter, die im Rahmen einer pauschalen und einer individuellen Förderung gewährt werden, sind durch die Bundesländer zu finanzieren. Die Betriebskosten werden durch den Patienten bzw. seine Krankenkasse getragen.

Die *Investitionsquote* der Bundesländer ist seit Jahren rückläufig. Investitionsmaßnahmen werden oftmals nur noch zu 60 bis 70 Prozent gefördert und können aufgrund der fehlenden Eigenmittel teilweise nicht mehr durchgeführt werden. Dies hat dazu geführt, dass ein Investitionsstau von ca. 25 Milliarden Euro in den deutschen Krankenhäusern vorliegt, der die medizinische und betriebswirtschaftliche Leistungsfähigkeit der Einrichtungen maßgeblich belastet und teilweise in ihrer Existenz gefährdet. Folge: Nur durch Aufnahme von Fremdkapital kann der Investitionsstau beseitigt werden. Die Fremdfinanzierung durch Banken, Investoren oder Investmentfonds zur Durchführung von Investitionsmaßnahmen müsste daher in der Zukunft deutlich zunehmen. Aber die Rückführung der Finanzmittel wird den Krankenhäusern dabei nur gelingen, wenn entsprechende Restrukturierungsmaßnahmen umgesetzt werden, wozu oftmals die erforderlichen Ressourcen nicht zur Verfügung stehen.

Die Erstattung der *Betriebskosten* erfolgt über eine patientenbezogene Abrechnung der Leistungen, die pro Krankenhaus budgetiert ist (so genanntes Krankenhausbudget). Das Vergütungssystem ist von einem größteils auf Pflegesätzen basierenden Abrechnungssystem auf ein pauschalisiertes Entgeltsystem (G-DRG) umgestellt worden. Jeder Krankenhausleistung wird damit ein festes Entgelt zugeordnet. Fehlallokationen von Ressourcen, wie sie durch die Vergütung nach Tagessätzen häufig gegeben waren, sollen durch dieses System vermieden werden. Diese so genannten Fallpauschalen enthalten jedoch wie in der Vergangenheit keine Anteile für Investitionskosten, was die Investitionsquote in den Kliniken hemmt und damit die zukünftige medizinische Leistungsfähigkeit gefährdet.

2.2 Vorsorge- und Rehabilitationseinrichtungen

Vorsorge- und Rehabilitationseinrichtungen werden ebenfalls im SGB V definiert. Dabei wird insbesondere auf den Aspekt der Verhinderung einer zukünftigen Erkrankung (Vorsorge) und die Sicherung eines Gesundheitszustandes sowie die Vermeidung einer zukünftigen Behinderung oder Pflegebedürftigkeit (Rehabilitation) eingegangen. Der Markt für Vorsorge- und Rehabilitationsleistungen befindet sich wie im Krankenhausbereich in einer Umbruchphase. Die Einführung des DRG-Systems in den Krankenhäusern wird direkte und umfassende Auswirkungen auf die medizinische Leistungserbringung haben. Der Ausbau der medizinischen Leistungsstärken in sachlicher und fachlicher Hinsicht wird überlebensnotwendig, es stehen dem aber keine zusätzlichen Finanzmittel gegenüber.

Parallel zu diesen erhöhten Anforderungen findet eine Verlagerung von Leistungen in den ambulanten Bereich statt. Dies zieht die Präferenz einer regionalen Patientenversorgung durch die Kostenträger mit umfassenden Strukturveränderungen nach sich.

Die *Finanzierung* der stationären Leistungen erfolgt in diesem Bereich auch zukünftig über tagesgleiche Pflegesätze, das heißt, die Bezahlung erfolgt je belegtes Bett pro Tag. Die Pflegesätze umfassen die Kosten für die Investitionen der Einrichtungen (inklusive Kapitalkosten) oder die Miete/Pacht sowie die Kosten für die Unterbringung und Pflege der Patienten. Teilweise wird durch die Betreiber eine Trennung zwischen Besitz (Boden und Gebäude) und Betrieb der Einrichtung vorgenommen. Die zum Betrieb der Rehabilitationseinrichtung notwendigen Gebäude werden anschließend an die Betreibergesellschaft vermietet.

Der Markt ist von privater *Trägerschaft* geprägt (58 Prozent), die in der Vergangenheit erhebliche Fremdfinanzierungen in Anspruch genommen hat. Diese haben sich aufgrund der oben geschilderten Problematik als schwerwiegende Belastung herausgestellt und einige Einrichtungen in ihrer Existenz bedroht. Eine Verbesserung der Situation ist nicht absehbar, da auch in Zukunft keine bedeutenden Erlösverbesserungen zu erzielen sein werden und der Markt insgesamt eine Überkapazität von ca. 30 Prozent (bezogen auf die vorgehaltenen Betten) aufweist.

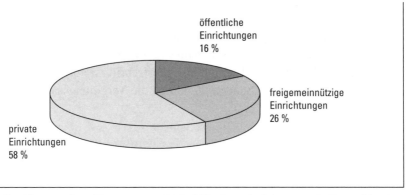

Abbildung 2: Trägerstruktur Vorsorge- und Rehabilitationseinrichtungen in Deutschland

2.3 Zukünftige Entwicklungen

Im Folgenden werden beispielhaft einige *Rahmenparameter* der zukünftigen Entwicklungen im Bereich der Kliniken dargestellt und erläutert.

- *Entwicklung der Krankenhausfinanzierung*
  Die Finanzierung der Krankenhausleistungen erfährt derzeit eine radikale Veränderung. Die fehlenden staatlichen Fördermittel für Erneuerungs-, Ersatz- und Erweiterungsinvestitionen verhindern die Optimierung der Krankenhausstrukturen in baulicher wie medizinischer Hinsicht.

- *Umsetzung der Integrierten Versorgung*
  Seit dem 1. Januar 2004 werden im Katalog der stationsersetzenden Leistungen Operationen definiert, welche in der Regel ambulant zu erbringen sind. In manchen Krankenhäusern betrifft diese Regelung ca. 10 bis 15 Prozent der stationären Fälle.

  Die Kooperation zwischen den Versorgungsbereichen (ambulante Versorgung/Krankenhaus/Rehabilitation/Altenpflege) wird ein wichtiger Wettbewerbsfaktor in allen Bereichen der Gesundheitsversorgung. Versorgungsstufenübergreifende Behandlungskonzepte werden über den Erfolg am Markt entscheiden. Da die Finanzierung teilweise über Budgetabschläge in den Krankenhäusern erfolgt, verschlechtert sich die Erlössituation weiter.

- *Einfluss der zukünftigen medizinischen Innovationen*
  Der Fortschritt der medizinischen Innovationen bringt neue Möglichkeiten der Patientenbehandlung mit sich. Dieser Fortschritt ist aber für die Leistungserbringer mit Kosten verbunden, die durch die Vergütungssätze eventuell nicht abgedeckt werden.

- *Tarifabschlüsse*
  Den derzeitigen Tarifabschlüssen stehen keine adäquaten Erlössteigerungen gegenüber. Dies wird auch zukünftig nicht der Fall sein. Ein weiteres Problem ist in der Umsetzung des EUGH-Urteils zur Bereitschaftsdienstzeit zu sehen. In seiner jetzigen Form würde ein Mehrbedarf von ca. 30.000 medizinischen Mitarbeitern entstehen, der durch Budgetsteigerungen refinanziert werden müsste.

3 Bewertungsverfahren für Kliniken

Die Wahl des Bewertungsverfahrens bei dieser Form der *Spezialimmobilien* ist maßgeblich durch die Art der Einrichtung, den Anlass der Bewertung und den Auftraggeber der Bewertung beeinflusst.

Anlässe für Wertermittlungen von Klinikimmobilien sind häufig:

- interne Zwecke,
- Finanzierungsanträge bei Kreditinstituten und
- Kauf- bzw. Verkaufsüberlegungen.

3.1 Alternative Bewertungsverfahren

Im Rahmen der *Verkehrswertermittlung* einer Immobilie werden nach der Wertermittlungsverordnung (WertV 88) überwiegend die drei folgenden Verfahren eingesetzt.

1. Sachwertverfahren

Das Sachwertverfahren wird häufig zur Bewertung von Immobilien genutzt, bei denen nicht der Ertrag der Immobilie im Vordergrund steht. Hierzu werden der Grundstückswert und die Herstellungskosten des Gebäudes unter Berücksichtigung der Abnutzung herangezogen. Das Verfahren wird bei Krankenhäusern und Rehabilitationseinrichtungen nur in Ausnahmefällen angewandt.

2. Vergleichswertverfahren

Im Rahmen des Vergleichswertverfahrens wird auf Markt- bzw. Erfahrungswerte zurückgegriffen. Aufgrund der differenzierten Ausprägungen der Kliniken kommt dieses Bewertungsverfahren bei Krankenhäuser und Kliniken praktisch nicht zum Tragen. Lediglich für den Bodenwert wird der Methode eine Relevanz beigemessen.

3. Ertragswertverfahren

Das Ertragswertverfahren nach WertV88, beschrieben in der WertR 2002, findet regelmäßig bei der Bewertung von Managementimmobilien Verwendung. Der zukünftige Ertrag der Immobilie steht im Vordergrund dieses Verfahrens. Bei den zu bewertenden Spezialimmobilien muss dieser Immobilienertrag häufig aus dem Umsatz abgeleitet bzw. über den Ertragsanteil der Immobilie am Umsatz spezifiziert werden.

Weiterhin kann das *Discounted-Cashflow-Verfahren* (DCF) angewendet werden. Dieses ist in der WertV zwar nicht normiert, wird jedoch in angelsächsisch geprägten Ländern vielfach verwendet. Die DCF-Methode bezieht sich nicht direkt auf den Ertrag des Unternehmens, sondern auf den zukünftigen Cashflow. Zur Ermittlung des heutigen Barwertes einer Investition wird der zukünftige Cashflow eines Unternehmens auf den Bewertungsstichtag abgezinst und aufsummiert.

3.2 Wahl des Bewertungsverfahrens

In der allgemeinen Literatur wird die Spezialimmobilie Klinik in den Bereich der *Managementimmobilien* eingeordnet. Dies geschieht vorrangig aufgrund der gewerblichen Nutzung zur Erzielung eines Ertrages bzw. Gewinns. Ein weiterer Aspekt ist die eingeschränkte Nutzungsmöglichkeit dieser Spezialimmobilie.

In den Vordergrund rücken damit die ertragsorientierten Verfahren wie das Ertragswertverfahren und das Discounted-Cashflow-Verfahren. Zielsetzung ist, über die Ermittlung der zukünftigen Erträge des Unternehmens den Wert der genutzten Immobilie abzuleiten.

Dabei ist zu berücksichtigen, dass nur ein Teil der Unternehmenserträge dem Immobilienertrag zuzurechnen ist. Würde der gesamte Unternehmensertrag als Immobilienertrag ausgewiesen, würde kein Betriebsgewinn erwirtschaftet. Damit entfiele auch die Motivation, den Betrieb langfristig zu führen und die Ertragsstabilität ist gefährdet.

Aufgrund der unterschiedlichen *Betreiber- und Finanzierungsstruktur* ist an dieser Stelle zwischen einem Krankenhaus und einer Vorsorge- und Rehabilitationseinrichtung zu unterscheiden.

In den Pflegesätzen einer *Vorsorge- und Rehabilitationseinrichtung* sind Anteile für die Pacht einer Immobilie berücksichtigt. Diese Anteile werden durch den Klinikbetreiber im Rahmen der Pflegesatzverhandlungen mit den Kostenträgern individuell verhandelt und sind von Klinik zu Klinik unterschiedlich. In der Regel bewegen sie sich zwischen 15 und 25 Prozent der Pflegesätze.

Entsprechend kann der Klinik ein spezifischer „Immobilienertrag" zugerechnet werden. Die Methode der Wahl zur Bewertung einer Vorsorge- und Rehabilitationsklinik ist damit das Ertragswertverfahren.

Anders stellt sich die Situation im *Krankenhausbereich* dar. Grund und Boden werden durch Städte und Gemeinden oftmals mit geringen jährlichen Pachten zur Verfügung gestellt. Der Krankenhausbau und die Ausstattung wurden größtenteils durch staatliche Fördermittel und die Vergütungssätze (DRG) finanziert, sodass keine Anteile für Pacht, Miete oder entsprechende Investitionen angesetzt werden mussten.

Die im Markt bekannten Kaufpreise für Krankenhäuser, zum Beispiel im Zuge von Privatisierungen, sind für eine Immobilienbewertung nicht heranzuziehen, da diese auch den Betrieb der Einrichtung umfassen.

Im Rahmen einer Fremdfinanzierung wird jedoch häufig eine Immobilienbewertung notwendig. Anlässe für die Aufnahme von *Fremdkapital* können Finanzierungen von Unternehmenskäufen, Fusionen sowie Umbau- oder Erweiterungsmaßnahmen sein. Diese werden häufig durch die Immobilien abgesichert, die entsprechend zu bewerten sind.

Dabei rückt der Beleihungswert in den Vordergrund der Betrachtung. Entsprechend der Definition des *Beleihungswertes* aus dem „Grundsatzpapier zum Beleihungswert von Immobilien" des Verbandes deutscher Hypothekenbanken zum Hypothekenbankgesetz ist „der Beleihungswert eines Grundstückes der Wert, von dem aufgrund der aus dem langfristigen Marktgeschehen abgeleiteten Erkenntnisse zum Bewertungszeitpunkt auf der Basis der dauerhaften, zukunftssicheren Merkmale mit hoher Wahrscheinlichkeit erwartet werden kann, dass er über einen langen, in die Zukunft gerichteten Zeitraum im normalen Geschäftsverkehr realisiert wird." Zur Ermittlung des Beleihungswertes wird der Verkehrswert oftmals um einen Sicherheitsabschlag von 15 bis 20 Prozent reduziert.

Da im Krankenhausbereich die Entgelte (DRG) keine Erlösanteile für Bau, Miete oder Pacht enthalten, können der Krankenhausimmobilie keine fest definierten Erträge zugeordnet werden. Zur Bewertung wird daher nach einem *zweistufigen Vorgehensmodell* verfahren:

1. Ermittlung der möglichen immobilienspezifischen Erträge, abgeleitet aus dem Cashflow des Unternehmens.
2. Ermittlung des Immobilienwertes auf Basis der im ersten Schritt berechneten immobilienspezifischen Erträge über das Ertragswertverfahren.

Das Discounted-Cashflow-Verfahren wird in der Regel für Immobilienbewertungen im Krankenhausbereich nicht angewendet, da der zukünftige Verkaufspreis aufgrund der sich ständig ändernden Rahmenbedingungen im Gesundheitswesen nur schwer zu ermitteln ist.

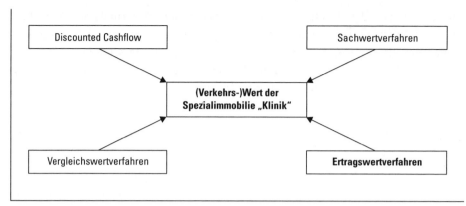

Abbildung 3: Methoden zur Bewertung von Klinikimmobilien

4 Das Vorgehen im Rahmen einer Immobilienbewertung

Die in den vorherigen Abschnitten dargestellten Verfahren werden in der Folge anhand von *Praxisbeispielen* dargestellt.

4.1 Immobilienbewertung am Beispiel einer Vorsorge- und Rehabilitationseinrichtung

Das folgende Schema zeigt den Ablauf des Ertragswertverfahrens:

	Jahresrohertrag
./.	Bewirtschaftungskosten
=	**Jahresreinertrag**
./.	Bodenverzinsung
=	**Gebäudereinertrag**
•	Vervielfältiger
=	**Gebäudeertragswert**
+	Bodenwert
=	**Ertragswert = Verkehrswert der Immobilie**

Die folgenden Ausführungen stellen die nutzungsspezifischen *Ertragswertparameter* der Immobilienbewertung einer Vorsorge- und Rehabilitationseinrichtung dar.

Jahresrohertrag

- Der Rohertrag umfasst die *nachhaltig erzielbaren Einnahmen* aus der Nutzung der Immobilie. In einer Vorsorge- und Rehabilitationseinrichtung sind dies die Anteile der Pflegesätze für Investitionsaufwendungen inklusive Kapitaldienst.

- Die Höhe dieses Anteils, der mit den Kostenträgern verhandelt wurde, ist im Einzelfall zu prüfen. Liegen keine Angaben vor und können die Sätze auch nicht eruiert werden, können hilfsweise 15 bis 25 Prozent der tagesgleichen Pflegesätze – je nach Ausstattung der Klinik – angesetzt werden.

- Einer besonderen Prüfung ist die Belegungsentwicklung zu unterziehen. Bei der Ermittlung des stichtagbezogenen Wertes sind absehbare interne und externe Strukturveränderungen zu berücksichtigen. Beispiele hierfür sind:
  – Nachfrageveränderung bezogen auf die Indikationsgebiete;
  – Verschiebungen von Leistungen aus dem stationären in den ambulanten Bereich;
  – Bevorzugung einer wohnortnahen Rehabilitation durch die Kostenträger.

Bewirtschaftungskosten

- Unter diesem Punkt werden die Kosten summiert, welche durch die Eigennutzung oder Vermietung der Immobilie entstehen. Dies sind häufig die in den einschlägigen *Verordnungen und Richtlinien zur Immobilienbewertung* genannten Positionen für Verwaltung, Instandhaltung, Betriebskosten sowie das Mietausfallwagnis.
  – Die Verwaltungskosten betragen 1 bis 2 Prozent der Erträge. Da das Objekt nur eine Mietpartei aufweist, liegen die Verwaltungskosten z. B. unter denen im Wohnungsbau.
  – Die Betriebskosten werden über die Miete abgegolten.
  – Die in der Pacht enthaltenen Instandhaltungskosten sind detailliert zu prüfen und entsprechend anzusetzen. Aufgrund der höheren Abnutzung liegen die Instandhaltungskosten üblicherweise über denen klassischer Gewerbeimmobilien.
  – Für das Mietausfallwagnis sind maximal 3 bis 5 Prozent der Erträge anzusetzen. Einerseits werden die Mietverträge langfristig abgeschlossen, andererseits sind die Leerstandskosten höher, wenn ein Mieter ausfällt.

Bodenwert

- Der zu berücksichtigende Bodenwert bezieht sich auf das unbebaute Grundstück und ist aus Vergleichswerten abzuleiten. Der Bodenwert kann beim jeweiligen *Gutachterausschuss* erfragt werden.

- Als Besonderheit ist zu beachten, dass derartige Immobilien in Sondergebieten liegen können, die einer Nutzungsausweisung, bzw. Beschränkung – z. B. Sondergebiet Klinik – unterliegen. Der Bodenpreis entspricht in diesem Fall nicht dem der umliegenden Nutzungsarten und muss korrigiert werden.

Liegenschaftszins

- Dieser Wert beschreibt die *durchschnittliche Verzinsung* des Verkehrswertes einer Liegenschaft, kann gegebenenfalls beim Gutachterausschuss erfragt werden, liegt jedoch häufig für Kliniken nicht vor.

- Aufgrund des nutzungsspezifisch höheren Risikos einer Vorsorge- und Rehabilitationseinrichtung sollte der Liegenschaftszins im Vergleich zu klassischen Gewerbeimmobilien um mindestens 0,5 Prozent erhöht werden. Höhere Zuschläge können sinnvoll sein, wenn es sich z. B. um stark risikobehaftete Indikationen oder klassische Privatkliniken handelt, die nur Privatpatienten offen stehen.

Restnutzungsdauer

- Die Restnutzungsdauer gibt die zu erwartende Anzahl der Jahre an, in denen die baulichen Anlagen noch wirtschaftlich genutzt werden können. Die Restnutzungsdauer kann in Abhängigkeit von der Gesamtnutzungsdauer des Gebäudes ermittelt werden. Für die *Gesamtnutzungsdauer* von Kliniken können bis zu 60 Jahre angesetzt werden.

Vervielfältiger

- Bei der Ermittlung des Ertragswertes sind die in der Zukunft zu erwartenden Erträge auf den heutigen *Barwert* abzuzinsen. Der dazu notwendige Kapitalisierungsfaktor wird bei Gewerbeimmobilien in Abhängigkeit von der Restnutzungsdauer und dem Liegenschaftszins ermittelt.

Im Folgenden wird anhand einer stark vereinfachenden schematischen Darstellung die *Ertragswertermittlung* erläutert.

Jahresrohertrag p. a. (Pachtanteil der Pflegesätze)	1.676.000 Euro
./. Bewirtschaftungskosten p. a. (16,0 %)	−268.160 Euro
Jahresreinertrag	**1.407.840 Euro**
./. Bodenverzinsung (7,0 % vom Bodenwert 1 Mio. Euro)	−70.000 Euro
= Gebäudereinertrag	1.337.840 Euro
Gebäudeertragswert (30 Jahre Restnutzung/7,0 % Liegenschaftszins/ Vervielfältiger: 12,41)	**16.602.594 Euro**
+ Bodenwert	1.000.000 Euro
= Ertragswert gesamt = Verkehrswert	**17.602.594 Euro**

Zusammenfassend ist festzustellen, dass das Ertragswertverfahren ein adäquates Instrument der Immobilienbewertung im Bereich der Vorsorge- und Rehabilitationseinrichtungen darstellt. Besonderes Augenmerk muss den nachhaltig erzielbaren Erträgen zukommen, die sich vorrangig in Abhängigkeit von der Auslastung der Einrichtung ermitteln. Dem angebotenen Leistungsspektrum der Einrichtung kommt eine entsprechende Bedeutung zu.

4.2 Immobilienbewertung am Beispiel eines Krankenhauses

Wie in Abschnitt 3.2 dargestellt, ist bei der Bewertung einer Krankenhausimmobilie ein *zweistufiges Verfahren* einzusetzen. Im ersten Schritt wird dabei der Immobilienertrag mit Hilfe des Cashflows ermittelt, im zweiten Schritt über das Ertragswertverfahren der Immobilienwert berechnet.

Der Cashflow ist eine Kennzahl zur Beurteilung der Finanz- und Ertragskraft eines Unternehmens. Er wird zum Beispiel aus dem Jahresüberschuss, den Abschreibungen, der Zunahme bzw. Abnahme der langfristigen Rückstellungen und der Zuführung bzw. Auflösung zu/von Rücklagen gebildet. Er zeigt auf, in welcher Höhe dem Unternehmen liquide Mittel zur Schuldentilgung, Investitionsfinanzierung, Gewinnausschüttung oder Aufstockung der liquiden Mittel zur Verfügung stehen.

Der Anteil des *Cashflows,* der zur Finanzierung des Gebäudes genutzt wird, kann im Rahmen einer Immobilienbewertung als der mögliche Ertrag der Immobilie definiert werden. Diesen Betrag müsste ein „dritter" Betreiber unter Marktgesichtspunkten als Miete für die Immobilie zahlen. Der Cashflow darf jedoch nie vollständig als Immobilienertrag unterstellt werden. Andere Komponenten des Cashflows, wie z. B. enthaltene Gewinne, müssen herausgerechnet werden. Wird dies nicht berücksichtigt, ist der in die Berechnung eingehende Ertrag überhöht und verfälscht das Bild. Objekt und Betrieb sind separat zu bewerten, denn niemand würde, wenn nach Abzug der Pachtkosten kein unternehmerischer Gewinn erzielt wird, einen solchen Krankenhausbetrieb erwerben.

Die Ermittlung der zur nachhaltigen Cashflow-Berechnung notwendigen Faktoren Betriebsergebnis, Abschreibung, Zunahme bzw. Abnahme der langfristigen Rückstellungen und Zuführung bzw. Auflösung zu/von Rücklagen ist im Krankenhausbereich häufig mit einer Reihe von Schwierigkeiten verbunden.

Neben der Prognose der zukünftigen *Erlösbudgets* unter Berücksichtigung von Fallschwere, Fallzahl und landeseinheitlichem Basisfallwert spielen insbesondere die in Abschnitt 2.3 dargestellten Rahmenbedingungen eine bedeutende Rolle. Die genannten Faktoren haben unmittelbare Auswirkungen auf den Faktor Betriebsergebnis im Rahmen der Cashflow-Ermittlung.

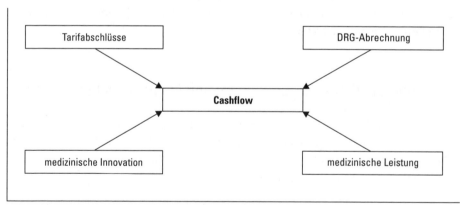

Abbildung 4: Einflussfaktoren Cashflow (Beispiele)

Die *Abschreibungen* ergeben sich aus dem in Ansatz zu bringenden Wertverlust des Anlagevermögens. Hierbei ist zwischen frei finanzierten und durch (staatliche) Fördermittel finanzierten Vermögensgegenständen zu unterscheiden.

Beachtung sollten die zukünftigen Anforderungen im Krankenhausbereich finden, da aufgrund des gegebenen Investitionsstaus in vielen Krankenhäusern erhebliche Mängel hinsichtlich der baulichen und medizinischen Zukunftsfähigkeit bestehen. Um dem entgegenzutreten, werden die Krankenhäuser verstärkt fremdfinanziert investieren müssen, was wiederum Auswirkungen auf die Höhe der Abschreibungen haben wird.

Die Zunahme bzw. Abnahme der langfristigen *Rückstellungen* sowie die Zuführung und Auflösung der *Rücklagen* sind größtenteils unabhängig von den jeweiligen Entwicklungen im Gesundheitswesen und werden nicht näher betrachtet.

Aus diesen Erläuterungen wird deutlich, dass es im Rahmen der Immobilienbewertung bei Krankenhäusern notwendig ist, branchenerfahrene *Spezialisten* heranzuziehen, die über das notwendige betriebswirtschaftliche und medizinische Wissen verfügen.

Folgendes Zahlenbeispiel zeigt die Ermittlung des zur Verfügung stehenden Cashflows.

Cashflow aus der Geschäftstätigkeit (z. B. Betriebsergebnis, Abschreibungen auf das Anlagevermögen, Veränderungen der Rückstellungen etc.)	2.800.000 Euro
Cashflow aus dem Anlagevermögen (z. B. Einzahlungen aus Abgängen der Sachanlagen, Auszahlungen für Investitionen des Sachanlagevermögens etc.)	200.000 Euro
Cashflow I	**3.000.000 Euro**
Betriebsgewinn/Steuern/Aufwendungen/Sonstiges	2.000.000 Euro
Freier Cashflow (zur Immobilienfinanzierung)	**1.000.000 Euro**

Mit dem so ermittelten Wert kann dann analog der Vorgehensweise in Abschnitt 4.1 mit dem Ertragswertverfahren der Immobilienwert berechnet werden.

Besondere Berücksichtung finden hierbei:

Bewirtschaftungskosten

- Bewirtschaftungskosten sind teilweise bereits im Betriebsergebnis zur Ermittlung des Cashflows berücksichtigt, z. B. *Instandhaltungs- und Betriebskosten*. Nach Prüfung der Angemessenheit müssen diese nicht einbezogen werden. Hier sind nur die gegebenenfalls zusätzlichen Verwaltungskosten und das potenzielle Mietausfallwagnis anzusetzen.

Bodenwert

- Der Bodenwert kann ebenfalls beim *Gutachterausschuss* erfragt werden. Zu beachten ist, dass viele Krankenhäuser auf Erbbaugrundstücken errichtet worden sind. Dieses wird, wie in der WertR 2002 dargestellt, behandelt.

- Dabei gelten die Besonderheiten hinsichtlich einer speziellen Ausweisung des Grundstücks analog zu den Ausführungen bei Reha-Kliniken.

Folgendes Zahlenbeispiel zeigt die Ermittlung des Ertragswertes auf Basis des oben ermittelten Cashflows. Das Beispiel bezieht sich auf eine frei finanzierte Klinik. Bei *geförderten Immobilien* ist das Vorgehen entsprechend anzupassen, da diese durch unterschiedliche Förderungen einer Einzelfallbetracht unterliegen.

Ertrag p. a. = Cashflow zur Immobilienfinanzierung	1.000.000 Euro
./ Bewirtschaftungskosten p. a. (5,0 %)	−50.000 Euro
= **Jahresreinertrag**	950.000 Euro
./. Bodenverzinsung (7,0 % vom Bodenwert 2 Mio. Euro)	−140.000 Euro
= **Gebäudereinertrag**	810.000 Euro
+ **Gebäudeertragswert** (35 Jahre Restnutzung/7,0 % Liegenschaftszins/Vervielfältiger 12,95)	10.489.500 Euro
+ Bodenwert	2.000.000 Euro
= **Ertragswert gesamt = Verkehrswert**	**12.489.500 Euro**

Aus dem so ermittelten Verkehrswert ist der im Rahmen einer Fremdfinanzierung wichtige Beleihungswert abzuleiten. Dieser beträgt 75 bis 80 Prozent des Verkehrswertes.

Mit dem dargestellten Verfahren wird es möglich – trotz der fehlenden Anteile in den Vergütungssätzen (DRG) für Miete, Pacht oder Finanzierung der Immobilie – einen Immobilienwert zu ermitteln. In diesem Zusammenhang bleibt abzuwarten, wie sich die *staatliche Förderung* von Investitionsmaßnahmen in den nächsten Jahren entwickeln wird. Bei einer Finanzierung der Immobilienkosten über die Pflegesätze – als Bestandteil der DRG – würden sich immobilienspezifische Erträge ergeben, die im Rahmen des *Ertragswertverfahrens* eingesetzt, die Berechnung des Immobilienwertes vereinfachen würden.

5 Zusammenfassung

Die Bewertung eines Krankenhauses oder einer Vorsorge- und Rehabilitationseinrichtung stellt sich schwierig dar. Begründet liegt dies in der unterschiedlichen *Finanzierungsstruktur* der Einrichtungen und den sich wandelnden Rahmenbedingungen des Gesundheitswesens.

Insbesondere die Ermittlung des nachhaltig erzielbaren immobilienspezifischen Ertrages bedeutet für den branchenfremden Bewerter oftmals eine große Hürde. Stellt sich dies im Bereich der Vorsorge- und Rehabilitationseinrichtungen aufgrund der in den Pflegesätzen enthaltenen Anteile für Pacht, Miete oder Finanzierung einer Immobilie noch relativ einfach dar, so sind im Krankenhausbereich deutlich schwierigere Vorarbeiten zu leisten.

Die Berechnung des Cashflow wird hier durch Parameter beeinflusst, die zur richtigen Interpretation nicht nur betriebswirtschaftliche, sondern auch medizinische Fachkenntnisse voraussetzen. Branchenerfahrene *Spezialisten* sind daher im Rahmen einer Krankenhausbewertung unerlässlich.

Für zukünftige Bewertungen ist zu berücksichtigen, dass die Verkürzung der Verweildauer, das Ansteigen der Fallzahlen und die Verlagerung von Leistungen in den ambulanten Bereich kurzfristig die Strukturen in den Krankenhäusern verändern werden. Die Vorsorge- und Rehabilitationseinrichtungen haben durch die frühere Aufnahme von Patienten aus dem Akut-Sektor und eine zurückhaltende Belegungspolitik der Kostenträger die Leistungsstrukturen anzupassen. Beide Sektoren werden weiterhin budgetiert und sind damit einem enormen Kostendruck ausgesetzt.

Die Finanzierung des notwendigen Strukturwandels ist durch Zuschüsse der öffentlichen Hand oder Entgelterhöhungen der Kostenträger nicht gesichert. *Alternative Finanzierungskonzepte* durch Banken und Investoren werden zur Aufrechterhaltung der notwendigen Qualität bei höchstmöglicher Wirtschaftlichkeit an Bedeutung gewinnen. Im Rahmen der Absicherung solcher Finanzierungskonzepte wird der Immobilie und ihrem Wert eine zunehmende Bedeutung zukommen.

Literaturhinweise

Deutsche Krankenhausgesellschaft e. V. (2003): Zahlen, Daten, Fakten 2003, Düsseldorf 2003.

Fuchs, H. (2004): Konsequenzen der DRG-Einführung für die angrenzenden Versorgungsbereiche Rehabilitation und Pflege, in: Klauber/Robra/Schellschmidt, Krankenhaus-Report 2003, Stuttgart 2004.

Henke, K.-D./Göpfahrt, D. (1998): Das Krankenhaus im System der Gesundheitsversorgung, in: Hentze, Huch, Kehres, Krankenhaus-Controlling, Stuttgart/Berlin/Köln 1998.

Kappler, E./Theurl, E. (2002): Demographische Entwicklung, veränderte Morbiditätsstrukturen und Personalbedarf im Krankenhaus, in: Klauber, Arnold, Schellschmidt, Krankenhaus-Report 2001, Stuttgart 2002.

Koch, J. (2002): Buchhaltung und Bilanzierung in Krankenhaus und Pflege, Berlin 2002.

Ku-Sonderheft (2003): Krankenhausfinanzierungsrecht, Kulmbach 2003.

Murfeld, Dr., E. u. A.: Spezielle Betriebswirtschaftslehre der Grundstücks- und Wohnungswirtschaft, Hamburg 1997.

Petersen, H. (1999): Marktorientierte Immobilienbewertung in Sailer, E. und Langenmaack, H.-E., Kompendium für Makler, Hausverwalter und Sachverständige, Stuttgart/München/Hannover/Berlin/Weimar/Dresden 1999.

Reinhold, W. (2003): Wertermittlungsrichtlinien 2002, München/Unterschleißheim 2003.

SGB V, Gesetzliche Krankenversicherung, Beck-Texte im dtv 1996.

Sidamgrotzki, E. (1997): Change-Management im Krankenhaus, CH-Lengwil 1997.

Steinöcker, R. (1998): Mergers and Acquisitions: Strategische Planung von Firmenübernahmen, Düsseldorf/Regensburg 1998.

Tegova (2003): Europäische Bewertungsstandards, Bonn 2003.

Bewertung von öffentlichen Bauten – am Beispiel von Schulen, Hochschulen und Kindergärten

Martin Kohlhase/Christian Marettek

1 Neues öffentliches Rechnungswesen als dominierender Bewertungsanlass
1.1 Überblick
1.2 Neues Rechnungswesen in Deutschland
1.3 Neues Rechnungswesen in der Schweiz
1.4 Neues Rechnungswesen in Österreich

2 Auswahl der geeigneten Bewertungsverfahren
2.1 Überblick
2.2 Historische Anschaffungs- und Herstellungskosten
2.3 Ermittlung von Zeitwerten für Zwecke der Eröffnungsbilanz

3 Sachgerechte Anwendung des Sachwertverfahrens
3.1 Überblick
3.2 Bewertung des Grund und Bodens
3.3 Bewertung von Schulgebäuden
3.4 Bewertung von Kindergartengebäuden
3.5 Bewertung von Hochschulgebäuden

4 Überblick über die Bewertungspraxis in den verschiedenen Bundesländern

1 Neues öffentliches Rechnungswesen als dominierender Bewertungsanlass

1.1 Überblick

Für Schulen, Kindergärten und Universitäten ist charakteristisch, dass für diese Spezialimmobilien im Regelfall keine Vergleichswerte und für ihre Nutzung kaum marktnahe Mieten feststellbar sind. Ursächlich dafür ist die in der Regel unentgeltliche Bereitstellung dieser Spezialimmobilien; dies gilt auch für Kindergärten, da die Elternbeiträge nach Landesrecht in der Regel nur die Personalkosten des Kindergartenpersonals abdecken dürfen. Dennoch werden gerade in diesen Bereichen, die von der weitgehend unentgeltlichen, öffentlichen Leistungserbringung geprägt sind, verstärkt Immobilienbewertungen durchgeführt. Hinsichtlich der Bewertungsanlässe ist zunächst einmal zu unterscheiden,

- ob eine Bewertung im Rahmen der Einführung des neuen, ressourcenorientierten öffentlichen Rechnungswesens zu erfolgen hat oder

- ob Investitionen oder Desinvestitionen für einzelne Objekte anstehen.

Der zuerst genannte, insgesamt stark dominante Fall betrifft die im gesamten deutschen Sprachraum derzeit anstehende Umstellung des öffentlichen Rechnungswesens von der herkömmlichen Kameralistik auf die kaufmännisch geprägte Doppik (doppelte Buchführung im kaufmännischen Sinne) oder zumindest auf die erweiterte Kameralistik (Einnahme-Ausgabe-Rechnung mit ergänzender Vermögensrechnung, Abschreibungen usw.).

Auch wenn hierbei erhebliche landes-, kantons- bzw. ortspezifische Besonderheiten bestehen, ist dieser Prozess mittlerweile flächendeckend feststellbar. Im Rahmen der Verwaltungsmodernisierung werden Bewertungen benötigt, um öffentliche und insbesondere kommunale Eröffnungsbilanzen zu erstellen bzw. um bei der erweiterten Kameralistik Abschreibungen und Kostenmieten zuverlässig berechnen zu können.

Die Umstellung des Rechnungswesens öffentlicher Gebietskörperschaften – also von Bund, Länder/Kantone, Kreise und Gemeinden – von der herkömmlichen Kameralistik (im englischen Sprachraum: Cash Accounting) zu einem, am kaufmännischen Rechnungswesen orientierten ressourcenverbrauchsorientierten Ansatz (Accrual Accounting) hat damit auch den deutschen Sprachraum erreicht. Wie eine europäische, von PwC finanzierte Studie in neun europäischen Ländern (einschließlich Deutschland und Schweiz) sowie der EU-Kommission kürzlich ergeben hat,[1] ist dieser, international feststellbare Umstellungsprozess

- in der Schweiz schon vergleichsweise fortgeschritten,
- während die deutschen Länder und Kommunen sehr unterschiedlich weit fortgeschritten sind.

Betriebswirtschaftlicher Hintergrund für das neue öffentliche Haushalts- und Rechnungswesen ist – vereinfachend gesagt – vor allem das Ziel, durch Abbildung des Ressourcenverbrauchs den wirtschaftlichen Umgang mit den anvertrauten öffentlichen Ressourcen zu fördern. Beispielsweise waren die mit der Nutzung eines Gebäudes verbundenen Kosten bislang häufig unbekannt. Das Gebäude – z. B. eine Schulturnhalle – stehe „doch sowieso da" – diese Auffassung bestimmte bislang manche Diskussion. Dass aber jedes Gebäude einem Wertverzehr unterliegt (der durch Abschreibungen abzubilden ist) und auch nur über eine bestimmte Zeitdauer uneingeschränkt genutzt werden kann (dies auch nur bei sachgemäßer Instandhaltung) und dass anschließend eine Grundsanierung bzw. Reinvestition erforderlich wird, wurde in der herkömmlichen Kameralistik systembedingt verdrängt. Ein Ergebnis der herkömmlichen Kameralistik ist auch der weitverbreitet feststellbare Instandhaltungsstau an öffentlichen Gebäuden, der bislang in kaum einem Rechenwerk abgebildet wurde.

1.2 Neues Rechnungswesen in Deutschland

Von den deutschen Bundesländern hat bislang nur das Land Hessen die Einführung der Doppik für alle Dienststellen der Landesverwaltung bis 2008 im Rahmen der Verwaltungssteuerung beschlossen.

Im Vergleich zu den deutschen Bundesländern sind die deutschen Kommunen bei der Umstellung auf das neue Rechnungswesen weiter fortgeschritten; nach langjähriger Diskussion hat die Entwicklung im kommunalen Bereich bereits alle Bundesländer erreicht. Der Beschluss der Deutschen Innenministerkonferenz vom 21. November 2003 kann sogar als vorläufiger Abschluss der Diskussion gewertet werden. Dieser Beschluss, der den Landesgesetzgebern zwar einige Wahlrechte einräumt, bedeutet im Ergebnis, dass die Kommunen in Deutschland entweder die Doppik oder die erweitere Kameralistik einführen müssen. Für beide Varianten des

---

1 Lüder/Jones (2003).

Ressourcenverbrauchskonzepts ist eine vollständige Erfassung und Bewertung des kommunalen Vermögens notwendig und im Regelungswerk der Innenministerkonferenz auch vorgesehen. Die Innenministerkonferenz stellt auch für die erweiterte kameralistische Buchführung explizit auf eine vollständige Ressourcenverbrauchsdarstellung (wie beim doppischen Haushaltsrecht) ab, damit für die beiden Wahlformen keine unterschiedlichen finanzwirtschaftlichen Anforderungen bestehen.[2]

Bei der Umsetzung des genannten Beschlusses der Innenministerkonferenz in Landesrecht ergibt sich für die immobilienorientierte Bewertungspraxis, dass die etwa 14.000 Kommunen in Deutschland innerhalb eines auf etwa zehn Jahre zu schätzenden Umstellungsprozesses alle ihre kommunal genutzten Gebäude zu bewerten haben. Zum kommunalen Bereich sei noch angemerkt, dass sich hinsichtlich der Alternative aus Doppik und Erweiterter Kameralistik nach unserer Einschätzung mittel- bis langfristig flächendeckend die Doppik durchsetzen dürfte. Dabei handelt es sich um eine, auf öffentliche Bedürfnisse zugeschnittene Rechungslegung, die im kommunalen Bereich als Drei-Komponenten-Modell bekannt ist:

- Vermögensrechnung (Bilanz),
- Ergebnisrechnung (Gewinn- und Verlustrechnung) und
- Finanzrechnung (Kapitalflussrechnung).

Die ähnlich aufwendige, aber wesentlich weniger aussagefähige Erweiterte Kameralistik dürfte langfristig wenig Anhänger finden; dies liegt insbesondere an der fehlenden Möglichkeit der Konsolidierung in Konzernabschlüssen.[3]

Für die Universitäten, die in Deutschland Landesrecht unterliegen, ist bereits ein weitreichender Umstellungsprozess festzustellen; hier haben bereits alle hessischen, niedersächsischen und hamburgischen Hochschulen sowie verschiedene Hochschulen in anderen Bundesländern entsprechende Schritte zur Umstellung auf die Doppik eingeleitet. Auch im universitären Bereich müssen alle im wirtschaftlichen Eigentum der Universität befindlichen Gebäude sachgerecht bewertet werden, damit eine Einstellung in die Eröffnungsbilanz erfolgen kann. Teilweise werden allerdings die Universitätsgebäude in landesweiten Gebäudemanagementbetrieben (Landesbetriebe) bilanziert.

---

2 Vgl. ausführlich Marettek/Dörschell/Hellenbrand (2004), S. 22 ff.
3 Vgl. Marettek/ Dörschel/Hellenbrand (2004), S. 24 f.

1.3 Neues Rechnungswesen in der Schweiz

In der Schweiz existieren auf kommunaler und kantonaler Ebene am Ressourcenverbrauch orientierte Formen des öffentlichen Rechnungswesens bereits seit etwa 30 Jahren, allerdings mit sehr großen örtlichen Unterschieden. Mittlerweile hat seit 2001 auch die Bundesverwaltung mit einem ehrgeizigen Reformprojekt begonnen, das auch eine Umstellung auf ein doppisches Rechnungswesen unter Anwendung der internationalen Rechnungslegungsstandards für den öffentlichen Bereich IPSAS vorsieht.[4]

1.4 Neues Rechnungswesen in Österreich

In Österreich ist zwar noch keine vollständige Umstellung des Rechnungswesens der öffentlichen Gebietskörperschaften auf die Doppik in Sicht. Allerdings existiert auch in Österreich eine Ausgliederungswelle, indem Immobilienmanagementbetriebe aus dem kameralen Bereich ausgegliedert werden. Diese Immobilienmanagement- bzw. Gebäudemanagementbetriebe gibt es von der kommunalen GmbH & Co KG (Beispielsweise der Innsbrucker Immobilien GmbH & Co KEG) bis hin zur BIG Bundesimmobiliengesellschaft mbH in Wien – einem Konzern, der die Immobilien des Bundes professionell verwalten soll. Selbstverständlich müssen alle diese Immobiliengesellschaften Bilanzen erstellen. Nach Einschätzung der Autoren ist daher auch für Österreich eine sachgerechte Wertfindung, die auch für Zwecke des professionellen Immobilienmanagements (z. B. Berechnung von Kostenmieten) genutzt werden kann, von Bedeutung.[5]

---

4 Vgl. Lüder/Jones (2003), S. 902 und 934.
5 Zu den Interdependenzen von bilanzieller und immobilienwirtschaftlicher Betrachtung vgl. Detemple/Heck/Marettek (2002), S. 281 f.

2 Auswahl der geeigneten Bewertungsverfahren

2.1 Überblick

Aus der föderalen Struktur des deutschsprachigen Raumes ergibt sich für die Bewertungspraxis, dass die jeweils unterschiedlichen Vorschriften (die größtenteils erst in Grundzügen feststehen) zu beachten sind. Der Beschluss der Deutschen Innenministerkonferenz vom 21. November 2003 beinhaltet eine Reihe von Länderwahlrechten. Dazu gehört auch die Alternative

- historische Anschaffungs- und Herstellungskosten oder
- Zeitwerte.

Nach dem derzeitigen Diskussionsstand haben sich die Länder Baden-Württemberg und Hessen auf fortgeführte historische Anschaffungs- und Herstellungskosten und das Land Nordrhein-Westfalen auf Zeitwerte als Bewertungsmaßstab für die Eröffnungsbilanzen festgelegt. Nordrhein-Westfalen wird darin vom Institut der Wirtschaftsprüfer unterstützt.[6] Das IDW hatte sich im Übrigen früh für die Übernahme der baurechtlichen Bewertungsverfahren (Wertermittlungsverordnung, kurz: WertV) auf öffentliche Gebäude ausgesprochen.[7]

Schon aus Gründen der interkommunalen Vergleichbarkeit ist es nach Auffassung der Autoren bedauerlich, dass sich die deutschen Innenminister nicht auf eine Bewertungsmethode für die Eröffnungsbilanz einigen konnten. Wenn man den Diskussionsprozess knapp zusammenfasst, dann resultiert die fehlende Einigung weniger aus ideologischen oder pragmatischen Sachgründen, sondern entstand aus der frühzeitigen Festlegung einzelner Landesbehörden auf ihre jeweiligen kommunalen Pilotprojekte, die dann möglichst weit durchgesetzt werden sollten. Außerdem kommt nach Einschätzung der Autoren hinzu, dass die immobilienwirtschaftlichen Fragestellungen in den älteren Pilotprojekten zur Einführung doppischer Rechnungssysteme bei den Kommunen eine untergeordnete Rolle gespielt haben.

2.2 Historische Anschaffungs- und Herstellungskosten

Bei diesen Verfahren werden die historischen Anschaffungs- und Herstellkosten aus den bei den Kommunen vorhandenen Unterlagen ermittelt. Die Werte werden zum Anschaffungszeitpunkt angesetzt und ab dann bis zum heutigen Zeitwert ab-

---

6 Vgl. IMK (2003), S. 34 und IDW (2001), S. 1407 f.
7 IDW (2001), S. 1409.

geschrieben. Diese Methode ist an die Vorschriften des deutschen HGB angelehnt. Danach definieren sich die historischen Anschaffungs- und Herstellungskosten wie folgt:

- *Anschaffungskosten* sind die Aufwendungen, die geleistet werden, um einen Vermögensgegenstand zu erwerben und ihn in einen betriebsbereiten Zustand zu versetzen, soweit sie dem Vermögensgegenstand einzeln zugeordnet werden können. Zu den Anschaffungskosten gehören auch die Nebenkosten sowie die nachträglichen Anschaffungskosten. Anschaffungspreisminderungen sind abzusetzen (§ 255, Abs. 1, Satz 1–3 HGB).

- *Herstellungskosten* sind die Aufwendungen, die durch den Verbrauch von Gütern und die Inanspruchnahme von Diensten für die Herstellung eines Vermögensgegenstandes, seine Erweiterung oder für eine über seinen ursprünglichen Zustand hinausgehende wesentliche Verbesserung entstehen (§ 255, Abs. 2, Satz 1 HGB).

Falls die historischen Anschaffungs- und Herstellungskosten nicht auf der Grundlage von vorhandenen (Abrechnungs-)Unterlagen bei den Kommunen bestimmt werden können – dieses Problem ist weit verbreitet – wird die nachträgliche, sachverständige Schätzung der Anschaffungs- und Herstellungskosten durch einen entsprechenden Gutachter diskutiert.

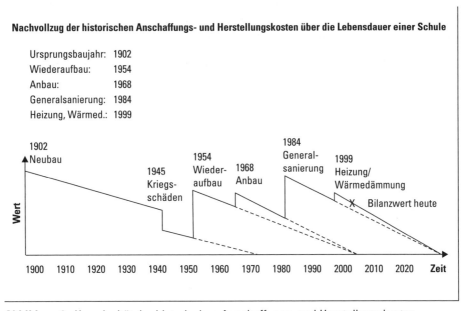

Abbildung 1: Komplexität der historischen Anschaffungs- und Herstellungskosten

Aus unserer Projekterfahrung ist es für die Kommunen besonders bei älteren Gebäuden mit vielen Um- und Ausbauten in der Regel nicht mehr möglich, die genauen Anschaffungs- und Herstellungskosten zu ermitteln. Besonders bei häufigen Aus- und Umbauten ist es für die zuständigen Dienststellen in den Kommunen nicht möglich, aus den noch vorhandenen Unterlagen, die Daten für die Anschaffungs- und Herstellungskosten zu ermitteln. Zudem kann selbst bei vorliegenden Rechnungen kaum noch zwischen wertsteigernden und werterhaltenen Maßnahmen unterschieden werden, weil nachträglich die Abgrenzung zwischen zu aktivierenden (wertsteigernden) Herstellungsaufwendungen und als Instandhaltungsaufwendungen zu qualifizierenden Aufwendungen (werterhaltender Aufwand), die nicht zu aktivieren sind, durchgeführt werden müsste. Im Prinzip ist bei diesem Verfahren die Wertentwicklung über den gesamten Lebenszyklus der Immobilie abzubilden, wie die Abbildung 1 verdeutlicht.

Dieses Vorgehen ist besonders bei älteren Gebäuden sehr problematisch, da hier die ermittelten Neubauwerte auf die verschiedenen Herstellungsjahre aufgeteilt und dann wieder abgeschrieben werden müssten. Geschieht dies nicht oder nur unzureichend, werden renovierte Gebäude (insbesondere historische Gebäude) häufig mit einem viel zu niedrigen Wert in der Bilanz aufgeführt, was dem eigentlichen Sinn der Aufstellung der Bilanz (Darstellung des Ressourcenverbrauches, Darstellung der aktuellen Vermögenslage) diametral entgegensteht. Zudem wären selbst bei ordnungsgemäßer Anwendung des Verfahrens aufgrund der gewaltigen (Nominal-)Wertveränderungen und der teilweise sehr langen Nutzungsdauern wenig aussagekräftige Werte in der Eröffnungsbilanz die Folge.

Wenn keine historischen Anschaffungs- und Herstellungskosten vorliegen, hilft sich die Bewertungspraxis dadurch, dass bei älteren Baulichkeiten in der Regel ein sachwertorientiertes Bewertungsverfahren angewendet wird. Die Anwendung des Sachwertverfahrens bedeutet, vereinfachend ausgedrückt, eine Bewertung der vorhandenen Flächen oder Rauminhalte mit Normalherstellungskosten bzw. Raummeterpreisen abzüglich einer zeitanteiligen Alterswertminderung sowie der Wertminderung wegen Bauschäden. Die insoweit entstehenden Wiederbeschaffungszeit- bzw. Sachzeitwerte werden jedoch nicht direkt in die Eröffnungsbilanz eingestellt, sondern mittels Baupreisindizes auf die jeweiligen (fiktiven) Erwerbs- bzw. Herstellungsjahre rückindiziert, so dass fiktive Anschaffungs- bzw. Herstellungskosten für die jeweiligen Erwerbs- bzw. Baujahre entstehen.[8] Die Rückindizierung von Sachzeitwerten stellt nach unserer Auffassung (im Vergleich zur reinen Ermitt-

---

[8] Die Rückindizierung beschreiben am Beispiel der hessischen Modellkommunen ausführlich Körner/Meidel (2003), S. 55.

lung der Sachzeitwerte) eine unnötige Komplizierung sowie zugleich eine überflüssige Verschlechterung der bilanziellen Aussagekraft dar.[9] Außerdem ist darauf hinzuweisen, dass diese fiktiven Anschaffungs- und Herstellungskosten eben nur Schätzungen darstellen und damit keine durch Zahlungsströme belegten (pagatorischen) Werte darstellen, wie es aber § 255 HGB nach herrschender Meinung eigentlich verlangt.[10]

2.3 Ermittlung von Zeitwerten für Zwecke der Eröffnungsbilanz

Die Autoren sprechen bewusst von Zeit- und nicht von Verkehrswerten, weil für ein öffentliches Schul- oder Universitätsgebäude kein Verkehrswert im Sinne der Definition des § 194 Baugesetzbuch begrifflich möglich erscheint: „Der Verkehrswert wird durch den Preis bestimmt, der in dem Zeitpunkt, auf den sich die Ermittlung bezieht, im gewöhnlichen Geschäftsverkehr nach den rechtlichen Gegebenheiten und tatsächlichen Eigenschaften, der sonstigen Beschaffenheit und der Lage des Grundstücks oder des sonstigen Gegenstands der Wertermittlung ohne Rücksicht auf ungewöhnliche oder persönliche Verhältnisse zu erzielen wäre". Für die Schulgebäude einer Kommune existiert eben kein gewöhnlicher Geschäftsverkehr. Dieser Markt existiert so lange nicht, wie die genannten Gebäude weiterhin für Schulzwecke verwendet werden sollen, was im Regelfall zu unterstellen ist (Existing use value). Wäre die Umnutzung oder Drittverwendung möglich, würden entsprechend dem „highest and best use" auch andere Überlegungen einfließen, die gegebenenfalls alternative Nutzungen (Alternative use value) und deren Werthaltigkeit berücksichtigen müssten.

Wenn sich die Bewertungspraxis (nach Auffassung der Autoren zutreffend) regelmäßig mit der Anwendung des baurechtlichen Sachwertverfahrens hilft, ist zunächst festzuhalten, dass die anderen Bewertungsverfahren der WertV – das Vergleichswertverfahren und das Ertragswertverfahren – wegen des fehlenden Marktes ausscheiden. Es wird im Folgenden gezeigt, dass sich die Anwendung des Sachwertverfahrens auch bewertungstheoretisch korrekt auf öffentliche Immobilien, wie Schulen, Kindergärten, Universitäten, anwenden lässt – und zwar, ohne dass „Hilfskonstruktionen" gewählt werden müssen, um dem Begriff des Verkehrswertes gerecht zu werden.

---

9   Ebenso Marettek/Dörschell/Hellenbrand (2004), S. 47 und 114 ff.
10 Vgl. z. B. Adler/Düring/Schmaltz (1995–2001), § 255 Tz. 11.

Der Wert eines öffentlichen Vermögensgegenstandes wird theoretisch durch den Nutzen bestimmt, den der Vermögensgegenstand der Gebietskörperschaft (bzw. dessen Bürgern) erbringt. Nun lässt sich dieser Nutzen gerade im öffentlichen Bereich selten als Barwert künftiger Einnahmeüberschüsse berechnen, weil im öffentlichen Bereich die gemeinnützigen Sachziele häufig über die erwerbswirtschaftlichen Ziele (Gewinnerzielung) dominieren. Dies sei an einer städtischen Schule verdeutlicht: Aus isolierter kaufmännischer Sicht kann dem in einem Stadtteil errichteten Schulgebäude kein Wert beigemessen werden, sofern die Nutzung kostenlos möglich ist (also keine Schulgebühr zu bezahlen ist). Der Nutzen dieser Schule liegt vielmehr unter anderem darin, dass

- die Kinder der Anwohner im Gegensatz zur Situation vor Bau der Schule nicht durch lange und gefährliche Wege in einen anderen Stadtteil wechseln müssen,

- die Kinder ohne gesundheitliche Risiken in trocknen und baubiologisch einwandfreien Räumen unterrichtet werden können,

- damit die Basis für die berufliche Eignung der Schüler gelegt werden kann und

- insgesamt ein wichtiger Beitrag zur Volkserziehung geleistet wird.

Am Beispiel dieses Gegenstandes des städtischen Vermögens lässt sich verdeutlichen, dass

- ein Kaufmann die Schule wegen mangelnder Erträglichkeit auf Null außerplanmäßig abschreiben müsste,

- aus Sicht der Stadt diese Schule aber dennoch einen objektivierbaren Wert besitzt, weil die Stadt die Schule nach der demokratisch gefassten Beschlusslage wieder errichten müsste, wenn sie nicht mehr existieren – z. B. durch einen Feuerschaden abbrennen – würde.[11]

Damit wird dem Schulgebäude ein intersubjektiv objektivierbarer Wert zugeordnet, wobei dieser Wert aus dem Beschaffungsmarkt abgeleitet wird. Hintergrund ist der Ersatzbeschaffungs- bzw. Rekonstruktionsgedanke. Übrigens entspricht diese Bewertungskonzeption durchaus den Grundsätzen, die das Institut der Wirtschaftsprüfer an anderer Stelle für den nichterwerbswirtschaftlichen Bereich niedergelegt hat.[12] Der Wert dieser Schule kann also dadurch bestimmt werden, dass sie – wenn sie nicht da wäre – noch einmal identisch gebaut werden müsste. Der Zeitwert des öffentlichen Vermögensgegenstandes kann also zusammenfassend als Wiederbe-

---

11 Vgl. ausführlich Marettek/Dörschell/Hellenbrand (2004), S. 39 ff. und 57 f.
12 Vgl. IDW (2000), S. 839 ff.

schaffungszeitwert der bei der Schule noch vorhandenen Bausubstanz ermittelt werden. An dieser Stelle der Argumentation wird schnell deutlich, dass gerade das an der vorhandenen Bausubstanz orientierte Sachwertverfahren nach WertV dieser, hier vereinfachend dargestellten Bewertungskonzeption für nichtertragsorientiert verwendete öffentliche Vermögengenstände entspricht.[13]

Wegen der begrifflich fehlenden Möglichkeit eines Verkehrswerts handelt es sich bei der (auch von uns grundsätzlich empfohlenen) Anwendung des Sachwertverfahrens (ohne Marktanpassung) um eine analoge Anwendung der WertV.[14] Nach Auffassung der Autoren handelt es sich dabei nicht nur um eine berechtigte Analogie, sondern der Erfahrungsschatz des baurechtlichen Sachwertverfahrens (einschließlich eines Teils der jahrzehntelangen Rechtsprechung) kann nutzbringend auch auf den Großteil der öffentlichen Infrastruktur angewendet werden.[15]

Bevor die bei Anwendung des Sachwertverfahrens zu beachtenden Grundsätze näher erläutert werden, wird zunächst noch gezeigt, warum Vergleichswert- und Ertragswertverfahren im Regelfall nicht anzuwenden sind: Bei Anwendung des Vergleichswertverfahrens wären grundsätzlich Kaufpreise solcher Grundstücke/ Immobilien heranzuziehen, die hinsichtlich der ihren Wert beeinflussenden Merkmale mit dem zu bewertenden Grundstück hinreichend übereinstimmen (Vergleichsgrundstücke). Finden sich in dem Gebiet, in dem das Grundstück gelegen ist, nicht genügend Kaufpreise, können auch Vergleichsimmobilien aus vergleichbaren Gebieten herangezogen werden (§ 13 Abs. 1 WertV). Diese Methode kann in der Regel zwar zur Bewertung des Grund und Bodens herangezogen werden – eine Bewertung von kommunal-/nutzungsorientierten Gebäuden selbst (also z. B. Schulen, Kindergärten) ist wegen fehlender Vergleichswerte nicht möglich.

Beim Ertragswertverfahren wird ausgehend von nachhaltig erzielbaren Nutzungserlösen zunächst der periodenbezogene Rohertrag ermittelt, aus dem durch Abzug der nichtumlagefähigen Bewirtschaftungskosten der Reinertrag errechnet wird. Zwar greift man in den letzten Jahren vor allem bei der Wertermittlung öffentlich genutzter Verwaltungs- und Lagergebäude in zunehmendem Maße auch auf das Ertragswertverfahren zurück; bei den hier zur Debatte stehenden Schul- oder Universitätsgebäuden wird jedoch im Regelfall eine Ertragsbewertung nicht zu sinnvollen Ergebnissen führen, weil es keinen Markt für derartige, nicht auf Ertragserzielung ausgerichtete Immobilien gibt. Wenn dennoch eine Ermittlung von Ertragswerten

---

13 Vgl. Marettek/Dörschell/Hellenbrand (2004), S. 61 ff.
14 So bereits Bolsenkötter/Detemple/Marettek (2002a), S. 158.
15 Dies zeigen Marettek/Dörschell/Hellenbrand (2004), S. 64 f.

selbst für Schulen angeregt wird, in dem Schulmieten aus der Entgeltordnung eines städtischen Schulträgers abgeleitet werden,[16] dann ist diese Argumentation abzulehnen:[17]

- Die Entgeltordnung gilt für Nebennutzungen durch Vereine usw., keinesfalls aber für die Hauptnutzung „Schulunterricht".

- Die kommunalen Entgeltordnungen sind bislang regelmäßig nicht kostenrechnerisch fundiert.

- Die Entgeltordnungen der Schulträger berücksichtigen regelmäßig nicht sachgerecht den Charakter der Nebenleistung; es handelt sich bei der Zurverfügungstellung von Räumen in den schulfreien Zeiten – insbesondere von Turnhallen an Vereine – betriebswirtschaftlich um eine Kuppelproduktion, deren Hauptleistung (Bereitstellung zu Schulzwecken) unentgeltlich erfolgt.

- Die für die Nebennutzungen festgesetzten Preise haben regelmäßig politischen Charakter und begünstigen die Nutzer (Vereine, Bürger) in sehr unterschiedlichem Umfang.

- Ertragswerte auf Basis dieser Nebennutzungen würden keinen ausreichenden Bezug zur vorhandenen Bausubstanz besitzen.

Gerade das Problem des in kommunalen Gebäuden weitverbreiteten Instandhaltungsstaus ist grundsätzlich ein Argument für die Anwendung des Sachwertverfahrens. Gleiches gilt für die Einführung eines (nach Auffassung der Autoren. dringend erforderlichen) ressourcenorientierten Immobilienmanagements. Beides setzt aber eine Erfassung der Bausubstanz voraus, die zwangsläufig sachwertorientiert zu erfolgen hat. An dieser pragmatischen Stelle trifft unsere Argumentation übrigens wieder uneingeschränkt mit der Kleibers zusammen, der an anderer Stelle darauf verweist, dass bei einem großem Instandhaltungsstau das Ertragswertverfahren zum Sachwertverfahren „konvertiert".[18]

Folgende weitere Argumente sprechen gegen die grundsätzliche Verwendung des Ertragswertverfahrens:[19]

- Die kommunalen Immobilien sind durch ihre Zweckbestimmung (z. B. kulturelle oder soziale Einrichtungen), durch ihre Bindung zur Erfüllung hoheitli-

---

16 Vgl. Kleiber (2002), S. 1582.
17 Vgl. ausführlich Marettek/Dörschel/Hellenbrand (2004), S. 63.
18 Vgl. Kleiber (2002), S. 1739 f.
19 Vgl. Bolsenkötter/Detemple/Marettek (2002), S. 46 f.

cher Aufgaben (z. B. öffentlichen Verwaltung), durch ihre spezielle Ausführung und Nutzung bis zur Aufgabe ihrer öffentlichen Widmung in der Regel nicht drittverwendbar.

- Der besondere Eigentumsstatus dieser Immobilien (in öffentlicher Hand) führt zu einer geringen Fungibilität.

- Die dem Ertragswertverfahren zu Grunde liegende Prämisse, dass sich der Wert einer Immobilie nach den aus ihr künftig zu erzielenden Erträgen bemisst, ist nicht von Belang.

3 Sachgerechte Anwendung des Sachwertverfahrens

3.1 Überblick

Bei der Ermittlung des Sachwertes von Gebäuden wird, ausgehend von Normalherstellungskosten je Bezugseinheit (z. B. je m² BGF), zunächst deren Herstellungswert bestimmt. In der Wertermittlungspraxis haben sich mittlerweile die Normalherstellungskosten (NHK) 2000 durchgesetzt. Die teilweise noch anzutreffende Verwendung der Normalherstellungskosten auf Basis der Raummeterpreise 1913 (bzw. der mit diesen weitgehend identischen Versicherungswerte 1914) wird als „fachlich nicht mehr vertretbar" bezeichnet.[20]

Von dem Herstellungswert wird zur Bestimmung des rechnerischen Zeitwertes die Alterswertminderung abgesetzt, die nach Auffassung der Autoren im Regelfall linear unter Berücksichtigung der Gesamtnutzungsdauer und der Restnutzungsdauer ermittelt werden sollte. Durch Abzug der Wertminderung wegen unterlassener Reparaturen und Baumängeln wird der Zeitwert (Bauzeitwert) festgestellt.

Durch Addition mit dem Bodenwert ergibt sich anschließend der Sachwert der Liegenschaft. Außenanlagen, gegebenenfalls vorhandene Kunstwerke und Sonderausstattungen sowie die Baunebenkosten werden bei diesem Verfahren innerhalb der Normalherstellungskosten als prozentuale Zuschläge auf die Kostengruppen 300 und 400 gem. DIN 276 abgebildet. Abbildung 2 zeigt das grundsätzliche Bewertungsschema im Sachwertverfahren.

---

20 Kleiber (2002), S. 288 und 1804.

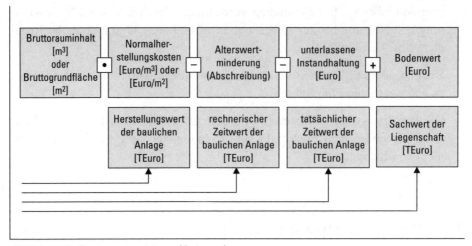

Abbildung 2: Sachwertverfahren (Schema)

Die so ermittelten Wiederbeschaffungszeitwerte müssen nicht um eventuelle Marktanpassungen korrigiert werden, da bei den hier interessierenden öffentlichen Gebäuden kein Markt existiert.

3.2 Bewertung des Grund und Bodens

Der anzusetzende Bodenwert wird regelmäßig im Rahmen des Vergleichswertverfahrens bestimmt. Ausgangspunkt für die Bewertung ist überwiegend der jeweilige Bodenrichtwert bzw. der anzuwendende Bodenrichtwert vergleichbarer Lagen, von dem die objektspezifischen Zu- und Abschläge vorzunehmen sind. Bodenrichtwerte werden von den örtlich zuständigen Gutachterausschüssen für gebietstypische Nutzungen regelmäßig festgestellt. Da es sich bei Schulen, Kindergärten und Universitäten um kommunal bzw. öffentlich nutzungsorientiert errichtete Gebäude handelt und in der Regel davon ausgegangen werden kann, dass eine Fortführung der bisherigen Nutzung vorgesehen ist („Going-concern-Prinzip"), werden für die anzusetzenden Bodenwerte Abschläge vom Bodenrichtwert vorgenommen. In der Literatur werden diese Abschläge häufig als Abschlag für Gemeinbedarfsflächen bezeichnet. Aufgrund unserer Erfahrungen liegen die von den jeweiligen Gutachterausschüssen festgelegten Abschläge bei ca. 60 bis 80 Prozent des Bodenrichtwertes, was von der Höhe der Werte aus betrachtet einer Bewertung der Flächen als Bauerwartungsland entspricht. Zudem sind natürlich Abschläge für mögliche Eintragungen im Grundbuch (Abt. II), für Eintragungen im Baulastenverzeichnis sowie Abschläge aufgrund von Einstufungen in Altlastenverdachtskatastern zu prüfen und gegebenenfalls vorzunehmen (Position der „sonstigen wertbeeinflussenden Umstände" im Rahmen der Sachwertberechnung).

3.3 Bewertung von Schulgebäuden

Im Rahmen des Sachwertverfahrens wird zunächst der Wiederbeschaffungsneuwert anhand von Baukostenkatalogen ermittelt. Der bekannteste Katalog sind die Normalherstellungskosten 2000 (NHK 2000) des Bundesministeriums für Verkehr, Bau- und Wohnungswesen. Die NHK 2000 geben für Schulen, zwei- bis dreigeschossig, unterkellert, geneigtes Dach (nicht ausgebaut) oder Flachdach Normalherstellungskosten (Kostengruppen 300 und 400 gemäß DIN 276) je nach Baujahr und Ausstattungsstandards Werte zwischen 815 und 1415 Euro/m² Bruttogrundfläche (BGF) an. Die Ausstattungsstandards werden in die Kategorien einfach, mittel und gehoben unterteilt. Als Merkmale für die Einteilung in die einzelnen Standards werden die Kostengruppen Fassade, Fenster, Dächer, Sanitär, Innenwandbekleidung der Nassräume, Bodenbeläge, Innentüren, Heizung und Elektroinstallation genannt. Aus den Standards der einzelnen Gruppen ist der Gesamtstandard zu schätzen.

Zusätzlich zu den Kostengruppen 300 und 400 sind die Kosten für die Kostengruppen 500 (Außenanlagen) und 600 (Ausstattung, Kunstwerke) sowie die Baunebenkosten (Kostengruppe 700 gemäß DIN 276) abzuschätzen. Die Außenanlagen und die Kunstwerke werden in diesen Fällen als Prozentsätze der Kostengruppen 300 und 400 angegeben. Die Baunebenkosten werden als Prozentsätze der Kostengruppen 300 bis 600 angegeben. Die NHK 2000 geben für Baunebenkosten bei Schulen einen Wert von 14 Prozent an. Kosten für die Außenanlagen und Kunstwerke werden nicht genannt.

Genauere Einteilung finden sich z. B. bei Mittag (2003, Teil 2 Kap. 3.141.0), der zudem auch noch in verschiedene Schultypen, wie z. B. Grundschulen, Hauptschulen, Sonderschulen etc. unterteilt. Für Grundschulen und Hauptschulen gibt Mittag für Außenanlagen 10 bis12 Prozent (Standard mittel) und für Ausstattung, Kunstwerke 4 bis 6 Prozent (Standard mittel) Zuschlag auf die Kostengruppen 300 und 400 an. Allerdings ist zu beachten, dass Mittag, im Gegensatz zu den NHK 2000, alle Werte ohne Berücksichtigung der Mehrwertsteuer angibt.

Nach Ermittlung der Wiederbeschaffungsneuwerte ist eine *Alterswertminderung* vorzunehmen. Die Alterswertminderung hängt von der gutachterlich eingeschätzten Restnutzungsdauer und der Gesamtnutzungsdauer der zu bewertenden Schule ab. Im Rahmen der NHK 2000 werden auch Gesamtnutzungsdauern für die jeweiligen Bautypen angegeben. Bei Schulen werden Gesamtnutzungsdauern von 50 bis 80 Jahren angegeben. Aufgrund unserer Erfahrungen haben sich die Revitalisierungsphasen auch bei Gebäuden mit kommunal nutzungsorientiertem Charakter analog zu den Gebäuden im privaten wirtschaftlichen Bereich in letzter Zeit deutlich verkürzt. Die Autoren empfehlen daher bei der Einschätzung der Gesamtnutzungsdauer eine Orientierung eher am unteren Bereich der oben genannten Spanne. Die Bemessung der Alterswertminderung erfolgt aufgrund des Verhältnisses von Restnutzungsdauer zu Gesamtnutzungsdauer wobei noch zwischen linearen und sonstigen Abschreibungsvarianten unterschieden werden kann. Meistens wird bei der Bewertung von Schulen auf die lineare Abschreibung zurückgegriffen, bekannt ist aber auch die in der WertR 2002 dargestellte Abschreibung nach Ross.[21] Aufgrund der Einschätzung von Gesamt- zu Restnutzungsdauer ergibt sich ein rein rechnerisches (fiktives) Baujahr, was durchaus von dem ursprünglichen Baujahr der Schule abweichen kann.

Nach Abzug einer angemessenen Alterswertminderung ist zu prüfen, ob an der zu bewertenden Schule Baumängel oder Bauschäden aufgrund von unterlassener Instandhaltung vorliegen. Dies kann nur konkret vor Ort durch einen Sachverständigen unter Würdigung der vorgefundenen Situation eingeschätzt werden. Zudem ist zwischen den Kosten der „normalen" laufenden Instandhaltung und Kosten aufgrund von unterlassener Instandhaltung zu unterscheiden.

Unter laufender Instandhaltung werden jene Maßnahmen verstanden, die während der Nutzungsdauer zur Erhaltung des bestimmungsgemäßen Gebrauchs des Gebäudes getätigt werden müssen, um die durch Abnutzung, Alterung und Witterungseinflüsse entstehenden baulichen oder sonstigen Mängel ordnungsgemäß zu beseitigen. Werden diese Maßnahmen nicht entsprechend dem Bedarf durchgeführt, entstehen Kosten für unterlassene Instandhaltung (Instandhaltungs- bzw. Reparaturstau).

Instandhaltungen sind gemäß HOAI § 3 Nr. 11 Maßnahmen zur „Erhaltung des Sollzustandes eines Objektes". Sie verursachen gemäß § 28 Abs. 15.1 II. BV „Kosten, die während der Nutzungsdauer zur Erhaltung des bestimmungsgemäßen Gebrauchs aufgewendet werden müssen, um die durch Abnutzung, Alterungs- und Witterungseinwirkung entstehenden baulichen und sonstigen Mängel zu beseitigen."

Unterlassene Instandhaltung entsteht durch Vernachlässigung der ordnungsgemäßen Instandhaltung und ist erkennbar an der Häufung von Bauschäden. Die Beseitigung stellt den ursprünglichen Zustand der Funktion des Gebäudes wieder her und

---

21   Vgl. Anlage 8a WertR.

stellt die Gesamtnutzungsdauer sicher. Der Sanierungsbedarf aufgrund unterlassener Instandhaltung ist vom Modernisierungsbedarf als Defizit zwischen dem tatsächlichen funktionellen und dem marktüblichen bzw. gesetzlich verlangten Standard (Brandschutz, Wärmeschutz, Schallschutz) zu unterscheiden. Die Kosten für unterlassene Instandhaltung sind individuell einzuschätzen. Durchschnittskosten für unterlassene Instandhaltung lassen sich aufgrund des stark unterschiedlichen Instandhaltungsniveaus von Schulen nicht pauschal angeben.

3.4 Bewertung von Kindergartengebäuden

Analog zu den Schulen werden für kommunale Bilanzen auch Kindergärten in der Regel mit dem Sachwertverfahren bewertet. Auch hier existiert kein freier Markt für diese Nutzung, sodass die Ermittlung einer Marktmiete nicht möglich ist. Die NHK 2000 geben für Kindergärten Normalherstellungskosten (Kostengruppe 300 und 400) zwischen 855 und 1.560 Euro/m² BGF je nach Baujahr und Ausstattungsstandard an. Als Baunebenkosten werden 14,0 Prozent angegeben. Kosten für Außenanlagen (Kostengruppe 500) und Ausstattung, Kunstwerke (Kostengruppe 600) sind in den NHK 2000 nicht verzeichnet. *Mittag* gibt Kosten für die Kostengruppe 300 und 400 zwischen 1.005 und 1.409 Euro/m² BGF (ohne Mehrwertsteuer) an. Für Außenanlagen sind bei *Mittag* Werte zwischen 10,0 und 12,0 Prozent, für Kunstwerke, Ausstattung Werte zwischen 0,3 und 0,5 Prozent der KG 300 und 400 verzeichnet. Die Baunebenkosten gibt *Mittag* mit 12,0 bis 16,0 Prozent der KG 300 bis 600 an.[22]

Bei den Kindergärten finden wir erfahrungsgemäß relativ große Ausstattungsschwankungen insbesondere bei den Ausstattungsmerkmalen Heizung und Sanitär. Auch bei den Gebäudetypen selbst reicht die Palette vom Leichtbau bis zum Massivbau mit allen möglichen Ausstattungsvarianten, sodass auch die untere Grenze der NHK 2000 durchaus noch unterschritten werden kann. Besonders die oftmals in umgebauten Wohn- oder Verwaltungsgebäuden untergebrachten Kindergärten sind nicht immer in die oben genannten Bandbreiten einzuordnen. Aus diesem Grund ist auch die in den NHK 2000 angegebene Gesamtnutzungsdauer für Kindergärten mit 50 bis 70 Jahren nur als generelle Richtschnur zu verstehen. Tendenziell ist der Wert eher an der unteren Grenze einzuordnen.

Kosten für unterlassene Instandhaltung sind in Bereich Kindergärten erfahrungsgemäß sehr unterschiedlich. Die Angabe einer pauschalen Größenordnung ist aufgrund des sehr unterschiedlichen Instandhaltungsniveaus nicht möglich.

---

22 Vgl. Mittag (2003), Teil 2, Kap. 3.141.0.

3.5 Bewertung von Hochschulgebäuden

Aufgrund des fehlenden Marktes werden für die Erstellung von kommunalen Bilanzen auch Hochschulen in der Regel unter Zuhilfenahme des Sachwertverfahrens bewertet. Wegen der oftmals historischen Gebäudesubstanz und den vielfach erfolgten Um-, An- und Erweiterungsbauten ist ein Vergleich mit am Markt gehandelten Bürogebäuden oder Forschungseinrichtungen nicht möglich. Insbesondere die vielfachen Umbauten, die sich teilweise sogar bei relativ jungen Gebäuden (zehn bis 20 Jahre) feststellen lassen, erschweren eine sachgerechte Wertbeurteilung erheblich. Selbst bei vorhandenen Rechnungen auch für nachträgliche Anschaffungs- und Herstellkosten ist zu prüfen, ob nicht ein Teil der oftmals im Rahmen von Umnutzungen durchgeführten Umbauten andere wertsteigernde Einbauten zerstört oder unbenutzbar gemacht hat. Die Bewertung kann in der Regel nur durch eine sachverständige Einschätzung erfolgen.

Die NHK 2000 geben für Hochschulen je nach Baujahr und Ausstattungsstandard Werte für die Kostengruppen 300 und 400 zwischen 1.125 und 1.890 Euro/m² BGF an (Hochschulen, zwei- bis viergeschossig, unterkellert, geneigtes Dach (nicht ausgebaut) oder Flachdach). Es sei darauf hingewiesen, dass aufgrund der häufigen Umbauten allein schon die Bestimmung des Baujahres zur Bestimmung der Kostengruppen 300 und 400 zu großen Problemen führen kann, da die mit dem Baujahr verknüpften Baustile und Ausstattungsmerkmale kaum noch zutreffen. *Mittag* gibt die Werte für die Kostengruppen 300 und 400 zwischen 1.385 und 1.656 Euro/m² BGF für Hochschulen und Universitäten allgemein an. Für einzelne Institutsgebäude sind zudem Werte zwischen 1.165 und 2.003 Euro/m² BGF verzeichnet. Für die KG 500 (Außenanlagen) gibt *Mittag* 1 bis 8 Prozent, für die KG 600 4 bis 8 Prozent der KG 300 und 400 an. Für Baunebenkosten werden 17 bis 18 Prozent der KG 300 bis 600 angegeben, die NHK 2000 geben 16 Prozent an. Aufgrund der bei den Baunebenkosten nach NHK 2000 nicht berücksichtigten Mehrwertsteuer sind die Werte für die Baunebenkosten als vergleichbar anzusehen.[23]

Für die anschließend durchzuführende Alterswertminderung sind Gesamtnutzungsdauer und Restnutzungsdauer einzuschätzen. Auch hier ist aufgrund der vielfachen Umbauten bei der Einschätzung der Restnutzungsdauer und der Gesamtnutzungsdauer mit großer Sorgfalt vorzugehen. Die im Rahmen der NHK genannten Spanne von 60 bis 80 Jahren Gesamtnutzungsdauer von Hochschulen ist nach unserer Erfahrung nur als erster Anhaltspunkt zu verstehen. Gerade im Bereich der Universitäten sind die Nutzungsphasen aufgrund der sich schnell verändernden An-

---

23 Vgl. Mittag (2003), Teil 2, Kap. 3.146.0

sprüche an die Gebäude in einigen Fachbereichen immer kürzer geworden, sodass in den meisten Fällen die Gesamtnutzungsdauer eher am unteren Rand der genannten Spanne oder sogar darunter anzusetzen ist. Die Einschätzung der Restnutzungsdauer und damit die Bestimmung der Alterswertminderung werden zudem erschwert durch die Einordnung eines Gebäudes als Denkmal. In diesen Fällen ist genau zu prüfen, welcher Art von Denkmalschutzauflagen dem Gebäude zugeordnet werden können und wie sich diese auf die Bewertung auswirken. Allgemein gültige Aussagen hierzu sind aufgrund der vielfältigen Schutzbestimmungen im Bereich Denkmalschutz nicht möglich.

Auch bei den Hochschulen sind Kosten für unterlassene Instandhaltung aufgrund unserer Erfahrung regelmäßig zu erwarten. Aufgrund der durchgeführten Einsparungen in diesem Bereich sind in der Regel nur wenige Gebäude nicht mit Bauschäden und Baumängeln aufgrund von unterlassener Instandhaltung behaftet. Aus unserer Erfahrung heraus konnten wir dabei folgende Durchschnittsansätze gestaffelt nach Baujahren feststellen (siehe Tabelle 1).

Baujahr	Unterlassene Instandhaltung
bis 1920	250 bis 350 Euro/m² BGF
bis 1955	150 bis 250 Euro/m² BGF
bis 1970	120 bis 180 Euro/m² BGF
bis 1990	20 bis 70 Euro/m² BGF

Tabelle 1: Instandhaltungskosten

Die Autoren weisen ausdrücklich daraufhin, dass diese Ansätze nur grobe Orientierungswerte darstellen und aus den bisherigen Erfahrungen der Autoren abgeleitet wurden. Die Sätze sind selbstverständlich im Einzelfall zu überprüfen. Abweichungen sind sowohl nach unten als auch nach oben zu erwarten.

4 Überblick über die Bewertungspraxis in den verschiedenen Bundesländern

Wie verhält sich nun die Bewertungspraxis im Verhältnis zu den im vorherigen Abschnitt von uns empfohlenen Anwendung des baurechtlichen Sachwertverfahrens auf Basis der NHK 2000 – gerade auch unter Berücksichtigung der von den Bundesländern Baden-Württemberg und Hessen bevorzugten Anschaffungs- und Herstellungskosten? Eine im Auftrag des Instituts der Wirtschaftsprüfer für die deutsche Innenministerkonferenz von PricewaterhouseCoopers (PwC) Anfang 2003 erstellte Studie hat exemplarisch gezeigt, dass[24]

- in den ausgewählten Pilotkommunen zwar sachwertorientierte Verfahren dominieren,

- dabei jedoch durchaus sehr unterschiedliche Ansätze verfolgt werden.

In der folgenden Übersicht (siehe Tabelle 2) wurden die hier interessierenden Schulen und Kindergärten aus den Bundesländern Baden-Württemberg und Hessen aus der Stichprobe ausgewählt, an denen die unterschiedlichen Ansätze verdeutlicht werden können:

Gebäude (tatsächliche Baujahre)	Bewertungsmethodik Stadt bzw. Kreis
Heiligenbergschule Heidelberg (1956)	Sachwert 1974 (Versicherungswerte 1914)
Kindertagesstätte Heidelberg (1992)	Historische AHK 1992
Kindertagesstätte Dreieich (1986)	Sachwert (NHK 1995), der auf fiktive AHK 1986 umgerechnet wurde

Tabelle 2: Zeit- und Sachwerte

Die drei Objekte der (nicht repräsentativen) Stichprobe verdeutlichen die – neben der unmodifizierten Anwendung der NHK 2000 bestehenden – Alternativen:

Bei der Heiligenbergschule in Heidelberg liegt eine Bewertung aus 1974 vor, die auf Basis der Versicherungswerte 1914 ermittelt worden war. Aber auch bei neueren Bewertungen werden immer noch die Baukostenkataloge der Normalherstel-

---

24 Vgl. PwC 2003, S. 5 f.

lungskosten auf Basis der Raummeterpreise 1913 (bzw. der mit diesen weitgehend identischen Versicherungswerte 1914) angewendet, wie zuletzt Körner/Meidel (2003, S. 83) für den Lahn-Dill-Kreis unter der Überschrift „Friedensneubauwerte" vorgerechnet hatten.

In der immobilienwirtschaftlichen Fachliteratur wird der Rückgriff auf die Baukostenkataloge von 1913 bzw. 1914 (nach Auffassung der Autoren. zutreffend) vor allem deshalb für ungeeignet angesehen, weil:[25]

- sich Regelbauleistungen, Bauwerkstypen usw. natürlich erheblich geändert haben und
- die bis auf 1913 zurückgehenden Baupreisindexreihen des Statistischen Bundesamtes für eine Umrechnung der Normalherstellungskosten 1913 ungeeignet sind.

Die Heidelberger Kindertagesstätte stellt ein Beispiel eines jüngeren Neubaus dar, für den die tatsächlichen Anschaffungs- und Herstellungskosten vorliegen. Dagegen ist sicherlich wenig einzuwenden – allenfalls würden wir den Zeitraum der Verwendung der historischen Werte aus Gründen der Aussagefähigkeit auf etwa zehn Jahre (vor dem Stichtag der Eröffnungsbilanz) begrenzen.

Schließlich ist auf das aus Sicht des Bewerters besonders interessante Beispiel der Kindertagesstätte in der Hessischen Stadt Dreieich einzugehen. Hierbei wurde zunächst (nach Auffassung der Autoren zutreffend) das Sachwertverfahren unter Anwendung des damals aktuellsten Baukostenkatalogs NHK 1995 durchgeführt, aber anschließend eine Rückindizierung auf das Jahr der Herstellung durchgeführt, um den Hessischen Grundsatz einzuhalten, der (gegebenenfalls fiktive) historische Anschaffungs- und Herstellungskosten verlangt. Diese Bewertungsmethodik wird auch bei *Körner/Meidel*[26] ausführlich dargestellt. Damit soll unter Rückgriff auf eine volkswirtschaftlich ausgerichtete Argumentation vereinfachend gesagt verhindert werden, dass mehr als die tatsächlich vom Steuerzahler bezahlten historischen Anschaffungs- und Herstellungskosten in die Abschreibungen eingerechnet werden, die ihrerseits in Produktabgeltungen eingerechnet werden. Nach Einschätzung der Autoren greift dieses Argument nur insoweit, wie durch am Zeitwert orientierten Abschreibungen tatsächlich höhere, vom Bürger zu bezahlende Entgelte, Steuern oder Ähnliches festgelegt werden würden.[27] Diese Annahme geht jedoch nach Auffassung der Autoren an der praktischen Realität politisch festgesetz-

---

25 Vgl. Kleiber (2002), S. 288.
26 Vgl. Körner/Meidel (2003), S. 55 und 67 ff.
27 Vgl. ebenso Marettek/Dörschell/Hellenbrand (2004), S. 47.

ter Entgelte und Steuern vorbei. Insbesondere die kommunalen Entgelte und Steuern dürften auch in Zukunft im Wesentlichen politisch festgelegt werden (und die am Ressourcenverbrauch orientierten Abschreibungen werden nur in verwaltungsinterne Verrechnungen eingehen, ohne dass finanzielle Auswirkung für den Bürger entstünden).

Daher sind wir zusammenfassend der Auffassung, dass die Kommunen pragmatisch den Nutzen einer einmaligen Zeitwertermittlung „mitnehmen" sollten, wenn sie schon die aufwendigen Erfassungs- und Bewertungsarbeiten durchführen müssen. Hierdurch würden – anders als bei der (nach Auffassung der Autoren unnötigen) Rückindizierung auf historische Anschaffungs- und Herstellungskosten – insbesondere wertvolle Zusatzinformationen entstehen über:[28]

- den höheren, an den Wiederbeschaffungswerten orientierten Ressourcenverbrauch (die Gebäude müssen ja irgendwann zu den dann geltenden Zeitwerten wiederbeschafft werden),
- das in den Immobilien tatsächlich vorhandene Kreditsicherungspotenzial der Kommune,
- die wirtschaftlichen Entwicklungsperspektiven des kommunalen Immobilienbereichs,
- eine solide Grundlage z. B. für Berechnung von Kostenmieten (die auch von den Verwaltungskunden akzeptiert werden),
- die planmäßige Bewältigung des Instandhaltungsstaus sowie andere immobilienwirtschaftliche Fragestellungen.

Interessanterweise deckt sich die Argumentation der Autoren teilweise mit der der älteren Literatur zum Ressourcenverbrauchskonzept.[29]

Hierbei geht es um die für die öffentlichen Gebietskörperschaften bedeutsame Frage, wie der Immobilienbereich trotz des häufig vorhandenen Instandhaltungsstaus betriebswirtschaftlich so in den Griff bekommen werden kann, dass nicht aus wirtschaftlichen Gründen Leistungen eingeschränkt werden müssen – z. B. Schulen geschlossen werden müssen. Dabei darf nicht übersehen werden, dass das jahrzehnte lange Unterlassen von an sich notwendigen Instandhaltungen nicht nur die jetzige und die künftigen Generationen benachteiligt hat, sondern leider teilweise nur noch durch schmerzhafte Flächenreduktionen bewältigt werden kann.

---

[28] Vgl. Marettek/Dörschell/Hellenbrand (2004), S. 47 f.
[29] Vgl. insbesondere KGST (1997), S. 33 und 38.

Literaturhinweise

Adler/Düring/Schmaltz (1995–2001): Rechnungslegung und Prüfung der Unternehmen. Kommentar zum HGB, AktG, GmbHG, PublG nach den Vorschriften des Bilanzrichtlinien-Gesetzes. 6. Aufl., Stuttgart 1995–2001.

Bolsenkötter, H./Detemple, P./Marettek, C. (2002): Bewertung des Vermögens in der kommunalen Eröffnungsbilanz, in: der Gemeindehaushalt 2002, S. 154–164.

Bolsenkötter, H./Detemple, P./Marettek, C. (2002): Die Eröffnungsbilanz der Gebietskörperschaft, Frankfurt am Main 2002.

Detemple, P./Heck, C./Marettek, C. (2002): Kommunales Immobilienmanagement, Herausforderungen und Chancen, in: Verwaltung und Management 2002, S. 279–285.

IDW, Institut der Wirtschaftsprüfer in Deutschland e. V. (Hrsg.) (2000): IDW Standard: Grundsätze zur Durchführung von Unternehmensbewertungen (IDW S 1), in: Die Wirtschaftsprüfung 2000, S. 825–842.

IDW, Institut der Wirtschaftsprüfer in Deutschland e. V. (Hrsg.) (2001): Entwurf IDW Stellungnahme zur Rechnungslegung: Rechnungslegung der öffentlichen Verwaltung nach den Grundsätzen der doppelten Buchführung (IDW ERS ÖFA 1), in: Die Wirtschaftsprüfung 2001, S. 1405–1416.

IMK, Beschluss der Ständigen Konferenz der Innenminister und -senatoren der Länder vom 21. November 2003, Anlage 2, Gemeindehaushaltsverordnung für ein doppisches Haushalts- und Rechnungswesen (erarbeitet vom Arbeitskreis III Kommunale Angelegenheiten der IMK), 2003. Download z. B. unter: www.im.baden-wuerttemberg.de (Starke Kommunen, Neues Rechnungswesen).

Kleiber, W. (2002) in: Kleiber, W./Simon, W./Simon, J./Weyers, G., Verkehrswertermittlung von Grundstücken, 4. Aufl., Köln 2002.

Körner, H./Meidel, H. (2003): Neues Kommunales Rechnungs- und Steuerungssystem, Grundlagen und Praxis kommunaler Vermögensbewertung, Nürnberg 2003.

Lüder, K./Jones, R. (2003): Reforming Governmental Accounting and Budgeting in Europe, Frankfurt am Main 2003.

Marettek, C./Dörschell, A./Hellenbrand, A. (2004): Kommunales Vermögen richtig bewerten, Haufe-Praxisratgeber zur Erstellung der Eröffnungsbilanz und als Grundlage der erweiterten Kameralistik, Freiburg 2004.

Mittag, G. (2003): Arbeits- und Kontrollhandbuch zur Bauplanung, Bauausführung und Kostenplanung nach § 15 HOAI und DIN 276, Loseblattsammlung, Stand Dezember 2003.

PricewaterhouseCoopers (PwC), Vergleich der Immobilienbewertung ausgewählter Grundstücke in den Bundesländern Baden-Württemberg, Hessen und Nordrhein-Westfalen, Studie im Auftrag des Instituts der Wirtschaftsprüfer für die Innenministerkonferenz, Download: www.pwc.com

Bewertung von Kirchen und kirchlichen Zwecken dienenden Flächen

Klaus Bernhard Gablenz

1   Grundsätzliche Problematik

2   Bewertungsziele
2.1   Bewertung von Kirchen
2.2   Verkehrswertermittlung
2.3   Betriebliche Kosten-Nutzen-Analysen

3   Bedeutung der Widmung von kirchlichen Grundstücken

4   Grundlagen der Bewertung, Besonderheiten der Eingangsdaten
4.1   Welches ist das korrekte Verfahren?
4.2   Roherträge, Reinerträge
4.2.1   Vorbemerkung zur Ertragsorientierung
4.2.2   Anforderungen an Mietverträge
4.2.3   Möglichkeiten der Ableitung von Erträgen
4.3   Bewirtschaftungskosten
4.4   Liegenschaftszinssätze, Restnutzungsdauer
4.5   Herstellungskosten, Wiederbeschaffung

5   Differenzierte weitergehende Betrachtungen
5.1   Standort unter Berücksichtigung des Bewertungszweckes
5.2   Zubehör als wesentliche Eigenschaft von Kirchen
5.3   Kunst als Eigenschaft von Kirchen

1 Grundsätzliche Problematik

Was sind Kirchen? Was sind kirchliche Grundstücke oder damit verbundene Lehen? Was versteht man unter der Widmung? Fragen, die in dem Zusammenhang mit der Bewertung solcher Flächen als grundsätzliche terminologische Klarstellung beantwortet werden müssen.

Kirchen sind Einrichtungen, die der gemeinsamen Pflege eines Glaubens dienen. Sie sind auf eine bestimmte Lehre oder Glaubensanschauung ausgerichtet. In diesem Zusammenhang sind auch die hierbei verwendeten Grundstücke oder Baulichkeiten zu sehen. Hier findet zumeist eine klare Zielrichtung (z. B. durch die Verwendung von Symbolen) statt. Was bedeutet dies für die Arbeit des Bewertungssachverständigen? Der Sachverständige muss unter anderem in der Lage sein, der Symbolik bestimmte Inhalte zuzuordnen, um eine objektive Schätzung durchführen zu können. Die – zumindestens in Bezug auf die wesentlichen Aussagen vorhandene – Kenntnis der Lehre der Kirchen ist grundlegende Voraussetzung für die Bewertung solcher Flächen. Nur mit solchem Wissen ist es beispielsweise möglich, die fachlich korrekte Abgrenzung zwischen Bauwerk und Kunstwerk vorzunehmen.

Kirchliche Grundstücke dürfen nicht veräußert werden, allenfalls darf ein Erbbaurecht bestellt werden, so die Verordnung über Sicherung kirchlichen Grundbesitzes, bekannt gemacht z. B. im Amtsblatt Sachsen (ABl.) vom 28. April 1995 (ABl. 1995 A 62). Das Verbot der Veräußerung gilt allerdings *nur* für so genannte „gewidmete" Grundstücke. Soweit also *gewidmete kirchliche Grundstücke* bewertet werden sollen, steht dies entweder im Zusammenhang mit wirtschaftlichen Analysen (z. B. Kosten-Nutzen-Analysen) oder im Zusammenhang mit der Schaffung oder Bewertung eines Erbbaurechtes. Dabei sind dann bestimmte spezifische kirchliche Merkmale zu berücksichtigen. Bei Objekten ohne Veräußerungsverbot, also ohne Widmung für den Gemeinschaftszweck, treten hingegen stärker die gängigen Bewertungsanlässe und -verfahren in den Vordergrund.

2 Bewertungsziele

2.1 Bewertung von Kirchen

Die Bewertung von Kirchen und kirchlichen Einrichtungen steht stets im Zusammenhang mit dem Finanzmanagement der jeweiligen Kircheneinrichtung. Da (gewidmete) Immobilien nicht veräußert werden sollen, stehen sie fast ausschließlich nur zur Belastung zur Verfügung, entweder im Rahmen eines Erbbaurechtes oder im Zusammenhang mit der Absicherung im Rahmen der Aufnahme von Geldmitteln. Daneben sind die internen Vorschriften der Kirchen zu beachten, eigene Grundstücke oder grundstücksgleiche Rechte grundsätzlich einem Ertrag zuzuführen. Dies geschieht insbesondere bei den nicht gewidmeten Grundstücken in den letzten Jahren vermehrt.

2.2 Verkehrswertermittlung

Nach der Definition des Gesetzes[1] wird der *Verkehrswert* (Marktwert) von dem Preis bestimmt, der im gewöhnlichen Geschäftsverkehr nach den rechtlichen Gegebenheiten und tatsächlichen Eigenschaften, der sonstigen Beschaffenheit und Lage des Objektes ohne Rücksicht auf gewöhnliche oder persönliche Verhältnisse zu erzielen wäre.

Sprengnetter hat diese Definition erweitert:[2] „... Der Verkehrswert ist der bei einem anstehenden Verkauf am wahrscheinlichsten zu erzielende Preis, wenn dem Verkäufer vorweg eine hinreichende Zeitspanne zur Vermarktung zur Verfügung stand. Der Verkehrswert ist der Preis, den wirtschaftlich vernünftig handelnde Marktteilnehmer unter Beachtung aller wertbeeinflussenden Eigenschaften des Grundstücks zu den allgemeinen Wertverhältnissen zum Wertermittlungsstichtag durchschnittlich aushandeln würden (Wert für jedermann) ...".

Vorausgesetzt ist dabei, dass den Parteien ein durchschnittlicher, d. h. wie in den Vergleichskauffällen benötigter, Vermarktungs- bzw. Verhandlungszeitraum zur Verfügung steht. Diese Definition von Sprengnetter bedarf allerdings einer Erläuterung, denn nach § 194 BauGB wird der Verkehrswert durch den Preis bestimmt, nicht diesem gleichgesetzt. Denn der Preis eines Grundstücks entspricht eben nicht

---
1 § 194 BauGB (Baugesetzbuch 2004).
2 Siehe Sprengnetter, Arbeitsmaterialien Bände Ia–III.

dessen Wert; vielmehr ist der Preis der in bar zu zahlende Ausgleich einer Eigentumsübertragung, der Wert hingegen eine fiktive Prognose dessen, wie der gewöhnliche oder simulierte Geschäftsverkehr in seinem Kaufverhalten bei dem zu bewertenden Grundstück reagieren würde.

Kleiber schreibt hierzu:[3] „... Da es sich bei den (auch im gewöhnlichen Geschäftsverkehr) auf dem Grundstücksmarkt erzielten Entgelten um intersubjektive Preise handelt, sind die kodifizierten Vorgaben einer verobjektivierenden Wertlehre folgend darauf gerichtet, als Verkehrswert einen frei von subjektiver Betrachtungsweise allein an den objektiven Merkmalen eines Grundstücks orientierten Wert zu ermitteln ...".

Im weiteren Sinne ist der Verkehrswert deswegen auch (ermittlungstechnisch) als ein statistischer Wert zu verstehen, also ein Wert, wie er sich auf der Grundlage des ausgewogenen Mittels der zum Vergleich herangezogenen Daten ergibt. Der Verkehrswert ist weiterhin zeitabhängig; zum einen unterliegt der Zustand des betreffenden Grundstücks stetigen Änderungen, zum anderen können sich auch die Wirtschaftslage, die allgemeinen (rechtlichen) Rahmenbedingungen sowie die allgemeinen Verhältnisse in der jeweiligen Belegenheitsgemeinde ändern.

Bei gewidmeten Grundstücken wird sich regelmäßig *kein* Verkehrswert einstellen; wenn solche Grundstücke, die weithin unter dem Allgemeinbegriff „Gemeindebedarfsflächen" fallen, auf dem Markt auftreten, dann meistens *ohne* Wettbewerb und *ohne* gewöhnlichen und damit ohne ausreichenden Geschäftsverkehr. Letztlich trifft die Mehrzahl der zur Verkehrswertermittlung oben dargelegten Voraussetzungen bei der Wertanalyse von kirchlichen Gebäuden nicht zu. Auch aus diesen Gründen sind solche Objekte klar als *Spezialimmobilien* zu klassifizieren.

2.3 Betriebliche Kosten-Nutzen-Analysen

Gerade in kirchlichen Einrichtungen konkurrieren Investitionsentscheidungen für die betriebliche Investition mit Investitionen in anderen Funktionalbereichen, die den effizienten Einsatz knapper finanzieller Mittel erforderlich machen. Deshalb ist es zum einen notwendig, den laufenden Mitteleinsatz (Kosten) dem hierbei erwarteten Nutzen gegenüberzustellen. Zum anderen müssen für Projektanträge Analysen durchgeführt werden, um die Investitionen auch unter finanziellen Ge-

---

3   Siehe Kleiber a. a. O., S. 250, Rnd. 2.

sichtspunkten beurteilen zu können. Im Wesentlichen ergeben sich damit drei Einsatzbereiche für Formen dieser Art der *Wirtschaftlichkeitsbetrachtung:*

1. Bevor die Investitionslösung realisiert wird, dient sie als Entscheidungshilfe.
2. Nachdem das Investitionsprojekt abgeschlossen ist, lässt sich die Investitionsentscheidung kontrollieren.
3. Während der Projektrealisierung kann man überprüfen, ob Abweichungen gegenüber den Planungen auftreten.

Aus solchen Analysen lassen sich Inhalte über Makro- und Mikroumfeld der Immobilien, wie auch deren Markttransparenz und – akzeptanz entnehmen. Deshalb sollen die hierauf bezogenen Verfahren und Untersuchungen noch eingehender betrachtet werden.

Versucht man, die Verfahren zum Bewerten der Investitionen die in der Praxis eingesetzt werden zu systematisieren, so lässt sich nach solchen Vorgehensweisen unterscheiden, bei denen Rechen- und Beschreibungstechniken zur Wirtschaftlichkeitsanalyse im Vordergrund stehen (Daten müssen hierzu zur Verfügung stehen). Dem stehen Verfahren gegenüber, bei denen die vermehrt qualitativen Aspekte und Wirkungszusammenhänge untersucht werden.

Folgende Verfahren und Instrumente zur Wirtschaftlichkeitsbeurteilung können auch bei der Beurteilung von Investitions- und Desinvestitionsentscheidungen bei einer kirchlichen Organisation eingesetzt werden:

- *Investitionsrechenverfahren*

Typische Hilfsmittel, um finanzielle Wirkungen von Investitionen zu beurteilen, sind *statische und dynamische Investitionsrechenverfahren* wie Kostenvergleichsrechnungen, Gewinnvergleichsrechnungen sowie einperiodige Kosten-Nutzen-Rechnungen. Als *dynamische Investitionsrechenverfahren* werden die Kapitalwert-, die Annuitätenmethode sowie als Variante der vorgenannten Verfahren die Methode des internen Zinsfußes verwendet. Eine Schwäche der Verfahren ist, dass nur monetäre Größen benutzt und qualitative Aspekte nicht berücksichtigt werden.

- *Nutzwertanalysen*

Gegenüber diesen eindimensionalen Investitionsrechenverfahren, die einen Wert oder eine Kennzahl liefern, beziehen *Scoring-Modelle* auch qualitative Effekte in die Bewertung ein. Die *Nutzwertanalyse* ist dabei das am häufigsten eingesetzte Verfahren. Es wird benutzt, um verschiedene Alternativen miteinander zu vergleichen. Dies geschieht mit einem gewichteten Kriterienkatalog, in dem für die erwarteten Nutzeffekte der betrachteten Immobilie ein Punktwert vergeben wird. Dabei betrachtet man quantitative *und* qualitative Daten gemeinsam. Nachteilig bei diesen Verfahren ist, dass es kein allgemeingültiges Vorgehen gibt, um die Kriterien sowie ihre Gewichte festzulegen, weshalb oft die Subjektivität der Ergebnisse kritisiert wird. Berücksichtigt man bei der Nutzwertanalyse die Kosten, so spricht man von einer Nutzwertkostenanalyse.

- *Argumentenbilanzen*

Ein einfacheres Verfahren, um ebenfalls qualitative Effekte darzustellen, ist die so genannte *Argumentenbilanz*. Dabei erfolgt in der einfachsten Form lediglich eine textuelle Aufbereitung der positiven und negativen Effekte, die mit der untersuchten Immobilie in Verbindung stehen. Sie werden in einzelnen Bilanzspalten einander gegenübergestellt. Die Längenunterschiede der Bilanzspalten sollen dann eine erste Beurteilung zulassen. Wie wichtig die einzelnen Argumente sind, wird nicht berücksichtigt.

- *Nutzeffektketten*

Die Analyse von Nutzeffektketten stellt Wirkungszusammenhänge, die durch eine Immobilieninvestition resultieren, transparent dar. Aus primären Effekten, die am Ort der Investition entstehen, können sekundäre Veränderungen und ihre Auswirkungen in anderen Bereichen der Organisation abgeleitet werden. In den Nutzeffekt ketten können sowohl quantitative als auch qualitative Wirkungen aufgenommen werden. In einem weiteren Schritt wäre es dann möglich, die einzelnen Schritte monetär zu bewerten.

3 Bedeutung der Widmung von kirchlichen Grundstücken

Wie bei privatwirtschaftlichem Vermögen ist auch beim kirchlichen Vermögen zu unterscheiden zwischen „Verwaltungsvermögen" und bloßem „Finanzvermögen". Der Begriff „Finanzvermögen" bezeichnet im kirchlichen Sinne solche Gegenstände, welche nur mittelbar den spezifisch kirchlichen Aufgaben dienen, nämlich dadurch, dass sie finanzielle und andere Erträgnisse erbringen, welche dann zugunsten der spezifisch kirchlichen Aufgaben verwertet werden (zum Beispiel Wertpapiere, vermietbare Gebäude, verpachtbare Fischgewässer, Land- und Forstwirtschaft und sonstige Wirtschaftsbetriebe). Das „Finanzvermögen" ist ausschließlich

Wertvermögen. Hingegen bezeichnet der Begriff „Verwaltungsvermögen" diejenigen Vermögensgegenstände, die direkt für eigentliche kirchliche Aufgaben gewidmet sind. Die Verwaltungsrechtslehre bezeichnet solche Gegenstände als „öffentliche Sache" (= lateinisch „publica res"). Die *Widmung* (= Zweckbindung, lateinisch „dedicatio") ist ein öffentlich-rechtlicher Akt. Sie erfolgt entweder ausdrücklich durch einen einmaligen Verwaltungsakt oder stillschweigend durch das In-Gebrauch-Nehmen und Benutzen während langer Zeit. Die Widmung kann aufgehoben werden durch die Entwidmung.

Für das Finanzvermögen von Kirchen gilt die sehr alte kirchenrechtliche Regel, dass die Kirche nur die Erträgnisse ihres Vermögens aufzehren soll, aber nicht das Kapital. Insbesondere gilt dies für Grundstücksvermögen. Es darf allenfalls auf Zeit belastet werden, zum Beispiel durch ein Erbbaurecht, aber nicht veräußert werden (Corpus iuris canonici: Decretum Gratiani C. 12 q. 1 c. 16; Decretales 3.13; Liber Sextus 3.8 u. w. S.). Die Widmung stellt somit eine „interne Verfügung der Nichtveräußerung" dar. Soll ein Grundstück veräußert werden, muss vorher zwingend eine *Entwidmung* erfolgen.

Das Finanzvermögen der Kirchen unterliegt normalerweise den Regeln des Privatrechts. Ebenso sind regelmäßig alle Rechtsgeschäfte privatrechtlich zu beurteilen, durch welche die Kirchen mit Privatpersonen in Kontakt treten, um ihren Bedarf zu decken (= „Bedarfsverwaltung") – ganz gleichgültig, ob es sich um den Bedarf für Angelegenheiten des Finanzvermögens oder um den Bedarf für spezifisch kirchliche Aufgaben handelt.

Hingegen ist beim Verwaltungsvermögen der Kirchen jeweils zu prüfen, ob und inwieweit es den normalen Regeln des Privatrechts untersteht; denn ganz allgemein ist für alle „öffentlichen Sachen" zu sagen, dass den Privatrechtsregeln nur dort Raum gegeben werden darf, wo dadurch die öffentlichen Zwecke nicht beeinträchtigt werden. Die kirchlichen „öffentlichen Sachen", also diejenigen Gegenstände, die für Zwecke der eigentlichen kirchlichen Aufgaben gewidmet sind (siehe oben), unterstehen folglich nur eingeschränkt oder gar nicht den Regeln des Privatrechts.

Vor diesem Hintergrund ist deshalb vorab wie folgt zu unterscheiden:

Gegenstände, welche den Bereichen Gottesdienst und Verkündigung dienen (= „res sacrae"), zeigen schon dadurch genügend offensichtlich, dass sie öffentlichen Zwecken gewidmet sind und folglich den normalen Regeln des Privatrechts entzogen sind, soweit diese Regeln den Widmungszweck behindern würden. Bei den „res sacrae" bedarf es keiner Nachforschung, wann und wie ein widmender Verwaltungsakt ergangen ist. Dies gilt zum Beispiel für Kirchengebäude, Orgel, Glocken, Altar,

Kerzenleuchter, Abendmahlsgerät, Friedhöfe (und damit Grabstätten). Hingegen muss die Frage der Widmung sonstiger Gegenstände des Verwaltungsvermögens jeweils einzeln untersucht werden – dies gilt zum Beispiel für Schreibmaschinen, Möbel, Dienstwohnungen, Gebäude der karitativen Einrichtungen und deren sonstige Ausstattung, Bildungseinrichtungen und so fort; also im Wesentlichen Zubehör im Sinne des Bürgerliches Gesetzbuch (BGB).

Es ist jeweils einzeln nachzuforschen, ob und wie Sachen durch eine öffentlich-rechtliche Körperschaft gewidmet wurden und welches Maß an Zweckbindung beabsichtigt war.

Die großen Kirchen im deutschsprachigen Raum haben von dem staatskirchenrechtlichen Angebot Gebrauch gemacht, sich selbst und ihre Einrichtungen als Körperschaften des öffentlichen Rechts zu gestalten (gem. Art. 140 Grundgesetz in Verbindung mit Art. 137 Abs. 5 Weimarer Reichsverfassung). Also können die Kirchen und ihre öffentlich-rechtlichen Einrichtungen, soweit sie dies wünschen, auch solche Gegenstände ihres Verwaltungsvermögens, welche nicht „res sacrae" sind, durch öffentlich-rechtliche Zweckbindung (= „Widmung") dem normalen Privatrechtsverkehr entziehen. Insbesondere Grundstücke und Ausstattungen für Pfarrhäuser, für karitative Einrichtungen oder Bildungseinrichtungen, für Kantoren oder Katecheten eignen sich für eine solche Widmung. Dementsprechend ist überall in Deutschland diese rechtliche Möglichkeit umfangreich genutzt worden. Es ist im Kirchen- und im Verwaltungsrecht strittig, ob Kraft der öffentlich – rechtlichen Zweckbindung von einer grundsätzlichen Widmung auszugehen ist, bis deren Gegenteil widerlegt ist, oder ob erst die Zweckbindung oder ein Verwaltungsakt im Einzelnen die Widmung bewirkt. Im Rahmen einer Bewertung wird im Zweifel auf Letzteres abzustellen sein.

Die Rechtspraktiker vergangener Jahrhunderte, die zu ihrer Zeit Gebäude und Grundstücke und andere Gegenstände für kirchliche Zwecke bestimmt haben, kannten nur den rechtstechnischen Begriff „publicae res" = „öffentliche Sachen". Aber sie hatten noch nicht die heutigen ausgefeilten Doktrinen dazu entwickelt, wie denn aus einer gewöhnlichen Sache eine „öffentliche Sache" werden kann. Infolgedessen sollte man vernünftigerweise in der täglichen Praxis abwägen, ob die kirchlich zuständigen Amtsträger und Organe den betreffenden Gegenstand an einen (nach damaliger Auffassung) kirchlichen Zweck binden wollten. Trifft dies zu, dann ist auch heute noch der betreffende Gegenstand insofern und insoweit dem normalen Privatrecht entzogen bis eine Entwidmung erfolgt.

Was über das kirchliche Vermögen allgemein gesagt wurde, gilt ebenso für das Vermögen einzelner *kirchlicher Gliederungen* (Kirchenbezirke, Kirchgemeinden usw.), *kirchlicher Werke* (= Anstalten), *kirchlicher Stiftungen* sowie *kirchlicher Lehen*.

Bei den kirchlichen Lehen handelt es sich um rechtlich selbständige Grundstücksvermögen, welche einer besonderen Aufgabe gewidmet sind. Die Lehen sind juristische Personen kraft kirchlichen öffentlichen Rechts. Ob die zu einem Lehen gehörigen Grundstücke „öffentliche Sachen" im Sinne der obigen Definition sind, hängt davon ab, für welche Art von Diensten sie gewidmet sind. *Pfarrlehen* zum Beispiel enthalten üblicherweise ein Grundstück, auf dem das *Pfarrhaus* steht. Dort befindet sich üblicherweise die Dienstwohnung des Pfarrers, aber auch die Pfarrkanzlei und häufig ein Gemeindesaal. Das Pfarrhaus dient also üblicherweise nicht nur privaten Wohnzwecken. Diese offen sichtbaren tatsächlichen Gegebenheiten erbringen den Beweis des ersten Anscheins für einen entsprechenden *Widmungswillen* seitens der Kirchgemeinde. Soweit dieser Widmungswille reicht, ist das Pfarrhaus eine „öffentliche Sache" und ist also insoweit dem normalen Privatrechtsverkehr entzogen.

Das „*Kirchlehen*" umfasst normalerweise Grundstücke, welche ein Kirchengebäude und einen Friedhof tragen. Bei vielen Kirchgemeinden umfasst das Kirchlehen zusätzlich noch weitere Grundstücke, welche zwar für rein weltliche Zwecke genutzt werden, aber durch ihre Erträgnisse dazu beitragen sollen, die Kosten der Instandhaltung und die sonstigen anfallenden Kosten für Kirche und Friedhof zu tragen – zum Beispiel Äcker, Wiesen, Gewässer, Wald, Miethäuser. Die Erträgnisse fließen folglich in die Kirchkasse. Deshalb ist im Grundbuch bei den betreffenden Grundstücken oft eingetragen, Eigentümer sei das „Kirch-Ärar" – das ist eine altertümliche Bezeichnung für die Kirchkasse (lateinisch aerarium = „Geldtruhe").

Als „*geistliche Lehen*" bezeichnet man solche, die vormals, vor 1900, dazu bestimmt waren, den Unterhalt von Personen im Verkündigungsdienst zu sichern – zum Beispiel Pfarrlehen, Diakonatslehen, Kantoratslehen, Katechetenlehen.

Die rechtliche Vertretung der Lehen und Anstalten ist in zweierlei Weise durch § 40 Kirchgemeindeordnung (KGO) geregelt. Geistliche Lehen werden rechtlich durch das Bezirkskirchenamt vertreten (§ 40 Abs. 2 KGO). Sonstige Lehen und Anstalten, auch das Kirchlehen, werden rechtlich durch den Kirchenvorstand vertreten (§ 40 Abs. 1 KGO) – wobei aber dennoch bestimmte einzelne Arten von Rechtsgeschäften des Kirchenvorstandes erst nach Genehmigung durch das Bezirkskirchenamt oder das Landeskirchenamt rechtsgültig werden.

Die Sonderregelung für „geistliche Lehen" wurde eingeführt, weil die betreffenden Grundstücke üblicherweise bis in heutige Zeit durch Personen genutzt werden, die entweder selbst im Kirchenvorstand sind oder aber großen Einfluss auf den Kirchenvorstand haben (Pfarrer/Kantor/Gemeindepädagoge usw.).

Die tägliche Verwaltung der Lehen und Stiftungen hingegen obliegt gemäß der Kirchgemeindeordnung ausnahmslos dem Kirchenvorstand der betreffenden Kirchgemeinde – auch bei „geistlichen Lehen". Also auch bei den „geistlichen Lehen" muss der Kirchenvorstand (und nicht etwa das Bezirkskirchenamt) für den Unterhalt und den Betrieb der baulichen Anlagen und Grundstücke sorgen.

4 Grundlagen der Bewertung, Besonderheiten der Eingangsdaten

Die Eingangsdaten bei der Bewertung gewidmeter und entwidmeter kirchlicher Güter sollten so gewählt werden, dass die Nachhaltigkeit auch im jeweiligen Bewertungsverfahren grundsätzliche Bewertungsmaxime bleibt. Entwidmete kirchliche Grundstücke und Gebäude sind Teilnehmer eines regulären Teilmarktes, während gewidmete Güter grundsätzlich keinen „Markt" aufweisen.

4.1 Welches ist das korrekte Verfahren?

Bei *allen gewidmeten Objekten* gilt grundsätzlich die Bewertungsvorschrift des § 287 Zivilprozessordnung (ZPO)[4]. Wie bereits ausgeführt ist die Bewertung gewidmeter Objekte nur dann notwendig, wenn (im Ausblick) eine Entwidmung unmittelbar bevorsteht oder wenn innerhalb der kirchlichen Gemeinschaft bestimmte Kosten-Nutzen-Analysen durchgeführt werden sollen.

---

4 § 287 ZPO zur Schadensermittlung; Höhe der Forderung. (1) Ist unter den Parteien streitig, ob ein Schaden entstanden sei und wie hoch sich der Schaden oder ein zu ersetzendes Interesse belaufe, so entscheidet hierüber das Gericht unter Würdigung aller Umstände nach freier Überzeugung. Ob und inwieweit eine beantragte Beweisaufnahme oder von Amts wegen die Begutachtung durch Sachverständige anzuordnen sei, bleibt dem Ermessen des Gerichts überlassen. Das Gericht kann den Beweisführer über den Schaden oder das Interesse vernehmen; die Vorschriften des § 452 Abs. 1 Satz 1, Abs. 2 bis 4 gelten entsprechend. (2) Die Vorschriften des Absatzes 1 Satz 1, 2 sind bei vermögensrechtlichen Streitigkeiten auch in anderen Fällen entsprechend anzuwenden, soweit unter den Parteien die Höhe einer Forderung streitig ist und die vollständige Aufklärung aller hierfür maßgebenden Umstände mit Schwierigkeiten verbunden ist, die zu der Bedeutung des streitigen Teiles der Forderung in keinem Verhältnis stehen.

Die Hilfsmittel, die sich der Sachverständige bei der Herleitung des Wertes bedient, können die *normierten Wertermittlungsverfahren* der WertV oder aber nichtnormierte Wertermittlungsverfahren sein, die der Bedeutung des „nicht vorhandenen Geschäftsverkehrs" entsprechend Rechnung tragen. Mit dieser erheblichen *Unsicherheit* ausgestattet, sollte sich der Sachverständige Verfahren bedienen, die Unsicherheiten „berücksichtigen". Dazu gehören beispielsweise *Regressionsanalysen* oder stochastische Verfahren wie die *Monte-Carlo-Simulation,* bei denen unter Berücksichtigung verschiedener „unsicherer" Eingangsdaten qualifizierte Aussagen unter Berücksichtigung der Wahrscheinlichkeit des Eintritts bestimmter „Markt"gegebenheiten erzielt werden.

Bei der Bewertung von Kirchen stand bisher oftmals – aufgrund einer (zu) pauschalen Verneinung der Gewinnerzielungsabsicht – das Sachwertverfahren im Vordergrund. Dies kann aus verschiedenen Gründen kritisiert werden.[5]

Prinzipiell sollten Verfahren angewandt werden, die ertragsorientiert sind; dies ergibt sich schon aus der Grundessenz der kirchlichen Lehre, dass das eigene Eigentum nur zur Ertragserwirtschaftung eingesetzt werden darf.[6]

Grundproblem bei deren Anwendung ist jedoch, dass der Entscheidungsprozess für Eingangsdaten einer Immobilienbewertung komplexe, dynamische und unsichere Komponenten mit einbezieht. Konventionelle, ertragsorientierte Bewertungsverfahren sind deterministisch orientiert, d. h., die Variablen gehen mit nur einem Wert in die Berechnung ein und das Ergebnis besteht ebenfalls aus nur einem Wert. Dabei ist es gerade bei Immobilien mit wenig oder gar keinem Markt plausibel anzunehmen, dass die unterschiedlichen Variablen mit alternierenden Werten in die Berechnung eingehen, was zu deutlich abweichenden Ergebnissen führt. Bei deterministischen Methoden kann nur eine Kombination der Variablen festgelegt werden, wobei andere, ebenfalls mögliche Varianten ausgekernt werden.

Da die Werte vieler Variablen einer Bewertung jedoch *nicht* mit Sicherheit bestimmt werden können, werden bei stochastischen Verfahren diese Variablen als Bandbreite mit ihren individuellen Wahrscheinlichkeitsverteilungen dargestellt, was eine sinnvolle Erweiterung der vorgenannten Verfahren ist. Die *Monte-Carlo-Simulation* ist ein auf der Wahrscheinlichkeitsrechnung basierendes Berechnungsverfahren, das genutzt werden kann um die Risiken einer Immobilieninvestition abzuschätzen oder aber verschiedene „wahrscheinliche" Eingangsdaten – dargestellt in Spannen – zum „wahrscheinlichsten Ertragswert" zusammenzustellen. Eine Be-

---

5 Vgl. auch Kleiber/Simon/Weyers (2002), S. 784.
6 Vgl. auch Kleiber/Simon/Weyers (2002), S. 922.

wertungsvorschrift, die davon ausgeht, dass die Eingangsdaten in fester, bestimmter Form in die Wertermittlung eingehen, gibt es nicht – also können stochastische Verfahren uneingeschränkt Einsatz finden.

4.2 Roherträge, Reinerträge

4.2.1 Vorbemerkungen zur Ertragsorientierung

Objektfinanzierung der kirchlichen Güter aus „Eintrittsgeldern" und „Gebühren"? Es hat die so genannten „Stolgebüren"[7] bereits gegeben. Dabei ergaben sich Probleme mit Grundsätzen des Christentums: „Umsonst habt ihr empfangen, umsonst sollt ihr geben."

Es gibt sogar Pfarren, wo sich das Spendenaufkommen mit dem Beitragsaufkommen die Waage hält. Der Kirchenbeitrag ist nur ein Basisbeitrag, der für die Aufrechterhaltung der Infrastruktur verwendet wird – Gehälter müssen unabhängig vom momentanen „Bedarf" an Dienstleistungen geleistet werden, vor allem bei den Laienangestellten.

Einnahmen und Ausgaben aller Lehen, Stiftungen und Anstalten der Kirchgemeinde werden ordnungsgemäß verwaltet und gebucht – und zwar für jedes Lehen usw. separat; denn laut Kirchgemeindeordnung sind die einzelnen Lehen jeweils in ihrem Bestand zu erhalten. Das ist nur möglich, wenn bei den Buchungen der Einnahmen und Ausgaben unterschieden wird, was zu welchem Lehen usw. gehört. Erster Ansprechpartner für die Erhebung von Roherträgen sind demnach die Verwaltungsstellen der Kirchen.

Theoretisch wären bei geistlichen Lehen die Bezirkskirchenämter zuständig, als gesetzliche Vertreter auch die Einnahmen zu kassieren und die Anschaffungen und sonstigen Ausgaben zu tätigen. In der Praxis überlassen aber die Bezirkskirchenämter alle Routineaufgaben dieser Art den Kirchgemeinden, indem sie ihnen Voll-

---

7 Stolgebühren – Stollenschrank. Stolgebühren (Jura stolae), die nach der Stola (s. d.) benannten Gebühren, welche die Geistlichen für kirchliche Handlungen, namentlich Taufen, Trauungen, Abnahme der Beichte und Begräbnisse beziehen. Schon zu Ende des 5. Jahrhundert war eine Taxe für alle geistlichen Verrichtungen vorhanden. doch floss das von den Laien dafür in den Opferstock der Kirche gelegte Geld anfangs der Kirchenkasse zu, die davon den Pfarrern ihren Anteil gab. Erst später war jeder Parochus befugt, die S. für sich allein einzunehmen. Auch in der protestantischen Kirche bilden die S. (als zufällige Einnahmen jetzt gewöhnlich Accidenzien oder Kasualien genannt) einen Teil der Einnahmen des Pfarrers; doch sind sie in Deutschland vielfach abgeschafft und durch festes Gehalt ersetzt worden.

macht für diese Angelegenheiten erteilen. Dagegen ist nichts einzuwenden, soweit wirklich nur Geschäfte betroffen sind, bei denen die auf Kirchgemeinde-Ebene damit befassten Personen nicht in einen Interessenkonflikt geraten können.

Der Erträgnis-Saldo jedes Lehens (einschließlich „geistlicher Lehen"), soweit er positiv ist, fließt in die Kirchkasse und ist zu berücksichtigen als anrechenbare Einkunft der Kirchgemeinde im Sinne des jeweils geltenden Zuweisungsgesetzes. Dies ist zwar nicht eindeutig festgeschrieben, ergibt sich jedoch aus der Kirchengeschichte und daraus, dass die Aufgaben, denen die Sondervermögen vormals gewidmet waren, ja heutzutage letztlich auf den Kirchgemeinden als solchen lasten. Die Kirchgemeindeordnung sagt, dass der Kirchenvorstand einer Genehmigung der Aufsichtsbehörde bedarf, wenn er einen Kapitalbestand der Sondervermögen verändern oder verbrauchen will (KGO § 41 Abs. 3 b). Daraus kann man den Umkehrschluss ziehen, dass der Kirchenvorstand also über die Ertrignisse der Sondervermögen auch ohne Genehmigung frei verfügen darf. Zudem sagt § 19 Abs. 3 der Kassen- und Rechnungsordnung pauschal, dass alle Einnahmen „aus Vermögen" im Haushalt zu vereinnahmen seien.

4.2.2 Anforderungen an Mietverträge

„Geistliche Lehen", also Lehen zwecks Unterhalt von Mitarbeitern des Verkündigungsdienstes (= Pfarrlehen, Diakonatslehen, Archidiakonatslehen, Kantorenlehen usw.) werden durch das Bezirkskirchenamt gesetzlich vertreten (§ 40 Abs. 2 KGO). Dementsprechend muss der Mietvertrag auf der Vermieterseite einzig vom Bezirkskirchenamt unterschrieben werden – nicht vom Kirchenvorstand.

Im Gegensatz dazu werden Kirchlehen und sonstige nichtgeistliche Lehen durch den Kirchenvorstand allein vertreten (§ 40 Abs. 1 KGO). Also muss dort auf der Vermieterseite der Vorsitzende und ein weiteres Mitglied des Kirchenvorstands unterschreiben und das Siegel der Kirchgemeinde beigedrückt werden (§ 21 Abs. 2 KGO).

Bei „geistlichen Lehen" entscheidet also allein das Bezirkskirchenamt, ob und wann und wie ein Mietvertrag abgeschlossen werden soll. Der Kirchenvorstand darf nur Anregungen und Wünsche äußern und allenfalls als Vermittler auftreten. Bei allen anderen Grundstücken hingegen tritt zwar als gesetzlicher Vertreter der Kirchenvorstand auf, aber die vom Kirchenvorstand abgeschlossenen Mietverträge werden dennoch erst nach Genehmigung durch die Aufsichtsbehörde wirksam. Aufsichtsbehörde ist eigentlich das Landeskirchenamt (§ 41 Abs. 3 Buchstabe a KGO). Das Landeskirchenamt hat durch die ÜVO die Bezirkskirchenämter ermächtigt, die Aufsicht über Miet- und Pachtverträge auszuüben (§ 1 Abschnitt E Nr. 7 ÜVO 1999). Bei Wohnungsvermietung ist zudem ohnehin das Bezirkskirchenamt stets mit zuständig: gemäß § 2 der Rechtsverordnung über die Belegung von Wohnraum in kirchlichen Gebäuden vom 5. Mai 1992 (ABl. 1992 A 62)

Kirchtürme dürfen z. B. für Funkstationen genutzt werden. Entsprechende Verträge bedürfen der Genehmigung durch das Bezirkskirchenamt. Dies regelt nun § 23a AVO KGO 2003.

4.2.3 Möglichkeiten der Ableitung von Erträgen

Erste Wahl sollten die Datenerhebungen der *tatsächlich erzielten Pachten und Mieten* sein. Dies stellt zunächst im Vergleich zu den Verfahrensweisen bei anderen gewerblich und wohnlich genutzten Grundstücken eine grobe Gegensätzlichkeit dar. Betrachtet man allerdings die Besonderheiten gerade bei Widmungen, so kann die tatsächliche Miete/Pacht oft die einzige tatsächlich fassbare Größe sein. Ohnehin spricht man bei gewidmeten Objekten nicht vom Verkehrswert nach § 194 BauGB; also muss sich die Wertermittlung nicht zwingend an die Vorgaben der WertV/WertR orientieren. Mögliche *fiktiv zu erzielende Erträge* sind dann mit zu berücksichtigen, wenn langfristig Aussicht besteht, dass solche Erträge durch die geltende Rechtslage auch erzielt werden können.

4.3 Bewirtschaftungskosten

Kirchliche Güter, die der Wohnnutzung vorbehalten sind, unterliegen wie alle anderen Wohngebäude den Regelungen der öffentlichen rechtlichen Verordnungen über *Bewirtschaftungskosten*.[8] Demnach können die dort genannten Ansätze als Richtschnur dienen. Komplexer wird die Ableitung von Bewirtschaftungskosten im Bereich der kirchlichen Gebäude, da es hierzu teilweise explizite Verfahrenshinweise gibt wie folgende Ausführung exemplarisch verdeutlichen kann:

„... Kirchen sind an Tagen mit niedriger Luftfeuchtigkeit möglichst lange zu lüften, damit keine Bauschäden entstehen: Verordnung über Verhütung von Bauschäden an Kirchen. Runderlass vom 10. Juli 1947 (ABl. 1949 A 55) ...". Die VO von 1949

---

8 So z. B. die Betriebskostenverordnung BetrKV vom 1. Januar 2004 (diese Verordnung übernimmt im Wesentlichen die Regelungen aus der Zweiten Berechnungsverordnung mit einigen kleineren Änderungen).

lässt das Ziel erkennen, das Luftklima in der Kirche auf einem für den Bau, für die Orgel usw. möglichst günstigen Stand zu halten. Also ist sie nicht wortwörtlich auszuführen, sondern Kirchen sollen sinnvoll gelüftet werden: nämlich möglichst so, dass die relative Luftfeuchtigkeit in der Kirche nach dem Einströmen der Außenluft (die sich in der Kirche abkühlt und dadurch relativ feuchter wird, oder erwärmt und dadurch relativ trockener wird), nicht schädlichere, sondern günstigere Klimaverhältnisse schafft.

Soweit also nachhaltige Bewirtschaftungskosten abzuleiten sind, ist zuvor das zuständige Bezirkskirchenamt über Erfahrungswerte solch spezieller Immobilien zu befragen, um zu geeigneten nachhaltigen Ansätzen zu geeigneten, nachhaltigen Ansätzen zu gelangen.

4.4 Liegenschaftszinssätze, Restnutzungsdauer

Kirchliche Einrichtungen mit Widmung werden somit so verwendet, dass der Ertrag mindestens die laufenden Kosten decken muss. Bundesweit stehen ca. 43.000 Kirchen, und damit die Mehrzahl der Objekte, unter Denkmalschutz. Hier ist also von einer *ewigen wirtschaftlichen Restnutzungsdauer* auszugehen, selbstverständlich unter Berücksichtigung erhöhter Instandhaltungsaufwendungen.

Da kirchliche Einrichtungen, die einer Widmung unterliegen, grundsätzlich „Gemeindebedarf" darstellen, bereitet die Ableitung marktüblicher Liegenschaftszinssätze die meisten Schwierigkeiten. Nur in den seltensten Fällen ist ein Markt zu erheben. So stellt sich die Frage, in welchem Zusammenhang der Liegenschaftszinssatz Verwendung finden soll. Bei der Neugestaltung eines Erbbaurechtes wird der Erbbauzins dem Liegenschaftszins zwar zunächst angelehnt, viel wichtiger dabei ist jedoch die „Kostendeckungsvorschrift" der Kirchen. Dies bedeutet, dass der Erbbauzins zunächst durch die Prämisse der Kostendeckung gestaltet werden muss und erst danach Überlegungen zur Ortsüblichkeit angestellt werden.

4.5 Herstellungskosten, Wiederbeschaffung

„Kirchliche Gebäude" (beispielsweise im Sinne der Vorschriften der EvLKS) sind alle Gebäude, an denen eine kirchliche Körperschaft oder ein kirchliches Lehen Eigentum besitzt oder ein Nutzungsrecht hat, das Verpflichtungen zur Baupflege mit sich bringt. *Nutzungsänderungen* bei einem „kirchlichen Gebäude" müssen immer vorweg durch das Bezirkskirchenamt genehmigt werden. Neubau, Instandhaltung und -setzung, Veränderung sowie Abbruch kirchlicher Gebäude müssen dann vorweg genehmigt werden, wenn die Maßnahme 10.000 Euro oder mehr kosten wird. Zuständig für Genehmigungen sind in Abhängigkeit von der Höhe der Kosten das Bezirkskirchenamt oder das Landeskirchenamt. Zudem ist bei allen Baumaßnahmen, egal ob genehmigungspflichtig oder nicht, immer vorher eine baufachliche Stellungnahme des kirchlichen Baupflegers einzuholen. Der Baupfleger ist auch die erste Adresse des Sachverständigen, wenn es um die *Erhebung von vergleichbaren Herstellungskosten* geht. Die Normalherstellungskosten 2000 (NHK 2000) wäre die sekundäre Wahl.

Kosten der Brutto-Grundfläche in Euro/m2, durchschnittliche Geschosshöhe 4,75 m NHK 2000 WertR = Normalherstellungskosten (ohne Baunebenekosten) entsprechend Kostengruppe 300 und 400 DIN 276/1993 einschließlich 16 % Mehrwertsteuer, Preisstand 2000							
Ausstattungs-standards	vor 1925	1925 bis 1945	1946 bis 1959	1960 bis 1969	1970 bis 1984	1985 bis 1999	2000
einfach	765–795	795–815	815–880	880–930	935–985	990–1.075	1.075
mittel	1.040–1.080	1.085–1.110	1.115–1.200	1.200–1.275	1.275–1.345	1.345–1.465	1.465
gehoben	–	–	–	1.360–1.440	1.445–1.525	1.525–1.655	1.660
Anmerkung: Typ 24 eingeschossig, nicht unterkellert bzw. teilunterkellert, Dach geneigt oder Flachdach							

Tabelle 1: Kirchen, Stadt-/Dorfkirche, Kapelle

Bei der Planung von Baumaßnahmen an Kirchen soll die zuständige Kommunalverwaltung rechtzeitig zur Mitfinanzierung aufgefordert werden. Im Beispiel der Verfassung des Freistaates Sachsen trägt die Kommune Mitverantwortung für die Erhaltung der Kirche am Ort, weil Kirchen als prägende Gebäude der Kulturlandschaft ein Kulturgut der Allgemeinheit sind. Kirchen sind grundsätzlich Baudenkmale der gemeinsamen Geschichte von Kirchgemeinde und Kommune.

Soweit mit einer „kirchlichen öffentlichen Sache" andere Gegenstände so verbunden wurden, dass sie *„wesentliche Bestandteile"* wurden (vgl. heute §§ 93–96 BGB), zum Beispiel wenn eine politische Gemeinde auf eigene Kosten auf dem Grundstück eines kirchlichen Lehens ein Schulgebäude errichtet hat – oder umgekehrt –, so richteten sich die Rechtsfolgen nach den zur damaligen Zeit für Fälle dieser Art geltenden Rechtsregeln – also seit dem 1. Januar 1900 nach dem Bürgerlichen Gesetzbuch, vorher nach dem geltenden Gemeinem Recht. Das römisch-kanonische „Gemeine Recht" sah vor, dass das Eigentum (dominium) an Baumaterialien, welche fest mit einem Grundstück verbunden werden, „einschläft" (= dominium dormiens). Es erwachte wieder, wenn die Baumaterialien vom Grundstück wieder abgelöst wurden – zum Beispiel wenn das Gebäude demoliert wurde. Es stand dem Grundstückseigentümer frei, schon vorher mittels einer Entschädigungszahlung dem Baumaterialeigentümer seine „schlafende" Eigentumsherausgabeklage (= rei vindicatio) abzukaufen. Aber eine einklagbare Pflicht, den Materialeigentümer zu entschädigen, hatte der Grundstückseigentümer normalerweise nicht. Eine solche Pflicht hatte er nur dann, wenn er wissentlich gegen den Willen des Materialeigentümers dessen Material eingebaut hatte (= actio de tigno iuncto). Das römisch-kanonische „Gemeine Recht" galt freilich nur, soweit nicht vorrangige andere Rechtsregeln vorhanden waren – zum Beispiel solche aus regionaler Gesetzgebung, aus Gewohnheitsrecht oder aus dem (gewohnheitsrechtlich rezipierten) Sachsenspiegel. Gemäß dem seit 1. Januar 1900 geltenden Bürgerlichen Gesetzbuch „schläft" das Eigentum an eingebauten Materialien nicht bloß, sondern es erlischt (§ 946 BGB). Dadurch wurde aber nicht etwa das im Jahre 1900 vorhandene „schlafende Eigentum" plötzlich in erloschenes Eigentum verwandelt. Vielmehr blieben insofern gemäß EGBGB die alten Regeln in Kraft. „Schlafendes Eigentum" der Kirche auf Grundstücken, die vormals der politischen Gemeinde gehörten – oder umgekehrt – sollte also entsprechend wertmäßig berücksichtigt werden.

5 Differenzierte weitergehende Betrachtungen

5.1 Standort unter Berücksichtigung des Bewertungszweckes

Wie bereits benannt, ist die Wirtschaftlichkeit kirchlicher Bauwerke ureigenstes Ziel des kirchlichen Eigentümers. Dabei spielt der Standort jedoch nur selten eine tragende Rolle. Anders als beispielsweise im Einzelhandel „leben" die kirchlichen Einrichtungen nicht von der Laufkundschaft. Kirchliche Einrichtungen sind ein „eigener Synergieeffekt", sie profitieren in der Regel nicht von einem solchen. Vor diesem Hintergrund ist somit auch die Beurteilung der Qualität der Lage nicht mit dem gängigen Vorgehen bei Immobilienbewertungen vergleichbar.

5.2 Zubehör als wesentliche Eigenschaft von Kirchen

Neben den Gebäuden, den Außenanlagen und den sonstigen Anlagen gelten vor allem Rechte, die mit dem Eigentum an einem Grundstück verbunden sind, als *Bestandteile des Grundstücks* (§ 96 des BGB), die ebenfalls Gegenstand der Wertermittlung sein können. Bei einer Wertermittlung ist hier immer zu beachten, dass Bestandteile in der Regel nicht selbständig gehandelt werden und ihre Zugehörigkeit zum Grundstück berücksichtigt werden muss. Gleichwohl können die so genannten Gegenstände (auch als Zubehör bezeichnet) auch für sich allein Gegenstand der Wertermittlung sein. So ist es für die in diesem Bereich involvierten Beteiligten wichtig zu wissen, was alles Zubehör sein kann und wie sich dieser Begriff definiert.

Betrachten wir zunächst eine allgemein gültige Definition für *Zubehör* (Legaldefinition in §§ 97, 98 BGB; § 55 ZVG):

Dem Zubehör einer Hauptsache sind insbesondere bewegliche Sachen zuzurechnen, die, ohne Bestandteile der Hauptsache zu sein, dem wirtschaftlichen Zweck der Hauptsache zu dienen bestimmt sind. Sie stehen in einem dieser Bestimmung entsprechenden räumlichen Verhältnis zur Hauptsache.

Zubehör sind also bewegliche Sachen, die, ohne Bestandteile der Hauptsache zu sein, dem wirtschaftlichen Zweck der Hauptsache zu dienen bestimmt sind und zu ihr in einem entsprechenden räumlichen Verhältnis stehen. Über die Eigenschaft einer Sache, ob diese als Zubehör bezeichnet werden kann, entscheidet die so genannte „Verkehrsanschauung". So sind beispielsweise bei einem Landgut das zum Wirtschaftsbetrieb zugehörige Gerät, Vieh (!), Dünger, Samen und Erzeugnisse, die für eine Weiterführung des Betriebes notwendig sind, Zubehör. Das Zubehör dient dem wirtschaftlichen Zweck, im Falle eines milchfördernden Landgutes beispielsweise das Milchvieh.

Insbesondere bei den hier im Fokus der Betrachtung stehenden kirchlichen Flächen und Objekten sind häufig Fragen der Einbeziehung von Zubehör in die Bewertung zu beantworten.

Voraussetzung für eine Klassifizierung zum Zubehör ist, dass sie klar in einem wirtschaftlichen Zweck zur Hauptsache steht und die Hauptsache in irgendeiner Art und Weise nutzbar ist.

5.3 Kunst als Eigenschaft von Kirchen

In besonderem Maße findet man bei kirchlichen Einrichtungen Gegenstände und bauliche Einrichtungen, die in der Beschaffenheit eine hervorragende künstlerische Qualität aufweisen. Sind solche Qualitäten an der baulichen Einrichtung vorhanden, so können diese – als Ansatz – mit der Bemessung der unendlichen Restnutzungsdauer abgegolten sein (die sich aus der Einstufung als Kulturdenkmal ergibt). Sie kann allerdings auch so „wertvoll" beschaffen sein, dass mit der Entnahme das wesentlichste Merkmal entfällt. Man stelle sich die sixtinische Kapelle ohne Michelangelos Deckenfresken vor. Die *Bewertung dieser Kunst* ist äußerst schwierig und bemißt sich üblicherweise an dem Betrag, der zur Wiederherstellung notwendig wäre (Wiederherstellungskosten). Sofern sich der Bewertungssachverständige dieser Aufgabe nicht gewachsen fühlt, sind Sonderfachleute zur Bewertung notwendig, die sich auf die Versicherung solcher Kunstobjekte spezialisiert haben.

Doch wo fängt die Kunst an und wo hört sie auf? Kunst beginnt dort, wo die zur Herstellungszeit übliche Handwerksleistung endet, wobei die Frage der Auslegung meistens durch die örtlich zuständigen Denkmalschutzämter geklärt werden kann.

Teil VIII

Sonstige spezielle Nutzungsarten

Bewertung von landwirtschaftlichen Liegenschaften und Betrieben

Roland Fischer

**1	Die landwirtschaftliche Taxationslehre**

**2	Bodenbewertung**
2.1	Bewertung landwirtschaftlicher Acker- und Grünlandflächen
2.1.1	Bodenwert auf der Grundlage des Vergleichswertverfahrens
2.1.2	Zu- oder Abschläge auf den Basis- oder Richtwert
2.1.3	Wertbeeinflussende Rechte und Belastungen
2.1.4	Praxisbeispiel: Bodenwert einer Ackerfläche
2.2	Bewertung der landwirtschaftlichen Hofstelle
2.2.1	Besondere Herausforderungen bei der Verwendung von Vergleichspreisen
2.2.2	Praxisbeispiele: Bodenwert einer landwirtschaftlichen Hofstelle

**3	Bewertung von Gebäuden**
3.1	Grundlagen zur Verfahrenswahl
3.2	Praxisbeispiele: Bewertung von landwirtschaftlichen Gebäuden

**4	Landmaschinenbewertung**
4.1	Verkehrswert bei Landmaschinen
4.2	Wirtschaftlicher Gebrauchswert bei Landmaschinen

**5	Bewertung von Nutztieren**

**6	Bewertung von Feldinventar und Vorräten**

**7	Zusammenfassung**

1 Die landwirtschaftliche Taxationslehre

Innerhalb der Wertermittlung von Liegenschaften hat sich das Spezialgebiet landwirtschaftliche Taxation herausgebildet. Für dieses Bewertungsgebiet gibt es eigene Bestellungsvoraussetzungen. Für die landwirtschaftliche Taxation sind tief greifende spezielle Fachkenntnisse aus den Agrarwissenschaften erforderlich.

Die Bewertung ganzer landwirtschaftlicher Betriebe umfasst nicht nur die Wertermittlung des Grund und Bodens (Acker-, Grünlandflächen, Hofstellen, Unland, Wirtschaftswege u. a.), sondern auch die Wohn- und Wirtschaftsgebäude, das tote Inventar (Maschinen und Geräte), die Vorräte und das Feldinventar sowie das lebende Inventar.

Die *Anlässe der Bewertung* ganzer landwirtschaftlicher Betriebe sind vielfältig (Erbschaft, Scheidung, Verkauf, Kauf, Entnahme aus dem Betriebsvermögen, Betriebsaufgabe, Schenkungssteuer, Pachtrückgaben und Entschädigungen bei Verkehrswegebau). Gelegentlich ist das landwirtschaftliche Sondererbrecht zu berücksichtigen.[1] Das so genannte Landwirtschaftsprivileg stellt die „Bewahrung des Familienbesitzes" als Einheit in den Vordergrund.

Wird ein landwirtschaftlicher Betrieb im Rahmen der vorweggenommenen Erbfolge auf einen Erben übertragen, so ist bei Eintritt des Erbfalles und der Geltendmachung von Pflichtteilsansprüchen innerhalb der Zehn-Jahres-Frist (§ 2325 Abs. 3 BGB) nach § 2325 Abs. 2 BGB das Niederstwertprinzip[2] zu beachten. Die landwirtschaftliche Taxation ist, wie aufgezeigt, sehr vielfältig und würde den Rahmen dieses Beitrages sprengen. Aus diesem Grund beschränkt sich der Beitrag auf die Bewertung von landwirtschaftlichen Liegenschaften, auf die Immobilie, wie Grund und Boden (landwirtschaftliche Nutzflächen, Hofstelle) einschließlich der Gebäude (Wirtschafts- und Wohngebäude), und bei der Gesamtbetriebsbewertung auf das zum Betrieb gehörende Inventar wie Landmaschinen, Nutztiere, Vorräte und Feldinventar.

---

1 Höfeordnung, Anerbengesetze, BGB, auch die Ertragswertermittlung nach §§ 2312, 2049 BGB, Zuweisungsverfahren nach §§ 13–17 GrdStVG.
2 Fischer/Biederbeck (2001), S. 78.

2 Bodenbewertung

2.1 Bewertung landwirtschaftlicher Acker- und Grünlandflächen

Bevor die Wertfeststellung erfolgt, ist der Zustand bzw. die *Entwicklungsstufe*[3] der landwirtschaftlichen Fläche festzustellen.

Nach § 4 Abs. 1 der WertV gibt es verschiedene Entwicklungsstufen[4] der Flächen der Land- und Forstwirtschaft. Dort heißt es:

(1) Flächen der Land- und Forstwirtschaft sind entsprechend genutzte oder nutzbare Flächen,

1. von denen anzunehmen ist, dass sie nach ihren Eigenschaften, der sonstigen Beschaffenheit und Lage, nach ihren Verwertungsmöglichkeiten oder den sonstigen Umständen in absehbarer Zeit nur land- und forstwirtschaftlichen Zwecken dienen werden.

2. die sich, insbesondere durch ihre landschaftliche oder verkehrliche Lage, durch ihre Funktion oder durch ihre Nähe zu Siedlungsgebieten geprägt, auch für außerlandwirtschaftliche oder außerforstwirtschaftliche Nutzungen eignen, sofern im gewöhnlichen Geschäftsverkehr eine dahin gehende Nachfrage besteht und auf absehbare Zeit keine Entwicklung zu einer Bauerwartung bevorsteht.

Die Entwicklungsstufe wird in erster Linie durch die planerische Darstellung in der Bauleitplanung (Flächennutzungsplan, § 5 BauGB, Bebauungsplan, §§ 30, 33 BauGB) Zusammenhang bebauter Ortsteile (§ 34 BauGB) Außenbereich (§ 35 BauGB) bestimmt.

Bei landwirtschaftlichen Flächen im Außenbereich wird zwischen den reinen land- und forstwirtschaftlichen Flächen (§ 4 Abs. 1 Nr. 1 WertV) und den besonderen[5] (begünstigten) Flächen der Land- und Forstwirtschaft (§ 4 Abs. 1 Nr. 2 WertV) unterschieden.

Anzumerken ist noch, dass bei landwirtschaftlich genutzten Flächen auch die Entwicklungsstufe Bauerwartungsland (§ 4 Abs. 2 WertV) vorliegen kann.

---

[3] Zustand bzw. Entwicklungsstufe wird synonym für Qualität der Fläche verwendet.
[4] Neben den Entwicklungsstufen gem. § 4 Abs. 1 WertV gibt es noch weitere Zustandsmerkmale gem. § 5 WertV.
[5] Dazu auch Fischer/Lorenz/Biederbeck (2/03), S. 147.

Im vorliegenden Fall soll sich die Bewertung auf die rein landwirtschaftlichen Flächen gemäß § 4 Abs. 1 Nr. 1 WertV beschränken.

Bei der Bewertung landwirtschaftlicher Betriebe wendet man die Gesamttaxe, die Zerlegungstaxe oder die Zusammensetzungstaxe an.

Bei der *Gesamttaxe* wird der Bodenwert und der Wert der Wohn- und Wirtschaftsgebäude nach dem Vergleichswertverfahren (§§ 13, 14 WertV) ermittelt. Es werden auf dem Grundstücksmarkt Kaufpreise ganzer Betriebe mit annähernd gleicher Faktorausstattung und gleichen Lagemerkmalen zum Vergleich herangezogen. Diese Wertermittlungsmethode hat aber mehr akademischen Charakter, da es in der Regel nicht vollständig vergleichbare Kaufpreise auf dem Grundstücksmarkt für ganze landwirtschaftliche Betriebe gibt. Die Unterschiede sind meist zu groß, um eine ausreichende Vergleichbarkeit herstellen zu können.

Es muss deshalb ein Hilfsverfahren angewendet werden, das den Bewertungsanlass berücksichtigt. Dabei muss zwischen dem Bewertungsanlass

- Liquidation des Betriebes bei einer Einzelveräußerung und
- Betriebsfortführung, wobei der Betrieb in seiner Struktur weitergeführt werden soll, aber Abfindungsansprüche, z. B. bei einer Scheidung oder Pflichtteilsforderung geltend gemacht werden, unterschieden werden.

Bei der Liquidation ist die Zerlegungstaxe, bei der Betriebsfortführung die *Zusammensetzungstaxe* anzuwenden.

Bei der *Zerlegungstaxe* geht man davon aus, dass die Wirtschaftsgüter einzeln veräußert werden, bei der *Zusammensetzungstaxe* werden die Wirtschaftsgüter nach ihrem wirtschaftlichen Gebrauchswert bewertet.[6] Dabei führt dieser Wertbegriff, „wirtschaftlicher Gebrauchswert", bei der Verkehrswertermittlung nach § 194 BauGB zu einem Dilemma.

Der wirtschaftliche Gebrauchswert setzt sich nach *Köhne*[7] aus dem Ertragswert, dem Kostenwert und dem Ersatzwert zusammen. Somit fließen bei der alleinigen Anwendung der Zusammensetzungstaxe zu wenige Marktfaktoren ein.

Dieser Umstand wird dann gemildert, wenn die Bewertung der Wirtschaftsgüter, die auch einen Marktwert haben, nach der Zerlegungstaxe erfolgt. Der Wert des Gesamtbetriebes ergibt sich dann aus den Werten der Zerlegungstaxe und den Werten

---

6   Siehe Köhne (2000), S. 597.
7   Siehe Köhne, a. a. O., S. 504.

der Zusammensetzungstaxe. Bei dieser Vorgehensweise wird dem Fortführungsgedanken nach dem Grundsatz des Verkehrswertes ausreichend Rechnung getragen.

In der praktischen Taxationsarbeit hat sich eine *stufenweise Ermittlung des Bodenwertes* bewährt.

1. In der *ersten Stufe* ist ein Bodenbasiswert mit Hilfe des Vergleichswertverfahrens zu ermitteln.
2. In einer *zweiten Stufe* ist eine Berechnung von Zu- bzw. Abschlägen bezogen auf den Bodenbasiswert[8] notwendig.
3. Gegebenenfalls ist noch eine Marktanpassung (§ 7 WertV)[9] notwendig, um einen marktgerechten Verkehrswert[10] nach § 194 BauGB ermitteln zu können.

2.1.1 Bodenwert auf der Grundlage des Vergleichswertverfahrens

Grundsätzlich ist bei der Verkehrswertermittlung für unbebaute Grundstücke das Vergleichswertverfahren anzuwenden. Die Vorgehensweise zur Anwendung des Vergleichswertverfahrens enthalten die §§ 13 und 14 WertV. Dabei verlangt eine Wertermittlung einen Vergleich mit kaufpreisgeeigneten Vergleichsgrundstücken.

Als Vergleichsgrundstücke können nur solche zum Vergleich herangezogen werden, deren Entwicklungszustand (§ 4 WertV) und weitere Zustandsmerkmale gem. § 5 WertV hinreichend mit denen des zu bewertenden Grundstücks übereinstimmen. Die Vergleichbarkeit darf nicht durch ungewöhnliche Verhältnisse (z. B. Kauf durch einen Monopolisten) oder persönliche Verhältnisse (z. B. Kaufvertrag unter Verwandten) beeinflusst werden. Man unterscheidet zwischen direktem und indirektem Preisvergleich.

Direkter Preisvergleich

Der direkte Preisvergleich ist ein Vergleich einzelner Preise mit dem Bewertungsobjekt. Sofern geringe Abweichungen bestehen ist eine Mittelwertbildung der Vergleichspreise der Vergleichsgrundstücke zulässig. Beim direkten Preisvergleich stimmen die Vergleichsgrundstücke in den wesentlichen Wertmerkmalen (§§ 4 und

---

[8] Werden mehrere landwirtschaftliche Grundstücke bewertet und ist der direkte Vergleich nicht möglich, so ist es angesagt, einen Basiswert, analog zum durchschnittlichen Lagewert, zu ermitteln.

[9] Wertermittlungsverordnung vom 6. Dezember 1988, zuletzt geändert durch Art. 3 des Gesetzes vom 18. August 1997 (BGBl. I 1997, 2081).

[10] Auch Marktwert genannt, vgl. WertR 2002, Kap. 1.3, Neubekanntmachung der Wertermittlungsrichtlinie vom 19. Juli 2002, BAnz Nr. 238 a vom 20. Dezember 2002.

5 WertV) mit dem zu bewertenden Grundstück überein (§ 13 Abs. 1 WertV). Der direkte Preisvergleich gelingt bei der Bewertung landwirtschaftlicher Flächen nur relativ selten. Begründet ist das durch die Tatsache der geringen Häufigkeit und Homogenität der Vergleichsobjekte.

Beispiel 1: Direkter Preisvergleich

Daten für die zu bewertende Fläche:
Qualität/Zustand: Fläche für die Landwirtschaft gem. § 4 Abs. 1 WertV
Größe: 10.500 m²
Nutzung: Acker
Klassen/Wertzahlen: L 2 D 80/75
Topografie: eben
Lage/Zuwegung: gut,
Wertstichtag: 8/2003
Vergleichspreise gem. Tabelle 1

Lfd. Nr.	Gemarkung	Datum	Größe m²	Nutzungs-art	AZ	Preis Euro/m²	Bemerkungen
1	Pfaffenberg	7/2003	5.600	A	69	2,50	geringere Flächengröße
2	Pfaffenberg	6/2003	9.700	A	73	2,30	etwas weiter entfernt
3	Pfaffenberg	6/2003	12.000	A	70	2,95	unmittelbar vergleichbar
4	Pfaffenberg	6/2003	15.000	A	75	2,80	ca. 50 m entfernt
arithmetischer Mittelwert aller Preise:						10,55/4 = 2,64 Euro/m²	

Tabelle 1: Mittelwertbildung beim direkten Preisvergleich

arithmetischer Mittelwert der unmittelbar vergleichbaren
Vergleichspreise lfd. Nrn. 3 und 4 = 5,75/2 = 2,88 Euro/m²
Verkehrswert (im Sinne des Bodenbasiswertes): gerundet 2,90 Euro/m²,
somit 10.500 m² • 2,90 Euro/m² = 30.450,00 Euro

Indirekter Preisvergleich

Die Anwendung des indirekten Preisvergleichs überwiegt in der Praxis. Es kommen Kaufpreise von Objekten und Flächen mit unterschiedlichen Merkmalen zur Anwendung. Die Objekte müssen zum Vergleich zugelassen sein. Sie dürfen in ihren wertbeeinflussenden Merkmalen nicht extrem voneinander abweichen. Ist dies dennoch der Fall sind sie auszuscheiden. Die konkrete Anpassung von Vergleichs- und Bewertungsobjekten erfolgt mittels Zu- oder Abschlägen, Indexreihen, Umrechnungskoeffizienten und Vergleichsfaktoren. Zum indirekten Preisvergleich zählt auch die Anwendung des Bodenrichtwertes nach § 13 Abs. 2 WertV. Der Bodenrichtwert sollte dann herangezogen werden, wenn keine Vergleichspreise vorliegen.

Beispiel 2: Indirekter Preisvergleich

Daten der zu bewertenden Fläche vgl. Beispiel 1.
Vergleichspreise gem. Tabelle 2

Lfd. Nr.	Gemarkung	Datum	Größe m^2	Nutzungsart	AZ	Preis Euro/m^2	Zu-/Abschlag %	Zu-/Abschlag Euro/m^2	wegen	Vergleichswert Euro/m^2
1	Pfaffenberg	7/2003	5.600	A	53	2,50	10	+ 0,25	Bonität	2,75
2	Pfaffenberg	6/2003	9.700	A	45	2,00	10	+ 0,25	Bonität	2,25
3	Pfaffenberg	6/2003	12.000	A	70	3,50	5	− 0,18	Lage	3,32
4	Pfaffenberg	6/2003	15.000	A	75	2,80	5	+ 0,18	Lage	2,98

Tabelle 2: Anpassungen beim indirekten Preisvergleich

arithmetischer Mittelwert aller Preise 11,30/4   = *2,83 Euro/m^2*
Verkehrswert (i. S. des Bodenbasiswertes): gerundet   *2,85 Euro/m^2*,
somit 10.500 m^2 • 2,85 Euro/m^2   = *29.925,00 Euro*

Die *Bodenrichtwerte* sind durchschnittliche Lagewerte für Grundstücke in ortsüblicher Größe, Ausformung und Erschließung. Häufig sind die Richtwerte für baureifes Land auf ein bestimmtes Maß der baulichen Nutzung (Geschossflächenzahl,[11] Grundflächenzahl[12]) abgestellt. Bodenrichtwerte sollten daher nicht ohne Berücksichtigung der individuellen wertbestimmenden Faktoren des zu bewertenden Grundstücks angewendet werden. Daher ist der Bodenrichtwert durch Zu- oder Abschläge zu korrigieren, in dem die wertbestimmenden Merkmale zur Korrektur herangezogen werden.

Der indirekte Preisvergleich enthält eine Gruppierung, Streuungsmaßberechnung sowie Mittelwertbildung der Vergleichspreise aller Vergleichsgrundstücke. Die Gruppierung und die Ermittlung von Streuungsmaßen haben zum Ziel, Abweichungen aus den Vergleichspreisen zu eliminieren. Die Mittelwertbildung der Vergleichspreise führt zum Bodenbasiswert als durchschnittlicher Lagewert.

Die Vorgehensweise beim direkten und beim indirekten Preisvergleich im Rahmen der Bodenbewertung zeigt die folgende Abbildung 1.

I Direkter Preisvergleich:

1. Kaufpreise von landwirtschaftlichen Vergleichsgrundstücken zusammenstellen und Extremwerte eliminieren
2. Feststellen, ob ein unmittelbarer Vergleich vom Vergleichsgrundstück zum Bewertungsgrundstück möglich ist, wenn nicht, dann
3. Gruppierung der Kaufpreise (bei ausreichender Anzahl) oder indirekter Preisvergleich

II Indirekter Preisvergleich:

1. Kaufpreise von landwirtschaftlichen Vergleichsgrundstücken zusammenstellen und Extremwerte eliminieren
2. Abweichungen durch Zu- oder Abschläge korrigieren
3. Mittelwertbildung der Vergleichswerte als Bodenbasiswert oder
4. Darstellung der Streuung und Angabe der Standardabweichung und Gruppenbildung
5. Ermittlung des Mittelwertes aus der am häufigste besetzten Gruppe
6. Ableitung des Basiswertes für den Grund und Boden
7. Liegen keine Vergleichspreise vor, so können auch Bodenrichtwerte herangezogen werden
8. Bodenrichtwerte eventuell durch Zu- oder Abschläge korrigieren
9. Ableitung des Basiswertes aus korrigiertem Bodenrichtwert

Abbildung 1: Ablauf beim direkten und indirekten Preisvergleich

---

[11] Geschossfläche (GFZ): Die Geschossflächenzahl gem. § 20 Baunutzungs-Verordnung (BauNVO) gibt an, wie viel Quadratmeter Geschossfläche je Quadratmeter Grundstücksfläche im Sinne des § 19 Abs. 3 BauNVO zulässig sind.

[12] Grundflächenzahl (GRZ): Die Grundflächenzahl gem. § 19 BauNVO gibt an, wie viel Quadratmeter Grundfläche je Quadratmeter Grundstücksfläche im Sinne des § 19 Abs. 3 BauNVO zulässig sind.

2.1.2 Zu- oder Abschläge auf den Basis- oder Richtwert

Die Zu- und Abschläge bezogen auf den Bodenbasiswert sind bedingt durch die Vielzahl wertbeeinflussender Faktoren (weitere Zustandsmerkmale gem. § 5 WertV) in der Regel notwendig:

- *Nutzung:* Ackerland, Grünland (absolutes-, ackerfähiges Grünland, Streuwiese, Geringstland u. a.).

- *Bonität:* Klassen und Wertzahlen nach der Reichsbodenschätzung[13] (Bodenarten, Entstehungsart, Zustandsstufen, Bodenstufen, Wasserstufe, Klima u. a.).

- *Größe/Ausformung/Furchenlänge:* Die Größe, die Ausformung und auch die Furchenlänge spielt für die wirtschaftliche Nutzung eine Rolle.

- *Oberfläche:* Die Topografie kann sich vorteilhaft (ebene Fläche) oder nachteilig (starke Hanglage) auf die Bewirtschaftung auswirken.

- *Zuwegung:* Bei den heute verwendeten großen Maschinen und Transportfahrzeugen spielt die Erschließung der Flächen eine Rolle (Weg vorhanden, befestigt, oder Grasweg).

- *Beschattung:* Durch einen angrenzenden Hochwald kann sich die Schattenwirkung nachteilig auf die Ertragslage auswirken (größte Beeinträchtigung, wenn Hochwald im Süden).

- *Lagemerkmale:* Freie Feldlage oder Ortsrandlage wirken sich auf den Verkehrswert wertmindernd oder werterhöhend aus.

Über die zulässige Nutzung, die Bonität und Größe gibt das Liegenschaftskataster Auskunft. Dort sind die genannten Kriterien eingetragen. Die gegenwärtige Nutzung wird bei der Ortsbesichtigung festgestellt.

Die Bonität der Grundstücke ergibt sich aus dem Liegenschaftskataster mit der Bezeichnung Klassen und Wertzahlen und aus der Bodenkarte, die die Lage der Klassengrenzen angibt. Diese Daten entstammen der Reichsbodenschätzung.[14]

Für die Bewertung landwirtschaftlicher Flächen hat die Klassifizierung dann einen Einfluss, wenn starke Abweichungen zum Basis- oder Richtwert bestehen. Die Bonität umfasst ausschließlich die natürlichen Ertragsbedingungen. Ertragseinflüsse

---

13 Fischer in: Sandner/Weber (2003), S. 19 ff.
14 Gesetz über die Schätzung des Kulturbodens (Bodenschätzgesetz – BodSchätzG) vom 16. Oktober 1934, zuletzt geändert durch Gesetz vom 14. Oktober 1976 (BGBl. I 1976, 3341).

durch Düngung, Technik und Bewirtschaftung sind nicht berücksichtigt. Aus der Bodenart, Entstehungsart und Zustandsstufe leitet sich die *Bodenzahl*[15] (beim Acker, A) bzw. *Grundzahl* (beim Grünland, Gr) ab.

Die Acker-/Grünlandzahl leitet sich durch Zu-, Abschläge wegen Hangneigung, Exposition, Nässe, verkürzter Vegetationszeit und Schattenlage ab. Die Klassifizierung nach der Reichsbodenschätzung wird anhand einer Ackerschätzung und einer Grünlandschätzung demonstriert (siehe Abbildungen 2 und 3), wobei sich die natürlichen Ertragsbedingungen für Grünland vom Ackerland unterscheiden.

Acker – Klassifizierung: L D 5 56/52
Legende:
L = Lehm
D = Entstehungsart, Diluvial (Diluvium, bedeutet meist tiefgründige Böden aus Überflutungen, die aus der Eiszeit entstanden sind)
5 = Zustandsstufe 5 = noch mittlere fruchtbarkeitsbestimmende Eigenschaften (1 bis 7, wobei 1 die beste und 7 die schlechteste Zustandsstufe ist)
56 = Bodenzahl (Reinertrags-Verhältniszahl gem. Ackerschätzungsrahmen)
52 = Ackerzahl (4 Punkte Abschlag von der Bodenzahl z. B. wegen Hanglage rund 7 %)
Die Bodenzahlen sind Verhältniszahlen und sind wie folgt eingeteilt:
1–6   ≙   Unland z. B. Fels und Sumpf
7–18   ≙   Geringstland-Flächen mit geringster Ertragsfähigkeit
18–100 ≙   ackerfähiges Land (Beginn des Ackerschätzungsrahmens mit 7)

Abbildung 2: Klassifizierung Acker

Die Grünlandgrundzahl wird aus den Faktoren Boden, Stufe, Klima und den Wasserverhältnissen ermittelt. Diese liegen zwischen 7 und 88. Die Grünlandzahl enthält alle abweichenden Faktoren (z. B. Hangneigung).

---

15 Acker- Grünlandschätzungsrahmen, Fischer in Sandner/Weber (Hrsg.): a. a. O., S. 19, S. 295.

Grünland – Klassifizierung: L II b 2 55/53
Legende:

L =	Lehm
II =	Bodenstufe II, noch mittlere günstige Ertragsbedingungen (I bis IV, wobei I die beste und IV die schlechteste Bodenstufe ist
b =	Klimaverhältnisse b = 7,9 bis 7° C (in a bis d aufgeteilt a = 8° C und größer, b = 7,9–7° C, c = 6,9–5,7° C, d = 5,6° C
2 =	Wasserverhältnisse gut (in 5 Stufen eingeteilt, Stufe 1 günstige, Stufe 5 besonders ungünstige Wasserverhältnisse)
55 =	Grünlandgrundzahl
53 =	Grünlandzahl (2 Punkt Abschlag wegen besonderer Verhältnisse, wie Hangneigung, Exposition, Nässe, kürzere Vegetationszeit, Schattenlage von der Grünlandgrundzahl)

Abbildung 3: Klassifizierung Grünland

Die Acker- bzw. Grünlandzahl ist sowohl für die Bonitätsbestimmung im Rahmen der Verkehrswertermittlung als auch für die steuerliche Einheitsbewertung von Bedeutung.

Für Letztes werden *Ertragsmesszahlen* (EMZ) genutzt, die sich aus der Multiplikation von Acker- oder Grünlandzahl mit der Fläche, angegeben in Ar, ergibt.

Beispiel: EMZ = 53 • 250 Ar = 13.250

Umgekehrt kann aus der EMZ die durchschnittliche Acker- bzw. Grünlandzahl ermittelt werden.

Einzelne Gutachterausschüsse haben die Richtwerte für landwirtschaftliche Grundstücke getrennt nach Acker- und Grünland an die Wertzahlen gebunden und damit die natürliche Ertragsfähigkeit des Bodens berücksichtigt. Dabei richtet sich die Acker- und Grünlandzahl nach dem Durchschnitt des Richtwertgebietes. Das erfolgt in all jenen Gebieten, in denen vor allem die natürlichen Ertragsfaktoren und nicht die Lage den Bodenwert beeinflussen.

Beispiel für eine *Richtwertangabe:*

$$\frac{0{,}72 \text{ Euro/m}^2}{A\ 90}$$

d. h. Richtwert für Ackerland (A) = 0,72 Euro/m^2 bei einer Ackerzahl von 90.

In den Fällen, in denen sich eine Abhängigkeit des Richtwertes von der Grundstücksgröße nachweisen lässt, wird auch die gebietsspezifische Grundstücksgröße im Nenner angegeben.

Beispiel für eine *Richtwertangabe mit Grundstücksgröße:*

$$\frac{0{,}72 \text{ Euro/m}^2}{\text{A } 90, 0{,}5 \text{ ha}}$$

Weichen die Ackerzahlen der zu bewertenden Grundstücke wesentlich von der Ackerzahl des Richtwertgrundstückes ab, so sind Korrekturen vorzunehmen. Eine realistische[16] Hilfstabelle sieht wie folgt aus (siehe Tabelle 3).

Zu- und Abschläge wegen Bonität		
A, Agr, GrA, Gr, BP Ø		Zu-/Abschlag
25–34	–	10
35–44	–	5
45–50–55	–/+	0
56–65	+	5
66–75	+	10

Tabelle 3: Zu- Abschläge wegen Bonität (Angaben in Prozent)

Dabei wird davon ausgegangen, dass sich eine Änderung der Wertzahl erst ab zehn Punkten auf den Verkehrswert auswirkt.

---

16 Erfahrungswerte.

2.1.3 Wertbeeinflussende Rechte und Belastungen

Wertbeeinflussende Rechte und Belastungen können sich je nach Art und Umfang werterhöhend oder wertmindernd auswirken. Die Landwirtschaftsrichtlinie[17] von 1978 (LandR 1978) weist folgende Rechte und Belastungen aus:

- Grunddienstbarkeiten (§§ 1018 bis 1029 BGB)
- beschränkt persönliche Dienstbarkeiten (§§ 1090 bis 1093 BGB)
- Leitungsrechte (sowohl Grunddienstbarkeit als auch beschränkt persönliche Dienstbarkeit)
- Wegerechte (Grunddienstbarkeit)
- Überfahrtsrechte (Grunddienstbarkeit)
- Nießbrauch (§ 1030 bis 1089 BGB)
- Altenteilsrechte (Leibgeding – Nießbrauch, Wohnungsrecht, Reallast §§ 1105 bis 1112 BGB)
- Wohnrechte (beschränkt persönliche Dienstbarkeit)
- Abbaurechte (beschränkt persönliche Dienstbarkeit)
- Miet- und Pachtrechte (meist schuldrechtliche Nutzungsrechte)

Grunddienstbarkeiten und *beschränkt persönliche Dienstbarkeiten* wirken sich bereits durch die Eintragung der Belastung im Grundbuch negativ auf den Grundstückswert aus. Bei Leitungsrechten liegt der Wertminderungssatz bei landwirtschaftlich genutzten Flächen häufig zwischen 15 Prozent (oberirdische Leitungen) und 20 Prozent (unterirdische Leitungen), bezogen auf die Schutzstreifenfläche.[18] Bei den Wege- und Überfahrtsrechten richtet sich die Wertminderung nach der Notwegerente. Nießbrauch, Altenteilsrechte und Wohnrechte richten sich nach den vertraglich vereinbarten Bedingungen. Abbaurechte bewirken in der Regel keine Wertminderung, sondern eine Werterhöhung, aber nur dann, wenn eine öffentlich-rechtliche Abbaugenehmigung vorliegt oder die Abbaumöglichkeit in absehbarer Zeit zu erwarten ist.

---

17 Richtlinie für die Ermittlung des Verkehrswertes landwirtschaftlicher Grundstücke und Betriebe, anderer Substanzverluste (Wertminderung) und sonstiger Vermögensnachteile (Entschädigungsrichtlinien Landwirtschaft, LandR 78) in der Folge der Bekanntmachung vom 28. Juli 1978, BAnz Nr. 78 vom 25. April 1995.

18 Die Schutzstreifenfläche wird in der Bewilligung (Notarvertrag) festgelegt. Sie ist die Fläche, die beiderseits der Leitungsmittellinie als belastete Fläche ausgewiesen wird. Die Wertminderungsquoten haben sich durch die Rechtsprechung für rein landwirtschaftliche Flächen herausgebildet.

Miet- und Pachtrechte können sich sowohl negativ (langfristige Vertragsdauer und unter dem ortsüblichen Miet-/Pachtzins vereinbarter Miet- und Pachtpreis) als auch positiv (über dem ortsüblichen Miet-/Pachtzins liegender Miet- und Pachtpreis) auf den Grundstückswert auswirken.

2.1.4 Praxisbeispiel: Bodenwert einer Ackerfläche

Die Bodenbewertung wird zur Veranschaulichung der Vorgehensweise anhand des folgenden direkten Preisvergleichs zur Verkehrswertermittlung für eine Ackerfläche dargestellt.

Beispiel 3: Bodenwertermittlung einer Ackerfläche

Die zu bewertende Ackerfläche ist Teil eines landwirtschaftlichen Betriebes. Die Fläche liegt in einer guten Randlage zu einer Stadt. Vom Gutachterausschuss konnten insgesamt 18 Kaufpreise in Erfahrung gebracht werden. Es war zu untersuchen, ob aus der Kaufpreisliste Kaufpreise aus der Vergleichswertermittlung aufgrund nachfolgender Kriterien auszuscheiden sind:

- *Kaufpreise, die deutlich über oder unter dem allgemeinen landwirtschaftlichen Preisniveau lagen;*

- *Kaufpreise für forstwirtschaftliche Flächen, Wasserflächen, Flächen mit außerlandwirtschaftlicher Nutzung und Flächen mit Bodenschätzen;*

- *Kaufpreise für Flächen unter 1.000 m^2, da diese sich nicht am rein landwirtschaftlichen Preisniveau orientieren (Arrondierungskäufe u. a.);*

- *Kaufpreise infolge von Tauschvorgängen, die durch ungewöhnliche oder persönliche Verhältnisse beeinflusst wurden, da hier nicht die Kaufpreise, sondern das Tauschverhältnis maßgebend ist;*

- *Kaufpreise aus Zwangsversteigerungen, da sie nach der Rechtsprechung[19] nicht die Verhältnisse des gesunden Grundstücksverkehr darstellen;*

- *Kaufpreise, die unter Verwandten getätigt wurden und vom allgemeinen Wertniveau stark abweichen, da davon auszugehen ist, dass die persönlichen Verhältnisse den Kaufpreis bestimmt haben.*

---

[19] BGH-Urteil vom 19. März 1971, V ZR 153/68, EzGuG 19.24, LG Koblenz vom 1. Oktober 1979, 4 O 11/79, EzGuG 19.35b.

Lfd. Nr.	Gemarkung	Monat	Jahr	Größe in m²	Nutzungs- art	Preis Euro/m²	Bemerkungen
1	Pfaffenberg	5	03	10.442	A, Gr	3,94	Pfaffelleiten
2	Ebersdorf	4	03	38.110	A, Gr	2,09	Flur Kuglhof
3	Ebersdorf	4	03	21.578	A	4,88	Flur Kuglhof
4	Ebersdorf	5	03	24.721	A, Gr	2,94	Flur Kuglhof
5	Hettenshof	12	03	10.543	Hopfen	3,57	Reisgang
6	Hettenshof	7	02	4.789	A	10,23	Schmiedberg, K: öffentl. Hand
7	Hettenshof	7	00	86	LN	1,20	Wasserwiesen, K: öffentl. Hand
8	Hettenshof	7	00	322	LN, Wald	1,50	Wasserwiesen, K: öffentl. Hand
9	Pfettenberg	6	03	9.442	A	2,05	k. A.
10	Pfettenberg	5	03	28.110	A, Gr	2,20	K: Landwirt
11	Pfettenberg	5	03	11.578	A	2,15	k. A.
12	Pfettenberg	6	03	14.721	A	2,10	k. A.
13	Pfettenberg	8	03	9.543	A	2,61	k. A.
14	Pfettenberg	4	03	3.789	A	2,51	k. A.
15	Pfettenberg	4	03	8.543	A	2,66	K: Landwirt
16	Pfettenberg	6	03	12.721	A, Gr	3,12	K: öffentl. Hand
17	Pfettenberg	5	03	2.789	A	3,83	K: öffentl. Hand
18	Pfettenberg	4	03	8.342	A, Gr	2,25	K: Landwirt

A = Ackerland, G = Grünland, LN = Landwirtschaftliche Nutzfläche

Tabelle 4: Kaufpreise für eine Vergleichswertermittlung

Die in der Tabelle 4 aufgeführten 18 Kaufpreise sind nicht alle zum Vergleich geeignet. Es sind die laufende Nr. 6 (Extremwert) und die laufenden Nrn. 7 und 8 (zu geringe Flächengröße und Waldanteil) aus den weiteren Berechnungen auszuscheiden.

Die Wertspanne für landwirtschaftliche Flächen liegt je nach Lage, Größe, Ausformung und Bonität zwischen 2,05 und 3,94 Euro/m². Diese relativ große Wertspanne ist bei landwirtschaftlichen Flächen durchaus üblich. Das liegt in der Vielzahl der wertbeeinflussenden Faktoren, die bei landwirtschaftlichen Flächen auftreten, begründet. Ein homogenes Preisgefüge kommt relativ selten vor.

Aus den verbliebenen Kaufpreisen wird zunächst das gewogene arithmetische Mittel, wenn die Grundstücksgröße keinen Einfluss auf den Preis hat, mit nachfolgender Formel berechnet:

$$\bar{x} = \frac{\sum_{i=1}^{K} x_i \cdot n_i}{\sum_{i=1}^{K} n_i}$$

Legende:
n_i = *Bezugsgröße (Größe in m m²)*,
x_i = *Einzelwerte (Kaufpreise in Euro/ m²)*,
K = *Anzahl der Einheiten (Anzahl der Kaufpreise)*

Der gewogene arithmetische Mittelwert beträgt:

$$\bar{x} = \frac{599.698,06 \text{ Euro}}{214.972,00 \text{ m}^2}; \bar{x} = 2,79 \text{ Euro/m}^2$$

Der gewogene arithmetische Mittelwert entspricht dem Bodenbasiswert. Er beträgt für die zu bewertende landwirtschaftliche Fläche 2,79 Euro/m². Als weiter Schritt erfolgt die Berechnung der Standardabweichung. Die Standardabweichung wird berechnet um festzustellen, inwieweit die einzelnen Kaufpreise vom Bodenbasiswert abweichen. Das lässt wiederum Rückschlüsse auf die Qualität der Kaufpreisauswahl zu.

Lfd. Nr.	Fläche in m² n_i	Preis in Euro/m² x_i	Mittelwert in Euro/m² $\bar{x}$	$(x_i - \bar{x})$	$(x_i - \bar{x})^2$	$(x_i - \bar{x})^2 \cdot n_i$
1	10.442	3,94	2,79	1,1500	1,3225	13.809,55
2	38.110	2,09	2,79	−0,7000	0,4999	18.673,90
3	21.578	4,88	2,79	2,0900	4,3681	94.254,86
4	24.721	2,94	2,79	0,1500	0,0225	556,22
5	10.543	3,57	2,79	0,7800	0,6084	6.414,36
6 7 8	(aus dem Vergleich ausgeschieden)					
9	9.442	2,05	2,79	−0,7400	0,5476	5.170,44
10	28.110	2,20	2,79	−0,5900	0,3481	9.785,09
11	11.578	2,15	2,79	−0,6400	0,4096	4.742,35
12	14.721	2,10	2,79	−0,6900	0,4761	7.008,67
13	9.543	2,61	2,79	−0,1800	0,0324	309,19
14	3.789	2,51	2,79	−0,2800	0,0784	297,06
15	8.543	2,66	2,79	−0,1300	0,0169	144,38
16	12.721	3,12	2,79	0,3300	0,1089	1.385,32
17	2.789	3,83	2,79	1,0400	1,0816	3.016,58
18	8.342	2,25	2,79	−0,5400	0,2916	2.432,53
	214.972					168.000,49

Tabelle 5: Wertetabelle der Standardabweichung und des Mittelwertes

*Die **Standardabweichung** errechnet sich wie folgt:*

$$S = \sqrt{\frac{\sum (x_i - \bar{x})^2 \cdot n_i}{\sum n_i - 1}}; \quad S = \sqrt{\frac{168.000{,}49}{214.972 - 1}}; \quad S = 0{,}78 \text{ Euro}/m^2$$

Die durchschnittliche Abweichung der einzelnen Kaufpreise vom Bodenbasiswert (gewogenes arithmetisches Mittel) beträgt 0,78 Euro/m². Dieses Ergebnis zeigt zum einen, dass die Kaufpreisauswahl als akzeptabel anzusehen ist. Zum anderen ist das Ergebnis ein Hinweis auf die Berücksichtigung von Zuschlägen bzw. Abschlägen vom Bodenbasiswert.

Daher kann für die abschließende Berechnung des Verkehrswertes für das landwirtschaftliche Flurstück wie folgt vorgegangen werden:

Bodenbasiswert Landwirtschaft		*2,79 Euro/m²*
Zuschlag wegen Lagevorteil	*10 %*	*0,30 Euro/m²*
Abschlag	*keiner*	
Verkehrswert		*3,09 Euro/m²*
Verkehrswert rund		*3,10 Euro/m²*

Als Verkehrswert für die gesamte Fläche des Bewertungsobjektes mit der Größe von 30.756 m² ergibt sich:

30.756 m² • 3,10 Euro/m² =	*95.343,60 Euro*
Der Verkehrswert beträgt gerundet:	*95.340,00 Euro*

Nach diesem Schema werden alle zum landwirtschaftlichen Betrieb gehörenden Flächen ausgehend vom Basiswert entsprechend ihrer besonderen Wertfaktoren bewertet. Bei Grünland erfolgt gegenüber einer Ackerfläche nur insoweit eine Abstufung, wenn es sich um so genanntes „absolutes Grünland"[20] handelt.

2.2 Bewertung der landwirtschaftlichen Hofstelle

2.2.1 Besondere Herausforderungen bei der Verwendung von Vergleichspreisen

Es ist zu unterscheiden zwischen einer landwirtschaftlichen Hofstelle im *Ortsbereich* (Innenbereich) und im *Außenbereich*. Liegt die Hofstelle im Innenbereich (Dorfgebiet), so leitet sich der Wert des Grund und Bodens aus dem von baureifem Land unter Berücksichtigung der weiteren Zustandsmerkmale (§ 5 WertV) ab.

Bei einem Einödhof im Außenbereich ist die Wertableitung wesentlich schwieriger, da in der Regel echte Vergleichspreise nicht vorhanden sind. Eine bebaute Fläche im Außenbereich, die landwirtschaftlich genutzt wird, ist planerisch nach § 35

---

20 Grünland unterteilt sich in ackerfähiges und nicht ackerfähiges (absolutes) Grünland. Das ackerfähige Grünland wird wie Acker bewertet, das absolute Grünland ist bei fehlender Datengrundlage vom Ackerlandwert durch einen Abschlag abzuleiten, der sich aus der geringeren Nutzungsintensität gegenüber Ackerlandflächen begründet.

Abs. 1 BauGB (privilegiertes Vorhaben) zu beurteilen.[21] Gleichwohl handelt es sich nach § 4 Abs. 4 WertV um *baureifes Land*. Dieses baureife Land ist aber aufgrund der besonderen Zweckbindung (es dient einem landwirtschaftlichen Betrieb) nicht mit baureifem Land nach §§ 30, 33 und 34 BauGB vergleichbar.

Grundstückspreise als Vergleichspreise sind in der Regel nicht vorhanden, da auch beim Verkauf einer Hofstelle aufgrund der unterschiedlichen Gebäudestruktur nicht oder nur sehr schwer auf den Bodenwert geschlossen werden kann. Die Bodenwertermittlung muss somit deduktiv erfolgen.

2.2.2 Praxisbeispiele: Bodenwert einer landwirtschaftlichen Hofstelle

Bei der Bewertung wird wie folgt vorgegangen:

- Die *Hoffläche* ist befestigt und entsprechend einer Außenbereichsanlage ausreichend erschlossen (Wasser, Strom, Hauskläranlage, Zuwegung, Telefon).

- Der *Bodenwert* muss in diesem Fall abgeleitet werden, da keine Vergleichspreise und keine Richtwerte vorliegen. Die Ableitung erfolgt einerseits vom Richtwert von baureifem Land aus dem nächstgelegenen Ort des Gemeindegebietes und andererseits vom Wert von landwirtschaftlichen Acker- und (ackerfähigen) Grünlandflächen (Basiswert) in Wertspannen.

- Die angesetzten Prozentsätze beruhen auf Erfahrungswerten und Literaturangaben.[22] Die Erschließungskosten wurden bei den Erschließungsträgern (Kommunen, Wasserzweckverbänden, Stromversorger) erfragt.

---

21 § 35 Abs. 1 besagt: Im Außenbereich ist ein Vorhaben nur zulässig, wenn öffentliche Belange nicht entgegenstehen, die ausreichende Erschließung gesichert ist und wenn es einem land- oder forstwirtschaftlichen Betrieb dient und nur einen untergeordneten Teil der Betriebsfläche einnimmt.

22 Gerardy/Möckel/Troff: Praxis der Grundstücksbewertung, Loseblattsammlung, nennt in Abschnitt 4.5.5/8 eine Wertspanne vom zwei- bis vierfachen Wert des gegenüblichen Wertes für landwirtschaftliche Nutzflächen.

Beispiel 4a: Ableitung vom Richtwert für baureifes Land

Der Richtwert für den nächstgelegenen Ort (ländliche Ortslage) beträgt 50,00 Euro/m² einschließlich Erschließungskosten nach BauGB (Erschließungsanlagen nach § 127 BauGB sind: Straßen, Wege und Plätze, für die ein Erschließungsbeitrag erhoben werden kann) bei einer Grundstücksgröße von 800 bis 1.000 m².

Richtwert:	*50,00 Euro/m²*	
Abschlag fehlende Infrastruktur	*−35 Prozent*	
Abschlag wegen Übergröße > 1.000 m²	*−20 Prozent*	
Abschlag wegen fehlendem allgemeinem Baurecht (§ 35 Abs. 1 BauGB)	*−25 Prozent*	
Abschlag gesamt	*−80 Prozent*	
50,00 Euro/m² − 80 % =		*10,00 Euro/m²*
+ Erschließung: Wasser	*9.000,00 Euro*	
Strom	*3.500,00 Euro*	
	12.500,00 Euro /2.500 m² =	*+5,00 Euro/m²*
Bodenwert rechnerisch:		*15,00 Euro/m²*

Beispiel 4b: Ableitung vom landwirtschaftlichen Basiswert

Basiswert	*2,79 Euro/m²*		
Bodenwert der Hofstelle	*2 • 2,79 Euro*	*bis*	*4 • 2,79 Euro/m²*
Wertspanne	*= 5,58 Euro/m²*	*bis*	*= 11,16 Euro/m²*
Erschließungskosten	*+ 5,00 Euro/m²*	*bis*	*+ 5,00 Euro/m²*
Wertspanne gesamt	*10,58 Euro/m²*	*bis*	*16,16 Euro/m²*

Ableitung aus Eckwerten 4a und 4b

Eckwerte aus 4a und 4b 15,00 Euro/m² und 10,58 bis 16,16 Euro/m²
Bodenwertspanne der
Hofstelle gerundet 10,60 Euro bis 16,20 Euro/m²

- *Die Vergleichspreise für gegendübliche landwirtschaftliche Acker- bzw. (ackerfähige) Grünlandflächen liegen in der Gemarkung als Basiswert bei rund 2,80 Euro/m².*

- *Erfahrungsgemäß ist der Bodenwert der Hofstelle mit dem Zwei- bis Vierfachen des gegendüblichen Wertes für landwirtschaftliche Nutzflächen anzusetzen.*

- *Es ergibt sich eine Wertspanne von gerundet 10,00 Euro/m² bis 16,00 Euro/m². Aus den beiden Eckwerten 4a und 4b wird deutlich, daß der Bodenwert der Hofstelle im vorgenannten Bereich liegt.*

- *Unter Berücksichtigung der Lage, Ausformung, Einbindung in die Landschaft, ist der Verkehrswert im oberen Bereich der Wertspanne anzusetzen; er wird mit 15,00 Euro/m² inklusive Erschließungsanteil bewertet, was als marktgerecht erachtet wird.*

3 Bewertung von Gebäuden

3.1 Grundlagen zur Verfahrenswahl

In der landwirtschaftlichen Gebäudewertermittlung werden die gleichen Verfahren angewendet wie bei der außerlandwirtschaftlichen Bewertung mit gewissen Unterschieden innerhalb der Verfahren. Die LandR 78 verweist in diesem Zusammenhang auf die WertV. Dort sind diese Verfahren beschrieben. Die Verfahren für die Gebäudebewertung sind:

- Ertragwertverfahren nach §§ 15 bis 20 WertV,
- Sachwertverfahren nach §§ 21 bis 25 WertV.

Das *Ertragswertverfahren* kann beispielsweise bei Wohnhäusern für Landarbeiter angewendet werden. Für das eigengenutzte Wohngebäude ist es nicht geeignet, da nicht der Ertrag im Vordergrund steht. Im Rahmen der dann als zielführend erachteten Berechnung des Sachwertes bei der Bewertung landwirtschaftlicher Gebäude, kommen als Methoden in der Landwirtschaft zur Anwendung:

- Normalherstellungskosten 1913 (NHK 1913; Raummeterpreise),
- Normalherstellungskosten 2000 (NHK 2000; Vergleichswerte auf Basis der Brutto-Grundfläche).

Die NHK 1913 sind in die Kritik geraten, da die erforderliche Indizierung über einen Zeitraum von 80 Jahren eine zu große Fehlerquelle in sich birgt. Aus diesem Grunde wurden erstmalig 1995 die NHK 95[23] veröffentlicht. Diese wurden zwischenzeitlich durch die NHK 2000[24] abgelöst. Dabei handelt es sich um eine Fortschreibung der NHK 95. Eine wesentliche Neuerung war die Erweiterung der landwirtschaftlichen Typenblätter (Typ 32.1 bis 33.4.2). Damit wird erstmals die landwirtschaftliche Gebäudebewertung auf der Grundlage der *NHK 2000* für bestimmte landwirtschaftliche Gebäude möglich. Ein Bewertungsproblem bereiten aber immer noch die älteren landwirtschaftlich genutzten Wohn- und Wirtschaftsgebäude. Dafür bieten die NHK 2000 noch immer keine ausreichende Datengrundlage. Aus diesem Grunde kann auf die NHK 1913 noch nicht vollständig verzichtet werden.

Bei der Anwendung der Verfahren ist darauf zu achten, dass von der richtigen Berechnungsbasis ausgegangen wird.

---

23 Erlass des Bundesministeriums für Raumordnung, Bauwesen und Städtebau vom 1. August 1997.
24 Runderlass Bundesministeriums für Verkehr, Bau- und Wohnungswesen vom 1. Dezember 2001.

Bei den NHK 1913 wird vom umbauten Raum nach DIN 277 von 1950 und bei den NHK 2000 von der Bruttogrundfläche nach DIN 277 von 1973/87 ausgegangen. Die Raummeterpreise auf der Basis 1913 sind der Literatur,[25] die Bruttogrundflächenpreise auf der Basis 2000 dem Gebäudekatalog der Anlage 7 der WertR 2000 zu entnehmen.

Auch bei der landwirtschaftlichen Gebäudebewertung ist von einer wirtschaftlichen Betrachtungsweise auszugehen. Kann dem Gebäude keine fortdauernde landwirtschaftliche Nutzung unterstellt werden, so ist zu prüfen, ob eine andere Nutzungsmöglichkeit z. B. gewerbliche möglich und auch rechtlich zulässig ist. Für ein im Außenbereich gelegenes landwirtschaftliches Gebäude wird eine Nutzungsänderungsgenehmigung benötigt, wenn es einer gewerblichen Nutzung zugeführt werden soll. Ist weder eine landwirtschaftliche noch eine andere Nutzung möglich oder rechtlich zulässig, so ist zu prüfen, ob ein Abbruchwert in Betracht kommt und damit der Bodenwert gedämpft wird. Diese Frage stellt sich insbesondere bei der steuerlichen Bewertung im Rahmen der Entnahme aus dem Betriebsvermögen, da dabei in der Regel auf die außerlandwirtschaftliche Nutzungsmöglichkeit abzustellen ist.

3.2 Praxisbeispiele: Bewertung von landwirtschaftlichen Gebäuden

Die Bewertung von Gebäuden erfolgt nachfolgend für:

1. fremdvermietete landwirtschaftliche Mehrfamilienwohngebäude m. H. des Ertragswertverfahrens *(Beispiel 5)*

2. selbstgenutzte landwirtschaftliche Wohngebäude m. H. des Sachwertverfahrens *(Beispiel 6)*

3. Wirtschaftsgebäude, die keinen nachhaltigen Rohertrag erwirtschaften m. H. des Sachwertverfahrens *(Beispiel 7 und 7a)*

4. Wirtschaftsgebäude, die einen Gewinn generieren m. H. des Ertragswertverfahrens (oder auf Grund einer Nutzungsänderung abwerfen können; *Beispiel 8)*.

---

25 Ross/Brachmann (1983).

Beispiel 5: Ertragswert eines Landarbeiter-Mehrfamilien-Wohnhauses

Anzahl Wohnungen:	3
Wohnflächen:	110 m², 110 m² und 75 m²
Garagen:	3 für jede Wohnung eine
Lage:	ländlicher Raum, abgelegen, Infrastruktur nicht sehr günstig
Liegenschaftszins:	(LZ) keine Angaben durch den zuständigen Gutachterausschuss, deshalb in Anlehnung an die WertR unter Berücksichtigung der Lage auf dem Grundstücksmarkt = 5 %
Gesamtnutzungsdauer:	(GND) 80 Jahre unter Berücksichtigung der wirtschaftlichen Nutzungfähigkeit
Restnutzungdauer:	(RND) 65 Jahre bei ordnungsgemäßer Unterhaltung
Reparaturstau:	das Gebäude ist in einem guten Unterhaltungszustand
Bodenwert:	65.900 Euro

Tabelle 6: Ausgangsdaten – Landarbeiterhaus

Der Ertragswert für fremdvermietete Wohngebäude erfolgt auf der Grundlage der §§ 15 bis 20 WertV (Ertragswertverfahren).[26]

Nach § 15 WertV ist der Gebäudewert – als Ersatzwert der baulichen Anlage – getrennt vom Bodenwert zu berechnen. Insofern kann er auch als Einzelwert aus der Ertragswertermittlung entnommen werden. Der Bodenwert ist im Vergleichswertverfahren nach §§ 13, 14, WertV zu ermitteln. Der Ertragswert der baulichen Anlagen, die sonstigen Anlagen und der Bodenwert ergeben den Ertragswert des Grundstückes gem. § 15 Abs. 3 WertV.

Für den Verfahrensalgorithmus gilt die als bekannt vorausgesetzte Vorgehensweise nach WertV (§ 15 bis 20 WertV). Bei den Bewirtschaftungskosten ist zu beachten, dass die Betriebskosten, die vom Mieter getragen werden, nicht berücksichtigt werden. Auch die Abschreibung der Gebäude wird nicht angesetzt, da sie durch die Vervielfältigung auf die Restnutzungsdauer der Gebäude im Vervielfältiger berücksichtigt ist. Der Liegenschaftszins[27] *richtet sich nach der Nutzung und den regionalen Gegebenheiten. Sofern vom Gutachterausschuss keine eigenen Liegenschaftszinssätze ermittelt werden, kann auf Kap. 3.5.4 WertR 2002 zurückgegriffen werden, wobei die örtlichen Gegebenheiten berücksichtigt werden sollen.*

---

26 Vgl. auch WertR 02, 3.1.2.
27 Der Liegenschaftszins ist der Zinssatz, mit dem sich das im Verkehrswert gebundene Kapital verzinst (Kap. 3.5.4 WertR 2002).

	Landarbeiter-Mehrfamilien-Wohnhaus						
1	Rohertrag (RE)	Nachhaltig erzielbare Netto-Kaltmiete					
	Wohnung/Bereich	WF m²	Anzahl	Euro/m²	je Monat	Monate	RE in Euro
	Wohnung 1 EG	110		4,50	495,00	12,00	5.940,00
	Wohnung 2 OG	110		4,00	440,00	12,00	5.280,00
	Wohnung 3 DG	75		3,50	262,50	12,00	3.150,00
	Garagen		3	25,00	75,00	12,00	900,00
	Summe	295			1.272,50		
	jährlicher Rohertrag gesamt						15.270,00
2	Bewirtschaftungskosten[1]	Einheiten		Euro/Einheit	Ansatz % des RE		Euro
	Verwaltungskosten	3		230,00	4,52 %		690,00
	– Garagen	3		30,00	0,59 %		90,00
	Betriebskosten			werden umgelegt	0,00 %		0,00
	Instandhaltungskosten	110,00		7,10	5,11 %		781,00
		185,00		7,10	8,60 %		1.313,50
	– Garagen		3	68,00	1,34 %		204,00
	Mietausfallwagnis	15.270,00			2,00 %		305,40
					22,16 %		
	abzüglich jährliche Bewirtschaftungskosten gesamt						–3.383,90
3	Reinertrag Grundstück					=	11.886,10
4	Bodenwertanteil am Reinertrag	BW • LZ		65.900,00	5,00 %	=	–3.295,00
5	Anteil der baulichen Anlagen am Reinertrag					=	8.591,10
6	Restnutzungsdauer der baulichen Anlagen (Jahre)				65		
7	Liegenschaftszinssatz (LZ)				5,00 %		
8	Vervielfältiger				19,1611		
9	Ertragswert der baulichen Anlagen			Reinertrag • Vervielfältigung		=	164.614,67
10	Zu- und Abschläge				+ –		0,00
	Ertragswert der baulichen Anlagen					=	164.614,67
11	Bodenwert				+		65.900,00
12	Ertragswert				=		230.514,67
13	Ertragswert gerundet				=		230.510,00

1 In Anlehnung an WertR 76/2002, Anlage 3 und II. BV (Betriebskostenverordnung) §§ 24–29

Tabelle 7: Ertragswertermittlung eines Wohnhaus-Landarbeiter-Mehrfamilienhaus (Beispiel 5)

Im Demonstrationsbeispiel beträgt der Ertragswert für ein Landarbeiter-Mehrfamilienhaus inklusive dem Bodenwert 230.510 Euro.

Beispiel 6: Sachwert auf der Basis NHK 2000

Bei selbstgenutzten landwirtschaftlichen Wohngebäuden hat das Sachwertverfahren gemäß §§ 21 bis 25 WertV unter Anwendung der Methode der Normalherstellkosten 2000 auf der Grundlage von Gebäudetypenblättern den Vorrang.

Ebenso wie beim Ertragswertverfahren ist auch beim Sachwertverfahren ein gesonderter Gebäudewert auszuweisen. Denn der Sachwert eines Grundstücks (§ 21 WertV) ergibt sich aus dem Bodenwert, dem Wert der baulichen Anlagen (Außenanlagen) und der sonstigen Anlagen[28] (Gartenanlagen, Anpflanzungen) zum Wertermittlungsstichtag.

Das Sachwertverfahren kommt immer dann zur Anwendung, wenn im gewöhnlichen Geschäftsverkehr nicht der Ertrag, sondern die Ersatzbeschaffungskosten oder die Substanz des zu bewertenden Objektes im Vordergrund stehen, was in der Regel bei selbst genutzten Ein- und Zweifamilienhäusern sowie dem hier im Fokus stehenden landwirtschaftlichen Wohngebäuden zutrifft.[29]

---

[28] Der Wert der sonstigen Anlagen ist nur dann festzustellen, wenn diese nicht bereits im Bodenwert enthalten sind.
[29] Vgl. WertR 02, 3.1.3.

Basisjahr:	2000 ≙ 100 (für Indizierung)
Wertstichtag:	10/2003
Bruttogrundfläche (BGF):	228 m² (Keller, Erdgeschoss und Obergeschoss)
Baujahr:	1975
Gesamtnutzungsdauer (GND):	80 Jahre
Restnutzungsdauer (RND):	51 Jahre
Typ gem. NHK:	1,0 Keller-, Erdgeschoss, nicht ausgebautes Dachgeschoss
Ausstattungsstandard:	mittel
Baunebenkosten (BNK):	16 % nach Kostengruppe 700 DIN 276
Alterswertminderung:	24,70 % nach Ross, Anlage WertR 2002
Kosten der BGF:	495 Euro/m²
Zeitwert der Außen- und sonstigen Anlagen:	15.000 Euro
Bodenwert:	52.000 Euro

Tabelle 8: Ausgangsdaten – selbstgenutztes Wohnhaus

Vereinfachte Berechnungsformel:

$NHK = BGF \cdot KBGF \cdot Kf \cdot I$

Legende:

NHK = Normalherstellkosten am Wertermittlungsstichtag
BGF = Bruttogrundfläche
KBGF = Kosten der Bruttogrundfläche
Kf = Korrekturfaktor
I = Baupreisindex

Es folgt eine detaillierte Berechnung für ein landwirtschaftliches eigengenutztes Wohngebäude einschließlich der Berechnung der Bruttogrundfläche.

Selbstgenutztes Wohnhaus					
Grunddaten:			lt. DIN 2771973/1987		
Gebäudeteil:	(bei Gebäudemix)				
Erdgeschoss:	Breite (b) m:	8,00			
	Länge (l) m:	9,50			
	Bruttogrundfläche (BGF) m²:	76,00			
Obergeschoss:	Breite (b) m:	8,00			
	Länge (l) m:	9,50			
	Anzahl OG (Z):	1			
	Bruttogrundfläche (BGF) m²:	76,00			
Keller:	Breite (b) m:	8,00			
	Länge (l) m:	9,50			
	Bruttogrundfläche (BGF) m²:	76,00			
BGF je Gebäudeteil	m²:	228,00			
1 Basis NHK 2000	Gebäudetyp	1.02	Einfamilien-Wohnhaus, freistehend		
2 Wertstichtag	Monat	10	Jahr	2003	
3 Baupreisindex		0,9990	M/J	8/2003	
4 Bruttogrundfläche in m²		228,00			
5 Baujahr		1974	Alter: 29 Jahre		
6 Restnutzungsdauer (RND) in Jahre		51			
7 Nutzungsdauer (GND) in Jahre		80			
8 Alterswertminderung in (%)		24,70			
9 Baunebenkosten gem. Gebäudetyp (%)		16			
Ausstattungsstandard		mittel			
10 Grundflächenpreis (GfP) in Euro/m² 2000		495,00			
Korrekturfaktoren	Land/Kreis	1			
	Ortsgröße	1	> 50.000 EW		
bei MFH:	Grundrissart	1	nur bei Mehrfamilienhäusern		
	Wohnungsgröße	1	nur bei Wohnungen		
11 Grundflächenpreis BGF 2000		1	495,00	GFP 2000 in Euro/m²	
12 Grundflächenpreis BGF zum Wertstichtag			494,51 Euro/m²	nach Korrektur	
13 Zwischensumme		< = BGF • GfP 2000>	Euro/m² 495,00	• BGF m² 228,00	Euro = 112.860,00

14	Besonders zu berechnende Bauteile und Betriebseinrichtungen in Euro:				
15	Kelleraußentreppe (1)		2.500,00 Euro		
16	bis 18 keine weiteren Bauteile (2)		0,00 Euro		
	(Summe zu Zeile 14)			= +	2.500,00
19	Zwischensumme I.			=	115.360,00
20	Baunebenkosten	16 %		+	18.457,60
21	Neubauwert/Normalherstellungskosten (Basis NHK 2000) 2000			Euro =	133.817,60
22	Neubauwert **zum Bewertungsstichtag**			Euro =	133.683,78
23	Technische Wertminderung:				
24	– Alterswertminderung	24,70 %	33.019,89 Euro		
25	– Baumängel		0,00 Euro		
26	– Bauschäden		0,00 Euro		
27	– Reparaturstau		0,00 Euro		
	(Summe zu Zeilen 24 bis 27)			= ./.	33.019,89
28	Zwischensumme II.			=	100.663,89
29	Bauwert (Zeitwert) zum Wertstichtag gerundet			Euro =	100.700,00

Tabelle 9: Sachwertermittlung eines selbstgenutzten Einfamilien-Wohnhauses auf Basis NHK 2000 (Beispiel 6)

Der Sachwert ergibt sich aus:

Bauwert:	100.700 Euro
Zeitwert Außenanlagen und sonstige Anlagen:	15.000 Euro
Bodenwert:	52.000 Euro
Sachwert:	167.700 Euro

Tabelle 10: Zusammenstellung des Sachwertes (Haus)

Beispiel 7: Sachwert auf der Basis NHK 1913

Ein älteres Scheunengebäude soll bewertet werden. Die NHK 2000 stellen dafür keine Daten zur Verfügung. Das Gebäude kann weder aus rechtlichen noch aus tatsächlichen Gründen wirtschaftlich anderweitig genutzt werden. Allerdings wird die Scheune im Rahmen der landwirtschaftlichen Nutzung zur Heu- und Strohlagerung benötigt. Die Bewertung hat deshalb nach dem Sachwertverfahren auf der Grundlage 1913 (= 100; Basis für Indizierung) zu erfolgen. Der Bauwert ergibt sich aus nachfolgender Übersicht.

Basisjahr:	1913 ≙ 100 (für Indizierung)
Wertstichtag:	11/2003
Umbauter Raum:	nach DIN 277/1950 = 1.900 m³
Baujahr:	1935
Gesamtnutzungsdauer (GND):	60 Jahre
Restnutzungsdauer (RND)	12 Jahre
Bauweise:	Massivbau, Lehmboden, Ziegeldach
Zustand:	mittel, kein Reparaturstau
Baunebenkosten (BNK):	10 %
Alterswertminderung:	78,63 % nach Ross, Anlage WertR 2002
Kosten des umbauten Raumes:	4,50 M/m³
Bodenwert:	5.000 Euro

Tabelle 11: Ausgangsdaten – Scheune

	Bauteil Scheune (ohne Ertrag)				
1	Basis 1913 = 100				
2	Wertstichtag Monat	11	Jahr	2003	
3	Baupreisindex (Euroindex)	1.008,02	M/J	11/2003	
4	Umbauter Raum in m³	1.900,00		DIN 277/1950	
5	Baujahr	1935	Alter	68 Jahre	
6	Restnutzungsdauer	12 Jahre			
7	Gesamtnutzungsdauer	80 Jahre			
8	Raummeterpreis (RMP 1913) in M	4,50	Raummeterpreis zum Wertstichtag in Euro		45,36
9	Baunebenkosten %	10,00			
10	Alterswertminderung in %	78,63			
11	RMP 1913 M/m³	4,50	• 1900,00 m³	M =	8.550,00
12	Besonders zu berechnende Bauteile und Betriebseinrichtungen (keine vorhanden)				0,00
13	Zwischensumme I.			=	8.550,00
14	Baunebenkosten		10,00 % aus Z 17	+	855,00
15	Normalherstellungskosten	1913		M =	9.405,00
16	Neubauwert zum Bewertungsstichtag (Zeile 15 x Zeile 3)			Euro	94.804,28
17	Technische Wertminderung				
18	Alterswertminderung	78,63 %	74.539,87 Euro		
19	Baumängel		0,00 Euro		
20	Bauschäden		0,00 Euro		
21	Reparaturstau		0,00 Euro		
(Summe zu Zeilen 18 bis 21)				= ./.	74.539,87
22	Wert der baulichen Anlage zum Wertstichtag, gerundet			Euro	20.300,00

Tabelle 12: Bauwert einer Scheune auf der Basis 1913 (Beispiel 7)

Der Sachwert ergibt sich aus:

Bauwert:	20.300 Euro
Zeitwert Außenanlagen und sonstige Anlagen:	0 Euro
Bodenwert:	5.000 Euro
Sachwert:	25.300 Euro

Tabelle 13: Zusammenstellung des Sachwertes (Scheune)

Beispiel 8: Ertragswert für ein landwirtschaftliches Stallgebäude

Der Ertragswert für ein Stallgebäude in der Landwirtschaft wird ausgehend von einem nachhaltig erzielbaren Deckungsbeitrag (DB) berechnet. Der Deckungsbeitrag enthält die fixen Kosten (Abschreibungen, Lohnaufwand, Beiträge zur Berufsgenossenschaft, Versicherungen, Betriebssteuern und Abgaben u. a.) sowie den Gewinn. Der Deckungsbeitrag kann sowohl für den gesamten Betrieb als auch für jede Fruchtart, Fruchtfolge und die Tierproduktion (Produktionsverfahren) berechnet werden. Dieser ergibt sich, durch Abzug der variablen (direkt dem Produktionsverfahren zuordenbare) Kosten vom Rohertrag. Die Deckungsbeitragsrechnung in der Tierhaltung erfolgt nach folgender Systematik:

Deckungsbeitragsrechnung Tierhaltung:

Rohertrag (Erlöse aus der Tierproduktion)
./. variable Spezialkosten
– Kraft- und Grundfutter
– Tierarztkosten
– Medikamente
– Strom, Wasser, Heizstoffe
– variable Maschinenkosten
– Verlustausgleich

= Deckungsbeitrag (für Fixkosten und Gewinn)

Die Vorgehensweise soll am Beispiel der Ertragswertermittlung für einen Mastschweinestall demonstriert werden (in Anlehnung an Köhne[30]*). Dazu wird die allgemeine Form des Ertragswertverfahrens angewendet. Sie unterscheidet sich im Wesentlichen vom Ertragswertverfahren nach WertV, indem der Bodenwert nicht in Form des Verzinsungsbetrages abgesetzt und anschließend wieder in voller Höhe hinzugerechnet wird, sondern als abgezinster Bodenwert bezogen auf die Restnutzungsdauer in Ansatz kommt, da er erst am Ende der Restnutzungsdauer der baulichen Anlage realisiert werden kann. Das Ergebnis unterscheidet sich nicht vom Wert nach WertV.*

---

30 Köhne, a. a. O., S. 447.

Stall (mit Ertrag)	
Ausgangsdaten:	
Größe des Stalles	400 Plätze
Alter des Stalles	10 Jahre
Restnutzungsdauer (RND)	20 Jahre
Reparaturstau	12.500 Euro
Bodenwert	7.500 Euro
Deckungsbeitrag je Platz und Jahr	50 Euro
Deckungsbeitrag insgesamt je Jahr (50 Euro/Platz • 400 Plätze)	20.000 Euro
./. fixe Kosten (Unterhaltungs- und Versicherungskosten)	–2.500 Euro
./. Lohnansatz soweit nicht im DB berücksichtigt	–6.500 Euro
= Reinertrag des Grundstücks	11.000 Euro
• Kapitalisator (bei einem Liegenschaftszinssatz von 5 % und einer RND von 20 Jahren)	124.622 Euro
= Kapitalwert der jährlichen Verzinsung (11.000 Euro • 12,4622)	137.084 Euro
./. Reparaturstau	–12.500 Euro
= Ertragswert des Gebäudes	124.584 Euro
+ abgezinster Bodenwert (7.500 Euro • 0,3769)	+2.602 Euro
= Ertragswert des Grundstücks	127.186 Euro

Tabelle 14: Ertragswert eines Mastschweinestalles (Beispiel 8)

Der Ertragswert für das gesamte Grundstück, also inklusive des Bodenwertes, beträgt 127.186 Euro.

Es muss noch darauf hingewiesen werden, dass nicht mit allen landwirtschaftlichen Wirtschaftsgebäuden bei landwirtschaftlicher Nutzung ein Rohertrag und damit ein Ertragswert erwirtschaftet werden kann. Das betrifft z. B. Maschinenhallen und Scheunen. Diese Gebäude erbringen nur im Rahmen des landwirtschaftlichen Gesamtbetriebes einen Ertragswert. Für derartige Gebäude (keine Renditeobjekte) ist eine Gebäudebewertung im Rahmen des Sachwertverfahrens (siehe Beispiel 7) erforderlich. Eine Ausnahme bildet der Fall, dass eine Nutzungsänderung möglich ist und die Gebäude sich für eine außerlandwirtschaftliche Nutzung eignen oder wenn das landwirtschaftliche Gebäude an einen anderen Landwirt zur weiteren landwirtschaftlichen Nutzung vermietet werden kann.

4 Landmaschinenbewertung

Bei der Bewertung von Landmaschinen ist nach dem Bewertungsanlass zu unterscheiden in *Verkehrswert* und *wirtschaftlichem Gebrauchswert*. Wird eine Maschine auf dem Markt verkauft, so richtet sich der Preis nach dem Verkehrswert. Erfolgt keine Veräußerung, sondern eine Bewertung im Rahmen einer Betriebsübergabe im Hinblick auf die Betriebsfortführung z. B. Pachtübergabe, so steht der Nutzen der Maschine für den Betrieb im Vordergrund. Er ist in der Regel ein Ersatzwert. Danach kann der wirtschaftliche Gebrauchswert sowohl unter, als auch über dem Verkehrswert liegen.

4.1 Verkehrswert bei Landmaschinen

Der Verkehrswert von Landmaschinen ist der Preis, der bei einer Einzelveräußerung, das heißt, losgelöst vom Betrieb, auf dem Landmaschinenmarkt erzielbar ist. Im steuerlichen oder versicherungstechnischen Sinne spricht man auch von „gemeinem Wert". Er ist bei Gegenständen bzw. Sachen anzusetzen, die für ihren allgemeinen Zweck oder im Betrieb nicht mehr zu verwenden sind.[31] Die Verkehrswertermittlung erfolgt auf der Grundlage des Vergleichswertverfahrens,[32] soweit Preise vergleichbarer oder ähnlich gehandelter Maschinen zur Verfügung stehen.

Bei der Schätzung sind folgende wertbestimmenden Faktoren zu berücksichtigen:[33]

- Art, Fabrikat und Alter,

- Leistungsfähigkeit und Ausstattung,

- Einsatzumfang und Einsatzbedingungen,

---

[31] Gemäß § 5 Ziffer 2c der Allgemeinen Bedingungen für die Feuerersicherung (AFB 87), s. Fischer/Biederbeck (2000).
[32] Köhne, a. a. O., Kapitel 11.2.
[33] Siehe Köhne, a. a. O., Kapitel 11.1.

- Erhaltungs- und Pflegezustand einschließlich notwendiger oder durchgeführter größerer Reparaturen,

- voraussichtliche Restnutzungsdauer (RND),

- regionale Marktlage (Angebot, Nachfrage, Preise) sowie Marktgängigkeit der zu bewertenden Maschinen und Geräte,

- Höhe der technisch bedingten Abschläge für Abnutzung (AfA) nach der bisherigen und der noch zu erwartenden Nutzungsdauer (RND).

Die zu bewertenden Maschinen können in bestimmten Merkmalen vom Durchschnitt der Vergleichsobjekte abweichen. Dies wird durch entsprechende Zu- und/oder Abschläge berücksichtigt.

Zur *Verkehrswertermittlung* kommen folgende Verfahren zur Anwendung:

1. Das *Vergleichswertverfahren* wird dann angewendet, wenn ein Verkauf beabsichtigt ist und genügend Verkaufspreise gleicher oder ähnlich gehandelter Maschinen vorliegen. Die Leistungsparameter sollten dabei weitestgehend übereinstimmen, um auch eine Vergleichbarkeit zu sichern. Bestehen jedoch Abweichungen der Vergleichsobjekte, sind gegebenenfalls Zu- oder Abschläge vorzunehmen. Allerdings sind Preise aus dem Direkthandel zwischen den Landwirten in aller Regel nicht bekannt. Deshalb kommen in der Regel nur Verkaufspreise aus dem Handel in Betracht. Dabei sind die vom Handel üblich gewährten Preisnachlässe zu berücksichtigen. Es sollten auch Preise bei freihändigem Verkauf (soweit möglich) in die Wertermittlung einbezogen werden.

2. Liegen nur unzureichende Marktdaten für abnutzbare Inventargegenstände vor, so kann die Wertermittlung ausgehend vom Neuwert durch Orientierung an typischen *Entwertungsverläufen* erfolgen.[34] Das Ergebnis ist der Zeitwert, der üblicherweise bei der Feuerversicherung (Brandschaden) anzuwenden ist. Vom Zeitwert ist durch Zu- oder Abschläge der Verkehrswert abzuleiten.
   Der *Zeitwert* ergibt sich aus dem Neuwert zum Bewertungsstichtag abzüglich der technisch bedingten Abschläge für Abnutzung (AfA).[35] Die Höhe der Abschreibung richtet sich nach der bisherigen und der noch zu erwartenden Restnutzungsdauer des Wirtschaftsgutes. Auch bei dieser Vorgehensweise sind die individuellen Eigenschaften und wertbestimmenden Faktoren und die Marktlage durch Zu- und/oder Abschläge zu berücksichtigen.

---

34 Siehe Köhne, a. a. O., Kapitel 11.2.
35 Gemäß § 5 Ziffer 2b der AFB 87 = Neuwert minus Entwertungsabschlag und Köhne, a. a. O., S. 473, S. 486.

Unter *Neuwert*[36] ist der zum Bewertungsstichtag anzusetzende Wert, der für die Neuanschaffung (Wiederbeschaffung) bzw. für die Neuherstellung (nur bei Gegenständen des abnutzbaren Anlagevermögens) des betreffenden Gutes notwendig ist, zu verstehen.

3. Sind Maschinen total verbraucht und weitere Reparaturen nicht mehr rentabel bzw. kein weiterer Einsatz möglich, dann bleibt nur noch der *Schrottwert* unter Berücksichtigung von eventuell anstehenden Entsorgungskosten.

4.2 Wirtschaftlicher Gebrauchswert bei Landmaschinen

Der wirtschaftliche Gebrauchswert entspricht dem Wert, den ein Wirtschaftsgut im Hinblick auf seinen Einsatzzweck zur Fortführung des Betriebes hat (z. B. Übertragung eines Betriebes), in dem sich das zu bewertende Objekt befindet. Es wird ein Ersatzwert festgestellt. Er leitet sich ab aus dem Neuwert abzüglich technisch und wirtschaftlich bedingter Abschläge bzw. Zuschläge wegen Wertverbesserungen (Zeitwert)[37] und stellt im Rahmen von Pachtübergaben[38] und -rückgaben den zentralen Bewertungsansatz dar. Bei der Wertermittlung ist zu überprüfen, ob der bewertete Gegenstand für den Betrieb zeitgemäß und der Organisationsform angemessen ist. Auch bei der Bewertung von älteren Landmaschinen spielt der wirtschaftliche Gebrauchswert eine gewichtige Rolle, allerdings immer nur im Rahmen der Betriebsfortführung.

Der *Ersatzwert* kann methodisch auf unterschiedliche Weise ermittelt werden:[39]

1. Durch Anwendung des Vergleichswertverfahrens unter Ableitung des Vergleichswertes, aus Verkaufspreisen des Handels. Werden Gebrauchtmaschinen, wie die zu bewertende Landmaschine am Markt gehandelt, können auch die Verkaufspreise des Handels, für die Einschätzung des wirtschaftlichen Gebrauchswertes genutzt werden. Unterschiede in der Ausstattung sind durch Zu- oder Abschläge zu korrigieren. Da zum wirtschaftlichen Gebrauchswert die Maschine beschafft werden kann, stellt der Zukaufspreis einen Ersatzwert dar.

---

36 HLBS (Hrsg.): Betriebswirtschaftliche Begriffe für die landwirtschaftliche Buchführung und Beratung, Schriftenreihe HLBS Heft 14, 7. Auflage, Verlag Pflug und Feder, Sankt Augustin, 1996.
37 HLBS (Hrsg.): a. a. O., S. 20.
38 Fischer/Thummert/Geiger/Biederbeck (2002).
39 Köhne, a. a. O., S. 483 ff.

2. Auch kann der Ersatzwert durch die Orientierung an typischen Relationen von Händler-Verkaufspreisen für Gebrauchtmaschinen zu Neupreisen abgeleitet werden, allerdings muss der Entwertungsverlauf um die typische Differenz zwischen Händler-Verkaufspreisen und Händler-Einkaufspreisen erhöht werden.

3. Eine weitere Möglichkeit besteht den Ersatzwert durch die Ermittlung des Neuwertes minus Entwertungsabschlag abzuleiten. Hierbei stellt die Einschätzung der Entwertungsquote das schwierigste Problem dar. Ein erster Weg besteht darin, als Entwertungsquote eine lineare Abwertung zu unterstellen. Ein zweiter Weg wäre die übliche lineare Entwertungsquote um 10 Prozent zu erhöhen. Damit soll die degressive Wertentwicklung im betrieblichen Einsatz berücksichtigt werden.

4. Bei der vierten Methode nach *Köhne*[40] beruht der Ersatzwert auf einem Vergleich der zu bewertenden Maschine mit einer neuen oder auch einer anderen Form der Arbeitserledigung (z. B. Lohnunternehmer). Dieser Vergleich ist in erster Linie ein Kostenvergleich, weil die eingesparten Kosten bei Weiterbetrieb der alten Landmaschine den zusätzlich entstehenden Kosten bei Neuanschaffung gegenübergestellt werden. Diese Methode dient nicht der Wertermittlung sondern zur Beantwortung der Frage, ob die alte Maschine weiter genutzt werden soll, oder ob eine neue Maschine rentabler ist.

Das nachfolgende Demonstrationsbeispiel (Beispiel 9) soll die Verfahrensweise Neuwert minus Entwertungsabschlag einschließlich 10 Prozent Erhöhung der rechnerischen Entwertungsquote nach *Köhne*[41] aufzeigen.

---

40 Köhne, a. a. O., S. 483 ff.
41 Köhne, a. a. O., S. 488.

Beispiel 9: Wirtschaftlicher Gebrauchswert für einen Mähdrescher

I. Allgemeine Angaben:

1. Stichtag der Wertermittlung   1. Juli 2003
2. Fabrikat   Cl-M
3. Schnittbreite   4,00 m
4. Motorleistung   103 kW
5. Baujahr   1998
6. Bisherige Nutzung   6 Ernten je 150 ha = 900 ha
7. Pflegezustand   mittel

II. Daten für die Wertermittlung:

1. Anschaffungswert zum Bewertungsstichtag   100.000 Euro, Neuwert, technisch identisch
2. Gewöhnliche Nutzungsdauer   2.250 ha bzw. 15 Jahre
3. Restwert am Ende der Nutzungsdauer   10.000 Euro
4. Reparaturen
   – bisher insgesamt   17.150 Euro
   – davon kürzlich erfolgte Großreparatur   keine
   – unmittelbarer Nachholbedarf an Reparaturen   4.250 Euro
5. Jährliche Ausnutzung   150 ha
6. Abschlag wegen degressivem Abschreibungsverlauf   10 Prozent

III. Ermittlung der Entwertungsquote und der Erhöhung:

1. lineare Abwertung: $\dfrac{\text{Anschaffungswert} - \text{Restwert}}{\text{Nutzungsdauer (ND)}} = \text{jährliche AfA}$

2. Abschreibungssumme: jährliche AfA • bisherige ND = Abschreibungssumme

3. Entwertungsquote: $\dfrac{\text{Abschreibungssumme}}{\text{Anschaffungswert}} \cdot 100\,\% = \text{Entwertungsquote}$

Rechengang:

1. $\text{lin. AfA} = \dfrac{100.000 \text{ Euro} - 10.000 \text{ Euro} \cdot 6 \text{ J}}{15 \text{ J}} = \dfrac{90.000 \cdot 6}{15} = 36.000 \text{ Euro}$

2. $\text{Entwertungsquote} = \dfrac{36.000 \text{ Euro}}{100.000 \text{ Euro}} = 36 \%$

3. Erhöhung + 10 % von 36 % = 3,6 %

4. Entwertungsquote gesamt = 36 % + 3,6 % = 39,6 %, gerundet 40 %

Eine einfachere Ermittlung der linearen AfA ergibt sich unter Berücksichtigung der bisherigen Leistung zur möglichen Gesamtleistung z. B.

$$\dfrac{900 \text{ ha}}{2.250 \text{ ha}} \cdot 100 = 40 \%$$

oder unter Berücksichtigung der bisherigen Nutzungsdauer zur Gesamtnutzungsdauer z. B.

$$\dfrac{6 \text{ Jahre}}{15 \text{ Jahre}} \cdot 100 = 40 \%$$

IV. Ersatzwertermittlung:

1. Gebrauchswert
   - Anschaffungspreis   100.000 Euro
   - Wertabschlag   40 Prozent
   - Wertabschlag absolut   0,40 • 100.000 Euro = 40.000 Euro
2. Zwischenwert   100.000 – 40.000 Euro = 60.000 Euro
3. Wertanpassung wegen Nachholbedarf an Reparaturen = 4.250 Euro
4. Ersatzwert = 60.000 Euro – 4.250 Euro = 55.750 Euro

Der Ersatzwert des Mähdreschers beträgt 55.750 Euro. Dieser Wert entspricht dem wirtschaftlichen Gebrauchswert. Das heißt, der Mähdrescher würde bei einem Betriebsverkauf mit 55.750 Euro bewertet.

5 Bewertung von Nutztieren

Ebenso wie bei Landmaschinen muss bei der Bewertung von Nutztieren differenziert werden, ob der Verkehrswert oder der wirtschaftliche Gebrauchswert festgestellt werden soll. Bei der Bewertung von Nutztieren sind verschiedene Möglichkeiten der Ersatzwertermittlung gegeben.[42] Ertragswerte spielen nur in besonderen Fällen eine Rolle.

Es sind unter anderem folgende wertbestimmenden Faktoren von Bedeutung:

- die Nutzungsrichtung,
- das Zuchtniveau,
- die Gewichte und Altersklassen,
- das Leistungsniveau,
- der Gesundheitszustand,
- das Exterieur (Erscheinungsbild),
- das Trächtigkeitsstadium.

Der *Verkehrswert* für Nutztiere ergibt sich bei einem Verkauf der Tiere. Grundsätzlich wird er aus der Differenz von Markterlös und den Vermarktungskosten ermittelt.

Der *wirtschaftliche Gebrauchswert* leitet sich aus den Nutzungs- oder Ersatzbeschaffungsmöglichkeiten ab. Er wird ermittelt, in dem zum Zukaufspreis die Nebenkosten (Auktionsgebühren, Versicherung, Transportkosten) addiert werden. Der Zukaufspreis richtet sich nach der Nutzungsrichtung, z. B. Herdbuchzucht, Gebrauchskreuzung.

Köhne hat in der dritten Auflage zur landwirtschaftlichen Taxationslehre[43] die Bewertungsansätze für landwirtschaftliche Nutztiere und ihre Anwendung umfassend dargelegt.

Eine Auswahl der wichtigsten Wertansätze (Einzel- und Gruppenbewertung) enthält folgende Übersicht (siehe Abbildung 4).

---

42 Köhne, a. a. O., S. 500, 504 ff.
43 Köhne (2000).

Wichtige Bewertungsansätze für landwirtschaftliche Nutztiere (Einzel- und Gruppenbewertung) und ihre Anwendungsempfehlung	
Bewertungsansätze	**Anwendung**
Verkehrswert (Gemeiner Wert)	
Vergleichswert (Verkaufswert)	vorrangig anzuwenden bei ausreichenden Marktdaten
lineare Interpolation von Verkaufswerten unterschiedlicher Altersklassen	bei unfertigen Tieren, falls eine einfache Handhabung erwünscht ist
Wirtschaftlicher Gebrauchswert	
Ertragswert	falls Ersatz vor dem Ende der üblichen Nutzungsdauer nicht möglich, sonst Hilfswert
Ersatzwerte	
■ Zukaufswert	vorrangig anzuwenden, soweit identischer Zukauf möglich, anlassgerecht, ausreichende Marktdaten
■ Ertragswert minus Deckungsbeitragsabschlag	bei kurzlebigen Produktionsprozessen und vorzeitiger Ersatzmöglichkeit; Kompromisswert in Übertragungsfällen
■ Kostenwert plus Deckungsbeitragszuschlag	Kompromisswert in Übertragungsfällen
■ Kosten der Erswatzbeschaffung im weitesten Sinne	bei Tieren zur Bestandserneuerung (z. B. Färsen, Jungsauen); falls nicht identische Zukaufsmöglichkeit
■ Neuwert minus Entwertungsabschlag	bei mehrjährig gehaltenen Tieren und weitgehend gleicher Ersatzmöglichkeit
■ Ertragswertdifferenz zu Ersatztieren	allgemeiner Bewertungsansatz bei Ersatzmöglichkeit; besonders in komplizierten Schadensfällen anzuwenden

Quelle: Darstellung in Anlehnung an Köhne (1993), S. 240 und (2000), S. 500

Abbildung 4: Bewertungsansätze bei Nutztieren

Die *Verkehrswertermittlung* für Nutztiere stützt sich auf das Vergleichswertverfahren, den Schlachtwert und die lineare Interpolation. Für Tiere, die ohnehin verkaufsbestimmt und schon verkaufsfertig oder weitgehend verkaufsfertig (z. B. Masttiere) sind, ist der Vergleichswert (Verkaufswert) relativ einfach festzustellen, da es entsprechende Marktpreise (Marktnotierungen) gibt. Das gilt auch für Tiere, die eigentlich nicht verkaufsbestimmt, aber verkaufbar sind (z. B. tragende Färsen oder Jungsauen).

Problematisch ist die Verkehrswertermittlung für nicht gehandelte Tiere. Hier kann in der Regel nur der Schlachtwert angesetzt werden (z. B. für ältere Zuchtsauen, Mutterschafe). Bei Tieren, deren erzielbarer Verkaufserlös von einer Reihe von Merkmalen abhängt, müssen diese zunächst einem für sie zutreffenden Teilmarkt zugeordnet werden. Dann ist ein Durchschnittspreis für eine bestimmte Qualität festzustellen (z. B. Herdbuch-Kühe). Die einzeln zu bewertenden Tiere sind sodann mit Hilfe von Zu- oder Abschlägen aufgrund abweichender Merkmalsausprägungen vergleichend dazu einzuordnen.

Die lineare Interpolation von Verkaufswerten unterschiedlicher Altersklassen ist ein Weg um Wertlücken zu überbrücken. Er ist für unfertige Tiere dann vertretbar, wenn es auf einen tatsächlichen Verkauf nicht ankommt. Der wichtigste Anwendungsfall ist die Tierseuchenentschädigung. Einen Anwendungsfall der linearen Interpolation enthält Beispiel 10.

Beispiel 10: Bewertung von Nutztieren (Verkehrswerte)

Allgemeine Angaben

Aufstallungsgewicht Mastferkel	*28 kg*
Gewicht am Bewertungsstichtag	*78 kg*
Zuwachs Lebendgewicht am Stichtag	*50 kg (78 kg LG–28 kg LG)*
Mastdauer bisher	*10 Wochen*
Normale Dauer der Mast	*18 Wochen*
Normales Endgewicht am Ende der Mast	*118 kg Lebendgewicht (LG)* $\approx$ *94 kg Schlachtgewicht (SG)*
Zuwachs am Ende der Mast	*90 kg LG* *(118 kg LG–28 kg AufstallG)*

Verkehrswertermittlung:
Verkaufswert eines Ferkels von 28 kg   *50,00 Euro*
Verkaufswert eines Mastschweins bei einem
Endgewicht von 118 kg LG:
94 kg SG • 1,35 Euro/kg SG =   *126,90 Euro*

Wert je kg LG-Zuwachs: $\dfrac{126{,}90\ Euro - 50{,}00\ Euro}{90\ kg\ LG} =$ *0,85 Euro/kg LG*

Wert des Zuwachses insgesamt:
0,85 Euro/kg LG • 50 kg LG =   *42,50 Euro*
Ferkelwert: *+ 50,00 Euro*
Wert des unfertigen Tieres von 78 kg LG
(Verkehrswert)   *92,50 Euro*

Quelle: Darstellung in Anlehnung an Köhne, a. a. O., 3. Aufl. 2000, S. 500

Bei der Ermittlung des wirtschaftlichen Gebrauchswertes in Schadensfällen spielen Ertragswerte dann eine Rolle, wenn kein Ersatz möglich ist. Der *Ertragswert* wird dann aus zukünftigen Ein- und Auszahlungen abgeleitet (z. B. für einen Mastschweinebestand aus der Differenz des voraussichtlichen Erlöses am Ende der Mast abzüglich der noch eingesparten variablen Kosten).

Beispiel 11: Bewertung von Nutztieren (Ertragswert)

zu erwartender Erlös (95 kg SG • 1,39 Euro/kg SG)   *132 Euro*
abzüglich eingesparte variable Kosten
Futter, Strom, Wasser, Tierarzt, Vermarktung   *–18 Euro*

Ertragswert   *114 Euro*

Es gib noch eine Reihe von Variationsmöglichkeiten zur Bestimmung des *Ersatzwertes*, so z. B. der Ertragswert abzüglich Deckungsbeitragsabschlag oder -zuschlag. Ausgangspunkt ist der Ertragswert im ersten Fall und der Kostenwert im zweiten Fall. Sie finden in der Regel bei kurzfristigen Produktionsprozessen, wie der Aufzucht von zum Verkauf bestimmten Jung- und Mastvieh und bei der Legehennenhaltung Anwendung. In beiden Fällen ist das Ergebnis ein Ersatzwert.

Der Ersatzwert ergibt sich aus den Kosten der Wiederbeschaffung eines Ersatztieres den veränderlichen Kosten und dem Deckungsbeitragsverlust, der durch die Produktionsverzögerung entsteht (z. B. eine verendete hochträchtige Jungsau muss ersetzt werden). Die Kosten bestehen aus den Beschaffungskosten einer noch nicht belegten Jungsau, den variablen Aufzuchtkosten bis zur Belegreife, den variablen Kosten bis zum Abferkeln und dem Deckungsbeitragsverlust durch die Produktionsverzögerung.

Beispiel 12: Bewertung von Nutztieren (Ersatzwert)

Kosten der Wiederbeschaffung	*290 Euro*
variable Kosten bis Belegung und Abferkeln	*+ 105 Euro*
Deckungsbeitragsverlust	*+ 170 Euro*
Ersatzwert	*565 Euro*

Ein weiterer Ersatzwert ist der *Neuwert* abzüglich des Entwertungsabschlages. Dieser Bewertungsansatz gilt für mehrjährig gehaltene Tiere, die in dem Altersstadium nicht gehandelt werden (z. B. männliche Zuchttiere, Zuchtstuten und Zuchtsauen).

Der *Neuwert* setzt sich aus den Anschaffungskosten und den Wiederbeschaffungskosten loco Hof zusammen. Der Entwertungsabschlag ermittelt sich aus dem Restwert und der Nutzungsdauer wobei von einer linearen Abnutzung ausgegangen wird. Die Zinskosten sind dann von Bedeutung, wenn zwischen dem zu bewertendem Tier und dem Ersatztier ein deutlicher Wertunterschied besteht. Dieser Ersatzwertansatz kommt bei komplizierten Schadensfällen zur Anwendung. Es wird ein Vergleich von Sachverhaltsverläufen vorgenommen, wobei der Sachverhaltsverlauf ohne das Schadensereignis dem Sachverhaltsverlauf unter Berücksichtigung schadensmindernden Anpassungen nach dem Schadensereignis gegenüber gestellt wird.

6 Bewertung von Feldinventar und Vorräten

Feldinventar sind Feldfrüchte, die sich noch auf dem Felde befinden und noch nicht geerntet oder nur gerodet, aber sich noch nicht in lagerfähiger Form befinden und nicht eingelagert sind (z. B. alle Pflanzen im Wachstum).

Die Anlässe zur Bewertung für das Feldinventar sind überwiegend Schadensfälle, da für noch nicht fertige Produkte in der Regel kein Markt besteht. Bei den verkaufsfähigen Vorräten ist der Verkehrswert, beim Feldinventar der wirtschaftliche Gebrauchswert, die maßgebende Größe. Da Vorräte in der Regel auf dem Markt gehandelt werden, kann der Wert aus Marktnotierungen abgeleitet werden. Beim Feldinventar besteht diese Möglichkeit nicht. Deshalb ist der Wert bei Schadensfällen auf der Grundlage des wirtschaftlichen Gebrauchswertes zu ermitteln. Schadensfälle sind z. B. Wildschäden, Manöverschäden, Hagelschäden, Pflanzenschutzmittelabtrifft von der Nachbarparzelle und bei Brandschäden ist im Rahmen der Überprüfung einer Unterversicherung das Feldinventar zu bewerten.

Bei der Bewertung sind agrarpolitische Ausgleichsleistungen, soweit sie auf den Wert Einfluss nehmen, zu berücksichtigen.

Die zu wertenden Mengen und Kosten müssen dabei fallbezogen erfasst werden. Bei der Mengenfeststellung des Normalertrages kann auf nicht geschädigte Bereiche zurückgegriffen werden, dabei hat das Messen und Wiegen Vorrang vor Einschätzungen, insbesondere wenn es um größere Schäden geht. Muss doch geschätzt werden (z. B. wenn das zu bewertende Feldinventar während der Vegetationsperiode einzuschätzen ist), sollte sich der Sachverständige bei größeren Schadensfällen eine Nachschätzung vorbehalten. Eine detaillierte Feststellung kann dann während der Ernte erfolgen.

Die Produktpreise müssen sich am regionalen Marktgeschehen orientieren und dabei sind die üblichen Absatzwege und Absatztermine des jeweiligen Betriebes zu berücksichtigen.

Bei der Bewertung von Feldinventar werden vorrangig folgende drei Bewertungsansätze genutzt:

1. der Ertragswert,
2. der Ersatzwert und
3. der Kostenwert.

Bei den einzelnen Bewertungsansätzen wird wie folgt vorgegangen: Ertragswert von Feldinventar verkaufsbestimmter Früchte (Bewertungsstichtag zum 1. Juli Weizenschlag vor der Ernte):

Menge • Preis (vorgeschätzt)	= Erlös (Marktleistung)
noch anfallende Kosten	− Spezialkosten
noch zu leistende Arbeit	− Lohnanspruch
	− Risikoabschlag
	= Ertragswert

Spezialkosten sind exemplarisch noch ausstehende Pflegekosten und Erntekosten, die vom Zeitpunkt der Bewertung abhängig sind. Auf diese Weise sind sowohl Marktfrüchte als auch Futterpflanzen zu bewerten.

Der Ersatzwert vom Feldinventar (Manöverschaden für einen im Oktober bestellten Weizenschlag) ergibt sich nach der folgenden Berechnungsweise:[44]

+ entgangener Erlös beim Winterweizen
− eingesparte Kosten und Lohnansprüche beim Winterweizen ab dem Schadensereignis
= Ertragswert des Winterweizens
− um Lohnansprüche verminderter Deckungsbeitrag des Sommerweizens

= Ertragswertdifferenz = Ersatzwert des Winterweizens

Dieser Kostenwert von Feldinventar (Bewertung eines Weizenschlages zum 1. Juli) wird hingegen folgendermaßen hergeleitet:

+ bis zum Schadensereignis aufgelaufene Kosten (Saatgut, Düngemittel, Pflanzenschutz, Maschinen, sonstige Kosten)
+ aus dem bisher angefallenen Arbeitseinsatz angefallener Lohnanspruch
+ Deckungsbeitragszuschlag (nach Abzug von Löhnen und Lohnansprüchen)

= Kostenwert

---

44 *Beachte:* Neubestellung im Spätherbst nicht mehr möglich. Anbau im Frühjahr von Sommerweizen.

Dieser Kostenwert kommt bei Feldinventar verkaufsbestimmter Früchte zum Ansatz. Bei der Bewertung von Vorräten können drei Gruppen unterschieden werden:

1. Zukaufsvorräte

2. selbst erzeugte verkaufsbestimmte Vorräte

3. selbst erzeugte Vorräte für den innerbetrieblichen Verbrauch

Zu den *Vorräten* zählen abgeernte Früchte, die in Vorratsräumen wie Scheunen, Mieten Rübenbunkern gelagert werden (z. B. Kartoffel, Rüben, Getreide, Stroh, Heu).

Zu den *Zukaufsvorräten* gehören Saatgut, Mineraldünger, Pflanzenschutzmittel und Futtermittel. Diese sind mit dem Zukaufspreis loco Hof am Bewertungsstichtag zu bewerten.

Zu den *Verkaufsvorräten* gehört unter anderem das selbst erzeugte Getreide. Die Bewertung erfolgt mit dem am Bewertungsstichtag erzielbaren Verkaufspreis ab Hof.

Zu den *selbst erzeugten Vorräten für den innerbetrieblichen Verbrauch* gehören Futterstoffe, Stroh und organische Dungstoffe. Diese sind mit einem geeigneten Ersatzwert zu bewerten (Futterstoffe sofern sie gehandelt werden, mit Zukaufspreis frei Hof bzw. organische Dungstoffe mit den Kosten der Nährstoffe). Soll ein möglicher Verkaufswert eingeschätzt werden, dann muss zunächst das regionale Marktgeschehen untersucht werden. Hat sich ein Verkaufspreis herausgebildet, ist von diesem auszugehen. Ist das nicht der Fall, muss der Ersatzwert aus der Sicht potenzieller Käufer kalkuliert werden.

Bezüglich der *Umsatzsteuer* gilt:

- Bei pauschalierenden Landwirten wird einschließlich Umsatzsteuer taxiert.

- Bei Regelbesteuerung wird ohne Umsatzsteuer taxiert, diese wird gesondert ausgewiesen.

7 Zusammenfassung

Die landwirtschaftliche Taxation ist ein Spezialgebiet innerhalb der Immobilienbewertung. Sie umfasst normative (nach WertV) als auch nicht normative Bewertungsverfahren. Die landwirtschaftliche Bewertung erfordert umfangreiche Kenntnisse aus dem Bereich der Landwirtschaft, das betrifft sowohl die Boden- als auch die Gebäudebewertung und im Besonderen die Bewertung eines Betriebes nach dem Ertragswertverfahren nach § 2049 BGB. Bei der Gebäudebewertung kann auch heute noch nicht vollständig auf die NHK 1913 verzichtet werden, da die NHK 2000 ältere noch genutzte Gebäude nicht in den Gebäudetypenblättern erfasst und somit keine Bewertungsgrundlage liefert.

Die Bewertung von Landmaschinen, Nutztieren, Vorräten und Feldinventar ist ein Spezialgebiet innerhalb der landwirtschaftlichen Taxation. Bei der Bewertung ganzer Höfe nach dem Verkehrswert z. B. bei Erbauseinandersetzungen, Scheidungen und Zwangsversteigerungen ist der Betrieb einschließlich des Zubehörs zu bewerten. Im Rahmen dieses Beitrages können nicht alle Bereiche der landwirtschaftlichen Taxation erfasst werden. Ziel war es die wichtigsten Positionen nachvollziehbar darzustellen.

Literaturhinweise

Baugesetzbuch (2004), BauGB – Textausgabe 8. Aufl., Essen 2004.
Fischer, R./Biederbeck, M. (2000): Brandschaden, H. B 95, Verlag Pflug und Feder, St. Augustin 2000.
Fischer, R./Biederbeck, M. (2001): Berücksichtigung des Niederstwertprinzips bei der Pflichtteilsermittlung, HLBS-Report 3/01, Pflug und Feder Verlag, St. Augustin 2001.
Fischer, R./Biederbeck, M. (2002): Verkehrsermittlung eines landwirtschaftlichen Anwesens zur Erbauseinandersetzung, 1. Auflage, Verlag HLBS, St. Augustin 2002.
Fischer/Thummer/Geiger/Biederbeck (2002): Schiedsgutachten in Pachtsachen, 1. Auflage, HLBS Verlag, St. Augustin 2002.
Fischer, R./Lorenz, H.-J./Biederbeck, M. (2003): Besondere Flächen der Land- und Forstwirtschaft nach § 4 Abs. 1 Nr. 2 WertV, in: GuG, 2/03, S. 147.
Gerardy/Möckel/Troff (1998): Praxis der Grundstücksbewertung, Loseblattsammlung, Verlag Moderne Industrie, Landsberg/Lech 1998.
Gesetz über die Schätzung des Kulturbodens (Bodenschätzgesetz – BodSchätzG) vom 16. Oktober 1934, zuletzt geändert durch Gesetz vom 14. Dezember 1976 (BGBl. I 1976, 3341).

HLBS (Hrsg.) (1996): Betriebswirtschaftliche Begriffe für die landwirtschaftliche Buchführung und Beratung, Schriftenreihe HLBS Heft 14, 7. Auflage, Verlag Pflug und Feder, St. Augustin 1996.

Kleiber, W. (2003): WertR 02, Wertermittlungsrichtlinien 2002, Sammlung amtlicher Texte zur Wertermittlung von Grundstücken mit Normalherstellungskosten – NHK 2000, 8. Auflage, Bundesanzeiger Verlag, Köln 2003.

Kleiber/Simon/Weyers (2002): Verkehrswertermittlung von Grundstücken, 4. Auflage, Bundesanzeiger Verlag, Köln 2002.

Köhne, M. (1993): Landwirtschaftliche Taxationslehre 2. Auflage, Paul Parey Verlag, Hamburg und Berlin 1993.

Köhne, M. (2000): Landwirtschaftliche Taxationslehre, 3. Auflage, Parey Buchverlag, Berlin 1993.

Richtlinie für die Ermittlung des Verkehrswertes landwirtschaftlicher Grundstücke und Betriebe, anderer Substanzverluste (Wertminderung) und sonstiger Vermögensnachteile (Entschädigungsrichtlinien Landwirtschaft, LandR 78) in der Fassung der Bekanntmachung vom 28. Juli 1978, BAnz Nr. 78 vom 25. April 1995.

Ross, F. W./Brachmann, R. (1983): Ermittlung des Bauwertes von Gebäuden, Theodor Oppermann Verlag, Hannover-Kirchrode 1983.

Sandner/Weber (Hrsg.) (2003): Lexikon der Immobilienwertermittlung, Bundesanzeiger Verlag, Köln 2003.

Simon/Cors/Halaczinsky/Teß (2003): Handbuch der Grundstückswertermittlung, 5. Auflage, Verlag Vahlen, München 2003.

Wertermittlungsverordnung (WertV) vom 6. Dezember 1988, zuletzt geändert durch Art. 3 des Gesetzes vom 18. August 1997 (BGBl. I 1997, 2081).

WertR 2002, Neubekanntmachung der Wertermittlungsrichtlinie vom 19. Juli 2002, BAnz Nr. 238 a vom 20. Dezember 2002.

Bewertung von Luxusvillen

Jörg Buchen

1 **Begriffsdefinition**

2 **Marktübersicht**

3 **Besonderheit der Lage als wertrelevanter Faktor bei Luxusvillen**

4 **Vorgehensweise bei der Objektbesichtigung und Informationsbeschaffung**

5 **Wertermittlung von Luxusvillen**
5.1 Bewertungsanlässe und Wahl des Bewertungsverfahrens
5.2 Grundlagen des Vergleichswertverfahrens
5.3 Vorgehensweise bei der Anwendung des Vergleichsverfahrens

1 Begriffsdefinition

Luxus ist als umgangssprachlicher Begriff z. B. im Brockhaus definiert *(von lat.* luxus = *„üppige Fruchtbarkeit, Ausschweifung, große Pracht")*. Im engeren Sinne ist Luxus das, was über den Lebensaufwand des Bevölkerungsdurchschnittes hinausgeht, im weiteren z. B. der großzügige Gebrauch des Reichtums zur Veredlung der Lebensführung.

Gemäß vorherrschender Sicht der Volkswirtschaftslehre ist Luxus die Menge der Waren und Dienstleistungen in einer reifen Gesellschaft, deren Konsum in einem bestimmten Zeitraum die Zunahme übersteigt, um die das allgemein reale Lohnniveau im selben Zeitraum zunimmt.

Diesen und anderen Definitionen ist gemeinsam, dass Luxus ein relativer Begriff ist und zeit- wie ortsbezogen ein „moving target", und zwar sowohl aus Anbieter- wie aus Nachfragersicht, darstellt.

Übertragen auf den hier näher betrachteten Wohnimmobilienmarkt heißt das, dass auf der einen Seite die Summe aus der Lage, der Größe von Grundstück und Gebäude, der Gebäudestruktur, gegebenenfalls der Wohnungsstruktur, des Baujahres bzw. Alters und der Beschaffenheit sowie die Qualität der Ausstattung, die Raumbeschreibung, das Gesamterscheinungsbild, der Ausblick usw., einen Angebotspreis ergeben. Auf der anderen Seite stehen die Nachfrager von Luxusimmobilien mit ihren besonderen Wünschen und Ansprüchen.

Eine Immobilie wird alleine durch einen hohen Kaufpreis *nicht* bereits zum Luxusobjekt, sondern erst durch ihre besondere Qualität und Harmonie in Bezug auf Ausstattung, Lage, Raumaufteilung, Materialien, usw. Luxus misst sich demnach in *Qualität und weniger in Quantität.*

Dabei kommt es auf die Sichtweisen von Verkäufer und Käufer gleichermaßen an, denn erst der tatsächlich realisierte – zeit- wie ortsbezogen – vergleichsweise hohe Kaufpreis beweist die nachhaltige Wertigkeit und bewirkt in der Folge den Unterschied zwischen einer „normalen" Immobilie und einer Luxusimmobilie.[1]

Die Eigentümer bzw. die potenzielle Klientel von Luxusimmobilien sind nicht einfach über einen (absolut gesehen) hohen gezahlten Kaufpreis zu definieren, da ein bestimmtes, sehr hochwertiges Objekt je nach Lage (z. B. städtische Lage, ländli-

---

[1] Anmerkung des Autors: Der Sonderfall eines insolvenzbedingten Notverkaufes – z. B. im Wege der Versteigerung – sei nachfolgend ausgeklammert.

che Lage oder Feriengebiete) sehr unterschiedliche Kaufpreise erzielen würde. Solche Preisunterschiede sind – bei sonst gleichen „Gebäudekosten" – nicht ausschließlich durch den Grundstückspreis erklärbar.

Weil aber Luxus und Zielgruppe zwei Seiten einer Medaille sind, definiert sich ein potenzieller Käufer zum einen über die Gesamtheit seiner sehr hohen Ansprüche und zum zweiten aus der Balance zwischen der Preisvorstellung von Verkäufer und Käufer für ein konkretes Objekt.

Dies wird besonders deutlich bei der *Zielgruppe der Liebhaber,* die örtlich wie auch zeitlich und vor allem in ihren Investitionsvolumina relativ unabhängig ist beim Erwerb so genannter *Liebhaberobjekte.*

Luxus in Bezug auf Wohnimmobilien bedeutet heute, dass nicht alleine die Grundbedürfnisse „Schlafen" oder beispielsweise „Sicherheit" des potenziellen Erwerbers befriedigt werden müssen. Die Klientel ist vielmehr vollkommen frei in der Wahl ihres Aufenthaltsortes und stellt an diesen den Anspruch, ihren klar definierten Lebensstil zu verkörpern und auch auf ihre Vorlieben und (hohen) Standards entsprechend einzugehen. Ob die Luxusvilla lieber klassisch oder exzentrisch, modern oder rustikal gehalten ist, ist letzten Endes belanglos für die Zugehörigkeit zu diesem Segment. Charakteristisch für alle Objekte ist hingegen eine zeitgenössische Vision, die – umgesetzt in einer bestimmten Immobilie – auf die hohen Ansprüche einer bestimmten, vielleicht sehr kleinen, immer jedoch anspruchsvollen und zahlungskräftigen Zielgruppe perfekt einzugehen vermag.

Zusammenfassend kann die „Luxusimmobilie" also fakultativ durch folgende Aspekte charakterisiert werden:

- kleiner gegebenenfalls überregionaler Interessentenkreis (gegebenenfalls Liebhaber),
- überdurchschnittlich zahlungskräftige Klientel,
- hoher absoluter Kaufpreis,
- Befriedigung von Wohnbedürfnissen, die über den täglichen Bedarf hinausgehen,
- Exklusivität der Ausstattung,
- Großzügigkeit der Raumaufteilung,
- gegebenenfalls denkmalgeschützte Bausubstanz,
- hochkarätige Lage und besonderes Umfeld.

Einem Vermittler zwischen Angebot und Nachfrage nach derartigen Objekten kommt gerade bei Luxusimmobilien eine besondere Bedeutung zu. Denn in einer Zeit, wo ein besonders finanzstarker Käufer aus wohlerwogenen Gründen häufig anonym bleiben möchte, kann der erfahrene Vermittler besonders effizient und diskret den zielgerichteten Ausgleich zwischen den Wünschen von Luxussuchern und -anbietern herstellen.

2 Marktübersicht

In Deutschland wurden im Jahre 2003 Wohnimmobilien im Gesamtwert von ca. 65 Milliarden Euro veräußert. Es gibt derzeit über 35,8 Millionen Haushalte, wovon ca. 17,5 Millionen durch den Eigentümer selbst genutzt werden. Somit liegt die Eigentümerquote bei ca. 49 Prozent. Im Vergleich zum europäischen Ausland liegt diese weit unter dem Durchschnitt.

Der Anteil an hochwertigen Wohn- bzw. Luxusimmobilien ist bei einer relativen Betrachtung des gesamten Umsatzvolumens im Segment der Wohnimmobilien nach der Anzahl der erfolgten Transaktionen vergleichsweise gering. Auch das Umsatzvolumen dieses Teilbereiches ist – je nach unterer Preisgrenze für Luxusimmobilien – sicherlich geringer als 10 Prozent des gesamten Verkaufsvolumens.

Hochwertige Wohnimmobilien gibt es verstärkt in (und am Rand von) Ballungszentren und in Gebieten mit hohem Freizeitwert, weniger in rein ländlichen Regionen. Sehr häufig gibt es die Verbindung von Luxusimmobilien mit der Möglichkeit zu hochwertigeren Freizeitaktivitäten (wie z. B. Reiten, Segeln oder Golf).

In Deutschland haben wir je nach Regionen typische Stile für hochwertige Objekte. So z. B. in Hamburg oder Berlin die Villen aus der Gründerzeit, in anderen norddeutschen Gebieten besondere gebietsspezifische Fachwerks- und Reetdachhäuser. In Westdeutschland finden wir häufig Objekte aus der Industriellenzeit der 40er bis 60er Jahre sowie oft eine moderne Architektur. Im süddeutschen Raum befinden sich zum Teil – wenn auch nicht so geballt wie in z. B. in Hamburg – einerseits alte bauliche Substanz (z. B. in München), häufig aber auch Gebiete mit Bauten aus den 70er Jahren bis hin zu moderner Architektur. Nicht zu vergessen sind bundesweit vereinzelte alte Höfe, Schlösser und Burgen (vgl. hierzu den Beitrag „Bewertung von Schlössern und Burgen"). In den neuen Bundesländern gibt es vergleichsweise weniger Luxusvillen als in den alten Bundesländern, wobei in einigen Gebieten – wie z. B. Dresden oder Potsdam – alte Villen mit erheblichem Aufwand wieder restauriert werden.

Es kann nicht statistisch verifiziert werden, dass hochwertige Objekte, die stilmäßig vom regionalen Geschmack abweichen, höhere oder niedrigere Preise erzielen.

Insgesamt sind Nachfrage bzw. Preise bei hochwertigen Objekten im Laufe der letzten Jahrzehnte gestiegen, wenn auch im Zeitablauf und in den einzelnen Ballungs- bzw. Feriengebieten unterschiedlich schnell, und zwar als Ergebnis regional unterschiedlicher Entwicklungen, sei es wirtschaftlich, in Bezug auf den Freizeitwert oder das „Image" des jeweiligen Gebietes.

Dabei sind die Quadratmeterpreise von sehr großen Luxusvillen geringer gestiegen als die von relativ kleineren Objekten, denn auch hier gilt die Regel: Die Zahlungsbereitschaft bezogen auf den akzeptierten Quadratmeterpreis sinkt je höher – beispielsweise aufgrund der absoluten Größe des Objektes – der Gesamtpreis ist.

Stark gebremste bis rückläufige Preisentwicklungen sind in hochwertigen Lagen recht selten und meist das Ergebnis einer Abstufung der Lage von „hochwertig" auf „normal". Eine solche Abstufung reduziert in aller Regel die Nachfrageseite und hat vielfältige Ursachen, wie z. B. auf die Region beschränkte wirtschaftliche Probleme oder Änderungen der Bauleitplanung (z. B. zugunsten von Industrieansiedlungen oder politisch motivierter „verdichteter Bebauung") oder veränderte Kundenwünsche.

3 Besonderheit der Lage als wertrelevanter Faktor bei Luxusvillen

Nachfolgend ist der Fokus auf Luxusvillen gerichtet, wobei die Faktoren auf Luxuswohnungen übertragen werden können mit dem Hinweis, dass bei letzteren die Teilungserklärung und die Verträge über die Pflege und Entwicklung des Gesamtobjektes von größter Wichtigkeit sind.

Die Lage ist das Merkmal, das den Wert der Immobilie ganz wesentlich bestimmt – dies trifft insbesondere auf Luxusimmobilien zu. In Finanzkreisen hört man für Immobilien den pointierten Satz, dass es für solche Anlagen drei Entscheidungskriterien gebe, erstens: Lage, zweitens: Lage und drittens: Lage. Dahinter steckt der Gedanke, dass man bei Immobilien fast alles ändern kann, nicht jedoch die Lage.

Grundsätzlich wird auch bei Luxusimmobilien zwischen der Makrolage und der Mikrolage unterschieden. Beide Ebenen werden in der Folge kurz mit Bezug zur hier in Frage stehenden Nutzungskategorie näher betrachtet werden.

Makrolage

Die *Makrolage* umfasst die äußeren Lagemerkmale wie Stadt- oder Landlage, Stadt- bzw. Ortsteil, das Wohnungsumfeld, die Infrastruktur in den einzelnen Gebieten, die Verkehrsanbindung, die weitere Nachbarschaft, die äußeren Einflüsse wie Lärm und Umwelt der weiteren Umgebung – also beispielsweise die Frage, ob es sich um ein Gebiet mit traditionell viel Industrie oder eben angenehmer Wohnbebauung handelt –, die Nähe zu Schulen und öffentlichen Einrichtungen oder zu Ärzten und Grünanlagen sowie hochwertigen Freizeiteinrichtungen. Bei der Makrolage sind aber auch beispielsweise die Wirtschaftskraft der Region, das Einkommensniveau der Bevölkerung und die Höhe der Arbeitslosigkeit entscheidend für die Werthaltigkeit der dort befindlichen gehobenen Wohnimmobilien.

Hochwertige Lagen gibt es in jeder Stadt und in jedem kleinen Teilmarkt, selbst wenn es sich nur um kleine Straßenzüge handelt. Dabei kann die regionale Entwicklung der Preise für hochwertige Immobilien durchaus ein Indikator für die Entwicklung des Wohlstandes dieser Region sein.

Mikrolage

Die *Mikrolage* umfasst die inneren Lagemerkmale der Immobilie, d. h. wie liegt das Gebäude auf dem Grundstück und nutzt dabei dessen Vorzüge (z. B. Sonnenlage, Ausblick auf Grünanlagen, See, Gebirge oder besondere städtebauliche Attraktion, wie wurden unerwünschte Einsichtsmöglichkeiten geschickt verhindert). Dabei ist – wie erwähnt – auch die Nachbarschaftsbebauung wesentlich für die Lagegüte einer Immobilie. Die schönste Immobilie kann nur schwer am Markt platziert werden, wenn Umgebung und Nachbarschaftsbebauung nicht gleichermaßen hochwertig sind. Wichtig für Luxusimmobilien ist ebenfalls die Himmelsrichtung bzw. die „Sonnenlage", die Beschaffenheit des Grundstücks, der Ausblick und die Frage, ob es sich um eine Hang- oder Seelage handelt. Zudem sind noch die Verkehrslage und die Lärmbelästigung des direkten Umfeldes von Bedeutung.

Makro- und Mikrolage gipfeln letztlich in der entscheidenden Frage: Ist dieser spezifische Standort in Bezug auf seine Lage für eine Villennutzung besonders gefragt, weil er z. B. besonders selten ist? Über allem steht vor diesem Hintergrund auch die Frage nach dem „Image" der Lage, z. B. die Aussage „gehört zu den besten Lagen". Dies ist bei Luxusvillen fast die wichtigste Frage, und erschließt sich nur schwierig einer Bewertung. Für manchen potenziellen Käufer ist das „Image" so wichtig, dass andere – im konkreten Fall vielleicht weniger vorteilhafte – Kriterien in den Hintergrund treten können.

4 Vorgehensweise bei der Objektbesichtigung und Informationsbeschaffung

Bevor der Marktwert einer hochwertigen Immobilie eingeschätzt werden kann, müssen umfassende und detaillierte Informationen vorliegen über alles, was das Objekt beschreibt.

Selbstverständlich gelten die klassischen Bewertungsaspekte für Immobilien im Grundsatz auch bei Luxusobjekten. Daher soll nachfolgend der Fokus nur auf einige Aspekte gelegt werden, die es bei hochwertigen Immobilien zusätzlich bzw. besonders zu beachten gilt.

1. Grundstück

- Die *Lagequalität für eine Nutzung als Villengrundstück* ist wesentlich durch die Makrolage (siehe Abschnitt 3) beschrieben, sie ist der maßgebliche Bewertungsfaktor und stark durch die Nachfrage bestimmt.

- Die *Grundstücksgröße* ist nicht alleine nach Quadratmetern zu messen, sondern sie muss in einem angemessenem Verhältnis zum Gebäude und den verschiedenen Nutzungen stehen. Der Abstand zum Nachbarn muss auch bei einer hochwertigen Stadtvilla „angemessen" sein.

- Die *Größe der Straßenfront* ist ambivalent, denn der eine Interessent liebt sie breit und repräsentativ, der andere zieht ein verstecktes Objekt vor, z. B. auf einem Pfeifenstielgrundstück.

- Die *Grundstücksbegrenzungen,* ob Tor, Umzäunung, Wasser, Bäume, Hecke, Nachbar etc., sollten dem hochwertigen Gesamteindruck möglichst heben, keinesfalls beeinträchtigen.

- Eine geschickt/harmonische *Gartenarchitektur* mit hochwertigen Bäumen und Pflanzen oder speziellen Bauten, können den Gesamteindruck wie auch den Wert eines Objektes sehr heben; dazu gehören auch entsprechende Wege, Brücken und *Pflasterungen,* sei es als Zufahrt oder innerhalb der Gartenanlage.

- *Freizeitanlagen* wie Pool, Tennisplatz, Verbindung zu Reitanlagen etc. heben den Wert eines Objektes weiter, insbesondere wenn solche Anlagen von hoher Qualität sind und harmonisch in das Gesamtobjekt eingebunden wurden.

Für die Bewertung des Grundstückes wichtig sind zum einen – möglichst aktuelle – Bodenrichtwerte, zum anderen aber auch der Gesamteindruck, den man im *Vergleich* von einem hochwertigen *Top-Grundstück* dieser Art „üblicherweise" erwartet und im Vergleich dazu die *Kosten* für eventuell notwendige *Qualitätsverbesserungen* und deren baurechtliche Zulässigkeit. Zuletzt sollte noch ein Blick auf die Flurkarte und auf mögliche Änderungsrisiken im Bebauungsplan geworfen werden, um wertrelevante Aspekte zu identifizieren.

2. *Gebäude*

- Das Gebäude ist zuerst und wesentlich durch die Mikrolage (siehe Abschnitt 3) bestimmt, weil diese in der Regel nur sehr schwierig verändert werden kann.

- Wichtig ist eine *großzügige Raumaufteilung,* die geschickte Platzierung von Fenstern/Ausblicken, Terrassen etc. sowie *änderungsfreundliche tragende Wände*, um die Nutzungsmöglichkeiten des Objektes (z. B. für Familien bis hin zum Repräsentieren) für einen erweiterten Käuferkreis zu ermöglichen.

- Die *Architektur* (ob bestimmter Stil oder extravagant) sollte – außen wie innen – möglichst durchgängig sein, in jedem Fall aber *stilsicher und harmonisch* in Anordnung, Farben und Materialeinsatz; das gilt sowohl für den Gesamteindruck als auch für einzelne Komponenten wie z. B. Fassade, Dach, Fenster, Türen, Glas oder seltene Ausführungen oder Materialien.

In Bezug auf alle oben skizzierten Bereiche gilt: Je hochwertiger, desto besser; das *Gesamtbild* muss „ansprechend stimmig" und repräsentativ sein; das gilt nicht nur für große, sondern auch für kleine Objekte, die ebenfalls sehr viel Charme und Exklusivität ausstrahlen können.

Am Ende wird der *Vergleich* zu einem *„fehlerfreien" Top-Objekt* dieser Art gezogen, wobei dieser immer zielgruppenorientiert erfolgen sollte. Es wird analysiert, welche „Korrekturnotwendigkeiten" in Architektur und technischer Bauausführung bestehen und – insbesondere bei älteren Objekten – welcher grundsätzliche *Umbau- und Renovierungsbedarf* besteht. Das Ergebnis der Analyse ist eine Kostenschätzung, die später ebenfalls in die Kalkulation des realisierbaren Verkaufwertes (hier im Sinne des Verkehrswert gemäß § 194 BauGB) eingeht. Das ursprüngliche Baujahr oder genauer die *Baujahrsaltersklasse* kann sich dabei werterhöhend oder wertmindernd auswirken. Beispielsweise werden Villen in einem angemessenen Erhaltungszustand, die um 1900 erbaut wurden, tendenziell bessere Preise erzielen als Objekte die in den 30er Jahren errichtet wurden. Auch an dieser Stelle gilt der Grundsatz, dass eine ausreichende Vergleichbarkeit gegeben sein muss, also nicht „Äpfel mit Birnen" verglichen werden.

Es versteht sich, dass eventuelle *Besonderheiten des Denkmalschutzes* zu beachten sind, einschließlich der finanziellen Vor- und Nachteile. Hierbei ist wichtig, dass nur objektbezogenen Vor- und Nachteile in die Bewertungsüberlegungen einfließen dürfen, da nur diese den Verkehrswert beeinflussen werden.

3. Ausstattung

- Die Ausstattung sollte *qualitativ hochwertig/exklusiv* sowie funktionell und „auf der Höhe der Zeit" sein.

- Das gilt vornehmlich für Küchen und Bäder, wo die Frage von Hochwertigkeit und Qualität besonders augenfällig ist und intensiv geprüft wird, einschließlich Herstellernachweisen; aber auch die gesamte Technik (wie Warm- und Kaltwasserrohre, Elektroinstallation, Heizungsanlage, Verkabelungen für hochwertige Radio-/Fernsehanlagen etc. bis hin zu Alarmanlagen, Videoüberwachung, Pumpensysteme bei Schwimmbädern, Kühlsystemen etc.) erfordert eingehende Prüfungen; Mängel in all den genannten Bereichen können hohe und – ohne eingehende Prüfung gegebenenfalls unvorhergesehene – Kosten verursachen.

- Auch andere *Besonderheiten* wie beispielsweise wertvolle Fußböden, Türen, Vertäfelungen, Einbauten wie z. B. eine Bibliothek oder ein Weinkeller, hochwertige Stuckarbeiten, exklusive Kamine sind in *Qualität und Zustand* intensiv zu prüfen.

Eine sehr hochwertige Ausstattung kann den Gesamteindruck entsprechend verbessern. Ergibt sich dagegen ein hoher *Erneuerungs- und Renovierungsaufwand* bei der Ausstattung, weil Geschmack, Technik und Qualität im *Vergleich* zu einem so genannten *Topobjekt* (das in jeder Hinsicht erstklassig ist) nicht mehr zeitgemäß bzw. aktuell sind oder eine hohe Abnutzung festgestellt wurde, dann können teilweise erhebliche Beträge zusammenkommen – mit entsprechendem Einfluss auf den realisierbaren Kaufpreis. Zum Verständnis ist an dieser Stelle wichtig, dass die im Rahmen der Bestandteilslehre gem. Bürgerlichem Gesetzbuch (hier: § 93 BGB) zum Grundstück gehörenden *wesentlichen Bestandteile und das fest verbundene Zubehör* bei exklusiven Villengrundstücken oft von herausragender Bedeutung sind. Diese Ausbauten und Einbauten – die über das nicht in die Verkehrswertermittlung einfließende Inventar hinausgehen – haben in der Regel einen höheren relativen Anteil am Verkehrswert als bei „normalen" Einfamilienhäusern, bei denen die reinen Gebäudeanteile von größerer Bedeutung sind. Probleme ergeben sich dann insbesondere bei älteren Villen. Diese haben zwar eine *insgesamt längere Gesamtnutzungsdauer* als Einfamilienhäuser (bis zu 150 Jahren), jedoch unterliegt das Zubehör oder die wesentlichen Bestandteile einem häufig schnelleren Verschleiß, weshalb die laufende Instandhaltung und der Zustand dieser wertrelevanten Aspekte genau hinterfragt werden muss und gegebenenfalls zu den oben genannten Abschlägen führt.[2]

Abschließend noch ein Hinweis zu Objektinformation aus den Bereichen Grundstück, Gebäude und Ausstattung, sowie den so genannten „Differenzkosten", die im Vergleich zu einem exzellenten Objekt erstklassiger Art zu ermitteln sind. Solche *Kostenschätzungen* für Umbau-, Renovierungs- sowie Verschönerungsarbeiten sollten gerade bei sehr umfangreichen Arbeiten von Fachspezialisten vorgenommen werden. In der Kaufphase aber wird ein wirklich erfahrener Vermittler oder Bewerter sehr oft zielgruppen- bzw. käuferorientiert erste Kostenschätzungen geben können, die denjenigen der späteren Spezialisten häufig verblüffend nahe kommen.

Natürlich sind vorab die üblichen *administrativ/technischen Informationen* über die Immobilie einzuholen, wie Grundbuchauszug, Einsichtnahme in das Baulastenverzeichnis, die Flurkarte, Wegerechte, die Grundrisspläne, Bodenrichtwerte, bei Wohnungseigentum die Teilungserklärung und die letzten Protokolle der Eigentümerversammlungen, Versicherungsdaten usw. Dies ist im Grundsatz nicht anders als bei „einfachen" Immobilien und wird hier nicht weiter vertieft.

4. Eigentümer/Käuferschicht

- Am Ende lautet die Kernfrage immer wieder: Gibt es für eine derartige Immobilie mit eben dieser Beschreibung, in dieser Lage etc. eine *zahlungskräftige Zielgruppe* bzw. vorhandene Nachfrage und wenn „Ja" welche?

- Gerade die Vermarktung einer hochwertigen Immobilie ist in besonderer Weise auf die mögliche Zielgruppe ausgerichtet.
  Das gilt umso mehr, wenn ein Interessent in einer hochwertigen Immobilie für sich die Möglichkeit sieht, daraus eine Liebhaberimmobilie zu machen. Nehmen mehrere Interessenten diese Sichtweise ein, dann kann aus einer begehrten Immobilie auch ein „umkämpftes Objekt" werden. Es wird deutlich, wie genau der Vermittler, hier in der Funktion des Bewerters, seine Objekte und seine Klientel kennen muss. Bei der Verkehrswertermittlung derartiger Objekte wird an dieser Stelle auch deutlich, dass im Gegensatz zur eigentlichen Definition

---

[2] Anmerkung des Autors: Wird hier eine Sachwertberechnung gewählt, empfiehlt sich – entgegen der gängigen Vorgehensweise – eine getrennte Berücksichtigung der Alterswertminderung aufgrund unterschiedlicher Gesamt- und Restnutzungsdauern.

des „Gewöhnlichen Geschäftsverkehrs" in diesem Segment die so genannte *„Liebhaberei" durchaus die Regel* darstellen kann und deshalb neben den normalen Transaktionsvorgängen bei einer Verkehrswertfindung in diesem Fall auch Berücksichtigung finden sollte und muss.

- Es wird weiter deutlich, wie schwierig die Größe einer Zielgruppe für bestimmte Objektkategorien abzuschätzen ist. Hinzu kommt, dass z. B. ein bestimmter Teil einer Zielgruppe zu einem Zeitpunkt nur eine Luxusvilla oder nur ein Lofthouse will, zu einem anderen Zeitpunkt aber für beide Alternativen offen ist.

- Die zunehmende Internationalisierung unserer Gesellschaft bewirkt eine entsprechende *Internationalisierung der Zielgruppen,* mit der Folge, dass hochwertige Immobilien inzwischen aus ganz anderen Gründen – als in der Vergangenheit – am Markt gesucht oder auch verschmäht werden können. Damit vergrößert sich in der Praxis relevante Teilmarkt eines Bewertungsobjektes, was im Kontext der Verkehrswertfindung positiv beurteilt werden muss.

Letztlich entscheiden gerade die „weichen Faktoren" mit darüber, welchen Preis eine Zielgruppe zu zahlen bereit ist. Wie diese weichen Faktoren in die Ermittlung des Objektwertes eingehen, wird später noch vertieft. Der „wahre Wert" einer hochwertigen Immobilie wird am Ende durch den getätigten Kauf sowie gezahlten Preis entschieden.

5 Wertermittlung von Luxusvillen

5.1 Bewertungsanlässe und Wahl des Bewertungsverfahrens

Bevor wir uns für ein Verfahren zur Wertermittlung einer Luxusimmobilie entscheiden, sollten wir zunächst die grundsätzlichen Anlässe einer privaten Immobilienbewertung in diesem Segment betrachten. Hierbei sind primär die folgenden Situationen relevant:

1. Kauf und Verkauf

Hier bietet die „Wertermittlung" eine solide Grundlage für Preisverhandlungen und dafür, dass der geforderte Kaufpreis angemessen bzw. realistisch festgelegt werden kann. Dieses Ziel der Verkehrswertermittlung (gemäß § 194 BauGB) wird in den folgenden Ausführungen zentral sein.

2. Beleihungswertermittlung

Außerdem hilft eine Wertermittlung dem Käufer bei seinen Finanzierungsverhandlungen mit dem Geldinstitut. Die Beleihungswerte folgen der gleichen Methodik wie die Verkehrswertermittlung, berücksichtigen jedoch die besonderen Sicherheitsbedürfnisse eines Kreditinstitutes. Im Zusammenhang mit Luxusimmobilien kann festgestellt werden, dass die Sicherheitsabschläge der Banken im Regelfall besonders hoch ausfallen werden, da diese Immobilien im Vergleich zu anderen Wohnimmobilien eine eingeschränkte Verwertungsfähigkeit bei Zwangsmaßnahmen aufweisen werden – mit entsprechenden Auswirkungen auf einen kurzfristig erzielbaren Preis.

3. Vermögensauseinandersetzungen

Um in Erbschaftsfragen (Übertragung von Grundstücken, Bestimmung von Pflichtteilsansprüchen) oder bei Ehescheidungen (Ermittlung von Zugewinnausgleichsansprüchen) einen gerechten Ausgleich zu finden, ist eine besondere Bewertung unerlässlich.

4. Versicherungsfall

Die Kenntnis des Immobilienwertes versetzt den Eigentümer der Immobilie in die Lage, ungenaue Schätzungen des zu versichernden Immobilienwertes und damit zu hohe Prämien bzw. eine zu geringe Deckungssumme zu vermeiden und so eine ausreichende Versicherung abzuschließen. Die Feuerversicherungswerte orientieren sich dabei an den Wiederbeschaffungswerten im Sinne der Herstellungskosten der Immobilie.

In all diesen Fällen ist der Wert durch die Gesamtheit aller Faktoren bestimmt, die eine Immobilie nach Art, Beschaffenheit und Lage beschreiben und in Relation zur aktuellen Situation von Nachfrage und Angebot setzen. Es liegt auf der Hand, dass steuerliche Werte (= Einheitswert) oder Versicherungswerte (= häufig normiert auf bestimmte Versicherungsfälle) per definitionem Inhalte ausdrücken, die von einem möglichen Verkaufpreis stark abweichen können. Diese werden deshalb in der Folge nicht weiter betrachtet.

Verkehrswert/Marktwert	■ Allgemein: Wert, der im gewöhnlichen Geschäftsverkehr zum Bewertungsstichtag erzielbar ist. ■ Der Verkehrswert folgt den Grundsätzen der Verkehrswertermittlung und ist gesetzlich normiert (D: § 194 BauGB, Ö: Liegenschaftsbewertungsgesetz).
Beleihungswert	■ Wert, der nach den Grundsätzen des Hypothekenbankgesetzes ermittelt wurde und zur Festsetzung von Beleihungsgrenzen bei Kreditvergaben dient. ■ Dieser Wert gilt als dauerhaft am Markt erzielbar und beträgt max. 90 % des Verkehrswerts.
Einheits- und Grundbesitzwerte	■ Werte, die als steuerliche Bemessungsgrundlagen festgesetzt werden. Die finanzwirtschaftlichen Wertfestsetzungen erfolgen alternativ für die Grundsteuerbemessung (Einheitswerte) oder die Erbschaftssteuer (Grundbesitzwerte). Der Wert folgt einer pauschalen Wertfestsetzung.
weitere Wertbegriffe	■ Feuerversicherungswert ist ein Wiederbeschaffungswert. ■ Barwert/Kapitalwert einer Liegenschaft. ■ Residualwert/Restwert einer Liegenschaft. ■ Zeitwert einer Liegenschaft.

Abbildung 1: Wertbegriffe in Bezug auf Wohnimmobilien

Ertragswert

Bei Wohnimmobilien mit mehreren Wohneinheiten bietet sich die Bestimmung des Ertragswertes (gem. § 15 bis 20 WertV durch Anwendung des *Ertragswertverfahrens*) zur Herleitung von Verkehrswerten an, wenn sie als Kapitalanlage gehalten werden. Der Käufer wird – unter Berücksichtigung von Kapitalrückführung und möglicher Wertsteigerung – nur einen Kaufpreis akzeptieren, bei dem die Nettoerträge im Verhältnis zum Kaufpreis einen vorgegebenen Renditesatz erwirtschaften.

Die Vermietung einer Luxusimmobilie ist in der Regel nicht rentabel und die Nutzung durch Dritte mit weiteren operativen Risiken behaftet. Die geringen Renditeperspektiven bei einer vermieteten Luxusimmobilie ergeben sich aus der Differenz zwischen den möglichen Mieteinnahmen abzüglich der (erheblichen) Bewirtschaftungskosten aus Sicht des Vermieters und der Summe der Kapitalkosten (also von Fremd- plus gebundenem Eigenkapital). Abgesehen von den grundsätzlich geringen Ertragswerten derartiger Objekte – aufgrund der relativ niedrigen Mieteinnahmen im Verhältnis zu den Investitionskosten – werden auch die verbleibenden

Reinerträge in der Regel kaum ausreichen, um die Finanzierung der Substanz sicher zu stellen.[3] Damit tritt insbesondere die Netto-Cashflow-Rendite in den Hintergrund und eine potenzielle (positive) Wertänderungsrendite gewinnt an Bedeutung. Diese ist jedoch aus Sicht des Eigentümers spekulativ und kann darüber hinaus auch nicht sinnvoll mit den klassischen Werkzeugen einer Ertragswertberechnung transparent gemacht werden. Im gewöhnlichen Geschäftsverkehr ist für den Erwerber einer Luxusimmobilie somit eine Renditeerzielung *nicht* das Hauptmotiv für den Erwerb, sondern vielmehr die bereits mehrfach zitierten Beweggründe: Image, Status, großzügiger Wohnraum usw. Noch deutlicher wird die Ablehnung der Ertragswertmethode, wenn man die Charakteristika von „Luxus" einbezieht. Aspekte wie: Verschwendung, Vergnügen, Prunk, überdurchschnittlicher Lebenshaltungsaufwand usw. erschließen sich per definitionem nicht der Methodik einer dynamischen Investitionsrechnung.

Auch wenn ein Mieter gefunden wird, ergeben sich operative Herausforderungen. Das deutsche Mietrecht gibt dem Mieter eine überaus starke Stellung. Damit wird die Vermietung einer Luxusimmobilie schnell zu einem unkalkulierbaren Risiko, wenn kein absolut seriöser und zahlungskräftiger Mieter gefunden wird. Insgesamt scheidet somit die Ertragswertberechnung bei Luxusvillen im Regelfall aus und führt im Fall der Anwendung in der Regel nicht zu marktkonformen Verkehrswerten.

Sachwert

Da die höchstpersönliche Nutzung der Luxusimmobilie in der Regel das Ziel ist, kommt die Berechnung des Sachwertes (gem. § 21 bis 25 WertV) als weitere Alternative grundsätzlich in Betracht. Das *Sachwertverfahren* kommt insbesondere dann zur Anwendung, wenn sich ein potenzieller Erwerber in seiner Entscheidungsfindung zwecks Eigennutzung die Frage stellt, eine derartige Immobilie neu zu erstellen. In diesem Fall werden Sachwerte und somit die Gestehungskosten, respektive der Reproduktionswert, wichtig. Dieses Verfahren kommt somit insbesondere zur Anwendung, wenn eine nicht primär die auf Ertragserzielung gerichtete Nutzung der Immobilie das Markgeschehen bestimmt.

Dies ist bei eigengenutzten Wohnimmobilien der Fall, weshalb in der Literatur insbesondere bei Einfamilienhäusern diese Methodik vorgeschlagen wird. Die Mehrzahl der Sachverständigen begnügt sich mit dieser bei einer ersten Betrachtung plausiblen Methodik und wendet sie auch auf Luxusimmobilien an. Aber haben wir

---

[3] Anmerkung des Autors: Ausnahmen können eventuell die Vermietung von Luxusvillen an Diplomaten oder Spitzenkräfte sein.

für Luxusimmobilien tatsächlich das adäquate Verfahren gefunden, um den Verkehrswert im gewöhnlichen Geschäftsverkehr herzuleiten? Die Antwort muss „Nein" lauten. Das Problem ist, dass das Sachwertverfahren in seiner Methodik durch die Summe der einzelnen Bestandteile, also Bauteilen, Einbauten, Boden etc. einen Sachwert herleitet. Eine Vorgehensweise, die bei den „normalen" Einfamilienhäusern Werte generiert, die durchaus dem Verkehrswert entsprechen können. Bei Luxusimmobilien wird jedoch den wichtigsten Beweggründen des Erwerbs wie beispielsweise Status, Image, Prestige etc. gar nicht Rechnung getragen.

Kleiber und *Weyers* stellen in diesem Kontext zu Recht fest, dass das von ihnen präferierte[4] Sachwertverfahren im Regelfall Marktanpassungen gemäß § 7 I S. 2 i. V. mit § 3 III WertV erfordert, um aus den Sachwerten bei Villengrundstücken Verkehrswerte abzuleiten.[5] Somit führen die *nicht* im Verfahren erfassten psychologischen Motive zu Ab- oder Zuschlägen. Die reinen Wiederbeschaffungskosten treten dann im Gegensatz zu der von *Kleiber* und *Weyers* vertretenen Auffassung in den Hintergrund. Da die „Marktanpassungen" aber teilweise weit über 50 Prozent betragen können, hält der Autor die alleinige Anwendung des Sachwertverfahrens im Zusammenhang mit Luxusimmobilien in der Praxis für unzureichend. Wohl aber können die hieraus hergeleiteten Verfahrensergebnisse für eine Plausibilisierung der Ergebnisse des weiter unten vorgestellten Vergleichswertverfahrens verwendet werden.

Ohne das Sachwertverfahren hier im Detail weiter zu behandeln, sollte im Fall seiner Anwendung auf folgende *Besonderheiten im Bewertungsprozess* geachtet werden:

- Ansatz sehr hoher Baukostenbenchmarks gem. NHK 2000,

- Berücksichtigung auch großer Grundstücksflächen als „Normalzustand" und Beachtung bestimmter Mindestgrößen,

- Ansatz einer relativ hohen Gesamtnutzungsdauer (GND),

- gesonderter Ansatz bzw. besondere Beachtung von Außenanlagen und besonderen Einrichtungen,

- intensive Prüfung von möglichen Bauschäden,

- gegebenenfalls ist bei den „sonstigen wertbeeinflussenden Umständen" ein oftmals vorhandener Denkmalschutz zu berücksichtigen.

---

4 Vgl. Weyers, GuG (05.2003), S. 305 ff.
5 Vgl. Kleiber/Simon/Weyers (2002), S. 946.

Vergleichswert

Praxis- bzw. realitätsnäher ist aus Sicht des Autors bei der Bewertung von Luxusimmobilien die Orientierung an einem „gedachten Kaufpreis", wie er bei vergleichbaren Objekten in der Vergangenheit bereits gezahlt wurde. Wir sprechen hier vom *Vergleichswertverfahren* (gemäß § 13 I i. V. mit § 14 WertV), das nachfolgend skizziert werden soll.

5.2 Grundlagen des Vergleichswertverfahrens

Mit dem Vergleichswertverfahren sollen die Interessen von Verkäufer und Käufer gleichermaßen marktorientiert berücksichtigt werden, es soll ein für beide Seiten fairer Preis ermittelt werden, der in der berechneten Höhe in einer Transaktion realisiert werden kann. Der Autor spricht in diesem Kontext gerne vom *„fairen Verkehrswert"*.

Dem Vergleichswertverfahren liegen immer umfangreiche Erfahrungs- bzw. Vergleichsdaten zu Grunde, um die Anforderung der ausreichenden Anzahl an vergleichbaren Verkaufsvorgängen zu erfüllen. Für jeweilige Lagen werden die *realisierten Kaufpreise* pro m² (Grundstück wie Gebäude) direkt vergleichbarer Immobilien gesammelt und detailliert ausgewertet, um Anhaltspunkte bzw. Vergleichsgrößen für den Wert dieser Objektkategorie zu erhalten. Diese Werte können deutlich von den Kosten einer Neubebauung abweichen, und zwar nach oben wie nach unten. Die Vergleichswerte können oft *unmittelbar* durch – vor kurzem veräußerte – Vergleichsobjekte der direkten Umgebung hergeleitet werden. Diese Situation der „guten Datenlage" ist bei Villengrundstücken öfter anzutreffen, da zu bestimmten Zeiten Gebiete besonders „en vogue" sind und entsprechend viele Objekte den Eigentümer wechseln. Ein Beispiel hierfür liefert der bekannte Ort „Puerto de Andratx" auf Mallorca im Zeitraum 2000 bis 2003. Sehr gut ist auch die Datenlage in den Villengegenden der großen Metropolen wie z. B. Hamburg oder München.

Liegen nicht genügend direkte vergleichbare Objekte (mindestens fünf zeitnahe Transaktionen in einem Teilmarkt) vor, so kann der *mittelbare* Vergleich bei Luxusvillen ebenfalls zielführend sein. Hierbei wird dann auf Erfahrungswerte aus dem betreffenden Segment aus anderen vergleichbaren Teilmärkten oder auf weiter zurückliegende Transaktionen zurückgegriffen.

Dass in der Folge vorgeschlagene Vorgehen beschreibt praxisnah die Herleitung eines Vergleichswertes zur Transaktionsvorbereitung und weicht bewusst in Teilen von der Systematik ab, wie sie in der vorhandenen Literatur zur Wertermittlung vorgeschlagen wird.

Wie beschrieben wird die „Vergleichbarkeit" gedanklich hergestellt, indem für eine zu bewertende Immobilie die Frage beantwortet wird, wie der Wert wäre, wenn diese Immobilie in einem absoluten „Top-Zustand" (dieses Objekt entspricht dem Vergleichsgrundstück im Sinne des § 13 I WertV) wäre und wie viel investiert werden muss, um diesen Zustand zu erreichen. Sind keine Investitionen notwendig, hat das Objekt einen Wert von beispielsweise „x". Ist dagegen ein Betrag von beispielsweise „y" zu investieren, dann ist der Wert entsprechend „x – y = z". Die Zu- bzw. Abschläge (im Sinne des § 14 WertV) sind in diesem Fall also letztlich „Sachwertüberlegungen", die den Vergleichswert beeinflussen.

Ob aber der Wert „z" am Ende bezahlt wird, hängt letztendlich auch von sogenannten „weichen Faktoren" und von der jeweiligen Marktsituation ab. Diese „weichen Faktoren" werden z. B. bei einer Versteigerung von Luxusgütern mit „Provenienz" bezeichnet. Auf hochwertige Immobilien übersetzt sind z. B. gemeint: die Geschichte eines Objektes, die Vorbesitzer, besondere Bewohner oder Besucher, die Nachbarschaft, besondere Ereignisse usw., also Besonderheiten, die aus einer hochwertigen Immobilie ein Liebhaberobjekt machen, oder aber die Ideen und Möglichkeiten, mit denen ein Liebhaberobjekt geschaffen werden kann. Alle Aspekte müssen eine entsprechende Wertrelevanz in Bezug auf das Bewertungsobjekt aufweisen. Durch den Vergleich mit den real für andere Objekte gezahlten Preisen werden so außer den „harten Faktoren", wie sie bei der Objektbesichtigung und der Informationsbeschaffung ermittelt wurden, im Ergebnis auch weitere „weiche Faktoren" berücksichtigt.

Letztendlich entscheidet dann – wie mehrfach verdeutlicht – die Marktsituation und die Finanzkraft einer definierten Zielgruppe über den Wert.

5.3 Vorgehensweise bei der Anwendung des Vergleichswertverfahrens

Die wertrelevanten Faktoren bei Luxusvillen umfassen alle Informationen, die oben unter den Aspekten Objektbesichtigung und Informationsbeschaffung subsummiert wurden. Mit dem Datenmaterial sind zwei Vorgehenswesen denkbar.

Beim *ersten Weg* werden die Informationen zu den „harten Fakten" über den Objektwert (also Grundstück, Gebäude, Ausstattung, Außenanlagen etc., ohne Kostenschätzungen für Umbau-, Renovierungs- sowie Verschönerungsarbeiten) tabellarisch aufbereitet und bewertet. Das Ergebnis könnte man – in Anlehnung an die Bewertung von Unternehmen – auch als *„Substanzwert"* bezeichnen (da dieser am tatsächlichen Wert, der oben erwähnte Sachwert jedoch am Reproduktionswert orientiert ist, sind beide Werte ceteris paribus unterschiedlich).

Beim *zweiten Weg* legt man den Vergleichswert einer hochwertigen Top-Immobilie dieser Art – „ohne Fehl und Tadel", wie bereits verkauft – zugrunde und zieht davon die gesamten Größen aus den Kostenschätzungen (für Umbau-, Renovierungs- sowie Verschönerungsarbeiten) ab. Das Ergebnis soll *als „theoretischer Kaufpreis"* des Vergleichswertverfahrens bezeichnet werden.

Der Unterschied zwischen Substanzwert und theoretischem Kaufpreis liegt – wie oben bereits beschrieben – darin, dass in letzterem die „weichen Informationen" implizit insoweit enthalten sind, wie sie für vergleichbare Objekte bereits bezahlt wurden. Von daher ist der theoretische Kaufpreis die fairste Basis, mit der Verkäufer und Käufer ihre Preisverhandlungen beginnen können und aus Sicht des Sachverständigen der wahrscheinlichste Kaufpreis, respektive der Verkehrswert des Villengrundstücks.

Welche „weichen Faktoren" dann beim konkreten Objekt preislich berücksichtigt werden, ist in Abhängigkeit von der jeweiligen *Verkaufssituation* zu beurteilen, in der ein erfahrener Vermittler zielgruppenbezogen zwischen den Interessen von Käufer und Verkäufer vermitteln muss.

Abschließend noch ein Hinweis: Es liegt nahe, dass ein solch aufwendiges Bewertungsverfahren einige Erfahrung braucht und recht zeitraubend ist. Dennoch sollte es gerade bei sehr hochwertigen und damit teuren Wohnimmobilien geleistet werden. Der Autor selber hat in seinem Unternehmen mit solchen Vergleichwertverfahren im Rahmen der Wertermittlung zu Veräußerungszwecken durchweg gute Erfahrungen gemacht, weil hiermit eine nachvollziehbare Basis geschaffen wird, auf der Verkäufer wie Käufer von Beginn an über faire Preisvorstellungen reden und damit das Verkaufsverfahren zielgerichtet beschleunigt wird.

Literaturhinweise

Bundesministerium für Verkehr, Bau- und Wohnungswesen (2001): „Normalherstellungskosten – NHK 2000", 1. Dezember 2001, S. 1 ff.
Kleiber, W./Simon, J./Weyers, G. (2002): „Verkehrswertermittlung von Grundstücken", Bundesanzeiger Verlagsgesellschaft mbH, 4. Aufl., Köln 2002.
Weyers, G. (2003): „Gutachten zum Verkehrswert einer Landhausvilla auf Parkgrundstück", Grundstücksmarkt und Grundstückswert (GuG), 05.2003, S. 305 ff.

Bewertung von Schlössern und Burgen

Louise Bielzer/Karl Weber

1 **Allgemeine Anmerkungen zu historischen Spezialimmobilien**

2 **Methode und Aufbau des Beitrages**

3 **Was sind Schlösser und Burgen?**

4 **Schlösser und Burgen als Objekte des Immobilienmarktes**

5 **Beispiel einer Schlossbewertung: Schloss D. in Hessen**
5.1 Beschreibung des Objektes
5.2 Arbeitsschritte zur Verkehrswertberechnung
5.2.1 Vorbemerkung und Verfahrenswahl
5.2.2 Bodenwertermittlung des Bewertungsgrundstückes
5.2.3 Sachwertermittlung der baulichen Anlagen
5.2.4 Zusammenstellung von Boden- und Gebäudewert
5.2.5 Ableitung des Verkehrswertes

6 **Zusammenfassung**

1 Allgemeine Anmerkungen zu historischen Spezialimmobilien

Schlösser, Burgen und Ruinen sind in der Immobilienbranche besonders schwierige, aber auch besonders interessante Objekte. Besonders schwierig sind sie, weil sie in der Regel mit herkömmlichen Bewertungskriterien kaum oder gar nicht fassbar sind und häufig in ihrer Gegend, ihrer Region emotional aufgeladen sind und daher die allgemeine Bevölkerung weit mehr Anteil an dem „Schicksal" des Objektes nimmt als bei anderen Immobilien. Häufig kommt es bei einem Eigentümerwechsel zu öffentlichen Kommentaren, was so manchen potenziellen Interessenten abschreckt. Besonders interessant erweisen sich historische Spezialimmobilien jedoch aus den gleichen Gründen: Sie blicken auf eine lange Tradition zurück, sind daher – wie genannt – gerade bei der lokalen Bevölkerung stark emotionalisiert und verfügen über architektonische Alleinstellungsmerkmale sowie eine spezielle, personengebundene Nutzungsgeschichte, die sie von zeitgenössischen Spezialimmobilien oder auch den neuen, teilweise historischen „special-event-locations" wie zum Beispiel umgenutzten, alten Industriehallen unterscheiden.

Zu beachten ist, dass das Alleinstellungsmerkmal „Historie", das sich zum Beispiel in Form denkmalschutzrechtlicher Vorgaben widerspiegelt, sowohl Auswirkungen hinsichtlich der baulichen Dimension der Immobilie, zum Beispiel was die Instandsetzung bzw. den Bauunterhalt anbelangt, mit sich bringt, sich jedoch auch auf die Nutzung bzw. den Betrieb einer historischen Spezialimmobilie deutlich auswirkt.

Innerhalb der Gruppe der historischen Spezialimmobilien gilt es, Schlösser und Burgen von zum Beispiel historischen Hallen wie der Festhalle Frankfurt (Baujahr 1909, heute zur Messe Frankfurt GmbH gehörig[1]) oder der im wilhelminischen Stil erbauten Stadthalle Wuppertal (Baujahr 1900[2]) und Industriekulturdenkmälern wie beispielsweise der Völklinger Hütte, die heute zum Beispiel als Veranstaltungszentrum genutzt werden, zu unterscheiden. Diese verfügen zwar ebenso über eine besonders zu beachtende historische Dimension, weisen jedoch keine genealogisch interessante Nutzungsgeschichte auf und bringen meist die gleiche emotionale Bindung, zum Beispiel der Bevölkerung, mit sich wie Schlösser oder Burgen.

---

[1] Vgl. zur Festhalle Frankfurt auch www.messefrankfurt.com/corporate/de/festhalle.html vom 9. Februar 2004.
[2] Vgl. zur Stadthalle Wuppertal auch www.stadthalle.de vom 9. Februar 2004.

Den Versuch, der historischen Dimension von Spezialimmobilien Rechnung zu tragen, unternehmen verschiedene zu Veranstaltungszentren umfunktionierte historische Gebäude, die sich im Verband der Historic Conference Centres of Europe[3] mit Sitz in Graz zusammengeschlossen haben. Allein im deutschsprachigen Raum gehören das Congress Casino Baden (Österreich), der Grazer Congress bzw. das Grazer Convention Center, die Wiener Hofburg (Congress Center und Redoutensäle), das Kurhaus Wiesbaden, die Wuppertaler Historische Stadthalle am Johannisberg, der Kaisersaal in Erfurt, das Kongress Palais Kassel, das Kurfürstliche Schloss Mainz und das Congress Center Rosengarten Mannheim dem Verband der historischen Kongresszentren Europas an, die in ihrer Vermarktung die Einzigartigkeit ihres architektonischen Erbes besonders herausstellen.

2 Methode und Aufbau des Beitrages

Der vorliegende Beitrag fokussiert auf den Untersuchungsgegenstand Schlösser und Burgen, die sich aus den oben genannten Gründen einer rein rationalen und wirtschaftlichkeitszentrierten Betrachtung mit den sonst üblichen Maßstäben der Immobilienbewertung mehr oder weniger vollständig entziehen.

Es ist darauf hinzuweisen, dass dieses im Bereich der Immobilienökonomie sehr schwierige Bewertungsfeld zumeist nicht umfassend Gegenstand wissenschaftlich fundierter Arbeiten ist. Einzelne Veröffentlichungen wie zum Beispiel das Werk von *Erwin Dietz* über denkmalgeschützte Gebäude tragen historischen bzw. historisch-technischen Wertmaßstäben im Detail Rechnung.[4] Es mangelt jedoch an Publikationen, die die historische Dimension von Spezialimmobilien mit übrigen Bewertungsdimensionen verknüpfen und einen ganzheitlichen Bewertungsansatz entwickeln.

Um die Spezifika hervorzuheben und eine Einordnung von Schlössern und Burgen im Vergleich zu anderen Spezialimmobilien vornehmen zu können, zeichnet der Beitrag zunächst ein ausführliches Bild der verschiedenen Entstehungsphasen und daraus resultierenden Charakteristika von Schlössern und Burgen.

---

3 Vgl. www.hcce.com vom 11. Februar 2004 sowie auch die Hinweise im Beitrag „Bewertung von Messen und Veranstaltungszentren" im vorliegenden Sammelband.
4 Vgl. Dietz, E.: Denkmalgeschützte Gebäude. Historisch-technische Wertmaßstäbe. Mit 212 Bildern und 16 Farbtafeln. Renningen-Malmsheim 1999.

Als Beispiel aus der Bewertungspraxis wird sodann ein Schloss aus Hessen unter Nutzung klassischer wirtschaftlicher Immobilienbewertungsansätze untersucht. Da es sich dabei um einen aktuellen Fall handelt, werden zentrale Angaben anonymisiert. Das Beispiel wird zeigen, wie komplex sich eine wirtschaftliche Bewertung eines Schlosses darstellt.

Abschließend werden theoretische Überlegungen diskutiert, inwiefern eine wirtschaftliche Bewertung historischer Spezialimmobilien wie Schlösser oder Burgen, um weitere Bewertungskriterien ergänzt werden kann oder gar muss, um dem Stellenwert einer solchen historischen Spezialimmobilie in vollem Umfang Rechnung zu tragen.

3 Was sind Schlösser und Burgen?

Als Schloss wird im allgemeinen Sprachgebrauch ein (ehemaliger) Wohn- oder/ und Regierungssitz von weltlichen oder geistlichen Landesherrn oder anderen Adeligen bezeichnet. Historisch unterscheidet sich das Schloss von der Burg durch seinen Zweck: Das Schloss ist in erster Linie zum repräsentativen Wohnen oder Regieren errichtet worden, während die Burg den militärischen Zweck als Grunddominante hatte.

Viele Schlösser sind jedoch aus Burgen hervorgegangen. Häufig wurden, beginnend im 16. Jahrhundert, ehemalige Burgen in besonders exponierten Lagen zu Schlössern umgebaut.[5] In der Renaissance wurde begonnen, Schlösser planmäßig zu errichten, wobei auch hier zum Teil auf ältere Elemente zurückgegriffen wurde. Spätestens in dieser Zeit kann man klar Burgen, die mehr oder weniger ausschließlich der Landesverteidigung dienten, von Schlössern, die zu repräsentativen Zwecken errichtet wurden, unterscheiden.

Es entstehen regelrechte Typologien, die sich nach kulturhistorisch klar unterscheidbaren Stil- oder Moderichtungen entwickeln. So ist etwa das in der Renaissance ausgeprägte Vierflügelschloss, das regelmäßig angelegt einen Hof umschließt, noch stark der Burg verwandt. Das Alte Schloss in Stuttgart oder das Residenzschloss in Dresden sind typische Beispiele für diese Stilrichtung. Diese Schlösser haben jedoch keine strategisch besonders wichtige Lage mehr, sondern

---

[5] Beispiele sind ehemalige Höhenburgen, die auf einer Bergkuppe standen, oder Wasserburgen, die dann umgebaut wurden.

werden im Zentrum von Ansiedlungen errichtet. Sie bieten den Vorteil, dass sie neben den Fassaden nach außen zur Stadt hin – welche häufig mit Türmen versehen sind – einen in der Regel geschlossenen Innenhof haben, der eine gewisse Abgeschiedenheit und Privatheit ermöglicht.

Ähnlich sind die dann unter italienischem Einfluss entstandenen Schlösser zu beurteilen, die vom Typus des *„Palazzo"* abgeleitet wurden. In der Regel sind dies regelmäßige mehrgeschossige Baukörper auf quadratischem oder rechtwinkligem Grundriss, die in ihrer Mitte einen oder mehrere Innenhöfe haben. Nach außen sind sie abweisend, sie demonstrieren ihre Macht vor allem durch ihre Geschlossenheit und Größe. Im Inneren sind es fast ausschließlich einhüftige Anlagen, die über Laubengänge erschlossen werden. Die repräsentativen Räume befinden sich fast immer im ersten Obergeschoss, während im Erdgeschoss oder in den Seitenhöfen die für die Versorgung notwendigen Nebenräume (Küchen, Ställe oder Gesinderäume) untergebracht waren.

Waren diese Palazzi zugleich Verwaltungsgebäude, so befinden sich auch die Schreibstuben oder Verhandlungsräume im Erdgeschoss. Grundsatz war, in das erste Geschoss (Piano nobile) ausschließlich Besucher gleichen Ranges vorzulassen. Dieses Geschoss war dementsprechend besonders üppig ausgestattet und häufig mit Wandmalereien, Stuckaturen und besonderen Möbeln versehen. Die Lebens- und Aufenthaltsräume waren in dieser Zeit davon getrennt.

In der Zeit der *Renaissance* begannen darüber hinaus königliche oder fürstliche Hofbeamte, denen ein Landesteil zur Verwaltung anvertraut worden war, kleinere, künstlerisch aber ebenso anspruchsvolle Bauten im Zentralort ihres Verwaltungsbereichs zu errichten. Viele der Landedelsitze in England oder auch in Frankreich gehen darauf zurück. Vergleichbares ist in Deutschland im Weser-Ems-Land in der so genannten „Weser-Renaissance" entstanden.

Im *Barock* wandelte sich der Geschmack, Könige und Fürsten wollten ihre Pracht – auch durch ihre Immobilien symbolisiert – verstärkt nach außen zeigen. Die eher introvertierten, geschlossenen Anlagen wurden dementsprechend durch die offene Prachtentfaltung der dreiflügeligen Schlösser abgelöst, die sich in der Regel zu einer prachtvoll angelegten Außenanlage hin öffnen. Die früher übereinander liegenden Funktionsbereiche werden eher nebeneinander angeordnet, die Repräsentationsräume ebenerdig oder maximal leicht erhöht in der Mitte, die Schlaf- und Privaträume darum herum gruppiert. Das höfische Zeremoniell, stark von Frankreich beeinflusst, breitet sich in ganz Europa aus: es entwickelt sich ein genau festgelegter Kodex, nach welchem das höfische Leben abzulaufen hatte. Wichtig ist, dass in dieser Zeit die Gärten und die Gartenkunst entscheidenden Einfluss gewinnen. Ein

Residenzschloss ohne Garten oder Park ist nicht mehr vorstellbar; die Opulenz der Gärten wird auch zum Maßstab des Reichtums und des Einflusses des jeweiligen Herren.

In dieser Zeit entstehen auch eine Reihe von Unterkategorien von Schlössern: Neben dem *Residenzschloss* verfügte ein Feudalherr häufig über ein *Jagdschloss* in einer idyllischen, etwas abgelegenen Lage seines Herrschaftsbereiches. Meist waren aber diese Jagdschlösser nicht allzu weit vom Residenzschloss entfernt, denn man wollte mit den Jagdgesellschaften nicht erst mehrere Tagesreisen bis dahin unternehmen. Das Jagdschloss wurde gerne in besonders romantischen Lagen erbaut, auf einer Anhöhe oder in einer Waldlichtung.

Neben dem Jagdschloss wurden *Sommerschlösser* errichtet, die außerhalb der Städte inmitten von Parks oder großen Gartenanlagen angelegt wurden. Auch hier waren die Gartenanlagen von entscheidender Bedeutung, Sommersitze, die in kunstvoll angelegten Parkanlagen von mehr als 100 ha liegen, sind keine Seltenheit. Die Gartenanlagen sind auf das Schloss ausgerichtet, Wasserspiele oder ausgedehnte Wasserteiche sind häufige Gestaltungselemente. Die Parks wurden mit einer Vielzahl von Kleinarchitekturen wie Statuen, kleinen Grotten oder Tempelchen versehen, um darin zu lustwandeln. In großen Anlagen wurden weitere kleinere Lustschlösser angelegt, oft in entlegenen Teilen der Parks, manchmal auch außerhalb, um dorthin in entsprechender Begleitung Ausflüge zu unternehmen. Darüber hinaus wurden häufig aus verschiedenen Gründen weitere Landschlösser errichtet, sei es, damit ein nachgeborener Bruder versorgt wurde, eine unliebsam gewordene Ehefrau dorthin abgeschoben werden konnte oder um einen verdienten Staatsdiener mit einem Schlösschen zu belohnen.

Wichtig ist bei all diesen Schlössern ab dem Barock die Einheit von Gebäude, Innenausstattung und Außenanlage, die gleichrangig nebeneinander standen. Wichtig ist ferner, dass die Innenräume opulent mit Gemälden, Möbeln, Bibliotheken, Stuckaturen und Wandgemälden ausgestattet wurden, um Reichtum und Macht zu demonstrieren. Interessant ist dabei, dass sich in dieser Zeit eine Reihe Täuschungstechniken entwickelten, um „mehr" vorzugaukeln: So entstand beispielsweise der Stuckmarmor, wobei Marmor, der teuer und selten war, mit Hilfe von gefärbtem Gips imitiert wird. Gobelins, handgeknüpfte Bildteppiche, wurden in einer Art Bühnenmalerei nachgeahmt. Dreidimensionaler Stuck wurde durch besondere Maltechniken vorgetäuscht, auch edle Hölzer wie schwarzes Ebenholz werden durch Färbung nachgemacht. Viele dieser Techniken sind handwerklich schlecht ausgeführt und erforderten schon damals einen hohen Unterhaltungsaufwand, wenn sie auf Dauer erhalten werden sollten. Vorteil aus damaliger Sicht war, dass die Inneneinrichtung vergleichsweise schnell den Moden angepasst werden konnte. Heute gerade bedingen diese Charakteristika von Schlössern immer noch einen hohen Bauunterhaltungsaufwand.

Auch diese nicht im Zentrum der Macht entstandenen Schlösser hatten etwas mit Machtdemonstration zu tun, die dem einfachen Volk die Präsenz des Potentaten zeigen sollten. Fast immer gehörten zu diesen Schlössern auch Landgüter, die für die Versorgung des dortigen Hofes zuständig waren. Diese zum Teil riesigen Landgüter wurden ebenfalls im Baustil der Zeit errichtet und befinden sich in räumlicher Nähe zum Schloss.

Die nach dem Barock folgenden Kunstrichtungen *Rokoko* und *Klassizismus* sind zwar stilistisch andere Spielformen, gehorchen aber im Prinzip den Grundregeln des Barock: Die Anlagen werden im Klassizismus streng nach geometrischen Prinzipien angeordnet, man spürt bei vielen Anlagen den philosophischen Geist, der diese Anlagen mit bestimmt. Die Gartenanlagen werden weniger streng, orientieren sich mehr an den Landschaftsgärten. Die Dominanz der Natur, die im Barock vorherrschte, schwand zugunsten einer weicheren, eher künstlerisch-malerischen Gestaltung.

Nach der Säkularisation und nach dem Wiener Kongress wurden viele Klöster aufgelassen und an weltliche Herrscher zur weiteren Nutzung gegeben. Diese Klöster, die meist nach dem architektonischen Grundmuster eines um einen vom Kreuzgang eingefassten Innenhof gruppierten Gebäudekomplexes angelegt sind, wurden zumeist im 19. Jahrhundert tief greifend umgebaut und verändert. Fast immer wurden die Kirchen umgestaltet zu großen Sälen.

In dieser Zeit wurden viele weitere Personen in den Adelsstand erhoben; ihnen wurden dann Gebäude, die zu ehemals mächtigen Fürstenhäusern gehörten, übereignet. In dieser Zeit wurden Burgen, die schon lange ihre strategische Bedeutung verloren hatten, ebenfalls neu an andere Personenkreise verteilt, so dass sich die Eigentümerstruktur dieser Immobilien teilweise gravierend veränderte.

In der zweiten Hälfte des 19. Jahrhunderts gewann das Bürgertum sehr stark an Einfluss und Macht; in Deutschland erstarkte nach 1866 das preußische Reich, die Regionalfürstentümer versanken in der Bedeutungslosigkeit. An den bevorzugten Aufenthaltsorten des Kaisers errichteten Fürsten oder Adelige (darunter auch viele ausländische, die zum Beispiel als Gesandte am Kaiserlichen Hof Interessen vertraten) große schlossartige Villen oder Gesamtanlagen, um auch auf diese Weise Einfluss zu demonstrieren. Vor allem war es jedoch das gehobene Bürgertum, das durch die Industrialisierung oder das internationale Bankgeschäft zu Geld und Einfluss gekommen war, sich an den Vorbildern der fürstlichen Häuser orientierte und sich nachgeahmte Schlösser in einem speziellen Stil errichten ließ.

Nach dem Ersten Weltkrieg wurden die ehemals regierenden Häuser enteignet und zahlreiche ihrer Schlösser und Burgen verstaatlicht. Viele konnten jedoch Teile ihres Immobilienbesitzes, verbunden mit Erhaltungsauflagen, behalten, wobei ihnen zum Teil Einschränkungen über deren Verfügung auferlegt wurden.

Alle europäischen Hochkulturnationen verfügen über einen mehr oder weniger großen Bestand an Burgen und Schlössern, die sich heute in öffentlichem oder privatem Besitz befinden.

Hauptnutzungen für Schlösser oder Burgen sind – sofern sie nicht nach wie vor in Privatbesitz und daher bewohnt sind – zumeist museale Nutzungen oder Nutzungen durch Stiftungen, Akademien oder Schulen sowie Nutzungen als Veranstaltungszentren. In einigen Fällen wie zum Beispiel bei der Wiener Hofburg oder dem Kurfürstlichen Schloss in Mainz wurde eine erfolgreiche Umnutzung hin zu einem professionell geführten Veranstaltungs- bzw. Kongresszentrum erreicht.

Die sehr umfassende Darstellung der Ursprünge, Motivation und der Entstehungsgeschichte von Schlössern und Burgen macht deutlich, wie heterogen gerade dieser Bereich von Spezialimmobilien ist und welche Chancen, aber auch Risiken, diese Immobilien im Hinblick auf ihre heutige Nachnutzung mit sich bringen. Viele der oben ausführlich geschilderten historischen Charakteristika dieser Gebäude wirken sich bei einer Bewertung der Immobilien sowie auch bei der Frage ihrer Nachnutzung direkt aus. So bedingen beispielsweise bestimmte Dekorationen, die Architektur oder auch die erhaltenswerte Innenausstattung der Schlösser einen besonders hohen Instandhaltungs- bzw. Bauunterhaltungsaufwand für den heutigen Besitzer bzw. die heutigen Nutzer. Bei einer „artfremden" Nachnutzung, zum Beispiel als Kongresszentrum, ist dementsprechend davon auszugehen, dass Bauunterhalt und gegebenenfalls auch Betriebsfolgekosten deutlich höher als bei neu gebauten Immobilien ausfallen werden.

4 Schlösser und Burgen als Objekte des Immobilienmarktes

Der Markt für Schlossobjekte und Burgen ist seit der Öffnung der Grenzen Richtung Osten und seit 1989 gerade in Deutschland sprunghaft gewachsen. Das Angebot ist inzwischen außerordentlich breit geworden. Zahlreiche Objekte mit unterschiedlichen Nutzungsmöglichkeiten in unrenoviertem, teilrenoviertem oder ganz saniertem Zustand sind innerhalb Deutschlands auf dem Markt. Im benachbarten Ausland, insbesondere in Österreich oder in Frankreich, steigt die Zahl der Objekte weiter an.

Die meisten Schloss- oder Burgenobjekte befinden sich in ländlichen Gebieten und sind nicht unbedingt leicht zu erreichen. Die Nutzungsmöglichkeiten reichen von bereits vorhandener Hotelnutzung bis hin zur Eigennutzung, wobei sich diese Objekte in gutem Originalzustand mit kompletter Einrichtung zum Beispiel aus dem 19. Jahrhundert befinden.

Bei den Renovierungen ist zwischen vorsichtiger denkmalgerechter Instandsetzung unter Bewahrung möglichst der vollständigen Originalsubstanz, dem teilweisen Einbau von moderner Technik (Heizung, Sanitär) mit Eingriffen in die Originalsubstanz und der völligen Entkernung inklusive dem Einbau von neuen Funktionalitäten hinter der alten Fassade zu unterscheiden. Hier gibt es Objekte, die zum Beispiel unter Veränderung der Stockwerkshöhen und der Raumgrößen in Eigentumswohnungen bzw. Mietwohnungen umgewandelt worden sind.

In dem konkreten Beispiel handelt es sich um eine im Krieg teilweise zerstörte, dann lange brachliegende Schlossanlage im Ballungsraum Rhein-Main, die dann in den 80er Jahren teilabgerissen wurde. Die Fassaden wurden in Annäherung an die historischen Vorlagen wiedererrichtet, im Inneren jedoch unter völliger Veränderung der Zuschnitte Wohnungen eingebaut. Der ehemalige Schlosspark wurde aufgeteilt, weite Teile davon für Geschoss-Wohnungsbau verwertet. In diesem Fall wurde das Objekt zwar marktgerecht optimal verwertet, allerdings ist der historische Wert nicht mehr vorhanden.

Der Verkauf zum Beispiel von Schlössern in Ostdeutschland für den symbolischen Betrag von damals einer DM zeigt, welcher „Wert" diesen Gebäuden zugemessen wurde und vor allem, dass der eigentliche historische Wert bei der Veräußerung keine Rolle mehr spielte. Diese „Verzweiflungsverkäufe" verdeutlichen, wie schwierig es ist, Investoren zu finden, die bereit sind, die hohen Sanierungs- und Bauunterhaltskosten zum Erhalt historischer Spezialimmobilien wie Schlössern oder Burgen zu leisten.

Auch in Westdeutschland werden seit jeher Schlösser verkauft, zum Beispiel weil sich die Bauunterhaltskosten für die ursprünglichen Besitzer als nicht mehr tragbar erwiesen. Ein bekanntes Beispiel für die Privatisierung eines sich ursprünglich in Besitz eines Bundeslandes befindlichen Schlosses stellt das Schloss Plön in Schleswig-Holstein dar, dessen Geschichte als Sitz eines weltlichen Herrschers im 19. Jahrhundert mit der Annexion durch Preußen endete und das daraufhin zunächst zu einer Kadetten-, dann zu einer Bildungsanstalt umfunktioniert wurde. Nach dem Zweiten Weltkrieg wurde das Schloss durch ein staatliches Internat genutzt. Bereits in den 80er Jahren stellten Gutachten fest, dass es zum Erhalt der sich in Landesbesitz befindlichen Schlossanlage Investitionen in zweistelliger Millionenhöhe (DM) bedürfte. Dementsprechend wurden Überlegungen hinsichtlich eines Verkaufs des Schlosses angestellt, die sich zunächst im Verkauf der Nebenräume seit 1995 äußerten und im Jahr 2002 schließlich im Gesamtverkauf des Schlosses an den Unternehmer Fielmann gipfelten. Dem Kaufpreis von 3,6 Millionen Euro stehen Gesamtinvestitionskosten von mehr als 28 Millionen Euro gegenüber, wobei EU, Bund und Land Fördermittel in Höhe von 11,8 Millionen Euro zur Verfügung stellten.[6] Heute hat die Fielmann-Akademie, eine gemeinnützige Gesellschaft und Schulungszentrum für Augenoptik, in Schloss Plön ihren Sitz.

5 Beispiel einer Schlossbewertung: Schloss D. in Hessen

Das nachfolgend dargestellte Beispiel einer Schlossbewertung nach herkömmlichen Kriterien der Immobilienbewertung zeigt zum einen, wie sich in diesem konkreten Fall die Ermittlung des Verkehrswertes des Objektes sowie die Bodenwertermittlung des Bewertungsgrundstückes darstellt. Zum anderen wird durch die Darstellung auch deutlich, welche Grenzen diese Art der Bewertung mit sich bringt, das heißt, in welch beschränktem Rahmen eine solche Immobilienbewertung dem historischen „Gesamtwert" eines Schlosses lediglich Rechnung tragen kann.

---

6 Vgl. Pressemitteilung des Ministeriums für Bildung, Wissenschaft, Forschung und Kultur des Landes Schleswig-Holstein vom 15. Januar 2002, Titel: „Verkauf des Plöner Schlosses und des Finanzamtes ist perfekt".

5.1 Beschreibung des Objektes

Bei dem Objekt handelt es sich um ein Schloss im Zentrum einer Kreisstadt Hessens mit rund 13.800 Einwohnern, die ca. 60 Kilometer Luftlinie von Frankfurt entfernt, allerdings mit öffentlichen Verkehrsmitteln nur schwer erreichbar ist.[7] Die historischen Ursprünge gehen zurück bis in das 13. Jahrhundert, wo erstmals an dieser Stelle eine Burg nachgewiesen wurde. Von der mittelalterlichen Burg ist nur der Bergfried erhalten – ein schlanker Rundbau aus Bruchsteinmauerwerk ohne Fenster, über den ein Teil der Erschließung des Schlosses läuft. Das Schloss selbst wurde im Wesentlichen im 17. Jahrhundert als ein zweigeschossiger barocker Bau mit 20 Fensterachsen über einem Hochkeller errichtet und im 19. Jahrhundert nochmals leicht umgestaltet und mit einem Mansardendach versehen. Zu der dem zentralen Platz der Stadt hin abgewandten Seite verfügt das Schloss über einen kleineren Innenhof mit einigen unbedeutenden Nebengebäuden sowie ein im gotischen Stil erbautes Torhaus, durch das der Schlosshof betreten werden kann.

Im Inneren des Schlosses befindet sich über zwei Stockwerke eine große gotisierende Halle, im ersten Obergeschoss eine Flucht von Räumen, die zum Teil mit einer wertvollen Museumssammlung ausgestattet sind, welche aber bei der nachfolgenden Bewertung des Gebäudes nicht berücksichtigt wird. Der erste Stock, die Eingangsräume und die Halle sind nicht beheizbar. Es gibt keine museumsspezifischen Einbauten wie Kasse, Warteräume oder Toiletten. Die Besucher, die nur geführt das Haus betreten können, erhalten in einem Torhaus die Eintrittskarten.

Im zweiten Obergeschoss des Schlosses befindet sich eine bislang privat genutzte Wohnung, die zum Teil mit einer Gasetagenheizung ausgestattet ist. Die Wohnetage besteht aus zahlreichen, zum Teil kleinen Zimmern, die entlang eines axial verlaufenden Ganges zweihüftig angeordnet sind. Nur ein Teil davon ist derzeit bewohnt.

Von diesem Wohngeschoss aus ist das Mansardengeschoss zugänglich, zu dem kein eigener Zugang existiert. Das Mansardengeschoss ist in schlechtem, ungenutztem Zustand; die kleineren Räume sind zuletzt als Notunterkünfte in der Kriegszeit genutzt worden; es gibt keine Heizung, in einigen Räumen sind nicht mehr gebrauchsfähige Einzelöfen vorhanden.

Anfang 1990 bis 1992 wurde der zum Schloss gehörige Bergfried in seinem Bestand gesichert, mit einer neuen Dacheindeckung versehen sowie das Bruchstein-Mauerwerk verfugt. 1992 bis 1994 wurden umfangreiche Erhaltungsmaßnahmen

---

7   ÖPNV-Fahrzeit ca. 90 Minuten, mit dem Pkw ca. 70 Minuten.

an der Dachhaut (neue Dacheindeckung) und an der Fassade (neuer Fassadenanstrich mit Putzausbesserungen) durchgeführt. Dennoch besteht aber für das Gebäude ein erheblicher Unterhaltungsstau und Renovierungsbedarf. Dies betrifft insbesondere die gesamte Elektroinstallation sowie in allen Innenräumen Maler- und Anstreicherarbeiten inklusive Ausbesserungen von zum Teil wandhohen Rissen.

Im Bereich des Kellers sind Feuchtigkeitsschäden durch aufsteigende Nässe festzustellen.

Wirtschaftliche Wertminderungen stellen die unwirtschaftlichen Grundrisse sowie übergroße und überhohe Räume dar. Eine intensive Nutzung der Räume für Vermietungen wird durch die wertvolle Museumssammlung, welche zahlreiche Räume belegt, deutlich eingeschränkt.

5.2 Arbeitsschritte zur Verkehrswertberechnung

5.2.1 Vorbemerkung und Verfahrenswahl

Nachfolgend wird der Verkehrswert für das Grundstück des Schlosses (Nutzung: Museum, Wohnung und sonstige Räume) ermittelt.

Grundstücksdaten: Grundstücksgröße und Grundbuchdaten			
Grundstücksdaten: Grundbuch	Band	Blatt	
Gemarkung	Flur	Flurstücke	Fläche
	1	1	5.462 m²
	1	3/1	3.500 m²
Fläche insgesamt:			8.962 m²
Bewertete Teilfläche			2.840 m²

Bewertungsrechtliche und bewertungstheoretische Vorbemerkungen, Grundsätze zur Wahl des Wertermittlungsverfahrens

Nach § 194 BauGB wird der Verkehrswert „durch den Preis bestimmt, der in dem Zeitpunkt, auf den sich die Ermittlung bezieht, im gewöhnlichen Geschäftsverkehr nach den rechtlichen Gegebenheiten und tatsächlichen Eigenschaften, den sonstigen Beschaffenheiten und der Lage des Grundstücks oder des sonstigen Gegenstandes der Wertermittlung ohne Rücksicht auf ungewöhnliche oder persönliche Verhältnisse zu erzielen wäre". Ziel jeder Verkehrswertermittlung ist es, einen möglichst marktkonformen Wert des Grundstücks (d. h. den wahrscheinlichsten Kaufpreis im Kauffall) zu bestimmen. Nach den Vorschriften der WertV sind zur Ermittlung des Verkehrswerts das Vergleichswertverfahren, das Ertragswertverfahren und das Sachwertverfahren oder mehrere dieser Verfahren heranzuziehen (§ 7 Abs. 1 Satz 1 WertV).

Allgemeine Kriterien für die Eignung der Wertermittlungsverfahren

Entscheidende Kriterien für die Wahl der anzuwendenden Wertermittlungsverfahren sind: Der Rechenablauf und die Einflussgrößen der Verfahren sollen den in diesem Grundstücksteilmarkt vorherrschenden Marktüberlegungen (Preisbildungsmechanismen) entsprechen.

Hauptaufgabe der Wertermittlung ist es, den Verkehrswert (im Sinne des § 194 BauGB), d. h. den im nächsten Kauffall am wahrscheinlichsten zu erzielenden Kaufpreis, möglichst zutreffend zu ermitteln.

Zu dem herangezogenen Verfahren bei der Bodenbewertung

Die Preisbildung für den Grund und Boden orientiert sich im gewöhnlichen Geschäftsverkehr vorrangig an den allen Marktteilnehmern bekannt gewordenen Informationen[8] über Quadratmeterpreise für unbebaute Grundstücke. Der Bodenwert ist deshalb (auch in den Verfahren zur Bewertung bebauter Grundstücke – dort getrennt vom Wert der Gebäude und der Außenanlagen) in der Regel auf der Grundlage von Vergleichskaufpreisen (im Vergleichspreisverfahren; §§ 13 und 14 WertV) zu ermitteln, wie er sich ergeben würde, wenn das Grundstück unbebaut wäre (§ 15 Abs. 2 und § 21 Abs. 2 WertV i.V.m. § 196 Abs. 1 Satz 2 BauGB).

---

8   Z. B. durch Vergleichsverkäufe, veröffentlichte Bodenrichtwerte, aber auch Zeitungsannoncen und Maklerexposés.

Liegen geeignete Bodenrichtwerte vor, so können diese anstelle oder ergänzend zu den Vergleichskaufpreisen zur Bodenwertermittlung (im Vergleichsfaktorverfahren; § 13 Abs. 2 Satz 1 WertV) herangezogen werden. Problematisch ist bei Schlössern und Burgen regelmäßig, dass die Nutzung des Grund und Bodens durch den Denkmalschutz, der auf den Gebäuden lastet, dauerhaft festgeschrieben ist. *Kleiber* weist zu Recht daraufhin, dass dieser Umstand beim Heranziehen von Vergleichwerten berücksichtigt werden muss.[9] Es muss also sichergestellt werden, dass die denkmalgeschützte Nutzungsart mit der der Vergleichsgrundstücke in Verbindung gebracht werden kann, da ansonsten ein sinnvoller Vergleich nicht bewirkt werden kann.

Für die durchzuführende Bewertung liegt ein geeigneter, d. h. hinreichend gegliederter und bezüglich seiner wesentlichen Einflussfaktoren definierter Bodenrichtwert vor. Die Bodenwertermittlung erfolgt deshalb auf Grundlage dieses Bodenrichtwerts, d. h. durch dessen Umrechnung auf die allgemeinen Wertverhältnisse zum Wertermittlungsstichtag und unter Berücksichtigung der Zustandsmerkmale des Bewertungsobjektes.

Der für den Bereich der Kernstadt ausgewiesene *Bodenrichtwert* bezieht sich auf ein baureifes, unbebautes Grundstück in mittlerer Lage mit normalem Zuschnitt und durchschnittlicher baulicher Ausnutzbarkeit. Er beträgt *157 Euro/m² -ebf-* (Stichtag: 31. Dezember 2001). Das Richtwertgrundstück ist wie folgt definiert:

Definition des Richtwertgrundstücks	
Entwicklungsstufe	= baureifes Land
Baufläche/Baugebiet	= WA (allgemeines Wohngebiet)
beitrags- und abgabenrechtlicher Zustand	= frei
Anzahl der Vollgeschosse	= 2
Bauweise	= offen
Grundstücksfläche	= 600 m²

---

9 Vgl. Kleiber/Simon/Weyers, 2002, Verkehrswertermittlung von Grundstücken, S. 1689.

Bewertung des bebauten Gesamtgrundstückes – Sachwertverfahren

Zur Bewertung bebauter Grundstücke werden wie bereits erwähnt vorrangig das Vergleichswert-, das Ertragswert- und das Sachwertverfahren angewendet.

Das Vergleichswertverfahren scheidet aus, da aufgrund der Heterogenität der Liegenschaften und der geringen Anzahl an vergleichbaren Transaktionen keine sinnvollen Ableitungen in Bezug auf das Bewertungsobjekt getroffen werden können.[10] Auch das Ertragswertverfahren führt bei der Verkehrswertermittlung von Schlössern und Burgen nach Auffassung der Autoren zu keinem annehmbaren Ergebnis, weshalb im vorliegenden Fall entsprechend verschiedener Veröffentlichungen in der Fachliteratur das Sachwertverfahren zu Grunde gelegt wird. Die Ausführungen von *Kleiber* zur Anwendbarkeit des Ertragswertverfahrens können insofern nicht vollständig geteilt werden, da es sich bei den hier betrachteten Liegenschaften nicht primär um Objekte mit einer Ertragserzeilungsabsicht handelt (die hohen Subventionen verdeutlichen, dass ein wirtschaftlicher Betrieb – gleichgültig welche Folgenutzung gewählt wird – in aller Regel sehr schwierig ist). Darüber hinaus handelt es sich bei *Kleibers* Ausführungen klar um eine Residualwertbetrachtung, wobei der dort gewählte Zinssatz von lediglich 5 Prozent dem Risiko eines Grundstücks im Übergangsstadium zu einer Folgenutzung nicht angemessen erscheint.[11]

Mit dem Sachwertverfahren werden solche bebauten Grundstücke vorrangig bewertet, die üblicherweise nicht zur Erzielung von Renditen, sondern zur renditeunabhängigen Eigennutzung verwendet (gekauft oder errichtet) werden.

5.2.2 Bodenwertermittlung des Bewertungsgrundstückes

Nachfolgend wird der Bodenrichtwert an die allgemeinen Wertverhältnisse zum Wertermittlungsstichtag 18. Juni 2003 und die wertbeeinflussenden Zustandsmerkmale des Bewertungsgrundstücks angepasst. Eventuelle sanierungsbedingte Werterhöhungen bleiben hierbei unberücksichtigt.

---

10 Vgl. hierzu auch Kleiber/Simon/Weyers (2002), Verkehrswertermittlung von Grundstücken, S. 1688.
11 Vgl. Kleiber/Simon/Weyers (2002), Verkehrswertermittlung von Grundstücken, S. 1692 f.

Grundstücksbeschreibung	
Wertermittlungsstichtag	= 18. Juni 2003
Entwicklungszustand	= baureifes Land
Baufläche/Baugebiet	= Fläche für ein Kulturdenkmal
Beitrags- und abgabenrechtlicher Zustand	= frei
Anzahl der Vollgeschosse	= 4
Grundstücksfläche	= 2.840 m² (Teilfläche)

I. Umrechnung des Bodenrichtwertes auf den beitrags-/abgabenfreien Zustand	
Tatsächlicher b/a-Zustand des Bodenrichtwertes (frei)	= 157,00 Euro/m²
Im BRW nicht enthaltene Beiträge u. Ä. insgesamt + 0,00 Euro/m²	+ 0,00 Euro/m²
b/a-freier Bodenrichtwert (Ausgangswert für weitere Anpassung)	= 157,00 Euro/m²

II. Zeitliche Anpassung des Bodenrichtwertes				
	Richtwertgrundstück	Bewertungsgrundstück	Anpassungsfaktor	Erläuterungen
Stichtag	31. Dezember 2001	18. Juni 2003	• 1,00	Annahme: keine Wertabweichung

III. Anpassung wegen Abweichungen in den wertbeeinflussenden Zustandsmerkmalen				
Lage	mittlere Lage	gute Lage	• 1,00	k. A.
Fläche (m²)	600	2.840	• 0,75	unterschiedliche Größe
Entwicklungsstufe	baureifes Land	baureifes Land	• 1,00	k. A.

Art der Nutzung	WA (allgemeines Wohngebiet)	Fläche für Kulturdenkmal	• 0,70	unterschiedliche Nutzung
Vollgeschosse	2	4	•1,00	k. A.
Bauweise	offen	k. A.	• 1,00	k. A.
Zuschnitt	rechteckig	k. A.	• 1,00	k. A.
Angepasster b/a-freier Bodenrichtwert			= 82,42 Euro/m²	k. A.
Beim Bewertungsobjekt noch ausstehende Beiträge u. Ä. Insgesamt –0,00 Euro/m²			–0,00 Euro/m²	k. A.
Relativer Bodenwert			= 82,42 Euro/m²	k. A.

IV. Ermittlung des Gesamtbodenwertes		
	Anpassungsfaktor	Erläuterungen
Relativer b/a-freier Bodenwert auf Bodenrichtwertbasis	82,42 Euro/m²	k. A.
Zu-/Abschläge zum relativen Bodenwert	+ 0,00 Euro/m²	k. A.
Relativer b/a-freier Bodenwert	= 82,42 Euro/m²	k. A.
Fläche	• 2.840 m²	k. A.
b/a-freier Gesamtbodenwert	= 234.072,80 Euro	k. A.
Zu/Abschläge zum Gesamtbodenwert	–23.407,28 Euro	Abschlag in Höhe von 10 % für vorhandene und erforderliche Rechte
b/a-freier Bodenwert	= 210.666,00 Euro	

Der *b/a-freie Bodenwert* beträgt zum Wertermittlungsstichtag 18. Juni 2003 insgesamt *210.666 Euro.*

Da das Grundstück im Sanierungsgebiet liegt, sind sowohl zusätzliche Erschließungsbeiträge als auch eine Abgeltung der sanierungsbedingten Werterhöhung zu erwarten.

5.2.3 Sachwertermittlung der baulichen Anlagen

Das Sachwertmodell der Wertermittlungsverordnung (WertV)

Das Modell für die Ermittlung des Sachwerts ist in den §§ 21 bis 25 WertV beschrieben. Der Sachwert wird demnach aus der Summe des Bodenwerts und den Werten der auf dem Grundstück vorhandenen Gebäude und Außenanlagen sowie gegebenenfalls dem Werteinfluss der zum Wertermittlungsstichtag vorhandenen sonstigen wertbeeinflussenden Umständen abgeleitet.

Der Wert der Gebäude ist auf der Grundlage ihrer Herstellungswerte unter Berücksichtigung der jeweils individuellen Merkmale

- Objektart,
- Ausstattungsstandard,
- Restnutzungsdauer (Alterswertminderung),
- Baumängel und Bauschäden und
- sonstige besondere wertbeeinflussende Umstände abzuleiten.

Herstellungskosten

Ursprünglich ist das Schloss mit einem seiner bestimmten Nutzung entsprechenden Aufwand errichtet worden.

Bezüglich des in der Wertermittlung anzusetzenden Herstellungswertes muss jedoch davon ausgegangen werden, dass heute niemand ein solches Schloss in diesem Stil mit vergleichbarem Aufwand bauen würde.[12] Vielmehr würden nur die Kosten für den beabsichtigten Nutzungswert des Gebäudes aufgewendet werden. Ein Käufer würde dementsprechend in der heutigen Zeit daher nicht mehr den Entstehungspreis, sondern nur noch solch einen Preis zahlen, der den heutigen Nutzungsmöglichkeiten des Gebäudes entspricht.

Bei der Wertermittlung auf der Grundlage des Sachwertes sind also nicht die tatsächlichen Aufwendungen für den Bau des Schlosses zu Grunde zu legen, sondern nur die für eine adäquate Nutzung erforderlichen.

---

[12] Vgl. hierzu auch Kleiber/Simon/Weyers (2002), Verkehrswertermittlung von Grundstücken, S.1690.

Grundriss und Aufbau des Gebäudes entsprechen im weitesten Sinne dem eines Verwaltungsgebäudes. Bei der Ermittlung der Normalherstellungskosten 2000 – NHK 2000 – wird daher von den Herstellungskosten eines Verwaltungsgebäudes, mit einem entsprechenden Zuschlag für den Museumsbereich, ausgegangen.

Restnutzungsdauer

Für die Restnutzungsdauer wird grundsätzlich die Differenz aus üblicher Gesamtnutzungsdauer und tatsächlichem Lebensalter am Wertermittlungsstichtag zugrunde gelegt. Diese wird allerdings dann verlängert (d. h. das Gebäude fiktiv verjüngt), wenn beim Bewertungsobjekt wesentliche Modernisierungsmaßnahmen durchgeführt wurden oder in den Wertermittlungsansätzen unmittelbar erforderliche Arbeiten zur Beseitigung des Unterhaltungsstaus sowie zur Modernisierung in der Wertermittlung als bereits durchgeführt unterstellt werden.

In der Fachliteratur wird verschiedentlich die Auffassung vertreten, dass für unter Denkmalschutz stehende Objekte die Restnutzungsdauer mit 100 Jahren angenommen werden kann („ewige Restnutzungsdauer"). Die in diesen Fällen üblicherweise entstehenden höheren Instandhaltungskosten wären allerdings hierbei entsprechend zu berücksichtigen. Andere Verfasser (z. B. Gerardy „Praxis der Grundstücksbewertung"[13]) gehen allerdings davon aus, dass auch Gebäude, die unter Denkmalschutz stehen, eine endliche wirtschaftliche Restnutzungsdauer haben, weil sie – wie Gebäude ohne Denkmalschutz – in bestimmten Zeiträumen modernisiert und instandgesetzt, in extremen Fällen abgerissen und wieder aufgebaut werden müssen, um den Rohertrag nachhaltig erzielen zu können bzw. den Nutzungswert erhalten zu können; diese Überlegungen gelten sinngemäß auch für das Sachwertverfahren. Dieses Gedankenmodell wird auch hier bei der Wertermittlung zu Grunde gelegt und eine wirtschaftliche Restnutzungsdauer von 30 Jahren angesetzt.

Der Wert der Außenanlagen wird, sofern dieser nicht bereits bei der Bodenwertermittlung mit erfasst worden ist, entsprechend der Vorgehensweise für die Gebäude in der Regel auf der Grundlage von üblichen Herstellungskosten bzw. Erfahrungssätzen abgeleitet. Im vorliegenden Fall werden 3 Prozent des Gebäudewertes für angemessen erachtet.

---

13 Vgl. Gerardy/Möckel: Praxis der Grundstücksbewertung. Landsberg/Lech 1995.

5.2.4 Zusammenstellung von Boden- und Gebäudewert

Die Summe aus Bodenwert, Wert der Gebäude und Wert der Außenanlagen ergibt, gegebenenfalls nach der Berücksichtigung vorhandener und bei der Bodenwertermittlung sowie bei der Ermittlung der Werte der Gebäude und Außenanlagen noch nicht berücksichtigter besonderer wertbeeinflussender Umstände, den vorläufigen Sachwert (= Substanzwert) des Grundstücks.

Der auf diese Weise rechnerisch ermittelte vorläufige Sachwert ist abschließend hinsichtlich seiner Realisierbarkeit auf dem örtlichen Grundstücksmarkt zu beurteilen. In der Regel ist entsprechend der Berücksichtigung der Marktlage ein Zu- oder Abschlag am vorläufigen Sachwert anzubringen. Die „Marktanpassung" des vorläufigen Sachwerts an die Lage auf dem örtlichen Grundstücksmarkt führt im Ergebnis zum (marktkonformen) Verkehrswert des Grundstücks.

	Sachwertberechnung	
Gebäude	Schloss (Museum, Wohnung und sonstige Räume)	Zuschlag Bereich Museum
Berechnungsbasis: ■ Brutto-Grundfläche (BGF)	6.924,21 m²	0,00 m²
Baupreisindex (BPI) 10. Juni 2003 (2000 = 100)	99,9	99,9
Normalherstellungskosten (ohne BNK) ■ NHK im Basisjahr (2000) ■ NHK am Wertermittlungstichtag	 900,00 Euro/m² BGF 899,10 Euro/m² BGF	 450,00 Euro/m² BGF 449,55 Euro/m² BGF
Herstellungswert (ohne BNK) ■ Normgebäude ■ Zu-/Abschläge ■ besondere Bauteile ■ besondere Einrichtungen	 6.225.557,21 Euro keine keine keine	 1.063.671,26 Euro keine keine keine
Gebäudeherstellungswert (ohne BNK)	6.225.557,21 Euro	1.063.671,26 Euro

Baunebenkosten (BNK)		
prozentual	15,0 %	15,0 %
Betrag	933.833,58 Euro	159.550,69 Euro
Gebäudeherstellungswert (inklusive BNK)	7.159.390,79 Euro	1.223.221,95 Euro
Alterswertminderung	nach Ross	nach Ross
Gesamt-(GND)/ Restnutzungsdauer (RND)	100 Jahre/30 Jahre	100 Jahre/30 Jahre
prozentual	59,5 %	59,5 %
Betrag	4.259.837,52 Euro	727.817,06 Euro
Zeitwert (inklusive BNK)	2.899.553,27 Euro	495.404,89 Euro
■ Gebäude (bzw. Normgebäude)		
■ besondere Bauteile		
■ besondere Einrichtungen		
Gebäudewert (inklusive BNK)	2.899.553,27 Euro	495.404,89 Euro

Außenanlagen	
	Zeitwert (inklusive BNK)
Prozentuale Schätzung: 3,0 % der Gebäudewerte insgesamt (3.394.958,16 Euro)	101.848,74 Euro
Summe	101.848,74 Euro

Zusammenstellung der Werte		
Gebäudewerte insgesamt		3.394.958,16 Euro
Wert der Außenanlagen insgesamt	+	101.848,74 Euro
Wert der Gebäude und Außenanlagen		3.496.806,90 Euro
Bodenwert (vgl. Bodenwertermittlung)	+	210.666,00 Euro
Vorläufiger Sachwert		3.707.472,90 Euro
Marktanpassungsfaktor (hier: keine Anpassungen)	•	1,00
Marktangepasster vorläufiger Sachwert		**3.707.472,90 Euro**

Sonstige besondere wertbeeinflussende Umstände		
		Wertbeeinflussung insgesamt
Unterhaltungsbesonderheiten (gem. Nebenberechnung)		−1.020.491,00 Euro
Kellergeschoss bis Dachgeschoss	−561.193,00 Euro	
Mansardengeschoss	−459.298,00 Euro	
weitere Besonderheiten (prozentuale Schätzung: −5,0 % von 3.394.958,16 Euro)		−169.747,91 Euro
Summe		−1.190.238,91 Euro

5.2.5 Ableitung des Verkehrswertes

Grundstücke mit der Nutzbarkeit des Bewertungsgrundstücks werden üblicherweise zu Kaufpreisen gehandelt, die sich vorrangig am Sachwert orientieren. Für das mit einem Schloss bebaute Grundstück wurde folgender Verkehrswert ermittelt:

Verkehrswert	
Marktangepasster vorläufiger Sachwert	3.707.472,90 Euro
Sonstige besondere wertbeeinflussende Umstände	−1.190.238,91 Euro
Verkehrswert des Bewertungsobjektes	2.517.234,00 Euro

Die vorhergehenden Ausführungen haben gezeigt, wie sich eine Bewertung eines Schlosses nach herkömmlichen Immobilienbewertungsansätzen gemeinhin darstellt. Zu beachten ist dabei, dass es sich lediglich um eine Bewertung der Immobilie in ihrer baulichen Dimension handelt. Über den historischen Gesamtwert oder den „praktischen" Wert des Ensembles in seiner aktuellen Funktion kann dementsprechend keine Aussage gemacht werden.

6 Zusammenfassung

Bewertet man historische Spezialimmobilien wie Schlösser oder Burgen entsprechend herkömmlicher Immobilienbewertungsansätze, so wird lediglich ein gebäude- und grundstücksbezogener Wert der Immobilie hergeleitet und damit ausschließlich der baulichen Dimension Rechnung getragen. Wie bereits in der Einleitung dargestellt, verfügen jedoch gerade Immobilien wie Schlösser oder Burgen aufgrund ihrer Historie über andere, teilweise emotionale Werte, die in die Gesamtbewertung einer solchen Immobilie einfließen sollten. Zu diesen Werten gehören beispielsweise aktuelle oder geeignete (Nach-)Nutzungen der historischen Gebäude, die ihre Funktion als Identifikationsmerkmal für die Bevölkerung oder auch ihre Funktion als touristischer Attraktionspunkt unterstreichen können.

Darüber hinaus stellt auch die Geschichte des Hauses und seiner Eigentümer/Bewohner einen emotionalen Wert dar, der zu einem zentralen Bestandteil einer Marketingstrategie des gesamten Standortes werden kann.

Nicht zuletzt bedingt das Vorhandensein eines durch die Öffentlichkeit nutzbaren Schlosses oder einer Burg an einem Standort je nach Nutzung nicht zu unterschätzende sekundärwirtschaftliche Effekte (Umwegrentabilität, Sekundärnutzen). Wird ein Schloss beispielsweise als Kongresszentrum genutzt, ergeben sich für die das Schloss beheimatende Stadt zum einen touristische Effekte, die auch der vor Ort ansässigen Hotellerie und Gastronomie zu gute kommen. In der Stadt selbst zeichnen sich durch die Nutzung des Schlosses, in diesem Fall durch die Veranstaltungen, Kongresse oder Tagungen, verschiedene quantifizierbare Sekundäreffekte wie zum Beispiel Kaufkraftzuflüsse und Beschäftigungseffekte ab.[14]

Wenngleich an dieser Stelle diese und weitere mögliche sekundärwirtschaftlichen Effekte eines um- bzw. nachgenutzten Schlosses nicht näher im Detail beschrieben werden können, ist doch darauf hinzuweisen, dass dieser zweite Blick auf die historischen Immobilien eine weiterreichende Wertermittlung ermöglicht, die der Immobilie über die bauliche Dimension hinaus Rechnung trägt.

---

14 Eine Sekundärnutzenanalyse ist auch bei historischen Spezialimmobilien wie Schlössern oder Burgen durchführbar. Lediglich die Bewertung nicht quantifizierbarer Effekte wie zum Beispiel die Ermittlung und Bewertung von durch das Schloss bedingten Imageeffekten für den Standort erweist sich als kompliziert und kann nur durch Nutzung komplexer Methoden wie zum Beispiel Inhaltsanalysen ausgewählter Medienberichterstattung etc. erfolgen.

Während es bei Privaten als Besitzern eines Schlosses oder einer Burg nachvollziehbar ist, wenn ausschließlich wirtschaftliche Kriterien als Bewertungsmaßstäbe angelegt werden, sollten Städte oder Bundesländer die Wertermittlung historischer Spezialimmobilien umfassender gestalten.

Für Städte oder Länder als Besitzer historischer Spezialimmobilien wäre es beispielsweise möglich, den hier entwickelten, „gestuften" Bewertungsansatz anzuwenden (vgl. Abbildung 1).

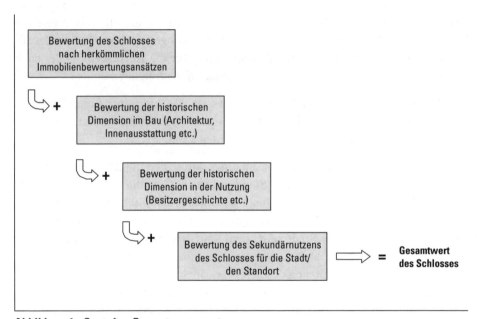

Abbildung 1: Gestufter Bewertungsansatz

Auf diese Weise könnte eine historische Spezialimmobilie nicht nur hinsichtlich ihres direkten Wertes eingeschätzt werden, sondern es könnte auch der Bedeutung, die ein Schloss oder eine Burg für einen Standort einnimmt, umfassend Rechnung getragen werden.

Der Herausgeber

Dr. Sven Bienert verantwortet an der Fachhochschule Kufstein den Fachbereich Immobilienökonomie. In diesem Zusammenhang doziert er in den Studiengängen „Facility Management" sowie „Immobilienwirtschaft und Facility Management". Darüber hinaus beschäftigt sich Dr. Bienert an der Hochschule intensiv mit der anwendungsbezogenen Forschung und Entwicklung in Bezug auf immobilienwirtschaftliche Thematiken. Vor dieser Tätigkeit war er unter anderem bei verschiedenen international führenden Unternehmensberatungen, zuletzt bei der BearingPoint GmbH  (ehemals KPMG Consulting AG), im Bereich Real Estate beschäftigt. Während dieser Zeit arbeitete er als Mitglied verschiedener Teams bei der Umsetzung funktionaler Maßnahmenprogramme zur Immobilienverwertung und der Neugestaltung von Organisationen der Immobilienwirtschaft mit. Der Diplom-Kaufmann und Diplom-Immobilienwirt (VWA) verfasste seine Dissertation parallel zu seiner Funktion in Kufstein am Lehrstuhl von Prof. Dr. Dr. h.c. H.-H. Francke in Freiburg i. Br. zum Themenbereich Basel II und Immobilienfinanzierung. Er schloss diese Promotion mit dem Ergebnis „summa cum laude" überaus erfolgreich ab. Neben seiner Tätigkeit an der Hochschule ist Dr. Bienert weiterhin beratend in der Wirtschaft tätig; insbesondere im Bereich komplexer Immobilienbewertungen sowie der Strategieberatung von Immobilienunternehmen. Er veröffentlicht laufend immobilienwirtschaftliche Beiträge in Fachjournalen und hält Gastvorlesungen an verschiedenen europäischen Universitäten.

Sven.Bienert@fh-kufstein.ac.at
svenbienert@gmx.de

Die Autoren

Werner H. Altenschmidt, Leiter Consulting des City-Maklers Kemper's

Werner H. Altenschmidt ist Prokurist und Leiter Consulting des City-Maklers Kemper's mit Büros in Düsseldorf, Berlin, Leipzig, München, Frankfurt, Köln, Hamburg und Hannover. Nach seinem VWL- und BWL-Studium in Münster war er mit der Konzeptionierung und dem Vertrieb von steuerbegünstigsten Wohnimmobilien beschäftigt. Die Tätigkeitsschwerpunkte bei Kemper's liegen in der Projektentwicklung und im Consultingbereich.

Dipl.-Ing. Hermann Altmeppen, Altmeppen & Partner, öffentlich bestellter und vereidigter Sachverständiger

Hermann Altmeppen ist seit 1992 selbstständig als öffentlich bestellter und vereidigter Sachverständiger für bebaute und unbebaute Grundstücke sowie Mieten und Pachten tätig. Er erstellt Gutachten für Privatkunden, Gerichte, große Unternehmen und Banken. Außerdem ist er Mitglied in den Sachverständigenausschüssen von vier Kapitalanlagegesellschaften (offene Immobilienfonds). Er ist Mitglied im Gutachterausschuss der Stadt Braunschweig, in der Gesellschaft für Immobilienwirtschaftliche Forschung (gif e. V.) sowie im Bundesverband der Immobilien-Investment-Sachverständigen (BIIS). Neben seiner beruflichen Tätigkeit ist er Lehrbeauftragter an der Technischen Universität Braunschweig im Fachbereich Bauingenieurwesen für den Vertiefungsstudiengang „Wirtschaftlichkeitsbewertung von Immobilien".

Stefan Begemann, Fachbereichsleiter Kliniken der TERRANUS CONSULTING GMBH

Stefan Begemann (Dipl.-Betriebswirt) hat in Köln Betriebswirtschaftslehre mit den Schwerpunkten Rechnungswesen/Controlling und Unternehmensplanung studiert. Nach zweijähriger Tätigkeit im Controlling der Universitätskliniken Köln arbeitete Stefan Begemann von 1997 bis 2000 bei der BDO Deutsche Warentreuhand AG im Bereich Unternehmensberatung Kliniken. Schwerpunkte waren dabei die Bereiche Privatisierungs- und Restrukturierungsberatung sowie die Einführung

der Kostenträgerrechnung. Von 2000 bis 2003 war Stefan Begemann als Abteilungsleiter/Prokurist bei der GWI Consulting GmbH beschäftigt. Neben weiteren Projekten zur Privatisierung und Restrukturierung von Einrichtungen des Gesundheitswesens gehörten Projekte zur Vorbereitung von Kliniken auf die bevorstehende DRG-Einführung zu seinem Aufgabenfeld.
Seit 2003 ist er für die TERRANUS CONSULTING GMBH als Fachbereichsleiter Kliniken tätig und betreut Kunden in Privatisierungs-, Sanierungs- und Restrukturierungsprojekten.

Dr. Louise Bielzer, Senior Consultant der SYMBIOS AG

Dr. Louise Bielzer ist für die SYMBIOS AG Deutschland, einem Beratungsunternehmen für Spezialimmobilien tätig. Aktuell hat sie die Funktion eines Senior Consultants (Leiterin des Geschäftsbereichs „Venues") inne.
Ihr Studium absolvierte sie an der Universität Münster.
Die Koordination und Leitung von Projekten in Bremerhaven, Darmstadt oder München fällt ebenso in ihren Zuständigkeitsbereich wie die Erstellung von Markt- und Bedarfsanalysen, die Durchführung von Standortevaluationen und Benchmarking oder die Begleitung von Investorenausschreibungsverfahren. Projekterfahrungen hat sie unter anderem bei ihrer Tätigkeit für Stadthallen, Kongresszentren oder Veranstaltungsimmobilien wie die Olympiahalle München gesammelt.

Markus Bienentreu, Fachbereichsleiter Akquisition & Research bei der TERRANUS/TAGOS-Gruppe

Markus Biententreu ist Prokurist und geprüfter Immobilienfachwirt (DIA). Nach seinem Studium in Göttingen und Freiburg hat Markus Bienentreu eine Zusatzqualifikation als geprüfter Immobilienfachwirt (IHK) und Immobilienwirt (Dipl. DIA) an der Deutschen Immobilien-Akademie, Freiburg erworben.
Nach seiner zweijährigen Tätigkeit in der Immobilienabteilung eines Lebensversicherungskonzerns arbeitet er seit 1998 als Fachbereichsleiter Akquisition und Research bei der TERRANUS/TAGOS-Gruppe. Dort ist er mit der Analyse und Bewertung von Sozialimmobilien betraut. Zu seinen Aufgabengebieten zählen außerdem die Prüfung von Raum-Funktionsprogrammen, Begleitung von Betriebsübernahmen, Transaktionsgeschäfte (M & A), Verhandlungsführung mit Kreditinstituten, Gläubigern und Investoren.

Georg Böhm, Vorstand der Fairway-Planer AG

Georg Böhm ist seit über 25 Jahren mit der Konzeption, Planung und Realisierung von Golfanlagen beschäftigt. Er ist Gründungs- und Ehrenpräsident des Golfclubs Olching bei München. Als langjähriger Geschäftsführer der Resort & Leisure Project Consulting GmbH und neuerdings als Vorstand der Fairway-Planer AG hat sich sein Aufgabengebiet um die Entwicklung von Resortanlagen im In- und Ausland erweitert. Seit Jahren ist er neben seinen Planungsarbeiten auch als Gutachter im Golfbereich tätig. Er ist von der IHK München und Oberbayern ö. b. u. v. Sachverständiger für Rasensportflächen – Herstellung und Unterhalt. Insbesondere seine Bewertungsgutachten konnten den Auftraggebern, darunter deutsche Großbanken, in vielen Fällen bei ihren Entscheidungen helfen und sie so vor Schaden bewahren. Er ist als Golfplatzberater offiziell vom Deutschen Golfverband gelistet. Durch sein Hauptthema „Grundlagen und Voraussetzungen für wirtschaftliche Golfplatzkonzeptionen" hat er sich mit zahlreichen Veröffentlichungen und Fachvorträgen über die Grenzen Deutschlands einen Namen gemacht. Die von ihm in Zusammenarbeit mit dem amerikanischen Golfplatzarchitekten und Autor Dr. Michael Hurdzan bearbeitete deutsche Fassung des Buches „Golfplatz Architektur" gilt heute als das Standardwerk zu diesem Thema im deutschsprachigen Raum. Als Mitglied des Referentenpools der AGQ (Arbeitsgemeinschaft-Greenkeeper-Qualifikation), einer Organisation des Deutschen Golf Verbandes, ist er bemüht, sein Fachwissen auch bei der Greenkeeper-Ausbildung einfließen zu lassen.

Carsten Brinkmann, Geschäftsführer der TERRANUS/TAGOS-Gruppe

Carsten Brinkmann hat an den Universitäten Köln, Madrid und Paris Betriebswirtschaftslehre mit dem Schwerpunkt Unternehmensfinanzierung und Marketing studiert. Nach dem Studium baute er als geschäftsführender Gesellschafter eine bundesweit führende Abrechnungsgesellschaft für Forderungsfinanzierung und Debitorenmanagement auf.
Mitte der 90er Jahre wurde der Grundstein für die heutige TERRANUS/TAGOS-Gruppe gelegt. Diese befasst sich insbesondere mit der Finanzierung und Bewertung von Sozialimmobilien (Pflegeeinrichtungen, Krankenhäuser, Kliniken) sowie deren Management.
Carsten Brinkmann ist in verschiedenen Geschäftsführungs- und Vorstandspositionen in anders gelagerten Geschäftsbereichen sowie Ehrenämtern oder Mitgliedschaften wie im Bau- und Bodenausschuss der Stadt Köln tätig. Zudem doziert er unter anderem an der Immobilienakademie der European Business School, Oestrich-Winkel.

Jörg Buchen, Geschäftsführer der Engel & Völkers Immobilien GmbH

Jahrgang 1971, verantwortet als Geschäftsführer der Engel & Völkers Immobilien GmbH den Bereich Wohnimmobilien. Das international tätige Unternehmen expandiert rasant und darf wohl als der Vermarkter und Lizenzgeber für den Vertrieb von hochwertigen Immoblilien angesehen werden. Der Autor ist darüber hinaus selber Lizenzpartner bei Engel & Völkers für die Region Nordrhein Westfalen. Jörg Buchen ist Bankkaufmann, studierte internationale Betriebswirtschaft mit den Schwerpunkten Finanzwirtschaft und Marketing, und erwarb den MBA der University of Wales.

Raimund Ellrott, Geschäftsführer der GfK PRISMA INSTITUT GmbH & Co. KG

Raimund Ellrott (Dipl.-Geograph) war nach seinem Geographie- und BWL-Studium zunächst Ressort- und Studienleiter der PRISMA INSTITUT GmbH; ab Januar 1999 war er geschäftsführender Gesellschafter der PRISMA INSTITUT GmbH und seit 1. Januar 2001 ist er Geschäftsführer der GfK PRISMA INSTITUT GmbH & Co. KG, Hamburg.

Die fachlichen Schwerpunkte von Raimund Ellrott liegen bei Standort-/Marktanalysen für Einzelhandelsprojekte bzw. multifunktionale Immobilienentwicklungen, Raumverträglichkeitsgutachten, Portfoliountersuchungen für Immobilienfonds-/aktiengesellschaften sowie empirischen Grundlagenstudien in der Stadt- und Regionalforschung.

Seit 2002 ist Raimund Ellrott auch Mitglied in der Deutschen Akademie für Städtebau und Landesplanung und seit 2004 ist Raimund Ellrott auch in der Stiftung Lebendige Stadt und im Handelsausschuss der Handelskammer Hamburg tätig.

Dr. Roland Fischer, Hochschule Nürtingen

Dr. Roland Fischer begann seine berufliche Laufbahn mit dem Studium der Landwirtschaft. Es folgten eine Mitarbeit in einem Sachverständigenbüro in Meerbusch (1974 bis 1977); selbstständiger Sachverständiger, öffentlich bestellt und vereidigt für landwirtschaftliche Bewertung und Schätzung (seit 1977); öffentlich bestellt und vereidigt für die Bewertung von bebauten und unbebauten Grundstücken (seit 1997); Lehrbeauftragter an der Hochschule Anhalt (seit 1995); seit 2000 Lehrauftrag an der Hochschule Nürtingen; 1999 Promotion zum Dr. agrar., an der Martin-Luther-Universität in Halle; Bundesweite Sachverständigentätigkeit mit Büros in Bruckberg, München (Bay.), Bergisch Gladbach (NR), und Halle (Sachsen-An-

halt); Vortragstätigkeiten beim HLBS. Herr Fischer ist Mitglied im Hauptausschuss und im Fachausschuss Sachverständigenwesen beim HLBS.
Veröffentlichungen sind im Bereich der Grundstücksbewertung und landwirtschaftlichen Taxation erschienen. Dr. Roland Fischer ist Vorsitzender des Bundesverbandes der Agraringenieure e.V und bei Dr. Fischer & Partner-Sachverständige.

Andreas Freese, Immobiliengutachter der Deutsche Bahn Services Immobilien GmbH, NL Hamburg

Andreas Freese ist Sachverständiger für die Bewertung von bebauten und unbebauten Grundstücken, zertifiziert durch die Zertifizierungsstelle der DIA Consulting AG nach DIN EN ISO/IEC 17024.

Seit 1998 ist er bei der DB Services Immobilien GmbH (vormals Deutsche Bahn Immobilien GmbH) im Bereich der Grundstücksbewertung tätig. Zu seinen Tätigkeiten zählen im Wesentlichen die Anfertigung von Verkehrswertgutachten und gutachterlichen Stellungnahmen über bebaute und unbebaute Grundstücke für Immobilien der Deutschen Bahn AG sowie für externe Auftraggeber und die Plausibilitätsprüfung von Gutachten, die von öffentlich bestellten und vereidigten Sachverständigen oder von Gutachterausschüssen erstellt wurden. Zudem unterstützt Andreas Freese andere Immobilienabteilungen (z. B. Portfoliomanagement, Projektentwicklung, Vertrieb) in wertermittlungsrelevanten Fragen.

Darüber hinaus ist Herr Freese Dozent im Studiengang „Immobilien-Ökonom (VWA)" an der Hanseatischen Verwaltungs- und Wirtschaftsakademie in Hamburg. Ferner publiziert er Fachartikel zu wertermittlungsspezifischen Themen.

Nick French, The University of Reading Business School, UK

Nick French ist seit 1990 „Senior Lecturer in Real Estate" und Studiengangsleiter an der Universität Reading. Seit dem Jahr 2000 ist er parallel zu dieser Aufgabe „Fellow in Corporate Real Estate" bei der Firma Jonathan Edward Consulting Limited. Er wird voraussichtlich im Jahr 2005 seine Promotion abschließen und ist insbesondere bei der Royal Institution of Chartered Surveyors (Associate) engagiert. Herr French hält an diversen Hochschulen Gastvorlesungen und publiziert laufend Fachliteratur zu immobilienwirtschaftlichen Themen. Im Bereich der immobilienwirtschaftlichen Forschung beschäftigt er sich insbesondere mit Aspekten des Portfoliomanagements, der Unsicherheit im Rahmen der Bewertung sowie der Funktionsweise von Entscheidungsprozessen. Darüber hinaus ist Herr French Herausgeber der Zeitschrift „Journal of Property Investment & Finance" (Winner, Best Journal: Anbar Awards 2000) und im Editorial-Board der Zeitschriften „Journal of Real Estate Education and Practice" sowie „Journal Property Research".

Klaus Bernhard Gablenz, Sachverständigenbüro Gablenz

Klaus Bernhard Gablenz ist seit 1993 Sachverständiger für die Fachbereiche Grundstückswertermittlung und Schäden an Gebäuden. Seine zwei Ausbildungen (technischer Betriebswirt und Bautechniker) kann er bei der Bewertung hervorragend einsetzen. Spezialisiert hat sich Herr Gablenz auf die Bewertung von Sonder- und Spezialimmobilien sowie auf die Bewertung von gewerblichem Zubehör an Grundstücken. Zahlreiche Fachpublikationen sind bislang von ihm erschienen, so unter anderem „Rechte und Belastungen in der Grundstücksbewertung", „Verkehrswertermittlung landwirtschaftlicher Grundstücke", „Grundstückswertermittlung leicht verständlich" sowie „Bauschäden im Bild". Zudem hat er sich als Referent bei führenden Seminaranbietern einen Namen gemacht. Darüber hinaus ist er als Fachjournalist für eine Reihe von Fachzeitschriften tätig sowie Herausgeber und leitender Redakteur der Online-Zeitschrift „Science of Build & Estate".

Silke Geßner, Senior Manager der KPMG

Silke Geßner, Dipl.-Kauffrau, Dipl.-Immobilienökonomin (ADI), arbeitet seit acht Jahren bei KPMG und ist als Senior Manager im Bereich Corporate Finance tätig. Seit 2002 gehört sie der Royal Institution of Chartered Surveyor an. Silke Geßner verfügt über vielfältige Kenntnisse in der Bewertung von bebauten und unbebauten Grundstücken (Einzel-, Portfolio- und Massenbewertungen) nach nationalen und internationalen Verfahren.
Ihr Arbeitsschwerpunkt liegt in der strategischen und transaktionsorientierten Beratung von nationalen und internationalen Immobilienunternehmen. Dieser umfasst sowohl Immobilienportfolio- und Unternehmensbewertungen sowie die Durchführung von Due-Diligence-Prüfungen und Portfolioanalysen als auch die Unterstützung während des Transaktionsprozesses.
Des Weiteren doziert Silke Geßner seit einigen Jahren an universitären und privatwirtschaftlichen Einrichtungen zu immobilienwirtschaftlichen Themenstellungen.

Doerthe Gosewehr, KPMG

Doerthe Gosewehr (Dipl.-Ing. Städtebau/Stadtplanung TU HH und Immobilienökonomin) ist bei der KPMG Deutsche Treuhand-Gesellschaft im Bereich Corporate Finance tätig. In diesem Bereich beschäftigt sie sich mit der nationalen und internationalen Immobilienbewertung sowie Due-Diligence-Prüfungen. Darüber hinaus ist sie im Bereich Standortberatung tätig. Vor dieser Tätigkeit war sie bei der Assetis GmbH (ehemals ITCM Immobilien Consulting und Management GmbH

Hamburg) im Bereich Konzeptentwicklung sowie Vermietung von Einzelhandelsimmobilien beschäftigt. Parallel absolvierte sie an der ebs-Immobilienakademie in Berlin das Immobilienökonomie-Aufbaustudium.

Volker Hardegen, Gastprofessor Hochschule Nürtingen-Geislingen

Volker Hardegen (Prof., Dipl.-Kfm.) ist Gastprofessor (Fach Immobilienfinanzwirtschaft) an der Hochschule Nürtingen-Geislingen im Studiengang Immobilienwirtschaft sowie Lehrbeauftragter der FWI Führungsakademie der Wohnungs- und Immobilienwirtschaft, Bochum (Fach Investition und Finanzierung). Bis September 2003 war Herr Hardegen Direktor mit Generalvollmacht der Aareal Bank AG, Filialen Stuttgart und München. Zudem ist er Mitherausgeber von „Der Immobilienbrief".

Dr. Ingo Hans Holz, geschäftsführender Gesellschafter der BEOS Projektentwicklung GmbH

Dr. Ingo-Hans Holz Immobilienökonom (EBS), studierte Betriebswirtschaftslehre an der Universität Mannheim, wo er auch promovierte. Zunächst betreute er im Immobilienbereich der Deutschen Bank Gruppe Sonderaufgaben von Immobilienprodukten im Ausland, bevor er in die Leitung des für Projektentwicklung zuständigen Berliner Büros der Konzerntochter wechselte, 1997 gründete er mit zwei weiteren Partnern die BEOS Projektentwicklung GmbH in Berlin. Als geschäftsführender Gesellschafter ist er tätig im Bereich Immobilienprojektentwicklung im Bestand, Asset Management und Immobilienkonzeptberatung. Er ist ferner Lehrbeauftragter der Universität Leipzig, Gastreferent für AGENDA 4: TU Berlin und der Universität Wuppertal, der New York University sowie der ebs-Immobilienakademie und Mitglied der Gesellschaft für Immobilienwirtschaftliche Forschung e. V. (gif).

Dipl.-Ing. Vermessungsassessorin Astrid Hummel, TLG Immobilien GmbH Berlin, Abteilung Portfoliomanagement

Astrid Hummel leitet in der TLG Immobilien GmbH die Abteilung Strategisches Portfoliomanagement. In diesem Zusammenhang verantwortet sie auch die Bewertung aller Immobilien des Unternehmens für die unterschiedlichsten Zwecke.
In ihrer vorherigen Funktion als Leiterin des Fachbereiches Bewertung hat sich Frau Hummel unter anderem sehr intensiv mit der methodischen und praktischen Bewertung von Gewerbeimmobilien im Zusammenhang mit der Privatisierung der

betriebsnotwendigen und nicht betriebsnotwendigen Liegenschaften der ehemaligen DDR-Staatsbetriebe auseinander gesetzt. Wertermittlungsgrundsätze und das Wertermittlungsprogramm LieBeS sind bei Bewältigung der seinerzeit anstehenden Bewertungsaufgaben entstanden. Weiterhin gibt Frau Hummel ihr Wissen in Fachvorträgen weiter und erstellt eigene Gutachten. Darüber hinaus ist Frau Hummel seit vielen Jahren ehrenamtliches Mitglied des Gutachterausschusses für Grundstückswerte in Berlin.

Jens J. Jacobi, Projektmanager bei der BEOS Projektentwicklung GmbH

Jens J. Jacobi studierte Wirtschaftsingenieurwesen in der Studienrichtung Bauingenieurwesen an der Universität Leipzig. Ferner baute er in London seine immobilienwirtschaftlichen Kenntnisse im Bereich der Projektentwicklung aus, mit dem Abschluss Bachelor of Science (Hons) in Leisure & Property Development. Seit Juni 2003 ist Jens J. Jacobi als Projektleiter bei der BEOS Projektentwicklung GmbH in Berlin tätig.

Gerhard K. Kemper, geschäftsführender Gesellschafter des City-Maklers Kemper's

Gerhard K. Kemper ist geschäftsführender Gesellschafter des City-Maklers Kemper's mit Büros in Düsseldorf, Berlin, Frankfurt, Hamburg, Hannover, Köln, Leipzig und München. Er begann seine berufliche Laufbahn mit einer Ausbildung zum Bankkaufmann bei Schröder, Münchmeyer, Hengst & Co. in Hamburg. Es folgte ein Studium in Montreal und Kanada mit dem MBA-Abschluss. Anschließend war er Chartered Accountant bei Peat, Marwick, Mitchell & Co., Toronto und Finanzmanager bei der Boehringer-Ingelheim-Gruppe in Toronto und New York City. Danach war er President und General Manager der Schoeller Technical Papers, Inc. in Pulaski, New York. Seit 1991 ist er Immobilienökonom (EBS, Oestrich-Winkel). 1995 Associate Professional der Royal Institution of Chartered Surveyors, London. Seit 1992 ist er als Gastdozent an der EBS tätig. Zudem ist er Autor/Herausgeber des Buches „Die Goldene Meile".

Sandra Kirchner, PricewaterhouseCoopers

Sandra Kirchner ist Immobilienökonom (EBS) und CIS HypZert. Sie ist im Bereich Real Estate Consulting der weltweit tätigen Wirtschaftsprüfungsgesellschaft PricewaterhouseCoopers in Hamburg beschäftigt.

Sandra Kirchner absolvierte ein Studium der Betriebswirtschaftslehre mit den Hauptfächern Immobilienökonomie und Wirtschaftsprüfung/Steuern an der European Business School in Oestrich-Winkel. Sie absolvierte Auslandssemester in den USA und Frankreich und erwarb zusätzliche Qualifikationen zum Immobilienökonom (EBS) und Immobiliensachverständigen für Beleihungswertermittlung, CIS HypZert.

Ihre Tätigkeitsschwerpunkte umfassen vorwiegend Immobilienwertermittlungen nach deutschen und angelsächsischen Bewertungsverfahren für überwiegend gewerblich genutzte Immobilien. Darüber hinaus beschäftigt sie sich mit steuerlich induzierten Bewertungen sowie Wirtschaftlichkeitsberechnungen, Due-Diligence-Untersuchungen und Erstellung von Markt- und Standortanalysen.

Sandra Kirchner ist Mitglied in mehreren Berufsverbänden und publiziert zahlreiche Fachartikel.

Martin Kohlhase, Prokurist im Bereich Real Estate von PwC Deutsche Revision AG

Martin Kohlhase (Dipl.-Ing., Immobilienökonom (ebs)) ist Prokurist im Bereich Real Estate von PwC Deutsche Revision AG. Er ist im Bereich Immobilienmanagement und Immobilienbewertung im öffentlichen und privatwirtschaftlichen Sektor tätig. Darüber hinaus ist er zuständig für die Beurteilung und Bewertung von Boden- und Gebäudekontaminationen. Martin Kohlhase ist seit fast zehn Jahren bei PwC bzw. deren Vorgängergesellschaften beschäftigt. Vorher war er in einem Ingenieurbüro mit den Schwerpunktbereichen Altlastensanierung und Baukostencontrolling tätig. Hier arbeitete er in verschiedenen Teams an Altlasten aus den Bereichen Chemische Industrie und Deponien/Altablagerungen sowie an Projekten zur Erfassung und Bewertung ehemaliger Militärstandorte. Neben seinen Tätigkeiten im privatwirtschaftlichen Bereich verantwortet Martin Kohlhase heute schwerpunktmäßig Projekte zur Erfassung und Bewertung von kommunalen Immobilien sowie Aufgabenstellungen aus dem Bereich des kommunalen Immobiliemanagements. Zudem arbeitet er an Projekten in den Bereichen Bewertung von Infrastrukturbauten, Mietkalkulation für kommunale und privatwirtschaftliche Unternehmen sowie Organisation und Aufbau von Immobilienunternehmen.

**Heimo Kranewitter, Leiter des Kreditbereiches
der Volksbank Linz-Mühlviertel**

Heimo Kranewitter ist allgemein beeideter und gerichtlich zertifizierter Sachverständiger für Liegenschaftsbewertungen. Er ist Mitglied der Fachgruppe Bauwesen des Hauptverbandes der allgemein beeideten und gerichtlich zertifizierten Sachverständigen Österreichs und bereits seit über 20 Jahren mit der Erstellung von Liegenschaftsbewertungsgutachten für Gerichte, Investoren, Kreditinstitute, Bausparkassen usw. beauftragt. Im Rahmen der Kommerzbereichs- und Kreditprüfungstätigkeiten im Sparkassensektor und nunmehr als Leiter des Kreditbereichs der Volksbank Linz-Mühlviertel hat sich Kranewitter zum namhaften Liegenschaftsbewertungsfachmann entwickelt. Er ist ein gefragter Seminarleiter und Vortragender zu allen Themen der Liegenschaftsbewertung.
Sein Buch „Liegenschaftsbewertung", das bereits in der 4. Auflage erschienen ist, hat sich in Österreich zu einem Standardwerk entwickelt und findet auch im benachbarten Ausland Beachtung.

**Ellen Leupold, Dipl.-Ing. Raum- und Umweltplanung bei der KPMG
Deutsche Treuhand-Gesellschaft AG Wirtschaftsprüfungsgesellschaft**

Ellen Leupold (Dipl.-Ing. Raum- und Umweltplanung) arbeitet seit Juli 2000 im Bereich Corporate Finance bei KPMG und ist vorrangig bei Projekten mit Fokus auf Immobilienbewertung, Portfoliobewertung sowie Due-Diligence-Prüfungen tätig. Sie verfügt über umfangreiche Kenntnisse in der Bewertung von Spezialimmobilien (Hotels, Einzelhandel, Freizeitimmobilien) sowie von Objekten des öffentlich geförderten Wohnungsbaus.
Während ihres Studiums der Raum- und Umweltplanung an der Universität Kaiserslautern beschäftigte sich Ellen Leupold mit bauplanungsrechtlichen Fragestellungen, Bebauungsplanverfahren sowie der Durchführung städtebaulicher Gutachten. Im Rahmen ihrer Diplomarbeit konzentrierte sie sich auf das Zusammenspiel von Wirtschaftsförderung und räumlicher Planung auf kommunaler Ebene.

**Prof. Dr. habil. Hans-Jürgen Lorenz, wissenschaftlicher Mitarbeiter im
Sachverständigenbüro Dr. Fischer & Partner**

Prof. Dr. habil. Hans-Jürgen Lorenz ist seit 1996 als wissenschaftlicher Mitarbeiter im Sachverständigenbüro Dr. Fischer tätig. Vor seinem VWL-Studium absolvierte er eine Ausbildung zum Wirtschaftskaufmann und Abitur (1970 bis 1973); Studium der Volkswirtschaft in Halle-Wittenberg (Dipl.-Ök.). Dissertation 1980 zu Fragen der Qualitätssicherung. Nach seiner Habilitation (1986) hatte er eine Professur an der Hochschule für Land- und Nahrungsgüterwirtschaft, Institut für Betriebswirtschaft; Vorsitzender des Prüfungsausschusses (1990 bis 1993). Es folgten Forschungsprojekte zur Bewertung der Qualität und von Veredlungsprozessen sowie zur ökonomischen Analyse; Lehraufträge an der Otto von Guericke Universität Magdeburg und der Hochschule Anhalt, Fachbereich Wirtschaft (1993 bis 1996); Mitbetreuung von Projektstudien im Studiengang Immobilienwirtschaft der Hochschule Anhalt (bis 2001); Veröffentlichungen zur Analyse, Statistik, Unternehmensfinanzierung, Wirtschaftlichkeitsberechnungen von Investitionen, Immobilienbewertung und zur Hochschulentwicklung. Zudem ist Prof. Dr. Hans-Jürgen Lorenz seit 2003 verantwortlich für Akquisition und Beratung in der VERIBO GmbH, Könnern.

Dr. rer. oec. Christian Marettek, Wirtschaftsprüfer, Steuerberater PwC Deutsche Revision, Kompetenzzentrum Public Services Saarbrücken

Dr. Christian Marettek verantwortet als Senior Manager im Saarbrücker Kompetenzzentrum die Bereiche Immobilien, Beratung und Forschung. Am Saarbrücker Standort hat PwC unter Leitung von WP StB Peter Detemple das bundesweit älteste Kompetenzzentrum für Integriertes öffentliches Rechnungswesen und Verwaltungsreform eingerichtet. Grundidee des interdisziplinär tätigen Kompetenzzentrums ist eine besonders intensive Praxisnähe. Eine besondere Rolle spielt derzeit die Einführung des doppischen Rechnungswesens in Kommunen; hierfür ist eine enge Zusammenarbeit mit den Ingenieuren von PwC Public Real Estate umgesetzt. Neben der Forschungs- und Beratungstätigkeit (Leitung von sechs bundesweiten Forschungsprojekten, unter anderem für die Bewertung in den kommunalen Eröffnungsbilanzen, für das kommunale Immobilienmanagement und für die Steuerung des Konzerns Stadt) ist Dr. Marettek als Wirtschaftsprüfer weiterhin für anspruchsvolle Jahresabschlussprüfungen im Immobilienbereich verantwortlich.

Dipl. Kfm. Dr. Thomas May, Geschäftsführender Gesellschafter der Symbios AG, Karlsruhe

Dr. Thomas May ist Gründer und Gesellschafter der Symbios Beratungsgesellschaft für Spezialimmobilien. Neben den Bereichen Veranstaltungsimmobilien und Flughäfen bearbeitet er insbesondere den Bereich Markenwelten (Brandlands). In diesem Zusammenhang hat er mehr als 100 Projekte im deutschsprachigen und internationalem Umfeld geleitet und organisiert. Messe- und Kongressgesellschaften, internationale Flughäfen und Airlines sowie Unternehmen unterschiedlichster Bereiche gehören zu seinem Kundenstamm. Vor der Selbstständigkeit im Jahr 1992 war er Vizedirektor bei der Prognos AG in Basel, sowie Assistent in einer Steuerberatung- und Wirtschaftsprüfungsgesellschaft in Berlin. Sein Studium absolvierte er an der Universität Mannheim, seine Promotion an der Technischen Universität Berlin.

Anke Niklas, Senior Consultant der DTZ Investment Advisers GmbH

Anke Niklas (Dipl.-Betriebswirtin FH und zertifizierte Gutachterin für Beleihungswertermittlung (CIS Hyp-Zert (F)) ist Senior Consultant der DTZ Investment Advisers GmbH in der Bewertungsabteilung.
Sie begann ihre berufliche Laufbahn als Assistentin der Geschäftsleitung bei der GFP Projektmanagement GmbH. Danach war sie im Bereich Immobilienmanagement bei der Despa Deutsche Sparkassen Immobilien GmbH tätig. Anke Niklas kann unter anderem umfassende Erfahrungen bei der Portfoliobewertung sowie in der Bewertung von Gewerbeimmobilien nach angelsächsischen Richtlinien (RICS) sowie nach deutschen Richtlinien (WertV) vorweisen.

Olaf Petersen, Geschäftsführer der GfK PRISMA INSTITUT GmbH & Co. KG

Nach dem Studium der Volkswirtschaftslehre in Kiel war Olaf Petersen zwei Jahre wissenschaftlicher Mitarbeiter des Statistischen Landesamtes Schleswig-Holstein. Von 1990 bis 1998 war er Chefökonom der Bundesarbeitsgemeinschaft der Mittel- und Großbetriebe des Einzelhandels (BAG) e. V., Köln. Vom 1. April bis 31. Dezember 1998 Ressortleiter; ab 1. Januar 1999 geschäftsführender Gesellschafter der PRISMA INSTITUT GmbH und seit dem 1. Januar 2001 Geschäftsführer der GfK PRISMA INSTITUT GmbH & Co. KG, Hamburg.
Die fachlichen Schwerpunkte von Olaf Petersen sind: Standort-/Marktanalysen für Einzelhandelsprojekte bzw. multifunktionale Immobilienentwicklungen, Raumverträglichkeitsgutachten, Portfoliountersuchungen für Immobilienfonds sowie die Analyse der gesamtwirtschaftlichen Rahmenbedingungen der Einzelhandels- und Immobilienbranche.
In diesem Kontext ist Olaf Petersen seit 2002 eines von drei Mitgliedern in dem von der Immobilien-Zeitung gegründeten „Rat der Immobilienweisen", dem wichtigsten ressortübergreifenden, branchenbezogenen Fachgremium der Immobilienwirtschaft.

Dr. Evangelos Peter Poungias, Director Commercial and Property Activities der HOCHTIEF AirPort GmbH

Dr. Poungias ist Director Commercial and Property Activities bei der HOCHTIEF AirPort GmbH in Essen. Er führt im Rahmen von Flughafen-Akquisitionsprojekten, des Portfoliomanagements und der Beratungsaktivitäten das verantwortliche Team für die Analyse, Bewertung, Entwicklung und Optimierung von kommerziellen Geschäftsfeldern an Flughäfen. Hierzu zählen insbesondere die Bereiche Immobilien, Handel und Dienstleistung, Parkgeschäft und Werbung.

Vor dieser Tätigkeit war er als Leiter Centermanagement der Kö-Galerie in Düsseldorf für das Management eines 15.000 m² großen innerstädtischen Einkaufszentrums mit 25.000 m² Büroflächen, eines Parkhauses sowie eines integrierten Erholungs- und Wellnes-Centers verantwortlich.

Dr. Poungias vertritt HOCHTIEF AirPort im Airport Council International und ist Mitglied des ACI Europe Airport Business Forum.

Holger Rathjen, Mitarbeiter im Sachverständigenbüro Sterlepper

Holger Rathjen (Dipl.-Wirtschaftsing., Studienrichtung Bauingenieurwesen) ist seit der Januar 2004 als Mitarbeiter im Sachverständigenbüro Sterlepper in Frankfurt beschäftigt. Bereits während des Studiums und in einem fünfmonatigen Praktikum bei der Objektbewertung der DB Services Immobilien GmbH beschäftigte er sich in vertiefenden Arbeiten mit der Thematik der Spezialimmobilien. Gegenwärtig unterstützt er die Erstellung von Gerichtsgutachten sowie Bewertungen bebauter und unbebauter Grundstücke im In- und Ausland.

Florian van Riesenbeck, Projektentwicklung der JUS AG

Florian van Riesenbeck ist Dipl.-Ing. Städtebau/Stadtplanung (TU) sowie Dipl.-Immobilienökonom (ADI). Er arbeitet für die JUS AG im Bereich Projektentwicklung. Schwerpunkt seiner Tätigkeiten ist das Redevelopment gewerblicher Bestandsobjekte in einem Joint Venture mit einem deutschen Kreditinstitut.

Vor dieser Tätigkeit war er fünf Jahre bei KPMG Corporate Finance – Real Estate tätig, zuletzt als Manager (Prokurist). Zu seinen Tätigkeiten dort zählten insbesondere die Bewertung von Immobilien und Immobilienportfolios, die Begleitung von Immobilientransaktionen und die Bau- und Projektberatung. Schwerpunkte der Bewertungstätigkeiten waren komplexe Projektentwicklungen und große gewerbliche Immobilien, unter anderem auch Urban Entertainment Center.

Nach Abschluss seines Studiums und vor Beginn seiner Tätigkeit bei KPMG war Florian van Riesenbeck zwei Jahre für die EML Grund und Boden AG im Bereich Projektentwicklung tätig. Eine wesentliche Projektentwicklung war dabei ein Urban Entertainment Center.

Christian Sternberg, MPC Münchmeyer Petersen Real Estate Consulting GmbH

Christian Sternberg (Dipl.-Wirtschaftsing.) arbeitet in der Fondsentwicklung bei der MPC Münchmeyer Petersen Capital AG. Vor dieser Tätigkeit hat er bei der HOCHTIEF AirPort GmbH Flughäfen in Akquisitionsprojekten bewertet und Strategien zur ihrer Ertragsoptimierung entwickelt. Weitere berufliche Stationen umfassen die Projektentwicklung bei der HOCHTIEF AG und die immobilienwirtschaftliche Forschung an der ebs-Immobilienakademie. Er studierte an der Technischen Universität Berlin und an der University of British Columbia, Vancouver. Gegenwärtig absolviert er das Chartered-Financial-Analyst-Programm.

Herwig Teufelsdorfer, Leiter strategisches Portfoliomanagement der Bundesimmobiliengesellschaft m.b.H.

Herwig Teufelsdorfer (Dipl.-Ing.) Corporate Real Estate Manager (ebs), leitet das strategische Portfoliomanagement der Bundesimmobiliengesellschaft m.b.H. (BIG), Wien. In dieser Funktion verantwortet er eigentümerseitig den wertoptimalen Umgang mit 5.000 Liegenschaften und über 6,8 Millionen m^2 Nutzfläche. Herwig Teufelsdorfer beschäftigt sich darüber hinaus mit der aufbau- und ablauforganisatorischen Gestaltung von Immobilienunternehmen und deren Datenstruktur als Basis für die Implementierung und Anwendung von Portfoliomangement im Tagesgeschäft sowie mit damit im Zusammenhang stehenden Unternehmensentwicklungen. Vor seiner derzeitigen Tätigkeit war er bei Vivico Real Estate GmbH, Frankfurt am Main, als Abteilungsleiter Unternehmens- und Portfoliostrategie und einer international tätigen Unternehmensberatung beschäftigt. Neben seiner Tätigkeit bei der BIG ist Herwig Teufelsdorfer als Lektor für spezielles Immobilienmanagement an der Fachhochschule Kufstein Tirol und als Dozent für Portfoliomanagement im Rahmen des Studiums zum MSc Real Estate des Center for Urban & Real Estate Management (CUREM), Zürich, tätig.

Herbert Troff, Leiter der Behörde für Geoinformation, Landentwicklung und Liegenschaften, Aurich/Ostfriesland

Herbert Troff begann seine berufliche Laufbahn mit dem Studium des Vermessungswesens an der FH Oldenburg sowie dem Studium der Geodäsie an der Uni Hannover. Seit 1978 ist Herbert Troff bei der Vermessungs- und Katasterverwaltung Niedersachsen in unterschiedlichen Funktionen tätig. Als Abteilungsleiter für Wertermittlung und Bodenordnung beim Katasteramt Nordhorn, als stellvertretender Behördenleiter der Katasterämter Aurich und Norden; als Behördenleiter des Katasteramtes Norden; von 1998 bis 2004 Leiter der Vermessungs- und Katasterbehörde Ostfriesland und seit 2005 als Leiter der Behörde für Geoinformation, Landentwicklung und Liegenschaften, Aurich/Ostfriesland (Katasterämter Aurich, Emden, Leer, Norden, Wittmund und Amt für Landentwicklung).

Neben seiner vorgenannten Tätigkeit ist Herbert Troff Vorsitzender des Gutachterausschusses (GA) für Grundstückswerte für den Bereich des Landkreises Aurich und stellvertretender Vorsitzender des GA in der kreisfreien Stadt Emden; außerdem ist Herr Troff Fachmitglied in Baulandumlegungsausschüssen verschiedener Städte und Gemeinden. Von 1991 bis 2004 auch Mitglied im Fachbeirat Bewertung der TLG – Treuhand-Liegenschaftsgesellschaft in Berlin (heute: TLG IMMOBILIEN GmbH) und seit 2004 im Fachbeirat Bewertung der BVVG – Bodenverwertungs- und Verwaltungsgesellschaft GmbH, Berlin.

Herbert Troff hat sich als Fachbuchautor, als Mitherausgeber des Standardwerkes zur Immobilienbewertung „Praxis der Grundstücksbewertung" – Gerardy/Möckel/Troff–, Olzog Verlag, Meinden sowie als Autor von Fachartikeln einen Namen gemacht.

Zudem nimmt Herbert Troff zahlreiche Lehraufträge und Vortragstätigkeiten wahr.

Silke Trost, Projektleiterin und Senior Consultant bei Wenzel Consulting

Silke Trost studierte an der Fachhochschule Kempten sowie in Auslandssemestern in Nordirland und Spanien Betriebswirtschaft mit den Schwerpunkten Fremdenverkehr/Touristik. Seit 1993 ist sie als Projektleiterin und Senior Consultant bei Wenzel Consulting beschäftigt.

Ihre Schwerpunkte liegen in der Beratung, Planung und Realisierung von Wasserfreizeitanlagen, touristischen Entwicklungsstudien, multifunktionalen Sport- und Freizeitanlagen, Besucherattraktionen unter anderen Freizeitanlagenkonzepten.

Klaus Wagner, Sachverständiger für bebaute und unbebaute Grundstücke sowie Leiter der Niederlassung Hamburg der DB Services Immobilien GmbH

Der gelernte Bankkaufmann, Dipl.-Sachverständige (DIA) und Immobilienökonom (ebs) ist Professional Member der Royal Institution of Chartered Surveyours. Seine Tätigkeit umfasst die Bewertung von unterschiedlichsten Büro-, Gewerbe- und Spezialimmobilien nach deutschen sowie angelsächsischen Bewertungsverfahren. Darüber hinaus beschäftigt er sich sowohl mit der Entwicklung und Verwertung von ehemals betrieblich genutzten Grundstücken und Portfolien als auch mit der Beratung bei immobilienwirtschaftlichen Fragestellungen. Er hält Gastvorträge an verschiedenen Ausbildungseinrichtungen der Immobilienwirtschaft und publiziert zahlreiche Fachartikel. Vor dieser Tätigkeit war er zuletzt bei Arthur Andersen Real Estate GmbH bzw. Ernst & Young Real Estate GmbH beschäftigt. Als Prokurist war er mit verschiedensten immobilienwirtschaftlichen Beratungs- und Bewertungsaufträgen befasst.

Karl Weber, Verwaltung der staatlichen Schlösser und Gärten Hessen, Direktor, Bad Homburg

Dipl.-Ing. Karl Weber hat Architektur im Hauptfach und Kunstgeschichte studiert, Tätigkeiten seit 1978 zunächst in Architekturbüros, dann für die Kulturbehörde der Freien und Hansestadt Hamburg, seit 1992 im Hessischen Ministerium für Wissenschaft und Kunst. Seit 2003 ist Herr Weber Direktor der Hessischen Schlösserverwaltung, die einen umfangreichen Bestand an historischen Liegenschaften aller Art im ganzen Bundesland betreut.

IHR ERFOLG IST BEI UNS PROGRAMM!

www.rs-software.at

Professionelle Softwarelösungen für Immobilienbewertung.

Wir unterstützen Sie bei der Lösung nahezu sämtlicher Fragen zur Immobilienbewertung:

- Nationale Wertermittlungsverfahren
- Internationale Wertermittlungsverfahren
- Sonderfälle der Immobilienbewertung
- Bewertung von Lasten und Rechten
- Finanzmathematik für Liegenschaftsbewertung
- Rendite- und Wirtschaftlichkeitsberechnungen
- Internationale Renditenermittlung

Detaillierte Informationen und Online-Demos unter
www.rs-software.at oder telefonisch +43 (04276) 5704!

AUS DER PRAXIS - FÜR DIE PRAXIS

R&S Software GmbH | 10.- Oktober-Straße 12 | A-9560 Feldkirchen
Telefon ++43(0)4276/5704 | Fax ++43(0)4276/57044
eMail: vertrieb@rs-software.at | homepage:www.rs-software.at

Stichwortverzeichnis

A

Abbruch 774
Ablauf einer Hotelbewertung 414
Ableitung des Verkehrswertes 379
Abschreibung 769, 811
– nach Ross 830
ABS-Maßnahmen 56
Accounting Purposes 115
Accrual Accounting 816
Ackerzahl 870
All-Suite-Hotels 423
Altenwohnen 779
Alternative Finanzierungskonzepte 814
Alternative use value 766
Alterswertminderung 827, 829, 832
Altlasten 657, 762
Altlastenverdachtskataster 829
Ambulante Pflegeleistung 779
Analyse des Flächenleerstandes 748
Angebotssynergien 353
Animation 329
Anlagesegmente 327
Anlageobjekt 411
Anschaffungskosten 821 f., 834
Anschaffungskostenmethode 39 f.
Arten von Logistikzentren 737
Asset Backed Securities 41
Asset Deal 100
Asset Value 102
Attraktivierungsinvestitionen 335
Aufteilung des Betriebsgeländes 773
Auslastung 791
Außenanlagen 829, 831 f.
Ausstattung 921
Ausstattungsmerkmale 832

B

Back of the Envelope Analysis
 (BOE Analysis) 79
Bäder 326
– -arten 328
– -markt 327
– -sektor 349
– -strategie 347
– -typen 327
Bahnhof 652
Bahnhofsgebäude 652
Banken 31 f.
Basel I 34 f.
Basel II 34 ff.
Baseler Ausschuss für Bankenaufsicht 5
Baukosten 224
Baulastenverzeichnis 828
Baumängel 765
Baunebenkosten 829, 831
Baupreisindizes 822
Bauschäden 765
Bauweise 756 f.
Bauwert 891
Beautyangebote 329
Bebauungsplan 208
Bedarfsdeckungsgrad 792
Bedarfsorientierung 352
Beherbergungsbetriebe 411
Beherbergungsindustrie 415 f.
Beimischung von Sonderimmobilien 105
Beleghäufigkeit 567
Belegungsentwicklung 807
Beleihungswertermittlung 924
Benchmark-Kennzahlen 484, 505
Berechnung, umsatzabhängige 230
Besitzgesellschaft 387
Best use value 766
Bestandsportfolio 103
Besuchsaufkommen 349

Betreibergesellschaft 337, 387, 675
Betreiberimmobilie 7, 343, 411
Betreiberkalkulation 794 f.
Betreiberkonzepte 364
Betreibermarkt 337
Betreibermodell 340, 712
Betreibersicht 344
Betreiberstruktur 804
Betreutes Wohnen 779
Betrieb der Immobilien 44
Betriebsanlage 768
Betriebsaufgabe 773 f.
Betriebsergebnis 569, 787
Betriebsformen 331
Betriebsfortführung 771
Betriebsgesellschaft 332
Betriebsgewinn 793
Betriebskosten 150, 176, 232, 760, 769, 800, 812
Betriebstypologien der Hotellerie 415
Bevölkerungsstruktur 213
Bewertung von Spezialimmobilien 12
Bewertungsanlässe 816
Bewertungsaspekte 919
Bewertungsmethoden 38
Bewertungspraxis 834
Bewertungsverfahren 111, 304, 820, 923
Bewirtschaftungskosten 268, 310, 317, 351, 681, 725, 769, 825
Boardinghäuser 422, 520
Bodenbasiswert 877
Bodenpolitik 761
Bodenrichtwert 217, 761, 867, 920
Bodenwert 217, 236, 244, 266, 279, 351, 761, 877
Bodenwertermittlung 306, 682, 770
Bodenwertverzinsung 280
Bodenzahl 870
Bonität 769, 869
Boutique-Hotels 423
Branchenausschluss 145
Brutto-Betriebsergebnis 569
Brutto-Cashflow 569
Bruttoinlandprodukt (BIP) 798
Bruttorauminhalt 690
Burgen 932, 934

C

Cash Accounting 816
Cashflow 580, 694, 810
– after Financing (CFAF) 79
– from Operations (CFO) 79
– -Analyse 151
Center Management 269
Chancen-Risiko-Profil 347
Cinema Complex 289
Comparison approach 23
Compulsory Purchase 116
Cost approach 23

D

Debt Service Coverage Ratio 66
Deckungsbeitrag 893
Denkmalschutz 833, 921
Deutsche Bahn AG 653
Deutsche Hotelinvestoren 438
Deutscher Bädermarkt 336
Deutsches Beherbergungsgewerbe 432
Dienstleistungsimmobilie 411
Differenzierung von Hotels 416, 418
Discounted-Cashflow-Methode (DCF-Methode) 40, 56, 118, 179, 263, 273 f., 534, 580, 693, 695, 804
Diskontierungsfaktor 103
Do-it-yourself-Branche 183, 187
Drei-Komponenten-Modell 818
Drittverwendungsfähigkeit 48, 144, 344, 574
Drittverwendungsmöglichkeit 758, 769
Due Diligence 67
– organisationsbezogene 68, 75
– rechtliche 74
– steuerliche 72
– technische und umweltbezogene 70
– wirtschaftliche und finannzielle 69

E

Earnings Multiple Method 532
Effizienzlinie 92, 94
Eigenbetrieb 332
Eigennutzung 760, 770
Einflussfaktoren im Rahmen des Immobilienportfoliomanagements 96
Einproduktbüroimmobilie 60 ff.

Einspeisevergütung 596
Einzelhandel 253
Einzelhandelsimmobilien 137
Einzelhandelskennziffer 140
Einzelhandelslage 149, 258
Einzelhandelsumsatz 155
Einzugsgebiet 170
Einzugsgebietsanalyse 346
Einzugsgebietsüberschneidungen 338
Einzweckgebäude 768
Empfangsgebäude 652
Energieproduktion 603
Entbehrlichkeit 654
Entertainment 252, 256
Entgeltordnung 826
Entwertungsabschlag 905
Entwertungsquote 898
Entwicklungsstufe 863
Entwidmung 654
Ergebnisrechnung 818
Erlebnisbäder 328
Erlösbudget 810
Erlösstruktur 713
Ermittlung des Ertragswertes 377
Ersatzwert 897, 907
Erstinvestition 335
Erträge, nachhaltige 185
Ertragsmesszahlen 871
Ertragsoptimierung 340
Ertragsorientierte Bewertungsmethoden 117, 576
Ertragsorientierte Verfahren 804
Ertragsorientierung 487
Ertragsvorschau 349
Ertragswert 184, 372 f., 678, 766, 771, 885, 907, 925
Ertragswert für ein Parkhaus 684
Ertragswertverfahren 18, 40, 56, 179, 206, 342, 370, 759, 823, 825 f.
– einfaches 679
– gesplittetes 679
Erweiterungsinvestitionen 335
Europäischer Kinomarkt 289
European Valuation Standards 7
Existing use value 766

F
Fachmarktzentren 173
Facility Management 47
Fair Value 38, 39, 40
Fallbeispiel 681
Feldinventar 906
Festpacht 470
Filialisierungsgrad 138
Financing Costs (FC) 79
Finanzielle Unterstützung 335
Finanzierung von Immobilien 37
Finanzierung, strukturierte 31, 37, 43
Finanzierungsstruktur 804
Finanzrechnung 818
Finanzvermögen von Kirchen 845
Fitnessbereich 330
Flächenentwicklung 189
Flächenproduktivität 158
Flächenwachstum 193
Flächenzuschnitt 142
Flussbäder 327
Folgenutzung 772
Fondsmodell 340
Fördermittelpolitik 336, 338
Forfaitierung 339
Forstwirtschaftliche Flächen 863
Freizeitbäder 328
Freizeitimmobilienmarkt 327 f.
Freizeitsport 337
Friedensneubauwerte 835
Fusionen 33
Future Office Management (FOM) 45

G
Gästestruktur 465
Gastronomie 253, 260, 330
Gastronomiebetriebe 562
Gastronomieliegenschaft 562
Gastronomieumsatz 567
Gebäudeertragswert 281
Gebäudekonzeption 757
Gebäudetypen 756
Gebäudezeitwert 688
Gefördertes Objekt 787
Geistliche Lehen 851
Gemeinbedarfsflächen 828
Geriatrische Einrichtungen 782

971

Gesamtlebensdauer 241
Gesamtnutzungsdauer 226, 244, 272, 764 f., 767, 808, 827, 832
Gesamttaxe 864
Geschossfaktor 149
Gewerbeimmobilie 411
Gewerbeparks 737
Gewinnmethode 117, 122
Gewöhnlicher Geschäftsverkehr 341
Going-concern-Prinzip 264, 828
Golfanlagen 360, 364
Golfcenter 360
Golfgelände 361
Golfkonzepte 363
Golfplatzflächen 362
Golfplatztypen 358
GOP 579
Gross-Operating-Profit-Methode 569, 579
Grundbuch 828
Grunddienstbarkeiten 873
Grundleistungen 779
Grundstücksmarkt 760, 766, 919
Grundstücksreinertrag 769
Grundstückswert 803
Grünlandgrundzahl 870

H
Hallenbad 327
Handelbarkeit 6
Haushaltslage 341
Heilbäder 328
Heimgesetz 780
Herstellungskosten 803, 821 f., 834
Herstellungswert 763 f.
Heutiger Barwert 808
HGB 821
Historic Conference Centres of Europe 384
Historische Anschaffungskosten 820
Historische Halle 932
Historische Herstellungskosten 820
Historische Spezialimmobilie 932
Hochfrequenzimmobilien 260
Hochregallager 735
Hochschulgebäude 832
Hochwertige Objekte 917, 919
Hotelbewertung 413
Hotelgröße 420

Hotelketten in Deutschland 437
Hotelkonzerne 420
Hotelmarken in Europa 428

I
Ideeller Wert 374
Identifikationsmerkmale 8
Immobilienarten 127
Immobilienbewertung 110, 386, 403
Immobilienfinanzierung 31, 34, 42, 44
Immobilieninvestments 28 f.
Immobilienleasing 339
Immobilienmarkt 761
Immobilienspezifischer Ertrage 813
Immobilienwert 813
Immobilienwertermittlungen 33
Indexierung 146
Indikatorenmodell 91
Indirekter Preisvergleich 867
Individualgastronomie 563
Infrastruktur 762
Innovationsdruck 336
Instandhaltung, laufende 830
Instandhaltung, unterlassene 830 f., 833
Instandhaltungskosten 233, 769, 807, 812
Instandhaltungsstau 826
Institut der Wirtschaftsprüfer 820, 824
Insurance 116
Integrierte Einrichtungen 782
Integriertes Investitions- und Betreiberkonzept 45
International Accounting Standards (IAS) 38
International Financial Reporting Standards (IFRS) 38
Investitionskosten 789
Investitionsquote 800
Investmentmethode 120
Investoren 31 f.
Investorenmodelle 339
IRB-Ansatz 37
Ist-Analyse 346

J
Jagdschlösser 936
Jahrespachtwert 576
Jahresrohertrag 569, 767 ff.

K

Kalkulationszinsfuß 695 f.
Kameralistik 816
Kapitalisierungszinsatz 275, 580
Kaufkraftabschöpfung 174
Kaufkraftkennziffer 140, 214
Kfz-Stellplätze 674
Kiesentnahmestellen 327
Kindergärten 816
Kindergartengebäude 831
Kinoinvestition 300
Kinokultur 287
Kinolandschaft 289, 298
Kirchen 840, 857
Kirchliche Einrichtungen 853
Kirchliche Gebäude 853
Kirchliche Grundstücke 840
Kirchliche Güter 848, 850
Kirchliches Vermögen 846
Klinikketten 798
Kombibad 327
Kombinierte Einrichtungen 782
Kommunale Eröffnungsbilanzen 816
Komplementärangebote 329
Kongressgeschäft 543
Kongresszentren 384
Konjunktur 761
Konkurrenzschutz 145
Konsortialfinanzierungen 40, 42
Kontamination 762
Konzeptoptimierung 347
Konzession 565
Kosten bezogen auf die Bruttogrundfläche 686
Kostendruck 813
Kostengruppen 829
Kostenoptimierung 340
Kostenstruktur 679
Kostenwert 907
Krankenhausbereich 805
Kreditentscheidungen bei Spezialimmobilie 54
Kurbäder 328
Kurs-Gewinn-Verhältnis (KGV) 102
Kursprogramme 329
Kurzparker-Tarife 676

L

Ladentiefe 142
Lage 762, 768, 917
Lagequalität 139
Landlord-Prinzip 637
Landmaschinen 895
Landwirtschaftliche Flächen 863
Landwirtschaftsrichtlinie 873
Langzeitparker 676
Laufender Betrieb 758
Leasingmodell 768
Leasingverträge 760
Leerstand 144, 769
Leistungssportbäder 328
Leitfaden 345
Liegenschaft 110
Liegenschaftszinssatz 21, 221, 227, 241, 270 f., 280, 311, 317, 351, 508, 512, 661, 725, 770
Lineare Abschreibung 830
Liquidationswertverfahren 774
Loan Security 115
Logistikimmobilien 735
Luxus 914
Luxusimmobilie 914 f., 925

M

Magnetbetrieb 172
Makrolage 209, 917 f.
Managementimmobilien 803
Managementverträge 472
Market Value 16 f., 112 f., 264
Markt- und Standortanalyse 160, 264, 277
Marktanpassungsabschlag 771
Marktanpassungsfaktor 766, 771
Marktanteil 174, 186, 704
Marktattraktivität 90
Marktbeobachtung 347
Markt-Standort-Analyse 261
Marktverzerrung 761
Marktwert 38, 765, 770, 803
Marktwertmethode 39
Maß der baulichen Nutzung 867
MBS-Maßnahmen 56
Medizinische Bäder 328
Megaplex 289
Mega-Store 256

Mehrzweckgebäude 768
Mehrzweckhallen 384
Merkantiler Minderwert 762
Messe Frankfurt 385, 398, 400
Messegeschäft 543
Messekalender 394
Messen 382, 386, 389
Messezentren 384
mfi, Essen 46
Mietansätze 175, 267, 744
Mietausfallwagnis 233, 769
Mietbedingungen 215
Miete 267
– flächenabhängige 185
– umsatzabhängige 185
Mieterträge 768
Mietfläche 222
Mietminderung 769
Mietpreisspanne für Logistikimmobilien 745
Mietvertrag 222, 768
Mietvertragslaufzeit 222
Mikrolage 209, 917 f.
Mikrostandort 165
Mittelfristplanung 98
Mittlerer Ausstattungsstandard 686
Moderne Portfoliotheorie (MPT) 91
Modernisierungsbedarf 831
Mortgage Backed Securities 41
Mortgage Payment (MP) 79
Multifunktionalität 784
Multiplex-Kino 253 f., 259, 287, 289
Multiplex-Kino, stationäres 301
Multiplex-Markt 291
Multiplikatoren 150, 177
Multiscreen 289

N
Nachfrageorientierung 352
Nachfragevolumen 170
Nahbereichsversorgung 326
Net Asset Value 102
Net Operating Income (NOI) 79
Netto-Anfangsrendite 150, 177
Neues Rechnungswesen 817
– in der Schweiz 819
– in Österreich 819

Neun-Felder-Matrix (McKinsey-Matrix) 89
Neuwert 897, 905
Niederstwertprinzip 862
Non Performing Loans 42
Non-Aviation-Geschäft 630
Non Market Value 16
Non Specialised Property 119 f., 127
Normalherstellungskosten (NHK) 764, 827, 883
– 1913 (NHK 1913) 891
– 2000 (NHK 2000) 685, 687, 829, 831 f., 887
Nutzfläche 764, 768
Nutztiere 901
Nutzungsdauer der Gebäude 761, 768 f.
Nutzungsflexibilität 772
Nutzungsrecht 762

O
Öffentliche Ausschreibungsverfahren 332
Öffentliche Hand 337, 403
Öffentliches Rechnungswesens 816

P
Pacht 576
Pachtmodell 712
Pachtsätze 719
Pachtwertmethode 117
Pachtwertverfahren 517, 527, 576
Pachtzins 576
Pagatorische Werte 823
Palazzo 935
Parkhäuser 674
Parkierungsanlagen 674, 679
Passantenfrequenz 137, 140
Pensionspreis 792
Personalkosten 794
Pflegeheim 781
Pflegeleistungen 789
Planungsrechtliche Voraussetzungen 207
Portfoliokompositionen 107
Portfoliomanagementmethoden 86
Potenzialanalyse 137, 160, 346
Preisvergleich 865
Pre-Opening-Kosten 46
Pre-Opening-Phase 55
Price or Auction 116

Privatisierung 341, 622
Produktionsverfahren 893

Q
Qualität 765
Quersubvention 787

R
Rating 35 ff., 43, 56
Ratingagenturen 37
Rationalisierung 761
Raum- und Funktionsprogramm 785
Real Estate Due Diligence 66 f.
Real Estate Investment Banking 40, 43
Real Estate Norm 24
Regiebetrieb 331
Rehabilitationseinrichtung 804
Reinertrag 770
Reinvestitionen 335
Renditeentwicklung für Logistikimmobilien 747
Renditeobjekt 350
Residenz 780
Residualwertmethode 118, 123 f., 217
Resortplätze 361
Restnutzungsdauer 226, 244, 272, 280, 317, 342, 350, 764, 827
Return on Assets (RoA) 79
Return on Equity (RoE) 79
Revitalisierung 344
Risiken 51
Risiko-Rendite-Kombinationen 92
Rohertrag 228, 230
Rohertragsfaktor 235
Rückbauverpflichtung 368
Rückindizierung 835
– von Sachzeitwerten 822
Rücklagen 811
Rückstellungen 811
Ruinen 932

S
Sachwert 763, 770, 827, 926
– Golfplatz 371
Sachwertermittlung 350, 352, 678, 691
Sachwertüberlegungen 476

Sachwertverfahren 23, 118, 125, 178, 238, 342, 370, 388, 575, 759, 823, 825, 829, 831, 832, 887
Sale Report 115
Sale-and-Lease-back-Verträge 760
Sanierungsbedarf 346
Sauna 329
Schaufensterfront 143
Schlossbewertung 940
Schlösser 932, 934
Schulbäder 328
Schulen 816
Schulgebäude 829
Securitization 40, 43
Sekundärmarkt 625
Selbstbedienungsgastronomie 563
Seniorenhotel 780
Seniorenimmobilien 781
Seniorenimmobilienarten 778
Servicegastronomie 563
Serviceleistungen 792
Servicewohnen 779
Share Deal 100
Shopping-Center 158, 254, 256, 258, 262, 263, 269
Single-Purpose Real Estate 6
Solarien 329
Sommerschlösser 936
Sondererbrecht 862
Sondergebiete 207, 808
Sonderimmobilie 5
Spaßbäder 328
Specialised Property 7, 122 f., 125, 127
Special-Purpose Properties 6
Spezialimmobilie 4, 8. 9, 51, 127, 778, 803
Spitzenmieten 141
Sportorientierte Bäder 328
Sportstätte 326
Sportstättenstatistik 331
Staffelpacht 471
Standardabweichung 877
Standort- und Marktanalyse 139, 762
Standortanalyse 160
Standortanforderungen 741
Standortfaktor für Logistikimmobilien 740
Standortfaktoren 261, 392

975

Stärken-Schwächen-Analyse 140, 349
Stationäre Pflege 781
Stellplätze 143, 208
Steuern 836
Steuerung eines Immobilienportfolios 98
Strategische Marktpositionierung 347
Stromeinspeisevergütung 593
Struktur- und Leistungsdaten 168
Substanzwert 929
Subventionen 343
Symbolischer Preis 344
Syndication 40, 43
Syndizierung 43
Systemgastronomie 563

T

Tankstellenmarkt 701
Tankstellenrechte 713
Taxation 116
Themengastronomie 277, 563
Tilgung 795
Trägerschaft 801
Transaktionsmanager 628
True-Sale-Verbriefung 41

U

Überalterung 765
UEC-Grundstück 279
Umbauter Raum 764
Umbruchphase 800
Umgebungsbebauung 762
Umnutzung 226
Umnutzungskosten 14
Umnutzungspotenziale 12
Umrüstungsfähigkeit 48
Umsatzkennziffer 140
Umsatzmietbelastung 177
Umsatzmiete 150
Umsatzorientierte Bewertung 517
Umsatzpacht 471
Umsatz-Pachtsätze 577
Umsatzsteuer 908
Umsatzverträgliche Pacht 307
Umwandlung 757
Universitäten 816, 818
Unterkunft 789
Unternehmenswert 579

Urban Entertainment Center (UEC) 251
Urbanität 255

V

Veranstaltungsimmobilie 385, 390, 393, 396, 401
Veranstaltungskalender 394
Veranstaltungsportfolio 394
Veranstaltungszentren 382 f., 386, 389
Verbriefung 40, 43
Verbriefungen, synthetische 42
Vergangenheitsanalyse 346
Vergleichsgrundstücke 865
Vergleichspreise 761
Vergleichswert 808
Vergleichswertmethode 117, 119, 178, 370
Vergleichswertverfahren 22, 40, 342, 386, 482, 575, 759, 770, 823, 828, 865, 928
Verkaufserlös 580
Verkaufsfläche 157, 184 f., 192, 199, 201
Verkaufsflächenausstattung pro Kopf 157
Verkaufspreis 102
Verkaufsvorräte 908
Verkehrsanbindung 210, 762
Verkehrswert 102, 111, 206, 281, 374, 448, 758, 823, 841, 901, 921
Verkehrswertableitung 696
Vermögensrechnung 818
Verpachtung 576
Verpflegung 789
Verpflegungsumsatz 567
Versicherungswert 827
Versorgungsbäder 334
Vervielfältiger 770
Verwaltungskosten 232, 769
Vier-Felder-Matrix (BCG-Matrix) 87
Volatilität der Märkte 30
Vorräte 908
Vorsorgeeinrichtung 804

W

Wachstumspotenziale 197
Wahl des Bewertungsverfahrens 15, 127
Wahlleistungen 779
WEA-Vorhaben 590
Weiterverwendungsfähigkeit 758
Wellnessangebote 329

Wellnesshotels 423
Wert des Bodens 183
Wertbegriffe 15
Wertermittlung 350
– für einen Golfplatz 369
– von Luxusvillen 923
Wertermittlungsrichtlinie 342
Wertermittlungsstichtag 763, 767
Wertermittlungsverfahren 342, 759
Wertermittlungsverordnung 272, 342
Wertminderung 764
Wertparameter 265, 306
Wertsicherungsklausel 223
Wettbewerbsanalyse 346
Wettbewerbsvorteil, relativer 90
Widmung von kirchlichen Grundstücken 844
Wiederbeschaffungsneuwert 829
Windenergieanlagen 586, 589
Windenergie-Leistung 588
Wirtschaftliche Eckdaten 332

Wirtschaftliche Nutzung 760
Wirtschaftliche Nutzungsdauer 13, 312, 345
Wirtschaftlicher Gebrauchswert 864, 895, 901
Wirtschaftlichkeitsbetrachtung 77
Wirtschaftskraft 213
Wohnimmobilie 411, 916, 925
Wohnstift 780

Z

Zehn-Jahres-Frist 862
Zeitwert 823 f., 836, 896
Zentralität 140
Zerlegungstaxe 864
Zimmerauslastung 496
Zimmerpreise 426
Zukaufsvorräte 908
Zusammensetzungstaxe 864
Zweck der Wertermittlung 114
Zweckbindung 344

Top Studium für Ihre Karriere

Die **FHS Kufstein**Tirol hat sich als europaweit einzigartiges Kompetenzzentrum für Facility Management und Immobilienwirtschaft etabliert.
Markenzeichen der fundierten Ausbildung ist höchste Studienqualität und starke internationale Ausrichtung. Neben der Hochschulausbildung widmet man sich dem regelmäßigen Austausch mit der Wirtschaft, um höchsten Praxisbezug zu integrieren.

Facility Management & Immobilienwirtschaft *

Starke internationale Ausrichtung: Auslandssemester/-wochen, 2 Fremdsprachenqualifikationen

Berufsbegleitendes Studium und Vollzeit Studium in 6 Semestern zum Bachelor / Bakkalaureat

Weiterführendes berufsbegleitendes Master-/Magister-Studium in 4 Semestern

2 Vertiefungsrichtungen im Master-/Magister-Bereich:
- Strategisches Facility Management
- Immobilienmanagement

* vorbehaltlich der Genehmigung durch den österr. Fachhochschulrat

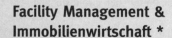

Kufstein Tirol
UNIVERSITY OF APPLIED SCIENCES

www.fh-kufstein.ac.at

FHS KufsteinTirol | Andreas Hofer Straße 7 | A - 6330 Kufstein | info@fh-kufstein.ac.at